中国海关
报关实用手册

2002

海关总署政策法规司编制

中国海关出版社

图书在版编目(CIP)数据

中国海关报关实用手册. 2002/海关总署政策法规司编.—北京:中国海关出版社,2002.1

ISBN 7-80165-029-8

Ⅰ.中… Ⅱ.海… Ⅲ.海关手续-中国-手册

Ⅳ.F752.5-62

中国版本图书馆 CIP 数据核字(2001)第 083160 号

中国海关报关实用手册

中国海关出版社出版发行

(北京市朝阳区东土城路甲九号 邮政编码:100013)

北京新华印刷厂印刷

2002 年 1 月第 1 版 2002 年 1 月第 1 次印刷

880×1230 毫米 1/16 50 印张 1260 千字

印数:1-30 000 册

ISBN 7-80165-029-8/F·14

定价:240.00 元

前　　言

为履行对加入世界贸易组织的承诺，国家对进出口关税政策和贸易管制政策进行了重大调整。为使进出口企业及时了解政策变动情况，加快通关速度，海关总署政策法规司组织业务和技术专家编写了《中国海关报关实用手册》（下称《报关手册》)。《报关手册》是根据国务院主管部门最新颁布的进出口管理规定，融合《中华人民共和国海关进出口税则》、和《中华人民共和国海关统计商品目录》，根据海关征税、监管、统计和报关自动化系统的要求编写的。本《报关手册》是海关工作人员、进出口企业报关员、预录入企业操作员必备的工作手册，也是与进出口有关的企事业单位了解海关业务和对进出口货物进行成本核算的重要参考资料。

本《报关手册》的主要内容有：进出口法律法规选编、进出口货物报关单填制规范、报关自动化系统常用代码表及说明、进出口商品HS编号、商品名称、关税税率、增值税税率、消费税税率、统计计量单位、进出口监管条件代码、进口商品暂定税率表、进口商品关税配额税率表、《曼谷协定》税率表、进口商品从量税、复合税、滑准税税率表和进口关税与进口环节代征税计税常数表等。该《报关手册》具有对进出口商品的各种税率查找方便、监管条件一目了然的特点。

为方便用户查找，本书附赠光盘一张，其内容与书基本一致。此外，光盘还具有模拟计税和商品查询功能，为用户自动计算综合税款。

本《报关手册》所列商品编号、商品名称、关税税率和代征税税率以及进出口法律法规的截止日期为2001年12月31日。上述内容如有与现行海关法规不一致之处，以法规条文为准。

本《报关手册》在编制过程中，得到了总署有关部门和部分地方海关的大力支持和协助，在此一并表示衷心的感谢。

海关总署政策法规司

2001年12月31日

光盘安装说明

《中国海关报关实用手册》所赠光盘是一个在Windows环境下运行的符合Windows风格的软件，它的安装与操作方法与Windows的其他应用软件一样。现将有关软硬件环境及安装步骤作一说明。

运行《中国海关报关实用手册》光盘所需环境

一般而言，只要能运行Windows9x及以上的机器都可以运行本系统。但是要获得好的运行效果，应该配置较高档的机器。具体地说，要使本系统能正常运转，需要您的计算机系统具有以下的基本软硬件条件：

硬件条件

CPU采用pentium II及以上为宜；
基本内存不低于64M，要想获得更好的运行效果，建议使用128M或更多的内存；
Windows支持的所有打印机；
Windows支持的所有鼠标；
光盘驱动器。

软件条件

Windows 98，Windows NT，Windows Me，Windows 2000或更高Windows版本。

安装《中国海关报关实用手册》光盘

该光盘无须安装，系统运行采用带光盘运行模式，即光盘必须放在光盘驱动器中，系统才能正常运行。光盘要求在Windows环境下运行，Internet Explorer要求5.5版本及以上，若满足环境要求，光盘插入光驱后即可自动运行。如果IE版本低于5.5，第一次插入光盘后，会提示安装IE 5.5，点击确定后，依照提示安装即可，安装完毕后系统将自动重启，以后重新插入光盘即可自动运行。

另外，第一次运行光盘时，系统会自动检测所在机器是否装有Ms xml 3.0环境，若没有，光盘会自动安装Ms xml 3.0，安装完毕后，光盘即可正常运行。

总 目 录

法律法规选编

中华人民共和国海关法

（1987年1月22日第六届全国人民代表大会常务委员会第19次会议通过
根据2000年7月8日第九届全国人民代表大会常务委员会
第16次会议《关于修改<中华人民共和国海关法>的决定》修正）

第一章 总 则

第一条 为了维护国家的主权和利益，加强海关监督管理，促进对外经济贸易和科技文化交往，保障社会主义现代化建设，特制定本法。

第二条 中华人民共和国海关是国家的进出关境（以下简称进出境）监督管理机关。海关依照本法和其他有关法律、行政法规，监管进出境的运输工具、货物、行李物品、邮递物品和其他物品（以下简称进出境运输工具、货物、物品），征收关税和其他税、费，查缉走私，并编制海关统计和办理其他海关业务。

第三条 国务院设立海关总署，统一管理全国海关。

国家在对外开放的口岸和海关监管业务集中的地点设立海关。海关的隶属关系，不受行政区划的限制。

海关依法独立行使职权，向海关总署负责。

第四条 国家在海关总署设立专门侦查走私犯罪的公安机构，配备专职缉私警察，负责对其管辖的走私犯罪案件的侦查、拘留、执行逮捕、预审。

海关侦查走私犯罪公安机构履行侦查、拘留、执行逮捕、预审职责，应当按照《中华人民共和国刑事诉讼法》的规定办理。

海关侦查走私犯罪公安机构根据国家有关规定，可以设立分支机构。各分支机构办理其管辖的走私犯罪案件，应当依法向有管辖权的人民检察院移送起诉。

地方各级公安机关应当配合海关侦查走私犯罪公安机构依法履行职责。

第五条 国家实行联合缉私、统一处理、综合治理的缉私体制。海关负责组织、协调、管理查缉走私工作。有关规定由国务院另行制定。

各有关行政执法部门查获的走私案件，应当给予行政处罚的，移送海关依法处理；涉嫌犯罪的，应当移送海关侦查走私犯罪公安机构、地方公安机关依据案件管辖分工和法定程序办理。

第六条 海关可以行使下列权力：

（一）检查进出境运输工具，查验进出境货物、物品；对违反本法或者其他有关法律、行政法规的，可以扣留。

（二）查阅进出境人员的证件；查问违反本法或者其他有关法律、行政法规的嫌疑人，调查其违法行为。

（三）查阅、复制与进出境运输工具、货物、物品有关的合同、发票、帐册、单据、记录、文件、业务函电、录音录像制品和其他资料；对其中与违反本法或者其他有关法律、行政法规的进出境运输工具、货物、物品有牵连的，可以扣留。

（四）在海关监管区和海关附近沿海沿边规定地区，检查有走私嫌疑的运输工具和有藏匿走私货物、物品嫌疑的场所，检查走私嫌疑人的身体；对有走私嫌疑的运输工具、货物、物品和走私犯罪嫌疑人，经直属海关关长或者其授权的隶属海关关长批准，可以扣留；对走私犯罪嫌疑人，扣留时间不超过二十四小时，在特殊情况下可以延长至四十八小时。

在海关监管区和海关附近沿海沿边规定地区以外，海关在调查走私案件时，对有走私嫌疑的运输工具和除公民住处以外的有藏匿走私货物、物品嫌疑的场所，经直属海关关长或者其授权的隶属海关关长批准，可以进行检查，有关当事人应当到场；当事人未到场的，在有见证人在场的情况下，可以径行检查；对其中有证据证明有走私嫌疑的运输工具、货物、物品，可以扣留。

海关附近沿海沿边规定地区的范围，由海关总署和国务院公安部门会同有关省级人民政府确定。

（五）在调查走私案件时，经直属海关关长或者其授权的隶属海关关长批准，可以查询案件涉嫌单位和涉嫌人员在金融机构、邮政企业的存款、汇款。

（六）进出境运输工具或者个人违抗海关监管逃逸的，海关可以连续追至海关监管区和海关附近沿海沿边规定地区以外，将其带回处理。

（七）海关为履行职责，可以配备武器。海关工作人员佩带和使用武器的规则，由海关总署会同国务院公安部门制定，报国务院批准。

（八）法律、行政法规规定由海关行使的其他权力。

第七条 各地方、各部门应当支持海关依法行使职权，不得非法干预海关的执法活动。

第八条 进出境运输工具、货物、物品，必须通过设立海关的地点进境或者出境。在特殊情况下，需要经过未设立海关的地点临时进境或者出境的，必须经国务院或者国务院授权的机关批准，并依照本法规定办理海关手续。

第九条 进出口货物，除另有规定的外，可以由进出口货物收发货人自行办理报关纳税手续，也可以由进出口货物收发货人委托海关准予注册登记的报关企业办理报关纳税手续。进出境物品的所有人可以自行办理报关纳税手续，也可以委托他人办理报关纳税手续。

第十条 报关企业接受进出口货物收发货人的委托，以委托人的名义办理报关手续的，应当向海关提交由委托人签署的授权委托书，遵守本法对委托人的各项规定。

报关企业接受进出口货物收发货人的委托，以自己的名义办理报关手续的，应当承担与收发货人相同的法律责任。

委托人委托报关企业办理报关手续的，应当向报关企业提供所委托报关事项的真实情况；报关企业接受委托人的委托办理报关手续的，应当对委托人所提供情况的真实性进行合理审查。

第十一条 进出口货物收发货人、报关企业办理报关手续，必须依法经海关注册登记。

报关人员必须依法取得报关从业资格。未依法经海关注册登记的企业和未依法取得报关从业资格的人员，不得从事报关业务。

报关企业和报关人员不得非法代理他人报关，或者超出其业务范围进行报关活动。

第十二条 海关依法执行职务，有关单位和个人应当如实回答询问，并予以配合，任何单位和个人不得阻挠。

海关执行职务受到暴力抗拒时，执行有关任务的公安机关和人民武装警察部队应当予以协助。

第十三条 海关建立对违反本法规定逃避海关监管行为的举报制度。

任何单位和个人均有权对违反本法规定逃避海关监管的行为进行举报。

海关对举报或者协助查获违反本法案件的有功单位和个人，应当给予精神的或者物质的奖励。

海关应当为举报人保密。

第二章 进出境运输工具

第十四条 进出境运输工具到达或者驶离设立海关的地点时，运输工具负责人应当向海关如实申报，交验单证，并接受海关监管和检查。

停留在设立海关的地点的进出境运输工具，未经海关同意，不得擅自驶离。

进出境运输工具从一个设立海关的地点驶往另一个设立海关的地点的，应当符合海关监管要求，办理海关手续，未办结海关手续的，不得改驶境外。

第十五条 进境运输工具在进境以后向海关申报以前，出境运输工具在办结海关手续以后出境以前，应当按照交通主管机关规定的路线行进；交通主管机关没有规定的，由海关指定。

第十六条 进出境船舶、火车、航空器到达和驶离时间、停留地点、停留期间更换地点以及装卸货物、物品时间，运输工具负责人或者有关交通运输部门应当事先通知海关。

第十七条 运输工具装卸进出境货物、物品或者上下进出境旅客，应当接受海关监管。

货物、物品装卸完毕，运输工具负责人应当向海关递交反映实际装卸情况的交接单据和记录。

上下进出境运输工具的人员携带物品的，应当向海关如实申报，并接受海关检查。

第十八条 海关检查进出境运输工具时，运输工具负责人应当到场，并根据海关的要求开启舱室、房间、车门；有走私嫌疑的，并应当开拆可能藏匿走私货物、物品的部位，搬移货物、物料。

海关根据工作需要，可以派员随运输工具执行职务，运输工具负责人应当提供方便。

第十九条 进境的境外运输工具和出境的境内运输工具，未向海关办理手续并缴纳关税，不得转让或者移作他用。

第二十条 进出境船舶和航空器兼营境内客、货运输，需经海关同意，并应当符合海关监管要求。

进出境运输工具改营境内运输，需向海关办理手续。

第二十一条 沿海运输船舶、渔船和从事海上作业的特种船舶，未经海关同意，不得载运或者换取、买卖、转让进出境货物、物品。

第二十二条 进出境船舶和航空器，由于不可抗力的原因，被迫在未设立海关的地点停泊、降落或者抛掷、起卸货物、物品，运输工具负责人应当立即报告附近海关。

第三章 进出境货物

第二十三条 进口货物自进境起到办结海关手续止，出口货物自向海关申报起到出境止，过境、转运和通运货物自进境起到出境止，应当接受海关监管。

第二十四条 进口货物的收货人、出口货物的发货人应当向海关如实申报，交验进出口许可证件和有关单证。国家限制进出口的货物，没有进出口许可证件的，不予放行，具体处理办法由国务院规定。

进口货物的收货人应当自运输工具申报进境之日起十四日内，出口货物的发货人除海关特准的外应当在货物运抵海关监管区后、装货的二十四小时以前，向海关申报。

进口货物的收货人超过前款规定期限向海关申报的，由海关征收滞报金。

第二十五条 办理进出口货物的海关申报手续，应当采用纸质报关单和电子数据报关单的形式。

第二十六条 海关接受申报后，报关单证及其内容不得修改或者撤销；确有正当理由的，经海关同意，方可修改或者撤销。

第二十七条 进口货物的收货人经海关同意，可以在申报前查看货物或者提取货样。需要依法检疫的货物，应当在检疫合格后提取货样。

第二十八条 进出口货物应当接受海关查验。海关查验货物时，进口货物的收货人、出口货物的发货人应当到场，并负责搬移货物，开拆和重封货物的包装。海关认为必要时，可以径行开验、复验或者提取货样。

经收发货人申请，海关总署批准，其进出口货物可以免验。

第二十九条 除海关特准的外，进出口货物在收发货人缴清税款或者提供担保后，由海关签印放行。

第三十条 进口货物的收货人自运输工具申报进境之日起超过三个月未向海关申报的，其进口货物由海关提取依法变卖处理，所得价款在扣除运输、装卸、储存等费用和税款后，尚有余款的，自货物依法变卖之日起一年内，经收货人申请，予以发还；其中属于国家对进口有限制性规定，应当提交许可证件而不能提供的，不予发还。逾期无人申请或者不予发还的，上缴国库。

确属误卸或者溢卸的进境货物，经海关审定，由原运输工具负责人或者货物的收发货人自该运输工具卸货之日起三个月内，办理退运或者进口手续；必要时，经海关批准，可以延期三个月。逾期未办手续的，由海关按前款规定处理。

前两款所列货物不宜长期保存的，海关可以根据实际情况提前处理。

收货人或者货物所有人声明放弃的进口货物，由海关提取依法变卖处理；所得价款在扣除运输、装卸、储存等费用后，上缴国库。

第三十一条 经海关批准暂时进口或者暂时出口的货物，应当在六个月内复运出境或者复运进境；在特殊情况下，经海关同意，可以延期。

第三十二条 经营保税货物的储存、加工、装配、展示、运输、寄售业务和经营免税商店，应当符合海关监管要求，经海关批准，并办理注册手续。

保税货物的转让、转移以及进出保税场所，应当向海关办理有关手续，接受海关监管和查验。

第三十三条 企业从事加工贸易，应当持有关批准文件和加工贸易合同向海关备案，加工贸易制成品单位耗料量由海关按照有关规定核定。

加工贸易制成品应当在规定的期限内复出口。其中使用的进口料件，属于国家规定准予保税的，应当向海关办理核销手续；属于先征收税款的，依法向海关办理退税手续。

加工贸易保税进口料件或者制成品因故转为内销的，海关凭准予内销的批准文件，对保税的进口料件依法征税；属于国家对进口有限制性规定的，还应当向海关提交进口许可证件。

第三十四条 经国务院批准在中华人民共和国境内设立的保税区等海关特殊监管区域，由海关按照国家有关规定实施监管。

第三十五条 进口货物应当由收货人在货物的进境地海关办理海关手续，出口货物应当由发货人在货物的出境地海关办理海关手续。

经收发货人申请，海关同意，进口货物的收货人可以在设有海关的指运地、出口货物的发货人可以在设有海关的启运地办理海关手续。上述货物的转关运输，应当符合海关监管要求；必要时，海关可以派员押运。

经电缆、管道或者其他特殊方式输送进出境的货物，经营单位应当定期向指定的海关申报和办理海关手续。

第三十六条 过境、转运和通运货物，运输工具负责人应当向进境地海关如实申报，并应当在规定期限内运输出境。

海关认为必要时，可以查验过境、转运和通运货物。

第三十七条 海关监管货物，未经海关许可，不得开拆、提取、交付、发运、调换、改装、抵押、质押、留置、转让、更换标记、移作他用或者进行其他处置。

海关加施的封志，任何人不得擅自开启或者损毁。

人民法院判决、裁定或者有关行政执法部门决定处理海关监管货物的，应当责令当事人办结海关手续。

第三十八条 经营海关监管货物仓储业务的企业，应当经海关注册，并按照海关规定，办理收存、交付手续。

在海关监管区外存放海关监管货物，应当经海关同意，并接受海关监管。

违反前两款规定或者在保管海关监管货物期间造成海关监管货物损毁或者灭失的，除不可抗力外，对海关监管货物负有保管义务的人应当承担相应的纳税义务和法律责任。

第三十九条 进出境集装箱的监管办法、打捞进出境货物和沉船的监管办法、边境小额贸易进出口货物的监管办法，以及本法未具体列明的其他进出境货物的监管办法，由海关总署或者由海关总署会同国务院有关部门另行制定。

第四十条 国家对进出境货物、物品有禁止性或者限制性规定的，海关依据法律、行政法规、国务院的规定或者国务院有关部门依据法律、行政法规的授权作出的规定实施监管。具体监管办法由海关总署制定。

第四十一条 进出口货物的原产地按照国家有关原产地规则的规定确定。

第四十二条 进出口货物的商品归类按照国家有关商品归类的规定确定。

海关可以要求进出口货物的收发货人提供确定商品归类所需的有关资料；必要时，海关可以组织化验、检验，并将海关认定的化验、检验结果作为商品归类的依据。

第四十三条 海关可以根据对外贸易经营者提出的书面申请，对拟作进口或者出口的货物预先作出商品归类等行政裁定。

进口或者出口相同货物，应当适用相同的商品归类行政裁定。

海关对所作出的商品归类等行政裁定，应当予以公布。

第四十四条 海关依照法律、行政法规的规定，对与进出境货物有关的知识产权实施保护。

需要向海关申报知识产权状况的，进出口货物收发货人及其代理人应当按照国家规定向海关如实申报有关知识产权状况，并提交合法使用有关知识产权的证明文件。

第四十五条 自进出口货物放行之日起三年内或者在保税货物、减免税进口货物的海关监管期限内及其后的三年内，海关可以对与进出口货物直接有关的企业、单位的会计帐簿、会计凭证、报关单证以及其他有关资料和有关进出口货物实施稽查。具体办法由国务院规定。

第四章 进出境物品

第四十六条 个人携带进出境的行李物品、邮寄进出境的物品，应当以自用、合理数量为限，并接受海关监管。

第四十七条 进出境物品的所有人应当向海关如实申报，并接受海关查验。

海关加施的封志，任何人不得擅自开启或者损毁。

第四十八条 进出境邮袋的装卸、转运和过境，应当接受海关监管。邮政企业应当向海关递交邮件路单。

邮政企业应当将开拆及封发国际邮袋的时间事先通知海关，海关应当按时派员到场监管查验。

第四十九条 邮运进出境的物品，经海关查验放行后，有关经营单位方可投递或者交付。

第五十条 经海关登记准予暂时免税进境或者暂时免税出境的物品，应当由本人复带出境或者复带进境。

过境人员未经海关批准，不得将其所带物品留在境内。

第五十一条 进出境物品所有人声明放弃的物品、在海关规定期限内未办理海关手续或者无人认领的物品，以及无法投递又无法退回的进境邮递物品，由海关依照本法第三十条的规定处理。

第五十二条 享有外交特权和豁免的外国机构或者人员的公务用品或者自用物品进出境，依照有关法律、行政法规的规定办理。

第五章 关 税

第五十三条 准许进出口的货物、进出境物品，由海关依法征收关税。

第五十四条 进口货物的收货人、出口货物的发货人、进出境物品的所有人，是关税的纳税义务人。

第五十五条 进出口货物的完税价格，由海关以该货物的成交价格为基础审查确定。成交价格不能确定时，完税价格由海关依法估定。

进口货物的完税价格包括货物的货价、货物运抵中华人民共和国境内输入地点起卸前的运输及其相关费用、保险费；出口货物的完税价格包括货物的货价、货物运至中华人民共和国境内输出地点装载前的运输及其相关费用、保险费，但是其中包含的出口关税税额，应当予以扣除。

进出境物品的完税价格，由海关依法确定。

第五十六条 下列进出口货物、进出境物品，减征或者免征关税：

(一) 无商业价值的广告品和货样；

(二) 外国政府、国际组织无偿赠送的物资；

(三) 在海关放行前遭受损坏或者损失的货物；

(四) 规定数额以内的物品；

(五) 法律规定减征、免征关税的其他货物、物品；

(六) 中华人民共和国缔结或者参加的国际条约规定减征、免征关税的货物、物品。

第五十七条 特定地区、特定企业或者有特定用途的进出口货物，可以减征或者免征关税。特定减税或者免税的范围和办法由国务院规定。

依照前款规定减征或者免征关税进口的货物，只能用于特定地区、特定企业或者特定用途，未经海关核准并补缴关税，不得移作他用。

第五十八条 本法第五十六条、第五十七条第一款规定范围以外的临时减征或者免征关税，由国务院决定。

第五十九条 经海关批准暂时进口或者暂时出口的货物，以及特准进口的保税货物，在货物收发货人向海关缴纳相当于税款的保证金或者提供担保后，准予暂时免纳关税。

第六十条 进出口货物的纳税义务人，应当自海关填发税款缴款书之日起十五日内缴纳税款；逾期缴纳的，由海关征收滞纳金。纳税义务人、担保人超过三个月仍未缴纳的，经直属海关关长或者其授权的隶属海关关长批准，海关可以采取下列强制措施：

（一）书面通知其开户银行或者其他金融机构从其存款中扣缴税款；

（二）将应税货物依法变卖，以变卖所得抵缴税款；

（三）扣留并依法变卖其价值相当于应纳税款的货物或者其他财产，以变卖所得抵缴税款。

海关采取强制措施时，对前款所列纳税义务人、担保人未缴纳的滞纳金同时强制执行。

进出境物品的纳税义务人，应当在物品放行前缴纳税款。

第六十一条 进出口货物的纳税义务人在规定的纳税期限内有明显的转移、藏匿其应税货物以及其他财产迹象的，海关可以责令纳税义务人提供担保；纳税义务人不能提供纳税担保的，经直属海关关长或者其授权的隶属海关关长批准，海关可以采取下列税收保全措施：

（一）书面通知纳税义务人开户银行或者其他金融机构暂停支付纳税义务人相当于应纳税款的存款；

（二）扣留纳税义务人价值相当于应纳税款的货物或者其他财产。

纳税义务人在规定的纳税期限内缴纳税款的，海关必须立即解除税收保全措施；期限届满仍未缴纳税款的，经直属海关关长或者其授权的隶属海关关长批准，海关可以书面通知纳税义务人开户银行或者其他金融机构从其暂停支付的存款中扣缴税款，或者依法变卖所扣留的货物或者其他财产，以变卖所得抵缴税款。

采取税收保全措施不当，或者纳税义务人在规定期限内已缴纳税款，海关未立即解除税收保全措施，致使纳税义务人的合法权益受到损失的，海关应当依法承担赔偿责任。

第六十二条 进出口货物、进出境物品放行后，海关发现少征或者漏征税款，应当自缴纳税款或者货物、物品放行之日起一年内，向纳税义务人补征。因纳税义务人违反规定而造成的少征或者漏征，海关在三年以内可以追征。

第六十三条 海关多征的税款，海关发现后应当立即退还；纳税义务人自缴纳税款之日起一年内，可以要求海关退还。

第六十四条 纳税义务人同海关发生纳税争议时，应当缴纳税款，并可以依法申请行政复议；对复议决定仍不服的，可以依法向人民法院提起诉讼。

第六十五条 进口环节海关代征税的征收管理，适用关税征收管理的规定。

第六章　海关事务担保

第六十六条 在确定货物的商品归类、估价和提供有效报关单证或者办结其他海关手续前，收发货人要求放行货物的，海关应当在其提供与其依法应当履行的法律义务相适应的担保后放行。法律、行政法规规定可以免除担保的除外。

法律、行政法规对履行海关义务的担保另有规定的，从其规定。

国家对进出境货物、物品有限制性规定，应当提供许可证件而不能提供的，以及法律、行政法规规定不得担保的其他情形，海关不得办理担保放行。

第六十七条 具有履行海关事务担保能力的法人、其他组织或者公民，可以成为担保人。法律规定不得为担保人的除外。

第六十八条 担保人可以以下列财产、权利提供担保：

（一）人民币、可自由兑换货币；

（二）汇票、本票、支票、债券、存单；

（三）银行或者非银行金融机构的保函；

（四）海关依法认可的其他财产、权利。

第六十九条 担保人应当在担保期限内承担担保责任。担保人履行担保责任的，不免除被担保人应当办理有关海关手续的义务。

第七十条 海关事务担保管理办法，由国务院规定。

第七章　执法监督

第七十一条 海关履行职责，必须遵守法律，维护国家利益，依照法定职权和法定程序严格执法，接受监督。

第七十二条 海关工作人员必须秉公执法，廉洁自律，忠于职守，文明服务，不得有下列行为：

（一）包庇、纵容走私或者与他人串通进行走私；

（二）非法限制他人人身自由，非法检查他人身体、住所或者场所，非法检查、扣留进出境运输工具、货物、物品；

（三）利用职权为自己或者他人谋取私利；

（四）索取、收受贿赂；

（五）泄露国家秘密、商业秘密和海关工作秘密；

（六）滥用职权，故意刁难，拖延监管、查验；

（七）购买、私分、占用没收的走私货物、物品；

（八）参与或者变相参与营利性经营活动；

（九）违反法定程序或者超越权限执行职务；

（十）其他违法行为。

第七十三条 海关应当根据依法履行职责的需要，加强队伍建设，使海关工作人员具有良好的政治、业务素质。

海关专业人员应当具有法律和相关专业知识，符合海关规定的专业岗位任职要求。

海关招收工作人员应当按照国家规定，公开考试，严格考核，择优录用。

海关应当有计划地对其工作人员进行政治思想、法制、海关业务培训和考核。海关工作人员必须定期接受培训和考核，经考核不合格的，不得继续上岗执行职务。

第七十四条 海关总署应当实行海关关长定期交流制度。

海关关长定期向上一级海关述职，如实陈述其执行职务情况。海关总署应当定期对直属海关关长进行考核，直属海关应当定期对隶属海关关长进行考核。

第七十五条 海关及其工作人员的行政执法活动，依法接受监察机关的监督；缉私警察进行侦查活动，依法接受人民检察院的监督。

第七十六条 审计机关依法对海关的财政收支进行审计监督，对海关办理的与国家财政收支有关的事项，有权进行专项审计调查。

第七十七条 上级海关应当对下级海关的执法活动依法进行监督。上级海关认为下级海关作出的处理或者决定不适当的，可以依法予以变更或者撤销。

第七十八条 海关应当依照本法和其他有关法律、行政法规的规定，建立健全内部监督制度，对其工作人员执行法律、行政法规和遵守纪律的情况，进行监督检查。

第七十九条 海关内部负责审单、查验、放行、稽查和调查等主要岗位的职责权限应当明确，并相互分离、相互制约。

第八十条 任何单位和个人均有权对海关及其工作人员的违法、违纪行为进行控告、检举。收到控告、检举的机关有权处理的，应当依法按照职责分工及时查处。收到控告、检举的机关和负责查处的机关应当为控告人、检举人保密。

第八十一条 海关工作人员在调查处理违法案件时，遇有下列情形之一的，应当回避：

（一）是本案的当事人或者是当事人的近亲属；

（二）本人或者其近亲属与本案有利害关系；

（三）与本案当事人有其他关系，可能影响案件公正处理的。

第八章　法律责任

第八十二条 违反本法及有关法律、行政法规，逃避海关监管，偷逃应纳税款、逃避国家有关进出境的禁止性或者限制性管理，有下列情形之一的，是走私行为：

（一）运输、携带、邮寄国家禁止或者限制进出境货物、物品或者依法应当缴纳税款的货物、物品进出境的；

（二）未经海关许可并且未缴纳应纳税款、交验有关许可证件，擅自将保税货物、特定减免税货物以及其他海关监管货物、物品、进境的境外运输工具，在境内销售的；

（三）有逃避海关监管，构成走私的其他行为的。

有前款所列行为之一，尚不构成犯罪的，由海关没收走私货物、物品及违法所得，可以并处罚款；专门或者多次用于掩护走私的货物、物品，专门或者多次用于走私的运输工具，予以没收，藏匿走私货物、物品的特制设备，责令拆毁或者没收。

有第一款所列行为之一，构成犯罪的，依法追究刑事责任。

第八十三条 有下列行为之一的，按走私行为论处，依照本法第八十二条的规定处罚：

（一）直接向走私人非法收购走私进口的货物、物品的；

（二）在内海、领海、界河、界湖，船舶及所载人员运输、收购、贩卖国家禁止或者限制进出境的货物、物品，或者运输、收购、贩卖依法应当缴纳税款的货物，没有合法证明的。

第八十四条 伪造、变造、买卖海关单证，与走私人通谋为走私人提供贷款、资金、帐号、发票、证明、海关单证，与走私人通谋为走私人提供运输、保管、邮寄或者其他方便，构成犯罪的，依法追究刑事责任；尚不构成犯罪的，由海关没收违法所得，并处罚款。

第八十五条 个人携带、邮寄超过合理数量的自用物品进出境，未依法向海关申报的，责令补缴关税，可以处以罚款。

第八十六条 违反本法规定有下列行为之一的，可以处以罚款，有违法所得的，没收违法所得：

（一）运输工具不经设立海关的地点进出境的；

（二）不将进出境运输工具到达的时间、停留的地点或者更换的地点通知海关的；

（三）进出口货物、物品或者过境、转运、通运货物向海关申报不实的；

（四）不按照规定接受海关对进出境运输工具、货物、物品进行检查、查验的；

（五）进出境运输工具未经海关同意，擅自装卸进出境货物、物品或者上下进出境旅客的；

（六）在设立海关的地点停留的进出境运输工具未经海关同意，擅自驶离的；

（七）进出境运输工具从一个设立海关的地点驶往另一个设立海关的地点，尚未办结海关手续又未经海关批准，中途擅自改驶境外或者境内未设立海关的地点的；

（八）进出境运输工具，未经海关同意，擅自兼营或者改营境内运输的；

（九）由于不可抗力的原因，进出境船舶和航空器被迫在未设立海关的地点停泊、降落或者在境内抛掷、起卸货物、物品，无正当理由，不向附近海关报告的；

（十）未经海关许可，擅自将海关监管货物开拆、提取、交付、发运、调换、改装、抵押、质押、留置、转让、更换标记、移作他用或者进行其他处置的；

（十一）擅自开启或者损毁海关封志的；

（十二）经营海关监管货物的运输、储存、加工等业务，有关货物灭失或者有关记录不真实，不能提供正当理由的；

（十三）有违反海关监管规定的其他行为的。

第八十七条 海关准予从事有关业务的企业，违反本法有关规定的，由海关责令改正，可以给予警告，暂停其从事有关业务，直至撤销注册。

第八十八条 未经海关注册登记和未取得报关从业资格从事报关业务的，由海关予以取缔，没收违法所得，可以并处罚款。

第八十九条 报关企业、报关人员非法代理他人报关或者超出其业务范围进行报关活动的，由海关责令改正，处以罚款，暂停其执业；情节严重的，撤销其报关注册登记、取消其报关从业资格。

第九十条 进出口货物收发货人、报关企业、报关人员向海关工作人员行贿的，由海关撤销其报关注册登记，取消其报关从业资格，并处以罚款；构成犯罪的，依法追究刑事责任，并不得重新注册登记为报关企业和取得报关从业资格证书。

第九十一条 违反本法规定进出口侵犯中华人民共和国法律、行政法规保护的知识产权的货物的，由海关依法没收侵权货物，并处以罚款；构成犯罪的，依法追究刑事责任。

第九十二条 海关依法扣留的货物、物品、运输工具，在人民法院判决或者海关处罚决定作出之前，不得处理。但是，危险品或者鲜活、易腐、易失效等不宜长期保存的货物、物品以及所有人申请先行变卖的货物、物品、运输工具，经直属海关关长或者其授权的隶属海关关长批准，可以先行依法变卖，变卖所得价款由海关保存，并通知其所有人。

人民法院判决没收或者海关决定没收的走私货物、物品、违法所得、走私运输工具、特制设备，由海关依法统一处理，所得价款和海关决定处以的罚款，全部上缴中央国库。

第九十三条 当事人逾期不履行海关的处罚决定又不申请复议或者向人民法院提起诉讼的，作出处罚决定的海关可以将其保证金抵缴或者将其被扣留的货物、物品、运输工具依法变价抵缴，也可以申请人民法院强制执行。

第九十四条 海关在查验进出境货物、物品时，损坏被查验的货物、物品的，应当赔偿实际损失。

第九十五条 海关违法扣留货物、物品、运输工具，致使当事人的合法权益受到损失的，应当依法承担赔偿责任。

第九十六条 海关工作人员有本法第七十二条所列行为之一的，依法给予行政处分；有违法所得的，依法没收违法所得；构成犯罪的，依法追究刑事责任。

第九十七条 海关的财政收支违反法律、行政法规规定的，由审计机关以及有关部门依照法律、行政法规的规定作出处理；对直接负责的主管人员和其他直接责任人员，依法给予行政处分；构成犯罪的，依法追究刑事责任。

第九十八条 未按照本法规定为控告人、检举人、举报人保密的，对直接负责的主管人员和其他直接责任人员，由所在单位或者有关单位依法给予行政处分。

第九十九条 海关工作人员在调查处理违法案件时，未按照本法规定进行回避的，对直接负责的主管人员和其他直接责任人员，依法给予行政处分。

第九章　附　　则

第一百条 本法下列用语的含义：

直属海关，是指直接由海关总署领导，负责管理一定区域范围内的海关业务的海关；隶属海关，是指由直属海关领导，负责办理具体海关业务的海关。

进出境运输工具，是指用以载运人员、货物、物品进出境的各种船舶、车辆、航空器和驮畜。

过境、转运和通运货物，是指由境外启运、通过中国境内继续运往境外的货物。其中，通过境内陆路运输的，称过境货物；在境内设立海关的地点换装运输工具，而不通过境内陆路运输的，称转运货物；由船舶、航空器载运进境并由原装运输工具载运出境的，称通运货物。

海关监管货物，是指本法第二十三条所列的进出口货物，过境、转运、通运货物，特定减免税货物，以及暂时进出口货物、保税货物和其他尚未办结海关手续的进出境货物。

保税货物，是指经海关批准未办理纳税手续进境，在境内储存、加工、装配后复运出境的货物。

海关监管区，是指设立海关的港口、车站、机场、国界孔道、国际邮件互换局（交换站）和其他有海关监管业务的场所，以及虽未设立海关，但是经国务院批准的进出境地点。

第一百零一条 经济特区等特定地区同境内其他地区之间往来的运输工具、货物、物品的监管办法，由国务院另行规定。

第一百零二条 本法自 1987 年 7 月 1 日起施行。1951 年 4 月 18 日中央人民政府公布的《中华人民共和国暂行海关法》同时废止。

中华人民共和国对外贸易法

（1994 年 5 月 12 日第八届全国人民代表大会常务委员会第七次会议通过）

第一章　总　　则

第一条　为了发展对外贸易，维护对外贸易秩序，促进社会主义市场经济的健康发展，制定本法。

第二条　本法所称对外贸易，是指货物进出口、技术进出口和国际服务贸易。

第三条　国务院对外经济贸易主管部门依照本法主管全国对外贸易工作。

第四条　国家实行统一的对外贸易制度，依法维护公平的、自由的对外贸易秩序。

国家鼓励发展对外贸易，发挥地方的积极性，保障对外贸易经营者的经营自主权。

第五条　中华人民共和国根据平等互利的原则，促进和发展同其他国家和地区的贸易关系。

第六条　中华人民共和国在对外贸易方面根据所缔结或者参加的国际条约、协定，给予其他缔约方、参加方或者根据互惠、对等原则给予对方最惠国待遇、国民待遇。

第七条　任何国家或者地区在贸易方面对中华人民共和国采取歧视性的禁止、限制或者其他类似措施的，中华人民共和国可以根据实际情况对该国家或者该地区采取相应的措施。

第二章　对外贸易经营者

第八条　本法所称对外贸易经营者，是指依照本法规定从事对外贸易经营活动的法人和其他组织。

第九条　从事货物进出口与技术进出口的对外贸易经营，必须具备下列条件，经国务院对外经济贸易主管部门许可：

（一）有自己的名称和组织机构；

（二）有明确的对外贸易经营范围；

（三）具有其经营的对外贸易业务所必需的场所、资金和专业人员；

（四）委托他人办理进出口业务达到规定的实绩或者具有必需的进出口货源；

（五）法律、行政法规规定的其他条件。

前款规定的实施办法由国务院规定。

外商投资企业依照有关外商投资企业的法律、行政法规的规定，进口企业自用的非生产物品，进口企业生产所需的设备、原材料和其他物资，出口其生产的产品，免予办理第一款规定的许可。

第十条　国际服务贸易企业和组织的设立及其经营活动，应当遵守本法和其他有关法律、行政法规的规定。

第十一条　对外贸易经营者依法自主经营、自负盈亏。

第十二条　对外贸易经营者从事对外贸易经营活动，应当信守合同，保证商品质量，完善售后服务。

第十三条　没有对外贸易经营许可的组织或者个人，可以在国内委托对外贸易经营者在其经营范围内代为办理其对外贸易业务。

接受委托的对外贸易经营者应当向委托方如实提供市场行情、商品价格、客户情况等有关的经营信息。委托方与被委托方应当签订委托合同，双方的权利义务由合同约定。

第十四条　对外贸易经营者应当按照国务院对外经济贸易主管部门的规定，向有关部门提交与其对外贸易经营活动有关的文件及资料。有关部门应当为提供者保守商业秘密。

第三章　货物进出口与技术进出口

第十五条　国家准许货物与技术的自由进出口。但是，法律、行政法规另有规定的除外。

第十六条　属于下列情形之一的货物、技术，国家可以限制进口或者出口；

（一）为维护国家安全或者社会公共利益，需要限制进口或者出口的；

（二）国内供应短缺或者为有效保护可能用竭的国内资源，需要限制出口的；

（三）输往国家或者地区的市场容量有限，需要限制出口的；

（四）为建立或者加快建立国内特定产业，需要限制进口的；

（五）对任何形式的农业、牧业、渔业产品有必要限制出口的；

（六）为保障国家国际金融地位和国际收支平衡，需要限制进口的；

（七）根据中华人民共和国所缔结或者参加的国际条约、协定的规定，需要限制进口或者出口的。

第十七条　属于下列情形之一的货物、技术，国家禁止进口或者出口：

(一) 危害国家安全或者社会公共利益的；
(二) 为保护人的生命或者健康，必须禁止进口或者出口的；
(三) 破坏生态环境的；
(四) 根据中华人民共和国所缔结或者参加的国际条约、协定的规定，需要禁止进口或者出口的。

第十八条 国务院对外经济贸易主管部门应当会同国务院有关部门，依照本法第十六条、第十七条的规定，制定、调整并公布限制或者禁止进出口的货物、技术目录。

国务院对外经济贸易主管部门或者由其会同国务院有关部门，经国务院批准，可以在本法第十六条、第十七条规定的范围内，临时决定限制或者禁止前款规定目录以外的特定货物、技术的进口或者出口。

第十九条 对限制进口或者出口的货物，实行配额或者许可证管理；对限制进口或者出口的技术，实行许可证管理。

实行配额或者许可证管理的货物、技术，必须依照国务院规定，经国务院对外经济贸易主管部门或者由其余同国务院有关部门许可，方可进口或者出口。

第二十条 进出口货物配额，由国务院对外经济贸易主管部门或者国务院有关部门在各自的职责范围内，根据申请者的进出口实绩、能力等条件，按照效益、公正、公开和公平竞争的原则进行分配。

配额的分配方式和办法由国务院规定。

第二十一条 对文物、野生动植物及其产品等货物、物品，其它法律、行政法规有禁止进出口或者限制进出口规定的，依照有关法律、行政法规的规定办理。

第四章　国际服务贸易

第二十二条 国家促进国际服务贸易的逐步发展。

第二十三条 中华人民共和国在国际服务贸易方面根据所缔结或者参加的国际条约、协定中所作的承诺，给予其他缔约方、参加方市场准入和国民待遇。

第二十四条 国家基于下列原因之一，可以限制国际服务贸易：
(一) 为维护国家安全或者社会公共利益；
(二) 为保护生态环境；
(三) 为建立或者加快建立国内特定的服务行业；
(四) 为保障国家外汇收支平衡；
(五) 法律、行政法规规定的其他限制。

第二十五条 属于下列情形之一的国际服务贸易，国家予以禁止：
(一) 危害国家安全或者社会公共利益的；
(二) 违反中华人民共和国承担的国际义务的；
(三) 法律、行政法规规定禁止的。

第二十六条 国务院对外经济贸易主管部门和国务院有关部门，依照本法和其它有关法律、行政法规，对国际服务贸易进行管理。

第五章　对外贸易秩序

第二十七条 对外贸易经营者在对外贸易经营活动中，应当依法经营，公平竞争，不得有下列行为：
(一) 伪造、变造或者买卖进出口原产地证明、进出口许可证；
(二) 侵害中华人民共和国法律保护的知识产权；
(三) 以不正当竞争手段排挤竞争对手；
(四) 骗取国家的出口退税；
(五) 违反法律、行政法规规定的其他行为。

第二十八条 对外贸易经营者在对外贸易经营活动中，应当依照国家有关规定结汇、用汇。

第二十九条 因进口产品数量增加，使国内相同产品或者与其直接竞争的产品的生产者受到严重损害或者严重损害的威胁时，国家可以采取必要的保障措施，消除或者减轻这种损害或者损害的威胁。

第三十条 产品以低于正常价值的方式进口，并由此对国内已建立的相关产业造成实质损害或者产生实质损害的威胁，或者对国内建立相关产业造成实质阻碍时，国家可以采取必要措施，消除或者减轻这种损害或者损害的威胁或者阻碍。

第三十一条 进口的产品直接或者间接地接受出口国给予的任何形式的补贴，并由此对国内已建立的相关产业造成实质损害或者产生实质损害的威胁，或者对国内建立相关产业造成实质阻碍时，国家可以采取必要措施，消除或者减轻这种损害或者损害的威胁或者阻碍。

第三十二条 发生第二十九条、第三十条、第三十一条规定的情况时，国务院规定的部门或者机构应当依照法律、行政法规的规定进行调查，作出处理。

第六章　对外贸易促进

第三十三条　国家根据对外贸易发展的需要，建立和完善为对外贸易服务的金融机构，设立对外贸易发展基金、风险基金。

第三十四条　国家采取进出口信贷、出口退税及其他对外贸易促进措施，发展对外贸易。

第三十五条　对外贸易经营者可以依法成立和参加进出口商会。

进出口商会应当遵守法律、行政法规，依照章程对其会员的对外贸易经营活动进行协调指导，提供咨询服务，向政府有关部门反映会员有关对外贸易促进方面的建议，并积极开展对外贸易促进活动。

第三十六条　中国国际贸易促进组织依照章程开展对外联系，举办展览，提供信息、咨询服务和其他对外贸易促进活动。

第三十七条　国家扶持和促进民族自治地方和经济不发达地区发展对外贸易。

第七章　法律责任

第三十八条　走私禁止进出口或者限制进出口的货物，构成犯罪的，依照惩治走私罪的补充规定追究刑事责任；不构成犯罪的，依照海关法的规定处罚。国务院对外经济贸易主管部门并可以撤销其对外贸易经营许可。

第三十九条　伪造、变造进出口原产地证明、进出口许可证，依照刑法第一百六十七条的规定追究刑事责任；买卖进出口原产地证明、进出口许可证或者买卖伪造、变造的进出口原产地证明、进出口许可证，比照刑法第一百六十七条的规定追究刑事责任。

明知是伪造、变造的进出口许可证而用以进口或者出口货物，依照本法第三十八条的规定处罚。

第四十条　违反本法规定，进口或者出口禁止进出口或者限制进出口的技术，构成犯罪的，比照惩治走私罪的补充规定追究刑事责任。

第四十一条　国家对外贸易工作人员玩忽职守、徇私舞弊或者滥用职权，构成犯罪的，依法追究刑事责任；不构成犯罪的，给予行政处分。

国家对外贸易工作人员利用职务上的便利，索取他人财物，或者非法收受他人财物为他人谋取利益，构成犯罪的，依照惩治贪污罪贿赂罪的补充规定追究刑事责任；不构成犯罪的，给予行政处分。

第八章　附　　则

第四十二条　国家对边境城镇与接壤国家边境城镇之间的贸易以及边民互市贸易，采取灵活措施，给予优惠和便利。具体办法由国务院规定。

第四十三条　中华人民共和国的单独关税区不适用本法。

第四十四条　本法自1994年7月1日起施行。

中华人民共和国进出口商品检验法

（1989年2月21日第七届全国人民代表大会常务委员会第六次会议通过）

第一章　总　　则

第一条　为了加强进出口商品检验工作，保证进出口商品的质量，维护对外贸易有关各方的合法权益，促进对外经济贸易关系的顺利发展，制定本法。

第二条　国务院设立进出口商品检验部门（以下简称国家商检部门），主管全国进出口商品检验工作。国家商检部门设在各地的进出口商品检验机构（以下简称商检机构）管理所辖地区的进出口商品检验工作。

第三条　商检机构和国家商检部门、商检机构指定的检验机构，依法对进出口商品实施检验。

第四条　国家商检部门根据对外贸易发展的需要，制定、调整并公布《商检机构实施检验的进出口商品种类表》（以下简称《种类表》）。

第五条　列入《种类表》的进出口商品和其他法律、行政法规规定须经商检机构检验的进出口商品，必须经过商检机构或者国家商检部门、商检机构指定的检验机构检验。

前款规定的进口商品未经检验的，不准销售、使用；前款规定的出口商品未经检验合格的，不准出口。

本条第一款规定的进出口商品，经收货人、发货人申请，国家商检部门审查批准，可以免予检验。

第六条　商检机构实施进出口商品检验的内容，包括商品的质量、规格、数量、重量、包装以及是否符合安全、卫生要求。

法律、行政法规规定有强制性标准或者其他必须执行的检验标准的进出口商品，依照法律、行政法规规定的检验标准检验；法律、行政法规未规定有强制性标准或者其他必须执行的检验标准的，依照对外贸易合同约定的检验标准检验。

第七条　法律、行政法规规定由其他检验机构实施检验的进出口商品或者检验项目，依照有关法律、行政法规的规定办理。

第八条　国家商检部门和商检机构应当搜集和向有关方面提供进出口商品检验方面的信息。

第二章　进口商品的检验

第九条　本法规定必须经商检机构检验的进口商品的收货人，必须向卸货口岸或者到达站的商检机构办理进口商品登记。对列入《种类表》的进口商品，海关凭商检机构在报关单上加盖的印章验放。

第十条　本法规定必须经商检机构检验的进口商品的收货人，应当在商检机构规定的地点和期限内，向商检机构报验。商检机构应当在对外贸易合同约定的索赔期限内检验完毕，并出具证明。

第十一条　本法规定必须经商检机构检验的进口商品以外的进口商品的收货人，发现进口商品质量不合格或者残损短缺，需要由商检机构出证索赔的，应当向商检机构申请检验出证。

第十二条　对重要的进口商品和大型的成套设备，收货人应当依据对外贸易合同约定在出口国装运前进行预检验、监造或者监装，主管部门应当加强监督；商检机构根据需要可以派出检验人员参加。

第三章　出口商品的检验

第十三条　本法规定必须经商检机构检验的出口商品的发货人，应当在商检机构规定的地点和期限内，向商检机构报验。商检机构应当在不延误装运的期限内检验完毕，并出具证明。

对列入《种类表》的出口商品，海关凭商检机构签发的检验证书、放行单或者在报关单上加盖的印章验放。

第十四条　经商检机构检验合格发给检验证书或者放行单的出口商品，应当在商检机构规定的期限内报运出口；超过期限的，应当重新报验。

第十五条　为出口危险货物生产包装容器的企业，必须申请商检机构进行包装容器的性能鉴定。生产出口危险货物的企业，必须申请商检机构进行包装容器的使用鉴定。使用未经鉴定合格的包装容器的危险货物，不准出口。

第十六条　对装运出口易腐烂变质食品的船舱和集装箱，承运人或者装箱单位必须在装货前申请检验。未经检验合格的，不准装运。

第四章　监　督　管　理

第十七条　商检机构对本法规定必须经商检机构检验的进出口商品以外的进出口商品，可以抽查检验。出口商品经抽查检验不合格的，不准出口。

第十八条　商检机构根据检验工作的需要，可以向列入《种类表》的出口商品的生产企业派出检验人员，参与监督出口商品出厂前的质量检验工作。

第十九条 商检机构可以根据国家商检部门同外国有关机构签订的协议或者接受外国有关机构的委托进行进出口商品质量认证工作，准许在认证合格的进出口商品上使用质量认证标志。

第二十条 国家商检部门和商检机构根据检验工作的需要，通过考核，认可符合条件的国内外检验机构承担委托的进出口商品检验工作。

第二十一条 国家商检部门和商检机构对其指定或者认可的检验机构的进出口商品检验工作进行监督，可以对其检验的商品抽查检验。

第二十二条 商检机构根据需要，对重要的进出口商品及其生产企业实行质量许可制度，具体办法由国家商检部门会同国务院有关主管部门制定。

第二十三条 商检机构根据需要，对检验合格的进出口商品，可以加施商检标志或者封识。

第二十四条 进出口商品的报验人对商检机构作出的检验结果有异议的，可以向原商检机构或者其上级商检机构以至国家商检部门申请复验，由受理复验的商检机构或者国家商检部门作出复验结论。

第二十五条 商检机构和其指定的检验机构以及经国家商检部门批准的其他检验机构，可以接受对外贸易关系人或者外国检验机构的委托，办理进出口商品鉴定业务。

进出口商品鉴定业务的范围包括：进出口商品的质量、数量、重量、包装鉴定，海损鉴定，集装箱检验，进口商品的残损鉴定，出口商品的装运技术条件鉴定、货载衡量、产地证明、价值证明以及其他业务。

第五章 法 律 责 任

第二十六条 违反本法规定，对列入《种类表》的和其他法律、行政法规规定必须经商检机构检验的进口商品未报经检验而擅自销售或者使用的，对列入《种类表》的和其他法律、行政法规规定必须经商检机构检验的出口商品未报经检验合格而擅自出口的，由商检机构处以罚款；情节严重，造成重大经济损失的，对直接责任人员比照刑法第一百八十七条的规定追究刑事责任。

违反本法第十七条的规定，对经商检机构抽样检验不合格的出口商品擅自出口的，依照前款的规定处罚。

第二十七条 伪造、变造商检单证、印章、标志、封识、质量认证标志，构成犯罪的，对直接责任人员比照刑法第一百六十七条的规定追究刑事责任；情节轻微的，由商检机构处以罚款。

第二十八条 当事人对商检机构的处罚决定不服的，可以自收到处罚通知之日起30天内，向作出处罚决定的商检机构或者其上级商检机构或者国家商检部门申请复议；对复议决定不服的，可以自收到复议决定书之日起30天内，向法院起诉。当事人逾期不申请复议或者不起诉又拒不履行的，由作出处罚决定的商检机构申请法院强制执行。

第二十九条 国家商检部门、商检机构的工作人员和国家商检部门、商检机构指定的检验机构的检验人员、滥用职权，徇私舞弊，伪造检验结果的，或者玩忽职守，延误检验出证的，根据情节轻重，给予行政处分或者依法追究刑事责任。

第六章 附 则

第三十条 商检机构和其他检验机构依照本法的规定实施检验和办理鉴定业务，依照规定收费。收费办法由国家商检部门会同国务院有关主管部门制定。

第三十一条 国家商检部门根据本法制定实施办法，报国务院批准后施行。

第三十二条 本法自1989年8月1日起施行。1984年1月28日国务院发布的《中华人民共和国进出口商品检验条例》同时废止。

中华人民共和国进出境动植物检疫法

（1991年10月30日中华人民共和国主席令第53号公布）

第一章　总　　则

第一条　为防止动物传染病、寄生虫病和植物危险性病、虫、杂草以及其他有害生物（以下简称病虫害）传入、传出国境，保护农、林、牧、渔业生产和人体健康，促进对外经济贸易的发展，制定本法。

第二条　进出境的动植物、动植物产品和其他检疫物，装载动植物、动植物产品和其他检疫物的装载容器、包装物，以及来自动植物疫区的运输工具，依照本法规定实施检疫。

第三条　国务院设立动植物检疫机关（以下简称国家动植物检疫机关），统一管理全国进出境动植物检疫工作。国家动植物检疫机关在对外开放的口岸和进出境动植物检疫业务集中的地点设立的口岸动植物检疫机关，依照本法规定实施进出境动植物检疫。

贸易性动物产品出境的检疫机关，由国务院根据情况规定。

国务院农业行政主管部门主管全国进出境动植物检疫工作。

第四条　口岸动植物检疫机关在实施检疫时可以行使下列职权：

（一）依照本法规定登船、登车、登机实施检疫；

（二）进入港口、机场、车站、邮局以及检疫物的存放、加工、养殖、种植场所实施检疫，并依照规定采样；

（三）根据检疫需要，进入有关生产、仓库等场所，进行疫情监测、调查和检疫监督管理；

（四）查阅、复制、摘录与检疫物有关的运行日志、货运单、合同、发票及其他单证。

第五条　国家禁止下列各物进境：

（一）动植物病原体（包括菌种、毒种等）、害虫及其他有害生物；

（二）动植物疫情流行的国家和地区的有关动植物、动植物产品和其他检疫物；

（三）动物尸体；

（四）土壤。

口岸动植物检疫机关发现有前款规定的禁止进境物的，作退回或者销毁处理。

因科学研究等特殊需要引进本条第一款规定的禁止进境物的，必须事先提出申请，经国家动植物检疫机关批准。

本条第一款第二项规定的禁止进境物的名录，由国务院农业行政主管部门制定并公布。

第六条　国外发生重大动植物疫情并可能传入中国时，国务院应当采取紧急预防措施，必要时可以下令禁止来自动植物疫区的运输工具进境或者封锁有关口岸；受动植物疫情威胁地区的地方人民政府和有关口岸动植检疫机关，应当立即采取紧急措施，同时向上级人民政府和国家动植物检疫机关报告。

邮电、运输部门对重大动植物疫情报告和送检材料应当优先传送。

第七条　国家动植物检疫机关和口岸动植物检疫机关对进出境动植物、动植物产品的生产、加工、存放过程，实行检疫监督制度。

第八条　口岸动植物检疫机关在港口、机场、车站、邮局执行检疫任务时，海关、交通、民航、铁路、邮电等有关部门应当配合。

第九条　动植物检疫机关检疫人员必须忠于职守，秉公执法。

动植物检疫机关检疫人员依法执行公务，任何单位和个人不得阻挠。

第二章　进　境　检　疫

第十条　输入动物、动物产品、植物种子、种苗及其他繁殖材料的，必须事先提出申请，办理检疫审批手续。

第十一条　通过贸易、科技合作、交换、赠送、援助等方式输入动植物、动植物产品和其他检疫物的，应当在合同或者协议中订明中国法定的检疫要求，并订明必须附有输出国家或者地区政府动植物检疫机关出具的检疫证书。

第十二条　货主或者其代理人应当在动植物、动植物产品和其他检疫物进境前或者进境时持输出国家或者地区的检疫证书、贸易合同等单证，向进境口岸动植物检疫机关报检。

第十三条　装载动物的运输工具抵达口岸时，口岸动植物检疫机关应当采取现场预防措施，对上下运输工具或者接近动物的人员、装载动物的运输工具和被污染的场地作防疫消毒处理。

第十四条　输入动植物、动植物产品和其他检疫物，应当在进境口岸实施检疫。未经口岸动植物检疫机关同意，不得卸离运输工具。

输入动植物，需隔离检疫的，在口岸动植物检疫机关指定的隔离场所检疫。

因口岸条件限制等原因，可以由国家动植物检疫机关决定将动植物、动植物产品和其他检疫物运往指定地点检疫。在运输、装卸过程中，货主或者其他代理人应当采取防疫措施。指定的存放、加工和隔离饲养或者隔离种植的场所，应当符合动植物检疫和防疫的规定。

第十五条 输入动植物、动植物产品和其他检疫物，经检疫合格的，准予进境；海关凭口岸动植物检疫机关签发的检疫单证或者在报关单上加盖的印章验放。

输入动植物、动植物产品和其他检疫物，需调离海关监管区检疫的，海关凭口岸动植物检疫机关签发的《检疫调离通知单》验放。

第十六条 输入动物，经检疫不合格的，由口岸动植物检疫机关签发《检疫处理通知单》，通知货主或者其代理人作如下处理：

(一) 检出一类传染病、寄生虫病的动物，连同其同群动物全群退回或者全群扑杀并销毁尸体；

(二) 检出二类传染病、寄生虫病的动物，退回或者扑杀，同群其他动物在隔离场或者其他指定地点隔离观察。

输入动物产品和其他检疫物经检疫不合格的，由口岸动植物检疫机关签发《检疫处理通知单》，通知货主或者其代理人作除害、退回或者销毁处理。经除害处理合格的，准予进境。

第十七条 输入植物、植物产品和其他检疫物，经检疫发现有植物危险性病、虫、杂草的，由口岸动植物检疫机关签发《检疫处理通知单》，通知货主或者其代理人作除害、退回或者销毁处理。经除害处理合格的，准予进境。

第十八条 本法第十六条第一款第一项、第二项所称一类、二类动物传染病、寄生虫病的名录和本法第十七条所称植物危险性病、虫、杂草的名录，由国务院农业行政主管部门制定并公布。

第十九条 输入动植物、动植物产品和其他检疫物，经检疫发现有本法第十八条规定的名录之外，对农、林、牧、渔业有严重危害的其他病虫害的，由口岸动植物检疫机关依照国务院农业行政主管部门的规定，通知货主或者其代理人作除害、退回或者销毁处理。经除害处理合格的，准予进境。

第三章 出境检疫

第二十条 货主或者其代理人在动植物、动植物产品和其他检疫物出境前，向口岸动植物检疫机关报检。

出境前需经隔离检疫的动物，在口岸动植物检疫机关指定的隔离场所检疫。

第二十一条 输出动植物、动植物产品和其他检疫物，由口岸动植物检疫机关实施检疫，经检疫合格或者经除害处理合格的，准予出境；海关凭口岸动植物检疫机关签发的检疫证书或者在报关单上加盖的印章验放。检疫不合格又无有效方法作除害处理的，不准出境。

第二十二条 经检疫合格的动植物、动植物产品和其他检疫物，有下列情形之一的，货主或者其代理人应当重新报检：

(一) 更改输入国家或者地区，更改后的输入国家或者地区又有不同检疫要求的；

(二) 改换包装或者原未拼装后来拼装的；

(三) 超过检疫规定有效期限的。

第四章 过境检疫

第二十三条 要求运输动物过境的，必须事先商得中国国家动植物检疫机关同意，并按照指定的口岸和路线过境。

装载过境动物的运输工具、装载容器、饲料和铺垫材料必须符合中国动植物检疫的规定。

第二十四条 运输动植物、动植物产品和其他检疫物过境的，由承运人或者押运人持货运单和输出国家或者地区政府动植物检疫机关出具的检疫证书，在进境时向口岸动植物检疫机关报检，出境口岸不再检疫。

第二十五条 过境的动物经检疫合格的，准予过境；发现有本法第十八条规定的名录所列的动物传染病、寄生虫病的，全群动物不准过境。

过境动物的饲料受病虫害污染的，作除害、不准过境或者销毁处理。

过境动物的尸体、排泄物、铺垫材料及其他废弃物，必须按照动植物检疫机关的规定处理，不得擅自抛弃。

第二十六条 对过境植物、动植物产品和其他检疫物，口岸动植物检疫机关检查运输工具或者包装，经检疫合格的，准予过境；发现有本法第十八条规定的名录所列的病虫害的，作除害处理或者不准过境。

第二十七条 动植物、动植物产品和其他检疫物过境期间，未经动植物检疫机关批准，不得开拆包装或者卸离运输工具。

第五章 携带、邮寄物检疫

第二十八条 携带、邮寄植物种子、种苗及其他繁殖材料进境的，必须事先提出申请，办理检疫审批手续。

第二十九条 禁止携带、邮寄进境的动植物、动植物产品和其他检疫物的名录，由国务院农业行政主管部门制定并公布。

携带、邮寄前款规定的名录所列的动植物、动植物产品和其他检疫物进境的，作退回或者销毁处理。

第三十条 携带本法第二十九条规定的名录以外的动植物、动植物产品和其他检疫物进境的，在进境时向海关申报并接受口岸动植物检疫机关的检疫。

携带动物进境的，必须持有输出国家或者地区的检疫证书等证件。

第三十一条 邮寄本法第二十九条规定的名录以外的动植物、动植物产品和其他检疫物进境的，由口岸动植物检疫机关在国际邮件互换局实施检疫，必要时可以取回口岸动植物检疫机关检疫；未经检疫不得运递。

第三十二条 邮寄进境的动植物、动植物产品和其他检疫物，经检疫或者除害处理合格后放行，经检疫不合格又无有效方法作除害处理的，作退回或者销毁处理，并签发《检疫处理通知单》。

第三十三条 携带、邮寄出境的动植物、动植物产品和其他检疫物，物主有检疫要求的，由口岸动植物检疫机关实施检疫。

第六章 运输工具检疫

第三十四条 来自动植物疫区的船舶、飞机、火车抵达口岸时，由口岸动植物检疫机关实施检疫。发现有本法第十八条规定的名录所列的病虫害的，作不准带离运输工具、除害、封存或者销毁处理。

第三十五条 进境的车辆，由口岸动植物检疫机关作防疫消毒处理。

第三十六条 进出境运输工具上的泔水、动植物性废弃物，依照口岸检疫机关的规定处理，不得擅自抛弃。

第三十七条 装载出境的动植物、动植物产品和其他检疫物的运输工具，应当符合动植物检疫和防疫的规定。

第三十八条 进境供拆船用的废旧船舶，由口岸动植物检疫机关实施检疫，发现有本法第十八条规定的名录所列的病虫害的，作除害处理。

第七章 法律责任

第三十九条 违反本法规定，有下列行为之一的，由口岸动植物检疫机关处以罚款：

(一) 未报检或者未依法办理检疫审批手续的；

(二) 未经口岸动植物检疫机关许可擅自将进境动植物、动植物产品或者其他检疫物卸离运输工具或者运递的；

(三) 擅自调离或者处理在口岸动植物检疫机关指定的隔离场所中隔离检疫的动植物的。

第四十条 报检的动植物、动植物产品或者其他检疫物与实际不符的，由口岸动植物检疫机关处以罚款；已取得检疫单证的，予以吊销。

第四十一条 违反本法规定，擅自开拆过境动植物、动植物产品或者其他检疫物的包装的，擅自将过境动植物、动植物产品或者其他检疫物卸离运输工具的，擅自抛弃过境动物尸体、排泄物、铺垫材料或者其他废弃物的，由动植物检疫机关处以罚款。

第四十二条 违反本法规定，引起重大动植物疫情的，比照刑法第一百七十八条的规定追究刑事责任。

第四十三条 伪造、变造检疫单证、印章、标志、封识，依照刑法第一百六十七条的规定追究刑事责任。

第四十四条 当事人对动植物检疫机关的处罚决定不服的，可以在接到处罚通知之日起十五日内向作出处罚决定的机关的上一级机关申请复议；当事人也可以在接到处罚通知之日起十五日内直接向人民法院起诉。

复议机关应当在接到复议申请之日起六十日内作出复议决定。当事人对复议决定不服的，可以在接到复议决定之日起十五日内向人民法院起诉。复议机关逾期不作出复议决定的，当事人可以在复议期满之日起十五日内向人民法院起诉。

当事人逾期不申请复议也不向人民法院起诉，又不履行处罚决定的，作出处罚决定的机关可以申请人民法院强制执行。

第四十五条 动植物检疫机关检疫人员滥用职权，徇私舞弊，伪造检疫结果，或者玩忽职守，延误检疫出证，构成犯罪的，依法追究刑事责任；不构成犯罪的，给予行政处分。

第八章 附 则

第四十六条 本法下列用语的含义是：

(一)“动物”是指饲养、野生的活动物，如畜、禽、兽、蛇、龟、鱼、虾、蟹、贝、蚕、蜂等；

(二)“动物产品”是指来源于动物未经加工或者虽经加工但仍有可能传播疫病的产品，如生皮张、毛类、肉类、脏器、油脂，动物水产品、奶制品、蛋类、血液、精液、胚胎、骨、蹄、角等；

(三)“植物”是指栽培植物、野生植物及其种子、种苗及其他繁殖材料等；

(四)“植物产品”是指来源于植物未经加工或者加工或者虽经加工但仍有可能传播病虫害的产品，如粮食、豆、棉花、油、麻、烟草、籽仁、干果、鲜果、蔬菜、生药材、木材、饲料等；

(五)“其他检疫物”是指动物疫苗、血清、诊断液、动植物性废弃物等。

第四十七条 中华人民共和国缔结或者参加的有关动植物检疫的国际条约与本法有不同规定的，适用该国际条约的规定。但是，中华人民共和国声明保留的条款除外。

第四十八条 口岸动植物检疫机关实施检疫依照规定收费。收费办法由国务院农业行政主管部门会同国务院物价等有关主管部门制定。

第四十九条 国务院根据本法制定实施条例。

第五十条 本法自 1992 年 4 月 1 日起施行。1982 年 6 月 4 日国务院发布的《中华人民共和国进出口动植物检疫条例》同时废止。

中华人民共和国国境卫生检疫法

（1986 年 12 月 2 日中华人民共和国主席令第 46 号公布）

第一章 总 则

第一条 为了防止传染病由国外传入或者由国内传出，实施国境卫生检疫，保护人体健康，制定本法。

第二条 在中华人民共和国国际通航的港口、机场以及陆地边境和国界江河的口岸（以下简称国境口岸），设立国境卫生检疫机关，依照本法规定实施传染病检疫、监测和卫生监督。

国务院卫生行政部门主管全国国境卫生检疫工作。

第三条 本法规定的传染病是指检疫传染病和监测传染病。

检疫传染病，是指鼠疫、霍乱、黄热病以及国务院确定和公布的其他传染病。

监测传染病，由国务院卫生行政部门确定和公布。

第四条 入境、出境的人员、交通工具、运输设备以及可能传播检疫传染病的行李、货物、邮包等物品，都应当接受检疫，经国境卫生检疫机关许可，方准入境或者出境。具体办法由本法实施细则规定。

第五条 国境卫生检疫机关发现检疫传染病或者疑似检疫传染病时，除采取必要措施外，必须立即通知当地卫生行政部门，同时用最快的方法报告国务院卫生行政部门，最迟不得超过二十四小时，邮电部门对疫情报告应当优先传送。

中华人民共和国与外国之间的传染病疫情通报，由国务院卫生行政部门会同有关部门办理。

第六条 在国外或者国内有检疫传染病大流行的时候，国务院可以下令封锁有关的国境或者采取其他紧急措施。

第二章 检 疫

第七条 入境的交通工具和人员，必须在最先到达的国境口岸的指定地点接受检疫，除引航员外，未经国境卫生检疫机关许可，任何人不准上下交通工具，不准装卸行李、货物、邮包等物品。具体办法由本法实施细则规定。

第八条 出境的交通工具和人员，必须在最后离开的国境口岸接受检疫。

第九条 来自国外的船舶、航空器因故停泊、降落在中国境内非口岸地点的时候，船舶、航空器的负责人应当立即向就近的国境卫生检疫机关或者当地卫生行政部门报告。除紧急情况外，未经国境卫生检疫机关或者当地卫生行政部门许可，任何人不准上下船舶、航空器，不准装卸行李、货物、邮包等物品。

第十条 在国境口岸发现检疫传染病、疑似检疫传染病，或者有人非因意外伤害而死亡并死因不明的，国境口岸有关单位和交通工具的负责人，应当立即向国境卫生检疫机关报告，并申请临时检疫。

第十一条 国境卫生检疫机关依据检疫医师提供的检疫结果，对未染有检疫传染病或者已实施卫生处理的交通工具，签发入境检疫证或者出境检疫证。

第十二条 国境卫生检疫机关对检疫传染病染疫人必须立即将其隔离，隔离期限根据医学检查结果确定；对检疫传染病染疫嫌疑人应当将其留验，留验期限根据该传染病的潜伏期确定。

因患检疫传染病而死亡的尸体，必须就近火化。

第十三条 接受入境检疫的交通工具有下列情形之一的，应当实施消毒、除鼠、除虫或者其他卫生处理：

（一）来自检疫传染病疫区的；

（二）被检疫传染病污染的；

（三）发现有与人类健康有关的啮齿动物或者病媒昆虫的。

如果外国交通工具的负责人拒绝接受卫生处理，除有特殊情况外，准许该交通工具在国境卫生检疫机关的监督下，立即离开中华人民共和国国境。

第十四条 国境卫生检疫机关对来自疫区的、被检疫传染病污染的或者可能成为检疫传染病传播媒介的行李、货物、邮包等物品，应当进行卫生检查，实施消毒、除鼠、除虫或者其他卫生处理。

入境、出境的尸体、骸骨的托运人或者其代理人，必须向国境卫生检疫机关申报，经卫生检查合格后发给入境、出境许可证，方准运进或者运出。

第三章 传染病监测

第十五条 国境卫生检疫机关对入境、出境的人员实施传染病监测，并且采取必要的预防、控制措施。

第十六条 国境卫生检疫机关有权要求入境、出境的人员填写健康申明卡，出示某种传染病的预防接种证书、健康证明或者其他有关证件。

第十七条 对患有监测传染病的人、来自国外监测传染病流行区的人或者与监测传染病人密切接触的人，国境卫生检疫机关应当区别情况，发给就诊方便卡，实施留验或者采取其他预防、控制措施，并及时通知当地卫生行政部门。各地医疗单位对持有就诊方便卡的人员，应当优先诊治。

第四章 卫生监督

第十八条 国境卫生检疫机关根据国家规定的卫生标准，对国境口岸的卫生状况和停留在国境口岸的入境、出境的交通工具的卫生状况实施卫生监督：

(一) 监督和指导有关人员对啮齿动物、病媒昆虫的防除；

(二) 检查和检验食品、饮用水及其储存、供应、运输设施；

(三) 监督从事食品、饮用水供应的从业人员的健康状况，检查其健康证明书；

(四) 监督和检查垃圾、废物、污水、粪便、压舱水的处理。

第十九条 国境卫生检疫机关设立国境口岸卫生监督员，执行国境卫生检疫机关交给的任务。

国境口岸卫生监督员在执行任务时，有权对国境口岸和入境、出境的交通工具进行卫生监督和技术指导，对卫生状况不良和可能引起传染病传播的因素提出改进意见，协同有关部门采取必要的措施，进行卫生处理。

第五章 法律责任

第二十条 对违反本法规定，有下列行为之一的单位或者个人，国境卫生检疫机关可以根据情节轻重，给予警告或者罚款：

(一) 逃避检疫，向国境卫生检疫机关隐瞒真实情况的；

(二) 入境的人员未经国境卫生检疫机关许可，擅自上下交通工具，装卸行李、货物、邮包等物品，不听劝阻的。

罚款全部上缴国库。

第二十一条 当事人对国境卫生检疫机关给予的罚款决定不服的，可以在接到通知之日起15日内，向当地人民法院起诉。逾期不起诉又不履行的，国境卫生检疫机关可以申请人民法院强制执行。

第二十二条 违反本法规定，引起检疫传染病传播或者有引起检疫传染病传播严重危险的，依照《中华人民共和国刑法》第一百七十八条的规定追究刑事责任。

第二十三条 国境卫生检疫机关工作人员，应当秉公执法，忠于职守，对入境、出境的交通工具和人员，及时进行检疫；违法失职的，给予行政处分，情节严重构成犯罪的，依法追究刑事责任。

第六章 附则

第二十四条 中华人民共和国缔结或者参加的有关卫生检疫的国际条约同本法有不同规定的，适用该国际条约的规定。但是，中华人民共和国声明保留的条款除外。

第二十五条 中华人民共和国边防机关与邻国边防机关之间在边境地区的往来，居住在两国边境接壤地区的居民在边境指定地区的临时往来，双方的交通工具和人员的入境、出境检疫，依照双方协议办理，没有协议的，依照中国政府的有关规定办理。

第二十六条 国境卫生检疫机关实施卫生检疫，按照国家规定收取费用。

第二十七条 国务院卫生行政部门根据本法制定实施细则，报国务院批准后施行。

第二十八条 本法自1987年5月1日起施行。1957年12月23日公布的《中华人民共和国国境卫生检疫条例》同时废止。

中华人民共和国海关稽查条例

（1997年1月3日中华人民共和国国务院令第209号公布）

第一章 总 则

第一条 为了建立、健全海关稽查制度，加强海关监督管理，维护正常的进出口秩序和当事人的合法权益，保障国家税收收入，促进对外贸易的发展，制定本条例。

第二条 本条例所称海关稽查，是指海关自进出口货物放行之日起3年内或者在保税货物、减免税进口货物的海关监管期限内，对被稽查人的会计帐簿、会计凭证、报关单证以及其他有关资料（以下统称帐簿、单证等有关资料）和有关进出口货物进行核查，监督被稽查人进出口活动的真实性和合法性。

第三条 海关对下列与进出口活动直接有关的企业、单位实施海关稽查：

（一）从事对外贸易的企业、单位；

（二）从事对外加工贸易的企业；

（三）经营保税业务的企业；

（四）使用或者经营减免税进口货物的企业、单位；

（五）从事报关业务的企业；

（六）海关总署规定的从事与进出口活动直接有关的其他企业、单位。

第四条 海关和海关工作人员执行海关稽查职务，应当客观公正，实事求是，廉洁奉公，保守被稽查人的商业秘密，不得侵犯被稽查人的合法权益。

第二章 帐簿、单证等有关资料的管理

第五条 与进出口活动直接有关的企业、单位所设置、编制的会计帐簿、会计凭证、会计报表和其他会计资料，应当真实、准确、完整地记录和反映进出口业务的有关情况。

第六条 与进出口活动直接有关的企业、单位应当依照有关法律、行政法规规定的保管期限，保管会计帐簿、会计凭证、会计报表和其他会计资料。

报关单证、进出口单证、合同以及与进出口业务直接有关的其他资料，应当自进出口货物放行之日起保管3年。

第七条 与进出口活动直接有关的企业、单位会计制度健全，能够通过计算机正确、完整地记帐、核算的，其计算机储存和输出的会计记录视同会计资料，但是应当打印成书面记录并依照本条例的规定完整保管。

第八条 与进出口活动直接有关的企业、单位应当按照海关要求，报送有关进出口货物的购买、销售、加工、使用、损耗和库存情况的资料。

第三章 海关稽查的实施

第九条 海关应当按照海关监管的要求，根据进出口企业、单位和进出口货物的具体情况，确定海关稽查重点，制定年度海关稽查工作计划。

第十条 海关进行稽查时，应当在实施稽查的3日前，书面通知被稽查企业、单位（以下简称被稽查人）。在特殊情况下，经海关关长批准，海关可以不经事先通知进行稽查。

第十一条 海关进行稽查时，应当组成稽查组。稽查组的组成人员不得少于二人。

第十二条 海关进行稽查时，海关工作人员应当出示海关稽查证。海关稽查证，由海关总署统一制发。

第十三条 海关进行稽查时，海关工作人员与被稽查人有直接利害关系的，应当回避。

第十四条 海关进行稽查时，可以行使下列职权：

（一）查阅、复制被稽查人的帐簿、单证等有关资料；

（二）进入被稽查人的生产经营场所、货物存放场所，检查与进出口活动有关的生产经营情况和货物；

（三）询问被稽查人的法定代表人、主要负责人员和其他有关人员与进出口活动有关的情况和问题；

（四）经海关关长批准，查询被稽查人在商业银行或者其他金融机构的存款帐户。

第十五条 海关进行稽查时，发现被稽查人有可能转移、隐匿、篡改、毁弃帐簿、单证等有关资料的，经海关长批准，可以暂时封存其帐簿、单证等有关资料。采取该项措施时，不得妨碍被稽查人正常的生产经营活动。

海关对有关情况经查明或者取证后，应当立即解除对帐簿、单证等有关资料的封存。

第十六条 海关进行稽查时，发现被稽查人的进出口货物有违反海关法和其他有关法律、行政法规规定的嫌疑的，经海关关

长批准，可以封存有关进出口货物。

第十七条 被稽查人应当配合海关稽查工作，并提供必要的工作条件。

第十八条 被稽查人应当接受海关稽查，如实反映情况，提供帐簿、单证等有关资料，不得拒绝、拖延、隐瞒。

被稽查人使用计算机记帐的，应当向海关提供记帐软件、使用说明书及有关资料。

第十九条 海关查阅、复制被稽查人的帐簿、单证等有关资料或者进入被稽查人的生产经营场所、货物存放场所检查时，被稽查人的法定代表人或者主要负责人员或其指定的代表应当到场，并按照海关的要求清点帐簿、打开货物存放场所、搬移货物或者开启货物包装。

第二十条 海关进行稽查时，与被稽查人有财务往来或者其他商务往来的企业、单位应当向海关如实反映被稽查人的有关情况，提供有关资料和证明材料。

第二十一条 海关稽查组实施稽查后，应当向海关提出稽查报告。稽查报告报送海关前，应当征求被稽查人的意见。被稽查人应当自收到稽查报告之日起7日内，将其书面意见送交海关。

第二十二条 海关应当自收到稽查报告之日起30日内，作出海关稽查结论并送达被稽查人。

第四章　海关稽查的处理

第二十三条 经海关稽查，发现关税或者其他进口环节的税收少征或者漏征的，由海关依照海关法和有关税收法律、行政法规的规定向被稽查人补征；因被稽查人违反规定而造成少征或者漏征的，由海关依照海关法和有关税收法律、行政法规的规定追征。

被稽查人在海关规定的期限内仍未缴纳税款的，海关可以依照海关法第三十七条第一款的规定采取强制执行措施。

第二十四条 依照本条例第十六条的规定封存的有关进出口货物，经海关稽查排除违法嫌疑的，海关应当立即解除封存；经海关稽查认定违法的，由海关依照海关法和海关法行政处罚实施细则的规定处理。

第二十五条 经海关稽查，认定被稽查有违反海关监管的行为的，由海关依照海关法和海关法行政处罚实施细则的规定处理。

第二十六条 经海关稽查，发现被稽查人有走私行为，构成犯罪的，依法追究刑事责任；尚不构成犯罪的，由海关依照海关法和海关法行政处罚实施细则的规定处理。

第二十七条 海关通过稽查决定补征或者追征的税款、没收的走私货物和违法所得以及收缴的罚款，全部上缴国库。

第二十八条 被稽查人同海关发生纳税争议的，依照海关法第四十六条的规定办理。

第五章　法　律　责　任

第二十九条 被稽查人有下列行为之一的，由海关责令限期改正，逾期不改正的，处1万元以上3万元以下的罚款；情节严重的，取消其报关资格；对负有直接责任的主管人员和其他直接责任人员处1000元以上5000元以下的罚款：

(一) 向海关提供虚假情况或者隐瞒重要事实的；

(二) 拒绝、拖延向海关提供帐簿、单证等有关资料的；

(三) 转移、隐匿、篡改、毁弃帐簿、单证等有关资料的。

第三十条 被稽查人未按照规定设置或者编制帐簿、单证等有关资料的，由海关责令限期改正，逾期不改正的，处1万元以上5万元以下的罚款；情节严重的，取消其报关资格；对负有直接责任的主管人员和其他直接责任人员处1000元以上5000元以下的罚款。

第三十一条 海关工作人员在稽查中玩忽职守、徇私舞弊、滥用职权，或者利用职务上的便利，收受、索取被稽查人的财物，构成犯罪的，依法追究刑事责任；尚不构成犯罪的，依法给予行政处分。

第六章　附　　则

第三十二条 本条例由海关总署组织实施。

第三十三条 本条例自发布之日起施行。

中华人民共和国海关稽查条例实施办法

（2000年1月11日海关总署发布）

第一章 总 则

第一条 为了实施《中华人民共和国海关稽查条例》（以下简称《稽查条例》），制定本办法。

第二条 海关实施稽查应当遵守《稽查条例》和本办法。

第三条 本办法中所称“被稽查人”是指《稽查条例》第三条所列企业、单位。其进出口活动包括：

（一）进出口申报；

（二）进出口关税和其他税、费的缴纳；

（三）进出口许可证、件的交验；

（四）与进出口货物有关的资料记载、保管；

（五）保管货物的进口、使用、储存、加工、销售、运输、展示和复出口；

（六）减免税进口货物的使用、管理；

（七）转关运输货物的承运、管理；

（八）暂时进出口货物的使用、管理；

（九）其他进出口活动。

第四条 海关在下列期限内对被稽查人的会计帐簿、会计凭证、报关单证以及其他有关资料和有关进出口货物进行稽查：

（一）减免税进口货物在海关监管期限内；

（二）保税货物在海关规定的监管期限内，或自复运出境放行之日起3年内或经批准转为一般贸易进口放行之日起3年内；

（三）除本条（一）、（二）项所列货物以外的进出口货物在办结海关手续之日起3年内。

第二章 帐簿、单证等有关资料的管理

第五条 被稽查人应当根据《中华人民共和国会计法》（以下简称《会计法》）及其他有关法律、法规的规定设置和编制会计帐簿、会计凭证、会计报表和其他会计资料，建立健全财务管理制度，真实、准确、完整地记录和反映进出口活动。

第六条 被稽查人应当按照《会计法》和其他有关法律、法规规定的保管期限保管会计帐簿、会计凭证、会计报表和其他会计资料。

按照国家财政部门规定实行会计电算化的被稽查人，应当将计算机储存的会计记录打印成中文书面会计记录，与软件说明书、磁盘等介质一起按前款规定保管。

第七条 被稽查人应当按照本办法**第四条**规定的海关稽查期限保管进出口报关单证、合同以及与进出口业务直接有关的其他资料。

第八条 被稽查人应当按照海关的要求，提供有关进出口货物的购买、销售、加工、使用、耗损、库存情况的书面资料和资产负债表、损益表等会计报表。

第三章 海关稽查的实施

第九条 海关实施稽查3日前，应当制发《海关稽查通知书（见附件一）通知被稽查人。

第十条 有下列情况之一的，经海关关长批准，海关可以不经事先通知，径行对被稽查人实施稽查：

（一）被稽查人有重大违法嫌疑的；

（二）被稽查人的会计帐簿、会计凭证、会计报表、会计电算化资料、报关单证等有关资料（以下统称帐簿、单证等有关资料）及进出口货物可能被擅自转移或毁弃的；

（三）情况特殊海关认为有必要的。

海关径行稽查的，应当将《海关稽查通知书》当面送达被稽查人。

第十一条 海关实施稽查应当组成不少于2人的稽查组。海关工作人员进行稽查时，应当向被稽查人出示《中华任命共和国海关稽查证》。

第十二条 海关工作人员进行稽查时，有下列情况之一的，应当回避：

（一）海关工作人员与被稽查人的法定代表人或主要负责人有近亲属关系的；

（二）海关工作人员或其近亲属与被稽查人由直接利害关系的；

（三）海关工作人员或其近亲属与被稽查人由其他利害关系，能影响海关稽查工作正常进行的。

被稽查人有正当理由，可以对海关工作人员提出回避申请。但在海关做出回避决定前，有关海关工作人员不停止执行稽查任务。

第十三条 海关进行稽查时，被稽查人应当配合海关稽查工作，其法定代表人或者主要负责人或其指定代表应当到场，如实反映情况，并提供必要的工作条件。

与被稽查人有财务往来或者其他商务往来的企业、单位应当配合海关工作人员执行职务，如实反映被稽查人的有关情况，提供有关资料和证明材料。

第十四条 海关工作人员查阅、复制被稽查人账簿、单证等有关资料时，被稽查人应当按海关要求提供并协助清点。

被稽查人实行会计电算化管理的，还应当向海关提供记账软件、使用说明及其他有关资料。

第十五条 被稽查人所在地不具备查阅、复制工作条件的，经被稽查人同意，海关可以在其他场所查阅、复制。

海关需要异地查阅、复制时，应当填写《账簿单证调审单》（见附件二），由双方清点、核对后在《账簿单证调审单》上签字、盖章。

第十六条 海关工作人员复制被稽查人的账簿、单证等有关资料后，被稽查人应当在复制的账簿、单证上签字、盖章。

第十七条 海关工作人员检查被稽查人的生产经营场所和进出口货物存放场所时，被稽查人的法定代表人或主要负责人或其指定的代表人应当到场，按照海关的要求开启场所、搬移货物，开启、重封货物的包装。

检查结果应当由海关工作人员填写《检查纪录》（见附件三），并由双方在《检查纪录》上签字（盖章）。

第十八条 海关工作人员询问被稽查人的法定代表人、主要负责人和其他有关人员时，应当制作《询问笔录》（见附件四），并由询问人和被询问人签字（盖章）。

第十九条 海关向商业银行或者其它金融机构查询被稽查人的存款账户时，应当持有《协助查询通知书》（见附件五）。

《协助查询通知书》应当经海关关长批准，并加盖海关印章。

第二十条 海关进行稽查时，发现被稽查人有可能转移、隐匿、篡改、毁弃账簿、单证等有关资料的，经海关关长批准，可以暂时封存被稽查人的账簿、单证等有关资料时，不得妨碍被稽查人正常的生产、经营活动。

海关进行稽查时，发现被稽查人的进出口货物有违反《中华人民共和国海关法》（以下简称《海关法》）和其他有过法律、行政法规规定嫌疑的，经海关关长批准，可以封存被稽查人的有关进出口货物。

海关工作人员对被稽查人的账簿、单证等有关资料实施暂时封存和对被稽查人的进出口货物实施封存时，应当出具《封存通知书》（见附件六）和加贴海关专用封志。海关工作人员和被稽查人对封存货物清点后应当在《封存通知书》所附清单上签字（盖章）。

第二十一条 海关按照本办法第二十条的规定封存的账簿、单证等有关资料和货物，经济差派出违法嫌疑的，应当立即解除封存，并制发《解除封存通知书》（见附件七）通知被稽查人。

第二十二条 海关进行稽查时，发现被稽查人有违反《海关法》和其他有关法律、行政法规行为的，可以扣留被稽查人的帐簿、单证等有关资料和进出口货物。

第二十三条 稽查组实施稽查后，应当向海关提出稽查报告。稽查报告报送海关前应当征求被稽查人的意见。

被稽查人应当自收到稽查报告之日起7日内提出书面意见送交海关。逾期未提交的，视为无意见。

第二十四条 海关应当在收到稽查报告之日起30日内作出《海关稽查结论》（见附件八）并送达被稽查人。

第四章　海关稽查的处理

第二十五条 经海关稽查，发现少征或者漏征的税款，应当从交纳税款或者货物放行之日起1年内，向被稽查人补征。因被稽查人违法规定而造成少征或者漏征的，海关可以在3年内向被稽查人追征。必要时，经海关关长批准，可以通知银行在被稽查人存款内扣缴。

第二十六条 经海关稽查，发现被稽查人有其他违反海关监管规定行为的，由海关依据《海关法》和其他有关法律、行政法规处理。

第二十七条 海关在对被稽查人作出行政处罚决定之前，应当告知被稽查人作出行政处罚决定的事实、理由及依据，并告知被稽查人依法享有的权利。对于符合《海关行政处罚听证暂行办法》规定的听证申请，海关应当按规定受理。

第二十八条 被稽查人逾期不履行海关行政处罚决定的，海关依照《中华人民共和国行政处罚法》第五十一条和《中华人民共和国海关行政处罚实施细则》第三十条的规定处理。

第二十九条 经海关稽查，发现被稽查人涉嫌走私犯罪或者其他犯罪的，移送有关部门处理。不构成走私犯罪的走私行为，或者构成走私罪但不起诉以及免除刑罚的行为，由海关依照《海关法》和其他有关法律、行政法规处理。

第五章　法律责任

第三十条 被稽查人有《稽查条例》第二十九条和第三十条所列行为之一的，海关应当制发《掀起改正通知书》交被稽查人。逾期未改的，海关分别处10000元以上30000元以下和10000元以上50000元以下的罚款。

第三十一条 被稽查人有《稽查条例》第二十九条、第三十条所列行为之一情节严重的，海关取消其报关资格，并对负有直接责任的主管人员和其他直接责任人员处1000元以上5000元以下的罚款。

本条所称负有直接责任的主管人员是指被被稽查人的法定代表及其指定代表、主要负责人以及相关部门负责人；其他直接责任人员是指被稽查人的财务人员、仓库管理人员以及其他直接从事进出口业务的相关人员。

第三十二条 海关工作人员在稽查中玩忽职守、徇私舞弊、滥用职权，或者利用职务上的便利，授受、索取被稽查人的财务，构成犯罪的，依法追究刑事责任；不构成犯罪的，由海关依照《海关法》、《国家公务员暂行条例》和其他有关法律、行政法规予以处理。

第六章 附 则

第三十三条 本办法所规定使用的格式法律文书由海关总署统一制定。

第三十四条 本办法由海关总署负责解释。

第三十五条 本办法自2000年3月1日起实施。

中华人民共和国进出口关税条例

(1985年3月7日国务院发布 1987年9月12日国务院修订发布
1992年3月18日国务院第二次修订发布)

第一章　总　　则

第一条　为了贯彻对外开放政策，促进对外经济贸易和国民经济的发展，根据《中华人民共和国海关法》的有关规定，制定本条例。

第二条　中华人民共和国准许进出口的货物，除国家另有规定的以外，海关依照《中华人民共和国海关进出口税则》(以下简称《海关进出口税则》)征收进口关税或者出口关税。

从境外采购进口的原产于中国境内的货物，海关依照《海关进出口税则》征收进口关税。

《海关进出口税则》是本条例的组成部分。

第三条　国务院成立关税税则委员会，其职责是提出制定或者修订《进出口关税条例》、《海关进出口税则》的方针、政策、原则，审议税则修订草案，制定暂定税率，审定局部调整税率。

国务院关税税则委员会的组成由国务院规定。

第四条　进口货物的收货人、出口货物的发货人，是关税的纳税义务人。

接受委托办理有关手续的代理人，应当遵守本条例对其委托人的各项规定。

第五条　进出境的旅客行李物品和个人邮递物品征免税办法，由国务院关税税则委员会另行规定。

第二章　税率的运用

第六条　进口关税设普通税率和优惠税率。对原产于与中华人民共和国未订有关税互惠协议的国家或者地区的进口货物，按照普通税率征税；对原产于与中华人民共和国订有关税互惠协议的国家或者地区的进口货物，按照优惠税率征税。

前款规定按照普通税率征税的进口货物，经国务院关税税则委员会特别批准，可以按照优惠税率征税。任何国家或者地区对其进口的原产于中华人民共和国的货物征收歧视性关税或者给予其他歧视性待遇的，海关对原产于该国家或者地区的进口货物，可以征收特别关税。征收特别关税的货物品种、税率和起征、停征时间，由国务院关税税则委员会决定，并公布施行。

第七条　进出口货物，应当依照《海关进出口税则》规定的归类原则归入合适的税号，并按照适用的税率征税。

第八条　进出口货物，应当按照收发货人或者他们的代理人申报进口或者出口之日实施的税率征税。

进口货物到达前，经海关核准先行申报的，应当按照装载此项货物的运输工具申报进境之日实施的税率征税。

第九条　进出口货物的补税和退税，适用该进出口货物原申报进口或者出口之日所实施的税率。具体办法由海关总署另行规定。

第三章　完税价格的审定

第十条　进口货物以海关审定的成交价格为基础的到岸价格作为完税价格。到岸价格包括货价，加上货物运抵中华人民共和国关境内输入地点起卸前的包装费、运费、保险费和其他劳务费等费用。

第十一条　进口货物的到岸价格经海关审查未能确定的，海关应当依次以下列价格为基础估定完税价格：

(一) 从该项进口货物同一出口国或者地区购进的相同或者类似货物的成交价格；

(二) 该项进口货物的相同或者类似货物在国际市场上的成交价格；

(三) 该项进口货物的相同或者类似货物在国内市场上的批发价格，减去进口关税、进口环节其他税收以及进口后的运输、储存、营业费用及利润后的价格；

(四) 海关用其他合理方法估定的价格。

第十二条　运往境外修理的机械器具、运输工具或者其他货物，出境时已向海关报明并在海关规定期限内复运进境的，应当以海关审定的修理费和料件费作为完税价格。

第十三条　运往境外加工的货物，出境时已向海关报明并在海关规定期限内复运进境的，应当以加工后的货物进境时的到岸价格与原出境货物或者相同、类似货物在进境时的到岸价格之间的差额，作为完税价格。

前款所述货物的品种和具体管理办法，由海关总署另行规定。

第十四条　以租赁(包括租借)方式进口的货物，应当以海关审定的货物的租金，作为完税价格。

第十五条　进口货物的完税价格，应当包括为了在境内制造、使用、出版或者发行的目的而向境外支付的与该进口货物有关的专利、商标、著作权以及专有技术、计算机软件和资料等费用。

第十六条 出口货物应当以海关审定的货物售与境外的离岸价格，扣除出口关税后，作为完税价格。离岸价格不能确定时，完税价格由海关估定。

第十七条 进出口货物的收发货人或者他们的代理人，应当如实向海关申报进出口货物的成交价格。申报的成交价格明显低于或者高于相同或者类似货物的成交价格的，由海关依照本条例的规定确定完税价格。

第十八条 进出口货物的收发货人或者他们的代理人，在向海关递交进出口货物报关单时，应当交验载明货物的真实价格、运费、保险费和其他费用的发票（如有厂家发票应附在内）、包装清单和其他有关单证。

前款各项单证应当由进出口货物的收发货人或者他们的代理人签印证明无讹。

第十九条 海关审核进出口货物完税价格时，收发货人或者他们的代理人应当交验发票等单证；必要时海关可以检查买卖双方的有关合同、账册、单据和文件，或者作其他调查。对于已经完税放行的货物，海关仍可检查货物的上述有关资料。

第二十条 进出口货物的收发货人或者他们的代理人，在递交进出口货物报关单时未交验第十八条规定的各项单证的，应当按照海关估定的完税价格完税；事后补交单证的，税款不予调整。

第二十一条 进出口货物的到岸价格、离岸价格或者租金、修理费、料件费等以外币计价的，由海关按照填发税款缴纳证之日国家外汇管理部门公布的《人民币外汇牌价表》的买卖中间价，折合人民币计征关税。《人民币外汇牌价表》未列入的外币，按照国家外汇管理部门确定的汇率折合人民币。

第四章　税款的缴纳、退补

第二十二条 进出口货物的收发货人或者他们的代理人，应当在海关填发税款缴纳证的次日起七日内（星期日和法定节假日除外），向指定银行缴纳税款。逾期缴纳的，除依法追纳外，由海关自到期的次日起至缴清税款日止，按日加收欠缴税款1‰的滞纳金。

第二十三条 海关征收关税、滞纳金等，除海关总署另有规定的以外，应当按人民币计征。

第二十四条 海关征收关税、滞纳金等，应当制发收据。收据格式由海关总署规定。

第二十五条 有下列情形之一的，进出口货物的收发货人或者他们的代理人，可以自缴纳税款之日起一年内，书面声明理由，连同原纳税收据向海关申请退税，逾期不予受理：

（一）因海关误征，多纳税款的；

（二）海关核准免验进口的货物，在完税后，发现有短卸情事，经海关审查认可的；

（三）已征出口关税的货物，因故未装运出口，申报退关，经海关查验属实的。

海关应当自受理退税申请之日起三十日内作出书面答复并通知退税申请人。

第二十六条 进出口货物完税后，如发现少征或者漏征税款，海关应当自缴纳税款或者货物放行之日起一年内，向收发货人或者他们的代理人补征。因收发货人或者他们的代理人违反规定而造成少征或者漏征的，海关在三年内可以追征。

第五章　关税的减免及审批程序

第二十七条 下列货物，经海关审查无讹，可以免税：

（一）关税税额在人民币十元以下的一票货物；

（二）无商业价值的广告品和货样；

（三）外国政府、国际组织无偿赠送的物资；

（四）进出境运输工具装载的途中必需的燃料、物料和饮食用品。

因故退还的我国出口货物，由原发货人或者他们的代理人申报进境，并提供原出口单证，经海关审查核实，可以免征进口关税。但是，已征收的出口关税，不予退还。

因故退还的境外进口货物，由原收货人或者他们的代理人申报出境，并提供原进口单证，经海关审查核实，可以免征出口关税。但是，已征收的进口关税，不予退还。

第二十八条 有下列情形之一的进口货物，海关可以酌情减免关税：

（一）在境外运输途中或者在起卸时，遭受损坏或者损失的；

（二）起卸后海关放行前，因不可抗力遭受损坏或者损失的；

（三）海关查验时已经破漏、损坏或者腐烂，经证明不是保管不慎造成的。

第二十九条 中华人民共和国缔结或者参加的国际条约规定减征、免征关税的货物、物品，海关应当按照规定予以减免关税。

第三十条 经海关核准暂时进境或者暂进出境并在六个月内复运出境或者复运进境的货样、展览品、施工机械、工程车辆、工程船舶、供安装设备时使用的仪器和工具、电视或者电影摄制器械、盛装货物的容器以及剧团服装道具，在货物收发货人向海关缴纳相当于税款的保证金或者提供担保后，准予暂时免纳关税。

前款规定的六个月期限，海关可以根据情况酌予延长。

暂时进口的施工机械、工程车辆、工程船舶等经海关核准酌予延长期限的，在延长期内由海关按照货物的使用时间征收进口关税。具体办法由海关总署另行规定。

第三十一条 为境外厂商加工、装配成品和为制造外销产品而进口的原材料、辅料、零件、部件、配套件和包装物料，海关按照实际加工出口的成品数量免征进口关税；或者对进口料、件先征进口关税，再按照实际加工出口的成品数量予以退税。

第三十二条 无代价抵偿的进出口货物的关税征免办法，由海关总署另行规定。

第三十三条 经济特区等特定地区进出口的货物，中外合资经营企业、中外合作经营企业、外资企业等特定企业进出口的货物以及其他依法给予关税减免优惠的进出口货物，按照国家有关规定减税或者免税。

第三十四条 收发货人或者他们的代理人，要求对其进出口货物临时减征或者免征进出口关税的，应当在货物进出口前书面说明理由，并附必要的证明和资料，向所在地海关申请。所在地海关审查属实后，转报海关总署，由海关总署或者海关总署会同财政部按照国务院的规定审查批准。

第三十五条 依照国家法律、法规的规定给予特定关税减免优惠的进口货物，在监管年限内经海关核准出售、转让或者移作他用时，应当按照其使用时间折旧估价，补征进口关税。监管年限由海关总署另行规定。

第六章 申诉程序

第三十六条 纳税义务人对海关确定的进出口货物的征税、减税、补税或者退税等有异议时，应当先按照海关核定的税额缴纳税款，然后自海关填发税款缴纳证之日起三十日内，向海关书面申请复议。逾期申请复议的，海关不予受理。

第三十七条 海关应当自收到复议申请之日起十五日内作出复议决定。

纳税义务人对复议决定不服的，可以自收到复议决定书之日起十五日内，向海关总署申请复议。

第三十八条 海关总署收到纳税义务人的复议申请后，应当在三十日内作出复议决定，并制成决定书交海关送达申请人。

纳税义务人对海关总署的复议决定仍然不服的，可以自收到复议决定书之日起十五日内，向人民法院起诉。

第七章 罚 则

第三十九条 违反本条例的规定构成走私或者违反海关监管规定的行为的，依照《中华人民共和国海关法》、《中华人民共和国海关法行政处罚实施细则》和其他有关法律、法规的规定处理。

第八章 附 则

第四十条 海关对检举或者协助查获违反本条例的偷税漏税行为的单位和个人，应当按照规定给予奖励，并负责保密。

第四十一条 本条例由中华人民共和国海关总署负责解释。

第四十二条 本条例自一九九二年四月一日起施行。

中华人民共和国海关对专业报关企业的管理规定

（1994年10月24日海关总署发布）

第一章　总　　则

第一条　为了加强海关对专业报关企业的监督管理，规范专业报关服务市场，根据《中华人民共和国海关法》及有关法规，制定本规定。

第二条　本规定所称专业报关企业，系指依照本规定程序设立，主要从事接受进出口货物经营单位和运输工具负责人以及他们的代理人的委托，办理进出口货物和进出境运输工具的报关、纳税等事宜，具有境内法人地位的经济实体。

第三条　中华人民共和国海关是各类报关企业的报关资格审定和报关注册登记的主管机关。

海关鼓励、支持报关服务专业化、社会化。

第四条　专业报关企业在接受进出口货物收发货人及其代理人的委托，办理报关纳税等事宜时，应遵守海关有关法律、法规，并对所报货物的品名、规格、价格、数量、原产国别、贸易方式、消费国别、贸易国别及其他申报项目的真实性、合法性负责，承担相应的法律和经济责任。

第二章　资格审定及注册登记

第五条　开办专业报关企业和办理报关注册登记应具备下列条件：

（一）海关认定的固定报关服务场所及符合海关报关作业所需要的设备；

（二）注册资金人民币150万元以上；

（三）交纳风险担保金人民币20万元；

（四）健全的组织和财务管理机构及与经营规模相适应的从业人员。

第六条　申请开办专业报关企业，需向所在地海关提交书面申请报告、申请单位上级主管部门批准文件、可行性研究报告、专业报关企业章程等文件，经海关初审认为符合条件的，应将上述文件及初审意见报海关总署审批。

第七条　海关总署在接到所报材料后30日内作出是否批准的决定。经海关总署批准后，申办企业方可向工商行政管理机关申领营业执照。

第八条　专业报关企业所在地海关根据专业报关企业提交的《专业报关企业注册登记申请书》及以下文件正本（或影印件），核发《专业报关企业注册登记证书》：

（一）海关总署的批准文件；

（二）工商行政管理机关制发的营业执照；

（三）财政部门或其他法律规定的部门出具的验资报告及开户银行帐号；

（四）法定代表人及其授权的主管报关业务的负责人和报关员的姓名、联系电话号码和身份证号码；

（五）专业报关企业印章、报关专用章、企业负责人或主管报关业务的负责人和报关员印章（或签字）备案文件；

（六）风险担保金交纳收据；

（七）海关认为需要的其他文件。

专业报关企业在获得《专业报关企业注册登记证书》后始得营业。

第三章　年审和变更登记

第九条　海关对专业报关企业实行年审制度。企业应在每年3月31日以前向所在地海关提交上一年度的“年审报告书”，办理年审。

“年审报告书”的主要内容包括：年报关业务量及业务情况分析，报关差错及其原因，遵守海关各项有关规定的情况及自我评估，经营管理等情况。

办理注册登记不满一年的，当年度可不参加年审。

年审结束后，海关应将结果报海关总署备案。

第十条　专业报关企业变更名称、法人代表、报关员、地址、企业性质或经营服务范围、注册资本及其他已在海关登记注册的内容，均应事先以书面形式报请所在地海关核准。

有关变更情况由海关报海关总署备案。

第十一条　专业报关企业解散、破产时应以书面形式向所在地海关报告，在办结清理手续后，由海关缴销注册登记证书，并退还风险担保金。

有关情况由海关报海关总署备案。

第十二条　专业报关企业因故暂停营业1个月以上，应于事前以书面形式报所在地海关备案；暂停营业超过1年的应按本规定第十一条办理缴销报关注册登记证书手续。

专业报关企业获准营业后6个月内未开展经营业务的，由海关缴销注册登记证书。

第四章　报关行为规则

第十三条　专业报关企业可在所在关区各口岸办理报关纳税等事宜。如需办理所在关区以外口岸报关事宜的，由所在地海关报上级海关核准后，报海关总署审批。

第十四条　专业报关企业在报关时，需向海关出示委托人的正式委托书。委托书应载明受托专业报关企业名称、地址、代理事项、双方责任、权限和期限，委托人的名称、地址、法人代表、企业性质及经营范围等内容，并应加盖委托单位公章。

专业报关企业应按海关要求协助海关与委托人联系，提供委托人与报关纳税等有关的文字记录资料。

第十五条　专业报关企业不得出借其名义，供他人受托办理进出口货物报关纳税等事宜；亦不得借用他人名义办理进出口货物报关纳税业务。

第十六条　专业报关企业应按海关规定设立专职报关员办理报关纳税等手续，并应对报关员的报关行为承担法律和经济责任。

第十七条　专业报关企业申报进出口的货物，自海关填发税款缴纳证的次日起7日内应代委托人缴纳税款，逾期由海关按规定征收滞纳金。超过3个月仍未缴纳税款的，由海关依照《中华人民共和国海关法》第三十七条的规定处理。

第十八条　专业报关企业应依法建立帐册和营业记录。真实、正确、完整地记录其受托办理报关纳税等事宜的所有活动。完整保留委托单位提供的各种单证、票据、函电，接受海关稽查。

第十九条　专业报关企业的收费项目及标准应经物价部门批准并对外公布。

第五章　法律责任

第二十条　专业报关企业在办理报关纳税等事宜中，有违反海关行为的，由海关按照《中华人民共和国海关法》和《中华人民共和国海关法行政处罚实施细则》的规定处理。

专业报关企业不履行纳税义务和海关处罚决定的，海关除依法追缴和强制执行外，也可以直接从风险担保金中扣缴。

第二十一条　专业报关企业如有下列情事之一，所在地海关可以暂停其6个月以内报关权：

(一) 违反《海关法》和其他有关法规，但不构成走私行为的；

(二) 对报关员管理不严，多人次被取消报关员资格的；

(三) 拖欠税款和不能履行纳税义务的；

(四) 经海关年审不合格或未经海关同意不参加年审的；

(五) 违反本规定第十条、第十二条、第十五条、第十八条的；

(六) 因其他原因需暂停报关权的。

第二十二条　专业报关企业如有下列情事之一，由海关报海关总署核准后，予以撤销报关权：

(一) 原有情况发生变化，已不具备本规定第五条所列条件的；

(二) 违反海关法或有本规定第二十一条情事之一，情节严重的；

(三) 因其他原因需取消报关权的。

被工商行政管理机关吊销营业执照的，由所在地海关径行取消其报关权，并报海关总署备案。

因被海关暂停或取消报关权所发生的与委托人之间的经济纠纷，由专业报关企业自行负责。

第六章　附　　则

第二十三条　专业报关企业依本规定申请审批注册登记等，应按规定交纳手续费和证书工本费。

第二十四条　本规定由海关总署负责解释。

第二十五条　本规定自1994年12月1日起实施。

中华人民共和国海关对代理报关企业的管理规定

（1995年7月6日海关总署发布）

第一章　总　　则

第一条　为了加强对代理报关企业的监督管理，规范报关行为，根据《中华人民共和国海关法》及有关法规，制定本规定。

第二条　本规定所称代理报关企业，系指经营国际货物运输代理、国际运输工具代理等业务，并接受委托代办进出口货物的报关纳税等事宜，依照本规定履行代理报关注册手续的境内法人。

第三条　中华人民共和国海关是代理报关企业的报关资格审定和报关注册登记的主管机关。

第四条　代理报关企业在接受委托办理报关纳税等事宜时，应遵守《海关法》和其他有关法律、法规，并对所报货物的品名、规格、价格、数量及其他应报各项的真实性、合法性负责，承担相应的法律责任。

第二章　资格审定及注册登记

第五条　企业申请代理报关注册登记应具备下列条件：

（一）国务院主管部门批准经营国际货物运输代理、国际运输工具代理业务；

（二）注册资本人民币150万元以上；

（三）交纳风险担保金人民币20万元；

（四）海关认为需具备的其他条件。

第六条　代理报关企业所在地海关根据企业提交的《代理报关企业报关注册登记申请书》及以下文件正本（或影印件），办理注册登记手续，核发《代理报关企业注册登记证书》：

（一）国务院主管部门批准经营国际货运代理、国际运输工具代理业务的文件；

（二）工商行政管理机关核发的营业执照；

（三）财会管理制度、帐册设置情况；

（四）验资报告及开户银行帐号；

（五）法定代表人、报关业务负责人和拟任报关员的姓名、联系电话号码、身份证号码；

（六）海关认为需提交的其他文件。

企业在获得《代理报关企业注册登记证书》后，始得开展代理报关业务。

第七条　报关企业法定代表人、报关业务负责人、报关员印章（或签字）和报关专用章应在海关备案。

第三章　年审和变更登记

第八条　海关对代理报关企业实行年审制度。代理报关企业应在每年3月31日前向所在地海关提交上一年度的“年审报告书”，办理年审。已取得异地报关备案资格的，凭主管地海关年审合格记录到备案海关办理年审。

“年审报告书”的主要内容包括：年报关业务量及业务情况分析，报关差错及其原因，遵守海关各项有关规定的情况及自我评估，经营管理等情况。

办理注册登记不满一年的，本年度可不参加年审。

第九条　代理报关企业如有变更名称、法定代表人、地址、企业性质或经营范围、注册资本及其他已在海关注册登记内容的，均应事先以书面形式报请所在地海关核准。

第十条　代理报关企业解散、破产时应以书面形式报告所在地海关，在办结清算手续后，由海关撤销注册登记证书，并退还风险担保金。

第四章　报关行为规则

第十一条　代理报关企业应在所在关区各口岸办理报关纳税等事宜。特殊情况，经所在地上级海关商异地海关同意，报海关总署核准，方可在异地办理报关业务。

第十二条　代理报关企业只能接受有权进出口货物单位的委托，办理本企业承揽、承运货物的报关纳税等事宜。

第十三条　代理报关企业在报关时，必须向海关出示下列文件：

（一）本企业法定代表人签名的授权办理本次报关纳税等事宜的责任授权书；

（二）承揽、承运进出口货物的协议书；

（三）委托人的报关委托书。委托书应载明委托人和被委托人双方的名称、海关注册登记编码、地址、法定代表人姓名，以及代理事项、权限和期限，双方责任等内容，并加盖双方公章。

第十四条 代理报关企业不得以任何形式出让其名义供他人办理进出口货物报关纳税等事宜。

第十五条 代理报关企业应按海关规定聘用报关员，并对报关员的报关行为承担法律责任。

第十六条 代理报关企业应依海关对进出口企业财务帐册及营业报表的要求建立帐册和报关营业记录。真实、正确、完整地记录其受托办理报关纳税等事宜的所有活动。在海关规定的年限内完整保留委托单位提供的各种单证、票据、函电，并接受海关稽查。

代理报关企业应按海关要求协助海关与委托人联系，提供委托人与报关纳税等有关的文字记录资料。

第五章 法律责任

第十七条 代理报关企业如有下列情事之一，海关暂停其6个月以内报关权：

（一）违反海关监管规定的行为；

（二）对报关员管理不严，多人次被取消报关员资格的；

（三）拖欠税款或不履行纳税义务的；

（四）经海关年审不合格或未经海关同意延迟参加年审的；

（五）违反本规定第十四条、第十六条的；

（六）因其他原因需暂停报关权的。

第十八条 代理报关企业如有下列情事之一，海关取消其报关权，并按本规定第十条办理有关手续：

（一）原有情况发生变化，已不具备本规定第五条所列条件的；

（二）有本规定第十六条情事之一，情节严重的；

（三）有走私行为的；

（四）被工商行政管理机关吊销营业执照的；

（五）有其他原因需取消报关权的。

第十九条 代理报关企业因被海关暂停或取消报关权所发生的与委托人之间的经济纠纷，责任自负。

第二十条 代理报关企业在办理报关纳税等事宜中，有违反《中华人民共和国海关法》行为的，除按第十七条、第十八条的规定处理外，按照《中华人民共和国海关法行政处罚实施细则》规定处理，并追究法定代表人的法律责任。

代理报关企业在海关规定期限内不履行海关补税和处罚决定的，海关除依法追缴和向人民法院申请强制执行外，可直接从风险担保金中扣缴。

第六章 附 则

第二十一条 代理报关企业依本规定申请注册登记等，应按海关规定交纳手续费和工本费。

第二十二条 经营国际邮递、进出境快件业务的企业，其代理报关资格，按海关其他有关规定审定，比照本规定进行报关注册登记和管理。

第二十三条 本规定由海关总署负责解释。

第二十四条 本规定自1995年9月1日起实施。

第二十九条 收货人或者发货人未如实申报与进出口货物有关的知识产权状况，交验有关单证的，海关可以处以进口货物到岸价格或者出口货物离岸价格等值以下的罚款。

第三十条 当事人对海关的处罚决定不服的，可以自收到处罚通知书之日起30日内，海关无法通知的，自海关的处罚决定公告之日起30日内，向作出处罚决定的海关或者上一级海关申请复议；有关海关应当自收到复议申请书之日起90日内作出复议决定。对复议决定不服的，可以自收到复议决定之日起30日内，向人民法院提起诉讼。

当事人也可以自收到处罚通知书之日或者自海关的处罚决定公告之日起30日内，直接向人民法院提起诉讼。

第三十一条 进口或者出口侵权货物，构成犯罪的，依法追究刑事责任。

第三十二条 海关工作人员在实施知识产权保护时，滥用职权、故意刁难、玩忽职守、徇私舞弊，构成犯罪的，依法追究刑事责任；尚不构成犯罪的，依法给予行政处分。

第六章 附 则

第三十三条 个人携带进出境的行李物品、邮寄进出境的物品，超出自用、合理数量，并侵犯受中华人民共和国法律、行政法规保护的知识产权的，视为侵权货物，依照本条例有关规定处理。

第三十四条 海关实施知识产权保护，可以收取备案费和与扣留、处置侵权货物有关的必要费用。具体办法由海关总署会同国务院财政部门、物价主管部门规定。

第三十五条 申请知识产权海关保护备案和采取知识产权海关保护措施的具体规定以及有关文书格式，由海关总署制定。

第三十六条 本条例自1995年10月1日起施行。

中华人民共和国海关对外商投资企业进出口货物监管和征免税办法

（1992年7月25日海关总署令第29号发布）

第一章 总 则

第一条 为了鼓励外国公司、企业和其他经济组织或个人来中国兴办中外合资经营企业、中外合作经营企业和外资企业（以下简称外商投资企业），贯彻国家产业政策，发展国民经济，方便合法进出，加强海关监管，依照《中华人民共和国海关法》和有关法律、法规的规定，制定本办法。

第二条 外商投资企业应按中华人民共和国的法律、法规和本办法的规定履行各项义务，其进出口货物应如实向海关申报，接受海关监管并可享受有关优惠。

第三条 对遵守海关规定好的外商投资企业，经审核后，由海关授予“信誉良好企业”称号并在办理海关手续方面给予相应的便利。

第四条 对符合海关监管条件的外商投资企业，可以批准其建立保税仓库、保税工厂，海关认为必要时，可以向外商投资企业中派驻关员进行监管，办理海关手续，有关企业应提供必要的便利。

第五条 外商投资企业进口的货物凡属于《中华人民共和国海关法》规定的海关监管货物，未经海关许可，不得擅自出售、转让、抵押或移作他用。

第二章 备案手续与验放依据

第六条 外商投资企业应当持凭中华人民共和国对外经济贸易管理部门或其授权机构签发的批准证书和中华人民共和国工商行政管理部门或其授权机构签发的营业执照等文件的副本或复印件以及企业章程、合同，向主管地海关办理企业登记备案手续。

第七条 外商投资企业投资各方应当根据合同、章程的规定，按照国家的有关规定缴付出资额，并在验资后一个月内向海关递交验资报告。

第八条 外商投资企业办理进出口货物报关手续时，应当填写外商投资企业专用的进口或出口货物报关单向海关申报，并交验货物发票、装箱单等有关单据；属于国家规定须申领许可证的商品，还应当向海关递交进（出）口许可证；不属于国家规定申领许可证的商品，海关凭批准成立企业的文件或者进出口合同验放。

外资企业进口本企业自用的、合理数量的货物免予报批，免领进口许可证。

第九条 外商投资企业为解决外汇收支平衡购买产品出口的，海关应当验凭经贸主管部门的批准文件；其中属于国家实行出口许可证管理的商品，凭批准文件申领出口许可证，海关凭以验放。

第十条 外商投资企业应于货物进口前持凭经批准的合同设备清单等单证向主管海关办理征免税审批手续，经海关核准后发给《中华人民共和国海关对外商投资企业进口货物征免税证明》（以下简称《征免税证明》）。货物进口时，企业持《征免税证明》办理报关手续。

由海关签发的《征免税证明》的有效期为三个月。如遇特殊情况，经主管海关核准，可以延期，延长期限最长为三个月。

上述征免税货物，由主管海关办理验放手续，也可由进境地海关办理验放手续。《征免税证明》第三联应当于货物验放后一个月内退回主管海关备核。

第十一条 为履行产品出口合同的外商投资企业，由海关核发《中华人民共和国海关对外商投资企业履行产品出口合同所需进口料件加工复出口登记手册》（以下简称《登记手册》）。

外商投资企业为履行产品出口合同所需进口的原材料、燃料、散件、零部件、元器件、配套件、辅料和包装物料，由海关按保税货物进行监管，进口时，免领进口许可证，海关凭企业合同或进出口合同验放。

外商投资企业加工出口的产品，凡属于国家实行出口许可证管理的，出口时，海关凭出口许可证验放。

第三章 进出口货物的税收规定

第十二条 外商投资企业按规定在投资总额以及经批准追加的投资额内进口的货物，可以享受海关给予的免税优惠，对超出投资额进口的货物，应当照章征税。

第十三条 中外合资经营企业进口下列货物、免征关税和工商统一税：

（一）按照合同规定作为外国合营者出资的机器设备、零部件和其他物料（其他物料指建厂（场）以及安装、加固机器所需材料，下同）；

（二）以投资总额内的资金进口的机器设备、零部件和其他物料；

(三) 以增加资本进口的国内不能保证生产供应的机器设备、零部件和其他物料。

第十四条 外资企业进口第十三条规定的货物以及生产管理设备，免征进口关税和工商统一税。

第十五条 中外合作开采海洋石油进口直接用于勘探、开发作业的机器、设备、备件和材料；为制造开采作业用的机器、设备所需进口的零部件和材料以及利用外资进口属于能源开发、铁路、公路、港口的基本建设、工业、农业、林业、牧业和养殖业、深海渔业捕捞，科学研究，教育及医疗卫生方面的项目，按照合同规定进口的机器设备以及建厂（场）和安装、加固机器设备所需材料，免征进口关税和工商统一税。

第十六条 中外合作经营的商业、饮食业、照像业和其他服务业、维修中心、职工培训、客货汽车运输、近海渔业捕捞以及其他行业进口的货物、除国家另有规定者外，应当照章征收进口关税和工商统一税。

第十七条 外商投资企业在投资总额内根据国家规定进口本企业自用合理数量的交通工具，生产用车辆，办公用品（设备），免征进口关税和工商统一税。

第十八条 本办法第十三条、第十四条、第十五条、第十七条所列享受海关减免税优惠的进口货物，由海关规定监管年限。监管年限从减免税进口货物的放行之日起计算。

下列享受税收优惠的进口货物监管年限为：

(一) 船舶、飞机及建筑材料（包括钢材、木材、胶合板、人造板、玻璃等等）八年；

(二) 机动车辆和家用电器六年；

(三) 机器设备和其他设备、材料等五年。

对超过海关监管年限的减免税货物，企业可以向海关提出解除监管申请，经主管海关核准后发给《中华人民共和国海关对外商投资企业减免税进口货物解除监管证明》。

在海关监管年限内的减免税出口货物，经原审批部门批准用于在国内转卖或销售的，海关应当按照其使用时间折旧估价，补征进口税款。

未列入海关监管年限内的减免税进口货物，实际处理时，海关根据货物使用情况进行估价，补征税款。

第十九条 外商投资企业为履行产品出口合同进口直接用于加工出口产品而在生产过程中消耗掉的、数量合理的触媒剂、催化剂、磨料、燃料等，海关免征进口关税和工商统一税。

第二十条 外商投资企业为履行产品出口合同而在生产过程中产生的副次品、边角余料转为内销时。经海关核查批准后，予以酌情补税。对于确实没有使用价值的废品免予补税。外商投资企业进口的试机材料，应当在进口时照章征税。

第二十一条 外商投资企业经经贸主管部门批准进口供加工内销产品的料、件，应当在进口时照章征税。

第二十二条 外商投资企业出口自产产品，除限制出口商品或国家另有规定者外，免征出口关税。

第四章 保税进口料、件的管理与核销

第二十三条 外商投资企业对保税进口料、件（以下简称料、件）的进口、储存保管、提取使用和转厂加工，以及对加工制成品的储存、出口和内销等情况，应当建立符合海关要求的专门帐册，定期列表报海关核查。

第二十四条 外商投资企业进口的料、件，除因特殊原因并经海关核准外，应当从进口之日起一年内加工成成品并履行有关出口合同。

外商投资企业进口料、件及加工的产品，因故转为内销的，应当经经贸主管部门批准并向海关补缴有关进口料、件的关税和工商统一税后方准内销，其中属于许可证管理的料件，还应当交验进口许可证。

第二十五条 外商投资企业进口的料、件不得直接转厂加工。如因特殊情况需转厂加工的，应当事先报经海关核准并在海关批准的期限内，将转厂加工的成品、半成品调回本企业。

外商投资企业进口的料、件，经生产加工成成品或半成品，如不直接出口而卖断、转让给另一承接加工复出口的企业进行再加工、装配时，进口料、件的企业应当会同该生产企业持凭双方签订的购销或者生产加工合同等有关单据向海关办理结转和核销手续。

第二十六条 对进口合同项下的料、件，外商投资企业应当在最后一批成品出口之日起一个月内，持《登记手册》和出口货物报关单等有关单据向海关办理核销手续。

第二十七条 外商投资企业进口料、件后，如发生变更、转让、终止合同等情事，应当及时向海关办理有关手续。

第五章 抵押与破产、清算

第二十八条 外商投资企业以海关监管货物向国内外的金融机构作贷款抵押的，必须事先向主管海关申请，经核准后方可办理抵押手续。

上述抵押物实际处理时，企业应当按其使用年限折旧补税并办结海关手续。

第二十九条 外商投资企业终止合同或者解除合同，应当在审批机关批准进行财产清算的十五日内或在法院裁定准予企业破产生效之日起十五日内，持审批机关的批准文件（复印件）、进口征免税物资清单、海关核发的《征免税证明》、《登记手册》等，向主管海关申请办理减免税进口物资的销案手续。企业应交回《报关注册登记证明书》、《报关员证》等有关证件。

海关在办结上述企业减免税进口物资的销案手续前，应当对有关进口物资予以封存。

第三十条 破产的外商投资企业，在进口财产清偿前，对其享受海关税收优惠的监管货物，应按照国家规定办理纳税手续。

第三十一条 终止或解除合同的外商投资企业，海关对其监管年限内的减免税进口货物，按以下规定办理：

（一）留给合营中方继续使用或转让、出售给国内单位的，海关应当按其使用年限折旧补税；

（二）如转让给国内其他可享受同等优惠待遇的外商投资企业使用的，经审批机关批准并办结海关结转手续后，可以继续享受减免税优惠；

（三）经海关核准，允许合营外方将原免税进口货物退运出境。

第三十二条 上述办结海关手续的外商投资企业，由海关核发《企业办结海关手续通知书》。

第六章 附 则

第三十三条 设在经济特区、经济技术开发区、保税区、高新技术产业开发区、沿海开放城市、沿海开放地区以及实行其他特殊优惠政策地区的外商投资企业，其进出口货物除按本办法规定办理外，还执行国家给予上述地区外商投资企业的有关政策。

第三十四条 台湾、香港、澳门同胞及华侨投资企业除执行《国务院关于鼓励台湾同胞投资的规定》和《国务院关于鼓励华侨港澳同胞投资规定》有关规定外，比照本办法规定执行。

第三十五条 对违反本办法的行为，海关按《中华人民共和国海关法》、《中华人民共和国海关法行政处罚实施细则》和其他有关法规处理。对触犯刑律的，依法由司法机关追究刑事责任。

第三十六条 凡与本办法相抵触的规定，均以本办法为准。

第三十七条 本办法由海关总署负责解释。

第三十八条 本办法自一九九二年九月一日起实行。

中华人民共和国海关关于超期未报关进口货物、误卸或者溢卸的进境货物和放弃进口货物的处理办法

（2001 年 12 月 20 日海关总署发布）

第一条 为加强对超期未报关进口货物、误卸或者溢卸的进境货物和放弃进口货物的处理，根据《中华人民共和国海关法》第三十条的规定，制定本办法。

第二条 进口货物的收货人应当自运输工具申报进境之日起十四日内向海关申报。进口货物的收货人超过上述规定期限向海关申报的，由海关按照《中华人民共和国海关征收进口货物滞报金办法》的规定，征收滞报金；超过三个月未向海关申报的，其进口货物由海关提取依法变卖处理。

第三条 由进境运输工具载运进境并因故卸至海关监管区或者其他经海关批准的场所，未列入进口载货清单、运单向海关申报进境的误卸或者溢卸的进境货物，经海关审定确实的，由载运该货物的原运输工具负责人，自该运输工具卸货之日起三个月内，向海关申请办理退运出境手续；或者由该货物的收发货人，自该运输工具卸货之日起三个月内，向海关申请办理退运或者申报进口手续。

前款所列货物，经载运该货物的原运输工具负责人，或者该货物的收发货人申请，海关批准，可以延期三个月办理退运出境或者申报进口手续。

本条第一款所列货物，超过前两款规定的期限，未向海关办理退运出境或申报进口手续的，由海关提取依法变卖处理。

第四条 口货物的收货人或其所有人声明放弃的进口货物，由海关提取依法变卖处理。

国家禁止或限制进口的废物、对环境造成污染的货物不得声明放弃。除符合国家规定，并办理申报进口手续，准予进口的外，由海关责令货物的收货人或其所有人、载运该货物进境的运输工具负责人退运出境；无法退运的，由海关责令其在海关和有关主管部门监督下予以销毁或者进行其他妥善处理，销毁和处理的费用由收货人承担，收货人无法确认的，由相关运输工具负责人及承运人承担；违反国家有关法律法规的，由海关依法予以处罚，构成犯罪的，依法追究刑事责任。

第五条 保税货物、暂时进口货物超过规定的期限三个月，未向海关办理复运出境或者其他海关有关手续的；过境、转运和通运货物超过规定的期限三个月，未运输出境的，按照本办法第二条的规定处理。

第六条 超期未报关进口货物、误卸或者溢卸的进境货物和放弃进口货物属于《出入境检验检疫机构实施检验检疫的进出境商品目录》范围的，由海关在变卖前提请出入境检验检疫机构进行检验、检疫，检验、检疫的费用与其他变卖处理实际支出的费用从变卖款中支付。

第七条 按照本办法第二条、第三条、第五条规定由海关提取依法变卖处理的超期未报、误卸或者溢卸等货物的所得价款，在优先拨付变卖处理实际支出的费用后，按照下列顺序扣除相关费用和税款：

（一）运输、装卸、储存等费用；

（二）进口关税；

（三）进口环节海关代征税；

（四）滞报金。

所得价款不足以支付同一顺序的相关费用的，按照比例支付。

扣除上述第（二）项进口关税的完税价格按照下列公式计算：

$$完税价格=\frac{变卖所得价款-变卖费用-运储费用}{\dfrac{1+关税率+增值税率+关税率\times增值税率}{1-消费税率}}$$

实行从量、复合或者其他方式计征税款的货物，按照有关征税的规定计算和扣除税款。

按照本条第一款规定扣除相关费用和税款后，尚有余款的，自货物依法变卖之日起一年内，经进口货物收货人申请，予以发还。其中属于国家限制进口的，应当提交许可证件而不能提供的，不予发还；不符合进口货物收货人资格、不能证明对进口货物享有权利的，申请不予受理。逾期无进口货物收货人申请、申请不予受理或者不予发还的，余款上缴国库。

第八条 按照本办法第四条规定由海关提取依法变卖处理的放弃进口货物的所得价款，优先拨付变卖处理实际支出的费用后，再扣除运输、装卸、储存等费用。

所得价款不足以支付上述运输、装卸、储存等费用的，按比例支付。

按照本条第一款规定扣除相关费用后尚有余款的，上缴国库。

第九条 按照本办法第七条规定申请发还余款的，申请人应当提供证明其为该进口货物收货人的相关资料。经海关审核同意后，申请人应当按照海关对进口货物的申报规定，补办进口申报手续，并提交有关进口许可证件和其他有关单证。不能提交有效进口许可证件的，由海关按照《中华人民共和国海关法行政处罚实施细则》对“无证进口”的规定处理。

第十条 进口货物的收货人自运输工具申报进境之日起三个月后、海关决定提取依法变卖处理前申请退运或者进口超期未报进口货物的，应当经海关审核同意，并按照有关规定向海关申报。申报进口的，应按照《中华人民共和国海关征收进口货物滞报

金办法》的规定，缴纳滞报金（滞报期间的计算，自运输工具申报进境之日的第15日起至货物申报进口之日止）。

第十一条 本办法第二条、第三条、第五条所列货物属于危险品或者鲜活、易腐、易烂、易失效、易变质、易贬值等不宜长期保存的货物的，海关可以根据实际情况，提前提取依法变卖处理。所得价款按照本办法第七条、第九条的规定办理。

第十二条 “进口货物收货人”，指经对外经济贸易主管部门登记或者核准有货物进口经营资格，并经海关报关注册登记的中华人民共和国关境内法人或者其他组织。

第十三条 进出境物品所有人声明放弃的物品，在海关规定期限内未办理海关手续或者无人认领的物品，以及无法投递又无法退回的进境邮递物品，由海关按照本办法第二条、第四条等有关规定处理。

第十四条 本办法由海关总署解释。

第十五条 本办法自2001年12月20日起实施。

关于大型高新技术企业适用便捷通关措施的审批规定

第一条 根据《海关总署、外经贸部关于支持高新技术产业发展若干问题的通知》(署厅发［2001］279号，以下简称《通知》)第一条及第五条的规定，大型高新技术企业适用便捷通关程序应按以下程序办理申请、备案或审批手续。

第二条 符合以下基本条件的企业，均可申请适用《通知》规定的一项或数项便捷通关程序。

(一)企业守法经营，资信可靠，内部管理规范、严格，半年内无走私、违规情事，并有足够的资产或资金为本企业因适用便捷通关程序应承担的经济责任提供总担保；

(二)在中国关境内具有独立法人资格，从事高新技术生产，且其生产产品已列入科技部、外经贸部、财政部、国家税务总局、海关总署共同编制的《中国高新技术产品出口目录》(另行下发)；

(三)具有进出口经营权，并已在海关注册；

(四)本企业年出口额(包括加工贸易深加工结转)在1亿美元以上。

第三条 企业按以下步骤办理备案申请手续：

(一)企业应如实填写《大型高新技术企业适用便捷通关程序备案审批表》(格式见附件1，以下简称《备案审批表》)一式5份，并由企业法定代表人或其授权的代表签字后加盖企业公章。

(二)企业向其所在省、自治区、直辖市或计划单列市外经贸委(厅、局)报请核定企业申请条件，负责核定的外经贸委(厅、局)应在10个工作日内完成核定工作，批准时应在一式5份《备案审批表》相应栏中加盖公章。

(三)企业向其主管直属海关报请核准所适用的通关便捷程序，负责核准的主管直属海关应在10个工作日内完成核准工作，批准时应在一式5份《备案审批表》相应栏中加盖公章。同时加盖有外经贸委(厅、局)和直属海关公章的《备案审批表》1份发给企业，2份分别报送海关总署和外经贸部，2份分别由外经贸委(厅、局)和直属海关存档。

(四)企业与主管直属海关签订一份《适用便捷通关程序责任担保书》(格式见附件2，以下简称《责任担保书》)。《责任担保书》由海关总署规定统一格式及基本内容，并可按海关监管或企业经营的特殊需要补充具体的规定。《责任担保书》一式5份，责任双方各1份，2份报海关总署和外经贸部备案，1份存档。

(五)直属海关负责将同时加盖有外经贸委(厅、局)和直属海关公章的《备案审批表》连同责任3方签订的《责任担保书》复印件1份分别报送海关总署、外经贸部备案。海关总署、外经贸部对《备案审批表》及《总担保书》如有异议，应在收到《备案审批表》及《责任担保书》后10天内要求直属海关延期实施或撤消《备案审批表》，或者修改《责任担保书》。逾期没有提出异议，《备案审批表》及《总担保书》即予生效。

为提高工作效率，企业与各审批部门之间，以及各审批部门之间可使用中国电子口岸系统办理上述备案手续。备案手续一律不收费。

第四条 《备案审批表》及《责任担保书》生效之日，由海关总署主管部门根据该企业所适用的便捷通关程序的具体规定及《责任担保书》的特殊要求，修改该企业相应通关作业参数。企业办理进出口货物报关手续，可直接按便捷通关程序的具体规定及《责任担保书》的特殊约定适用相应的便捷通关程序。

企业发生影响《备案审批表》及《责任担保书》的重大变更或变化情况，应及时报告主管直属海关和主管外经贸委(厅、局)。

第五条 《备案审批表》及《责任担保书》在没有海关、外经贸部门及企业任何一方提出中止或撤消前长期有效。《备案审批表》及《责任担保书》的修改、中止及恢复生效也按本办法第三条规定的步骤办理。

第六条 原审批的主管直属海关会同主管外经贸委(厅、局)有权撤消企业适用便捷通关程序的资格。主管直属海关会同主管外经贸委(厅、局)有权撤消企业适用便捷通关程序的资格的决定应由主管直属海关分别报海关总署和外经贸部备案，海关总署负责适时修改该企业相应通关作业参数，有关《备案审批表》及《责任担保书》即予失效。企业再次申请，应按本办法第三条规定重新办理备案手续。

第七条 海关对适用便捷通关程序的企业实行信用管理，进出口货物主要根据企业的申报审核放行，通关现场一般不开箱查验，进出口地海关也不得自行到企业稽查。为保证企业得到真正的通关便捷优惠，各地海关应制定专门的审批程序，凡需要在通关现场开箱查验适用通关便捷程序企业的进出口货物时，应按审批程序办理报批手续。企业主管直属海关应明确本关主管部门或主管隶属海关对适用便捷通关程序的企业负有全面管理的职责。主管部门或主管隶属海关应当加强对适用便捷通关程序的企业的守法管理，随时了解并掌握企业的资信、内部管理、财务(资金)、生产经营、年度出口额、税费缴纳等情况，按企业建立专门的资信档案，并对口岸现场海关给予信任放行的货物进行必要的核查，企业应予以配合。进出口地海关应加强与主管地海关的联系配合，在办理便捷通关程序过程中出现问题时，应主动联系主管地海关及时解决。为保证货物及时通关，两地海关意见不一致时，应先按主管地海关意见办理。

第八条 适用便捷通关程序的企业，应强化守法意识，认真履行各项承诺，自觉遵守海关及外经贸管理的各项规定，努力维护本企业良好资信。同时严格内部管理，防止内部人员滥用便捷通关程序从事走私违法活动。发生违反海关规定情事的，应自觉协助海关进行处理，接受海关处罚。

第九条 出口额在1亿美元以下但符合本办法第二条规定的各项条件的企业，如因情况特殊确实需要适用有关便捷通关程序时，可正式行文向企业主管直属海关申请。书面申请时应参照《备案审批表》内容报明本企业有关情况，直属海关根据申请情况会同企业所在省、自治区、直辖市或计划单列市外经贸委（厅、局）审核同意后转报海关总署会同外经贸部审批。

第十条 本规定自发布之日起施行。

中华人民共和国海关进出口商品预归类暂行办法

（2000年2月24日海关总署发布）

第一章 总 则

第一条 （立法目的）

为准确实行进出口商品归类，便利进出口货物经营单位或其代理人办理海关手续、方便合法进出口，加速货物通关，特参照国际通行做法制定本暂行办法。

第二条 （定义）

预归类是指一般贸易的货物在实际进出口前，申请人以海关规定的书面形式向海关提出申请并提供商品归类所需的资料，必要时提供样品，海关依法作出具有法律效力的商品归类决定的行为。

第三条 （编码）

预归类决定所确定的商品归类编码为决定作出时中国海关有效使用的进出口商品十位数编码。

第四条 （约束力）

预归类决定仅对该决定的申请人和作出决定的海关具有约束力，对该决定书所述货物的海关商品归类在其有效期内具有约束力。

第二章 申请的提出

第五条 （申请人的资格）

预归类申请人应是在海关注册的进出口货物的经营单位或其代理人。

第六条 （申请的提出）

预归类申请应由申请人填写《海关进出口商品预归类申请书》(以下简称《申请书》，见附表一)，以书面形式提交进出口地海关（包括直属海关）；进出口地海关应于接收申请的三天内交直属海关并由直属海关按本办法有关规定决定是否受理。若接收申请的海关与申请人所在地海关不在同一直属海关关区的，应凭申请人所在地直属海关开具的证明提出申请；申请人所在地直属海关在确认申请预归类的同一种商品未向两个或两个以上海关提出预归类申请后，即应开具允许异地申请的证明。

一份预归类《申请书》只应包含一项商品；申请人对多项商品申请预归类的，应逐项提出。

申请人不得就同一种商品向两个或两个以上海关提出预归类申请。

第七条 （《申请书》的内容）

《申请书》应载明下列内容：

（一）申请人名称、地址、在海关注册的企业代码、联系人姓名及电话等；

（二）申请预归类商品的中英文名称（其他名称）；

（三）申请预归类商品的详细描述，包括商品的规格、型号、结构原理、性能指标、功能、用途、成份、加工方法、分析方法等；

（四）预计进出口日期及进出口口岸。

申请人应按海关要求提供足以说明申报情况的资料，如：进出口合同复印件、照片、说明书、分析报告、平面图等，必要时应提供商品样品。申请所附文件如为外文，申请人应同时提供外文原件及中文译文。

《申请书》一式二份，申请人和作决定的海关各执一份。《申请书》必须加盖申请单位印章，所提供资料与申请书必须加盖骑缝章。

第八条 （申请人的权责）

申请人应对其所提供资料的真实性负责，不得向海关隐瞒或向海关提供影响预归类准确性的倾向性资料。

如实际进出口货物与《决定书》（见第四章）所述及的商品不相符，申请人应承担法律责任，并按《海关法》的有关规定处理。

申请人可向海关申请对其进出口货物所涉及的商业秘密进行保密。

在预归类决定书的有效期内，申请人对归类决定持有异议，可向作出决定的海关提出复核。

第九条

申请人可在海关作出预归类决定前向海关提供新资料，并对原提供资料作出说明。

申请人在海关作出预归类决定之后声明原提供资料作废并要求向海关提交新资料的，如货物尚未实际进出口，海关应按新提交的预归类申请重新审核；如货物已实际进出口，按本办法第十五条有关条款进行处理。

第三章　申请的受理

第十条　（申请的审查及受理）

预归类申请由各直属海关受理并作出决定。海关总署负责审查由直属海关上报的疑难商品或有归类争议的商品的预归类申请并作出决定。

海关根据本办法第五条至第九条的规定对预归类申请进行审查，对不能满足预归类条件的申请，海关可不予受理。申请预归类的商品应为申请人实际或计划进出口的货物，如所提申请与实际进出口无关，海关可不予受理。

第四章　预归类决定书

第十一条　（预归类决定的作出）

海关作出预归类决定后以《海关进出口商品预归类决定书》（以下简称《决定书》，见附表二）的形式通知申请人。《决定书》一式二份，一份交申请人持有，另一份由作出预归类决定的海关留存。

第十二条　（《决定书》的内容）

《决定书》应包括以下内容：

（一）申请人名称、地址、在海关注册的企业代码等；

（二）申请日期；

（三）商品中英文名称；

（四）商品详细描述；

（五）海关商品归类编码；

（六）签发日期及海关签章。

第五章　预归类决定书的效力和使用

第十三条　（《决定书》的效力）

直属海关作出的预归类决定在本关区范围内有效，海关总署作出的预归类决定在全国范围内有效。

《决定书》自海关签发之日起一年内有效。

第十四条　（《决定书》的使用）

《决定书》只限申请人使用。

持有《决定书》的申请人在该决定的有效期内进出口《决定书》中所述及的货物时，应向进出口地海关递交《决定书》。

海关应以查验等方式核对实际进出口货物与《决定书》所述及商品的一致性。

第十五条　（《决定书》的失效）

海关在作出预归类决定后，不得随意更改。因海关原因需要改变预归类决定的，由直属海关发出《变更通知书》，原《决定书》自《变更通知书》送达之日起失效。

由以下原因造成预归类决定改变时，原《决定书》即行失效：

因申请人提供的商品资料不准确或不全面，造成原预归类决定需要改变的；

因申请人补充资料或提交新资料、海关需按新提交的预归类申请重新审核，造成原《决定书》失效的；

因国家政策调整、法律、法规变化引起预归类决定改变的，申请人可持原决定书到原申请地海关申请换发《决定书》。

由本款原因引起《决定书》失效产生的其他问题，按《海关法》、《中华人民共和国进出口关税条例》和其他法规性文件的有关规定处理。

第十六条　（解释权）

本办法由海关总署负责解释。

第十七条　（生效日期）

本办法自2000年4月1日起实施。

中华人民共和国海关关于加工贸易保税货物跨关区深加工结转的管理办法

（1999年9月22日海关总署发布）

第一条 为促进加工贸易健康发展，加强和规范海关对加工贸易跨关区深加工结转的管理，根据《中华人民共和国海关法》和经国务院批准的《关于对加工贸易进口料件试行银行保证金台帐制度暂行管理办法》、《关于进一步完善加工贸易银行保证金台帐制度的意见》的有关规定，制定本办法。

第二条 本办法中的保税货物跨关区深加工结转是指加工贸易（来料加工、进料加工）企业将保税料件加工的产品结转至另一直属海关关区内的加工贸易企业深加工后复出口的经营活动。未经加工的保税进口料件不得结转。

第三条 加工贸易企业开展深加工结转业务，应事先经外经贸主管部门批准，并按规定办理海关手续后，方可开展货物的实际结转。

第四条 海关对保税货物深加工结转采用计划审批制度，转出企业在申领《加工贸易登记手册》（以下简称《登记手册》）后，即可凭《中华人民共和国海关加工贸易保税货物深加工结转申请表》（以下简称《申请表》）向海关预申报结转计划。经转入地海关同意后，可分批办理结转送货手续。

第五条 海关对深加工结转的保税货物采用转关运输和不按转关运输两种方式进行监管。不按转关运输办理结转的，企业按《申请表》内容进行实际送货后统一在调入地海关办理结转报关手续；按转关运输办理结转的，在每一次交货前必须分别在转出、转入地海关办理结转报关手续。海关对加工贸易深加工结转形式进出口进行单项统计。

第六条 深加工结转货物属下列情况之一的，经海关批准，可不按转关运输办理。（一）转出、转入地两个直属海关实现加工贸易备案合同数据资料计算机联网管理的；（二）转出企业为A类加工贸易企业的；（三）转出企业主动申请并向转出地海关交付相当结转货物税款等额风险担保金的；（四）对按规定应办理转关运输，由于不具备计算机联网管理条件或因运输、包装等方式限制而不具备转关运输条件，已由转出地海关收取相当于结转货物税款等额风险担保金的；（五）转出的保税产品所使用的进口料件已全部实行台帐保证金“实转”的；（六）因其他特殊原因，经转入、转出地海关协商后，由转出地海关报海关总署批准的。

第七条 不按转关运输办理货物结转的手续（一）已实行加工贸易备案合同数据资料计算机联网的

1．转出企业凭外经贸主管部门的深加工结转批准文件、《申请表》（一式四联）、《登记手册》、购销合同或协议等有关单证向转出地海关保税部门提出申请。转出地海关审核同意后，在《申请表》上批注意见并注明不按转关规定办理的原因，通过计算机网络把结转内容传输至转入地海关。《申请表》第一联留存，另三联由转出企业交转入企业。

2．转入企业应在转出地海关批准的《申请表》上填写本企业的相关资料并盖企业印章后，到转入地海关办理有关手续。

3．转入地海关保税部门在审批企业结转申请时，应对企业递交的《申请表》、《登记手册》和购销合同或协议与转出地海关传输的结转内容进行核对。确认无误后，根据结转企业的实际情况签注是否分批送货的意见。办结审批手续后，将《申请表》第二联留存，第三、四联交企业凭以办理结转报关手续。

4．经海关同意实行分批送货统一报关的，转出企业应按海关批准的货物数量进行实际送货，转入企业收货后应在《保税货物实际结转情况登记表》（以下简称《登记表》）上登记、签章。在结转计划执行完毕或有效期内，转入、转出企业应凭双方《登记手册》、《申请表》、《登记表》、购销合同或协议等单证到转入地海关办理形式进/出口报关手续。转入地海关货管部门应在结转货物办理形式报关手续时，收回《申请表》和《登记表》，并将海关签印的进/出口报关单退企业。

5．一次性办结送货手续的，应在转入地海关一次性办理结转报关手续，转入地海关货管部门收回《申请表》和《登记表》。

6．转入地海关货管部门在办理结转报关手续时，必须与通过网络传送的计算机内合同结转内容进行核对，核对无误后方可办理有关手续。（二）对没有实现合同备案资料联网传输但符合不按转关运输条件的，除比照上述做法外，转入地海关必须对《登记手册》、《申请表》等加强真伪检查，用加密传真与转出地海关进行核实后，才能予以办理结转审批和报关手续。

第八条 对不符合本办法第六条所列条件的，必须按转关运输办理。

第九条 按转关运输办理货物结转的手续

（一）转出企业凭外经贸主管部门的深加工结转批准文件、《申请表》、《登记手册》、购销合同或协议等，向所在地海关保税部门提出申请，海关保税部门审核同意并在《申请表》上签注“按转关运输办理”字样后，将《申请表》第一联留存，另三联由转出企业交转入企业填写相应内容签章后送转入地海关办理审批手续。

（二）转入企业凭《申请表》、《登记手册》、购销合同等到转入地海关保税部门办理审批手续。转入地海关保税部门在审批时可根据企业情况确定是否分批转关。海关同意后应在《申请表》上批注意见，并将《申请表》第二联留存，其余交企业办理转关、报关手续。

（三）转入地海关货管部门收到转入企业的转关申请后，比照转关运输的监管规定开出《转关联系单》做关封，由企业送转出地海关。

（四）转出地海关货管部门在接受转出企业结转报关时，应对企业提交的《申请表》、《转关联系单》、《转关运输申报单》、购销合同（协议）、转出企业的《登记手册》进行核对，确认无误后，比照转关运输规定将货物转关监管至转入地海关，并将转关数据通过网络传输、将出口报关单做关封交企业带至转入地海关。对同意分批转关的，货管部门应在《申请表》或《登记表》中注明该票转关运输货物的数量。

（五）结转货物到达转入地海关后，海关在接受转入企业进口报关时，应认真将上述单证与转出地海关传输的数据和关封进行核对，加强对货物的实际监管和查验，并及时将有关计算机数据和转关回执反馈给转出地海关，转出地海关货管部门凭此将海关签印的出口报关单退企业。货物结转完毕，转入地海关货管部门应收回《申请表》。

（六）按转关运输办理的结转货物，应由海关核准承运转关运输货物的运输企业承运。转入、转出企业管理类别属于A或B类的，经主管海关同意，结转货物可使用符合海关转关运输监管条件的自备车辆或选择经海关核准的运输工具承运，企业及承运人共同向海关负责。

第十条 结转货物，如转入、转出地海关归入不同的商品编码，编码相同但商品名称不同或价格不一致时，由转入地海关审定后办理结转手续，并将有关情况反馈转出地海关。两地海关必须加强联系，严格把关。

第十一条 《申请表》由海关进行登记编号，编号办法为：年号+关区号+结转+顺序号。例如："199960006结转001"。

第十二条 转出、转入企业之间产品结转可比照进出口贸易以外汇结算，办结结转货物海关手续后，海关按有关规定确定是否向企业签发报关单外汇核销证明联。

第十三条 加工贸易企业不按规定办理深加工结转手续，有走私、违规等情况的，主管海关应按《中华人民共和国海关法》及《中华人民共和国海关法行政处罚实施细则》等有关规定处理，并及时通知有关海关，有关海关接通知后应立即开展调查，并对所辖企业作出相应处理。

第十四条 海关总署以往所发规定与本办法不符的，以本办法为准。

第十五条 本办法由海关总署负责解释。

第十六条 本办法自一九九九年十月一日起执行。

中华人民共和国海关关于异地加工贸易的管理办法

（1999年9月22日海关总署发布）

第一条 为了促进加工贸易健康发展，加强和规范海关对异地加工贸易的管理，根据《中华人民共和国海关法》和国务院批准的国家经贸委等部门《关于进一步完善加工贸易银行保证金台帐制度的意见》及其他有关规定，制定本办法。

第二条 本办法中的“异地加工贸易”是指加工贸易经营单位（以下简称经营单位）将进口料件委托另一直属海关关区内加工生产企业（以下简称加工企业）开展的加工业务。不包括加工出口产品过程中某一加工工序的外发加工业务（外发加工业务管理办法另行制定）。

第三条 经营单位与加工企业开展异地加工业务，双方须签定符合《中华人民共和国合同法》规定的“委托加工合同”。

第四条 经营单位与加工企业双方必须遵守国家对加工贸易管理的有关规定，经营单位不得将保税进口料件转卖给加工企业。

第五条 经营单位开展异地加工贸易，须凭其所在地外经贸主管部门核发的《加工贸易业务批准证》和加工企业所在地外经贸主管部门出具的《加工贸易加工企业生产能力证明》，填制《中华人民共和国海关异地加工贸易申请表》（格式见附件1，以下简称《申请表》），向经营单位主管海关提出异地加工申请。

第六条 经营单位主管海关在核准其异地加工申请时，对于办理过异地加工贸易业务的经营单位，须查阅由加工企业主管海关反馈的《中华人民共和国海关异地加工贸易回执》（格式见附件2，以下简称《回执》）。经核实合同执行情况正常的，在《申请表》（一式二联）内批注签章，与《加工贸易业务批准证》、《加工贸易加工企业生产能力证明》一并制作关封，交经营单位凭以向加工企业主管海关办理合同登记备案。

第七条 加工企业主管海关凭经营单位提供的《加工贸易业务批准证》、“委托加工合同”、《加工贸易加工企业生产能力证明》、《申请表》及其他有关单证办理合同登记备案。如由加工企业向海关办理合同备案手续的，必须持有经营单位出具的委托书。

第八条 海关对开展异地加工贸易的经营单位和加工企业实行分类管理，如果两者的管理类别不相同，按其中较低类别采取监管措施。如需实行保证金台帐“实转”的，经营单位应按规定交付备案进口料件税款等额的台帐保证金。经营单位不得委托按D类管理的加工企业开展异地加工贸易。

第九条 异地加工贸易合同执行过程中，如有走私违规行为或无法正常核销结案的，加工企业主管海关应负责将台帐保证金转税和罚款。台帐保证金转税数额不足的，由加工企业主管海关负责向经营单位追缴税款，经营单位主管海关应予协助。

第十条 对违反本规定，构成走私、违规的，由海关依照《中华人民共和国海关法》及《中华人民共和国海关法行政处罚实施细则》有关规定处理。经营单位和加工企业在执行本办法和海关各项规定时，负有共同责任。对其违法行为，海关可根据实际情况分别追究法律责任。

第十一条 经营单位与加工企业不在同一直属关区，但属同一法人开展异地加工贸易业务的，可比照上述规定办理。

第十二条 本办法由海关总署负责解释。

第十三条 本办法自一九九九年十月一日起实施。

保税区海关监管办法

（1997年6月10日国务院批准　1997年8月1日海关总署发布）

第一章　总　　则

第一条　为了加强与完善海关对保税区的监管，促进保税区的健康发展，根据海关法和其他有关法律的规定，制定本办法。

第二条　在中华人民共和国境内设立保税区，必须经国务院批准。

第三条　保税区是海关监管的特定区域。海关依照本办法对进出保税区的货物、运输工具、个人携带物品实施监管。

保税区与中华人民共和国境内的其他地区（以下简称非保税区）之间，应当设置符合海关监管要求的隔离设施。

第四条　保税区内仅设置保税区行政管理机构和企业。除安全保卫人员外，其他人员不得在保税区居住。

第五条　在保税区内设立的企业（以下简称区内企业），应当向海关办理注册手续。

区内企业应当依照国家有关法律、行政法规的规定设置帐簿、编制报表，凭合法、有效凭证记帐并进行核算，记录有关进出保税区货物和物品的库存、转让、转移、销售、加工、使用和损耗等情况。

第六条　保税区实行海关稽查制度。

区内企业应当与海关实行电子计算机联网，进行电子数据交称。

第七条　海关对进出保税区的货物、物品、运输工具、人员及区内有关场所，有权依照海关法的规定进行检查、查验。

第八条　国家禁止进出口的货物、物品，不得进出保税区。

第二章　对保税区与境外之间进出货物的监管

第九条　海关对保税区与境外之间进出的货物，实施简便、有效的监管。

第十条　保税区与境外之间进出的货物，由货物的收货人、发货人或其代理人向海关备案。

第十一条　对保税区与境外之间进出的货物，除实行出口被动配额管理的外，不实行进出口配额、许可证管理。

第十二条　从境外进入保税区的货物，其进口关税和进口环节税收，除法律、行政法规另有规定外，按照下列规定办理：

（一）区内生产性的基础设施建设项目所需的机器、设备和其他基建物资，予以免税；

（二）区内企业自用的生产、管理设备和自用合理数量的办公用品及其所需的维修零配件，生产用燃料，建设生产厂房、仓储设施所需的物资、设备，予以免税；

（三）保税区行政管理机构自用合理数量的管理设备和办公用品及其所需的维修零配件，予以免税；

（四）区内企业为加工出口产品所需的原材料、零部件、元器件、包装物件，予以保税。

前款第（一）项至第（四）项规定范围以外的货物或者物品从境外进入保税区，应当依法纳税。

转口货物和在保税区内储存的货物按照保税货物管理。

第三章　对保税区与非保税区之间进出货物的监管

第十三条　从保税区进入非保税区的货物，按照进口货物办理手续；从非税区进入保税区的货物，按照出口货物办理手续，出口退税按照国家有关规定办理。

海关对保税区与非保税之间进出的货物，按照国家有关进出口管理的规定实施监管。

第十四条　从非保税区进入保税区供区内使用的机器、设备、基建物资和物品，使用单位应当向海关提供上述货物或者货物的清单，经海关查验后放行。

前款货物或者物品，已经缴纳进口关税和进口环节税收的，已纳税款不予退还。

第十五条　保税区的货物需从非保税区口岸进出口或者保税区内的货物运往另一保税区的，应当事先向海关提出书面申请，经海关批准后，按照海关转关运输及有关规定办理。

第四章　对保税区内货物的监管

第十六条　保税区内的货物可以在区内企业之间转让、转移；双方当事人应就转让、转移事项向海关备案。

第十七条　保税区内的转口货物可以在区内仓库或者区内其他场所进行分级、挑选、刷贴标志、改称包装形式等简单加工。

第十八条　区内企业在保税区举办境外商品和非保税区商品的展示活动，展示的商品应当接受海关监管。

第五章　对保税区加工贸易货物的管理

第十九条　区内加工企业应当向海关办理所需料、件进出保税区备案手续。

第二十条　区内加工企业生产属于被动配额管理的出口产品，应当事先经国务院有关主管部门批准。

第二十一条　区内加工企业加工的制成品及其在加工过程中产生的边角余料运往境外时，应当按照国家有关规定向海关办理手续；滁 法律、行政法规另有规定外，免征出口关税。区内加工企业将区内加工的制成品、副次品或者在加工过程中产生的边角余料运往非保税区时，应当按照国家有关规定向海关办理进口报关手续，并依法纳税。

第二十二条　区内加工企业全部用境外运入料、件加工的制成品销往非保税区时，海关按照进口制成品征税。

用含有境外动入料、件加工的制成品销往非保税区时，海关对其制成品按照所含境外动入料、件征税；对所含境外运入料、件的品名、数量、价值申报不实的，海关按照进口制成品征税。

第二十三条　区内加工企业委托非保税区企业或者接受非保税区企业招手进行加工业务，应当事先经海关批准，并符合下列条件：

（一）在区内拥有生产场所，并已经正式开展加工业务；

（二）委托非保税区企业的加工业务，主要工序应当在区内进行；

（三）委托非保税区企业加工业务的期限为6个月；有特殊情况需要延长期限的，应当向海关申请展期，展期期限为6个月。在非保税区加工完毕的产品应当运回保税区；需要从非保税区直接出口的，应当向海关办理核销手续；

（四）接受非保税区企业委托加工的，由区内加工企业向海关办理委托加工料、件的备案手续，委托加工的料、件及产品应当与区内企业的料、件及产品分别建立帐册并公别使用。加工完毕的产品应当运回非保税区企业，并由区内加工企业向海关销案。

第二十四条　海关对区内加工企业进料加工、来料加工业务，不实行加工贸易银行保证金台帐制度。

委托非保税区企业进行加工业务的，由非保税区企业向当地海关办理合同登记备案手续，并实行加工贸易银行保证金台帐制度。

第六章　对进出保税区运输工具和个人携带物品的监管

第二十五条　运输工具和人员进出保税区，应当经由海关指定的专用通道，并接受海关检查。

第二十六条　进出保税区的运输工具的负责人，应当持保税区主管机关批准的证件连同运输工具的名称、数量、牌照号码及驾驶员姓名等清单，向海关办理登记备案手续。

第二十七条　未经海关批准，从保税区到非保税区的运输工具和人员不得运输、携带保税区内的免税货物、物品，保税货物，以及用保税料、件生产的产品。

第七章　附　　则

第二十八条　违反本办法以规定的，由海关依照《中华人民共和国海关法》及《中华人民共和国海关法行政处罚实施细则》的规定处理；情节严重的，海关可以取消区内企业在海关的注册资格。

第二十九条　本办法规定的有关备案的具体办法，由海关总署制定。

第三十条　本办法以自发布之日起施行。《中华人民共和国海关对进出上海外高桥保税区货物、运输工具和个人携带物品的管理办法》同时废止。

中华人民共和国海关对进出境快件监管办法

（1998年1月25日海关总署发布）

第一章 总 则

第一条 根据《中华人民共和国海关法》及其它有关法律、法规，制定本办法。

第二条 运营进出境快件业务应当经中华人民共和国对外经济贸易主管部门批准，并应当依照本办法向中华人民共和国海关（简称海关，下同）申请，办理备案登记手续。

第三条 运营人不得承运中华人民共和国法律、行政法规禁止进出境的物品。除经中华人民共和国政府邮电主管部门批准，运营人不得承运私人信件。

第四条 海关按照《中华人民共和国进出口关税条例》或《入境旅客行李物品和个人邮递物品征收进口税办法》对进出境快件征收进出口税，并按规定对进出境快件收取规费、监管手续费等有关费用。

第五条 海关对符合监管要求的快件，可以接受运营人通过电子数据交换（EDI）方式的报关。通过电子数据交换（EDI）方式向海关报关与通过书面文件方式向海关报关具有同等的法律效力。

通过电子数据交换（EDI）方式报关的具体办法，由中华人民共和国海关总署（简称海关总署，下同）另行制定。

第二章 备案审批

第六条 运营人向海关申请办理进出境快件报关备案登记手续，应当事先取得代理报关资格，并向所在地海关提交下列文件，由所在地海关进行审核并提出意见后，转报海关总署审核批准：

（一）书面申请书；

（二）中华人民共和国对外经济贸易主管部门准许开办进出境快件运营业务的批准文件；

（三）本企业法人营业执照；

（四）代理报关注册登记证书复印件；

（五）企业章程；

（六）与境外合作者（包括境内企业法人在境外设立的分支机构）的合作运输合同（或协议）；

（七）专用监管仓库图纸；

（八）海关需要的其它文件。

运营人所在地海关应当自收到前款所述文件之日起30日内提出意见，并转报海关总署。

海关总署自收到运营人所在地海关转报的文件之日起60日内决定是否批准。经海关总署审核批准的，发给批准文件。

运营人凭海关总署所发批准文件向所在地海关办理备案登记手续，所在地海关核发《进出境快件运营人登记备案证书》。

第七条 海关对运营人实行年审制度。运营人应当于每年1月31日前向所在地海关提交上一年度运营情况报告，办理年度审验手续。逾期不参加年度审验或年度审验不合格者，《进出境快件运营人登记备案证书》自动失效。对所承运进出境的快件，海关不再按快件进行监管，按一般进出口货物办理监管验放手续。

第八条 运营人获得《进出境快件运营人登记备案证书》，且其专职报关员取得报关员证件后，方可按照本办法办理进出境快件的报关手续。

运营人获得《进出境快件运营人登记备案证书》后，6个月内未开展业务的，《进出境快件运营人登记备案证书》自动失效。

第九条 运营人如需变更已在海关备案登记的内容，应凭原审批机关的批准文件以书面形式报告所在地海关，所在地海关核准后报海关总署备案。

第三章 快件分类

第十条 在本办法中，快件分为以下四类：

（一）A类：海关现行法规规定予以免税的无商业价值的文件、资料、单证、票据。

（二）B类：海关现行法规规定限值内予以免税的物品。

（三）C类：超过海关现行法规规定限值但不超过人民币5000元的应税物品。中华人民共和国法律、行政法规限制进出口的商品、配额管理商品不包括在内。

（四）D类：前三类以外的物品。

第十一条 本办法第十条的分类及每一类快件所适用的报关程序同时适用于进境和出境。

第四章　报关要求及规定

第十二条　快件的报关和查验应当在运营人所在地海关办公时间和专门监管场所内进行。如需在海关办公时间以外或专门监管场所以外进行，需事先商得海关同意。

运营人要求海关派员驻场监管时，需商得海关同意，并向海关无偿提供必需的办公场所及必备的设施。

第十三条　进境的快件，应当在运输工具申报入境后24小时内向海关办理报关手续。

出境的快件，应当在运输工具离境前4小时向海关办理报关手续。

第十四条　运营人运营进出境快件业务，应当承担下列义务：

（一）及时向海关呈交快件通关所需的单证、资料，并如实申报所承运的快件；

（二）通知收、发件人缴纳或可以代理缴纳快件应予征收的进出口税款；

（三）应当将监管时限内的快件存放于专门设立的海关监管仓库内，并妥为保管。

未经海关许可，不得将监管时限内的快件进行装卸、开拆、重换包装、提取、派送、发运或进行其它作业。

（四）海关查验快件前，运营人应当对快件进行分类。海关查验快件时，运营人应当派工作人员到场，并负责快件的搬移、开拆、重封包装。

（五）发现快件中含有中华人民共和国法律、法规禁止进出境的物品，不得擅作处理，应当立即通知并协助海关进行处理。

第十五条　除另有规定外，A类、B类、C类快件按下列规定报关：

（一）A类快件凭KJ1报关单和总运单、每一快件的分运单向海关办理报关手续。

（二）B、C类快件分别凭KJ2、KJ3报关单、总运单、每一快件的分运单、发票向海关办理报关手续。

按前述规定报关的A、B、C类快件，海关根据情况，可以要求运营人在物品放行前提供与物品有关的详细书面资料。

第十六条　D类快件应当向海关提交进出口货物报关单及与货物、物品进出口有关的单证办理报关手续。

第五章　专差快件

第十七条　运营人通过专差方式承运快件进出境，应当按本办法第二章的规定向海关办理备案审批和年审手续。经审核批准的，所在地海关同时发给《专差快件备案登记证书》，运营人凭所发证明书办理报关手续。

专差快件应当在运营人所在地海关指定的本关区内的口岸进出境，并按本办法第四章的规定办理报关手续。

第十八条　运营人应当将专差快件进出境的时间、承运的路线、运输工具航（车）次、专差的详细情况等报所在地海关备案。前述情形需要变更的，运营人应当于变更前15日报请所在地海关核准。

第十九条　专差快件应当使用专门的包装，其总包装上应当标注运营人名称及“专差快件”字样。

第六章　法律责任

第二十条　违反本办法的，海关按照《中华人民共和国海关法》、《中华人民共和国海关法行政处罚实施细则》和其它有关法规进行处理。

第七章　附　　则

第二十一条　快件中的下列物品，海关分别按照有关规定验放：

（一）个人自用物品；

（二）外国驻中华人民共和国的使、领馆及其人员进出境的公、私用物品；

（三）联合国各专门机构、其它国际组织驻中华人民共和国代表机构及其人员进出境的公、私用物品；

（四）外商常驻机构及其人员进出境的公、私用物品。

第二十二条　本办法下列用语的含义：

“进出境快件”系指运营人在特定的时间内，以快速的商业运输方式承运进出境的物品、货物。

“专差快件”系指运营人以专差押运方式承运进出境的快件。

“运营人”系指在中华人民共和国境内依法注册，并经中华人民共和国对外经济贸易主管部门批准经营进出境快件运营业务的企业。

“监管时限”系指进境快件自运输工具向海关申报起至办结海关手续止，或出境快件自向海关申报起至运输工具离境止。

第二十三条　本办法由海关总署负责解释。

第二十四条　本办法自一九九八年四月一日起实施。

出口收汇核销管理办法

（1990年12月9日国务院批复，国家外汇管理局等部门发布）

第一条 为加强出口收汇管理，根据《中华人民共和国外汇管理暂行条例》和国务院关于加强和健全出口收汇核销制度的要求，特制定本办法。

第二条 定义

（一）“外汇管理部门”，系指国家外汇管理局及其分支局；

（二）“受托行”，系指经国家外汇管理局批准有权接受出口单位委托对外交单索汇的银行（包括中国境内的外资金融机构、中外合资金融机构）或非银行金融机构；

（三）“解付行”，系指经国家外汇管理局批准有权接受出口单位委托对外交单索汇并能以人民币或外汇将出口货款解付给出口单位的银行（包括中国境内的外资金融机构、中外合资金融机构）或非银行金融机构；

（四）“出口单位”，系指对外经济贸易部及其授权单位批准的经营出口业务的公司、有对外贸易经营权的企业和外商投资企业；

（五）“出口收汇核销单（简称核销单）”，系指由国家外汇管理局制发、出口单位和受托行及解付行填写，海关凭以受理报关，外汇管理部门凭以核销收汇的有顺序编号的凭证（核销单附有存根）；

（六）“最迟收款日期”，系指本办法第九条规定的出口货款必须最迟结汇或收帐的日期；

（七）“逾期未收汇”，系指超过最迟收款日期而未结汇或收帐的货款。

第三条 本办法适用于一切出口贸易方式项下的收汇。

第四条 出口单位应到当地外汇管理部门申领经外汇管理部门加盖“监督收汇”章的核销单。在货物报关时，出口单位必须向海关出示有关核销单，凭有核销单编号的报关单办理报关手续，否则海关不予受理报关。货物报关后，海关在核销单和有核销单编号的报关单上加盖“放行”章。

第五条 出口单位填写核销单后因故未能出口的，出口单位须向外 汇管理部门办理核销单注销手续。

第六条 出口单位报关后，必须及时将有关报关单、汇票副本、发票和核销单存根送当地外汇管理部门以备核销。

第七条 出口单位在向委托行交单时，受托行必须凭盖有“放行”章的核销单受理有关出口单据。凡没有附核销单的出口单据，受托行不得受理。出口单位无论自营出口或委托代理出口，在报关时都必须使用自己的核销单。代理报关单位在为出口单位办完报关手续后，必须及时将核销单和有关报关单退还委托人。

第八条 出口单位用完核销单后，可向当地外汇管理部门续领新的核销单。

第九条 出口单位的一切出口货款，必须在下列最迟收款日期内结汇或收帐：

（一）即期信用证和即期托收项下的货款，必须从寄单之日起港澳和近洋地区二十天内、远洋地区三十天内结汇或收帐。

（二）远期信用证和远期托收项下的货款，必须从汇票规定的付款日起港澳地区三十天内、远洋地区四十天内结汇或收帐。

（三）寄售项下的货款，出口单位必须在核销单存根上填写最迟收款日期，最迟收款日期不得超过自报关之日起三百六十天。

（四）寄售以外的自寄单据（指不通过银行交单索汇）项下的出口货款，出口单位必须在自报关之日起五十个工作日内结汇或收帐。

第十条 出口单位不论采用何种方式收汇，必须在最迟收款日期后的三十个工作日内，凭解付行签章的核销章、结汇水单或收帐通知以及有关证明文件到当地外汇管理部门办理出口收汇核销手续。

第十一条 逾期未收汇的，出口单位必须及时向外汇管理部门以书面形式申报原因，由外汇管理部门视情况处理。

第十二条 受托行、解付行要加强对出口单位逾期未收汇情况的监督，及时向国外银行办理催收。受托行，解付行必须于每季初十天内，将上季逾期未收汇情况报法地外汇管理部门。

第十三条 对违反本办法规定者，外汇管理部门有权视情节给予警告、通报、罚款或暂停有关外汇帐户的使用等处罚。对上述处罚决定不服的，可按照一九八五年三月二十五日国务院批准、一九八五年四月五日国家外汇管理局分布的《违反外汇管理处罚施行细则》办理。

第十四条 本办法发布以前，各地区、各部门制定的监督收汇管理办法应停止执行。

第十五条 本办法由国家外汇管理局负责解释，实施细则由国家外汇管理局会同有关部门制定。

第十六条 本办法自一九九一年一月一日起施行。

出口收汇核销管理办法实施细则

（1998年6月22日国家外汇管理局发布）

第一章　总　　则

第一条　为完善出口外汇核销管理，防止外汇流失，根据《出口收汇核销管理办法》，特制定本实施细则。

第二条　国家外汇管理局及其分、支局（以下简称外汇局）是出口收汇核销的管理机关。

第三条　境内出口单位向境外出口货物，均应当办理出口收汇核销手续。

第四条　出口收汇核销工作中实行出口收汇核销员（以下简称核销员）制度，出口单位领取出口收汇核销单、办理出口收汇核销手续，应当由本单位的核销员负责办理。核销员制度的具体规定由各地外汇局自行制定。

第五条　出口外汇核销工作遵循属地管理原则，即出口单位登记、领单和核销等均应当在其注册所在地外汇局办理。

第二章　出口外汇核销单的管理

第六条　出口收汇核销单（以下简称核销单），系指由外汇局制发、出口单位凭以向海关出口报关、向外汇指定银行（以下简称银行）办理出口收汇、向外汇局办理出口收汇核销、向税务机关办理出口退税申报的有统一编号及使用期限的凭证。

第七条　出口单位应当到外汇局申领核销单，核销单只准本单位使用，不得借用、冒用、转让和买卖。

第八条　出口单位初次申领核销单前应当凭以下材料到外汇局办理登记：

1. 单位介绍信、申请书；
2. 外经贸部门批准经营进出口业务批件正本及复印件；
3. 工商营业执照副本及复印件；
4. 企业法人代码证书复印件；
5. 海关注册登记证明书复印件；
6. 出口合同复印件。

外汇局对上述材料审核无误后为出口位办理登记手续。

第九条　出口单位向外汇局申领核销单时，应当当场在每张核销单的“出口单位”栏内填妥单位名称或者加盖单位名称章。核销单正式使用前应当加盖单位公章。

第十条　外汇局根据计算机软件系统计算出口单位可以领单的数量，向出口单位发放核销单，同时在核销单上签注使用期限。

第十一条　核销单自领单之日起两个月以内有效。出口单位应当在失效之日起一个月内将未用的核销单退回外汇局注销。

第十二条　出口单位因关、停、并、转不再经营出口业务，应当在一个月内将未用的核销单退回外汇局注销，并且继续按照规定完成已出口业务的核销手续。

第三章　出口报关与送交存根

第十三条　出口单位填写的核销单，应当准确、齐全，不得涂改，并与出口货物报关单（以下简称报关单）上记载的有关内容一致。

第十四条　对于预计收款日期超过报关日期180天以上（含180天）的远期收汇，出口单位应当在报关前凭远期出口合同、核销单向外汇局备案，并应当在核销单的“收汇方式”栏注明远期天数，凡未向外汇局备案的，一律视作即期出口收汇。

第十五条　出口单位无论是自营出口还是代理出口，均应当使用本单位所领的核销单办理出口报关。

第十六条　海关凭在有效期之内、加盖出口单位公章的核销单和相关单据受理报关，审核无误后办理通关手续。在货物实际离境后，海关在核销单的“海关核放情况”栏签注意见并加盖“验讫章”，同时向出口单位签发注有成交总价的、计算机打印的、贴有防伪标签的、盖有“验讫章”的报关单（在海关与外汇管理部门实行计算机联网之前，此项报关单加贴防伪标签；在海关与外汇管理部门实现计算机联网后，此项报关单不再加贴防伪标签。），交出口单位向外汇管理部门办理核销。

对于临时出口的货物，如出境展览品、免费维修设备、免费样品、免费实验品和境外承包工程项下的自用机械设备、工具以及工程人员的办公、生活物品等海关在验放时应签发用于出口收汇核销的出口货物报关单。

第十七条　货物出口后因故退货时，海关在办结其进口手续后，签发一份进口货物报关单，报关单上注明退货情况，加盖“验讫章”交出口单位向外汇管理部门办理核销单的注销手续。

第十八条　出口单位应当自报关之日起60天内，附商业发票及报关单，向外汇局送交核销单存根。对10万美元以上（含10万美元）以自寄单据方式出口的还需提供相应的批准件。

外汇局对出口单位提供的单证，审核无误后，做收单登记。

第四章　出口收汇及核销

第十九条　出口收汇核销专用结汇水单和出口收汇核销专用收帐通知单（上述两种凭证以下简称“出口收汇核销专用联”）是出口单位办理出口收汇核销的重要凭证。对出口单位的外汇收入，银行在确认其为直接从境外收入的出口货款后，办理结汇或者进入该单位的外汇结算帐户的入帐手续，并出具加盖“出口收汇核销专用联章”的出口收汇核销专用联。

第二十条　出口收汇核销专用联应当与银行留存联、收款人记帐联同时套写，并具备下列要素：

1. 经办银行的名称；
2. 结汇或者收帐日期；
3. 收款单位名称、帐号；
4. 收汇金额及币种；
5. 各类扣费明细及金额、币种；
6. 净结汇或者入帐金额及币种；
7. 核销单编号；
8. “出口收汇核销专用联”字样；
9. 银行业务公章、出口收汇核销专用联章。

对多次出口，一次收汇的，银行应当要求出口单位提供该笔收汇对应的所有核销单编号，在出具出口收汇核销专用联时，应当将这些核销单编号全部填上。

银行留存联应当保存5年备查。

银行应当事先将出口收汇核销专用联格式及出口收汇核销专用联章印模送当地外汇局备案。

第二十一条　银行出具的出口收汇核销专用联应当加盖出口收汇核销专用联章，此章只限盖在出口收汇核销专用联上，不得盖在其他联上。

第二十二条　对出口单位的外汇收入，银行在确定为直接从境外收入的出口货款后，还应当分别下列几种不同情况按照规定办理结汇或者进入该单位的外汇结算帐户的入帐手续，并向出口单位出具出口外汇核销专用联：

1. 对于出口单位等值5万美元（含5万美元）以下的出口收汇，以及以跟单信用证、保函或者跟单托收方式结算的等值5万美元以上的出口收汇，银行应当凭出口单位提供的核销单编号办理结汇或者入帐手续，并给出口单位出具出口收汇核销专用联。

2. 对于出口单位出口项下等值5万美元以上的预收货款，银行应当凭出口单位的盖有外汇局“预收货款章”的核销单正本办理结汇或者入帐手续；代理出口项下由委托方预收货款的，委托方应当凭代理方的盖有外汇局“预收货款章”的核销单正本及代理协议正本办理结汇或者入帐手续。银行应当给出口单位出具出口收汇核销专用联。

3. 对汇款方式项下等值5万美元以上的出口收汇，出口单位属于“结汇信得过企业”的，银行可以先办理结汇或者入帐，但须待出口单位在规定期限内提供相应收汇凭证及该出口单位的加盖海关“验讫章”的核销单正本并逐笔核实后，方能出具出口收汇核销专用联；代理出口项下委托方收汇的，若委托方为“结汇信得过企业”，对其出口收汇，银行可以按照上述办法连同代理协议正本先办理结汇或者入帐手续，但须待委托方在规定期限内提供相应收汇凭证及代理方的加盖海关“验讫章”的核销单正本并逐笔核实后，方能出具出口收汇核销专用联。

对汇款方式项下等值5万美元以上的出口收汇，出口单位不属于“结汇信得过企业”的，银行须凭该出口单位加盖海关“验讫章”的核销单正本办理结汇或者入帐；代理出口项下委托方收汇的，若委托方不属于“结汇信得过企业”的，银行须凭代理方的加盖海关“验讫章”的核销单正本及代理协议正本办理结汇或者入帐手续。银行应当给出口单位出具出口收汇核销专用联。

4. 对于以外币现钞结算的出口收汇，银行应当按照《境内机构外币现钞收付管理暂行办法》〈(96) 汇管函字第211号〉办理结汇，同时给出口单位出具出口收汇核销专用结汇水单。

5. 对于出口信用保险和其它出口货物保险所得的理赔款，银行应当凭出口单位的核销单正本办理结汇或者入帐手续，同时给出口单位出具出口收汇核销专用联。

第二十三条　对于打包放款或者出口押汇，银行在结汇或者入帐的同时不得出具出口收汇核销专用联，须待出口货款收回后，才能按照本实施细则第二十二条的要求办理有关手续，并出具出口收汇核销专用联。

第二十四条　银行按照本实施细则第二十二条的要求给出口单位出具出口收汇核销专用联时，所注明的核销单编号应当与出口单位提供的一致，需凭出口单位提供的核销单正本出具出口收汇核销专用联的，应当在该核销单正本的“外汇指定银行结汇/收帐情况”栏中签注结汇或者入帐日期、金额和币种，并注明“汇款结汇或入帐”或者“预收货款结汇或入帐”字样，加盖本银行业务公章。

第二十五条　对于下列外汇收入的结汇或者入帐，银行不得出具出口收汇核销专用联：

1. 不属于出口收汇以及暂时无法确定为出口收汇的；
2. 不是直接从境外收入的；
3. 进入除外汇结算帐户之外的其他各类外汇帐户的；
4. 已进入各类外汇帐户（含外汇结算帐户）后，再从该帐户中结汇或者划出的；
5. 从境内其它单位或者从同一单位其它外汇帐户划转来的；

6. 其它不符合本实施细则第二十二条要求的。

第二十六条 对于在结汇或者入帐后已经出具了出口收汇核销专用联的外汇，因各种原因需要调整帐户或者冲销错帐的，银行应当将已经签发的出口收汇核销专用联收回销毁。

第二十七条 代理出口项下由代理方收汇，若代理方有外汇结算帐户，需要将属于委托方的外汇划转委托方时，则应当将所收外汇全部进入代理方的外汇结算帐户，银行给代理方出具出口收汇核销专用收帐通知单，代理方再按照有关规定办理外汇划转；若代理方没有外汇结算帐户，则应当结汇，银行给代理方出具出口收汇核销专用结汇水单，代理方将人民币划给委托方。

第二十八条 出口单位报关出口后应当及时收汇，即期出口项下的应当在报关之日起180天内收汇；远期出口项下的，应当根据在外汇局备案的出口合同规定的日期收汇。

出口单位应当在收到外汇之日起的30天内凭核销单、银行出具的出口收汇核销专用联到外汇局办理出口收汇核销。

对于下列特殊贸易方式出口的，出口单位还应当按照以下规定提供证明材料。所提供的材料应当为正本，涂改无效。

1. 以出境展销、展览商品方式出口的，应当提供展品复入境报关单；

2. 以来料加工、来件装配方式出口的，应当提供海关登记手册、企业合同及经贸委批件，按照工缴费核销；

3. 以实物补偿方式出口的，应当提供外经贸部门的批准件、相关合同、进口报关单；对超过合同规定的补偿款视同一般贸易办理核销；

4. 以易货方式出口的，应当提供易货合同及易进货物的进口报关单；

5. 以实物作为投资的出口，应当提供外经贸部及外汇局的批准件；

6. 以进料加工方式出口的，一般应当全额收汇，外商投资企业不能全额收汇的，应当事先经外汇局批准。以收抵支的，应当提供合同、进口货物报关单、海关登记手册；

7. 境外承包工程项下所需机械设备、工具以及工程人员的办公、生活物品出口的，应当提供书面说明及劳务承包合同。

第二十九条 代理出口项下的核销手续为：

1. 应当由代理方领取核销单、办理出口报关及出口收汇核销手续。

2. 若委托方收汇并且委托方与代理方所在外汇局不同的，委托方收汇后，应当持正本代理协议、出口收汇核销专用联等有关凭证到其所在地外汇局办理出口收汇核销专用联的确认手续。外汇局审核委托方提交的凭证无误后，在出口收汇核销专用联背后加注代理方所在地外汇局名称、代理方单位名称、收汇金额、币种和日期，并盖章（监督收汇章），同时登记台帐。委托方应当将经外汇局确认的出口收汇核销专用联交代理方，由代理方到其所在地外汇局办理出口收汇核销手续。代理方所在地外汇局凭经委托方所在地外汇局确认的出口收汇核销专用联和核销所需的其他凭证办理出口收汇核销手续。

若委托方与代理方所在地外汇局相同的，由代理方持正本代理协议、委托方的出口收汇核销专用联及核销所需的其他凭证办理出口收汇核销手续。

3. 若代理方收汇，则由代理方直接持出口收汇核销专用联及核销所需的其他凭证到其所在地外汇局办理核销手续。

第三十条 出口单位应当按照报关单的成交总价足额收加外汇，如出现差额大于500美元，应当向外汇局提供有效凭证说明原因。

第三十一条 若出口项下发生退赔，外汇局审核出口单位退赔外汇的真实性，并冲减出口单位的出口收汇核销实绩后，签发"已冲减出口收汇核销证明"，银行凭此售付外汇。

对其中已办理完核销手续的，出口单位在办理"已冲减出口收汇核销证明"时，还需提供税务部门签发的未退税证明或者补税证明。

第五章　出口退税专用联的管理

第三十二条 外汇局为出口单位办理完核销手续后，应当在核销单的出口退税专用联上注净收汇额、币种、日期，并加盖"已核销章"后，将出口退税专用联退出口单位。

第三十三条 外汇局应当于每月初5个工作日内将上月已核销的有关电子数据，按照国家外汇管理局、国家税务总局（93）汇管函字第（57）号《利用收汇核销电子数据、加强出口退税管理会议记要》的要求提供给当地税务局。

第六章　核销单证的遗失及补办

第三十四条 出口单位遗失核销单的，应当在15天之内向外汇局书面说明情况申请挂失，外汇局核实后，统一登报声明作废（费用由遗失核销单的单位负担），并作如下处理：

1. 对于空白核销单，予以注销；

2. 对于已经报关出口未办理出口收汇核销的核销单，可以按照本实施细则第四章的规定办理出口收汇核销，并签发"出口收汇核销单退税联补办证明"；

3. 对于已经办理出口收汇核销后的核销单原则上不予补办，特殊情况下要求补办出口退税专用联的，出口单位应当凭税务部门签发的该核销单对应的出口未退税证明，向外汇局申请，经外汇局批准后方可办理"出口收汇核销单退税联补办证明"。

第三十五条 出口单位遗失报关单的，应当凭外汇局签发的未核销证明，向海关申请补办。

第三十六条 出口单位遗失出口收汇核销专用联的，应当先向外汇局提出申请补办。外汇局核实同意后，可在接到申请之日起3个月后，为出口单位签发出口收汇核销专用联补办批准件，银行凭该批准件为出口单位补办出口收汇核销专用联，并在补办的出口收汇核销专用联上注明“补办”字样。未经外汇局批准，银行不得擅自为出口单位补办出口收汇核销专用联。

第七章 处 罚

第三十七条 银行有下列行为的，由外汇局给以警告、通报批评、没收违法所得，并处以5万元以上30万元以下罚款：

1. 不按照规定向出口单位出具出口收汇核销专用联的；
2. 未填齐规定的要素向出口单位出具出口收汇核销专用联的；
3. 重复出具出口收汇核销专用联的；
4. 未按照有关规定办理结算，造成出口单位逾期未收汇的；
5. 未按照本实施细则第二十四条规定在核销单正本上签注结汇或者入帐日期和金额及注明“汇款结汇或入帐”或者“预收货款结汇或入帐”字样的；
6. 其它违反本实施细则规定的。

第三十八条 出口单位有下列行为的，由外汇局给以警告、通报批评、没收违法所得，并处以5万元以上30万元以下的罚款：

1. 借用、冒用、转让或者买卖核销单的；
2. 涂改、伪造核销单、报关单、出口收汇核销专用联等核销凭证的；
3. 虚报核销单丢失的；
4. 重复使用银行出具的出口收汇核销专用联的；
5. 用其它的外汇收入（如非贸易外汇收入或者资本项下的外汇收入）骗取核销的。

第三十九条 出口单位有下列行为的，由外汇局给以警告、通报批评、没收违法所得，并处以1万元以上3万元以下的罚款：

1. 从领单之日起4个月内未向外汇局送交核销单存根的；
2. 未经外汇局批准，即期出口项下，超过报关日180天内未收汇或者收汇后30天内未核销的；远期出口项下，超过在外汇局备案的预计收款日收汇或者收汇后30天内未核销的；
3. 出口收汇核销差额超过成交总价10%且无正当理由的；
4. 遗失核销单后，自遗失之日起15天内未向外汇局挂失的；
5. 未用的核销单，自失效之日起1个月内未退回外汇局注销的；
6. 多次丢失核销单、情节严重的；
7. 因关、停、并、转不再经营出口业务，未按时将全部未用的核销单退回外汇局注销的；
8. 其它违反本实施细则规定的。

第八章 附 则

第四十条 本实施细则由国家外汇管理局负责解释。

第四十一条 本实施细则自1998年8月1日起施行，1990年12月21日发布的《出口收汇核销管理办法实施细则》及相关文件同时废止。

海关对出口退税报关单管理办法

（1991年3月6日海关总署发布）

第一条 为了正确执行国家对出口产品的退税政策，支持外贸发展，加强对出口退税报关单的管理，特制定本办法。

第二条 出口企业应按本办法的规定向海关办理申领出口退税报关单手续。海关按规定收取签证费。

第三条 出口企业申领出口退税报关单，应于海关放行货物之日起十五日内（第十五日为法定节假日时顺延）办理完毕。海关放行货物之日指装载出口货物的运输工具办结海关手续之日。

第四条 出口企业向税务机关办理出口产品退税时，必须提供盖有海关验讫章的出口退税报关单。

第五条 出口企业必须认真填写出口退税报关单，并编填申报企业编号。

第六条 海关在接受出口企业报关时，对企业申报出口的高税率产品，严格审核后应将出口退税报关单封入关封，交出口企业送交退税地税务机关。如报关单位为代理报关企业，则由代理报关企业在关封上注明出口企业名称、地址，交海关封入关封后，由代理报关企业转交出口企业送交退税地税务机关。

第七条 对海关已签发出口退税报关单的货物，如遇特殊情况发生退关或退运，报关单位应向原报关出口地海关出示当地主管出口退税的县级以上税务机关的证明，证明其货物未办理出口退税或所退税款已退回税务机关，海关方予办理该批货物的退关手续。

第八条 有关单位或企业丢失海关已签发的出口退税报关单，要求海关补办时，应由主管出口退税的税务机关出具该批货物未办理出口产品退税的证明，并经海关查对核实货物确已出口，可补签出口退税报关单。海关应签注“补办”字样，并按规定收取签证费。

第九条 对出口企业报关时采取以少报多，以次（废）充好，以低税率产品冒充高税率产品等企图骗取出口退税行为的，在现场发现部分由海关按《中华人民共和国海关法》及有关规定处理；对出口企业向税务机关申报退税后，发现骗取退税行为的由税务机关按《关于加强出口产品退税管理的联合通知》[国税发（1991）003号] 的有关规定处理。

第十条 对来料加工复出口的产品、三资企业出口的产品以及按海关对保税工厂监管方式生产的出口产品，海关不签发出口退税报关单。

第十一条 对进料加工复出口的产品，海关应在退税报关单上加盖“进料加工”戳记。

第十二条 出口退税报关单由海关总署统一印制。该报关单采用浅黄色纸张。按现行出口货物报关单格式印制，注明“出口退税专用”字样。

第十三条 本办法自1991年4月1日施行。

中华人民共和国海关征收进口货物滞报金办法

（2000 年 11 月 10 日海关总署发布）

第一章 总 则

第一条 为加强海关对进口货物的通关管理，加快口岸货物运输，促使进口货物收货人（包括其代理人，下同）按照规定的时限申报，根据《中华人民共和国海关法》第二十四条规定，制定本办法。

第二条 进口货物收货人未在货物进境后规定时限内向海关申报的，海关按本办法的规定征收滞报金。

第三条 对应征收滞报金的进口货物，海关在收货人未交纳滞报金之前不予放行。

第二章 滞报金的计算与征收

第四条 进口货物的申报时限规定如下：

（一）邮运进口货物为邮局送达领取通知单之日起十四日内（第十四日遇法定节假日的，则顺延至其后第一个工作日，下同）；

（二）转关运输货物在进境地及指运地分别为载运进口货物运输工具申报进境之日起十四日内和货物运抵指运地有关单位签收之日起十四日内；

（三）其它运输方式的货物均为载运进口货物运输工具申报进境之日起十四日内；

第五条 滞报金按日计征，其起征日为规定的申报时限的次日，截止日为收货人向海关申报后，海关接受申报的日期。

第六条 滞报全的日征收金额为进口货物完税价格的千分之零点五，以人民币“元”为计征单位，不足人民币一元的部分免予计收。

其计算公式为：进口货物完税价格×0．5‰×滞报天数

滞报金的起征点为人民币十元。

第七条 海关征收进口货物滞报金时，应向收货人签发滞报金缴款凭证，收货人持滞报金缴款凭证到海关指定的部门或指定的银行办理缴款手续。

第八条 进口货物收货人交纳滞报金后，应将盖有“收讫”章的滞报金缴款凭证交给现场海关，现场海关凭予核销。

第九条 转关运输货物如在进境地产生滞报由进境地海关征收滞报金，如在指运地产生滞报则由指运地海关征收滞报金。

第十条 进口货物因收货人在运输工具申报进境之日起超过三个月未向海关申报，被海关根据《中华人民共和国海关法》有关规定将货物提取作变卖处理后，符合条件的收货人申请发还余款应当补办报关手续，并计征滞报金（计征截止日为上述三个月期限的最后一日）。滞报金从海关变卖货物的余款中扣除。

第三章 滞报金的减免

第十一条 如遇下列特殊情况，由进口货物的经营单位或实际收货人按同一合同、同一地报关进口的一批滞报货物以书面形式（加盖单位公章）向海关提出申请，并提交下列证明文件，经海关审核批准后，可减免滞报金。

（一）因政府主管部门发布新的管理规定致使收货人补办有关手续产生滞报的，收货人应向海关提交经审批机关认可的、在上述十四日时限内及时申办许可证件手续的证明。

（二）因不可抗力致使收货人无法在规定期限内报关的，收货人应向海关提交当地政府或有关主管部门的证明。

（三）政府间国际组织无偿援助和捐赠用于救灾、社会公益福利等方面的进口物资产生滞报的，主管部门应向海关出具援助协议书或捐赠函，说明滞报原因并提交有关的证明。

（四）因政府主管部门延迟下达配额计划或签发许可证件致使收货人滞报的，收货人应向海关提交经政府主管部门确认的证明。

（五）因海关工作原因产生滞报的，需经海关确认、核准起止时间并出具有关的证明。

（六）其它特殊情况，应向海关说明原因并出示充分有效的证明材料，经核准后方可申请。

第十二条 因特殊情况产生滞报，申请人应在收到海关滞报金缴款通知之日起十五个工作日内向海关提交书面申请及证明材料，并对申请报告陈述的内容及提交的证明材料的真实有效性负法律责任。

第十三条 进口货物收货人在申请减免滞报金期间因故需先行提取货物的，可向海关交纳滞报金的等额保证金后放行。

第十四条 进口货物进境后属下列情况之一者，海关不征收滞报金。

（一）进口货物因收货人在运输工具申报进境之日起超过三个月未向海关申报，被海关根据《中华人民共和国海关法》有关规定将货物提取作变卖处理后，在余款保存的一年内无人申请或不予发还余款的，不计征滞报金。

（二）进口货物收货人在申报期限内，按《中华人民共和国海关法》有关担保的规定向海关提供担保，并在担保期限内办理有

关进口手续的，不计征滞报金。

(三) 进口货物因被海关扣留或扣押而不能按期申报的，在扣留或扣押期间内（按海关调查或侦查部门签发的通知计算起止时间），不计征滞报金。

(四) 经海关批准的直接退运货物，不计征滞报金。

第四章　附　　则

第十五条　本办法由海关总署负责解释。

第十六条　本办法自二零零一年一月一日起执行。

中华人民共和国海关对出口加工区监管的暂行办法

（国务院2000年4月27日批准，海关总署2000年5月24日公布）

第一章　总　　则

第一条　为加强与完善加工贸易管理，规范海关对出口加工区的监管，促进出口加工区的健康发展，鼓励扩大外贸出口，根据《中华人民共和国海关法》和国家有关法律、法规，制定本办法。

第二条　为防止重复建设，在中华人民共和国境内设立出口加工区（以下简称“加工区”），只能设在已经国务院批准的现有经济技术开发区内，并由省（自治区、直辖市）人民政府报国务院批准。

第三条　加工区是海关监管的特定区域。海关在加工区内设立机构，并依照本办法，对进、出加工区的货物及区内相关场所实行24小时监管。

第四条　加工区与中华人民共和国境内的其他地区（以下简称“区外”）之间，须设置符合海关监管要求的隔离设施及闭路电视监控系统。经海关总署对加工区的隔离设施验收合格后，方可开展加工区有关业务。

第五条　区内设置加工区管理委员会和出口加工企业、专为出口加工企业生产提供服务的仓储企业以及经海关核准专门从事加工区内货物进、出的运输企业。

除安全保卫人员和企业值班人员外，其他人员不得在加工区内居住。不得建立营业性的生活消费设施。

第六条　区内不得经营商业零售、一般贸易、转口贸易及其他与加工区无关的业务。

第七条　在加工区内设立的企业（以下简称“区内企业”），应向海关办理注册手续。

第八条　区内企业应当依据《中华人民共和国会计法》及国家有关法律、法规的规定，设置符合海关监管要求的账簿、报表。凭合法、有效凭证记账并进行核算，记录本企业有关进、出加工区货物和物品的库存、转让、转移、销售、加工、使用和损耗等情况。

第九条　加工区实行计算机联网管理和海关稽查制度。

区内企业应建立符合海关监管要求的电子计算机管理数据库，并与海关实行电子计算机联网，进行电子数据交换。

第十条　区内企业开展加工贸易业务不实行加工贸易银行保证金台账制度，海关不实行《加工贸易登记手册》管理。

第十一条　海关对进、出加工区的货物、物品、运输工具、人员及区内有关场所，有权依照《中华人民共和国海关法》的规定进行检查、查验。

第十二条　国家对区内加工产品不征收增值税。

第十三条　国家禁止进、出口的货物、物品，不得进、出加工区。

第二章　对加工区与境外之间进出货物的监管

第十四条　海关对加工区与境外之间进、出的货物，由货主或其代理人根据加工区管理委员会的批件，填写进、出境货物备案清单，向主管海关备案。备案清单由海关总署统一制发。

第十五条　海关对加工区与境外之间进、出的货物，按照直通式或转关运输的办法进行监管。

第十六条　加工区与境外之间进、出的货物，除实行出口被动配额管理的外，不实行进出口配额、许可证件管理。

第十七条　从境外进入加工区的货物，其进口关税和进口环节税，除法律、法规另有规定外，按照下列规定办理：

（一）区内生产性的基础设施建设项目所需的机器、设备和建设生产厂房、仓储设施所需的基建物资，予以免税；

（二）区内企业生产所需的机器、设备、模具及其维修用零配件，予以免税；

（三）区内企业为加工出口产品所需的原材料、零部件、元器件、包装物料及消耗性材料，予以保税；

（四）区内企业和行政管理机构自用合理数量的办公用品，予以免税；

（五）区内企业和行政管理机构自用的交通运输工具、生活消费用品，按进口货物的有关规定办理报关手续，海关予以照章征税。

第十八条　除法律、法规另有规定外，区内企业加工的制成品及其在加工生产过程中产生的边角料、余料、残次品、废品等销往境外的，免征出口关税。

第三章　对加工区与区外之间进出货物的监管

第十九条　对加工区运往区外的货物，海关按照对进口货物的有关规定办理报关手续，并按照制成品征税。如属许可证件管理商品，还应向海关出具有效的进口许可证件。

第二十条　区内企业的加工产品和在加工生产过程中产生的边角料、残次品、废品等应复运出境。因特殊情况需要运往区外时，由企业申请，经主管海关核准后，根据其使用价值估价征税。如属许可证件管理商品，还应向海关出具有效的进口许可证件。

对无商业价值的边角料和废品，需运往区外销毁的，应凭管委会和环保部门的批件，向主管海关办理出区手续，海关予以免进口许可证、免税。

第二十一条 区内企业不得委托区外企业进行产品加工。特殊情况下，因技术、工艺达不到产品要求，须委托区外加工企业进行某项工序加工，并在保证加工产品不改变原产品（出区时）基本形态、数量的前提下，经主管海关关长批准，可由接受委托的区外企业比照暂时进口货物的管理规定，向加工区主管海关缴纳货物等值的保证金后办理出区手续。

委托区外企业加工的期限为6个月，不得延期。加工完毕后，加工产品（包括残次品、废品）须运回区内，并凭原出区时填写的委托区外加工申请书及有关单证，向加工区主管海关办理验放核销手续。

第二十二条 区内企业销往区外的机器、设备、模具等，按照国家现行进口政策及有关规定办理。

第二十三条 区内企业经主管海关批准，可在区外进行产品的测试、检验和展示活动。测试、检验和展示的产品，应比照海关对暂时进口货物的管理规定办理出区手续。

第二十四条 区内使用的机器、设备、模具和办公用品等，须运往区外进行维修、测试或检验时，区内企业或管理机构应填写《出口加工区货物运往区外维修查验联系单》，向主管海关提出申请，并经主管海关核准、登记、查验后，方可将机器、设备、模具和办公用品等运往区外维修、测试或检验。

区内企业将模具运往区外维修、测试或检验时，应留存模具所生产产品的样品，以备海关对运回区内的模具进行核查。

运往区外维修、测试或检验的机器、设备、模具和办公用品等，不得用于区外加工生产和使用。

第二十五条 运往区外维修、测试或检验的机器、设备、模具和办公用品等，应自运出之日起2个月内运回加工区。因特殊情况不能如期运回的，区内企业应于期限届满前7天内，向主管海关说明情况，并申请延期。申请延期以1次为限，延长期限不得超过1个月。

第二十六条 运往区外维修的机器、设备、模具和办公用品等，运回区内时，要以海关能辨认其为原物或同一规格的新零件、配件或附件为限，但更换新零件、配件或附件的，原零件、配件或附件应一并运回区内。

第二十七条 从区外进入加工区的货物视同出口，办理出口报关手续。其出口退税，除法律、法规另有规定外，按照以下规定办理：

（一）从区外进入加工区供区内企业使用的国产机器、设备、原材料、零部件、元器件、包装物料以及建造基础设施、加工企业和行政管理部门生产、办公用房所需合理数量的基建物资等，海关按照对出口货物的有关规定办理报关手续，并签发出口退税报关单。区外企业凭报关单出口退税联向税务部门申请办理出口退（免）税手续，具体退（免）税管理办法由国家税务总局另行下达。

（二）从区外进入加工区供区内企业和行政管理机构使用的生活消费用品、交通运输工具等，海关不予签发出口退税报关单。

（三）从区外进入加工区的进口机器、设备、原材料、零部件、元器件、包装物料、基建物资等，区外企业应当向海关提供上述货物或物品的清单，并办理出口报关手续，经海关查验后放行。上述货物或物品，已经缴纳的进口环节税，不予退还。

（四）因国内技术无法达到产品要求、须将国家禁止出口或统一经营商品运至加工区内进行某项工序加工的，应报经外经贸部批准，海关比照出料加工管理办法进行监管，其运入加工区的货物，不予签发出口退税报关单。

第二十八条 从区外进入加工区的货物、物品，应运入加工区内海关指定仓库或地点，区外企业填写出口报关单，并持境内购货发票、装箱单，向加工区的主管海关办理报关手续。

第二十九条 从区外进入加工区的货物，须经区内企业进行实质性加工后，方可运出境外。

第四章　对加工区内货物的监管

第三十条 区内企业进、出加工区的货物须向其主管海关如实申报，海关依据备案清单及有关单证，对区内企业进、出加工区的货物进行查验、放行和核销。

海关对进、出加工区货物的备案、报关、查验、放行、核销手续应在区内办理。

第三十一条 加工区内的货物可在区内企业之间转让、转移，双方当事人须事先将转让、转移货物的具体品名、数量、金额等有关事项向海关备案。

第三十二条 区内加工企业，不得将未经实质性加工的进口原材料、零部件销往区外。区内从事仓储服务的企业，不得将仓储的原材料、零部件提供给区外企业。

第三十三条 区内企业自开展出口加工业务或仓储业务之日起，每半年持本企业帐册和有关单据，向其主管海关办理一次核销手续。

第三十四条 进入加工区的货物，在加工、储存期间，因不可抗力造成短少、损毁的，区内加工企业或仓储企业应自发现之日起10日内报告主管海关，并说明理由。经海关核实确认后，准其在账册内减除。

第五章　对加工区之间往来货物的监管

第三十五条 加工区之间货物的往来，应由收、发货物双方联名向转出区主管海关提出申请。经海关核准后，按照转关运输的有关规定办理。

第三十六条 货物转关至其他加工区时，转入区主管海关在核对封志完整及单货相符后，即予放行入厂或入库。

第三十七条 加工区之间往来的货物不能按照转关运输办理的，转入区主管海关应向收货企业收取货物等值的担保金。货物运抵转入区并经海关核对无误后，主管海关应在10个工作日内，将担保金退还企业。

第六章 对进、出加工区运输工具和个人携带物品的监管

第三十八条 运输工具和人员应经海关指定的专用通道进、出加工区。

第三十九条 从加工区运往境外的加工产品，及由加工区运往区外的货物，经海关查验放行后，应交由经海关核准、并由设立于区内的专营运输企业承运。下列货物经主管海关查验后，可由企业指派专人携带或自行运输：

（一）价值1万美元及以下的小额物品；

（二）因品质不合格复运区外退换的物品；

（三）已办理进口纳税手续的物品；

（四）其他经海关核准的物品。

第四十条 进、出加工区货物的运输工具的负责人，应持企业法人营业执照和运输工具的名称、数量、牌照号码及驾驶员姓名等清单，向海关办理登记备案手续。

承运加工区货物进、出加工区或转关运输的所有运输企业的经营人，应遵守海关有关运输工具及其所载货物的管理规定，并承担相关的法律责任。

第四十一条 未经海关批准，从加工区到区外的运输工具和人员不得运输、携带加工区内货物出区。

第七章 附 则

第四十二条 从境外运入加工区的货物和从加工区运出境外的货物列入进、出口统计。

从区外运入加工区和从加工区运往区外的货物，实施单项统计。统计办法由海关总署另行制定。

第四十三条 违反本办法规定的，由海关依照《中华人民共和国海关法》及《中华人民共和国海关法行政处罚实施细则》的有关规定进行处理。

第四十四条 本办法由海关总署负责解释。

第四十五条 本办法自2000年5月24日起实行。

海关进出口货物报关单填制规范

为统一进出口货物报关单填报要求，保证报关单数据质量，根据《海关法》及有关法规，制定本规范。

本规范在一般情况下采用“报关单”或“进口报关单”、“出口报关单”的提法，需要分别说明不同要求时，则分别采用以下用语：

1．报关单录入凭单：指申报单位按海关规定的格式填写的凭单，用作报关单预录入的依据（可将现行报关单放大后使用）。

2．预录入报关单：指预录入公司录入、打印，并联网将录入数据传送到海关，由申报单位向海关申报的报关单。

3．EDI报关单：指申报单位采用EDI方式向海关申报的电子报文形式的报关单及事后打印、补交备核的书面报关单。

4．报关单证明联：指海关在核实货物实际入、出境后按报关单格式提供的证明，用作企业向税务、外汇管理部门办结有关手续的证明文件。

进出口货物报关单各栏目的填制规范如下：

一、预录入编号

指申报单位或预录入单位对该单位填制录入的报关单的编号，用于该单位与海关之间引用其申报后尚未批准放行的报关单。

报关单录入凭单的编号规则由申报单位自行决定。预录入报关单及EDI报关单的预录入编号由接受申报的海关决定编号规则，计算机自动打印。

二、海关编号

指海关接受申报时给予报关单的编号。

海关编号由各海关在接受申报环节确定，应标识在报关单的每一联上。

报关单海关编号为9位数码，其中前两位为分关（办事处）编号，第三位由各关自定义，后六位为顺序编号。各直属海关对进口报关单和出口报关单应分别编号，并确保在同一公历年度内，能按进口和出口唯一地标识本关区的每一份报关单。

各直属海关的理单岗位可以对归档的报关单另行编制理单归档编号。理单归档编号不得在部门以外用于报关单标识。

三、进口口岸/出口口岸

指货物实际进（出）我国关境口岸海关的名称。

本栏目应根据货物实际进（出）口的口岸海关选择填报《关区代码表》中相应的口岸海关名称及代码。

加工贸易合同项下货物必须在海关核发的《登记手册》（或分册，下同）限定或指定的口岸海关办理报关手续，《登记手册》限定或指定的口岸与货物实际进出境口岸不符的，应向合同备案主管海关办理《登记手册》的变更手续后填报。

进口转关运输货物应填报货物进境地海关名称及代码，出口转关运输货物应填报货物出境地海关名称及代码。按转关运输方式监管的跨关区深加工结转货物，出口报关单填报转出地海关名称及代码，进口报关单填报转入地海关名称及代码。

在不同出口加工区之间转让的货物，填报对方出口加工区海关名称及代码。

其他无实际进出境的货物，填报接受申报的海关名称及代码。

四、备案号

指进出口企业在海关办理加工贸易合同备案或征、减、免税审批备案等手续时，海关给予《进料加工登记手册》、《来料加工及中小型补偿贸易登记手册》、《外商投资企业履行产品出口合同进口料件及加工出口成品登记手册》（以下均简称《登记手册》）、《进出口货物征免税证明》（以下简称《征免税证明》）或其他有关备案审批文件的编号。

一份报关单只允许填报一个备案号。

具体填报要求如下：

1．加工贸易合同项下货物，除少量低价值辅料按规定不使用《登记手册》的外，必须在报关单备案号栏目填报《登记手册》的十二位编号。

加工贸易成品凭《征免税证明》转为享受减免税进口货物的，进口报关单填报《征免税证明》编号，出口报关单填报《登记手册》编号。

2．凡涉及减免税备案审批的报关单，本栏目填报《征免税证明》编号，不得为空；

3．无备案审批文件的报关单，本栏目免予填报。

备案号长度为12位，其中第1位是标记代码。出入出口加工区的保税货物，应填报标记代码为H的电子帐册备案号；出入出口加工区的征免税货物、物品，应填报标记代码为H、第六位为D的电子帐册备案号。

五、进口日期/出口日期

进口日期指运载所申报货物的运输工具申报进境的日期。本栏目填报的日期必须与相应的运输工具进境日期一致。

出口日期指运载所申报货物的运输工具办结出境手续的日期。本栏目供海关打印报关单证明联用，预录入报关单及EDI报关单均免于填报。

无实际进出境的报关单填报办理申报手续的日期。

本栏目为6位数，顺序为年、月、日各2位。

六、申报日期

指海关接受进（出）口货物的收、发货人或其代理人申请办理货物进（出）口手续的日期。

预录入及EDI报关单填报向海关申报的日期，与实际情况不符时，由审单关员按实际日期修改批注。

本栏目为6位数，顺序为年、月、日各2位。

七、经营单位

经营单位指对外签订并执行进出口贸易合同的中国境内企业或单位。

本栏目应填报经营单位名称及经营单位编码。经营单位编码为十位数字，指进出口企业在所在地主管海关办理注册登记手续时，海关给企业设置的注册登记编码。

特殊情况下确定经营单位原则如下：

1. 援助、赠送、捐赠的货物，填报直接接受货物的单位；

2. 进出口企业之间相互代理进出口，或没有进出口经营权的企业委托有进出口经营权的企业代理进出口的，填报代理方；

3. 外商投资企业委托外贸企业进口投资设备、物品的，填报外商投资企业。

八、运输方式

指载运货物进出关境所使用的运输工具的分类。

本栏目应根据实际运输方式按海关规定的《运输方式代码表》选择填报相应的运输方式。

特殊情况下运输方式的填报原则如下：

1. 非邮政方式进出口的快递货物，按实际运输方式填报；

2. 进出境旅客随身携带的货物，按旅客所乘运输工具填报；

3. 进口转关运输货物，按载运货物抵达进境地的运输工具填报，出口转关运输货物，按载运货物驶离出境地的运输工具填报；

4. 出口加工区与区外之间进出的货物，填报“Z”；同一出口加工区内或不同出口加工区的企业之间相互结转（调拨）的货物，填报“9”（其他运输）；

5. 其他无实际进出境的，根据实际情况选择填报《运输方式代码表》中运输方式“0”（非保税区运入保税区和保税区退区）、“1”（境内存入出口监管仓库和出口监管仓库退仓）、“7”（保税区运往非保税区）、“8”（保税仓库转内销）或“9”（其他运输）。

九、运输工具名称

指载运货物进出境的运输工具的名称或运输工具编号。

本栏目填制内容应与运输部门向海关申报的载货清单所列相应内容一致。

一份报关单只允许填报一个运输工具名称。

具体填报要求如下：

1. 江海运输填报船舶呼号（来往港澳小型船舶为监管簿编号）+“/”+航次号；；

2. 汽车运输填报该跨境运输车辆的国内行驶车牌号+“/”+进出境日期（8位数字，即年年年年月月日日，下同）；

3. 铁路运输填报车次（或车厢号）+“/”+进出境日期；

4. 航空运输填报航班号+进出境日期+“/”+总运单号；

5. 邮政运输填报邮政包裹单号+“/”+进出境日期；

6. 其他运输填报具体运输方式名称，例如：管道、驮畜等。

7. 无实际进出境的加工贸易报关单按以下要求填报：

加工贸易深加工结转及料件结转货物，加工贸易成品凭《征免税证明》转为享受减免税进口的货物，出口加工区与区外之间进出的货物，同一出口加工区内或不同出口加工区的企业之间相互结转（调拨）的货物，应先办理进口报关，并在出口报关单本栏目填报转入方关区代码（前两位）及进口报关单号，即“转入××（关区代码）×××××××××（进口报关单/备案清单号）”。按转关运输货物办理结转手续的，按转关运输有关规定填报。

进口转关运输货物报关单填报要求如下：

1. 江海运输进境货物：直转货物填报“@”+16位转关申报单预录入号（或13位载货清单号）；中转货物填报进境英文船名（必须与提单、转关单填写完全一致）+“/”+“@”进境船舶航次；

2. 航空运输进境货物：直转货物填报“@”+16位转关申报单预录入号；国际空运联程货物填报8位分运单号，无分运单的为空。

3. 铁路运输进境货物：直转货物填报“@”+16位转关申报单预录入号；中转货物填报车厢编号+“/”+“@”+8位进境日期（年年年年月月日日）。

4. 公路及其它运输方式进境货物：填报“@”+16位转关申报单预录入号（或13位载货清单号）。

5. 以上各种运输方式进境货物，使用载货清单（广东地区）转关的提前报关货物填报“@”+13位载货清单号；其它提前报关货物为空。

出口转关运输货物报关单填报要求如下：

1. 江海运输出境货物：出口非中转货物填报“@”+16位转关申报单预录入号（或13位载货清单号）；中转货物：境内江海运输填报“驳船船名”+“/”+“驳船航次”；境内铁路运输填报“车名”（4位关别代码+TRAIN）+“/”+“日期”（6位启动日期）；境内公路运输填报“车名”（4位关别代码+TRUCK）+“/”+“日期”（6位启运日期）。

上述“驳船船名”、“驳船航次”、“车名”、“日期”均须事先在海关备案。

2. 铁路运输出境货物：填报“@”+16位转关申报单预录入号；多张报关单需要通过一张转关单转关的，填报“@”。

3. 其它运输方式出境货物：填报“@”+16位转关申报单预录入号（或13位载货清单号）。

上述规定以外无实际进出境的，本栏目为空。

十、提运单号

指进出口货物提单或运单的编号。

本栏目填报的内容应与运输部门向海关申报的载货清单所列相应内容一致。

一份报关单只允许填报一个提运单号，一票货物对应多个提运单时，应分单填报。

具体填报要求如下：

1. 江海运输填报进口提单号或出口运单号；

2. 汽车运输免于填报；

3. 铁路运输填报运单号；

4. 航空运输填报分运单号，无分运单的填报总运单号；

5. 邮政运输免于填报；

6. 无实际进出境的，本栏目为空；

进境转关运输货物报关单填报要求如下：

1. 江海运输进境货物：填报海运正本提单号；进口提前报关为空。

2. 航空运输进境货物：直转货物填报11位总运单号+“/”+8位分运单号，无分运单号的填报11位总运单号；进口提前报关为空；国际空运联程货物填报“@”+总运单号。

3. 铁路运输进境货物：填报铁路运单号；进口提前报关为空。

4. 其它运输方式进境的转关运输货物，本栏目为空。

5. 以上各种运输方式进境货物，在广东省内用公路运输转关的，填报车牌号。

出境转关运输货物报关单填报要求如下：

1. 江海运输出境货物：出口中转货物填报海运正本提单号；出口非中转货物为空；广东省内提前报关的转关货物填报车牌号。

2. 其它运输方式出境货物：广东省内提前报关的转关货物填报车牌号；其它地区为空。

十一、收货单位/发货单位

收货单位指已知的进口货物在境内的最终消费、使用单位，包括：

1.自行从境外进口货物的单位；

2.委托有外贸进出口经营权的企业进口货物的单位。

发货单位指出口货物在境内的生产或销售单位，包括：

1.自行出口货物的单位；

2.委托有外贸进出口经营权的企业出口货物的单位。

本栏目应填报收、发货单位的中文名称或其海关注册编码。

加工贸易报关单的收、发货单位应与《登记手册》的“货主单位”一致。

十二、贸易方式（监管方式）

本栏目应根据实际情况，并按海关规定的《贸易方式代码表》选择填报相应的贸易方式简称或代码。

出口加工区内企业填制的《出口加工区进（出）境货物备案清单》应选择填报适用于出口加工区货物的监管方式简称或代码。

一份报关单只允许填报一种贸易方式。

加工贸易报关单特殊情况下填报要求如下：

1. 少量低值辅料（即5000美元以下，78种以内的低值辅料）按规定不使用《登记手册》的，辅料进口报关单填报“低值辅料”。使用《登记手册》的，按《登记手册》上的贸易方式填报。

2. 三资企业按内外销比例为加工内销产品而进口的料件或进口供加工内销产品的料件，进口报关单填报“一般贸易”。

三资企业为加工出口产品全部使用国内料件的出口合同，成品出口报关单填报“一般贸易”。

3. 加工贸易料件结转或深加工结转货物，按批准的贸易方式填报。

4. 加工贸易料件转内销货物（及按料件补办进口手续的转内销成品）应填制进口报关单，本栏目填报“（来料或进料）料件内销”；加工贸易成品凭《征免税证明》转为享受减免税进口货物的，应分别填制进、出口报关单，本栏目填报“（来料或进料）成品减免”。

5. 加工贸易出口成品因故退运进口及复出口，以及复运出境的原进口料件退换后复运进口的，填报与《登记手册》备案相应的退运（复出）贸易方式简称或代码。

6. 备料《登记手册》中的料件结转入加工出口《登记手册》的，进出口报关单均填报为“进料余料结转”。

7. 保税工厂加工贸易进出口货物，根据《登记手册》填报相应的来料或进料加工贸易方式。

十三、征免性质

指海关对进出口货物实施征、减、免税管理的性质类别。

本栏目应按照海关核发的《征免税证明》中批注的征免性质填报，或根据实际情况按海关规定的《征免性质代码表》选择填报相应的征免性质简称或代码。

加工贸易报关单本栏目应按照海关核发的《登记手册》中批注的征免性质填报相应的征免性质简称或代码。特殊情况下填报要求如下：

1. 保税工厂经营的加工贸易，根据《登记手册》填报“进料加工”或“来料加工”；

2. 三资企业按内外销比例为加工内销产品而进口料件，填报“一般征税”或其他相应征免性质；

3. 加工贸易转内销货物，按实际应享受的征免性质填报（如一般征税、科教用品、其他法定等）；

4. 料件退运出口、成品退运进口货物填报“其他法定”；

5. 加工贸易结转货物本栏目为空。

一份报关单只允许填报一种征免性质。

十四、征税比例/结汇方式

征税比例仅用于“非对口合同进料加工”贸易方式下（代码“0715”）进口料、件的进口报关单，填报海关规定的实际应征税比率，例如5%填报5，15%填报15。

出口报关单应填报结汇方式，即出口货物的发货人或其代理人收结外汇的方式。本栏目应按海关规定的《结汇方式代码表》选择填报相应的结汇方式名称或代码。

十五、许可证号

应申领进（出）口许可证的货物，必须在此栏目填报外经贸部及其授权发证机关签发的进（出）口货物许可证的编号，不得为空。

一份报关单只允许填报一个许可证号。

十六、起运国（地区）/运抵国（地区）

起运国（地区）指进口货物起始发出的国家（地区）。

运抵国（地区）指出口货物直接运抵的国家（地区）。

对发生运输中转的货物，如中转地未发生任何商业性交易，则起、抵地不变，如中转地发生商业性交易，则以中转地作为起运/运抵国（地区）填报。

本栏目应按海关规定的《国别（地区）代码表》选择填报相应的起运国（地区）或运抵国（地区）中文名称或代码。

无实际进出境的，本栏目填报“中国”（代码“142”）。

十七、装货港/指运港

装货港指进口货物在运抵我国关境前的最后一个境外装运港。

指运港指出口货物运往境外的最终目的港；最终目的港不可预知的，可按尽可能预知的目的港填报。

本栏目应根据实际情况按海关规定的《港口航线代码表》选择填报相应的港口中文名称或代码。

无实际进出境的，本栏目填报“中国境内”（代码“0142”）。

十八、境内目的地/境内货源地

境内目的地指已知的进口货物在国内的消费、使用地或最终运抵地。

境内货源地指出口货物在国内的产地或原始发货地。

本栏目应根据进口货物的收货单位、出口货物生产厂家或发货单位所属国内地区，并按海关规定的《国内地区代码表》选择填报相应的国内地区名称或代码。

十九、批准文号

进口报关单本栏目用于填报《进口付汇核销单》编号

出口报关单本栏目用于填报《出口收汇核销单》编号。

二十、成交方式

本栏目应根据实际成交价格条款按海关规定的《成交方式代码表》选择填报相应的成交方式代码。

无实际进出境的，进口填报CIF价，出口填报FOB价。

二十一、运费

本栏目用于成交价格中不包含运费的进口货物或成交价格中含有运费的出口货物，应填报该份报关单所含全部货物的国际运输费用。可按运费单价、总价或运费率三种方式之一填报，同时注明运费标记，并按海关规定的《货币代码表》选择填报相应的币种代码。

运保费合并计算的，运保费填报在本栏目。

运费标记“1”表示运费率，“2”表示每吨货物的运费单价，“3”表示运费总价。例如：

5%的运费率填报为5；

24美元的运费单价填报为502/24/2；

7000美元的运费总价填报为502/7000/3。

二十二、保费

本栏目用于成交价格中不包含保险费的进口货物或成交价格中含有保险费的出口货物，应填报该份报关单所含全部货物国际运输的保险费用。可按保险费总价或保险费率两种方式之一填报，同时注明保险费标记，并按海关规定的《货币代码表》选择填报相应的币种代码。

运保费合并计算的，运保费填报在运费栏目中。

保险费标记“1”表示保险费率，“3”表示保险费总价。例如：

3‰的保险费率填报为0．3；

10000港元保险费总价填报为110/10000/3。

二十三、杂费

指成交价格以外的、应计入完税价格或应从完税价格中扣除的费用，如手续费、佣金、回扣等，可按杂费总价或杂费率两种方式之一填报，同时注明杂费标记，并按海关规定的《货币代码表》选择填报相应的币种代码。

应计入完税价格的杂费填报为正值或正率，应从完税价格中扣除的杂费填报为负值或负率。

杂费标记“1”表示杂费率，“3”表示杂费总价。例如：

应计入完税价格的1．5%的杂费率填报为1．5；

应从完税价格中扣除的1%的回扣率填报为-1；

应计入完税价格的500英镑杂费总价填报为303/500/3。

二十四、合同协议号

本栏目应根填报进（出）口货物合同（协议）的全部字头和号码。

二十五、件数

本栏目应填报有外包装的进（出）口货物的实际件数。特殊情况下填报要求如下：

1．舱单件数为集装箱（TEU）的，填报集装箱个数；

2．舱单件数为托盘的，填报托盘数。

本栏目不得填报为零，裸装货物填报为1。

二十六、包装种类

本栏目应根据进（出）口货物的实际外包装种类，按海关规定的《包装种类代码表》选择填报相应的包装种类代码。

二十七、毛重（公斤）

指货物及其包装材料的重量之和。

本栏目填报进（出）口货物实际毛重，计量单位为公斤，不足一公斤的填报为1。

二十八、净重（公斤）

指货物的毛重减去外包装材料后的重量，即商品本身的实际重量。

本栏目填报进（出）口货物的实际净重，计量单位为公斤，不足一公斤的填报为1。

二十九、集装箱号

集装箱号是在每个集装箱箱体两侧标示的全球唯一的编号。

本栏目用于填报和打印集装箱编号及数量。集装箱数量四舍五入填报整数，非集装箱货物填报为0。

例如：

TEXU3605231*1（1）表示1个标准集装箱；

TEXU3605231*2（3）表示2个集装箱，折合为3个标准集装箱，其中一个箱号为TEXU3605231。

在多于一个集装箱的情况下，其余集装箱编号打印在备注栏或随附清单上。

三十、随附单据

指随进（出）口货物报关单一并向海关递交的单证或文件。合同、发票、装箱单、许可证等必备的随附单证不在本栏目填报。

本栏目应按海关规定的《监管证件名称代码表》选择填报相应证件的代码。

三十一、用途/生产厂家

进口货物填报用途，应根据进口货物的实际用途按海关规定的《用途代码表》选择填报相应的用途代码，如“以产顶进”填报“13”。

生产厂家指出口货物的境内生产企业。本栏目供必要时手工填写。

三十二、标记唛码及备注

本栏目上部用于打印以下内容：

1. 标记唛码中除图形以外的文字、数字；

2. 受外商投资企业委托代理其进口投资设备、物品的外贸企业名称；

3. 加工贸易结转货物及凭《征免税证明》转内销货物，其对应的备案号应填报在本栏目，即“转至（自）××××××××××××手册”。

4. 其他申报时必须说明的事项。

本栏目下部供填报随附单据栏中监管证件的编号，具体填报要求为：监管证件代码＋“：”＋监管证件号码。一份报关单多个监管证件的，连续填写。

一票货物多个集装箱的，在本栏目打印其余的集装箱号（最多160字节，其余集装箱号手工抄写）。

5. 为顺利实施协定税率，凡申报采用协定税率的商品，必须在报关单的备注栏填写原产地证明标记，为此，《规范》第三十二条“标记唛码及备注”增加下述内容，列在本条的最后：

凡申报采用协定税率的商品，必须在报关单本栏目填报原产地证明标记，具体填报方法为：

在一对“〈〉”内以“协”字开头，依次填入该份报关单内企业能提供原产地证明的申报商品项号，各商品项号之间以“，”隔开；如果商品项号是连续的，则填报“起始商品项号”＋“－”＋“终止商品项号”，例如：

某份报关单的第2、5、16项商品，企业能够提供原产地证明，则在备注栏中要填报为“〈协2，5，16〉”；

某份报关单的第4、9、10、11、12、17项商品，企业能够提供原产地证明，则在备注栏中要填报为“〈协4，9-12，17〉”。

上述尖括号（〈〉）、逗号（,）、连接符（-）及数字都必须使用非中文状态下的半角字符。

三十三、项号

本栏目分两行填报及打印。

第一行打印报关单中的商品排列序号。

第二行专用于加工贸易等已备案的货物，填报和打印该项货物在《登记手册》中的项号。

加工贸易合同项下进出口货物，必须填报与《登记手册》一致的商品项号，所填报项号用于核销对应项号下的料件或成品数量。特殊情况下填报要求如下：

1. 深加工结转货物，分别按照《登记手册》中的进口料件项号和出口成品项号填报。

2. 料件结转货物，出口报关单按照转出《登记手册》中进口料件的项号填报；进口报关单按照转进《登记手册》中进口料件的项号填报。

3. 料件复出货物，出口报关单按照《登记手册》中进口料件的项号填报。

4. 成品退运货物，退运进境报关单和复运出境报关单按照《登记手册》原出口成品的项号填报。

5. 加工贸易料件转内销货物（及按料件补办进口手续的转内销成品）应填制进口报关单，本栏目填报《登记手册》进口料件的项号。

6. 加工贸易成品凭《征免税证明》转为享受减免税进口货物的，应先办理进口报关手续。进口报关单本栏目填报《征免税证明》中的项号，出口报关单本栏目填报《登记手册》原出口成品项号，进、出口报关单货物数量应一致。

经海关批准实行加工贸易联网监管的企业，应在向海关申报货物进出口、结转报关单前，向海关申报“清单”。一份报关清单对应一份报关单，报关单商品项由报关清单归并而得。

三十四、商品编号

指按海关规定的商品分类编码规则确定的进（出）口货物的商品编号。

加工贸易《登记手册》中商品编号与实际商品编号不符的，应按实际商品编号填报。

三十五、商品名称、规格型号

本栏目分两行填报及打印。

第一行打印进（出）口货物规范的中文商品名称，第二行打印规格型号，必要时可加注原文。

具体填报要求如下：

1. 商品名称及规格型号应据实填报，并与所提供的商业发票相符；

2. 商品名称应当规范，规格型号应当足够详细，以能满足海关归类、审价以及监管的要求为准。本栏目填报内容包括：品名、牌名、规格、型号、成份、含量、等级等；

3. 加工贸易等已备案的货物，本栏目填报录入的内容必须与备案登记中同项号下货物的名称与规格型号一致。

三十六、数量及单位

指进（出）口商品的实际数量及计量单位。

本栏目分三行填报及打印。

具体填报要求如下：

1. 进出口货物必须按海关法定计量单位填报。法定第一计量单位及数量打印在本栏目第一行。

2. 凡海关列明第二计量单位的，必须报明该商品第二计量单位及数量，打印在本栏目第二行。无第二计量单位的，本栏目第二行为空；

3. 成交计量单位与海关法定计量单位不一致时，还需填报成交计量单位及数量，打印在商品名称、规格型号栏下方（第三行）。成交计量单位与海关法定计量单位一致时，本栏目第三行为空；

加工贸易等已备案的货物，成交计量单位必须与备案登记中同项号下货物的计量单位一致，不相同时必须修改备案或转换一致后填报。

三十七、原产国（地区）/最终目的国（地区）

原产国（地区）指进口货物的生产、开采或加工制造国家（地区）。

最终目的国（地区）指已知的出口货物的最终实际消费、使用或进一步加工制造国家（地区）。

本栏目应按海关规定的《国别（地区）代码表》选择填报相应的国家（地区）名称或代码。

加工贸易报关单特殊情况下填报要求如下：

1．料件结转货物，出口报关单填报“中国”（代码“142”），进口报关单填报原料件生产国；

2．深加工结转货物，进出口报关单均填报“中国”（代码“142”）；

3．料件复运出境货物，填报实际最终目的国；加工出口成品因故退运境内的，填报“中国”（代码“142”），复运出境时填报实际最终目的国。

三十八、单价

本栏目应填报同一项号下进（出）口货物实际成交的商品单位价格。

无实际成交价格的，本栏目填报货值。

三十九、总价

本栏目应填报同一项号下进（出）口货物实际成交的商品总价。

无实际成交价格的，本栏目填报货值。

四十、币制

指进（出）口货物实际成交价格的币种。

本栏目应根据实际成交情况按海关规定的《货币代码表》选择填报相应的货币名称或代码，如《货币代码表》中无实际成交币种，需转换后填报。

四十一、征免

指海关对进（出）口货物进行征税、减税、免税或特案处理的实际操作方式。

本栏目应按照海关核发的《征免税证明》或有关政策规定，对报关单所列每项商品选择填报海关规定的《征减免税方式代码表》中相应的征减免税方式。

加工贸易报关单应根据《登记手册》中备案的征免规定填报。

四十二、税费征收情况

本栏目供海关批注进（出）口货物税费征收及减免情况。

四十三、录入员

本栏目用于预录入和 EDI 报关单，打印录入人员的姓名。

四十四、录入单位

本栏目用于预录入和 EDI 报关单，打印录入单位名称。

四十五、申报单位

本栏目指报关单左下方用于填报申报单位有关情况的总栏目。

申报单位指对申报内容的真实性直接向海关负责的企业或单位。自理报关的，应填报进（出）口货物的经营单位名称及代码；委托代理报关的，应填报经海关批准的专业或代理报关企业名称及代码。

本栏目还包括报关单位地址、邮编和电话等分项目，由申报单位的报关员填报。

四十六、填制日期

指报关单的填制日期。预录入和 EDI 报关单由计算机自动打印。

本栏目为 6 位数，顺序为年、月、日各 2 位。

四十七、海关审单批注栏

本栏目指供海关内部作业时签注的总栏目，由海关关员手工填写在预录入报关单上。

其中“放行”栏填写海关对接受申报的进出口货物作出放行决定的日期。

报关自动化系统常用代码表及说明

报关自动化系统常用代码表说明

监管方式代码表说明

进出口货物海关监管方式（以下简称监管方式），即现行进出口货物报关单“贸易方式”，是以国际贸易中进出口货物的交易方式为基础，结合海关对进出口货物的征税、统计及监管条件综合设定的海关对进出口货物的管理方式。

由于海关对不同监管方式下进出口货物的监管、征税、统计作业的要求不尽相同，因此为满足海关管理的要求，报关自动化系统的监管方式代码采用四位数字结构，其中前两位是按海关监管要求和计算机管理需要划分的分类代码，后两位为海关统计代码。

一般贸易

一、定义与代码

一般贸易是指我国境内有进出口经营权的企业单边进口或单边出口的贸易。本监管方式代码为“0110”，简称：一般贸易。

二、适用范围

（一）本监管方式包括：

1. 以正常交易方式成交的进出口货物；
2. 来料养殖、来料种植进出口货物；
3. 个体工商业者委托进口的小型生产工具；
4. 旅游旅馆、酒店进口营业用的食品和餐佐料等；
5. 外商投资企业进口供加工内销产品的料件；
6. 贷款援助的进出口货物（包括我方利用贷款款项自行采购进口的物资）；
7. 外商投资企业用国产原材料加工产品出口或经批准自行收购国内产品出口的货物；
8. 国内经营租赁业务的企业购进供出租用的货物；
9. 经营保税仓库业务的企业购进供自用的货物；
10. 经营免税品和免税外汇商品的企业购进自用的手推车、货架等货物；
11. 外籍船舶、飞机在我国境内添加的国产燃料；
12. 对台间接贸易进出口货物。

（二）本监管方式不包括：

1. 进出口货样广告品，监管方式代码为“3010”（货样广告品 A）、“3039”（货样广告品 B）；
2. 无进出口经营权的单位经批准临时进出口货物，监管方式代码为“9739”；
3. 进料加工贸易中，对方有价或免费提供的机器设备（0420 或 0320）；
4. 运回国内对外承包工程期间在国外获取的机器、设备，监管方式代码为“3410”；
5. 境外劳务合作项目，对方以实物产品抵偿我劳务人员工资所进口的货物（如钢材、木材、化肥、海产品等），监管方式代码为“3410”。

易货贸易

一、定义与代码

易货贸易是指不通过货币媒介而直接用出口货物交换进口货物的贸易。本监管方式代码为“0130”，简称：易货贸易。

二、适用范围

本监管方式包括与原苏联、东欧等二十六国以及与其他国家的易货贸易。

本监管方式不包括：

1. 对台小额贸易中签订易货合同的贸易，应为“其他贸易”(9739)。

2. 边境小额贸易中签订易货合同的贸易，应为“边境小额”(4019)。

旅游购物商品

指旅游者五万美元以下的出口小批量订货，简称旅游购物商品，代码0139。

来料加工装配贸易

一、定义与代码

(一) 来料加工装配贸易是指由外商提供全部或部分原材料、辅料、零部件、元器件、配套件和包装物料（以下简称“料件”)，必要时提供设备，由我方按对方的要求进行加工装配，成品交对方销售，我方收取工缴费，对方提供的作价设备价款，我方用工缴费偿还的交易形式。

来料加工装配贸易项下进口料件和出口成品监管方式代码为“0214”，简称：来料加工。

(二) 相关监管方式及代码

1. 复运出境不再进口的原进口料件，简称来料料件复出，代码为0265；

2. 来料余料结转，代码为0258；

3. 来料深加工结转，代码为0255；

4. 来料料件退换，代码为0300；

5. 来料加工成品退换，代码为4400；

6. 来料边角料复出，代码为0865。

二、适用范围

本监管方式不包括：

(一) 来料加工装配贸易合同项下剩余料件内销及经批准进口料件或成品转内销，监管方式分别为“来料料件内销”(0245)及“来料成品内销”(0345)。

(二)“来料种植”和“来料养殖”进出口货物监管方式应为“一般贸易”(0110)。

来料加工转内销货物

一、定义与代码

来料加工转内销货物是指来料加工装配贸易进口的料件或已加工的成品，经批准不返销出口转为内销的货物，包括海关事后发现有关企业擅自内销并准予补办进口手续的货物。

来料成品凭《征免税证明》转减免税货物代码为0345，来料料件转内销代码为0245，来料边角料内销代码0845，来料加工以产顶进代码为0243（目前仅指进口原油加工成品油的以产顶进)。

二、适用范围

本监管方式包括经济特区和保税区来料加工转内销的货物。

本监管方式不包括：

1. 来料加工的成品或半成品在境内转让给其他承接进口料件加工复出口业务的单位再加工装配，监管方式应为“来料深加工结转货物”(0255)。

2. 海关事后发现有关企业擅自内销按走私处理的。

补偿贸易

一、定义与代码

补偿贸易是指由境外厂商提供或者利用国外出口信贷进口生产技术或设备，我方企业（包括“外商投资企业”）进行生产，以返销其产品的方式分期偿还对方技术、设备价款或贷款本息的交易方式。包括经经贸主管部门批准，使用该企业（包括企业联合体）所生产的其他产品返销给对方，进行间接补偿的方式。

本监管方式代码为“0513”，简称：补偿贸易。

二、适用范围

本监管方式包括补偿贸易中对方有偿或免费提供的机器设备、工模具等。

本监管方式不包括：

(一) 直接用国内产品同国外厂商交换设备、料件或成品，以货换货，监管方式为“易货贸易”(0130)。

(二) 出口产品收取外汇，监管方式为“一般贸易”(0110)。

(三) 在补偿贸易合同中同时订有来料加工合同的，来料加工合同部分，监管方式为“来料加工”(0214)。

进料加工贸易

一、定义与代码

进料加工贸易按照对外签约形式分为“进料加工非对口合同”和“进料加工对口合同”。

(一)“进料加工非对口合同”是指我方有外贸进出口经营权的企业动用外汇购买进口原料、材料、辅料、元器件、零部件、配套件和包装物料（以下简称料件)，加工成品或半成品后再返销出口的交易形式。本监管方式代码“0715”，简称：进料非对口。

(二)“进料加工对口合同”是指买卖双方分别签订进出口对口合同，料件进口时，我方先付料件款，加工成品出口时再向对方收取出口成品款项的交易形式，包括动用外汇的对口合同或不同客户的对口的联号合同以及对开信用证的对口合同。本监管方式代码为“0615”，简称：进料对口。

(三) 相关监管方式及代码

1. 复运出境不再进口的原进口料件，简称进料料件复出，代码为0664；

2. 进料余料结转，代码为0657；

3. 进料深加工结转，代码为0654；

4. 进料料件退换，代码为0700；

5. 进料加工成品退换，代码为4600；

6. 进料边角料复出，代码为0864。

二、适用范围

本监管方式包括进料加工合同项下进口的料件和加工出口的产品，还包括进料加工贸易中外商免费提供进口的主辅料和零部件。

本监管方式不包括：

(一) 进料加工经批准转内销的进口料、件或加工成品，监管方式分别为“进料成品转减免”(0744) 和“进料料件内销”(0644)。

(二) 海关批准设立的保税工厂进料加工进口料件及出口成品，监管方式应为“保税工厂”(1215)。

(三) 外商投资企业为履行产品出口合同进口料件和加工出口产品，监管方式应为“三资进料加工”(2215)。

(四) 按规定不使用《登记手册》的少量低值辅料，应为“低值辅料”(0815)。

进料加工转内销货物

一、定义与代码

进料加工转内销货物指进料加工贸易进口的料件，或已加工的成品经批准转为内销的货物，包括海关事后发现有关企业擅自转内销并准予补办进口手续的货物。

进料成品凭《征免税证明》转减免税货物代码为0744，进料料件内销代码为0644，进料边角料内销代码为0844，进料加工以产顶进代码为0642。

二、适用范围

(一) 本监管方式包括经济特区和保税区进料加工转内销的货物。

(二) 本监管方式不包括：

1. 进料加工成品或半成品转让给境内其他承接进口料件加工复出口业务的单位进行再加工，监管方式为“进料深加工结转货物”(0654)。

2. 海关事后发现有关企业擅自内销并按走私处理的货物。

保税工厂

一、定义与代码

保税工厂是指经海关批准专为生产外销产品而进口原料、材料、元器件、零部件、配套件、辅料、包装物料等（以下简称料件）进行保税加工的企业。保税工厂进口料件和出口产品监管方式代码为“1215”，简称：保税工厂。

二、适用范围

(一) 本监管方式包括经批准设立保税工厂的有对外贸易进出口经营权的企业和外商投资企业承接进料加工进口的料件和出口的产品。

(二) 本监管方式不包括：

1. 保税工厂进口自用的机器设备和进料加工贸易中外商免费提供的机器设备、物品，监管方式为“加工贸易设备”(0420)；

2. 保税工厂经营来料加工，监管方式应为“来料加工”(0214)；

3. 保税工厂进口料件或加工后的成品经批准转内销，监管方式为“进料加工转内销货物”(0744、0644、0844)。

4. 进料加工的成品或半成品转让给境内其他承接进口料件加工复出口业务的单位进行再加工的货物，监管方式应为“进料深加工结转货物”(0654)。

加工贸易设备

一、定义及代码

加工贸易设备指加工贸易项下外商提供进口的设备，包括作价及不作价设备，代码为0420。

“加工贸易外商提供的不作价进口设备”，指与加工贸易经营单位开展加工贸易（包括来料加工、进料加工及外商投资企业从事的加工贸易）的外商，以免费即不需经营单位付汇进口、也不需用加工费或差价偿还方式，向经营单位提供的加工生产所需设备，简称不作价设备，代码0320。

除上述“不作价设备”以外的加工贸易项下进口设备，简称“加工贸易设备”，代码0420。

二、相关监管方式

1. 加工设备内销，指海关监管期内的加工贸易免税进口设备经批准转售给境内非加工企业，代码0446。

2. 加工设备结转，指海关监管期内的加工贸易免税进口设备经批准转入另一加工企业，或从一本《登记手册》结转入另一本《登记手册》，代码0456。

3. 加工设备退运，指加工贸易免税进口设备退运出境，代码0466。

减免设备结转

指海关监管年限内的减免税设备从一企业结转到另一享受减免税待遇的企业，简称减免设备结转，代码0500。

对减免税设备及加工贸易设备之间的结转，转入和转出企业分别填制进、出口报关单，报关单“贸易方式”栏目根据报关企业所持加工贸易手册或征减免税证明，分别选择填报加工贸易设备结转（代码0456）、减免税设备结转的海关监管方式代码，报关单“备案号”栏目分别填报加工贸易手册编号、征减免税证明编号或为空，报关单其他栏目按现行《报关单填制规范》关于结转货物的要求填报。

保税区加工成品内销

指保税区内经批准销往非保税区的加工贸易成品。

1. 应按成品征税的保税区进料加工成品转内销货物，简称“保区进料成品”，代码0444。

2. 应按成品征税的保税区进料加工成品转内销货物，简称“保区来料成品”，代码0445。

3. 应按料件征税的保税区进料加工成品转内销货物，简称“保区进料料件”，代码0544。

4. 应按料件征税的保税区进料加工成品转内销货物，简称“保区来料料件”，代码0545。

低值辅料

指按规定不使用《登记手册》的少量低值辅料，即5000美元以下、78种以内的低值辅料，代码0815。

保税仓库进出境货物

一、定义与代码

保税仓库是指经海关核准专门存放保税货物的仓库。保税仓库进出境货物是指从境外直接存入保税仓库和从保税仓库（包括出口监管仓库）运出境的货物。

本监管方式代码为“1233”，简称：保税仓库货物。

二、适用范围

（一）本监管方式进出口货物包括加工贸易备料保税仓库所存货物和经经贸主管部门批准的寄售、维修零备件、保税生产资料市场物资、外商寄存、暂存货物、供应外籍船舶、飞机等运输工具的燃料等以及转口贸易进出境货物。

（二）本监管方式不包括：

1. 保税仓库进口自用的货架、办公用品、管理用具、运输车辆、搬运、起重和包装设备以及改装用的机器等，价购进口的，监管方式为“一般贸易”（0110）；外商免费提供的，监管方式为“其他进口免费提供货物”（3339）；

2. 从保税仓库提取销往境内以及从境内存入出口监管仓库的货物，按实际监管方式填报，运输方式为“8”（保税仓库）；

3. 保税区仓储转口货物，监管方式代码为“1234”。

保税区进出境仓储、转口货物

一、定义与代码

保税区仓储转口货物指从境外存入保税区和从保税区运出境的仓储货物或转口货物。本监管方式代码为“1234”，简称保税区仓储转口。

二、适用范围

本监管方式不包括从境外运入保税区和从保税区运出境的其他货物（非仓储、非转口货物），监管方式应视具体交易情况选择填报。

国轮油物料

一、定义及代码

国轮油物料指本国籍专营国际运输的运输工具在境内添加的保税油料、物料，代码1139。

二、适用范围

本监管方式只能对应运输方式“7”（保税区运往非保税区）和“8”（保税仓库转内销）。

进出境修理物品

进出境修理物品是指运进境或运出境维护修理的物品。

本监管方式代码为“1300”，简称：修理物品。

出料加工贸易

出料加工贸易是指我境内企业将原辅料、零部件、元器件或半成品（以下简称料件），出口交由境外厂商按我方要求进行加工或装配，成品复运进口，我方支付工缴费。

本监管方式代码为“1427”，简称：出料加工。

租赁贸易

一、定义与代码

租赁贸易是指经营租赁业务的企业与外商签订国际租赁合同的进出境的货物。

租赁期在一年及一年以上的进出口货物，监管方式代码为“1523”和“9800”，简称：租赁贸易、租赁征税。

租赁期不满一年的进出口货物，监管方式代码为“1500”，简称：租赁不满一年。

二、适用范围

本监管方式包括租赁贸易租借进出口的货物，租赁期在一年及以上的租赁进口货物按租金征税时，监管方式为“租赁征税”(9800)，但不包括：

（一）经营租赁业务的企业进口自用的设备、办公用品，监管方式应为“一般贸易”(0110)；

（二）用于加工装配的租赁进口的机器设备，监管方式应为“加工贸易设备”(0420)；

（三）用于补偿贸易租借进口的货物，监管方式应为“补偿贸易”(0513)；

（四）租赁期满复运出进口的货物，监管方式为“退运货物”(4561)。

寄售代销贸易

一、定义与代码

寄售代销贸易是指寄售人把货物运交事先约定的代销人，由代销人按照事先约定或根据寄售代销协议规定的条件，在当地市场代为销售，所得货款扣除代销人的佣金和其他费用后，按协议规定方式将余款付给寄售人的交易形式。

本监管方式代码为“1616”，简称：寄售代销。

二、适用范围

本监管方式包括寄售代销贸易进出口的货物及进口寄售货物的增发部分。但不包括：

（一）经营寄售代销业务的企业，接受国外免费提供的样品，监管方式应为“货样广告品B”(3039)；

（二）委托我驻港澳机构代销的鲜活商品。

免税品

一、定义与代码

免税品是指设在国际机场、港口、车站和边境口岸的免税品商店所进口的，按有关规定销售给办完出境手续的旅客，供外国籍船员和我国远洋船员购买送货上船出售的物品，以及在我国际航班、国际班轮上向出境旅客出售的物品。

本监管方式代码为“1741”，简称：免税品。

二、适用范围

本监管方式适用上述定义所列进口免税品，但不包括：

（一）按有关规定销售给享受免税待遇的各类人员的进口免税外汇商品，监管方式为“免税外汇商品”(1831)；

（二）免税店进口供维修用的零部件、货架、柜台、手推车，不属免税品范围，其监管方式为“一般贸易”(0110)。

免税外汇商品

一、定义与代码

免税外汇商品是指在限定地点按有关规定销售给享受免税待遇人员的进口外汇商品。

本监管方式代码为“1831”，简称：免税外汇商品。

二、适用范围

本监管方式包括：

1．为供应出国人员用结存外汇或入境人员用带进的外汇在境内购买限定的进口的免税外汇商品；

2．经营入境旅客“在外售券、境内提货”业务的企业进口的免税外汇商品。

本监管方式不包括：

1．经营免税外汇商品的单位进口供商品维修用的零部件和商场自用的货架、手推车等，监管方式为“一般贸易”(0110)；

2．进口免税外汇商品因故经批准转内销，监管方式应为“一般贸易”(0110)。

外商投资企业作为投资进口的设备、物品

一、定义与代码

外商投资企业作为投资进口的设备、物品是指外商投资企业以投资（包括中方投资）总额内的资金所进口的机器设备、零部件和其他物料［指建厂（场）以及安装、加固机器所需材料］，以及根据国家规定进口本企业自用合理数量的交通工具、生产用车辆、办公用品和设备。

合资、合作企业进口设备、物品，监管方式代码应为“2025”，简称：合资合作设备。

外资企业进口设备、物品，监管方式代码应为“2225”，简称：外资设备物品。

二、适用范围

(一) 外商投资企业是指中外合资企业、中外合作企业、外资企业，包括华侨、港、澳、台同胞投资企业。

(二) 所称“设备”是指外商投资企业在其投资总额内进口本企业自用的机器设备、零部件和其他物料［指建厂（场）以及安装、加固机器所需材料］及生产用车辆。

(三) 所称“物品”是指外商投资企业进口自用合理数量的办公用品（设备）和交通工具。

外商投资企业为履行产品出口合同进口料件和加工出口产品

一、定义与代码

本监管方式是指外商投资企业（包括中外合资、合作和外资企业）为履行产品出口合同所需进口的原材料、燃料、散件、零部件、元器件、配套件、辅料和包装物料（以下简称料件）及加工出口的产品。

本监管方式代码“2215”，简称：三资进料加工。

二、适用范围

本监管方式适用外商投资企业为履行产品出口合同进口料件及加工出口的产品。

本监管方式不包括

1．经海关批准设立保税工厂的外商投资企业为履行产品出口合同所需进口料件和加工出口产品，监管方式为“保税工厂”(1215)；

2．外商投资企业在合同规定比例进口供加工内销部分的料件以及经批准进口全部用于内销产品的料件，监管方式为“一般贸易”(0110)。

外国常驻机构进口公用物品

一、定义与代码

外国常驻机构进口公用物品是指外国企业和其他经济组织常驻机构、外国民间经济贸易团体常驻机构、外国常驻新闻机构以及其他外国常驻机构进口供自用且数量合理的办公用品及交通工具。

本监管方式代码为“2439”，简称：常驻机构进口。

二、适用范围

本监管方式包括外国常驻机构进口供自用且数量合理的办公用品及交通工具，但不包括：

1．外国常驻机构的人员进口自用物品，监管方式为“其他”(9900)；

2．外国常驻机构人员进口自用的汽车，监管方式为“其他贸易”(9739)；

3．暂时进出口的公用物品，监管方式为“暂时进出口”(2600)；

4．外国驻华使领馆进出口公用物品，监管方式为“其他”(9900)；

5．外国驻华使领馆在我国内购运出境的货物，监管方式为“其他贸易”(9739)。

暂时进出口货物

一、定义与代码

暂时进出口货物是指国际组织、外国政府或外国和香港、澳门地区的企业、群众团体以及个人为开展经济、技术、科学、文化合作交流而暂时运入或运出我国关境及复运出进境的货物。

本监管方式代码为“2600”，简称：暂时进出口。

二、适用范围

(一) 本监管方式包括：

1．为来华拍摄或与我国国内单位合作拍摄电影片、照片、图片、幻灯片而运进我国的摄影器材、胶卷、胶片、录像带、车辆、服装、道具等；

2．为来华进行体育竞赛、文艺演出而运进的器材、道具、服装、车辆、动物等；

3．为来华进行工程施工、学术、技术交流、讲学而运进的各种设备、仪器、工具、教学用具、车辆等；

4．驻华商业机构进口并将复运出口的陈列用样品。

（二）本监管方式不包括

1．进出境展览品，监管方式为“展览品”(2700)；

2．驻华商业机构不复运出口的进口陈列样品（2939）；

3．承包工程出口物资，监管方式代码为“3422”；

4．进出境修理物品，监管方式代码为“1300”；

5．租赁贸易进出口货物，监管方式为“租赁不满一年”(1500)、“租赁贸易”(1523)。

进出境展览品

一、定义与代码

进出境展览品是指外国为来华或我国为到国外举办经济、文化、科技等展览或参加博览会而进出口的展览品及与展览品有关的宣传品、布置品、招待品、小卖品和其他物品。

本监管方式代码为“2700”，简称：展览品。

二、适用范围

本监管方式包括以上定义所述进出口的展览品，但不包括不复运出进境而留在国内外销售的进出口展览品，不复运出进境而留在国内外的进出口展览品，应视实际监管方式填报。

外国驻华商业机构进出口陈列用的样品

本监管方式是指外国企业常驻我国办事机构为陈列企业的产品而进出口的样品。监管方式代码为“2939”，简称：陈列样品。

本监管方式不包括驻华商业机构进口并复运出口的陈列用样品（2600）。

货样、广告品

一、定义与代码

进出口货样是指专供订货参考的进出口货物样品；广告品是指用以宣传有关商品内容的进出口广告宣传品。

经批准有进出口经营权的企业进出口货样广告品，监管方式代码为“3010”，简称：货样广告品A。

没有进出口经营权的企业（单位）进出口及国外免费提供进口的货样广告品，监管方式代码为“3039”，简称：货样广告品B。

二、适用范围

本监管方式除以上定义所述范围的商品外，还包括寄售代销贸易中外商免费提供的货样广告品。

本监管方式不包括：

（一）暂时进出口的货样、广告品，监管方式应为“暂时进出口货物”(2600)；

（二）橱窗广告陈列品（2800）；

（三）驻华商业机构不复运出口的进口陈列样品（2939）。

无代价抵偿进口货物

无代价抵偿货物是指进口货物经海关征税放行后，发现货物残损、缺少或品质不良，而由国外承运人、发货人或保险公司免费补偿或更换的同类货物。

本监管方式代码为“3100”，简称：无代价抵偿。

其他进口免费提供货物

一、定义与代码

本监管方式是指除已列明的礼品、无偿援助和赠送物资、捐赠物资、无代价抵偿进口货物、国外免费提供的货样、广告品等及归入列名监管方式的免费提供货物以外，其他免费提供进口的货物。

本监管方式代码为“3339”，简称：其他进口免费。

二、适用范围

（一）本监管方式包括：

1．外商在经贸活动中赠送的物品；

2．外国人捐赠品；

3．驻外中资机构向国内单位赠送的物资；

4. 经贸活动中，由外商免费提供的试车材料、消耗性物品等。

(二) 本监管方式不包括：

1. 保税仓库中由外商免费提供进口的机械设备、手工工具、运输工具、办公用品等监管方式“一般贸易”(0110)；

2. 免税店由外商免费提供进口的货架、柜台、手推车等监管方式“一般贸易”(0110)；

对外承包工程进出口货物

一、定义与代码

对外承包工程出口货物是指经外经贸部批准有对外承包工程经营权的公司为承包国外建设工程和开展劳务合作等对外合作项目而出口的设备、物资。

本监管方式代码为“3422”，简称：承包工程出口。

承包工程期间，在国外获取的设备物资运回国内的，监管方式代码为“3410”，简称：承包工程进口。

二、适用范围

(一) 境外劳务合作项目，对方以实物产品抵偿我劳务人员工资所进口的货物监管方式为“3410”(承包工程进口)。

(二) 援外成套项目出口的货物应根据无偿援助或贷款援助监管方式分别选用“无偿援助”(3511) 或“一般贸易”(0110) 选择填报。

(三) 本监管方式不包括：

1. 我劳务人员带出的自用生活物资；

2. 边境地区经外经贸部批准有对外技术合作经营权的企业与我国毗邻国家开展承包工程和劳务合作项下出口的工程设备、物资，监管方式应为“边境小额贸易”(4019)；

3. 承包工程结束后复运进口原从国内运出的承包工程项下的设备、物资，监管方式为退运货物 (4561)。

国家或国际组织无偿援助物资

一、定义与代码

国家间或国际组织无偿援助物资是指我国根据两国政府间的协议或临时决定，对外提供无偿援助的物资、捐赠品或我国政府、组织接受国际组织、外国政府或组织无偿援助、捐赠或赠送的物资。

本监管方式代码为“3511”，简称：无偿援助。

二、适用范围

(一) 本监管方式包括：

1. 联合国有关组织、机构利用自愿捐款或基金向我无偿提供的经济技术援助项目进口的物资 (包括成套设备或单机)；

2. 联合国有关组织、机构利用其正常预算技术合作资金，同我国进行经济技术合作中无偿援助和赠送的物资；

3. 多、双边结合的经济技术援助或合作项目 (指第三国通过联合国有关组织、机构向我提供的援助) 项下无偿援助和赠送的物资；

4. 其它国际组织、外国政府或非政府组织对我国的无偿援助或利用其赠款购进的货物；

5. 我对外无偿援助和捐赠的物资。

(二) 本监管方式不包括：

1. 贷款援助的进出口货物 (包括我方利用贷款或援助款项自行采购进口的货物)，监管方式应为“一般贸易”(0110)；

2. 来 (出) 访的团体和人员相互馈赠的礼品 (9900)；

3. 属经济贸易往来关系赠送进口的物资，监管方式为“其他进口免费提供”(3339)。

华侨、港澳台同胞、外籍华人捐赠物资

一、定义与代码

指华侨、港澳台同胞或外籍华人自愿捐赠物资、设备，直接用于工农业生产，发展科学技术、文化教育、医药卫生及兴办各种公益福利事业。

本监管方式代码为“3612”，简称：捐赠物资。

二、适用范围

本监管方式适用于以上定义的捐赠物资，定义所称“公益福利事业”是指直接用于建设少儿活动设施、幼儿园、敬老院和孤儿院等的物资及生活物品；为安排残疾人就业专门设立的生产企业受赠的生产资料和直接用于残疾人康复、生活专用物品；直接用于修葺古迹文物的物资；直接用于环保、拯救濒危物种、筑路及修桥等公共设施的物资及其他公益事业。

本监管方式包括城乡个体工商业者接受国外或港澳台地区亲友赠送的小型生产工具；

本监管方式不包括外商在经贸往来中赠送的物品、外国人捐赠品、我驻外 (包括驻港澳) 中资机构向国内单位赠送的物资等，监管方式为“其他进口免费提供货物”(3339)。

边境小额贸易

一、定义与代码

边境小额贸易指沿陆地边境线经国家批准对外开放的边境县（旗）、边境城市辖区内（以下简称边境地区）经批准有边境小额货物经营权的企业，通过国家指定的陆地边境口岸，与毗邻国家边境地区的企业或其他贸易机构之间进行的贸易活动，包括易货贸易、现汇贸易等种类贸易形式。

本监管方式代码4019，简称：小额贸易。

二、适用范围

（一）本监管方式不包括边境小额贸易中签订易货贸易合同的贸易。

（二）本监管方式不包括：

1. 边民互市贸易；

2. 未经批准经营边境小额贸易的企业所从事的边境小额贸易，监管方式为"一般贸易"(0110)。

驻外机构运回旧公用物品

指我驻各国（地区）使领馆，驻国外、港澳地区的经济、贸易机构，驻国际组织代表处等我驻外机构更新且闲置不用而运回或因机构撤销而运回的物品，包括临时出国展览团、考察团等运回的生产资料和公用物品。

本监管方式代码为"4200"，简称：驻外机构运回。

本监管方式不包括我驻外机构在境外购买运回境内的公务用品（含运输工具，代码4239）。

驻外机构购进

一、定义及代码

驻外机构购进指我驻外机构在境外购买运回国内的公务用品（包括运输工具），代码4239。

二、适用范围

本监管方式不包括我驻外机构运回国内的原从国内带出的公务用品（4561）。

退运货物

退运进出口货物是指因质量不符、延误交货或其他原因退运进出境的货物，代码4561。

本监管方式包括外商投资设备退运、租赁货物退运、承包工程返运回国的原从国内运出设备，不包括海关放行结关前的直接退运货物（代码4500）。

直接退运货物

指货物进境后、放行结关前，经海关批准将货物全部退运境外，代码4500。

本监管方式不包括已放行结关后的退运货物（代码4461）。

进口溢卸误卸货物

一、定义与代码

进口溢卸货物是指未列入进口载货清单、提（运）单的货物，或者多于进口载货清单、提（运）单所列数量的货物，但不包括按照合同规定的溢短装条款所多装的货物。

进口误卸货物，指将本应运往国外港口、车站或国内其他港口、车站但在本港（站）误卸下的货物。

进口溢误卸货物，监管方式代码为"4539"。

二、适用范围

本监管方式包括以上定义所述的进口货物，但不包括：

（一）进口合同规定的溢短装条款溢装的货物应按合同项下进口货物的监管方式；

（二）运往国内其他港口或退运国外的误卸货物。

出口加工区进出境、进出区货物

（一）用于出口加工区实际进出境货物

1. 区内加工货物（代码5015），指出口加工区内企业从境外进口的料件以及加工出口的成品。

2. 区内仓储货物（代码5033），指出口加工区内仓储企业从境外进口的货物。

3. 境外设备进区（代码5335），指加工区内企业从境外进口的设备、物资。

4. 区内设备退运（代码5361），指出口加工区内设备退运境外。

（二）用 于区内外非实际进出境货物

1. 料件进出区（代码5000），指出口加工区内加工贸易料件在境内结转、销售，包括从区外购进或加工区内企业经批准销往区外的料件，同一出口加工区或不同出口加工区内的企业之间相互结转（调拨）的料件，深加工结转转入的料件，加工区内企业为区外加工的料件进区，以及上述料件在境内的退运，但不包括退换货物。

2．成品进出区（代码 5100），指出口加工区内加工贸易成品在境内结转、销售，包括销往区外、结转到同一出口加工区或另一出口加工区内的企业，以及加工区内企业为区外加工的成品出区、销往区外的成品因故退运进区，但不包括退换货物。

3．设备进出区（代码 5300），指出口加工区内企业设备、物资在境内结转、销售，包括从区外购进设备、物资，设备因故销往区外，设备结转到同一出口加工区或另一出口加工区内的企业，以及上述设备、物资在境内的退运、退换。

4．区内边角调出（代码 5200），指出口加工区内企业边角料结转到同一加工区或不同加工区的另一企业，或经批准销售到区外。

其他贸易

一、定义与代码

其他贸易是指除本监管方式代码表说明具体列名的监管方式以外应列入海关“其他贸易”统计的进出口货物。

本监管方式代码为“9739”，简称：其他贸易。

二、适用范围

(一) 有外贸进出口经营权的企业和外商投资企业以外的我国境内的机关、团体、学校、企事业单位等经批准临时进出口的货物；

(二) 外国驻华使、领馆在我国内购运出口的货物；

(三) 出境旅客在国内购买以货运方式运出境的货物；

(四) 外商投资企业外方常驻人员和外国驻华机构的常驻人员，以及持有长期居留证件和来华定居的引进专家等进口自用的汽车；

(五) 我出国人员用个人外汇购进的公用物品；

(六) 城乡个体工商业者自行进口的小型生产工具。

后续退补税

指各种无法获得原始报关单的后续退补税货物，包括调查、稽查补税及审价、归类等各种原因的后续退补税货物，代码 9700。

租赁征税

指租期一年及以上的租赁货物的租金，此监管方式专用于征收税款，代码 9800。

留赠转卖物品

指经特批进口的驻华外交机构转售境内非外交机构的物品、国际文体活动留赠或放弃的物品，代码 9839。

其他

一、定义与代码

指除各类具体列名的监管方式以外其他不列入海关统计的进出境货物（物品）。

本监管方式代码为“9900”，简称：其他。

二、适用范围

本监管方式主要包括：

(一) 转运和通运货物；

(二) 供应国内外汇商店并收取外汇的我出口商品；

(三) 海关没收的走私物品；

(四) 边民互市贸易进出境货物；

(五) 国际交往中相互赠送的礼品；

(六) 无法归入其他监管方式的进出境退换货物。

保税仓库转内销货物，境内存入出口监管仓库和出口监管仓退仓货物

一、定义与代码

保税仓库转内销是指经海关核准转为供国内使用的原从境外存入保税仓库的货物。

境内存入出口监管仓库的货物是指已向海关办理出口报关手续存入出口监管仓库的货物。

出口监管仓库退仓货物指原已向海关办结出口报关手续从境内存入出口监管仓库，后经海关核准转为供国内使用的货物，即从出口监管仓库退回的原按“境内存入出口监管仓库”统计的货物。

上述货物进/出保税仓库（出口监管仓库）时，应分别按实际监管方式填报。为把列入海关单项统计的保税仓库转内销和境内存入出口监管仓库货物与列入海关进出口统计的保税仓库进出境货物区别开来，上述货物进出保税仓库时，运输方式分别填报“1”（境内存入出口监管仓和出口监管仓退仓）或“8”（保税仓库转内销）。

二、适用范围

本监管方式不包括：

1．从保税仓库提取供应外国籍运输工具的进口燃料、物料及零配件等，监管方式为“保税仓库进出境货物”（1233）

2．设置在保税区内保税仓库往非保税区内销的货物和从非保税区存入保税区内保税仓库的货物属保税区运往非保税区和非保税区运入保税区货物，运输方式填报“7”（保税区），监管方式视具体交易方式选择填报。

保税区运往非保税区货物，非保税区运人保税区和保税区退区货物

一、定义与代码

保税区运往非保税区货物指经海关核准运往非保税区的保税区单独实施税收优惠政策的进口货物或保税的进口货物。

非保税区运入保税区货物指已向海关办结出口报关手续从非保税区运入保税区的货物。

保税区退区货物指原已向海关办理出口报关手续从非保税区运入保税区，后经海关核准转为供非保税区使用的货物。

上述货物进出保税区时，分别根据货物进出保税区的实际用途按相应的监管方式填报，列入海关单项统计。为把保税区单项统计的监管方式同海关进出口统计的监管方式区分开来，避免重复统计，上述货物进出保税区时，运输方式分别填报“0”（非保税区运用保税区和保税区退区）或“7”（保税区运往非保税区）。

二、适用范围

本监管方式不包括：

（一）保税区进出境仓储、转口货物，监管方式为“保税区仓储转口货物”（1234）；

（二）保税区的国产货物和已照章纳税的进口货物运往非保税区。

征免性质代码表说明

征免性质是对海关征减免税管理规定的类别划分，它主要用于报关自动化系统和EDI通关系统对进出口货物的征减免税进行分类统计，为海关关税数据库提供第一手数据。

一、征免性质的分类

征免性质分为法定照章征税、法定减免税、特定减免税、其他减免税和暂定税率五部分。其中特定减免税又分为按地区实施的税收政策、按用途实施的税收政策、按贸易性质实施的税收政策和按企业性质和资金来源实施的税收政策四类。

二、征免性质代码的编码结构

征免性质代码由三位数组成，第一位数表示类别，第二、三位数表示该类别减免税项目的顺序号。

一般征税进出口货物

一、定义与代码

一般征税进出口货物指海关依照《中华人民共和国海关法》、《中华人民共和国进出口关税条例》、《中华人民共和国海关进出口税则》及其他法律、法规所规定的税率征收关税、增值税和其他税费的进出口货物。

本征免性质代码为“101”，简称：一般征税。

二、适用范围

除其他征免性质另有规定者外的一般照章（包括按照公开暂定税率）征税或补税的进出口货物。

无偿援助进出口物资

一、定义

无偿援助进出口物资指外国政府、国际组织对我国无偿援助或赠送的（不包括经贸往来赠送，华侨、港澳台同胞捐赠和其他团体、个人的捐赠），或我国对国外无偿援助或赠送的物资。

本征免性质代码为“201”，简称：无偿援助。

二、适用范围

1．根据双边政府协议规定无偿赠送或援助的进出口物资，如：外国政府利用自愿捐款或基金向我国提供的无偿的经济技术援助项目、成套设备或单机；外国政府对我国的无偿援助或我国利用外国政府赠款购进的货物；

2．联合国及其各专门机构和其他政府间组织、国际金融机构（如：国际货币基金组织、世界银行、亚洲开发银行、日本海外协力基金、日本输出入银行）以及国际贸易组织等无偿援助或赠送的物资，如联合国有关组织机构同我国进行的经济技术合作；多、双边结合的经济技术援助合作项目；联合国粮农组织对我国的无偿援助项目进口的粮食、食品和其他物资设备；国际红十字会和各国红十字会救济、捐赠给我国红十字会的物品以及由中国红十字会组织负责接受和分配国际红十字会组织为我国无偿提供的救灾物资；

3．我国政府对外无偿援助或赠送的物资。

其他法定减免税进出口货物

一、定义

其他法定减免税进出口货物指海关依照《中华人民共和国海关法》、《中华人民共和国进出口关税条例》，对除无偿援助进出口物资外的其他实行法定减免税的进出口货物，以及根据有关规定非按全额货值征税的部分进出口货物。

本征免性质代码为“299”，简称：其他法定。

二、适用范围

1．无代价抵偿进出口货物（照章征税的除外）；

2．无商业价值的广告品和货样；

3．进出境运输工具装载的途中必需的燃料、物料和饮食用品；

4．因故退还的境外进口货物；

5．因故退还的我国出口货物；

6．在境外运输途中或者在起卸时，遭受损坏或损失的货物；

7．起卸后海关放行前，因不可抗力遭受损坏或者损失的货物；

8．海关查验时已经破漏、损坏或者腐烂，经证明不是保管不慎造成的货物；

9．中华人民共和国缔结或者参加的国际条约规定减征、免征关税的货物、物品；

10．暂时进出口货物；

11．出料加工项下的出口料件及复进口的成品；

12．进出境的修理物品；

13．租赁期不满一年的进出口货物；

14. 边民互市进出境货物。

15. 非按全额货值征税的进口货物（如按租金、修理费征税的进口货物）。

特定区域进口自用物资及出口货物

一、定义

特定区域进口自用物资及出口货物指深圳、珠海、汕头、厦门、海南等5个经济特区及上海浦东新区和苏州工业园区、三峡库区等在国家核定额度内实行关税和进口环节增值税先征后返还的进口自用物资及对这些地区单独实施免税政策的出口货物。

本征免性质代码为“301”，简称：特定区域。

二、适用范围

1. 上述地区内企、事业单位（外商投资企业除外）在国家核定额度内实行关税和进口环节增值税先征后返还的进口自用物资；

2. 上述地区生产的出口产品，包括上述地区用内地料件加工增值20%以上的出口产品。

保税区进口自用物资

一、定义

保税区进口自用物资指对保税区单独实施征减免税政策的进口自用物资。

本征免性质代码为“307”，简称：保税区。

二、适用范围

1. 保税区用于基础设施建设的物资。

2. 保税区内企业（外商投资企业除外）进口的生产设备和其他自用物资。

其他执行特殊政策地区出口货物

一、定义

其他执行特殊政策地区出口货物指对经济技术开发区、高新技术产业开发区等单独实施免税政策的出口货物。

本征免性质代码为“399”，简称：其他地区。

二、适用范围

上述地区企业（外商投资企业除外）生产的出口产品，包括上述地区用内地料件加工增值20%以上的出口产品。

科研机构、学校进口科教用品

一、定义

科研机构、学校进口科教用品指为促进科学研究和教育事业的发展，科学研究机构和学校按照有关征减免税政策，进口国内不能生产的、直接用于科研或教学的货物。

本征免性质代码为“401”，简称：科教用品。

二、适用范围

1. 国务院规定的科研开发机构和大专院校进口的科教用品；

2. 经国务院有关部门批准的其他科研开发机构和学校进口的科教用品；

3. 经国务院有关部门核定的企业（集团）技术中心、国家工程研究中心、国家重点实验室和国家工程技术研究中心在2000年底以前进口的科研物品。

企业技术改造进口货物

一、定义

企业技术改造进口货物指为了鼓励引进国外先进技术，促进企业技术改造和产品升级换代，提高综合经济效益，现有生产企业为进行技术改造按照有关征减免税政策进口必需的先进技术、机器、仪器和设备。

本征免性质代码为“403”，简称：技术改造.

二、适用范围

1. 技改项目进口货物；

2. 综合利用技术改造项目进口货物。

国家重大项目进口货物

一、定义

国家重大项目进口货物指经国务院批准的国家重大建设项目项下按照有关征减免税政策进口的设备，以及安装所需材料等。

本征免性质代码为“406”，简称：重大项目。

二、适用范围

列入《国务院已批准享受减免税政策的重大项目清单》的项目进口的机器设备等。

通信、港口、铁路、公路、机场建设进口设备

一、定义

通信、港口、铁路、公路、机场建设进口设备指为促进基础设施建设，按照有关征减免税政策进口的用于通信、港口、铁路、公路、机场建设的机器、设备。

本征免性质代码为“412”，简称：基础设施。

二、适用范围

《进口通信、港口、铁路、公路、机场专用设备准予减免税品种表》所列的各种机器、设备。

进口残疾人专用品和专用设备及残疾人企业出口产品

一、定义

进口残疾人专用品和专用设备及残疾人企业出口产品指为支持残疾人康复工作、帮助残疾人自立而免税进口的残疾人专用品和有关福利机构、康复机构、企业按照国家有关规定免税进口的国内不能生产的残疾人专用设备及专用生产设备，以及残疾人企业生产的免税出口产品。

本征免性质代码为“413”，简称：残疾人。

二、适用范围

1. 有关单位进口的残疾人个人专用物品；

2. 民政部门和残疾人组织所属福利机构、荣军康复医院、康复机构有关企业进口的用于残疾人康复、教育、劳动等的专用仪器、设备及专用生产设备；

3. 残疾人企业生产的出口产品。

远洋渔业自捕水产品

远洋渔业自捕水产品指取得《农业部远洋渔业企业资格证书》的远洋渔业企业及外商投资的远洋渔业企业，在规定的额度内自捕运回的水产品。

本征免性质代码为“417”，简称：远洋渔业。

国家定点生产小轿车和摄录机企业进口散件

一、定义

国家定点生产小轿车和摄录机企业进口散件指国家定点生产小轿车和摄录一体机的企业，按照有关征减免税政策进口的小轿车或摄录一体机成套散件或关键件。

本征免性质代码为“418”，简称：国产化。

二、适用范围

1. 一汽大众、上海大众、上海通用、北京吉普、广州本田、武汉神龙、天津夏利、长安奥拓、贵州云雀等9个国家定点生产小轿车企业进口的关键件；

2. 南京依维柯、沈阳金杯等12家定点轻型车生产企业进口的轻型车关键件；

3. 北京JVC电子有限公司、上海索广电子有限公司等国家定点生产摄录一体机企业进口的摄录一体机成套散件或关键件。

勘探、开发海上石油进口货物

定义

勘探、开发海上石油进口货物指按照有关征减免税政策进口的勘探、开发海上（包括浅海）石油和天然气所需的设备、材料。

本征免性质代码为“606”，简称：海上石油。

勘探、开发陆地石油进口货物

一、定义

勘探、开发陆地石油进口货物指按照有关征减免税政策进口的勘探、开发我国境内陆地特定地域内石油和天然气所需的设备、材料。

本征免性质代码为“608”，简称：陆地石油。

二、适用范围

经国务院批准，在我国境内特定地域内勘探、开发陆地石油和天然气所需进口的设备、物品。

救灾捐赠进口物资

一、定义

救灾捐赠进口物资指外国民间团体、企业、友好人士和华侨、香港居民、台湾、澳门同胞及外籍华人无偿向我境内受灾地区捐赠的直接用于救灾的免税进口物资。

本征免性质代码为“801”，简称：救灾捐赠

二、适用范围

由民政部、中国红十字会、中华全国妇女联合会负责接收的外国民间团体、企业、友好人士和华侨、香港居民、台湾、澳门同胞及外籍华人无偿捐赠的，符合《关于救灾捐赠物资免征进口税收的暂行办法》规定的免税进口救灾物资。

加工贸易外商提供的不作价进口设备

一、定义

加工贸易外商提供的不作价进口设备指加工贸易经营单位按照有关征免税政策进口的外商免费（即不需经营单位付汇，也不需用加工费和差价偿还）提供的加工生产所需设备。

本征免性质代码为“501”，简称：加工设备。

二、适用范围

符合免税进口和使用外商提供的不作价设备条件的加工贸易（包括来料加工、进料加工及外商投资企业从事的加工贸易）经营单位规定免税或征税进口的、由外商免费提供的加工生产所需设备（包括工模具）。

来料加工装配和补偿贸易进口料件及出口成品

一、定义

来料加工装配和补偿贸易进口料件及出口成品指为鼓励和促进对外加工装配业务，按照有关征减免税政策进口的来料加工装配业务和补偿贸易所需的原材料、辅料、元器件、零部件和包装材料等，以及经加工后出口的成品。

本征免性质代码为“502”，简称：来料加工。

二、适用范围

1. 来料加工装配和补偿贸易项目进口的料、件；

2. 来料加工装配和补偿贸易生产的出口成品和半成品。

进料加工贸易进口料件及出口成品

一、定义

进料加工贸易进口料件及出口成品指外贸公司、工贸公司及外商投资企业等为生产外销产品或为履行产品出口合同，按照有关征减免税政策进口的原材料、零部件及出口成品。本征免性质代码为“503”，简称：进料加工。

二、适用范围

1. 外贸公司、工贸公司等专为生产外销产品而用外汇购买进口的原料、材料、辅料、元器件、零部件、配套件、包装物料及消耗材料；

2. 外商投资企业为履行产品出口合同而进口的原料、材料、辅料、元器件、零部件、配套件、包装物料及消耗材料；

3. 经加工后返销出口的成品和半成品。

边境小额贸易进口货物

一、定义

边境小额贸易进口货物指边境地区经批准有边境小额贸易经营权的企业，通过国家指定的陆地边境口岸（或经国务院特批的海上边贸口岸），按照有关征减免税政策进口原产于毗邻国家的货物（不包括边民互市）。

本征免性质代码为“506”，简称：边境小额。

二、适用范围：

1. 边境地区开展的易货贸易、现汇贸易进口货物；

2. 边境地区开展的工程承包、劳务输出等互利经济合作项下进口货物；

3. 除边民互市以外的其他各类执行边境小额贸易政策的进口货物。

中外合资经营企业进出口货物

一、定义

中外合资经营企业进出口货物指国内企业与境外企业在中国境内合资经营的企业在投资总额内，按照有关征减免税政策进口的生产、管理设备，以及自产的出口产品等。

本征免性质代码为“601”，简称：中外合资。

二、适用范围

1. 投资总额内进口的生产、管理设备，加固、安装设备用材料等货物（不包括进口料件）；
2. 企业自产的出口产品。

中外合作经营企业进出口货物

一、定义

中外合作经营企业进出口货物指境外公司与我国境内公司合作经营的企业按照有关征减免税政策，作为外商投资进口的生产、管理设备，以及自产的出口产品等。

本征免性质代码为“602”，简称：中外合作。

二、适用范围：

1. 按经批准的合同作为外商投资进口的机器、设备等（不包括进口料件）；
2. 企业自产的出口产品。

外商独资企业进出口货物

一、定义

外商独资企业进出口货物指境外厂商在中国境内独资经营的企业在投资总额内，按照有关征减免税政策进口的生产、管理设备，以及自产的出口产品等。

本征免性质代码为“603”，简称：外资企业。

二、适用范围

1. 投资总额内进口的生产、管理设备，加固、安装设备用材料等货物（不包括进口料件）；
2. 企业自产的出口产品。

利用外国政府贷款和国际金融组织贷款进口设备

一、定义

利用外国政府贷款和国际金融组织贷款进口设备指自1995年1月1日至1997年12月31日按国家规定程序批准的利用外国政府贷款和国际金融组织（世界银行、亚洲开发银行、联合国农业发展基金）贷款项目，按照有关征减免税政策进口的设备。

本性质代码“609”，简称：贷款项目。

国家鼓励发展的内外资项目进口设备

一、定义

国家鼓励发展的内外资项目进口设备指自1998年1月1日起，按国家规定程序审批并经统一编号的国家鼓励发展的国内投资项目和外商投资项目，按照有关征减免税政策进口的设备。

本征免性质代码为“789”，简称：鼓励项目。

二、适用范围

1. 符合《当前国家重点鼓励发展的产业、产品和技术目录》的国内投资（包括利用国外商业贷款）的基建或技改项目，在投资总额内进口的自用设备和随设备进口的技术及配套件、备件。

2. 符合《外资投资产业指导目录》鼓励类和限制乙类，并转让技术的外商投资项目（包括基建或技改项目），在投资总额内进口的自用设备和随设备进口的技术及配套件、备件。

3. 利用外国政府贷款和国际金融组织（世界银行、亚洲开发银行、联合国农业发展基金）贷款项目进口的自用设备和随设备进口的技术及配套件、备件。

国务院特准减免税的进出口货物

一、定义

国务院特准减免税的进出口货物指经国务院特案批准予以减免税的进出口货物。

本征免性质代码为“898”，简称：国批减免。

二、适用范围

1. 国务院批准只减免增值税或消费税的货物；
2. 其他国务院特批的减免税进出口货物。

例外减免税进出口货物

例外减免税进出口货物指无法归入以上各项征免性质的减免税进出口货物。

本征免性质代码为“999”，简称：例外减免。

享受内部暂定税率的进出口货物

享受内部暂定税率的进出口货物指按照国务院税委会规定的内部暂定税率征税的进出口货物。

本征免性质代码为“998”，简称：内部暂定。

征减免税方式代码表说明

征减免税方式是指海关依照《中华人民共和国海关法》、《中华人民共和国进出口关税条例》、《中华人民共和国海关进出口税则》及其他法律、法规，对进出口货物实际决定征税、减税、免税或特案处理的操作方式，应根据海关核发的《征免税证明》或有关政策规定对报关单所列每项商品按《征减免税方式代码表》确定的征减免税方式名称及代码。

一、征减免税方式的分类

征减免税方式分为照章征税、折半征税、全免、特案减免、随征免性质、保证金、保证函、折半补税及出口全额退税九种，各种方式分别用不同的代码标定。

二、征减免税方式代码说明

（一）照章征税

指对进出口货物依照法定税率计征各类税、费。

（二）折半征税

指依照主管海关签发的《征免税证明》或海关总署的通知，对进出口货物依照法定税率折半计征关税和增值税，但照章征收消费税。

（三）全免

指依照主管海关签发的《征免税证明》或海关总署的通知，对进出口货物免征关税和增值税，但消费税不予免征。

（四）特案减免

指依照主管海关签发的《征免税证明》或海关总署通知规定的税率计征各类税、费。

（五）随征免性质

指对某些监管方式下进出口的货物按照征免性质规定的特殊计税公式或税率计征税、费。

（六）保证金

指经海关批准具保放行的货物，由担保人向海关缴纳现金的一种担保形式。

（七）保证函

指担保人根据海关的要求，向海关提交的订有明确权利义务的一种担保文书。

（八）折半补税

指对已征半税的供特区内销售的市场物资，经海关核准运往特区外时，补征另一半相应税款。

（九）出口全额退税

指对计划内出口的丝绸、山羊绒实行出口全额退税时，凭“计划内出口证明”开具出口全额退税税单，并计征关务费。

运输方式代码表说明

一、定义

运输方式是指货物进出关境时所使用的运输工具的分类。包括非保税区、监管仓库、江海、铁路、汽车、航空、邮递保税区、保税仓库和其他共十大类。

二、运输方式分类说明

（一）江海运输：指利用船舶在国内外港口之间，通过固定的航区和航线进行货物运输的一种方式。

（二）铁路运输：指利用铁路承担进出口货物运输的一种方式。

（三）汽车运输：指利用汽车承担进出口货物运输的一种方式。

（四）航空运输：指利用航空器承运进出口货物的一种方式。

（五）邮递运输：指通过邮局寄运货物进出口的一种方式。

（六）其他运输：除上述几种运输方式以外的货物进出口运输方式。

如利用人扛、驮畜、输油管道、输水管道和输电网等方式进出口货物的运输方式。

（七）用于标识境内进出保税区或保税仓库的运输方式代码如下：

“0”非保税区运入保税区和保税区退区货物；

“1”境内存入出口监管仓和出口监管仓退仓货物；

“7”保税区运往非保税区货物；

“8”保税仓库转内销货物。

关区代码表说明

一、关区代码表用于填报进出口报关单的进出口口岸海关的名称。

《关区代码表》由两部分组成，即关区代码和关区名称。

关区代码由四位数字组成，前两位采用海关统计的直属海关关别代码，后两位为隶属海关的代码。

关区名称即各口岸海关中文名称。

二、使用关区代码时应注意的问题

代码表中只有直属海关关别和代码的，可以填报直属海关名称和代码（见例 1）；如果有隶属海关关别和代码时，必须填报隶属海关关别和代码（见例 2）。

例 1：在太原海关办理货物进出口报关手续，本栏目可填报“太原海关”，代码“0500”。

例 2：在上海浦江海关办理货物进出口报关手续，本栏目不得填报“上海海关”，代码“2200”，必须填报“上海浦江海关”、代码“2201”。

国内地区代码表说明

一、国内地区代码表用于填报进出口报关单的境内目的地和境内货源地。

国内地区代码由五位数构成，一至四位数为企业属地的行政区划代码，其中第一、二位数表示省（自治区、直辖市）；第三、四位数表示省辖市（地区、省直辖行政单位）、城市、计划单列城市，沿海开放城市，以上代码均采用国家标准。

国内地区代码第五位数为省辖市内经济区划性质代码：

"1"表示经济特区；

"2"表示经济技术开发区：（包括上海浦东新区、海南洋浦经济开发区和苏州工业园区）；

"3"表示高新技术开发区；

"4"表示保税区；

"9"表示其他。

二、境内目的地以进口货物在境内的消费、使用地或最终运抵地为准。一般有以下几种情况：

1．直接接受有外贸进出口经营权的企业调拨物资的境内消费、使用单位所在地；

2．委托有外贸进出口经营权的企业进口货物的单位所在地；

3．自行从国外进口货物的单位所在地；

4．如难以确定进口货物的消费、使用单位，应以预知的进口货物最终运抵地区为准。

三、境内货源地以出口货物的生产地为准。如出口货物在境内多次周转，不能确定生产地的，应以最早的起运地为准。

结汇方式代码表说明

一、定义

结汇方式是出口货物发货人或其代理通过银行收结外汇的方式。

二、《结汇方式代码表》结构及说明

(一)《结汇方式代码表》由两部分组成，即结汇方式代码和结汇方式名称。

(二) 结汇方式代码分为汇付、托收、信用证和其他。

1. 汇付包括：

(1) 信汇：买方将货款交给进口地银行，由银行开具付款委托书，邮寄出口地银行，委托其向卖方付款。

(2) 电汇：进口地银行应买方申请，直接用电报发出付款委托书，委托出口地银行向卖方付款。

(3) 票汇：买方向进口地银行购买银行汇票迳寄卖方，由卖方或其指定的人持票向出口地有关银行取款。

汇付从时间上分预付和后付。预付即卖方装运货物前，买方先将货款汇结卖方；后付即卖方先交货，在买方收到货物或单据后才汇付货款。

2. 托收包括：

(1) 付款交单 (D/P)：指卖方托收时指示托收行，只有在买方付清货款时才交出单据。

(2) 承兑交单 (D/A)：指买方承兑汇票后即可取得单据，提取货物，待汇票到期时才付货款。

3. 信用证 (L/C)：信用证是银行在买卖双方之间保证付款的凭证。银行根据买方的申请书，向卖方开出保证付款的信用证，即只要卖方提交符合信用证要求的单据，银行就保证付款。

4. 其他：指除上述以外的结汇方式。

监管证件名称代码表说明

一、定义

指海关依据国家进出口法律法规，对进出口货物实施实际监管的各种许可证件的分类标识。

二、《监管证件名称代码表》结构

《监管证件名称代码表》由两部分组成，即监管证件代码和监管证件名称。例如：代码“1”，为进口许可证，如果某一商品编号后注有监管证件“1”，则说明在一般贸易项下进口该种商品需申领进口许可证。

三、《监管证件名称代码表》说明

（一）进（出）口许可证：指外经贸部配额许可证事务局或其授权机关签发的进（出）口许可证。

（二）重要工业品进口登记证明：指进口商品实行自动或限量登记管理，由国务院有关部委和省市发证机关签发的。

（三）禁止出口商品：指国务院授权对外经济贸易主管部门会同国务院有关部门，依照《中华人民共和国对外贸易法》第十七条的规定，制定、调整并公布禁止出口货物目录所列的商品。

（四）禁止进口商品：指国务院授权对外经济贸易主管部门会同国务院有关部门，依照有关法律、规定并公布禁止进口的商品。

（五）检验检疫出入境货物通关单：指国家检验检疫机构根据《中华人民共和国进出口商品检验法》、《中华人民共和国进出境动植物检疫法》和《中华人民共和国食品卫生法》等有关法律、法规，对列入《出入境检验检疫机构实施检验检疫的进出境商品目录》的进出口商品签发的检验检疫证件。

（六）进口药品通关单：指国家医药管理局根据《中华人民共和国药品管理法》，对列入进出口管制的药品、药材签发的证件。

（七）濒危物种进出口允许证：指根据《中华人民共和国野生动物保护法》，对列入《国家重点保护野生动物名录》一、二级保护的野生动物及其产品和列入《濒危野生动物植物国际贸易公约》附录一、二、三级的动物、动物产品和植物，由国家濒危物种进出口管理办公室或其办事机构签发的允许进（出）口证明书。

（八）进出口农药登记证明：指农业部根据《中华人民共和国农药管理条例》，对公布管理的进出口农药签发允许进出口的证件。

（九）银行调运外币现钞进出境许可证：指国家外汇管理局和中国人民银行根据《银行调运外币现钞进出境管理规定》等有关法律、法规，对允许进出境的外币和人民币现钞签发的许可证件。

（十）被动出口配额证：指向我国签有双边贸易协定的国家出口设限商品，由外经贸主管部门签发的被动配额许可证。

（十一）文物出口证书：根据《中华人民共和国文物保护法》和《文物出境鉴定管理办法》，对申报出境的文物，由国家文物局及授权机关签发的文物出口证件。

（十二）精神药物进（出）口准许证：根据联合国《1971年精神药物公约》和国务院发布的《精神药品管理办法》，对列入卫生部公布的“精神药品品种及分类表”的进出口商品，由卫生部签发的精神药物进（出）口准许证。

（十三）金产品出口证或人总行进口批件：指根据《中华人民共和国金银管理条例》，对出口金银及其制品，由中国人民银行签发的准许进出境证件。

（十四）非军事枪药进（出）口批件：非国防工业等部门因特殊需要进（出）口枪支、弹药（含样品），由主管部委或单位所在地省、自治区、直辖市公安厅（局）签发的证件。

（十五）无线电设备进关审查批件：指根据《中华人民共和国无线电管理条例》和《进口无线电发射设备的管理规定》，对进口列入管理规定的无线电发射设备，由国家信息产业部核发的无线电设备进关审查批件。

（十六）保密机进口许可证：指根据中共中央办公厅有关规定，对列入密码保密设备的进出口商品，由中共中央办公厅机要局或总参谋部机要局签发的密码保密设备进出口许可证。

（十七）机电产品进口证明：指根据国家经贸委和外经贸部制定的《机电产品进口管理暂行办法》，对列入特定产品目录的进口机电设备、仪器，由国家机电进出口办公室签发机电产品进口证明。

（十八）机电产品进口登记表：指根据国家经贸委和外经贸部制定的《机电产品进口管理暂行办法》，对配额管理和特定产品目录以外的机电产品，由国家机电进出口办室及授权机关签发机电产品进口登记表。

（十九）进口废物批准证书：指根据《中华人民共和国固体废物污染环境防治法》和《废物进口环境保护管理暂行规定》，对列入《国家限制进口的可用作原料的废物目录》的进口商品，由国家环保总局签发进口废物批准证书。

（二十）兽药进口报验证明：指根据国务院发布的《兽药管理条例》，进口兽药，由农业部指定的口岸兽药监察所签发证明。

（二十一）白银进口准许证：指中国人民银行根据《白银进口管理暂行办法》，对列入管理名录的白银签发允许进境的证件。

（二十二）麻醉药品进出口准许证：指根据联合国《1961年麻醉品单一公约》和国务院发布的《麻醉药品管理办法》，对列入麻醉药品品种表的进出口商品，由卫生部签发的麻醉药品进出口准许证。

（二十三）有毒化学品环境管理放行通知单：指列入《中国禁止或严格限制的有毒化学品名录》的进出口化学品，由国家环境保护总局签发放行通知单。

（二十四）音像制品发行许可证或样带提取单：指国家实行进出口管理的音像制品，由广播电影电视部音像管理处或新闻出版署及其授权部门签发的许可证件。

用途代码表说明

一、定义

指进口货物的实际用途，以此对征免税和监管条件进行辅助检查和处理。

二、用途分类代码及说明

(一) 外贸自营内销：

指有外贸进出口经营权的企业，在其经营范围内以正常方式成交的进口货物。

(二) 特区内销：

指特区内有外贸进出口经营权的企业在其经营范围内进口在特区内销售的货物。

(三) 其它内销：

指进料加工转内销部分、来料加工转内销货物及外商投资企业进口供加工内销产品的料件。

(四) 企业自用：

进口供本单位（企业）自用的货物，如：外商投资企业以及特区内的企业、事业和机关单位进口自用的机器设备等。

(五) 加工返销：

指来料加工、进料加工、补偿贸易和外商投资企业为履行产品出口合同从国包进口料件，用于在国内加工后返销到境外。

(六) 借用：

指从境外租借进口，在规定的使用期满后退运出境外的进口货物，如租凭贸易进口货物。

(七) 保证金：

指由担保人向海关缴纳现金的一种担保形式。

(八) 免费提供：

指免费提供的进口货物，如无偿援助、捐赠、礼品等进口货物。

(九) 作价提供：

指我方与外商签订合同协议，规定由外商作价提供进口的货物，事后由我方支付或从我方出口货物款中或出口加工成品的加工费中扣除，如来料加工贸易进口设备等。

(十) 货样、广告品

指进口专供订货参考的货物样品以及用以宣传有关商品内容的广告宣传品。

(十一) 以产顶进

指列名钢铁生产企业的国产钢材销售给加工出口企业用于生产出口产品。

报关自动化系统常用代码表

监管方式代码表

监管方式代码	监管方式简称	监管方式全称
0110	一般贸易	一般贸易
0130	易货贸易	易货贸易
0139	旅游购物商品	用于旅游者五万美元以下的出口小批量订货
0200	料件放弃	主动放弃交由海关处理的来料或进料加工料件
0214	来料加工	来料加工装配贸易进口料件及加工出口货物
0243	来料以产顶进	来料加工成品以产顶进
0245	来料料件内销	来料加工料件转内销
0255	来料深加工	来料深加工结转货物
0258	来料余料结转	来料加工余料结转
0265	来料料件复出	来料加工复运出境的原进口料件
0300	来料料件退换	来料加工料件退换
0320	不作价设备	加工贸易外商提供的不作价进口设备
0345	来料成品减免	来料加工成品凭征免税证明转减免税
0400	成品放弃	主动放弃交由海关处理的来料及进料加工成品
0420	加工贸易设备	加工贸易项下外商提供的进口设备
0444	保区进料成品	按成品征税的保税区进料加工成品转内销货物
0445	保区来料成品	按成品征税的保税区来料加工成品转内销货物
0446	加工设备内销	加工贸易免税进口设备转内销
0456	加工设备结转	加工贸易免税进口设备结转
0466	加工设备退运	加工贸易免税进口设备退运出境
0500	减免设备结转	用于监管年限内减免税设备的结转
0513	补偿贸易	补偿贸易
0544	保区进料料件	按料件征税的保税区进料加工成品转内销货物
0545	保区来料料件	按料件征税的保税区来料加工成品转内销货物
0615	进料对口	进料加工（对口合同）
0642	进料以产顶进	进料加工成品以产顶进
0644	进料料件内销	进料加工料件转内销
0654	进料深加工	进料深加工结转货物
0657	进料余料结转	进料加工余料结转
0664	进料料件复出	进料加工复运出境的原进口料件
0700	进料料件退换	进料加工料件退换
0715	进料非对口	进料加工（非对口合同）

监管方式代码	监管方式简称	监管方式全称
0744	进料成品减免	进料加工成品凭征免税证明转减免税
0815	低值辅料	低值辅料
0844	进料边角料内销	进料加工项下边角料转内销
0845	来料边角料内销	来料加工项下边角料转内销
0864	进料边角料复出	进料加工项下边角料复出口
0865	来料边角料复出	来料加工项下边角料复出口
1110	对台贸易	对台直接贸易
1139	国轮油物料	中国籍运输工具境内添加的保税油料、物料
1215	保税工厂	保税工厂
1233	保税仓库货物	保税仓库进出境货物
1234	保税区仓储转口	保税区进出境仓储转口货物
1300	修理物品	进出境修理物品
1427	出料加工	出料加工
1500	租赁不满一年	租期不满一年的租赁贸易货物
1523	租赁贸易	租期在一年及以上的租赁贸易货物
1616	寄售代销	寄售、代销贸易
1741	免税品	免税品
1831	外汇商品	免税外汇商品
2025	合资合作设备	合资合作企业作为投资进口设备物品
2215	三资进料加工	三资企业为履行出口合同进口料件和出口成品
2225	外资设备物品	外资企业作为投资进口的设备物品
2439	常驻机构公用	外国常驻机构进口办公用品
2600	暂时进出货物	暂时进出口货物
2700	展览品	进出境展览品
2939	陈列样品	驻华商业机构不复运出口的进口陈列样品
3010	货样广告品 A	有经营权单位进出口的货样广告品
3039	货样广告品 B	无经营权单位进出口的货样广告品
3100	无代价抵偿	无代价抵偿货物
3339	其他进口免费	其他进口免费提供货物
3410	承包工程进口	对外承包工程进口物资
3422	对外承包出口	对外承包工程出口物资
3511	援助物资	国家和国际组织无偿援助物资
3611	无偿军援	无偿军援
3612	捐赠物资	华侨、港澳、台同胞、外籍华人捐赠物资
3910	有权军事装备	直接军事装备（有经营权）
3939	无权军事装备	直接军事装备（无经营权）
4019	边境小额	边境小额贸易（边民互市贸易除外）
4039	对台小额	对台小额贸易
4200	驻外机构运回	我驻外机构运回旧公用物品

监管方式代码	监管方式简称	监 管 方 式 全 称
4239	驻外机构购进	我驻外机构境外购买运回国的公务用品
4400	来料成品退换	来料加工成品退换
4500	直接退运	直接退运
4539	进口溢误卸	进口溢卸、误卸货物
4561	退运货物	因质量不符、延误交货等原因退运进出境货物
4600	进料成品退换	进料成品退换
5000	料件进出区	用于区内外非实际进出境货物
5015	区内加工货物	加工区内企业从境外进口料件及加工出口成品
5033	区内仓储货物	加工区内仓储企业从境外进口的货物
5100	成品进出区	用于区内外非实际进出境货物
5200	区内边角调出	用于区内外非实际进出境货物
5300	设备进出区	用于区内外非实际进出境货物
5335	境外设备进区	加工区内企业从境外进口的设备物资
5361	区内设备退运	加工区内设备退运境外
9639	海关处理货物	海关变卖处理的超期未报货物，走私违规货物
9700	后续补税	无原始报关单的后续补税
9739	其他贸易	其他贸易
9800	租赁征税	租赁期一年及以上的租赁贸易货物的租金
9839	留赠转卖物品	外交机构转售境内或国际活动留赠放弃特批货
9900	其　他	其　他

征免性质代码表

代　码	征免性质简称	征　免　性　质　全　称
101	一般征税	一般征税进出口货物
201	无偿援助	无偿援助进出口物资
299	其他法定	其他法定减免税进出口货物
301	特定区域	特定区域进口自用物资及出口货物
307	保税区	保税区进口自用物资
399	其他地区	其他执行特殊政策地区出口货物
401	科教用品	大专院校及科研机构进口科教用品
403	技术改造	企业技术改造进口货物
406	重大项目	国家重大项目进口货物
412	基础设施	通信、港口、铁路、公路、机场建设进口设备
413	残疾人	残疾人组织和企业进出口货物
417	远洋渔业	远洋渔业自捕水产品
418	国产化	国家定点生产小轿车和摄录机企业进口散件
501	加工设备	加工贸易外商提供的不作价进口设备
502	来料加工	来料加工装配和补偿贸易进口料件及出口成品
503	进料加工	进料加工贸易进口料件及出口成品
506	边境小额	边境小额贸易进口货物
601	中外合资	中外合资经营企业进出口货物
602	中外合作	中外合作经营企业进出口货物
603	外资企业	外商独资企业进出口货物
606	海上石油	勘探、开发海上石油进口货物
608	陆地石油	勘探、开发陆地石油进口货物
609	贷款项目	利用贷款进口货物
611	贷款中标	国际金融组织贷款、外国政府贷款中标机电设备零部件
789	鼓励项目	国家鼓励发展的内外资项目进口设备
799	自有资金	外商投资额度外利用自有资金进口设备、备件、配件
801	救灾捐赠	救灾捐赠进口物资
802	扶贫慈善	境外向我境内无偿捐赠用于扶贫慈善的免税进口物资
898	国批减免	国务院特准减免税的进出口货物
998	内部暂定	享受内部暂定税率的进出口货物
999	例外减免	例外减免税进出口货物

征减免税方式代码表

征减免税方式代码	征减免税方式名称
1	照章征税
2	折半征税
3	全免
4	特案
5	征免性质
6	保证金
7	保函
8	折半补税
9	全额退税

运输方式代码表

运输方式代码	运输方式名称
0	非保税区
1	监管仓库
2	江海运输
3	铁路运输
4	汽车运输
5	航空运输
6	邮件运输
7	保税区
8	保税仓库
9	其它运输
Z	出口加工

关区代码表

关区代码	关区名称	关区代码	关区名称	关区代码	关区名称
0100	**北京关区**	0402	秦皇岛关	0909	大连邮办
0101	机场单证	0403	唐山海关	0930	丹东海关
0102	京监管处	0404	秦关廊办	0940	营口海关
0103	京关展览	0405	保定海关	0950	鲅鱼圈关
0104	京一处	**0500**	**太原海关**	0960	大东港关
0105	京二处	**0600**	**满洲里关**	0980	鞍山海关
0106	京关关税	0601	海拉尔关	**1500**	**长春关区**
0107	机场库区	0602	额尔古纳	1501	长春海关
0108	京通关处	0603	满十八里	1502	长开发区
0109	机场旅检	0604	满赤峰办	1503	长白海关
0110	平谷海关	0605	满通辽办	1504	临江海关
0111	京五里店	0606	满哈沙特	1505	图们海关
0112	京邮办处	0607	满室韦	1506	集安海关
0113	京中关村	0608	满互贸区	1507	珲春海关
0114	京国际局	0609	满铁路	1508	吉林海关
0115	京东郊站	**0700**	**呼特关区**	1509	延吉海关
0116	京　　信	0701	呼和浩特	1511	长春机办
0117	京开发区	0702	二连海关	1515	图们车办
0118	十八里店	0703	包头海关	1516	集海关村
0119	机场物流	0704	呼关邮办	1517	珲长岭子
0124	北 京 站	0705	二连公路	1519	延吉三合
0125	西 客 站	**0800**	**沈阳关区**	1521	一汽场站
0126	京加工区	0801	沈阳海关	1525	图们桥办
0127	京 快 件	0802	锦州海关	1526	集安青石
0128	京顺义办	0803	沈驻邮办	1527	珲春圈河
0200	**天津关区**	0804	沈驻抚顺	1529	延吉南坪
0201	天津海关	0805	沈开发区	1531	长春东站
0202	新港海关	0806	沈驻辽阳	1537	珲沙坨子
0203	津开发区	0807	沈机场办	1539	延开山屯
0204	东港海关	0808	沈集装箱	1547	珲加工区 *
0205	津塘沽办	0809	沈阳东站	1549	延古城里
0206	津驻邮办	0810	葫芦岛关	1559	延吉邮办
0207	津机场办	**0900**	**大连海关**	1591	长春邮办
0208	津保税区	0901	大连码头	1593	长白邮办
0209	蓟县海关	0902	大连机场	1595	图们邮办
0210	武清海关	0903	连开发区	1596	集安邮办
0211	津加工区	0904	连加工区	**1900**	**哈尔滨区**
0220	津关税处	0906	连保税区	1901	哈尔滨关
0400	**石家庄区**	0907	大连新港	1902	绥关铁路
0401	石家庄关	0908	连大窑湾	1903	黑河海关

关区代码	关区名称	关区代码	关区名称	关区代码	关区名称
1904	同江海关	2221	松江海关	2327	苏太仓办
1905	佳木斯关	2222	青浦海关	2328	苏吴县办
1906	牡丹江关	2223	南汇海关	2329	通启东办
1907	东宁海关	2224	崇明海关	2330	扬泰兴办
1908	逊克海关	2225	外港海关	2331	锡宜兴办
1909	齐齐哈尔	2226	贸易网点	2332	锡锡山办
1910	哈大庆办	2227	普陀区站	2333	南通关办
1911	密山海关	2228	长宁区站	2335	昆山加工
1912	虎林海关	2229	航交办	2336	苏园加工
1913	富锦海关	2230	徐汇区站	2337	连开发办
1914	抚远海关	2232	船监管处	**2900**	**杭州关区**
1915	漠河海关	2233	浦东机场	2901	杭州海关
1916	萝北海关	2234	沪钻交所	2903	温州海关
1917	嘉荫海关	2235	松江加工	2904	舟山海关
1918	饶河海关	2241	沪业一处	2905	海门海关
1919	哈内陆港	2242	沪业二处	2906	绍兴海关
1920	哈开发区	2243	沪业三处	2907	湖州海关
1922	哈关邮办	2244	上海快件	2908	嘉兴海关
1923	哈关车办	**2300**	**南京海关**	2909	杭经开关
1924	哈关机办	2301	连云港关	2910	杭关机办
1925	绥关公路	2302	南通海关	2911	杭关邮办
2200	**上海海关**	2303	苏州海关	2912	杭关萧办
2201	浦江海关	2304	无锡海关	2918	杭关余办
2202	吴淞海关	2305	张家港关	2919	杭富阳办
2203	沪机场关	2306	常州海关	2920	金华海关
2204	闵开发区	2307	镇江海关	2931	温关邮办
2205	沪车站办	2308	新生圩关	2932	温经开关
2206	沪邮局办	2309	盐城海关	2933	温关机办
2207	沪稽查处	2310	扬州海关	2934	温关鳌办
2208	宝山海关	2311	徐州海关	2981	嘉关乍办
2209	龙吴海关	2312	江阴海关	**3100**	**宁波关区**
2210	浦东海关	2313	张保税区	3101	宁波海关
2211	卢湾监管	2314	苏工业区	3102	镇海海关
2212	奉贤海关	2315	淮安海关	3103	甬开发区
2213	莘庄海关	2316	泰州海关	3104	北仑海关
2214	漕河泾发	2317	禄口机办	3105	甬保税区
2215	虹桥开发	2318	南京现场	3106	大榭海关（筹备）
2216	沪金山办	2321	常溧阳办	3107	甬驻余办
2217	嘉定海关	2322	镇丹阳办	3108	甬驻慈办
2218	外高桥关	2324	苏常熟办	3109	甬机场办
2219	杨浦监管	2325	苏昆山办	**3300**	**合肥海关**
2220	金山海关	2326	苏吴江办	3301	芜湖海关

关区代码	关区名称	关区代码	关区名称	关区代码	关区名称
3302	安庆海关	3732	漳州石码	4227	青关查验
3303	马鞍山关	3740	东山货征	4228	烟关快件
3304	黄山海关	3741	漳浦办	4229	德州海关
3305	蚌埠海关	3742	诏安监管	4231	烟开发区
3306	铜陵海关	3750	石狮货征	4232	日岚山办
3307	阜阳海关	3760	龙岩业务	4233	济机场办
3310	合肥现场	3777	厦稽查处	4235	济邮局办
3500	**福州关区**	3788	厦侦查局	4236	石龙眼办
3501	马尾海关	**4000**	**南昌关区**	4237	济通关处
3502	福清海关	4001	南昌海关	4240	青保税处
3503	宁德海关	4002	九江海关	4241	烟加工区
3504	三明海关	4003	赣州海关	4242	威加工区
3505	福保税区	4004	景德镇关	**4600**	**郑州关区**
3506	莆田海关	4005	吉安海关	4601	郑州海关
3507	福关机办	4006	昌北机办	4602	洛阳海关
3508	福榕通办	**4200**	**青岛海关**	4603	南阳海关
3509	福关邮办	4201	烟台海关	4604	郑州机办
3510	南平海关	4202	日照海关	4605	郑州邮办
3511	武夷山关	4203	龙口海关	**4700**	**武汉海关**
3513	福保税处	4204	威海海关	4701	宜昌海关
3518	福监管处	4205	济南海关	4702	荆州海关
3519	福关马港	4206	潍坊海关	4703	襄樊海关
3700	**厦门关区**	4207	淄博海关	4704	黄石海关
3701	厦门海关	4208	青开发区	4705	武汉沌口
3702	泉州海关	4209	石岛海关	4706	宜三峡办
3703	漳州海关	4210	青保税区	4707	鄂加工区
3704	东山海关	4211	济宁海关	4708	武关江办
3705	石狮海关	4212	泰安海关	4710	武关货管
3706	龙岩海关	4213	临沂海关	4711	武关江岸
3710	厦特区处	4214	青前湾港	4712	武关机场
3711	厦东渡办	4215	青菏泽办	4713	武关邮办
3712	厦海沧办	4216	东营海关	**4900**	**长沙关区**
3713	厦行邮处	4217	青枣庄办	4901	衡阳海关
3714	象屿保税	4218	青岛大港	4902	岳阳海关
3715	厦机场办	4219	蓬莱海关	4903	衡关郴办
3716	厦同安办	4220	青机场关	4904	常德海关
3717	东办集司	4221	烟机场办	4905	长沙海关
3718	东办同益	4222	莱州海关	4906	湘株洲办
3720	泉州货征	4223	青邮局办	4907	韶山海关
3721	泉紫帽山	4224	龙长岛办	**5100**	**广州海关**
3730	漳州货征	4225	威开发区	5101	广州新风
3731	漳州角美	4226	青聊城办	5102	新风罗冲

关区代码	关区名称	关区代码	关区名称	关区代码	关区名称
5103	清远海关	5148	穗大郎站	5195	审单中心
5104	清远英德	5149	大铲海关	5196	云浮六都
5105	新风白云	5150	顺德海关	5197	机场旅检
5106	小虎码头	5152	顺德食出	5199	穗技术处
5107	肇庆封开	5153	顺德车场	**5200**	**黄埔关区**
5108	肇庆德庆	5154	北窖车场 *	5201	埔老港办
5109	新风窖心	5155	顺德旅检	5202	埔新港办
5110	南海海关	5158	顺德勒流	5203	新塘海关
5111	南海官窑	5160	番禺海关	5204	东莞海关
5112	南海九江	5161	沙湾车场 *	5205	太平海关
5113	南海北村	5162	番禺旅检	5206	惠州海关
5114	南海平洲	5163	番禺货柜	5207	凤岗海关
5115	南海盐步	5164	番禺船舶	5208	埔开发区
5116	南海业务	5165	南沙旅检	5209	埔保税区
5117	南海车场	5166	南沙货柜	5210	埔红海办
5118	平洲旅检	5167	南沙货港	5211	河源海关
5119	南海三山	5168	沙湾联运	5212	新沙海关
5120	广州内港	5170	肇庆海关	5213	埔长安办
5121	内港芳村	5171	肇庆高要	5214	常平办事处
5122	内港洲嘴	5172	肇庆车场	5215	黄埔加工
5123	内港四仓	5173	肇庆保税	**5300**	**深圳海关**
5124	内石榴岗	5174	肇庆旅检	5301	皇岗海关
5125	从化海关	5175	肇庆码头	5302	罗湖海关
5126	内港赤航	5176	肇庆四会	5303	沙头角关
5127	内大干围	5177	肇庆三榕	5304	蛇口海关
5130	广州石牌	5178	云浮海关	5305	上步业务
5131	花都海关	5179	罗定海关	5306	笋岗海关
5132	花都码头	5180	佛山海关	5307	南头海关
5134	穗保税处	5181	高明海关	5308	沙湾海关
5135	穗稽查处	5182	佛山澜石	5309	布吉海关
5136	穗统计处	5183	三水码头	5310	惠州港关
5137	穗价格处	5184	佛山窖口	5311	深关车站
5138	穗调查局	5185	佛山石湾	5312	深监管处
5139	穗监管处	5186	佛山保税	5313	深调查局
5140	穗关税处	5187	佛山车场	5314	深关邮办
5141	广州机场	5188	佛山火车	5315	惠东办
5142	民航快件	5189	佛山新港	5316	大鹏海关
5143	广州车站	5190	韶关海关	5317	深关机场
5144	穗州头咀	5191	韶关乐昌	5318	梅林海关
5145	广州邮办	5192	三水海关	5319	同乐海关
5146	穗交易会	5193	三水车场	5320	文锦渡关
5147	穗邮办监	5194	三水港	5321	福保税关

关区代码	关区名称	关区代码	关区名称	关区代码	关区名称
5322	沙保税关	6003	汕关行邮	6712	湛江霞海
5323	深审单处	6004	汕关机场	6713	湛江机场
5324	深审价办	6006	汕关保税	**6800**	**江门关区**
5325	深综合处	6007	汕关业务	6810	江门海关
5326	深数统处	6008	汕保税区	6811	江门高沙
5327	深监控处	6009	汕关邮包	6812	江门外海
5328	深规范处	6011	榕城海关	6813	江门旅检
5329	深保税处	6012	汕关普宁	6817	江门保税
5330	盐保税关	6013	外砂海关	6820	新会海关
5331	三门岛办	6014	广澳海关	6821	新今古洲
5332	深财务处	6015	南澳海关	6822	新西河口
5333	深侦查局	6018	汕关惠来	6823	新会车场
5334	深稽查处	6019	汕关联成	6824	新会旅检
5335	深技术处	6020	汕关港口	6827	新会稽查
5336	深办公室	6021	潮州海关	6830	台山海关
5337	大亚湾核	6022	饶平海关	6831	台公益港
5338	淡水办	6028	潮阳海关	6832	台烽火角
5339	深加工区	6031	汕尾海关	6833	台山旅检
5700	**拱北关区**	6032	汕关海城	6837	台山稽查
5701	拱稽查处	6033	汕关陆丰	6840	三埠海关
5710	拱关闸办	6041	梅州海关	6841	三埠码头
5720	中山海关	6042	梅州兴宁	6842	三埠水口
5721	中山港	**6400**	**海口关区**	6843	三埠旅检
5724	中石岐办	6401	海口海关	6847	三埠稽查
5725	坦洲货场	6402	三亚海关	6850	恩平海关
5727	中小揽办	6403	八所海关	6851	恩平车场
5730	拱香洲办	6404	洋浦海关	6852	恩平港
5740	湾仔海关	6405	海保税区	6857	恩平稽查
5750	九洲海关	6406	清澜海关	6860	鹤山海关
5760	拱白石办	6407	美兰机场	6861	鹤山车场
5770	斗门海关	**6700**	**湛江关区**	6862	鹤山码头
5771	斗井岸办	6701	湛江海关	6863	鹤山旅检
5772	斗平沙办	6702	茂名海关	6867	鹤山稽查
5780	高栏海关	6703	徐闻海关	6870	阳江海关
5790	拱监管处	6704	湛江南油	6871	阳江码头
5792	拱保税区	6705	湛江水东	6872	阳江车场
5793	万山海关	6706	湛江吴川	6873	阳江港
5795	横琴海关	6707	湛江廉江	6874	阳江东平
5799	拱行监处	6708	湛江高州	6875	阳江闸坡
6000	**汕头海关**	6709	湛江信宜	6876	阳江溪头
6001	汕关货一	6710	东海岛组	6877	阳江稽查
6002	汕关货二	6711	霞山海关	6878	阳江沙扒

关区代码	关区名称	关区代码	关区名称	关区代码	关区名称
7200	**南宁关区**	8007	九龙坡港	8801	聂拉木关
7201	南宁海关	**8300**	**贵阳海关**	8802	日喀则关
7202	北海海关	8301	贵阳总关	8803	狮泉河关
7203	梧州海关	**8600**	**昆明关区**	8804	拉萨机办
7204	桂林海关	8601	昆明海关	8805	拉萨现场
7205	柳州海关	8602	畹町海关	**9000**	**西安关区**
7206	防城海关	8603	瑞丽海关	9001	西安海关
7207	东兴海关	8604	章凤海关	9002	咸阳机场
7208	凭祥海关	8605	盈江海关	9003	宝鸡海关
7209	贵港海关	8606	孟连海关	**9400**	**乌关区**
7210	水口海关	8607	南伞海关	9401	乌鲁木齐
7211	南靖西办	8608	孟定海关	9402	霍尔果斯
7212	钦州海关	8609	打洛海关	9403	吐尔朵特
7213	桂林机办	8610	腾冲海关	9404	阿拉山口
7900	**成都关区**	8611	沧源海关	9405	塔城海关
7901	成都海关	8612	勐腊海关	9406	伊宁海关
7902	成关机办	8613	河口海关	9407	吉木乃办
7903	乐山海关	8614	金水河关	9408	喀什海关
7904	攀枝花关	8615	天保海关	9409	红其拉甫
7905	绵阳海关	8616	田蓬海关	9411	塔克什肯
7906	成关邮办	8617	大理海关	9412	乌拉斯太
7907	成都自贡	8618	芒市监管	9413	老爷庙
7908	成都加工	8619	保山监管	9414	红山嘴
8000	**重庆关区**	8620	昆明机场	9415	伊尔克什
8001	重庆海关	8621	昆明邮办	**9500**	**兰州关区**
8002	南坪开发	8622	西双版纳	9501	兰州海关
8003	重庆机办	8623	昆丽江办	9502	青监管组
8004	重庆邮办	8624	思茅海关	**9600**	**银川海关**
8005	万县海关	**8800**	**拉萨海关**	**9700**	**西宁关区**
8006	重庆东站				

国内地区代码表

地区代码	地 区 名 称	地区性质标记	地区代码	地 区 名 称	地区性质标记
11019	东城区	9	12109	东丽区	2
11029	西城区	9	12119	西青区	2
11039	崇文区	9	12129	津南区	2
11049	宣武区	9	12139	北辰区	2
11053	北京电子城科技园区	B	12149	宁河县	2
11059	朝阳区	9	12159	武清县	2
11063	北京丰台科技园区	B	12169	静海县	2
11069	丰台区	9	12179	宝坻县	2
11079	石景山	9	12189	蓟县	2
11083	北京海淀科技园区	B	12909	天津其他	2
11089	海淀区其他	9	13013	石家庄高新技术产业开发区	B
11099	门头沟	9	13019	石家庄其他	2
11109	房山	9	13029	唐山	
11115	北京天竺出口加工区		13032	秦皇岛经济技术开发区	3
11119	顺义	9	13039	秦皇岛其他	2
11123	北京昌平科技园区	B	13049	邯郸	
11129	昌平	9	13059	邢台	
11132	北京经济技术开发区	3	13063	保定高新技术产业开发区	B
11133	北京亦庄科技园区	B	13069	保定其他	
11139	大兴其他	9	13079	张家口	
11149	通县	9	13089	承德	
11159	怀柔	9	13099	沧州	
11169	平谷	9	13109	廊坊	
11179	延庆	9	13119	衡水	
11189	密云	9	13129	武安	
11909	北京其他	9	13909	河北其他	
12019	和平区	2	14013	太原高新技术产业开发区	B
12029	河东区	2	14019	太原其他	2
12039	河西区	2	14029	大同	
12043	天津新技术产业园区	B	14039	阳泉	
12049	南开区其他	2	14049	长治	
12059	河北区	2	14059	晋城	
12069	红桥区	2	14069	朔州	
12072	天津经济技术开发区	3	14079	雁北	
12074	天津港保税区	A	14089	忻州	
12075	天津出口加工区		14099	吕梁	
12079	塘沽区其他	2	14109	晋中	
12089	汉沽区	2	14119	临汾	
12099	大港区	2	14129	运城	

地区代码	地区名称	地区性质标记	地区代码	地区名称	地区性质标记
14139	古交		21189	铁法	
14909	山西其他		21199	北票	
15019	呼和浩特	2	21209	开源	
15023	包头高新技术产业开发区	B	21909	辽宁其他	
15029	包头其他		22012	长春经济技术开发区	3
15039	乌海		22013	长春南湖-南岭新技术园区	B
15049	赤峰		22019	长春其他	2
15059	二连	2	22023	吉林高新技术产业开发区	B
15069	满洲里	2	22029	吉林其他	
15079	呼伦贝尔盟		22039	四平	
15089	哲里木盟		22049	辽源	
15099	兴安盟		22059	通化	
15109	乌兰察布盟		22069	浑江	
15119	巴彦淖尔盟		22075	吉林珲春出口加工区	
15129	伊克昭盟		22079	珲春	2
15139	阿拉善盟		22089	图们	
15149	锡林郭勒盟		22099	白城	
15909	内蒙古其他		22109	延边	
21012	沈阳经济技术开发区	3	22119	公主岭	
21013	沈阳南湖科技开发区	B	22129	梅河口	
21019	沈阳其他		22139	集安	
21022	大连经济技术开发区	3	22149	桦甸	
21023	大连高新技术产业园区	B	22159	九台	
21024	大连大窑湾保税区	A	22169	蛟河	
21025	辽宁大连出口加工区		22909	吉林其他	
21029	大连其他	2	23012	哈尔滨经济技术开发区	3
21033	鞍山高新技术产业开发区	B	23013	哈尔滨高技术开发区	B
21039	鞍山其他		23019	哈尔滨其他	2
21049	抚顺		23029	齐齐哈尔	
21059	本溪		23039	鸡西	
21069	丹东		23049	鹤岗	
21079	锦州		23059	双鸭山	
21089	营口		23063	大庆高新技术产业开发区	B
21099	阜新		23069	大庆其他	
21109	辽阳		23079	伊春	
21119	盘锦		23089	佳木斯	
21129	铁岭		23099	七台河	
21139	朝阳		23109	牡丹江	
21149	锦西		23119	黑河	2
21159	瓦房店		23129	绥芬河	2
21169	海城		23139	松花江	
21179	兴城		23149	绥化	

地区代码	地区名称	地区性质标记	地区代码	地区名称	地区性质标记
23159	大兴安岭		32049	常州其他	
23169	阿城		32052	苏州工业园区	3
23179	同江		32053	苏州高新技术产业开发区	B
23189	富锦		32055	苏州工业园区加工区	
23199	铁力		32059	苏州其他	
23209	密山		32062	南通经济技术开发区	3
23909	黑龙江其他		32069	南通其他	2
31019	黄浦	2	32072	连云港经济技术开发区	3
31029	南市	2	32079	连云港其他	2
31039	卢湾	2	32089	淮阴	
31043	上海漕河泾新兴技术开发区	B	32099	盐城	
31049	徐汇其他	2	32109	扬州	
31052	上海经济技术开发区	3	32119	镇江	
31059	长宁	2	32129	泰州	
31069	静安	2	32139	仪征	
31079	普陀	2	32149	常熟	
31089	闸北	2	32154	江苏张家港保税区	A
31099	虹口	2	32159	张家港其他	
31109	杨浦	2	32169	江阴	
31112	上海闵行经济技术开发区	2	32179	宿迁	
31119	闵行其他	2	32189	丹阳	
31129	宝山	2	32199	东台	
31149	嘉定	2	32209	兴化	
31159	川沙	2	32219	淮安	
31169	南汇	2	32229	宜兴	
31179	奉贤	2	32235	江苏昆山出口加工区	
31185	上海松江出口加工区		32239	昆山	
31189	松江	2	32249	启东	
31199	金山	2	32259	吴江市	
31209	青浦	2	32269	太仓市	
31219	崇明	2	32909	江苏其他	
31222	上海浦东新区	3	33012	杭州经济技术开发区	3
31224	上海外高桥保税区	A	33013	杭州高新技术产业开发区	B
31229	浦东其他	2	33015	浙江杭州出口加工区	
31909	上海其他	2	33019	杭州其他	
32013	南京浦口高新技术外向开发区	B	33022	宁波经济技术开发区	3
32019	南京其他		33024	宁波北仑港保税区	A
32023	无锡高新技术产业开发区	B	33029	宁波其他	2
32029	无锡其他		33032	温州经济技术开发区	3
32039	徐州		33039	温州其他	2
32043	常州高新技术产业开发区	B			

地区代码	地区名称	地区性质标记	地区代码	地区名称	地区性质标记
33049	嘉兴		35013	福州市科技园区	B
33059	湖州		35014	福建马尾保税区	A
33069	绍兴		35019	福州其他	2
33079	金华		35021	厦门特区	1
33089	衢州		35023	厦门火炬高技术产业开发区	B
33099	舟山		35024	厦门象屿保税区	A
33109	丽水		35025	厦门杏林出口加工区	
33119	台州		35029	厦门其他	2
33129	余姚		35039	莆田	8
33139	海宁		35049	三明	
33149	兰溪		35059	泉州	8
33159	瑞安		35069	漳州	8
33169	萧山		35079	南平	8
33179	江山		35089	宁德	8
33189	义乌		35099	龙岩	8
33199	东阳		35109	永安	8
33209	慈溪		35119	石狮	8
33219	奉化		35909	福建其他	8
33229	诸暨		36013	南昌高新技术产业开发区	B
33239	黄岩		36019	南昌其他	2
33909	浙江其他		36029	景德镇	
34013	合肥科技工业园	B	36039	萍乡	
34019	合肥其他	2	36049	九江	2
34022	芜湖经济技术开发区	3	36059	新余	
34029	芜湖其他	2	36069	鹰潭	
34039	蚌埠		36079	赣州	
34049	淮南		36089	宜春	
34059	马鞍山		36099	上饶	
34069	淮北		36109	吉安	
34079	铜陵		36119	抚州	
34089	安庆		36129	瑞昌	
34099	黄山		36909	江西其他	
34109	阜阳		37013	济南高技术产业开发区	B
34119	宿州		37019	济南其他	
34129	滁州		37022	青岛经济技术开发区	3
34139	六安		37023	青岛高新技术产业开发区	B
34149	宣城		37024	青岛保税区	A
34159	巢湖		37029	青岛其他	2
34169	池州		37033	淄博高新技术产业开发区	B
34179	亳州		37039	淄博	
34909	安徽其他		37049	枣庄	
35012	福州经济技术开发区	3	37059	东营	

地区代码	地 区 名 称	地区性质标记	地区代码	地 区 名 称	地区性质标记
37062	烟台经济技术开发区	3	41109	许昌	
37065	山东烟台出口加工区		41119	漯河	
37069	烟台其他	2	41129	三门峡	
37073	潍坊高新技术产业开发区	B	41139	商丘	
37079	潍坊其他		41149	周口	
37089	济宁		41159	驻马店	
37099	泰安		41169	南阳	
37103	威海火炬高技术产业开发区	B	41179	信阳	
37105	山东威海出口加工区		41189	义马	
37109	威海其他		41199	汝州	
37119	日照		41209	济源	
37129	惠民		41219	禹州	
37139	德州		41229	卫辉	
37149	聊城		41239	辉县	
37159	临沂		41249	泌阳	
37169	菏泽		41909	河南其他	
37179	青州		42012	武汉经济技术开发区	3
37189	龙口		42013	武汉东湖新技术开发区	B
37199	曲阜		42015	湖北武汉出口加工区	
37209	莱芜		42019	武汉其他	2
37219	新泰		42029	黄石	
37229	胶州		42039	十堰	
37239	诸城		42049	沙市	
37249	莱阳		42059	宜昌	
37259	滕州		42063	襄樊高新技术产业开发区	B
37269	文登		42069	襄樊其他	
37279	荣城		42079	鄂州	
37289	即墨		42089	荆门	
37299	平度		42099	黄冈	
37909	山东其他		42109	孝感	
41013	郑州高技术开发区	B	42119	咸宁	
41019	郑州其他	2	42129	荆州	
41029	开封		42139	郧阳	
41033	洛阳高新技术产业开发区	B	42149	鄂西	
41039	洛阳其他		42159	随州	
41049	平顶山		42169	老河口	
41059	安阳		42179	枣阳	
41069	鹤壁		42189	神农架	
41079	新乡		42909	湖北其他	
41089	焦作		43013	长沙科技开发区	B
41099	濮阳		43019	长沙其他	2

地区代码	地　区　名　称	地区性质标记	地区代码	地　区　名　称	地区性质标记
43023	株州高新技术产业开发区	B	44082	湛江经济技术开发区	3
43029	株州其他		44089	湛江其他	2
43039	湘潭		44099	茂名	7
43049	衡阳		44129	肇庆	7
43059	邵阳		44133	惠州高新技术产业开发区	B
43069	岳阳	2	44139	惠州其他	7
43079	常德		44149	梅州	7
43089	大庸		44159	汕尾	7
43099	益阳		44169	河源	7
43109	娄底		44179	阳江	7
43119	郴州		44189	清远	7
43129	零陵		44199	东莞	7
43139	怀化		44203	中山火炬高技术产业开发区	B
43149	湘西		44209	中山其他	7
43159	醴陵		44219	潮州	7
43169	湘乡		44229	顺德	7
43179	来阳		44239	番禺	7
43189	汨罗		44249	揭阳	7
43199	津市		44289	南海	7
43909	湖南其他		44909	广东其他	7
44012	广州经济技术开发区	3	45013	南宁高新技术产业开发区	B
44013	广州天河高新技术产业开发区	B	45019	南宁其他	2
44014	广州保税区	A	45029	柳州	
44015	广东广州出口加工区		45033	桂林高新技术产业开发区	B
44019	广州其他	2	45039	桂林其他	
44029	韶关	7	45049	梧州	
44031	深圳特区	1	45059	北海	2
44033	深圳科技工业园	B	45069	玉林	
44034	福田盐田沙头角保税区	A	45079	百色	
44035	广东深圳出口加工区		45089	河池	
44039	深圳其他	7	45099	钦州	
44041	珠海特区	1	45109	凭祥	2
44043	珠海高新技术产业开发区	B	45119	东兴	2
44044	珠海保税区	A	45909	广西其他	
44049	珠海其他	7	46011	海口	1
44051	汕头特区	1	46013	海南国际科技园区	B
44054	汕头保税区	A	46014	海南海口保税区	A
44059	汕头其他	7	46021	三亚	5
44063	佛山高新技术产业开发区	B	46901	海南其他	1
44069	佛山其他	7	46902	海南洋浦经济技术开发区	3
44079	江门	7	50019	万州区	

地区代码	地　区　名　称	地区性质标记	地区代码	地　区　名　称	地区性质标记
50029	涪陵区		51019	成都其他	2
50039	渝中区		51039	自贡	
50049	大渡口区		51049	攀枝花	
50059	江北区		51059	泸州	
50069	沙坪坝区		51069	德阳	
50073	重庆高新技术产业开发区	B	51073	绵阳高新技术产业开发区	B
50079	九龙坡区		51079	绵阳其他	
50082	重庆经济技术开发区	3	51089	广元	
50089	南岸区		51099	遂宁	
50099	北碚区		51109	内江	
50109	万盛区		51119	乐山	
50119	双桥区		51149	宜宾	
50219	渝北区		51159	南充	
50139	巴南区		51169	达县	
50129	长寿县		51179	雅安	
50229	綦江县		51189	阿坝	
50239	潼南县		51199	甘孜	
50249	铜梁县		51209	凉山	
50259	大足县		51229	广汉	
50269	荣昌县		51239	江油	
50279	璧山县		51249	都江堰	
50289	梁平县		51259	峨眉山	
50299	城口县		51909	四川其他	
50309	丰都县		52013	贵阳高新技术产业开发区	B
50319	垫江县		52019	贵阳其他	2
50329	武隆县		52029	六盘山	
50339	忠　县		52039	遵义	
50349	开　县		52049	铜仁	
50359	云阳县		52059	黔西南	
50369	奉节县		52069	毕节	
50379	巫山县		52079	安顺	
50419	秀山土家族苗族自治县		52089	黔东南	
50429	酉阳土家族苗族自治县		52099	黔南	
50439	彭水苗族土家族自治县		52909	贵州其他	
50819	江津市		53013	昆明高新技术产业开发区	B
50829	合川市		53019	昆明其他	2
50839	永川市		53029	东川	
50849	南川市		53039	昭通	
51012	成都经济技术开发区	3	53049	曲靖	
51013	成都高新技术产业开发区	B	53059	楚雄	
51015	四川成都出口加工区		53069	玉溪	

地区代码	地 区 名 称	地区性质标记	地区代码	地 区 名 称	地区性质标记
53079	红河		62069	酒泉	
53089	文山		62079	张掖	
53099	思茅		62089	武威	
53109	西双版纳		62099	定西	
53119	大理		62109	陇南	
53129	保山		62119	平凉	
53139	德宏		62129	庆阳	
53149	丽江		62139	临夏	
53159	怒江		62149	甘南	
53169	迪庆		62909	甘肃其他	
53179	临沧		63019	西宁	2
53189	畹町	2	63029	海东	
53199	瑞丽	2	63039	海北	
53209	河口	2	63049	黄南	
53909	云南其他		63059	海南	
54019	拉萨	6	63069	果洛	
54029	昌都	6	63079	玉树	
54039	山南	6	63089	海西	
54049	日喀则	6	63909	青海其他	
54059	那曲	6	64019	银川	2
54069	阿里	6	64029	石嘴山	
54079	林芝	6	64039	银南	
54909	西藏其他	6	64049	固原	
61013	西安新技术产业开发区	B	64909	宁夏其他	
61019	西安其他	2	65012	乌鲁木齐经济技术开发区	3
61029	铜川		65013	乌鲁木齐高新技术产业开发区	B
61033	宝鸡高新技术产业开发区	B	65019	乌鲁木齐其他	2
61039	宝鸡其他		65029	克拉玛依	9
61049	咸阳		65039	博乐	2
61059	渭南		65049	巴音	9
61069	汉中		65059	阿克苏	9
61079	安康		65069	克孜	9
61089	商洛		65079	喀什	9
61099	延安		65089	和田	9
61109	榆林		65099	伊宁	2
61909	陕西其他		65109	塔城	2
62013	兰州宁卧庄新技术产业园区	B	65119	阿勒泰	9
62019	兰州其他	2	65129	石河子	9
62029	嘉峪关		65219	吐鲁番	9
62039	金昌		65229	哈密	9
62049	白银		65239	昌吉回族自治州	9
62059	天水		65909	新疆其他	9

结汇方式代码表

结汇方式代码	结汇方式名称
1	信汇
2	电汇
3	票汇
4	付款交单
5	承兑交单
6	信用证
7	先出后结
8	先结后出
9	其他

监管证件名称代码表

许可证或批文代码	许可证或批文名称	许可证或批文代码	许可证或批文名称
1	进口许可证	N	机电产品进口许可证
2	进口许可证（轿车用）	O	机电产品自动许可证（不论新旧）
4	出口许可证	P	进口废物批准证书
5	定向出口商品许可证	Q	进口药品通关单
6	旧机电产品禁止进口	S	进出口农药登记证明
7	自动进口许可证或重要工业品证明	T	银行调运外币现钞进出境许可证
8	禁止出口商品	U	白银进口准许证
9	禁止进口商品	W	麻醉药品进出口准许证
A	入境货物通关单	X	有毒化学品环境管理放行通知单
B	出境货物通关单	Z	音像制品发行许可证或样带提取单
C	入境货物通关单（民用商品验证）	r	预归类标志
F	濒危物种进出口允许证	s	IT 产品信息产业部有关证明
G	被动出口配额证	t	关税配额证明
I	精神药物进（出）口准许证	u	进口许可证（加工贸易，保税）
J	金产品出口证或人总行进口批件	y	出口许可证

用途代码表

用途代码	用途名称
01	外贸自营内销
02	特区内销
03	其它内销
04	企业自用
05	加工返销
06	借用
07	收保证金
08	免费提供
09	作价提供
10	货样，广告品
11	其它
13	以产顶进

货币代码表

货币代码	货币符号	货币名称	货币代码	货币符号	货币名称
110	HKD	港币	304	DEM	德国马克
113	IRR	伊朗里亚尔	305	FRF	法国法郎
116	JPY	日本元	306	IEP	爱尔兰镑
118	KWD	科威特第纳尔	307	ITL	意大利里拉
121	MOP	澳门元	309	NLG	荷兰盾
122	MYR	马来西亚林吉特	312	ESP	西班牙比赛塔
127	PKR	巴基斯坦卢比	315	ATS	奥地利先令
129	PHP	菲律宾比索	318	FIM	芬兰马克
132	SGD	新加坡元	326	NOK	挪威克朗
136	THB	泰国铢	330	SEK	瑞典克朗
142	CNY	人民币	331	CHF	瑞士法郎
143	TWD	台币	332	SUR	苏联卢布
201	DZD	阿尔及利亚第纳尔	398	ASF	清算瑞士法郎
300	EUR	欧元	501	CAD	加拿大元
301	BEF	比利时法郎	502	USD	美元
302	DKK	丹麦克朗	601	AUD	澳大利亚元
303	GBP	英镑	609	NZD	新西兰元

计量单位代码表

计量单位代码	计量单位名称	计量单位代码	计量单位名称	计量单位代码	计量单位名称	计量单位代码	计量单位名称
001	台	033	立方米	067	英尺	120	箱
002	座	034	筒	070	吨	121	批
003	辆	035	千克	071	长吨	122	罐
004	艘	036	克	072	短吨	123	桶
005	架	037	盆	073	司马担	124	扎
006	套	038	万个	074	司马斤	125	包
007	个	039	具	075	斤	126	箩
008	只	040	百副	076	磅	127	打
009	头	041	百支	077	担	128	筐
010	张	042	百把	078	英担	129	罗
011	件	043	百个	079	短担	130	匹
012	支	044	百片	080	两	131	册
013	枝	045	刀	081	市担	132	本
014	根	046	疋	083	盎司	133	发
015	条	047	公担	084	克拉	134	枚
016	把	048	扇	085	市尺	135	捆
017	块	049	百枝	086	码	136	袋
018	卷	050	千只	088	英寸	139	粒
019	副	051	千块	089	寸	140	盒
020	片	052	千盒	095	升	141	合
021	组	053	千枝	096	毫升	142	瓶
022	份	054	千个	097	英加仑	143	千支
023	幅	055	亿支	098	美加仑	144	万双
025	双	056	亿个	099	立方英尺	145	万粒
026	对	057	万套	101	立方尺	146	千粒
027	棵	058	千张	110	平方码	147	千米
028	株	059	万张	111	平方英尺	148	千英尺
029	井	060	千伏安	112	平方尺	163	部
030	米	061	千瓦	115	英制马力		
031	盘	062	千瓦时	116	公制马力		
032	平方米	063	千升	118	令		

成交方式代码表

成交方式代码	成交方式名称
1	CIF
2	C&F
3	FOB
4	C&I
5	市场价
6	垫仓

国别（地区）代码表

国别代码	中文国名	英文国名	优/普税率标记
100	**亚洲**	**Asia**	
101	阿富汗	Afghanistan	H
102	巴林	Bahrian	L
103	孟加拉国	Bangladesh	*
104	不丹	Bhutan	H
105	文莱	Brunei	L
106	缅甸	Myanmar	L
107	柬埔寨	Cambodia	L
108	塞浦路斯	Cyprus	L
109	朝鲜	Korea, DPR	L
110	中国香港	Hong Kong	L
111	印度	India	L
112	印度尼西亚	Indonesia	L
113	伊朗	Iran	L
114	伊拉克	Iraq	L
115	以色列	Israel	L
116	日本	Japan	L
117	约旦	Jordan	L
118	科威特	Kuwait	L
119	老挝	Laos, PDR	L
120	黎巴嫩	Lebanon	L
121	中国澳门	Macau	L
122	马来西亚	Malaysia	L
123	马尔代夫	Maldives	L
124	蒙古	Mongolia	L
125	尼泊尔	Nepal	L
126	阿曼	Oman	L
127	巴基斯坦	Pakistan	L
128	巴勒斯坦	Palestine	H
129	菲律宾	Philippines	L
130	卡塔尔	Qatar	L
131	沙特阿拉伯	Saudi Arabia	L
132	新加坡	Singapore	L
133	韩国	Korea Rep.	*
134	斯里兰卡	Sri Lanka	*
135	叙利亚	Syrian	L
136	泰国	Thailand	L
137	土耳其	Turkey	L

国别代码	中文国名	英文国名	优/普 税率标记
445	委内瑞拉	Venezuela	L
446	英属维尔京群岛	Br. Virgin Is	H
447	圣其茨－尼维斯	St. Kitts－Nevis	L
499	拉丁美洲其他国家（地区）	Oth. L. Amer. nes	
500	**北美洲**	**North America**	
501	加拿大	Canada	L
502	美国	United States	L
503	格陵兰	Greenland	L
504	百慕大	Bermuda	H
599	北美洲其他国家（地区）	Oth. N. Amer. nes	
600	**大洋洲**	**Oceania**	
601	澳大利亚	Australia	L
602	库克群岛	Cook Is	L
603	斐济	Fiji	L
604	盖比群岛	Gambier Is	H
605	马克萨斯群岛	Marquesas Is	H
606	瑙鲁	Nauru	H
607	新喀里多尼亚	New Caledonia	H
608	瓦努阿图	Vanuatu	L
609	新西兰	New Zealand	L
610	诺福克岛	Norfolk Is	H
611	巴布亚新几内亚	Papua New Guinea	L
612	社会群岛	Society Is	H
613	所罗门群岛	Solomon Is	L
614	汤加	Tonga	L
615	土阿莫土群岛	Tuamotu Is	H
616	土布艾群岛	Tubai Is	H
617	萨摩亚	Samoa	L
618	基里巴斯	Kiribati	L
619	图瓦卢	Tuvalu	H
620	密克罗尼西亚联邦	Micronesia Fs	L
621	马绍尔群岛共和国	Marshall IS Rep	H
622	帕劳共和国	Palau	H
699	大洋洲其他国家（地区）	Oth. Ocean. nes	
701	国（地）别不详的	Countries (reg.) unknown	H
702	联合国及机构和国际组织	UN and other interational	
999	中性包装原产国别		H

地区性质代码表

地区性质代码	地区性质名称
1	经济特区
2	沿海开放城市
3	经济技术开发区
4	经济开放区
5	海南省
6	西藏自治区
7	广东省
8	福建省
9	北京市、新疆
A	保税工业区
B	新技术开发园区

企业性质代码表

企业性质代码	企业性质名称
1	国有
2	合作
3	合资
4	独资
5	集体
6	私营
8	报关
9	其他

报关自动化系统
商品综合分类表

《商品综合分类表》使用说明

为便于读者查阅，现将《商品综合分类表》说明如下：

一、《商品综合分类表》的第 1 列为“商品编号”，其前八位代码与《税则》中的税则号列和《统计目录》中的商品编号完全一致，第 9、10 位代码是根据代征税、暂定税率和贸易管制的需要而增设的。

“商品编号”栏有 * 标志的，表示：

1. 该项商品是年度实施暂定税率商品，凡从世贸组织成员国或与我国有双边互惠协议的国家或地区进口的货物，即按暂定税率征税（见附表二或附表三），从其他国家或地区进口的货物仍按规定的普通税率征税。

2. 该项商品是实施出口商品暂定税率商品（见附表四）。

“商品编号”栏有“-”标志的，表示该商品是《曼谷协定》税率商品或《曼谷协定》对孟加拉国特惠税率商品（见附表五或附表六）。

二、《商品综合分类表》的第 2 列为“商品名称及备注”，它是由《税则》和《统计目录》中的“货品名称”缩减而成，括号内的文字是对该商品名称的补充描述。

三、《商品综合分类表》的第 3 列为“进口关税”，栏内数字表示为关税税率的百分比。对从世贸组织成员国或与我国订有关税互惠协议的国家或地区进口的货物，按最惠国税率征税，对从其他国家或地区进口的货物按普通税率征税。

进口关税税额 = 到岸价格 × 进口关税税率

出口关税税额 =（离岸价格/1 + 出口关税税率）× 出口关税税率

四、《商品综合分类表》的第 4 列为“增值税”，仅有 13 和 17 两栏，栏内数字相应地表示为该项商品的进口环节增值税税率为 13% 或 17%。

增值税税额 =（到岸价格 + 关税税额 + 消费税税额）× 增值税税率

五、《商品综合分类表》的第 5 列为“消费税”，该栏目项下分为从价消费税与从量消费税，栏内数字相应地分别表示为消费税税率的百分比或消费税单位税额。

从价消费税税额 =（到岸价格 + 关税/1 - 消费税税率）× 消费税税率

从量消费税税额 = 应税消费品数量 × 消费税单位税额

适用从量消费税商品的重量与体积换算关系为：

啤酒 1 吨 = 988 升　　黄酒 1 吨 = 962 升

汽油 1 吨 = 1388 升　　柴油 1 吨 = 1176 升

六、《商品综合分类表》的第 6 列为“计量单位”，

七、《商品综合分类表》的第 7 列为“监管条件”，该栏目的代码表示该项商品在一般贸易进出口时需要向海关提交的监管证件。具体代码所代表的证件名称请查阅“监管证件名称代码表”。

报关自动化系统《商品综合分类表》

目　　录

商品归类总规则

货品在本税则目录上的归类，应遵循以下原则：

规则一　类、章及分章的标题，仅为查找方便而设；具有法律效力的归类，应按税目条文和有关类注或章注确定，如税目、类注或章注无其他规定，按以下规则确定。

规则二　（一）税目所列货品，应视为包括该项货品的不完整品或未制成品，只要在进口或出口时该项不完整品或未制成品具有完整品或制成品的基本特征；还应视为包括该项货品的完整品或制成品（或按本款可作为完整品或制成品归类的货品）在进口或出口时的未组装件或拆散件。

（二）税目中所列材料或物质，应视为包括该种材料或物质与其他材料或物质混合或组合的物品。税目所列某种材料或物质构成的货品，应视为包括全部或部分由该种材料或物质构成的货品。由一种以上材料或物质构成的货品，应按规则三归类。

规则三　当货品按规则二（二）或由于其他原因看起来可归入两个或两个以上税目时，应按以下规则归类：

（一）列名比较具体的税目，优先于列名一般的税目。但是，如果两个或两个以上税目都仅述及混合或组合货品所含的某部分材料或物质，或零售的成套货品中的某些货品，即使其中某个税目对该货品描述得更为全面、详细，这些货品在有关税目的列名应视为同样具体。

（二）混合物、不同材料构成或没部件组成的组合物以及零售的成套货品，如果不能按照规则三（一）归类时，在本款可适用的条件下，应按构成货品基本特征的材料或部件归类。

（三）货品不能按照规则三（一）或（二）归类时，应按号列顺序归入其可归入的最末一个税目。

规则四　根据上述规则无法归类的货品，应归入与其最相类似的货品的税目。

规则五　除上述规则外，本规则适用于下列货品的归类：

（一）制成特殊形状仅适用于盛装某个或某套物品并适合长期使用的照像机套、乐器盒、枪套、绘图仪器盒、项链盒及类似容器，如果与所装物品同时进口或出口，并通常与所装物品一同出售的，应与所装物品一并归类。但本款不适用于本身构成整个货品基本特片的容器。

（二）除规则五（一）规定的以外，与所装货品同时进口或出口的包装材料或包装容器，如果通常是用来包装这类货品的，应与所装货品一并归类。但明显可重复使用的包装材料和包装容器可不受本款限制。

规则六　货品在某一税目项下各子目的法定归类，应按子目条文或有关的子目注释以及以上各条规则来确定，但子目的比较只能在同一数级上进行。除本税则目录条文另有规定的以外，有关的类注、章注也适用于本规则。

第一类　活动物;动物产品

注释:

一、本类所称的各属种动物,除条文另有规定的以外,均包括其幼仔在内。

二、除条文另有规定的以外,本目录所称干的产品,均包括经脱水、蒸发或冷冻干燥的产品。

第一章　活动物

注释:

本章包括所有活动物,但下列各项除外:

一、品目03.01、03.06或03.07的鱼、甲壳动物、软体动物及其他水生无脊椎动物;

二、品目30.02的培养微生物及其他产品;

三、品目95.08的动物。

商品编号	商 品 名 称 备 注	进口税率		增值税	消费税	计量单位	监管条件
		最惠国	普通				
0101	**马、驴、骡**						
0101 10 10.10	改良种用野马			13.0		头	AFB
0101 10 10.90	其他改良种用马			13.0		头	AB
0101 10 20.10	改良种用的野驴			13.0		头	AFB
0101 10 20.90	改良种用的其他驴			13.0		头	AB
0101 90 10.10	非改良种用野马	10.0	30.0	13.0		头	AFB
0101 90 10.90	非种用马	10.0	30.0	13.0		头	AB
0101 90 90.10	非改良种用野驴	10.0	30.0	13.0		头	AFB
0101 90 90.90	非改良种用其他驴、骡	10.0	30.0	13.0		头	AB
0102	**牛**						
0102 10 00.10	改良种用野牛			13.0		头	AFB
0102 10 00.90	其他改良种用牛			13.0		头	AB
0102 90 00.10	非改良种用野牛	10.0	30.0	13.0		头	AFB4
0102 90 00.90	非改良种用其他牛	10.0	30.0	13.0		头	AB4
0103	**猪**						
0103 10 00.10	改良种用的野猪			13.0		头	AFB
0103 10 00.90	其他改良种用的猪			13.0		头	AB
0103 91 10.10	重量在10公斤以下的其他野猪(改良种用的除外)	10.0	50.0	13.0		头	AFB4
0103 91 10.90	重量在10公斤以下的其他猪(改良种用的除外)	10.0	50.0	13.0		头	AB4
0103 91 20.10	10≤重量＜50公斤的其他野猪(改良种用的除外)	10.0	50.0	13.0		头	AFB4
0103 91 20.90	10≤重量＜50公斤的其他猪(改良种用的除外)	10.0	50.0	13.0		头	AB4
0103 92 00.10	重量在50公斤及以上的其他野猪(改良种用的除外)	10.0	50.0	13.0		头	AFB4
0103 92 00.90	重量在50公斤及以上的其他猪(改良种用的除外)	10.0	50.0	13.0		头	AB4
0104	**绵羊、山羊**						
0104 10 10	改良种用的绵羊			13.0		头	AB
0104 10 90	其他绵羊(改良种用的除外)	10.0	50.0	13.0		头	AB
0104 20 10.10	改良种用的野山羊			13.0		头	AFB
0104 20 10.90	其他改良种用的山羊			13.0		头	AB
0104 20 90.10	非改良种用野山羊	10.0	50.0	13.0		头	AFB
0104 20 90.90	非改良种用山羊	10.0	50.0	13.0		头	AB
0105	**家禽,即鸡、鸭、鹅、火鸡及珍珠鸡**						
0105 11 10	不超过185克的改良种用鸡			13.0		只	AB
0105 11 90	不超过185克的其他鸡(改良种用的除外)	10.0	50.0	13.0		只	AB
0105 12 10	不超过185克的改良种用火鸡			13.0		只	AB

商品编号	商 品 名 称 备 注	进口税率		增值税	消费税	计量单位	监管条件
		最惠国	普通				
0105 12 90	不超过185克的其他火鸡(改良种用的除外)	10.0	50.0	13.0		只	AB
0105 19 10	不超过185克的其他改良种用家禽			13.0		只	AB
0105 19 90	不超过185克的其他家禽(改良种用的除外)	10.0	50.0	13.0		只	AB
0105 92 10	185<重量≤2000克的改良种用鸡			13.0		只	4AB
0105 92 90	185<重量≤2000克的其他鸡(改良种用的除外)	10.0	50.0	13.0		只	AB4
0105 93 10	超过2000克的改良种用鸡			13.0		只	4AB
0105 93 90	超过2000克的其他鸡(改良种用的除外)	10.0	50.0	13.0		只	AB4
0105 99 10	超过185克的其他改良种用家禽			13.0		只	AB
0105 99 91	超过185克的非改良种用鸭	10.0	50.0	13.0		只	AB
0105 99 92	超过185克的非改良种用鹅	10.0	50.0	13.0		只	AB
0105 99 93	超过185克的非改良种用珍珠鸡	10.0	50.0	13.0		只	AB4
0105 99 94	超过185克的非改良种用火鸡	10.0	50.0	13.0		只	AB
0106	**其他活动物**						
0106 11 10	改良种用灵长目哺乳动物(包括人工驯养、繁殖的)			13.0		只/千克	AFB
0106 11 90	其他灵长目哺乳动物(包括人工驯养、繁殖的)	10.0	50.0	13.0		只/千克	AFB
0106 12 00	鲸、海豚及鼠海豚;海牛及儒艮(包括人工驯养、繁殖的)	10.0	50.0	13.0		只/千克	AFB
0106 19 10.10	其他改良种用野生哺乳动物(包括人工驯养、繁殖的)			13.0		只/千克	ABF
0106 19 10.90	其他改良种用非野生的哺乳动物			13.0		只/千克	AB
0106 19 20.10	其他食用野生哺乳动物(包括人工驯养、繁殖的)	10.0	50.0	13.0		只/千克	AFB
0106 19 20.90	其他食用非野生的哺乳动物	10.0	50.0	13.0		只/千克	AB
0106 19 90.10	其他野生哺乳动物(包括人工驯养、繁殖的)	10.0	50.0	13.0		只/千克	AFB
0106 19 90.90	其他非野生的哺乳动物	10.0	50.0	13.0		只/千克	AB
0106 20 11	改良种用鳄鱼苗			13.0		只/千克	AFB
0106 20 19	其他改良种用爬行动物(包括人工驯养、繁殖的)			13.0		只/千克	FAB
0106 20 20.10	食用野生蛇(包括人工驯养、繁殖的)	10.0	50.0	13.0		只/千克	AFB
0106 20 20.20	食用野生龟鳖(包括人工驯养、繁殖的)	10.0	50.0	13.0		只/千克	ABF
0106 20 20.90	其他食用爬行动物(包括人工驯养、繁殖的)	10.0	50.0	13.0		只/千克	FAB
0106 20 90	其他爬行动物(包括人工驯养、繁殖的)	10.0	50.0	13.0		只/千克	FAB
0106 31 10	改良种用猛禽(包括人工驯养、繁殖的)			13.0		只/千克	AFB
0106 31 90	其他猛禽(包括人工驯养、繁殖的)	10.0	50.0	13.0		只/千克	ABF
0106 32 10	改良种用鹦形目的鸟(包括人工驯养、繁殖的)			13.0		只/千克	FAB
0106 32 90	其他鹦形目的鸟(包括人工驯养、繁殖的)	10.0	50.0	13.0		只/千克	AFB
0106 39 10.10	其他野生改良种用的鸟(包括人工驯养、繁殖的)			13.0		只/千克	ABF
0106 39 10.90	其他非野生的改良种用的鸟			13.0		只/千克	AB
0106 39 21	食用乳鸽	10.0	50.0	13.0		只/千克	AB
0106 39 22	食用鸵鸟	10.0	50.0	13.0		只/千克	FAB
0106 39 23	食用野鸭	10.0	50.0	13.0		只/千克	FAB
0106 39 29.10	其他食用野生鸟(包括人工驯养、繁殖的)	10.0	50.0	13.0		只/千克	ABF

商品编号	商品名称备注	进口税率		增值税	消费税	计量单位	监管条件
		最惠国	普通				
0106 39 29.90	其他食用非野生的鸟	10.0	50.0	13.0		只/千克	AB
0106 39 90.10	其他野生鸟(包括人工驯养、繁殖的)	10.0	50.0	13.0		只/千克	ABF
0106 39 90.90	其他非野生的鸟	10.0	50.0	13.0		只/千克	AB
0106 90 11	改良种用蛙苗			13.0		只/千克	ABF
0106 90 19.10	其他改良种用野生动物(包括人工驯养、繁殖的)			13.0		只/千克	ABF
0106 90 19.90	其他改良种用非野生动物			13.0		只/千克	AB
0106 90 20.10	其他野生食用动物(包括人工驯养、繁殖的)	10.0	50.0	13.0		只/千克	ABF
0106 90 20.90	其他非野生食用动物	10.0	50.0	13.0		只/千克	AB
0106 90 90.10	其他野生动物(包括人工驯养、繁殖的)	10.0	50.0	13.0		只/千克	ABF
0106 90 90.90	其他非野生动物	10.0	50.0	13.0		只/千克	AB

第二章　肉及食用杂碎

注释：

本章不包括：

一、品目02.01至02.08或02.10的不适合供人食用的产品；

二、动物的肠、膀胱、胃（品目05.04）或动物血（品目05.11、30.02）；

三、品目02.09所列产品以外的动物脂肪（第十五章）。

商品编号	商品名称备注	进口税率		增值税	消费税	计量单位	监管条件
		最惠国	普通				
0201	**鲜、冷牛肉**						
0201 10 00.11	整头及半头鲜的野牛肉	30.0	70.0	13.0		千克	ABF4
0201 10 00.19	其他整头及半头鲜的牛肉	30.0	70.0	13.0		千克	AB4
0201 10 00.91	整头及半头冷藏的野牛肉	30.0	70.0	13.0		千克	ABF4
0201 10 00.99	其他整头及半头冷藏的牛肉	30.0	70.0	13.0		千克	AB4
0201 20 00.11	鲜的带骨野牛肉	25.2	70.0	13.0		千克	AFB4
0201 20 00.19	其他鲜的带骨牛肉	25.2	70.0	13.0		千克	A4B
0201 20 00.91	冷藏的带骨野牛肉	25.2	70.0	13.0		千克	AF4B
0201 20 00.99	其他冷藏的带骨牛肉	25.2	70.0	13.0		千克	A4B
0201 30 00.11	鲜的去骨野牛肉	25.2	70.0	13.0		千克	AF4B
0201 30 00.19	其他鲜的去骨牛肉	25.2	70.0	13.0		千克	AB4
0201 30 00.91	冷藏的去骨野牛肉	25.2	70.0	13.0		千克	AF4B
0201 30 00.99	其他冷藏的去骨牛肉	25.2	70.0	13.0		千克	AB4
0202	**冻牛肉**						
0202 10 00.10	冻藏的整头及半头野牛肉	33.0	70.0	13.0		千克	AFB4
0202 10 00.90	其他冻藏的整头及半头牛肉	33.0	70.0	13.0		千克	AB4
0202 20 00.10	冻藏的带骨野牛肉	25.2	70.0	13.0		千克	AFB4
0202 20 00.90	其他冻藏的带骨牛肉	25.2	70.0	13.0		千克	AB4
0202 30 00.10	冻藏的去骨野牛肉	25.2	70.0	13.0		千克	AFB4
0202 30 00.90	其他冻藏的去骨牛肉	25.2	70.0	13.0		千克	AB4
0203	**鲜、冷、冻猪肉**						
0203 11 10.11	鲜的整头及半头野乳猪肉	20.0	70.0	13.0		千克	AFB4
0203 11 10.19	其他鲜的整头及半头乳猪肉	20.0	70.0	13.0		千克	AB4
0203 11 10.91	冷藏的整头及半头野乳猪肉	20.0	70.0	13.0		千克	AFB4
0203 11 10.99	冷藏的整头及半头乳猪肉	20.0	70.0	13.0		千克	AB4
0203 11 90.11	其他鲜的整头及半头野猪肉	20.0	70.0	13.0		千克	AFB4
0203 11 90.19	其他鲜的整头及半头猪肉	20.0	70.0	13.0		千克	AB4
0203 11 90.91	其他冷藏的整头及半头野猪肉	20.0	70.0	13.0		千克	AFB4
0203 11 90.99	其他冷藏的整头及半头猪肉	20.0	70.0	13.0		千克	AB4
0203 12 00.11	鲜的带骨野猪前腿、后腿及其肉块	20.0	70.0	13.0		千克	AFB4
0203 12 00.19	鲜的带骨猪前腿、后腿及其肉块	20.0	70.0	13.0		千克	AB4
0203 12 00.91	冷的带骨野猪前腿、后腿及其肉块	20.0	70.0	13.0		千克	AFB4
0203 12 00.99	冷的带骨猪前腿、后腿及其肉块	20.0	70.0	13.0		千克	AB4
0203 19 00.11	其他鲜的野猪肉	20.0	70.0	13.0		千克	AFB4
0203 19 00.19	其他鲜的猪肉	20.0	70.0	13.0		千克	AB4
0203 19 00.91	其他冷藏的野猪肉	20.0	70.0	13.0		千克	AFB4
0203 19 00.99	其他冷藏的猪肉	20.0	70.0	13.0		千克	AB4
0203 21 10.10	冻整头及半头野乳猪肉	15.2	70.0	13.0		千克	AFB4
0203 21 10.90	冻整头及半头乳猪肉	15.2	70.0	13.0		千克	AB4

商品编号	商 品 名 称 备 注	进口税率		增值税	消费税	计量单位	监管条件
		最惠国	普通				
0203 21 90.10	其他冻整头及半头野猪肉	15.2	70.0	13.0		千克	AFB4
0203 21 90.90	其他冻整头及半头猪肉	15.2	70.0	13.0		千克	AB4
0203 22 00.10	冻藏的带骨野猪前腿、后腿及其肉	15.2	70.0	13.0		千克	AFB4
0203 22 00.90	冻藏的带骨猪前腿、后腿及其肉块	15.2	70.0	13.0		千克	AB4
0203 29 00.10	其他冻藏野猪肉	15.2	70.0	13.0		千克	AFB4
0203 29 00.90	其他冻藏猪肉	15.2	70.0	13.0		千克	AB4
0204	**鲜、冷、冻绵羊肉或山羊肉**						
0204 10 00.11	鲜的整头及半头野羔羊	18.2	70.0	13.0		千克	ABF
0204 10 00.19	其他鲜的整头及半头羔羊	18.2	70.0	13.0		千克	AB
0204 10 00.91	冷藏的整头及半头野羔羊	18.2	70.0	13.0		千克	ABF
0204 10 00.99	其他冷藏的整头及半头羔羊	18.2	70.0	13.0		千克	AB
0204 21 00.11	鲜的整头及半头野生绵羊肉	23.0	70.0	13.0		千克	AFB
0204 21 00.19	其他鲜的整头及半头绵羊肉	23.0	70.0	13.0		千克	AB
0204 21 00.91	冷藏的整头及半头野生绵羊肉	23.0	70.0	13.0		千克	AFB
0204 21 00.99	其他冷藏的整头及半头绵羊肉	23.0	70.0	13.0		千克	AB
0204 22 00.11	鲜的带骨野生绵羊肉	18.2	70.0	13.0		千克	ABF
0204 22 00.19	其他鲜的带骨绵羊肉	18.2	70.0	13.0		千克	AB
0204 22 00.90	冷藏的带骨绵羊肉	18.2	70.0	13.0		千克	AB
0204 23 00.11	鲜的去骨野生绵羊肉	18.2	70.0	13.0		千克	ABF
0204 23 00.19	其他鲜的去骨绵羊肉	18.2	70.0	13.0		千克	AB
0204 23 00.91	冷藏的去骨野生绵羊肉	18.2	70.0	13.0		千克	ABF
0204 23 00.99	其它冷藏的去骨绵羊肉	18.2	70.0	13.0		千克	AB
0204 30 00.10	冻藏野生的整头及半头羔羊肉	18.2	70.0	13.0		千克	ABF
0204 30 00.90	其他冻藏的整头及半头羔羊肉	18.2	70.0	13.0		千克	AB
0204 41 00.10	冻藏野生的整头及半头绵羊肉	23.0	70.0	13.0		千克	ABF
0204 41 00.90	其它冻藏的整头及半头绵羊肉	23.0	70.0	13.0		千克	AB
0204 42 00.10	冻藏的其他带骨野生绵羊肉	16.4	70.0	13.0		千克	ABF
0204 42 00.90	冻藏的其他带骨绵羊肉	16.4	70.0	13.0		千克	AB
0204 43 00.10	冻藏的其他野生去骨绵羊肉	18.2	70.0	13.0		千克	ABF
0204 43 00.90	冻藏的其他去骨绵羊肉	18.2	70.0	13.0		千克	AB
0204 50 00.11	鲜的野山羊肉	21.2	70.0	13.0		千克	ABF
0204 50 00.19	其它鲜的山羊肉	21.2	70.0	13.0		千克	AB
0204 50 00.91	冷藏、冻藏的野山羊肉	21.2	70.0	13.0		千克	ABF
0204 50 00.99	其它冷藏、冻藏的山羊肉	21.2	70.0	13.0		千克	AB
0205	**鲜、冷、冻马、驴、骡肉**						
0205 00 00.11	鲜的野马、野驴肉	20.0	70.0	13.0		千克	ABF
0205 00 00.19	其他鲜的马、驴、骡肉	20.0	70.0	13.0		千克	AB
0205 00 00.91	冷或冻的野马、野驴肉	20.0	70.0	13.0		千克	ABF
0205 00 00.99	其他冷或冻的马、驴、骡肉	20.0	70.0	13.0		千克	AB

商品编号	商品名称备注	进口税率		增值税	消费税	计量单位	监管条件
		最惠国	普通				
0206	**鲜、冷、冻牛、猪、羊、马、驴、骡食用杂碎**						
0206 10 00.10	鲜的牛杂碎	15.2	70.0	13.0		千克	AB4
0206 10 00.90	冷藏的牛杂碎	15.2	70.0	13.0		千克	AB4
0206 21 00	冻牛舌	15.2	70.0	13.0		千克	AB4
0206 22 00	冻牛肝	15.2	70.0	13.0		千克	AB4
0206 29 00	其他冻牛杂碎	15.2	70.0	13.0		千克	AB4
0206 30 00.10	鲜的猪杂碎	20.0	70.0	13.0		千克	4AB
0206 30 00.90	冷藏的猪杂碎	20.0	70.0	13.0		千克	4AB
0206 41 00	冻猪肝	20.0	70.0	13.0		千克	AB4
0206 49 00	其他冻猪杂碎	15.2	70.0	13.0		千克	AB4
0206 80 00.11	鲜的羊杂碎	20.0	70.0	13.0		千克	AB
0206 80 00.19	鲜的马、驴、骡杂碎	20.0	70.0	13.0		千克	AB
0206 80 00.91	冷藏的羊杂碎	20.0	70.0	13.0		千克	AB
0206 80 00.99	冷藏的马、驴、骡杂碎	20.0	70.0	13.0		千克	AB
0206 90 00.10	冻藏的羊杂碎	18.8	70.0	13.0		千克	AB
0206 90 00.90	冻藏的马、驴、骡杂碎	18.8	70.0	13.0		千克	AB
0207	**编号 0105 所列家禽的鲜、冷、冻肉及食用杂碎**						
0207 11 00.10	鲜的整只鸡	20.0	70.0	13.0		千克	7AB4
0207 11 00.90	冷的整只鸡	20.0	70.0	13.0		千克	7AB4
0207 12 00	冻的整只鸡			13.0		千克	7AB4
0207 13 11.10	鲜的带骨的鸡块	20.0	70.0	13.0		千克	7AB4
0207 13 11.90	冷的带骨的鸡块	20.0	70.0	13.0		千克	7AB4
0207 13 19.10	其他鲜的鸡块	20.0	70.0	13.0		千克	7AB4
0207 13 19.90	其他冷的鸡块	20.0	70.0	13.0		千克	7AB4
0207 13 21.10	鲜的鸡翼(不包括翼尖)	20.0	70.0	13.0		千克	7AB4
0207 13 21.90	冷的鸡翼(不包括翼尖)	20.0	70.0	13.0		千克	7AB4
0207 13 29.10	其他鲜的鸡杂碎	20.0	70.0	13.0		千克	7AB4
0207 13 29.90	其他冷的鸡杂碎	20.0	70.0	13.0		千克	7AB4
0207 14 11	冻的带骨鸡块(包括鸡胸脯、鸡大腿等)			13.0		千克	7AB4
0207 14 19	冻的不带骨鸡块(包括鸡胸脯、鸡大腿等)			13.0		千克	7AB4
0207 14 21	冻的鸡翼(不包括翼尖)			13.0		千克	7AB4
0207 14 29	冻的其他食用鸡杂碎(包括鸡翼尖、鸡爪、鸡肝等)			13.0		千克	7AB4
0207 24 00.10	鲜的整只火鸡	20.0	70.0	13.0		千克	AB
0207 24 00.90	冷的整只火鸡	20.0	70.0	13.0		千克	AB
0207 25 00	冻的整只火鸡	20.0	70.0	13.0		千克	AB
0207 26 00.10	鲜的火鸡块及杂碎(肥肝除外)	20.0	70.0	13.0		千克	AB
0207 26 00.90	冷的火鸡块及杂碎(肥肝除外)	20.0	70.0	13.0		千克	AB
0207 27 00	冻的火鸡块及杂碎(肥肝除外)	14.0	70.0	13.0		千克	AB
0207 32 10.10	鲜的整只鸭	20.0	70.0	13.0		千克	AB

商品编号	商品名称备注	进口税率		增值税	消费税	计量单位	监管条件
		最惠国	普通				
0207 32 10.90	冷的整只鸭	20.0	70.0	13.0		千克	AB
0207 32 20.10	鲜的整只鹅	20.0	70.0	13.0		千克	AB
0207 32 20.90	冷的整只鹅	20.0	70.0	13.0		千克	AB
0207 32 30.10	鲜的珍珠鸡	20.0	70.0	13.0		千克	AB
0207 32 30.90	冷的珍珠鸡	20.0	70.0	13.0		千克	AB
0207 33 10	冻的整只鸭	20.0	70.0	13.0		千克	AB
0207 33 20	冻的整只鹅	20.0	70.0	13.0		千克	AB
0207 33 30	冻的整只珍珠鸡	20.0	70.0	13.0		千克	AB
0207 34 00.10	鲜的肥肝	20.0	70.0	13.0		千克	AB
0207 34 00.90	冷的肥肝	20.0	70.0	13.0		千克	AB
0207 35 10.10	鲜的鸭块及杂碎(肥肝除外)	20.0	70.0	13.0		千克	AB
0207 35 10.90	冷的鸭块及杂碎(肥肝除外)	20.0	70.0	13.0		千克	AB
0207 35 20.10	鲜的鹅块及杂碎(肥肝除外)	20.0	70.0	13.0		千克	AB
0207 35 20.90	冷的鹅块及杂碎(肥肝除外)	20.0	70.0	13.0		千克	AB
0207 35 30.10	鲜的珍珠鸡块及杂碎(肥肝除外)	20.0	70.0	13.0		千克	AB
0207 35 30.90	冷的珍珠鸡块及杂碎(肥肝除外)	20.0	70.0	13.0		千克	AB
0207 36 10	冻的鸭块及杂碎(肥肝除外)	20.0	70.0	13.0		千克	AB
0207 36 20	冻的鹅块及杂碎(肥肝除外)	20.0	70.0	13.0		千克	AB
0207 36 30	冻的珍珠鸡块及杂碎(肥肝除外)	20.0	70.0	13.0		千克	AB
0208	**其他鲜、冷、冻肉及食用杂碎**						
0208 10 10.10	鲜家兔肉(不包括兔头)	21.2	70.0	13.0		千克	AB
0208 10 10.90	冷藏的家兔肉(不包括兔头)	21.2	70.0	13.0		千克	AB
0208 10 20	冻家兔肉(不包括兔头)	21.2	70.0	13.0		千克	AB
0208 10 90.10	鲜野兔肉(不包括兔头)	21.2	70.0	13.0		千克	ABF
0208 10 90.20	鲜家兔、野兔食用杂碎	21.2	70.0	13.0		千克	AB
0208 10 90.30	冷藏或冻的野兔肉(不包括兔头)	21.2	70.0	13.0		千克	ABF
0208 10 90.90	冷藏或冻藏的家兔及野兔食用杂碎	21.2	70.0	13.0		千克	AB
0208 20 00.10	鲜的田鸡腿	21.2	70.0	13.0		千克	ABF
0208 20 00.90	冷藏或冻藏的田鸡腿	21.2	70.0	13.0		千克	ABF
0208 30 00.10	鲜的灵长目动物的肉及食用杂碎	23.0	70.0	13.0		千克	ABF
0208 30 00.90	冷藏或冻灵长目动物肉及食用杂碎	23.0	70.0	13.0		千克	ABF
0208 40 00.10	鲜鲸、海牛目动物肉、食用杂碎(指鲸、海豚及鼠海豚;海牛及儒艮的鲜肉及食用杂碎)	23.0	70.0	13.0		千克	ABF
0208 40 00.90	冷、冻鲸、海牛目动物肉、食用杂(指鲸、海豚及鼠海豚;海牛及儒艮的冷、冻肉及食用杂碎)	23.0	70.0	13.0		千克	ABF
0208 50 00.10	鲜爬行动物肉及食用杂碎	23.0	70.0	13.0		千克	ABF
0208 50 00.90	冷、冻爬行动物肉及食用杂碎	23.0	70.0	13.0		千克	ABF
0208 90 10.10	鲜的乳鸽肉及杂碎	21.2	70.0	13.0		千克	AB
0208 90 10.90	冷藏或冻藏的乳鸽肉及其杂碎	21.2	70.0	13.0		千克	AB
0208 90 90.11	其他鲜的野生动物肉	23.0	70.0	13.0		千克	ABF
0208 90 90.19	其他鲜肉及食用杂碎	23.0	70.0	13.0		千克	AB

商品编号	商 品 名 称 备 注	进口税率		增值税	消费税	计量单位	监管条件
		最惠国	普通				
0208 90 90.91	冷或冻野生动物肉	23.0	70.0	13.0		千克	ABF
0208 90 90.99	其他冷或冻肉及食用杂碎	23.0	70.0	13.0		千克	AB
0209	**未炼制或用其他方法提取的不带瘦肉的肥猪肉、猪脂肪及家禽脂肪,鲜、冷、冻、干、熏、盐腌或盐渍的**						
0209 00 00.10	鲜的纯肥猪肉、猪脂肪及家禽脂肪(指未炼制或用其他方法提取的)	21.2	70.0	13.0		千克	AB
0209 00 00.90	冷、冻、干、熏、盐制的猪或家禽脂肪(包括未炼制或用其他方法提取的纯肥肉)	21.2	70.0	13.0		千克	AB
0210	**肉及食用杂碎,干、熏、盐腌或盐渍的;可供食用的肉或杂碎的细粉、粗粉**						
0210 11 10.10	干、熏、盐制的带骨野猪腿	27.0	80.0	13.0		千克	ABF
0210 11 10.90	其它干、熏、盐制的带骨猪腿	27.0	80.0	13.0		千克	AB
0210 11 90.10	干、熏、盐制的带骨野猪腿肉块	27.0	80.0	13.0		千克	ABF
0210 11 90.90	其它干、熏、盐制的带骨猪腿肉	27.0	80.0	13.0		千克	AB
0210 12 00.10	干、熏、盐制的野猪腹肉(指五花肉)	27.0	80.0	13.0		千克	ABF
0210 12 00.90	其它干、熏、盐制的猪腹肉(指五花肉)	27.0	80.0	13.0		千克	AB
0210 19 00.10	干、熏、盐制的其他野猪肉	27.0	80.0	13.0		千克	ABF
0210 19 00.90	其它干、熏、盐制的其他猪肉	27.0	80.0	13.0		千克	AB
0210 20 00	干、熏、盐制的牛肉	29.0	80.0	13.0		千克	AB
0210 91 00	干熏盐制灵长目动物肉及食用杂碎	27.0	80.0	13.0		千克	ABF
0210 92 00	干熏盐制鲸海牛目动物肉食用杂碎(指干熏盐制的鲸、海豚及鼠海豚;海牛及儒艮肉及食杂)	27.0	80.0	13.0		千克	ABF
0210 93 00	干,熏,盐制爬行动物肉及食用杂碎	27.0	80.0	13.0		千克	ABF
0210 99 00.10	干熏盐制其他野生动物肉及杂碎(包括可供食用的肉或杂碎的细粉、粗粉)	27.0	80.0	13.0		千克	ABF
0210 99 00.90	干、熏、盐制的其他肉及食用杂碎(包括可供食用的肉或杂碎的细粉、粗粉)	27.0	80.0	13.0		千克	AB

第三章　鱼、甲壳动物、软体动物及其他水生无脊椎动物

注释：

一、本章不包括：

(一)品目 01.06 的哺乳动物；

(二)品目 01.06 的哺乳动物的肉(品目 02.08 或 02.10)；

(三)因品种或鲜度不适合供人食用的死鱼(包括鱼肝及鱼卵)、死甲壳动物、死软体动物及其他死水生无脊椎动物(第五章)；不适合供人食用的鱼、甲壳动物、软体动物、其他水生无脊椎动物的粉、粒(品目 23.01)；

(四)鲟鱼子酱及用鱼卵制成的鲟鱼子酱代用品(品目 16.04)；

二、本章所称“团粒”，是指直接挤压或加入少量粘合剂制成的粒状产品。

商品编号	商 品 名 称 备 注	进口税率		增值税	消费税	计量单位	监管条件
		最惠国	普通				
0301	**活鱼**						
0301 10 00	观赏鱼	28.8	80.0	13.0		条/千克	AB
0301 91 10	鳟鱼苗			13.0		千克	AB
0301 91 90-	其他活鳟鱼	10.5	40.0	13.0		千克	AB
0301 92 10.10 *	花鳗鲡鱼苗			13.0		千克	ABF
0301 92 10.90 *	其他鳗鱼苗			13.0		千克	AB
0301 92 90.10-	花鳗鲡	14.0	40.0	13.0		千克	ABF
0301 92 90.90-	其他活鳗鱼	14.0	40.0	13.0		千克	AB
0301 93 10	鲤鱼苗			13.0		千克	AB
0301 93 90.10-	活濒危鲤鱼	10.5	40.0	13.0		千克	ABF
0301 93 90.90-	其他活鲤鱼	10.5	40.0	13.0		千克	AB
0301 99 11	鲈鱼种苗			13.0		千克	AB
0301 99 12	鲟鱼种苗			13.0		千克	ABF
0301 99 19	其他鱼苗			13.0		千克	AB
0301 99 91	活罗非鱼	10.5	40.0	13.0		千克	AB
0301 99 99.10-	其他濒危活鱼	10.5	40.0	13.0		千克	ABF
0301 99 99.90-	其他活鱼	10.5	40.0	13.0		千克	AB
0302	**鲜、冷鱼，但编号0304的鱼片及其他鱼肉除外**						
0302 11 00.10	鲜鳟鱼(鱼肝及鱼卵除外)	12.0	40.0	13.0		千克	AB
0302 11 00.90	冷鳟鱼(鱼肝及鱼卵除外)	12.0	40.0	13.0		千克	AB
0302 12 10.10	鲜大西洋鲑鱼(鱼肝及鱼卵除外)	10.0	40.0	13.0		千克	AB
0302 12 10.90	冷大西洋鲑鱼(鱼肝及鱼卵除外)	10.0	40.0	13.0		千克	AB
0302 12 20.10	鲜大马哈鱼和多瑙哲罗鱼(鱼肝及鱼卵除外)	10.0	40.0	13.0		千克	AB
0302 12 20.90	冷大马哈鱼和多瑙哲罗鱼(鱼肝及鱼卵除外)	10.0	40.0	13.0		千克	AB
0302 19 00.10-	其他鲜鲑鱼(鱼肝及鱼卵除外)	17.2	40.0	13.0		千克	ABF
0302 19 00.90-	其他冷鲑鱼(鱼肝及鱼卵除外)	17.2	40.0	13.0		千克	ABF
0302 21 00.10-	鲜庸鲽鱼(鱼肝及鱼卵除外)	12.0	40.0	13.0		千克	AB
0302 21 00.90-	冷庸鲽鱼(鱼肝及鱼卵除外)	12.0	40.0	13.0		千克	AB
0302 22 00.10-	鲜鲽鱼(鱼肝及鱼卵除外)	12.0	40.0	13.0		千克	AB
0302 22 00.90-	冷鲽鱼(鱼肝及鱼卵除外)	12.0	40.0	13.0		千克	AB
0302 23 00.10-	鲜鳎鱼(鱼肝及鱼卵除外)	12.0	40.0	13.0		千克	AB
0302 23 00.90-	冷鳎鱼(鱼肝及鱼卵除外)	12.0	40.0	13.0		千克	AB
0302 29 00.10-	其他鲜比目鱼(鱼肝及鱼卵除外)	12.0	40.0	13.0		千克	AB
0302 29 00.90-	其他冷比目鱼(鱼肝及鱼卵除外)	12.0	40.0	13.0		千克	AB
0302 31 00.10-	鲜长鳍金枪鱼(鱼肝及鱼卵除外)	12.0	40.0	13.0		千克	AB
0302 31 00.90-	冷长鳍金枪鱼(鱼肝及鱼卵除外)	12.0	40.0	13.0		千克	AB
0302 32 00.10-	鲜黄鳍金枪鱼(鱼肝及鱼卵除外)	12.0	40.0	13.0		千克	AB
0302 32 00.90-	冷黄鳍金枪鱼(鱼肝及鱼卵除外)	12.0	40.0	13.0		千克	AB
0302 33 00.10-	鲜鲣鱼(鱼肝及鱼卵除外)	14.0	40.0	13.0		千克	AB
0302 33 00.90-	冷鲣鱼(鱼肝及鱼卵除外)	14.0	40.0	13.0		千克	AB

商品编号	商 品 名 称 备 注	进口税率		增值税	消费税	计量单位	监管条件
		最惠国	普通				
0302 34 00.10	鲜大眼金枪鱼(鱼肝及鱼卵除外)	14.0	40.0	13.0		千克	AB
0302 34 00.90	冷大眼金枪鱼(鱼肝及鱼卵除外)	14.0	40.0	13.0		千克	AB
0302 35 00.10	鲜蓝鳍金枪鱼(鱼肝及鱼卵除外)	14.0	40.0	13.0		千克	AB
0302 35 00.90	冷蓝鳍金枪鱼(鱼肝及鱼卵除外)	14.0	40.0	13.0		千克	AB
0302 36 00.10	鲜南金枪鱼(鱼肝及鱼卵除外)	14.0	40.0	13.0		千克	AB
0302 36 00.90	冷南金枪鱼(鱼肝及鱼卵除外)	14.0	40.0	13.0		千克	AB
0302 39 00.10	其他鲜金枪鱼(鱼肝及鱼卵除外)	14.0	40.0	13.0		千克	AB
0302 39 00.90	其他冷金枪鱼(鱼肝及鱼卵除外)	14.0	40.0	13.0		千克	AB
0302 40 00.10	鲜鲱鱼(鱼肝及鱼卵除外)	14.0	40.0	13.0		千克	AB
0302 40 00.90	冷鲱鱼(鱼肝及鱼卵除外)	14.0	40.0	13.0		千克	AB
0302 50 00.10	鲜鳕鱼(鱼肝及鱼卵除外)	14.0	40.0	13.0		千克	AB
0302 50 00.90	冷鳕鱼(鱼肝及鱼卵除外)	14.0	40.0	13.0		千克	AB
0302 61 00.10	鲜沙丁鱼、黍鲱鱼(鱼肝及鱼卵除外)	14.0	40.0	13.0		千克	AB
0302 61 00.90	冷沙丁鱼、黍鲱鱼(鱼肝及鱼卵除外)	14.0	40.0	13.0		千克	AB
0302 62 00.10	鲜黑线鳕鱼(鱼肝及鱼卵除外)	14.0	40.0	13.0		千克	AB
0302 62 00.90	冷黑线鳕鱼(鱼肝及鱼卵除外)	14.0	40.0	13.0		千克	AB
0302 63 00.10	鲜绿青鳕鱼(鱼肝及鱼卵除外)	14.0	40.0	13.0		千克	AB
0302 63 00.90	冷绿青鳕鱼(鱼肝及鱼卵除外)	14.0	40.0	13.0		千克	AB
0302 64 00.10	鲜鲭鱼(鱼肝及鱼卵除外)	14.0	40.0	13.0		千克	AB
0302 64 00.90	冷鲭鱼(鱼肝及鱼卵除外)	14.0	40.0	13.0		千克	AB
0302 65 00.10	鲜角鲨及其他鲨鱼(鱼肝及鱼卵除外)	12.0	40.0	13.0		千克	ABF
0302 65 00.90	冷角鲨及其他鲨鱼(鱼肝及鱼卵除外)	12.0	40.0	13.0		千克	ABF
0302 66 00.10	鲜鳗鱼(鱼肝及鱼卵除外)	14.0	40.0	13.0		千克	ABF
0302 66 00.90	冷鳗鱼(鱼肝及鱼卵除外)	14.0	40.0	13.0		千克	ABF
0302 69 10.10	鲜带鱼(鱼肝及鱼卵除外)	14.0	40.0	13.0		千克	AB
0302 69 10.90	冷带鱼(鱼肝及鱼卵除外)	14.0	40.0	13.0		千克	AB
0302 69 20.10	鲜黄鱼(鱼肝及鱼卵除外)	14.0	40.0	13.0		千克	AB
0302 69 20.90	冷黄鱼(鱼肝及鱼卵除外)	14.0	40.0	13.0		千克	AB
0302 69 30.10	鲜鲳鱼(鱼肝及鱼卵除外)	14.0	40.0	13.0		千克	AB
0302 69 30.90	冷鲳鱼(鱼肝及鱼卵除外)	14.0	40.0	13.0		千克	AB
0302 69 40.10	鲜罗非鱼(鱼肝及鱼卵除外)	14.0	40.0	13.0		千克	AB
0302 69 40.90	冷罗非鱼(鱼肝及鱼卵除外)	14.0	40.0	13.0		千克	AB
0302 69 90.11	其他濒危鲜鱼(鱼肝及鱼卵除外)	14.0	40.0	13.0		千克	ABF
0302 69 90.19	其他鲜鱼(鱼肝及鱼卵除外)	14.0	40.0	13.0		千克	AB
0302 69 90.91	其他濒危冷鱼(鱼肝及鱼卵除外)	14.0	40.0	13.0		千克	ABF
0302 69 90.99	其他冷鱼(鱼肝及鱼卵除外)	14.0	40.0	13.0		千克	AB
0302 70 00.10	鲜鱼肝及鱼卵	12.0	50.0	13.0		千克	AB
0302 70 00.90	冷鱼肝及鱼卵	12.0	50.0	13.0		千克	AB
0303	**冻鱼,但编号 0304 的鱼片及其他鱼肉除外**						
0303 11 00	冻红大马哈鱼(鱼肝及鱼卵除外)	14.0	40.0	13.0		千克	AB
0303 19 00	其他冻大马哈鱼(鱼肝及鱼卵除外)	14.0	40.0	13.0		千克	AB

商品编号	商品名称备注	进口税率		增值税	消费税	计量单位	监管条件
		最惠国	普通				
0303 21 00	冻鳟鱼(鱼肝及鱼卵除外)	12.0	40.0	13.0		千克	AB
0303 22 10	冻大西洋鲑鱼(鱼肝及鱼卵除外)	14.0	40.0	13.0		千克	AB
0303 22 20	冻多瑙哲罗鱼(鱼肝及鱼卵除外)	14.0	40.0	13.0		千克	AB
0303 29 00ˆ	其他冻鲑鱼(鱼肝及鱼卵除外,仅指川陕哲罗鲑、秦岭细鳞鲑)	14.0	40.0	13.0		千克	ABF
0303 31 00ˆ	冻庸鲽鱼(鱼肝及鱼卵除外)	14.0	40.0	13.0		千克	AB
0303 32 00ˆ	冻鲽鱼(鱼肝及鱼卵除外)	14.0	40.0	13.0		千克	AB
0303 33 00ˆ	冻鳎鱼(鱼肝及鱼卵除外)	14.0	40.0	13.0		千克	AB
0303 39 00ˆ	其他冻比目鱼(鱼肝及鱼卵除外)	12.5	40.0	13.0		千克	AB
0303 41 00ˆ	冻长鳍金枪鱼(鱼肝及鱼卵除外)	12.0	40.0	13.0		千克	AB
0303 42 00ˆ	冻黄鳍金枪鱼(鱼肝及鱼卵除外)	12.0	40.0	13.0		千克	AB
0303 43 00ˆ	冻鲣鱼(鱼肝及鱼卵除外)	12.0	40.0	13.0		千克	AB
0303 44 00	冻大眼金枪鱼(鱼肝及鱼卵除外)	12.0	40.0	13.0		千克	AB
0303 45 00	冻蓝鳍金枪鱼(鱼肝及鱼卵除外)	12.0	40.0	13.0		千克	AB
0303 46 00	冻南金枪鱼(鱼肝及鱼卵除外)	12.0	40.0	13.0		千克	AB
0303 49 00ˆ	其他冻金枪鱼(鱼肝及鱼卵除外)	12.0	40.0	13.0		千克	AB
0303 50 00ˆ	冻鲱鱼(鱼肝及鱼卵除外)	14.0	40.0	13.0		千克	AB
0303 60 00ˆ	冻鳕鱼(鱼肝及鱼卵除外)	14.0	40.0	13.0		千克	AB
0303 71 00ˆ	冻沙丁鱼、黍鲱鱼(鱼肝及鱼卵除外)	14.0	40.0	13.0		千克	AB
0303 72 00ˆ	冻黑线鳕鱼(鱼肝及鱼卵除外)	14.0	40.0	13.0		千克	AB
0303 73 00ˆ	冻绿青鳕鱼(鱼肝及鱼卵除外)	14.0	40.0	13.0		千克	AB
0303 74 00ˆ	冻鲭鱼(鱼肝及鱼卵除外)	14.0	40.0	13.0		千克	AB
0303 75 00ˆ	冻角鲨及其他鲨鱼(鱼肝及鱼卵除外)	12.0	40.0	13.0		千克	ABF
0303 76 00ˆ	冻鳗鱼(鱼肝及鱼卵除外)	14.0	40.0	13.0		千克	ABF
0303 77 00ˆ	冻尖吻鲈鱼(鱼肝及鱼卵除外)	14.0	40.0	13.0		千克	AB
0303 78 00	冻狗鳕鱼(鱼肝及鱼卵除外)	13.5	40.0	13.0		千克	AB
0303 79 10ˆ	冻带鱼(鱼肝及鱼卵除外)	14.0	40.0	13.0		千克	AB
0303 79 20ˆ	冻黄鱼(鱼肝及鱼卵除外)	14.0	40.0	13.0		千克	AB
0303 79 30ˆ	冻鲳鱼(鱼肝及鱼卵除外)	14.0	40.0	13.0		千克	AB
0303 79 40	冻罗非鱼(鱼肝及鱼卵除外)	14.0	40.0	13.0		千克	AB
0303 79 90.10ˆ	其他未列名濒危冻鱼(鱼肝及鱼卵除外)	14.0	40.0	13.0		千克	ABF
0303 79 90.90ˆ	其他未列名冻鱼(鱼肝及鱼卵除外)	14.0	40.0	13.0		千克	AB
0303 80 00ˆ	冻鱼肝及鱼卵	10.0	50.0	13.0		千克	AB
0304	**鲜、冷、冻鱼片及其他鱼肉(不论是否绞碎)**						
0304 10 00.11ˆ	鲜的濒危鱼片及其他鱼肉(不论是否绞碎)	18.0	70.0	13.0		千克	ABF
0304 10 00.19ˆ	鲜的鱼片及其他鱼肉(不论是否绞碎)	18.0	70.0	13.0		千克	AB
0304 10 00.91ˆ	冷的濒危鱼片及其他鱼肉(不论是否绞碎)	18.0	70.0	13.0		千克	ABF
0304 10 00.99ˆ	冷的鱼片及其他鱼肉(不论是否绞碎)	18.0	70.0	13.0		千克	AB
0304 20 10	冻罗非鱼片(不论是否绞碎)	18.0	70.0	13.0		千克	AB
0304 20 90.10	冻的其他濒危鱼类鱼片(不论是否绞碎)	18.0	70.0	13.0		千克	FAB
0304 20 90.90	其他冻鱼片(不论是否绞碎)	18.0	70.0	13.0		千克	AB

商品编号	商 品 名 称 备 注	进口税率		增值税	消费税	计量单位	监管条件
		最惠国	普通				
0304 90 00.10	濒危鱼类其他冻鱼肉(不论是否绞碎)	18.0	70.0	13.0		千克	ABF
0304 90 00.90	其他冻鱼肉(不论是否绞碎)	18.0	70.0	13.0		千克	AB
0305	**干、盐腌或盐渍的鱼;熏鱼,不论在熏制前或熏制过程中是否烹煮;适合供人食用的鱼的细粉、粗粉及团粒**						
0305 10 00	供人食用的鱼粉及团粒	20.0	80.0	13.0		千克	AB
0305 20 00	干、熏、盐制的鱼肝及鱼卵	17.5	80.0	13.0		千克	AB
0305 30 00.10^	干或盐制保护性的鱼片(熏制的除外)	20.0	80.0	13.0		千克	FAB
0305 30 00.90^	干或盐制的鱼片(熏制的除外)	20.0	80.0	13.0		千克	AB
0305 41 10	熏大西洋鲑鱼及鱼片	20.4	80.0	13.0		千克	AB
0305 41 20	熏大马哈鱼、多瑙哲罗鱼及鱼片	20.4	80.0	13.0		千克	AB
0305 42 00	熏制鲱鱼及鱼片	21.6	80.0	13.0		千克	AB
0305 49 00	其他熏鱼及鱼片	20.4	80.0	13.0		千克	AB
0305 51 00	干鳕鱼(不论是否盐腌,但熏制的除外)	20.2	80.0	13.0		千克	AB
0305 59 10^	干海马、干海龙(不论是否盐腌,但熏制的除外)	2.0	20.0	13.0		千克	FAB
0305 59 20^	干鱼翅(不论是否盐腌,但熏制的除外)	18.0	80.0	13.0		千克	FAB
0305 59 90.10^	其他濒危干鱼(不论是否盐腌,但熏制的除外)	21.6	80.0	13.0		千克	AFB
0305 59 90.90^	其他干鱼(不论是否盐腌,但熏制的除外)	21.6	80.0	13.0		千克	AB
0305 61 00^	盐腌及盐渍的鲱鱼(干或熏制的除外)	21.6	80.0	13.0		千克	AB
0305 62 00^	盐腌及盐渍的鳕鱼(干或熏制的除外)	21.6	80.0	13.0		千克	AB
0305 63 00^	盐腌及盐渍的 Anchovies(醍)鱼(干或熏制的除外)	21.6	80.0	13.0		千克	AB
0305 69 10^	盐腌及盐渍的带鱼(干或熏制的除外)	21.6	80.0	13.0		千克	AB
0305 69 20^	盐腌及盐渍的黄鱼(干或熏制的除外)	21.6	80.0	13.0		千克	AB
0305 69 30^	盐腌及盐渍的鲳鱼(干或熏制的除外)	21.6	80.0	13.0		千克	AB
0305 69 40	盐腌及盐渍的罗非鱼(干或熏制的除外)	21.6	80.0	13.0		千克	AB
0305 69 90.10^	盐腌及盐渍的其他濒危鱼(干或熏制的除外)	21.6	80.0	13.0		千克	ABF
0305 69 90.90^	盐腌及盐渍的其他鱼(干或熏制的除外)	21.6	80.0	13.0		千克	AB
0306	**带壳或去壳的甲壳动物,活、鲜、冷、冻、干、盐腌或盐渍的;蒸过或用水煮过的带壳甲壳动物,不论是否冷、冻、干、盐腌或盐渍的;适合供人食用的甲壳动物的细粉、粗粉及团粒**						
0306 11 00	冻龙虾	20.0	70.0	13.0		千克	AB
0306 12 00^	冻大螯虾	20.0	70.0	13.0		千克	AB
0306 13 11^	冻小虾仁	13.5	70.0	13.0		千克	AB
0306 13 12	冻北方长额虾	11.3	70.0	13.0		千克	AB
0306 13 19^	其他冻小虾	11.3	70.0	13.0		千克	AB
0306 13 21^	冻对虾仁	13.5	70.0	13.0		千克	AB
0306 13 29^	其他冻对虾	11.3	70.0	13.0		千克	AB
0306 14 10^	冻梭子蟹	20.0	70.0	13.0		千克	AB
0306 14 90^	其他冻蟹	20.0	70.0	13.0		千克	AB

商品编号	商 品 名 称 备 注	进口税率		增值税	消费税	计量单位	监管条件
		最惠国	普通				
0306 19 11	冻淡水小龙虾仁	21.6	70.0	13.0		千克	AB
0306 19 19	冻带壳淡水小龙虾	21.6	70.0	13.0		千克	AB
0306 19 90	其他冻甲壳动物(包括供人食用的甲壳动物粉及团粉)	21.6	70.0	13.0		千克	AB
0306 21 10	龙虾种苗			13.0		千克	AB
0306 21 90.10	鲜的龙虾	25.0	70.0	13.0		千克	AB
0306 21 90.90	冷的龙虾	25.0	70.0	13.0		千克	AB
0306 22 10	大螯虾种苗			13.0		千克	AB
0306 22 90.10	鲜的大螯虾	21.0	70.0	13.0		千克	AB
0306 22 90.90	冷的大螯虾	21.0	70.0	13.0		千克	AB
0306 23 10	小虾及对虾种苗			13.0		千克	AB
0306 23 91.10	鲜对虾	21.0	70.0	13.0		千克	AB
0306 23 91.90	冷对虾	21.0	70.0	13.0		千克	AB
0306 23 99.10	鲜的小虾	21.0	70.0	13.0		千克	AB
0306 23 99.90	冷的小虾	21.0	70.0	13.0		千克	AB
0306 24 10	蟹种苗			13.0		千克	AB
0306 24 91.10	鲜的中华绒毛蟹(大闸蟹)(不包括种苗)	20.4	70.0	13.0		千克	AB
0306 24 91.90	冷藏的中华绒毛蟹(大闸蟹)(不包括种苗)	20.4	70.0	13.0		千克	AB
0306 24 92.10	鲜的梭子蟹	20.4	70.0	13.0		千克	AB
0306 24 92.90	冷藏的梭子蟹	20.4	70.0	13.0		千克	AB
0306 24 99.10	其他鲜的蟹	20.4	70.0	13.0		千克	AB
0306 24 99.90	其他冷的蟹	20.4	70.0	13.0		千克	AB
0306 29 10	其他食用甲壳动物种苗			13.0		千克	AB
0306 29 90.10	其他带壳或去壳的鲜的甲壳动物	20.4	70.0	13.0		千克	AB
0306 29 90.90	其他带壳或去壳的冷的甲壳动物(包括供人食用的甲壳动物粉及团粒)	20.4	70.0	13.0		千克	AB
0307	**带壳或去壳的软体动物,活、鲜、冷、冻、干、盐腌或盐渍的;不属于甲壳动物和软体动物的水生无脊椎动物,活、鲜、冷、冻、干、盐腌或盐渍的;适合供人食用的水生无脊椎动物(甲壳动物除外)的细粉、粗粉及团粒**						
0307 10 10	牡蛎(蚝)种苗			13.0		千克	AB
0307 10 90	其他牡蛎(蚝)(种苗除外)	20.4	70.0	13.0		千克	AB
0307 21 10	扇贝种苗(包括海扇种苗)			13.0		千克	AB
0307 21 90.10	其他活、鲜扇贝(包括海扇,种苗除外)	20.4	70.0	13.0		千克	AB
0307 21 90.90	其他冷扇贝(包括海扇,种苗除外)	20.4	70.0	13.0		千克	AB
0307 29 00	其他冻、干、盐腌或盐渍的扇贝(包括海扇)	20.4	80.0	13.0		千克	AB
0307 31 10	贻贝种苗			13.0		千克	AB
0307 31 90.10	其他活、鲜贻贝	20.0	70.0	13.0		千克	AB
0307 31 90.90	其他冷贻贝	20.0	70.0	13.0		千克	AB
0307 39 00	其他冻、干、盐制的贻贝	20.4	70.0	13.0		千克	AB
0307 41 10	墨鱼及鱿鱼种苗			13.0		千克	AB

商品编号	商 品 名 称 备 注	进口税率		增值税	消费税	计量单位	监管条件
		最惠国	普通				
0307 41 90.10	其他活、鲜墨鱼及鱿鱼	15.3	70.0	13.0		千克	AB
0307 41 90.90	其他冷墨鱼及鱿鱼	15.3	70.0	13.0		千克	AB
0307 49 00	其他冻、干、盐制的墨鱼,鱿鱼	15.3	70.0	13.0		千克	AB
0307 51 00.10	活、鲜章鱼	19.0	70.0	13.0		千克	AB
0307 51 00.90	冷章鱼	19.0	70.0	13.0		千克	AB
0307 59 00	其他冻、干、盐制的章鱼	22.2	70.0	13.0		千克	AB
0307 60 10	蜗牛及螺种苗			13.0		千克	AB
0307 60 90	其他蜗牛及螺(活、鲜、冷、冻、干、盐腌或盐渍的)	20.4	70.0	13.0		千克	AB
0307 91 10.10	濒危水生无脊椎动物的种苗(不包括甲壳动物的种苗)			13.0		千克	AFB
0307 91 10.90	其他水生无脊椎动物的种苗(不包括甲壳动物的种苗)			13.0		千克	AB
0307 91 91.10	活、鲜鲍鱼	29.5	80.0	13.0		千克	AB
0307 91 91.90	冷鲍鱼	29.5	80.0	13.0		千克	AB
0307 91 99.11	其他濒危活、鲜水生无脊椎动物(鲍鱼除外)	20.4	70.0	13.0		千克	ABF
0307 91 99.19	其他活、鲜水生无脊椎动物(鲍鱼除外)	20.4	70.0	13.0		千克	AB
0307 91 99.91	其他冷濒危水生无脊椎动物(鲍鱼除外)	20.4	70.0	13.0		千克	ABF
0307 91 99.99	其他冷水生无脊椎动物(鲍鱼除外)	20.4	70.0	13.0		千克	AB
0307 99 10	冻、干、盐腌或盐渍的鲍鱼(活、鲜、冷的除外)	25.0	80.0	13.0		千克	AB
0307 99 20	冻、干、盐腌或盐渍的海参	20.0	80.0	13.0		千克	AB
0307 99 90.10	其他冻干盐制濒危水生无脊椎动物(包括供人食用的水生无脊椎动物粉、团粒,甲壳动物除外)	20.0	70.0	13.0		千克	ABF
0307 99 90.90	其他冻、干、盐制水生无脊椎动物(包括供人食用的水生无脊椎动物粉、团粒,甲壳动物除外)	20.0	70.0	13.0		千克	AB

第四章　乳品;蛋品;天然蜂蜜;其他食用动物产品

注释:

一、所称“乳”,是指全脂乳及半脱脂或全脱脂的乳。

二、品目 04.05 所称:

(一)“黄油”,仅指从乳中提取的天然黄油、乳清黄油及调制黄油(新鲜、加盐或酸败的,包括罐装黄油),按重量计乳指含量在80%及以上,但不超过 95%,乳的无脂固形物最大含量不超过 2%,以及水的最大含量不超过 16%。黄油中不含添加的乳化剂,但可含有氯化钠、食用色素、中和盐及无害乳酸菌的培养物。

(二)“乳酱”是一种油包水型可涂抹的乳状物,乳脂是该制品所含的唯一脂肪,按重量计其含量在 39%及以上,但小于 80%。

三、乳清经浓缩并加入乳脂制成的产品,若同时具有下列三种特性,则视为乳酪归入品目 04.06;

(一)按干重计乳脂含量在 5%及以上的;

(二)按重量计干质成分至少为 70%,但不超过 85%的;

(三)已成型或可以成形的。

四、本章不包括:

(一)按重量计乳糖含量(以干燥无水乳糖计)超过 95%的乳清制品(品目 17.02);

(二)白蛋白(包括按重量计干质成分的乳清蛋白含量超过 80%的两种或两种以上的乳清蛋白浓缩物)(品目 35.02)及球蛋白(品目 35.04)。

子目注释:

一、子目号 0404.10 所称“改性乳清”,是指由乳清成分构成的制品,即全部或部分去除乳糖、蛋白或矿物质的乳清、加入天然乳清成分的乳清及由混入天然乳清成分制成的产品。

二、子目号 0405.10 所称“黄油”,不包括脱水黄油及印度酥油(子目号 0405.90)。

商品编号	商 品 名 称 备 注	进口税率		增值税	消费税	计量单位	监管条件
		最惠国	普通				
0401	**未浓缩及未加糖或其他甜物质的乳及奶油**						
0401 10 00	脂肪含量未超1%未浓缩的乳及奶油(脂肪含量按重量计,本编号货品不得加糖和其他甜物质)	19.0	40.0	17.0		千克	AB
0401 20 00	脂肪含量在1-6%未浓缩的乳及奶油(脂肪含量按重量计,本编号货品不得加糖和其他甜物质)	19.0	40.0	17.0		千克	AB
0401 30 00	脂肪含量超过6%未浓缩的乳及奶油(脂肪含量按重量计,本编号货品不得加糖和其他甜物质)	19.0	40.0	17.0		千克	AB
0402	**浓缩、加糖或其他甜物质的乳及奶油**						
0402 10 00	脂肪含量≤1.5%固状乳及奶油(指粉状,粒状或其他固体状态,浓缩加糖或其他甜物质)	13.8	40.0	17.0		千克	AB
0402 21 00	脂肪量>1.5%未加糖固状乳及奶油(指粉状,粒状或其他固体状态,浓缩未加糖或其他甜物质)	17.5	40.0	17.0		千克	AB
0402 29 00	脂肪量>1.5%的加糖固状乳及奶油(指粉状,粒状或其他固体状态,浓缩,加糖或其他甜物质)	17.5	40.0	17.0		千克	AB
0402 91 00	浓缩但未加糖的非固状乳及奶油(未加其他甜物质)	30.0	90.0	17.0		千克	AB
0402 99 00	浓缩并已加糖的非固状乳及奶油(加其他甜物质)	30.0	90.0	17.0		千克	AB
0403	**酪乳、结块的乳及奶油、酸乳、酸乳酒及其他发酵或酸化的乳和奶油,不论是否浓缩、加糖、加其他甜物质、加香料、加水果、加坚果或加可可**						
0403 10 00	酸乳	26.0	90.0	17.0		千克	AB
0403 90 00	酪乳及其他发酵或酸化的乳及奶油(不论是否浓缩、加糖或其他甜物质、香料、水果等)	32.0	90.0	17.0		千克	AB
0404	**乳清,不论是否浓缩、加糖或其他甜物质;其他编号未列名的含天然乳的产品,不论是否加糖或其他甜物质**						
0404 10 00	乳清及改性乳清(不论是否浓缩、加糖或其他甜物质)	6.0	30.0	17.0		千克	AB
0404 90 00	其他编号未列名的含天然乳的产品(不论是否浓缩、加糖或其他甜物质)	32.0	90.0	17.0		千克	AB
0405	**黄油及其他从乳提取的脂和油;乳酱**						
0405 10 00	黄油	30.0	90.0	17.0		千克	AB
0405 20 00	乳酱	30.0	90.0	17.0		千克	AB
0405 90 00	其他从乳中提取的脂和油	30.0	90.0	17.0		千克	AB
0406	**乳酪及凝乳**						
0406 10 00	鲜乳酪(未熟化或未固化的)(包括乳清乳酪;凝乳)	27.2	90.0	17.0		千克	AB
0406 20 00	各种磨碎或粉化的乳酪	27.2	90.0	17.0		千克	AB

商品编号	商 品 名 称 备 注	进口税率		增值税	消费税	计量单位	监管条件
		最惠国	普通				
0406 30 00	经加工的乳酪(但磨碎或粉化的除外)	27.2	90.0	17.0		千克	AB
0406 40 00	蓝纹乳酪	29.0	90.0	17.0		千克	AB
0406 90 00	其他乳酪	27.2	90.0	17.0		千克	AB
0407	**带壳禽蛋,鲜、腌制或煮过的**						
0407 00 10.10	种用野禽蛋			13.0		个/千克	AFB
0407 00 10.90	种用禽蛋			13.0		个/千克	AB
0407 00 21	带壳鲜鸡蛋	22.0	80.0	13.0		个/千克	AB
0407 00 22	带壳鲜鸭蛋	22.0	80.0	13.0		个/千克	AB
0407 00 23	带壳鲜鹅蛋	22.0	80.0	13.0		个/千克	AB
0407 00 29.10	其他带壳鲜野鸟卵	22.0	80.0	13.0		个/千克	ABF
0407 00 29.90	其他带壳鲜禽蛋	22.0	80.0	13.0		个/千克	AB
0407 00 91	咸蛋	22.0	90.0	13.0		个/千克	AB
0407 00 92	皮蛋	22.0	90.0	13.0		个/千克	AB
0407 00 99.10	其他腌制或煮过的带壳野鸟卵	22.0	90.0	13.0		个/千克	ABF
0407 00 99.90	其他腌制或煮过的带壳禽蛋	22.0	90.0	13.0		个/千克	AB
0408	**去壳禽蛋及蛋黄,鲜、干、冻、蒸过或水煮、制成形或用其他方法保藏的,不论是否加糖或其他甜物质**						
0408 11 00	干蛋黄	24.0	90.0	13.0		千克	AB
0408 19 00	其他蛋黄	24.0	90.0	13.0		千克	AB
0408 91 00	干的其他去壳禽蛋	24.0	90.0	13.0		千克	AB
0408 99 00	其他去壳禽蛋	22.0	90.0	13.0		千克	AB
0409	**天然蜂蜜**						
0409 00 00	天然蜂蜜	19.0	80.0	13.0		千克	AB
0410	**其他编号未列名的食用动物产品**						
0410 00 10	燕窝	25.0	80.0	17.0		千克	ABF
0410 00 20	鲜蜂王浆	19.0	70.0	13.0		千克	AB
0410 00 30	鲜蜂王浆粉	19.0	70.0	17.0		千克	AB
0410 00 90.10	其他编号未列名食用野生动物产品	22.0	70.0	17.0		千克	ABF
0410 00 90.90	其他编号未列名的食用动物产品	22.0	70.0	17.0		千克	AB

第五章　其他动物产品

注释：

一、本章不包括：

(一)食用产品(整个或切块的动物肠、膀胱和胃以及液态或干制的动物血除外)；

(二)生皮或毛皮(第四十一章、第四十三章)，但品目05.05的货品及品目05.11的生皮或毛皮的边角废料仍归入本章；

(三)马毛及废马毛以外的动物纺织原料(第十一类)；

(四)供制帚、制刷用的成束、成簇的材料(品目96.03)。

二、仅按长度而未按发根和发梢整理的人发，视为未加工品，归入品目05.01。

三、本目录所称"兽牙"，是指象、河马、海象、一角鲸和野猪的长牙、犀角及其他动物的牙齿。

四、本目录所称"马毛"，是指马科、牛科动物的鬃毛和尾毛。

商品编号	商 品 名 称 备 注	进口税率		增值税	消费税	计量单位	监管条件
		最惠国	普通				
0501	**未经加工的人发,不论是否洗涤;废人发**						
0501 00 00	未经加工的人发;废人发(不论是否洗涤)	15.0	90.0	17.0		千克	AB
0502	**猪鬃、猪毛;獾毛及其他制刷用兽毛;上述鬃毛的废料**						
0502 10 10	猪鬃	20.0	90.0	13.0		千克	AB
0502 10 20	猪毛	20.0	90.0	13.0		千克	AB
0502 10 30	猪鬃或猪毛的废料	20.0	90.0	13.0		千克	AB
0502 90 11	山羊毛	20.0	90.0	13.0		千克	AB
0502 90 12	黄鼠狼尾毛	20.0	90.0	13.0		千克	ABF
0502 90 19	獾毛及其他制刷用兽毛	20.0	90.0	13.0		千克	ABF
0502 90 20	獾毛及其他制刷用兽毛的废料	20.0	90.0	13.0		千克	AFB
0503	**马毛及废马毛,不论是否制成有或无衬垫的毛片**						
0503 00 10	马鬃、马尾(不论是否制成有或无衬垫的毛片)	15.0	90.0	13.0		千克	AB
0503 00 90	其他马毛及废马毛(不论是否制成有或无衬垫的毛片)	15.0	90.0	13.0		千克	AB
0504	**动物(鱼除外)的肠、膀胱、胃,整个或切块,鲜、冷、冻、干、熏、盐腌或盐渍的**						
0504 00 11	整个或切块盐渍的猪肠衣(猪大肠头除外)	20.0	90.0	13.0		千克	AB
0504 00 12	整个或切块盐渍的绵羊肠衣	18.0	90.0	13.0		千克	AB
0504 00 13	整个或切块盐渍的山羊肠衣	18.0	90.0	13.0		千克	AB
0504 00 14	整个或切块盐渍的猪大肠头	20.0	90.0	13.0		千克	AB
0504 00 19	整个或切块的其他动物肠衣(鱼除外,包括鲜、冷、冻、干、熏、盐腌或盐渍的)	18.0	90.0	13.0		千克	AB
0504 00 21	冷,冻的鸡肫(即鸡胃)			13.0		千克	7AB
0504 00 29	整个或切块的其他动物的胃(包括鲜、冷、冻、干、熏、盐腌或盐渍的,鱼除外)	20.0	80.0	13.0		千克	AB
0504 00 90	整个或切块的其他动物的肠、膀胱(包括鲜、冷、冻、干、熏、盐腌或盐渍的,鱼除外)	20.0	80.0	13.0		千克	AB
0505	**带有羽毛或羽绒的鸟皮及鸟体其他部分;羽毛及不完整羽毛(不论是否修边)、羽绒,仅经洗涤、消毒或为了保藏而作过处理,但未经进一步加工;羽毛或不完整羽毛的粉末及废料**						
0505 10 00	填充用羽毛;羽绒(仅经洗涤、消毒等处理,未进一步加工)	14.0	100.0	13.0		千克	AB
0505 90 10	羽毛或不完整羽毛的粉末及废料	14.0	35.0	13.0		千克	AB
0505 90 90.10	其他野生禽类羽毛,羽绒(包括带有羽毛或羽绒的鸟皮及鸟体的其他部分)	14.0	90.0	13.0		千克	AFB
0505 90 90.90	其他羽毛,羽绒(包括带有羽毛或羽绒的鸟皮及鸟体的其他部分)	14.0	90.0	13.0		千克	AB

商品编号	商品名称备注	进口税率		增值税	消费税	计量单位	监管条件
		最惠国	普通				
0506	**骨及角柱,未经加工或经脱脂、简单整理(但未切割成形)、酸处理或脱胶;上述产品的粉末及废料**						
0506 10 00	经酸处理的骨胶原及骨	12.0	50.0	17.0		千克	AB
0506 90 11	含牛羊成分的骨粉及骨废料(未经加工或仅经脱脂等加工的)	13.2	35.0	17.0		千克	AB
0506 90 19	其他骨粉及骨废料(未经加工或仅经脱脂等加工的)	13.2	35.0	17.0		千克	AB
0506 90 90.11 *	已脱胶的虎骨(指未经加工或经脱脂等加工的)	12.0	50.0	13.0		千克	89ABF
0506 90 90.19	未脱胶的虎骨(指未经加工或经脱脂等加工的)	12.0	50.0	13.0		千克	89ABF
0506 90 90.21 *	已脱胶的豹骨(指未经加工或经脱脂等加工的)	12.0	50.0	13.0		千克	ABF
0506 90 90.29	未脱胶的豹骨(指未经加工或经脱脂等加工的)	12.0	50.0	13.0		千克	ABF
0506 90 90.31 *	已脱胶的野生动物的骨及角柱(不包括虎骨、豹骨、指未经加工或经脱脂等加工的)	12.0	50.0	13.0		千克	AFB
0506 90 90.39	未脱胶的野生动物的骨及角柱(不包括虎骨、豹骨、指未经加工或经脱脂等加工的)	12.0	50.0	13.0		千克	AFB
0506 90 90.91 *	已脱胶的其他骨及角柱(不包括虎骨、豹骨、指未经加工或经脱脂等加工的)	12.0	50.0	13.0		千克	AB
0506 90 90.99	未脱胶的其他骨及角柱(不包括虎骨、豹骨、指未经加工或经脱脂等加工的)	12.0	50.0	13.0		千克	AB
0507	**兽牙、龟壳、鲸须、鲸须毛、角、鹿角、蹄、甲、爪及喙,未经加工或仅简单整理但未切割成形;上述产品的粉末及废料**						
0507 10 00.10	犀牛角	12.0	30.0	13.0		千克	89ABF
0507 10 00.20	其他野生兽牙;兽牙粉末及废料	12.0	30.0	13.0		千克	AFB
0507 10 00.90	兽牙;兽牙粉末及废料	12.0	30.0	13.0		千克	AB
0507 90 10	羚羊角及其粉末和废料	3.0	14.0	13.0		千克	AQFB
0507 90 20	鹿茸及其粉末	11.8	30.0	13.0		千克	ABF
0507 90 90	龟壳、鲸须、鲸须毛、鹿角及其他角(包括蹄、甲、爪及喙及其粉末和废料)	10.0	50.0	13.0		千克	AFB
0508	**珊瑚及类似品,未经加工或仅简单整理但未经进一步加工;软体动物壳、甲壳动物壳、棘皮动物壳、墨鱼骨,未经加工或仅简单整理但未切割成形,上述壳、骨的粉末及废料**						
0508 00 10.10	珊瑚及粉末、废料	12.0	35.0	13.0		千克	AFB
0508 00 10.90	其他水产品壳、骨的粉末及废料(包括介、贝壳,棘皮动物壳,墨鱼骨的粉末及废料)	12.0	35.0	13.0		千克	AB
0508 00 90	珊瑚及水产品的壳、骨(包括介、贝、棘皮动物的壳, 墨鱼骨)	12.0	50.0	13.0		千克	AFB
0509	**动物质天然海绵**						
0509 00 00	动物质天然海绵	15.0	70.0	13.0		千克	AB

商品编号	商 品 名 称 备 注	进口税率		增值税	消费税	计量单位	监管条件
		最惠国	普通				
0510	**龙涎香、海狸香、灵猫香及麝香;斑蝥;胆汁,不论是否干制;供配制药用的腺体及其他动物产品,鲜、冷、冻或用其他方法暂时保藏的**						
0510 00 10.10	牛黄	3.0	14.0	13.0		千克	8AQB
0510 00 10.20	猴枣	3.0	14.0	13.0		千克	QAFB
0510 00 10.90	其他黄药(不包括牛黄)	3.0	14.0	13.0		千克	AFB
0510 00 20	龙涎香、海狸香、灵猫香	7.0	50.0	13.0		千克	AFB
0510 00 30	麝香	7.0	20.0	13.0		千克	8AFB
0510 00 40	斑蝥	7.0	50.0	13.0		千克	QAB
0510 00 90.10	其他野生动物胆汁及其他产品(不论是否干制;鲜,冷,冻或用其他方法暂时保藏的)	6.0	20.0	13.0		千克	AFB
0510 00 90.90	胆汁,配药用腺体及其他动物产品(不论是否干制;鲜,冷,冻或用其他方法暂时保藏的)	6.0	20.0	13.0		千克	AB
0511	**其他编号未列名的动物产品;不适合供人食用的第1章或第3章的死动物**						
0511 10 00	牛的精液			13.0		千克	AB
0511 91 00	非食用的鱼及水生无脊椎动物产品(包括食用鱼肚、介、贝及第三章的死动物)	12.0	35.0	13.0		千克	AB
0511 99 10.10	野生动物精液(牛的精液除外)			13.0		千克	AFB
0511 99 10.90	其他动物精液(牛的精液除外)			13.0		千克	AB
0511 99 20.10	野生动物胚胎			13.0		千克	AFB
0511 99 20.90	其他动物胚胎			13.0		千克	AB
0511 99 30	蚕种			13.0		千克	AB
0511 99 90.10	其他编号未列名的野生动物产品(包括不适合供人食用的第一章的死动物)	12.0	35.0	13.0		千克	AFB
0511 99 90.90	其他编号未列名的动物产品(包括不适合供人食用的第一章的死动物)	12.0	35.0	13.0		千克	AB

第二类　植物产品

注释：

本类所称“团粒”，是指直接挤压或加入按重量计比例不超过3%的粘合剂制成的粒状产品。

第六章　活树及其他活植物；鳞茎、根及类似品；插花及装饰用簇叶

注释：

一、除品目06.01的菊苣植物及其根以外，本章只包括通常由苗圃或花店供应为种植或装饰用的活树及其他货品（包括植物秧苗）；但不包括马铃薯、洋葱、青葱、大蒜及其他第七章的产品。

二、品目06.03、06.04的各种货品，包括全部或部分用这些货品制成的花束、花篮、花圈及类似品，不论是否有其他材料制成的附件。但这些货品不包括品目97.01的拼贴画或类似的装饰板。

商品编号	商 品 名 称 备 注	进口税率		增值税	消费税	计量单位	监管条件
		最惠国	普通				
0601	**鳞茎、块茎、块根、球茎、根颈及根茎,休眠、生长或开花的;菊苣植物及其根,但编号 1212 的根除外**						
0601 10 10	休眠的番红花球茎	4.0	14.0	13.0		个/千克	AB
0601 10 91.10	种用休眠的兰花块茎(包括球茎、根颈及根茎)			13.0		个/千克	AFB
0601 10 91.90	种用休眠的其他鳞茎、块茎、块根(包括球茎、根颈及根茎)			13.0		个/千克	AB
0601 10 99.10	其他休眠的兰花块茎	9.0	40.0	13.0		个/千克	AFB
0601 10 99.90	其他休眠的其他鳞茎、块茎、块根(包括球茎、根颈及根茎)	9.0	40.0	13.0		个/千克	AFB
0601 20 00.10	生长或开花的兰花块茎	15.0	80.0	13.0		个/千克	AFB
0601 20 00.90	生长或开花的其他鳞茎及菊苣植物(包括块茎、块根、球茎、根颈及根茎,但编号 1212 除外)	15.0	80.0	13.0		个/千克	AFB
0602	**其他活植物(包括其根)、插枝及接穗;蘑菇菌丝**						
0602 10 00	无根插枝及接穗			13.0		株/千克	AB
0602 20 10	食用水果及坚果树的种用苗木(包括食用果灌木种用苗木)			13.0		株/千克	AB
0602 20 90	其他食用水果、坚果树及灌木	10.0	80.0	13.0		株/千克	AB
0602 30 10	种用杜鹃(不论是否嫁接)			13.0		株/千克	AB
0602 30 90	其他杜鹃(不论是否嫁接)	15.0	80.0	13.0		株/千克	AB
0602 40 10	种用玫瑰(不论是否嫁接)			13.0		株/千克	AB
0602 40 90	其他玫瑰(不论是否嫁接)	15.0	80.0	13.0		株/千克	AB
0602 90 10	蘑菇菌丝			13.0		千克	AB
0602 90 91.10	种用兰花			13.0		株/千克	AFB
0602 90 91.90	其他种用苗木			13.0		株/千克	AFB
0602 90 99.10	其他活体兰花	10.0	80.0	13.0		株/千克	AFB
0602 90 99.90	其他活植物	10.0	80.0	13.0		株/千克	AFB
0603	**制花束或装饰用的插花及花蕾,鲜、干、染色、漂白、浸渍或用其他方法处理的**						
0603 10 00	鲜的插花及花蕾(制花束或装饰用的)	17.2	100.0	13.0		千克	AB
0603 90 00	染色或经加工的插花及花蕾(制花束或装饰用的,鲜的除外)	23.0	100.0	17.0		千克	AB
0604	**制花束或装饰用的不带花及花蕾的植物枝、叶或其他部分、草、苔藓及地衣,鲜、干、染色、漂白、浸渍或用其他方法处理的**						
0604 10 00	苔藓及地衣	23.0	100.0	13.0		千克	AB
0604 91 00	鲜的植物枝、叶或其他部分,草(制花束或装饰用并且不带花及花蕾)	15.2	100.0	13.0		千克	AB
0604 99 00	染色或经加工的枝、叶、草等(制花束或装饰用并且不带花及花蕾)	15.2	100.0	17.0		千克	AB

第七章　食用蔬菜、根及块茎

注释：

一、本章不包括品目12.14的草料。

二、品目07.09、07.10、07.11及07.12所称“蔬菜”，包括食用的蘑菇、块菌、油橄榄、刺山柑、菜葫芦、南瓜、茄子、甜玉米、辣椒、茴香菜、欧芹、细叶芹、龙蒿、水芹、甜茉乔栾那。

三、品目07.12包括干制的归入品目07.01至07.11的各种蔬菜，但下列各项除外：

(一)作蔬菜用的脱荚干豆(品目07.13)；

(二)品目11.02至11.04所列形状的甜玉米；

(三)马铃薯细粉、粗粉、粉末、粉片、颗粒及团粒(品目11.05)；

(四)用品目07.13的干豆制成的细粉、粗粉及粉末(品目11.06)。

四、本章不包括辣椒干及辣椒粉(品目09.04)。

商品编号	商 品 名 称 备 注	进口税率		增值税	消费税	计量单位	监管条件
		最惠国	普通				
0701	**鲜或冷藏的马铃薯**						
0701 10 00	种用马铃薯	13.0	70.0	13.0		千克	AB
0701 90 00.10	其他鲜的马铃薯	13.0	70.0	13.0		千克	AB
0701 90 00.90	其他冷藏的马铃薯	13.0	70.0	13.0		千克	AB
0702	**鲜或冷藏的番茄**						
0702 00 00.10	鲜的番茄	13.0	70.0	13.0		千克	AB
0702 00 00.90	冷藏的番茄	13.0	70.0	13.0		千克	AB
0703	**鲜或冷藏的洋葱、青葱、大蒜、韭葱及其他葱属蔬菜**						
0703 10 10.10	鲜的洋葱	13.0	70.0	13.0		千克	AB
0703 10 10.90	冷藏的洋葱	13.0	70.0	13.0		千克	AB
0703 10 20.10	鲜的青葱	13.0	70.0	13.0		千克	AB
0703 10 20.90	冷藏的青葱	13.0	70.0	13.0		千克	AB
0703 20 10.10	鲜的蒜头	13.0	70.0	13.0		千克	4ABy
0703 20 10.90	冷藏的蒜头	13.0	70.0	13.0		千克	4ABy
0703 20 20.10	鲜的蒜台及蒜苗(包括青蒜)	13.0	70.0	13.0		千克	AB
0703 20 20.90	冷藏的蒜台及蒜苗(包括青蒜)	13.0	70.0	13.0		千克	AB
0703 20 90.10	鲜的蒜瓣(无论是否去皮)	13.0	70.0	13.0		千克	4ABy
0703 20 90.20	冷藏的蒜瓣(无论是否去皮)	13.0	70.0	13.0		千克	4ABy
0703 20 90.91	鲜的其他大蒜(包括切片、切碎、切丝、捣碎、磨碎、去皮等)	13.0	70.0	13.0		千克	AB
0703 20 90.99	冷藏的其他大蒜(包括切片、切碎、切丝、捣碎、磨碎、去皮等)	13.0	70.0	13.0		千克	AB
0703 90 10.10	鲜的韭葱	13.0	70.0	13.0		千克	AB
0703 90 10.90	冷藏的韭葱	13.0	70.0	13.0		千克	AB
0703 90 20.10	鲜的大葱	13.0	70.0	13.0		千克	AB
0703 90 20.90	冷藏的大葱	13.0	70.0	13.0		千克	AB
0703 90 90.10	鲜的韭葱及其他葱属蔬菜	13.0	70.0	13.0		千克	AB
0703 90 90.90	冷藏的韭葱及其他葱属蔬菜	13.0	70.0	13.0		千克	AB
0704	**鲜或冷藏的卷心菜、菜花、球茎甘蓝、羽衣甘蓝及类似的食用芥菜类蔬菜**						
0704 10 00.10	鲜的菜花及硬花甘蓝	11.2	70.0	13.0		千克	AB
0704 10 00.90	冷藏的菜花及硬花甘蓝	11.2	70.0	13.0		千克	AB
0704 20 00.10	鲜的抱子甘蓝	13.0	70.0	13.0		千克	AB
0704 20 00.90	冷藏的抱子甘蓝	13.0	70.0	13.0		千克	AB
0704 90 00.10	鲜的其他食用芥菜类蔬菜	13.0	70.0	13.0		千克	AB
0704 90 00.90	冷藏的其他食用芥菜类蔬菜	13.0	70.0	13.0		千克	AB
0705	**鲜或冷藏的莴苣及菊苣**						
0705 11 00.10	鲜的结球莴苣(包心生菜)	12.4	70.0	13.0		千克	AB

商品编号	商 品 名 称 备 注	进口税率		增值税	消费税	计量单位	监管条件
		最惠国	普通				
0705 11 00.90	冷藏的结球莴苣(包心生菜)	12.4	70.0	13.0		千克	AB
0705 19 00.10	鲜的其他莴苣	12.4	70.0	13.0		千克	AB
0705 19 00.90	冷藏的其他莴苣	12.4	70.0	13.0		千克	AB
0705 21 00.10	鲜的维特罗夫菊苣	13.0	70.0	13.0		千克	AB
0705 21 00.90	冷藏的维特罗夫菊苣	13.0	70.0	13.0		千克	AB
0705 29 00.10	鲜的其他菊苣	13.0	70.0	13.0		千克	AB
0705 29 00.90	冷藏的其他菊苣	13.0	70.0	13.0		千克	AB
0706	**鲜或冷藏的胡萝卜、萝卜、色拉甜菜根、婆罗门参、块根芹、小萝卜及类似的食用根茎**						
0706 10 00.10	鲜的胡萝卜及萝卜	13.0	70.0	13.0		千克	AB
0706 10 00.90	冷藏的胡萝卜及萝卜	13.0	70.0	13.0		千克	AB
0706 90 00.10	鲜的小萝卜及类似食用根茎(包括色拉甜菜根、婆罗门参、块根芹)	13.0	70.0	13.0		千克	AB
0706 90 00.90	冷藏的小萝卜及类似食用根茎(包括色拉甜菜根、婆罗门参、块根芹)	13.0	70.0	13.0		千克	AB
0707	**鲜或冷藏的黄瓜及小黄瓜**						
0707 00 00.10	鲜的黄瓜及小黄瓜	13.0	70.0	13.0		千克	AB
0707 00 00.90	冷藏的黄瓜及小黄瓜	13.0	70.0	13.0		千克	AB
0708	**鲜或冷藏的豆类蔬菜,不论是否脱荚**						
0708 10 00.10	鲜的豌豆	13.0	70.0	13.0		千克	AB
0708 10 00.90	冷藏的豌豆	13.0	70.0	13.0		千克	AB
0708 20 00.10	鲜的豇豆及菜豆	13.0	70.0	13.0		千克	AB
0708 20 00.90	冷藏的豇豆及菜豆	13.0	70.0	13.0		千克	AB
0708 90 00.10	鲜的其他豆类蔬菜	13.0	70.0	13.0		千克	AB
0708 90 00.90	冷藏的其他豆类蔬菜	13.0	70.0	13.0		千克	AB
0709	**鲜或冷藏的其他蔬菜**						
0709 10 00.10	鲜的洋蓟	13.0	70.0	13.0		千克	AB
0709 10 00.90	冷藏的洋蓟	13.0	70.0	13.0		千克	AB
0709 20 00.10	鲜的芦笋	13.0	70.0	13.0		千克	AB
0709 20 00.90	冷藏的芦笋	13.0	70.0	13.0		千克	AB
0709 30 00.10	鲜的茄子	13.0	70.0	13.0		千克	AB
0709 30 00.90	冷藏的茄子	13.0	70.0	13.0		千克	AB
0709 40 00.10	鲜的芹菜(块根芹除外)	11.2	70.0	13.0		千克	AB
0709 40 00.90	冷藏的芹菜(块根芹除外)	11.2	70.0	13.0		千克	AB
0709 51 00.10	鲜的伞菌属蘑菇	13.0	90.0	13.0		千克	AB
0709 51 00.90	冷藏伞菌属蘑菇	13.0	90.0	13.0		千克	AB
0709 52 00.10	鲜的块菌	13.0	90.0	13.0		千克	AB
0709 52 00.90	冷藏的块菌	13.0	90.0	13.0		千克	AB
0709 59 10.10	鲜的松茸	13.0	90.0	13.0		千克	ABF

商品编号	商 品 名 称 备 注	进口税率		增值税	消费税	计量单位	监管条件
		最惠国	普通				
0709 59 10.90	冷藏的松茸	13.0	90.0	13.0		千克	ABF
0709 59 90.11	鲜香菇	13.0	70.0	13.0		千克	AB
0709 59 90.19	鲜的其他蘑菇	13.0	90.0	13.0		千克	AB
0709 59 90.91	冷藏的香菇	13.0	70.0	13.0		千克	AB
0709 59 90.99	冷藏的其他蘑菇	13.0	90.0	13.0		千克	AB
0709 60 00.10	鲜的辣椒(包括甜椒)	13.0	70.0	13.0		千克	AB
0709 60 00.90	冷藏的辣椒(包括甜椒)	13.0	70.0	13.0		千克	AB
0709 70 00.10	鲜的菠菜	13.0	70.0	13.0		千克	AB
0709 70 00.90	冷藏的菠菜	13.0	70.0	13.0		千克	AB
0709 90 10.10	鲜的竹笋	13.0	70.0	13.0		千克	AB
0709 90 10.90	冷藏的竹笋	13.0	70.0	13.0		千克	AB
0709 90 90.11	鲜莼菜	13.0	70.0	13.0		千克	ABF
0709 90 90.19	鲜的其他蔬菜	13.0	70.0	13.0		千克	AB
0709 90 90.91	冷藏的莼菜	13.0	70.0	13.0		千克	ABF
0709 90 90.99	冷藏的其他蔬菜	13.0	70.0	13.0		千克	AB
0710	**冷冻蔬菜(不论是否蒸煮)**						
0710 10 00	冷冻马铃薯	13.0	70.0	13.0		千克	AB
0710 21 00	冷冻豌豆	13.0	70.0	13.0		千克	AB
0710 22 10	冷冻的红小豆	13.0	70.0	13.0		千克	AB
0710 22 90	冷冻豇豆及菜豆	13.0	70.0	13.0		千克	AB
0710 29 00	冷冻其他豆类蔬菜	13.0	70.0	13.0		千克	AB
0710 30 00	冷冻菠菜	13.0	70.0	13.0		千克	AB
0710 40 00	冷冻甜玉米	11.2	70.0	13.0		千克	AB
0710 80 10	冷冻松茸	13.0	70.0	13.0		千克	ABF
0710 80 20	冷冻蒜台及蒜苗(包括青蒜)	13.0	70.0	13.0		千克	AB
0710 80 90.10	冷冻的大蒜头、大蒜瓣(无论是否去皮)	13.0	70.0	13.0		千克	4ABy
0710 80 90.20	冷冻的香菇	13.0	70.0	13.0		千克	AB
0710 80 90.30	冷冻莼菜	13.0	70.0	13.0		千克	ABF
0710 80 90.90	冷冻的未列名蔬菜	13.0	70.0	13.0		千克	AB
0710 90 00	冷冻什锦蔬菜	11.2	70.0	13.0		千克	AB
0711	**暂时保藏(例如,使用二氧化硫气体、盐水、亚硫酸水或其他防腐液)的蔬菜,但不适于直接食用的**						
0711 20 00	暂时保藏的油橄榄(用二氧化硫气体,盐水等物质处理,但不适于直接食用的)	13.0	70.0	13.0		千克	AB
0711 30 00	暂时保藏的刺山柑(用二氧化硫气体,盐水等物质处理,但不适于直接食用的)	13.0	70.0	13.0		千克	AB
0711 40 00	暂时保藏的黄瓜及小黄瓜(用二氧化硫气体,盐水等物质处理,但不适于直接食用的)	13.0	70.0	13.0		千克	AB
0711 51 11	盐水小白蘑菇(洋蘑菇)(指小白蘑菇,不适于直接食用的)	13.0	90.0	13.0		千克	AB

商品编号	商 品 名 称 备 注	进口税率		增值税	消费税	计量单位	监管条件
		最惠国	普通				
0711 51 19	盐水的其他伞菌属蘑菇(不适于直接食用的)	13.0	90.0	13.0		千克	AB
0711 51 90	暂时保藏的其他伞菌属蘑菇(不适于直接食用的)	13.0	90.0	13.0		千克	AB
0711 59 11	盐水松茸(不适于直接食用的)	13.0	90.0	13.0		千克	FAB
0711 59 19.10	盐水的香菇(不适于直接食用的)	13.0	90.0	13.0		千克	AB
0711 59 19.90	盐水的其他非伞菌属蘑菇及块菌(不适于直接食用的)	13.0	90.0	13.0		千克	AB
0711 59 90.10	暂时保藏的香菇(用二氧化硫气体等物质处理,但不适于直接食用的)	13.0	90.0	13.0		千克	AB
0711 59 90.90	暂时保藏的蘑菇及块菌(用二氧化硫气体等物质处理,但不适于直接食用的)	13.0	90.0	13.0		千克	AB
0711 90 31	盐水竹笋(不适于直接食用的)	13.0	70.0	13.0		千克	AB
0711 90 34.10	盐水简单腌制的大蒜头、大蒜瓣(无论是否去皮,但不适于直接食用)	13.0	70.0	13.0		千克	4ABy
0711 90 34.90	盐水简单腌制的其他大蒜(不含蒜头、蒜瓣,无论是否去皮,但不适于直接食用)	13.0	70.0	13.0		千克	AB
0711 90 39	盐水的其它蔬菜及什锦蔬菜(不适于直接食用的)	13.0	70.0	13.0		千克	AB
0711 90 90	暂时保藏的其他蔬菜及什锦蔬菜(用二氧化硫气体等物质处理,但不适于直接食用的)	13.0	90.0	13.0		千克	AB
0712	**干蔬菜,整个、切块、切片、破碎或制成粉状,但未经进一步加工的**						
0712 20 00	干制洋葱(整个,切块,切片,破碎或制成粉状,但未经进一步加工的)	13.0	80.0	13.0		千克	AB
0712 31 00	干伞菌属蘑菇(整个,切块,切片,破碎或制成粉状,但未经进一步加工的)	13.0	80.0	13.0		千克	AB
0712 32 00	干木耳(整个,切块,切片,破碎或制成粉状,但未经进一步加工的)	13.0	100.0	13.0		千克	AB
0712 33 00	干银耳(白木耳)(整个,切块,切片,破碎或制成粉状,但未经进一步加工的)	13.0	90.0	13.0		千克	AB
0712 39 00.10	干制松茸(整个,切块,切片,破碎或制成粉状,但未经进一步加工的)	13.0	100.0	13.0		千克	ABF
0712 39 00.90	其他干制磨菇及块菌(整个,切块,切片,破碎或制成粉状,但未经进一步加工的)	13.0	100.0	13.0		千克	AB
0712 90 10	笋干丝	13.0	80.0	13.0		千克	AB
0712 90 20	紫萁(薇菜干)(整条,切段,破碎或制成粉状,但未经进一步加工的)	13.0	80.0	13.0		千克	AB
0712 90 30	干金针菜(黄花菜)(整条,切段,破碎或制成粉状,但未经进一步加工的)	13.0	80.0	13.0		千克	AB
0712 90 40	蕨菜干(整个,切段,破碎或制成粉状,但未经进一步加工的)	13.0	80.0	13.0		千克	AB

商品编号	商 品 名 称 备 注	进口税率		增值税	消费税	计量单位	监管条件
		最惠国	普通				
0712 90 50.10	干燥或脱水的大蒜头、大蒜瓣(无论是否去皮)	13.0	80.0	17.0		千克	4ABy
0712 90 50.90	干燥或脱水的其他大蒜(不含蒜头、蒜瓣,无论是否去皮)	13.0	80.0	17.0		千克	AB
0712 90 90.10	干莼菜(整个,切块,切片,破碎或制成粉状,但未经进一步加工的)	13.0	80.0	13.0		千克	ABF
0712 90 90.20	干香菇(整个,切块,切片,破碎或制成粉状,但未经进一步加工的)	13.0	80.0	13.0		千克	AB
0712 90 90.90	干制的其他蔬菜及什锦蔬菜(整个,切块,切片,破碎或制成粉状,但未经进一步加工的)	13.0	80.0	13.0		千克	AB
0713	**脱荚的干豆,不论是否去皮或分瓣**						
0713 10 10	种用干豌豆(不论是否去皮或分瓣)			13.0		千克	AB
0713 10 90	其他干豌豆(不论是否去皮或分瓣)	5.0	20.0	13.0		千克	AB
0713 20 10	种用干鹰嘴豆(不论是否去皮或分瓣)			13.0		千克	AB
0713 20 90	其他干鹰嘴豆(不论是否去皮或分瓣)	7.4	20.0	13.0		千克	AB
0713 31 10	种用干绿豆(不论是否去皮或分瓣)			13.0		千克	AB
0713 31 90	其他干绿豆(不论是否去皮或分瓣)	3.0	11.0	13.0		千克	AB
0713 32 11	种用红小豆(不论是否去皮或分瓣)			13.0		千克	AB
0713 32 19	其他种用干赤豆(不论是否去皮或分瓣)			13.0		千克	AB
0713 32 90	其他干赤豆(不论是否去皮或分瓣)	4.2	14.0	13.0		千克	AB
0713 33 10	种用干芸豆(不论是否去皮或分瓣)			13.0		千克	AB
0713 33 90	其他干芸豆(不论是否去皮或分瓣)	7.7	20.0	13.0		千克	AB
0713 39 00	干豇豆及菜豆(不论是否去皮或分瓣)	7.4	20.0	13.0		千克	AB
0713 40 10	种用干扁豆(不论是否去皮或分瓣)			13.0		千克	AB
0713 40 90	其他干扁豆(不论是否去皮或分瓣)	7.0	20.0	13.0		千克	AB
0713 50 10	种用干蚕豆(不论是否去皮或分瓣)			13.0		千克	AB
0713 50 90	其他干蚕豆(不论是否去皮或分瓣)	7.4	20.0	13.0		千克	AB
0713 90 10	种用干豆(不论是否去皮或分瓣)			13.0		千克	AB
0713 90 90	其它干豆(不论是否去皮或分瓣)	7.4	20.0	13.0		千克	AB
0714	**鲜、冷、冻或干的木薯、竹芋、兰科植物块茎、菊芋、甘薯及含有高淀粉或菊粉的类似根茎,不论是否切片或制成团粒;西谷茎髓**						
0714 10 10	鲜木薯(不论是否切片)	10.0	30.0	13.0		千克	AB
0714 10 20	干木薯(不论是否切片或制成团粒)	7.0	30.0	13.0		千克	AB
0714 10 30	冷或冻的木薯(不论是否切片或制成团粒)	11.2	80.0	13.0		千克	AB
0714 20 11	鲜种用甘薯		50.0	13.0		千克	AB
0714 20 19	其他非种用鲜甘薯(不论是否切片)	13.0	50.0	13.0		千克	AB
0714 20 20	干甘薯(不论是否切片或制成团粒)	13.0	50.0	13.0		千克	AB
0714 20 30	冷或冻的甘薯(不论是否切片或制成团粒)	13.0	80.0	13.0		千克	AB
0714 90 10.10	鲜荸荠(不论是否切片)	13.0	50.0	13.0		千克	AB
0714 90 10.90	干或冷,冻的荸荠(不论是否切片或制成团粒)	13.0	50.0	13.0		千克	AB
0714 90 21	种用藕(不论是否去皮或分瓣)			13.0		千克	AB

商品编号	商 品 名 称 备 注	进口税率		增值税	消费税	计量单位	监管条件
		最惠国	普通				
0714 90 29.10	鲜藕(不论是否切片)	13.0	50.0	13.0		千克	AB
0714 90 29.90	干或冷,冻的藕(不论是否切片或制成团粒)	13.0	50.0	13.0		千克	AB
0714 90 90	含有高淀粉或菊粉的其他类似根茎(包括西谷茎髓,不论是否切片或制成团粒,鲜冷冻或干的)	13.0	50.0	13.0		千克	AB

第八章　食用水果及坚果；柑桔属水果或甜瓜的果皮

注释：

一、本章不包括非供食用的坚果或水果。

二、冷藏的水果和坚果应按相应的鲜果品目归类。

三、本章的干果可以部分复水或为下列目的进行其他处理：

(一)为保藏或保持其稳定性(例如，经适度热处理或硫化处理、添加山梨酸或山梨酸钾)；

(二)为改进或保持其外观(例如，添加植物油或少量葡萄糖浆)。

但必须保持干果的特征。

商品编号	商 品 名 称 备 注	进口税率		增值税	消费税	计量单位	监管条件
		最惠国	普通				
0801	**鲜或干的椰子、巴西果及腰果，不论是否去壳或去皮**						
0801 11 00⁻	干的椰子(不论是否去壳或去皮)	13.2	80.0	13.0		千克	AB
0801 19 10⁻	种用椰子			13.0		千克	AB
0801 19 90⁻	其他椰子(不论是否去壳或去皮)	13.2	80.0	13.0		千克	AB
0801 21 00.10	鲜的未去壳巴西果	12.0	80.0	13.0		千克	AB
0801 21 00.90	干的未去壳巴西果	12.0	80.0	13.0		千克	AB
0801 22 00.10	鲜的去壳巴西果	12.0	80.0	13.0		千克	AB
0801 22 00.90	干的去壳巴西果	12.0	80.0	13.0		千克	AB
0801 31 00.10	鲜的未去壳腰果	24.0	70.0	13.0		千克	AB
0801 31 00.90	干的未去壳腰果	24.0	70.0	13.0		千克	AB
0801 32 00.10	鲜的去壳腰果	20.0	70.0	13.0		千克	AB
0801 32 00.90	干的去壳腰果	20.0	70.0	13.0		千克	AB
0802	**鲜或干的其他坚果，不论是否去壳或去皮**						
0802 11 00.10	鲜的未去壳巴旦杏	26.4	70.0	13.0		千克	AB
0802 11 00.90	干的未去壳巴旦杏	26.4	70.0	13.0		千克	AB
0802 12 00.10	鲜的去壳巴旦杏	18.0	70.0	13.0		千克	AB
0802 12 00.90	干的去壳巴旦杏	18.0	70.0	13.0		千克	AB
0802 21 00.10	鲜的未去壳榛子	27.0	70.0	13.0		千克	AB
0802 21 00.90	干的未去壳榛子	27.0	70.0	13.0		千克	AB
0802 22 00.10	鲜的去壳榛子	18.0	70.0	13.0		千克	AB
0802 22 00.90	干的去壳榛子	18.0	70.0	13.0		千克	AB
0802 31 00.10	鲜的未去壳核桃	27.0	70.0	13.0		千克	AB
0802 31 00.90	干的未去壳核桃	27.0	70.0	13.0		千克	AB
0802 32 00.10	鲜的去壳核桃	24.0	70.0	13.0		千克	AB
0802 32 00.90	干的去壳核桃	24.0	70.0	13.0		千克	AB
0802 40 10.10	鲜板栗(不论是否去壳或去皮)	27.0	70.0	13.0		千克	AB
0802 40 10.90	干板栗(不论是否去壳或去皮)	27.0	70.0	13.0		千克	AB
0802 40 90.10	其他鲜栗子(不论是否去壳或去皮)	27.0	70.0	13.0		千克	AB
0802 40 90.90	其他干栗子(不论是否去壳或去皮)	27.0	70.0	13.0		千克	AB
0802 50 00.10	鲜的阿月浑子果(开心果，不论是否去壳或去皮)	20.0	70.0	13.0		千克	AB
0802 50 00.90	干的阿月浑子果(开心果，不论是否去壳或去皮)	20.0	70.0	13.0		千克	AB
0802 90 10.10	鲜的槟榔(不论是否去壳或去皮)	12.0	30.0	13.0		千克	AB
0802 90 10.90	干的槟榔(不论是否去壳或去皮)	12.0	30.0	13.0		千克	AB
0802 90 20.10	鲜的白果(不论是否去壳或去皮)	27.0	70.0	13.0		千克	AB
0802 90 20.90	干的白果(不论是否去壳或去皮)	27.0	70.0	13.0		千克	AB
0802 90 30.11	鲜的红松子仁	27.0	70.0	13.0		千克	ABF
0802 90 30.19	鲜的其他松子仁	27.0	70.0	13.0		千克	ABF
0802 90 30.91	干的红松子仁	27.0	70.0	13.0		千克	ABF
0802 90 30.99	干的其他松子仁	27.0	70.0	13.0		千克	ABF

商品编号	商 品 名 称 备 注	进口税率		增值税	消费税	计量单位	监管条件
		最惠国	普通				
0802 90 41.10	鲜的种用夏威夷果		70.0	13.0		千克	AB
0802 90 41.90	干的种用夏威夷果		70.0	13.0		千克	AB
0802 90 49.10	鲜的其它夏威夷果	26.4	70.0	13.0		千克	AB
0802 90 49.90	干的其它夏威夷果	26.4	70.0	13.0		千克	AB
0802 90 90.11	鲜榧子(不论是否去壳或去皮)	26.4	70.0	13.0		千克	ABF
0802 90 90.19	鲜的其他坚果(不论是否去壳或去皮)	26.4	70.0	13.0		千克	AB
0802 90 90.91	干榧子(不论是否去壳或去皮)	26.4	70.0	13.0		千克	ABF
0802 90 90.99	干的其他坚果(不论是否去壳或去皮)	26.4	70.0	13.0		千克	AB
0803	**鲜或干的香蕉,包括芭蕉**						
0803 00 00.10^	鲜的香蕉,包括芭蕉(不论是否去壳或去皮)	16.0	40.0	13.0		千克	AB
0803 00 00.90^	干的香蕉,包括芭蕉(不论是否去壳或去皮)	16.0	40.0	13.0		千克	AB
0804	**鲜或干的椰枣、无花果、菠萝、鳄梨、番石榴、芒果及山竹果**						
0804 10 00.10	鲜的椰枣	15.0	40.0	13.0		千克	AB
0804 10 00.90	干的椰枣	15.0	40.0	13.0		千克	AB
0804 20 00.10	鲜的无花果	30.0	70.0	13.0		千克	AB
0804 20 00.90	干的无花果	30.0	70.0	13.0		千克	AB
0804 30 00.10^	鲜菠萝	15.2	80.0	13.0		千克	AB
0804 30 00.90^	干菠萝	15.2	80.0	13.0		千克	AB
0804 40 00.10	鲜鳄梨	25.0	80.0	13.0		千克	AB
0804 40 00.90	干鳄梨	25.0	80.0	13.0		千克	AB
0804 50 10.10^	鲜番石榴	19.0	80.0	13.0		千克	AB
0804 50 10.90^	干番石榴	19.0	80.0	13.0		千克	AB
0804 50 20.10^	鲜芒果	19.0	80.0	13.0		千克	AB
0804 50 20.90^	干芒果	19.0	80.0	13.0		千克	AB
0804 50 30.10^	鲜山竹果	19.0	80.0	13.0		千克	AB
0804 50 30.90^	干山竹果	19.0	80.0	13.0		千克	AB
0805	**鲜或干的柑桔属水果**						
0805 10 00.10	鲜橙	22.6	100.0	13.0		千克	AB
0805 10 00.90	干橙	22.6	100.0	13.0		千克	AB
0805 20 10.10	鲜蕉柑	23.2	100.0	13.0		千克	AB
0805 20 10.90	干蕉柑	23.2	100.0	13.0		千克	AB
0805 20 20.10	鲜的阔叶柑橘	23.2	100.0	13.0		千克	AB
0805 20 20.90	干的阔叶柑橘	23.2	100.0	13.0		千克	AB
0805 20 90.10	其他鲜的柑桔及杂交柑桔	23.2	100.0	13.0		千克	AB
0805 20 90.90	其他干的柑桔及杂交柑桔	23.2	100.0	13.0		千克	AB
0805 40 00.10	鲜柚	23.2	100.0	13.0		千克	AB
0805 40 00.90	干柚	23.2	100.0	13.0		千克	AB
0805 50 00.10	鲜的柠檬及酸橙	22.6	100.0	13.0		千克	AB
0805 50 00.90	干的柠檬及酸橙	22.6	100.0	13.0		千克	AB

商品编号	商品名称备注	进口税率		增值税	消费税	计量单位	监管条件
		最惠国	普通				
0805 90 00.10	鲜的其他柑桔属水果	34.0	100.0	13.0		千克	AB
0805 90 00.90	干的其他柑桔属水果	34.0	100.0	13.0		千克	AB
0806	**鲜或干的葡萄**						
0806 10 00	鲜葡萄	23.8	80.0	13.0		千克	AB
0806 20 00	葡萄干	22.0	80.0	13.0		千克	AB
0807	**鲜的甜瓜(包括西瓜)及木瓜**						
0807 11 00	鲜西瓜	27.0	70.0	13.0		千克	AB
0807 19 10	鲜哈密瓜	19.2	70.0	13.0		千克	AB
0807 19 20	鲜罗马甜瓜及加勒比甜瓜	19.2	70.0	13.0		千克	AB
0807 19 90	其他鲜甜瓜	19.2	70.0	13.0		千克	AB
0807 20 00	鲜木瓜	27.0	70.0	13.0		千克	AB
0808	**鲜的苹果、梨及榅桲**						
0808 10 00	鲜苹果	18.0	100.0	13.0		千克	AB
0808 20 12^	鲜鸭梨、雪梨	19.2	100.0	13.0		千克	AB
0808 20 13^	鲜香梨	19.2	100.0	13.0		千克	AB
0808 20 19	其他鲜梨	18.0	100.0	13.0		千克	AB
0808 20 20	榅桲(QUINCES)	16.8	100.0	13.0		千克	AB
0809	**鲜的杏、樱桃、桃(包括油桃)、梅及李**						
0809 10 00	鲜杏	27.0	70.0	13.0		千克	AB
0809 20 00	鲜樱桃	18.0	70.0	13.0		千克	AB
0809 30 00	鲜桃,包括鲜油桃	18.0	70.0	13.0		千克	AB
0809 40 00	鲜梅及李	22.0	70.0	13.0		千克	AB
0810	**其他鲜果**						
0810 10 00	鲜草莓	25.6	80.0	13.0		千克	AB
0810 20 00	鲜的木莓、黑莓、桑椹及罗甘莓	27.0	80.0	13.0		千克	AB
0810 30 00	鲜的黑、白或红的醋栗及鹅莓	27.0	80.0	13.0		千克	AB
0810 40 00	鲜蔓越桔及越桔	30.0	80.0	13.0		千克	AB
0810 50 00^	鲜猕猴桃	30.0	80.0	13.0		千克	AB
0810 60 00	鲜榴莲	24.0	80.0	13.0		千克	AB
0810 90 10^	鲜荔枝	36.0	80.0	13.0		千克	AB
0810 90 30	鲜龙眼	21.0	80.0	13.0		千克	AB
0810 90 40	鲜红毛丹	24.0	80.0	13.0		千克	AB
0810 90 50	鲜蕃荔枝	24.0	80.0	13.0		千克	AB
0810 90 60	鲜杨桃	24.0	80.0	13.0		千克	AB
0810 90 90^	其他鲜果	24.0	80.0	13.0		千克	AB
0811	**冷冻水果及坚果,不论是否蒸煮,加糖或其他甜物质**						
0811 10 00	冷冻草莓	30.0	80.0	13.0		千克	AB

商品编号	商 品 名 称 备 注	进口税率		增值税	消费税	计量单位	监管条件
		最惠国	普通				
0811 20 00	冷冻浆果(仅包括木莓、黑莓、桑椹、罗甘莓、醋栗及鹅莓)	30.0	80.0	13.0		千克	AB
0811 90 10	未去壳的冷冻栗子	30.0	80.0	13.0		千克	AB
0811 90 90	其他未列名冷冻水果及坚果	32.0	80.0	13.0		千克	AB
0812	**暂时保藏(例如,使用二氧化硫气体、盐水、亚硫酸水或其他防腐液)的水果及坚果,但不适于直接食用的**						
0812 10 00	暂时保藏的樱桃(用二氧化硫气体,盐水等物质处理,但不适于直接食用的)	32.0	80.0	13.0		千克	AB
0812 90 00	暂时保藏的其他水果及坚果(用二氧化硫气体,盐水等物质处理,但不适于直接食用的)	32.0	80.0	13.0		千克	AB
0813	**编号 0801 至 0806 以外的干果;本章的什锦坚果或干果**						
0813 10 00	杏干(税号 0801 至 0806 的干果除外)	27.0	70.0	13.0		千克	AB
0813 20 00	梅干及李干(税号 0801 至 0806 的干果除外)	27.0	70.0	13.0		千克	AB
0813 30 00	苹果干(税号 0801 至 0806 的干果除外)	27.0	70.0	13.0		千克	AB
0813 40 10	龙眼干、肉(税号 0801 至 0806 的干果除外)	24.0	70.0	13.0		千克	AB
0813 40 20	柿饼(税号 0801 至 0806 的干果除外)	27.0	70.0	13.0		千克	AB
0813 40 30	干红枣(税号 0801 至 0806 的干果除外)	27.0	70.0	13.0		千克	AB
0813 40 90	其他干果(税号 0801 至 0806 的干果除外)	27.0	70.0	13.0		千克	AB
0813 50 00	本章的什锦坚果或干果(税号 0801 至 0806 的干果除外)	18.0	70.0	13.0		千克	AB
0814	**柑桔属水果或甜瓜(包括西瓜)的果皮,鲜、冻、干或用盐水、亚硫酸水或其他防腐液暂时保藏的**						
0814 00 00	柑桔属水果或甜瓜的果皮(仅包括鲜、冻、干或暂时保藏的)	29.0	70.0	13.0		千克	AB

第九章　咖啡、茶、马黛茶及调味香料

注释：

一、品目 09.04 至 09.10 所列产品的混合物，应按下列规定归类：

(一)同一品目的两种或两种以上产品的混合物仍应归入该品目；

(二)不同品目的两种或两种以上产品的混合物应归入品目 09.10。

品目 09.04 至 09.10 的产品(或上述(一)或(二)项的混合物)如添加了其他物质，只要所得的混合物保持了原产品的基本特性，其归类应不受影响。基本特性已经改变的，则不应归入本章；构成混合调味品的，应归入品目 21.03。

二、本章不包括荜澄茄椒或品目 12.11 的其他产品。

商品编号	商品名称备注	进口税率		增值税	消费税	计量单位	监管条件
		最惠国	普通				
0901	**咖啡,不论是否焙炒或浸除咖啡碱;咖啡豆荚及咖啡豆皮;含咖啡的咖啡代用品**						
0901 11 00	未浸除咖啡碱的未焙炒咖啡	12.8	50.0	17.0		千克	AB
0901 12 00	已浸除咖啡碱的未焙炒咖啡	12.8	50.0	17.0		千克	AB
0901 21 00	未浸除咖啡碱的已焙炒咖啡	23.0	80.0	17.0		千克	AB
0901 22 00	已浸除咖啡碱的已焙炒咖啡	23.0	80.0	17.0		千克	AB
0901 90 10	咖啡豆荚及咖啡豆皮	12.0	30.0	17.0		千克	AB
0901 90 20	含咖啡的咖啡代用品	30.0	80.0	17.0		千克	AB
0902	**茶,不论是否加香料**						
0902 10 10	每件净重不超过3公斤的花茶(未发酵的,净重指内包装)	21.0	100.0	13.0		千克	4AB
0902 10 90	每件净重不超过3公斤的其他绿茶(未发酵的,净重指内包装)	21.0	100.0	13.0		千克	4AB
0902 20 10	每件净重超过3公斤的花茶(未发酵的,净重指内包装)	21.0	100.0	13.0		千克	4AB
0902 20 90	每件净重超过3公斤的其他绿茶(未发酵的,净重指内包装)	21.0	100.0	13.0		千克	4AB
0902 30 10	每件净重不超过3公斤的乌龙茶(净重指内包装)	21.0	100.0	13.0		千克	AB4
0902 30 20	每件净重不超过3公斤的普洱茶(净重指内包装)	21.0	100.0	13.0		千克	4AB
0902 30 90	红茶内包装每件净重不超过3公斤(包括其他半发酵茶)	21.0	100.0	13.0		千克	AB4
0902 40 10	每件净重超过3公斤的乌龙茶(净重指内包装)	21.0	100.0	13.0		千克	AB4
0902 40 20	每件净重超过3公斤的普洱茶(净重指内包装)	21.0	100.0	13.0		千克	4AB
0902 40 90	红茶(内包装每件净重超过3公斤)(包括其他半发酵茶)	21.0	100.0	13.0		千克	AB4
0903	**马黛茶**						
0903 00 00	马黛茶	18.0	100.0	13.0		千克	AB
0904	**胡椒;辣椒干及辣椒粉**						
0904 11 00.10	毕拨	20.0	70.0	13.0		千克	QAB
0904 11 00.90	未磨胡椒(毕拨除外)	20.0	70.0	13.0		千克	AB
0904 12 00	已磨胡椒	20.0	70.0	13.0		千克	AB
0904 20 10	辣椒干	20.0	70.0	13.0		千克	AB
0904 20 20	辣椒粉	20.0	70.0	13.0		千克	AB
0905	**香子兰豆**						
0905 00 00	香子兰豆	15.0	50.0	13.0		千克	AB
0906	**肉桂及肉桂花**						

商品编号	商 品 名 称 备 注	进口税率		增值税	消费税	计量单位	监管条件
		最惠国	普通				
0906 10 00	未磨肉桂及肉桂花	10.0	50.0	13.0		千克	QAB
0906 20 00	已磨肉桂及肉桂花	15.0	50.0	13.0		千克	QAB
0907	**丁香(母丁香、公丁香及丁香梗)**						
0907 00 00	丁香(母丁香、公丁香及丁香梗)	3.0	14.0	13.0		千克	QAB
0908	**肉豆蔻、肉豆蔻衣及豆蔻**						
0908 10 00	肉豆蔻	8.0	30.0	13.0		千克	QAFB
0908 20 00	肉豆蔻衣	8.0	30.0	13.0		千克	AFB
0908 30 00	豆蔻	3.0	14.0	13.0		千克	QABF
0909	**茴芹子、八角茴香、小茴香子、芫荽子、枯茗子及蒿子;杜松果**						
0909 10 10	八角茴香	24.0	90.0	13.0		千克	QAB
0909 10 90	茴芹子	15.0	50.0	13.0		千克	AB
0909 20 00	芫荽子	15.0	50.0	13.0		千克	AB
0909 30 00	枯茗子	15.0	50.0	13.0		千克	AB
0909 40 00	页蒿子	15.0	50.0	13.0		千克	AB
0909 50 00	小茴香子;杜松果	15.0	50.0	13.0		千克	QAB
0910	**姜、番红花、姜黄、麝香草、月桂叶、咖喱及其他调味香料**						
0910 10 00	姜	15.0	50.0	13.0		千克	AB
0910 20 00	番红花(西红花)	2.0	14.0	13.0		千克	QAB
0910 30 00	姜黄	15.0	50.0	13.0		千克	QAB
0910 40 00	麝香草;月桂叶	15.0	50.0	13.0		千克	AB
0910 50 00	咖喱	15.0	50.0	17.0		千克	AB
0910 91 00	混合调味香料(本章注释一(二)所述的混合物)	15.0	50.0	17.0		千克	AB
0910 99 00	其他调味香料	15.0	50.0	17.0		千克	AB

第十章　谷　物

注释：

一、(一)本章各品目所列产品必须带有谷粒，不论是否成穗或带杆；

(二)本章不包括已去壳或经其他加工的谷物。但去壳、碾磨、磨光、上光、半熟或破碎的稻米仍应归入品目 10.06。

二、品目 10.05 不包括甜玉米(第七章)。

子目注释：

所称“硬粒小麦”，是指硬粒小麦属的小麦及以该属具有相同染色体数目(28)的小麦种间杂交所得的小麦。

商品编号	商 品 名 称 备 注	进口税率		增值税	消费税	计量单位	监管条件
		最惠国	普通				
1001	**小麦及混合麦**						
1001 10 00.10	硬粒小麦(配额内)	1.0	180.0	13.0		千克	4ABty
1001 10 00.90	硬粒小麦(配额外)	71.0	180.0	13.0		千克	4ABy
1001 90 10.10	种用小麦(配额内)	1.0	180.0	13.0		千克	4ABty
1001 90 10.90	种用小麦(配额外)	71.0	180.0	13.0		千克	4ABy
1001 90 90.10	其他小麦及混合麦(配额内)	1.0	180.0	13.0		千克	4ABty
1001 90 90.90	其他小麦及混合麦(配额外)	71.0	180.0	13.0		千克	4ABy
1002	**黑麦**						
1002 00 10	种用黑麦			13.0		千克	AB
1002 00 90	其他黑麦	3.0	8.0	13.0		千克	AB
1003	**大麦**						
1003 00 10	种用大麦		160.0	13.0		千克	AB
1003 00 90	其他大麦	3.0	160.0	13.0		千克	AB
1004	**燕麦**						
1004 00 10	种用燕麦			13.0		千克	AB
1004 00 90	其它燕麦	2.4	8.0	13.0		千克	AB
1005	**玉米**						
1005 10 00.10	种用玉米(配额内)	1.0	180.0	13.0		千克	4AByt
1005 10 00.90	种用玉米(配额外)	28.0	180.0	13.0		千克	4ABy
1005 90 00.10	其他玉米(配额内)	1.0	180.0	13.0		千克	4AByt
1005 90 00.90	其他玉米(配额外)	71.0	180.0	13.0		千克	4ABy
1006	**稻谷、大米**						
1006 10 11.10	种用籼米稻谷(配额内)	1.0	180.0	13.0		千克	4AByt
1006 10 11.90	种用籼米稻谷(配额外)	71.0	180.0	13.0		千克	4ABy
1006 10 19.10	其他种用稻谷(配额内)	1.0	180.0	13.0		千克	4AByt
1006 10 19.90	其他种用稻谷(配额外)	71.0	180.0	13.0		千克	4ABy
1006 10 91.10	其他籼米稻谷(配额内)	1.0	180.0	13.0		千克	4AByt
1006 10 91.90	其他籼米稻谷(配额外)	71.0	180.0	13.0		千克	4ABy
1006 10 99.10	其他稻谷(配额内)	1.0	180.0	13.0		千克	4AByt
1006 10 99.90	其他稻谷(配额外)	71.0	180.0	13.0		千克	4ABy
1006 20 10.10	籼米糙米(配额内)	1.0	180.0	13.0		千克	4AByt
1006 20 10.90	籼米糙米(配额外)	71.0	180.0	13.0		千克	4ABy
1006 20 90.10	其他糙米(配额内)	1.0	180.0	13.0		千克	4AByt
1006 20 90.90	其他糙米(配额外)	71.0	180.0	13.0		千克	4ABy
1006 30 10.10	籼米精米(不论是否磨光或上光(配额内))	1.0	180.0	13.0		千克	4AByt
1006 30 10.90	籼米精米(不论是否磨光或上光(配额外))	71.0	180.0	13.0		千克	4ABy
1006 30 90.10	其他精米(不论是否磨光或上光(配额内))	1.0	180.0	13.0		千克	4AByt

商品编号	商品名称备注	进口税率		增值税	消费税	计量单位	监管条件
		最惠国	普通				
1006 30 90.90	其他精米(不论是否磨光或上光(配额外))	71.0	180.0	13.0		千克	4ABy
1006 40 10.10	籼米碎米(配额内)	1.0	180.0	13.0		千克	4AByt
1006 40 10.90	籼米碎米(配额外)	71.0	180.0	13.0		千克	4ABy
1006 40 90.10	其他碎米(配额内)	1.0	180.0	13.0		千克	4AByt
1006 40 90.90	其他碎米(配额外)	71.0	180.0	13.0		千克	4ABy
1007	**食用高粱**						
1007 00 10	种用食用高粱			13.0		千克	AB
1007 00 90	其他食用高粱	2.4	8.0	13.0		千克	AB
1008	**荞麦、谷子及加那利草子;其他谷物**						
1008 10 00	荞麦	2.4	8.0	13.0		千克	AB
1008 20 00	谷子	2.4	8.0	13.0		千克	AB
1008 30 00	加那利草子	2.4	8.0	13.0		千克	AB
1008 90 10	其他种用谷物			13.0		千克	AB
1008 90 90	其他谷物	3.0	8.0	13.0		千克	AB

商品编号	商品名称备注	进口税率		增值税	消费税	计量单位	监管条件
		最惠国	普通				
1105	**马铃薯的细粉、粗粉、粉末、粉片、颗粒及团粒**						
1105 10 00	马铃薯细粉、粗粉及粉末	21.0	50.0	17.0		千克	AB
1105 20 00	马铃薯粉片、颗粒及团粒	21.0	50.0	17.0		千克	AB
1106	**用编号0713的干豆或编号0714的西谷茎髓及植物根茎、块茎制成的细粉、粗粉及粉末；用第8章的产品制成的细粉、粗粉及粉末**						
1106 10 00	干豆细粉、粗粉及粉末(干豆仅指编号0713所列的干豆)	12.0	30.0	17.0		千克	AB
1106 20 00	西谷茎髓粉、木薯粉及类似粉(仅包括编号0714所列货品的粉)	24.0	50.0	17.0		千克	AB
1106 30 00	水果及坚果的细粉、粗粉及粉末(仅包括第八章所列货品的粉)	24.0	80.0	17.0		千克	AB
1107	**麦芽,不论是否焙制**						
1107 10 00	未焙制麦芽	10.0	50.0	17.0		千克	AB
1107 20 00	已焙制麦芽	10.0	50.0	17.0		千克	AB
1108	**淀粉;菊粉**						
1108 11 00	小麦淀粉	20.0	50.0	17.0		千克	AB
1108 12 00	玉米淀粉	20.0	50.0	17.0		千克	AB
1108 13 00	马铃薯淀粉	17.0	50.0	17.0		千克	AB
1108 14 00	木薯淀粉	14.0	50.0	17.0		千克	AB
1108 19 00	其他淀粉	20.0	50.0	17.0		千克	AB
1108 20 00	菊粉	24.0	50.0	17.0		千克	AB
1109	**面筋,不论是否干制**						
1109 00 00	面筋(不论是否干制)	22.8	80.0	17.0		千克	AB

第十二章　含油子仁及果实；杂项子仁及果实；工业用或药用植物；稻草、秸秆及饲料

注释：

一、品目12.07主要包括油棕果及油棕仁、棉子、蓖麻子、芝麻、芥子、红花子、罂粟子、牛油树果。但不包括品目08.01或08.02的产品及油橄榄(第七章或第二十章)。

二、品目12.08不仅包括未脱脂的细粉和粗粉，而且包括部分或全部脱脂以及用其本身的油料全部或部分复脂的细粉和粗粉。但不包括品目23.04至23.06的残渣。

三、甜菜子、草子及其他草本植物种子、观赏用花的种子、蔬菜种子、林木种子、果树种子、巢菜子(蚕豆除外)、羽扇豆属植物种子，可一律视为种植用种子，归入品目12.09。

但下列各项即使用作种子，也不归入品目12.09：

(一)豆类蔬菜或甜玉米(第七章)；

(二)第九章的调味香料及其他产品；

(三)谷物(第十章)；

(四)品目12.01至12.07或12.11的产品。

四、品目12.11主要包括下列植物或这些植物的某部分：

罗勒、琉璃苣、人参、海索草、甘草、薄荷、迷迭香、芸香、鼠尾草及苦艾。但品目12.11不包括：

(一)第三十章的药品；

(二)第三十三章的芳香料制品及化妆盥洗品；

(三)品目38.08的杀虫剂、杀菌剂、除草剂、消毒剂及类似产品。

五、品目12.12的“海草及其他藻类”不包括：

(一)品目21.02的已死的单细胞微生物；

(二)品目30.02的培养微生物；

(三)品目31.01或31.05的肥料。

子目注释：

子目1205.10所称“低芥子酸油菜子”，是指所获取的固定油中芥子酸含量按重量计低于2%，以及所得的固体成分每克葡萄糖苷酸(酯)含量低于30微摩尔的油菜子。

商品编号	商 品 名 称 备 注	进口税率		增值税	消费税	计量单位	监管条件
		最惠国	普通				
1201	**大豆,不论是否破碎**						
1201 00 10	种用大豆		180.0	13.0		千克	AB
1201 00 91	非种用黄大豆(不论是否破碎)	3.0	180.0	13.0		千克	AB
1201 00 92	非种用黑大豆(不论是否破碎)	3.0	180.0	13.0		千克	AB
1201 00 93	非种用青大豆(不论是否破碎)	3.0	180.0	13.0		千克	AB
1201 00 99	非种用其他大豆(不论是否破碎)	3.0	180.0	13.0		千克	AB
1202	**未焙炒或未烹煮的花生,不论是否去壳或破碎**						
1202 10 10	种用未去壳花生(指未焙炒或未烹煮的)			13.0		千克	AB
1202 10 90	其他未去壳花生(指未焙炒或未烹煮的)	15.0	70.0	13.0		千克	AB
1202 20 00	去壳花生(未焙炒或未烹煮的)	15.0	70.0	13.0		千克	AB
1203	**干椰子肉**						
1203 00 00	干椰子肉(不论是否破碎)	15.0	30.0	13.0		千克	AB
1204	**亚麻子,不论是否破碎**						
1204 00 00	亚麻子	15.0	70.0	13.0		千克	AB
1205	**油菜子,不论是否破碎**						
1205 10 10	种用低芥子酸油菜子		80.0	13.0		千克	AB
1205 10 90	其他低芥子酸油菜子(不论是否破碎)	9.0	80.0	13.0		千克	AB
1205 90 10	其他种用油菜子		80.0	13.0		千克	AB
1205 90 90	其他油菜子(不论是否破碎)	9.0	80.0	13.0		千克	AB
1206	**葵花子,不论是否破碎**						
1206 00 10	种用葵花籽			13.0		千克	AB
1206 00 90	其他葵花籽(不论是否破碎)	15.0	70.0	13.0		千克	AB
1207	**其他含油子仁及果实,不论是否破碎**						
1207 10 10	种用油棕果及油棕仁(不论是否破碎)			13.0		千克	AB
1207 10 90	其他油棕果及油棕仁(不论是否破碎)	10.0	70.0	13.0		千克	AB
1207 20 10	种用棉子(不论是否破碎)			13.0		千克	AB
1207 20 90	其他棉子(不论是否破碎)	15.0	70.0	13.0		千克	AB
1207 30 10	种用蓖麻子(不论是否破碎)			13.0		千克	AB
1207 30 90	其他蓖麻子(不论是否破碎)	15.0	70.0	13.0		千克	AB
1207 40 10	种用芝麻(不论是否破碎)			13.0		千克	AB
1207 40 90	其他芝麻(不论是否破碎)	10.0	70.0	13.0		千克	AB
1207 50 10	种用芥子(不论是否破碎)			13.0		千克	AB
1207 50 90	其他芥子(不论是否破碎)	15.0	70.0	13.0		千克	AB
1207 60 10	种用红花子(不论是否破碎)			13.0		千克	AB
1207 60 90	其他红花子(不论是否破碎)	20.0	70.0	13.0		千克	AB
1207 91 00	罂粟子(不论是否破碎)	28.0	70.0	13.0		千克	AB
1207 99 10	其他种用含油子仁及果实			13.0		千克	AB

商品编号	商品名称备注	进口税率		增值税	消费税	计量单位	监管条件
		最惠国	普通				
1207 99 91	牛油树果(不论是否破碎)	20.0	70.0	13.0		千克	AB
1207 99 99	其他含油子仁及果实(不论是否破碎)	10.0	70.0	13.0		千克	AB
1208	**含油子仁或果实的细粉及粗粉,但芥子粉除外**						
1208 10 00	大豆粉	9.0	70.0	17.0		千克	AB
1208 90 00	其他含油子仁或果实的细粉及粗粉(芥子粉除外)	17.0	80.0	17.0		千克	AB
1209	**种植用的种子、果实及孢子**						
1209 10 00	糖甜菜子			13.0		千克	AB
1209 21 00	紫苜蓿子			13.0		千克	AB
1209 22 00	三叶草子			13.0		千克	AB
1209 23 00	羊茅子			13.0		千克	AB
1209 24 00	草地早熟禾子			13.0		千克	AB
1209 25 00	黑麦草种子			13.0		千克	AB
1209 26 00	梯牧草种子			13.0		千克	AB
1209 29 10	甜菜子,糖甜菜子除外			13.0		千克	AB
1209 29 90	其他饲料植物种子			13.0		千克	AB
1209 30 00	草本花卉植物种子			13.0		千克	AFB
1209 91 00	蔬菜种子			13.0		千克	AB
1209 99 10	种用西瓜子			13.0		千克	AB
1209 99 20	种用甜瓜子			13.0		千克	AB
1209 99 90	其他种植用的种子、果实及孢子			13.0		千克	AFB
1210	**鲜或干的啤酒花,不论是否研磨或制成团粒;蛇麻腺**						
1210 10 00	未研磨也未制成团粒的啤酒花(鲜或干的)	24.0	50.0	17.0		千克	AB
1210 20 00	已研磨或制成团粒的啤酒花(包括蛇麻腺,鲜或干的)	18.0	50.0	17.0		千克	AB
1211	**主要用作香料、药料、杀虫、杀菌或类似用途的植物或这些植物的某部分(包括子仁及果实),鲜或干的,不论是否切割、压碎或研磨成粉**						
1211 10 10	鲜或干的新疆胀果甘草(不论是否切割,压碎或研磨成粉)	7.6	30.0	13.0		千克	AQB4y
1211 10 90	鲜或干的其他甘草(不论是否切割,压碎或研磨成粉)	6.4	30.0	13.0		千克	AQB4y
1211 20 10	鲜或干的西洋参(不论是否切割,压碎或研磨成粉)	11.8	70.0	13.0		千克	AQBF
1211 20 20	鲜或干的野山参(不论是否切割,压碎或研磨成粉)	24.0	90.0	13.0		千克	AQB
1211 20 91	其他鲜人参(不论是否切割,压碎或研磨成粉)	24.0	50.0	13.0		千克	AQB
1211 20 99	其他干人参(不论是否切割,压碎或研磨成粉)	24.0	50.0	13.0		千克	AQB
1211 30 00.10	药用古柯叶(不论是否切割,压碎或研磨成粉)	9.4	50.0	13.0		千克	ABQ

商品编号	商品名称备注	进口税率		增值税	消费税	计量单位	监管条件
		最惠国	普通				
1211 30 00.20	做香料用古柯叶(不论是否切割,压碎或研磨成粉)	9.4	50.0	13.0		千克	AB
1211 30 00.90	杀虫杀菌用古柯叶(不论是否切割,压碎或研磨成粉)	9.4	50.0	13.0		千克	AB
1211 40 00.10	药用罂粟杆(不论是否切割,压碎或研磨成粉)	9.4	50.0	13.0		千克	ABQ
1211 40 00.20	做香料用罂粟杆(不论是否切割,压碎或研磨成粉)	9.4	50.0	13.0		千克	AB
1211 40 00.90	杀虫杀菌用罂粟杆(不论是否切割,压碎或研磨成粉)	9.4	50.0	13.0		千克	AB
1211 90 11	鲜或干的当归(不论是否切割,压碎或研磨成粉)	7.6	30.0	13.0		千克	AQB
1211 90 12	鲜或干的田七(不论是否切割,压碎或研磨成粉)	7.6	20.0	13.0		千克	AQB
1211 90 13	鲜或干的党参(不论是否切割,压碎或研磨成粉)	7.6	20.0	13.0		千克	AQB
1211 90 14	鲜或干的黄连(不论是否切割,压碎或研磨成粉)	6.8	20.0	13.0		千克	AQB
1211 90 15	鲜或干的菊花(不论是否切割,压碎或研磨成粉)	6.8	20.0	13.0		千克	AQB
1211 90 16	鲜或干的冬虫夏草(不论是否切割,压碎或研磨成粉)	6.8	20.0	13.0		千克	AQBF
1211 90 17	鲜或干的贝母(不论是否切割,压碎或研磨成粉)	6.8	20.0	13.0		千克	AQB
1211 90 18	鲜或干的川芎(不论是否切割,压碎或研磨成粉)	6.8	20.0	13.0		千克	AQB
1211 90 19	鲜或干的半夏(不论是否切割,压碎或研磨成粉)	6.8	20.0	13.0		千克	AQB
1211 90 21	鲜或干的白芍(不论是否切割,压碎或研磨成粉)	6.8	20.0	13.0		千克	AQB
1211 90 22	鲜或干的天麻(不论是否切割,压碎或研磨成粉)	6.8	20.0	13.0		千克	AQBF
1211 90 23	鲜或干的黄芪(不论是否切割,压碎或研磨成粉)	6.8	30.0	13.0		千克	AQB
1211 90 24	鲜或干的大黄、籽黄(不论是否切割,压碎或研磨成粉)	6.8	20.0	13.0		千克	AQB
1211 90 25	鲜或干的白术(不论是否切割,压碎或研磨成粉)	6.8	20.0	13.0		千克	AQB
1211 90 26	鲜或干的地黄(不论是否切割,压碎或研磨成粉)	6.8	20.0	13.0		千克	AQB
1211 90 27	鲜或干的槐米(不论是否切割,压碎或研磨成粉)	6.8	20.0	13.0		千克	AQB
1211 90 28	鲜或干的杜仲(不论是否切割,压碎或研磨成粉)	6.8	20.0	13.0		千克	AQFB
1211 90 29	鲜或干的茯苓(不论是否切割,压碎或研磨成粉)	6.8	20.0	13.0		千克	AQB
1211 90 31	鲜或干的枸杞(不论是否切割,压碎或研磨成粉)	6.8	30.0	13.0		千克	AQB
1211 90 32	鲜或干的大海子(不论是否切割,压碎或研磨成粉)	6.8	20.0	13.0		千克	AQB
1211 90 33	鲜或干的沉香(不论是否切割,压碎或研磨成粉)	3.0	20.0	13.0		千克	AQFB
1211 90 34	鲜或干的沙参(不论是否切割,压碎或研磨成粉	6.8	20.0	13.0		千克	AQB
1211 90 39.10	药料用麻黄草粉	6.8	20.0	13.0		千克	1uy4AQB
1211 90 39.20	药料用麻黄草	6.8	20.0	13.0		千克	8QAB
1211 90 39.30	大麻	6.8	20.0	13.0		千克	AWB
1211 90 39.40	罂粟壳	6.8	20.0	13.0		千克	AWB
1211 90 39.90	其他主要用作药料的鲜或干的植物(包括其某部分,不论是否切割,压碎或研磨成粉)	6.8	20.0	13.0		千克	AQFB
1211 90 50.10	香料用麻黄草粉	8.0	50.0	13.0		千克	1uy4AB

商品编号	商品名称备注	进口税率		增值税	消费税	计量单位	监管条件
		最惠国	普通				
1211 90 50.20	香料用麻黄草	8.0	50.0	13.0		千克	8A
1211 90 50.90	主要用作香料的植物(包括其某部分,不论是否切割,压碎或研磨成粉)	8.0	50.0	13.0		千克	ABF
1211 90 91	鲜或干的鱼藤根、除虫菊(不论是否切割,压碎或研磨成粉)	4.2	11.0	13.0		千克	AB
1211 90 99.10	其他用麻黄草粉	9.4	30.0	13.0		千克	1uy4AB
1211 90 99.20	其他用麻黄草	9.4	30.0	13.0		千克	8AB
1211 90 99.90	其他鲜或干的杀虫、杀菌用植物(不论是否切割,压碎或研磨成粉)	9.4	30.0	13.0		千克	AB
1212	**鲜、冷、冻或干的刺槐豆、海草及其他藻类、甜菜及甘蔗,不论是否碾磨;主要供人食用的其他编号未列名的果核、果仁及植物产品(包括未焙制的菊苣根 Cichorium intybus sativum)**						
1212 10 00.10	鲜刺槐豆,包括刺槐豆子	20.0	70.0	13.0		千克	AB
1212 10 00.90	冷,冻或干的刺槐豆,包括刺槐豆子(不论是否碾磨)	20.0	70.0	13.0		千克	AB
1212 20 10.10	鲜海带(不论是否碾磨)	22.0	70.0	13.0		千克	AB
1212 20 10.90	冷,冻或干的海带(不论是否碾磨)	22.0	70.0	13.0		千克	AB
1212 20 20.10	鲜发菜(不论是否碾磨)	22.0	70.0	13.0		千克	AB8
1212 20 20.90	冷,冻或干的发菜(不论是否碾磨)	22.0	70.0	13.0		千克	AB8
1212 20 30.10	鲜裙带菜(不论是否碾磨)	20.0	70.0	13.0		千克	AB
1212 20 30.90	冷,冻或干的裙带菜(不论是否碾磨)	20.0	70.0	13.0		千克	AB
1212 20 40.10	鲜紫菜(不论是否碾磨)	20.0	70.0	13.0		千克	AB
1212 20 40.90	冷,冻或干的紫菜(不论是否碾磨)	20.0	70.0	13.0		千克	AB
1212 20 50.10	鲜马尾藻(不论是否碾磨)	20.0	70.0	13.0		千克	AB
1212 20 50.90	冷,冻或干的马尾藻(不论是否碾磨)	20.0	70.0	13.0		千克	AB
1212 20 90.10	其他鲜的海草及其他藻类(不论是否碾磨)	20.0	70.0	13.0		千克	AB
1212 20 90.90	冷,冻或干的其他海草及其他藻类(不论是否碾磨)	20.0	70.0	13.0		千克	AB
1212 30 11	苦杏仁	24.0	80.0	13.0		千克	QAB
1212 30 12	甜杏仁	24.0	80.0	13.0		千克	AB
1212 30 90	杏核,桃、梅或李的核及核仁(杏仁除外,包括油桃)	24.0	80.0	13.0		千克	AB
1212 91 00	鲜、冷、冻或干的甜菜(不论是否碾磨)	20.0	70.0	13.0		千克	AB
1212 99 53.10	种用鲜的甘蔗			13.0		千克	AB
1212 99 53.90	种用其它甘蔗			13.0		千克	AB
1212 99 59	其他种用果核、果仁及植物产品			13.0		千克	AB
1212 99 91	黑瓜子	24.0	80.0	13.0		千克	AB
1212 99 92	红瓜子	24.0	80.0	13.0		千克	AB
1212 99 93	白瓜子	24.0	80.0	13.0		千克	AB
1212 99 94	莲子	24.0	80.0	13.0		千克	AB

商品编号	商 品 名 称 备 注	进口税率		增值税	消费税	计量单位	监管条件
		最惠国	普通				
1212 99 95.10	其他鲜的甘蔗(不论是否碾磨)	20.0	70.0	13.0		千克	AB
1212 99 95.90	其他冷、冻或干的甘蔗(不论是否碾磨)	20.0	70.0	13.0		千克	AB
1212 99 99	其他供人食用果核、仁及植物产品(包括未焙制的菊苣根)	30.0	70.0	13.0		千克	AB
1213	**未经处理的谷类植物的茎、秆及谷壳,不论是否切碎、碾磨、挤压或制成团粒**						
1213 00 00	未经处理的谷类植物茎、秆及谷壳(不论是否切碎、碾磨、挤压或制成团粒)	13.2	35.0	13.0		千克	AB
1214	**芜菁甘蓝、饲料甜菜、饲料用根、干草、紫苜蓿、三叶草、驴喜豆、羽衣甘蓝、羽扇豆、巢菜及类似饲料,不论是否制成团粒**						
1214 10 00	紫苜蓿粗粉及团粒	6.3	35.0	13.0		千克	AB
1214 90 00	芜菁甘蓝、饲料甜菜、其他植物饲料(包括饲料用根、干草、三叶草、驴喜豆等,不论是否制成团粒)	9.0	35.0	13.0		千克	AB

第十三章　虫胶;树胶、树脂及其他植物液、汁

注释:

品目 13.02 主要包括甘草、除虫菊、啤酒花、芦荟的浸膏及鸦片,但不包括:

一、按重量计蔗糖含量在 10%以上或制成糖食的甘草浸膏(品目 17.04);

二、麦芽膏(品目 19.01);

三、咖啡精、茶精、马黛茶精(品目 21.01);

四、构成含酒精饮料的植物汁、液(第二十二章);

五、樟脑、甘草甜及品目 29.14 或 29.38 的其他产品;

六、罂粟杆浓缩物,按重量计生物碱含量不低于 50%(品目 29.39);

七、品目 30.03 或 30.04 的药品及品目 30.06 的血型试剂;

八、鞣料或染料的浸膏(品目 32.01 或 32.03);

九、精油、浸膏、净油、香膏、提取的油树脂或精油的水馏液及水溶液;饮料制造业用的以芳香物质为基料的制剂(第三十三章);

十、天然橡胶、巴拉塔胶、古塔波胶、银胶菊胶、糖胶树胶或类似的天然树胶(品目 40.01)。

本国注释:

子目号 1302.1100 的鸦片,我国禁止进口。

商品编号	商品名称备注	进口税率		增值税	消费税	计量单位	监管条件
		最惠国	普通				
1301	**虫胶、天然树胶、树脂、树胶脂及油树脂(例如,香树脂)**						
1301 10 00	虫胶	15.0	40.0	13.0		千克	AB
1301 20 00	阿拉伯胶	15.0	40.0	13.0		千克	AB
1301 90 10	胶黄耆树胶	15.0	40.0	13.0		千克	AB
1301 90 20	乳香、没药及血竭	3.0	17.0	13.0		千克	AB
1301 90 30	阿魏	3.0	17.0	13.0		千克	AB
1301 90 40	松脂	15.0	45.0	13.0		千克	AB
1301 90 90.10	龙血树脂、大戟脂、愈创树脂	15.0	45.0	13.0		千克	AB
1301 90 90.20	大麻脂	15.0	45.0	13.0		千克	ABW
1301 90 90.90	其他天然树胶、树脂(包括天然树胶脂及其他油树脂(例如香树脂))	15.0	45.0	13.0		千克	AB
1302	**植物液汁及浸膏;果胶、果胶酸盐及果胶酸酯;从植物产品制得的琼脂、其他胶液及增稠剂,不论是否改性**						
1302 11 00	鸦片液汁及浸膏(也称阿片)					千克	AWB9
1302 12 00	甘草液汁及浸膏	6.0	20.0	17.0		千克	4ABy
1302 13 00	啤酒花液汁及浸膏	14.0	80.0	17.0		千克	AB
1302 14 00	除虫菊或鱼藤酮植物液汁及浸膏	3.0	11.0	17.0		千克	AB
1302 19 10	生漆	20.0	90.0	17.0		千克	AB
1302 19 90.11^	供制农药用麻黄浸膏粉	20.0	80.0	17.0		千克	1uy4AB
1302 19 90.12^	供制农药用麻黄浸膏	20.0	80.0	17.0		千克	1uy4AB
1302 19 90.19^	供制农药用的其他植物液汁及浸膏	20.0	80.0	17.0		千克	AB
1302 19 90.91^	供制医药用麻黄浸膏粉	20.0	80.0	17.0		千克	Q1uy4AB
1302 19 90.92^	供制医药用麻黄浸膏	20.0	80.0	17.0		千克	Q1uy4AB
1302 19 90.93^	其他麻黄浸膏粉	20.0	80.0	17.0		千克	1uy4AB
1302 19 90.94^	其他麻黄浸膏	20.0	80.0	17.0		千克	1uy4AB
1302 19 90.99^	其他植物液汁及浸膏	20.0	80.0	17.0		千克	ABF
1302 20 00	果胶、果胶酸盐及果胶酸酯	20.0	80.0	17.0		千克	AB
1302 31 00	琼脂	12.5	80.0	17.0		千克	AB
1302 32 00	刺槐豆胶液及增稠剂(从刺槐豆、刺槐豆子或瓜尔豆制得的,不论是否改性)	15.0	80.0	17.0		千克	AB
1302 39 00	未列名植物胶液及增稠剂	15.0	80.0	17.0		千克	AB

第十四章　编结用植物材料；其他植物产品

注释：

一、本章不包括归入第十一类的下列产品：

主要供纺织用的植物材料或植物纤维，不论其加工程度如何；或经过处理使其只能作为纺织原料用的其他植物材料。

二、品目14.01主要包括竹（不论是否劈开、纵锯、切段、圆端、漂白、磨光、染色或进行不燃处理）、劈开的柳条、芦苇及类似品和藤心、藤丝、藤片。但不包括木片条（品目44.04）。

三、品目14.02不包括木丝（品目44.05）。

四、品目14.03不包括供制帚、制刷用成束、成簇的材料（品目96.03）。

商品编号	商品名称备注	进口税率		增值税	消费税	计量单位	监管条件
		最惠国	普通				
1401	**主要作编结用的植物材料(例如,竹子、藤、芦苇、灯芯草、柳条、酒椰叶,已净、漂白或染色的谷类植物的茎秆,椴树皮)**						
1401 10 00	竹	10.0	70.0	13.0		千克	AB
1401 20 00	藤	10.0	35.0	13.0		千克	AB
1401 90 10	谷类植物的茎秆(麦秸除外)(已净、漂白或染色的)	10.0	70.0	13.0		千克	AB
1401 90 20	芦苇(已净、漂白或染色的)	10.0	70.0	13.0		千克	AB
1401 90 30	蔺草(包括灯芯草)(已净、漂白或染色的)	10.0	70.0	13.0		千克	AB4y
1401 90 90	未列名主要用作编结用的植物材料(已净、漂白或染色的)	10.0	70.0	13.0		千克	AB
1402	**主要作填充或衬垫用的植物材料(例如,木棉、植物毛及大叶藻),不论是否制成有或无支承材料的层片**						
1402 00 00	作填充或衬垫用植物材料(不论是否制成有或无支承材料的层片)	15.0	70.0	13.0		千克	AB
1403	**主要供制帚、制刷用的植物材料(例如纤维桐纤维、匍匐须芒草及龙舌兰纤维)成绞或成捆**						
1403 00 00	制帚或制刷用植物材料(不论是否成绞或成捆)	15.0	70.0	13.0		千克	AB
1404	**其他编号未列名的植物产品**						
1404 10 00	主要供染料或鞣料用的植物原料	9.0	45.0	13.0		千克	AB
1404 20 00	棉短绒	4.0	30.0	13.0		千克	AB
1404 90 00	其他植物产品	15.0	70.0	13.0		千克	AB

第三类　动、植物油、脂及其分解产品；精制的食用油脂；动、植物蜡

第十五章　动、植物油、脂及其分解产品；精制的食用油脂；动、植物蜡

注释：

一、本章不包括：

(一)品目 02.09 的猪脂肪及家禽脂肪；

(二)可可脂、可可油(品目 18.04)；

(三)按重量计品目 04.05 所列产品的含量超过 15% 的食品(通常归入第二十一章)；

(四)品目 23.01 的油渣或品目 23.04 至 23.06 的残渣；

(五)第六类的脂肪酸、精制蜡、药品、油漆、清漆、肥皂、芳香料制品、化妆盥洗品、磺化油及其他货品；

(六)从油类提取的油膏(品目 40.02)。

二、品目 15.09 不包括用溶剂提取的橄榄油(品目 15.10)。

三、品目 15.18 不包括变性的油、脂及其分离品，这些货品应归入其相应的未变性油、脂及其分离品的品目。

四、皂料、油脚、硬脂沥青、甘油沥青及羊毛脂残渣，归入品目 15.22。

子目注释：

子目 1514.11 及 1514.19 所称“低芥子酸菜子油”，是指按重量计芥子酸含量低于 2% 的固定油。

商品编号	商 品 名 称 备 注	进口税率		增值税	消费税	计量单位	监管条件
		最惠国	普通				
1501	**猪脂肪(包括已炼制的猪油)及家禽脂肪,但税目02.09及15.03的货品除外**						
1501 00 00	猪脂肪及家禽脂肪(包括已炼制的猪油,但编号0209及1503的货品除外)	10.8	35.0	17.0		千克	AB
1502	**牛、羊脂肪,但税目15.03的货品除外**						
1502 00 10	未炼制的牛、羊脂肪(但编号1503的货品除外)	8.0	70.0	17.0		千克	AB
1502 00 90	已炼制的牛、羊脂肪(但编号1503的货品除外)	8.0	30.0	17.0		千克	AB
1503	**猪油硬脂、液体猪油、油硬脂、食用或非食用脂油,未经乳化、混合或其他方法制作**						
1503 00 00	未经制作的猪油硬脂、油硬脂等(包括液体猪油及脂油,未经乳化、混合或其他方法制作)	12.0	30.0	17.0		千克	AB
1504	**鱼或海生哺乳动物的油、脂及其分离品,不论是否精制,但未经化学改性**						
1504 10 00	鱼肝油及其分离品	12.0	30.0	17.0		千克	AB
1504 20 00	其他鱼油、脂及其分离品(鱼肝油除外)	17.2	50.0	17.0		千克	AB
1504 30 00	海生哺乳动物的油、脂及其分离品	14.6	50.0	17.0		千克	ABF
1505	**羊毛脂及从羊毛脂制得的脂肪物质(包括纯净的羊毛脂)**						
1505 00 00	羊毛脂及羊毛脂肪物质(包括纯净的羊毛脂)	26.0	70.0	17.0		千克	AB
1506	**其他动物油、脂及其分离品,不论是否精制,但未经化学改性**						
1506 00 00.10	野马、野牛等为原料制取的脂肪(包括河马、熊、野兔、海龟为原料的及海龟蛋油)	26.0	70.0	17.0		千克	ABF
1506 00 00.90	其他动物油、脂及其分离品(不论是否精制,但未经化学改性)	26.0	70.0	17.0		千克	AB
1507	**豆油及其分离品,不论是否精制,但未经化学改性**						
1507 10 00.10	初榨的豆油(但未经化学改性(配额内))	9.0	190.0	13.0		千克	ABt
1507 10 00.90	初榨的豆油(但未经化学改性(配额外))	52.4	190.0	13.0		千克	AB
1507 90 00.10	精制的豆油及其分离品(包括初榨豆油的分离品,但未经化学改性(配额内))	9.0	190.0	13.0		千克	ABt
1507 90 00.90	精制的豆油及其分离品(包括初榨豆油的分离品,但未经化学改性(配额外))	52.4	190.0	13.0		千克	AB
1508	**花生油及其分离品,不论是否精制,但未经化学改性**						
1508 10 00	初榨的花生油(但未经化学改性)	10.0	100.0	13.0		千克	AB
1508 90 00	精制的花生油及其分离品(包括初榨花生油的分离品,但未经化学改性)	10.0	100.0	13.0		千克	AB

商品编号	商 品 名 称 备 注	进口税率		增值税	消费税	计量单位	监管条件
		最惠国	普通				
1509	**油橄榄油及其分离品,不论是否精制,但未经化学改性**						
1509 10 00	初榨油橄榄油(但未经化学改性)	13.2	30.0	13.0		千克	AB
1509 90 00	精制的油橄榄油及其分离品(包括初榨油橄榄油的分离品,但未经化学改性)	13.2	30.0	17.0		千克	AB
1510	**其他橄榄油及其分离品,不论是否精制,但未经化学改性**						
1510 00 00	其他橄榄油及其分离品(不论是否精制,但未经化学改性)	13.2	30.0	17.0		千克	AB
1511	**棕榈油及其分离品,不论是否精制,但未经化学改性**						
1511 10 00.10	初榨的棕榈油(但未经化学改性(配额内))	9.0	60.0	13.0		千克	ABt
1511 10 00.90	初榨的棕榈油(但未经化学改性(配额外))	52.4	60.0	13.0		千克	AB
1511 90 10.10	棕榈液油(熔点为19℃-24℃,未经化学改性(配额内))	9.0	60.0	13.0		千克	ABt
1511 90 10.90	棕榈液油(熔点为19℃-24℃,未经化学改性(配额外))	52.4	60.0	13.0		千克	AB
1511 90 20	棕榈硬脂(熔点为44℃-56℃,未经化学改性)	8.0	60.0	13.0		千克	AB
1511 90 90.10	其他精制棕榈油(包括棕榈油的分离品,但未经化学改性(配额内))	9.0	60.0	17.0		千克	ABt
1511 90 90.90	其他精制棕榈油(包括棕榈油的分离品,但未经化学改性(配额外))	52.4	60.0	17.0		千克	AB
1512	**葵花油、红花油或棉子油及其分离品,不论是否精制,但未经化学改性**						
1512 11 00.10	初榨的葵花油(但未经化学改性)	9.6	160.0	13.0		千克	AB
1512 11 00.90	初榨的红花油(但未经化学改性)	9.6	160.0	13.0		千克	AB
1512 19 00.10	精制的葵花油及其分离品(包括初榨葵花油的分离品,但未经化学改性)	9.6	160.0	17.0		千克	AB
1512 19 00.90	精制的红花油及其分离品(包括初榨红花油的分离品,但未经化学改性)	9.6	160.0	17.0		千克	AB
1512 21 00	初榨的棉子油(不论是否去除棉子酚)	10.0	70.0	13.0		千克	AB
1512 29 00	精制的棉子油及其分离品(包括初榨棉子油的分离品,但未经化学改性)	10.0	70.0	17.0		千克	AB
1513	**椰子油、棕榈仁油或巴巴苏棕榈果油及其分离品,不论是否精制,但未经化学改性**						
1513 11 00	初榨椰子油(但未经化学改性)	10.0	40.0	13.0		千克	AB
1513 19 00	其他椰子油及其分离品(包括初榨椰子油的分离品,但未经化学改性)	10.0	40.0	13.0		千克	AB
1513 21 00	初榨棕榈仁油或巴巴苏棕榈果油(未经化学改性)	10.0	40.0	13.0		千克	AB

商品编号	商品名称备注	进口税率		增值税	消费税	计量单位	监管条件
		最惠国	普通				
1513 29 00	精制的棕榈仁油或巴巴苏棕榈果油(包括分离品但未经化学改性,初榨的除外)	10.0	40.0	17.0		千克	AB
1514	**菜子油或芥子油及其分离品,不论是否精制,但未经化学改性**						
1514 11 10.10	初榨的低芥子酸菜子油(但未经化学改性(配额内))	9.0	170.0	13.0		千克	ABt
1514 11 10.90	初榨的低芥子酸菜子油(但未经化学改性(配额外))	52.4	170.0	13.0		千克	AB
1514 11 90.10	初榨的低芥子酸芥子油(但未经化学改性(配额内))	9.0	170.0	13.0		千克	ABt
1514 11 90.90	初榨的低芥子酸芥子油(但未经化学改性(配额外))	52.4	170.0	13.0		千克	AB
1514 19 00.10	其他低芥子酸菜子油、芥子油(包括其分离品,但未经化学改性(配额内))	9.0	170.0	13.0		千克	ABt
1514 19 00.90	其他低芥子酸菜子油、芥子油(包括其分离品,但未经化学改性(配额外))	52.4	170.0	13.0		千克	AB
1514 91 10.10	初榨的非低芥子酸菜子油(包括初榨菜子油的分离品,但未经化学改性(配额内))	9.0	170.0	13.0		千克	ABt
1514 91 10.90	初榨的非低芥子酸菜子油(包括初榨菜子油的分离品,但未经化学改性(配额外))	52.4	170.0	13.0		千克	AB
1514 91 90.10	初榨的非低芥子酸芥子油(包括初榨芥子油的分离品,但未经化学改性(配额内))	9.0	170.0	13.0		千克	ABt
1514 91 90.90	初榨的非低芥子酸芥子油(包括初榨芥子油的分离品,但未经化学改性(配额外))	52.4	170.0	13.0		千克	AB
1514 99 00.10	精制非低芥子酸菜子油、芥子油(包括其分离品,但未经化学改性(配额内))	9.0	170.0	17.0		千克	ABt
1514 99 00.90	精制非低芥子酸菜子油、芥子油(包括其分离品,但未经化学改性(配额外))	52.4	170.0	17.0		千克	AB
1515	**其他固定植物油、脂(包括希蒙得木油)及其分离品,不论是否精制,但未经化学改性**						
1515 11 00	初榨亚麻子油(但未经化学改性)	15.4	30.0	13.0		千克	AB
1515 19 00	精制的亚麻子油及其分离品(包括初榨亚麻子油的分离品,但未经化学改性)	15.4	30.0	17.0		千克	AB
1515 21 00	初榨的玉米油(但未经化学改性)	10.0	160.0	13.0		千克	AB
1515 29 00	精制的玉米油及其分离品(包括初榨玉米油的分离品,但未经化学改性)	10.0	160.0	17.0		千克	AB
1515 30 00	蓖麻油及其分离品(不论是否精制,但未经化学改性)	12.5	70.0	17.0		千克	AB
1515 40 00	桐油及其分离品(不论是否精制,但未经化学改性)	20.0	70.0	17.0		千克	AB

商品编号	商 品 名 称 备 注	进口税率		增值税	消费税	计量单位	监管条件
		最惠国	普通				
1515 50 00	芝麻油及其分离品(不论是否精制,但未经化学改性)	12.0	20.0	13.0		千克	AB
1515 90 10	希蒙得木油及其分离品(不论是否精制,但未经化学改性)	22.0	70.0	17.0		千克	AB
1515 90 90	其他固定植物油、脂及其分离品(不论是否精制,但未经化学改性)	28.0	70.0	17.0		千克	AB
1516	**动、植物油、脂及其分离品,全部或部分氢化、相互酯化、再酯化或反油酸化,不论是否精制,但未经进一步加工**						
1516 10 00	氢化、酯化或反油酸化动物油、脂(包括其分离品,不论是否精制,但未经进一步加工)	19.0	70.0	17.0		千克	AB
1516 20 00	氢化、酯化或反油酸化植物油、脂(包括其分离品,不论是否精制,但未经进一步加工)	31.0	70.0	17.0		千克	AB
1517	**人造黄油;本章各种动、植物油、脂及其分离品混合制成的食用油、脂或制品,但编号 1516 的食用油、脂及其分离品除外**						
1517 10 00	人造黄油(但不包括液态的)	34.0	80.0	17.0		千克	AB
1517 90 00.10	混合制成的动物质食用油脂或制品	31.0	70.0	17.0		千克	AB
1517 90 00.90	混合制成的植物质食用油脂或制品	31.0	70.0	13.0		千克	AB
1518	**动、植物油、脂及其分离品,经过熟炼、氧化、脱水、硫化、吹制或在真空、惰性气体中加热聚合及用其他化学方法改性的,但编号 15.16 的产品除外;本章各种油、脂或其分离品制成的其他编号未列名的非食用混合物或制品**						
1518 00 00	化学改性的动、植物油、脂(包括其分离品及本章油脂混合制成的非食用油脂或制品)	22.0	70.0	17.0		千克	AB
1520	**粗甘油;甘油水及甘油碱液**						
1520 00 00	粗甘油,甘油水及甘油碱液	20.0	50.0	17.0		千克	AB
1521	**植物蜡(甘油三酸酯除外)、蜂蜡、其他虫蜡及鲸蜡,不论是否精制或着色**						
1521 10 00	植物蜡	20.0	80.0	17.0		千克	AB
1521 90 00.10	鲸腊(不论是否精制或着色)	20.0	80.0	17.0		千克	AFB
1521 90 00.90	蜂蜡及其他虫腊(不论是否精制或着色)	20.0	80.0	17.0		千克	AB
1522	**油鞣回收脂;加工处理油脂物质及动、植物蜡所剩的残渣**						
1522 00 00	油鞣回收脂(包括加工处理油脂物质及动,植物蜡所剩的残渣)	24.0	50.0	17.0		千克	

第四类　食品；饮料、酒及醋；烟草、烟草及烟草代用品的制品

注释：

本类所称“团粒”，是指直接挤压或加入按重量计比例不超过3%的粘合剂制成的粒状产品。

第十六章　肉、鱼、甲壳动物、软件动物及其他水生无脊椎动物的物品

注释：

一、本章不包括用第二章、第三章及品目05.04所列方法制作或保藏的肉、食用杂碎、鱼、甲壳动物、软体动物或其他水生无脊椎动物。

二、本章的食品按重量计必须含有20%以上的香肠、肉、食用杂碎、动物血、鱼、甲壳动物、软体动物或其他水生无脊椎动物及其混合物。对于含有两种或两种以上前述产品的食品，则应按其中重量最大的产品归入第十六章的相应品目。但本条规定不适用于品目19.02的包馅食品和品目21.03及21.04的食品。

子目注释：

一、子目号1602.10的“均化食品”，是指用肉、食用杂碎或动物血经精细均化制成供婴幼儿食用或营养用的零售包装食品（每件净重不超过250克）。为了调味、保藏或其他目的，均化食品中可以加入少量其他配料，还可以含有少量可见的肉粒或食用杂碎粒。归类时该子目优先于品目16.02的其他子目。

二、品目16.04或16.05项下各子目所列的是鱼及甲壳动物的俗名，它们与第三章中相同名称的鱼及甲壳动物种类范围相同。

商品编号	商品名称备注	进口税率		增值税	消费税	计量单位	监管条件
		最惠国	普通				
1601	**肉、食用杂碎或动物血制成的香肠及类似产品;用香肠制成的食品**						
1601 00 00.10	野生动物肉,杂碎及血制成的香肠(含编号0208的野生动物,包括类似品、用香肠制成的食品)	19.0	90.0	17.0		千克	ABF
1601 00 00.90	其他动物肉,杂碎及血制成的香肠(包括类似品、用香肠制成的食品)	19.0	90.0	17.0		千克	AB
1602	**其他方法制作或保藏的肉、食用杂碎或动物血**						
1602 10 00.10	含野生动物成分的均化食品(指用肉、食用杂碎或动物血经精细均化制成,零售包装)	19.0	90.0	17.0		千克	ABF
1602 10 00.90	其他动物肉或食用杂碎的均化食品(指用肉、食用杂碎或动物血经精细均化制成,零售包装)	19.0	90.0	17.0		千克	AB
1602 20 00	制作或保藏的动物肝(第2、3章所列方法制作或保藏的除外)	19.0	90.0	17.0		千克	AB
1602 31 00	制作或保藏的火鸡肉及杂碎(第2、3章所列方法制作或保藏的除外)	19.0	90.0	17.0		千克	AB
1602 32 10	鸡罐头	19.0	90.0	17.0		千克	AB
1602 32 90	其他方法制作或保藏的鸡(第2、3章所列方法制作或保藏的除外)	19.0	90.0	17.0		千克	AB
1602 39 10	其他家禽肉及杂碎的罐头	19.0	90.0	17.0		千克	AB
1602 39 90	经制作或保藏的其他家禽肉及杂碎(第2、3章所列方法制作或保藏的除外)	19.0	90.0	17.0		千克	AB
1602 41 00.10	制作或保藏的野猪后腿及其肉块	19.0	90.0	17.0		千克	ABF
1602 41 00.90	制作或保藏的猪后腿及其肉块	19.0	90.0	17.0		千克	AB
1602 42 00.10	制作或保藏的野猪前腿及其肉块	19.0	90.0	17.0		千克	ABF
1602 42 00.90	制作或保藏的猪前腿及其肉块	19.0	90.0	17.0		千克	AB
1602 49 10.10	其他含野猪肉及杂碎的罐头	19.0	90.0	17.0		千克	ABF
1602 49 10.90	其他猪肉及杂碎的罐头	19.0	90.0	17.0		千克	AB
1602 49 90.10	制作或保藏的其他野猪肉,杂碎,血	19.0	90.0	17.0		千克	ABF
1602 49 90.90	制作或保藏的其他猪肉,杂碎,血	19.0	90.0	17.0		千克	AB
1602 50 10.10	含野牛肉的罐头	17.2	90.0	17.0		千克	ABF
1602 50 10.90	其他牛肉及牛杂碎罐头(含野牛肉的除外)	17.2	90.0	17.0		千克	AB
1602 50 90.10	其他制作或保藏野牛肉,杂碎,血	17.2	90.0	17.0		千克	ABF
1602 50 90.90	其他制作或保藏的牛肉,杂碎,血	17.2	90.0	17.0		千克	AB
1602 90 10.10	其他野生动物肉及杂碎罐头	19.0	90.0	17.0		千克	ABF
1602 90 10.90	其他肉及杂碎罐头	19.0	90.0	17.0		千克	AB
1602 90 90.10	经制作或保藏的其他野生动物肉(包括杂碎、血)	19.0	90.0	17.0		千克	ABF
1602 90 90.90	经制作或保藏的其他肉、杂碎及血	19.0	90.0	17.0		千克	AB
1603	**肉、鱼、甲壳动物、软体动物或其他水生无脊椎动物的精及汁**						

商品编号	商品名称备注	进口税率		增值税	消费税	计量单位	监管条件
		最惠国	普通				
1603 00 00.10	含濒危野生动物及鱼类成分的肉(指编号 0208 及 030192 野生动物及鱼类)	24.1	90.0	17.0		千克	ABF
1603 00 00.90	肉及水产品的精、汁(水产品指鱼、甲壳动物、软体动物或其他水生无脊椎动物)	24.1	90.0	17.0		千克	AB
1604	**制作或保藏的鱼;鲟鱼子酱及鱼卵制的鲟鱼子酱代用品**						
1604 11 10	制作或保藏的大西洋鲑鱼(整条或切块,但未绞碎)	17.2	90.0	17.0		千克	AFB
1604 11 90	制作或保藏的其他鲑鱼(整条或切块,但未绞碎)	17.2	90.0	17.0		千克	AFB
1604 12 00	制作或保藏的鲱鱼(整条或切块,但未绞碎)	17.2	90.0	17.0		千克	AB
1604 13 00	制作或保藏的沙丁鱼,黍鲱鱼(整条或切块,但未绞碎)	5.0	90.0	17.0		千克	AB
1604 14 00	制作或保藏的金枪鱼,鲣鱼(整条或切块,但未绞碎)	5.0	90.0	17.0		千克	AB
1604 15 00	制作或保藏的鲭鱼(整条或切块,但未绞碎)	17.2	90.0	17.0		千克	AB
1604 16 00	制作保藏的 Anchovies(鳀鱼)(整条或切块,但未绞碎)	17.2	90.0	17.0		千克	AB
1604 19 10^	制作或保藏的(河)鳗鱼(整条或切块,但未绞碎)	17.2	90.0	17.0		千克	AB
1604 19 20	制作或保藏的罗非鱼(整条或切块,但未绞碎)	17.2	90.0	17.0		千克	AB
1604 19 90.10^	制作或保藏的濒危鱼类(整条或切块,但未绞碎)	17.2	90.0	17.0		千克	AFB
1604 19 90.90^	制作或保藏的其他鱼(整条或切块,但未绞碎)	17.2	90.0	17.0		千克	AB
1604 20 10^	非整条或切块的鱼罐头	17.2	90.0	17.0		千克	AB
1604 20 90^	其他制作或保藏非整条或切块的鱼	17.2	90.0	17.0		千克	AB
1604 30 00	鲟鱼子酱及鲟鱼子酱代用品	17.2	90.0	17.0		千克	ABF
1605	**制作或保藏的甲壳动物、软体动物及其他水生无脊椎动物**						
1605 10 00	制作或保藏的蟹	15.0	90.0	17.0		千克	AB
1605 20 00	制作或保藏的小虾及对虾	13.0	90.0	17.0		千克	AB
1605 30 00	制作或保藏的龙虾	15.0	90.0	17.0		千克	AB
1605 40 11	制作或保藏的淡水小龙虾仁	15.0	90.0	17.0		千克	AB
1605 40 19	制作或保藏的带壳淡水小龙虾	12.5	90.0	17.0		千克	AB
1605 40 90	制作或保藏的其他甲壳动物	15.0	90.0	17.0		千克	AB
1605 90 10	制作或保藏的海蜇	19.0	90.0	17.0		千克	AB
1605 90 90.10^	其他制作或保藏的濒危软体动物(包括其他水生无脊椎动物)	15.0	90.0	17.0		千克	ABF
1605 90 90.90^	其他制作或保藏的软体动物(包括其他水生无脊椎动物)	15.0	90.0	17.0		千克	AB

第十七章　糖及糖食

注释：

本章不包括：

一、含有可可的糖食(品目 18.06)；

二、品目 29.04 的化学纯糖(蔗糖、乳糖、麦芽糖、葡萄糖及果糖除外)及其他产品；

三、第三十章的药品及其他产品。

子目注释：

子目号 1701.11 及 1701.12 所称“称糖”是指按重量计干燥状态的蔗糖含量低于旋光读数 99.50°的糖。

商品编号	商 品 名 称 备 注	进口税率		增值税	消费税	计量单位	监管条件
		最惠国	普通				
1701	**固体甘蔗糖、甜菜糖及化学纯蔗糖**						
1701 11 00.10	未加香料或着色剂的甘蔗原糖(按重量计干燥状态的糖含量低于旋光读数99.5度(配额内))	20.0	125.0	17.0		千克	ABt
1701 11 00.90	未加香料或着色剂的甘蔗原糖(按重量计干燥状态的糖含量低于旋光读数99.5度(配额外))	65.9	125.0	17.0		千克	AB
1701 12 00.10	未加香料或着色剂的甜菜原糖(按重量计干燥状态的糖含量低于旋光读数99.5度(配额内))	20.0	125.0	17.0		千克	ABt
1701 12 00.90	未加香料或着色剂的甜菜原糖(按重量计干燥状态的糖含量低于旋光读数99.5度(配额外))	65.9	125.0	17.0		千克	AB
1701 91 00.10	加有香料或着色剂的糖(指甘蔗糖、甜菜糖及化学纯蔗糖(配额内))	20.0	125.0	17.0		千克	ABt
1701 91 00.90	加有香料或着色剂的糖(指甘蔗糖、甜菜糖及化学纯蔗糖(配额外))	65.9	125.0	17.0		千克	AB
1701 99 10.10	砂糖(配额内)	20.0	125.0	17.0		千克	AB4t
1701 99 10.90	砂糖(配额外)	65.9	125.0	17.0		千克	AB4
1701 99 20.10	绵白糖(配额内)	20.0	125.0	17.0		千克	B4At
1701 99 20.90	绵白糖(配额外)	65.9	125.0	17.0		千克	B4A
1701 99 90.10	其他精制糖(配额内)	20.0	125.0	17.0		千克	ABt
1701 99 90.90	其他精制糖(配额外)	65.9	125.0	17.0		千克	AB
1702	**其他固体糖,包括化学纯乳糖、麦芽糖、葡萄糖及果糖;未加香料或着色剂的糖浆;人造蜜,不论是否掺有天然蜂蜜;焦糖**						
1702 11 00	无水乳糖(按重量计干燥无水乳糖含量在99%及以上)	20.0	80.0	17.0		千克	AB
1702 19 00	其他乳糖及乳糖浆	20.0	80.0	17.0		千克	AB
1702 20 00	槭糖及槭糖浆	32.0	80.0	17.0		千克	A
1702 30 00	低果糖含量的葡萄糖及糖浆(仅指按重量计干燥状态的果糖含量在20%以下的葡萄糖)	32.0	80.0	17.0		千克	BA
1702 40 00	中果糖含量的葡萄糖及糖浆(仅指干燥果糖重量在20-50%的葡萄糖,转化糖除外)	32.0	80.0	17.0		千克	BA
1702 50 00	化学纯果糖	32.0	80.0	17.0		千克	A
1702 60 00	其他果糖及糖浆(仅指干燥果糖重量在50%以上的,转化糖除外)	32.0	80.0	17.0		千克	BA
1702 90 00.10	人造蜜	32.0	80.0	17.0		千克	AB
1702 90 00.90	其他固体糖,焦糖(包括转化糖及按重量计干燥状态果糖含量50%的糖、糖浆)	32.0	80.0	17.0		千克	AB
1703	**制糖后所剩的糖蜜**						
1703 10 00	甘蔗糖蜜	8.0	50.0	17.0		千克	A
1703 90 00	其他糖蜜	8.0	50.0	17.0		千克	A

商品编号	商 品 名 称 备 注	进口税率		增值税	消费税	计量单位	监管条件
		最惠国	普通				
1704	**不含可可的糖食(包括白巧克力)**						
1704 10 00-	口香糖(不论是否裹糖)	13.2	50.0	17.0		千克	AB
1704 90 00-	其他不含可可的糖食(包括白巧克力)	12.0	50.0	17.0		千克	AB

第十八章　可可及可可制品

注释：

一、本章不包括品目 04.03、19.01、19.04、19.05、21.05、22.02、22.08、30.03、30.04 的制品。

二、品目 18.06 包括含有可可的糖食及注释一以外的其他含可可的食品。

商品编号	商品名称备注	进口税率		增值税	消费税	计量单位	监管条件
		最惠国	普通				
1801	**整颗或破碎的可可豆,生的或焙炒的**						
1801 00 00	生或焙炒的整颗或破碎的可可豆	8.8	30.0	17.0		千克	AB
1802	**可可荚、壳、皮及废料**						
1802 00 00	可可荚、壳、皮及废料	10.0	30.0	17.0		千克	AB
1803	**可可膏,不论是否脱脂**						
1803 10 00	未脱脂可可膏	10.0	30.0	17.0		千克	AB
1803 20 00	全脱脂或部分脱脂的可可膏	10.0	30.0	17.0		千克	AB
1804	**可可脂、可可油**						
1804 00 00.10 *	可可脂	27.2	70.0	17.0		千克	AB
1804 00 00.90	可可油	27.2	70.0	17.0		千克	AB
1805	**未加糖或其他甜物质的可可粉**						
1805 00 00	未加糖或其他甜物质的可可粉	17.0	40.0	17.0		千克	AB
1806	**巧克力及其他含可可的食品**						
1806 10 00	含糖或其他甜物质的可可粉	10.0	50.0	17.0		千克	AB
1806 20 00⁻	每件净重超过 2 公斤的含可可食品	10.8	50.0	17.0		千克	AB
1806 31 00⁻	其他夹心块状或条状的含可可食品(每件净重不超过 2 公斤)	9.6	50.0	17.0		千克	AB
1806 32 00⁻	其他不夹心块状或条状含可可食品(每件净重不超过 2 公斤)	10.8	50.0	17.0		千克	AB
1806 90 00⁻	其他巧克力及含可可的食品(每件净重不超过 2 公斤)	9.6	50.0	17.0		千克	AB

第十九章　谷物、粮食粉、淀粉或乳的制品；糕饼点心

注释：

一、本章不包括：

(一)按重量计含香肠、肉、食用杂碎、动物血、鱼、甲壳动物，软体动物、其他水生无脊椎动物及其混合物超过20%的食品(第十六章)，但品目19.02的包馅食品除外；

(二)用粮食粉或淀粉制的专作动物饲料用的饼干及其他制品(品目23.09)；

(三)第三十章的药品及其他产品。

二、品目19.01所称：

(一)“粗粒”是指第十一章谷物的粗粒；

(二)“细粉”及“粗粉”，是指：

1.第十一章谷物的细粉及粗粉；

2.其他章植物的细粉、粗粉及粉末，但不包括干蔬菜、马铃薯和干豆类的细粉、粗粉及粉末(应分别归入品目07.12、11.05和11.06)。”

三、品目19.04不包括按重量计全脱脂可可含量超过6%或裹巧克力的食品以及品目18.06的其他含可可食品。

四、品目19.04所称“其他方法制作的”是指制作或加工程度超过第十章或第十一章各品目或注释所规定范围的。

商品编号	商品名称备注	进口税率		增值税	消费税	计量单位	监管条件
		最惠国	普通				
1901	**麦精;细粉、粗粒、粗粉、淀粉或麦精制的其他品目未列名的食品,不含可可或按重量计全脱脂可可含量低于40%;品目0401至0404所列货品制的其他品目未列名的食品,不含可可或按重量计全脱脂可可含量低于5%**						
1901 10 00	供婴幼儿食用的零售包装食品(可可含量<40%粉,淀粉或麦精制或可可含量<5%乳品制)	15.0	40.0	17.0		千克	AB
1901 20 00	供焙烘面包糕点用的调制品及面团(可可含量<40%粉,淀粉或麦精制或可可含量<5%乳品制)	25.0	80.0	17.0		千克	AB
1901 90 00	麦精,粮食粉等制食品及乳制食品(可可含量<40%粉,淀粉或麦精制或可可含量<5%乳品制)	16.0	80.0	17.0		千克	AB
1902	**面食,不论是否煮熟、包馅(肉馅或其他馅)或其他方法制作,例如,通心粉、面条、汤团馄饨、饺子、奶油面卷;古斯古斯面食,不论是否制作**						
1902 11 00	未包馅或未制作的含蛋生面食	20.0	80.0	17.0		千克	AB
1902 19 00	其他未包馅或未制作的生面食	20.0	80.0	17.0		千克	AB
1902 20 00	包馅面食(不论是否烹煮或经其他方法制作)	20.0	80.0	17.0		千克	AB
1902 30 10	米粉干	22.5	80.0	17.0		千克	AB
1902 30 20	粉丝	19.0	80.0	17.0		千克	AB
1902 30 30^	即食或快熟面条	20.0	80.0	17.0		千克	AB
1902 30 90^	其他面食	20.0	80.0	17.0		千克	AB
1902 40 00	古斯古斯面食(古斯古斯粉是一种经热处理的硬麦粗粉)	25.0	80.0	17.0		千克	AB
1903	**珍粉及淀粉制成的珍粉代用品,片、粒、珠、粉或类似形状的**						
1903 00 00	珍粉及淀粉制成的珍粉代用品(片、粒、珠、粉或类似形状的)	19.0	80.0	17.0		千克	AB
1904	**谷物或谷物产品经膨化或烘炒制成的食品(例如,玉米片);其他品目未列名的预煮或经其他方法制作的谷粒(玉米除外)、谷物片或经其他加工的谷粒(细粉、粗粒及粗粉除外)**						
1904 10 00	膨化或烘炒谷物制成的食品	25.0	80.0	17.0		千克	AB
1904 20 00	未烘炒谷物片制成的食品(包括未烘炒谷物片与烘炒谷物片或膨化谷物混合制成食品)	30.0	80.0	17.0		千克	AB
1904 30 00	碾碎的干小麦	30.0	80.0	17.0		千克	AB
1904 90 00	预煮或经其他方法制作的谷粒(包括其他经加工的谷粒(除细粉、粗粒及粗粉),玉米除外)	30.0	80.0	17.0		千克	AB
1905	**面包、糕点、饼干及其他焙烘糕饼,不论是否含可可;圣餐饼、装药空囊、封缄、糯米纸及类似制品**						
1905 10 00	黑麦脆面包片	22.0	80.0	17.0		千克	A
1905 20 00	姜饼及类似品	22.0	80.0	17.0		千克	A

商品编号	商 品 名 称 备 注	进口税率		增值税	消费税	计量单位	监管条件
		最惠国	普通				
1905 31 00^	甜饼干	19.0	80.0	17.0		千克	AB
1905 32 00^	华夫饼干及圣餐饼	19.0	80.0	17.0		千克	AB
1905 40 00	面包干,吐司及类似的烤面包	22.0	80.0	17.0		千克	AB
1905 90 00^	其他面包,糕点,饼干及焙烘糕饼(包括装药空囊、封缄、糯米纸及类似制品)	22.0	80.0	17.0		千克	AB

第二十章　蔬菜、水果、坚果或植物其他部分的制品

注释：

一、本章不包括：

(一)用第七章、第八章或第十一章所列方法制作或保藏的蔬菜、水果或坚果；

(二)按重量计含香肠、肉、食用杂碎、动物血、鱼、甲壳动物、软体动物、其他水生无脊椎动物及其混合物超过20%的食品(第十六章)；

(三)品目21.04的均化混合食品。

二、品目20.07及20.08不包括制成糖食的果冻、果膏、糖衣杏仁或类似品(品目17.04)及巧克力糖食(品目18.06)。

三、品目20.01、20.04及20.05仅分别包括用本章注释一(一)以外的方法制作或保藏的第七章或品目11.05、11.06的产品(第八章产品的细粉、粗粉除外)。

四、干重量在7%及以上的蕃茄汁归入品目20.02。

五、品目20.07所称"烹煮的"是指在常压或减压下,通过减少水分或其他方法增加产品粘稠度的热处理。

六、品目20.09所称"未发酵及未加酒精的水果汁",是指按容量计酒精浓度(标准见第二十二章注释二)不超过0.5%的水果汁。

子目注释：

一、子目号2005.10所称"均化蔬菜",是指蔬菜经精细均化制成供婴幼儿食用或营养用的零售包装食品(每件净重不超过250克)。为了调味、保藏或其他目的,均化蔬菜中可以加入少量其他配料,还可以含有少量可见的蔬菜粒。归类时,子目号2005.10优先于品目20.05的其他子目。

二、子目号2007.10所称"均化食品",是指果实经精细均化制成供婴幼儿食用或营养用的零售包装食品(每件净重不超过250克)。为了调味、保藏或其他目的,均化食品中可以加入少量其他配料,还可以含有少量可见的果粒。归类时,子目号2007.10优先于品目20.07的其他子目。

三、子目2009.12、2009.21、2009.31、2009.41、2009.61及2009.71所称"白利糖度值",是指直接从白利糖度计读取的度数或在20℃时从折射计读取的以蔗糖百分比含量计的折射率,在其他温度下读取的数值应折算为20℃时的折射率。

商品编号	商 品 名 称 备 注	进口税率		增值税	消费税	计量单位	监管条件
		最惠国	普通				
2001	**蔬菜、水果、坚果及植物的其他食用部分,用醋或醋酸制作或保藏的**						
2001 10 00	用醋或醋酸制作的黄瓜及小黄瓜	25.0	70.0	17.0		千克	AB
2001 90 10.10	用醋或醋酸腌制的大蒜头、大蒜瓣(无论是否加糖或去皮)	25.0	70.0	17.0		千克	4ABy
2001 90 10.90	用醋或醋酸腌制的其他大蒜(不含蒜头、蒜瓣,无论是否加糖或去皮)	25.0	70.0	17.0		千克	AB
2001 90 90	用醋制作的其他果、菜及食用植物(包括用醋酸制作或保藏的)	25.0	70.0	17.0		千克	AB
2002	**番茄,用醋或醋酸以外的其他方法制作或保藏的**						
2002 10 10	非用醋制作的整个或切片番茄罐头	19.0	80.0	17.0		千克	AB
2002 10 90	非用醋制作的其他整个或切片番茄	25.0	70.0	17.0		千克	AB
2002 90 10	番茄酱罐头	22.0	80.0	17.0		千克	AB
2002 90 90	非用醋制作的绞碎番茄(用醋或醋酸以外其他方法制作或保藏的)	21.5	70.0	17.0		千克	AB
2003	**蘑菇及块菌,用醋或醋酸以外的其他方法制作或保藏的**						
2003 10 11	小白蘑菇罐头(指洋蘑菇,用醋或醋酸以外其他方法制作或保藏的)	25.0	90.0	17.0		千克	AB
2003 10 19	其他伞菌属蘑菇罐头(用醋或醋酸以外其他方法制作或保藏的)	25.0	90.0	17.0		千克	AB
2003 10 90	非用醋制作的其他伞菌属蘑菇(用醋或醋酸以外其他方法制作或保藏的)	25.0	90.0	17.0		千克	AB
2003 20 00	非用醋制作的块菌(用醋或醋酸以外其他方法制作或保藏的)	25.0	90.0	17.0		千克	AB
2003 90 10.10	非用醋制作的香菇罐头(用醋或醋酸以外其他方法制作或保藏的(非伞菌属蘑菇))	25.0	90.0	17.0		千克	AB
2003 90 10.90	非用醋制作的其他蘑菇罐头(用醋或醋酸以外其他方法制作或保藏的(非伞菌属蘑菇))	25.0	90.0	17.0		千克	AB
2003 90 90.10	非用醋制作的其他香菇(用醋或醋酸以外其他方法制作或保藏的(非伞菌属蘑菇))	25.0	90.0	17.0		千克	AB
2003 90 90.90	非用醋制作的其他蘑菇(用醋或醋酸以外其他方法制作或保藏的(非伞菌属蘑菇))	25.0	90.0	17.0		千克	AB
2004	**其他冷冻蔬菜,用醋或醋酸以外的其他方法制作或保藏的,但税目 20.06 的产品除外**						
2004 10 00	非用醋制作的冷冻马铃薯(编号 2006 货品除外)	17.8	70.0	17.0		千克	AB
2004 90 00	非用醋制作的其他冷冻蔬菜(编号 2006 货品除外)	25.0	70.0	17.0		千克	AB

商品编号	商 品 名 称 备 注	进口税率		增值税	消费税	计量单位	监管条件
		最惠国	普通				
2005	**其他未冷冻蔬菜,用醋或醋酸以外的其他方法制作或保藏的,但税目20.06的产品除外**						
2005 10 00	非用醋制作的未冷冻均化蔬菜	25.0	70.0	17.0		千克	AB
2005 20 00	非用醋制作的未冷冻马铃薯	19.0	70.0	17.0		千克	AB
2005 40 00	非用醋制作的未冷冻豌豆	25.0	70.0	17.0		千克	AB
2005 51 10	非用醋制作的脱荚豇豆及菜豆罐头	25.0	80.0	17.0		千克	AB
2005 51 90	非用醋制作的其他脱荚豇豆及菜豆	25.0	70.0	17.0		千克	AB
2005 59 10	非用醋制作的其他豇豆及菜豆罐头	25.0	80.0	17.0		千克	AB
2005 59 90	非用醋制作的其他豇豆及菜豆	25.0	70.0	17.0		千克	AB
2005 60 10	非用醋制作的芦笋罐头	25.0	80.0	17.0		千克	AB
2005 60 90	非用醋制作的其他芦笋	25.0	70.0	17.0		千克	AB
2005 70 00	非用醋制作的未冷冻油橄榄	16.0	70.0	17.0		千克	AB
2005 80 00	非用醋制作的未冷冻甜玉米	16.0	80.0	17.0		千克	AB
2005 90 10	清水马蹄罐头	25.0	80.0	17.0		千克	AB
2005 90 20	蚕豆罐头	25.0	80.0	17.0		千克	AB
2005 90 31	水煮竹笋罐头(8公升及以上装)	25.0	80.0	17.0		千克	AB
2005 90 39	其他竹笋罐头	25.0	80.0	17.0		千克	AB
2005 90 40	咸榨菜	25.0	70.0	17.0		千克	AB
2005 90 50	咸蕨菜	25.0	70.0	17.0		千克	AB
2005 90 60	咸荞头	25.0	70.0	17.0		千克	AB
2005 90 91	其他蔬菜及什锦蔬菜罐头(非用醋制作)	25.0	70.0	17.0		千克	AB
2005 90 99	非用醋制作的其他蔬菜及什锦蔬菜	25.0	70.0	17.0		千克	AB
2006	**糖渍水果、坚果、果皮及植物的其他部分(沥干、糖渍或裹糖的)**						
2006 00 10	蜜枣	32.0	90.0	17.0		千克	AB
2006 00 20	糖渍制橄榄	32.0	90.0	17.0		千克	AB
2006 00 90	其他糖渍蔬菜,水果,坚果,果皮(包括糖渍植物的其他部分)	32.0	90.0	17.0		千克	AB
2007	**烹煮的果酱、果冻、柑桔酱、果泥及果膏,不论是否加糖或其他甜物质**						
2007 10 00	烹煮的果子均化食品(包括果酱、果冻、果泥、果膏)	30.0	80.0	17.0		千克	AB
2007 91 00	烹煮的柑桔属水果(包括果酱、果冻、果泥、果膏)	30.0	80.0	17.0		千克	AB
2007 99 10	其他烹煮的果酱、果冻罐头(包括果泥、果膏)	5.0	80.0	17.0		千克	AB
2007 99 90	其他烹煮的果酱、果冻(包括果泥、果膏)	5.0	80.0	17.0		千克	AB
2008	**用其他方法制作或保藏的其他编号未列名水果、坚果及植物的其他食用部分,不论是否加酒、加糖或其他甜物质**						
2008 11 10	花生米罐头	30.0	90.0	17.0		千克	AB
2008 11 20	烘焙花生	30.0	80.0	17.0		千克	AB

商品编号	商品名称备注	进口税率		增值税	消费税	计量单位	监管条件
		最惠国	普通				
2008 11 30	花生酱	30.0	90.0	17.0		千克	AB
2008 11 90	其他非用醋制作的花生(用醋或醋酸以外其他方法制作或保藏的)	30.0	80.0	17.0		千克	AB
2008 19 10	核桃仁罐头	24.0	90.0	17.0		千克	AB
2008 19 20	其他果仁罐头	19.8	90.0	17.0		千克	AB
2008 19 90	非用醋制作的其他坚果及子仁(用醋或醋酸以外其他方法制作或保藏的)	18.0	80.0	17.0		千克	AB
2008 20 10	菠萝罐头	21.0	90.0	17.0		千克	AB
2008 20 90	非用醋制作的其他菠萝(用醋或醋酸以外其他方法制作或保藏的)	21.0	80.0	17.0		千克	AB
2008 30 10	柑桔属水果罐头	24.0	90.0	17.0		千克	AB
2008 30 90	非用醋制作的其他柑桔属水果(用醋或醋酸以外其他方法制作或保藏的)	24.0	80.0	17.0		千克	AB
2008 40 10	梨罐头	24.0	90.0	17.0		千克	AB
2008 40 90	非用醋制作的其他梨(用醋或醋酸以外其他方法制作或保藏的)	24.0	80.0	17.0		千克	AB
2008 50 00	非用醋制作的杏(用醋或醋酸以外其他方法制作或保藏的)	24.0	90.0	17.0		千克	AB
2008 60 00	非用醋制作的樱桃(用醋或醋酸以外其他方法制作或保藏的)	24.0	90.0	17.0		千克	AB
2008 70 10	桃罐头,包括油桃罐头	18.0	90.0	17.0		千克	AB
2008 70 90	非用醋制作的其他桃,包括油桃(用醋或醋酸以外其他方法制作或保藏的)	24.0	80.0	17.0		千克	AB
2008 80 00	非用醋制作的草莓(用醋或醋酸以外其他方法制作或保藏的)	21.0	90.0	17.0		千克	AB
2008 91 00	非用醋制作的棕榈芯(用醋或醋酸以外其他方法制作或保藏的)	5.0	80.0	17.0		千克	AB
2008 92 00	非用醋制作的什锦果实(用醋或醋酸以外其他方法制作或保藏的)	16.0	80.0	17.0		千克	AB
2008 99 10	荔枝罐头	24.0	90.0	17.0		千克	AB
2008 99 20	龙眼罐头	21.0	80.0	17.0		千克	AB
2008 99 90.10	盐渍的裙带菜	21.0	80.0	17.0		千克	AB
2008 99 90.90	未列名制作或保藏的水果、坚果(包括植物的其他食用部分)	21.0	80.0	17.0		千克	AB
2009	**未发酵及未加酒精的水果汁(包括酿酒葡萄汁)、蔬菜汁,不论是否加糖或其他甜物质**						
2009 11 00	冷冻的橙汁(未发酵及未加酒精的,不论是否加糖或其他甜物质)	7.5	90.0	17.0		千克	AB
2009 12 00	非冷冻白利糖浓度不超过 20 的橙汁(未发酵及未加酒精的,不论是否加糖或其他甜物质)	32.0	90.0	17.0		千克	AB

商品编号	商 品 名 称 备 注	进口税率		增值税	消费税	计量单位	监管条件
		最惠国	普通				
2009 19 00	非冷冻白利糖浓度超过20的橙汁(未发酵及未加酒精的,不论是否加糖其他甜物质)	32.0	90.0	17.0		千克	AB
2009 21 00	白利糖浓度不超过20的柚汁(未发酵及未加酒精的,不论是否加糖其他甜物质)	23.0	90.0	17.0		千克	AB
2009 29 00	白利糖浓度超过20的柚汁(未发酵及未加酒精的,不论是否加糖或其他甜物质)	23.0	90.0	17.0		千克	AB
2009 31 00	其他未混合白利糖≤20柑桔属果汁(未发酵及未加酒精的,不论是否加糖或其他甜物质)	24.8	90.0	17.0		千克	AB
2009 39 00	其他未混合白利糖>20柑桔属果汁(未发酵及未加酒精的,不论是否加糖或其他甜物质)	24.8	90.0	17.0		千克	AB
2009 41 00	白利糖浓度不超过20的菠萝汁(未发酵及未加酒精的,不论是否加糖或其他甜物质)	20.0	90.0	17.0		千克	AB
2009 49 00	白利糖浓度超过20的菠萝汁(未发酵及未加酒精的,不论是否加糖或其他甜物质)	20.0	90.0	17.0		千克	AB
2009 50 00	番茄汁(未发酵及未加酒精的,不论是否加糖或其他甜物质)	32.0	80.0	17.0		千克	AB
2009 61 00	白利糖≤20葡萄汁包括酿酒葡萄汁(未发酵及未加酒精的,不论是否加糖或其他甜物质)	26.0	90.0	17.0		千克	AB
2009 69 00	白利糖>20葡萄汁包括酿酒葡萄汁(未发酵及未加酒精的,不论是否加糖或其他甜物质)	26.0	90.0	17.0		千克	AB
2009 71 00	白利糖浓度不超过20的苹果汁(未发酵及未加酒精的,不论是否加糖或其他甜物质)	27.5	90.0	17.0		千克	AB
2009 79 00	白利糖浓度超过20的苹果汁(未发酵及未加酒精的,不论是否加糖或其他甜物质)	27.5	90.0	17.0		千克	AB
2009 80 11	未混合的椰子汁(未发酵及未加酒精的,不论是否加糖或其他甜物质)	20.0	90.0	17.0		千克	AB
2009 80 19	其他未混合的水果汁(未发酵及未加酒精的,不论是否加糖或其他甜物质)	26.0	90.0	17.0		千克	AB
2009 80 20	其他未混合的蔬菜汁(未发酵及未加酒精的,不论是否加糖或其他甜物质)	26.0	80.0	17.0		千克	AB
2009 90 10	混合水果汁(未发酵及未加酒精的,不论是否加糖或其他甜物质)	26.0	90.0	17.0		千克	AB
2009 90 90	混合蔬菜汁、水果与蔬菜的混合汁(未发酵及未加酒精的,不论是否加糖或其他甜物质)	27.5	80.0	17.0		千克	AB

第二十一章　杂项食品

注释：

一、本章不包括：

（一）品目07.12的什锦蔬菜；

（二）含咖啡的焙炒咖啡代用品（品目09.01）；

（三）加香料的茶（品目09.02）；

（四）品目09.04至09.10的调味香料或其他产品；

（五）按重量计含香肠、肉、食用杂碎、动物血、鱼、甲壳动物、软体动物、其他水生无脊椎动物及其混合物超过20%的食品（第十六章），但品目21.03或21.04的产品除外；

（六）品目30.03或30.04的药用酵母及其他产品；

（七）品目35.07的酶制品。

二、上述注释一（二）所述咖啡代用品的精汁归入品目21.01。

三、品目21.04所称"均化混合食品"，是指两种或两种以上的基本配料，例如，肉、鱼、蔬菜或果实等，经精细均化制成供婴幼儿食用或营养用的零售包装食品（每件净重不超过250克）。为了调味、保藏或其他目的，可以加入少量其他配料，还可以含有少量可见的小块配料。

商品编号	商 品 名 称 备 注	进口税率		增值税	消费税	计量单位	监管条件
		最惠国	普通				
2101	**咖啡、茶、马黛茶的浓缩精汁及以其为基本成分或以咖啡、茶、马黛茶为基本成分的制品;烘焙菊苣和其他烘焙咖啡代用品及其浓缩精汁**						
2101 11 00	咖啡浓缩精汁	30.2	130.0	17.0		千克	AB
2101 12 00	以咖啡为基本成分的制品(包括以咖啡浓缩精汁为基本成分的制品)	40.0	130.0	17.0		千克	AB
2101 20 00	茶、马黛茶浓缩精汁及其制品	39.2	130.0	17.0		千克	AB
2101 30 00	烘焙咖啡代用品及其浓缩精汁	39.2	130.0	17.0		千克	AB
2102	**酵母(活性或非活性);已死的其他单细胞微生物(不包括编号 3002 的疫苗);发酵粉**						
2102 10 00	活性酵母	27.0	80.0	17.0		千克	AB
2102 20 00	非活性酵母,已死单细胞微生物(编号 3002 疫苗除外)	27.0	70.0	13.0		千克	AB
2102 30 00	发酵粉	27.0	70.0	17.0		千克	AB
2103	**调味汁及其制品;混合调味品;芥子粉及其调制品**						
2103 10 00	酱油	28.0	90.0	17.0		千克	AB
2103 20 00	番茄沙司及其他番茄调味汁	21.0	90.0	17.0		千克	AB
2103 30 00	芥子粉及其调味品	17.0	70.0	17.0		千克	AB
2103 90 10^	味精	36.6	130.0	17.0		千克	AB
2103 90 20	别特(Aromatic bitters,仅做烹饪用,不适于饮用)	24.6	90.0	17.0		千克	AB
2103 90 90^	其他调味品	24.6	90.0	17.0		千克	AB
2104	**汤料及其制品;均化混合食品**						
2104 10 00	汤料及其制品	27.0	90.0	17.0		千克	AB
2104 20 00	均化混合食品	37.2	90.0	17.0		千克	AB
2105	**冰淇淋及其他冰制食品;不论是否含可可**						
2105 00 00	冰淇淋及其他冰制食品(不论是否含可可)	29.4	90.0	17.0		千克	AB
2106	**其他编号未列名的食品**						
2106 10 00 *	浓缩蛋白质及人造蛋白物质	24.0	90.0	17.0		千克	AB
2106 90 10	制造碳酸饮料的浓缩物	45.0	100.0	17.0		千克	AB
2106 90 20	制造饮料用的复合酒精制品	36.0	180.0	17.0	5.0	千克	AB
2106 90 30^	蜂王浆制剂	3.0	80.0	17.0		千克	AB
2106 90 90^	其他编号未列名的食品	27.5	90.0	17.0		千克	AB

第二十二章　饮料、酒及醋

注释：

一、本章不包括：

(一)本章的产品(品目22.09的货品除外)经配制后，用于烹饪而不适于作为饮料的制品(通常归入品目21.03)；

(二)海水(品目25.01)；

(三)蒸馏水、导电水及类似的纯净水(品目28.51)；

(四)按重量计浓度超过10%的醋酸(品目29.15)；

(五)品目30.03或30.04的药品；

(六)芳香料制品及盥洗品(第三十三章)。

二、本章及第二十章和第二十一章所称“按容量计酒精浓度”，应是浓度在20℃时测得的浓度。

三、品目22.02所称“无酒精饮料”，是指按容量计酒精浓度不超过0.5%的饮料。含酒精饮料应分别归入品目22.03至22.06或品目22.08。

子目注释：

子目号2204.10所称“汽酒”，是指温度在20℃时装在密封容器中超过大气压力3巴及以上的酒。

商品编号	商品名称备注	进口税率		增值税	消费税	计量单位	监管条件
		最惠国	普通				
2201	**未加糖或其他甜物质及未加味的水,包括天然或人造矿泉水及汽水;冰及雪**						
2201 10 10	未加糖及未加味的矿泉水(包括天然或人造矿泉水)	35.0	90.0	17.0		升/千克	AB
2201 10 20	未加糖及未加味的汽水	42.5	90.0	17.0		升/千克	AB
2201 90 10	天然水(未加味、加糖或其他甜物质)	10.0	30.0	17.0		千升/吨	AB
2201 90 90	其他水、冰及雪(未加味、加糖或其他甜物质)	10.0	30.0	17.0		千升/吨	
2202	**加味、加糖或其他甜物质的水,包括矿泉水及汽水,其他无酒精饮料,但不包括编号 2009 的水果汁或蔬菜汁**						
2202 10 00	加味、加糖或其他甜物质的水(包括矿泉水及汽水)	31.3	100.0	17.0		升/千克	AB
2202 90 00.10ˆ	散装无酒精饮料(不包括编号 2009 的水果汁或蔬菜汁)	41.0	100.0	17.0		升/千克	AB
2202 90 00.90ˆ	其他包装无酒精饮料(不包括编号 2009 的水果汁或蔬菜汁)	41.0	100.0	17.0		升/千克	AB
2203	**麦芽酿造的啤酒**						
2203 00 00ˆ	麦芽酿造的啤酒			17.0		升/千克	AB
2204	**鲜葡萄酿造的酒,包括加酒精的;编号 2009 以外的酿酒葡萄汁**						
2204 10 00	葡萄汽酒	34.4	180.0	17.0	10.0	升/千克	AB
2204 21 00	小包装的鲜葡萄酿造的酒(小包装指装入两升及以下容器的)	34.4	180.0	17.0	10.0	升/千克	AB
2204 29 00.10	其他包装鲜葡萄酿造的葡萄酒原酒(其他包装指装入两升以上容器的)	38.0	180.0	17.0	10.0	升/千克	AB
2204 29 00.90	其他包装的鲜葡萄酿造的葡萄酒(其他包装指装入两升以上容器的)	38.0	180.0	17.0	10.0	升/千克	AB
2204 30 00	其他酿酒葡萄汁(编号 2009 以外的)	45.0	90.0	17.0	10.0	升/千克	A
2205	**味美思酒及其他加植物或香料的用鲜葡萄酿造的酒**						
2205 10 00	小包装的味美思酒及类似酒(两升及以下容器包装,加植物或香料的用鲜葡萄酿造的酒)	65.0	180.0	17.0	10.0	升/千克	7AB
2205 90 00	其他包装的味美思酒及类似酒(两升以上容器包装,加植物或香料的用鲜葡萄酿造的酒)	65.0	180.0	17.0	10.0	升/千克	7AB
2206	**其他发酵饮料(例如,苹果酒、梨酒、蜂蜜酒);其他编号未列名的发酵饮料的混合物及发酵饮料与无酒精饮料的混合物**						
2206 00 00.10	黄酒	58.2	180.0	17.0	0.249	升/千克	AB
2206 00 00.90	其他发酵饮料(未列名发酵饮料混合物及发酵饮料与无酒精饮料混合物)	58.2	180.0	17.0	10.0	升/千克	AB

商品编号	商 品 名 称 备 注	进口税率		增值税	消费税	计量单位	监管条件
		最惠国	普通				
2207	**未改性乙醇,按容量计酒精浓度在80%及以上;任何浓度的改性乙醇及其他酒精**						
2207 10 00	浓度在80%及以上的未改性乙醇(指酒精浓度)	40.0	100.0	17.0	5.0	升/千克	7AB
2207 20 00.10	任何浓度的改性乙醇	34.0	80.0	17.0	5.0	升/千克	AB
2207 20 00.90	任何浓度的其他酒精	34.0	80.0	17.0	5.0	升/千克	AB
2208	**未改性乙醇,按容量计酒精浓度在80%以下;蒸馏酒、利口酒及其他酒精饮料**						
2208 20 00	蒸馏葡萄酒制得的烈性酒	37.5	180.0	17.0		升/千克	7AB
2208 30 00	威士忌酒	37.5	180.0	17.0		升/千克	7AB
2208 40 00	朗姆酒及其他甘蔗蒸馏酒	32.0	180.0	17.0		升/千克	7AB
2208 50 00	杜松子酒	37.5	180.0	17.0		升/千克	7AB
2208 60 00	伏特加酒	37.5	180.0	17.0		升/千克	AB
2208 70 00	利口酒及柯迪尔酒	37.5	180.0	17.0		升/千克	7AB
2208 90 10	龙舌兰酒	37.5	180.0	17.0		升/千克	7AB
2208 90 90.10	酒精浓度在80%以下的未改性乙醇	37.5	180.0	17.0	5.0	升/千克	AB7
2208 90 90.20	薯类蒸馏酒	37.5	180.0	17.0		升/千克	7AB
2208 90 90.90	其他蒸馏酒及酒精饮料	37.5	180.0	17.0		升/千克	7AB
2209	**醋及用醋酸制得的醋代用品**						
2209 00 00	醋及醋酸制得的醋代用品	22.0	70.0	17.0		升/千克	AB

第二十三章　食品工业的残渣及废料；配制的动物饲料

注释：

品目23.09包括其他品目未列名的配制动物饲料，这些饲料是由动、植物原料加工而成的，并且已改变了原料的基本特性，但加工过程中的植物废料、植物残渣及副产品除外。

子目注释：

子目2306.41所称“低芥子酸油菜子”，是指第十二章子目注释一所定义的油菜子。

商品编号	商品名称备注	进口税率		增值税	消费税	计量单位	监管条件
		最惠国	普通				
2301	**不适于供人食用的肉、杂碎、鱼、甲壳动物、软体动物或其他水生无椎动物的渣粉及团粒;油渣**						
2301 10 11	含牛羊成分的肉骨粉(不适于供人食用的)	2.0	11.0	13.0		千克	AB
2301 10 19	其他肉骨粉(不适于供人食用的)	2.0	11.0	13.0		千克	AB
2301 10 20	油渣(不适于供人食用的)	5.0	50.0	13.0		千克	AB
2301 10 90	其他不适于供人食用的肉渣粉(包括杂碎渣粉)	5.0	30.0	13.0		千克	AB
2301 20 10	饲料用鱼粉	2.0	11.0	13.0		千克	AB
2301 20 90	其他不适于供人食用的水产品渣粉	5.0	30.0	13.0		千克	AB
2302	**谷物或豆类植物在筛、碾或其他加工过程中所产生的糠、麸及其他残渣,不论是否制成团粒**						
2302 10 00	玉米糠、麸及其他残渣	5.0	30.0	13.0		千克	AB
2302 20 00	稻米糠、麸及其他残渣	5.0	30.0	13.0		千克	AB
2302 30 00	小麦糠、麸及其他残渣	3.8	30.0	13.0		千克	AB
2302 40 00	其他谷物糠、麸及其他残渣	5.0	30.0	13.0		千克	AB
2302 50 00	豆类植物糠、麸及其他残渣	5.0	30.0	13.0		千克	AB
2303	**制造淀粉过程中的残渣及类似的残渣、甜菜渣、甘蔗渣及制糖过程中的其他残渣,酿造及蒸馏过程中的糟粕及残渣,不论是否制成团粒**						
2303 10 00	制造淀粉过程中的残渣及类似品	5.0	30.0	13.0		千克	AB
2303 20 00	甜菜渣、甘蔗渣及类似残渣	5.0	30.0	13.0		千克	AB
2303 30 00	酿造及蒸馏过程中的糟粕及残渣	5.0	30.0	13.0		千克	AB
2304	**提炼豆油所得的油渣饼及其他固体残渣,不论是否碾磨或制成团粒**						
2304 00 10	提炼豆油所得的油渣饼(豆饼)	5.0	30.0	13.0		千克	AB
2304 00 90	提炼豆油所得的其他固体残渣(不论是否研磨或制成团)	5.0	30.0	13.0		千克	AB
2305	**提炼花生油所得的油渣饼及其他固体残渣,不论是否碾磨或制成团粒**						
2305 00 00	花生饼及类似油渣	5.0	30.0	13.0		千克	AB
2306	**编号 2304 或 2305 以外的提炼植物油脂所得的油渣饼及其他固体残渣,不论是否碾磨或制成团粒**						
2306 10 00	棉子油渣饼及固体残渣(编号 2304 或 2305 以外提炼植物油脂所得的)	5.0	30.0	13.0		千克	AB
2306 20 00	亚麻子油渣饼及固体残渣(编号 2304 或 2305 以外提炼植物油脂所得的)	5.0	30.0	13.0		千克	AB
2306 30 00	葵花子油渣饼及固体残渣(编号 2304 或 2305 以外提炼植物油脂所得的)	5.0	30.0	13.0		千克	AB
2306 41 00	低芥子酸油菜子油渣饼及固体残渣(编号 2304 或 2306 以外提炼植物油脂所得的)	5.0	30.0	13.0		千克	AB

商品编号	商品名称备注	进口税率		增值税	消费税	计量单位	监管条件
		最惠国	普通				
2306 49 00	其他油菜子油渣饼及固体残渣(编号 2304 或 2305 以外提炼植物油脂所得的)	5.0	30.0	13.0		千克	AB
2306 50 00	椰子或干椰肉油渣饼及固体残渣(编号 2304 或 2305 以外提炼植物油脂所得的)	5.0	30.0	13.0		千克	AB
2306 60 00	油棕果或油棕仁油渣饼及固体残渣(编号 2304 或 2305 以外提炼植物油脂所得的)	5.0	30.0	13.0		千克	AB
2306 70 00	玉米胚芽油渣饼及固体残渣(编号 2304 或 2305 以外提炼植物油脂所得的)	5.0	30.0	13.0		千克	AB
2306 90 00	其他油渣饼及固体残渣(编号 2304 或 2305 以外提炼植物油脂所得的)	5.0	30.0	13.0		千克	AB
2307	**葡萄酒渣;粗酒石**						
2307 00 00	葡萄酒渣、粗酒石	5.0	30.0	13.0		千克	
2308	**动物饲料用的其他编号未列名的植物原料、废料、残渣及副产品,不论是否制成团粒**						
2308 00 00	其他饲料用植物产品(包括废料、残渣及副产品)	5.0	35.0	13.0		千克	AB
2309	**配制的动物饲料**						
2309 10 10	狗食或猫食罐头	21.0	90.0	13.0		千克	AB
2309 10 90	其它零售包装的狗食或猫食	21.0	90.0	13.0		千克	AB
2309 90 10	制成的饲料添加剂	5.0	14.0	13.0		千克	AB
2309 90 90 *	其他配制的动物饲料	7.4	14.0	13.0		千克	AB

第二十四章　烟草、烟草及烟草代用品的制品

注释：

本章不包括药用卷烟(第三十章)。

商品编号	商 品 名 称 备 注	进口税率		增值税	消费税	计量单位	监管条件
		最惠国	普通				
2401	**烟草;烟草废料**						
2401 10 10	未去梗的烤烟	22.0	70.0	17.0		千克	7AB
2401 10 90	其他未去梗的烟草	22.0	70.0	17.0		千克	7AB
2401 20 10	部分或全部去梗的烤烟	22.0	70.0	17.0		千克	7AB
2401 20 90	部分或全部去梗的其他烟草	22.0	70.0	17.0		千克	7AB
2401 30 00	烟草废料	22.0	70.0	17.0		千克	AB7
2402	**烟草或烟草代用品制成的雪茄烟及卷烟**						
2402 10 00	烟草制的雪茄烟	41.0	180.0	17.0	40.0	千支/千克	7B
2402 20 00	烟草制的卷烟	35.0	180.0	17.0		千支/千克	7AB
2402 90 00.10	烟草代用品制的卷烟	41.0	180.0	17.0	50.0	千支/千克	7
2402 90 00.90	烟草代用品制的雪茄烟	41.0	180.0	17.0	40.0	千支/千克	7
2403	**其他烟草及烟草代用品的制品;"均化"或"再造"烟草;烟草精汁**						
2403 10 00	供吸用的烟丝(不论是否含有任何比例的烟草代用品)	57.0	180.0	17.0	30.0	千克	7AB
2403 91 00	"均化"或"再造"烟草	57.0	180.0	17.0	30.0	千克	AB7
2403 99 00.10	烟草精汁	57.0	180.0	17.0	30.0	千克	7AB
2403 99 00.90	其他烟草及烟草代用品的制品	57.0	180.0	17.0	30.0	千克	AB

第五类 矿 产 品

第二十五章 盐;硫磺;泥土及石料;石膏料、石灰及水泥

注释:

一、除条文及注释四另有规定的以外,本章各品目只包括原产状态的矿产品,或只经过洗涤(包括用化学物质清除杂质而未改变产品结构的)、破碎、磨碎、研粉、淘洗、筛分以及用浮选、磁选和其他机械物理方法(不包括结晶法)精选取过的货品,但不得经过焙烧、煅烧、混合或超过税目所列的加工范围。本章产品可含有添加的抗尘剂,但所加剂料并不使原产品改变其一般用途而适用于某些特殊用途。

二、本章不包括:

(一)升华硫磺、沉淀硫磺及胶态硫磺(品目28.02);

(二)土色料,按重量计三氧化二铁含量在70%及以上(品目28.21);

(三)第三十章的药品及其他产品;

(四)芳香料制品及化妆盥洗品(第三十三章);

(五)长方砌石、路缘石、扁平石(品目68.01)、镶嵌石或类似石料(品目68.02)及铺屋顶、饰墙面或防潮用的板岩(品目68.03);

(六)宝石或半宝石(品目71.02或71.03);

(七)每颗重量不低于2.5克的氯化钠或氧化镁培养晶体(光学元件除外)(品目38.23);氯化钠或氧化镁制的光学元件(品目90.01);

(八)台球用粉块(品目95.04);

(九)书写或绘画用粉笔及裁缝划粉(品目96.09)。

三、既可归入品目25.17又可归入本章其他品目的产品,应归入品目25.17。

四、品目25.30主要包括:未膨胀的蛭石、珍珠岩及绿泥石;不论是否煅烧或混合的土色料;天然云母氧化铁;海泡石(不论是否磨光成块);琥珀;模制后未经进一步加工的片、条、杆或类似形状的粘聚海泡石及粘聚琥珀;黑玉;菱锶矿(不论是否煅烧),但不包括氧化锶;陶器、砖或混凝土的碎块。

商品编号	商 品 名 称 备 注	进口税率		增值税	消费税	计量单位	监管条件
		最惠国	普通				
2501	**盐(包括精制盐及变性盐)及纯氯化钠,不论是否为水溶液**						
2501 00 10	盐			17.0		千克	AB
2501 00 20	纯氯化钠	3.0	35.0	17.0		千克	B
2501 00 30	海水			17.0		千克	
2502	**未焙烧的黄铁矿**						
2502 00 00	未焙烧的黄铁矿	3.0	20.0	13.0		千克	
2503	**各种硫磺,但升华硫磺、沉淀硫磺及胶态硫磺除外**						
2503 00 00	各种硫磺(升华硫磺,沉淀硫磺及胶态硫磺除外)	3.0	17.0	13.0		千克	
2504	**天然石墨**						
2504 10 10	磷片状天然石墨	3.0	30.0	13.0		千克	B
2504 10 90	其它粉末或粉片状天然石墨	3.0	30.0	13.0		千克	B
2504 90 00	其他天然石墨	3.0	30.0	13.0		千克	B
2505	**各种天然砂,不论是否着色,但第26章的含金属矿砂除外**						
2505 10 00	硅砂及石英砂(不论是否着色)	3.0	40.0	13.0		千克	B
2505 90 00	其他天然砂(不论是否着色,二十六章的金属矿砂除外)	3.0	40.0	13.0		千克	
2506	**石英(天然砂除外);石英岩,不论是否粗加修整或仅用锯或其他方法切割成矩形(包括正方形)的板、块**						
2506 10 00	石英	3.0	40.0	13.0		千克	B
2506 21 00	原状或粗加修整石英岩	3.0	40.0	13.0		千克	
2506 29 00	其他形状的石英岩	3.0	40.0	13.0		千克	
2507	**高岭土及类似土,不论是否锻烧**						
2507 00 00	不论是否煅烧的高岭土及类似土	3.0	50.0	13.0		千克	
2508	**其他粘土(不包括编号6806的膨胀粘土)、红柱石、蓝晶石及硅线石,不论是否锻烧;富铝红柱石;火泥及第纳斯土**						
2508 10 00	膨润土	3.0	50.0	13.0		千克	
2508 20 00	脱色土及漂白土	3.0	50.0	13.0		千克	
2508 30 00	耐火粘土(包括矾土、焦宝石及其他耐火粘土)	3.0	20.0	13.0		千克	yB4
2508 40 00	其他粘土	3.0	50.0	13.0		千克	y4
2508 50 00	红柱石,蓝晶石及硅线石	3.0	40.0	13.0		千克	
2508 60 00	富铝红柱石	3.0	40.0	13.0		千克	
2508 70 00.10	火泥	3.0	20.0	13.0		千克	
2508 70 00.90	第纳斯土	3.0	20.0	13.0		千克	

商品编号	商品名称备注	进口税率		增值税	消费税	计量单位	监管条件
		最惠国	普通				
2509	**白垩**						
2509 00 00	白垩	3.0	45.0	13.0		千克	
2510	**天然磷酸钙、天然磷酸铝钙及磷酸盐白垩**						
2510 10 10	未碾磨磷灰石	3.0	11.0	13.0		千克	AB
2510 10 90	其他未碾磨天然磷酸钙(包括天然磷酸铝钙及磷酸盐白垩)	3.0	20.0	13.0		千克	A
2510 20 10	已碾磨磷灰石	3.0	11.0	13.0		千克	AB
2510 20 90	其他已碾磨天然磷酸钙(包括天然磷酸铝钙及磷酸盐白垩)	3.0	20.0	13.0		千克	A
2511	**天然硫酸钡(重晶石);天然碳酸钡(毒重石),不论是否煅烧,但编号2816的氧化钡除外**						
2511 10 00	天然硫酸钡(重晶石)	3.0	45.0	13.0		千克	B
2511 20 00	天然碳酸钡(毒重石)(不论是否煅烧,但品目2816的氧化钡除外)	3.0	45.0	13.0		千克	
2512	**硅质化石粗粉(例如各钟硅藻土)及类似的硅质土,不论是否煅烧,其表观比重不超过1**						
2512 00 00	硅质化石粗粉及类似的硅质土(不论是否煅烧,表观比重不超过1)	3.0	40.0	17.0		千克	
2513	**浮石;刚玉岩;天然刚玉砂;天然石榴石及其他天然磨料,不论是否热处理**						
2513 11 00	原状或不规则碎块状浮石	3.0	35.0	17.0		千克	
2513 19 00	其他形状的浮石	3.0	35.0	17.0		千克	
2513 20 00	刚玉岩、天然刚玉砂等天然磨料(包括天然石榴石及其他天然磨料)	3.0	17.0	17.0		千克	B
2514	**板岩,不论是否粗加修整或仅用锯或其他方法切割成矩形(包括正方形)的板、块**						
2514 00 00	板岩(不论是否粗加修整或仅用锯或其他方法切割成矩形板或块)	3.0	50.0	17.0		千克	
2515	**大理石、石灰华及其他石灰质碑用或建筑用石,表观比重为2.5及以上,蜡石,不论是否粗加修整或仅用锯或其他方法切割成矩形(包括正方形)的板、块**						
2515 11 00	原状或粗加修整大理石及石灰华	4.0	80.0	17.0		千克	A
2515 12 00	矩形大理石及石灰华(用锯或其他方法切割成矩形)	4.0	80.0	17.0		千克	A
2515 20 00	其他石灰质碑用或建筑用石,蜡石	3.0	50.0	17.0		千克	A
2516	**花岗岩、斑岩、玄武岩、砂岩以及其他碑用或建筑用石,不论是否粗加修整或仅用锯或其他方法切割成矩形(包括正方形)的板、块**						

商品编号	商品名称备注	进口税率		增值税	消费税	计量单位	监管条件
		最惠国	普通				
2516 11 00	原状或粗加修整花岗岩	4.0	50.0	17.0		千克	A
2516 12 00	矩形花岗岩(用锯或其他方法切割成矩形)	4.0	50.0	17.0		千克	A
2516 21 00	原状或粗加修整砂岩	3.0	50.0	17.0		千克	A
2516 22 00	矩形砂岩(用锯或其他方法切割成矩形)	3.0	50.0	17.0		千克	A
2516 90 00	其他碑用或建筑用石	3.0	50.0	17.0		千克	A
2517	**通常作混凝土粒料、铺路、铁道路基或其他路基用的卵石、砾石及碎石,圆石子及燧石,不是否热处理;矿渣、浮渣及类似的工业残渣不论是否混有本编号第一部分所列的材料;沥青碎石,编号2515、2516所列各种石料的碎粒、碎屑及粉末,不论是否热处理**						
2517 10 00	卵石,砾石及碎石,圆石子及燧石(通常作混凝土粒料、铺路或其他路基用,不论是否热处理)	4.0	50.0	17.0		千克	
2517 20 00	矿渣,浮渣及类似的工业残渣(不论是否混有25171000所列的材料)	3.0	50.0	17.0		千克	
2517 30 00	沥青碎石	3.0	50.0	17.0		千克	
2517 41 00	大理石碎粒、碎屑及粉末(不论是否热处理)	3.0	50.0	17.0		千克	
2517 49 00	编号2515及2616所列其他石碎粒等(不论是否热处理)	3.0	50.0	17.0		千克	
2518	**白云石,不论是否煅烧或烧结、粗加修整或仅用锯或其他方法切割成矩形(包括正方形)的板、块;夯混白云石**						
2518 10 00	未煅烧白云石(不论是否粗加修整或仅用锯或其他方法切割成矩形板、块)	3.0	40.0	17.0		千克	
2518 20 00	已煅烧白云石(不论是否粗加修整或仅用锯或其他方法切割成矩形板、块)	3.0	40.0	17.0		千克	
2518 30 00	夯混白云石(包括沥青白云石)	3.0	40.0	17.0		千克	
2519	**天然碳酸镁(菱镁矿);熔凝镁氧矿;烧结镁氧矿,不论烧结前是否加入少量其他氧化物;其他氧化镁,不论是否纯净**						
2519 10 00	天然碳酸镁(菱镁矿)	3.0	40.0	17.0		千克	y4
2519 90 10	熔凝镁氧矿(电熔镁,包括喷补料)	3.0	40.0	17.0		千克	y4
2519 90 20	烧结镁氧矿(重烧镁)(包括喷补料)	3.0	40.0	17.0		千克	y4
2519 90 30	碱烧镁(轻烧镁)	3.0	40.0	17.0		千克	y4
2519 90 91	化学纯氧化镁	3.0	35.0	17.0		千克	B
2519 90 99	其他氧化镁	3.0	40.0	17.0		千克	
2520	**生石膏;硬石膏;熟石膏(由煅烧的生石膏或硫酸钙构成),不论是否着色,也不论是否带有少量促凝剂或缓凝剂**						
2520 10 00	生石膏,硬石膏	5.0	80.0	17.0		千克	
2520 20 10	牙科用熟石膏(不论是否着色或带有少量促凝剂或缓凝剂)	5.0	40.0	17.0		千克	

商品编号	商 品 名 称 备 注	进口税率		增值税	消费税	计量单位	监管条件
		最惠国	普通				
2520 20 90	其他熟石膏(不论是否着色或带有少量促凝剂或缓凝剂)	5.0	80.0	17.0		千克	
2521	**石灰石助熔剂;通常用于制造石灰或水泥的石灰石及其他钙质石**						
2521 00 00	石灰石助熔剂,石灰石及其他钙石	5.0	50.0	17.0		千克	
2522	**生石灰、熟石灰及水硬石灰,但编号2825的氧化钙及氢氧化钙除外**						
2522 10 00	生石灰	5.0	80.0	17.0		千克	
2522 20 00	熟石灰	5.0	80.0	17.0		千克	
2522 30 00	水硬石灰	5.0	80.0	17.0		千克	
2523	**硅酸盐水泥、矾土水泥、矿渣水泥、富硫酸盐水泥及类似的水凝水泥**						
2523 10 00	水泥熟料	8.0	30.0	17.0		千克	A
2523 21 00	白水泥,不论是否人工着色	6.0	30.0	17.0		千克	B
2523 29 00	其他硅酸盐水泥	8.0	30.0	17.0		千克	AB
2523 30 00	矾土水泥	6.0	30.0	17.0		千克	B
2523 90 00	其他水凝水泥	8.0	30.0	17.0		千克	AB
2524	**石棉**						
2524 00 10.10	长纤维青石棉	5.0	30.0	13.0		千克	X7
2524 00 10.90	其他长纤维石棉	5.0	30.0	13.0		千克	7
2524 00 90.10	青石棉	6.8	35.0	13.0		千克	7X
2524 00 90.90	其他石棉	6.8	35.0	13.0		千克	7
2525	**云母,包括云母片;云母废料**						
2525 10 00	原状云母及劈开的云母片	5.0	30.0	13.0		千克	
2525 20 00	云母粉	5.0	30.0	13.0		千克	
2525 30 00	云母废料	5.0	30.0	13.0		千克	
2526	**天然冻石,不论是否粗加修整或仅用锯或其他方法切割成矩形(包括正方形)的板、块;滑石**						
2526 10 10	未破碎及未研粉的天然冻石(不论是否粗加修整或仅用锯或其他方法切割成矩形板块)	3.0	50.0	13.0		千克	
2526 10 20	未破碎及未研粉的滑石(不论是否粗加修整或仅用锯或其他方法切割成矩形板块)	3.0	50.0	13.0		千克	y4B
2526 20 10	已破碎或已研粉的天然冻石	3.0	50.0	17.0		千克	
2526 20 20	已破碎或已研粉的天然滑石	3.0	50.0	17.0		千克	y4B
2528	**天然硼酸盐及其精矿(不论是否煅烧),但不包括从天然盐水析离的硼酸盐;天然粗硼酸,含硼酸干重不超过85%**						
2528 10 00 *	天然硼砂及其精矿(不论是否煅烧,不含从天然盐水析离的硼酸盐)	4.2	30.0	13.0		千克	

商品编号	商 品 名 称 备 注	进口税率		增值税	消费税	计量单位	监管条件
		最惠国	普通				
2528 90 00 *	天然粗硼砂,含硼酸干重不超85%	5.0	30.0	13.0		千克	
2529	**长石;白榴石;霞石及霞石正长岩;萤石(氟石)**						
2529 10 00	长石	3.0	50.0	13.0		千克	
2529 21 00	按重量计氟化钙含量≤97%的萤石	3.0	50.0	13.0		千克	y4B
2529 22 00	按重量计氟化钙含量>97%的萤石	3.0	50.0	13.0		千克	y4B
2529 30 00	白榴石,霞石及霞石正长岩	5.0	50.0	13.0		千克	
2530	**其他编号未列名的矿产品**						
2530 10 10	未膨胀的绿泥石	5.0	30.0	13.0		千克	
2530 10 20	未膨胀的蛭石及珍珠岩	5.0	30.0	13.0		千克	
2530 20 00	硫镁矾矿及泻盐矿(天然硫酸镁)	3.0	30.0	13.0		千克	
2530 90 10	矿物性药材	3.0	30.0	13.0		千克	
2530 90 20	稀土金属矿			13.0		千克	4
2530 90 90.10	废镁砖	3.0	50.0	13.0		千克	y4
2530 90 90.90	其他矿产品	3.0	50.0	13.0		千克	

第二十六章　矿砂、矿渣及矿灰

注释：

一、本章不包括：

（一）供铺路用的矿渣及类似的工业废渣（品目25.17）；

（二）天然碳酸镁（菱镁矿），不论是否煅烧（品目25.19）；

（三）主要含有石油的石油储罐的淤渣（品目27.10）；

（四）第三十一章的碱性熔渣；

（五）矿物棉（品目68.06）；

（六）贵金属或包贵金属的废碎料；主要用于回收贵金属的含贵金属或贵金属化合物的其他废碎料（品目71.12）；

（七）通过熔炼所产生的铜锍、镍锍或钴锍（第十五类）。

二、品目26.01至26.17所称"矿砂"，是指冶金工业中提炼汞、品目28.44的金属以及第十四类、第十五类金属的矿物，即使这些矿物不用于冶金工业，也包括在内。但品目26.01至26.17不包括不是以冶金工业正常加工方法处理的各种矿物。

三、品目26.20仅适用于：

（一）在工业上提炼金属或作为生产金属化合物基本原料的矿灰或残渣，但焚化城市垃圾所产生的灰、渣除外（品目26.21）；

（二）含有砷的矿灰、残渣，不论其是否含有金属，用于提取或生产砷、金属及其化合物。

子目注释：

一、子目2620.21所称"含铅汽油的淤渣及含铅抗震化合物的淤渣"，是指含铅汽油及含铅抗震化合物（例如，四乙基铅）储罐的淤渣，主要含有铅、铅化合物以及铁的氧化物；

二、含有砷、汞、铊及其混合物的矿灰及残渣，用于提取或生产砷、汞、铊及其化合物，归入子目2620.60。

商品编号	商 品 名 称 备 注	进口税率		增值税	消费税	计量单位	监管条件
		最惠国	普通				
2601	**铁矿砂及其精矿，包括焙烧黄铁矿**						
2601 11 00	未烧结铁矿砂及其精矿(焙烧黄铁矿除外)			13.0		千克	A
2601 12 00	已烧结铁矿砂及其精矿(焙烧黄铁矿除外)			13.0		千克	A
2601 20 00	焙烧黄铁矿			13.0		千克	A
2602	**锰矿砂及其精矿，包括以干重计量含锰在 20% 及以上的锰铁矿及其精矿**						
2602 00 00	锰矿砂及其精矿(包括以干重计含锰量在 20% 及以上的锰铁矿及其精矿)			13.0		千克	AB
2603	**铜矿砂及其精矿**						
2603 00 00	铜矿砂及其精矿			13.0		千克	A
2604	**镍矿砂及其精矿**						
2604 00 00	镍矿砂及其精矿			13.0		千克	
2605	**钴矿砂及其精矿**						
2605 00 00	钴矿砂及其精矿			13.0		千克	
2606	**铝矿砂及其精矿**						
2606 00 00	铝矿砂及其精矿			13.0		千克	yB4
2607	**铅矿砂及其精矿**						
2607 00 00 *	铅矿砂及其精矿			13.0		千克	
2608	**锌矿砂及其精矿**						
2608 00 00 *	锌矿砂及其精矿			13.0		千克	A4y
2609	**锡矿砂及其精矿**						
2609 00 00 *	锡矿砂及其精矿			13.0		千克	B4y
2610	**铬矿砂及其精矿**						
2610 00 00	铬矿砂及其精矿			13.0		千克	A
2611	**钨矿砂及其精矿**						
2611 00 00	钨矿砂及其精矿			13.0		千克	4By
2612	**铀或钍矿砂及其精矿**						
2612 10 00	铀矿砂及其精矿			13.0		千克	
2612 20 00	钍矿砂及其精矿			13.0		千克	4
2613	**钼矿砂及其精矿**						
2613 10 00	已焙烧钼矿砂及其精矿			13.0		千克	B
2613 90 00	其他钼矿砂及其精矿			13.0		千克	B

商品编号	商 品 名 称 备 注	进口税率		增值税	消费税	计量单位	监管条件
		最惠国	普通				
2614	**钛矿砂及其精矿**						
2614 00 00	钛矿砂及其精矿			13.0		千克	
2615	**铌、钽、钒或锆矿砂及其精矿**						
2615 10 00	锆矿砂及其精矿			13.0		千克	
2615 90 00.10	铌,钽精矿及其矿砂			13.0		千克	
2615 90 00.90	钒矿砂;钒精矿			13.0		千克	
2616	**贵金属矿砂及其精矿**						
2616 10 00	银矿砂及其精矿			13.0		千克	
2616 90 00	其他贵金属矿砂及其精矿			13.0		千克	
2617	**其他矿砂及其精矿**						
2617 10 10	生锑			17.0		千克	4y
2617 10 90	其他锑矿砂及其精矿			13.0		千克	4By
2617 90 10	朱砂(辰砂)	3.0	14.0	13.0		千克	
2617 90 90	其他矿砂及其精矿			13.0		千克	
2618	**冶炼钢铁所产生的粒状熔渣(熔渣砂)**						
2618 00 00	冶炼钢铁产生的粒状熔渣(包括熔渣砂)	4.0	35.0	17.0		千克	AP
2619	**冶炼钢铁所产生的熔渣、浮渣(粒状熔渣除外)、氧化皮及其他废料**						
2619 00 00	熔渣,浮渣,氧化皮及其他废料(冶炼钢铁所产生的,(粒状熔渣除外))	4.0	35.0	17.0		千克	AP
2620	**含有砷、金属及其化合物的矿灰及残渣(冶炼钢铁所产生的灰、渣除外)**						
2620 11 00	含硬锌的矿灰及残渣(冶炼钢铁所产生的除外)	4.0	35.0	17.0		千克	
2620 19 00	含其他锌的矿灰及残渣(冶炼钢铁所产生的除外)	4.0	35.0	17.0		千克	
2620 21 00	含铅汽油淤渣(包括含铅抗震化合物的淤渣)	4.0	35.0	17.0		千克	9
2620 29 00	其他主要含铅的矿灰及残渣(冶炼钢铁所产生的除外)	4.0	35.0	17.0		千克	
2620 30 00	主要含铜的矿灰及残渣(冶炼钢铁所产生的除外)	4.0	35.0	17.0		千克	
2620 40 00	主要含铝的矿灰及残渣(冶炼钢铁所产生的除外)	4.0	35.0	17.0		千克	
2620 60 00	含砷,汞,铊及混合物矿灰与残渣(用于提取或生产砷,汞,铊及其化合物)	4.0	35.0	17.0		千克	9
2620 91 00	含锑,铍,镉,铬及混合物矿灰残渣(用于提取或生产锑,铍,镉,铬及其化合物")	4.0	35.0	17.0		千克	9
2620 99 10	其它主要含钨的矿灰及残渣	4.0	35.0	17.0		千克	y4

商品编号	商 品 名 称 备 注	进口税率		增值税	消费税	计量单位	监管条件
		最惠国	普通				
2620 99 90	含其他金属及化合物的矿灰及残渣(冶炼钢铁所产生的除外)	4.0	35.0	17.0		千克	
2621	**其他矿渣及矿灰,包括海藻灰(海草灰);焚化城市垃圾所产生的灰、渣**						
2621 10 00	焚化城市垃圾所产生的灰,渣	4.0	35.0	17.0		千克	9
2621 90 00	其他矿渣及矿灰(包括海藻灰(海草灰))	4.0	35.0	17.0		千克	

第二十七章　矿物燃料、矿物油及其蒸馏产品；沥青物质；矿物蜡

注释：

一、本章不包括：

(一)单独的已有化学定义的有机化合物，但纯甲烷及纯丙烷应归入品目27.11；

(二)品目30.03及30.04的药品；

(三)品目33.01、33.02及38.05的不饱和烃混合物。

二、品目27.10所称"石油及从沥青矿物提取的油类"，不仅包括石油、从沥青矿物提取的油及类似油，还包括那些用任何方法提取的主要含有不饱和烃混合物的油，但其非芳族成分的重量必须超过芳族成分。然而，它不包括温度在300℃时，压力转为1013毫巴后减压蒸馏出的液体合成聚烯烃以体积计小于60%的货品(第三十九章)。

三、品目27.10所称"废油"，是指主要含石油及从沥青矿物提取的油类(参见本章注释二)的废油，不论其是否与水混合。它们包括：

(一)不再适于作为原产品使用的废油(例如，用过的润滑油、液压油、变压器油)；

(二)石油储罐的淤渣油，主要含石油及高浓度的在生产原产品时使用的添加剂(例如，化学品)；

(三)水乳浊液状或与水混合的废油，例如，浮油、清洗油罐所得的油或机械加工中已用过的切削油。

子目注释：

一、子目号2701.11所称"无烟煤"，是指含挥发物(以干燥、无矿物质计)不超过14%的煤。

二、子目号2701.12所称"烟煤"，是指含挥发物(以干燥、无矿物质计)超过14%，并且热值(以潮湿、无矿物质计)等于或大于5833大卡/公斤的煤。

三、子目号2707.10、2707.20、2707.30、2707.40、2707.60所称"粗苯"、"粗甲苯""粗二甲苯"、"萘"、"酚"，是分别指按重量计苯、甲苯、二甲苯、萘、酚的含量在50%以上的产品。

四、子目2710.11所称"轻油及其制品"，是指在210℃时按体积计馏出量在90%及以上(包括损失部分)的产品(美国材料试验学会D86方法)。

商品编号	商品名称备注	进口税率		增值税	消费税	计量单位	监管条件
		最惠国	普通				
2701	**煤;煤砖、煤球及用煤制成的类似固体燃料**						
2701 11 00.10	无烟煤(不论是否粉化,但未制成型)	3.0	20.0	13.0		千克	4ABy
2701 11 00.90	无烟煤滤料	3.0	20.0	13.0		千克	AB
2701 12 10	炼焦烟煤(不论是否粉化,但未制成型)	3.0	20.0	13.0		千克	4ABy
2701 12 90	其他烟煤(不论是否粉化,但未制成型)	6.0	20.0	13.0		千克	4ABy
2701 19 00	其他煤(不论是否粉化,但未制成型)	5.0	20.0	13.0		千克	4ABy
2701 20 00	煤砖、煤球及类似用煤制固体燃料	5.0	50.0	17.0		千克	
2702	**褐煤,不论是否制成型,但不包括黑玉**						
2702 10 00	褐煤(不论是否粉化,但未制成型)	3.0	20.0	13.0		千克	4y
2702 20 00	制成型的褐煤	3.0	20.0	17.0		千克	
2703	**泥煤(包括肥料用泥煤),不论是否制成型**						
2703 00 00	泥煤(包括肥料用泥煤)(不论是否制成型)	5.0	20.0	13.0		千克	AB
2704	**煤、褐煤或泥煤制成的焦炭及半焦炭,不论是否制成型;甑炭**						
2704 00 10	焦炭或半焦炭(煤,褐煤或泥煤制成的,不论是否成型,不包括增炭剂。)	5.0	11.0	17.0		千克	B4
2704 00 90	甑炭	5.0	11.0	17.0		千克	
2705	**煤气、水煤气、炉煤气及类似气体,但石油气及其他烃类气除外**						
2705 00 00	煤气、水煤气、炉煤气及类似气体(石油气及其他烃类气除外)	5.0	20.0	13.0		千克	
2706	**从煤、褐煤或泥煤蒸馏所得的焦油及其他矿物焦油,不论是否脱水或部分蒸留,包括再造焦油**						
2706 00 00	矿物焦油(不论是否脱水或部分蒸馏,包括再造焦油)	6.0	30.0	17.0		千克	
2707	**蒸馏高温煤焦油所得的油类及其他产品;芳族成分重量超过非芳族成分的类似产品**						
2707 10 00	粗苯	6.0	20.0	17.0		千克	
2707 20 00	粗甲苯	6.0	30.0	17.0		千克	
2707 30 00	粗二甲苯	6.0	20.0	17.0		千克	
2707 40 00	萘	7.0	30.0	17.0		千克	
2707 50 00 *	其他芳烃混合物(250℃时蒸馏出芳烃含量以体积计在65%及以上)	7.0	30.0	17.0		千克	B
2707 60 00.10 *	混合甲酚	7.0	30.0	17.0		千克	
2707 60 00.90	其他酚	7.0	30.0	17.0		千克	
2707 91 00	杂酚油	7.0	30.0	17.0		千克	
2707 99 00	蒸馏煤焦油所得的其他产品	7.0	30.0	17.0		千克	

商品编号	商 品 名 称 备 注	进口税率		增值税	消费税	计量单位	监管条件
		最惠国	普通				
2708	**从煤焦油或其他矿物焦油所得的沥青及沥青焦**						
2708 10 00	沥青	7.0	35.0	17.0		千克	
2708 20 00	沥青焦	6.0	11.0	17.0		千克	
2709	**石油原油及从沥青矿物提取的原油**						
2709 00 00	石油原油(包括从沥青矿物提取的原油)			17.0		千克	47ABy
2710	**石油及从沥青矿物提取的油类,但原油除外;以上述油为基本成分(按重量计不低于70%)的其他品目未列名制品;废油**						
2710 11 10	车用汽油及航空汽油	5.0	14.0	17.0	0.277	千克	4A1Buy
2710 11 20	石脑油	6.0	20.0	17.0		千克	B41Auy
2710 11 30	橡胶溶剂油、油漆溶剂油等(包括抽提溶剂油)	6.0	30.0	17.0		千克	
2710 11 90	其他汽油馏分(包括按重量计含油≥70%的制品)	9.0	20.0	17.0		千克	1uA4y
2710 19 11	航空煤油	9.0	14.0	17.0		千克	B14Auy
2710 19 12	灯用煤油	9.0	14.0	17.0		千克	B14Auy
2710 19 19	其他煤油馏分的油及制品	6.0	20.0	17.0		千克	4y
2710 19 21	轻柴油	6.0	11.0	17.0	0.117	千克	B4A1uy
2710 19 22	5-7号燃料油	6.0	20.0	17.0		千克	BA1u
2710 19 29.10 *	蜡油(350℃以下馏出物体积<20%,550℃以下馏出物体积>80%)	6.0	20.0	17.0		千克	BA1u
2710 19 29.20	重柴油	6.0	20.0	17.0		千克	B4A1uy
2710 19 29.90	其它柴油及燃料油	6.0	20.0	17.0		千克	BA1u
2710 19 91	润滑油	6.0	17.0	17.0		千克	B4Ay
2710 19 92	润滑脂	6.0	17.0	17.0		千克	B4Ay
2710 19 93	润滑油基础油	6.0	17.0	17.0		千克	4y
2710 19 94	液体石蜡和重质液体石蜡	6.0	20.0	17.0		千克	AB
2710 19 99	其他重油;其他重油制品(包括按重量计含油≥70%的制品)	6.0	20.0	17.0		千克	B
2710 91 00	含多氯联苯,多溴联苯的废油(包括含多氯三联苯的废油)	6.0	20.0	17.0		千克	9
2710 99 00	其他废油	6.0	20.0	17.0		千克	9
2711	**石油气及其他烃类气**						
2711 11 00	液化天然气	6.0	20.0	13.0		千克	4y
2711 12 00	液化丙烷	5.0	20.0	13.0		千克	
2711 13 10	直接灌注香烟打火机等用液化丁烷(包装容器容积超过300立方厘米)	11.0	80.0	17.0		千克	
2711 13 90	其他液化丁烷	5.0	20.0	13.0		千克	
2711 14 00	液化的乙烯、丙烯、丁烯及丁二烯	5.0	20.0	17.0		千克	

商品编号	商品名称备注	进口税率		增值税	消费税	计量单位	监管条件
		最惠国	普通				
2711 19 10	其他直接灌注打火机等用液化燃料(包装容器容积超过300立方厘米)	10.0	80.0	17.0		千克	
2711 19 90	其他液化石油气及烃类气	3.0	20.0	13.0		千克	
2711 21 00	气态天然气		20.0	13.0		千克	
2711 29 00	其他气态石油气及烃类气	6.0	20.0	13.0		千克	
2712	**凡士林;石蜡、微晶石蜡、疏松石蜡、地蜡、褐煤蜡、泥煤蜡、其他矿物蜡及用合成或其他方法制得的类似产品,不论是否着色**						
2712 10 00	凡士林	8.0	45.0	17.0		千克	
2712 20 00	石蜡,不论是否着色(按重量计含油量小于0.75%)	8.0	45.0	17.0		千克	4
2712 90 10	微晶石蜡	8.0	45.0	17.0		千克	4
2712 90 90	其他矿物蜡,不论是否着色(包括疏松石蜡、地蜡、褐煤蜡、泥煤蜡等)	8.0	45.0	17.0		千克	
2713	**石油焦、石油沥青及其他石油或从沥青矿物提取的油类的残渣**						
2713 11 00	未煅烧石油焦	3.0	11.0	17.0		千克	B
2713 12 00	已煅烧石油焦	3.0	11.0	17.0		千克	B
2713 20 00	石油沥青	8.0	35.0	17.0		千克	
2713 90 00	其他石油等矿物油类的残渣	6.0	35.0	17.0		千克	
2714	**天然沥青(地沥青)、沥青页岩、油页岩及焦油砂;沥青岩**						
2714 10 00	沥青页岩、油页岩及焦油砂	6.0	20.0	17.0		千克	
2714 90 10	天然沥青(地沥青)	8.0	35.0	17.0		千克	
2714 90 20	乳化沥青	0.8	20.0	17.0		千克	
2714 90 90	沥青岩	3.0	20.0	17.0		千克	
2715	**以天然沥青(地沥青)、石油沥青、矿物焦油或矿焦油沥青为基本成分的沥青混合物(例如,沥青胶粘剂、稀释沥青)**						
2715 00 00	天然沥青等为基本成分沥青混合物(包括石油沥青、矿物焦油、矿物焦油沥青等的沥青混合物)	8.0	35.0	17.0		千克	
2716	**电力**						
2716 00 00	电力	8.0		17.0		千瓦时	

第六类　化学工业及其相关工业的产品

注释：

一、(一)凡符合品目28.44、28.45规定的货品(放射性矿砂除外)，应分别归入这两个品目而不归入本目录的其他品目。

(二)除上述(一)款另有规定的以外，凡符合品目28.43、28.46规定的货品，应分别归入这两个品目而不归入本类的其他品目。

二、除上述注释一另有规定的以外，凡由于按一定剂量或作为零售包装而可归入税号30.04、30.05、30.06、32.12、33.03、33.04、33.05、33.06、33.07、35.06、37.07及38.08的货品，应分别归入以上品目，而不归入本目录的其他品目。

三、由两种或两种以上单独成分配套的货品，其部分或全部成分属于本类范围以内，混合后则构成第六类或第七类的货品，应按混合后产品归入相应的品目，但其组成成分必须同时符合下列条件：

(一)其包装形式足以表明这些成分不需经过改装就可一起使用的；

(二)一起进口或出口的；

(三)这些成分的属性及相互比例足以表明是相互配用的。

第二十八章　无机化学品；贵金属、稀土金属、放射性元素及其同位素的有机及无机化合物

注释：

一、除条文另有规定的以外，本章各品目只适用于：

(一)单位的化学元素及单独的已有化学定义的化合物，不论是否含有杂质；

(二)上述(一)款产品的水溶液；

(三)溶于其他溶剂的上述(一)款产品，但该产品处于溶液状态只是为了安全或运输所采取的正常必要方法，其所用溶剂并不使该产品改变其一般用途而适合于某些特殊用途；

(四)为了保存或运输需要，加入稳定剂(包括抗结块剂)的上述(一)、(二)、(三)款产品；

(五)为了便于识别或安全起见，加入抗尘剂或着色剂的上述(一)、(二、(三)、(四)款产品，但所加剂料并不使原产品改变其一般用途而适合于某些特殊用途。

二、除以有机物质稳定的连二亚硫酸盐及次硫酸盐(品目28.31)，无机碱的碳酸盐及过碳酸盐(品目28.36)，无机碱的氰化物、投氧氰化物及氰络合物(品目28.37)，无机碱的雷酸盐、氰酸盐及硫氰酸盐(品目28.38)，品目28.43至28.46的有机产品，以及碳化物(品目28.49)之外，本章仅包括下列碳化合物：

(一)碳的氧化物，氰化氢及雷酸、异氰酸、硫氰酸及其他简单或络合氰酸(品目28.11)；

(二)碳的卤氧化物(品目28.12)；

(三)二硫化碳(品目28.13)；

(四)硫代碳酸盐、硒代碳酸盐、硒代氰酸盐、碲代氰酸盐、四氰硫基二氨基络酸盐及其他无机碱络合氰酸盐(品目28.42)；

(五)用尿素固化的过氧化氢(品目28.47)、氧硫化碳、硫代羰基卤化物、氰、卤化氰、氨基氰及其金属衍生物(品目28.51)，不论是否纯净，但氰氨化钙除外(第三十一章)。

三、除第六类注释一另有规定的以外，本章不包括：

(一)氯化钠或氧化镁(不论是否纯净)及第五类的其他产品；

(二)上述注释二所述以外的有机—无机化合物；

(三)第三十一章注释二、三、四、五所述的产品；

(四)品目32.06的用作发光剂的无机产品；品目32.07的搪瓷玻璃料及其他玻璃，呈粉、粒或粉片状的；

(五)人造石墨(品目38.01)；品目38.13的灭火器的装配药及已装药的灭火弹；品目38.24的零售包装的除墨剂；品目38.24的每颗重量不少于2.5克的碱金属或碱土金属卤化物的培养晶体(光学元件除外)；

(六)宝石或半宝石(天然、合成或再造)及这些宝石、半宝石的粉末(品目71.02至71.05)，第七十一章的贵金属及贵金属合金；

(七)第十五类的金属(不论是否纯净)、金属合金或金属陶瓷，包括硬质合金(与金属烧结的金属碳化物)；

(八)光学元件，例如用碱金属或碱土金属卤化物制成的(品目90.01)。

四、由本章第二分章的非金属酸和第四分章的金属酸所构成的已有化学定义的络酸，应归入品目28.11。

五、品目28.26至28.42只适用于金属盐、铵盐及过氧酸盐。除条文另有规定的以外，复盐及络盐应归入品目28.42。

六、品目28.44只适用于：

（一）锝（原子序43）、钷（原子序61）、钋（原子序84）及原子序数大于84的所有化学元素；

（二）天然或人造放射性同位素（包括第十四类及第十五类的贵金属和贱金属的放射性同位素），不论是否混合；

（三）上述元素或同位素的无机或有机化合物，不论是否已有化学定义或是否混合；

（四）含有上述元素或同位素及其无机或有机化合物并且具有某种放射性强度超过74贝可/克（0.002微居里/克）的合金、分散体（包括金属陶瓷）、陶瓷产品及混物；

（五）核反应堆已耗尽（已辐照）的燃料元件（释热元件）；

（六）放射性的残渣，不论是否有用。

品目28.44、28.45及本注释所称"同位素"，是指：

1. 单独的核素，但不包括自然界中以单一同位素状态存在的核素；

2. 同一元素的同位素混合物，其中一种或几种同位素已被浓缩，即人工地改变了该元素同位素的自然构成。

七、品目28.48包括按重量计含磷量超过15%的磷化铜（磷铜）。

八、经掺杂用于电子工业的化学元素（例如，硅、硒）如果拉制后未经加工或呈圆筒形、棒形，应归入本章；如果已切成圆片、薄片或类似形状，则归入品目38.18。

商品编号	商 品 名 称 备 注	进口税率		增值税	消费税	计量单位	监管条件
		最惠国	普通				
2801	**氟、氯、溴及碘**						
2801 10 00	氯	5.5	80.0	17.0		千克	
2801 20 00	碘	5.5	30.0	17.0		千克	
2801 30 10	氟	5.5	30.0	17.0		千克	
2801 30 20	溴	5.5	30.0	17.0		千克	
2802	**升华硫磺、沉淀硫磺;胶态硫磺**						
2802 00 00	升华、沉淀、胶态硫磺	5.5	17.0	17.0		千克	
2803	**碳(碳黑及其他编号未列名的其他形态的碳)**						
2803 00 00	碳(包括碳黑及其他税号未列名的其他形态的碳)	5.5	35.0	17.0		千克	
2804	**氢、稀有气体及其他非金属**						
2804 10 00	氢	5.5	30.0	17.0		立方米/千克	
2804 21 00	氩	5.5	30.0	17.0		立方米/千克	
2804 29 00	其他稀有气体	5.5	30.0	17.0		立方米/千克	
2804 30 00	氮	5.5	30.0	17.0		立方米/千克	
2804 40 00	氧	5.5	80.0	17.0		立方米/千克	
2804 50 00	硼、碲	5.5	17.0	17.0		千克	
2804 61 10	电子工业用直径≥7.5cm 单晶硅棒(按重量计含硅量不少于 99.99%)	4.0	11.0	17.0		千克	B
2804 61 20	电子工业用直径<7.5cm 单晶硅棒(按重量计含硅量不少于 99.99%)	4.0	17.0	17.0		千克	
2804 61 90	其他含硅量不少于 99.99%的硅	4.0	30.0	17.0		千克	B
2804 69 00	其他含硅量少于 99.99%的硅	4.0	30.0	17.0		千克	B
2804 70 10 *	黄磷(白磷)	5.5	30.0	17.0		千克	
2804 70 90 *	其他磷	5.5	30.0	17.0		千克	
2804 80 00	砷	5.5	30.0	17.0		千克	X
2804 90 10	经掺杂用于电子工业的硒晶体棒	4.0	17.0	17.0		千克	
2804 90 90	其他硒	5.5	30.0	17.0		千克	
2805	**碱金属、碱土金属;稀土金属、钪及钇,不论是否相互混合或相互熔合;汞**						
2805 11 00	钠	5.5	30.0	17.0		千克	
2805 12 00	钙	5.5	30.0	17.0		千克	
2805 19 00	其他碱金属及碱土金属	5.5	30.0	17.0		千克	
2805 30 11	钕	5.5	30.0	17.0		千克	4
2805 30 12	镝	5.5	30.0	17.0		千克	4
2805 30 19	其他稀土金属、钪及钇(未相互混合或相互熔合)	5.5	30.0	17.0		千克	4
2805 30 21	电池级的稀土金属、钪及钇(已相互混合或相互熔合)	5.5	30.0	17.0		千克	4

商品编号	商 品 名 称 备 注	进口税率		增值税	消费税	计量单位	监管条件
		最惠国	普通				
2805 30 29	其他稀土金属、钪及钇(已相互混合或相互熔合)	5.5	30.0	17.0		千克	4
2805 40 00	汞	5.5	17.0	17.0		千克	X
2806	**氯化氢(盐酸);氯磺酸**						
2806 10 00	氯化氢(盐酸)	5.5	80.0	17.0		千克	y14u
2806 20 00	氯磺酸	5.5	40.0	17.0		千克	
2807	**硫酸;发烟硫酸**						
2807 00 00.10	硫酸	5.5	35.0	17.0		千克	y14u
2807 00 00.90	发烟硫酸	5.5	35.0	17.0		千克	
2808	**硝酸;磺硝酸**						
2808 00 00	硝酸及磺硝酸	5.5	40.0	17.0		千克	
2809	**五氧化二磷;磷酸;多磷酸,不论是否已有化学定义**						
2809 10 00	五氧化二磷	1.0	8.0	17.0		千克	
2809 20 10 *	磷酸及偏磷酸、焦磷酸	1.0	8.0	17.0		千克	B
2809 20 90	其他多磷酸	5.5	35.0	17.0		千克	
2810	**硼的氧化物;硼酸**						
2810 00 10	硼的氧化物	5.5	30.0	17.0		千克	
2810 00 20	硼酸	5.5	30.0	17.0		千克	
2811	**其他无机酸及非金属无机氧化物**						
2811 11 00	氢氟酸	5.5	35.0	17.0		千克	
2811 19 10	氢氰酸(包括氰化氢)	5.5	35.0	17.0		千克	yX14u
2811 19 90	其他无机酸	5.5	35.0	17.0		千克	
2811 21 00	二氧化碳	5.5	30.0	17.0		千克	
2811 22 00	二氧化硅	5.5	30.0	17.0		千克	
2811 23 00	二氧化硫	5.5	30.0	17.0		千克	
2811 29 00.10	氧化亚砷(包括三氧化二砷、亚砷酐、砒霜、白砒)	5.5	30.0	17.0		千克	X
2811 29 00.90	其他非金属无机氧化物	5.5	30.0	17.0		千克	
2812	**非金属卤化物及卤氧化物**						
2812 10 10 *	氯化亚砜(亚硫酰氯,氧氯化硫)	5.5	30.0	17.0		千克	y14u
2812 10 20	氧氯化磷(即磷酰氯,三氯氧磷)	5.5	30.0	17.0		千克	y14u
2812 10 30	碳酰二氯(光气)	5.5	30.0	17.0		千克	y14u
2812 10 41	一氯化硫(氯化硫)	5.5	30.0	17.0		千克	y14u
2812 10 42	二氯化硫	5.5	30.0	17.0		千克	y14u
2812 10 43	三氯化磷	5.5	30.0	17.0		千克	y14u
2812 10 44	三氯化砷	5.5	30.0	17.0		千克	y14u
2812 10 45	五氯化磷	5.5	30.0	17.0		千克	y14u

商品编号	商 品 名 称 备 注	进口税率		增值税	消费税	计量单位	监管条件
		最惠国	普通				
2812 10 49	其他非金属氯化物	5.5	30.0	17.0		千克	
2812 10 90	其他非金属氯氧化物	5.5	30.0	17.0		千克	
2812 90 00	其他非金属卤化物及卤氧化物	5.5	30.0	17.0		千克	
2813	**非金属硫化物;商品三硫化二磷**						
2813 10 00	二硫化碳	5.5	30.0	17.0		千克	
2813 90 00.10	五硫化二磷	5.5	30.0	17.0		千克	y14u
2813 90 00.90	其他非金属硫化物,三硫化二磷	5.5	30.0	17.0		千克	
2814	**氨及氨水**						
2814 10 00	氨	5.5	35.0	17.0		千克	
2814 20 00	氨水	5.5	35.0	17.0		千克	
2815	**氢氧化钠(烧碱);氢氧化钾(苛性钾);过氧化钠及过氧化钾**						
2815 11 00	固体氢氧化钠	10.0	35.0	17.0		千克	
2815 12 00	氢氧化钠水溶液,液体烧碱	8.0	35.0	17.0		千克	
2815 20 00	氢氧化钾(苛性钾)	5.5	30.0	17.0		千克	
2815 30 00	过氧化钠及过氧化钾	5.5	30.0	17.0		千克	
2816	**氢氧化镁及过氧化镁;锶或钡的氧化物、氢氧化物及过氧化物**						
2816 10 00	氢氧化镁及过氧化镁	5.5	30.0	17.0		千克	
2816 40 00	锶或钡的氧化物、氢氧化物(及其过氧化物)	5.5	30.0	17.0		千克	
2817	**氧化锌及过氧化锌**						
2817 00 10	氧化锌	5.5	40.0	17.0		千克	
2817 00 90	过氧化锌	5.5	30.0	17.0		千克	
2818	**人造刚玉,不论是否已有化学定义;氧化铝;氢氧化铝**						
2818 10 00	人造刚玉(不论是否已有化学定义)	5.5	20.0	17.0		千克	y4B
2818 20 00	氧化铝	12.0	30.0	17.0		千克	A7
2818 30 00	氢氧化铝	5.5	30.0	17.0		千克	
2819	**铬的氧化物及氢氧化物**						
2819 10 00	三氧化铬	5.5	20.0	17.0		千克	
2819 90 00	其他铬的氧化物及氢氧化物	5.5	30.0	17.0		千克	
2820	**锰的氧化物**						
2820 10 00	二氧化锰	5.5	40.0	17.0		千克	
2820 90 00	其他锰的氧化物	5.5	30.0	17.0		千克	
2821	**铁的氧化物及氢氧化物;土色料,按重量计三氧化二铁含量在70%及以上**						
2821 10 00	铁的氧化物及氢氧化物	5.5	30.0	17.0		千克	

商品编号	商品名称备注	进口税率		增值税	消费税	计量单位	监管条件
		最惠国	普通				
2821 20 00	土色料(三氧化二铁含量在70%及以上)	5.5	45.0	17.0		千克	
2822	**钴的氧化物及氢氧化物;商品氧化钴**						
2822 00 00	钴的氧化物及氢氧化物(包括商品氧化钴)	5.5	30.0	17.0		千克	
2823	**钛的氧化物**						
2823 00 00	钛的氧化物	5.5	30.0	17.0		千克	B
2824	**铅的氧化物;铅丹及铅橙**						
2824 10 00	一氧化铅(铅黄,黄丹)	5.5	30.0	17.0		千克	
2824 20 00	铅丹及铅橙	5.5	45.0	17.0		千克	
2824 90 00	其他铅的氧化物	5.5	30.0	17.0		千克	
2825	**肼(联氨)、胲(羟胺)及其无机盐;其他无机碱;其他金属氧化物、氢氧化物及过氧化物**						
2825 10 10 *	水合肼	5.5	30.0	17.0		千克	
2825 10 90	其他肼、胲及其无机盐	5.5	30.0	17.0		千克	
2825 20 10	氢氧化锂	5.5	30.0	17.0		千克	
2825 20 90	锂的氧化物	5.5	30.0	17.0		千克	
2825 30 10	五氧化二钒	5.5	30.0	17.0		千克	
2825 30 90	其他钒的氧化物及氢氧化物	5.5	30.0	17.0		千克	
2825 40 00	镍的氧化物及氢氧化物	5.5	30.0	17.0		千克	
2825 50 00	铜的氧化物及氢氧化物	5.5	30.0	17.0		千克	
2825 60 00	锗的氧化物及二氧化锆	5.5	30.0	17.0		千克	
2825 70 00	钼的氧化物及氢氧化物	5.5	30.0	17.0		千克	
2825 80 00	锑的氧化物	5.5	30.0	17.0		千克	4By
2825 90 11	钨酸	5.5	30.0	17.0		千克	4By
2825 90 12	三氧化钨	5.5	30.0	17.0		千克	4By
2825 90 19.10	蓝色氧化钨	5.5	30.0	17.0		千克	4y
2825 90 19.90	其他钨的氧化物及氢氧化物	5.5	30.0	17.0		千克	
2825 90 90	其他金属的氧化物及氢氧化物	5.5	30.0	17.0		千克	
2826	**氟化物;氟硅酸盐、氟铝酸盐及其他氟络盐**						
2826 11 00	氟化铵及氟化钠	5.5	30.0	17.0		千克	
2826 12 00	氟化铝	5.5	30.0	17.0		千克	
2826 19 00	其他氟化物	5.5	30.0	17.0		千克	
2826 20 00	氟硅酸钠及氟硅酸钾	5.5	30.0	17.0		千克	
2826 30 00	六氟铝酸钠(人造冰晶石)	5.5	30.0	17.0		千克	
2826 90 00.10	氟钽酸钾	5.5	30.0	17.0		千克	
2826 90 00.90	其他氟硅酸盐、氟铝酸盐(包括氟络盐)	5.5	30.0	17.0		千克	
2827	**氯化物、氯氧化物及氢氧基氯化物;溴化物及溴氧化物;碘化物及碘氧化物**						
2827 10 10	肥料用氯化铵	4.0	11.0	17.0		千克	

商品编号	商 品 名 称 备 注	进口税率		增值税	消费税	计量单位	监管条件
		最惠国	普通				
2827 10 90	非肥料用氯化铵	5.5	30.0	17.0		千克	
2827 20 00	氯化钙	5.5	50.0	17.0		千克	
2827 31 00	氯化镁	5.5	30.0	17.0		千克	
2827 32 00	氯化铝	5.5	30.0	17.0		千克	
2827 33 00	铁的氯化物	5.5	30.0	17.0		千克	
2827 34 00	氯化钴	5.5	30.0	17.0		千克	
2827 35 00	氯化镍	5.5	30.0	17.0		千克	
2827 36 00	氯化锌	5.5	50.0	17.0		千克	
2827 39 10	氯化锂	5.5	30.0	17.0		千克	
2827 39 20	氯化钡	5.5	30.0	17.0		千克	
2827 41 00	铜的氯氧化物及氢氧基氯化物	5.5	30.0	17.0		千克	
2827 49 00	其他氯氧化物及氢氧基氯化物	5.5	30.0	17.0		千克	
2827 51 00	溴化钠及溴化钾	5.5	30.0	17.0		千克	
2827 59 00	其他溴化物及溴氧化物	5.5	30.0	17.0		千克	
2827 60 00	碘化物及碘氧化物	5.5	30.0	17.0		千克	
2828	**次氯酸盐;商品次氯酸钙;亚氯酸盐;次溴酸盐**						
2828 10 00	商品次氯酸钙及其他钙的次氯酸盐	12.0	80.0	17.0		千克	
2828 90 00	亚氯酸盐、次溴酸盐、次氯酸盐	5.5	30.0	17.0		千克	
2829	**氯酸盐及高氯酸盐;溴酸盐及过溴酸盐;碘酸盐及高碘酸盐**						
2829 11 00	氯酸钠	12.0	30.0	17.0		千克	
2829 19 10	氯酸钾(洋硝)	5.5	20.0	17.0		千克	
2829 19 90	其他氯酸盐	5.5	30.0	17.0		千克	
2829 90 00	高氯酸盐,溴酸盐及碘酸盐等(包括过溴酸盐及高碘酸盐)	5.5	30.0	17.0		千克	
2830	**硫化物;多硫化物,不论是否已有化学定义**						
2830 10 10	硫化钠	5.5	40.0	17.0		千克	
2830 10 90	其他钠的硫化物	5.5	30.0	17.0		千克	
2830 20 00	硫化锌	5.5	30.0	17.0		千克	
2830 30 00	硫化镉	5.5	30.0	17.0		千克	
2830 90 10	硫化汞	5.5	45.0	17.0		千克	
2830 90 20	硫化锑	5.5	45.0	17.0		千克	B
2830 90 30	硫化钴	5.5	30.0	17.0		千克	
2830 90 90	其他硫化物、多硫化物	5.5	30.0	17.0		千克	
2831	**连二亚硫酸盐及次硫酸盐**						
2831 10 00	钠的连二亚硫酸盐及次硫酸盐	5.5	30.0	17.0		千克	
2831 90 00	其他连二亚硫酸盐及次硫酸盐	5.5	30.0	17.0		千克	
2832	**亚硫酸盐;硫代硫酸盐**						

商品编号	商 品 名 称 备 注	进口税率		增值税	消费税	计量单位	监管条件
		最惠国	普通				
2832 10 00	钠的亚硫酸盐	5.5	30.0	17.0		千克	
2832 20 00	其他亚硫酸盐	5.5	30.0	17.0		千克	
2832 30 00	硫代硫酸盐	5.5	30.0	17.0		千克	
2833	**硫酸盐;矾;过硫酸盐**						
2833 11 00	硫酸二钠	5.5	40.0	17.0		千克	
2833 19 00	钠的其他硫酸盐	5.5	30.0	17.0		千克	
2833 21 00	硫酸镁	5.5	30.0	17.0		千克	
2833 22 00	硫酸铝	5.5	30.0	17.0		千克	
2833 23 00	铬的硫酸盐	5.5	30.0	17.0		千克	
2833 24 00	镍的硫酸盐	5.5	30.0	17.0		千克	
2833 25 00	铜的硫酸盐	5.5	30.0	17.0		千克	
2833 26 00	硫酸锌	5.5	30.0	17.0		千克	
2833 27 00	硫酸钡	5.5	30.0	17.0		千克	
2833 29 10	硫酸亚铁	5.5	45.0	17.0		千克	
2833 29 90	其他硫酸盐	5.5	30.0	17.0		千克	
2833 30 10	钾铝矾	5.5	45.0	17.0		千克	
2833 30 90	其他矾	5.5	30.0	17.0		千克	
2833 40 00	过硫酸盐	5.5	30.0	17.0		千克	
2834	**亚硝酸盐;硝酸盐**						
2834 10 00	亚硝酸盐	5.5	30.0	17.0		千克	
2834 21 10	肥料用硝酸钾	4.0	11.0	17.0		千克	
2834 21 90	非肥料用硝酸钾	5.5	30.0	17.0		千克	
2834 29 10	硝酸钴	5.5	30.0	17.0		千克	
2834 29 90	其他硝酸盐	5.5	30.0	17.0		千克	
2835	**次磷酸盐、亚磷酸盐及磷酸盐;多磷酸盐,不是否已有化学定义**						
2835 10 00	次磷酸盐及亚磷酸盐	5.5	20.0	17.0		千克	
2835 22 00	磷酸一钠及磷酸二钠	5.5	20.0	17.0		千克	
2835 23 00	磷酸三钠	5.5	20.0	17.0		千克	
2835 24 00	钾的磷酸盐	5.5	20.0	17.0		千克	
2835 25 00	正磷酸氢钙(磷酸二钙)	5.5	20.0	17.0		千克	
2835 26 00	其他磷酸钙	5.5	20.0	17.0		千克	
2835 29 00	其他磷酸盐	5.5	20.0	17.0		千克	A
2835 31 00	三磷酸钠(三聚磷酸钠)	5.5	20.0	17.0		千克	
2835 39 00	其他多磷酸盐	5.5	20.0	17.0		千克	
2836	**碳酸盐;过碳酸盐;含氨基甲酸铵的商品碳酸铵**						
2836 10 00	商品碳酸铵及其他铵的碳酸盐	5.5	30.0	17.0		千克	
2836 20 00	碳酸钠(纯碱)	7.1	35.0	17.0		千克	AB
2836 30 00	碳酸氢钠(小苏打)	5.5	45.0	17.0		千克	

商品编号	商 品 名 称 备 注	进口税率		增值税	消费税	计量单位	监管条件
		最惠国	普通				
2836 40 00	钾的碳酸盐	5.5	30.0	17.0		千克	
2836 50 00	碳酸钙	5.5	45.0	17.0		千克	
2836 60 00	碳酸钡	5.5	40.0	17.0		千克	
2836 70 00	铅的碳酸盐	5.5	30.0	17.0		千克	
2836 91 00	锂的碳酸盐	5.5	30.0	17.0		千克	
2836 92 00	锶的碳酸盐	5.5	30.0	17.0		千克	
2836 99 10	碳酸镁	5.5	45.0	17.0		千克	
2836 99 30	碳酸钴	5.5	30.0	17.0		千克	
2836 99 90	其他碳酸盐及过碳酸盐	5.5	30.0	17.0		千克	
2837	**氰化物、氧氰化物及氰络合物**						
2837 11 10	氰化钠(山奈(固)、山奈奶(液))	5.5	20.0	17.0		千克	yX14u
2837 11 20	氧氰化钠	5.5	30.0	17.0		千克	
2837 19 10	氰化钾(山奶钾)	5.5	20.0	17.0		千克	y14Xu
2837 19 90.10	氰化锌、氰化亚铜	5.5	30.0	17.0		千克	X
2837 19 90.90	其他氰化物及氧氰化物	5.5	30.0	17.0		千克	
2837 20 00	氰络合物	5.5	30.0	17.0		千克	
2838	**雷酸盐、氰酸盐及硫氰酸盐**						
2838 00 00	雷酸盐,氰酸盐及硫氰酸盐	5.5	30.0	17.0		千克	
2839	**硅酸盐;商品碱金属硅酸盐**						
2839 11 00	偏硅酸钠	5.5	40.0	17.0		千克	
2839 19 00	其他钠盐	5.5	30.0	17.0		千克	
2839 20 00	钾的硅酸盐;商品硅酸钾	5.5	30.0	17.0		千克	
2839 90 00	其他硅酸盐;商品碱金属硅酸盐	5.5	30.0	17.0		千克	
2840	**硼酸盐及过硼酸盐**						
2840 11 00	无水四硼酸钠	5.5	20.0	17.0		千克	
2840 19 00	其他四硼酸钠	5.5	20.0	17.0		千克	
2840 20 00	其他硼酸盐	5.5	30.0	17.0		千克	
2840 30 00	过硼酸盐	5.5	30.0	17.0		千克	
2841	**金属酸盐及过金属酸盐**						
2841 10 00	铝酸盐	5.5	30.0	17.0		千克	
2841 20 00	锌的铬酸盐及铅的铬酸盐	5.5	40.0	17.0		千克	
2841 30 00	重铬酸钠	5.5	20.0	17.0		千克	
2841 50 00	其他铬酸盐及重铬酸盐,过铬酸盐	5.5	30.0	17.0		千克	
2841 61 00	高锰酸钾	5.5	30.0	17.0		千克	y14u
2841 69 00	亚锰酸盐,锰酸盐及其他高锰酸盐	5.5	30.0	17.0		千克	
2841 70 10	钼酸铵	5.5	30.0	17.0		千克	
2841 70 90	其他钼酸盐	5.5	30.0	17.0		千克	
2841 80 10	仲钨酸铵	5.5	30.0	17.0		千克	4By

商品编号	商 品 名 称 备 注	进口税率		增值税	消费税	计量单位	监管条件
		最惠国	普通				
2841 80 20	钨酸钠	5.5	30.0	17.0		千克	4By
2841 80 30	钨酸钙	5.5	30.0	17.0		千克	4y
2841 80 40	偏钨酸铵	5.5	30.0	17.0		千克	4y
2841 80 90	其他钨酸盐	5.5	30.0	17.0		千克	
2841 90 00	其他金属酸盐及过金属酸盐	5.5	30.0	17.0		千克	
2842	**其他无机酸盐及过氧酸盐(包括不论是否已有学定义的硅铝酸盐),但叠氮化物除外**						
2842 10 00	硅酸复盐及硅酸络盐(包括不论是否已有化学定义的硅铝酸盐)	5.5	30.0	17.0		千克	
2842 90 00	其他无机酸盐及过氧酸盐(迭氮化物除外)	5.5	30.0	17.0		千克	
2843	**胶态贵金属;贵金属的无机或有机化合物,不论是否已有化学定义;贵金属汞齐**						
2843 10 00	胶态贵金属	5.5	30.0	17.0		克	
2843 21 00	硝酸银	5.5	30.0	17.0		克	
2843 29 00.10	氰化银钾(二氰合银酸(1-)钾)(包括氰化银)	5.5	30.0	17.0		克	X
2843 29 00.90	其他银化合物(不论是否已有化学定义)	5.5	30.0	17.0		克	
2843 30 00.10	氰化金、氰化(亚)金钾、(包括氰亚金酸钾)	5.5	30.0	17.0		克	X
2843 30 00.90	其他金化合物(不论是否已有化学定义)	5.5	30.0	17.0		克	
2843 90 00	其他贵金属化合物,贵金属汞齐(不论是否已有化学定义)	5.5	30.0	17.0		克	
2844	**放射性化学元素及放射性同位素(包括可裂变或可转换的化学元素及同位素)及其化合物;含上述产品的混合物及残渣**						
2844 10 00	天然铀及其化合物(包括其合金,分散体,陶瓷产品及混合物)	5.5	30.0	17.0		克	
2844 20 00	U235浓缩铀,钚及其化合物(包括其合金,分散体,陶瓷产品及混合物)	5.5	30.0	17.0		克	
2844 30 00	U235贫化铀,钍及它们的化合物(包括其合金,分散体,陶瓷产品及混合物)	5.5	30.0	17.0		克	
2844 40 10	镭及镭盐	4.0	14.0	17.0		克	
2844 40 20	放射性钴及放射性钴盐(包括其合金,分散体,陶瓷产品等)	4.0	14.0	17.0		克	
2844 40 90	其他放射性元素同位素及其化合物(除编号284410/20/30以外的放射性元素,同位素)	5.5	30.0	17.0		克	
2844 50 00	核反应堆已耗尽的燃料元件	5.5	30.0	17.0		克	
2845	**编号2844以外的同位素;这些同位素的无机或有机化合物,不论是否已有化学定义**						
2845 10 00	重水(氧化氘)	5.5	30.0	17.0		克	4
2845 90 00	其他同位素及其他化合物(编号2844以外的同位素)	5.5	30.0	17.0		克	

商品编号	商 品 名 称 备 注	进口税率		增值税	消费税	计量单位	监管条件
		最惠国	普通				
2846	**稀土金属、钇、钪及其混合物的无机或有机化合物**						
2846 10 10	氧化铈	5.5	30.0	17.0		千克	B4
2846 10 20	氢氧化铈	5.5	30.0	17.0		千克	4
2846 10 30	碳酸铈	5.5	30.0	17.0		千克	4
2846 10 90	铈的其他化合物	5.5	30.0	17.0		千克	4
2846 90 11	氧化钇	5.5	30.0	17.0		千克	B4
2846 90 12	氧化镧	5.5	30.0	17.0		千克	B4
2846 90 13	氧化钕	5.5	30.0	17.0		千克	B4
2846 90 14	氧化铕	5.5	30.0	17.0		千克	B4
2846 90 19	其他氧化稀土(氧化铈除外)	5.5	30.0	17.0		千克	B4
2846 90 28	混合氯化稀土	5.5	30.0	17.0		千克	B4
2846 90 29	其他氯化稀土	5.5	30.0	17.0		千克	B4
2846 90 30	氟化稀土	5.5	30.0	17.0		千克	4
2846 90 48	混合碳酸稀土	5.5	30.0	17.0		千克	4
2846 90 49	其他碳酸稀土	5.5	30.0	17.0		千克	4
2846 90 90	稀土金属、钇、钪的其他化合物(铈的化合物除外)	5.5	30.0	17.0		千克	4
2847	**过氧化氢,不论是否用尿素固化**						
2847 00 00	过氧化氢(不论是否用尿素固化)	5.5	30.0	17.0		千克	
2848	**磷化物,不论是否已有化学定义,但不包括磷铁**						
2848 00 00	磷化物(不论是否已有化学定义,但不包括磷铁)	5.5	20.0	17.0		千克	
2849	**碳化物,不论是否已有化学定义**						
2849 10 00	碳化钙	5.5	45.0	17.0		千克	
2849 20 00	碳化硅	5.5	30.0	17.0		千克	yB4
2849 90 10	碳化硼	5.5	30.0	17.0		千克	
2849 90 20	碳化钨	5.5	30.0	17.0		千克	B4y
2849 90 90	其他碳化物	5.5	30.0	17.0		千克	B
2850	**氢化物、氮化物、迭氮化物、硅化物及硼化物,不论是否已有化学定义,但可归入编号 2849 的碳化物除外**						
2850 00 00.10	砷烷	5.5	30.0	17.0		千克	X
2850 00 00.90	其他氢化物、氮化物、硅化物等(包括迭氮化物,硼化物,可归入编号 2849 的碳化物除外)	5.5	30.0	17.0		千克	
2851	**其他无机化合物(包括蒸馏水、导电水及类似的纯净水);液态空气(不论是否除去稀有气体);压缩空气;汞齐,但贵金属汞齐除外**						
2851 00 10	饮用蒸馏水	5.5	70.0	17.0		千克	AB
2851 00 20	氯化氰	5.5	30.0	17.0		千克	y14u

商品编号	商 品 名 称 备 注	进口税率		增值税	消费税	计量单位	监管条件
		最惠国	普通				
2851 00 90.10	饮用纯净水	5.5	30.0	17.0		千克	B
2851 00 90.90	其他无机化合物、压缩空气等(包括导电水、液态空气、汞齐等(贵金属汞齐除外))	5.5	30.0	17.0		千克	

第二十九章　有机化学品

注释：

一、除条文另有规定的以外，本章各品目只适用于：

(一)单独的已有化学定义的有机化合物，不论是否含有杂质；

(二)同一有机化合物的两种或两种以上异构体的混合物(不论是否含有杂质)，但无环烃异构体的混合物(立体异构体除外)，不论是否饱和，应归入第二十七章；

(三)品目 29.36 至 29.39 的产品，品目 29.40 的糖醚、糖缩醛、糖酯及其盐类和品目 29.41 的产品，不论是否已有化学定义；

(四)上述(一)、(二)、(三)款产品的水溶液；

(五)溶于其他溶剂的上述(一)、(二)、(三)款的产品，但该产品处于溶液状态只是为了安全或运输所采取的正常必要方法，其所用溶剂并不使该产品改变其一般用途而适合于某些特殊用途；

(六)为了保存或运输的需要，加入稳定剂(包括抗结块剂)的上述(一)、(二)、(三)、(四)、(五)各款产品；

(七)为了便于识别或安全起见，加入抗尘剂、着色剂或气味剂的上述(一)、(二)、(三)、(四)、(五)、(六)各款产品，但所加剂料并不使原产品改变其一般用途而适合于某些特殊用途；

(八)为生产偶氮染料而稀释至标准浓度的下列产品：重氮盐，用于重氮盐、可重氮化的胺及其盐类的偶合剂。

二、本章不包括：

(一)品目 15.04 的货品及品目 15.20 的粗甘油；

(二)乙醇(品目 22.07 或 22.08)；

(三)甲烷及丙烷(品目 27.11)；

(四)第二十八章注释二所述的碳化合物；

(五)尿素(品目 31.02 或 31.05)；

(六)植物性或动物性着色料(品目 32.03)、合成有机着色料、用作萤光增白剂或发光体的合成有机产品(品目 32.04)及零售包装的染料或其他着色料(品目 32.12)；

(七)酶(品目 35.07)；

(八)聚乙醛、六亚甲基四胺(乌洛托品)及类似物质，制成片、条或类似形状作为燃料用的，以及包装容器的容积不超过 300 立方厘米的直接灌注香烟打火机及类似打火器用的液体燃料或液化气体燃料(品目 36.06)；

(九)灭火器的装配药及已装药的灭火弹(品目 38.13)；零售包装的除墨剂(品目 38.24)；

(十)光学元件，例如用酒石酸乙二胺制成的(品目 90.01)。

三、可以归入本章两个或两个以上品目的货品，应归入有关品目中的最后一个品目。

四、品目 29.04 至 29.06、29.08 至 29.11 及 29.13 至 29.20 的卤化、磺化、硝化或亚硝化衍生物均包括复合衍生物，例如，卤磺化、卤硝化、磺硝化及卤磺硝化衍生物。硝基及亚硝基不作为品目 29.29 的含氮基官能团。品目 29.11、29.12、29.14、29.18 及 29.22 所称“含氧基”，仅限于品目 29.05 至 29.20 的各种含氧基(其特征为有机含氧基)。

五、(一)本章第一分章至第七分章的酸基有机化合物与这些分章的有机化合物构成的酯应归入有关品目中的最后一个品目；

(二)乙醇与本章第一分章至第七分章的酸基有机化合物所构成的酯，应按有关酸基化合物归类；

(三)除第六类注释一及第二十八章注释二另有规定的以外：

1. 第一分章至第十分章及品目 29.42 的有机化合物的无机盐，例如，含酸基、酚基或烯醇基的化合物及有机碱的无机盐，应归入相应的有机化合物的品目；

2. 第一分章至第十分章及品目 29.42 的有机化合物之间生成的盐，应按生成该盐的碱或酸(包括酚基或烯醇基化合物)归入本章有关品目中的最后一个品目。

(四)除乙醇外，金属醇化物应按相应的醇归类(品目 29.05)。

(五)羧酸酰卤化物应按相应的酸归类。

六、品目 29.30 及 29.31 的化合物是指有机化合物，其分子中除含氢、氧或氮原子外，还含有与碳原子直接连接的其他非金属或金属原子(例如，硫、砷、汞或铅)。

品目 29.30(有机硫化合物)及品目 29.31(其他有机—无机化合物)不包括某些磺化或卤化衍生物(含复合衍生物)。这些衍生物分子中除氢、氧、氮之外，只有具有磺化或卤化衍生物(或复合衍生物)性质的硫原子或卤素原子与碳原子直接连接。

七、品目29.32、29.33及29.34不包括三节环环氧化物、过氧化酮、醛或硫醛的环聚合物、多元羧酸酐、多元醇或酚与多元酸构成的环酯及多元酸酰亚胺。

本条规定只适用于由本条所列环化功能形成环内杂原子的化合物。

八、品目29.37所称：

（一）“激素”包括激素释放因子、激素刺激和释放因子、激素抑制剂以及激素抗体；

（二）“主要起激素作用的”，不仅适用于激素衍生物以及主要起激素作用的结构类似物，也适用于在本品目所列产品合成过程中主要用作中间体的激素衍生物以及结构类似物。

子目注释：

属于本章任一品目项下的一种（组）化合物的衍生物，如果该品目其他子目未明确将其包括在内，而且有关的子目中又无列名为“其他”的子目，则应与该种（组）化合物归入同一子目。

商品编号	商品名称备注	进口税率		增值税	消费税	计量单位	监管条件
		最惠国	普通				
2901	**无环烃**						
2901 10 00	饱和无环烃	5.5	30.0	17.0		千克	
2901 21 00 *	乙烯	2.8	20.0	17.0		千克	
2901 22 00	丙烯	2.8	20.0	17.0		千克	
2901 23 00	丁烯及其异构体	2.8	20.0	17.0		千克	
2901 24 00	1,3-丁二烯及异戊二烯	2.8	20.0	17.0		千克	
2901 29 10	异戊烯	2.8	30.0	17.0		千克	
2901 29 20	乙炔	5.0	45.0	17.0		千克	
2901 29 90	其他不饱和无环烃	5.5	30.0	17.0		千克	
2902	**环烃**						
2902 11 00	环已烷	5.5	30.0	17.0		千克	
2902 19 00	其他环烷烃、环烯及环萜稀	5.5	30.0	17.0		千克	
2902 20 00 *	苯	4.0	20.0	17.0		千克	
2902 30 00	甲苯	5.0	30.0	17.0		千克	y14u
2902 41 00	邻二甲苯	5.0	20.0	17.0		千克	
2902 42 00	间二甲苯	4.0	20.0	17.0		千克	
2902 43 00	对二甲苯	5.0	20.0	17.0		千克	
2902 44 00	混合二甲苯异构体	5.0	20.0	17.0		千克	
2902 50 00^	苯乙烯	5.4	30.0	17.0		千克	
2902 60 00	乙苯	5.5	30.0	17.0		千克	
2902 70 00	异丙基苯	5.5	30.0	17.0		千克	
2902 90 10	四氢萘	2.5	11.0	17.0		千克	
2902 90 20	精萘	6.0	35.0	17.0		千克	
2902 90 30	十二烷基苯	5.5	30.0	17.0		千克	
2902 90 90	其他芳香烃	5.5	30.0	17.0		千克	
2903	**烃的卤化衍生物**						
2903 11 00	一氯甲烷及氯乙烷	5.5	30.0	17.0		千克	
2903 12 00.10	纯度在99%及以上的二氯甲烷	10.0	30.0	17.0		千克	
2903 12 00.90	其他二氯甲烷	10.0	30.0	17.0		千克	
2903 13 00^	氯仿(三氯甲烷)	10.0	30.0	17.0		千克	
2903 14 00.10	四氯化碳(用于清洗剂的除外)	10.0	30.0	17.0		千克	y49
2903 14 00.90	四氯化碳,用于清洗剂的(用于清洗剂的)	10.0	30.0	17.0		千克	89
2903 15 00 *	1,2-二氯乙烷	5.5	30.0	17.0		千克	S
2903 19 10.10	1,1,1,-三氯乙烷(甲基氯仿)(用于清洗剂的除外)	8.0	30.0	17.0		千克	y1u4
2903 19 10.90	1,1,1,-三氯乙烷(甲基氯仿)(用于清洗剂的)	8.0	30.0	17.0		千克	1u8
2903 19 90	其他无环烃的饱和氯化衍生物	5.5	30.0	17.0		千克	
2903 21 00	氯乙烯	5.5	30.0	17.0		千克	
2903 22 00	三氯乙烯	10.0	30.0	17.0		千克	

商品编号	商品名称备注	进口税率		增值税	消费税	计量单位	监管条件
		最惠国	普通				
2903 23 00	四氯乙烯	10.8	30.0	17.0		千克	
2903 29 00	其他无环烃的不饱和氯化衍生物	5.5	30.0	17.0		千克	
2903 30 10	全氟异丁烯(八氟异丁烯)(即PFIB:1,1,3,3,3-五氟-2-三氟甲基-1-丙烯)	5.5	30.0	17.0		千克	y14u
2903 30 90.10	二溴甲烷	5.5	30.0	17.0		千克	
2903 30 90.20	二溴乙烷(1,2-二溴乙烷)	5.5	30.0	17.0		千克	X
2903 30 90.90	无环烃的氟化、溴化或碘化衍生物	5.5	30.0	17.0		千克	
2903 41 00	三氯氟甲烷(CFC-11)	5.5	30.0	17.0		千克	y1u4
2903 42 00	二氯二氟甲烷(CFC-12)	5.5	30.0	17.0		千克	y1u4
2903 43 00.10	三氯三氟乙烷,用于清洗剂除外(CFC-113)	5.5	30.0	17.0		千克	y1u4
2903 43 00.90	三氯三氟乙烷,用于清洗剂(CFC-113)	5.5	30.0	17.0		千克	89
2903 44 00.10	二氯四氟乙烷(CFC-114)	5.5	30.0	17.0		千克	y1u4
2903 44 00.90	氯五氟乙烷(CFC-115)	5.5	30.0	17.0		千克	y1u4
2903 45 10	氯三氟甲烷(CFC-13)	5.5	30.0	17.0		千克	y1u4
2903 45 20	五氯氟乙烷	5.5	30.0	17.0		千克	
2903 45 30	四氯二氟乙烷	5.5	30.0	17.0		千克	
2903 45 40	七氯氟丙烷	5.5	30.0	17.0		千克	
2903 45 50	六氯二氟丙烷	5.5	30.0	17.0		千克	
2903 45 60	五氯三氟丙烷	5.5	30.0	17.0		千克	
2903 45 70	四氯四氟丙烷	5.5	30.0	17.0		千克	
2903 45 80	三氯五氟丙烷	5.5	30.0	17.0		千克	
2903 45 91	二氯六氟丙烷	5.5	30.0	17.0		千克	
2903 45 92	氯七氟丙烷	5.5	30.0	17.0		千克	
2903 45 99	其他无环烃全卤化衍生物(指仅含氟和氯的)	5.5	30.0	17.0		千克	
2903 46 00.10	溴氯二氟甲烷(Halon-1211)	5.5	30.0	17.0		千克	y1u4
2903 46 00.20	溴三氟甲烷(Halon-1301)	5.5	30.0	17.0		千克	y1u4
2903 46 00.90	二溴四氟乙烷	5.5	30.0	17.0		千克	
2903 47 00	其他无环烃全卤化衍生物(指含两种或两种以上不同卤素的)	5.5	30.0	17.0		千克	
2903 49 10	其他仅含氟氯的甲烷等卤化衍生物(包括其他仅含氟和氯的乙烷及丙烷的卤化衍生物)	5.5	30.0	17.0		千克	
2903 49 20	其他仅含氟溴的甲烷等卤化衍生物(包括其他仅含氟和溴的乙烷及丙烷的卤化衍生物)	5.5	30.0	17.0		千克	
2903 49 90.10	1,2-二溴-3-氯丙烷	5.5	30.0	17.0		千克	X
2903 49 90.90	其他无环烃卤化衍生物(含二种或二种以上不同卤素)	5.5	30.0	17.0		千克	
2903 51 00.10	林丹	5.5	30.0	17.0		千克	S
2903 51 00.90	1,2,3,4,5,6-六氯环已烷	5.5	30.0	17.0		千克	X
2903 59 00.10	艾氏剂、七氯、八氯化甲桥茚	5.5	30.0	17.0		千克	X
2903 59 00.20	毒杀芬	5.5	30.0	17.0		千克	S
2903 59 00.90	其他环烷烃或环烯烃等卤化衍生物	5.5	30.0	17.0		千克	

商品编号	商品名称备注	进口税率		增值税	消费税	计量单位	监管条件
		最惠国	普通				
2903 61 10 *	邻二氯苯	5.5	30.0	17.0		千克	
2903 61 90	氯苯及对二氯苯	5.5	30.0	17.0		千克	
2903 62 00.10	滴滴涕(包括六氯代苯、过氯苯、全氯代苯)	5.5	30.0	17.0		千克	X
2903 62 00.90	其他六氯苯	5.5	30.0	17.0		千克	
2903 69 10	对氯甲苯	5.5	30.0	17.0		千克	
2903 69 20	3,4－二氯三氟甲苯	5.5	30.0	17.0		千克	
2903 69 90.10	多氯代联苯(包括氯代联苯和1,1'－联苯氯代衍生物)	5.5	30.0	17.0		千克	X
2903 69 90.20	六溴联苯、八溴联苯、十溴联苯	5.5	30.0	17.0		千克	X
2903 69 90.90	其他芳烃卤化衍生物	5.5	30.0	17.0		千克	
2904	**烃的磺化、硝化或亚硝化衍生物,不论是否卤化**						
2904 10 00	仅含磺基的衍生物及其盐和乙酯	5.5	30.0	17.0		千克	
2904 20 10	硝基苯	5.5	20.0	17.0		千克	
2904 20 20.10 *	邻硝基甲苯、对硝基甲苯	5.5	30.0	17.0		千克	
2904 20 20.90	间－硝基甲苯	5.5	30.0	17.0		千克	
2904 20 30	二硝基甲苯	5.5	20.0	17.0		千克	
2904 20 40	三硝基甲苯(TNT)	5.5	40.0	17.0		千克	
2904 20 90	其他仅含硝基或亚硝基衍生物	5.5	30.0	17.0		千克	
2904 90 10.10	邻硝基氯化苯、对硝基氯化苯	5.5	30.0	17.0		千克	
2904 90 10.90	间硝基氯化苯	5.5	30.0	17.0		千克	
2904 90 20	二硝基氯化苯	5.5	20.0	17.0		千克	
2904 90 30	三氯硝基甲烷(氯化苦,硝基氯仿)	5.5	30.0	17.0		千克	ySX14u
2904 90 90	其他烃的磺化,硝化、亚硝化衍生物(不论是否卤化)	5.5	30.0	17.0		千克	
2905	**无环醇及其卤化、磺化、硝化或亚硝化衍生物**						
2905 11 00	甲醇	5.5	30.0	17.0		千克	
2905 12 10 *	正丙醇	5.5	30.0	17.0		千克	
2905 12 20	异丙醇	5.5	30.0	17.0		千克	
2905 13 00	正丁醇	5.5	30.0	17.0		千克	
2905 14 00.10 *	叔丁醇	5.5	30.0	17.0		千克	
2905 14 00.90	其他丁醇	5.5	30.0	17.0		千克	
2905 15 00	戊醇及其异构体	5.5	30.0	17.0		千克	
2905 16 00	辛醇及其异构体	5.5	30.0	17.0		千克	
2905 17 00	十二醇、十六醇及十八醇	7.0	30.0	17.0		千克	
2905 19 10	3,3－二甲基丁－2－醇(频哪基醇)	5.5	30.0	17.0		千克	y14u
2905 19 90	其他饱和一元醇	5.5	30.0	17.0		千克	
2905 22 10	香叶醇、橙花醇(3,7－二甲基－2,6－辛二烯－1－醇)	5.5	30.0	17.0		千克	
2905 22 20	香茅醇(3,7－二甲基－6－辛烯－1－醇)	5.5	30.0	17.0		千克	
2905 22 30	芳樟醇	5.5	30.0	17.0		千克	

商品编号	商 品 名 称 备 注	进口税率		增值税	消费税	计量单位	监管条件
		最惠国	普通				
2905 22 90	其他无环萜烯醇	5.5	30.0	17.0		千克	
2905 29 00	其他不饱和一元醇	5.5	30.0	17.0		千克	
2905 31 00	1,2-乙二醇	8.8	30.0	17.0		千克	
2905 32 00 *	丙二醇	5.5	30.0	17.0		千克	
2905 39 10	2,5-二甲基已二醇	4.0	11.0	17.0		千克	
2905 39 90	其他二元醇	5.5	30.0	17.0		千克	
2905 41 00	三羟甲基丙烷(2-乙基-2-(羟甲基)丙烷-1,3-二醇)	5.5	30.0	17.0		千克	
2905 42 00	季戊四醇	5.5	30.0	17.0		千克	
2905 43 00	甘露糖醇	8.0	30.0	17.0		千克	
2905 44 00	山梨醇	14.0	40.0	17.0		千克	
2905 45 00	丙三醇(甘油)	14.0	50.0	17.0		千克	
2905 49 00	其他多元醇	5.5	30.0	17.0		千克	
2905 51 00	乙氯维诺(INN)	5.5	30.0	17.0		千克	I
2905 59 00.10	乙氯维诺的盐	5.5	30.0	17.0		千克	I
2905 59 00.90	其他无环醇的卤化,磺化等衍生物	5.5	30.0	17.0		千克	
2906	**环醇及其卤化、磺化、硝化或亚硝化衍生物**						
2906 11 00	薄荷醇	5.0	70.0	17.0		千克	
2906 12 00	环已醇,甲基环已醇,二甲基环已醇	5.5	30.0	17.0		千克	
2906 13 10	固醇	5.5	30.0	17.0		千克	
2906 13 20	肌醇	5.5	30.0	17.0		千克	
2906 14 00	萜品醇	5.5	30.0	17.0		千克	
2906 19 00	其他环烷醇,环烯醇及环萜烯醇	5.5	30.0	17.0		千克	
2906 21 00	苄醇	5.0	30.0	17.0		千克	
2906 29 00	其他芳香醇(包括其卤化.磺化.硝化或亚硝化衍生物)	5.5	30.0	17.0		千克	
2907	**酚;酚醇**						
2907 11 10ˆ	苯酚	5.5	30.0	17.0		千克	
2907 11 90ˆ	其他苯酚的盐	5.5	30.0	17.0		千克	
2907 12 11	间甲酚	5.5	30.0	17.0		千克	
2907 12 12 *	邻甲酚	5.5	30.0	17.0		千克	
2907 12 19	其他甲酚	5.5	30.0	17.0		千克	
2907 12 90	甲酚的盐	5.5	30.0	17.0		千克	
2907 13 10	壬基酚	5.5	30.0	17.0		千克	
2907 13 90	辛基酚及其异构体(包括辛基酚及其异构体的盐和壬基酚盐)	5.5	30.0	17.0		千克	
2907 14 00	二甲苯酚及其盐	5.5	30.0	17.0		千克	
2907 15 10	β-萘酚(2-萘酚)	5.5	30.0	17.0		千克	
2907 15 90	其他萘酚及萘酚盐	5.5	30.0	17.0		千克	
2907 19 10 *	邻仲丁基酚、邻异丙基酚	4.0	11.0	17.0		千克	

商品编号	商 品 名 称 备 注	进口税率		增值税	消费税	计量单位	监管条件
		最惠国	普通				
2907 19 90	其他一元酚	5.5	30.0	17.0		千克	
2907 21 00	间苯二酚	5.5	30.0	17.0		千克	
2907 22 10	对苯二酚	5.5	30.0	17.0		千克	
2907 22 90	对苯二酚的盐	5.5	30.0	17.0		千克	
2907 23 00ˆ	4,4－异亚丙基联苯酚及其盐	5.5	30.0	17.0		千克	
2907 29 10	邻苯二酚	4.0	11.0	17.0		千克	
2907 29 90	其他多元酚;酚醇	5.5	30.0	17.0		千克	
2908	**酚及酚醇的卤化、磺化、硝化或亚硝化衍生物**						
2908 10 10	对氯苯酚	4.0	11.0	17.0		千克	
2908 10 90.10	五氯苯酚	5.5	30.0	17.0		千克	X
2908 10 90.90	其他仅含卤素取代基的衍生物及盐	5.5	30.0	17.0		千克	
2908 20 00	仅含磺基的衍生物及其盐和酯	5.5	30.0	17.0		千克	
2908 90 10	对硝基酚、对硝基酚钠	5.5	30.0	17.0		千克	
2908 90 90.10	地乐酚	5.5	30.0	17.0		千克	X
2908 90 90.90	其他酚及酚醇的卤化等衍生物(包括其磺化、硝化或亚硝化衍生物)	5.5	30.0	17.0		千克	
2909	**醚、醚醇、醚酚、醚醇酚、过氧化醇、过氧化醚、过氧化酮(不论是否已有化学定义)及其卤化、磺化、硝化或亚硝化衍生物**						
2909 11 00	乙醚	5.5	30.0	17.0		千克	y14u
2909 19 00ˆ	其他无环醚及其卤化等衍生物(包括其磺化、硝化或亚硝化衍生物)	5.5	30.0	17.0		千克	
2909 20 00	环烷醚.环烯醚或环萜烯醚(包括其卤化,磺化,硝化或亚硝化衍生物)	5.5	30.0	17.0		千克	
2909 30 00	芳香醚及其卤化.磺化.硝化衍生物(包括其亚硝化衍生物)	5.5	30.0	17.0		千克	
2909 41 00 *	2,2’－氧联二乙醇(二甘醇)	5.5	30.0	17.0		千克	
2909 42 00	乙二醇或二甘醇的单甲醚	5.5	30.0	17.0		千克	
2909 43 00	乙二醇或二甘醇的单丁醚	5.5	30.0	17.0		千克	
2909 44 00	乙二醇或二丁醇的其他单烷基醚	5.5	30.0	17.0		千克	
2909 49 10	间苯氧基苄醇	4.0	11.0	17.0		千克	
2909 49 90.10 *	2－正丙氧基乙醇	5.5	30.0	17.0		千克	
2909 49 90.90	其他醚醇及其衍生物(包括其卤化、磺化、硝化或亚硝化衍生物)	5.5	30.0	17.0		千克	
2909 50 00	醚酚、醚醇酚及其衍生物(包括其卤化、磺化、硝化或亚硝化衍生物)	5.5	30.0	17.0		千克	
2909 60 00	过氧化醇.过氧化醚.过氧化酮(含其卤化,磺化,硝化或亚硝化衍生物.过氧化二异丙苯除)	5.5	30.0	17.0		千克	
2910	**三节环环氧化物、环氧醇、环氧酚、环氧醚及其卤化、磺化、硝化或亚硝化衍生物**						

商品编号	商 品 名 称 备 注	进口税率		增值税	消费税	计量单位	监管条件
		最惠国	普通				
2910 10 00	环氧乙烷(氧化乙烯)	5.5	30.0	17.0		千克	S
2910 20 00	甲基环氧乙烷(氧化丙烯)	5.5	30.0	17.0		千克	
2910 30 00	1-氯-2,3-环氧丙烷(表氯醇)	5.5	30.0	17.0		千克	
2910 90 00.10	狄氏剂(包括异狄氏剂)	5.5	30.0	17.0		千克	X
2910 90 00.90	三节环环氧化物,环氧醇(酚,醚)(包括其卤化,磺化,硝化或亚硝化的衍生物)	5.5	30.0	17.0		千克	
2911	**缩醛及半缩醛,不论是否含有其他含氧基,及其卤化、磺化、硝化或亚硝化衍生物**						
2911 00 00	缩醛、半缩醛、不论含否其他含氧基(包括其卤化,磺化,硝化或亚硝化的衍生物)	5.5	30.0	17.0		千克	
2912	**醛,不论是否含有其他含氧基;环聚醛;多聚甲醛**						
2912 11 00	甲醛	5.5	30.0	17.0		千克	
2912 12 00	乙醛	5.5	30.0	17.0		千克	
2912 13 00	丁醛	5.5	30.0	17.0		千克	
2912 19 00.10 *	乙二醛	5.5	30.0	17.0		千克	
2912 19 00.20 *	正丙醛	5.5	30.0	17.0		千克	
2912 19 00.90	其他无环醛(指不含其他含氧基)	5.5	30.0	17.0		千克	
2912 21 00	苯甲醛	5.5	30.0	17.0		千克	
2912 29 10	铃兰醛(即对叔丁基-α-甲基-氧化肉桂醛)	5.5	30.0	17.0		千克	
2912 29 90	其他环醛(指不含其他含氧基)	5.5	30.0	17.0		千克	
2912 30 00	醛醇(指不含其他含氧基)	5.5	30.0	17.0		千克	
2912 41 00	香草醛(3-甲氧基-4-羟基苯甲醛)	5.5	30.0	17.0		千克	
2912 42 00	乙基香草醛	5.5	30.0	17.0		千克	
2912 49 00	其他醛醚、醛酚(包括含其他含氧基的醛)	5.5	30.0	17.0		千克	
2912 50 00	环聚醛	5.5	30.0	17.0		千克	
2912 60 00 *	多聚甲醛	5.5	30.0	17.0		千克	
2913	**编号2912所列产品的卤化、磺化、硝化或亚硝化衍生物**						
2913 00 00	税号2912所列产品的其他衍生物(指卤化,磺化,硝化或亚硝化的衍生物)	5.5	30.0	17.0		千克	
2914	**酮及醌,不论是否含有其他含氧基,及其卤化、磺化、硝化或亚硝化衍生物**						
2914 11 00	丙酮	5.5	20.0	17.0		千克	y14u
2914 12 00 *	丁酮[甲基乙基(甲)酮]	5.5	30.0	17.0		千克	y14u
2914 13 00 *	4-甲基-2-戊酮(即甲基异丁基(甲)酮)	5.5	30.0	17.0		千克	
2914 19 00.10	频哪酮	5.5	30.0	17.0		千克	y14u
2914 19 00.90	其他不含其他含氧基的无环酮	5.5	30.0	17.0		千克	
2914 21 00	樟脑	5.5	40.0	17.0		千克	B
2914 22 00	环已酮及甲基环已酮	5.5	30.0	17.0		千克	
2914 23 00	芷香酮及甲基芷香酮	5.5	30.0	17.0		千克	

商品编号	商品名称备注	进口税率		增值税	消费税	计量单位	监管条件
		最惠国	普通				
2914 29 00	其他环烷酮.环烯酮或环萜烯酮(指不含其他含氧基的)	5.5	30.0	17.0		千克	
2914 31 00	苯丙酮(苯基丙-2-酮)	5.5	30.0	17.0		千克	y14u
2914 39 10	苯乙酮	4.0	11.0	17.0		千克	
2914 39 90	其他不含其他含氧基的芳香酮	5.5	30.0	17.0		千克	
2914 40 00	酮醇及酮醛	5.5	30.0	17.0		千克	
2914 50 00	酮酚及含其他含氧基的酮	5.5	30.0	17.0		千克	
2914 61 00	蒽醌	5.5	30.0	17.0		千克	
2914 69 00	其他醌	5.5	30.0	17.0		千克	
2914 70 00	其他酮及醌的卤化.磺化衍生物(包括硝化或亚硝化衍生物)	5.5	30.0	17.0		千克	
2915	**饱和无环一元羧酸及其酸酐、酰卤化物、过氧化物和过氧酸以及它们的卤化、磺化、硝化或亚硝化衍生物**						
2915 11 00	甲酸	5.5	40.0	17.0		千克	
2915 12 00	甲酸盐	5.5	30.0	17.0		千克	
2915 13 00	甲酸酯	5.5	30.0	17.0		千克	
2915 21 10*	冰乙酸(冰醋酸)	5.5	30.0	17.0		千克	
2915 21 90*	其他乙酸	5.5	50.0	17.0		千克	
2915 22 00	乙酸钠	5.5	50.0	17.0		千克	
2915 23 00	钴的乙酸盐	5.5	50.0	17.0		千克	
2915 24 00	乙酸酐(醋酸酐)	5.5	50.0	17.0		千克	y14u
2915 29 00	其他乙酸盐	5.5	50.0	17.0		千克	
2915 31 00	乙酸乙酯	5.5	30.0	17.0		千克	
2915 32 00	乙酸乙烯酯	5.5	30.0	17.0		千克	
2915 33 00	乙酸正丁酯	5.5	30.0	17.0		千克	
2915 34 00	乙酸异丁酯	5.5	30.0	17.0		千克	
2915 35 00	乙酸-2-乙氧基乙酯	5.5	30.0	17.0		千克	
2915 39 00	其他乙酸酯	5.5	30.0	17.0		千克	
2915 40 00	一氯代乙酸的盐和酯(包括二氯乙酸或三氯乙酸的盐和酯)	5.5	30.0	17.0		千克	
2915 50 10*	丙酸	5.5	30.0	17.0		千克	
2915 50 90	丙酸盐和酯	5.5	30.0	17.0		千克	
2915 60 00	丁酸、戊酸及其盐和酯	5.5	30.0	17.0		千克	
2915 70 10	硬脂酸	7.0	50.0	17.0		千克	
2915 70 90	棕榈酸及其盐和酯、硬脂酸盐、酯	5.5	30.0	17.0		千克	
2915 90 00	其他饱和无环一元羧酸及其酸酐((酰卤、过氧)化物,过氧酸及该号(卤、硝、磺、亚硝)化衍生)	5.5	30.0	17.0		千克	
2916	**不饱和无环一元羧酸、环一元羧酸及其酸酐、酰卤化物、过氧化物和过氧酸以及它们的卤化、磺化、硝化或亚硝化衍生物**						

商品编号	商 品 名 称 备 注	进口税率		增值税	消费税	计量单位	监管条件
		最惠国	普通				
2916 11 00	丙烯酸及其盐	6.5	30.0	17.0		千克	
2916 12 00.10ˆ	丙烯酸甲酯	6.5	30.0	17.0		千克	
2916 12 00.20ˆ	丙烯酸乙酯	6.5	30.0	17.0		千克	
2916 12 00.30ˆ	丙烯酸正丁酯	6.5	30.0	17.0		千克	
2916 12 00.40ˆ	丙烯酸 2－乙基已酯	6.5	30.0	17.0		千克	
2916 12 00.90ˆ	其他丙烯酸酯	6.5	30.0	17.0		千克	
2916 13 00	甲基丙烯酸及其盐	6.5	80.0	17.0		千克	
2916 14 00	甲基丙烯酸酯	6.5	80.0	17.0		千克	
2916 15 00	油酸、亚油酸或亚麻酸及其盐和酯	6.5	30.0	17.0		千克	
2916 19 00.10	乐杀螨	6.5	30.0	17.0		千克	S
2916 19 00.90	其他不饱和无环一元羧酸(包括其酸酐，酰卤化物，过氧化物和过氧酸及它们的衍生物)	6.5	30.0	17.0		千克	
2916 20 10 *	DV 菊酸甲酯、二溴菊酸	4.0	11.0	17.0		千克	
2916 20 90.10 *	二氯菊酰氯(DV 菊酰氯)	6.5	30.0	17.0		千克	
2916 20 90.90	其他(环烷.环烯.环萜烯)一元羧酸(包括酸酐，酰卤化物，过氧化物和过氧酸及该税号的衍生物)	6.5	30.0	17.0		千克	
2916 31 00	苯甲酸及其盐和酯	6.5	30.0	17.0		千克	
2916 32 00	过氧化苯甲酰及苯甲酰氯	6.5	30.0	17.0		千克	
2916 34 00.10	苯乙酸	6.5	30.0	17.0		千克	y14u
2916 34 00.90	苯乙酸盐	6.5	30.0	17.0		千克	
2916 35 00	苯乙酸酯	6.5	30.0	17.0		千克	
2916 39 10	邻甲基苯甲酸	6.5	30.0	17.0		千克	
2916 39 20	布洛芬	6.5	30.0	17.0		千克	
2916 39 90	其他芳香一元羧酸(包括其酸酐，酰卤化物，过氧化物和过氧酸及该号的衍生物)	6.5	30.0	17.0		千克	
2917	**多元羧酸及其酸酐、酰卤化物、过氧化物和过氧酸以及它们的卤化、磺化、硝化或亚硝化衍生物**						
2917 11 10	草酸	6.5	40.0	17.0		千克	
2917 11 20	草酸钴	9.0	30.0	17.0		千克	
2917 11 90	其他草酸盐和酯	6.5	30.0	17.0		千克	
2917 12 00	已二酸及其盐和酯	6.5	30.0	17.0		千克	
2917 13 10	癸二酸及其盐和酯	6.5	30.0	17.0		千克	
2917 13 90	壬二酸及其盐和酯	6.5	30.0	17.0		千克	
2917 14 00	马来酐	6.5	30.0	17.0		千克	
2917 19 00	其他无环多元羧酸(包括其酸酐，酰卤化物，过氧化物和过氧酸及该号的衍生物)	6.5	30.0	17.0		千克	
2917 20 10 *	四氢苯酐	4.0	11.0	17.0		千克	
2917 20 90	其他(环烷、环烯、环萜烯)多元羧酸(包括其酸酐，酰卤化物，过氧化物和过氧酸及该号的衍生物)	6.5	30.0	17.0		千克	

商品编号	商品名称备注	进口税率		增值税	消费税	计量单位	监管条件
		最惠国	普通				
2917 31 00	邻苯二甲酸二丁酯	6.5	30.0	17.0		千克	
2917 32 00	邻苯二甲酸二辛酯	6.5	30.0	17.0		千克	
2917 33 00	邻苯二甲酸二壬酯等(包括邻苯二甲酸二癸酯)	6.5	30.0	17.0		千克	
2917 34 00	其他邻苯二甲酸酯	6.5	30.0	17.0		千克	
2917 35 00	邻苯二甲酸酐(苯酐)	6.5	30.0	17.0		千克	A
2917 36 10	对苯二甲酸	12.8	30.0	17.0		千克	
2917 36 90	对苯二甲酸盐	6.5	30.0	17.0		千克	
2917 37 00	对苯二甲酸二甲酯	6.5	30.0	17.0		千克	
2917 39 00	其他芳香多元羧酸(包括其酸酐,酰卤化物,过氧化物和过氧酸及该号的衍生物)	6.5	30.0	17.0		千克	
2918	**含附加含氧基的羧酸及其酸酐、酰卤化物、过氧化物和过氧酸以及它们的卤化、磺化、硝化或亚硝化衍生物**						
2918 11 00	乳酸及其盐和酯	6.5	30.0	17.0		千克	
2918 12 00	酒石酸	6.5	35.0	17.0		千克	
2918 13 00	酒石酸盐及酒石酸酯	6.5	30.0	17.0		千克	
2918 14 00	柠檬酸	6.5	35.0	17.0		千克	B
2918 15 00	柠檬酸盐及柠檬酸酯	6.5	30.0	17.0		千克	B
2918 16 00	葡糖酸及其盐和酯	6.5	30.0	17.0		千克	
2918 19 10	2,2-二苯基-2-羟基乙酸(二苯羟乙酸;二苯乙醇酸)	6.5	30.0	17.0		千克	y14u
2918 19 90.10	二苯乙醇酸甲酯(包括其酸酐,酰卤化物,过氧化物和过氧酸及该号的衍生物)	6.5	30.0	17.0		千克	y14u
2918 19 90.20	乙酯杀螨醇(包括其酸酐,酰卤化物,过氧化物和过氧酸及该号的衍生物)	6.5	30.0	17.0		千克	S
2918 19 90.30	γ-羟基丁酸及其盐	6.5	30.0	17.0		千克	I
2918 19 90.90	其他含醇基但不含其他含氧基羧酸(包括其酸酐,酰卤化物,过氧化物和过氧酸及该号的衍生物)	6.5	30.0	17.0		千克	
2918 21 10	水杨酸、水杨酸钠	6.5	20.0	17.0		千克	
2918 21 90	其他水杨酸盐	6.5	30.0	17.0		千克	
2918 22 10	邻乙酰水杨酸(阿斯匹林)	6.0	20.0	17.0		千克	
2918 22 90	邻乙酰水杨酸盐和酯	6.5	30.0	17.0		千克	
2918 23 00	水杨酸其他酯及其盐	6.5	30.0	17.0		千克	
2918 29 00	其他含酚基但不含其他含氧基羧酸(包括其酸酐,酰卤化物,过氧化物和过氧酸及该号的衍生物)	6.5	30.0	17.0		千克	
2918 30 00	含醛基或酮基不含其他含氧基羧酸(包括酸酐、酰卤化物、过氧化物和过氧酸及该税号的衍生物)	6.5	30.0	17.0		千克	
2918 90 00.10	2,4,5-三氯苯氧乙酸(2,4,5-涕)	6.5	30.0	17.0		千克	X

商品编号	商品名称备注	进口税率		增值税	消费税	计量单位	监管条件
		最惠国	普通				
2918 90 00.90	其他含其他附加含氧基羧酸(包括其酸酐,酰卤化物,过氧化物和过氧酸及该号的衍生物)	6.5	30.0	17.0		千克	
2919	**磷酸脂及其盐,包括乳磷酸盐,以及它们的卤化、磺化、硝化或亚硝化衍生物**						
2919 00 00.10	三(2,3-二溴丙基)磷酸酯	6.5	30.0	17.0		千克	X
2919 00 00.90	其他磷酸酯及其盐(包括乳磷酸盐)(包括它们的卤化,磺化,硝化或亚硝化衍生物)	6.5	30.0	17.0		千克	
2920	**其他非金属无机酸酯(不包括卤化氢的酯)及其盐以及它们的卤化、磺化、硝化或亚硝化衍生物**						
2920 10 00.10	甲基对硫磷、对硫磷	6.5	30.0	17.0		千克	S
2920 10 00.90	其他硫代磷酸酯及其盐(包括它们的卤化,磺化,硝化或亚硝化衍生物)	6.5	30.0	17.0		千克	
2920 90 11	亚磷酸三甲酯	6.5	30.0	17.0		千克	y14u
2920 90 12	亚磷酸三乙酯	6.5	30.0	17.0		千克	y14u
2920 90 13	亚磷酸二甲酯	6.5	30.0	17.0		千克	y14u
2920 90 14	亚磷酸二乙酯	6.5	30.0	17.0		千克	y14u
2920 90 19.10	草甘膦原药	6.5	30.0	17.0		千克	S
2920 90 19.90	其他亚磷酸酯	6.5	30.0	17.0		千克	
2920 90 90	其他无机酸酯(不包括卤化氢的酯)(包括其盐以及它们的卤化,磺化,硝化或亚硝化衍生物)	6.5	30.0	17.0		千克	
2921	**氨基化合物**						
2921 11 00.10	二甲胺	6.5	30.0	17.0		千克	y14u
2921 11 00.20	二甲胺盐酸盐	6.5	30.0	17.0		千克	y14u
2921 11 00.90	甲胺、三甲胺及其盐	6.5	30.0	17.0		千克	
2921 12 00	二乙胺及其盐	6.5	30.0	17.0		千克	
2921 19 10 *	二正丙胺	4.0	11.0	17.0		千克	
2921 19 20 *	异丙胺	6.5	30.0	17.0		千克	
2921 19 30	N,N-二(2-氯乙基)乙胺	6.5	30.0	17.0		千克	y14u
2921 19 40	N,N-二(2-氯乙基)甲胺	6.5	30.0	17.0		千克	y14u
2921 19 50	三(2-氯乙基)胺	6.5	30.0	17.0		千克	y14u
2921 19 60	二烷氨基乙基-2-氯及相应质子盐(其中烷基指甲、乙、正丙或异丙基)	6.5	30.0	17.0		千克	y14u
2921 19 90.10 *	三乙胺,月桂胺,一乙胺,正丁胺	6.5	30.0	17.0		千克	
2921 19 90.90	其他无环单胺及其衍生物及其盐	6.5	30.0	17.0		千克	
2921 21 10 *	乙二胺	6.5	30.0	17.0		千克	
2921 21 90	乙二胺盐	6.5	30.0	17.0		千克	
2921 22 10	已二酸已二胺盐(尼龙-66盐)	6.5	20.0	17.0		千克	
2921 22 90	六亚甲基二胺及其他盐	6.5	30.0	17.0		千克	
2921 29 00.10 *	二乙烯三胺	6.5	30.0	17.0		千克	
2921 29 00.90	其他无环多胺及其衍生物(包括它们的盐)	6.5	30.0	17.0		千克	

商品编号	商品名称备注	进口税率		增值税	消费税	计量单位	监管条件
		最惠国	普通				
2921 30 00	环(烷.烯.萜烯)单胺或多胺(包括其衍生物及它们的盐)	6.5	30.0	17.0		千克	
2921 41 10	苯胺	6.5	20.0	17.0		千克	
2921 41 90	苯胺盐	6.5	30.0	17.0		千克	
2921 42 00	苯胺衍生物及其盐	6.5	30.0	17.0		千克	
2921 43 00.10	氟乐灵原药	6.5	30.0	17.0		千克	S7
2921 43 00.20 *	邻甲苯胺	6.5	30.0	17.0		千克	
2921 43 00.30	杀虫脒	6.5	30.0	17.0		千克	X
2921 43 00.90	甲苯胺及其衍生物以及它们的盐	6.5	30.0	17.0		千克	
2921 44 00	二苯胺及其衍生物以及它们的盐	6.5	30.0	17.0		千克	
2921 45 00	1－萘胺、2－萘胺及其衍生物及盐	6.5	30.0	17.0		千克	
2921 46 00.11	安非他明、苄非他明、右苯丙胺(包括它们的盐)	6.5	30.0	17.0		千克	I
2921 46 00.12	乙非他明、芬坎法明、利非他明(包括它们的盐)	6.5	30.0	17.0		千克	I
2921 46 00.13	左苯丙胺、美芬雷司、芬特明(包括它们的盐)	6.5	30.0	17.0		千克	I
2921 49 10	对异丙基苯胺	4.0	11.0	17.0		千克	
2921 49 20.10 *	2,4、2,6－二甲基苯胺	6.5	20.0	17.0		千克	
2921 49 20.90	其他二甲基苯胺	6.5	20.0	17.0		千克	
2921 49 30	2,6－甲基乙基苯胺	4.0	11.0	17.0		千克	
2921 49 40 *	2,6－二乙基苯胺	6.5	20.0	17.0		千克	
2921 49 90	其他芳香单胺及衍生物及它们的盐	6.5	30.0	17.0		千克	
2921 51 10	邻苯二胺	4.0	11.0	17.0		千克	
2921 51 90	间－、对－苯二胺、二氨基甲苯等(包括衍生物及它们的盐)	6.5	30.0	17.0		千克	
2921 59 00	其他芳香多胺及衍生物及它们的盐	6.5	30.0	17.0		千克	
2922	**含氧基氨基化合物**						
2922 11 00	单乙醇胺及其盐	6.5	30.0	17.0		千克	
2922 12 00	二乙醇胺及其盐	6.5	30.0	17.0		千克	
2922 13 10	三乙醇胺	6.5	30.0	17.0		千克	y14u
2922 13 20.10 *	芳基聚氧乙烯磷酸酯	6.5	30.0	17.0		千克	
2922 13 20.20	三乙醇胺盐酸盐	6.5	30.0	17.0		千克	y14u
2922 13 20.90	其他三乙醇胺的盐	6.5	30.0	17.0		千克	
2922 14 00	右丙氧吩(INN)及其盐	6.5	30.0	17.0		千克	W
2922 19 10	乙胺丁醇	6.5	30.0	17.0		千克	
2922 19 21	二甲氨基乙醇及其质子化盐	6.5	30.0	17.0		千克	
2922 19 22	二乙氨基乙醇及其质子化盐	6.5	30.0	17.0		千克	
2922 19 29	其他二烷氨基乙－2－醇及质子化盐(烷基指正丙或异丙基)	6.5	30.0	17.0		千克	y14u
2922 19 30	乙基二乙醇胺	6.5	30.0	17.0		千克	y14u
2922 19 40	甲基二乙醇胺	6.5	30.0	17.0		千克	y14u
2922 19 90	其他氨基醇及其醚、酯和它们的盐(但含有一种以上含氧基的除外)	6.5	30.0	17.0		千克	

商品编号	商 品 名 称 备 注	进口税率		增值税	消费税	计量单位	监管条件
		最惠国	普通				
2922 21 00	氨基羟基萘磺酸及其盐(但含有一种以上含氧基的除外)	6.5	30.0	17.0		千克	
2922 22 00	茴香胺,二茴香胺,氨基苯乙醚等(但含有一种以上含氧基的除外)	6.5	30.0	17.0		千克	
2922 29 00	其他氨基(萘酚、酚)及醚、酯(包括它们的盐,但含有一种以上含氧基的除外)	6.5	30.0	17.0		千克	
2922 31 00.10	安非拉酮及其盐	6.5	30.0	17.0		千克	I
2922 31 00.20	美沙酮、去甲美沙酮及它们的盐	6.5	30.0	17.0		千克	W
2922 39 00.10	氯胺酮及其盐	6.5	30.0	17.0		千克	I
2922 39 00.90	其他氨基醛、氨基酮及其盐(包括氨基醌及其盐,但含有一种以上含氧基除外)	6.5	30.0	17.0		千克	
2922 41 10	赖氨酸	5.0	20.0	17.0		千克	
2922 41 90	赖氨酸酯和赖氨酸盐(包括赖氨酸酯的盐)	6.0	30.0	17.0		千克	
2922 42 10^	谷氨酸	17.5	90.0	17.0		千克	
2922 42 20	谷氨酸钠	17.5	130.0	17.0		千克	
2922 42 90	其他谷氨酸盐	6.5	30.0	17.0		千克	
2922 43 10	邻氨基苯甲酸(氨茴酸)	6.5	20.0	17.0		千克	y14u
2922 43 90	邻氨基苯甲酸(氨茴酸)盐	6.5	30.0	17.0		千克	
2922 44 00	替利定(INN)及其盐	6.5	30.0	17.0		千克	
2922 49 10	其他氨基酸	6.5	20.0	17.0		千克	
2922 49 91	普鲁卡因	6.0	20.0	17.0		千克	
2922 49 99	其他氨基酸及其酯及它们的盐(含有一种以上含氧基的除外)	6.5	30.0	17.0		千克	
2922 50 00	氨基醇酚、氨基酸酚(包括其他含氧基氨基化合物)	6.5	30.0	17.0		千克	
2923	**季铵盐及季铵碱;卵磷脂及其他磷氨基类脂,不论是否已有化学定义**						
2923 10 00	胆碱及其盐	6.5	30.0	17.0		千克	
2923 20 00	卵磷脂及其他磷氨基类脂	6.5	30.0	17.0		千克	
2923 90 00	其他季铵盐及季铵碱	6.5	30.0	17.0		千克	
2924	**羧基酰胺基化合物;碳酸酰胺基化合物**						
2924 11 00^	甲丙氨酯(INN)	6.5	30.0	17.0		千克	I
2924 19 00.10^	久效磷、磷胺(有效成分超过1000克/升的可溶性液剂)	6.5	30.0	17.0		千克	S
2924 19 00.20^	氟乙酰胺、敌蚜胺	6.5	30.0	17.0		千克	X
2924 19 00.30	甲丙氨酯的盐	6.5	30.0	17.0		千克	I
2924 19 00.90^	无环酰胺(包括无环氨基甲酸酯)(包括其衍生物及其盐)	6.5	30.0	17.0		千克	
2924 21 00	酰脲及其衍生物以及它们的盐	6.5	30.0	17.0		千克	
2924 23 00	2-乙酰氨基苯甲酸及其盐	6.5	30.0	17.0		千克	

商品编号	商 品 名 称 备 注	进口税率		增值税	消费税	计量单位	监管条件
		最惠国	普通				
2924 24 00	炔已蚁胺(INN)	6.5	30.0	17.0		千克	I
2924 29 10	对乙酰氨基苯乙醚(非那西丁)	6.0	20.0	17.0		千克	Q
2924 29 20	对乙酰氨基酚(扑热息痛)	6.0	30.0	17.0		千克	Q
2924 29 90.10	叶蝉散原药	6.5	30.0	17.0		千克	S7
2924 29 90.20	N-乙酰邻氨基苯酸	6.5	30.0	17.0		千克	y14u
2924 29 90.30	抑芽丹(马来酰肼)	6.5	30.0	17.0		千克	S
2924 29 90.40	炔已蚁胺的盐	6.5	30.0	17.0		千克	I
2924 29 90.90	其他环酰胺(包括环氨基甲酸酯)(包括其衍生物以及它们的盐,"叶蝉散"原药除外)	6.5	30.0	17.0		千克	
2925	**羧基酰亚胺化合物(包括糖精及其盐)及亚胺基化合物**						
2925 11 00	糖精及其盐	9.0	90.0	17.0		千克	
2925 12 00	格鲁米特(INN)	6.5	30.0	17.0		千克	I
2925 19 00.10	格鲁米特的盐	6.5	30.0	17.0		千克	I
2925 19 00.90	其他酰亚胺及其衍生物、盐	6.5	30.0	17.0		千克	
2925 20 00	亚胺及其衍生物以及它们的盐	6.5	30.0	17.0		千克	
2926	**腈基化合物**						
2926 10 00.10	2-丙烯腈、乙烯基氰	6.5	30.0	17.0		千克	X
2926 10 00.90	其他丙烯腈	6.5	30.0	17.0		千克	
2926 20 00	1-氰基胍(双氰胺)	6.5	30.0	17.0		千克	
2926 30 00.10	美沙酮中间体(4-氰基-2-二甲氨基-4,4-二苯基丁烷)	6.5	30.0	17.0		千克	W
2926 30 00.20	芬普雷司及其盐	6.5	30.0	17.0		千克	I
2926 90 10	对氯氰苄	4.0	11.0	17.0		千克	
2926 90 20	间苯二甲腈	6.5	30.0	17.0		千克	
2926 90 90.10	灭扫利,来福灵,功夫原药	6.5	30.0	17.0		千克	S7
2926 90 90.20 *	已二腈	6.5	30.0	17.0		千克	
2926 90 90.30	氯氰菊酯、百树菊酯原药(包括百树得、保得原药)	6.5	30.0	17.0		千克	S
2926 90 90.90	其他腈基化合物	6.5	30.0	17.0		千克	
2927	**重氮化合物、偶氮化合物及氧化偶氮化合物**						
2927 00 00	重氮化合物、偶氮化合物等(包括氧化偶氮化合物)	6.5	30.0	17.0		千克	
2928	**肼(联氨)及胲(羟胺)的有机衍生物**						
2928 00 00	肼(联氨)及胲(羟胺)的有机衍生物	6.5	20.0	17.0		千克	
2929	**其他含氮基化合物**						
2929 10 10	甲苯二异氰酸酯(TDI)(包括2、4-和2、6-甲苯二异氰酸酯混合物)	6.5	30.0	17.0		千克	

商品编号	商 品 名 称 备 注	进口税率		增值税	消费税	计量单位	监管条件
		最惠国	普通				
2929 10 20ˆ	二甲苯二异氰酸酯(TODI)	6.5	30.0	17.0		千克	
2929 10 30ˆ	二苯基甲烷二异氰酸酯(纯 MDI)	6.5	30.0	17.0		千克	
2929 10 40ˆ	六亚基甲烷二异氰酸酯	6.5	30.0	17.0		千克	
2929 10 90ˆ	其他异氰酸酯	6.5	30.0	17.0		千克	
2929 90 10	环已基氨基磺酸钠(甜蜜素)	14.5	90.0	17.0		千克	
2929 90 20	二烷氨基膦酰二卤(其中烷基指甲、乙、正丙或异丙基)	6.5	30.0	17.0		千克	y14u
2929 90 30	二烷氨基膦酸二烷酯(其中烷基指甲、乙、正丙或异丙基)	6.5	30.0	17.0		千克	y14u
2929 90 90	其他含氮基化合物	6.5	30.0	17.0		千克	
2930	**有机硫化合物**						
2930 10 00	二硫代碳酸酯(或酯盐)(即黄原酸酯(或酯盐))	6.5	30.0	17.0		千克	
2930 20 00	其他硫代氨基甲酸盐(或酯)(包括二硫代氨基甲酸盐)	6.5	30.0	17.0		千克	
2930 30 00	一硫化二烃氨基硫羰等(包括二硫化二烃氨基硫羰及四硫化二烃氨基硫羰)	6.5	30.0	17.0		千克	
2930 40 00	甲硫氨酸(蛋氨酸)	6.5	30.0	17.0		千克	
2930 90 10	双巯丙氨酸(胱氨酸)	6.5	30.0	17.0		千克	
2930 90 90.11 *	杀草丹、拿扑净的原药	6.5	30.0	17.0		千克	S7
2930 90 90.12 *	乙硫醇	6.5	30.0	17.0		千克	
2930 90 90.13	2-氯乙基氯甲基硫醚	6.5	30.0	17.0		千克	y14u
2930 90 90.14	二(2-氯乙基)硫醚(即芥子气)	6.5	30.0	17.0		千克	y14u
2930 90 90.15	二(2-氯乙硫基)甲烷	6.5	30.0	17.0		千克	y14u
2930 90 90.16	1,2-二(2-氯乙硫基)乙烷(即倍半芥气)	6.5	30.0	17.0		千克	y14u
2930 90 90.17	1,3-二(2-氯乙硫基)正丙烷	6.5	30.0	17.0		千克	y14u
2930 90 90.18	1,4-二(2-氯乙硫基)正丁烷	6.5	30.0	17.0		千克	y14u
2930 90 90.19	1,5-二(2-氯乙硫基)正戊烷	6.5	30.0	17.0		千克	y14u
2930 90 90.21	二(2-氯乙硫基甲基)醚	6.5	30.0	17.0		千克	y14u
2930 90 90.22	二(2-氯乙硫基乙基)醚(即氧芥气)	6.5	30.0	17.0		千克	y14u
2930 90 90.23	胺吸膦(硫代磷酸二乙基-S-2-二乙氨基乙酯及烷基化或质子化盐)	6.5	30.0	17.0		千克	yS14u
2930 90 90.24	烷基氨基乙-2-硫醇及相应质子盐	6.5	30.0	17.0		千克	y14u
2930 90 90.25	硫二甘醇(二(2-羟乙基)硫醚,硫代双乙醇)	6.5	30.0	17.0		千克	y14u
2930 90 90.26	烷基硫代膦酸烷 S-2-二烷氨基乙酯(包括相应烷基化盐,质子化盐,烷基指甲,乙,正丙,异丙基)	6.5	30.0	17.0		千克	yS14u
2930 90 90.27	含一磷原子与甲乙丙基结合化合物(不包括地虫磷)	6.5	30.0	17.0		千克	y14u
2930 90 90.28	内吸磷	6.5	30.0	17.0		千克	X
2930 90 90.29	敌菌丹、甲胺磷	6.5	30.0	17.0		千克	S
2930 90 90.30	巴丹原药	6.5	30.0	17.0		千克	S7

商品编号	商 品 名 称 备 注	进口税率		增值税	消费税	计量单位	监管条件
		最惠国	普通				
2930 90 90.90	其他有机硫化合物	6.5	30.0	17.0		千克	
2931	**其他有机－无机化合物**						
2931 00 00.11 *	益收宝原药	6.5	30.0	17.0		千克	S
2931 00 00.12	氯乙基汞、三环锡·普特丹(包括乙酸苯汞、醋酸苯基汞、醋酸苯汞、赛力散)	6.5	30.0	17.0		千克	X
2931 00 00.13	2－氯乙烯基二氯胂	6.5	30.0	17.0		千克	y14u
2931 00 00.14	二(2－氯乙烯基)氯胂	6.5	30.0	17.0		千克	y14u
2931 00 00.15	三(2－氯乙烯基)胂	6.5	30.0	17.0		千克	y14u
2931 00 00.16	烷基氟膦酸烷酯,10 碳原子以下(烷基指甲,乙,正丙,异丙基,例如:沙林,梭曼)	6.5	30.0	17.0		千克	y14u
2931 00 00.17	二烷氨基氰膦酸烷酯 10 碳原子以下(烷基指甲,乙,正丙,异丙基,例如:塔崩)	6.5	30.0	17.0		千克	y14u
2931 00 00.18	烷基膦酰二氟(烷基指甲,乙,正丙,异丙基,例如,DF:甲基膦酰二氟)	6.5	30.0	17.0		千克	y14u
2931 00 00.19	烷基亚膦酰烷基－2－二烷氨基乙酯(包括相应烷基化盐或质子化盐)	6.5	30.0	17.0		千克	y14u
2931 00 00.21	氯沙林、氯梭曼(氯沙林即甲基氯膦酸异丙酯,氯梭曼即甲基氯膦酸频那酯)	6.5	30.0	17.0		千克	y14u
2931 00 00.29	其他有机－无机化合物	6.5	30.0	17.0		千克	
2932	**仅含有氧杂原子的杂环化合物**						
2932 11 00	四氢呋喃	6.0	20.0	17.0		千克	
2932 12 00	2－糠醛	6.0	20.0	17.0		千克	B
2932 13 00	糠醇及四氢糠醇	6.0	20.0	17.0		千克	
2932 19 00	其他结构上有非稠合呋喃环化合物	6.5	20.0	17.0		千克	
2932 21 00	香豆素、甲基香豆素及乙基香豆素	6.5	20.0	17.0		千克	
2932 29 00	其他内酯	6.5	20.0	17.0		千克	
2932 91 00	4－丙烯基－1,2－亚甲二氧基苯(即异黄樟脑)	6.5	20.0	17.0		千克	y14u
2932 92 00	1－(1,3－苯并二恶茂－5－基)丙－2－酮(即 3,4－亚甲基二氧苯基－2－丙酮)	6.5	20.0	17.0		千克	y14u
2932 93 00	3,4－亚甲二氧基苯甲醛(胡椒醛)(别名洋茉莉醛、天芥菜精)	6.5	20.0	17.0		千克	y14u
2932 94 00	4－烯丙基－1,2－亚甲二氧基苯(即黄樟脑)	6.5	20.0	17.0		千克	y14u
2932 95 00	四氢大麻酚(所有异构体)	6.5	20.0	17.0		千克	I
2932 99 10 *	呋喃酚	4.0	11.0	17.0		千克	
2932 99 20	联苯双酯(即 4,4’双甲氧基 5,6,5’6’双次甲二氧基 2,2’双甲氧羰基苯)	6.5	20.0	17.0		千克	
2932 99 90.10	呋喃丹原药	6.5	20.0	17.0		千克	S7
2932 99 90.20	紫杉醇	6.5	20.0	17.0		千克	QF
2932 99 90.30	二亚甲基双氧安非他明及其盐(MDMA)	6.5	20.0	17.0		千克	I
2932 99 90.40	替苯丙胺及其盐	6.5	20.0	17.0		千克	I

商品编号	商 品 名 称 备 注	进口税率		增值税	消费税	计量单位	监管条件
		最惠国	普通				
2932 99 90.90	其他仅含氧杂原子的杂环化合物	6.5	20.0	17.0		千克	
2933	**仅含有氮杂原子的杂环化合物**						
2933 11 00	二甲基苯基吡唑酮及其衍生物(二甲基苯基吡唑酮即安替比林)	6.5	20.0	17.0		千克	
2933 19 20	安乃近	6.0	20.0	17.0		千克	Q
2933 19 90	其他结构上有非稠合吡唑环化合物	6.5	20.0	17.0		千克	
2933 21 00	乙内酰脲及其衍生物	6.5	30.0	17.0		千克	
2933 29 00.10	扑海因原药	6.5	20.0	17.0		千克	S7
2933 29 00.90	其他结构上有非稠合咪唑环化合物	6.5	20.0	17.0		千克	
2933 31 00	吡啶及其盐	6.0	20.0	17.0		千克	
2933 32 10 *	哌啶(六氢吡啶)	4.0	11.0	17.0		千克	y14u
2933 32 20	哌啶(六氢吡啶)盐	6.5	20.0	17.0		千克	
2933 33 00.11	阿芬太尼,芬太尼(以及它们的盐)	6.5	20.0	17.0		千克	W
2933 33 00.12	哌替啶,地芬诺酯(以及它们的盐)	6.5	20.0	17.0		千克	W
2933 33 00.13	氰苯双哌酰胺,丙吡兰(以及它们的盐)	6.5	20.0	17.0		千克	W
2933 33 00.21	哌醋甲酯,喷他左辛,溴西泮(以及它们的盐)	6.5	20.0	17.0		千克	I
2933 33 00.22	苯环利定,哌苯甲醇,三甲利定(以及它们的盐)	6.5	20.0	17.0		千克	I
2933 33 00.31	地匹哌酮,凯托米酮,地芬诺新(以及它们的盐)	6.5	20.0	17.0		千克	
2933 33 00.32	哌替啶中间体 A,苯哌利定(以及它们的盐)	6.5	20.0	17.0		千克	
2933 33 00.33	阿尼利定,苯氰米特(以及它们的盐)	6.5	20.0	17.0		千克	
2933 39 10	二苯乙醇酸-3-奎宁环酯(即 BZ)	6.5	20.0	17.0		千克	y14u
2933 39 20	奎宁环-3-醇	6.5	20.0	17.0		千克	y14u
2933 39 90.10	甲基吡啶,氰基吡啶,吡啶硫铜锌(包括三甲基吡啶)	6.5	20.0	17.0		千克	
2933 39 90.20	精稳杀得、乐斯本原药	6.5	20.0	17.0		千克	S7
2933 39 90.30	3-羟基-1-甲基哌啶	6.5	20.0	17.0		千克	y14u
2933 39 90.40	3-奎宁环酮	6.5	20.0	17.0		千克	y14u
2933 39 90.50 *	速克灵原药	6.5	20.0	17.0		千克	S7
2933 39 90.60	克无踪原药	6.5	20.0	17.0		千克	
2933 39 90.70	莫比朗原药	6.5	20.0	17.0		千克	7
2933 39 90.80	雷米芬太尼及其盐	6.5	20.0	17.0		千克	W
2933 39 90.90	其他结构上有非稠合吡啶环化合物	6.5	20.0	17.0		千克	
2933 41 00	左非诺(INN)及其盐	6.5	20.0	17.0		千克	W
2933 49 10	环丙氟哌酸	6.5	20.0	17.0		千克	
2933 49 90	其他含喹琳或异喹啉环系的化合物(但未进一步稠合的)	6.5	20.0	17.0		千克	
2933 52 00	丙二酰脲(巴比妥酸)及其盐	6.5	20.0	17.0		千克	
2933 53 00.11	阿洛巴比妥,仲丁巴比妥(以及它们的盐)	6.5	20.0	17.0		千克	I
2933 53 00.12	乙烯比妥,布他比妥,正丁巴比妥(以及它们的盐)	6.5	20.0	17.0		千克	I
2933 53 00.13	环已巴比妥,甲苯巴比妥(以及它们的盐)	6.5	20.0	17.0		千克	I

商品编号	商 品 名 称 备 注	进口税率		增值税	消费税	计量单位	监管条件
		最惠国	普通				
2933 53 00.14	司可巴比妥,异戊巴比妥(以及它们的盐)	6.5	20.0	17.0		千克	I
2933 53 00.15	戊巴比妥,苯巴比妥,巴比妥(以及它们的盐)	6.5	20.0	17.0		千克	I
2933 54 00	其他丙二酰脲的衍生物及它们的盐	6.5	20.0	17.0		千克	
2933 55 00.11	甲氯喹酮,甲喹酮(以及它们的盐)	6.5	20.0	17.0		千克	
2933 55 00.12	氯普唑仑,齐培丙醇(以及它们的盐)	6.5	20.0	17.0		千克	
2933 59 00	其他结构上有嘧啶环等的化合物(包括其他结构上有哌嗪环的化合物,N-甲基哌嗪,哌嗪除外)	6.5	20.0	17.0		千克	
2933 61 00	三聚氰胺(蜜胺)	6.5	20.0	17.0		千克	
2933 69 10 *	三聚氰氯	6.0	20.0	17.0		千克	
2933 69 90	其他结构上含非稠合三嗪环化合物	6.5	20.0	17.0		千克	
2933 71 00	6-已内酰胺	10.8	35.0	17.0		千克	A
2933 72 00	氯巴占和甲乙哌酮(INN)	9.0	15.0	17.0		千克	I
2933 79 00.10	氯巴占和甲乙哌酮的盐	9.0	20.0	17.0		千克	I
2933 79 00.90	其他内酰胺	9.0	20.0	17.0		千克	
2933 91 00.11	阿普唑仑,卡马西泮,氯氮卓(以及它们的盐)	6.5	20.0	17.0		千克	I
2933 91 00.12	氯硝西泮,氯拉卓酸,地洛西泮(以及它们的盐)	6.5	20.0	17.0		千克	I
2933 91 00.13	地西泮,艾司唑仑,氯氟卓乙酯(以及它们的盐)	6.5	20.0	17.0		千克	I
2933 91 00.14	氟地西泮,氟硝西泮,氟西泮(以及它们的盐)	6.5	20.0	17.0		千克	I
2933 91 00.15	哈拉西泮,劳拉西泮,氯甲西泮(以及它们的盐)	6.5	20.0	17.0		千克	I
2933 91 00.16	马吲哚,咪达唑仑,硝西泮(以及它们的盐)	6.5	20.0	17.0		千克	I
2933 91 00.17	奥沙西泮,匹那西泮,普拉西泮(以及它们的盐)	6.5	20.0	17.0		千克	I
2933 91 00.18	去甲西泮,三唑仑(以及它们的盐)	6.5	20.0	17.0		千克	I
2933 91 00.21	硝甲西泮,美达西泮(以及它们的盐)	6.5	20.0	17.0		千克	
2933 91 00.22	吡咯戊酮,替马西泮,四氢西泮(以及它们的盐)	6.5	20.0	17.0		千克	
2933 99 00.10 *	精禾草克原药	6.5	20.0	17.0		千克	S7
2933 99 00.20	三吖丙啶基氧化磷	6.5	20.0	17.0		千克	X
2933 99 00.30	布桂嗪,扎莱普隆,唑吡坦(以及他们的盐)	6.5	20.0	17.0		千克	I
2933 99 00.90	其他仅含氮杂原子的杂环化合物	6.5	20.0	17.0		千克	
2934	**核酸及其盐,不论是否已有化学定义;其他杂环化合物**						
2934 10 00.10 *^	尼索朗原药	6.5	20.0	17.0		千克	S7
2934 10 00.90^	结构上含有非稠合噻唑环的化合物(非稠合噻唑环不论是否氢化)	6.5	20.0	17.0		千克	
2934 20 00	含一个苯并噻唑环系的化合物(苯并噻唑环系不论是否氢化,化合物未经进一步稠合的)	6.5	20.0	17.0		千克	
2934 30 00	含一个吩噻嗪环系的化合物(吩噻嗪环系不论是否氢化,化合物未经进一步稠合的)	6.5	20.0	17.0		千克	
2934 91 00.11	阿米雷司,溴替唑仑,氯噻西泮(以及它们的盐)	6.5	20.0	17.0		千克	I
2934 91 00.12	氯恶唑仑,卤恶唑仑(以及它们的盐)	6.5	20.0	17.0		千克	I
2934 91 00.13	凯他唑仑,美索卡,恶唑仑(以及它们的盐)	6.5	20.0	17.0		千克	I
2934 91 00.14	匹莫林,苯甲曲嗪,芬美曲嗪(以及它们的盐)	6.5	20.0	17.0		千克	I

商品编号	商 品 名 称 备 注	进口税率		增值税	消费税	计量单位	监管条件
		最惠国	普通				
2934 91 00.20	右吗拉胺,舒芬太尼(以及它们的盐)	6.5	20.0	17.0		千克	W
2934 99 10	磺内酯及磺内酰胺	6.5	30.0	17.0		千克	
2934 99 20	呋喃唑酮	6.0	20.0	17.0		千克	
2934 99 30	核酸及其盐	6.5	35.0	17.0		千克	
2934 99 90.10 *	农思它原药	6.5	20.0	17.0		千克	S
2934 99 90.20	硕丹、韩丹原药	6.5	20.0	17.0		千克	S7
2934 99 90.30	赛丹原药	6.5	20.0	17.0		千克	S
2934 99 90.90	其他杂环化合物	6.5	20.0	17.0		千克	
2935	**磺(酰)胺**						
2935 00 10	磺胺嘧啶	6.5	35.0	17.0		千克	
2935 00 20	磺胺双甲基嘧啶	6.5	35.0	17.0		千克	
2935 00 30	磺胺甲恶唑	6.5	35.0	17.0		千克	
2935 00 90	其他磺(酰)胺	6.5	35.0	17.0		千克	
2936	**天然或合成再制的维生素原和维生素(包括天然浓缩物)及其主要用作维生素的衍生物,上述产品的混合物,不论是否溶于溶剂**						
2936 10 00	未混合的维生素原	4.0	20.0	17.0		千克	
2936 21 00	未混合的维生素 A 及其衍生物(不论是否溶于溶剂)	4.0	20.0	17.0		千克	
2936 22 00	未混合的维生素 B_1 及其衍生物(不论是否溶于溶剂)	4.0	20.0	17.0		千克	
2936 23 00	未混合的维生素 B_2 及其衍生物(不论是否溶于溶剂)	4.0	20.0	17.0		千克	
2936 24 00	未混合的 D 或 DL－泛酸及其衍生物(不论是否溶于溶剂)	4.0	20.0	17.0		千克	
2936 25 00	未混合的维生素 B6 及其衍生物(不论是否溶于溶剂)	4.0	20.0	17.0		千克	
2936 26 00	未混合的维生素 B12 及其衍生物(不论是否溶于溶剂)	4.0	20.0	17.0		千克	
2936 27 00	未混合的维生素 C 及其衍生物(不论是否溶于溶剂)	4.0	20.0	17.0		千克	
2936 28 00	未混合的维生素 E 及其衍生物(不论是否溶于溶剂)	4.0	20.0	17.0		千克	
2936 29 00	其他未混合的维生素及其衍生物(不论是否溶于溶剂)	4.0	20.0	17.0		千克	
2936 90 00	混合维生素原、维生素及其衍生物(包括天然浓缩物,不论是否溶于溶剂)	4.0	20.0	17.0		千克	
2937	**天然或合成再制的激素、前列腺素、血栓烷、白细胞三烯及其衍生物和结构类似物,包括主要用作激素的改性链多肽**						
2937 11 00	生长激素及其衍生物和结构类似物	4.0	20.0	17.0		千克	Q

商品编号	商品名称备注	进口税率		增值税	消费税	计量单位	监管条件
		最惠国	普通				
2937 12 00	胰岛素及其盐	4.0	20.0	17.0		千克	Q
2937 19 00	其他多肽激素及衍生物结构类似物(包括蛋白激素、糖蛋白激素及衍生物,结构类似物)	4.0	20.0	17.0		千克	Q
2937 21 00	可的松、氢化可的松等(包括脱氢皮(质甾)醇)	4.0	20.0	17.0		千克	Q
2937 22 10	地塞米松	6.0	30.0	17.0		千克	Q
2937 22 90	其他肾上腺皮质激素的卤化衍生物	4.0	30.0	17.0		千克	Q
2937 23 00	雌(甾)激素及孕激素	4.0	30.0	17.0		千克	Q
2937 29 00	其他甾类激素及其衍生物(包括其结构类似物)	4.0	30.0	17.0		千克	Q
2937 31 00	肾上腺素	6.0	30.0	17.0		千克	Q
2937 39 00	其他儿茶酚胺激素及其衍生物(包括其结构类似物)	6.0	30.0	17.0		千克	Q
2937 40 00	氨基酸衍生物	6.0	30.0	17.0		千克	Q
2937 50 00	前列腺素、血栓烷和白细胞三烯(包括它们的衍生物和结构类似物)	6.0	30.0	17.0		千克	Q
2937 90 00	其他激素及其衍生物和结构类似物	6.0	30.0	17.0		千克	Q
2938	**天然或合成再制的苷(配糖物)及其盐、醚、酯和其他衍生物**						
2938 10 00	芸香苷及其衍生物	6.5	20.0	17.0		千克	Q
2938 90 00.10	甘草酸粉	6.5	20.0	17.0		千克	y4
2938 90 00.20	甘草酸盐类	6.5	20.0	17.0		千克	y4
2938 90 00.30	甘草次酸及其衍生物	6.5	20.0	17.0		千克	y4
2938 90 00.90	其他天然或合成再制的苷及其盐等(包括醚、酯和其他衍生物)	6.5	20.0	17.0		千克	
2939	**天然或合成再制的生物碱及其盐、醚、酯和其他衍生物**						
2939 11 00.11	罂粟杆浓缩物	4.0	50.0	17.0		千克	W
2939 11 00.12	可待因、双氢可待因、乙基吗啡(以及它们的盐)	4.0	50.0	17.0		千克	W
2939 11 00.13	埃托啡、海洛因、氢可酮(以及它们的盐)	4.0	50.0	17.0		千克	W
2939 11 00.14	氢吗啡酮、吗啡、尼可吗啡(以及它们的盐)	4.0	50.0	17.0		千克	W
2939 11 00.15	羟考酮、羟吗啡酮、福尔可定(以及它们的盐)	4.0	50.0	17.0		千克	W
2939 11 00.16	醋氢可酮,蒂巴因(以及它们的盐)	4.0	50.0	17.0		千克	W
2939 11 00.20	丁丙诺啡及其盐	4.0	50.0	17.0		千克	I
2939 19 00.10	二氢埃托啡,吗啉乙基吗啡(以及它们的盐)	4.0	50.0	17.0		千克	W
2939 19 00.90	其他鸦片碱及其衍生物及它们的盐	4.0	50.0	17.0		千克	Q
2939 21 00	奎宁及其盐	4.0	30.0	17.0		千克	Q
2939 29 00	其他金鸡纳生物碱及其衍生物、盐	4.0	20.0	17.0		千克	Q
2939 30 00.10	咖啡因	4.0	20.0	17.0		千克	I
2939 30 00.90	咖啡因的盐	4.0	20.0	17.0		千克	
2939 41 00.10	麻黄碱(麻黄素,盐酸麻黄碱)	4.0	20.0	17.0		千克	y14Qu
2939 41 00.20	硫酸麻黄碱	4.0	20.0	17.0		千克	y14Qu
2939 41 00.30	消旋盐酸麻黄碱	4.0	20.0	17.0		千克	y14Qu

商品编号	商品名称备注	进口税率		增值税	消费税	计量单位	监管条件
		最惠国	普通				
2939 41 00.40	草酸麻黄碱	4.0	20.0	17.0		千克	y14Qu
2939 41 00.90	麻黄碱盐	4.0	20.0	17.0		千克	Q
2939 42 00.10	伪麻黄碱(伪麻黄素,盐酸伪麻黄碱)	4.0	20.0	17.0		千克	y14Qu
2939 42 00.20	硫酸伪麻黄碱	4.0	20.0	17.0		千克	y14Qu
2939 42 00.90	假麻黄碱盐(D-2-甲胺基-1-苯基丙醇)	4.0	20.0	17.0		千克	Q
2939 43 00	苯丙醇胺(INN)及其盐	4.0	20.0	17.0		千克	I
2939 49 00.10	盐酸甲基麻黄碱	4.0	20.0	17.0		千克	yQ1u4
2939 49 00.20	消旋盐酸甲基麻黄碱	4.0	20.0	17.0		千克	yQ1u4
2939 49 00.30	去氧麻黄碱及其盐	4.0	20.0	17.0		千克	I
2939 49 00.90	其他麻黄碱及其盐	4.0	20.0	17.0		千克	Q
2939 51 00	芬乙茶碱(INN)及其盐	4.0	20.0	17.0		千克	Q
2939 59 00	其他茶碱和氨茶碱及其衍生物、盐	4.0	20.0	17.0		千克	Q
2939 61 00.10	麦角新碱	4.0	20.0	17.0		千克	yQ14u
2939 61 00.90	麦角新碱盐	4.0	20.0	17.0		千克	Q
2939 62 00.10	麦角胺	4.0	20.0	17.0		千克	yQ14u
2939 62 00.90	麦角胺盐	4.0	20.0	17.0		千克	Q
2939 63 00.10	麦角酸	4.0	20.0	17.0		千克	yQ14u
2939 63 00.90	麦角酸盐	4.0	20.0	17.0		千克	Q
2939 69 00	其他麦角生物碱及其衍生物(包括它们的盐)	4.0	20.0	17.0		千克	Q
2939 91 10	可卡因及其盐	4.0	20.0	17.0		千克	W
2939 91 90.11	芽子碱、左甲苯丙胺(以及它们的盐、酯及其他衍生物)	4.0	20.0	17.0		千克	Q
2939 91 90.12	去氧麻黄碱(INN)(以及它们的盐、酯及其他衍生物)	4.0	20.0	17.0		千克	Q
2939 91 90.13	去氧麻黄碱外消旋体(以及它们的盐、酯及其他衍生物)	4.0	20.0	17.0		千克	Q
2939 99 10	烟碱及其盐	4.0	20.0	17.0		千克	Q
2939 99 20	番木鳖碱(士的年)及其盐	4.0	17.0	17.0		千克	Q
2939 99 90	其他生物碱及其衍生物(包括生物碱的盐、酯及其他衍生物)	4.0	20.0	17.0		千克	Q
2940	**化学纯糖,但蔗糖、乳糖、麦芽糖、葡萄糖、及果糖除外;糖醚、糖缩醛、糖酯及其盐,但不包括品目29.37、29.38、29.39的产品**						
2940 00 00	化学纯糖,糖醚、糖酯及其盐(蔗糖、乳糖、麦芽糖、葡萄糖、编号29.37-2939产品除外)	6.0	30.0	17.0		千克	Q
2941	**抗菌素**						
2941 10 11^	氨苄青霉素	8.0	20.0	17.0		千克	Q
2941 10 12^	氨苄青霉素三水酸	8.0	20.0	17.0		千克	Q
2941 10 19^	氨苄青霉素盐	8.0	20.0	17.0		千克	Q
2941 10 91^	羟氨苄青霉素	4.0	20.0	17.0		千克	Q
2941 10 92^	羟氨苄青霉素三水酸	4.0	20.0	17.0		千克	Q

商品编号	商 品 名 称 备 注	进口税率		增值税	消费税	计量单位	监管条件
		最惠国	普通				
2941 10 93^	6 氨基青霉烷酸(6APA)	4.0	20.0	17.0		千克	
2941 10 94^	青霉素 V	4.0	20.0	17.0		千克	Q
2941 10 95^	磺苄青霉素	4.0	20.0	17.0		千克	Q
2941 10 96^	邻氯青霉素	4.0	20.0	17.0		千克	Q
2941 10 99^	其他青霉素或衍生物及其盐(包括具有青霉烷酸结构和青霉素衍生物及其盐)	4.0	20.0	17.0		千克	Q
2941 20 00^	链霉素及其衍生物、盐	4.0	20.0	17.0		千克	Q
2941 30 11^	四环素	4.0	20.0	17.0		千克	Q
2941 30 12^	四环素盐	4.0	20.0	17.0		千克	Q
2941 30 20^	四环素衍生物及其盐	4.0	20.0	17.0		千克	Q
2941 40 00^	氯霉素及其衍生物、盐	4.0	20.0	17.0		千克	Q
2941 50 00^	红霉素及其衍生物、盐	6.0	20.0	17.0		千克	Q
2941 90 10^	庆大霉素及其衍生物、盐	4.0	20.0	17.0		千克	Q
2941 90 20^	卡那霉素及其衍生物、盐	4.0	20.0	17.0		千克	Q
2941 90 30^	利福平及其衍生物、盐	4.0	20.0	17.0		千克	Q
2941 90 40^	林可霉素及其衍生物、盐	4.0	20.0	17.0		千克	Q
2941 90 51^	氨基脱乙酰氧基头孢烷酸(包括 7 氨基头孢烷酸)	8.0	20.0	17.0		千克	
2941 90 52^	头孢氨苄及其盐	8.0	20.0	17.0		千克	Q
2941 90 53^	头孢唑啉及其盐	8.0	20.0	17.0		千克	Q
2941 90 54^	头孢拉啶及其盐	8.0	20.0	17.0		千克	Q
2941 90 55^	头孢三嗪(头孢曲松)及其盐	8.0	20.0	17.0		千克	Q
2941 90 56^	头孢哌酮及其盐	8.0	20.0	17.0		千克	Q
2941 90 57^	头孢噻肟及其盐	8.0	20.0	17.0		千克	Q
2941 90 58^	头孢克罗及其盐	8.0	20.0	17.0		千克	Q
2941 90 59^	其他先锋霉素及其衍生物(包括它们的盐)	8.0	20.0	17.0		千克	Q
2941 90 60^	麦迪霉素及其衍生物(包括它们的盐)	8.0	20.0	17.0		千克	Q
2941 90 70^	乙酰螺旋霉素及其衍生物(包括它们的盐)	4.0	20.0	17.0		千克	Q
2941 90 90^	其他抗菌素	8.0	20.0	17.0		千克	Q
2942	**其他有机化合物**						
2942 00 00	其他有机化合物	6.5	30.0	17.0		千克	

第三十章　药　　品

注释：

一、本章不包括：

(一)食品及饮料(例如，营养品、糖尿病食品、强化食品、保健食品、滋补饮料及矿泉水)(第四类)，但不包括供静脉摄入用的滋养品；

(二)经特殊煅烧或精细研磨的牙科用熟石膏(品目25.20)；

(三)适合医药用的精油水馏液及水溶液(品目33.01)；

(四)品目33.03至33.07的制品，不论是否具有治疗及预防疾病的作用；

(五)加有药料的肥皂及品目34.01的其他产品；

(六)以熟石膏为基本成分的牙科用制品(品目34.07)；

(七)不作治疗及预防疾病用的血清蛋白(品目35.02)。

二、品目30.02所称的"修饰免疫制品"，仅适用于单系抗体(MABs)、抗体片断、抗体及抗体片断缀合物。

三、品目30.03及30.04以及本章注释四(四)所述的非混合产品及混合产品，按下列规定处理：

(一)非混合产品：

1. 溶于水的非混合产品；
2. 第二十八章及第二十九章的所有货品；
3. 品目13.02的单一植物浸膏，只经标定或溶于溶剂的。

(二)混合产品：

1. 胶体溶液及悬浮液(胶态硫磺除外)；
2. 从植物性混合物加工所得的植物浸膏；
3. 蒸发天然矿质水所得的盐及浓缩物。

四、品目30.06仅适用于下列物品(这些物品只能归入品目30.06而不得归入本目录其他品目)：

(一)无菌外科肠线、类似的无菌缝合材料及外伤用的无菌粘合胶布；

(二)无菌昆布及无菌昆布塞条；

(三)外科及牙科用无菌吸收性止血材料；

(四)用于病人的X光检查造影剂及其他诊断试剂，这些药剂是由单一产品配定剂量或由两种以上成分混合而成的；

(五)血型试剂；

(六)牙科粘固剂及其他牙科填料；骨骼粘固剂；

(七)急救药箱、药包；

(八)以激素、品目29.37的其他产品或杀精子剂为基本成分的化学避孕药物。

(九)专用于人类或作兽药用的凝胶制品，作为外科手术或体检时躯体部位的润滑剂，或者作为躯体和医疗器械之间的偶合剂。

(十)废药物，即因超过有效保存期等原因而不适于作原用途的药品。

商品编号	商品名称备注	进口税率		增值税	消费税	计量单位	监管条件
		最惠国	普通				
3001	**已干燥的器官疗法用腺体及其他器官,不论是否制成粉末;器官疗法用腺体、其他器官及其分泌物的提取物;肝素及其盐;其他供治疗或预防疾病用的其他编号未列名的人体或动物制品**						
3001 10 00.10	已干燥的野生动物腺体及其他器官(不论是否制成粉末)	3.0	30.0	17.0		千克	AFBQ
3001 10 00.90	已干燥的其他腺体及其他器官(不论是否制成粉末)	3.0	30.0	17.0		千克	ABQ
3001 20 00.10	其他野生动物腺体、器官及分泌物	3.0	30.0	17.0		千克	AQFB
3001 20 00.90	其他腺体、器官及其分泌物提取物	3.0	30.0	17.0		千克	AQB
3001 90 10	肝素及其盐	3.0	30.0	17.0		千克	AQB
3001 90 90.10	蛇毒制品(供治疗或预防疾病用)	3.0	30.0	17.0		千克	AQFB
3001 90 90.90	其他未列名的人体或动物制品(供治疗或预防疾病用)	3.0	30.0	17.0		千克	ABQ
3002	**人血;治病、防病或诊断用动物血制品;抗血清、其他血份及修饰免疫制品,不论是否通过生物工艺加工制得;疫苗、毒素、培养微生物(不包括酵母)及类似产品**						
3002 10 00	抗血清、其他血份及修饰免疫制品(不论是否通过生物工艺加工制得)	3.0	20.0	17.0		千克	AQB
3002 20 00	人用疫苗	3.0	20.0	17.0		千克	QAB
3002 30 00	兽用疫苗	3.0	20.0	17.0		千克	AB
3002 90 10	石房蛤毒素	3.0	20.0	17.0		千克	y14Qu
3002 90 20	蓖麻毒素	3.0	20.0	17.0		千克	y14Qu
3002 90 90	人血、动物血制品、其他毒素等(包括培养微生物(不包括酵母)及类似产品)	3.0	20.0	17.0		千克	ABQ
3003	**两种或两种以上成分混合而成的治病或防病用药品(不包括编号 3002、3005 或 3006 的货品),未配定剂量或制成零售包装**						
3003 10 11	氨苄青霉素(未配定剂量或非零售包装)	8.0	30.0	17.0		千克	Q
3003 10 12	羟氨苄青霉素(未配定剂量或非零售包装)	8.0	30.0	17.0		千克	Q
3003 10 13	青霉素 V(未配定剂量或非零售包装)	8.0	30.0	17.0		千克	Q
3003 10 19	其他青霉素(未配定剂量或非零售包装)	8.0	30.0	17.0		千克	Q
3003 10 90	其他含有青霉素或链霉素的混合药(未配定剂量或非零售包装,混合指含两种或两种以上成分)	8.0	30.0	17.0		千克	Q
3003 20 11	头孢噻肟(未配定剂量或非零售包装)	8.0	30.0	17.0		千克	Q
3003 20 12	头孢他啶(未配定剂量或非零售包装)	8.0	30.0	17.0		千克	Q
3003 20 13	头孢西丁(未配定剂量或非零售包装)	8.0	30.0	17.0		千克	Q
3003 20 14	头孢替唑(未配定剂量或非零售包装)	8.0	30.0	17.0		千克	Q
3003 20 15	头孢克罗(未配定剂量或非零售包装)	8.0	30.0	17.0		千克	Q
3003 20 16	头孢呋辛(未配定剂量或非零售包装)	8.0	30.0	17.0		千克	Q

商品编号	商 品 名 称 备 注	进口税率		增值税	消费税	计量单位	监管条件
		最惠国	普通				
3003 20 17	头孢三嗪(头孢曲松)(未配定剂量或非零售包装)	8.0	30.0	17.0		千克	Q
3003 20 18	头孢哌酮(未配定剂量或非零售包装)	8.0	30.0	17.0		千克	Q
3003 20 19	其他头孢菌素(未配定剂量或非零售包装)	8.0	30.0	17.0		千克	Q
3003 20 90	含有其他抗菌素的混合药品(未配定剂量或非零售包装,混合指含两种或两种以上成分)	8.0	30.0	17.0		千克	Q
3003 31 00	含有胰岛素的混合药品(不含抗菌素且未配定剂量或非零售包装,混合指含两种或)	6.8	30.0	17.0		千克	Q
3003 39 00	其他含编号29.37激素等的混合药(不含抗菌素且未配定剂量或非零售包装,混合指含两种)	6.0	30.0	17.0		千克	Q
3003 40 10	含奎宁或其盐的混合药品(未配定剂量或非零售包装,混合指含两种或两种以上成分)	5.0	35.0	17.0		千克	Q
3003 40 90	含其他生物碱及衍生物的混合药品(但不含抗菌素及编号29.37的激素或其他产品)	5.0	30.0	17.0		千克	Q
3003 90 10	含磺胺的混合药品(未配定剂量或非零售包装,混合指含两种或两种以上成分)	9.6	40.0	17.0		千克	Q
3003 90 90.10	含紫杉醇的混合药品(未配定剂量或非零售包装,混合指含两种或两种以上成分)	5.0	30.0	17.0		千克	QF
3003 90 90.90	含其他未列名成份混合药品(未配定剂量或非零售包装,混合指含两种或两种以上成分)	5.0	30.0	17.0		千克	Q
3004	**由混合或非混合产品构成的治病或防病用药品(不包括品目30.02、30.05或30.06的货品),已配定剂量(包括制成皮肤摄入形式的)或制成零售包装**						
3004 10 11	氨苄青霉素制剂(包括制成零售包装)	8.0	30.0	17.0		千克	Q
3004 10 12	羟氨苄青霉素制剂(包括制成零售包装)	8.0	30.0	17.0		千克	Q
3004 10 13	青霉素V制剂(包括制成零售包装)	8.0	30.0	17.0		千克	Q
3004 10 19	其他已配剂量青霉素制剂(包括制成零售包装)	8.0	30.0	17.0		千克	Q
3004 10 90	已配剂量含有青霉素或链霉素药品(包括制成零售包装)	8.0	30.0	17.0		千克	Q
3004 20 11	已配剂量头孢噻肟制剂(包括制成零售包装)	8.0	30.0	17.0		千克	Q
3004 20 12	已配剂量头孢他啶制剂(包括制成零售包装)	8.0	30.0	17.0		千克	Q
3004 20 13	已配剂量头孢西丁制剂(包括制成零售包装)	8.0	30.0	17.0		千克	Q
3004 20 14	已配剂量头孢替唑制剂(包括制成零售包装)	8.0	30.0	17.0		千克	Q
3004 20 15	已配剂量头孢克罗制剂(包括制成零售包装)	8.0	30.0	17.0		千克	Q
3004 20 16	已配剂量头孢呋辛制剂(包括制成零售包装)	8.0	30.0	17.0		千克	Q
3004 20 17	已配剂量头孢三嗪(头孢曲松)制剂(包括制成零售包装)	8.0	30.0	17.0		千克	Q
3004 20 18	已配剂量头孢哌酮制剂(包括制成零售包装)	8.0	30.0	17.0		千克	Q
3004 20 19	其他已配剂量头孢菌素制剂(包括制成零售包装)	8.0	30.0	17.0		千克	Q

商品编号	商品名称备注	进口税率		增值税	消费税	计量单位	监管条件
		最惠国	普通				
3004 20 90^	已配剂量含有其他抗菌素的药品(包括制成零售包装)	8.0	30.0	17.0		千克	Q
3004 31 00^	已配剂量含有胰岛素的药品(及其衍生物、结构类似物,不含抗菌素,包括零售包装)	6.8	30.0	17.0		千克	Q
3004 32 00^	已配剂量含皮质甾类激素的药品(包括其衍生物及结构类似物,不含抗菌素,包括零售包装)	6.8	30.0	17.0		千克	Q
3004 39 00^	已配剂量含有其他激素等的药品(不含抗菌素,包括零售包装)	6.8	30.0	17.0		千克	Q
3004 40 10^	已配剂量含有奎宁或其盐的药品(不含抗菌素及编号2937的激素或其他产品,包括零售包装)	5.0	35.0	17.0		千克	Q
3004 40 90.10^	麻黄碱盐类单方制剂(指盐酸(伪)麻黄碱片,盐酸麻黄碱注射剂,硫酸麻黄碱片)	5.0	30.0	17.0		千克	y1u4Q
3004 40 90.20^	含可待因及衍生物及盐的复方制剂(已配定剂量或制成零售包装)	5.0	30.0	17.0		千克	I
3004 40 90.30^	含生物碱类精神药品的单方制剂(包括其衍生物,已配定剂量或制成零售包装)	5.0	30.0	17.0		千克	I
3004 40 90.40^	含生物碱类麻醉药品的单方制剂(包括其衍生物,已配定剂量或制成零售包装)	5.0	30.0	17.0		千克	W
3004 40 90.90^	已配剂量含有其他生物碱等的药品(不含抗菌素及编号29.37的激素或其他产品,包括零售包装)	5.0	30.0	17.0		千克	Q
3004 50 00^	已配剂量含有维生素等的其他药品(包括含有编号2936所列产品的,包括零售包装)	6.0	40.0	17.0		千克	Q
3004 90 10^	已配剂量含有磺胺的药品(包括零售包装)	6.0	40.0	17.0		千克	Q
3004 90 20	含联苯双酯的药品(包括零售包装)	4.0	30.0	17.0		千克	Q
3004 90 51.10^	含濒危动植物成分的中药酒(已配定剂量或零售包装)	3.0	30.0	17.0		千克	QF
3004 90 51.90^	含其他成分的中药酒(已配定剂量或零售包装)	3.0	30.0	17.0		千克	Q
3004 90 52^	片仔癀(已配定剂量或零售包装)	3.0	30.0	17.0		千克	QF
3004 90 53^	白药(已配定剂量或零售包装)	3.0	30.0	17.0		千克	QF
3004 90 54^	清凉油(已配定剂量或零售包装)	3.0	30.0	17.0		千克	Q
3004 90 59.10^	含濒危动植物成分的中式成药(已配定剂量或零售包装)	3.0	30.0	17.0		千克	QF
3004 90 59.90^	含其他成分的中式成药(已配定剂量或零售包装)	3.0	30.0	17.0		千克	Q
3004 90 90.10^	含濒危野生动植物成分的药品(已配定剂量或零售包装,不含紫杉醇)	4.0	30.0	17.0		千克	FQ
3004 90 90.20^	含紫杉醇成分的药品(已配定剂量或制成零售包装)	4.0	30.0	17.0		千克	FQ
3004 90 90.30^	其他含29章麻醉药品的单方制剂(已配定剂量或制成零售包装)	4.0	30.0	17.0		千克	W

商品编号	商品名称备注	进口税率		增值税	消费税	计量单位	监管条件
		最惠国	普通				
3004 90 90.40ˆ	其他含29章精神药品的单方制剂(已配定剂量或制成零售包装)	4.0	30.0	17.0		千克	I
3004 90 90.50 * ˆ	含右丙氧芬及其盐的复方制剂(已配定剂量或制成零售包装)	4.0	30.0	17.0		千克	I
3004 90 90.60ˆ	复方樟脑酊(含阿片酊、樟脑、苯甲酸、八角茴香油等,包括零售包装)	4.0	30.0	17.0		千克	I
3004 90 90.90ˆ	其他已配定剂量的药品(包括零售包装)	4.0	30.0	17.0		千克	Q
3005	**软填料、纱布、绷带及类似物品(例如,敷料、橡皮膏、泥罨剂),经过药物浸涂或制成零售包装供医疗、外科、牙科或兽医用**						
3005 10 10	橡皮膏(制成零售包装供医疗、外科、牙科或兽医用)	5.0	70.0	17.0		千克	
3005 10 90	其他胶粘敷料及有胶粘涂层的物品(经药物浸涂或制成零售包装,供医疗、外科、牙科或兽医)	5.0	35.0	17.0		千克	
3005 90 10.10	纱布(经药物浸涂或制成零售包装,供医疗、外科、牙科或兽医)	5.0	70.0	17.0		千克	G
3005 90 10.90	药棉、绷带(经药物浸涂或制成零售包装,供医疗、外科、牙科或兽医)	5.0	70.0	17.0		千克	
3005 90 90.10	纱布制品(经药物浸涂或制成零售包装,供医疗、外科、牙科或兽医)	5.0	35.0	17.0		千克	G
3005 90 90.90	其他医用软填料及类似物品(经药物浸涂或制成零售包装,供医疗、外科、牙科或兽医)	5.0	35.0	17.0		千克	
3006	**本章注释四所规定的医药用品**						
3006 10 00	无菌外科肠线,无菌昆布等(包括无菌粘合胶布、无菌吸收性止血材料及类似无菌材料)	5.0	30.0	17.0		千克	
3006 20 00	血型试剂	3.0	20.0	17.0		千克	
3006 30 00	X光检查造影剂,诊断试剂	4.0	30.0	17.0		千克	Q
3006 40 00	牙科粘固剂及其他牙科填料(包括骨骼粘固剂)	5.0	30.0	17.0		千克	
3006 50 00	急救药箱、药包	5.0	30.0	17.0		千克	
3006 60 00	化学避孕药(以激素,税目29.37的其他产品或杀精子剂为基本成分)					千克	Q
3006 70 00	医用凝胶制品,润滑剂,偶合剂(用于人类或作兽药用,或外科手术,体检时用)	6.5	30.0	17.0		千克	
3006 80 00	废药物(超过有效保存期等原因而不适于原用途的药品)	6.8	30.0	17.0		千克	9

第三十一章　肥　　料

注释：

一、本章不包括：

(一)品目05.11的动物血；

(二)单独的已有化学定义的化合物(符合下列注释二(一)、三(一)、四(一)或五所规定的化合物除外)；

(三)品目38.24的每颗重量不低于2.5克的氯化钾培养晶体(光学元件除外)；氯化钾光学元件(品目90.01)。

二、品目31.02只适用于下列货品，但未制成品目31.05所述形状或包装：

(一)符合下列任何一条规定的货品：

1. 硝酸钠，不论是否纯净；
2. 硝酸铵，不论是否纯净；
3. 硫酸铵及硝酸铵的复盐，不论是否纯净；
4. 硫酸铵，不论是否纯净；
5. 硝酸钙及硝酸铵的复盐(不论是否纯净)或硝酸钙及硝酸铵的混合物；
6. 硝酸钙及硝酸镁的复盐(不论是否纯净)或硝酸钙及硝酸镁的混合物；
7. 氰氨化钙，不论是否纯净或用油处理；
8. 尿素，不论是否纯净。

(二)由上述(一)款任何货品互相混合的肥料。

(三)由氯化铵或上述(一)或(二)款任何货品与白垩、石膏或其他无肥效无机物混合而成的肥料。

(四)由上述(一)2或8项的货品或其混合物溶于水或液氨的液体肥料。

三、品目31.03只适用于下列货品，但未制成品目31.05所述形状或包装：

(一)符合下列任何一条规定的货品：

1. 碱性熔渣；
2. 品目25.10的天然磷酸盐，已焙烧或经过超出清除杂质范围的热处理；
3. 过磷酸钙(一过磷酸钙、二过磷酸钙或三过磷酸钙)；
4. 磷酸氢钙，按干燥无水产品重量计含氟量不低于0.2%。

(二)由上述(一)款的任何货品相混合的肥料，不论含氟量多少。

(三)由上述(一)或(二)款的任何货品与白垩、石膏或其他无肥效无机物混合而成的肥料，不论含氟量多少。

四、品目31.04只适用于下列货品，但未制成品目31.05所述形状或包装：

(一)符合下列任何一条规定的货品：

1. 天然粗钾盐(例如，光卤石、钾盐镁矾及钾盐)；
2. 氯化钾，不论是否纯净，但上述注释一(三)所述的产品除外；
3. 硫酸钾，不论是否纯净；
4. 硫酸镁钾，不论是否纯净。

(二)由上述(一)款任何货品互相混合的肥料。

五、磷酸二氢铵及磷酸氢二铵(不论是否纯净)及其相互之间的混合物应归入品目31.05。

六、品目31.05所称“其他肥料”，仅适用于其基本成分至少含有氮、磷、钾中一种肥效元素的肥料用产品。

商品编号	商 品 名 称 备 注	进口税率		增值税	消费税	计量单位	监管条件
		最惠国	普通				
3101	**动物或植物肥料,不论是否相互混合或经化学处理;动植物产品经混合或化学处理制成的肥料**						
3101 00 11	未经化学处理的鸟粪	3.0	11.0	13.0		千克	AB
3101 00 19	未经化学处理的其他动植物肥料	6.5	30.0	13.0		千克	AB
3101 00 90	经化学处理的动植物肥料	4.0	11.0	13.0		千克	
3102	**矿物氮肥及化学氮肥**						
3102 10 00.10	尿素(配额内,不论是否水溶液)	4.0	150.0	13.0		千克	tA
3102 10 00.90	尿素(配额外,不论是否水溶液)	50.0	150.0	13.0		千克	A
3102 21 00	硫酸铵	4.0	11.0	13.0		千克	7A
3102 29 00	硫酸铵和硝酸铵的复盐及混合物	4.0	11.0	13.0		千克	7
3102 30 00	硝酸铵(不论是否水溶液)	4.0	11.0	13.0		千克	7A
3102 40 00	硝酸铵与碳酸钙等的混合物(包括硝酸铵与其他无效肥及无机物的混合物)	4.0	11.0	13.0		千克	7
3102 50 00	硝酸钠	4.0	11.0	13.0		千克	7A
3102 60 00	硝酸钙和硝酸铵的复盐及混合物	4.0	11.0	13.0		千克	7
3102 70 00	氰氨化钙	4.0	11.0	13.0		千克	7
3102 80 00	尿素及硝酸铵混合物的水溶液(包括氨水溶液)	4.0	11.0	13.0		千克	7
3102 90 00	其他矿物氮肥及化学氮肥(包括上述子目未列名的混合物)	4.0	11.0	13.0		千克	7
3103	**矿物磷肥及化学磷肥**						
3103 10 00	过磷酸钙	4.0	11.0	13.0		千克	7A
3103 20 00	碱性熔渣	4.0	11.0	13.0		千克	7
3103 90 00	其他矿物磷肥或化学磷肥(不包括过磷酸钙或碱性熔渣)	4.0	11.0	13.0		千克	7
3104	**矿物钾肥及化学钾肥**						
3104 10 00	光卤石,钾盐及其他天然粗钾盐	3.0	11.0	13.0		千克	7
3104 20 10	分析纯的氯化钾	3.0	11.0	13.0		千克	7A
3104 20 90	其他氯化钾	3.0	11.0	13.0		千克	7A
3104 30 00	硫酸钾	3.0	11.0	13.0		千克	7A
3104 90 00	其他矿物钾肥及化学钾肥	3.0	11.0	13.0		千克	7
3105	**含氮、磷、钾中两种或三种肥效元素的矿物肥料或化学肥料;其他肥料;制成片及类似形状或每包毛重不超过 10 公斤的本章各项货品**						
3105 10 00	制成片状或零售包装的 31 章各货品(零售包装每包毛重不超过 10 公斤)	4.0	11.0	13.0		千克	7
3105 20 00.10	化学肥料或矿物肥料(配额内,含氮、磷、钾三种肥效元素)	4.0	150.0	13.0		千克	At
3105 20 00.90	化学肥料或矿物肥料(配额外,含氮、磷、钾三种肥效元素)	50.0	150.0	13.0		千克	A

商品编号	商 品 名 称 备 注	进口税率		增值税	消费税	计量单位	监管条件
		最惠国	普通				
3105 30 00.10	磷酸氢二铵(配额内)	4.0	150.0	13.0		千克	tA
3105 30 00.90	磷酸氢二铵(配额外)	50.0	150.0	13.0		千克	A
3105 40 00	磷酸二氢铵(包括磷酸二氢铵与磷酸氢二铵的混合物)	4.0	11.0	13.0		千克	7A
3105 51 00	含有硝酸盐及磷酸盐的肥料(包括矿物肥料或化学肥料)	4.0	11.0	13.0		千克	7A
3105 59 00	其他含氮、磷两种元素肥料(包括矿物肥料或化学肥料)	4.0	11.0	13.0		千克	7A
3105 60 00	含磷、钾两种元素的肥料(包括矿物肥料或化学肥料)	4.0	11.0	13.0		千克	7A
3105 90 00	其他肥料	4.0	11.0	13.0		千克	7A

第三十二章　鞣料浸膏及染料浸膏；鞣酸及其衍生物；染料、颜料及其他着色料；油漆及清漆；油灰及其他类似胶粘剂；墨水、油墨

注释：

一、本章不包括：

(一)单独的已有化学定义的化学元素及化合物(品目32.03及32.04的货品、品目32.06的用作发光体的无机产品、品目32.07所述形状的熔融石英或其他熔融硅石制成的玻璃及品目32.12的零售形状或零售包装的染料及其他着色料除外)；

(二)品目29.36至29.39,29.41及35.01至35.04的鞣酸盐及其他鞣酸衍生物；

(三)沥青胶粘剂(品目27.15)。

二、品目32.04包括生产偶氮染料用的稳定重氮盐与偶合物的混合物。

三、品目32.03、32.04、32.05及32.06也包括以着色料为基本成分的制品(例如,品目32.06包括以品目25.30或第二十八章的颜料,金属粉片及金属粉末为基本成分的制品)。该制品是用作原材料着色剂的拼料。但以上品目不包括分散在非水介质中呈液状或浆状的制漆用颜料,例如,品目32.12的瓷漆及品目32.07、32.08、32.09、32.10、32.12、32.13及32.15的其他制品。

四、品目32.08包括由品目39.01至39.13所列产品溶于挥发性有机溶剂的溶液(胶棉除外),但溶剂重量必须超过溶液重量的50%。

五、本章所称“着色料”,不包括作为油漆填料的产品,不论这些产品能否用于水浆涂料的着色。

六、品目32.12所称“压印箔”,只包括用以压印诸如书本封面或帽带之类的薄片,这些薄片由以下材料构成：

(一)金属粉(包括贵金属粉)或颜料经胶水、明胶及其他粘合剂凝结而成的；

(二)金属(包括贵金属)或颜料沉积于任何材料衬片上的。

商品编号	商 品 名 称 备 注	进口税率		增值税	消费税	计量单位	监管条件
		最惠国	普通				
3201	**植物鞣料浸膏;鞣酸及其盐、醚、酯和其他衍生物**						
3201 10 00	坚木浸膏	5.0	35.0	17.0		千克	
3201 20 00	荆树皮浸膏	6.5	35.0	17.0		千克	
3201 90 10	其他植物鞣料浸膏	6.5	40.0	17.0		千克	
3201 90 90	鞣酸及其盐、醚、酯和其他衍生物	6.5	35.0	17.0		千克	
3202	**有机合成鞣料;无机鞣料;鞣料制剂,不论是否含有天然鞣料;预鞣用酶制剂**						
3202 10 00	有机合成鞣料	6.5	35.0	17.0		千克	
3202 90 00	无机鞣料、鞣料制剂等(不论是否含有天然鞣料,包括预鞣用酶制剂)	6.5	35.0	17.0		千克	
3203	**动植物质着色料(包括染料浸膏,但动物碳黑除外),不论是否已有化学定义;本章注释3所述的以动植物质着色料为基本成分的制品**						
3203 00 11	天然靛蓝及以其为基本成分的制品	6.5	80.0	17.0		千克	
3203 00 19	其他植物质着色料及制品(制品是指以植物质着色料为基本成分的)	6.5	45.0	17.0		千克	
3203 00 20	动物质着色料及制品(制品是指以动物质着色料为基本成分的)	6.5	50.0	17.0		千克	
3204	**有机合成着色料,不论是否已有化学定义;本章注释3所述的以有机合成着色料为基本成分的制品;用作荧光增白剂或发光体的有机合成产品,不论是否已有化学定义**						
3204 11 00	分散染料及以其为基本成分的制品	10.2	35.0	17.0		千克	
3204 12 00	酸性染料及制品、媒染染料及制品(制品分别是指以酸性染料或媒染染料为基本成分的)	10.2	35.0	17.0		千克	
3204 13 00	碱性染料及以其为基本成分的制品	6.5	35.0	17.0		千克	
3204 14 00	直接染料及以其为基本成分的制品	6.5	35.0	17.0		千克	
3204 15 10	合成靛蓝(还原靛蓝)	6.5	35.0	17.0		千克	
3204 15 90	其他还原染料及以其为基本成分品(包括颜料用的)	6.5	35.0	17.0		千克	
3204 16 00	活性染料及以其为基本成分的制品	10.2	35.0	17.0		千克	
3204 17 00	颜料及以其为基本成分的制品	6.5	35.0	17.0		千克	
3204 19 11	硫化黑及以其为基本成分的制品(硫化黑即硫化青)	6.5	35.0	17.0		千克	
3204 19 19	其他硫化染料及以其为基本成分品	6.5	35.0	17.0		千克	
3204 19 90	其他着色料组成的混合物	6.5	35.0	17.0		千克	
3204 20 00	用作萤光增白剂的有机合成产品	6.5	40.0	17.0		千克	
3204 90 10	生物染色剂及染料指示剂	6.5	20.0	17.0		千克	
3204 90 90	其他用作发光体的有机合成产品	6.5	40.0	17.0		千克	

商品编号	商品名称备注	进口税率		增值税	消费税	计量单位	监管条件
		最惠国	普通				
3205	**色淀;本章注释3所述的以色淀为基本成分的制品**						
3205 00 00	色淀及以色淀为基本成分的制品	6.5	35.0	17.0		千克	
3206	**其他着色料;本章注释3所述的制品,但编号3203、3204及3205的货品除外;用作发光体的无机产品,不论是否已有化学定义:**						
3206 11 10.10 *	金红石型钛白粉	8.4	30.0	17.0		千克	B
3206 11 10.90	其它钛白粉	8.4	30.0	17.0		千克	B
3206 11 90	其他干量计二氧化钛≥80%的颜料	6.5	30.0	17.0		千克	B
3206 19 00	其他二氧化钛为基料的颜料及制品	10.0	30.0	17.0		千克	B
3206 20 00	铬化合物为基本成分的颜料及制品	6.5	35.0	17.0		千克	
3206 30 00	镉化合物为基本成分的颜料及制品	6.5	35.0	17.0		千克	
3206 41 00	群青及以其为基本成分的制品	6.5	35.0	17.0		千克	
3206 42 10	锌钡白	6.5	30.0	17.0		千克	
3206 42 90	其他以硫化锌为基本成份的颜料(包括制品)	6.5	30.0	17.0		千克	
3206 43 00	六氰合高铁酸盐为基本成分的颜料(包括制品)	6.5	35.0	17.0		千克	
3206 49 00	其他无机着色料及其制品	6.5	35.0	17.0		千克	
3206 50 00	用作发光体的无机产品	6.5	35.0	17.0		千克	
3207	**陶瓷、搪瓷及玻璃工业用的调制颜料、遮光剂、着色剂、珐琅和釉料、釉底料(泥釉)、光瓷釉以及类似产品;搪瓷玻璃料及其他玻璃,呈粉、粒或粉片状的**						
3207 10 00	调制颜料,遮光剂,着色剂及类似品	5.0	50.0	17.0		千克	
3207 20 00	珐琅和釉料、釉底料及类似制品	5.0	50.0	17.0		千克	
3207 30 00	光瓷釉及类似制品	5.0	50.0	17.0		千克	
3207 40 00	呈粉、粒状搪瓷玻璃料及其他玻璃	5.0	50.0	17.0		千克	
3208	**以合成聚合物或化学改性天然聚合物为基本成分的油漆及清漆(包括瓷漆及大漆),分散于或溶于非水介质的;本章注释4所述的溶液**						
3208 10 00	溶于非水介质的聚酯油漆及清漆等(以聚酯为基本成分的(包括瓷漆及大漆))	10.0	50.0	17.0		千克	A
3208 20 10.10 *	溶于非水介质的光导纤维用涂料(以丙烯酸酯类化合物为主要成分)	10.0	50.0	17.0		千克	A
3208 20 10.90	其他聚丙烯酸油漆、清漆等(溶于非水质的以丙烯酸聚合物为基本成分,包括瓷漆大漆)	10.0	50.0	17.0		千克	A
3208 20 20	溶于非水介质的聚乙烯油漆及清漆(以乙烯聚合物为基本成分(包括瓷漆及大漆))	10.0	50.0	17.0		千克	A
3208 90 10.10 *^	溶于非水介质的光导纤维用涂料(以聚胺酯类化合物为主要成分)	10.0	50.0	17.0		千克	A
3208 90 10.90^	其他聚胺酯油漆清漆等(溶于非水介质以聚胺酯类化合物为基本成分,含瓷漆大漆)	10.0	50.0	17.0		千克	A

商品编号	商品名称备注	进口税率		增值税	消费税	计量单位	监管条件
		最惠国	普通				
3208 90 90	溶于非水介质其他油漆、清漆溶液(包括以聚合物为基本成分的漆,本章注释四所述溶液)	10.0	50.0	17.0		千克	A
3209	**以合成聚合物或化学改性天然聚合物为基本成分的油漆及清漆(包括瓷漆及大漆),分散于或溶于水介质的**						
3209 10 00	溶于水介质的聚丙烯酸油漆及清漆(以聚丙烯酸或聚乙烯为基本成分的(包括瓷漆及大漆))	10.0	50.0	17.0		千克	A
3209 90 00	溶于水介质其他聚合物油漆及清漆(以合成聚合物或化学改性天然聚合物为基本成分的)	10.0	50.0	17.0		千克	A
3210	**其他油漆及清漆(包括瓷漆、大漆及水浆涂料);加工皮革用的水性颜料**						
3210 00 00	其他油漆及清漆,皮革用水性颜料(包括非聚合物为基料的瓷漆,大漆及水浆涂料)	10.0	50.0	17.0		千克	
3211	**配制的催干剂**						
3211 00 00	配制的催干剂	10.0	50.0	17.0		千克	
3212	**制造油漆(含瓷漆)用的颜料(包括金属粉末或金属料片),分散于非水介质中呈液状、浆状的;压印箔;零售形状及零售包装的染料或其他着色料**						
3212 10 00	压印箔	15.0	80.0	17.0		千克	
3212 90 00	制漆用颜料及零售包装染料、色料(制漆用颜料指溶于非水介质中呈液状或浆状的)	10.0	50.0	17.0		千克	
3213	**艺术家、学生和广告美工用的颜料、调色料、文娱颜料及类似品,片状、管装、罐装、瓶装、扁盒装以及类似形状或包装的**						
3213 10 00	成套的颜料(艺术家,学生和广告美工用的)	10.0	70.0	17.0		千克	
3213 90 00	非成套颜料、调色料及类似品(片状、管装、罐装、瓶装、扁盒装等类似形状或包装的)	10.0	70.0	17.0		千克	
3214	**安装玻璃用油灰、接缝用油灰、树脂胶泥、嵌缝胶及其他类似胶粘剂;漆工用填料;非耐火涂面制剂,涂门面、内墙、地板、天花板等用**						
3214 10 00	安装玻璃用油灰等;漆工用填料(包括接缝用油灰、树脂胶泥、嵌缝胶及其他胶粘剂)	9.0	70.0	17.0		千克	
3214 90 00	非耐火涂面制剂(涂门面、内墙、地板、天花板等用)	9.0	70.0	17.0		千克	
3215	**印刷油墨、书写或绘图墨水及其他墨类,不论是否固体或浓缩**						
3215 11 00	黑色印刷油墨(不论是否固体或浓缩)	9.9	45.0	17.0		千克	
3215 19 00	其他印刷油墨(不论是否固体或浓缩)	9.9	45.0	17.0		千克	
3215 90 10	书写墨水(不论是否固体或浓缩)	9.9	70.0	17.0		千克	
3215 90 90	绘图墨水及其他墨类(不论是否固体或浓缩)	10.0	70.0	17.0		千克	

第三十三章　精油及香膏;芳香料制品及化妆盥洗品

注释:

一、本章不包括:

（一）品目13.01或13.02的天然油树脂或植物浸膏;

（二）品目34.01的肥皂及其他产品;

（三）品目38.05的脂松节油、木松节油和硫酸盐松节油及其他产品。

二、品目33.02所称"香料",仅指品目33.01所列的物质、从这些物质离析出来的香料组分以及合成芳香剂。

三、品目33.03至33.07主要包括适合作这些品目所列用途的零售包装产品,不论其是否混合(精油水馏液及水溶液除外)。

四、品目33.07所称"芳香料制品及化妆盥洗品",主要适用于下列产品:香袋;通过燃烧散发香气的制品;香纸及用化妆品浸渍或涂布的纸;隐形眼镜片或假眼用的溶液;用香水或化妆品浸渍、涂布、包覆的絮胎、毡呢及无纺织物;动物用盥洗品。

商品编号	商 品 名 称 备 注	进口税率		增值税	消费税	计量单位	监管条件
		最惠国	普通				
3301	**精油(无萜或含萜),包括浸膏及净油;香膏;提取的油树脂;用花香吸取法或浸渍法制成的含浓缩精油的脂肪、固定油、蜡及类似品;精油脱萜时所得的萜烯副产品;精油水馏液及水溶液**						
3301 11 00	香柠檬油(佛手油)(包括浸膏及净油)	20.0	80.0	17.0		千克	A
3301 12 00	橙油(包括浸膏及净油)	20.0	80.0	17.0		千克	A
3301 13 00	柠檬油(包括浸膏及净油)	20.0	80.0	17.0		千克	A
3301 14 00	白柠檬油(酸橙油)(包括浸膏及净油)	20.0	80.0	17.0		千克	A
3301 19 00	其他柑桔属果实的精油(包括浸膏及净油)	22.0	80.0	17.0		千克	A
3301 21 00	老鹳草油(香叶油)(包括浸膏及净油)	20.0	80.0	17.0		千克	A
3301 22 00	茉莉油(包括浸膏及净油)	20.0	80.0	17.0		千克	A
3301 23 00	熏衣草(包括杂种熏衣草)油(包括浸膏及净油)	20.0	80.0	17.0		千克	A
3301 24 00	胡椒薄荷油(包括浸膏及净油)	22.0	90.0	17.0		千克	AB
3301 25 00	其他薄荷油(包括浸膏及净油)	17.5	90.0	17.0		千克	AB
3301 26 00	岩兰草油(包括浸膏及净油)	20.0	80.0	17.0		千克	A
3301 29 10	樟脑油(包括浸膏及净油)	20.0	90.0	17.0		千克	AB
3301 29 20	香茅油(包括浸膏及净油)	17.5	70.0	17.0		千克	AB
3301 29 30	茴香油(包括浸膏及净油)	20.0	80.0	17.0		千克	AB
3301 29 40	桂油(包括浸膏及净油)	20.0	80.0	17.0		千克	AB
3301 29 50	山苍子油(包括浸膏及净油)	20.0	80.0	17.0		千克	AB
3301 29 60	桉叶油(包括浸膏及净油)	20.0	80.0	17.0		千克	AB
3301 29 90	其他非柑桔属果实的精油(包括浸膏及净油)	18.8	80.0	17.0		千克	A
3301 30 10 *	鸢尾凝脂(香膏类)	20.0	80.0	17.0		千克	
3301 30 90	其他香膏	21.0	80.0	17.0		千克	
3301 90 10^	提取的油树脂	21.0	80.0	17.0		千克	
3301 90 20	柑桔属果实精油脱萜的萜烯副产品	21.0	80.0	17.0		千克	
3301 90 90^	吸取浸渍法制成含浓缩精油的脂肪(含固定油、蜡及类似品,精油水溶液及水馏液)	21.0	80.0	17.0		千克	
3302	**工业原料用的混合香料以及以一种或多种香料为基本成分的混合物(包括酒精溶液);生产饮料用的以香料为基本成分的其他制品**						
3302 10 10^	以香料为基本成份的制品(生产饮料用,按容量计酒精浓度≤0.5%)	25.0	90.0	17.0		千克	AB
3302 10 90.10	生产食品、饮料用混合香料及制品(含以香料为基本成分的混合物,按容量计酒精浓度>0.5%)	30.0	130.0	17.0	5.0	千克	AB
3302 10 90.90	其他生产食品用混合香料及制品(含以香料为基本成分的混合物及其他饮料用混合香料(物))	30.0	130.0	17.0		千克	AB
3302 90 00	其他工业用混合香料及香料混合物(以一种或多种香料为基本成分的混合物)	27.5	130.0	17.0		千克	
3303	**香水及花露水**						

商品编号	商 品 名 称 备 注	进口税率		增值税	消费税	计量单位	监管条件
		最惠国	普通				
3303 00 00^	香水及花露水	22.5	150.0	17.0	30.0	千克	AB
3304	**美容品或化妆品及护肤品(药品除外),包括防晒油或晒黑油,指(趾)甲化妆品**						
3304 10 00	唇用化妆品	22.5	150.0	17.0	30.0	千克	AB
3304 20 00	眼用化妆品	22.5	150.0	17.0	30.0	千克	AB
3304 30 00	指(趾)甲化妆品	25.0	150.0	17.0	30.0	千克	AB
3304 91 00	香粉,不论是否压紧	22.5	150.0	17.0	30.0	千克	AB
3304 99 00.10	护肤品(包括防晒油或晒黑油,但药品除外)	25.5	150.0	17.0	8.0	千克	AB
3304 99 00.90	其他美容化妆品	25.5	150.0	17.0	30.0	千克	AB
3305	**护发品**						
3305 10 00^	洗发剂(香波)	18.8	150.0	17.0	8.0	千克	AB
3305 20 00	烫发剂	19.0	150.0	17.0	8.0	千克	AB
3305 30 00	定型剂	19.0	150.0	17.0	8.0	千克	AB
3305 90 00	其他护发品	17.5	150.0	17.0	8.0	千克	AB
3306	**口腔及牙齿清洁剂,包括假牙模膏及粉;清洁牙缝用的纱成(牙线),单独零售包装的**						
3306 10 10	牙膏	17.5	150.0	17.0		千克	AB
3306 10 90	其他洁齿品	17.5	150.0	17.0		千克	AB
3306 20 00^	清洁牙缝用的纱线(牙线)	14.0	70.0	17.0		千克	AB
3306 90 00	其他口腔及牙齿清洁剂(包括假牙模膏及粉)	17.5	70.0	17.0		千克	AB
3307	**剃须用制剂、人体除臭剂、沐浴用制剂、脱毛剂和其他编号未列名的芳香料制品及化妆盥洗品;室内除臭剂,不论是否加香水或消毒剂**						
3307 10 00	剃须用制剂	17.5	150.0	17.0		千克	AB
3307 20 00	人体除臭剂及止汗剂	17.5	150.0	17.0		千克	AB
3307 30 00	香浴盐及其他沐浴用制剂	17.5	150.0	17.0		千克	AB
3307 41 00	神香及其他通过燃烧散发香气制品	17.5	150.0	17.0		千克	AB
3307 49 00	其他室内除臭制品(不论是否加香水或消毒剂)	17.5	150.0	17.0		千克	AB
3307 90 00	其他编号未列名的芳香料制品(包括化妆盥洗品)	17.0	150.0	17.0		千克	AB

第三十四章　肥皂、有机表面活性剂、洗涤剂、润滑剂、人造蜡、调制蜡、光洁剂、蜡烛及类似品、塑型用膏、“牙科用蜡”及牙科用熟石膏制剂

注释：

一、本章不包括：

（一）用作脱模剂的食用动植物油、脂混合物或制品（品目15.17）；

（二）单独的已有化学定义的化合物；

（三）含肥皂或其他有机表面活性剂的洗发剂、洁齿品、剃须膏及沐浴用制剂（品目33.05、33.06及33.07）。

二、品目34.01所称“肥皂”，只适用于水溶性肥皂。品目34.01的肥皂及其他产品可以含有添加料（例如，消毒剂、磨料粉、填料或药料）。含磨料粉的产品，只有条状、块状或模制形状可以归入品目34.01。其他形状的应作为“去污粉及类似品”归入品目34.05。

三、品目34.02所称“有机表面活性剂”，是指温度在20℃时与水混合配成0.5%浓度的水溶液，并在同样温度下搁置一小时后与下列规定相符的产品：

（一）成为透明或半透明的液体或稳定的乳浊液而未离析出不溶解物质；

（二）将水的表面张力减低到每厘米45达因及以下。

四、品目34.03所称“石油及从沥青矿物提取的油类”，适用于第二十七章注释二所规定的产品。

五、品目34.04所称“人造蜡及调制蜡”，仅适用于：

（一）用化学方法生产的具有蜡质特性的有机产品，不论是否为水溶性的；

（二）各种蜡混合制成的产品；

（三）以一种或几种蜡为基本原料并含有油脂、树脂、矿物质或其他原料的具有蜡质特性的产品。

本品目不包括：

（一）品目15.16、34.02或38.23的产品，不论是否具有蜡质特性；

（二）品目15.21的未混合的动物蜡或未混合的植物蜡，不论是否精制或着色；

（三）品目27.12的矿物蜡或类似产品，不论是否相互混合或仅经着色；

（四）混合、分散或溶解于液体溶剂的蜡（品目34.05、38.09等）。

商品编号	商 品 名 称 备 注	进口税率		增值税	消费税	计量单位	监管条件
		最惠国	普通				
3401	**肥皂;作肥皂用的有机表面活性产品及制品,条状、块状或模制形状的,不论是否含有肥皂洁肤用的有机表面活性产品及制品,液状或膏状并制成零售包装的,不论是否含有肥皂;用肥皂或洗涤剂浸渍、涂面或包覆的纸、絮胎、毡呢及无纺织物**						
3401 11 00^	盥洗用皂及有机表面活性产品(包括含有药物的产品、呈条状、块状或模制形状)	20.0	130.0	17.0		千克	
3401 19 10	洗衣皂(呈条状、块状或模制形状的)	14.0	80.0	17.0		千克	
3401 19 90	其他有机表面活性产品及制品(包括用肥皂或洗涤剂浸、涂或包覆的纸、絮胎及无纺织物)	19.0	130.0	17.0		千克	
3401 20 00^	其他形状的肥皂(除条状、块状或模制形状以外的)	19.0	130.0	17.0		千克	
3401 30 00	洁肤用有机表面活性产品及制品(液状或膏状并制成零售包装的,不论是否含有肥皂)	20.0	130.0	17.0		千克	AB
3402	**有机表面活性剂(肥皂除外);表面活性剂制品、洗涤剂(包括助洗剂)及清洁剂,不论是否含有肥皂,但编号 3401 的产品除外**						
3402 11 00	阴离子型有机表面活性剂(不论是否零售包装;肥皂除外)	6.5	30.0	17.0		千克	
3402 12 00	阳离子型有机表面活性剂(不论是否零售包装,肥皂除外)	6.5	30.0	17.0		千克	
3402 13 00	非离子型有机表面活性剂(不论是否零售包装,肥皂除外)	6.5	30.0	17.0		千克	
3402 19 00	其他有机表面活性剂(不论是否零售包装,肥皂除外)	6.5	30.0	17.0		千克	
3402 20 10	零售包装的合成洗涤粉	17.5	80.0	17.0		千克	
3402 20 90	其他零售包装有机表面活性剂制品(包括洗涤剂及清洁剂,不论是否含有肥皂)	20.0	80.0	17.0		千克	
3402 90 00.10 *	十二烷基苯磺酸钙甲醇溶液(非零售包装,十二烷基苯磺酸钙含量高于 70%)	19.5	80.0	17.0		千克	
3402 90 00.90	非零售包装有机表面活性剂制品(包括洗涤剂及清洁剂,不论是否含有肥皂)	19.5	80.0	17.0		千克	
3403	**润滑剂(包括以润滑剂为基本成分的切削油制剂、螺栓或螺母松开剂、防锈或防腐蚀制剂及脱模剂)及用于纺织材料、皮革、毛皮或其他材料油脂处理的制剂,但不包括以石油或从沥青矿物提取的油类为基本成分(按重量计不低于 70%)的制剂**						
3403 11 00	含有石油类的处理纺织等材料制剂(指含石油或沥青矿物油(重量<70%)的制剂)	10.0	50.0	17.0		千克	

商品编号	商 品 名 称 备 注	进口税率		增值税	消费税	计量单位	监管条件
		最惠国	普通				
3403 19 00	其他含有石油或矿物提取油类制剂(指含石油或沥青矿物油(重量＜70%)的制剂)	10.0	50.0	17.0		千克	
3403 91 00	其他处理纺织等材料的制剂(包括处理皮革、毛皮或其他材料的制剂)	10.0	50.0	17.0		千克	
3403 99 00	其他润滑剂(含油＜70%)(包括以润滑剂为基本成分的切削油制剂，螺栓松开剂等)	10.0	50.0	17.0		千克	
3404	**人造蜡及调制蜡**						
3404 10 00	化学改性的褐煤蜡	10.0	70.0	17.0		千克	
3404 20 00	聚乙二醇蜡	10.0	70.0	17.0		千克	
3404 90 00	其他人造蜡及调制蜡	10.0	70.0	17.0		千克	
3405	**鞋靴、家具、地板、车身、玻璃或金属用的光洁剂、擦洗膏、去污粉及类似制品(包括经这类制剂浸渍、涂面或包覆的纸、絮胎、毡呢、无纺织物、泡沫塑料或海绵橡胶),但不包括编号3404的蜡**						
3405 10 00	鞋靴或皮革用的上光剂及类似制品	14.0	80.0	17.0		千克	
3405 20 00	保养木制品的上光剂及类似制品(指保养木家俱、地板或其他木制品的上光剂及类似制品)	14.0	80.0	17.0		千克	
3405 30 00	车身用的上光剂及类似制品(但金属用的光洁剂除外)	17.5	80.0	17.0		千克	
3405 40 00	擦洗膏,去污粉及类似品	14.0	80.0	17.0		千克	
3405 90 00	其他玻璃或金属用的光洁剂(不包括擦洗膏,去污粉及类似制品)	14.0	80.0	17.0		千克	
3406	**各种蜡烛及类似品**						
3406 00 00	各种蜡烛及类似品	17.5	130.0	17.0		千克	
3407	**塑型用膏,包括供儿童娱乐用的在内;通称为“牙科用蜡”或“牙科造形膏”的制品,成套、零售包装或制成片状、马蹄形、条状及类似形状的;以熟石膏(煅石膏或硫酸钙)为基本成分的牙科用其他制品**						
3407 00 10	牙科用蜡及造型膏(成套、零售包装或制成片状、马蹄形、条状及类似形状的)	6.5	30.0	17.0		千克	
3407 00 20	以熟石膏为成分的牙科用其他制品(包括以煅石膏或硫酸钙为基本成分的)	6.5	40.0	17.0		千克	
3407 00 90	其他塑型用膏(包括供儿童娱乐用物品)	10.0	100.0	17.0		千克	

第三十五章　蛋白类物质;改性淀粉;胶;酶

注释:

一、本章不包括:

(一) 酵母(品目21.02);

(二) 第三十章的血份(非治病、防病用的血清白蛋白除外)、药品及其他产品;

(三) 预鞣用酶制剂(品目32.02);

(四) 第三十四章的加酶的浸透剂、洗涤剂及其他产品;

(五) 硬化蛋白(品目39.13);

(六) 印刷工业用的明胶产品(第四十九章)。

二、品目35.05所称"糊精",是指淀粉的降解产品,其还原糖含量以右旋糖的干重量计不超过10%。如果还原糖含量超过10%,应归入品目17.02。

商品编号	商 品 名 称 备 注	进口税率		增值税	消费税	计量单位	监管条件
		最惠国	普通				
3501	**酪蛋白、酪蛋白酸盐及其他酪蛋白衍生物；酪蛋白胶**						
3501 10 00	酪蛋白	10.0	35.0	17.0		千克	
3501 90 00	酪蛋白酸盐及其衍生物，酪蛋白胶	10.0	35.0	17.0		千克	
3502	**白蛋白（包括按重量计干质成分的乳清蛋白含量超过 80％的两种或两种以上的乳清蛋白浓缩物）、白蛋白盐及其他白蛋白衍生物**						
3502 11 00	干的卵清蛋白	10.0	80.0	17.0		千克	AB
3502 19 00	其他卵清蛋白	10.0	80.0	17.0		千克	AB
3502 20 00	乳白蛋白（包括两种或两种以上乳清蛋白浓缩物）	10.0	35.0	17.0		千克	
3502 90 00	其他白蛋白及白蛋白盐（包括白蛋白衍生物）	10.0	35.0	17.0		千克	
3503	**明胶（包括长方形、正方形明胶薄片，不论是否表面加工或着色）及其衍生物；鱼胶；其他动物胶但不包括编号 3501 的酪蛋白胶**						
3503 00 10.10 *	感光胶片用明胶	14.4	35.0	17.0		千克	AB
3503 00 10.90	其他明胶及明胶的衍生物（包括长方形、正方形明胶薄片不论是否表面加工或着色）	14.4	35.0	17.0		千克	AB
3503 00 90	鱼胶；其他动物胶（但不包括编号 35.01 的酪蛋白胶）	14.4	50.0	17.0		千克	AB
3504	**蛋白胨及其衍生物；其他编号未列名的蛋白质及其衍生物；皮粉，不论是否加入铬矾**						
3504 00 10	蛋白胨	4.2	11.0	17.0		千克	
3504 00 90	其他编号未列名蛋白质及其衍生物（包括蛋白胨的衍生物及皮粉（不论是否加入铬矾））	8.0	35.0	17.0		千克	
3505	**糊精及其他改性淀粉（例如，预凝化淀粉或酯化淀粉）；以淀粉、糊精或其他改性淀粉为基本成分的胶**						
3505 10 00	糊精及其他改性淀粉	12.0	50.0	17.0		千克	
3505 20 00	以淀粉糊精等为基本成分的胶	20.0	50.0	17.0		千克	
3506	**其他编号未列名的调制胶及其他调制粘合剂；适于作胶或粘合剂用的产品，零售包装每件净重不超过 1 公斤**						
3506 10 00.10ˉ	硅酮结构密封胶（零售包装每件净重不超过 1 公斤）	14.0	90.0	17.0		千克	A
3506 10 00.90ˉ	其他适于作胶或粘合剂的零售产品（零售包装每件净重不超过 1 公斤）	14.0	90.0	17.0		千克	
3506 91 10	以聚酰胺为基本成份的粘合剂	10.8	90.0	17.0		千克	
3506 91 20	以环氧树脂为基本成分的粘合剂	10.8	90.0	17.0		千克	
3506 91 90.10	非零售，硅酮结构密封胶	14.0	90.0	17.0		千克	A

商品编号	商 品 名 称 备 注	进口税率		增值税	消费税	计量单位	监管条件
		最惠国	普通				
3506 91 90.90	其他橡胶或塑料为基本成分粘合剂(包括以人造树脂(环氧树脂除外)为基本成分的)	14.0	90.0	17.0		千克	
3506 99 00	其他编号未列名的调制胶,粘合剂	17.5	90.0	17.0		千克	
3507	**酶;其他编号未列名的酶制品**						
3507 10 00	粗制凝乳酶及其浓缩物	6.0	30.0	17.0		千克	
3507 90 10	碱性蛋白酶	6.0	30.0	17.0		千克	
3507 90 20	碱性脂肪酶	6.0	30.0	17.0		千克	
3507 90 90	其他编号未列名的酶制品	6.0	30.0	17.0		千克	

第三十六章　炸药；烟火制品；火柴；引火合金；易燃材料制品

注释：

一、本章不包括单独的已有化学定义的化合物，但下列注释二(一)、(二)所述物品除外。

二、品目36.06所称“易燃材料制品”，只适用于：

(一)聚乙醛、六甲撑四胺及类似物质，已制成片、棒或类似形状作燃料用的；以酒精为基本成分的固体或半固体燃料及类似的配制燃料；

(二)直接灌注香烟打火机及类似打火器用的液体燃料或液化气体燃料，其包装容器的容积不超过300立方厘米；

(三)树脂火炬、引火物及类似品。

商品编号	商 品 名 称 备 注	进口税率		增值税	消费税	计量单位	监管条件
		最惠国	普通				
3601	**发射药**						
3601 00 00	发射药	9.0	50.0	17.0		千克	
3602	**配制炸药,但发射药除外**						
3602 00 10	硝铵炸药,但发射药除外	9.0	50.0	17.0		千克	
3602 00 90	其他配制炸药,但发射药除外	9.0	50.0	17.0		千克	
3603	**安全导火索;导爆索;火帽或雷管;引爆器;电雷管**						
3603 00 00	安全导火索,导爆索等引爆器件(包括火帽或雷管,引爆器,电雷管)	9.0	50.0	17.0		千克	
3604	**烟花、爆竹、信号弹、降雨火箭、浓雾信号弹及其他烟火制品**						
3604 10 00	烟花,爆竹	6.0	130.0	17.0	15.0	千克	B
3604 90 00	信号弹,降雨火箭及其他烟火制品(包括浓雾信号弹)	6.0	100.0	17.0		千克	
3605	**火柴,但编号 3604 的烟火制品除外**						
3605 00 00	火柴,但编号 3604 的烟火制品除外	6.0	100.0	17.0		千克	
3606	**各种形状的铈铁及其他引火合金;本章注释 2 所述的易燃材料制品**						
3606 10 00	打火机等用液体或液化气体燃料(其包装容器的容积≤300 立方厘米)	10.0	80.0	17.0		千克	
3606 90 11	已切成形可直接使用的铈铁(包括其他引火合金)	9.0	80.0	17.0		千克	
3606 90 19	未切成形不可直接使用的铈铁(包括其他引火合金)	9.0	50.0	17.0		千克	
3606 90 90	其他易燃材料制品(本章注释二所述的)	9.0	80.0	17.0		千克	

第三十七章　照相及电影用品

注释：

一、本章不包括废碎料。

二、本章所称“摄影”，是指光或其他射线作用于感光面上直接或间接形成可见影像的过程。

商品编号	商 品 名 称 备 注	进口税率		增值税	消费税	计量单位	监管条件
		最惠国	普通				
3701	**未曝光的摄影感光硬片及平面软片，用纸、纸板及纺织物以外任何材料制成；未曝光的一次成像感光平面软片，不论是否分装**						
3701 10 00	未曝光的X光感光硬片及平面软片	20.0	40.0	17.0		平方米	
3701 20 00	未曝光的一次成像感光平片（平面，不论是否分装）	5.0	40.0	17.0		千克	
3701 30 21	未曝光照相制版用激光照排片（任何一边＞255毫米）			17.0		平方米	
3701 30 22	未曝光照相制版用PS版（任何一边＞255毫米，预涂感光版）			17.0		平方米	
3701 30 29	其他未曝光照相制版用感光硬软片（任何一边＞255毫米）			17.0		平方米	
3701 30 90	未曝光其他用途的感光硬片及软片（平面软片，任何一边＞255毫米）	20.0	70.0	17.0		平方米	7
3701 91 00	其他用未曝光彩色硬片及平面软片（边长≤255mm）	22.0	70.0	17.0		千克	7
3701 99 20.10 *	超微粒干板	12.0	40.0	17.0		平方米	
3701 99 20.90	照相制版用其他未曝光软片及硬片（非彩色摄影用，边长≤255mm；超微粒干版除外）	12.0	40.0	17.0		平方米	
3701 99 90	其他用未曝光软片及硬片（非彩色摄影用，边长≤255mm）	25.0	70.0	17.0		平方米	
3702	**成卷的未曝光摄影感光胶片，用纸、纸板及纺织物以外任何材料制成；成卷的未曝光一次成像感光胶片**						
3702 10 00	成卷的未曝光的X光感光胶片	13.6	40.0	17.0		平方米	
3702 20 00	未曝光一次成像感光卷片	5.0	40.0	17.0		平方米	
3702 31 00	未曝光无齿孔彩色窄胶卷（窄胶卷指宽度≤105毫米，彩色摄影用）			17.0		个/平方米	7
3702 32 20	照相制版涂卤化银液无齿孔窄胶卷（成卷未曝光感光胶片，窄胶卷指宽度≤105毫米）			17.0		平方米	
3702 32 90	其他涂卤化银乳液无齿孔窄胶卷（成卷未曝光感光胶片，窄胶卷指宽度≤105毫米）			17.0		平方米	
3702 39 20	照相制版用其他无齿孔窄感光胶卷（成卷未曝光感光胶片，窄胶卷指宽度≤105毫米）			17.0		平方米	
3702 39 90	其他用无齿孔窄感光胶卷（成卷未曝光感光胶片，窄胶卷指宽度≤105毫米）			17.0		平方米	
3702 41 00	未曝光无齿孔宽长彩色胶卷（宽长胶卷指宽度＞610毫米，长度＞200米）			17.0		平方米	7
3702 42 21	印刷电路板制造用光致抗蚀干膜（指宽度＞610毫米，长度＞200米）			17.0		平方米	

商品编号	商品名称备注	进口税率		增值税	消费税	计量单位	监管条件
		最惠国	普通				
3702 42 29	照相制版其他未曝光无齿宽长胶卷(宽长指宽度＞610毫米,长度＞200米)			17.0		平方米	
3702 42 90	其他未曝光无齿孔宽长胶卷(宽长胶卷指宽度＞610毫米,长度＞200米)			17.0		平方米	
3702 43 21	照相制版用激光照排片(宽度＞610毫米,长度≤200米)			17.0		平方米	
3702 43 29	其他照相制版用未曝光无齿孔胶卷(指宽度＞610毫米,长度≤200米)			17.0		平方米	
3702 43 90	其他用未曝光无齿孔中长胶卷(中长胶卷指宽度＞610毫米,长度≤200米)			17.0		平方米	7
3702 44 21	照相制版用未曝光激光照排片(宽度大于105毫米,小于等于610毫米)			17.0		平方米	
3702 44 22	印刷电路板制造用光致抗蚀干膜(宽度大于105毫米,小于等于610毫米)			17.0		平方米	
3702 44 29	其他照相制版用无齿孔未曝光胶卷(宽度大于105毫米,小于等于610毫米)			17.0		平方米	
3702 44 90	其他用无齿孔未曝光中宽胶卷(中宽胶卷指宽度＞105毫米,但≤610毫米)			17.0		平方米	7
3702 51 00	未曝光窄短彩色胶卷(窄短胶卷指宽度≤16毫米,长度≤14米)			17.0		米/平方米	7
3702 52 00	未曝光中窄彩色胶卷(中窄胶卷指宽度≤16毫米,长度＞14米)			17.0		米/平方米	7
3702 53 00	幻灯片用未曝光彩色摄影胶卷(宽度＞16毫米/平方米,但≤35毫米,长度≤30米)			17.0		米/平方米	
3702 54 10	非幻灯片用彩色摄影胶卷(宽度＝35毫米,长度小于等于2米)			17.0		米/平方米	7
3702 54 90	其他非幻灯片用彩色摄影胶卷(宽度＞16毫米,但≤35毫米,长度≤30米)			17.0		米/平方米	7
3702 55 20.10 *	未曝光的窄长彩色电影胶卷(正片)(窄长胶卷指宽度＞16毫米,但≤35毫米,长度＞30米)			17.0		米/平方米	
3702 55 20.90	其他未曝光的窄长彩色电影胶卷(窄长胶卷指宽度＞16毫米,但≤35毫米,长度＞30米)			17.0		米/平方米	
3702 55 90	其他未曝光窄长彩色胶卷(窄长胶卷指宽度＞16毫米,但≤35毫米,长度＞30米)			17.0		米/平方米	7
3702 56 20	未曝光的中宽彩色电影胶卷(中宽胶卷指宽度＞35毫米)			17.0		米/平方米	
3702 56 90	其他未曝光的中宽彩色胶卷(中宽胶卷指宽度＞35毫米)			17.0		米/平方米	7
3702 91 00	未曝光窄短非彩色胶卷(窄短胶卷指宽度≤16毫米)			17.0		米/平方米	7

商品编号	商 品 名 称 备 注	进口税率		增值税	消费税	计量单位	监管条件
		最惠国	普通				
3702 93 10	未曝光中长非彩色胶卷(宽度=35毫米,长度≤2米)			17.0		米/平方米	
3702 93 90	其他未曝光中长非彩色胶卷(中长胶卷指宽度>16毫米,但≤35毫米,长度≤30米)			17.0		米/平方米	
3702 94 20	未曝光的窄长黑白电影胶卷(窄长胶卷指宽度>16毫米,但≤35毫米,长度>30米)			17.0		米/平方米	
3702 94 90	其他用未曝光窄长非彩色胶卷(窄长胶卷指宽度>16毫米,但≤35毫米,长度>30米)			17.0		米/平方米	
3702 95 20	未曝光的中宽黑白电影胶卷(中宽胶卷指宽度>35毫米)			17.0		米/平方米	
3702 95 90	其他用未曝光的中宽非彩色胶卷(中宽胶卷指宽度>35毫米)			17.0		米/平方米	
3703	**未曝光的摄影感光纸、纸板及纺织物**						
3703 10 10	成卷未曝光的宽幅感光纸及纸板(宽幅指成卷宽度>610毫米)	36.3	100.0	17.0		千克	7
3703 10 90	成卷未曝光的宽幅感光布(宽幅指成卷宽度>610毫米)	34.0	70.0	17.0		千克	
3703 20 10	未曝光的彩色感光纸及纸板(成卷的宽幅感光纸及纸板除外)	42.5	100.0	17.0		千克	7
3703 20 90	未曝光的彩色感光布(成卷的宽幅感光布除外)	34.0	70.0	17.0		千克	
3703 90 10	其他未曝光的非彩色感光纸及纸板(成卷的宽幅感光纸及纸板除外)	42.5	100.0	17.0		千克	
3703 90 90	其他未曝光的非彩色感光布(成卷的宽幅感光布除外)	34.0	70.0	17.0		千克	
3704	**已曝光未冲洗的摄影硬片、软片、纸、纸板及纺织物**						
3704 00 10	已曝光未冲洗的电影胶片	14.2	30.0	17.0		千克	Z
3704 00 90	其他已曝光未冲洗的摄影硬、软片(包括已曝光未冲洗的感光纸,纸板及纺织物)	24.0	70.0	17.0		千克	
3705	**已曝光已冲洗的摄影硬片及软片**						
3705 10 00	已冲洗供复制胶版用摄影硬、软片(电影胶片除外)	24.0	70.0	17.0		千克	
3705 20 10	书籍、报刊用的已冲洗的缩微胶片			17.0		千克	
3705 20 90	已冲洗的其他缩微胶片	4.0	14.0	17.0		千克	
3705 90 10	已冲洗的教学专用幻灯片			17.0		千克	
3705 90 90	已冲洗的其他摄影硬、软片(包括其他已冲洗的摄影纸、纸板及纺织物;电影胶片除外)	19.8	70.0	17.0		千克	
3706	**已曝光已冲洗的电影胶片,不论是否配有声道或仅有声道**						

商品编号	商品名称备注	进口税率		增值税	消费税	计量单位	监管条件
		最惠国	普通				
3706 10 10	已冲洗的教学专用中宽电影胶片(中宽胶片指宽度≥35毫米,不论是否配有声道或仅有声道)			17.0		米	Z
3706 10 90	已冲洗的其他中宽电影胶片(中宽胶片指宽度≥35毫米,不论是否配有声道或仅有声道)	5.0	14.0	17.0		米	Z
3706 90 10	教学专用其他已冲洗的电影胶片(宽度<35毫米)			17.0		米	Z
3706 90 90	其他已冲洗的电影胶片(宽度<35毫米)	4.0	14.0	17.0		米	Z
3707	**摄影用化学制剂(不包括上光漆、胶水、粘合剂及类似制剂);摄影用未混合产品,定量包装或零售包装可立即使用的**						
3707 10 00	感光乳液	9.8	35.0	17.0		千克	
3707 90 10	冲洗胶卷及相片用化学制剂(包括摄影用未混合产品,定量或零售包装即可使用的)	19.6	100.0	17.0		千克	
3707 90 20	复印机用化学制剂(不包括上光漆、胶水、粘合剂及类似制剂)	10.0	45.0	17.0		千克	
3707 90 90	其他摄影用化学制剂(包括摄影用末混合产品)	9.8	35.0	17.0		千克	

第三十八章　杂项化学产品

注释：

一、本章不包括：

(一) 单独的已有化学定义的元素及化合物，但下列各项除外：

1. 人造石墨(品目38.01)；

2. 制成品目38.08所述的形状或包装的杀虫剂、杀鼠剂、杀菌剂、除草剂、抗萌剂、植物生长调节剂、消毒剂及类似产品；

3. 灭火器的装配药及已装药的灭火弹(品目38.13)；

4. 下列注释二所规定的检定参照物；

5. 下列注释三(一)及三(三)所规定的产品。

(二) 配制食品用的与食物或其他营养物质混合的化学品(一般归入品目21.06)。

(三)符合第二十六章注释三(一)或三(二)的规定，含有金属、砷及其混合物的矿灰和残渣(包括淤渣，但下水道淤泥除外)(品目26.20)；

(四) 药品(品目30.03及30.04)。

(五)用于提取贱金属或生产贱金属化合物的废催化剂(品目26.20)，主要用于回收贵金属的废催化剂(品目71.12)，或某种形状(例如，精细粉末或纱网状)的金属或金属合金催化剂(第十四类或第十五类)。

二、(一)品目38.22所称的"检定参照物"，是指附有证书的参照物，该证书标明了参照物属性的指标、确定这些指标的方法以及与每一指标相关的确定度，这些参照物适用于分析、校准和比较。

(二)除第二十八章和二十九章的产品外，检定参照物在本目录中应优先归入品目38.22。

三、品目38.24包括不归入本目录其他品目的下列货品：

(一) 每颗重量不小于2.5克的氧化镁、碱金属或碱土金属卤化物制成的培养晶体(光学元件除外)；

(二) 杂醇油；骨焦油；

(三) 零售包装的除墨剂；

(四) 零售包装的蜡纸改正液及其他改正液；

(五) 可熔性陶瓷测温器(例如，塞格测温锥)。

四、本目录所称"城市垃圾"，是指从家庭、宾馆、餐馆、医院、商店、办公室等收集来的废物、马路和人行道的垃圾以及建筑垃圾或废墟废物。城市垃圾通常含有大量各种各样的材料，例如，塑料、橡胶、木材、纸张、纺织品、玻璃、金属、食物、破碎家具和其他已损坏或被丢弃的物品，但不包括：

(一)已从垃圾中分拣出来的单独的材料或物品，例如，塑料、橡胶、木材、纸张、纺织品、玻璃、金属的废品及用尽的电池，这些材料或物品应归入本目录中适当品目；

(二)工业废物；

(三)第三十章注释四(十)所规定的废药物；

(四)本章注释六(一)所规定的医疗废物。

五、品目38.25所称"下水道淤泥"，是指城市污水处理厂产生的淤渣，包括预处理的废物、刷洗污垢和性质不稳定的淤泥。但适合作为肥料用的性质稳定的淤泥除外(第三十一章)。

六、品目38.25所称"其他废物"适用于：

(一)医疗废物，即医学研究、诊断、治疗以及其他内科、外科、牙科或兽医治疗所产生的被污染的废物，通常含有病菌和药物，需作专门处理(例如，脏的敷料、用过的手套及注射器)；

(二)废有机溶剂；

(三)废的金属酸洗液、液压油、制动油及防冻液；

(四)其他化学工业及相关工业的废物。

但不包括主要含有石油及从沥青矿物提取的油类的废油(品目27.10)。

子目注释：

子目3825.41和3825.49所称"废有机溶剂"，是指主要含有有机溶剂的废物，不适合再作原产品使用，不论其是否用于回收溶剂。

商品编号	商 品 名 称 备 注	进口税率		增值税	消费税	计量单位	监管条件
		最惠国	普通				
3801	**人造石墨;胶态或半胶态石墨;以石墨或其他碳为基本成分的糊状、块状、板状制品或半制品**						
3801 10 00	人造石墨	6.5	30.0	17.0		千克	
3801 20 00	胶态或半胶态石墨	6.5	30.0	17.0		千克	
3801 30 00	电极用碳糊及炉衬用的类似糊	6.5	35.0	17.0		千克	
3801 90 00	其他以石墨或其他碳为基料的制品(呈糊状、块状、板状的制品(包括半制品))	6.5	35.0	17.0		千克	
3802	**活性碳;活性天然矿产品;动物炭黑,包括废动物炭黑**						
3802 10 00	活性碳	6.5	20.0	17.0		千克	
3802 90 00	活性天然矿产品;动物炭黑(包括废动物炭黑)	10.0	45.0	17.0		千克	
3803	**妥尔油,不论是否精炼**						
3803 00 00	妥尔油,不论是否精炼	6.5	35.0	17.0		千克	
3804	**木浆残余碱液,不论是否浓缩、脱糖或经化学处理的,包括木素磺酸盐,但不包括编号 3803 的妥尔油**						
3804 00 00	木浆残余碱液,包括木素磺酸盐(不论是否浓缩、脱糖或经过化学处理,妥尔油除外)	6.5	35.0	17.0		千克	
3805	**脂松节油、木松节油和硫酸盐松节油及其他萜烯油,用蒸馏或其他方法从针叶木制得;粗制二聚戊烯;亚硫酸盐松节油及其他粗制对异丙基苯甲烷;以α萜品醇为基本成分的松油**						
3805 10 00	松节油(包括脂松节油、木松节油和硫酸盐松节油)	6.5	50.0	17.0		千克	
3805 20 00	以α萜品醇为基本成分的松油	6.5	50.0	17.0		千克	
3805 90 00	粗制二聚戊烯;亚硫酸盐松节油等(包括其他粗制对异丙基苯甲烷及其他萜烯油)	6.5	50.0	17.0		千克	
3806	**松香和树脂酸及其衍生物;松香精及松香油;再熔胶**						
3806 10 10	松香(包括松香渣)	10.0	70.0	17.0		千克	AB
3806 10 20	树脂酸	10.0	70.0	17.0		千克	B
3806 20 10	松香盐及树脂酸盐	6.5	40.0	17.0		千克	
3806 20 90	松香或树脂酸衍生物的盐(松香加合物的盐除外)	6.5	40.0	17.0		千克	
3806 30 00	酯胶	6.5	50.0	17.0		千克	AB
3806 90 00.10	歧化松香及松香衍生物	6.5	40.0	17.0		千克	
3806 90 00.90	其他松香及树脂酸衍生物(包括松香精及松香油;再熔胶)	6.5	40.0	17.0		千克	

商品编号	商品名称备注	进口税率		增值税	消费税	计量单位	监管条件
		最惠国	普通				
3807	**木焦油;精制木焦油;木杂酚油;粗木精;植物沥青;以松香、树脂酸或植物沥青为基本成分的啤酒桶沥青及类似制品**						
3807 00 00	木焦油木杂酚油粗木精植物沥青等(包括以松香、树脂酸植物沥青为基料的啤酒桶沥青及类似)	6.5	35.0	17.0		千克	
3808	**杀虫剂、杀鼠剂、杀菌剂、除草剂、抗萌剂、植物生长调节剂、消毒剂及类似产品,零售形状、零售包装或制成制剂及成品(例如,经硫磺处理的带子、杀虫灯芯、蜡烛及捕蝇纸)**						
3808 10 11	蚊香	10.0	80.0	17.0		千克	AS
3808 10 19.10*	零售包装农用杀虫剂成药	10.0	35.0	13.0		千克	7AS
3808 10 19.90	零售包装非农用杀虫剂成药	10.0	35.0	13.0		千克	7AS
3808 10 90	非零售包装杀虫剂成药	6.0	11.0	13.0		千克	7AS
3808 20 10.10*	零售包装农用杀菌剂成药	9.0	35.0	13.0		千克	7S
3808 20 10.90	零售包装的非农用杀菌剂成药	9.0	35.0	13.0		千克	7S
3808 20 90.10	非零售包装的医用杀菌剂	6.0	11.0	17.0		千克	7
3808 20 90.21	经农药杀菌剂浸渍的纸质水果套袋	6.0	11.0	17.0		千克	7S
3808 20 90.29	非零售包装的其他农用杀菌剂成药	6.0	11.0	13.0		千克	7S
3808 20 90.90	非零售包装的非农用杀菌剂成药(包括非医用杀菌剂)	6.0	11.0	13.0		千克	7
3808 30 11.10*	零售包装的农用除草剂成药	9.0	35.0	13.0		千克	7AS
3808 30 11.90	零售包装的非农用除草剂成药	9.0	35.0	13.0		千克	7SA
3808 30 19	非零售包装的除草剂成药	5.0	11.0	13.0		千克	7AS
3808 30 91*	零售包装抗萌剂及植物生长调节剂	9.0	35.0	13.0		千克	S
3808 30 99	非零售抗萌剂及植物生长调节剂	6.0	14.0	13.0		千克	7S
3808 40 00.10	医用消毒剂	9.0	35.0	17.0		千克	7
3808 40 00.90	非医用消毒剂	9.0	35.0	13.0		千克	7
3808 90 10	零售包装的杀鼠剂及其他农药(包括类似品)	9.0	35.0	13.0		千克	S
3808 90 90	非零售包装的杀鼠剂及其他农药(包括类似品)	9.0	14.0	13.0		千克	S
3809	**纺织、造纸、制革及类似工业用的其他编号未列名的整理剂、染料加速着色或固色助剂及其他产品和制剂(例如,修整剂及媒染剂)**						
3809 10 00	以淀粉为基料的纺织等工业用制剂(纺织、造纸、制革等工业用整理剂、固色剂及其他制剂)	10.0	35.0	17.0		千克	
3809 91 00	纺织工业用其他未列名产品和制剂(包括整理剂、染料加速着色或固色助剂及其他制剂)	6.5	35.0	17.0		千克	
3809 92 00	造纸工业用其他未列名产品和制剂(包括整理剂、染料加速着色或固色助剂及其他制剂)	6.5	35.0	17.0		千克	
3809 93 00	制革工业用其他未列名产品和制剂(包括整理剂、染料加速着色或固色助剂及其他制剂)	6.5	35.0	17.0		千克	

商品编号	商 品 名 称 备 注	进口税率		增值税	消费税	计量单位	监管条件
		最惠国	普通				
3810	**金属表面酸洗剂;焊接用的焊剂及其他辅助剂;金属及其他材料制成的焊粉或焊膏;作焊条芯子或焊条涂料用的制品**						
3810 10 00	金属表面酸洗剂焊粉或焊膏(金属及其他材料制成的焊粉或焊膏)	6.5	35.0	17.0		千克	
3810 90 00	焊接用的焊剂及其他辅助剂等(包括作焊条芯子或焊条涂料用的制品)	6.5	35.0	17.0		千克	
3811	**抗震剂、抗氧剂、防胶剂、粘度改良剂、防腐蚀制剂及其他配制添加剂,用于矿物油(包括汽油)或与矿物油同样用途的其他液体**						
3811 11 00	以铅化合物为基本成分的抗震剂	6.5	35.0	17.0		千克	
3811 19 00	其他抗震剂	6.5	35.0	17.0		千克	
3811 21 00	含有石油的润滑油添加剂(包括含有从沥青矿物提取的油类的润滑油添加剂)	6.5	35.0	17.0		千克	
3811 29 00	不含石油的润滑油添加剂	6.5	35.0	17.0		千克	
3811 90 00	其他矿物油用的配制添加剂(抗氧剂、防胶剂、粘度改良剂、防腐剂及其他配制添加剂)	6.5	35.0	17.0		千克	
3812	**配制的橡胶促进剂;其他编号未列名的橡胶或塑料用复合增塑剂;橡胶或塑料用抗氧制剂及其他复合稳定剂**						
3812 10 00	配制的橡胶促进剂	6.0	20.0	17.0		千克	
3812 20 00	橡胶或塑料用复合增塑剂	6.5	35.0	17.0		千克	
3812 30 10	橡胶的防老剂	6.0	20.0	17.0		千克	
3812 30 90	其他橡、塑用抗氧剂及其他稳定剂	6.5	35.0	17.0		千克	
3813	**灭火器的装配药;已装药的灭火弹**						
3813 00 10	灭火器的装配药	6.5	35.0	17.0		千克	
3813 00 20	已装药的灭火弹	10.0	70.0	17.0		千克	
3814	**其他编号未列名的有机复合溶剂及稀释剂;除漆剂**						
3814 00 00	有机复合溶剂及稀释剂,除漆剂(指其他编号未列名的)	10.0	50.0	17.0		千克	
3815	**其他编号未列名的反应引发剂、反应促进剂、催化剂**						
3815 11 00	以镍为活性物的载体催化剂(包括以镍化合物为活性物的)	6.5	35.0	17.0		千克	
3815 12 00	以贵金属为活性物的载体催化剂(包括以贵金属化合物为活性物的)	6.5	35.0	17.0		千克	
3815 19 00	其他载体催化剂	6.5	35.0	17.0		千克	
3815 90 00	其他未列名的反应引发剂、促进剂(包括反应催化剂)	6.5	35.0	17.0		千克	

商品编号	商 品 名 称 备 注	进口税率		增值税	消费税	计量单位	监管条件
		最惠国	普通				
3816	**耐火的水泥、灰泥、混凝土及类似耐火混合制品，但编号3801的产品除外**						
3816 00 00	耐火水泥、灰泥及类似耐火材料（耐火混凝土及类似耐火混合制品，但编号3801的产品除外）	6.5	35.0	17.0		千克	
3817	**混合烷基苯及混合烷基萘，但编号2707及2902的货品除外**						
3817 00 00	混合烷基苯及混合烷基萘（品目27.07及29.02的货品除外）	6.5	35.0	17.0		千克	
3818	**经掺杂用于电子工业的化学元素，已切成圆片、薄片或类似形状；经掺杂用于电子工业的化合物**						
3818 00 11	7.5cm≤直径≤15.24cm单晶硅片（经掺杂用于电子工业的）	11.0		17.0		千克	
3818 00 19	直径〉15.24cm的单晶硅片（经掺杂用于电子工业的）	11.0		17.0		千克	
3818 00 90	其他经掺杂用于工业的晶体切片（包括经掺杂用于电子工业的化学元素及化合物）			17.0		千克	
3819	**闸用液压油及其他液压传动用液体，不含石油或从沥青矿物提取的油类，或者按重量计石油或从沥青矿物提取的油类含量低于70%**						
3819 00 00	闸用液压油及其他液压传动用液体（按重量计石油或从矿物提取的油类含量低于70%）	6.5	35.0	17.0		千克	
3820	**防冻剂及解冻剂**						
3820 00 00	防冻剂及解冻剂	10.0	35.0	17.0		千克	
3821	**制成的微生物培养基**						
3821 00 00	制成的微生物培养基	3.0	11.0	17.0		千克	
3822	**附于衬背上的诊断或实验用试剂及不论是否附于衬背上的诊断或实验用配制试剂，但品目30.02及30.06的货品除外；检定参照物**						
3822 00 10	附于衬背上的诊断或实验用试剂（包括不论是否附于衬背上的诊断或实验用配制试剂）	4.0	35.0	17.0		千克	
3822 00 90	其他诊断或实验用配制试剂	5.0	35.0	17.0		千克	
3823	**工业用单羧脂肪酸；精炼所得的酸性油；工业用脂肪醇**						
3823 11 00	硬脂酸	16.0	50.0	17.0		千克	B
3823 12 00	油酸	16.0	50.0	17.0		千克	B
3823 13 00	妥尔油脂肪酸	16.0	50.0	17.0		千克	B
3823 19 00	其他工业用单羧脂肪酸；酸性油（酸性油仅指精炼所得的）	16.0	50.0	17.0		千克	B
3823 70 00 *	工业用脂肪醇	13.0	50.0	17.0		千克	B

商品编号	商 品 名 称 备 注	进口税率		增值税	消费税	计量单位	监管条件
		最惠国	普通				
3824	**铸模及铸芯用粘合剂;其他税目未列名的化学工业及其相关工业的化学产品及配制品(包括由天然产品混合组成的)**						
3824 10 00	铸模及铸芯用粘合剂	6.5	35.0	17.0		千克	
3824 20 10	环烷酸钴	6.5	35.0	17.0		千克	
3824 20 90	其他环烷酸及其水不溶性的盐和酯	6.5	35.0	17.0		千克	
3824 30 00	混合的未烧结金属碳化物(包括自身混合或与金属粘合剂混合的)	6.5	35.0	17.0		千克	
3824 40 00	水泥、灰泥及混凝土用添加剂	6.5	35.0	17.0		千克	
3824 50 00	非耐火的灰泥及混凝土	6.5	35.0	17.0		千克	
3824 60 00	子目号 290544 以外的山梨醇	14.0	40.0	17.0		千克	
3824 71 00ˇ	无环烃全卤化衍生物的混合物(指仅含氟和氯的)	6.5	35.0	17.0		千克	
3824 79 00ˇ	其他无环烃全卤化衍生物的混合物(指含两种或两种以上卤素的)	6.5	35.0	17.0		千克	
3824 90 10ˇ	杂醇油	9.9	40.0	17.0		千克	
3824 90 20ˇ	除墨剂、蜡纸改正液及类似品	12.6	80.0	17.0		千克	
3824 90 30	增炭剂	6.5	35.0	17.0		千克	
3824 90 90.10ˇ	粗制碳化硅(其中碳化硅含量大于 15%(按重量计))	6.5	35.0	17.0		千克	y4
3824 90 90.90ˇ	其他编号未列名的化工产品	6.5	35.0	17.0		千克	
3825	**其他处未列名的化学工业及其相关工业的副产品;城市垃圾;下水道淤泥;本章注释 6 所规定的其他废物**						
3825 10 00	城市垃圾	6.5	35.0	17.0		千克	9
3825 20 00	下水道淤泥	6.5	35.0	17.0		千克	9
3825 30 00	医疗废物	6.5	35.0	17.0		千克	9
3825 41 00	废卤化物的有机溶剂	6.5	35.0	17.0		千克	9
3825 49 00	其他废有机溶剂	6.5	35.0	17.0		千克	9
3825 50 00	废的金属酸洗液,液压油及制动油(还包括废的防冻液)	10.0	35.0	17.0		千克	9
3825 61 00	主要含有有机成分的化工废物(其他化学工业及相关工业的废物)	6.5	35.0	17.0		千克	9
3825 69 00	其他化工废物(其他化学工业及相关工业的废物)	6.5	35.0	17.0		千克	9
3825 90 00	其他编号未列名化工副产品及废物	6.5	35.0	17.0		千克	9

第七类　塑料及其制品;橡胶及其制品

注释:

一、由两种或两种以上单独成分配套的货品,其部分或全部成分属于本类范围以内,混合后则构成第六类或第七类的货品,应按混合后产品归入相应的品目,但其组成成分必须同时符合下列条件:

(一) 其包装形式足以表明这些成分不需经过改装就可以一起使用的;

(二) 一起进口或出口的;

(三) 这些成分的属性及相互比例足以表明是相互配用的。

二、除品目39.18或39.19的货品外,印有花纹、文字、图画的塑料、橡胶及其制品,如果所印花纹、字画作为其主要用途,应归入第四十九章。

第三十九章　塑料及其制品

注释:

一、本目录所称"塑料",是指品目39.01至39.14的材料,这些材料能够在聚合时或聚合后在外力(一般是热力和压力,必要时加入溶剂或增塑剂)作用下通过模制、浇铸挤压、滚轧或其他工序制成一定的形状,成形后除去外力,其形状仍保持不变。

本目录所称"塑料",还应包括钢纸,但不包括第十一类的纺织材料。

二、本章不包括:

(一) 品目27.12或34.04的蜡;

(二) 单独的已有化学定义的有机化合物(第二十九章);

(三) 肝素及其盐(品目30.01);

(四) 品目39.01至39.13所列的任何产品溶于挥发性有机溶剂的溶液(胶棉除外),但溶剂的重量必须超过溶液重量的50%(品目32.08);品目32.12的压印箔;

(五) 有机表面活性剂或品目34.02的制剂;

(六) 再熔胶及酯胶(品目38.06);

(七) 附于塑料衬背上的诊断或实验用试剂(品目38.22);

(八) 第四十章规定的合成橡胶及其制品;

(九) 鞍具及挽具(品目42.01);品目42.02的衣箱、提箱、手提包及其他容器;

(十) 第四十六章的缏条、编结品及其他制品;

(十一) 品目48.14的壁纸;

(十二) 第十一类的货品(纺织原料及纺织制品);

(十三) 第十二类的物品(例如,鞋靴、帽类、雨伞、阳伞、手杖、鞭子、马鞭及其零件);

(十四) 品目71.17的仿首饰;

(十五) 第十六类的物品(机器、机械器具或电气器具);

(十六) 第十七类的航空器零件及车辆零件;

(十七) 第九十章的物品(例如,光学元件、眼镜架及绘图仪器);

(十八) 第九十一章的物品(例如,钟壳及表壳);

(十九) 第九十二章的物品(例如,乐器及其零件);

(二十) 第九十四章的物品(例如,家具、灯具、照明装置、灯箱及活动房屋);

(二十一) 第九十五章的物品(例如,玩具、游戏品及运动用品);

(二十二)第九十六章的物品(例如,刷子、钮扣、拉链、梳子、烟斗的嘴及柄、香烟嘴及类似品、保温瓶的零件及类似品、钢笔、活动铅笔)。

三、品目39.01至39.11仅适用于化学合成的下列货品:

(一)温度在300℃时,压力转为1013毫巴后减压蒸馏出的液体合成聚烯烃以体积计小于60%的货品(品目39.01及39.02);

(二) 非高度聚合的苯并呋喃--茚式树脂(品目39.11);

(三) 平均至少有五个单体单元的其他合成聚合物;

(四) 聚硅氧烷(品目39.10);

(五) 甲阶酚醛树指(品目39.09)及其他预聚物。

四、所称"共聚物",包括在整个聚合物中按重量计没有一种单体单元的含量在95%及以上的各种聚合物。

在本章中,除条文另有规定的以外,共聚物(包括共缩聚物、共加聚物、嵌段共聚物及接枝共聚物)及聚合物混合体应按聚合物中重量最大的那种共聚单体单元所构成的聚合物归入相应品目。在本注释中,归入同一品目的聚合物的共聚单体单元应作为一种单体单元对待。如果没有任何一种共聚单体单元重量为最大,共聚物或聚合物混合体应按号列顺序归入其可归入的最末一个品目。

五、化学改性聚合物,即聚合物主链上的支链通过化学反应发生了变化的聚合物,应按未改性的聚合物的相应品目归类。本规定不适用于接枝共聚物。

六、品目39.01至39.14所称"初级形状",只限于下列各种形状:

(一) 液状及糊状,包括分散体(乳浊液及悬浮液)及溶液;

(二) 不规则形状的块,团、粉(包括压型粉)、颗粒、粉片及类似的散装形状。

七、品目39.15不适用于已制成初级形状的单一热塑材料废碎料及下脚料(品目39.01至39.14)。

八、品目39.17所称"管子",是指通常用于输送或供给气体或液体的空心制品或半制品(例如,肋纹浇花软管、多孔管),还包括香肠用肠衣及其他扁平管。除肠衣及扁平管外,内截面如果不呈圆形、椭圆形、矩形(其长度不超过宽度的1.5倍)或正几何形,则不能视为管子,而应作为异型材。

九、品目39.18所称"塑料糊墙品",适用于墙壁或天花板装饰用的宽度不小于45厘米的成卷产品,这类产品是将塑料牢固地附着在除纸张以外任何材料的衬背上,并且在塑料面起纹、压花、着色、印制图案或用其他方法装饰。

十、品目39.20及39.21所称"板、片、膜、箔、扁条",只适用于未切割或仅切割成矩形(包括正方形)(含切割后即可供使用的),但未经进一步加工的板、片、膜、箔、扁条(第五十四章的物品除外)及正几何形块,不论是否经过印制或其他表面加工。

十一、品目39.25只适用于第二分章以前各品目未包括的下列物品:

(一) 容积超过300升的囤、柜(包括化粪池)、罐、桶及类似容器;

(二) 用于地板、墙壁、隔墙、天花板或屋顶等方面的结构件;

(三) 槽管及其附件;

(四) 门、窗及其框架和门槛;

(五) 阳台、栏杆、栅栏、栅门及类似品;

(六) 窗板、百叶窗(包括威尼斯式百叶窗)或类似品及其零件、附件;

(七) 商店、工棚、仓库等用的拼装式固定大型货架;

(八) 建筑用的特色(例如,凹槽、圆顶及鸽棚式)装饰件;

(九)固定装于门窗、楼梯、墙壁或建筑物其他部位的附件及架座,例如,球形把手、拉手、挂钩、托架、毛巾架、开关板及其他护板。

子目注释:

一、属于本章任一品目项下的聚合物(包括共聚物)及化学改性聚合物应按下列规则归类:

(一)在同级子目中有一个"其他"子目的:

1.子目所列聚合物名称冠有"聚(多)"的(例如,聚乙烯及聚酰胺—6,6),是指列名的该种聚合物单体单元含量在整个聚合物中按重量计必须占95%及以上。

2.子目号3901.30、3903.20、3903.30及3904.30所列的共聚物,如果该种共聚单体单元含量在整个聚合物中按重量计占95%及以上,即应归入上述子目。

3.化学改性聚合物如未在其他子目具体列名,应归入列明为"其他"的子目内。

4.不符合上述(一)、(二)、(三)款规定的聚合物,应按聚合物中重量最大的那种单体单元(与其他各种单一的共聚单体单元相比)所构成的聚合物归入该级其他相应子目。为此,归入同一子目的聚合物单体单元应作为一种单体单元对待。只有在同级子目中的聚合物共聚单体单元才可以进行比较。

(二)在同级子目中没有"其他"子目的:

1.聚合物应按聚合物中重量最大的那种单体单元(与其他各种单一的共聚单体单元相比)所构成的聚合物归入该级相应子目。为此,归入同一子目的聚合物单体单元应作为一种单体单元对待。只有在同级子目中的聚合物共聚单体单元才可以进行比较。

2.化学改性聚合物应按相应的未改性聚合物的子目归类。

聚合物混合体应按单体单元比例相等、种类相同的聚合物归入相应子目。

二、子目3920.43所称增塑剂,包括次级增塑剂。

商品编号	商品名称备注	进口税率		增值税	消费税	计量单位	监管条件
		最惠国	普通				
3901	**初级形状的乙烯聚合物**						
3901 10 00ˆ	初级形状比重<0.94的聚乙烯	14.2	45.0	17.0		千克	7A
3901 20 00.10*ˆ	初级形状比重≥0.94的聚乙烯(电工级,进口CIF价高于2000美元/吨)	14.2	45.0	17.0		千克	7A
3901 20 00.90ˆ	初级形状比重≥0.94的聚乙烯(非电工级的及电工级中进口CIF价不超过2000美元/吨的)	14.2	45.0	17.0		千克	7A
3901 30 00ˆ	初级形状乙烯-乙酸乙烯酯共聚物	10.3	45.0	17.0		千克	A
3901 90 10	乙烯-丙烯共聚物(乙丙橡胶)(乙烯单体单元的含量大于丙烯单体单元)	12.3	45.0	17.0		千克	A
3901 90 90	其他初级形状的乙烯聚合物	12.3	45.0	17.0		千克	A
3902	**初级形状的丙烯或其他烯烃聚合物**						
3902 10 00.10*ˆ	电工级初级形状聚丙烯树脂(灰分含量不大于30ppm)	10.0	45.0	17.0		千克	7A
3902 10 00.90ˆ	其他初级形状的聚丙烯	10.0	45.0	17.0		千克	7A
3902 20 00	初级形状的聚异丁烯	12.8	45.0	17.0		千克	
3902 30 10ˆ	乙烯-丙烯共聚物(乙丙橡胶)(丙烯单体单元的含量大于乙烯单体单元)	12.8	45.0	17.0		千克	
3902 30 90ˆ	其他初级形状的丙烯共聚物	12.8	45.0	17.0		千克	
3902 90 00	其他初级形状的烯烃聚合物	12.8	45.0	17.0		千克	
3903	**初级形状的苯乙烯聚合物**						
3903 11 00ˆ	初级形状的可发性聚苯乙烯	12.8	45.0	17.0		千克	7A
3903 19 00ˆ	初级形状的其他聚苯乙烯	12.8	45.0	17.0		千克	7A
3903 20 00	初级形状苯乙烯-丙烯腈共聚物	12.0	45.0	17.0		千克	
3903 30 00ˆ	丙烯腈-丁二烯-苯乙烯共聚物(初级形状的ABS树脂)	12.8	45.0	17.0		千克	A
3903 90 00	初级形状的其他苯乙烯聚合物	12.8	45.0	17.0		千克	
3904	**初级形状的氯乙烯或其他卤化烯烃聚合物**						
3904 10 00ˆ	初级形状的纯聚氯乙烯(纯指未掺其他物质)	12.8	45.0	17.0		千克	7A
3904 21 00	初级形状未塑化的聚氯乙烯	12.8	45.0	17.0		千克	7
3904 22 00	初级形状已塑化的聚氯乙烯	12.8	45.0	17.0		千克	7
3904 30 00	氯乙烯-乙酸乙烯酯共聚物(初级形状的)	10.8	45.0	17.0		千克	
3904 40 00	初级形状的其他氯乙烯共聚物	12.0	45.0	17.0		千克	
3904 50 00	初级形状的偏二氯乙烯聚合物	12.8	45.0	17.0		千克	
3904 61 00	初级形状的聚四氟乙烯	10.0	45.0	17.0		千克	
3904 69 00	初级形状的其他氟聚合物	10.3	45.0	17.0		千克	
3904 90 00	初级形状的其他卤化烯烃聚合物	10.0	45.0	17.0		千克	
3905	**初级形状的乙酸乙烯酯或其他乙烯酯聚合物;初级形状的其他乙烯基聚合物**						

商品编号	商品名称备注	进口税率		增值税	消费税	计量单位	监管条件
		最惠国	普通				
3905 12 00	聚乙酸乙烯酯的水分散体	10.0	45.0	17.0		千克	
3905 19 00	其他初级形状聚乙酸乙烯酯	10.0	45.0	17.0		千克	
3905 21 00	乙酸乙烯酯共聚物的水分散体	10.0	45.0	17.0		千克	
3905 29 00	其他初级形状的乙酸乙烯酯共聚物	10.0	45.0	17.0		千克	
3905 30 00	初级形状的聚乙烯醇(不论是否含有未水解的乙酸酯基)	14.0	45.0	17.0		千克	
3905 91 00	其他乙烯酯或乙烯基的共聚物(初级形状的)	10.0	45.0	17.0		千克	
3905 99 00	其他乙烯酯或乙烯基的聚合物(初级形状的,共聚物除外)	10.0	45.0	17.0		千克	
3906	**初级形状的丙烯酸聚合物**						
3906 10 00	初级形状的聚甲基丙烯酸甲酯	10.3	45.0	17.0		千克	
3906 90 00	其他初级形状的丙烯酸聚合物	10.3	45.0	17.0		千克	
3907	**初级形状的聚缩醛、其他聚醚及环氧树脂;初级形状的聚碳酸酯、醇酸树脂、聚烯丙基酯及其他聚酯**						
3907 10 10	初级形状的聚甲醛	12.8	45.0	17.0		千克	
3907 10 90	其他初级形状的聚缩醛(聚甲醛除外)	12.8	45.0	17.0		千克	
3907 20 00	初级形状的其他聚醚	12.8	45.0	17.0		千克	
3907 30 00	初级形状的环氧树脂	12.8	45.0	17.0		千克	
3907 40 00	初级形状的聚碳酸酯	10.3	45.0	17.0		千克	
3907 50 00	初级形状的醇酸树脂	10.0	45.0	17.0		千克	
3907 60 11	高粘度聚对苯二甲酸乙二酯切片	12.8	45.0	17.0		千克	7A
3907 60 19	其他聚对苯二甲酸乙二酯切片	12.8	45.0	17.0		千克	7A
3907 60 90	其他初级形状聚对苯二甲酸乙二酯	10.3	45.0	17.0		千克	A
3907 91 00	初级形状的不饱和聚酯	12.8	45.0	17.0		千克	
3907 99 00	初级形状的其他聚酯	10.3	45.0	17.0		千克	
3908	**初级形状的聚酰胺:**						
3908 10 10.10 *	尼龙 11、尼龙 12 切片(即聚酰胺 -11; -12 切片)	12.8	45.0	17.0		千克	
3908 10 10.90	聚酰胺-6,6 切片等(包括聚酰胺-6;-6,9;-6,10;-6,12)	12.8	45.0	17.0		千克	
3908 10 90.10 *	其他初级形状的尼龙 11,尼龙 12(即其他聚酰胺-11;12)	10.3	45.0	17.0		千克	
3908 10 90.90	其他初级形状的聚酰胺-6,6 等(包括聚酰胺-6;-6,9;-6,10;-6,12)	10.3	45.0	17.0		千克	
3908 90 00	初级形状的其他聚酰胺	10.0	45.0	17.0		千克	
3909	**初级形状的氨基树脂、酚醛树脂及聚氨酯**						
3909 10 00	初级形状的尿素树脂及硫尿树脂	10.3	45.0	17.0		千克	
3909 20 00	初级形状的蜜胺树脂	10.3	45.0	17.0		千克	

商品编号	商 品 名 称 备 注	进口税率		增值税	消费税	计量单位	监管条件
		最惠国	普通				
3909 30 00	初级形状的其他氨基树脂	10.3	45.0	17.0		千克	
3909 40 00	初级形状的酚醛树脂	10.3	45.0	17.0		千克	
3909 50 00	初级形状的聚氨基甲酸酯	12.8	45.0	17.0		千克	
3910	**初级形状的聚硅氧烷**						
3910 00 00	初级形状的聚硅氧烷	10.3	45.0	17.0		千克	
3911	**初级形状的石油树脂、苯并呋喃—茚树脂、多萜树脂、多硫化物、聚砜及本章注释 3 所规定的其他编号未列名产品**						
3911 10 00	初级形状的石油树脂等(等指苯并呋喃树脂,茚树脂,苯并呋喃－茚树脂及多萜树脂)	10.3	45.0	17.0		千克	
3911 90 00.10 *	芳基酸与芳基胺预缩聚物	10.3	45.0	17.0		千克	
3911 90 00.30 *	改性三羟乙基脲酸酯类预缩聚物	10.3	45.0	17.0		千克	
3911 90 00.40 *	聚苯硫醚	10.3	45.0	17.0		千克	
3911 90 00.50 *	偏苯三酸酐和异氰酸预缩聚物	10.3	45.0	17.0		千克	
3911 90 00.90	其他初级形状的多硫化物、聚砜等(等包括本章注释三所规定的其他编号未列名产品)	10.3	45.0	17.0		千克	
3912	**初级形状的其他编号未列名的纤维素及其化学衍生物**						
3912 11 00.10 *	未塑化二醋酸纤维素等(包括未塑化三醋酸纤维素)	8.4	40.0	17.0		千克	
3912 11 00.90	初级形状的未塑化醋酸纤维素(未塑化二醋酸纤维素和未塑化三醋酸纤维素除外)	8.4	40.0	17.0		千克	
3912 12 00	初级形状的已塑化醋酸纤维素	8.4	40.0	17.0		千克	
3912 20 00	初级形状的硝酸纤维素(包括棉胶)	8.4	45.0	17.0		千克	
3912 31 00	初级形状的羧甲基纤维素及其盐	8.4	45.0	17.0		千克	
3912 39 00	初级形状的其他纤维素醚	8.4	45.0	17.0		千克	
3912 90 00	初级形状的其他未列名的纤维素(包括化学衍生物)	8.4	45.0	17.0		千克	
3913	**初级形状的其他编号未列名的天然聚合物(例如藻酸)及改性天然聚合物(例如,硬化蛋白、天然橡胶的化学衍生物)**						
3913 10 00	初级形状的藻酸及盐和酯	10.0	45.0	17.0		千克	
3913 90 00	初级形状的其他未列名天然聚合物(包括改性天然聚合物(如硬化蛋白))	8.4	50.0	17.0		千克	
3914	**初级形状的离子交换剂,以编号 3901 至 3913 的聚合物为基本成分的**						
3914 00 00	初级形状的离子交换剂(以编号 3901 至 3913 的聚合物为基本成分的)	8.4	45.0	17.0		千克	
3915	**塑料的废碎料及下脚料**						

商品编号	商品名称备注	进口税率		增值税	消费税	计量单位	监管条件
		最惠国	普通				
3915 10 00	乙烯聚合物的废碎料及下脚料	12.8	50.0	17.0		千克	AP
3915 20 00	苯乙烯聚合物的废碎料及下脚料	12.8	50.0	17.0		千克	AP
3915 30 00	氯乙烯聚合物的废碎料及下脚料	12.8	50.0	17.0		千克	AP
3915 90 00	其他塑料的废碎料及下脚料	12.8	50.0	17.0		千克	AP
3916	**塑料制的单丝(截面直径超过1毫米)、条、杆、型材及异型材,不论是否经表面加工,但未经其他加工**						
3916 10 00	乙烯聚合物制单丝,条,杆及型材(包括异型材,单丝截面直径超过1毫米)	10.0	45.0	17.0		千克	
3916 20 00	氯乙烯聚合物制单丝,条,杆及型材(包括异型材,单丝截面直径超过1毫米)	10.0	45.0	17.0		千克	
3916 90 10	聚酰胺制的单丝,条,杆及型材(包括异型材,单丝截面直径超过1毫米)	10.0	45.0	17.0		千克	
3916 90 90	其他塑料制单丝,条,杆及型材(包括异型材,单丝截面直径超过1毫米)	10.0	45.0	17.0		千克	
3917	**塑料制的管子及其附件(例如,接头、肘管、法兰)**						
3917 10 00	硬化蛋白或纤维素材料制人造肠衣(香肠用肠衣)	10.0	50.0	17.0		千克	A
3917 21 00	乙烯聚合物制的硬管	10.0	45.0	17.0		千克	
3917 22 00	丙烯聚合物制的硬管	10.0	45.0	17.0		千克	
3917 23 00	氯乙烯聚合物制的硬管	10.0	45.0	17.0		千克	
3917 29 00	其他塑料制的硬管	10.0	45.0	17.0		千克	
3917 31 00	塑料制的软管(最小爆破压力为27.6兆帕斯卡)	10.0	45.0	17.0		千克	
3917 32 00	其他未装有附件的塑料制管子(未经加强也未与其他材料合制)	10.0	45.0	17.0		千克	
3917 33 00	其他装有附件的塑料管子(未经加强也未与其他材料合制)	10.0	45.0	17.0		千克	
3917 39 00	塑料制的其他管子(经加强或与其他材料合制的)	12.8	45.0	17.0		千克	
3917 40 00	塑料制的管子附件(如接头,衬管及法兰等)	10.0	45.0	17.0		千克	
3918	**块状或成卷的塑料铺地制品,不论是否胶粘;本章注释9所规定的塑料糊墙品**						
3918 10 10	氯乙烯聚合物制糊墙品(本章注释九所规定的糊墙品)	10.0	45.0	17.0		千克	
3918 10 90	氯乙烯聚合物制的铺地制品(块状或成卷的,不论是否胶粘)	10.0	45.0	17.0		千克	
3918 90 10	其他塑料制的糊墙品(成卷或块状的)	10.0	45.0	17.0		千克	
3918 90 90	其他塑料制的铺地制品(成卷或块状的,不论是否胶粘)	10.0	45.0	17.0		千克	

商品编号	商品名称备注	进口税率		增值税	消费税	计量单位	监管条件
		最惠国	普通				
3919	**胶粘的塑料板、片、膜、箔、带、扁条及其他扁平形状材料,不论是否成卷**						
3919 10 10	丙烯酸树脂类为主的自粘塑料板等(含片膜箔带扁条及其他扁平形状材料,成卷的,宽度≤20c)	10.3	45.0	17.0		千克	
3919 10 91	宽度≤20cm 的胶囊型反光膜	10.3	45.0	17.0		千克	
3919 10 99	其他宽度≤20cm 的自粘塑料板片等(包括膜,箔,带,扁条及其他扁平形状材料,成卷的)	10.3	45.0	17.0		千克	
3919 90 10	其他胶囊型反光膜	10.3	45.0	17.0		千克	
3919 90 90	其他自粘塑料板,片,膜等材料(包括箔,带,扁条及其他扁平形状材料,不论是否成卷)	10.3	45.0	17.0		千克	
3920	**其他非泡沫塑料的板、片、膜、箔及扁条,未用其他材料强化、层压、支撑或用类似方法合制**						
3920 10 00.10	农用非泡沫聚乙烯薄膜(未用其他材料强化,层压,支撑或用类似方法合制)	10.3	45.0	13.0		千克	
3920 10 00.90	非泡沫聚乙烯板,片,膜,箔及扁条(未用其他材料强化,层压,支撑或用类似方法合制。非农用)	10.3	45.0	17.0		千克	
3920 20 00.10	农用非泡沫聚丙烯薄膜(未用其他材料强化,层压,支撑或用类似方法合制。)	10.3	45.0	13.0		千克	
3920 20 00.90	非泡沫聚丙烯板,片,膜,箔及扁条(未用其他材料强化,层压,支撑或用类似方法合制。非农用)	10.3	45.0	17.0		千克	
3920 30 00	非泡沫聚苯乙烯板,片,膜,箔,扁条(未用其他材料强化,层压,支撑或用类似方法合制)	10.3	45.0	17.0		千克	
3920 43 00.10	农用软质聚氯乙烯薄膜(增塑剂含量≥6%,未用其他材料强化、层压、支撑)	12.8	45.0	17.0		千克	
3920 43 00.90	聚氯乙烯板,片,膜,箔及扁条(增塑剂含量≥6%,未用其他材料强化、层压、支撑)	12.8	45.0	17.0		千克	
3920 49 00.10	其他农用软质聚氯乙烯薄膜(非泡沫料的,未用其他材料强化,层压,支撑)	10.8	45.0	13.0		千克	
3920 49 00.90	其他聚氯乙烯板,片,膜,箔及扁条(非泡沫料的,未用其他材料强化,层压,支撑。非农用)	10.8	45.0	17.0		千克	
3920 51 00	聚甲基丙烯酸甲酯板片膜箔及扁条(非泡沫料的,未用其他材料强化,层压,支撑)	10.3	45.0	17.0		千克	
3920 59 00	其他丙烯酸聚合物板片膜箔及扁条(非泡沫料的,未用其他材料强化,层压,支撑)	10.3	45.0	17.0		千克	
3920 61 00	聚碳酸酯制板,片,膜,箔,扁条(非泡沫料的,未用其他材料强化,层压,支撑)	10.3	45.0	17.0		千克	
3920 62 00	聚对苯二甲酸乙二酯板片膜箔扁条(非泡沫料,未用其他材料强化,层压,支撑)	10.3	45.0	17.0		千克	
3920 63 00	不饱和聚酯板,片,膜,箔及扁条(非泡沫料的,未用其他材料强化,层压,支撑)	10.0	45.0	17.0		千克	

商品编号	商 品 名 称 备 注	进口税率		增值税	消费税	计量单位	监管条件
		最惠国	普通				
3920 69 00	其他聚酯板,片,膜,箔及扁条(非泡沫料的,未用其他材料强化,层压,支撑)	10.0	45.0	17.0		千克	
3920 71 00	再生纤维素制板,片,膜,箔及扁条(非泡沫料的,未用其他材料强化,层压,支撑)	10.3	45.0	17.0		千克	
3920 72 00	钢纸制板,片,膜,箔及扁条(非泡沫料的,未用其他村料强化,层压,支撑)	10.0	35.0	17.0		千克	
3920 73 00	醋酸纤维素制板,片,膜,箔及扁条(非泡沫料,未用其他材料强化,层压,支撑)	10.3	45.0	17.0		千克	
3920 79 00	纤维素衍生物制板,片,膜箔及扁条(非泡沫料的,未用其他材料强化、层压、支撑)	10.0	45.0	17.0		千克	
3920 91 00	聚乙烯醇缩丁醛板,片,膜,箔,扁条(非泡沫料的,未用其他材料强化、层压、支撑)	10.3	45.0	17.0		千克	
3920 92 00	聚酰胺板,片,膜,箔,扁条(非泡沫料的,未用其他材料强化、层压、支撑)	10.0	45.0	17.0		千克	
3920 93 00	氨基树脂板,片,膜,箔,扁条(非泡沫料的,未用其他材料强化、层压、支撑)	10.3	45.0	17.0		千克	
3920 94 00	酚醛树脂板,片,膜,箔,扁条(非泡沫料的,未用其他材料强化、层压、支撑)	10.0	45.0	17.0		千克	
3920 99 10	聚四氟乙烯制非泡沫塑料板,片,箔(含膜及扁条,未用其他材料层化,支撑或类似方法制)	10.3	45.0	17.0		千克	
3920 99 90	其他非泡沫塑料板,片,膜,箔,扁条(未用其他材料强化、层压、支撑)	10.3	45.0	17.0		千克	
3921	**其他塑料板、片、膜、箔、扁条**						
3921 11 00	泡沫聚苯乙烯板,片,带,箔,扁条	10.0	45.0	17.0		千克	
3921 12 10.10	泡沫聚氯乙烯人造革及合成革(纺织材料以化纤为主,塑料重量不超过70%)	14.5	70.0	17.0		千克/米	
3921 12 10.90	其他泡沫聚氯乙烯人造革及合成革	14.5	70.0	17.0		千克/米	
3921 12 90.10	泡沫聚氯乙烯板,片,带,箔,扁条(纺织材料以化纤为主,塑料重量不超过70%)	10.3	45.0	17.0		千克	
3921 12 90.90	其他泡沫聚氯乙烯板,片,带,箔等(便条包括扁条)	10.3	45.0	17.0		千克	
3921 13 10.10	泡沫聚氨酯制人造革及合成革(纺织材料以化纤为主,塑料重量不超过70%)	14.5	70.0	17.0		千克/米	
3921 13 10.90	其他泡沫聚氨酯制人造革及合成革	14.5	70.0	17.0		千克/米	
3921 13 90.10	泡沫聚氨酯板,片,带,箔,扁条(纺织材料以化纤为主,塑料重量不超过70%)	10.3	45.0	17.0		千克	
3921 13 90.90	其他泡沫聚氨酯板,片,带,箔,扁条	10.3	45.0	17.0		千克	
3921 14 00	泡沫再生纤维素板,片,膜,箔,扁条	10.0	45.0	17.0		千克	
3921 19 10	其他泡沫塑料制人造革及合成革	14.5	70.0	17.0		千克/米	
3921 19 90	其他泡沫塑料板,片,膜,箔,扁条	10.3	45.0	17.0		千克	
3921 90 10	离子交换膜	6.5	30.0	17.0		千克	

商品编号	商品名称备注	进口税率		增值税	消费税	计量单位	监管条件
		最惠国	普通				
3921 90 20	以聚乙烯为基本成份的板片(以玻璃纤维加强的)	6.9	45.0	17.0		千克	
3921 90 30	聚异丁烯为基本成分的板片卷材(附有人造毛毡的)	8.4	45.0	17.0		千克	
3921 90 90.10	未列名塑料板,片,膜,箔,扁条(与化纤为主的纺织材料合制,塑料重量不超过70%)	8.4	45.0	17.0		千克	
3921 90 90.90	其他未列名塑料板,片,膜,箔,扁条	8.4	45.0	17.0		千克	
3922	**塑料浴缸、淋浴盘、洗涤槽、盥洗盆、坐浴盆、便盆、马桶座圈及盖、抽水箱及类似卫生洁具**						
3922 10 00	塑料浴缸,淋浴盘,洗涤槽及盥洗盆	14.0	80.0	17.0		千克	
3922 20 00	塑料马桶坐圈及盖	14.0	80.0	17.0		千克	
3922 90 00	塑料便盆,抽水箱等类似卫生洁具	14.0	80.0	17.0		千克	
3923	**供运输或包装货物用的塑料制品;塑料制的塞子、盖子及类似品**						
3923 10 00	塑料制盒,箱及类似品(包括塑料制板条箱,供运输或包装货物用的)	14.0	80.0	17.0		千克	
3923 21 00	乙烯聚合物制袋及包(供运输或包装货物用的)	14.0	80.0	17.0		千克	
3923 29 00	其他塑料制的袋及包(供运输或包装货物用的)	14.0	80.0	17.0		千克	
3923 30 00	塑料制坛,瓶及类似品(供运输或包装货物用的)	14.2	80.0	17.0		千克	
3923 40 00	塑料制卷轴,纡子,筒管及类似品	10.0	35.0	17.0		千克	
3923 50 00	塑料制塞子,盖子及类似品	14.0	80.0	17.0		千克	
3923 90 00	供运输或包装货物用其他塑料制品	14.0	80.0	17.0		千克	
3924	**塑料制的餐具、厨房用具、其他家庭用具及盥洗用具**						
3924 10 00	塑料制餐具及厨房用具	14.0	80.0	17.0		千克	A
3924 90 00	塑料制其他家庭用具及盥洗用具	14.0	80.0	17.0		千克	
3925	**其他编号未列名的建筑用塑料制品**						
3925 10 00	塑料制囤,柜,罐,桶及类似容器(容积超过300升)	14.0	80.0	17.0		千克	
3925 20 00	塑料制门,窗及其框架,门槛	14.0	80.0	17.0		千克	
3925 30 00	塑料制窗板,百叶窗及类似制品(包括威尼斯式百叶窗和塑料制窗零件)	14.0	80.0	17.0		千克	
3925 90 00	其他未列名的建筑用塑料制品	14.0	80.0	17.0		千克	
3926	**其他塑料制品及编号3901至3914所列其他材料的制品**						
3926 10 00	办公室或学校用塑料制品	14.0	80.0	17.0		千克	
3926 20 00	塑料制衣服及衣着附件(包括塑料制手套)	14.0	90.0	17.0		千克	
3926 30 00	塑料制家具,车厢及类似品的附件	14.0	80.0	17.0		千克	
3926 40 00	塑料制小雕塑品及其他装饰品	14.0	100.0	17.0		千克	

商品编号	商 品 名 称 备 注	进口税率		增值税	消费税	计量单位	监管条件
		最惠国	普通				
3926 90 10-	塑料制机器及仪器用零件	10.0	35.0	17.0		千克	
3926 90 90-	其他塑料制品(包括编号 3901 至 3914 所列材料的制品)	14.0	80.0	17.0		千克	

第四十章　橡胶及其制品

注释：

一、除条文另有规定的以外，本目录所称"橡胶"，是指不论是否硫化或硬化的下列产品：天然橡胶、巴拉塔胶、古塔波胶、银胶菊胶、糖胶树胶及类似的天然树胶、合成橡胶、从油类中提取的油膏以及上述物品的再生品。

二、本章不包括：

(一) 第十一类的货品(纺织原料及纺织制品)；

(二) 第六十四章的鞋靴及其零件；

(三) 第六十五章的帽类及其零件(包括游泳帽)；

(四) 第十六类硬质橡胶制的机械器具、电气器具及其零件(包括各种电气用品)；

(五) 第九十章、第九十二章、第九十四章或第九十六章的物品；

(六) 第九十五章的物品(运动用分指手套、连指手套、露指手套及品目40.11至40.13的制品除外)。

三、品目40.01至40.03及40.05所称"初级形状"，只限于下列形状：

(一) 液状及糊状，包括胶乳(不论是否预硫化)及其他分散体和溶液；

(二) 不规则形状的块、团、包、粉、粒、碎屑及类似的散装形状。

四、本章注释一和品目40.02所称"合成橡胶"，适用于：

(一) 不饱和合成物质，即用硫磺硫化能使其不可逆地变为非热塑物质，这种物质能在温度18℃至29℃之间被拉长到其原长度的三倍而不致断裂，拉长到原长度的两倍时，在五分钟内能回复到不超过原长度的一倍半。为了进行上述试验，可以加入交联所需的硫化活化剂或促进剂；也允许含有注释五(二)2及3所述的物质。但不能加入非交联所需的物质，例如，增量剂、增塑剂及填料；

(二) 聚硫橡胶(TM)；

(三)与塑料接枝共聚或混合而改性的天然橡胶、解聚天然橡胶以及不饱和合成物质与饱和合成高聚物的混合物，但这些产品必须符合以上(一)款关于硫化、延伸及回复的要求。

五、(一)品目40.01及40.02不适用于任何凝结前或凝结后与下列物质相混合的橡胶或橡胶混合物：

1. 硫化剂、促进剂、防焦剂或活性剂(为制造预硫胶乳所加入的除外)；

2. 颜料或其他着色料，但仅为易于识别而加入的除外；

3. 增塑剂或增量剂(用油增量的橡胶中所加的矿物油除外)、填料、增强剂、有机溶剂或其他物质，但以下(二)款所述的除外；

(二) 含有下列物质的橡胶或橡胶混合物，只要仍具有原料的基本特性，应归入品目40.01或40.02：

1. 乳化剂或防粘剂；

2. 少量的乳化剂分解产品；

3. 微量的下列物质：热敏剂(一般为制造热敏胶乳用)、阳离子表面活性剂(一般为制造阳性胶乳用)、抗氧剂、凝固剂、碎裂剂、抗冻剂、胶溶剂、保存剂、稳定剂、粘度控制剂或类似的特殊用途添加剂。

六、品目40.04所称"废碎料及下脚料"，是指在橡胶或橡胶制品生产或加工过程中由于切割、磨损或其他原因所造成没有使用价值的废橡胶及下脚料。

七、全部用硫化橡胶制成的线，其任一截面的尺寸超过5毫米的，应作为带、杆或型材及异型材归入品目40.08。

八、品目40.10包括用橡胶浸渍、涂布、包覆或层压的织物制成的或用橡胶浸渍、涂布、包覆或套裹的纱线或绳制成的传动带、输送带。

九、品目40.01、40.02、40.03、40.05及40.08所称"板"、"片"、"带"，仅指未切割或只简单切割成矩形(包括正方形)的板、片、带及正几何形块，不论是否具有成品的特征，也不论是否经过印制或其他表面加工，但未切割成其他形状或进一步加工。

品目40.08所称"杆"或"型材及异型材"，仅指不论是否切割成一定长度或表面加工，但未经进一步加工的该类产品。

商品编号	商 品 名 称 备 注	进口税率		增值税	消费税	计量单位	监管条件
		最惠国	普通				
4001	**天然橡胶、巴拉塔胶、古塔波胶、银胶菊胶、糖胶树胶及类似的天然树胶,初级形状或板、片、带**						
4001 10 00*	天然胶乳(不论是否预硫化)	20.0	40.0	17.0		千克	A1B
4001 21 00^	天然橡胶烟胶片	20.0	40.0	17.0		千克	A1B
4001 22 00	技术分类天然橡胶(TSNR)(初级形状(胶乳,烟胶片除外)或板,片,带)	20.0	40.0	17.0		千克	A1
4001 29 00^	其他初级形状的天然橡胶(胶乳除外的初级形状或板,片,带状)	20.0	40.0	17.0		千克	1
4001 30 00	巴拉塔胶等及类似的天然树胶(包括古塔波胶,糖胶树胶等,胶乳外的初级形状或板,片,带)	20.0	40.0	17.0		千克	
4002	**合成橡胶及从油类提取的油膏,初级形状或板、片、带;编号4001所列产品与本编号所列产品的混合物,初级形状或板、片、带**						
4002 11 10	羧基丁苯橡胶胶乳	7.5	14.0	17.0		千克	7
4002 11 90	其他胶乳	7.5	14.0	17.0		千克	7
4002 19 11	初级形状未经任何加工丁苯橡胶(胶乳除外)	7.5	14.0	17.0		千克	7
4002 19 12	初级形状充油丁苯橡胶(胶乳除外)	7.5	14.0	17.0		千克	7
4002 19 13	初级形状热塑丁苯橡胶(胶乳除外)	7.5	14.0	17.0		千克	7
4002 19 14	初级形状充油热塑丁苯橡胶(胶乳除外)	7.5	14.0	17.0		千克	7
4002 19 19	其他初级形状羧基丁苯橡胶等(胶乳除外)	7.5	14.0	17.0		千克	7
4002 19 90	丁苯橡胶及羧基丁苯橡胶板,片,带	7.5	35.0	17.0		千克	7
4002 20 10	初级形状的丁二烯橡胶	7.5	14.0	17.0		千克	7
4002 20 90^	丁二烯橡胶板、片、带	7.5	35.0	17.0		千克	7
4002 31 10	初级形状的异丁烯-异戊二烯橡胶	6.0	14.0	17.0		千克	7
4002 31 90	异丁烯-异戊二烯橡胶板,片,带	7.5	35.0	17.0		千克	7
4002 39 10	初级形状的其他卤代丁基橡胶	7.5	14.0	17.0		千克	7
4002 39 90	卤代丁基橡胶板、片、带	7.5	35.0	17.0		千克	7
4002 41 00	氯丁二烯橡胶胶乳	7.5	14.0	17.0		千克	7
4002 49 10	初级形状的氯丁二烯橡胶(胶乳除外)	7.5	14.0	17.0		千克	7
4002 49 90	氯丁二烯橡胶板、片、带	7.5	35.0	17.0		千克	7
4002 51 00	丁腈橡胶胶乳	7.5	14.0	17.0		千克	7
4002 59 10	初级形状的丁腈橡胶(胶乳除外)	7.5	14.0	17.0		千克	7
4002 59 90	丁腈橡胶板、片、带	7.5	35.0	17.0		千克	7
4002 60 10	初级形状的异戊二烯橡胶	3.0	14.0	17.0		千克	7
4002 60 90	异戊二烯橡胶板、片、带	6.8	35.0	17.0		千克	7
4002 70 10	初级形状的乙丙非共轭二烯橡胶	7.5	14.0	17.0		千克	7
4002 70 90	乙丙非共轭二烯橡胶板、片、带	7.5	35.0	17.0		千克	7
4002 80 00	天然橡胶与合成橡胶的混合物	7.5	35.0	17.0		千克	7
4002 91 00	本税号其他未列名的胶乳	7.5	14.0	17.0		千克	7
4002 99 11	其他初级形状的合成橡胶	7.5	14.0	17.0		千克	7
4002 99 19	其他合成橡胶板、片、带(胶乳除外)	7.5	35.0	17.0		千克	7

商品编号	商 品 名 称 备 注	进口税率		增值税	消费税	计量单位	监管条件
		最惠国	普通				
4002 99 90	从油类提取的油膏	4.0	14.0	17.0		千克	7
4003	**再生橡胶,初级形状或板、片、带**						
4003 00 00	初级形状或板、片、带状再生橡胶	9.8	30.0	17.0		千克	
4004	**橡胶(硬质橡胶除外)的废碎料、下脚料及其粉、粒**						
4004 00 00	橡胶废碎料及下脚料及其粉、粒(硬质橡胶的除外)	8.0	30.0	17.0		千克	
4005	**未硫化的复合橡胶,初级形状或板、片、带**						
4005 10 00	与碳黑等混合的未硫化复合橡胶(包括与硅石混合,初级形状或板,片带)	8.0	35.0	17.0		千克	
4005 20 00	未硫化的复合橡胶溶液及分散体(分散体指子目号 4005.10 以外的)	8.0	35.0	17.0		千克	
4005 91 00	其他未硫化的复合橡胶板、片、带	8.0	35.0	17.0		千克	
4005 99 00	其他未硫化的初级形状复合橡胶	8.0	35.0	17.0		千克	
4006	**其他形状(例如,杆、管或型材及异型材)的未硫化橡胶及未硫化橡胶制品(例如,盘、环)**						
4006 10 00	未硫化轮胎翻新用胎面补料胎条	8.0	35.0	17.0		千克	
4006 90 10	未硫化橡胶的杆,管,型材及异型材(初级形状或板、片、带以外形状)	8.0	35.0	17.0		千克	
4006 90 20	未硫化橡胶制品(盘、环等)	14.0	80.0	17.0		千克	
4007	**硫化橡胶线及绳**						
4007 00 00	硫化橡胶线及绳	14.0	80.0	17.0		千克	
4008	**硫化橡胶(硬质橡胶除外)制的板、片、带、杆或型材及异型材**						
4008 11 00	海绵硫化橡胶制的板、片及带	8.0	35.0	17.0		千克	
4008 19 00	海绵硫化橡胶制型材、异型材及杆	8.0	35.0	17.0		千克	
4008 21 00	非海绵硫化橡胶制板、片及带	8.0	35.0	17.0		千克	
4008 29 00	非海绵硫化橡胶型材、异型材及杆	8.0	35.0	17.0		千克	
4009	**硫化橡胶(硬质橡胶除外)制的管子,不论是否装有附件(例如,接头、肘管、法兰)**						
4009 11 00	未加强或其他材料合制硫化橡胶管(不带附件、硬质橡胶除外)	10.5	40.0	17.0		千克	
4009 12 00	未加强或其他材料合制硫化橡胶管(装有附件、硬质橡胶除外)	10.0	40.0	17.0		千克	
4009 21 00	加强或只与金属合制的硫化橡胶管(不带附件、硬质橡胶除外)	10.5	40.0	17.0		千克	
4009 22 00	加强或只与金属合制的硫化橡胶管(装有附件、硬质橡胶除外)	10.0	40.0	17.0		千克	

商品编号	商 品 名 称 备 注	进口税率		增值税	消费税	计量单位	监管条件
		最惠国	普通				
4009 31 00	加强或与纺织材料合制硫化橡胶管(不带附件、硬质橡胶除外)	10.5	40.0	17.0		千克	
4009 32 00	加强或与纺织材料合制硫化橡胶管(装有附件、硬质橡胶除外)	10.0	40.0	17.0		千克	
4009 41 00	加强或与其他材料合制硫化橡胶管(不带附件、硬质橡胶除外)	10.5	40.0	17.0		千克	
4009 42 00	加强或与其他材料合制硫化橡胶管(装有附件、硬质橡胶除外)	10.0	40.0	17.0		千克	
4010	**硫化橡胶制的传动带或输送带**						
4010 11 00	金属加强的硫化橡胶输送带(包括带料)	10.0	35.0	17.0		千克	
4010 12 00	纺织材料加强的硫化橡胶输送带(包括带料)	10.0	35.0	17.0		千克	
4010 13 00	塑料加强的硫化橡胶输送带(包括带料)	10.0	35.0	17.0		千克	
4010 19 00	其他硫化橡胶制的输送带及带料	10.0	35.0	17.0		千克	
4010 31 00	60cm<周长≤180cmV 型肋状三角带(硫化橡胶制梯形截面的环形传动带,不论是否开槽)	8.0	35.0	17.0		千克	
4010 32 00	60cm<周长≤180cm 三角带(硫化橡胶制梯形截面的环形传动带,V 型肋状带除外)	8.0	35.0	17.0		千克	
4010 33 00	180cm<周长≤240cmV 型肋状带(硫化橡胶制梯形截面的环形传动带,不论是否开槽)	8.0	35.0	17.0		千克	
4010 34 00	180cm<周长≤240cmV 型肋状除外(硫化橡胶制梯形截面的环形传动带,不论是否开槽)	8.0	35.0	17.0		千克	
4010 35 00	60cm<周长≤150cm 的环形同步带(硫化橡胶制)	10.0	35.0	17.0		千克	
4010 36 00	150cm<周长≤198cm 的环形同步带(硫化橡胶制)	10.0	35.0	17.0		千克	
4010 39 00	其他硫化橡胶制的传动带及带料	8.0	35.0	17.0		千克	
4011	**新的充气橡胶轮胎**						
4011 10 00.10^	机动小客车用新的充气子午线轮胎(橡胶轮胎,包括旅行小客车及赛车用)	18.8	50.0	17.0		条	AB1
4011 10 00.90^	机动小客车用新充气非子午线轮胎(橡胶轮胎,包括旅行小客车及赛车用)	18.8	50.0	17.0	10.0	条	AB1
4011 20 00.11*^	客或货运车用新的充气子午线轮胎(指机动车辆用橡胶轮胎,断面宽度≥24 英寸)	18.8	50.0	17.0		条	1AB
4011 20 00.19*^	客或货车用新的其他充气橡胶轮胎(指机动车辆用,断面宽度≥24 英寸)	18.8	50.0	17.0	10.0	条	1AB
4011 20 00.91^	其他客或货车用新充气子午线轮胎(指机动车辆用橡胶轮胎)	18.8	50.0	17.0		条	1AB
4011 20 00.99^	其他客或货车用新的充气橡胶轮胎(指机动车辆用非子午线轮胎)	18.8	50.0	17.0	10.0	条	1AB
4011 30 00	航空器用新的充气橡胶轮胎	1.0	11.0	17.0		条	

商品编号	商 品 名 称 备 注	进口税率		增值税	消费税	计量单位	监管条件
		最惠国	普通				
4011 40 00	摩托车用新的充气橡胶轮胎	16.8	80.0	17.0	10.0	条	AB
4011 50 00	自行车用新的充气橡胶轮胎	20.0	80.0	17.0		条	B
4011 61 00.11 *	断面宽≥24 英寸人字形子午线轮胎(新充气橡胶轮胎,含胎面类似人字形的,农林车辆机械用)	17.5	50.0	17.0		条	A7
4011 61 00.19 *	断面宽≥24 英寸人字形其他轮胎(新充气橡胶轮胎,含胎面类似人字形的,农林车辆机械用)	17.5	50.0	17.0	10.0	条	A7
4011 61 00.91	其他人字形胎面子午线轮胎(新充气橡胶轮胎,含胎面类似人字形的,农林车辆机械用)	17.5	50.0	17.0		条	A7
4011 61 00.99	其他人字形胎面非子午线轮胎(新充气橡胶轮胎,含胎面类似人字形的,农林车辆机械用)	17.5	50.0	17.0	10.0	条	A7
4011 62 00.11 *	断面宽≥24 英寸人字形子午线轮胎(建筑业,工业用,辋圈≤61cm,新充气橡胶胎,含类似人字形)	17.5	50.0	17.0		条	A7
4011 62 00.19 *	断面宽≥24 英寸人字形其他轮胎(建筑业,工业用,辋圈≤61cm,新充气橡胶胎,含类似人字形)	17.5	50.0	17.0	10.0	条	A7
4011 62 00.91	其他人字形胎面子午线轮胎(建筑业,工业用,辋圈≤61cm,新充气橡胶胎,含类似人字形)	17.5	50.0	17.0		条	A7
4011 62 00.99	其他人字形胎面非子午线轮胎(建筑业,工业用,辋圈≤61cm,新充气橡胶胎,含类似人字形)	17.5	50.0	17.0	10.0	条	A7
4011 63 00.11 *	断面宽≥24 英寸人字形子午线轮胎(建筑业,工业用,辋圈>61cm,新充气橡胶胎,含类人字形)	17.5	50.0	17.0		条	A7
4011 63 00.19 *	断面宽≥24 英寸人字形其他轮胎(建筑业,工业用,辋圈>61cm,新充气橡胶胎,含类人字形)	17.5	50.0	17.0	10.0	条	A7
4011 63 00.91	其他人字形胎面子午线轮胎(建筑业,工业用,辋圈>61cm,新充气橡胶胎,含类人字形)	17.5	50.0	17.0		条	A7
4011 63 00.99	其他人字形胎面非子午线轮胎(建筑业,工业用,辋圈>61cm,新充气橡胶胎,含类似人字形)	17.5	50.0	17.0	10.0	条	A7
4011 69 00.11 *	断面宽≥24 英寸人字形子午线轮胎(其他用途,新充气橡胶轮胎,含胎面类似人字形的)	17.5	50.0	17.0		条	A7
4011 69 00.19 *	断面宽≥24 英寸人字形其他轮胎(其他用途,新充气橡胶轮胎,含胎面类似人字形的)	17.5	50.0	17.0	10.0	条	A7
4011 69 00.91	其他人字形胎面子午线轮胎(其他用途,新充气橡胶轮胎,含胎面类似人字形的)	17.5	50.0	17.0		条	A7
4011 69 00.99	其他人字形胎面非子午线轮胎(其他用途,新充气橡胶轮胎,含胎面类似人字形的)	17.5	50.0	17.0	10.0	条	A7
4011 92 00.11 *	其他断面宽度≥24 英寸子午线轮胎(新充气橡胶轮胎,非人字形胎面,农林车辆机械用)	25.0	50.0	17.0		条	B
4011 92 00.19 *	其他断面宽≥24 英寸非子午线轮胎(新充气橡胶轮胎,非人字形胎面,农林车辆机械用)	25.0	50.0	17.0	10.0	条	B
4011 92 00.91	其他新的充气橡胶子午线轮胎(新充气橡胶轮胎,非人字形胎面,农林车辆机械用)	25.0	50.0	17.0		条	B

商品编号	商品名称备注	进口税率		增值税	消费税	计量单位	监管条件
		最惠国	普通				
4011 92 00.99	其他新的充气橡胶非子午线轮胎(新充气橡胶轮胎,非人字形胎面,农林车辆机械用)	25.0	50.0	17.0	10.0	条	B
4011 93 00.11*	其他断面宽度≥24 英寸子午线轮胎(建筑业,工业用,辋圈≤61cm,新充气橡胶胎,非人字形胎面)	25.0	50.0	17.0		条	B
4011 93 00.19*	其他断面宽≥24 英寸非子午线轮胎(建筑业,工业用,辋圈≤61cm,新充气橡胶胎,非人字形胎面)	25.0	50.0	17.0	10.0	条	B
4011 93 00.91	其他新的充气橡胶子午线轮胎(建筑业,工业用,辋圈≤61cm,新充气橡胶胎,非人字形胎面)	25.0	50.0	17.0		条	B
4011 93 00.99	其他新的充气橡胶非子午线轮胎(建筑业,工业用,辋圈≤61cm,新充气橡胶胎,非人字形胎面)	25.0	50.0	17.0	10.0	条	B
4011 94 00.11*	其他断面宽度≥24 英寸子午线轮胎(建筑业,工业用,辋圈>61cm,新充气橡胶胎,非人字形胎面)	25.0	50.0	17.0		条	B
4011 94 00.19*	其他断面宽≥24 英寸非子午线轮胎(建筑业,工业用,辋圈>61cm,新充气橡胶胎,非人字形胎面)	25.0	50.0	17.0	10.0	条	B
4011 94 00.91	其他新的充气橡胶子午线轮胎(建筑业,工业用,辋圈>61cm,新充气橡胶胎,非人字形胎面)	25.0	50.0	17.0		条	B
4011 94 00.99	其他新的充气橡胶非子午线轮胎(建筑业,工业用,辋圈>61cm,新充气橡胶胎,非人字形胎面)	25.0	50.0	17.0	10.0	条	B
4011 99 00.11*	其他断面宽度≥24 英寸子午线轮胎(其他用途,新充气橡胶轮胎,非人字形胎面)	25.0	50.0	17.0		条	B
4011 99 00.19*	其他断面宽≥24 英寸非子午线轮胎(其他用途,新充气橡胶轮胎,非人字形胎面)	25.0	50.0	17.0	10.0	条	B
4011 99 00.91	其他新的充气橡胶子午线轮胎(其他用途,新充气橡胶轮胎,非人字形胎面)	25.0	50.0	17.0		条	B
4011 99 00.99	其他新的充气橡胶非子午线轮胎(其他用途,新充气橡胶轮胎,非人字形胎面)	25.0	50.0	17.0	10.0	条	B
4012	**翻新的或旧的充气橡胶轮胎;实心或半实心橡胶轮胎、橡胶胎面及橡胶轮胎衬带**						
4012 11 00	机动小客车用翻新轮胎(包括旅行小客车及赛车用翻新轮胎)	24.0	50.0	17.0		条	7A
4012 12 00	机动大客车或货运车用翻新轮胎	24.0	50.0	17.0		条	7A
4012 13 00	航空器用翻新轮胎	24.0	50.0	17.0		条	
4012 19 00	其他翻新轮胎	24.0	50.0	17.0		条	
4012 20 10.10	汽车用旧的充气橡胶子午线轮胎	31.0	50.0	17.0		条	7A
4012 20 10.90	汽车用旧的充气橡胶非子午线轮胎	31.0	50.0	17.0	10.0	条	7A
4012 20 90.10	其他用途旧的充气橡胶子午线轮胎	31.0	80.0	17.0		条	
4012 20 90.90	其他用旧的充气橡胶非子午线轮胎	31.0	80.0	17.0	10.0	条	
4012 90 10.10*	航空器用实心或半实心橡胶轮胎	3.0	11.0	17.0		千克	

商品编号	商 品 名 称 备 注	进口税率		增值税	消费税	计量单位	监管条件
		最惠国	普通				
4012 90 10.90	航空器用的可互换的橡胶胎面(包括航空器用的可互换的橡胶轮胎衬带)	3.0	11.0	17.0		千克	
4012 90 20.10	汽车用实心或半实心子午线轮胎(包括可互换的橡胶胎面及橡胶轮胎衬带)	22.0	50.0	17.0		千克	7A
4012 90 20.90	汽车用实心或半实心非子午线轮胎(包括可互换的橡胶胎面及橡胶轮胎衬带)	22.0	50.0	17.0	10.0	千克	7A
4012 90 90.10	其他用实心或半实心子午线轮胎(包括可互换的橡胶胎面及橡胶轮胎衬带)	22.0	50.0	17.0		千克	
4012 90 90.90	其他用实心或半实心非子午线轮胎(包括可互换的橡胶胎面及橡胶轮胎衬带)	22.0	50.0	17.0	10.0	千克	
4013	**橡胶内胎**						
4013 10 00ˉ	汽车用橡胶内胎(机动小客车(包括旅行小客车及赛车)、客运车或货运车用)	16.8	50.0	17.0	10.0	条	7A
4013 20 00	自行车用橡胶内胎	15.0	80.0	17.0		条	B
4013 90 10 *	航空器用橡胶内胎	3.0	11.0	17.0		条	
4013 90 90	其他用橡胶内胎	15.0	50.0	17.0	10.0	条	B
4014	**硫化橡胶(硬质橡胶除外)制的卫生及医疗用品(包括奶嘴),不论是否装有硬质橡胶制的附件**						
4014 10 00	硫化橡胶制避孕套					千克	B
4014 90 00	硫化橡胶制其他卫生及医疗用品(包括奶嘴,不论有无硬质橡胶配件,硬化橡胶的除外)	17.5	50.0	17.0		千克	
4015	**硫化橡胶(硬质橡胶除外)制的衣着用品及附件(包括分指手套、连指手套及露指手套)**						
4015 11 00	硫化橡胶制外科用手套(硬化橡胶的除外)	8.0	30.0	17.0		双/千克	B
4015 19 00	硫化橡胶制其他手套(硬化橡胶的除外)	18.0	80.0	17.0		双/千克	B
4015 90 10	医疗用硫化橡胶衣着用品及附件(硬化橡胶的除外)	8.0	30.0	17.0		千克	
4015 90 90	其他硫化橡胶制衣着用品及附件(硬化橡胶的除外)	15.0	90.0	17.0		千克	
4016	**硫化橡胶(硬质橡胶除外)的其他制品**						
4016 10 10	硫化海绵橡胶制机器及仪器用零件(硬质橡胶的除外)	8.0	30.0	17.0		千克	
4016 10 90	硫化海绵橡胶制其他制品(硬质橡胶的除外)	15.0	80.0	17.0		千克	
4016 91 00	硫化橡胶制铺地制品及门垫(硬质橡胶的除外)	18.0	80.0	17.0		千克	
4016 92 00	硫化橡胶制橡皮擦	18.0	80.0	17.0		千克	
4016 93 10	硫化橡胶制机器,仪器用垫片,垫圈(包括密封垫,硬质橡胶除外)	8.0	30.0	17.0		千克	
4016 93 90	硫化橡胶制其他用垫片,垫圈(包括密封垫,硬质橡胶除外)	15.0	80.0	17.0		千克	

商品编号	商品名称备注	进口税率		增值税	消费税	计量单位	监管条件
		最惠国	普通				
4016 94 00	硫化橡胶制船舶或码头的碰垫(不论是否可充气,硬质橡胶除外)	18.0	80.0	17.0		千克	
4016 95 00	硫化橡胶制其他可充气制品	18.0	80.0	17.0		千克	
4016 99 10	硫化橡胶制机器及仪器用其他零件(硬质橡胶除外)	8.0	30.0	17.0		千克	
4016 99 90	其他未列名硫化橡胶制品(硬质橡胶除外)	12.0	80.0	17.0		千克	
4017	**各种形状的硬质橡胶(例如纯硬质胶),包括废碎料;硬质橡胶制品**						
4017 00 10	各种形状的硬质橡胶(包括废碎料)	9.8	35.0	17.0		千克	
4017 00 20	硬质橡胶制品	15.0	90.0	17.0		千克	

第八类　生皮、皮革、毛皮及其制品；鞍具及挽具；旅行用品、手提包及类似容器；动物肠线（蚕胶丝除外）制品

第四十一章　生皮（毛皮除外）及皮革

注释：

一、本章不包括：

（一）生皮的边角废料（品目05.11）；

（二）品目05.05或67.01的带羽毛或羽绒的整张或部分鸟皮；

（三）带毛生皮或已鞣的带毛皮张（第四十三章）；但下列动物的带毛生皮应归入第四十一章：牛（包括水牛）、马、绵羊及羔羊（不包括阿斯特拉罕、喀拉科尔、波斯羔羊或类似羔羊、印度、中国或蒙古羔羊）、山羊或小山羊（不包括也门或蒙古山羊及小山羊）、猪（包括西貒）、小羚羊、瞪羚、驯鹿、麋、鹿、狍或狗。

二、（一）品目41.04至41.06不包括经逆鞣（包括预鞣）加工的皮（酌情归入品目41.01至41.03）；

（二）品目41.04至41.06所称"坯革"，包括在干燥前经复鞣、染色或加油（加脂）的皮。

三、本目录所称"再生皮革"，仅指品目41.15的皮革。

商品编号	商 品 名 称 备 注	进口税率		增值税	消费税	计量单位	监管条件
		最惠国	普通				
4101	**生牛皮(包括水牛皮)、生马皮(鲜的、盐腌的、干的、石灰浸渍的、浸酸的或以其他方法保藏,但未鞣制、未经羊皮纸化处理或进一步加工的),不论是否去毛或刨层**						
4101 20 11.10^	规定重量逆鞣处理整张生野牛皮(指简单干燥≤8kg,干盐渍≤10kg,鲜或湿盐≤16kg(每张))	8.0	17.0	17.0		千克/张	ABF
4101 20 11.90^	规定重量逆鞣处理整张生牛皮(指简单干燥≤8kg,干盐渍≤10kg,鲜或湿盐≤16kg(每张))	8.0	17.0	17.0		千克/张	AB
4101 20 19.10	规定重量非逆鞣处理整张生野牛皮(指简单干燥≤8kg,干盐渍≤10kg,鲜或湿盐≤16kg(每张))	5.0	17.0	17.0		千克/张	ABF
4101 20 19.90	规定重量非逆鞣处理整张生牛皮(指简单干燥≤8kg,干盐渍≤10kg,鲜或湿盐≤16kg(每张))	5.0	17.0	17.0		千克/张	AB
4101 20 20.10	规定重量整张生野马皮(指简单干燥≤8kg,干盐渍≤10kg,鲜或湿盐≤16kg(每张))	5.0	30.0	17.0		千克/张	ABF
4101 20 20.90	规定重量整张生马皮(指简单干燥≤8kg,干盐渍≤10kg,鲜或湿盐≤16kg(每张))	5.0	30.0	17.0		千克/张	AB
4101 50 11.10^	重>16kg 逆鞣处理整张生野牛皮	8.4	17.0	17.0		千克/张	ABF
4101 50 11.90^	重>16kg 逆鞣处理整张生牛皮	8.4	17.0	17.0		千克/张	AB
4101 50 19.10	重>16kg 非逆鞣处理整张生野牛皮	5.0	17.0	17.0		千克/张	ABF
4101 50 19.90	重>16kg 非逆鞣处理整张生牛皮	5.0	17.0	17.0		千克/张	AB
4101 50 20.10	重>16kg 整张生野马皮	5.0	30.0	17.0		千克/张	ABF
4101 50 20.90	重>16kg 整张生马皮	5.0	30.0	17.0		千克/张	AB
4101 90 11.10^	其他逆鞣处理生野牛皮(包括整张或半张的背皮及腹皮)	8.4	17.0	17.0		千克	FAB
4101 90 11.90^	其他逆鞣处理生牛皮(包括整张或半张的背皮及腹皮)	8.4	17.0	17.0		千克	AB
4101 90 19.10	其他生野牛皮(包括整张或半张的背皮及腹皮)	5.0	17.0	17.0		千克	FAB
4101 90 19.90	其他生牛皮(包括整张或半张的背皮及腹皮)	5.0	17.0	17.0		千克	AB
4101 90 20.10	其他生野马皮(包括整张或半张的背皮及腹皮)	5.0	30.0	17.0		千克	FAB
4101 90 20.90	其他生马皮(包括整张或半张的背皮及腹皮)	5.0	30.0	17.0		千克	AB
4102	**绵羊或羔羊生皮(鲜的、盐渍的、干的、石灰浸渍的、浸酸的或经其他方法保藏,但未鞣制、未经羊皮纸化处理或进一步加工的),不论是否带毛或剖层,但本章注释1(3)所述不包括的生皮除外**						
4102 10 00	带毛的绵羊或羔羊生皮(本章注释一(三)所述不包括的生皮除外)	7.8	30.0	17.0		千克/张	AB
4102 21 10	浸酸逆鞣不带毛绵羊或羔羊生皮(本章注释一(三)所述不包括的生皮除外)	14.0	30.0	17.0		千克/张	AB
4102 21 90	浸酸非逆鞣不带毛绵羊或羔羊生皮(本章注释一(三)所述不包括的生皮除外)	9.0	30.0	17.0		千克/张	AB

商品编号	商 品 名 称 备 注	进口税率		增值税	消费税	计量单位	监管条件
		最惠国	普通				
4102 29 10	其他不带毛逆鞣绵羊或羔羊生皮(浸酸的及本章注释一(三)所述不包括的生皮除外)	14.0	30.0	17.0		千克/张	AB
4102 29 90	其他不带毛非逆鞣绵羊或羔羊生皮(浸酸的及本章注释一(三)所述不包括的生皮除外)	7.0	30.0	17.0		千克/张	AB
4103	**其他生皮(鲜的、盐渍的、干的、石灰浸渍的、浸酸的或以其他方法保藏,但未鞣制、未经羊皮纸化处理或进一步加工的),不论是否去毛或剖层,但本章注释1(2)或(3)所述不包括的生皮除外**						
4103 10 11.10	逆鞣野山羊板皮(本章注释一(三)所述不包括的生皮除外)	14.0	35.0	17.0		千克/张	ABF
4103 10 11.90	逆鞣山羊板皮(本章注释一(三)所述不包括的生皮除外)	14.0	35.0	17.0		千克/张	AB
4103 10 19.10	非逆鞣野山羊板皮(本章注释一(三)所述不包括的生皮除外)	9.0	35.0	17.0		千克/张	ABF
4103 10 19.90	非逆鞣山羊板皮(本章注释一(三)所述不包括的生皮除外)	9.0	35.0	17.0		千克/张	AB
4103 10 91.10	其他逆鞣野山羊或小野山羊皮(山羊板皮及本章注释一(三)所述不包括的生皮除外)	14.0	30.0	17.0		千克/张	ABF
4103 10 91.90	其他逆鞣山羊或小山羊皮(山羊板皮及本章注释一(三)所述不包括的生皮除外)	14.0	30.0	17.0		千克/张	AB
4103 10 99.10	其他非逆鞣野山羊或小野山羊皮(山羊板皮及本章注释一(三)所述不包括的生皮除外)	9.0	30.0	17.0		千克/张	ABF
4103 10 99.90	其他非逆鞣山羊或小山羊皮(山羊板皮及本章注释一(三)所述不包括的生皮除外)	9.0	30.0	17.0		千克/张	AB
4103 20 00	爬行动物的生皮	9.0	30.0	17.0		千克/张	FAB
4103 30 00.10	生野猪皮	9.0	30.0	17.0		千克/张	ABF
4103 30 00.90	生猪皮	9.0	30.0	17.0		千克/张	AB
4103 90 00.10	其他野生动物生皮(本章注释一(二)或(三)所述不包括的生皮除外)	9.0	30.0	17.0		千克/张	ABF
4103 90 00.90	其他生皮(本章注释一(二)或(三)所述不包括的生皮除外)	9.0	30.0	17.0		千克/张	AB
4104	**经鞣制的不带毛牛皮(包括水牛皮)、马皮及其坯革,不论是否剖层,但未经进一步加工**						
4104 11 11.10^	全粒面未剖或粒面剖层蓝湿野牛皮(经鞣制不带毛)	7.0	17.0	17.0		千克	ABF
4104 11 11.90^	全粒面未剖层或粒面剖层蓝湿牛皮(经鞣制不带毛)	7.0	17.0	17.0		千克	AB
4104 11 19.10^	全粒面未剖层或粒面剖层湿野牛皮(经鞣制不带毛)	8.0	35.0	17.0		千克	AFB
4104 11 19.90^	全粒面未剖层或粒面剖层湿牛皮(经鞣制不带毛)	8.0	35.0	17.0		千克	AB

商品编号	商 品 名 称 备 注	进口税率		增值税	消费税	计量单位	监管条件
		最惠国	普通				
4104 11 20.10^	全粒面未剖层或粒面剖层湿野马皮(经鞣制不带毛)	5.0	35.0	17.0		千克	AFB
4104 11 20.90^	全粒面未剖层或粒面剖层湿马皮(经鞣制不带毛)	5.0	35.0	17.0		千克	AB
4104 19 11.10^	其他蓝湿野牛皮(经鞣制不带毛)	7.0	17.0	17.0		千克	ABF
4104 19 11.90^	其他蓝湿牛皮(经鞣制不带毛)	7.0	17.0	17.0		千克	AB
4104 19 19.10^	其他湿野牛皮(经鞣制不带毛)	7.0	35.0	17.0		千克	AFB
4104 19 19.90^	其他湿牛皮(经鞣制不带毛)	7.0	35.0	17.0		千克	AB
4104 19 20.10^	其他湿野马皮(经鞣制不带毛)	7.0	35.0	17.0		千克	AFB
4104 19 20.90^	其他湿马皮(经鞣制不带毛)	7.0	35.0	17.0		千克	AB
4104 41 00.10^	全粒面未剖或粒面剖层野牛马干革(经鞣制不带毛)	5.0	35.0	17.0		千克	AFB
4104 41 00.90^	全粒面未剖层或粒面剖层干革(经鞣制不带毛)	5.0	35.0	17.0		千克	AF
4104 49 10.10^	其他机器带用野牛马皮革(经鞣制不带毛)	5.0	20.0	17.0		千克	F
4104 49 10.90^	其他机器带用牛马皮革(经鞣制不带毛)	5.0	20.0	17.0		千克	
4104 49 90.10^	其他野牛马皮革(经鞣制不带毛)	7.0	35.0	17.0		千克	AFB
4104 49 90.90^	其他牛马皮革(经鞣制不带毛)	7.0	35.0	17.0		千克	AB
4105	**经鞣制的不带毛绵羊或羔羊皮及其坯革,不论是否剖层,但未经进一步加工**						
4105 10 10^	蓝湿绵羊或羔羊皮(经鞣制不带毛)	14.0	50.0	17.0		千克	BA
4105 10 90^	其他绵羊或羔羊湿革(经鞣制不带毛)	10.0	50.0	17.0		千克	BA
4105 30 00^	绵羊或羔羊干革(经鞣制不带毛)	8.0	50.0	17.0		千克	AB
4106	**经鞣制的其他不带毛动物皮及其坯革,不论是否剖层,但未经进一步加工**						
4106 21 00.10^	野山羊或小野山羊湿革(经鞣制不带毛)	14.0	50.0	17.0		千克	FBA
4106 21 00.90^	山羊或小山羊湿革(经鞣制不带毛)	14.0	50.0	17.0		千克	BA
4106 22 00.10^	野山羊或小野山羊干革(经鞣制不带毛)	14.0	50.0	17.0		千克	FBA
4106 22 00.90^	山羊或小山羊干革(经鞣制不带毛)	14.0	50.0	17.0		千克	BA
4106 31 10.10	蓝湿野猪皮(经鞣制不带毛)	14.0	50.0	17.0		千克	FAB
4106 31 10.90	蓝湿猪皮(经鞣制不带毛)	14.0	50.0	17.0		千克	AB
4106 31 90.10	野猪湿革(经鞣制不带毛)	14.0	50.0	17.0		千克	FBA
4106 31 90.90	猪湿革(经鞣制不带毛)	14.0	50.0	17.0		千克	BA
4106 32 00.10	野猪干革(经鞣制不带毛,坯革)	14.0	50.0	17.0		千克	FBA
4106 32 00.90	猪干革(经鞣制不带毛,坯革)	14.0	50.0	17.0		千克	BA
4106 40 00	爬行动物皮革(经鞣制不带毛)	14.0	50.0	17.0		千克	F
4106 91 00.10	其他野生动物湿革(经鞣制不带毛)	14.0	50.0	17.0		千克	F
4106 91 00.90	其他动物湿革(经鞣制不带毛)	14.0	50.0	17.0		千克	
4106 92 00.10	其他野生动物干革(经鞣制不带毛)	14.0	50.0	17.0		千克	F
4106 92 00.90	其他动物干革(经鞣制不带毛)	14.0	50.0	17.0		千克	

商品编号	商 品 名 称 备 注	进口税率		增值税	消费税	计量单位	监管条件
		最惠国	普通				
4107	**经鞣制或半硝处理后进一步加工的牛皮革(包括水牛皮革)及马皮革,包括羊皮纸化处理的皮革,不论是否剖层,但品目41.14的皮革除外**						
4107 11 10.10	全粒面未剖层整张野牛皮(经鞣制或半硝后进一步加工,羊皮纸化处理)	8.0	50.0	17.0		千克/张	F
4107 11 10.90	全粒面未剖层整张牛皮(经鞣制或半硝后进一步加工,羊皮纸化处理)	8.0	50.0	17.0		千克/张	
4107 11 20.10	全粒面未剖层整张野马皮(经鞣制或半硝后进一步加工,羊皮纸化处理)	5.0	50.0	17.0		千克/张	F
4107 11 20.90	全粒面未剖层整张马皮(经鞣制或半硝后进一步加工,羊皮纸化处理)	5.0	50.0	17.0		千克/张	
4107 12 10.10	粒面剖层整张野牛皮(经鞣制或半硝后进一步加工,羊皮纸化处理)	8.0	50.0	17.0		千克/张	F
4107 12 10.90	粒面剖层整张牛皮(经鞣制或半硝后进一步加工,羊皮纸化处理)	8.0	50.0	17.0		千克/张	
4107 12 20.10	粒面剖层整张野马皮(经鞣制或半硝后进一步加工,羊皮纸化处理)	5.0	50.0	17.0		千克/张	F
4107 12 20.90	粒面剖层整张马皮(经鞣制或半硝后进一步加工,羊皮纸化处理)	5.0	50.0	17.0		千克/张	
4107 19 10.10	其他机器带用整张野牛马皮革(经鞣制或半硝后进一步加工,羊皮纸化处理)	5.0	50.0	17.0		千克/张	F
4107 19 10.90	其他机器带用整张牛马皮革(经鞣制或半硝后进一步加工,羊皮纸化处理)	5.0	50.0	17.0		千克/张	
4107 19 90.10	其他整张野牛马皮革(经鞣制或半硝后进一步加工,羊皮纸化处理)	7.0	50.0	17.0		千克/张	AFB
4107 19 90.90	其他整张牛马皮革(经鞣制或半硝后进一步加工,羊皮纸化处理)	7.0	50.0	17.0		千克/张	AB
4107 91 00.10	全粒面未剖层非整张野牛马皮革(经鞣制或半硝后进一步加工,羊皮纸化处理)	5.0	50.0	17.0		千克	AFB
4107 91 00.90	全粒面未剖层非整张革(经鞣制或半硝后进一步加工,羊皮纸化处理)	5.0	50.0	17.0		千克	AB
4107 92 00.10	粒面剖层非整张野牛马皮革(经鞣制或半硝后进一步加工,羊皮纸化处理)	5.0	50.0	17.0		千克	F
4107 92 00.90	粒面剖层非整张革(经鞣制或半硝后进一步加工,羊皮纸化处理)	5.0	50.0	17.0		千克	
4107 99 10.10	其他机器带用非整张野牛马皮革(经鞣制或半硝后进一步加工,羊皮纸化处理)	5.0	50.0	17.0		千克	F
4107 99 10.90	其他机器带用非整张牛马皮革(经鞣制或半硝后进一步加工,羊皮纸化处理)	5.0	50.0	17.0		千克	
4107 99 90.10	其他非整张野牛马皮革(经鞣制或半硝后进一步加工,羊皮纸化处理)	7.0	50.0	17.0		千克	AFB

商品编号	商 品 名 称 备 注	进口税率		增值税	消费税	计量单位	监管条件
		最惠国	普通				
4107 99 90.90	其他非整张牛马皮革(经鞣制或半硝后进一步加工,羊皮纸化处理)	7.0	50.0	17.0		千克	AB
4112	**经鞣制或半硝处理后进一步加工的不带毛的绵羊或羔羊皮革,包括羊皮纸化处理的,不论是否剖层,但品目41.14的皮革除外**						
4112 00 00	加工的绵羊或羔羊皮革(经鞣制或半硝后进一步加工,不带毛,羊皮纸化处理)	8.0	50.0	17.0		千克	AB
4113	**经鞣制或半硝处理后进一步加工的不带毛的其他动物皮革,包括羊皮纸化处理的,不论是否剖层,但品目41.14的皮革除外**						
4113 10 00.10	加工的野山羊或小野山羊皮革(经鞣制或半硝后进一步加工,不带毛,羊皮纸化处理)	14.0	50.0	17.0		千克	BFA
4113 10 00.90	加工的山羊或小山羊皮革(经鞣制或半硝后进一步加工,不带毛,羊皮纸化处理)	14.0	50.0	17.0		千克	BA
4113 20 00.10	加工的野猪皮革(经鞣制或半硝后进一步加工,不带毛,羊皮纸化处理)	14.0	50.0	17.0		千克	BFA
4113 20 00.90	加工的猪皮革(经鞣制或半硝后进一步加工,不带毛,羊皮纸化处理)	14.0	50.0	17.0		千克	BA
4113 30 00	加工的爬行动物皮革(经鞣制或半硝后进一步加工,不带毛,羊皮纸化处理)	14.0	50.0	17.0		千克	F
4113 90 00.10	加工的其他野生动物皮革(经鞣制或半硝后进一步加工,不带毛,羊皮纸化处理)	14.0	50.0	17.0		千克	F
4113 90 00.90	加工的其他动物皮革(经鞣制或半硝后进一步加工,不带毛,羊皮纸化处理)	14.0	50.0	17.0		千克	
4114	**油鞣皮革(包括结合鞣制的油鞣皮革);漆皮及层压漆皮;镀金属皮革**						
4114 10 00.10	油鞣其他野生动物皮革(包括结合鞣制的油鞣皮革)	14.0	50.0	17.0		千克	F
4114 10 00.90	油鞣其他动物皮革(包括结合鞣制的油鞣皮革;野生动物皮革除外)	14.0	50.0	17.0		千克	
4114 20 00	漆皮及层压漆皮;镀金属皮革	10.0	50.0	17.0		千克	
4115	**以皮革或皮革纤维为基本成分的再生皮革,成块、成张或成条,不论是否成卷;皮革或再生皮革的边角废料,不适宜作皮革制品用;皮革粉末**						
4115 10 00	再生皮革(以皮革或皮革纤维为基本成分,成块,张,条,不论是否成卷)	14.0	50.0	17.0		千克	
4115 20 00	皮革或再生皮革边角料;皮革粉末	14.0	50.0	17.0		千克	

第四十二章　皮革制品;鞍具及挽具;旅行用品、手提包及类似容器;动物肠线(蚕胶丝除外)制品

注释:

一、本章不包括:

(一) 外科用无菌肠线或类似的无菌缝合材料(品目30.06);

(二)以毛皮或人造毛皮衬里或作面(仅饰边的除外)的衣服及衣着附件(分指手套、连指手套及露指手套除外)(品目43.03或43.04);

(三) 网线袋及类似品(品目56.08);

(四) 第六十四章的物品;

(五) 第六十五章的帽类及其零件;

(六) 品目66.02的鞭子、马鞭或其他物品;

(七) 袖扣、手镯或其他仿首饰(品目71.17);

(八) 单独进口或出口的挽具附件或装饰物,例如,马镫、马嚼子、马铃铛及类似品、带扣(一般归入第十五类);

(九) 弦线、鼓面皮或类似品及其他乐器零件(品目92.09);

(十) 第九十四章的物品(例如,家具、灯具及照明装置);

(十一) 第九十五章的物品(例如,玩具、游戏品及运动用品);

(十二) 品目96.06的钮扣、揿扣、钮扣芯或这些物品的其他零件、钮扣坯。

二、(一)除上述注释一所规定的以外,品目42.02也不包括:

1. 非供长期使用的带把手塑料薄膜袋,不论是否印制(品目39.23);

2. 编结材料制品(品目46.02)。

(二)品目42.02及42.03的制品,如果装有用贵金属、包贵金属、天然或养殖珍珠、宝石或半宝石(天然、合成或再造)制的零件,即使这些零件不是仅作为小配件或小饰物的,只要其未构成物品的基本特征,仍应归入上述品目;但如果这些零件已构成物品的基本特征,则应归入第七十一章。

三、品目42.03所称“衣服及衣着附件”,主要包括分指手套、连指手套及露指手套(包括运动及防护手套)、围裙及其他防护用衣着、裤吊带、腰带、子弹带及腕带,但不包括表带(品目91.13)。

商品编号	商 品 名 称 备 注	进口税率		增值税	消费税	计量单位	监管条件
		最惠国	普通				
4201	**各种材料制成的鞍具及挽具(包括缰绳、挽绳、护膝垫、口套、鞍褥、马褡裢、狗外套及类似品),适合各种动物用**						
4201 00 00.10-	野生动物材料制成的鞍具及挽具(适合各种动物用)	20.0	100.0	17.0		千克	F
4201 00 00.90-	各种材料制成的鞍具及挽具(野生动物材料制的除外;适合各种动物用)	20.0	100.0	17.0		千克	
4202	**衣箱、提箱、小手袋、公文箱、公文包、书包、眼镜盒、望远镜盒、照相机盒、乐器盒、枪套及类似容器;旅行包、食品或饮料保温包、化妆包、帆布包、手提包、购物袋、钱夹钱包、地图盒、烟盒、烟袋、工具包、运动包、瓶盒、首饰盒、粉盒、刀叉餐具盒及类似品用上述材料或纸包覆制成**						
4202 11 10.10	以含野生动物皮革作面的衣箱(包括再生皮革及漆皮)	19.0	100.0	17.0		个	F
4202 11 10.90	以皮革,再生皮革,漆皮作面的衣箱(含野生动物皮革的除外)	19.0	100.0	17.0		个	
4202 11 90.10	以野生动物皮革作面的箱包(包括再生皮革及漆皮)	16.0	100.0	17.0		个	F
4202 11 90.90	以皮革,再生皮革,漆皮作面的箱包(包括提箱、公文包、书包及类似容器,但不包括衣箱)	16.0	100.0	17.0		个	
4202 12 10.10	以塑料作面的衣箱	20.0	100.0	17.0		个	
4202 12 10.21	以丝作面的衣箱(按重量计含丝及绢丝 85%及以上)	20.0	100.0	17.0		个	
4202 12 10.22	以棉作面的衣箱	20.0	100.0	17.0		个	
4202 12 10.23	以化学纤维作面的衣箱	20.0	100.0	17.0		个	
4202 12 10.29	以其他纺织材料作面的衣箱	20.0	100.0	17.0		个	
4202 12 90.10	塑料作面的其他箱包(包括提箱、小手袋、公文箱、公文包、书包及类似容器)	20.0	100.0	17.0		个	
4202 12 90.21	以丝作面的其他箱包(含丝及绢丝≥85%)	20.0	100.0	17.0		个	
4202 12 90.22	以棉作面的其他箱包	20.0	100.0	17.0		个	
4202 12 90.23	以化学纤维作面的其他箱包	20.0	100.0	17.0		个	
4202 12 90.29	以其他纺织材料作面的其他箱包	20.0	100.0	17.0		个	
4202 19 00	以钢纸或纸板作面的衣箱等(包括提箱,小手袋,公文箱,公文包,书包及类似容器)	20.0	100.0	17.0		个	
4202 21 00.10-	以野生动物皮革作面的手提包(包括再生皮革及漆皮)	16.0	100.0	17.0		个	F
4202 21 00.90-	以皮革,再生皮革,漆皮作面手提包(不论是否有背带,包括无把手的)	16.0	100.0	17.0		个	
4202 22 00.10-	以塑料片作面的手提包(不论是否有背带,包括无把手的)	20.0	100.0	17.0		个	

商品编号	商 品 名 称 备 注	进口税率		增值税	消费税	计量单位	监管条件
		最惠国	普通				
4202 22 00.20^	以丝作面的手提包(不论是否有背带,包括无把手的,丝及绢丝重≥85%)	20.0	100.0	17.0		个	
4202 22 00.30^	以蕉麻作面的手提包(不论是否有背带,包括无把手的,全部或部分编带)	20.0	100.0	17.0		个	
4202 22 00.40^	以纸纱线作面的手提包(不论是否有背带,包括无把手的,非编带)	20.0	100.0	17.0		个	
4202 22 00.51 *^	未涂层以棉作面的手提包(不论是否有背带,包括无把手的)	20.0	100.0	17.0		个	G
4202 22 00.59 *^	其他以棉作面的手提包(不论是否有背带,包括无把手的)	20.0	100.0	17.0		个	
4202 22 00.61^	未涂层以化学纤维作面的手提包(不论是否有背带,包括无把手的)	20.0	100.0	17.0		个	G
4202 22 00.69^	其他以化学纤维作面的手提包(不论是否有背带,包括无把手的)	20.0	100.0	17.0		个	
4202 22 00.71^	未涂层羊毛或动物细毛作面手提包(不论是否有背带,包括无把手的)	20.0	100.0	17.0		个	G
4202 22 00.79^	其他以羊毛或动物细毛作面手提包(不论是否有背带,包括无把手的)	20.0	100.0	17.0		个	
4202 22 00.91^	以其他未涂层纺织材料作面手提包(不论是否有背带,包括无把手的)	20.0	100.0	17.0		个	G
4202 22 00.99^	以其他纺织材料作面的手提包(不论是否有背带,包括无把手的)	20.0	100.0	17.0		个	
4202 29 00^	以钢纸或纸板作面的手提包(不论是否有背带,包括无把手的)	20.0	100.0	17.0		个	
4202 31 00.10^	以野生动物皮革作面的钱包等(包括再生皮革及漆皮)	16.0	100.0	17.0		个/千克	F
4202 31 00.90^	以皮革,再生皮革作面钱包等物品(指通常置于口袋或手提包内的物品,包括以漆皮作面的)	16.0	100.0	17.0		个/千克	
4202 32 00.10^	以塑料片作面的钱包等物品(指通常置于口袋或手提包内的物品)	20.0	100.0	17.0		千克	
4202 32 00.21^	以丝作面的钱包等物品(通常置于口袋或手提包内,丝及绢丝重≥85%)	20.0	100.0	17.0		千克	
4202 32 00.22^	以棉作面的钱包等物品(指通常置于口袋或手提包内的物品)	20.0	100.0	17.0		千克	
4202 32 00.23^	以化学纤维作面的钱包等物(指通常置于口袋或手提包内的物品)	20.0	100.0	17.0		千克	
4202 32 00.29^	以其他纺织材料作面的钱包等物(指通常置于口袋或手提包内的物品)	20.0	100.0	17.0		千克	
4202 39 00^	以钢纸或纸板作面的钱包等物品(指通常置于口袋或手提包内的物品)	20.0	100.0	17.0		千克	

商品编号	商 品 名 称 备 注	进口税率		增值税	消费税	计量单位	监管条件
		最惠国	普通				
4202 91 00.10	以野生动物皮革作面的其他容器(包括再生皮革及漆皮)	16.0	100.0	17.0		个/千克	F
4202 91 00.90	皮革,再生皮革,漆皮作面其他容器	16.0	100.0	17.0		个/千克	
4202 92 00.10	塑料片或纺织材料作面的乐器容器	20.0	100.0	17.0		个/千克	
4202 92 00.20	塑料片或纺织材料作面的珠宝盒(包括类似容器,常与所装物品一同出售)	20.0	100.0	17.0		个/千克	
4202 92 00.30	以塑料片作面的其他容器	20.0	100.0	17.0		个/千克	
4202 92 00.91	以丝作面的其他容器(按重量计含丝及绢丝 85 及以上)	20.0	100.0	17.0		个/千克	
4202 92 00.92	以纱线作面的容器(起绒或簇绒,指旅行包、运动包及类似品)	20.0	100.0	17.0		个/千克	
4202 92 00.93	以棉作面的其他容器	20.0	100.0	17.0		个/千克	
4202 92 00.94	以化学纤维作面的其他容器	20.0	100.0	17.0		个/千克	
4202 92 00.99	以其他纺织材料作面的其他容器	20.0	100.0	17.0		个/千克	
4202 99 00	以钢纸或纸板作面的其他容器	20.0	100.0	17.0		千克	
4203	**皮革或再生皮革制的衣服及衣着附件**						
4203 10 00.10	野生动物皮革制的衣服(包括再生野生动物皮革制作的)	16.0	100.0	17.0		件/千克	FB
4203 10 00.90	皮革或再生皮革制的衣服(野生动物皮革制作的除外)	16.0	100.0	17.0		件/千克	B
4203 21 00.10	野生动物皮革制的运动手套(包括再生野生动物皮革制作的)	20.0	100.0	17.0		双/千克	F
4203 21 00.90	皮革或再生皮革制专供运动用手套(包括连指或露指的;野生动物皮革制作的除外)	20.0	100.0	17.0		双/千克	
4203 29 10.10	野生动物皮革制的劳保手套(包括再生野生动物皮革制作的)	20.0	100.0	17.0		双/千克	F
4203 29 10.90	皮革或再生皮革制的劳保手套(野生动物皮革制作的除外)	20.0	100.0	17.0		双/千克	
4203 29 90.10	野生动物皮革制的其他手套(包括再生野生动物皮革制作的)	20.0	100.0	17.0		双/千克	F
4203 29 90.90	皮革或再生皮革制的其他手套(包括连指或露指的)	20.0	100.0	17.0		双/千克	
4203 30 00.10	野生动物皮革制的腰带或子弹带(包括再生野生动物皮革制作的)	16.0	100.0	17.0		千克	F
4203 30 00.90	皮革或再生皮革制的腰带及子弹带	16.0	100.0	17.0		千克	
4203 40 00.10	野生动物皮革制的衣着附件(包括再生野生动物皮革制作的)	20.0	100.0	17.0		千克	F
4203 40 00.90	皮革或再生皮革制的其他衣着附件	20.0	100.0	17.0		千克	
4204	**机器、机械器具或其他专门技术用途的皮革或再生皮革制品**						

商品编号	商 品 名 称 备 注	进口税率		增值税	消费税	计量单位	监管条件
		最惠国	普通				
4204 00 00.10	工业用野生皮革或再生皮革制品(工业用指机器,机械器具或其他专门技术用途的)	9.8	35.0	17.0		千克	F
4204 00 00.90	工业用皮革或再生皮革制品(工业用指机器,机械器具或其他专门技术用途的)	9.8	35.0	17.0		千克	
4205	**皮革或再生皮革的其他制品**						
4205 00 00.10	野生动物皮革或再生皮革其他制品	17.2	100.0	17.0		千克	F
4205 00 00.90	皮革或再生皮革的其他制品	17.2	100.0	17.0		千克	
4206	**肠线(蚕胶丝除外)、肠膜、膀胱或筋腱制品**						
4206 10 00	羊肠线(不包括外科用无菌肠线或制成乐器弦的肠线,蚕胶丝除外)	20.0	90.0	17.0		千克	
4206 90 00	其他肠线,肠膜,膀胱或筋腱制品	20.0	90.0	17.0		千克	

第四十三章　毛皮、人造毛皮及其制品

注释：

一、本目录所称“毛皮”，是指已鞣的各种动物的带毛毛皮，但不包括品目 43.01 的生毛皮。

二、本章不包括：

(一)带羽毛或羽绒的整张或部分鸟皮(品目 05.05 或 67.01)；

(二)第四十一章的带毛生皮[见该章注释一(三)]；

(三)用皮革与毛皮或用皮革与人造毛皮制成的分指手套、连指手套及露指手套(品目 42.03)；

(四)第六十四章的物品；

(五)第六十五章的帽类及其零件；

(六)第九十五章的物品(例如，玩具、游戏品及运动用品)。

三、品目 43.03 包括加有其他材料缝合的毛皮和毛皮部分品，以及缝合成衣服、衣服部分品、衣着附件或其他制品的毛皮和毛皮部分品。

四、以毛皮或人造毛皮衬里或作面(仅饰边的除外)的衣服及衣着附件(不包括注释二所述的货品)，应分别归入品目 43.03 或 43.04，但毛皮或人造毛皮仅作为装饰的除外。

五、本目录所称“人造毛皮”，是指以毛、发或其他纤维粘附或缝合于皮革、织物或其他材料之上而构成的仿毛皮，但不包括以机织或针织方法制得的仿毛皮(一般应归入品目 58.01 或 60.01)。

商品编号	商 品 名 称 备 注	进口税率		增值税	消费税	计量单位	监管条件
		最惠国	普通				
4301	**生毛皮(包括适合加工皮货用的头、尾、爪及其他块、片),但编号4101、4102或4103的生皮除外**						
4301 10 00	整张生水貂皮(不论是否带头,尾或爪)	21.0	100.0	17.0		千克	AB
4301 30 00	阿斯特拉罕等羔羊的整张生毛皮(还包括喀拉科尔,波斯,印度,中国或蒙古等羔羊)	20.0	90.0	17.0		千克	AB
4301 60 00	整张生狐皮(不论是否带头,尾或爪)	20.0	100.0	17.0		千克/张	AFB
4301 70 00	整张生海豹皮(不论是否带头,尾或爪)	20.0	90.0	17.0		千克/张	AFB
4301 80 10.10	整张生野兔皮(不论是否带头,尾或爪)	20.0	90.0	17.0		千克/张	AFB
4301 80 10.90	整张生兔皮(不论是否带头,尾或爪)	20.0	90.0	17.0		千克/张	AB
4301 80 90.10	整张的其他生野生动物毛皮(不论是否带头,尾或爪)	20.0	90.0	17.0		千克/张	ABF
4301 80 90.90	整张的其他生毛皮(不论是否带头,尾或爪)	20.0	90.0	17.0		千克/张	AB
4301 90 10	未鞣制的黄鼠狼尾	20.0	50.0	17.0		千克	ABF
4301 90 90.10	加工皮货用其他野生动物未鞣头尾(包括爪及其他块、片)	20.0	90.0	17.0		千克	ABF
4301 90 90.90	适合加工皮货用的其他未鞣头、尾(包括爪及其他块、片)	20.0	90.0	17.0		千克	AB
4302	**未缝制或已缝制(不加其他材料)的已鞣毛皮(包括头、尾、爪及其他块、片),但编号4303的货品除外**						
4302 11 00	已鞣未缝制的整张水貂皮(不论是否带头,尾或爪)	21.0	130.0	17.0		千克/张	B
4302 13 00	已鞣未缝制阿斯特拉罕等羔羊皮(还包括喀拉科尔,波斯,印度,中国,蒙古或西藏羔羊皮)	20.0	100.0	17.0		千克/张	
4302 19 10.10	已鞣未缝制的狐皮(兰狐皮,银狐皮除外)	14.8	130.0	17.0		千克/张	BF
4302 19 10.20	已鞣未缝制的兰狐皮、银狐皮	14.8	130.0	17.0		千克/张	B
4302 19 10.90	已鞣未缝制的贵重毛皮(灰鼠皮,白鼬皮,其他貂皮,水獭皮,旱獭皮,猞猁皮)	14.8	130.0	17.0		千克/张	BF
4302 19 20.10	已鞣未缝制的整张野兔皮(不论是否带头,尾或爪)	14.8	100.0	17.0		千克/张	F
4302 19 20.90	已鞣未缝制的整张兔皮(不论是否带头,尾或爪)	14.8	100.0	17.0		千克/张	
4302 19 90.10	已鞣未缝制的其他野生动物毛皮	14.8	100.0	17.0		千克/张	BF
4302 19 90.90	已鞣未缝制的其他毛皮	14.8	100.0	17.0		千克/张	B
4302 20 00.10	已鞣未缝制的野生动物头,尾,爪等(包括块、片)	20.0	100.0	17.0		千克	BF
4302 20 00.90	已鞣未缝制的头,尾,爪及其他块片	20.0	100.0	17.0		千克	B
4302 30 10.10	已鞣已缝制貂皮、狐皮及其块、片(兰狐银狐、水貂、艾虎的整张毛皮及块,片除外)	20.0	130.0	17.0		千克	BF
4302 30 10.90	已鞣已缝制的贵重毛皮及其块、片(灰鼠,白鼬,水獭,旱獭,猞猁的整张毛皮及块,片)	20.0	130.0	17.0		千克	BF
4302 30 90.10	已鞣缝的其他整张野生毛皮及块片	20.0	100.0	17.0		千克	BF
4302 30 90.90	已鞣已缝制的其他整张毛皮及块片	20.0	100.0	17.0		千克	B

商品编号	商 品 名 称 备 注	进口税率		增值税	消费税	计量单位	监管条件
		最惠国	普通				
4303	**毛皮制的衣服、衣着附件及其他物品**						
4303 10 10.10	野生动物毛皮衣服	23.0	150.0	17.0		千克/件	BF
4303 10 10.90	毛皮衣服	23.0	150.0	17.0		千克/件	B
4303 10 20.10	野生动物毛皮衣着附件	18.0	150.0	17.0		千克	BF
4303 10 20.90	毛皮衣着附件	18.0	150.0	17.0		千克	B
4303 90 00.10	野生动物毛皮制其他物品	18.0	150.0	17.0		千克	F
4303 90 00.90	毛皮制其他物品	18.0	150.0	17.0		千克	
4304	**人造毛皮及其制品**						
4304 00 10	人造毛皮	18.0	130.0	17.0		千克	
4304 00 20	人造毛皮制品	18.0	150.0	17.0		千克	

第九类　木及木制品；木炭；软木及软木制品；稻草、秸秆、针茅或其他编结材料制品；篮筐及柳条编结品

第四十四章　木及木制品；木炭

注释：

一、本章不包括：

(一)主要作香料、药料、杀虫、杀菌或类似用途的木片、刨花、碎木、木粒或木粉(品目 12.11)；

(二)竹或主要作编结用的其他木质材料，未经加工、劈开、纵锯或切段(品目 14.01)；

(三)主要作染料或鞣料用的木片、刨花、木粒或木粉(品目 14.04)；

(四)活性炭(品目 38.02)；

(五)品目 42.02 的物品；

(六)第四十六章的货品；

(七)第六十四章的鞋靴及其零件；

(八)第六十六章的货品(例如，伞、手杖及其零件)；

(九)品目 68.08 的货品；

(十)品目 71.17 的仿首饰；

(十一)第十六类或第十七类的货品(例如，机器零件，机器及器具的箱、罩、壳，车辆部件)；

(十二)第十八类的货品(例如，钟壳、乐器及其零件)；

(十三)火器的零件(品目 93.05)；

(十四)第九十四章的物品(例如，家具、灯具及照明器具、活动房屋)；

(十五)第九十五章的物品(例如，玩具、游戏品及运动用品)；

(十六)第九十六章的物品(例如，烟斗及其零件、钮扣、铅笔)，但品目 96.03 所列物品的木身及木柄除外；

(十七)第九十七章的物品(例如艺术品)。

二、本章所称“强化木”，是指经过化学或物理方法处理(对于多层粘合木材，其处理应超出一般粘合需要)，从而增加了密度或硬度并改善了机械强度、抗化学或抗电性能的木材。

三、品目 44.14 至 44.21 适用于木质碎料板或类似木质材料板、纤维板、层压板或强化木的制品。

四、品目 44.10、44.11 或 44.12 的产品，可以加工成品目 44.09 所述的各种形状，也可以加工成弯曲、瓦楞、多孔或其他形状(正方形或矩形除外)，以及经其他任何加工，但未具有其他品目所列制品的特性。

五、品目 44.17 不包括装有第八十二章注释一所述材料制成的刀片、工作刃、工作面或其他工作部件的工具。

六、除上述注释一及其他条文另有规定的以外，本章税目中所称“木”，也包括竹及其他木质材料。

子目注释：

子目号 4403.41 至 4403.49、4407.24 至 4407.29、4408.31 至 4408.39 及 4412.13 至 4412.99 所称“热带木”，是指下列木材：

大叶帽柱木、非洲桃花心木、西非红豆木、箭毒木、阿兰木、圭亚那苦油楝木、非洲甘比山榄木、杜楝木、非洲栎柞木、婆罗双木、美洲轻木、白驼蜂楝木、黑驼峰楝木、卡蒂沃木、雪松木、西非褐红椴木、深红色红柳桉木、非洲核桃楝木、阿夫苏木、象牙海岸榄仁木、破布木、吉贝木、丝棉木、乔状黄牛木、安哥拉丛花木、巴西胡桃木、皮蚁木、伊罗科木、拟爱神木、夹竹桃木、巴西红木、绒根木、龙脑香木、开姆帕斯木、羯布罗香木、康多非洲楝木、象牙海岸褐红椴木、象牙海岸翼梧桐木、浅红色红柳桉木、非洲榄仁木、南美樟木、圭亚那铁线子木、西印度桃花心木、猴子果木、肖氏夸利亚木、曼孙梧桐木、马来蝴蝶木、巴梣红柳桉木、粗轴坡垒木、印茄木、斯温漆木、异翅香木、非洲梨木、非洲银叶木、胶木、非洲白梧桐木、加蓬榄木、蓖麻木、爱里古夷苏木、奥文科尔木、中非蜡烛木、紫檀木、人面子木、危地马拉黑黄檀木、印度黑黄檀木、巴西柚、巴西黑黄檀木、巴西花梨木、白坚木、鸡骨常山木、印马四出香木、大沃契希亚木、东南亚棱柱木、萨撇列木、萌生木棉木、苏帕楠木、西波木、苏古皮拉木、红椿木、圭亚那考拉玉蕊木、柚木、安哥拉香桃花心木、非洲阿勃木、南美肉豆蔻木、白柳桉木、白色红柳桉木、白色柳桉木、黄色红柳桉木。

商品编号	商品名称备注	进口税率		增值税	消费税	计量单位	监管条件
		最惠国	普通				
4401	**薪柴(圆木段、块、枝、成捆或类似形状);木片或木粒;锯末、木废料及碎片,不论是否粘结成圆木段、块、片或类似形状**						
4401 10 00	薪柴(圆木段,块,枝,成捆或类似形状)		70.0	17.0		千克	AB
4401 21 00	针叶木木片或木粒		8.0	17.0		千克	AB
4401 22 00	非针叶木木片或木粒		8.0	17.0		千克	AB
4401 30 00	锯末、木废料及碎片(不论是否粘结成圆木段、块、片或类似形状)		8.0	17.0		千克	AB
4402	**木炭(包括果壳炭及果核炭),不论是否结块**						
4402 00 00	木炭(包括果壳炭及果核炭,不论是否结块)	10.5	70.0	17.0		千克	
4403	**原木,不论是否去皮、去边材或粗锯成方**						
4403 10 00	用油漆,着色剂等处理的原木(包括用杂酚油或其他防腐剂处理)		8.0	13.0		立方米	FAB8
4403 20 00	用其他方法处理的针叶木原木(用油漆,着色剂,杂酚油或其他防腐剂处理的除外)		8.0	13.0		立方米	AFB8
4403 41 00	其他方法处理红柳桉木原木(用油漆,着色剂,杂酚油或其他防腐剂处理的除外)		8.0	13.0		立方米	AB8
4403 49 10	其他方法处理的柚木原木(用油漆,着色剂,杂酚油或其他防腐剂处理的除外)		35.0	13.0		立方米	AB8
4403 49 90	其他方法处理其他热带原木(用油漆,着色剂,杂酚油或其他防腐剂处理的除外)		8.0	13.0		立方米	FAB8
4403 91 00	栎木原木(用油漆,着色剂,杂酚油或其他防腐剂处理的除外)		8.0	13.0		立方米	AB8
4403 92 00	山毛榉木原木(用油漆,着色剂,杂酚油或其他防腐剂处理的除外)		8.0	13.0		立方米	AB8
4403 99 10	楠木原木(用油漆,着色剂,杂酚油或其他防腐剂处理的除外)		35.0	13.0		立方米	AFB8
4403 99 20	樟木原木(用油漆,着色剂,杂酚油或其他防腐剂处理的除外)		35.0	13.0		立方米	AFB8
4403 99 30	红木原木(用油漆,着色剂,杂酚油或其他防腐剂处理的除外)		35.0	13.0		立方米	AFB8
4403 99 40	泡桐木原木(用油漆,着色剂,杂酚油或其他防腐剂处理的除外)		8.0	13.0		立方米	AB8
4403 99 90	其他未列名非针叶原木(用油漆,着色剂,杂酚油或其他防腐剂处理的除外)		8.0	13.0		立方米	AFB8
4404	**箍木;木劈条;已削尖但未纵锯的木桩;粗加修整但未车圆、弯曲或其他方式加工的木棒,适合制手杖、伞柄、工具把柄及类似品;木片条及类似品**						
4404 10 00	针叶木的箍木,木劈条,棒及类似品	8.0	50.0	17.0		千克	AB
4404 20 00	非针叶木箍木,木劈条,棒及类似品	8.0	50.0	17.0		千克	AB

商品编号	商 品 名 称 备 注	进口税率		增值税	消费税	计量单位	监管条件
		最惠国	普通				
4405	**木丝;木粉**						
4405 00 00	木丝及木粉	8.0	40.0	17.0		千克	AB
4406	**铁道及电车道枕木**						
4406 10 00	未浸渍的铁道及电车道枕木		14.0	17.0		立方米	y4AFB
4406 90 00	已浸渍的铁道及电车道枕木		14.0	17.0		立方米	F
4407	**经纵锯、纵切、刨切或旋切的木材,不论是否刨平、砂光或端部接合,厚度超过6毫米**						
4407 10 00.10	端部接合的针叶木厚板材(经纵锯、纵切、刨切或旋切的,厚度超过6毫米)		14.0	17.0		立方米	AFB
4407 10 00.90	非端部接合的针叶木厚板材(经纵锯、纵切、刨切或旋切的,厚度超过6毫米)		14.0	17.0		立方米	y4AFB
4407 24 00.10	端部接合苏里南肉豆蔻木等板材(经纵锯、纵切、刨切或旋切的,厚度超过6毫米)		14.0	17.0		立方米	AB
4407 24 00.90	非端部接合苏里南肉豆蔻木等板材(经纵锯、纵切、刨切或旋切的,厚度超过6毫米)		14.0	17.0		立方米	y4AB
4407 25 00.10	端部接合的红柳桉木板材(经纵锯、纵切、刨切或旋切的,厚度超过6毫米)		14.0	17.0		立方米	AB
4407 25 00.90	非端部接合的红柳桉木板材(经纵锯、纵切、刨切或旋切的,厚度超过6毫米)		14.0	17.0		立方米	y4AB
4407 26 00.10	端部接合白柳桉其他柳桉木板材(经纵锯、纵切、刨切或旋切的,厚度超过6毫米)		14.0	17.0		立方米	AB
4407 26 00.90	非端部接合白柳桉其他柳桉木板材(经纵锯、纵切、刨切或旋切的,厚度超过6毫米)		14.0	17.0		立方米	y4AB
4407 29 10.10	端部接合的柚木板材(经纵锯、纵切、刨切或旋切的,厚度超过6毫米)		40.0	17.0		立方米	AB
4407 29 10.90	非端部接合的柚木板材(经纵锯、纵切、刨切或旋切的,厚度超过6毫米)		40.0	17.0		立方米	y4AB
4407 29 90.10	端部接合其他未列名热带木板材(经纵锯、纵切、刨切或旋切的,厚度超过6毫米)		14.0	17.0		立方米	AFB
4407 29 90.90	非端部接合其他未列名热带木板材(经纵锯、纵切、刨切或旋切的,厚度超过6毫米)		14.0	17.0		立方米	y4AFB
4407 91 00.10	端部接合的栎木厚板材(经纵锯、纵切、刨切或旋切的,厚度超过6毫米)		14.0	17.0		立方米	AB
4407 91 00.90	非端部接合的栎木厚板材(经纵锯、纵切、刨切或旋切的,厚度超过6毫米)		14.0	17.0		立方米	y4AB
4407 92 00.10	端部接合的山毛榉木厚板材(经纵据、纵切、刨切或旋切的,厚度超过6毫米)		14.0	17.0		立方米	AB
4407 92 00.90	非端部接合的山毛榉木厚板材(经纵据、纵切、刨切或旋切的,厚度超过6毫米)		14.0	17.0		立方米	y4AB

商品编号	商品名称备注	进口税率		增值税	消费税	计量单位	监管条件
		最惠国	普通				
4407 99 10.10	端部接合樟木/楠木/红木厚板材(经纵锯、纵切、刨切或旋切的,厚度超过6毫米)		40.0	17.0		立方米	AFB
4407 99 10.90	非端部接合樟木/楠木/红木厚板材(经纵锯、纵切、刨切或旋切的,厚度超过6毫米)		40.0	17.0		立方米	y4AFB
4407 99 20.10	端部接合的泡桐木厚板材(经纵锯、纵切、刨切或旋切的,厚度超过6毫米)		14.0	17.0		立方米	AB
4407 99 20.90	非端部接合的泡桐木厚板材(经纵锯、纵切、刨切或旋切的,厚度超过6毫米)		14.0	17.0		立方米	AB
4407 99 90.11	端部接合的拉敏木厚板材(经纵锯、纵切、刨切或旋切的,厚度超过6毫米)		14.0	17.0		立方米	AFB
4407 99 90.19	端部接合的其他木厚板材(经纵锯、纵切、刨切或旋切的,厚度超过6毫米)		14.0	17.0		立方米	AFB
4407 99 90.91	非端部接合的拉敏木厚板材(经纵锯、纵切、刨切或旋切的,厚度超过6毫米)		14.0	17.0		立方米	y4AFB
4407 99 90.99	非端部接合的其他木厚板材(经纵锯、纵切、刨切或旋切的,厚度超过6毫米)		14.0	17.0		立方米	y4AFB
4408	**饰面用薄板(包括刨切积层木获得的薄板)、制胶合板或类似多层板用薄板以及其他经纵锯刨切或旋切的木材,不论是否刨平、砂光、拼接或端部接合,厚度不超过6毫米**						
4408 10 11	胶合板等多层板制饰面针叶木薄板(厚度≤6mm)	9.8	40.0	17.0		千克	AB
4408 10 19	其他饰面针叶木薄板(厚度≤6mm)	4.0	40.0	17.0		千克	AB
4408 10 20	制胶合板用针叶木薄板(厚度≤6mm)	4.0	17.0	17.0		千克	AB
4408 10 90	其他针叶木薄板材(经纵锯,刨切或旋切的,厚度≤6mm)	4.0	30.0	17.0		千克	AB
4408 31 11	胶合板多层板制饰面红柳桉木薄板(厚度≤6mm)	10.0	40.0	17.0		千克	AB
4408 31 19	其他饰面用红柳桉木薄板	4.0	40.0	17.0		千克	AB
4408 31 20	红柳桉木制的胶合板用薄板(厚度≤6mm)	4.0	17.0	17.0		千克	AB
4408 31 90	红柳桉木制的其他薄板(厚度≤6mm)	4.0	30.0	17.0		千克	AB
4408 39 11.10	胶合板多层板制饰面桃花心木薄板(厚度≤6mm)	10.0	40.0	17.0		千克	ABF
4408 39 11.90	胶合板多层板制饰面热带木薄板(本章子目注释所列其他热带木,厚度≤6mm)	10.0	40.0	17.0		千克	AB
4408 39 19.10	其他饰面用桃花心木薄板(厚度不超过6毫米)	4.0	40.0	17.0		千克	ABF
4408 39 19.90	其他饰面用热带木薄板	4.0	40.0	17.0		千克	AB
4408 39 20.10	其他桃花心木制的胶合板用薄板(本章子目注释所列其他热带木,厚度≤6mm)	4.0	17.0	17.0		千克	ABF
4408 39 20.90	其他列名热带木制的胶合板用薄板(本章子目注释所列其他热带木,厚度≤6mm)	4.0	17.0	17.0		千克	AB

商品编号	商品名称备注	进口税率		增值税	消费税	计量单位	监管条件
		最惠国	普通				
4408 39 90.10	其他桃花心木制的其他薄板材(本章子目注释所列其他热带木,厚度≤6mm)	4.0	30.0	17.0		千克	ABF
4408 39 90.90	其他列名的热带木制的其他薄板材(本章子目注释所列其他热带木,厚度≤6mm)	4.0	30.0	17.0		千克	AB
4408 90 11.10	胶合板多层板制饰面拉敏木薄板(厚度≤6mm)	8.4	40.0	17.0		千克	ABF
4408 90 11.90	胶合板多层板制饰面其他木薄板(厚度≤6mm,针叶木、热带木除外)	8.4	40.0	17.0		千克	AB
4408 90 19.10	其他饰面用拉敏木薄板	3.0	40.0	17.0		千克	ABF
4408 90 19.90	其他饰面用薄板	3.0	40.0	17.0		千克	AB
4408 90 20.10	其他拉敏木制的胶合板用薄板(厚度≤6mm)	3.0	17.0	17.0		千克	ABF
4408 90 20.90	其他木制胶合板用薄板(厚度≤6mm)	3.0	17.0	17.0		千克	AB
4408 90 90.10	其他拉敏木制的其他薄板材(厚度≤6mm)	3.0	30.0	17.0		千克	ABF
4408 90 90.90	其他木材,但针叶木、热带木除外(经纵锯,刨切或旋切的,厚度≤6mm)	3.0	30.0	17.0		千克	AB
4409	**任何一边、端或面制成连续形状(舌榫、槽榫、半槽榫、斜角、V形接头、珠榫、缘饰、刨圆及类似形状)的木材(包括未装拼的拼花地板用板条及缘板)不论是否刨平、砂光或端部接合**						
4409 10 00.10	一边或面制成连续形状的桃花心木(包括未装拼的花地板用板条及缘板)	9.4	50.0	17.0		千克	ABF
4409 10 00.90	一边或面制成连续形状的针叶木材(包括未装拼的花地板用板条及缘板)	9.4	50.0	17.0		千克	AB
4409 20 00.10	一边或面制成连续形状的拉敏木(包括未装拼的花地板用板条及缘板)	8.4	50.0	17.0		千克	ABF
4409 20 00.90	一边或面制成连续形状非针叶木材(包括未装拼的拼花地板用板条及缘板)	8.4	50.0	17.0		千克	AB
4410	**木质碎料板及其他类似木质材料板(例如,定向板及华夫板),不论是否用树脂或其他有机粘合剂粘合)**						
4410 21 00	未加工木质定向板及华夫板(不论是否用树脂或其他有机粘合剂粘合,除砂光外未加工)	9.6	40.0	17.0		千克	AB
4410 29 00	其他木质定向板及华夫板(不论是否用树脂或其他有机粘合剂粘合)	9.6	40.0	17.0		千克	AB
4410 31 00	未加工其他木质板(不论是否用树脂或其他有机粘合剂粘合,除砂光外未加工)	9.6	40.0	17.0		千克	AB
4410 32 00	蜜胺浸纸覆面木质板(不论是否用树脂或其他有机粘合剂粘合)	9.6	40.0	17.0		千克	AB
4410 33 00	塑料装饰薄片覆面木质板(不论是否用树脂或其他有机粘合剂粘合)	9.6	40.0	17.0		千克	AB
4410 39 00	其他木质板(不论是否用树脂或其他有机粘合剂粘合)	9.6	40.0	17.0		千克	AB

商品编号	商品名称备注	进口税率		增值税	消费税	计量单位	监管条件
		最惠国	普通				
4410 90 00	其他板(不论是否用树脂或其他有机粘合剂粘合)	11.7	40.0	17.0		千克	AB
4411	**木纤维板或其他木质材料纤维板,不论是否用树脂或其他有机粘合剂粘合**						
4411 11 00	未经机械加工或盖面高密木纤维板(高密度超过每立方厘米0.8克)	8.4	40.0	17.0		千克	AB
4411 19 00	其他高密度木纤维硬板(高密度指密度超过每立方厘米0.8克)	11.7	40.0	17.0		千克	AB
4411 21 00-	未机械加工或盖面中密度木纤维板(中密度板指密度超过每立方厘米0.5克,但未超过0.8克)	9.6	40.0	17.0		千克	AB
4411 29 00-	其他中密度纤维板(中密度板指密度超过每立方厘米0.5克,但未超过0.8克)	9.6	40.0	17.0		千克	AB
4411 31 00-	未机械加工或盖面的低密木纤维板(低密度指密度超过每立方厘米0.35克,但未超过0.5克)	7.5	40.0	17.0		千克	AB
4411 39 00-	其他低密度木纤维板(低密度指密度超过每立方厘米0.35克,但未超过0.5克)	7.5	40.0	17.0		千克	AB
4411 91 00-	其他未机械加工或盖面的木纤维板(指密度不超过每立方厘米0.35克的木纤维板)	7.5	40.0	17.0		千克	AB
4411 99 00-	其他木纤维板(指密度不超过每立方厘米0.35克的木纤维板)	6.0	40.0	17.0		千克	AB
4412	**胶合板、单板饰面板及类似的多层板**						
4412 13 00.10-	有一表层为桃花心木薄板制胶合板(每层厚度≤6mm)	12.0	30.0	17.0		立方米/千克	AB7F
4412 13 00.90-	有一表层为热带木薄板制的胶合板(热带木指本章子目注释所列木材,每层厚度≤6mm)	12.0	30.0	17.0		立方米/千克	AB7
4412 14 00.10-	有一表层为拉敏木薄板制的胶合板(每层厚度≤6mm)	8.4	30.0	17.0		立方米/千克	AB7F
4412 14 00.90-	有一表层为非针叶木薄板制胶合板(所称非针叶木不包括热带木,每层厚度≤6mm)	8.4	30.0	17.0		立方米/千克	AB7
4412 19 00-	其他仅由薄木板制胶合板(每层厚度≤6mm)	8.4	30.0	17.0		立方米/千克	AB7
4412 22 00.10-	一层为桃花心木面多层板(各层厚可>6毫米)	10.0	30.0	17.0		立方米/千克	FAB
4412 22 00.90-	一层为热带木的非针叶木面多层板(热带木指本章子目注释所列木材,各层厚可>6毫米)	10.0	30.0	17.0		立方米/千克	AB
4412 23 00.10-	一层为拉敏木的多层板(各层厚可>6毫米)	10.0	30.0	17.0		立方米/千克	ABF
4412 23 00.90-	其他一层为木碎板的非针叶木面多层板(一表层是非针叶木并含一层木碎料板,各层厚可>6毫米)	10.0	30.0	17.0		立方米/千克	AB
4412 29 00-	其他非针叶木面多层板(至少有一表层是非针叶木,各层厚度可>6mm)	10.0	30.0	17.0		立方米/千克	AB
4412 92 00-	一层为热带木的针叶木面多层板(热带木指本章子目注释所列木材,各层厚可>6毫米)	9.8	30.0	17.0		立方米/千克	AB

商品编号	商 品 名 称 备 注	进口税率		增值税	消费税	计量单位	监管条件
		最惠国	普通				
4412 93 00⁻	一层为木碎板的针叶木面多层板(各层厚度可>6毫米)	10.0	30.0	17.0		立方米/千克	AB
4412 99 00⁻	其他针叶木面多层板(各层厚度>6mm)	8.4	30.0	17.0		立方米/千克	AB
4413	**强化木,成块、板、条或异形的**						
4413 00 00	强化木(成块,板,条或异型的)	6.0	20.0	17.0		千克	AB
4414	**木制的画框、相框、镜框及类似品**						
4414 00 00.10	拉敏木制画框,相框,镜框及类似品	20.0	100.0	17.0		千克	ABF
4414 00 00.90	其他木制的画框,相框,镜框及类似品	20.0	100.0	17.0		千克	AB
4415	**包装木箱、木盒、板条箱、圆桶及类似的包装容器;木制电缆卷筒;木托板、箱形托盘及其他装载用木板;木制的托盘护框**						
4415 10 00.10	拉敏木制木箱及类似包装容器(电缆卷筒)	10.0	80.0	17.0		件	ABF
4415 10 00.90	其他木箱及类似的包装容器,电缆卷筒	10.0	80.0	17.0		件	AB
4415 20 00.10	拉敏木托板,箱形托盘及装载木板(包括木制托板护框)	10.0	80.0	17.0		件	ABF
4415 20 00.90	其他木托板,箱形托盘及其他装载木板(包括木制托板护框)	10.0	80.0	17.0		件	AB
4416	**木制大桶、琵琶桶、盆和其他木制箍桶及其零件,包括桶板**						
4416 00 00.10	拉敏木制箍桶及其零件(含桶板)	16.0	80.0	17.0		千克	ABF
4416 00 00.90	其他各种木制箍桶及其零件(包括桶板)	16.0	80.0	17.0		千克	AB
4417	**木制的工具、工具支架、工具柄、扫帚及刷子的身及柄;木制鞋靴楦及楦头**						
4417 00 00.10	拉敏木制工具,柄,木制鞋楦及楦头	16.0	80.0	17.0		千克	ABF
4417 00 00.90	其他木制工具,柄,木制鞋靴楦及楦头	16.0	80.0	17.0		千克	AB
4418	**建筑用木工制品,包括蜂窝结构木镶板、已装拼的拼花地板、木瓦及盖屋板**						
4418 10 00.10	拉敏木制木窗,落地窗及其框架	9.6	70.0	17.0		千克	ABF
4418 10 00.90	其他木窗,落地窗及其框架	9.6	70.0	17.0		千克	AB
4418 20 00.10	拉敏木制的木门及其框架和门槛	9.6	70.0	17.0		千克	ABF
4418 20 00.90	其他木门及其框架和门槛	9.6	70.0	17.0		千克	AB
4418 30 00.10	拉敏木制的拼花地板	9.6	70.0	17.0		千克	ABF
4418 30 00.90	其他木制拼花地板	9.6	70.0	17.0		千克	AB
4418 40 00	水泥构件的木模板	10.0	70.0	17.0		千克	AB
4418 50 00	木瓦及盖屋板	11.7	70.0	17.0		千克	AB
4418 90 00.10	拉敏木制其他建筑用木工制品(包括蜂窝结构的木镶板)	9.6	70.0	17.0		千克	FAB
4418 90 00.90	其他建筑用木工制品(包括蜂窝结构的木镶板)	9.6	70.0	17.0		千克	AB

商品编号	商 品 名 称 备 注	进口税率		增值税	消费税	计量单位	监管条件
		最惠国	普通				
4419	**木制餐具及厨房用具**						
4419 00 10	木制一次性筷子	10.0	100.0	17.0		千克	AB
4419 00 90.10	拉敏木制的餐具及厨房用具	10.5	100.0	17.0		千克	FAB
4419 00 90.90	其他木制餐具及厨房用具	10.5	100.0	17.0		千克	AB
4420	**镶嵌木(包括细工镶嵌木);装珠宝或刀具用的木制盒子和小匣子及类似品;木制小雕像及其他装饰品;第94章以外的木制家具**						
4420 10 10.10	拉敏木制的木刻	10.5	100.0	17.0		千克	FAB
4420 10 10.90	其他木刻及竹刻	10.5	100.0	17.0		千克	AB
4420 10 20.10	拉敏木制的木扇	10.5	100.0	17.0		千克	FAB
4420 10 20.90	其他木扇	10.5	100.0	17.0		千克	AB
4420 10 90.10	拉敏木制其他小雕像及其他装饰品	10.5	100.0	17.0		千克	FAB
4420 10 90.90	其他木制小雕像及其他装饰品	10.5	100.0	17.0		千克	AB
4420 90 10.10	拉敏木制的镶嵌木	4.8	45.0	17.0		千克	FAB
4420 90 10.90	其他镶嵌木	4.8	45.0	17.0		千克	AB
4420 90 90.10	拉敏木盒及类似品,非落地木家俱(前者用于装珠宝或家俱;后者不包括第九十四章的家具)	10.5	100.0	17.0		千克	FAB
4420 90 90.90	其他木盒子及类似品;非落地式木家俱(前者用于装珠宝或家俱;后者不包括第九十四章的家具)	10.5	100.0	17.0		千克	AB
4421	**其他木制品**						
4421 10 00.10	拉敏木制木衣架	10.5	90.0	17.0		千克	FAB
4421 10 00.90	其他木衣架	10.5	90.0	17.0		千克	AB
4421 90 10.10	拉敏木纡子筒管卷轴线轴及类似品	4.0	35.0	17.0		千克	FAB
4421 90 10.90	其他木卷轴,纡子,筒管,线轴及类似品	4.0	35.0	17.0		千克	AB
4421 90 90.10	拉敏木制的未列名的木制品	10.5	90.0	17.0		千克	FAB
4421 90 90.90	未列名的木制品	10.5	90.0	17.0		千克	AB

第四十五章　软木及软木制品

注释：

本章不包括：

一、第六十四章的鞋靴及其零件；

二、第六十五章的帽类及其零件；

三、第九十五章的物品(例如,玩具、游戏品及运动用品)。

商品编号	商 品 名 称 备 注	进口税率		增值税	消费税	计量单位	监管条件
		最惠国	普通				
4501	**未加工或简单加工的天然软木;软木废料;碎的、粒状的或粉状的软木**						
4501 10 00	未加工或简单加工的天然软木	6.0	17.0	17.0		千克	AB
4501 90 00	软木废料及碎,粒,粉状的软木		17.0	17.0		千克	AB
4502	**天然软木,除去表皮或粗切成方形,或成长方块、正方块、板、片或条状(包括作塞子用的方块坯料)**						
4502 00 00	块,板,片或条状的天然软木(包括作塞子用的方块坯料)	8.0	30.0	17.0		千克	AB
4503	**天然软木制品**						
4503 10 00	天然软木塞子	8.0	50.0	17.0		千克	AB
4503 90 00	其他天然软木制品	10.5	50.0	17.0		千克	AB
4504	**压制软木(不论是否使用粘合剂压成)及其制品**						
4504 10 00	块,板,片及条状压制软木(包括任何形状的压制软木的砖,瓦,实心圆柱体,圆片)	8.4	30.0	17.0		千克	AB
4504 90 00	其他压制软木及其制品(不论是否使用粘合剂压成)	4.4	50.0	17.0		千克	AB

第四十六章　稻草、秸秆、针茅或其他编结材料制品；篮筐及柳条编结品

注释：

一、本章所称“编结材料”，是指其状态或形状适于编结、交织或类似加工的材料，包括稻草、秸秆、柳条、竹、灯芯草、芦苇、木片条、其他植物材料扁条(例如，树皮条、狭叶、酒椰叶纤维或其他从阔叶获取的条)、未纺的天然纺织纤维、塑料单丝及扁条、纸带，但不包括皮革、再生皮革、毡呢或无纺织物的扁条、人发、马毛、纺织粗纱或纱线以及第五十四章的单丝和扁条。

二、本章不包括：

(一)品目48.14的壁纸；(二)不论是否编结而成的线、绳、索、缆(品目56.07)；

(三)第六十四章和第六十五章的鞋靴、帽类及其零件；

(四)编结而成的车辆或车身(第八十七章)；

(五)第九十四章的物品(例如，家具、灯具及照明装置)。

三、品目46.01所称“平行连结的成片编结材料、缏条或类似的编结材料产品”，是指编结材料、缏条及类似的编结材料产品平行排列连结成片的制品，其连结材料不论是否为纺制的纺织材料。

商品编号	商 品 名 称 备 注	进口税率		增值税	消费税	计量单位	监管条件
		最惠国	普通				
4601	**用编结材料编成的缏条及类似产品,不论是否缝合成宽条;编结材料、缏条或类似品的平行连结或编结的成片产品,不论是否制成品(例如,席子、席料、帘子):**						
4601 20 10	藤制的席子,席料及帘子	9.0	100.0	17.0		千克/张	AB
4601 20 21.10	蔺草制的其他席子	9.0	90.0	17.0		千克/张	AB4y
4601 20 21.20	蔺草制的提花席、双苜席、垫子	9.0	90.0	17.0		千克/张	AB4y
4601 20 21.90	蔺草制的席料、帘子	9.0	90.0	17.0		千克/张	AB
4601 20 29	其他草制的席子,席料及帘子	9.0	90.0	17.0		千克/张	AB
4601 20 31	苇帘	9.0	90.0	17.0		千克/张	AB
4601 20 39	芦苇制的席子、席料	9.0	90.0	17.0		千克/张	AB
4601 20 90	其他植物材料制席子,席料及帘子	9.0	90.0	17.0		千克/张	AB
4601 91 11	藤制的缏条及类似产品(不论是否缝合成宽条)	9.0	100.0	17.0		千克	AB
4601 91 19	藤制的其他编结材料产品	9.0	90.0	17.0		千克	AB
4601 91 91	其他植物材料制缏条及类似产品(不论是否缝合成宽条)	9.0	100.0	17.0		千克	AB
4601 91 99	其他植物编结材料产品	9.0	90.0	17.0		千克	AB
4601 99 10	非植物材料制缏条及类似产品(不论是否缝合成宽条)	9.0	90.0	17.0		千克	AB
4601 99 90	其他非植物编结材料产品	9.0	90.0	17.0		千克	
4602	**用编结材料直接编成或用编号 4601 所列货品制成的篮筐、柳条编结品及其他制品;丝瓜络制品**						
4602 10 10	藤编制的篮筐及其他制品	9.0	100.0	17.0		千克	AB
4602 10 20	草编制的篮筐及其他制品	9.0	100.0	17.0		千克	AB
4602 10 30	竹编制的篮筐及其他制品	9.0	100.0	17.0		千克	AB
4602 10 40	玉米皮编制的篮筐及其他制品	9.0	100.0	17.0		千克	AB
4602 10 50	柳条编制的篮筐及其他制品	9.0	100.0	17.0		千克	AB
4602 10 90	其他植物材料编制篮筐及其他制品	9.0	100.0	17.0		千克	AB
4602 90 00	其他编结材料制品及其他制品(非植物材料制的)	9.0	100.0	17.0		千克	

第十类　木浆及其他纤维状纤维素浆；回收（废碎）纸或纸板；纸、纸板及其制品

第四十七章　木浆及其他纤维状纤维素浆；回收（废碎）纸或纸板

注释：

品目47.02所称“化学木浆，溶解级”，是指温度在20℃时浸入含18%氢氧化钠的苛性碱溶液内，一小时后，按重量计含有92%及以上的不溶级分的碱木浆或硫酸盐木浆，或者含有88%及以上的不溶级分的亚硫酸盐木浆。对于亚硫酸盐木浆，按重量计灰分含量不得超过0.15%。

商品编号	商 品 名 称 备 注	进口税率		增值税	消费税	计量单位	监管条件
		最惠国	普通				
4701	**机械木浆**						
4701 00 00	机械木浆		8.0	17.0		千克	A
4702	**化学木浆、溶解级**						
4702 00 00	化学木浆,溶解级		8.0	17.0		千克	A
4703	**烧碱木浆或硫酸盐木浆,但溶解级的除外:**						
4703 11 00	未漂白针叶木碱木浆或硫酸盐木浆(溶解级的除外)		8.0	17.0		千克	A
4703 19 00	未漂白非针叶木碱木浆等(包括硫酸盐木浆,但溶解级的除外)		8.0	17.0		千克	A
4703 21 00	漂白针叶木碱木浆或硫酸盐木浆(包括半漂白的,溶解级的除外)		8.0	17.0		千克	A
4703 29 00	漂白非针叶木碱木浆或硫酸盐木浆(包括半漂白的,溶解级的除外)		8.0	17.0		千克	A
4704	**亚硫酸盐木浆,但溶解级的除外**						
4704 11 00	未漂白的针叶木亚硫酸盐木浆(溶解级的除外)		8.0	17.0		千克	A
4704 19 00	未漂白的非针叶木亚硫酸盐木浆(溶解级的除外)		8.0	17.0		千克	A
4704 21 00	漂白的针叶木亚硫酸盐木浆(包括半漂白的,溶解级的除外)		8.0	17.0		千克	A
4704 29 00	漂白的非针叶木亚硫酸盐木浆(包括半漂白的,溶解级的除外)		8.0	17.0		千克	A
4705	**用机械与化学联合制浆法制得的木浆**						
4705 00 00	机械与化学联合制浆法制的木浆		8.0	17.0		千克	A
4706	**从回收(废碎)纸或纸板提取的纤维浆或其他纤维状纤维素浆**						
4706 10 00	棉短绒纸浆		8.0	17.0		千克	A
4706 20 00	从回收纸或纸板提取的纤维浆		8.0	17.0		千克	
4706 91 00	其他纤维状纤维素机械浆		8.0	17.0		千克	A
4706 92 00	其他纤维状纤维素化学浆		8.0	17.0		千克	A
4706 93 00	其他纤维状纤维素半化学浆		8.0	17.0		千克	A
4707	**回收(废碎)纸或纸板**						
4707 10 00	未漂白牛皮、瓦楞纸或纸板		8.0	17.0		千克	AB
4707 20 00	漂白化学木浆制的纸和纸板(木浆,未经本体染色)		8.0	17.0		千克	AB
4707 30 00	机械木浆制的纸或纸板(例如,废报纸,杂志及类似印刷品)		8.0	17.0		千克	AB
4707 90 00	其他回收纸或纸板(包括未分选的废碎品)		8.0	17.0		千克	AB

第四十八章　纸及纸板;纸浆、纸或纸板制品

注释:

一、除条文另有规定的以外,本章所称“纸”包括“纸板”(不考虑其厚度或每平方米重量)。

二、本章不包括:

(一)第三十章的物品;

(二)品目32.12的压印箔;

(三)香纸及用化妆品浸渍或涂布的纸(第三十三章);

(四)用肥皂或洗涤剂浸渍、覆盖或涂布的纸或纤维素絮纸(品目34.01)和用光洁剂、擦光膏及类似制剂浸渍、覆盖或涂布的纸或纤维素絮纸(品目34.05);

(五)品目37.01至37.04的感光纸或感光纸板;

(六)用诊断或实验用试剂浸渍的纸(品目38.22);

(七)第三十九章的用纸强化的层压塑料板,用塑料覆盖或涂布的单层纸或纸板(塑料部分占总厚度的一半以上),以及上述材料的制品,但品目48.14的壁纸除外;

(八)品目42.02的物品(例如旅行用品);

(九)第四十六章的物品(编结材料制品);

(十)纸纱线或纸纱线纺织物(第十一类);

(十一)第六十四章或第六十五章的物品;

(十二)品目68.05的砂纸或品目68.14的用纸或纸板衬底的云母(但涂布云母粉的纸及纸板归入本章);

(十三)用纸或纸板衬底的金属箔(第十五类);

(十四)品目92.09的制品;

(十五)第九十五章的物品(例如,玩具、游戏品及运动用品)或第九十六章的物品(例如钮扣)。

三、除注释七另有规定的以外,品目48.01至48.05包括经研光、高度研光、釉光或类似处理、仿水印、表面施胶的纸及纸板;同时还包括用各种方法本体着色或染成斑纹的纸、纸板、纤维素絮纸及纤维素纤维网纸。除品目48.03另有规定的以外,上述品目不适用于经过其他方法加工的纸、纸板、纤维素絮纸或纤维素纤维网纸。

四、本章所称“新闻纸”,是指所含用机械或化学——机械方法制得的木纤维不少于全部纤维重量的65%的未经涂布的报刊用纸,未施胶或微施胶,每面的粗糙度[帕克印刷面粗造度(1兆帕)]超过2.5微米,每平方米重量不小于40克,但不超过65克。

五、品目48.02所称“书写、印刷或类似用途的纸及纸板”及“未打孔的穿孔卡片纸及穿孔纸带纸”,是指主要用漂白纸浆或用机械或化学—机械方法制得的纸浆制成的纸及纸板,并且符合下列任一标准:

每平方米重量不超过150克的纸或纸板:

(一)用机械或化学—机械方法制得的纤维含量在10%及以上,并且

1. 每平方米重量不超过80克;或

2. 本体着色;

(二)灰分含量在8%以上,并且

1. 每平方米重量不超过80克;或

2. 本体着色;

(三)灰分含量在3%以上,亮度在60%及以上;

(四)灰分含量在3%以上,但不超过8%,亮度低于60%,耐破指数等于或小于2.5千帕斯卡·平方米/克;

(五)灰分含量在3%及以下,亮度在60%及以上,耐破指数等于或小于2.5千帕斯卡·平方米/克;

每平方米重量超过150克的纸或纸板:

(一)本体着色;或

(二)亮度在60%及以上,并且;

1. 厚度在225微米及以下;或

2. 厚度在225微米以上,但不超过508微米,灰分含量在3%以上;

(三)亮度低于60%,厚度不超过254微米,灰分含量在8%以上。

品目48.02不包括滤纸及纸板(含茶袋纸)或毡纸及纸板。

六、本章所称“牛皮纸及纸板”,是指所含用硫酸盐法或烧碱法制得的纤维不少于全部纤维重量的80%的纸及纸板。

七、除税目条文另有规定的以外,符合品目48.01至48.11中两个或两个以上税号所规定的纸、纸板、纤维素絮纸及纤维素纤维网纸,应按号列顺序归入有关品目中的最末一个品目。

八、品目48.01及48.03至48.09仅适用于下列规格的纸、纸板、纤维素絮纸及纤维素纤维网纸:

(一)成条或成卷,宽度超过36厘米;

(二)成张矩形(包括正方形),一边超过36厘米,另一边超过15厘米(以未折叠计)。

九、品目48.14所称“壁纸及类似品”,仅限于:

(一)适合作墙壁或天花板装饰用的成卷纸张,宽度不小于45厘米,但不超过160厘米:

1. 起纹、压花、染面、印有图案或经其他装饰的(例如起绒),不论是否用透明的防护塑料涂布或覆盖;

2. 表面饰有木粒或草粒而凹凸不平的;

3. 表面用塑料涂布或覆盖并起纹、压花、染面、印有图案或经其他装饰的;

4. 表面用不论是否平行连结或编织的编结材料覆盖的;

(二)适于装饰墙壁或天花板用的经上述加工的纸边及纸条,不论是否成卷;

(三)由几幅拼成的壁纸,成卷或成张,贴到墙上可组成印制的风景或图案。

既可作铺地制品,也可作壁纸的以纸或纸板为底的产品,应归入品目48.15。

十、品目48.20不包括切成一定尺寸的活页纸张或卡片,不论是否印制、压花、打孔。

十一、品目48.23主要适用于提花机或类似机器用的穿孔纸或卡片,以及纸花边。

十二、除品目48.14及48.21的货品外,印有图案、文字或图画的纸、纸板、纤维素絮纸及其制品,如果所印图案、文字或图画作为其主要用途,应归入第四十九章。

子目注释:

一、子目号4804.11及4804.19所称“牛皮衬纸”,是指所含用硫酸盐法或烧碱法制得的木纤维不少于全部纤维重量的80%的成卷机器上光或研光纸及纸板,每平方米重量超过115克,并且最低缪伦耐破度符合下表所示(其他重量的耐破度可参照下表换算):

重量 克/平方米	最低耐破度 千帕斯卡
115	393
125	417
200	637
300	824
400	961

二、子目号4804.21及4804.29所称“袋用牛皮纸”,是指所含用硫酸盐法或烧碱法制得的木纤维不少于全部纤维重量的80%的成卷机器上光纸,每平方米重量不小于60克,但不超过115克,并且符合下列一种规格:

(一)缪伦耐破指数不小于3.7千帕斯卡·平方米/克,并且横向伸长率大于4.5%,纵向伸长率大于2%;

(二)至少能达到下表所示的最小撕裂度和抗张强度(其他重量的可参照下表换算):

重量 克/平方米	最小撕裂度 毫牛顿		最小抗张强度 千牛顿/米	
	纵向	纵向加横向	横向	纵向加横向
60	700	1510	1.9	6
70	830	1790	2.3	7.2
80	965	2070	2.8	8.3
100	1230	2635	3.7	10.6
115	1425	3060	4.4	12.3

三、子目4805.11所称“半化学的瓦楞纸”,是指所含用半化学制浆法制得的未漂白硬木纤维不少于全部纤维重量的65%的成卷纸张,并且在温度为23℃和相对湿度为50%时,经过30分钟的瓦楞芯纸平压强度测定(CMT30),抗压强度超过1.8牛顿/克/平方米。

四、子目4805.12包括主要用半化学法制得的草浆制成的成卷纸张,每平方米重量在130克及以上,并且在温度为23℃和相对湿度为50%时,经过30分钟的瓦楞芯纸平压强度测定(CMT30),抗压强度超过1.4牛顿/克/平方米。

五、子目4805.24及4805.25包括全部或主要用回收(废碎)纸及纸板制得的浆制成的纸及纸板。强韧箱纸板也可以有一面用染色纸或由漂白或未漂白的非再生浆制得的纸做表层。这些产品缪伦耐破指数不小于2千帕斯卡·平方米/克。

六、子目号4805.30所称“亚硫酸盐包装纸”,是指所含用亚硫酸盐法制得的木纤维超过全部纤维重量的40%的机器研光纸,灰分含量不超过8%,并且缪伦耐破指数不小于1.47千帕斯卡·平方米/克。

七、子目号4810.22所称“轻质涂布纸”,是指双面涂布纸,其每平方米总重量不超过72克,每面每平方米的涂层重量不超过15克,原纸中所含用机械方法制得的木纤维不少于全部纤维重量的50%。

商品编号	商品名称备注	进口税率		增值税	消费税	计量单位	监管条件
		最惠国	普通				
4801	**成卷或成张的新闻纸**						
4801 00 00	成卷或成张的新闻纸(成条宽度＞36cm,或一边＞36cm,一边＞15cm的成张")			17.0		千克	A
4802	**书写、印刷或类似用途的未经涂布的纸及纸板、未打孔的穿孔卡片纸及穿孔纸带纸,成卷或成张矩形(包括正方形),任何尺寸,但品目48.01或48.03的纸除外;手工制纸及纸板**						
4802 10 00	手工制纸及纸板	7.5	70.0	17.0		千克	
4802 20 00	光敏,热敏,电敏纸,纸板的原纸,板(未经涂布的,成卷或成张)	7.5	40.0	17.0		千克	
4802 30 00	碳化原纸(未经涂布的,成卷或成张)	7.5	40.0	17.0		千克	
4802 40 00	壁纸原纸(未经涂布的,成卷或成张)	7.5	40.0	17.0		千克	
4802 54 00	书写,印刷等用未涂布薄纸或纸板(每平米重＜40g,机械或化学－机械法制得的纤维含量≤10%)	7.5	30.0	17.0		千克	A
4802 55 00.10	40＜每平米重＜＝150g的胶版纸(成卷,机械或化学－机械法制得的纤维含量≤10%)	6.8	30.0	17.0		千克	A
4802 55 00.90	40＜每平米重＜＝150g未涂布中厚纸(书写印刷用,成卷,含机械或化学－机械法制纤维≤10%)	6.8	30.0	17.0		千克	A
4802 56 00.10	成张 40＜每平米重＜＝150g 胶版纸(长≤435mm,宽≤297mm含机械或化学－机械法制纤维≤10%)	6.8	30.0	17.0		千克	A
4802 56 00.90	40＜每平米重＜＝150g未涂布纸,成张(书写印刷,长≤435mm,宽≤297mm含机械或半化学浆≤10%)	6.8	30.0	17.0		千克	A
4802 57 00.10	其他40＜每平米重＜＝150g的胶版纸(机械或化学－机械法制得的纤维含量≤10%)	6.8	30.0	17.0		千克	A
4802 57 00.90	其他40＜每平米＜＝150g未涂中厚纸(书写印刷用,含机械或化学－机械法制纤维≤10%)	6.8	30.0	17.0		千克	A
4802 58 00	书写、印刷等用未涂布厚纸(板)(每平米重＞150g,机械或化学－机械法制得的纤维含量≤10%)	6.8	30.0	17.0		千克	A
4802 61 10	成卷新闻纸(机械或化学－机械法制得的纤维含量＞10%,宽度≤36cm)			17.0		千克	A
4802 61 90	其他成卷书写、印刷用未涂布纸(机械或化学－机械法制得的纤维含量＞10%,宽度≤36cm)	6.8	30.0	17.0		千克	A
4802 62 00	成张书写、印刷用未涂布纸(长≤435mm,宽≤297mm含机械或化学－机械法制纤维≤10%)	6.8	30.0	17.0		千克	A
4802 69 10	其他新闻纸(机械或化学－机械法制得的纤维含量＞10%)			17.0		千克	A
4802 69 90	其他书写、印刷用未涂布纸(机械或化学－机械法制得的纤维含量＞10%)	6.8	30.0	17.0		千克	A

商品编号	商品名称备注	进口税率		增值税	消费税	计量单位	监管条件
		最惠国	普通				
4803	**卫生纸、面巾纸、餐巾纸以及家庭或卫生用的类似纸、纤维素絮纸和纤维素纤维网纸，不论是否起纹、压花、打孔、染面、饰面或印花，成卷或成张的**						
4803 00 00	卫生纸、面巾纸、餐巾纸及类似纸(成条或成卷宽度＞36cm，或一边＞36cm，一边＞15cm的成张")	9.4	40.0	17.0		千克	
4804	**成卷或成张的未经涂布的牛皮纸及纸板，但不包括编号4802或4803的货品**						
4804 11 00	未漂白的牛皮挂面纸(成卷或成张的及未经涂布的)	8.0	30.0	17.0		千克	A
4804 19 00	漂白的牛皮挂面纸(成卷或成张的及未经涂布的)	9.0	30.0	17.0		千克	A
4804 21 00	未漂白的袋用牛皮纸(成卷或成张的及未经涂布的)	9.0	30.0	17.0		千克	
4804 29 00	漂白的袋用牛皮纸(成卷或成张的及未经涂布的)	9.0	30.0	17.0		千克	
4804 31 00	未漂白的其他薄牛皮纸及纸板(薄纸指每平米重量≤150克，成卷或成张未经涂布的)	7.2	30.0	17.0		千克	A
4804 39 00	漂白的薄牛皮纸及纸板(薄纸指每平米重量≤150克，成卷或成张未经涂布的)	7.2	30.0	17.0		千克	A
4804 41 00	未漂白的其他中厚牛皮纸及纸板(中厚指150克＜每平米重＜225克，成卷或成张未涂布的)	7.2	30.0	17.0		千克	A
4804 42 00	本体均匀漂白的中厚牛皮纸及纸板(中厚指150克＜每平米重〈225克，成卷或成张未经涂布的)	9.0	30.0	17.0		千克	A
4804 49 00	其他漂白的中厚牛皮纸及纸板(中厚指每平米重为＞150克＜225克，成卷或成张未经涂布)	7.2	30.0	17.0		千克	A
4804 51 00	未漂白的其他厚牛皮纸及纸板(厚纸指每平米重量≥225克，成卷或成张未经涂布的)	7.2	30.0	17.0		千克	A
4804 52 00	本体均匀漂白的厚牛皮纸及纸板(厚纸指每平米重量≥225克.成卷或成张未经涂布的)	9.0	30.0	17.0		千克	A
4804 59 00	其他漂白的厚牛皮纸及纸板(厚纸指每平米重量≥225克.成卷或成张未经涂布的)	7.2	30.0	17.0		千克	A
4805	**成卷或成张的其他未经涂布的纸及纸板，加工程度不超过本章注释三所列范围**						
4805 11 00	半化学的瓦楞原纸(成卷或成张的及未经涂布)	7.5	30.0	17.0		千克	A
4805 12 00	草浆瓦楞原纸(成卷或成张的及未经涂布)	9.4	30.0	17.0		千克	A
4805 19 00	其他瓦楞原纸(成卷或成张的及未经涂布)	9.4	30.0	17.0		千克	A
4805 24 00	强韧箱纸板(再生挂面纸板)(成卷或成张的及未经涂布，每平方米重＜＝150g")	9.4	30.0	17.0		千克	A
4805 25 00	强韧箱纸板(再生挂面纸板)(成卷或成张的及未经涂布，每平方米重＞150克)	9.4	30.0	17.0		千克	A

商品编号	商 品 名 称 备 注	进口税率		增值税	消费税	计量单位	监管条件
		最惠国	普通				
4805 30 00	亚硫酸盐包装纸(成卷或成张的及未经涂布)	9.4	30.0	17.0		千克	
4805 40 00	滤纸及纸板(成卷或成张的及未经涂布)	7.5	30.0	17.0		千克	
4805 50 00	毡纸及纸板(成卷或成张的及未经涂布)	7.5	30.0	17.0		千克	
4805 91 00.10 *	照相原纸(薄纸指每平方米重量≤150克,成卷或成张的)	9.4	30.0	17.0		千克	A
4805 91 00.90	其他未经涂布薄纸及纸板(薄纸指每平方米重量≤150克,成卷或成张的)	9.4	30.0	17.0		千克	A
4805 92 00.10 *	照相原纸(中厚指每平方米重量大于150克小于225克成卷或成张的)	9.4	30.0	17.0		千克	A
4805 92 00.90	其他未经涂布中厚纸及纸板(中厚指每平方米重量大于150克小于225克成卷或成张的)	9.4	30.0	17.0		千克	A
4805 93 00.10 *	照相原纸(厚纸指每平方米重量大于等于225克成卷或成张的)	9.4	30.0	17.0		千克	
4805 93 00.90	其他未经涂布厚纸及纸板(厚纸指每平方米重量大于等于225克成卷或成张的)	9.4	30.0	17.0		千克	
4806	**成卷或成张的植物羊皮纸、防油纸、描图纸、半透明纸及其他高光泽透明或半透明纸**						
4806 10 00	植物羊皮纸(成卷或成张的)	7.5	40.0	17.0		千克	
4806 20 00	防油纸(成卷或成张的)	7.5	40.0	17.0		千克	
4806 30 00	描图纸(成卷或成张的)	7.5	30.0	17.0		千克	
4806 40 00	高光泽透明或半透明纸(成卷或成张的)	7.5	40.0	17.0		千克	
4807	**成卷或成张的复合纸及纸板(用粘合剂粘合各层纸或纸板制成),未经表面涂布或未浸渍,不论内层是否有加强材料**						
4807 00 00	成卷或成张的复合纸及纸板(未经表面涂布或未浸渍,不论内层是否有加强材料)	7.5	40.0	17.0		千克	
4808	**成卷或成张的瓦楞纸及纸板(不论是否与平面纸胶合)、皱纹纸及纸板、压纹纸及纸板、穿孔纸及纸板,但编号4803的纸除外**						
4808 10 00	瓦楞纸及纸板(成卷或成张的,不论是否穿孔)	7.5	30.0	17.0		千克	A
4808 20 00	袋用皱纹牛皮纸(成卷或成张的,不论是否压花或穿孔)	7.5	40.0	17.0		千克	
4808 30 00	其他皱纹牛皮纸(成卷或成张的,不论是否压花或穿孔)	7.5	40.0	17.0		千克	
4808 90 00	其他皱纹纸及纸板,压纹纸及纸板(包括穿孔纸及纸板)	7.5	40.0	17.0		千克	
4809	**复写纸、自印复写纸及其他拷贝或转印纸(包括涂布或浸渍的油印蜡纸或胶印版纸)不论是否印制,成卷或成张的**						
4809 10 00	大张(卷)的复写纸及类似拷贝纸(成卷(宽超过36厘米),成张(至少有一边超过36厘米))	9.4	40.0	17.0		千克	

商品编号	商 品 名 称 备 注	进口税率		增值税	消费税	计量单位	监管条件
		最惠国	普通				
4809 20 00	大张(卷)的复写纸(成卷(宽超过 36 厘米),成张(至少有一边超过 36 厘米))	9.4	40.0	17.0		千克	
4809 90 00	其他大张(卷)的拷贝纸或转印纸(成卷(宽超过36cm),成张(至少有一边超过 36cm))	9.4	40.0	17.0		千克	
4810	**成卷或成张矩形(包括正方形)的任何尺寸的单面或双面涂布高岭土或其他无机物质(不论是否加粘合剂)的纸及纸板,但未涂布其他涂料,不论是否染面、饰面或印花**						
4810 13 00ˆ	书写、印刷或类似用途的纸及纸板(成卷的,所含用机械或化学-机械法制得的纤维<=10%")	9.0	40.0	17.0		千克	A
4810 14 00ˆ	成张的书写、印刷的纸及纸板(一边<=435mm,另一边<=297mm,机械或化学-机械纤维<=10%)	9.0	40.0	17.0		千克	A
4810 19 00ˆ	其他书写、印刷用途的纸及纸板(所含用机械或化学-机械法制得的纤维<=10%)	9.0	40.0	17.0		千克	A
4810 22 00	书写、印刷用途的轻质涂布纸(所含用机械或化学-机械法制得的纤维>10%)	9.0	40.0	17.0		千克	A
4810 29 00	其他书写、印刷用途的纸及纸板(所含用机械或化学-机械法制得的纤维>10%)	9.0	40.0	17.0		千克	A
4810 31 00.10	白板纸、白卡纸(薄纸指重量≤150 克/平米,含用化学方法制得木纤维)	9.0	40.0	17.0		千克	A
4810 31 00.90	涂无机物的薄漂白牛皮纸及纸板(薄纸指重量≤150 克/平米,含用化学方法制得的木纤维)	9.0	40.0	17.0		千克	A
4810 32 00.10	白板纸、白卡纸(厚纸指重量>150 克/平米,含用化学方法制得的木纤维)	9.0	40.0	17.0		千克	
4810 32 00.90	涂无机物的厚漂白牛皮纸及纸板(厚纸指重量>150 克/平米,含用化学方法制得的木纤维)	9.0	40.0	17.0		千克	
4810 39 00	涂无机物的其他牛皮纸及纸板(成卷或成张的)	9.0	40.0	17.0		千克	A
4810 92 00	其他涂无机物的多层纸及纸板(成卷或成张的)	9.0	40.0	17.0		千克	A
4810 99 00	其他涂无机物的纸及纸板(成卷或成张的)	9.4	40.0	17.0		千克	A
4811	**成卷或成张矩形(包括正方形)的任何尺寸的经涂布、浸渍、覆面、染面、饰面或印花的纸、纸板、纤维素絮纸及纤维素纤维网纸,但品目 48.03、48.09 或 48.10 的货品除外:**						
4811 10 00	焦油纸及纸板,沥青纸及纸板(成卷或成张的,编号 4803,4809,4810 的货品除外)	7.5	40.0	17.0		千克	
4811 41 00	自粘的胶粘纸及纸板(成卷或成张的,编号 4803,4809,4810 的货品除外)	12.5	40.0	17.0		千克	
4811 49 00	其他胶粘纸及纸板(成卷或成张的,编号 4803,4809,4810 的货品除外)	12.5	40.0	17.0		千克	
4811 51 10 *	漂白的彩色相纸用双面涂塑厚纸(每平方米重量超过 150 克,成卷或成张的)	12.5	40.0	17.0		千克	

商品编号	商 品 名 称 备 注	进口税率		增值税	消费税	计量单位	监管条件
		最惠国	普通				
4811 51 90	漂白的其他涂,浸,盖厚纸及纸板(厚指每平方米重量超过 150 克,成卷或成张的)	12.5	40.0	17.0		千克	
4811 59 11	电解电容器用的涂塑纸(未漂白的成卷或成张的)	7.5	30.0	17.0		千克	
4811 59 19	其他用塑料浸涂的绝缘纸及纸板(成卷或成张的)	7.5	30.0	17.0		千克	
4811 59 90	用塑料涂布,浸渍的其他纸及纸板(成卷或成张的,编号 4803,4809,4810 的货品除外)	9.4	40.0	17.0		千克	
4811 60 10	用蜡或油等涂布的绝缘纸及纸板(指用石蜡,硬脂精,油或甘油涂布的,成卷或成张)	7.5	30.0	17.0		千克	
4811 60 90	用蜡或油等涂布的其他纸及纸板(指用石蜡,硬脂精,油或甘油涂布的,成卷或成张)	9.4	40.0	17.0		千克	
4811 90 00	其他经涂布,浸渍,覆盖的纸及纸板(包括纤维素絮纸及纤维素纤维网纸,成卷或成张)	9.4	40.0	17.0		千克	
4812	**纸浆制的滤块、滤板及滤片**						
4812 00 00	纸浆制的滤块,滤板及滤片	7.5	30.0	17.0		千克	
4813	**卷烟纸,不论是否切成一定尺寸、成小本或管状**						
4813 10 00	成小本或管状的卷烟纸	26.3	100.0	17.0		千克	7
4813 20 00	宽度≤5cm 成卷的卷烟纸	26.3	100.0	17.0		千克	A7
4813 90 00	其他卷烟纸(不论是否切成一定尺寸,编号 4813 未具体列名的)	26.3	100.0	17.0		千克	A7
4814	**壁纸及类似品;窗用透明纸**						
4814 10 00	用木粒或草粒等饰面的壁纸	16.3	50.0	17.0		千克	
4814 20 00	用塑料涂面或盖面的壁纸及类似品(包括起纹,压花,着色,印制图案或经其他装饰)	16.3	50.0	17.0		千克	
4814 30 00	用编结材料盖面的壁纸及类似品(编结材料不论是否平行连结或编织)	16.3	50.0	17.0		千克	
4814 90 00	其他壁纸及类似品,窗用透明纸	16.3	50.0	17.0		千克	
4815	**以纸或纸板为底制成的铺地制品,不论是否切成一定尺寸**						
4815 00 00	以纸或纸板为底制成的铺地制品(不论是否切成一定尺寸)	16.3	90.0	17.0		千克	
4816	**复写纸、无碳复写纸及其他拷贝或转印纸(不包括编号 4809 的纸),油印蜡纸或胶印版纸,不论是否盒装**						
4816 10 00	小卷(张)复写纸或类似拷贝纸(不包括编号 4809 的纸,宽度≤36cm,不论是否盒装)	16.3	70.0	17.0		千克	
4816 20 00	小卷(张)自印复写纸(不包括编号 4809 的纸,宽度≤36cm,不论是否盒装)	16.3	70.0	17.0		千克	

商品编号	商品名称备注	进口税率		增值税	消费税	计量单位	监管条件
		最惠国	普通				
4816 30 00	小卷(张)油印蜡纸(不包括编号4809的纸,宽度≤36cm,不论是否盒装)	16.3	70.0	17.0		千克	
4816 90 10	小卷(张)热敏转印纸(不包括编号4809的纸,宽度≤36cm,不论是否盒装)	16.3	40.0	17.0		千克	
4816 90 90	小卷(张)胶印版纸及其他拷贝纸或(不包括编号4809的纸,宽度≤36cm,不论是否盒装)	16.3	70.0	17.0		千克	
4817	**纸或纸板制的信封、封缄信片、素色明信片及通信卡片;纸或纸板制的盒子、袋子及夹子,内装各种纸制文具**						
4817 10 00	信封	16.3	80.0	17.0		千克	
4817 20 00	封缄信片,素色明信片及通信卡片	16.3	80.0	17.0		千克	
4817 30 00	纸或纸板制的盒子,袋子及夹子(内装各种纸制文具的)	16.3	80.0	17.0		千克	
4818	**纸浆、纸、纤维素絮纸或纤维素纤维网纸制的卫生纸、纸手帕、面巾纸、纸台布、餐巾纸、纸尿布、止血塞、纸床单及类似的家庭、卫生或医院用品、衣服及衣着附件**						
4818 10 00	小卷(张)卫生纸(成卷或矩形成张的宽度≤36厘米,或制成特殊形状的)	16.3	80.0	17.0		千克	
4818 20 00	小卷(张)纸手帕及纸面巾(成卷或矩形成张的宽度≤36厘米,或制成特殊形状的)	16.3	90.0	17.0		千克	
4818 30 00	小卷(张)纸台布及纸餐巾(成卷或矩形成张的宽度≤36厘米,或制成特殊形状的)	16.3	90.0	17.0		千克	
4818 40 00	纸卫生巾及类似的卫生用品(包括纸止血塞,婴儿纸尿布,尿布衬里)	16.3	80.0	17.0		千克	
4818 50 00	纸制衣服及衣着附件	16.3	90.0	17.0		千克	
4818 90 00	纸床单及类似家庭,卫生,医院用品	16.3	90.0	17.0		千克	
4819	**纸、纸板、纤维素絮纸或纤维素纤维网纸制的箱、盒、匣、袋及其他包装容器;纸或纸板制的卷宗盒、信件盘及类似品,供办公室、商店及类似场所使用的**						
4819 10 00	瓦楞纸或纸板制的箱,盒,匣	15.0	80.0	17.0		千克	
4819 20 00	非瓦楞纸或纸板制可折叠箱,盒,匣	15.0	80.0	17.0		千克	
4819 30 00	底宽≥40厘米的纸袋	16.3	80.0	17.0		千克	
4819 40 00	其他纸袋(包括锥形袋)	16.3	80.0	17.0		千克	
4819 50 00	其他纸包装容器(包括唱片套)	16.3	80.0	17.0		千克	A
4819 60 00	纸卷宗盒,信件盘,存储盒及类似品(办公室,商店及类似场所使用的)	16.3	80.0	17.0		千克	

商品编号	商 品 名 称 备 注	进口税率		增值税	消费税	计量单位	监管条件
		最惠国	普通				
4820	**纸或纸板制的登记本、帐本、笔记本、定货本、收据本、信笺本、记事本、日记本及类似品、练习本、吸墨纸本、活动封面(活页及非活页)、文件夹、卷宗皮、多联商业表格纸、页间夹有复写纸的本及其他文具用品;纸或纸板制的样品簿、粘贴簿及书籍封面**						
4820 10 00	登记本,帐本,笔记本等及类似品(包括定货本,收据本,信笺本,记事本,日记本)	16.3	80.0	17.0		千克	
4820 20 00	练习本	16.3	80.0	17.0		千克	
4820 30 00	纸制活动封面,文件夹及卷宗皮	16.3	80.0	17.0		千克	
4820 40 00	多联商业表格纸(本)(包括页间夹有复写纸的本)	16.3	80.0	17.0		千克	
4820 50 00	纸制样品簿及粘贴簿	16.3	80.0	17.0		千克	
4820 90 00	其他纸制文具用品	16.3	80.0	17.0		千克	
4821	**纸或纸板制的各种标签,不论是否印制**						
4821 10 00	纸或纸板印制的各种标签	12.5	50.0	17.0		千克	
4821 90 00	纸或纸板制的其他各种标签	12.5	50.0	17.0		千克	
4822	**纸浆、纸或纸板(不论是否穿孔或硬化)制的筒管、卷轴、纡子及类似品**						
4822 10 00	纺织纱线用纸制的筒管,卷轴,纡子(包括类似品)	7.5	35.0	17.0		千克	
4822 90 00	纸制的其他筒管,卷轴,纡子(包括类似品)	12.5	70.0	17.0		千克	
4823	**切成一定尺寸或形状的其他纸、纸板、纤维素絮及纤维素纤维网纸;纸浆、纸、纸板、纤维素絮纸及纤维素纤维网纸制的其他物品**						
4823 12 00	成条或成卷的自粘胶粘纸(切成一定尺寸或形状的)	16.3	50.0	17.0		千克	
4823 19 00	成条或成卷的其他胶粘纸(自粘的胶粘纸除外)	16.3	50.0	17.0		千克	
4823 20 00	切成形的滤纸及纸板	9.4	30.0	17.0		千克	
4823 40 00	已印制的自动记录器用打印纸(切成一定尺寸或形状的打印纸卷,纸张及纸盘)	9.4	30.0	17.0		千克	
4823 60 00	纸,纸板制的盘,碟,盆,杯及类似品	16.3	90.0	17.0		千克	A
4823 70 00	压制或模制纸浆制品	16.3	90.0	17.0		千克	
4823 90 20	神纸及类似用品	16.3	180.0	17.0		千克	
4823 90 30	纸扇	16.3	90.0	17.0		千克	
4823 90 90	其他纸及纸制品(包括纤维素絮纸及纤维素纤维网纸制的其他物品)	16.3	90.0	17.0		千克	

第四十九章　书籍、报纸、印刷图画及其他印刷品；手稿、打字稿及设计图纸

注释：

一、本章不包括：

（一）透明基的照相负片或正片（第三十七章）；

（二）立体地图、设计图表或地球仪、天体仪，不论是否印刷（品目 90.23）；

（三）第九十五章的扑克牌或其他物品；

（四）雕版画、印刷画、石印画的原本（品目 97.02），品目 97.04 的邮票、印花税票、纪念封、首日封、邮政信笺及类似品，以及第九十七章的超过一百年的古物或其他物品。

二、第四十九章所称“印刷”，也包括用胶版复印机、油印机印制，在自动数据处理设备控制下打印绘制，压印、冲印、感光复印、热敏复印或打字。

三、用纸以外材料装订成册的报纸、杂志和期刊，以及一期以上装订在同一封面里的成套报纸、杂志和期刊，应归入品目 49.01，不论是否有广告材料。

四、品目 49.01 还包括：

（一）附有说明文字，每页编有号数以便装订成一册或几册的整集印刷复制品，例如，美术作品、绘画；

（二）随同成册书籍的图画附刊；

（三）供装订书籍或小册子用的散页、集页或书帖形式的印刷品，已构成一部作品的全部或部分。

但没有说明文字的印刷图画或图解，不论是否散页或书帖形式，应归入品目 49.11。

五、除本章注释三另有规定的以外，品目 49.01 不包括主要作广告用的出版物（例如，小册子，散页印刷品、商业目录、同业公会出版的年鉴、旅游宣传品），这类出版物应归入品目 49.11。

六、品目 49.03 所称“儿童图画书”，是指以图画为主、文字为辅，供儿童阅览的书籍。

商品编号	商 品 名 称 备 注	进口税率		增值税	消费税	计量单位	监管条件
		最惠国	普通				
4901	**书籍、小册子、散页印刷品及类似印刷品,不论是否单张**						
4901 10 00	单张的书籍,小册子及类似印刷品(不论是否折叠,还包括散页印刷品)			13.0		千克	
4901 91 00	字典,百科全书(包括连续出版的分册)			13.0		千克	
4901 99 00	其他书籍,小册子及类似的印刷品(非单张的)			13.0		千克	
4902	**报纸、杂志及期刊,不论有无插图或广告材料**						
4902 10 00	每周至少出版四次的报纸,杂志(包括期刊,不论有无插图或广告材料)			13.0		千克	
4902 90 00	其他报纸,杂志及期刊(不论有无插图或广告材料)			13.0		千克	
4903	**儿童图画书、绘画或涂色书**						
4903 00 00	儿童图画书,绘画或涂色书			13.0		千克	
4904	**乐谱原稿或印本,不论是否装订或印有插图**						
4904 00 00	乐谱原稿或印本(不论是否装订或印有插图)			13.0		千克	
4905	**各种印刷的地图、水道图及类似图表,包括地图册、挂图、地形图及地球仪、天体仪:**						
4905 10 00	地球仪、天体仪			17.0		千克	
4905 91 00	成册的各种印刷的地图及类似图表(包括水道图、地图册、地形图)			17.0		千克	
4905 99 00	其他各种印刷的地图及类似图表(包括水道图、挂图、地形图,成册的除外)			17.0		千克	
4906	**手绘的建筑、工程、工业、商业、地形或类似用途的设计图纸原稿;手稿;用感光纸照相复印或用复写纸誊写的上述物品复制件**						
4906 00 00	设计图纸原稿或手稿及其复制件(手绘的建筑、工程、工业、商业、地形或类似用途的)			17.0		千克	
4907	**在承认或将承认其面值的国家流通或新发行并且未经使用的邮票、印花税票及类似票证;印有邮票或印花税票的纸品;钞票;空白支票;股票、债券及类似所有权凭证**						
4907 00 10	新的邮票(包括印花税票,空白支票,债券及类似的所有权凭证)	7.5	50.0	17.0		千克	
4907 00 20	新的钞票		50.0	17.0		千克	
4907 00 30	证券凭证(包括印花税票,空白支票,债券及类似的所有权凭证)		50.0	17.0		千克	
4907 00 90	其他印有邮票等的纸品(包括印有印花税票的纸品)	9.4	50.0	17.0		千克	

商品编号	商 品 名 称 备 注	进口税率		增值税	消费税	计量单位	监管条件
		最惠国	普通				
4908	**转印贴花纸(移画印花法用图案纸):**						
4908 10 00	釉转印贴花纸(移画印花法用图案纸)	9.4	50.0	17.0		千克	
4908 90 00	其他转印贴花纸(移画印花法用图案纸)	9.4	50.0	17.0		千克	
4909	**印刷或有图画的明信片;印有个人问候、祝贺通告的卡片,不论是否有图画、带信封或饰边**						
4909 00 10	印刷或有图画的明信片	7.5	50.0	17.0		千克	
4909 00 90	其他致贺或通告卡片(贺卡及类似卡片,不论是否有图画,带信封或饰边)	9.4	50.0	17.0		千克	
4910	**印刷的各种日历,包括日历芯**						
4910 00 00	印刷的各种日历(包括日历芯)	9.4	50.0	17.0		千克	
4911	**其他印刷品,包括印刷的图片及照片:**						
4911 10 10	无商业价值的广告品及类似印刷品(包括无商业价值的商品目录)			17.0		千克	
4911 10 90	其他商业广告品及类似印刷品(包括商品目录)	9.4	50.0	17.0		千克	
4911 91 00	印刷的图片、设计图样及照片	9.4	50.0	17.0		千克	
4911 99 00	其他印刷品	9.4	50.0	17.0		千克	

第十一类　纺织原料及纺织制品

注释：

一、本类不包括：

(一)制刷用的动物鬃、毛(品目05.02)；马毛及废马毛(品目05.03)；

(二)人发及人发制品(品目05.01、67.03或67.04)，但通常用于榨油机或类似机器的滤布除外(品目59.11)；

(三)第十四章的棉短绒或其他植物材料；

(四)品目25.24的石棉、品目68.12或68.13的石棉制品或其他产品；

(五)品目30.05或30.06的物品(例如，医疗、外科、牙科或兽医用的软填料、纱布、绷带及类似品、外科用无菌缝合材料)；品目33.06的用于清洁牙缝的纱线(牙线)，单独零售包装的；

(六)品目37.01至37.04的感光布；

(七)截面尺寸超过1毫米的塑料单丝和表面宽度超过5毫米的塑料扁条及类似品(例如人造草)(第三十九章)，以及上述单丝或扁条的缏条、织物、篮筐或柳条编结品(第四十六章)；

(八)第三十九章的用塑料浸渍、涂布、包覆或层压的机织物、针织物或钩编织物、毡呢或无纺织物及其制品；

(九)第四十章的用橡胶浸渍、涂布、包覆或层压的机织物、针织物或钩编织物、毡呢或无纺织物及其制品；

(十)带毛皮张(第四十一章或第四十三章)、品目43.03或43.04的毛皮制品、人造毛皮及其制品；

(十一)品目42.01或42.02的用纺织材料制成的物品；

(十二)第四十八章的产品或物品(例如纤维素絮纸)；

(十三)第六十四章的鞋靴及其零件、护腿、裹腿及类似品；

(十四)第六十五章的发网、其他帽类及其零件；

(十五)第六十七章的货品；

(十六)涂有研磨料的纺织材料(品目68.05)以及品目68.15的碳纤维及其制品；

(十七)玻璃纤维及其制品，但可见底布的玻璃线刺绣品除外(第七十章)；

(十八)第九十四章的物品(例如，家具、寝具、灯具及照明装置)；

(十九)第九十五章的物品(例如，玩具、游戏品、运动用品及网具)；

(二十)第九十六章的物品(例如，刷子、旅行用成套缝纫用具、拉链及打字机色带)；

(二十一)第九十七章的物品。

二、(一)可归入第五十章至第五十五章及品目58.09或59.02的由两种或两种以上纺织材料混合制成的货品，应按其中重量最大的那种纺织材料归类。当没有一种纺织材料重量较大时，应按可归入的有关品目中最后一个品目所列的纺织材料归类。

(二)应用上述规定时：

1. 马毛粗松螺旋花线(品目51.10)和含金属纱线(品目56.05)均应作为一种单一的纺织材料，其重量应为它们在纱线中的合计重量；在机织物的归类中，金线应作为一种纺织材料；

2. 在选择合适的品目时，应首先确定章，然后再确定该章的有关品目，至于不归入该章的其他材料可不予考虑；

3. 当归入第五十四章及第五十五章的货品与其他章的货品进行比较时，应将这两章作为一个单一的章对待；

4. 同一章或同一品目所列各种不同的纺织材料应作为单一的纺织材料对待。

(三) 上述(一)、(二)两款规定亦适用于以下注释三、四、五或六所述纱线。

三、(一)本类的纱线(单纱、多股纱线或缆线)除下列(二)款另有规定的以外，凡符合以下规格的应作为“线、绳、索、缆”：

1. 丝或绢丝纱线，细度在20000分特以上；

2. 化学纤维纱线(包括第五十四章的用两根及以上单丝纺成的纱线)，细度在10000分特以上；

3. 大麻或亚麻纱线：

(1) 加光或上光的，细度在1429分特及以上；

(2) 未加光或上光的，细度在20000分特以上；

4. 三股或三股以上的椰壳纤维纱线；

5. 其他植物纤维纱线，细度在20000分特以上；

6. 用金属线加强的纱线。

(二)下列各项不按上述(一)款规定办理：

1. 羊毛或其他动物毛纱线及纸纱线，但用金属线加强的纱线除外；

2. 第五十五章的化学纤维长丝丝束以及第五十四章的未加捻或捻度每米少于5转的复丝纱线；

3. 品目50.06的蚕胶丝及第五十四章的单丝；

4. 品目56.05的含金属纱线；但用金属线加强的纱线按上述(一)款6项规定办理；

5. 品目56.06的绳绒线、粗松螺旋花线及纵行起圈纱线。

四、(一)除下列(二)款另有规定的以外,第五十章、第五十一章、第五十二章、第五十四章和第五十五章所称“供零售用”纱线,是指以下列方式包装的纱线(单纱、股纱线或缆线):

1. 绕在纸板、线轴、纱管或类似芯子上,其重量(含线芯)符合下列规定:

(1) 丝、绢丝或化学纤维长丝纱线,不超过85克;

(2) 其他纱线,不超过125克;

2. 绕成团、绞或束,其重量符合下列规定:

(1) 细度在3000分特以下的化学纤维长丝纱线,丝或绢丝纱线,不超过85克;

(2) 细度在2000分特以下的任何其他纱线,不超过125克;

(3) 其他纱线,不超过500克;

3. 绕成绞或束,每绞或每束中有若干用线分开的小绞或小束,每小绞或小束的量相等,并且符合下列规定:

(1) 丝、绢丝或化学纤维长丝纱线,不超过85克;

(2) 其他纱线,不超过125克。

(二)下列各项不按上述(一)款规定办理:

1. 各种纺织材料制的单纱,但下列两种除外:

(1) 未漂白的羊毛或动物细毛单纱;

(2) 漂白、染色或印色的羊毛或动物细毛单纱,细度在5000分特以上;

2. 未漂白的多股纱线或缆线:

(1) 丝或绢丝制的,不论何种包装;

(2) 除羊毛或动物细毛外其他纺织材料制,成绞或成束的;

3. 漂白、染色或印色丝或绢丝制的多股纱线或缆线,细度在133分特及以下;

4. 任何纺织材料制的单纱、多股纱线或缆线:

(1) 交叉绕成绞或束的;

(2) 绕于纱芯上或以其他方式卷绕,明显用于纺织工业的(例如,绕于纱管、加捻管、纬纱管、锥形筒管或锭子上的或者绕成蚕茧状以供绣花机使用的纱线)。

五、品目52.04、54.01及55.08所称“缝纫线”,是指下列多股纱线或缆线:

(一) 绕于芯子(例如,线轴、纱管)上,重量(包括纱芯)不超过1000克;

(二) 作为缝纫线上过浆的;

(三) 终捻为反手(Z)捻的。

六、本类所称“高强力纱”,是指断裂强度大于下列标准的纱线:

尼龙、其他聚酰胺或聚酯制的单纱－60厘牛顿/特克斯;

尼龙、其他聚酰胺或聚酯制的多股纱线或缆线－53厘牛顿/特克斯;

粘胶纤维制的单纱、多股纱线或缆线－27厘牛顿/特克斯。

七、本类所称“制成的”,是指:

(一) 裁剪成除正方形或长方形以外的其他形状的;

(二) 呈制成状态,无需缝纫或其他进一步加工(或仅需剪断分隔联线)即可使用的(例如,某些抹布、毛巾、台布、方披巾、毯子);

(三) 已缝边或滚边,或者在任一边带有结制的流苏,但不包括为防止剪边脱纱而锁边或用其他简单方法处理的织物;

(四) 裁剪成一定尺寸并经抽纱加工的;

(五) 缝合、胶合或用其他方法拼合而成的(将两段或两段以上同样料子的织物首尾连接而成的匹头,以及由两层或两层以上的织物,不论中间有无胎料,层迭而成的匹头除外);

(六) 针织或钩编成一定形状,不论进口或出口时是单件还是以若干件相连成幅的。

八、对于第五十章至第六十章:

(一) 第五十章至第五十五章和第六十章,以及除条文另有规定以外的第五十六章至第五十九章,不适用于上述注释七所规定的制成货品;

(二) 第五十章至第五十五章及第六十章不包括第五十六章至第五十九章的货品。

九、第五十章至第五十五章的机织物包括由若干层平行纱线以锐角或直角相互层迭,在纱线交叉点用粘合剂或以热粘合法粘合而成的织物。

十、用纺织材料和橡胶线制成的弹性产品归入本类。

十一、本类所称“浸渍”,包括“浸泡”。

十二、本类所称“聚酰胺”,包括“芳族聚酰胺”。

十三、除条文另有规定的以外,各种服装即使成套包装供零售用,也应按各自税号分别归类。本注释所称“纺织服装”,是指品目61.01至61.14及品目62.01至62.11所列的各种服装。

子目注释:

一、本类及本目录所用有关名词解释如下：

（一）弹性纱线：

合成纤维纺织材料制成的长丝纱线，包括单丝（变形丝除外）。这些丝可拉伸至原长的三倍而不断裂，并可在拉伸至原长两倍后五分钟内回复到不超过原长度一倍半。

（二）未漂白纱线：

1. 带有纤维自然色泽并且未经漂染（不论是否整体染色）或印色的纱线；

2. 从回收纤维制得，色泽未定的纱线（本色纱）。

这种纱线可用无色浆料或易褪色染料（可轻易地用肥皂洗去）处理，如果是化学维纱线，则整体用消光剂（例如二氧化钛）进行处理。

（三）漂白纱线：

1. 经漂白加工、用漂白纤维制得或经染白（除条文另有规定的以外）（不论是否体染色）及用白浆料处理的纱线；

2. 用未漂白纤维和漂白纤维混纺制得的纱线；

3. 用未漂白纱和漂白纱纺成多股纱线或缆线。

（四）着色（染色或印色）纱线：

1. 染成彩色（不论是否整体染色，但白色或易褪色除外）或印色的纱线，以及用染色或印色纤维纺制的纱线；

2. 用各色染色纤维混合纺制或用未漂白或漂白纤维与着色纤维混合制得的纱线（夹色纱或混色纱），以及用一种或几种颜色间隔印色而获得点纹印迹的纱线；

3. 用已经印色的纱条或粗纱纺制的纱线；

4. 用未漂白纱和漂白纱与着色纱纺成的多股纱线或缆线。

上述定义作相应调整后适用于第五十四章的单丝、扁条或类似产品。

（五）未漂白机织物：

用未漂白纱线织成后未经漂白、染色或印花的机织物。这类织物可用无色浆料或易褪色染料处理。

（六）漂白机织物：

1. 经漂白、染白或用白浆料处理（除条文另有规定的以外）的成匹机织物；

2. 用漂白纱线织成的机织物；

3. 用未漂白纱线和漂白纱线织成的机织物；

（七）染色机织物：

1. 除条文另有规定的以外，染成白色以外的其他单一颜色或用白色以外的其他有色整理剂处理的成匹机织物；

2. 用单一颜色的着色纱线织成的机织物。

（八）色织机织物：

除印花机织物以外的下列机织物：

1. 用各种不同颜色纱线或同一颜色不同深浅（纤维的自然色彩除外）纱线织成的机织物；

2. 用未漂白或漂白与着色纱线织成的机织物；

3. 用夹色纱线或混色纱线织成的机织物。

不论何种情况，布边或布头的纱线均可忽略不计。

（九）印花机织物：

成匹印花的机织物，不论是否用各色纱线织成。

用刷子或喷枪，经转印纸转印、植绒或蜡防印花等方法印成花纹图案的机织物亦可视为印花机织物。

上述各类纱线或织物如经丝光工艺处理并不影响其归类。

上述（五）至（九）的定义在作必要修改后适用于针织或钩编织物。

（十）平纹组织：

每根纬纱在并排的经纱间上下交错而过，而每根经纱也在并排的纬纱间上下交错而过的织物组织。

二、（一）含有两种或两种以上纺织材料的第五十六章至第六十三章的产品，应根据本类注释二对第五十章至第五十五章或品目58.09的此类纺织材料产品归类的规定来确定归类。

（二）用本条规定时：

1. 应酌情考虑按归类总规则第三条来确定归类；

2. 对由底布和绒面或毛圈面构成的纺织品，在归类时可不考虑底布的属性；

3. 对品目58.10的刺绣品及其制品，归类时应只考虑底布的属性，但不见底布的刺绣品及其制品应根据绣线的属性确定归类。

第五十章　蚕　　丝

商品编号	商 品 名 称 备 注	进口税率		增值税	消费税	计量单位	监管条件
		最惠国	普通				
5001	**适于缫丝的蚕茧**						
5001 00 10	适于缫丝的桑蚕茧	6.0	70.0	17.0		千克	4ABy
5001 00 90	适于缫丝的其他蚕茧	6.0	70.0	17.0		千克	4ABy
5002	**生丝(未加捻)**						
5002 00 11	未加捻的桑蚕厂丝	9.0	80.0	17.0		千克	A4By
5002 00 12	未加捻的桑蚕土丝	9.0	80.0	17.0		千克	A4By
5002 00 13	未加捻的桑蚕双宫丝	9.0	80.0	17.0		千克	A4By
5002 00 19	其他未加捻的桑蚕丝	9.0	80.0	17.0		千克	A4By
5002 00 20	未加捻柞蚕丝	9.0	80.0	17.0		千克	A4By
5002 00 90	未加捻其他生丝	9.0	80.0	17.0		千克	A4By
5003	**废丝(包括不适于缫丝的蚕茧、废纱及回收纤维)**						
5003 10 00	未梳废丝(包括不适于缫丝的蚕茧、废纱及回收纤维)	9.0	70.0	17.0		千克	A4By
5003 90 00	其他废丝(包括不适于缫丝的蚕茧、废纱及回收纤维)	9.0	70.0	17.0		千克	A4By
5004	**丝纱线(绢纺纱线除外),非供零售用**						
5004 00 00	非供零售用丝纱线(绢纺纱线除外)	7.8	90.0	17.0		千克	4By
5005	**绢纺纱线,非供零售用**						
5005 00 10.10	非供零售用丝纱线(绸丝为主,含丝及绢丝85%及以上纱线)	7.8	90.0	17.0		千克	4y
5005 00 10.90	非供零售用绸丝纱线(绸丝为主,含丝及绢丝85%以下纱线)	7.8	90.0	17.0		千克	4y
5005 00 90.10	非供零售用其他绢纺纱线(含丝及绢丝85%及以上纱线)	7.8	90.0	17.0		千克	4By
5005 00 90.20	非供零售用其他绢纺纱线(含丝及绢丝85%以下纱线)	7.8	90.0	17.0		千克	4By
5006	**丝纱线及绢纺纱线,供零售用;蚕胶丝**						
5006 00 00.10	零售用丝纱线,绢纺纱线;蚕胶丝(含丝及绢丝85%及以上纱线)	7.8	100.0	17.0		千克	
5006 00 00.20	零售用丝纱线,绢纺纱线;蚕胶丝(含丝及绢丝85%以下纱线)	7.8	100.0	17.0		千克	
5007	**丝或绢丝机织物**						
5007 10 10.10	未漂白或漂白的绸丝机织物(包括未练白或练白的,含绸丝85%及以上)	16.8	130.0	17.0		米/千克	4B
5007 10 10.20	未漂白或漂白的绸丝机织物(包括未练白或练白的,含绸丝85%以下,棉或化纤限内)	16.8	130.0	17.0		米/千克	4BG

商品编号	商品名称备注	进口税率		增值税	消费税	计量单位	监管条件
		最惠国	普通				
5007 10 10.31	未漂白或漂白的䌷丝机织物(含未练或练白,䌷丝<85%与精梳羊\动物细毛混,羊毛限内)	16.8	130.0	17.0		米/千克	4BG
5007 10 10.39	未漂白或漂白的䌷丝机织物(未练白或练白的,含䌷丝85%以下,与其他混纺,羊毛限内)	16.8	130.0	17.0		米/千克	4BG
5007 10 10.91	未漂白或漂白的䌷丝机织物(未练白或练白的,含䌷丝<85%与精梳羊毛或动物细毛混纺)	16.8	130.0	17.0		米/千克	4B
5007 10 10.99	未漂白或漂白的䌷丝机织物(包括未练白或练白的,含䌷丝85%以下,与其他混纺)	16.8	130.0	17.0		米/千克	4B
5007 10 90.10	其他䌷丝机织物(含䌷丝85%及以上)	16.8	130.0	17.0		米/千克	GB
5007 10 90.21	其他色织䌷丝机织物(含䌷丝85%以下,棉或化纤限内)	16.8	130.0	17.0		米/千克	BG
5007 10 90.29	其他非色织䌷丝机织物(含䌷丝85%以下,棉或化纤限内)	16.8	130.0	17.0		米/千克	BG
5007 10 90.31	其他䌷丝机织物(含䌷丝85%以下,与精梳羊毛或动物细毛混纺,羊毛限内)	16.8	130.0	17.0		米/千克	BG
5007 10 90.39	其他䌷丝机织物(含䌷丝85%以下,与其他混纺,羊毛限内)	16.8	130.0	17.0		米/千克	BG
5007 10 90.91	其他䌷丝机织物(含䌷丝85%以下,与精梳羊毛或动物细毛混纺)	16.8	130.0	17.0		米/千克	BG
5007 10 90.99	其他䌷丝机织物(含䌷丝85%以下,与其他混纺)	16.8	130.0	17.0		米/千克	BG
5007 20 11^	未漂白或漂白的桑蚕丝机织物(包括未练白或练白,按重量计丝或绢丝含量85%及以上)	16.8	130.0	17.0		米/千克	4B
5007 20 19^	其他桑蚕丝机织物(按重量计丝或绢丝含量在85%及以上)	16.8	130.0	17.0		米/千克	BG
5007 20 21^	未漂白或漂白的柞蚕丝机织物(包括未练白或练白,按重量计丝或绢丝含量85%及以上)	16.8	130.0	17.0		米/千克	4B
5007 20 29^	其他柞蚕丝机织物(按重量计丝或绢丝含量在85%及以上)	16.8	130.0	17.0		米/千克	BG
5007 20 31^	未漂白或漂白的绢丝机织物(包括未练白或练白,按重量计丝或绢丝含量85%及以上)	16.8	130.0	17.0		米/千克	4B
5007 20 39^	其他绢丝机织物(按重量计丝或绢丝含量在85%及以上)	16.8	130.0	17.0		米/千克	BG
5007 20 90.10^	未漂白或漂白其他丝机织物(包括未练白或练白,按重量计丝或绢丝含量在85%及以上)	16.8	130.0	17.0		米/千克	B
5007 20 90.90^	其他丝机织物(按重量计丝或绢丝含量在85%及以上)	16.8	130.0	17.0		米/千克	BG
5007 90 10.10	未漂白或漂白其他丝机织物(包括未练白或练白,含丝及绢丝85%及以上)	16.8	130.0	17.0		米/千克	B
5007 90 10.20	未漂白或漂白其他丝机织物(含未练白或练白,丝及绢丝<85%与其他混纺,棉或化纤限内)	16.8	130.0	17.0		米/千克	BG

商品编号	商 品 名 称 备 注	进口税率		增值税	消费税	计量单位	监管条件
		最惠国	普通				
5007 90 10.31	未漂白或漂白其他丝机织物(未练或练白,丝及绢丝<85%,与精梳羊/动物细毛混,羊毛限内)	16.8	130.0	17.0		米/千克	BG
5007 90 10.39	未漂白或漂白其他丝机织物(未练白或练白,含丝及绢丝<85%,与其他混纺,羊毛限内)	16.8	130.0	17.0		米/千克	BG
5007 90 10.91	未漂白或漂白其他丝机织物(未练白或练白,丝及绢丝<85%,与精梳羊毛或动物细毛混纺)	16.8	130.0	17.0		米/千克	B
5007 90 10.99	未漂白或漂白其他丝机织物(未练白或练白,含丝及绢丝85%以下,与其他混纺)	16.8	130.0	17.0		米/千克	B
5007 90 90.10	其他丝机织物(含丝及绢丝85%及以上)	16.8	130.0	17.0		米/千克	BG
5007 90 90.21	其他色织丝机织物(含丝及绢丝85%以下,与其他混纺,棉或化学纤维限内)	16.8	130.0	17.0		米/千克	BG
5007 90 90.29	其他非色织丝机织物(含丝及绢丝85%以下,与其他混纺,棉或化学纤维限内)	16.8	130.0	17.0		米/千克	BG
5007 90 90.31	其他丝机织物(含丝及绢丝<85%,与精梳羊毛或动物细毛混纺,羊毛限内)	16.8	130.0	17.0		米/千克	BG
5007 90 90.39	其他丝机织物(含丝及绢丝85%以下,与其他混纺,羊毛限内)	16.8	130.0	17.0		米/千克	BG
5007 90 90.91	其他丝机织物(含丝及绢丝85%以下,与精梳羊毛或动物细毛混纺)	16.8	130.0	17.0		米/千克	BG
5007 90 90.99	其他丝机织物(含丝及绢丝85%以下,与其他混纺)	16.8	130.0	17.0		米/千克	BG

第五十一章　羊毛、动物细毛或粗毛；马毛纱线及其机织物

注释：

本目录所称：

一、"羊毛"，是指绵羊或羔羊身上长的天然纤维；

二、"动物细毛"，是指下列动物的毛：羊驼、美洲驼、驼马、骆驼、牦牛、安哥拉山羊、西藏山羊、喀什米尔山羊及类似山羊（普通山羊除外）、家兔（包括安哥拉兔）、野兔、海狸、河狸鼠或麝鼠；

三、"动物粗毛"，是指以上未提及的其他动物的毛，但不包括制刷用鬃、毛（品目05.02）以及马毛（品目05.03）。

商品编号	商 品 名 称 备 注	进口税率		增值税	消费税	计量单位	监管条件
		最惠国	普通				
5101	**未梳的羊毛**						
5101 11 00.10	未梳的含脂剪羊毛(配额内)	1.0	50.0	13.0		千克	tAB
5101 11 00.90	未梳的含脂剪羊毛(配额外)	38.0	50.0	13.0		千克	AB
5101 19 00.10	未梳的其他含脂羊毛(配额内)	1.0	50.0	13.0		千克	tAB
5101 19 00.90	未梳的其他含脂羊毛(配额外)	38.0	50.0	13.0		千克	AB
5101 21 00.10	未梳的脱脂剪羊毛(未碳化)(配额内)	1.0	50.0	17.0		千克	tAB
5101 21 00.90	未梳的脱脂剪羊毛(未碳化)(配额外)	38.0	50.0	17.0		千克	AB
5101 29 00.10	未梳的其他脱脂羊毛(未碳化)(配额内)	1.0	50.0	17.0		千克	tAB
5101 29 00.90	未梳的其他脱脂羊毛(未碳化)(配额外)	38.0	50.0	17.0		千克	AB
5101 30 00.10	未梳碳化羊毛(配额内)	1.0	50.0	17.0		千克	tAB
5101 30 00.90	未梳碳化羊毛(配额外)	38.0	50.0	17.0		千克	AB
5102	**未梳的动物细毛或粗毛**						
5102 11 00	未梳喀什米尔山羊的细毛	9.0	45.0	17.0		千克	AB
5102 19 10	未梳兔毛	9.0	50.0	17.0		千克	AB
5102 19 20.10	未梳野山羊绒	9.0	45.0	17.0		千克	FAB
5102 19 20.90	其他未梳山羊绒	9.0	45.0	17.0		千克	AB
5102 19 30.11	未梳野生骆驼科动物毛	9.0	45.0	17.0		千克	FAB
5102 19 30.19	未梳野生骆驼科动物绒	9.0	45.0	17.0		千克	FAB
5102 19 30.91	其他未梳骆驼毛	9.0	45.0	17.0		千克	AB
5102 19 30.99	其他未梳骆驼绒	9.0	45.0	17.0		千克	AB
5102 19 90.10	未梳的其他野生动物细毛	9.0	45.0	17.0		千克	FAB
5102 19 90.90	未梳的其他动物细毛	9.0	45.0	17.0		千克	AB
5102 20 00.10	未梳的野生动物粗毛	9.0	50.0	17.0		千克	FAB
5102 20 00.90	未梳的其他动物粗毛	9.0	50.0	17.0		千克	AB
5103	**羊毛及动物细毛或粗毛的废料,包括废纱线,但不包括回收纤维**						
5103 10 10.10	羊毛落毛(配额内)	1.0	50.0	17.0		千克	tAB
5103 10 10.90	羊毛落毛(配额外)	38.0	50.0	17.0		千克	AB
5103 10 90.10	其他野生动物细毛的落毛	9.0	50.0	17.0		千克	FAB
5103 10 90.90	其他动物细毛的落毛	9.0	50.0	17.0		千克	AB
5103 20 10	羊毛废料(包括废纱线,不包括回收纤维)	13.9	20.0	17.0		千克	AB
5103 20 90.10	其他野生动物细毛废料(包括废纱线,不包括回收纤维)	9.0	50.0	17.0		千克	FAB
5103 20 90.90	其他动物细毛废料(包括废纱线,不包括回收纤维)	9.0	50.0	17.0		千克	AB
5103 30 00.10	野生动物粗毛废料(包括废纱线,不包括回收纤维)	9.0	50.0	17.0		千克	FAB
5103 30 00.90	其他动物粗毛废料(包括废纱线,不包括回收纤维)	9.0	50.0	17.0		千克	AB

商品编号	商品名称备注	进口税率		增值税	消费税	计量单位	监管条件
		最惠国	普通				
5104	**羊毛及动物细毛或粗毛的回收纤维:**						
5104 00 10	羊毛的回收纤维	15.0	20.0	17.0		千克	AB
5104 00 90.10	其他野生动物细毛或粗毛回收纤维	5.0	50.0	17.0		千克	FAB
5104 00 90.90	其他动物细毛或粗毛的回收纤维	5.0	50.0	17.0		千克	AB
5105	**已梳的羊毛及动物细毛或粗毛(包括精梳片毛)**						
5105 10 00.10	粗梳羊毛(配额内)	3.0	50.0	17.0		千克	tABG
5105 10 00.90	粗梳羊毛(配额外)	38.0	50.0	17.0		千克	ABG
5105 21 00.10	精梳羊毛片毛(配额内)	3.0	50.0	17.0		千克	tABG
5105 21 00.90	精梳羊毛片毛(配额外)	38.0	50.0	17.0		千克	ABG
5105 29 00.10	羊毛条及其他精梳羊毛(配额内)	3.0	50.0	17.0		千克	tABG
5105 29 00.90	羊毛条及其他精梳羊毛(配额外)	38.0	50.0	17.0		千克	ABG
5105 31 00	已梳喀什米尔山羊的细毛	7.0	50.0	17.0		千克	ABG
5105 39 10	已梳兔毛	5.0	70.0	17.0		千克	ABG
5105 39 21.10	已梳无毛野山羊绒	7.0	50.0	17.0		千克	FABG
5105 39 21.90	其他已梳无毛山羊绒	7.0	50.0	17.0		千克	ABG
5105 39 29.10	其他已梳野山羊绒	7.0	50.0	17.0		千克	FABG
5105 39 29.90	其他已梳山羊绒	7.0	50.0	17.0		千克	ABG
5105 39 90.10	其他已梳野生动物细毛	7.0	50.0	17.0		千克	FABG
5105 39 90.90	其他已梳动物细毛	7.0	50.0	17.0		千克	ABG
5105 40 00.10	其他已梳野生动物粗毛	7.0	50.0	17.0		千克	FAB
5105 40 00.90	其他已梳动物粗毛	7.0	50.0	17.0		千克	AB
5106	**粗梳羊毛纱线,非供零售用**						
5106 10 00	非零售用粗梳羊毛纱线(按重量计羊毛含量≥85%)	11.0	70.0	17.0		千克	AG
5106 20 00	非零售用粗梳混纺羊毛纱线(混纺以羊毛纱线为主,但羊毛含量<85%)	11.0	70.0	17.0		千克	G
5107	**精梳羊毛纱线,非供零售用**						
5107 10 00	非供零售用精梳纯羊毛纱线(按重量计羊毛含量≥85%)	11.0	70.0	17.0		千克	AG
5107 20 00	非供零售用精梳混纺羊毛纱线(混纺以羊毛纱线为主,但羊毛含量<85%)	11.0	70.0	17.0		千克	AG
5108	**动物细毛(粗梳或精梳)纱线,非供零售用**						
5108 10 00	非供零售用粗梳动物细毛纱线	11.0	70.0	17.0		千克	G
5108 20 00	非供零售用精梳动物细毛纱线	11.0	70.0	17.0		千克	G
5109	**羊毛或动物细毛的纱线,供零售用**						
5109 10 00	零售用羊毛或动物细毛纱线(按重量计羊或其他动物细毛含量≥85%)	11.6	80.0	17.0		千克	G

商品编号	商 品 名 称 备 注	进口税率		增值税	消费税	计量单位	监管条件
		最惠国	普通				
5109 90 00	零售用混纺羊毛或动物细毛纱线(混纺以羊毛纱线为主,但羊毛含量<85%)	11.6	80.0	17.0		千克	G
5110	**动物粗毛或马毛的纱线(包括马毛粗松螺旋花线),不论是否供零售用**						
5110 00 00	动物粗毛或马毛的纱线(包括毛马粗松螺旋花线,不论是否供零售用)	11.6	70.0	17.0		千克	
5111	**粗梳羊毛或粗梳动物细毛的机织物**						
5111 11 00.11	平方米重≤140克提花/装饰家具布(与精梳羊毛或动物细毛混纺,含粗梳羊毛或动物细毛≥85%)	20.0	130.0	17.0		米/千克	G
5111 11 00.19	平方米重≤140克提花/装饰家具布(与其他混纺,含粗梳羊毛或动物细毛≥85%)	20.0	130.0	17.0		米/千克	G
5111 11 00.91	平方米重≤300克其他机织物(与精梳羊毛或动物细毛混纺,含粗梳羊毛或动物细毛≥85%)	20.0	130.0	17.0		米/千克	G
5111 11 00.99	平方米重≤300克其他机织物(与其他混纺,含粗梳羊毛或动物细毛≥85%)	20.0	130.0	17.0		米/千克	G
5111 19 00.11	平方米重>300克提花/装饰家具布(与精梳羊毛或动物细毛混纺,羊毛或动物细毛含量≥85%)	20.0	130.0	17.0		米/千克	G
5111 19 00.19	平方米重>300克提花/装饰家具布(与其他混纺,羊毛或动物细毛含量≥85%)	20.0	130.0	17.0		米/千克	G
5111 19 00.91	平方米重>300克其他全毛机织物(与精梳羊毛或动物细毛混纺,羊毛或动物细毛含量≥85%)	20.0	130.0	17.0		米/千克	G
5111 19 00.99	平方米重>300克其他全毛机织物(与其他混纺,羊毛或动物细毛含量≥85%)	20.0	130.0	17.0		米/千克	G
5111 20 00.10	与化纤长丝混纺提花/装饰家具布(重量≤140克/平米或>300克/平米,羊毛或动物细毛含<85%)	20.0	130.0	17.0		米/千克	G
5111 20 00.90	与化纤长丝混纺其他粗梳毛机织物(羊毛或动物细毛含量<85%)	20.0	130.0	17.0		米/千克	G
5111 30 00.10	与化纤短纤混纺提花/装饰家具布(重量≤140克/平米或>300克/平米,含羊或动物细毛<85%)	20.0	130.0	17.0		米/千克	G
5111 30 00.90	与化纤短纤混纺其他粗梳毛机织物(羊毛或动物细毛含量<85%)	20.0	130.0	17.0		米/千克	G
5111 90 00.11	其他丝与精梳羊毛或动物细毛混纺(丝及绢丝≥30%,含粗梳羊毛或动物细毛<85%,价值>$33/kg)	20.0	130.0	17.0		米/千克	G
5111 90 00.19	其他丝混纺机织物(丝及绢丝≥30%,含粗梳羊毛或动物细毛<85%,价值>$33/kg)	20.0	130.0	17.0		米/千克	G
5111 90 00.21	其他毛混纺提花/装饰家具布(精梳羊毛或动物细毛<85%,重≤140克/平米或>300克/平米)	20.0	130.0	17.0		米/千克	G

商品编号	商 品 名 称 备 注	进口税率		增值税	消费税	计量单位	监管条件
		最惠国	普通				
5111 90 00.29	其他毛混纺提花/装饰家具布(含粗梳羊/动物细毛<85%,重≤140克/平米或>300克/平米)	20.0	130.0	17.0		米/千克	G
5111 90 00.91	其他机织物(与精梳羊毛或动物细毛混纺,含粗梳羊毛或动物细毛<85%)	20.0	130.0	17.0		米/千克	G
5111 90 00.99	其他机织物(与其他混纺,含粗梳羊毛或动物细毛<85%)	20.0	130.0	17.0		米/千克	G
5112	**精梳羊毛或精梳动物细毛的机织物**						
5112 11 00.10	重≤140g/平米毛提花/装饰家具布(精梳羊毛或动物细毛含量≥85%)	20.0	130.0	17.0		米/千克	G
5112 11 00.90	其他重量≤200克/平米毛制机织物(精梳羊毛或动物细毛含量≥85%)	20.0	130.0	17.0		米/千克	G
5112 19 00.10	重>200g/平米毛提花/装饰家具布(精梳羊毛或动物细毛含量≥85%)	20.0	130.0	17.0		米/千克	G
5112 19 00.90	重量>200克/平米其他毛制机织物(精梳羊毛或动物细毛含量≥85%)	20.0	130.0	17.0		米/千克	G
5112 20 00.10	与化纤长丝混纺毛制提花/家具布(精梳羊/动物细毛含量≤85%,重≤140g/平米或>300g/平米)	20.0	130.0	17.0		米/千克	G
5112 20 00.90	与化纤长丝混纺其他毛制机织物(精梳羊毛或动物细毛含量≤85%)	20.0	130.0	17.0		米/千克	G
5112 30 00.10	与化纤短纤混纺毛制提花/家具布(精梳羊/动物细毛含量≤85%,重≤140g/平米或>300g/平米)	20.0	130.0	17.0		米/千克	G
5112 30 00.90	与化纤短纤混纺其他毛制机织物(精梳羊毛或动物细毛含量≤85%)	20.0	130.0	17.0		米/千克	G
5112 90 00.10	其他丝与毛混纺机织物(含精梳羊毛或动物细毛<85%,丝及绢丝≥30%,价值>$33/kg)	20.0	130.0	17.0		米/千克	G
5112 90 00.20	其他精梳毛制提花/装饰家具布(含羊毛或动物细毛<85%,重量≤140g/平米或>300g/平米)	20.0	130.0	17.0		米/千克	G
5112 90 00.90	其他机织物(精梳羊毛或动物细毛<85%)	20.0	130.0	17.0		米/千克	G
5113	**动物粗毛或马毛的机织物**						
5113 00 00	动物粗毛或马毛的机织物	20.0	130.0	17.0		米/千克	

第五十二章　棉　　花

子目注释：

子目号 5209.42 及 5211.42 所称“粗斜纹布(劳动布)”，是指用不同颜色的纱线织成的三线或四线斜纹织物，包括破斜纹组织的织物，这种织物以经纱为面，经纱染成一种相同的颜色，纬纱未漂白或经漂白、染成灰色或比经纱稍浅的颜色。

商品编号	商 品 名 称 备 注	进口税率		增值税	消费税	计量单位	监管条件
		最惠国	普通				
5201	**未梳的棉花**						
5201 00 00.10	未梳的棉花(包括脱脂棉花(配额内))	1.0	125.0	13.0		千克	t4AB
5201 00 00.90	未梳的棉花(包括脱脂棉花(配额外))	54.4	125.0	13.0		千克	4AB
5202	**废棉(包括废棉纱线及回收纤维)**						
5202 10 00	废棉纱线(包括废棉线)	10.0	30.0	17.0		千克	A
5202 91 00	棉的回收纤维	10.0	30.0	17.0		千克	AB
5202 99 00	其他废棉	10.0	30.0	17.0		千克	AB
5203	**已梳的棉花**						
5203 00 00.10	已梳的棉花(配额内)	1.0	125.0	17.0		千克	t4AB
5203 00 00.90	已梳的棉花(配额外)	54.4	125.0	17.0		千克	4AB
5204	**棉制缝纫线,不论是否供零售用:**						
5204 11 00	非零售棉缝纫线(按重量计含棉量在85%及以上)	5.0	40.0	17.0		千克	G
5204 19 00	非零售棉缝纫线(按重量计含棉量在85%以下)	5.0	40.0	17.0		千克	G
5204 20 00	零售用棉制缝纫线	5.0	50.0	17.0		千克	G
5205	**棉纱线(缝纫线除外),按重量计含棉量在85%及以上,非供零售用**						
5205 11 00	非零售粗梳粗支纯棉单纱(粗支指单纱细度≥714.29分特,含棉量≥85%)	5.0	40.0	17.0		千克	BG
5205 12 00	非零售粗梳中支纯棉单纱(中支指单纱细度为232.56-714.29分特之间,含棉量≥85%)	5.0	40.0	17.0		千克	BG
5205 13 00	非零售粗梳细支纯棉单纱(细支指单纱细度在192.31-232.56分特之间,含棉量≥85%)	5.0	40.0	17.0		千克	BG
5205 14 00	非零售粗梳较细支纯棉单纱(较细支指单纱细度在125-192.31分特之间,含棉量≥85%)	5.0	40.0	17.0		千克	BG
5205 15 00	非零售粗梳特细支纯棉单纱(特细支指单纱细度<125分特,含棉量≥85%)	5.0	40.0	17.0		千克	BG
5205 21 00	非零售精梳粗支纯棉单纱(粗支指单纱细度≥714.29分特,含棉量≥85%)	5.0	40.0	17.0		千克	BG
5205 22 00	非零售精梳中支纯棉单纱(中支指单纱细度为232.56-714.29分特之间,含棉量≥85%)	5.0	40.0	17.0		千克	BG
5205 23 00	非零售精梳细支纯棉单纱(细支指单纱细度在192.31-232.56分特之间,含棉量≥85%)	5.0	40.0	17.0		千克	BG
5205 24 00	非零售精梳较细支纯棉单纱(较细支指单纱细在125-192.31分特之间,含棉量≥85%)	5.0	40.0	17.0		千克	BG
5205 26 00	非零售精梳特细支纯棉单纱(特细支指单纱细度在106.38-125分特之间,含棉≥85%)	5.0	40.0	17.0		千克	BG

商品编号	商 品 名 称 备 注	进口税率		增值税	消费税	计量单位	监管条件
		最惠国	普通				
5205 27 00	非零售精梳超特细支纯棉单纱(超特细支指单纱细度在83.33-106.38分特之间,含棉≥85%)	5.0	40.0	17.0		千克	BG
5205 28 00	非零售精梳微支纯棉单纱(微支指单纱细度<83.33分特,含棉量≥85%)	5.0	40.0	17.0		千克	BG
5205 31 00	非零售粗梳粗支纯棉多股纱(粗支指单纱细度≥714.29分特,含棉量≥85%)	5.0	40.0	17.0		千克	G
5205 32 00	非零售粗梳中支纯棉多股纱(中支指单纱细度为232.56-714.29分特之间,含棉量≥85%)	5.0	40.0	17.0		千克	G
5205 33 00	非零售粗梳细支纯棉多股纱(细支指单纱细度在192.31-232.56分特之间,含棉量≥85%)	5.0	40.0	17.0		千克	G
5205 34 00	非零售粗梳较细支纯棉多股纱(较细支指单纱细在125-192.31分特之间,含棉量≥85%)	5.0	40.0	17.0		千克	G
5205 35 00	非零售粗梳特细支纯棉多股纱(特细支指单纱细度<125分特,含棉量≥85%)	5.0	40.0	17.0		千克	G
5205 41 00	非零售精梳粗支纯棉多股纱(粗支指单纱细度≥714.29分特,含棉量≥85%)	5.0	40.0	17.0		千克	G
5205 42 00	非零售精梳中支纯棉多股纱(中支指单纱细度为232.56-714.29分特之间,含棉量≥85%)	5.0	40.0	17.0		千克	G
5205 43 00	非零售精梳细支纯棉多股纱(细支指单纱细度在192.31-232.56分特之间,含棉量≥85%)	5.0	40.0	17.0		千克	G
5205 44 00	非零售精梳较细支纯棉多股纱(较细支指单纱细在125-192.31分特之间,含棉量≥85%)	5.0	40.0	17.0		千克	G
5205 46 00	非零售精梳特细支纯棉多股纱(特细支指单纱细度在106.38-125分特之间,含棉量≥85%)	5.0	40.0	17.0		千克	G
5205 47 00	非零售精梳超特细支多股纱(超特细支指单纱细度在83.33-106.38分特之间,含棉≥85%)	5.0	40.0	17.0		千克	G
5205 48 00	非零售精梳微支纯棉多股纱(微支指单纱细度在<83.33分特,含棉≥85%)	5.0	40.0	17.0		千克	G
5206	**棉纱线(缝纫线除外),按重量计含棉量在85%以下,非供零售用**						
5206 11 00	非零售粗梳粗支混纺棉单纱(粗支指单纱细度≥714.29分特,含棉量<85%)	7.0	40.0	17.0		千克	BG
5206 12 00	非零售粗梳中支混纺棉单纱(中支指单纱细度为232.56-714.29分特以内,含棉量<85%)	7.0	40.0	17.0		千克	BG
5206 13 00	非零售粗梳细支混纺棉单纱(细支指单纱细度在192.31-232.56分特之间,含棉量<85%)	7.0	40.0	17.0		千克	BG
5206 14 00	非零售粗梳较细支混纺棉单纱(较细支指单纱细在125-192.31分特之间,含棉量<85%)	7.0	40.0	17.0		千克	BG
5206 15 00	非零售粗梳特细支混纺棉单纱(特细支指单纱细度<125分特,含棉量<85%)	7.0	40.0	17.0		千克	BG

商品编号	商 品 名 称 备 注	进口税率		增值税	消费税	计量单位	监管条件
		最惠国	普通				
5206 21 00	非零售精梳粗支混纺棉单纱(粗支指单纱细度≥714.29分特,含棉量<85%)	7.0	40.0	17.0		千克	BG
5206 22 00	非零售精梳中支混纺棉单纱(中支指单纱细度为232.56-714.29分特之间,含棉量<85%)	7.0	40.0	17.0		千克	BG
5206 23 00	非零售精梳细支混纺棉单纱(细支指单纱细度在192.31-232.56分特之间,含棉量<85%)	7.0	40.0	17.0		千克	BG
5206 24 00	非零售精梳较细支混纺棉单纱(较细支指单纱细在125-192.31分特之间,含棉量<85%)	7.0	40.0	17.0		千克	BG
5206 25 00	非零售精梳特细支混纺棉单纱(特细支指单纱细度<125分特,含棉量<85%)	7.0	40.0	17.0		千克	BG
5206 31 00	非零售粗梳粗支混纺棉多股纱(粗支指单纱细度≥714.29分特,含棉量<85%)	7.0	40.0	17.0		千克	G
5206 32 00	非零售粗梳中支混纺棉多股纱(中支指单纱细度为232.56-714.29分特之间,含棉量<85%)	7.0	40.0	17.0		千克	G
5206 33 00	非零售粗梳细支其他混纺棉多股纱(细支指单纱细度在192.31-232.56分特之间,含棉量<85%)	7.0	40.0	17.0		千克	G
5206 34 00	非零售粗梳较细混纺棉多股纱(较细支指单纱细在125-192.31分特之间,含棉量<85%)	7.0	40.0	17.0		千克	G
5206 35 00	非零售粗梳特细混纺棉多股纱(特细支指单纱细度<125分特,含棉量<85%)	7.0	40.0	17.0		千克	G
5206 41 00	非零售精梳粗支混纺棉多股纱(粗支指单纱细度≥714.29分特,含棉量<85%)	7.0	40.0	17.0		千克	G
5206 42 00	非零售精梳中支混纺棉多股纱(中支指单纱细度为232.56-714.29分特之间,含棉量<85%)	7.0	40.0	17.0		千克	G
5206 43 00	非零售精梳细支混纺棉多股纱(细支指单纱细度在192.31-232.56分特之间,含棉量<85%)	7.0	40.0	17.0		千克	G
5206 44 00	非零售精梳较细混纺棉多股纱(较细支指单纱细在125-192.31分特之间,含棉量<85%)	7.0	40.0	17.0		千克	G
5206 45 00	非零售精梳特细混纺棉多股纱(特细支指单纱细度<125分特,含棉量<85%)	7.0	40.0	17.0		千克	G
5207	**棉纱线(缝纫线除外),供零售用**						
5207 10 00	供零售用纯棉纱线(纯棉纱线指按重量计含棉量≥85%,缝纫线除外)	6.0	50.0	17.0		千克	G
5207 90 00	供零售用混纺棉纱线(混棉纱线指按重量计含棉量<85%,缝纫线除外)	7.8	50.0	17.0		千克	G
5208	**棉机织物,按重量计含棉量在85%及以上,每平方米重量不超过200克**						
5208 11 00.10	未漂白全棉平纹府绸及细平布(每平方米重量不超过100克,含棉85%及以上)	12.3	70.0	17.0		米/千克	5ABG

商品编号	商 品 名 称 备 注	进口税率		增值税	消费税	计量单位	监管条件
		最惠国	普通				
5208 11 00.20	未漂白全棉平纹机织平布(每平方米重量不超过100克,68号及以下)	12.3	70.0	17.0		米/千克	5ABG
5208 11 00.30	未漂白全棉平纹奶酪布(每平方米重量不超过100克,含棉85%及以上)	12.3	70.0	17.0		米/千克	5ABG
5208 11 00.40	未漂白全棉平纹印染用布(每平方米重量不超过100克,43-68号)	12.3	70.0	17.0		米/千克	5ABG
5208 11 00.50 *	未漂白全棉平纹巴里纱及薄细布(每平方米重量不超过100克,69号及以上)	12.3	70.0	17.0		米/千克	5ABG
5208 11 00.60	未漂白全棉平纹机织打字布(每平方米重量不超过100克,含棉85%及以上)	12.3	70.0	17.0		米/千克	5ABG
5208 11 00.70	未漂白全棉医用纱布(每平方米重量不超过100克,含棉85%及以上)	12.3	70.0	17.0		米/千克	5ABG
5208 12 00.10	未漂白全棉平纹府绸及细平布(100<每平方米重量≤200克,含棉85%及以上)	12.3	70.0	17.0		米/千克	5ABG
5208 12 00.20	未漂白全棉平纹机织平布(100<每平方米重量≤200克,68号及以下)	12.3	70.0	17.0		米/千克	5ABG
5208 12 00.30	未漂白全棉平纹奶酪布(100<每平方米重量≤200克,含棉85%及以上)	12.3	70.0	17.0		米/千克	5ABG
5208 12 00.40	未漂白全棉平纹印染用布(100<每平方米重量≤200克,43-68号)	12.3	70.0	17.0		米/千克	5ABG
5208 12 00.50 *	未漂白全棉平纹巴里纱及薄细布(100<每平方米重量≤200克,69号及以上)	12.3	70.0	17.0		米/千克	5ABG
5208 13 00	未漂白全棉三、四线斜纹布(每平方米重量≤200克,含棉≥85%,包括双面斜纹机织物)	12.3	70.0	17.0		米/千克	5ABG
5208 19 00.10	未漂白其他全棉机织缎布(每平方米重量不超过200克,含棉85%及以上)	12.3	70.0	17.0		米/千克	5ABG
5208 19 00.20	未漂白其他全棉机织斜纹布(每平方米重量不超过200克,含棉85%及以上)	12.3	70.0	17.0		米/千克	5ABG
5208 19 00.30	未漂白其他全棉机织牛津布(每平方米重量不超过200克,含棉85%及以上)	12.3	70.0	17.0		米/千克	5ABG
5208 19 00.90	未漂白其他全棉机织物(每平方米重量不超过200克,含棉85%及以上)	12.3	70.0	17.0		米/千克	5ABG
5208 21 00.10	漂白全棉平纹府绸及细平布(每平方米重量不超过100克,含棉85%及以上)	12.3	70.0	17.0		米/千克	ABG
5208 21 00.20	漂白全棉平纹机织平布(每平方米重量不超过100克,68号及以下)	12.3	70.0	17.0		米/千克	ABG
5208 21 00.30	漂白全棉平纹奶酪布(每平方米重量不超过100克,含棉85%及以上)	12.3	70.0	17.0		米/千克	ABG
5208 21 00.40	漂白全棉平纹印染用布(每平方米重量不超过100克,43-68号)	12.3	70.0	17.0		米/千克	ABG

商品编号	商品名称备注	进口税率		增值税	消费税	计量单位	监管条件
		最惠国	普通				
5208 21 00.50 *	漂白全棉平纹巴里纱及薄细布(每平方米重量不超过100克,69号及以上)	12.3	70.0	17.0		米/千克	ABG
5208 21 00.60	漂白全棉医用纱布(每平方米重量不超过100克,含棉85%及以上)	12.3	70.0	17.0		米/千克	ABG
5208 22 00.10	漂白全棉平纹府绸及细平布(100<每平方米重量≤200克,含棉85%及以上)	12.3	70.0	17.0		米/千克	ABG
5208 22 00.20	漂白全棉平纹机织平布(100<每平方米重量≤200克,68号及以下)	12.3	70.0	17.0		米/千克	ABG
5208 22 00.30	漂白全棉平纹奶酪布(100<每平方米重量≤200克,含棉85%及以上)	12.3	70.0	17.0		米/千克	ABG
5208 22 00.40	漂白全棉平纹印染用布(100<每平方米重量≤200克,43-68号)	12.3	70.0	17.0		米/千克	ABG
5208 22 00.50 *	漂白全棉巴里纱及薄细布(100<每平方米重量≤200克,69号及以上)	12.3	70.0	17.0		米/千克	ABG
5208 23 00	漂白的全棉三、四线斜纹布(每平方米重量≤200克,含棉≥85%,包括双面斜纹机织物)	13.8	70.0	17.0		米/千克	ABG
5208 29 00.10	漂白其他全棉机织缎布(每平方米重量不超过200克,含棉85%及以上)	12.3	70.0	17.0		米/千克	ABG
5208 29 00.20	漂白其他全棉机织斜纹布(每平方米重量不超过200克,含棉85%及以上)	12.3	70.0	17.0		米/千克	ABG
5208 29 00.30	漂白其他全棉机织牛津布(每平方米重量不超过200克,含棉85%及以上)	12.3	70.0	17.0		米/千克	ABG
5208 29 00.90	漂白其他全棉机织物(每平方米重量不超过200克,含棉85%及以上)	12.3	70.0	17.0		米/千克	ABG
5208 31 00.10	染色全棉手工织布(每平方米重量不超过100克,含棉85%及以上)	12.3	70.0	17.0		米/千克	ABG
5208 31 00.91	染色全棉平纹府绸及细平布(每平方米重量不超过100克,含棉85%及以上)	12.3	70.0	17.0		米/千克	ABG
5208 31 00.92	染色全棉平纹机织平布(每平方米重量不超过100克,68号及以下)	12.3	70.0	17.0		米/千克	ABG
5208 31 00.93	染色全棉平纹奶酪布(每平方米重量不超过100克,含棉85%及以上)	12.3	70.0	17.0		米/千克	ABG
5208 31 00.94	染色全棉平纹印染用布(每平方米重量不超过100克,43-68号)	12.3	70.0	17.0		米/千克	ABG
5208 31 00.95	染色全棉巴里纱及薄细布(每平方米重量不超过100克,69号及以上)	12.3	70.0	17.0		米/千克	ABG
5208 32 00.10	染色全棉手工织布(100<每平方米重量≤200克,含棉85%及以上)	12.3	70.0	17.0		米/千克	ABG
5208 32 00.91	染色全棉平纹府绸及细平布(100<每平方米重量≤200克,含棉85%及以上)	12.3	70.0	17.0		米/千克	ABG

商品编号	商品名称备注	进口税率		增值税	消费税	计量单位	监管条件
		最惠国	普通				
5208 32 00.92	染色全棉平纹机织平布(100＜每平方米重量≤200克,68号及以下)	12.3	70.0	17.0		米/千克	ABG
5208 32 00.93	染色全棉平纹奶酪布(100＜每平方米重量≤200克,含棉85%及以上)	12.3	70.0	17.0		米/千克	ABG
5208 32 00.94	染色全棉平纹印染用布(100＜每平方米重量≤200克,43－68号)	12.3	70.0	17.0		米/千克	ABG
5208 32 00.95	染色全棉巴里纱及薄细布(100＜每平方米重量≤200克,69号及以上)	12.3	70.0	17.0		米/千克	ABG
5208 33 00	染色的全棉三、四线斜纹布(每平方米重量≤200克,含棉≥85%,包括双面斜纹机织物)	12.3	70.0	17.0		米/千克	ABG
5208 39 00.10	染色其他全棉机织缎布(每平方米重量不超过200克,含棉85%及以上)	12.3	70.0	17.0		米/千克	ABG
5208 39 00.20	染色其他全棉机织斜纹布(每平方米重量不超过200克,含棉85%及以上)	12.3	70.0	17.0		米/千克	ABG
5208 39 00.30	染色其他全棉机织牛津布(每平方米重量不超过200克,含棉85%及以上)	12.3	70.0	17.0		米/千克	ABG
5208 39 00.90	染色其他全棉机织物(每平方米重量不超过200克,含棉85%及以上)	12.3	70.0	17.0		米/千克	ABG
5208 41 00.10	色织的全棉手工织布(每平方米重量不超过100克,含棉85%及以上)	12.3	70.0	17.0		米/千克	ABG
5208 41 00.90	色织的全棉平纹机织物(每平方米重量不超过100克,含棉85%及以上)	12.3	70.0	17.0		米/千克	ABG
5208 42 00.10	色织的全棉手工织布(100＜每平方米重量≤200克,含棉85%及以上)	12.3	70.0	17.0		米/千克	ABG
5208 42 00.90	色织的全棉平纹机织物(100＜每平方米重量≤200克,含棉85%及以上)	12.3	70.0	17.0		米/千克	ABG
5208 43 00	色织的全棉三、四线斜纹布(每平方米重量≤200克,含棉≥85%,包括双面斜纹机织物)	12.3	70.0	17.0		米/千克	ABG
5208 49 00.10	色织的其他全棉提花机织物(每平方米重量不超过200克,含棉85%及以上)	12.3	70.0	17.0		米/千克	ABG
5208 49 00.90	色织的其他全棉机织物(每平方米重量不超过200克,含棉85%及以上)	12.3	70.0	17.0		米/千克	ABG
5208 51 00.10	印花全棉手工织布(每平方米重量不超过100克,含棉85%及以上)	12.3	70.0	17.0		米/千克	ABG
5208 51 00.91	印花全棉平纹府绸及细平布(每平方米重量不超过100克,含棉85%及以上)	12.3	70.0	17.0		米/千克	ABG
5208 51 00.92	印花全棉平纹机织平布(每平方米重量不超过100克,68号及以下)	12.3	70.0	17.0		米/千克	ABG
5208 51 00.93	印花全棉平纹奶酪布(每平方米重量不超过100克,含棉85%及以上)	12.3	70.0	17.0		米/千克	ABG

商品编号	商品名称备注	进口税率		增值税	消费税	计量单位	监管条件
		最惠国	普通				
5208 51 00.94	印花全棉平纹印染用布(每平方米重量不超过100克,43-68号)	12.3	70.0	17.0		米/千克	ABG
5208 51 00.95	印花全棉平纹巴里纱及薄细布(每平方米重量不超过100克,69号及以上)	12.3	70.0	17.0		米/千克	ABG
5208 52 00.10	印花的全棉手工织布(100<每平方米重量≤200克,含棉85%及以上)	12.3	70.0	17.0		米/千克	ABG
5208 52 00.91	印花的全棉平纹府绸及细平布(100<每平方米重量≤200克,含棉85%及以上)	12.3	70.0	17.0		米/千克	ABG
5208 52 00.92	印花的全棉平纹机织平布(100<每平方米重量≤200克,68号及以下)	12.3	70.0	17.0		米/千克	ABG
5208 52 00.93	印花的全棉平纹奶酪布(100<每平方米重量≤200克,含棉85%及以上)	12.3	70.0	17.0		米/千克	ABG
5208 52 00.94	印花的全棉平纹印染用布(100<每平方米重量≤200克,43-68号)	12.3	70.0	17.0		米/千克	ABG
5208 52 00.95	印花的全棉巴里纱及薄细布(100<每平方米重量≤200克,69号及以上)	12.3	70.0	17.0		米/千克	ABG
5208 53 00	印花的全棉三、四线斜纹布(每平方米重量≤200克,含棉≥85%,包括双面斜纹机织物)	12.3	70.0	17.0		米/千克	ABG
5208 59 00.10	印花其他全棉机织缎布(每平方米重量不超过200克,含棉85%及以上)	12.3	70.0	17.0		米/千克	ABG
5208 59 00.20	印花其他全棉机织斜纹布(每平方米重量不超过200克,含棉85%及以上)	12.3	70.0	17.0		米/千克	ABG
5208 59 00.30	印花其他全棉机织牛津布(每平方米重量不超过200克,含棉85%及以上)	12.3	70.0	17.0		米/千克	ABG
5208 59 00.90	印花其他全棉机织物(每平方米重量不超过200克,含棉85%及以上)	12.3	70.0	17.0		米/千克	ABG
5209	**棉机织物,按重量计含棉量在85%及以上,每平方米重量超过200克**						
5209 11 00.10	未漂白全棉平纹府绸及细平布(指每平方米重超过200克,含棉85%及以上)	13.6	70.0	17.0		米/千克	5ABG
5209 11 00.20	未漂白的全棉平纹机织平布(指每平方米重超过200克,含棉85%及以上)	13.6	70.0	17.0		米/千克	G5AB
5209 11 00.30	未漂白的全棉平纹机织帆布(指每平方米重超过200克,含棉85%及以上)	13.6	70.0	17.0		米/千克	G5AB
5209 12 00	未漂白的全棉三、四线斜纹布(指每平方米重>200克,含棉≥85%包括双面斜纹机织物)	13.6	70.0	17.0		米/千克	G5AB
5209 19 00.10	未漂白的其他全棉机织缎布(指每平方米重超过200克,含棉85%及以上)	13.6	70.0	17.0		米/千克	G5B
5209 19 00.20	未漂白的其他全棉机织斜纹布(指每平方米重超过200克,含棉85%及以上)	13.6	70.0	17.0		米/千克	G5B

商品编号	商品名称备注	进口税率		增值税	消费税	计量单位	监管条件
		最惠国	普通				
5209 19 00.30	未漂白的其他全棉机织帆布(指每平方米重超过200克,含棉85%及以上)	13.6	70.0	17.0		米/千克	G5B
5209 19 00.90	未漂白的其他全棉机织物(指每平方米重超过200克,含棉85%及以上)	13.6	70.0	17.0		米/千克	G5B
5209 21 00.10	漂白全棉平纹府绸及细平布(指每平方米重超过200克,含棉85%及以上)	13.8	70.0	17.0		米/千克	BG
5209 21 00.20	漂白的全棉平纹机织平布(指每平方米重超过200克,含棉85%及以上)	13.8	70.0	17.0		米/千克	BG
5209 21 00.30	漂白的全棉平纹机织帆布(指每平方米重超过200克,含棉85%及以上)	13.8	70.0	17.0		米/千克	BG
5209 22 00	漂白的全棉三、四线斜纹布(指每平方米重超过200克,含棉≥85%,包括双面斜纹机织物)	13.8	70.0	17.0		米/千克	BG
5209 29 00.10	漂白的其他全棉机织缎布(指每平方米重超过200克,含棉85%及以上)	13.8	70.0	17.0		米/千克	BG
5209 29 00.20	漂白的其他全棉机织斜纹布(指每平方米重超过200克,含棉85%及以上)	13.8	70.0	17.0		米/千克	BG
5209 29 00.30	漂白的其他全棉机织帆布(指每平方米重超过200克,含棉85%及以上)	13.8	70.0	17.0		米/千克	BG
5209 29 00.90	漂白的其他全棉机织物(指每平方米重超过200克,含棉85%及以上)	13.8	70.0	17.0		米/千克	BG
5209 31 00.10	染色全棉手工织布(指每平方米重超过200克,含棉85%及以上)	13.6	70.0	17.0		米/千克	ABG
5209 31 00.91	染色全棉平纹府绸及细平布(指每平方米重超过200克,含棉85%及以上)	13.6	70.0	17.0		米/千克	ABG
5209 31 00.92	染色的全棉平纹机织平布(指每平方米重超过200克,含棉85%及以上)	13.6	70.0	17.0		米/千克	ABG
5209 31 00.93	染色的全棉平纹机织帆布(指每平方米重超过200克,含棉85%及以上)	13.6	70.0	17.0		米/千克	ABG
5209 32 00	染色的全棉三、四线斜纹布(指每平方米重超过200克,含棉≥85%,包括双面斜纹机织物)	13.6	70.0	17.0		米/千克	ABG
5209 39 00.10	染色的其他全棉机织缎布(指每平方米重超过200克,含棉85%及以上)	13.6	70.0	17.0		米/千克	ABG
5209 39 00.20	染色的其他全棉机织斜纹布(指每平方米重超过200克,含棉85%及以上)	13.6	70.0	17.0		米/千克	ABG
5209 39 00.30	染色的其他全棉机织帆布(指每平方米重超过200克,含棉85%及以上)	13.6	70.0	17.0		米/千克	ABG
5209 39 00.90	染色的其他全棉机织物(指每平方米重超过200克,含棉85%及以上)	13.6	70.0	17.0		米/千克	ABG
5209 41 00.10	色织的全棉手工织布(指每平方米重超过200克,含棉85%及以上)	13.6	70.0	17.0		米/千克	ABG

商品编号	商品名称备注	进口税率		增值税	消费税	计量单位	监管条件
		最惠国	普通				
5209 41 00.90	色织的全棉平纹机织物(指每平方米重超过200克,含棉85%及以上)	13.6	70.0	17.0		米/千克	ABG
5209 42 00.10	色织全棉蓝粗斜纹布(劳动布)(指每平方米重超过200克,含棉85%及以上)	12.0	70.0	17.0		米/千克	ABG
5209 42 00.90	色织其他全棉粗斜纹布(劳动布)(指每平方米重超过200克,含棉85%及以上)	12.0	70.0	17.0		米/千克	ABG
5209 43 00	色织的全棉三、四线斜纹布(指每平方米重超过200克,含棉≥85%,包括双面斜纹机织物)	13.6	70.0	17.0		米/千克	ABG
5209 49 00.10	色织的其他全棉提花机织物(指每平米重超过200克,含棉85%及以上)	13.6	70.0	17.0		米/千克	ABG
5209 49 00.90	色织的其他全棉机织物(指每平米重超过200克,含棉85%及以上)	13.6	70.0	17.0		米/千克	ABG
5209 51 00.10	印花全棉手工织布(指每平方米重超过200克,含棉85%及以上)	13.6	70.0	17.0		米/千克	ABG
5209 51 00.91	印花全棉平纹府绸及细平布(指每平方米重超过200克,含棉85%及以上)	13.6	70.0	17.0		米/千克	ABG
5209 51 00.92	印花全棉平纹机织平布(指每平方米重超过200克,含棉85%及以上)	13.6	70.0	17.0		米/千克	ABG
5209 51 00.93	印花全棉平纹机织帆布(指每平方米重超过200克,含棉85%及以上)	13.6	70.0	17.0		米/千克	ABG
5209 52 00	印花的全棉三、四线斜纹布(指每平方米重超过200克,含棉85%及以上双面斜纹布)	13.6	70.0	17.0		米/千克	ABG
5209 59 00.10	印花的其他全棉机织缎布(指每平方米重超过200克,含棉85%及以上)	13.6	70.0	17.0		米/千克	ABG
5209 59 00.20	印花的其他全棉机织斜纹布(指每平方米重超过200克,含棉85%及以上)	13.6	70.0	17.0		米/千克	ABG
5209 59 00.30	印花的其他全棉机织帆布(指每平方米重超过200克,含棉85%及以上)	13.6	70.0	17.0		米/千克	ABG
5209 59 00.90	印花的其他全棉机织帆物(指每平方米重超过200克,含棉85%及以上)	13.6	70.0	17.0		米/千克	ABG
5210	**棉机织物,按重计含棉量在85%以下,主要或仅与化学纤维混纺,每平方米重量不超过200克**						
5210 11 00.11	未漂白与聚酯短纤混纺的棉制府绸(指每平米重≤200克,含棉85%以下,含平细布)	16.4	90.0	17.0		米/千克	BG
5210 11 00.12	未漂白与聚酯短纤混纺棉机织平布(指每平米重≤200克,≤68号,含棉85%以下)	16.4	90.0	17.0		米/千克	BG
5210 11 00.13	未漂白与聚酯短纤混纺棉奶酪布(指每平米重≤200克,含棉85%以下)	16.4	90.0	17.0		米/千克	BG
5210 11 00.14	未漂白与聚酯短纤混纺棉印染布(指每平米重≤200克,43-68号,含棉85%以下)	16.4	90.0	17.0		米/千克	BG

商品编号	商品名称备注	进口税率		增值税	消费税	计量单位	监管条件
		最惠国	普通				
5210 11 00.15	未漂白与聚酯短纤混纺棉巴里纱(指每平米重≤200克,≥69号,含棉85%以下,含薄细布)	16.4	90.0	17.0		米/千克	BG
5210 11 00.91	未漂白与其他化纤混纺棉府绸(指每平米重≤200克,含棉85%以下,含平细布)	16.4	90.0	17.0		米/千克	BG
5210 11 00.92	未漂白与其他化纤混纺棉机织平布(指每平米重≤200克,≤68号,含棉85%以下)	16.4	90.0	17.0		米/千克	BG
5210 11 00.93	未漂白与其他化纤混纺棉奶酪布(指每平米重≤200克,含棉85%以下)	16.4	90.0	17.0		米/千克	BG
5210 11 00.94	未漂白与其他化纤混纺棉印染布(指每平米重≤200克,43-68号,含棉85%以下)	16.4	90.0	17.0		米/千克	BG
5210 11 00.95	未漂白与其他化纤混纺棉巴里纱(指每平米重≤200克,≥69号,含棉85%以下)	16.4	90.0	17.0		米/千克	BG
5210 12 00.10	未漂白与聚酯短纤混纺的棉斜纹布(每平米重≤200克,含棉85%以下,3/4线斜纹布)	16.4	90.0	17.0		米/千克	BG
5210 12 00.90	未漂白与其他化纤混纺棉斜纹布(每平米重≤200克,含棉85%以下,3/4线斜纹布)	16.4	90.0	17.0		米/千克	BG
5210 19 00.11	其他未漂白与聚酯短纤混纺的缎布(每平米重量≤200克,含棉85%以下)	16.4	90.0	17.0		米/千克	BG
5210 19 00.12	其他未漂白与聚酯短纤混纺斜纹布(每平米重量≤200克,含棉85%以下)	16.4	90.0	17.0		米/千克	BG
5210 19 00.13	其他未漂白与聚酯短纤混纺牛津布(每平米重量≤200克,含棉85%以下)	16.4	90.0	17.0		米/千克	BG
5210 19 00.19	其他未漂白与聚酯短纤混纺棉布(每平米重量≤200克,含棉85%以下)	16.4	90.0	17.0		米/千克	BG
5210 19 00.91	其他未漂白与其他化纤混纺缎布(每平米重量≤200克,含棉85%以下)	16.4	90.0	17.0		米/千克	BG
5210 19 00.92	其他未漂白与其他化纤混纺斜纹布(每平米重量≤200克,含棉85%以下)	16.4	90.0	17.0		米/千克	BG
5210 19 00.93	其他未漂白与其他化纤混牛津布(每平米重量≤200克,含棉85%以下)	16.4	90.0	17.0		米/千克	BG
5210 19 00.99	其他未漂白与其他化纤混棉布(每平米重量≤200克,含棉85%以下)	16.4	90.0	17.0		米/千克	BG
5210 21 00.11	漂白与聚酯短纤混纺棉府绸(每平米重≤200克,含棉85%以下,含细平布)	17.6	90.0	17.0		米/千克	BG
5210 21 00.12	漂白与聚酯短纤混纺棉机织平布(每平米重≤200克,68号以下,含棉85%以下)	17.6	90.0	17.0		米/千克	BG
5210 21 00.13	漂白与聚酯短纤混纺棉奶酪布(每平米重≤200克,含棉85%以下)	17.6	90.0	17.0		米/千克	BG
5210 21 00.14	漂白与聚酯短纤混纺棉印染布(每平米重≤200克,43-68号,含棉85%以下)	17.6	90.0	17.0		米/千克	BG

商品编号	商 品 名 称 备 注	进口税率		增值税	消费税	计量单位	监管条件
		最惠国	普通				
5210 21 00.15	漂白与聚酯短纤混纺棉巴里纱(每平米重≤200克,69号及以上,含棉85%以下,含薄细布)	17.6	90.0	17.0		米/千克	BG
5210 21 00.21	漂白与化纤长丝混纺棉府绸(每平米重≤200克,含棉85%以下,含细平布)	17.6	90.0	17.0		米/千克	BG
5210 21 00.22	漂白与化纤长丝混纺棉机织平布(每平米重≤200克,68号以下,含棉85%以下)	17.6	90.0	17.0		米/千克	BG
5210 21 00.23	漂白与化纤长丝混纺棉奶酪布(每平米重≤200克,含棉85%以下)	17.6	90.0	17.0		米/千克	BG
5210 21 00.24	漂白与化纤长丝混纺棉印染布(每平米重≤200克,43-68号,含棉85%以下)	17.6	90.0	17.0		米/千克	BG
5210 21 00.25	漂白与化纤长丝混纺棉巴里纱(每平米重≤200克,69号及以上,含棉85%以下,含薄细布)	17.6	90.0	17.0		米/千克	BG
5210 21 00.91	漂白与其他化纤混纺棉府绸(每平米重≤200克,含棉85%以下,含细平布)	17.6	90.0	17.0		米/千克	BG
5210 21 00.92	漂白与其他化纤混纺棉机织平布(每平米重≤200克,68号以下,含棉85%以下)	17.6	90.0	17.0		米/千克	BG
5210 21 00.93	漂白与其他化纤混纺棉奶酪布(每平米重≤200克,含棉85%以下)	17.6	90.0	17.0		米/千克	BG
5210 21 00.94	漂白与其他化纤混纺棉印染布(每平米重≤200克,43-68号,含棉85%以下)	17.6	90.0	17.0		米/千克	BG
5210 21 00.95	漂白与其他化纤混纺棉巴里纱(每平米重≤200克,69号及以上,含棉85%以下,含薄细布)	17.6	90.0	17.0		米/千克	BG
5210 22 00.10	漂白与聚酯短纤混纺棉斜纹布(每平米重≤200克,含棉85%以下,3/4线斜纹布)	17.6	90.0	17.0		米/千克	BG
5210 22 00.20	漂白与化纤长丝混纺棉斜纹布(每平米重≤200克,含棉85%以下,3/4线斜纹布)	17.6	90.0	17.0		米/千克	BG
5210 22 00.90	漂白与其他化纤混纺棉斜纹布(每平米重≤200克,含棉85%以下,3/4线斜纹布)	17.6	90.0	17.0		米/千克	BG
5210 29 00.11	其他漂白与聚酯短纤混纺缎布(每平米重≤200克,含棉85%以下)	17.6	90.0	17.0		米/千克	BG
5210 29 00.12	其他漂白与聚酯短纤混纺斜纹布(每平米重≤200克,含棉85%以下)	17.6	90.0	17.0		米/千克	BG
5210 29 00.13	其他漂白与聚酯短纤混纺牛津布(每平米重≤200克,含棉85%以下)	17.6	90.0	17.0		米/千克	BG
5210 29 00.19	其他漂白与聚酯短纤混纺棉布(每平米重≤200克,含棉85%以下)	17.6	90.0	17.0		米/千克	BG
5210 29 00.21	其他漂白与化纤长丝混纺缎布(每平米重≤200克,含棉85%以下)	17.6	90.0	17.0		米/千克	BG
5210 29 00.22	其他漂白与化纤长丝混纺斜纹布(每平米重≤200克,含棉85%以下)	17.6	90.0	17.0		米/千克	BG

商品编号	商品名称备注	进口税率		增值税	消费税	计量单位	监管条件
		最惠国	普通				
5210 29 00.23	其他漂白与化纤长丝混纺牛津布(每平米重≤200克,含棉85%以下)	17.6	90.0	17.0		米/千克	BG
5210 29 00.29	其他漂白与化纤长丝混纺棉布(每平米重≤200克,含棉85%以下)	17.6	90.0	17.0		米/千克	BG
5210 29 00.91	其他漂白与其他化纤混纺缎布(每平米重≤200克,含棉85%以下)	17.6	90.0	17.0		米/千克	BG
5210 29 00.92	其他漂白与其他化纤混纺斜纹布(每平米重≤200克,含棉85%以下)	17.6	90.0	17.0		米/千克	BG
5210 29 00.93	其他漂白与其他化纤混纺牛津布(每平米重≤200克,含棉85%以下)	17.6	90.0	17.0		米/千克	BG
5210 29 00.99	其他漂白与其他化纤混纺棉布(每平米重≤200克,含棉85%以下)	17.6	90.0	17.0		米/千克	BG
5210 31 00.11	染色与聚酯短纤混纺棉府绸(每平米重≤200克,含棉85%以下,含细平布)	15.2	90.0	17.0		米/千克	BG
5210 31 00.12	染色与聚酯短纤混纺棉机织平布(每平米重≤200克,68号及以下,含棉85%以下)	15.2	90.0	17.0		米/千克	BG
5210 31 00.13	染色与聚酯短纤混纺棉奶酪布(每平米重≤200克,含棉85%以下)	15.2	90.0	17.0		米/千克	BG
5210 31 00.14	染色与聚酯短纤混纺棉印染布(每平米重≤200克,43-68号,含棉85%以下)	15.2	90.0	17.0		米/千克	BG
5210 31 00.15	染色与聚酯短纤混纺棉巴里纱(每平米重≤200克,69号及以上,含棉85%以下,含薄细布)	15.2	90.0	17.0		米/千克	BG
5210 31 00.21	染色与化纤长丝混纺棉府绸(每平米重≤200克,含棉85%以下,含细平布)	15.2	90.0	17.0		米/千克	BG
5210 31 00.22	染色与化纤长丝混纺棉机织平布(每平米重≤200克,含棉85%以下)	15.2	90.0	17.0		米/千克	BG
5210 31 00.23	染色与化纤长丝混纺棉奶酪布(每平米重≤200克,含棉85%以下)	15.2	90.0	17.0		米/千克	BG
5210 31 00.24	染色与化纤长丝混纺棉印染布(每平米重≤200克,43-68号,含棉85%以下)	15.2	90.0	17.0		米/千克	BG
5210 31 00.25	染色与化纤长丝混纺棉巴里纱(每平米重≤200克,69号及以上,含棉85%以下,含薄细布)	15.2	90.0	17.0		米/千克	BG
5210 31 00.91	染色与其他化纤混纺棉府绸(每平米重≤200克,含棉85%以下,含细平布)	15.2	90.0	17.0		米/千克	BG
5210 31 00.92	染色与其他化纤混纺棉机织平布(每平米重≤200克,68号及以下,含棉85%以下)	15.2	90.0	17.0		米/千克	BG
5210 31 00.93	染色与其他化纤混纺棉奶酪布(每平米重≤200克,含棉85%以下)	15.2	90.0	17.0		米/千克	BG
5210 31 00.94	染色与其他化纤混纺棉印染布(每平米重≤200克,43-68号,含棉85%以下)	15.2	90.0	17.0		米/千克	BG

商品编号	商品名称备注	进口税率		增值税	消费税	计量单位	监管条件
		最惠国	普通				
5210 31 00.95	染色与其他化纤混纺棉巴里纱(每平米重≤200克,69号及以上,含棉85%以下,含薄细布)	15.2	90.0	17.0		米/千克	BG
5210 32 00.10	染色聚酯短纤3/4棉斜纹布(每平方米重量不超过200克,含棉85%以下,含双面斜纹布)	15.2	90.0	17.0		米/千克	BG
5210 32 00.20	染色化纤长丝3/4棉斜纹布(每平方米重量不超过200克,含棉85%以下,含双面斜纹布)	15.2	90.0	17.0		米/千克	BG
5210 32 00.90	染色其他化纤3/4棉斜纹布(每平方米重量不超过200克,含棉85%以下,含双面斜纹布)	15.2	90.0	17.0		米/千克	BG
5210 39 00.11	其他染色与聚酯短纤混纺缎布(每平方米重≤200克,含棉85%以下)	15.2	90.0	17.0		米/千克	BG
5210 39 00.12	其他染色与聚酯短纤混纺斜纹布(每平方米重≤200克,含棉85%以下)	15.2	90.0	17.0		米/千克	BG
5210 39 00.13	其他染色与聚酯短纤混纺牛津布(每平方米重≤200克,含棉85%以下)	15.2	90.0	17.0		米/千克	BG
5210 39 00.19	其他染色与聚酯短纤混纺棉布(每平方米重≤200克,含棉85%以下)	15.2	90.0	17.0		米/千克	BG
5210 39 00.21	其他染色与化纤长丝混纺缎布(每平方米重≤200克,含棉85%以下)	15.2	90.0	17.0		米/千克	BG
5210 39 00.22	其他染色与化纤长丝混斜纹布(每平方米重≤200克,含棉85%以下)	15.2	90.0	17.0		米/千克	BG
5210 39 00.23	其他染色与化纤长丝混纺牛津布(每平方米重≤200克,含棉85%以下)	15.2	90.0	17.0		米/千克	BG
5210 39 00.29	其他染色与化纤长丝混纺棉布(每平方米重≤200克,含棉85%以下)	15.2	90.0	17.0		米/千克	BG
5210 39 00.91	其他染色与其他化纤混纺缎布(每平方米重≤200克,含棉85%以下)	15.2	90.0	17.0		米/千克	BG
5210 39 00.92	其他染色与其他化纤混纺斜纹布(每平方米重≤200克,含棉85%以下)	15.2	90.0	17.0		米/千克	BG
5210 39 00.93	其他染色与其他化纤混纺牛津布(每平方米重≤200克,含棉85%以下)	15.2	90.0	17.0		米/千克	BG
5210 39 00.99	其他染色与其他化纤混纺棉布(每平方米重≤200克,含棉85%以下)	15.2	90.0	17.0		米/千克	BG
5210 41 00.10	色织与聚酯短纤混纺棉平纹布(每平方米重≤200克,含棉85%以下)	15.2	90.0	17.0		米/千克	BG
5210 41 00.20	色织与化纤长丝混纺棉平纹布(每平方米重≤200克,含棉85%以下)	15.2	90.0	17.0		米/千克	BG
5210 41 00.90	色织与其他化纤混纺棉平纹布(每平方米重≤200克,含棉85%以下)	15.2	90.0	17.0		米/千克	BG
5210 42 00.10	色织与聚酯短纤混纺3/4斜纹棉布(每平方米重量≤200克,含棉85%以下,含双面斜纹布)	15.2	90.0	17.0		米/千克	BG

商品编号	商品名称备注	进口税率		增值税	消费税	计量单位	监管条件
		最惠国	普通				
5210 42 00.20	色织与化纤长丝混纺 3/4 斜纹棉布(每平方米重量≤200 克,含棉 85%以下,含双面斜纹布)	15.2	90.0	17.0		米/千克	BG
5210 42 00.90	色织其他化纤混纺 3/4 斜纹棉布(每平方米重量≤200 克,含棉 85%以下,含双面斜纹布)	15.2	90.0	17.0		米/千克	BG
5210 49 00.11	色织与聚酯短纤混纺提花布(每平方米重量不超过 200 克,含棉 85%以下)	15.2	90.0	17.0		米/千克	BG
5210 49 00.19	色织与聚酯短纤混纺其他棉布(每平方米重量不超过 200 克,含棉 85%以下)	15.2	90.0	17.0		米/千克	BG
5210 49 00.21	色织与化纤长丝混纺提花布(每平方米重量不超过 200 克,含棉 85%以下)	15.2	90.0	17.0		米/千克	BG
5210 49 00.29	色织与化纤长丝混纺其他棉布(每平方米重量不超过 200 克,含棉 85%以下)	15.2	90.0	17.0		米/千克	BG
5210 49 00.91	色织与其他化纤混纺提花布(每平方米重量不超过 200 克,含棉 85%以下)	15.2	90.0	17.0		米/千克	BG
5210 49 00.99	色织与其他化纤混纺其他棉布(每平方米重量不超过 200 克,含棉 85%以下)	15.2	90.0	17.0		米/千克	BG
5210 51 00.11	印花与聚酯短纤混纺的棉府绸(每平方米重≤200 克,含棉 85%以下,含细平布)	15.2	90.0	17.0		米/千克	BG
5210 51 00.12	印花与聚酯短纤混纺棉机织平布(每平方米重≤200 克,68 号及以下,含棉 85%以下)	15.2	90.0	17.0		米/千克	BG
5210 51 00.13	印花与聚酯短纤混纺的棉奶酪布(每平方米重≤200 克,含棉 85%以下)	15.2	90.0	17.0		米/千克	BG
5210 51 00.14	印花与聚酯短纤混纺棉印染布(每平方米重≤200 克,43-68 号及以下,含棉 85%以下)	15.2	90.0	17.0		米/千克	BG
5210 51 00.15	印花与聚酯短纤混纺棉巴里纱(每平方米重≤200 克,69 号及以上,含棉 85%以下,含薄细)	15.2	90.0	17.0		米/千克	BG
5210 51 00.21	印花与化纤长丝混纺的棉府绸(每平方米重≤200 克,含棉 85%以下,含细平布)	15.2	90.0	17.0		米/千克	BG
5210 51 00.22	印花与化纤长丝混纺棉机织平布(每平方米重≤200 克,68 号及以下,含棉 85%以下)	15.2	90.0	17.0		米/千克	BG
5210 51 00.23	印花与化纤长丝混纺棉奶酪布(每平方米重≤200 克,含棉 85%以下)	15.2	90.0	17.0		米/千克	BG
5210 51 00.24	印花与化纤长丝混纺棉印染布(每平方米重≤200 克,43-68 号及以下,含棉 85%以下)	15.2	90.0	17.0		米/千克	BG
5210 51 00.25	印花与化纤长丝混纺棉巴里纱(每平方米重≤200 克,69 号及以上,含棉 85%以下,含薄细)	15.2	90.0	17.0		米/千克	BG
5210 51 00.91	印花与其他化纤混纺的棉府绸(每平方米重≤200 克,含棉 85%以下,含细平布)	15.2	90.0	17.0		米/千克	BG
5210 51 00.92	印花与其他化纤混纺棉机织平布(每平方米重≤200 克,68 号及以下,含棉 85%以下)	15.2	90.0	17.0		米/千克	BG

商品编号	商 品 名 称 备 注	进口税率		增值税	消费税	计量单位	监管条件
		最惠国	普通				
5210 51 00.93	印花与其他化纤混纺的棉奶酪布(每平方米重≤200克,含棉85%以下)	15.2	90.0	17.0		米/千克	BG
5210 51 00.94	印花与其他化纤混纺棉印染布(每平方米重≤200克,43-68号及以下,含棉85%以下)	15.2	90.0	17.0		米/千克	BG
5210 51 00.95	印花与其他化纤混纺棉巴里纱(每平方米重≤200克,65号及以上,含棉85%以下,含薄细)	15.2	90.0	17.0		米/千克	BG
5210 52 00.10	印花聚酯短纤混纺3/4线斜纹棉布(每平米重不超过200克,含棉85%以下,含双面斜纹布)	15.2	90.0	17.0		米/千克	BG
5210 52 00.20	印花化纤长丝混纺3/4线斜纹棉布(每平米重不超过200克,含棉85%以下,含双面斜纹布)	15.2	90.0	17.0		米/千克	BG
5210 52 00.90	印花其他化纤混纺3/4线斜纹棉布(每平米重不超过200克,含棉85%以下,含双面斜纹布)	15.2	90.0	17.0		米/千克	BG
5210 59 00.11	其他印花与聚酯短纤混纺缎布(每平米重不超过200克,含棉85%以下)	15.2	90.0	17.0		米/千克	BG
5210 59 00.12	其他印花与聚酯短纤混纺斜纹布(每平米重不超过200克,含棉85%以下)	15.2	90.0	17.0		米/千克	BG
5210 59 00.13	其他印花与聚酯短纤混纺牛津布(每平米重不超过200克,含棉85%以下)	15.2	90.0	17.0		米/千克	BG
5210 59 00.19	其他印花与聚酯短纤混纺棉布(每平米重不超过200克,含棉85%以下)	15.2	90.0	17.0		米/千克	BG
5210 59 00.21	其他印花与化纤长丝混纺缎布(每平米重不超过200克,含棉85%以下)	15.2	90.0	17.0		米/千克	BG
5210 59 00.22	其他印花与化纤长丝混纺斜纹布(每平米重不超过200克,含棉85%以下)	15.2	90.0	17.0		米/千克	BG
5210 59 00.23	其他印花与化纤长丝混纺牛津布(每平米重不超过200克,含棉85%以下)	15.2	90.0	17.0		米/千克	BG
5210 59 00.29	其他印花与化纤长丝混纺棉布(每平米重不超过200克,含棉85%以下)	15.2	90.0	17.0		米/千克	BG
5210 59 00.91	其他印花与其他化纤混纺缎布(每平米重不超过200克,含棉85%以下)	15.2	90.0	17.0		米/千克	BG
5210 59 00.92	其他印花与其他化纤混纺斜纹布(每平米重不超过200克,含棉85%以下)	15.2	90.0	17.0		米/千克	BG
5210 59 00.93	其他印花与其他化纤混纺牛津布(每平米重不超过200克,含棉85%以下)	15.2	90.0	17.0		米/千克	BG
5210 59 00.99	其他印花与其他化纤混纺棉布(每平米重不超过200克,含棉85%以下)	15.2	90.0	17.0		米/千克	BG
5211	**棉机织物,按重量计含棉量在85%以下,主要或仅与化学纤维混纺,每平方米重量超过200克**						
5211 11 00.11	未漂白与聚酯短纤混纺棉府绸(每平方米重量>200克,含棉85%以下,含细平布)	16.4	90.0	17.0		米/千克	BG

商品编号	商 品 名 称 备 注	进口税率		增值税	消费税	计量单位	监管条件
		最惠国	普通				
5211 11 00.12	未漂白与聚酯短纤混纺棉机织平布(每平方米重量>200克,含棉85%以下)	16.4	90.0	17.0		米/千克	BG
5211 11 00.19	未漂白与聚酯短纤混纺棉平纹帆布(每平方米重量>200克,含棉85%以下)	16.4	90.0	17.0		米/千克	BG
5211 11 00.91	未漂白与其他化纤混纺棉府绸(每平方米重量>200克,含棉85%以下,含细平布)	16.4	90.0	17.0		米/千克	BG
5211 11 00.92	未漂白与其他化纤混纺棉机织平布(每平方米重量>200克,含棉85%以下)	16.4	90.0	17.0		米/千克	BG
5211 11 00.99	未漂白与其他化纤混纺棉平纹帆布(每平方米重量>200克,含棉85%以下)	16.4	90.0	17.0		米/千克	BG
5211 12 00.10	未漂白聚酯短纤混纺斜纹棉布(每平米重>200克,含棉85%以下,3/4线斜纹布)	16.4	90.0	17.0		米/千克	BG
5211 12 00.90	未漂白其他化纤混纺斜纹棉布(每平米重>200克,含棉85%以下,3/4线斜纹布)	16.4	90.0	17.0		米/千克	GB
5211 19 00.11	未漂白与聚酯短纤混纺其他棉缎布(每平米重>200克,含棉85%以下)	16.4	90.0	17.0		米/千克	G
5211 19 00.12	未漂白聚酯短纤混纺其他棉斜纹布(每平米重>200克,含棉85%以下)	16.4	90.0	17.0		米/千克	G
5211 19 00.13	未漂白聚酯短纤混纺其他棉帆布(每平米重>200克,含棉85%以下)	16.4	90.0	17.0		米/千克	G
5211 19 00.19	未漂白聚酯短纤混纺其他棉布(每平米重>200克,含棉85%以下)	16.4	90.0	17.0		米/千克	G
5211 19 00.91	未漂白与其他化纤混纺其他棉缎布(每平米重>200克,含棉85%以下)	16.4	90.0	17.0		米/千克	G
5211 19 00.92	未漂白其他化纤混纺其他棉斜纹布(每平米重>200克,含棉85%以下)	16.4	90.0	17.0		米/千克	G
5211 19 00.93	未漂白其他化纤混纺其他棉帆布(每平米重>200克,含棉85%以下)	16.4	90.0	17.0		米/千克	G
5211 19 00.99	未漂白其他化纤混纺其他棉布(每平米重>200克,含棉85%以下)	16.4	90.0	17.0		米/千克	G
5211 21 00.11	漂白与聚酯短纤混纺棉府绸(每平米>200克,含棉85%以下,含细平布)	17.6	90.0	17.0		米/千克	BG
5211 21 00.12	漂白与聚酯短纤混纺棉机织平布(每平米>200克,含棉85%以下)	17.6	90.0	17.0		米/千克	BG
5211 21 00.13	漂白与聚酯短纤混纺棉平纹帆布(每平米>200克,含棉85%以下)	17.6	90.0	17.0		米/千克	BG
5211 21 00.21	漂白与化纤长丝混纺棉府绸(每平米>200克,含棉85%以下,含细平布)	17.6	90.0	17.0		米/千克	BG
5211 21 00.22	漂白与化纤长丝混纺棉机织平布(每平米>200克,含棉85%以下)	17.6	90.0	17.0		米/千克	BG

商品编号	商品名称备注	进口税率		增值税	消费税	计量单位	监管条件
		最惠国	普通				
5211 21 00.23	漂白与化纤长丝混纺棉平纹帆布(每平米＞200克,含棉85%以下)	17.6	90.0	17.0		米/千克	BG
5211 21 00.91	漂白与其他化纤混纺棉府绸(每平米＞200克,含棉85%以下,含细平布)	17.6	90.0	17.0		米/千克	BG
5211 21 00.92	漂白与其他化纤混纺棉机织平布(每平米＞200克,含棉85%以下)	17.6	90.0	17.0		米/千克	BG
5211 21 00.93	漂白与其他化纤混纺棉平纹帆布(每平米＞200克,含棉85%以下)	17.6	90.0	17.0		米/千克	BG
5211 22 00.10	漂白聚酯短纤混纺3/4线斜纹棉布(每平米重＞200克,含棉85%以下,含双面斜纹机织物)	17.6	90.0	17.0		米/千克	G
5211 22 00.20	漂白化纤长丝混纺3/4线斜纹棉布(每平米重＞200克,含棉85%以下,含双面斜纹机织物)	17.6	90.0	17.0		米/千克	G
5211 22 00.90	漂白其他化纤混纺3/4线斜纹棉布(每平米重＞200克,含棉85%以下,含双面斜纹机织物)	17.6	90.0	17.0		米/千克	G
5211 29 00.11	漂白与聚酯短纤混纺的棉制缎布(每平方米重量超过200克,含棉85%以下)	17.6	90.0	17.0		米/千克	G
5211 29 00.12	漂白与聚酯短纤混纺棉制斜纹布(每平方米重量超过200克,含棉85%以下)	17.6	90.0	17.0		米/千克	G
5211 29 00.13	漂白与聚酯短纤混纺棉制帆布(每平方米重量超过200克,含棉85%以下)	17.6	90.0	17.0		米/千克	G
5211 29 00.19	漂白与聚酯短纤混纺其他棉布(每平方米重量超过200克,含棉85%以下)	17.6	90.0	17.0		米/千克	G
5211 29 00.21	漂白与化纤长丝混纺的棉缎布(每平方米重量超过200克,含棉85%以下)	17.6	90.0	17.0		米/千克	G
5211 29 00.22	漂白与化纤长丝混纺棉制斜纹布(每平方米重量超过200克,含棉85%以下)	17.6	90.0	17.0		米/千克	G
5211 29 00.23	漂白与化纤长丝混纺棉制帆布(每平方米重量超过200克,含棉85%以下)	17.6	90.0	17.0		米/千克	G
5211 29 00.29	漂白与化纤长丝混纺其他棉布(每平方米重量超过200克,含棉85%以下)	17.6	90.0	17.0		米/千克	G
5211 29 00.91	漂白与其他化纤混纺的棉制缎布(每平方米重量超过200克,含棉85%以下)	17.6	90.0	17.0		米/千克	G
5211 29 00.92	漂白与其他化纤混纺棉制斜纹布(每平方米重量超过200克,含棉85%以下)	17.6	90.0	17.0		米/千克	G
5211 29 00.93	漂白与其他化纤混纺棉制帆布(每平方米重量超过200克,含棉85%以下)	17.6	90.0	17.0		米/千克	G
5211 29 00.99	漂白与其他化纤混纺其他棉布(每平方米重量超过200克,含棉85%以下)	17.6	90.0	17.0		米/千克	G
5211 31 00.11	染色与聚酯短纤混纺棉府绸(每平米重量＞200克,含棉85%以下,含细平布)	15.2	90.0	17.0		米/千克	BG

商品编号	商 品 名 称 备 注	进口税率		增值税	消费税	计量单位	监管条件
		最惠国	普通				
5211 31 00.12	染色与聚酯短纤混纺机织平布(每平米重量>200克,含棉85%以下)	15.2	90.0	17.0		米/千克	BG
5211 31 00.13	染色与聚酯短纤混纺平纹帆布(每平米重量>200克,含棉85%以下)	15.2	90.0	17.0		米/千克	BG
5211 31 00.21	染色与化纤长丝混纺棉府绸(每平米重量>200克,含棉85%以下,含细平布)	15.2	90.0	17.0		米/千克	BG
5211 31 00.22	染色与化纤长丝混纺机织平布(每平米重量>200克,含棉85%以下)	15.2	90.0	17.0		米/千克	BG
5211 31 00.23	染色与化纤长丝混纺平纹帆布(每平米重量>200克,含棉85%以下)	15.2	90.0	17.0		米/千克	BG
5211 31 00.91	染色与其他化纤混纺棉府绸(每平米重量>200克,含棉85%以下,含细平布)	15.2	90.0	17.0		米/千克	BG
5211 31 00.92	染色与其他化纤混纺机织平布(每平米重量>200克,含棉85%以下)	15.2	90.0	17.0		米/千克	BG
5211 31 00.93	染色与其他化纤混纺平纹帆布(每平米重量>200克,含棉85%以下)	15.2	90.0	17.0		米/千克	BG
5211 32 00.10	染色聚酯短纤混纺3/4线斜纹棉布(每平米重>200克,含棉85%以下,含双面斜纹布)	15.2	90.0	17.0		米/千克	BG
5211 32 00.20	染色化纤长丝混纺3/4线斜纹棉布(每平米重>200克,含棉85%以下,含双面斜纹布)	15.2	90.0	17.0		米/千克	BG
5211 32 00.90	染色其他化纤混纺3/4线斜纹棉布(每平米重>200克,含棉85%以下,含双面斜纹布)	15.2	90.0	17.0		米/千克	BG
5211 39 00.11	染色与聚酯短纤混纺的棉缎布(每平米重>200克,含棉85%以下)	15.2	90.0	17.0		米/千克	BG
5211 39 00.12	染色与聚酯短纤混纺的棉斜纹布(每平米重>200克,含棉85%以下)	15.2	90.0	17.0		米/千克	BG
5211 39 00.13	染色与聚酯短纤混纺的棉帆布(每平米重>200克,含棉85%以下)	15.2	90.0	17.0		米/千克	BG
5211 39 00.19	染色与聚酯短纤混纺其他棉布(每平米重>200克,含棉85%以下)	15.2	90.0	17.0		米/千克	BG
5211 39 00.21	染色与化纤长丝混纺的棉缎布(每平米重>200克,含棉85%以下)	15.2	90.0	17.0		米/千克	BG
5211 39 00.22	染色与化纤长丝混纺的棉斜纹布(每平米重>200克,含棉85%以下)	15.2	90.0	17.0		米/千克	BG
5211 39 00.23	染色与化纤长丝混纺的棉帆布(每平米重>200克,含棉85%以下)	15.2	90.0	17.0		米/千克	BG
5211 39 00.29	染色与化纤长丝混纺的其他棉布(每平米重>200克,含棉85%以下)	15.2	90.0	17.0		米/千克	BG
5211 39 00.91	染色与其他化纤混纺的棉缎布(每平米重>200克,含棉85%以下)	15.2	90.0	17.0		米/千克	BG

商品编号	商品名称备注	进口税率		增值税	消费税	计量单位	监管条件
		最惠国	普通				
5211 39 00.92	染色与其他化纤混纺的棉斜纹布(每平米重>200克,含棉85%以下)	15.2	90.0	17.0		米/千克	BG
5211 39 00.93	染色与其他化纤混纺的棉帆布(每平米重>200克,含棉85%以下)	15.2	90.0	17.0		米/千克	BG
5211 39 00.99	染色与其他化纤混纺其他棉布(每平米重>200克,含棉85%以下)	15.2	90.0	17.0		米/千克	BG
5211 41 00.10	色织与聚酯短纤混纺平纹棉布(每平方米重超过200克,含棉85%以下)	15.2	90.0	17.0		米/千克	BG
5211 41 00.20	色织与化纤长丝混纺平纹棉布(每平方米重超过200克,含棉85%以下)	15.2	90.0	17.0		米/千克	BG
5211 41 00.90	色织与其他化纤混纺平纹棉布(每平方米重超过200克,含棉85%以下)	15.2	90.0	17.0		米/千克	BG
5211 42 00.10	色织与化纤混纺蓝色粗斜纹棉布(每平方米重量超过200克,含棉85%以下)	15.2	90.0	17.0		米/千克	G
5211 42 00.90	色织与化纤混纺非蓝色粗斜纹棉布(每平方米重量超过200克,含棉85%以下)	15.2	90.0	17.0		米/千克	G
5211 43 00.10	色织聚酯短纤3/4线斜纹棉布(每平方米重量超过200克,含棉85%以下,含双面斜纹布)	15.2	90.0	17.0		米/千克	G
5211 43 00.20	色织化纤长丝3/4线斜纹棉布(每平方米重量超过200克,含棉85%以下,含双面斜纹布)	15.2	90.0	17.0		米/千克	G
5211 43 00.90	色织其他化纤3/4线斜纹棉布(每平方米重量超过200克,含棉85%以下,含双面斜纹布)	15.2	90.0	17.0		米/千克	G
5211 49 00.11	色织与聚酯短纤混纺的提花布(每平方米重量超过200克,含棉85%以下)	15.2	90.0	17.0		米/千克	BG
5211 49 00.19	色织与聚酯短纤混纺其他棉布(每平方米重量超过200克,含棉85%以下)	15.2	90.0	17.0		米/千克	BG
5211 49 00.21	色织与化纤长丝混纺的提花布(每平方米重量超过200克,含棉85%以下)	15.2	90.0	17.0		米/千克	BG
5211 49 00.29	色织与化纤长丝混纺其他棉布(每平方米重量超过200克,含棉85%以下)	15.2	90.0	17.0		米/千克	BG
5211 49 00.91	色织与其他化纤混纺的提花布(每平方米重量超过200克,含棉85%以下)	15.2	90.0	17.0		米/千克	BG
5211 49 00.99	色织与其他化纤混纺其他棉布(每平方米重量超过200克,含棉85%以下)	15.2	90.0	17.0		米/千克	BG
5211 51 00.11	印花与聚酯短纤混纺棉府绸(每平方米重量超过200克,含棉85%以下,含细平布)	15.2	90.0	17.0		米/千克	BG
5211 51 00.12	印花与聚酯短纤混纺的机织平布(每平方米重量超过200克,含棉85%以下)	15.2	90.0	17.0		米/千克	BG
5211 51 00.13	印花与聚酯短纤混纺的平纹帆布(每平方米重量超过200克,含棉85%以下)	15.2	90.0	17.0		米/千克	BG

商品编号	商 品 名 称 备 注	进口税率		增值税	消费税	计量单位	监管条件
		最惠国	普通				
5211 51 00.21	印花与化纤长丝混纺棉府绸(每平方米重量超过200克,含棉85%以下,含细平布)	15.2	90.0	17.0		米/千克	BG
5211 51 00.22	印花与化纤长丝混纺机织平布(每平方米重量超过200克,含棉85%以下)	15.2	90.0	17.0		米/千克	BG
5211 51 00.23	印花与化纤长丝混纺平纹帆布(每平方米重量超过200克,含棉85%以下)	15.2	90.0	17.0		米/千克	BG
5211 51 00.91	印花与其他化纤混纺棉府绸(每平方米重量超过200克,含棉85%以下,含细平布)	15.2	90.0	17.0		米/千克	BG
5211 51 00.92	印花与其他化纤混纺的机织平布(每平方米重量超过200克,含棉85%以下)	15.2	90.0	17.0		米/千克	BG
5211 51 00.93	印花与其他化纤混纺的平纹帆布(每平方米重量超过200克,含棉85%以下)	15.2	90.0	17.0		米/千克	BG
5211 52 00.10	印花聚酯短纤混纺3/4线斜纹棉布(每平方米重量超过200克,含棉85%以下,含双面斜纹布)	15.2	90.0	17.0		米/千克	G
5211 52 00.20	印花化纤长丝混纺3/4线斜纹棉布(每平方米重量超过200克,含棉85%以下,含双面斜纹布)	15.2	90.0	17.0		米/千克	G
5211 52 00.90	印花其他化纤混纺3/4线斜纹棉布(每平方米重量超过200克,含棉85%以下,含双面斜纹布)	15.2	90.0	17.0		米/千克	G
5211 59 00.11	印花与聚酯短纤混纺棉缎布(每平方米重量超过200克,含棉85%以下)	15.2	90.0	17.0		米/千克	G
5211 59 00.12	印花与聚酯短纤混纺斜纹棉布(每平方米重量超过200克,含棉85%以下)	15.2	90.0	17.0		米/千克	G
5211 59 00.13	印花与聚酯短纤混纺棉帆布(每平方米重量超过200克,含棉85%以下)	15.2	90.0	17.0		米/千克	G
5211 59 00.19	印花与聚酯短纤混纺其他棉布(每平方米重量超过200克,含棉85%以下)	15.2	90.0	17.0		米/千克	G
5211 59 00.21	印花与化纤长丝混纺棉缎布(每平方米重量超过200克,含棉85%以下)	15.2	90.0	17.0		米/千克	G
5211 59 00.22	印花与化纤长丝混纺斜纹棉布(每平方米重量超过200克,含棉85%以下)	15.2	90.0	17.0		米/千克	G
5211 59 00.23	印花与化纤长丝混纺斜棉帆布(每平方米重量超过200克,含棉85%以下)	15.2	90.0	17.0		米/千克	G
5211 59 00.29	印花与化纤长丝混纺其他棉布(每平方米重量超过200克,含棉85%以下)	15.2	90.0	17.0		米/千克	G
5211 59 00.91	印花与其他化纤混纺棉缎布(每平方米重量超过200克,含棉85%以下)	15.2	90.0	17.0		米/千克	G
5211 59 00.92	印花与其他化纤混纺斜纹棉布(每平方米重量超过200克,含棉85%以下)	15.2	90.0	17.0		米/千克	G
5211 59 00.93	印花与其他化纤混纺棉帆布(每平方米重量超过200克,含棉85%以下)	15.2	90.0	17.0		米/千克	G

商品编号	商 品 名 称 备 注	进口税率		增值税	消费税	计量单位	监管条件
		最惠国	普通				
5211 59 00.99	印花与其他化纤混纺其他棉布(每平方米重量超过200克,含棉85%以下)	15.2	90.0	17.0		米/千克	G
5212	**其他棉机织物**						
5212 11 00.11	未漂白的其他混纺棉布(每平米重≤200克,与36%及以上精梳羊毛或动物细毛混纺)	13.8	80.0	17.0		米/千克	BG
5212 11 00.19	未漂白的其他混纺棉布(每平米重≤200克,与36%及以下精梳羊毛或动物细毛混纺)	13.8	80.0	17.0		米/千克	BG
5212 11 00.21	未漂白的其他混纺棉布(每平米重≤200克,与36%及以上其他羊毛或动物细毛混纺)	13.8	80.0	17.0		米/千克	BG
5212 11 00.29	未漂白的其他混纺棉布(每平米重≤200克,与其他羊毛或动物细毛混纺)	13.8	80.0	17.0		米/千克	BG
5212 11 00.30	未漂白的其他混纺府绸及平细布(每平米重≤200克,与化纤、羊毛/细毛以外其他纤维混纺)	13.8	80.0	17.0		米/千克	BG
5212 11 00.40	未漂白的其他混纺棉机织平布(每平米重≤200克,与化纤、羊毛/细毛以外其他纤维混纺)	13.8	80.0	17.0		米/千克	BG
5212 11 00.50*	未漂白的其他混纺棉印染布(每平米重≤200克,与化纤、羊毛/细毛以外其他纤维混纺)	13.8	80.0	17.0		米/千克	BG
5212 11 00.60	未漂白其他混纺棉奶酪布薄细布纱(每平米重≤200克,与化纤、羊毛/细毛以外其他纤维混纺)	13.8	80.0	17.0		米/千克	BG
5212 11 00.70	未漂白的其他混纺棉缎布(每平米重≤200克,与化纤、羊毛/细毛以外其他纤维混纺)	13.8	80.0	17.0		米/千克	BG
5212 11 00.81	未漂白的其他混纺斜纹棉布(每平米重≤200克,与化纤、羊毛/细毛以外其他纤维混纺)	13.8	80.0	17.0		米/千克	BG
5212 11 00.89	未漂白的其他混纺棉牛津布(每平米重≤200克,与化纤、羊毛/细毛以外其他纤维混纺)	13.8	80.0	17.0		米/千克	BG
5212 11 00.90	未漂白的其他混纺棉布(每平米重≤200克,与化纤、羊毛/细毛以外其他纤维混纺)	13.8	80.0	17.0		米/千克	BG
5212 12 00.11	漂白的其他混纺棉布(每平米重≤200克,与36%及以上精梳羊毛或动物细毛混纺)	14.0	80.0	17.0		米/千克	BG
5212 12 00.19	漂白的其他混纺棉布(每平米重≤200克,与36%及以下精梳羊毛或动物细毛混纺)	14.0	80.0	17.0		米/千克	BG
5212 12 00.21	漂白的其他混纺棉布(每平米重≤200克,与36%及以上其他羊毛或动物细毛混纺)	14.0	80.0	17.0		米/千克	BG
5212 12 00.29	漂白的其他混纺棉布(每平米重≤200克,与36%及以下其他羊毛或动物细毛混纺)	14.0	80.0	17.0		米/千克	BG
5212 12 00.30	漂白的其他混纺府绸及平细布(每平米重≤200克,与除化纤/羊毛/动物细毛其他纤维混纺)	14.0	80.0	17.0		米/千克	BG
5212 12 00.40	漂白的其他混纺棉机织平布(每平米重≤200克,与除化纤/羊毛/动物细毛其他纤维混纺)	14.0	80.0	17.0		米/千克	BG
5212 12 00.50*	漂白的其他混纺棉印染布(每平米重≤200克,与除化纤/羊毛/动物细毛其他纤维混纺)	14.0	80.0	17.0		米/千克	BG

商品编号	商 品 名 称 备 注	进口税率		增值税	消费税	计量单位	监管条件
		最惠国	普通				
5212 12 00.60	漂白其他混纺棉奶酪布/薄细布/纱(每平米重≤200克,与除化纤/羊毛/动物细毛其他纤维混纺)	14.0	80.0	17.0		米/千克	BG
5212 12 00.71	漂白的其他混纺棉缎布(每平米重≤200克,与除化纤/羊毛/动物细毛其他纤维混纺)	14.0	80.0	17.0		米/千克	BG
5212 12 00.72	漂白的其他混纺斜纹棉布(每平米重≤200克,与除化纤/羊毛/动物细毛其他纤维混纺)	14.0	80.0	17.0		米/千克	BG
5212 12 00.79	漂白的其他混纺棉牛津布(每平米重≤200克,与除化纤/羊毛/动物细毛其他纤维混纺)	14.0	80.0	17.0		米/千克	BG
5212 12 00.90	漂白的其他混纺棉机织物(每平米重≤200克,与除化纤/羊毛/动物细毛其他纤维混纺)	14.0	80.0	17.0		米/千克	BG
5212 13 00.11	染色其他混纺棉布(每平米重≤200克,与36%及以上精梳羊毛/动物细毛混纺)	13.6	80.0	17.0		米/千克	BG
5212 13 00.19	染色其他混纺棉布(每平米重≤200克,与36%及以下精梳羊毛/动物细毛混纺)	13.6	80.0	17.0		米/千克	BG
5212 13 00.21	染色其他混纺棉布(每平米重≤200克,与36%及以上其他羊毛/动物细毛混纺)	13.6	80.0	17.0		米/千克	BG
5212 13 00.29	染色其他混纺棉布(每平米重≤200克,与36%及以下其他羊毛/动物细毛混纺)	13.6	80.0	17.0		米/千克	BG
5212 13 00.30	染色其他混纺府绸及平细布(每平米重≤200克,与化纤以外其他纤维混纺)	13.6	80.0	17.0		米/千克	BG
5212 13 00.40	染色其他混纺棉机织平布(每平米重≤200克,与化纤以外其他纤维混纺)	13.6	80.0	17.0		米/千克	BG
5212 13 00.50 *	染色其他混纺棉印染布(每平米重≤200克,与化纤以外其他纤维混纺)	13.6	80.0	17.0		米/千克	BG
5212 13 00.60	染色其他混纺奶酪布薄细布巴里纱(每平米重≤200克,与化纤以外其他纤维混纺)	13.6	80.0	17.0		米/千克	BG
5212 13 00.71	染色其他混纺棉缎布(每平米重≤200克,与化纤以外其他纤维混纺)	13.6	80.0	17.0		米/千克	BG
5212 13 00.72	染色其他混纺斜纹棉布(每平米重≤200克,与化纤以外其他纤维混纺)	13.6	80.0	17.0		米/千克	BG
5212 13 00.79	染色其他混纺棉牛津布(每平米重≤200克,与化纤以外其他纤维混纺)	13.6	80.0	17.0		米/千克	BG
5212 13 00.90	染色其他混纺棉布(每平米重≤200克,与化纤以外其他纤维混纺)	13.6	80.0	17.0		米/千克	BG
5212 14 00.11	色织其他混纺棉布(每平米重≤200克,与36%及以上精梳羊毛/动物细毛混纺)	13.6	80.0	17.0		米/千克	BG
5212 14 00.19	色织其他混纺棉布(每平米重≤200克,与36%及以下精梳羊毛/动物细毛混纺)	13.6	80.0	17.0		米/千克	BG
5212 14 00.21	色织其他混纺棉布(每平米重≤200克,与36%及以上其他羊毛/动物细毛混纺)	13.6	80.0	17.0		米/千克	BG

商品编号	商品名称备注	进口税率		增值税	消费税	计量单位	监管条件
		最惠国	普通				
5212 14 00.29	色织其他混纺棉布(每平米重≤200克,与36%及以下其他羊毛/动物细毛混纺)	13.6	80.0	17.0		米/千克	BG
5212 14 00.30	色织其他混纺棉提花布(每平米重≤200克,与化纤以外其他纤维混纺)	13.6	80.0	17.0		米/千克	BG
5212 14 00.90	色织其他混纺棉布(每平米重≤200克,与化纤以外其他纤维混纺)	13.6	80.0	17.0		米/千克	BG
5212 15 00.11	印花其他混纺棉布(每平米重≤200克,与36%及以上精梳羊毛/动物细毛混纺)	13.6	80.0	17.0		米/千克	BG
5212 15 00.19	印花其他混纺棉布(每平米重≤200克,与36%及以下精梳羊毛/动物细毛混纺)	13.6	80.0	17.0		米/千克	BG
5212 15 00.21	印花其他混纺棉布(每平米重≤200克,与36%及以上其他羊毛/动物细毛混纺)	13.6	80.0	17.0		米/千克	BG
5212 15 00.29	印花其他混纺棉布(每平米重≤200克,与36%及以下其他羊毛/动物细毛混纺)	13.6	80.0	17.0		米/千克	BG
5212 15 00.30	印花其他混纺府绸及平细布(每平米重≤200克,与化纤/羊毛/细毛以外其他纤维混纺)	13.6	80.0	17.0		米/千克	BG
5212 15 00.40	印花其他混纺棉机织平布(每平米重≤200克,与化纤/羊毛/细毛以外其他纤维混纺)	13.6	80.0	17.0		米/千克	BG
5212 15 00.50*	印花其他混纺棉印染布(每平米重≤200克,与化纤/羊毛/细毛以外其他纤维混纺)	13.6	80.0	17.0		米/千克	BG
5212 15 00.60	印花其他混纺棉奶酪布薄细布巴纱(每平米重≤200克,与化纤/羊毛/细毛以外其他纤维混纺)	13.6	80.0	17.0		米/千克	BG
5212 15 00.71	印花其他混纺棉缎布(每平米重≤200克,与化纤/羊毛/细毛以外其他纤维混纺)	13.6	80.0	17.0		米/千克	BG
5212 15 00.72	印花其他混纺斜纹棉布(每平米重≤200克,与化纤/羊毛/细毛以外其他纤维混纺)	13.6	80.0	17.0		米/千克	BG
5212 15 00.79	印花其他混纺棉牛津布(每平米重≤200克,与化纤/羊毛/细毛以外其他纤维混纺)	13.6	80.0	17.0		米/千克	BG
5212 15 00.90	印花其他混纺棉布(每平米重≤200克,与化纤/羊毛/细毛以外其他纤维混纺)	13.6	80.0	17.0		米/千克	BG
5212 21 00.11	未漂白其他混纺棉布(每平米重>200克,与36%及以上精梳羊毛/动物细毛混纺)	13.8	80.0	17.0		米/千克	G
5212 21 00.19	未漂白其他混纺棉布(每平米重>200克,与36%及以下精梳羊毛/动物细毛混纺)	13.8	80.0	17.0		米/千克	G
5212 21 00.21	未漂白其他混纺棉布(每平米重>200克,与36%及以上其他羊毛/动物细毛混纺)	13.8	80.0	17.0		米/千克	G
5212 21 00.29	未漂白其他混纺棉布(每平米重>200克,与36%及以下其他羊毛/动物细毛混纺)	13.8	80.0	17.0		米/千克	G
5212 21 00.30	未漂白其他混纺府绸及平细布(每平米重>200克,与化纤以外其他纤维混纺)	13.8	80.0	17.0		米/千克	G

商品编号	商品名称备注	进口税率		增值税	消费税	计量单位	监管条件
		最惠国	普通				
5212 21 00.40	未漂白其他混纺棉机织平布(每平米重>200克,与化纤以外其他纤维混纺)	13.8	80.0	17.0		米/千克	G
5212 21 00.50 *	未漂白其他混纺棉帆布(每平米重>200克,与化纤以外其他纤维混纺)	13.8	80.0	17.0		米/千克	G
5212 21 00.60	未漂白其他混纺棉缎布(每平米重>200克,与化纤以外其他纤维混纺)	13.8	80.0	17.0		米/千克	G
5212 21 00.70	未漂白其他混纺斜纹棉布(每平米重>200克,与化纤以外其他纤维混纺)	13.8	80.0	17.0		米/千克	G
5212 21 00.90	未漂白其他混纺棉布(每平米重>200克,与化纤以外其他纤维混纺)	13.8	80.0	17.0		米/千克	G
5212 22 00.11	漂白的其他混纺棉布(每平米重>200克,与36%及以上精梳羊毛/动物细毛混纺)	14.0	80.0	17.0		米/千克	G
5212 22 00.19	漂白的其他混纺棉布(每平米重>200克,与36%及以下精梳羊毛/动物细毛混纺)	14.0	80.0	17.0		米/千克	G
5212 22 00.21	漂白的其他混纺棉布(每平米重>200克,与36%及以上其他羊毛/动物细毛混纺)	14.0	80.0	17.0		米/千克	G
5212 22 00.29	漂白的其他混纺棉布(每平米重>200克,与36%及以下其他羊毛/动物细毛混纺)	14.0	80.0	17.0		米/千克	G
5212 22 00.30	漂白的其他混纺府绸及细平布(每平米重>200克,与化纤/羊毛/细毛以外其他纤维混纺)	14.0	80.0	17.0		米/千克	G
5212 22 00.40	漂白的其他混纺棉机织平布(每平米重>200克,与化纤/羊毛/细毛以外其他纤维混纺)	14.0	80.0	17.0		米/千克	G
5212 22 00.50 *	漂白的其他混纺棉帆布(每平米重>200克,与化纤/羊毛/细毛以外其他纤维混纺)	14.0	80.0	17.0		米/千克	G
5212 22 00.60	漂白的其他混纺棉缎布(每平米重>200克,与化纤/羊毛/细毛以外其他纤维混纺)	14.0	80.0	17.0		米/千克	G
5212 22 00.70	漂白的其他混纺棉斜纹布(每平米重>200克,与化纤/羊毛/细毛以外其他纤维混纺)	14.0	80.0	17.0		米/千克	G
5212 22 00.90	漂白的其他混纺棉布(每平米重>200克,与化纤/羊毛/细毛以外其他纤维混纺)	14.0	80.0	17.0		米/千克	G
5212 23 00.11	染色的其他混纺棉布(每平米重>200克,与36%及以上精梳羊毛/细毛混纺)	13.6	80.0	17.0		米/千克	G
5212 23 00.19	染色的其他混纺棉布(每平米重>200克,与36%及以下精梳羊毛/细毛混纺)	13.6	80.0	17.0		米/千克	G
5212 23 00.21	染色的其他混纺棉布(每平米重>200克,与36%及以上其他羊毛/细毛混纺)	13.6	80.0	17.0		米/千克	G
5212 23 00.29	染色的其他混纺棉布(每平米重>200克,与36%及以下其他羊毛/细毛混纺)	13.6	80.0	17.0		米/千克	G
5212 23 00.30	染色的其他混纺府绸及细平布(每平米重>200克,与化纤/羊毛/细毛以外其他纤维混纺)	13.6	80.0	17.0		米/千克	G

商品编号	商品名称备注	进口税率		增值税	消费税	计量单位	监管条件
		最惠国	普通				
5212 23 00.40	染色的其他混纺棉机织平布(每平米重>200克,与化纤/羊毛/细毛以外其他纤维混纺)	13.6	80.0	17.0		米/千克	G
5212 23 00.50 *	染色的其他混纺棉帆布(每平米重>200克,与化纤/羊毛/细毛以外其他纤维混纺)	13.6	80.0	17.0		米/千克	G
5212 23 00.60	染色的其他混纺棉缎布(每平米重>200克,与化纤/羊毛/细毛以外其他纤维混纺)	13.6	80.0	17.0		米/千克	G
5212 23 00.70	染色的其他混纺棉斜纹布(每平米重>200克,与化纤/羊毛/细毛以外其他纤维混纺)	13.6	80.0	17.0		米/千克	G
5212 23 00.90	染色的其他混纺棉布(每平米重>200克,与化纤/羊毛/细毛以外其他纤维混纺)	13.6	80.0	17.0		米/千克	G
5212 24 00.11	色织的其他混纺棉布(每平米重>200克,与36%及以上精梳羊毛/细毛混纺)	12.0	80.0	17.0		米/千克	G
5212 24 00.19	色织的其他混纺棉布(每平米重>200克,与36%及以下精梳羊毛/细毛混纺)	12.0	80.0	17.0		米/千克	G
5212 24 00.21	色织的其他混纺棉布(每平米重>200克,与36%及以上其他羊毛/细毛混纺)	12.0	80.0	17.0		米/千克	G
5212 24 00.29	色织的其他混纺棉布(每平米重>200克,与36%及以下其他羊毛/细毛混纺)	12.0	80.0	17.0		米/千克	G
5212 24 00.30	色织的其他混纺蓝色粗斜纹布(每平米重>200克,与化纤/羊毛/细毛以外其他纤维混纺)	12.0	80.0	17.0		米/千克	G
5212 24 00.40	色织的其他混纺提花布(每平米重>200克,与化纤/羊毛/细毛以外其他纤维混纺)	12.0	80.0	17.0		米/千克	G
5212 24 00.90	色织的其他混纺棉布(每平米重>200克,与化纤/羊毛/细毛以外其他纤维混纺)	12.0	80.0	17.0		米/千克	G
5212 25 00.11	印花的其他混纺棉布(每平米重>200克,与36%及以上精梳羊毛/细毛混纺)	13.6	80.0	17.0		米/千克	G
5212 25 00.19	印花的其他混纺棉布(每平米重>200克,与36%及以下精梳羊毛/细毛混纺)	13.6	80.0	17.0		米/千克	G
5212 25 00.21	印花的其他混纺棉布(每平米重>200克,与36%及以上其他羊毛/细毛混纺)	13.6	80.0	17.0		米/千克	G
5212 25 00.29	印花的其他混纺棉布(每平米重>200克,与36%及以下其他羊毛/细毛混纺)	13.6	80.0	17.0		米/千克	G
5212 25 00.30	印花的其他混纺府绸及细平布(每平米重>200克,与化纤/羊毛/细毛以外其他纤维混纺)	13.6	80.0	17.0		米/千克	G
5212 25 00.40	印花的其他混纺棉机织平布(每平米重>200克,与化纤/羊毛/细毛以外其他纤维混纺)	13.6	80.0	17.0		米/千克	G
5212 25 00.50 *	印花的其他混纺棉帆布(每平米重>200克,与化纤/羊毛/细毛以外其他纤维混纺)	13.6	80.0	17.0		米/千克	G
5212 25 00.60	印花的其他混纺棉缎布(每平米重>200克,与化纤/羊毛/细毛以外其他纤维混纺)	13.6	80.0	17.0		米/千克	G

商品编号	商品名称备注	进口税率		增值税	消费税	计量单位	监管条件
		最惠国	普通				
5212 25 00.70	印花的其他混纺棉斜纹布(每平米重＞200 克,与化纤/羊毛/细毛以外其他纤维混纺)	13.6	80.0	17.0		米/千克	G
5212 25 00.90	印花的其他混纺棉布(每平米重＞200 克,与化纤/羊毛/细毛以外其他纤维混纺)	13.6	80.0	17.0		米/千克	G

第五十三章　其他植物纺织纤维;纸纱线及其机织物

商品编号	商 品 名 称 备 注	进口税率		增值税	消费税	计量单位	监管条件
		最惠国	普通				
5301	**亚麻,生的或已经加工但未纺制的;亚麻短纤及废麻(包括废麻纱线及回收纤维)**						
5301 10 00	生的或沤制的亚麻	6.0	30.0	17.0		千克	AB
5301 21 00	破开或打成的亚麻	6.0	30.0	17.0		千克	AB
5301 29 00	栉梳或经其他加工未纺制的亚麻	6.0	30.0	17.0		千克	AB
5301 30 00	亚麻短纤及废麻(包括废麻纱线及回收纤维)	6.0	30.0	17.0		千克	AB
5302	**大麻,生的或经加工但未纺制的;大麻短纤及废麻(包括废麻纱线及回收纤维)**						
5302 10 00	生的或经沤制的大麻	6.0	30.0	17.0		千克	AB
5302 90 00	加工未纺的大麻、大麻短纤及废麻(包括废麻纱线及回收纤维)	6.0	30.0	17.0		千克	AB
5303	**黄麻及其他纺织用韧皮纤维(不包括亚麻、大麻及苎麻),生的或经加工但未纺制的;上述纤维的短纤及废麻(包括废纱线及回收纤维)**						
5303 10 00	生或沤制黄麻,其他纺织韧皮纤维(不包括亚麻,大麻,苎麻)	5.0	20.0	17.0		千克	AB
5303 90 00	加工未纺的黄麻及纺织用韧皮纤维(包括短纤、废麻、废纱线及回收纤维、不含亚麻、大麻、苎麻)	5.0	30.0	17.0		千克	AB
5304	**西沙尔麻及其他纺织用龙舌兰类纤维,生的或经加工但未纺制的;上述纤维的短纤及废麻(包括废纱线及回收纤维)**						
5304 10 00	生西沙尔麻及纺织用龙舌兰纤维	5.0	20.0	17.0		千克	AB
5304 90 00	未纺西沙尔麻及龙舌兰类纤维(包括其短纤、废麻、废纱线及回收纤维)	5.0	30.0	17.0		千克	AB
5305	**椰壳纤维、蕉麻(马尼拉麻)、苎麻及其他编号未列名的纺织用植物纤维,生的或经加工但未纺制的;上述纤维的短纤、落麻及废料(包括废纱线及回收纤维)**						
5305 11 00	生的椰壳纤维	5.0	30.0	17.0		千克	AB
5305 19 00	加工、未纺的椰壳纤维(包括短纤,落麻,废料,废椰壳纱线及回收纤维)	5.0	30.0	17.0		千克	AB
5305 21 00	生的蕉麻	3.0	20.0	17.0		千克	AB
5305 29 00	经加工、未纺制的蕉麻(包括短纤,落麻,废料,废蕉麻纱线及回收纤维)	3.0	20.0	17.0		千克	AB
5305 90 11	生的苎麻	5.0	30.0	17.0		千克	AB
5305 90 19	生的其他未列名纺织用植物纤维	5.0	30.0	17.0		千克	AB
5305 90 91	经加工、未纺制的苎麻	5.0	30.0	17.0		千克	AB
5305 90 92	苎麻短纤及废麻(包括废纱线及回收纤维)	5.0	30.0	17.0		千克	AB
5305 90 99	经加工的未列名纺织用植物纤维(包括短纤,落麻,废料,废纱线及回收纤维)	5.0	30.0	17.0		千克	AB

商品编号	商品名称备注	进口税率		增值税	消费税	计量单位	监管条件
		最惠国	普通				
5306	**亚麻纱线**						
5306 10 00	亚麻单纱	8.0	50.0	17.0		千克	BG
5306 20 00	亚麻多股纱线或缆线	10.0	50.0	17.0		千克	BG
5307	**黄麻纱线或编号 5303 的其他纺织用韧皮纤维纱线**						
5307 10 00	黄麻及其他纺织用韧皮纤维单纱	6.0	35.0	17.0		千克	
5307 20 00	黄麻及其他韧皮纤维多股纱或缆线	6.0	35.0	17.0		千克	
5308	**其他植物纺织纤维纱线;纸纱线**						
5308 10 00	椰壳纤维纱线	6.0	45.0	17.0		千克	
5308 20 00	大麻纱线	6.0	45.0	17.0		千克	
5308 90 11	漂白或未漂白的纯苎麻纱线(纯按重量计苎麻含量在 85%及以上)	6.0	50.0	17.0		千克	BG
5308 90 12	纯苎麻色纱线(纯按重量计苎麻含量在 85%及以上)	6.0	50.0	17.0		千克	BG
5308 90 13	漂白或未漂白其他苎麻纱线(按重量计苎麻含量在 85%以下)	6.0	50.0	17.0		千克	BG
5308 90 14	其他苎麻色纱线(按重量计苎麻含量在 85%以下)	6.0	50.0	17.0		千克	BG
5308 90 91	纸纱线	6.0	70.0	17.0		千克	
5308 90 99	其他植物纺织纤维纱线	6.0	45.0	17.0		千克	
5309	**亚麻机织物**						
5309 11 10	未漂白的纯亚麻机织物(按重量计亚麻含量在 85%及以上)	14.8	80.0	17.0		米/千克	BG
5309 11 20	漂白的纯亚麻机织物(按重量计亚麻含量在 85%及以上)	14.8	80.0	17.0		米/千克	BG
5309 19 00	其他全亚麻机织物(按重量计亚麻含量在 85%及以上)	14.8	80.0	17.0		米/千克	BG
5309 21 10.11	未漂白与精梳毛混纺的亚麻机织物(亚麻含量在 85%以下,含 17%以上羊毛或动物细毛)	14.8	80.0	17.0		米/千克	BG
5309 21 10.19	未漂白的其他混纺亚麻机织物(亚麻含量在 85%以下,含 17%以上羊毛或动物细毛)	14.8	80.0	17.0		米/千克	BG
5309 21 10.21	未漂白的混纺亚麻府绸及细平布(亚麻含量在 85%以下,与棉及化纤混纺,棉限内)	14.8	80.0	17.0		米/千克	BG
5309 21 10.22	未漂白的混纺亚麻机织平布(亚麻含量在 85%以下,与棉及化纤混纺,棉限内)	14.8	80.0	17.0		米/千克	BG
5309 21 10.23	未漂白的混纺亚麻机织印染用布(亚麻含量在 85%以下,与棉及化纤混纺,棉限内)	14.8	80.0	17.0		米/千克	BG
5309 21 10.24	未漂白的混纺亚麻其他机织物(亚麻含量在 85%以下,与棉及化纤混纺,棉限内)	14.8	80.0	17.0		米/千克	BG

商品编号	商 品 名 称 备 注	进口税率		增值税	消费税	计量单位	监管条件
		最惠国	普通				
5309 21 10.25	未漂白的混纺亚麻府绸及细平布(亚麻含量在85%以下,与棉及化纤混纺,化纤限内)	14.8	80.0	17.0		米/千克	BG
5309 21 10.26	未漂白的混纺亚麻机织平布(亚麻含量在85%以下,与棉及化纤混纺,化纤限内)	14.8	80.0	17.0		米/千克	BG
5309 21 10.27	未漂白的混纺亚麻机织印染用布(亚麻含量在85%以下,与棉及化纤混纺,化纤限内)	14.8	80.0	17.0		米/千克	BG
5309 21 10.28	未漂白的混纺亚麻其他机织物(亚麻含量在85%以下,与棉及化纤混纺,化纤限内)	14.8	80.0	17.0		米/千克	BG
5309 21 10.29	未漂白的混纺亚麻其他机织物(亚麻含量在85%以下,与棉及化纤混纺)	14.8	80.0	17.0		米/千克	B
5309 21 10.91	未漂白的混纺亚麻其他机织物(亚麻含量<85%,主要或仅与精梳羊毛或动物细毛混纺)	14.8	80.0	17.0		米/千克	BG
5309 21 10.99	未漂白的混纺亚麻其他机织物(亚麻含量在85%以下)	14.8	80.0	17.0		米/千克	B
5309 21 20.11	漂白与精梳毛混纺的亚麻机织物(亚麻含量在85%以下,含17%以上羊毛或动物细毛)	14.8	80.0	17.0		米/千克	BG
5309 21 20.19	漂白的其他混纺亚麻机织物(亚麻含量在85%以下,含17%以上羊毛或动物细毛)	14.8	80.0	17.0		米/千克	BG
5309 21 20.21	漂白的混纺亚麻府绸及细平布(亚麻含量在85%以下,与棉及化纤混纺,棉限内)	14.8	80.0	17.0		米/千克	BG
5309 21 20.22	漂白的混纺亚麻机织平布(亚麻含量在85%以下,与棉及化纤混纺,棉限内)	14.8	80.0	17.0		米/千克	BG
5309 21 20.23	漂白的混纺亚麻机织印染用布(亚麻含量在85%以下,与棉及化纤混纺,棉限内)	14.8	80.0	17.0		米/千克	BG
5309 21 20.24	漂白的混纺亚麻其他机织物(亚麻含量在85%以下,与棉及化纤混纺,棉限内)	14.8	80.0	17.0		米/千克	BG
5309 21 20.25	漂白的混纺亚麻府绸及细平布(亚麻含量在85%以下,与棉及化纤混纺,化纤限内)	14.8	80.0	17.0		米/千克	BG
5309 21 20.26	漂白的混纺亚麻机织平布(亚麻含量在85%以下,与棉及化纤混纺,化纤限内)	14.8	80.0	17.0		米/千克	BG
5309 21 20.27	漂白的混纺亚麻机织印染用布(亚麻含量在85%以下,与棉及化纤混纺,化纤限内)	14.8	80.0	17.0		米/千克	BG
5309 21 20.28	漂白的混纺亚麻其他机织物(亚麻含量在85%以下,与棉及化纤混纺,化纤限内)	14.8	80.0	17.0		米/千克	BG
5309 21 20.29	漂白的混纺亚麻其他机织物(亚麻含量在85%以下,与棉及化纤混纺)	14.8	80.0	17.0		米/千克	BG
5309 21 20.91	漂白的混纺亚麻其他机织物(亚麻含量<85%,主要或仅与精梳羊毛或动物细毛混纺)	14.8	80.0	17.0		米/千克	BG
5309 21 20.99	漂白的混纺亚麻其他机织物(亚麻含量在85%以下)	14.8	80.0	17.0		米/千克	BG

商品编号	商 品 名 称 备 注	进口税率		增值税	消费税	计量单位	监管条件
		最惠国	普通				
5309 29 00.11	其他与精梳毛混纺的亚麻机织物(亚麻含量在85%以下,含17%以上羊毛或动物细毛)	14.8	80.0	17.0		米/千克	BG
5309 29 00.19	其他混纺亚麻机织物(亚麻含量在85%以下,含17%以上羊毛或动物细毛)	14.8	80.0	17.0		米/千克	BG
5309 29 00.21	其他混纺亚麻府绸及细平布(亚麻含量在85%以下,与棉及化纤混纺,棉限内)	14.8	80.0	17.0		米/千克	BG
5309 29 00.22	其他混纺亚麻机织平布(亚麻含量在85%以下,与棉及化纤混纺,棉限内)	14.8	80.0	17.0		米/千克	BG
5309 29 00.23	其他混纺亚麻机织印染用布(亚麻含量在85%以下,与棉及化纤混纺,棉限内)	14.8	80.0	17.0		米/千克	BG
5309 29 00.24	其他混纺亚麻其他机织物(亚麻含量在85%以下,与棉及化纤混纺,棉限内)	14.8	80.0	17.0		米/千克	BG
5309 29 00.25	其他混纺亚麻府绸及细平布(亚麻含量在85%以下,与棉及化纤混纺,化纤限内)	14.8	80.0	17.0		米/千克	BG
5309 29 00.26	其他混纺亚麻机织平布(亚麻含量在85%以下,与棉及化纤混纺,化纤限内)	14.8	80.0	17.0		米/千克	BG
5309 29 00.27	其他混纺亚麻机织印染用布(亚麻含量在85%以下,与棉及化纤混纺,化纤限内)	14.8	80.0	17.0		米/千克	BG
5309 29 00.28	其他混纺亚麻其他机织物(亚麻含量在85%以下,与棉及化纤混纺,化纤限内)	14.8	80.0	17.0		米/千克	BG
5309 29 00.29	其他混纺亚麻其他机织物(亚麻含量在85%以下,与棉及化纤混纺)	14.8	80.0	17.0		米/千克	BG
5309 29 00.91	其他混纺亚麻其他机织物(亚麻含量<85%,主要或仅与精梳羊毛或动物细毛混纺)	14.8	80.0	17.0		米/千克	BG
5309 29 00.99	其他混纺亚麻机织物(亚麻含量在85%以下)	14.8	80.0	17.0		米/千克	BG
5310	**黄麻或编号5303的其他纺织用韧皮纤维机织物**						
5310 10 00.11	未漂白黄麻或其他韧皮纤维机织物(宽度不超过150厘米,与精梳羊毛或动物细毛混纺)	10.0	40.0	17.0		米/千克	ABG
5310 10 00.19	未漂白黄麻或其他韧皮纤维机织物(宽度不超过150厘米,与其他纤维混纺)	10.0	40.0	17.0		米/千克	AB
5310 10 00.91	未漂白黄麻或其他韧皮纤维机织物(宽度超过150厘米,与精梳羊毛或动物细毛混纺)	10.0	40.0	17.0		米/千克	ABG
5310 10 00.99	未漂白黄麻或其他韧皮纤维机织物(宽度超过150厘米,与其他纤维混纺)	10.0	40.0	17.0		米/千克	AB
5310 90 00.11	其他黄麻机织物,宽度≤150厘米(含5303其他纺织用韧皮纤维布与精梳羊毛或动物细毛混纺)	10.0	40.0	17.0		米/千克	G
5310 90 00.19	其他黄麻机织物,宽度≤150厘米(含税号5303的其他纺织用韧皮纤维布,与其他纤维混纺)	10.0	40.0	17.0		米/千克	
5310 90 00.91	其他黄麻机织物,宽度>150厘米(含5303其他纺织用韧皮纤维布与精梳羊毛或动物细毛混纺)	10.0	40.0	17.0		米/千克	G

商品编号	商 品 名 称 备 注	进口税率		增值税	消费税	计量单位	监管条件
		最惠国	普通				
5310 90 00.99	其他黄麻机织物,宽度>150 厘米(含税号 5303 的其他纺织用韧皮纤维布,与其他纤维混纺)	10.0	40.0	17.0		米/千克	
5311	**其他纺织用植物纤维机织物;纸纱线机织物**						
5311 00 12.11	未漂白与精梳毛混纺的苎麻机织物(苎麻含量在85%及以上,含17%以上羊毛或动物细毛)	14.8	80.0	17.0		米/千克	BG
5311 00 12.19	未漂白苎麻机织物(苎麻含量在85%及以上,含17%以上羊毛或动物细毛)	14.8	80.0	17.0		米/千克	BG
5311 00 12.21	未漂白的苎麻府绸及细平布(苎麻含量在85%及以上,与棉及化纤混纺,棉限内)	14.8	80.0	17.0		米/千克	BG
5311 00 12.22	未漂白的苎麻机织平布(苎麻含量在85%及以上,与棉及化纤混纺,棉限内)	14.8	80.0	17.0		米/千克	BG
5311 00 12.23	未漂白的苎麻机织印染用布(苎麻含量在85%及以上,与棉及化纤混纺,棉限内)	14.8	80.0	17.0		米/千克	BG
5311 00 12.29	未漂白的苎麻其他机织物(苎麻含量在85%及以上,与棉及化纤混纺,棉限内)	14.8	80.0	17.0		米/千克	BG
5311 00 12.31	未漂白的苎麻府绸及细平布(苎麻含量在85%及以上,与棉及化纤混纺,化纤限内)	14.8	80.0	17.0		米/千克	BG
5311 00 12.32	未漂白的苎麻机织平布(苎麻含量在85%及以上,与棉及化纤混纺,化纤限内)	14.8	80.0	17.0		米/千克	BG
5311 00 12.33	未漂苎麻机织印染用布(苎麻含量在85%及以上,与棉及化纤混纺,化纤限内)	14.8	80.0	17.0		米/千克	BG
5311 00 12.39	未漂白的苎麻其他机织物(苎麻含量在85%及以上,与棉及化纤混纺,化纤限内)	14.8	80.0	17.0		米/千克	BG
5311 00 12.40	未漂白的苎麻其他机织物(苎麻含量在85%及以上,与棉及化纤混纺)	14.8	80.0	17.0		米/千克	BG
5311 00 12.91	未漂白的苎麻其他机织物(苎麻含量在85%及以上,主要/仅与精梳羊毛/细毛混纺)	14.8	80.0	17.0		米/千克	BG
5311 00 12.99	未漂白的苎麻其他机织物(苎麻含量在85%及以上)	14.8	80.0	17.0		米/千克	BG
5311 00 13.11	与精梳毛混纺的苎麻其他机织物(苎麻含量≥85%,含17%以上羊毛或动物细毛)	16.0	80.0	17.0		米/千克	BG
5311 00 13.19	苎麻其他机织物(苎麻含量≥85%,羊毛/细毛>17%)	16.0	80.0	17.0		米/千克	BG
5311 00 13.21	苎麻府绸及细平布(苎麻含量≥85%,与棉及化纤混纺,棉限内)	16.0	80.0	17.0		米/千克	BG
5311 00 13.22	苎麻机织平布(苎麻含量≥85%,与棉及化纤混纺,棉限内)	16.0	80.0	17.0		米/千克	BG
5311 00 13.23	苎麻机织印染布(苎麻含量≥85%,与棉及化纤混纺,棉限内)	16.0	80.0	17.0		米/千克	BG
5311 00 13.29	苎麻其他机织物(苎麻含量≥85%,与棉及化纤混纺,棉限内)	16.0	80.0	17.0		米/千克	BG

商品编号	商 品 名 称 备 注	进口税率		增值税	消费税	计量单位	监管条件
		最惠国	普通				
5311 00 13.31	苎麻府绸及细平布(苎麻含量≥85%,与棉及化纤混纺,化纤限内)	16.0	80.0	17.0		米/千克	BG
5311 00 13.32	苎麻机织平布(苎麻含量≥85%,与棉及化纤混纺,化纤限内)	16.0	80.0	17.0		米/千克	BG
5311 00 13.33	苎麻机织印染布(苎麻含量≥85%,与棉及化纤混纺,化纤限内)	16.0	80.0	17.0		米/千克	BG
5311 00 13.39	苎麻其他机织物(苎麻含量≥85%,与棉及化纤混纺,化纤限内)	16.0	80.0	17.0		米/千克	BG
5311 00 13.40	苎麻其他机织物(苎麻含量≥85%,与棉及化纤混纺)	16.0	80.0	17.0		米/千克	BG
5311 00 13.91	苎麻其他机织物(苎麻含量≥85%,主要/仅与精梳羊毛/细毛混纺)	16.0	80.0	17.0		米/千克	BG
5311 00 13.99	苎麻其他机织物(苎麻含量≥85%)	16.0	80.0	17.0		米/千克	BG
5311 00 14.11	未漂白与精梳羊毛混纺苎麻机织物(苎麻含量<85%,含17%以上羊毛/细毛)	14.8	80.0	17.0		米/千克	BG
5311 00 14.19	未漂白苎麻机织物(苎麻含量<85%,含17%以上羊毛/细毛)	14.8	80.0	17.0		米/千克	BG
5311 00 14.21	未漂白的苎麻府绸及细平布(苎麻含量在85%以下,与棉及化纤混纺,棉限内)	14.8	80.0	17.0		米/千克	BG
5311 00 14.22	未漂白的苎麻机织平布(苎麻含量在85%以下,与棉及化纤混纺,棉限内)	14.8	80.0	17.0		米/千克	BG
5311 00 14.23	未漂白的苎麻机织印染用布(苎麻含量在85%以下,与棉及化纤混纺,棉限内)	14.8	80.0	17.0		米/千克	BG
5311 00 14.29	未漂白的苎麻其他机织物(苎麻含量在85%以下,与棉及化纤混纺,棉限内)	14.8	80.0	17.0		米/千克	BG
5311 00 14.31	未漂白的苎麻府绸及细平布(苎麻含量在85%以下,与棉及化纤混纺,化纤限内)	14.8	80.0	17.0		米/千克	BG
5311 00 14.32	未漂白的苎麻机织平布(苎麻含量在85%以下,与棉及化纤混纺,化纤限内)	14.8	80.0	17.0		米/千克	BG
5311 00 14.33	未漂白的苎麻机织印染用布(苎麻含量在85%以下,与棉及化纤混纺,化纤限内)	14.8	80.0	17.0		米/千克	BG
5311 00 14.39	未漂白的苎麻其他机织物(苎麻含量在85%以下,与棉及化纤混纺,化纤限内)	14.8	80.0	17.0		米/千克	BG
5311 00 14.40	未漂白的苎麻其他机织物(苎麻含量在85%以下,与棉及化纤混纺)	14.8	80.0	17.0		米/千克	BG
5311 00 14.91	未漂白的苎麻其他机织物(苎麻含量<85%,主要或仅与精梳羊毛或动物细毛混纺)	14.8	80.0	17.0		米/千克	BG
5311 00 14.99	未漂白的苎麻其他机织物(苎麻含量在85%以下)	14.8	80.0	17.0		米/千克	BG
5311 00 15.11	其他苎麻机织物,含量<85%(毛重>17%,主要或仅与精梳羊毛或动物细毛混纺)	16.0	80.0	17.0		米/千克	BG

商品编号	商品名称备注	进口税率		增值税	消费税	计量单位	监管条件
		最惠国	普通				
5311 00 15.19	其他苎麻机织物(苎麻含量在85%以下,含17%以上羊毛或动物细毛)	16.0	80.0	17.0		米/千克	BG
5311 00 15.21	苎麻府绸及细平布(苎麻含量在85%以下,与棉及化纤混纺,棉限内)	16.0	80.0	17.0		米/千克	BG
5311 00 15.22	苎麻机织平布(苎麻含量在85%以下,与棉及化纤混纺,棉限内)	16.0	80.0	17.0		米/千克	BG
5311 00 15.23	苎麻机织印染用布(苎麻含量在85%以下,与棉及化纤混纺,棉限内)	16.0	80.0	17.0		米/千克	BG
5311 00 15.29	其他苎麻机织物(苎麻含量在85%以下,与棉及化纤混纺,棉限内)	16.0	80.0	17.0		米/千克	BG
5311 00 15.31	苎麻府绸及细平布(苎麻含量在85%以下,与棉及化纤混纺,化纤限内)	16.0	80.0	17.0		米/千克	BG
5311 00 15.32	苎麻机织平布(苎麻含量在85%以下,与棉及化纤混纺,化纤限内)	16.0	80.0	17.0		米/千克	BG
5311 00 15.33	苎麻机织印染用布(苎麻含量在85%以下,与棉及化纤混纺,化纤限内)	16.0	80.0	17.0		米/千克	BG
5311 00 15.39	其他苎麻机织物(苎麻含量在85%以下,与棉及化纤混纺,化纤限内)	16.0	80.0	17.0		米/千克	BG
5311 00 15.40	其他苎麻机织物(苎麻含量在85%以下,与棉及化纤混纺)	16.0	80.0	17.0		米/千克	BG
5311 00 15.91	其他苎麻机织物(苎麻<85%,主要或仅与精梳羊毛或动物细毛混纺)	16.0	80.0	17.0		米/千克	BG
5311 00 15.99	其他苎麻机织物(指按重量计苎麻含量在85%以下)	16.0	80.0	17.0		米/千克	BG
5311 00 20.10	纸纱线机织物(主要或仅与精梳羊毛或动物细毛混纺)	12.7	90.0	17.0		米/千克	BG
5311 00 20.90	纸纱线机织物	12.7	90.0	17.0		米/千克	B
5311 00 90.11	其他纺织用植物纤维机织物(毛含量>17%,主要或仅与精梳羊毛或动物细毛混纺)	12.7	50.0	17.0		米/千克	BG
5311 00 90.19	其他纺织用植物纤维机织物(含17%以上羊毛或动物细毛)	12.7	50.0	17.0		米/千克	BG
5311 00 90.21	其他纺织用植物纤府绸及细平布(与棉及化纤混纺,棉限内)	12.7	50.0	17.0		米/千克	BG
5311 00 90.22	其他纺织用植物纤维机织平布(与棉及化纤混纺,棉限内)	12.7	50.0	17.0		米/千克	BG
5311 00 90.23	其他纺织用植物纤维机织印染用布(与棉及化纤混纺,棉限内)	12.7	50.0	17.0		米/千克	BG
5311 00 90.29	其他纺织用植物纤维机织物(与棉及化纤混纺,棉限内)	12.7	50.0	17.0		米/千克	BG
5311 00 90.31	其他纺织用植物纤维府绸及细平布(与棉及化纤混纺,化纤限内)	12.7	50.0	17.0		米/千克	BG

商品编号	商 品 名 称 备 注	进口税率		增值税	消费税	计量单位	监管条件
		最惠国	普通				
5311 00 90.32	其他纺织用植物纤维机织平布(与棉及化纤混纺,化纤限内)	12.7	50.0	17.0		米/千克	BG
5311 00 90.33	其他纺织用植物纤维机织印染用布(与棉及化纤混纺,化纤限内)	12.7	50.0	17.0		米/千克	BG
5311 00 90.39	其他纺织用植物纤维其他机织物(与棉及化纤混纺,化纤限内)	12.7	50.0	17.0		米/千克	BG
5311 00 90.40	其他纺织用植物纤维其他机织物(与棉及化纤混纺)	12.7	50.0	17.0		米/千克	B
5311 00 90.91	其他纺织用植物纤维其他机织物(主要或仅与精梳羊毛或动物细毛混纺)	12.7	50.0	17.0		米/千克	BG
5311 00 90.99	其他纺织用植物纤维其他机织物	12.7	50.0	17.0		米/千克	B

第五十四章　化学纤维长丝

注释：

一、本目录所称"化学纤维"，是指通过下列任一方法加工制得的有机聚合物的短纤或长丝：

（一）将有机单体物质加以聚合而制得，例如，聚酰胺、聚酯、聚氨基甲酸酯或聚乙烯衍生物；

（二）将天然有机聚合物（例如，纤维素、酪素、蛋白质或海藻）经化学变化而制得，例如，粘胶纤维、醋酸纤维素纤维、铜铵纤维或藻酸盐纤维。

对于化学纤维，所称"合成"，是指（一）款所述的纤维；所称"人造"，是指（二）款所述的纤维。

对于纺织材料，所称"化学纤维"、"合成纤维"及"人造纤维"，其含义应与上述解释相同。

二、品目54.02及54.03不适用于第五十五章的合成纤维或人造纤维的长丝丝束。

商品编号	商品名称备注	进口税率		增值税	消费税	计量单位	监管条件
		最惠国	普通				
5401	**化学纤维长丝纺制的缝纫线,不论是否供零售用**						
5401 10 10	非供零售用合纤长丝缝纫线	11.4	70.0	17.0		千克	G
5401 10 20	供零售用合纤长丝缝纫线	11.4	90.0	17.0		千克	G
5401 20 10	非供零售用人纤长丝缝纫线	8.6	35.0	17.0		千克	G
5401 20 20	供零售用人纤长丝缝纫线	8.6	90.0	17.0		千克	G
5402	**合成纤维长丝纱线(缝纫线除外),非供零售用,包括细度在67分特以下的合成纤维单丝**						
5402 10 10.10	聚酰胺-6(尼龙-6)纺制高强力纱(非供零售用,单丝/未捻或捻度每米5转以下的复丝单纱)	10.6	70.0	17.0		千克	A
5402 10 10.20	聚酰胺-6(尼龙-6)纺制高强力纱(非供零售用,捻度每米5转及以上的复丝单纱)	10.6	70.0	17.0		千克	A
5402 10 10.90	聚酰胺-6纺制高强力多股纱(非供零售用,(尼龙-6))	10.6	70.0	17.0		千克	A
5402 10 20.10	聚酰胺-6,6纺制的高强力纱(非供零售用,单丝/未捻或捻度<5转/米复丝单纱,(尼龙-66)	10.6	70.0	17.0		千克	A
5402 10 20.20	聚酰胺-6,6纺制的高强力纱(非供零售用,捻度≥5转/米复丝单纱,(尼龙-66))	10.6	70.0	17.0		千克	A
5402 10 20.90	聚酰胺-6,6纺制的高强力多股纱(非供零售用,尼龙-66)	10.6	70.0	17.0		千克	A
5402 10 30.10	芳香族聚酰胺纺制的高强力纱(非供零售用,单丝/未捻或捻度<5转/米复丝单纱)	10.6	70.0	17.0		千克	A
5402 10 30.20	芳香族聚酰胺纺制的高强力纱(非供零售用,捻度≥5转/米复丝单纱)	10.6	70.0	17.0		千克	A
5402 10 30.90	芳香族聚酰胺纺制的高强力多股纱(非供零售用)	10.6	70.0	17.0		千克	A
5402 10 90.10	其他尼龙或其他聚酰胺制高强力纱(非供零售用,单丝/未捻或捻度<5转/米复丝单纱)	10.6	70.0	17.0		千克	A
5402 10 90.20	其他尼龙或其他聚酰胺制高强力纱(非供零售用,捻度≥5转/米复丝单纱)	10.6	70.0	17.0		千克	A
5402 10 90.90	其他尼龙或聚酰胺制高强力多股纱(非供零售用)	10.6	70.0	17.0		千克	A
5402 20 00.10	非零售聚酯高强力纱(非供零售用,单丝/未捻或捻度<5转/米复丝单纱)	11.4	70.0	17.0		千克	7A
5402 20 00.20	非零售聚酯高强力纱(非供零售用,捻度≥5转/米复丝单纱)	11.4	70.0	17.0		千克	7A
5402 20 00.90	非零售聚酯高强力多股纱	11.4	70.0	17.0		千克	7A
5402 31 11	聚酰胺-6(尼龙-6)纺制弹力丝(非供零售用,指每根单纱细度不超过50特)	9.8	80.0	17.0		千克	A
5402 31 12	聚酰胺-6,6纺制的弹力丝(非供零售用,尼龙-66,指每根单纱细度不超过50特)	9.8	80.0	17.0		千克	A

商品编号	商 品 名 称 备 注	进口税率		增值税	消费税	计量单位	监管条件
		最惠国	普通				
5402 31 13	芳香族聚酰胺纺制弹力丝(非供零售用,指每根单纱细度不超过50特)	9.8	80.0	17.0		千克	A
5402 31 19	其他尼龙或其他聚酰胺制弹力丝(指每根单纱细度不超过50特,非供零售用)	9.8	80.0	17.0		千克	A
5402 31 90	非零售其他细尼龙变形纱线(指每根单纱细度不超过50特,包括其他聚酰胺变形丝)	9.8	70.0	17.0		千克	A
5402 32 11	聚酰胺-6(尼龙-6)纺制的弹力丝(指每根单纱细度超过50特,非供零售用)	9.7	80.0	17.0		千克	
5402 32 12	聚酰胺-6,6纺制的弹力丝(指每根单纱细度超过50特,尼龙-66,非供零售用)	9.7	80.0	17.0		千克	
5402 32 13	芳香族聚酰胺纺制的弹力丝(指每根单纱细度超过50特,非供零售用)	9.7	80.0	17.0		千克	
5402 32 19	其他尼龙或其他聚酰胺制弹力丝(指每根单纱细度超过50特,非供零售用)	9.7	80.0	17.0		千克	
5402 32 90	非零售其他粗尼龙变形纱线(粗指每根单纱细度超过50特,包括其他聚酰胺变形丝)	9.7	70.0	17.0		千克	
5402 33 10	非零售聚酯弹力丝	14.0	90.0	17.0		千克	7A
5402 33 90	非零售聚酯变形纱线	11.4	70.0	17.0		千克	7A
5402 39 10	聚丙烯长丝变形纱线(非供零售用)	11.4	70.0	17.0		千克	7
5402 39 90	其他合成纤维长丝变形纱线(非供零售用)	11.4	70.0	17.0		千克	7
5402 41 10.10ˆ	聚酰胺-6(尼龙-6)纺制的单纱(非供零售用,单丝/未捻或捻度<5转/米复丝单纱)	9.8	70.0	17.0		千克	
5402 41 10.90ˆ	聚酰胺-6(尼龙-6)纺制的单纱(捻度≥5转/米不超过50转的复丝单纱,非供零售用)	9.8	70.0	17.0		千克	
5402 41 20.10ˆ	聚酰胺-6,6纺制的单纱(指单丝未捻或捻度<5转/米复丝单纱,尼龙-66,非供零售)	9.8	70.0	17.0		千克	
5402 41 20.90ˆ	聚酰胺-6,6纺制的单纱(捻度≥5转/米不超过50转的复丝单纱,尼龙-66,非供零售)	9.8	70.0	17.0		千克	
5402 41 30.10ˆ	芳香族聚酰胺纺制的单纱(单丝/未捻或捻度每米5转以下的复丝单纱,非供零售用)	9.8	70.0	17.0		千克	
5402 41 30.90ˆ	芳香族聚酰胺纺制的单纱(捻度≥5转/米每米不超过50转的复丝单纱,非供零售用)	9.8	70.0	17.0		千克	
5402 41 90.10ˆ	其他尼龙或其他聚酰胺单纱(单丝/未捻或捻度每米5转以下的复丝单纱,非供零售用)	9.8	70.0	17.0		千克	
5402 41 90.90ˆ	其他尼龙或其他聚酰胺单纱(捻度≥5转/米每米不超过50转的复丝单纱,非供零售用)	9.8	70.0	17.0		千克	
5402 42 00	非零售未捻的部分定向聚酯纱线(未加捻或捻度每米不超过50转)	11.0	70.0	17.0		千克	7A
5402 43 00.10ˆ	非零售未捻的其他聚酯纱线(单丝/未捻或捻度每米5转以下的复丝单纱,非供零售用)	11.4	70.0	17.0		千克	7A

商品编号	商 品 名 称 备 注	进口税率		增值税	消费税	计量单位	监管条件
		最惠国	普通				
5402 43 00.90	非零售未捻的其他聚酯纱线(捻度≥每米5转不超过50转的复丝单纱,非供零售用)	11.4	70.0	17.0		千克	7A
5402 49 10.10	聚丙烯单纱(单丝/未捻或捻度每米5转以下的复丝单纱,非供零售用)	11.4	70.0	17.0		千克	7
5402 49 10.90	聚丙烯单纱(捻度每米5转及以上不超过50转的复丝单纱,非供零售用)	11.4	70.0	17.0		千克	7
5402 49 20.10	氨纶单纱(单丝/未捻或捻度每米5转以下的复丝单纱,非供零售用)	11.4	70.0	17.0		千克	7
5402 49 20.90	氨纶单纱(捻度每米5转及以上不超过50转的复丝单纱,非供零售用)	11.4	70.0	17.0		千克	7
5402 49 90.10	其他合成纤维长丝单纱(单丝/未捻或捻度每米5转以下的复丝单纱,非供零售用)	11.4	70.0	17.0		千克	7
5402 49 90.90	其他合成纤维长丝单纱(捻度每米5转及以上不超过50转的复丝单纱,非供零售用)	11.4	70.0	17.0		千克	7
5402 51 10	聚酰胺-6(尼龙-6)纺制的单纱(指捻度每米超过50转,非供零售用)	9.8	70.0	17.0		千克	
5402 51 20	聚酰胺-6,6纺制的单纱(指捻度每米超过50转,尼龙-66,非供零售用)	9.8	70.0	17.0		千克	
5402 51 30	芳香族聚酰胺纺制的单纱(指捻度每米超过50转,非供零售用)	9.8	70.0	17.0		千克	
5402 51 90	其他尼龙或其他聚酰胺单纱(指捻度每米超过50转,非供零售用)	9.8	70.0	17.0		千克	
5402 52 00	非零售加捻的其他聚酯纱线(加捻指捻度每米超过50转)	11.4	70.0	17.0		千克	7
5402 59 10	聚丙烯纱线(捻度每米超过50转,非供零售用)	11.4	70.0	17.0		千克	7
5402 59 90	其他合成纤维长丝纱线(捻度每米超过50转,非供零售用)	11.4	70.0	17.0		千克	7
5402 61 10	聚酰胺-6(尼龙-6)纺制的纱线(包括多股纱线或缆线,非供零售用)	10.6	70.0	17.0		千克	
5402 61 20	聚酰胺-6,6纺制的纱线(包括多股纱线或缆线,尼龙-66,非供零售用)	10.6	70.0	17.0		千克	
5402 61 30	芳香族聚酰胺纺制的纱线(包括多股纱线或缆线,非供零售用)	10.6	70.0	17.0		千克	
5402 61 90	其他尼龙或其他聚酰胺纺制纱线(包括多股纱线或缆线,非供零售用)	10.6	70.0	17.0		千克	
5402 62 00	非零售聚酯多股纱线(包括缆线)	11.4	70.0	17.0		千克	7
5402 69 10	聚丙烯纱线(包括多股纱线或缆线,非供零售用)	11.4	70.0	17.0		千克	7
5402 69 20	氨纶纱线(包括多股纱线或缆线,非供零售用)	11.4	70.0	17.0		千克	7
5402 69 90	其他合纤长丝多股纱线或缆线(非供零售用)	11.4	70.0	17.0		千克	7
5403	**人造纤维长丝纱线(缝纫线除外),非供零售用,包括细度在67分特以下的人造纤维单丝**						

商品编号	商 品 名 称 备 注	进口税率		增值税	消费税	计量单位	监管条件
		最惠国	普通				
5403 10 00.10	非零售粘胶纤维高强力纱(单丝/未捻或捻度每米5转以下的复丝单纱,非供零售用)	9.0	35.0	17.0		千克	
5403 10 00.20	非零售粘胶纤维高强力纱(捻度5转/米及以上的复丝单纱)	9.0	35.0	17.0		千克	
5403 10 00.90	非零售粘胶纤维高强力多股纱	9.0	35.0	17.0		千克	
5403 20 00	非零售人造纤维长丝变形纱线	9.0	35.0	17.0		千克	
5403 31 00.10	非零售粘胶纤维单纱(单丝/未捻或捻度每米5转以下的复丝单纱,非供零售用)	9.0	35.0	17.0		千克	
5403 31 00.90	非零售其他粘胶纤维单纱(捻度每米5转及以上不超过120转的复丝单纱)	9.0	35.0	17.0		千克	
5403 32 00.10	非零售加捻的纯粘胶纤维单纱(加捻捻度每米超过120转不超过250转)	9.0	35.0	17.0		千克	
5403 32 00.90	非零售加捻含粘胶≥85%单纱(加捻捻度每米超过250转)	9.0	35.0	17.0		千克	
5403 33 10.10	非零售二醋酸纤维单纱(单丝/未捻或捻度每米5转以下的复丝单纱)	9.0	40.0	17.0		千克	A
5403 33 10.20	非零售二醋酸纤维单纱(捻度5转/米及以上不超过250转)	9.0	40.0	17.0		千克	A
5403 33 10.90	非零售二醋酸纤维单纱(捻度超过250转/米)	9.0	40.0	17.0		千克	A
5403 33 90.10	非零售其他醋酸纤维单纱(单丝/未捻或捻度每米5转以下的复丝单纱,非供零售用)	9.0	35.0	17.0		千克	
5403 33 90.20	非零售其他醋酸纤维单纱(捻度5转/米及以上不超过250转)	9.0	35.0	17.0		千克	
5403 33 90.90	非零售其他醋酸纤维单纱(捻度超过250转/米)	9.0	35.0	17.0		千克	
5403 39 00.10	非零售其他人纤长丝单纱(单丝/未捻或捻度每米5转以下的复丝单纱,非供零售用)	9.0	35.0	17.0		千克	
5403 39 00.90	非零售其他人纤长丝单纱(捻度5转/米及以上)	9.0	35.0	17.0		千克	
5403 41 00	非零售粘胶长丝多股纱线或缆线	9.0	35.0	17.0		千克	
5403 42 00	非零售醋酸长丝多股纱线或缆线	9.0	35.0	17.0		千克	
5403 49 00	非零售其他人纤长丝多股纱或缆线	9.0	35.0	17.0		千克	
5404	**截面尺寸不超过1毫米,细度在67分特及以上的合成纤维单丝;表观宽度不超过5毫米的合成纺织材料制扁条及类似品(例如人造草)**						
5404 10 00.10	细度≥67分特的涤纶纤维单丝(截面尺寸不超过1mm,<67分特的合纤单丝归入编号5402)	14.0	80.0	17.0		千克	7
5404 10 00.90	细度≥67分特的其他合成纤维单丝(截面尺寸不超过1mm,<67分特的合纤单丝归入编号5402)	14.0	80.0	17.0		千克	
5404 90 00	其他合成纺织材料制扁条及类似品(表观宽度不超过5毫米,例如人造草)	14.0	80.0	17.0		千克	

商品编号	商 品 名 称 备 注	进口税率		增值税	消费税	计量单位	监管条件
		最惠国	普通				
5405	**截面尺寸不超过1毫米,细度在67分特及以上的人造纤维单丝;表观宽度不超过5毫米的人造纺织材料制扁条及类似品(例如人造草)**						
5405 00 00	≥67分特其他人纤单丝及其扁条(单丝截面尺寸<1mm,扁条及其类似品宽度<5mm)	9.8	80.0	17.0		千克	
5406	**化学纤维长丝纱线(缝纫线除外),供零售用**						
5406 10 00	供零售用合成纤维长丝纱线	11.4	90.0	17.0		千克	G
5406 20 00	供零售用人造纤维长丝纱线	9.8	90.0	17.0		千克	G
5407	**合成纤维长丝纱线的机织物,包括编号5404所列材料的机织物**						
5407 10 10	高强力纱纺制机织物(由尼龙或其他聚酰胺高强力纱纺制的)	23.0	130.0	17.0		米/千克	A7G
5407 10 20.10	聚酯高强力纱纺制机织物(重量≤170克/平米)	23.0	130.0	17.0		米/千克	A7G
5407 10 20.90	聚酯高强力纱纺制机织物(重量>170克/平米)	23.0	130.0	17.0		米/千克	A7G
5407 20 00.10	聚乙烯聚丙烯扁条或类似机织物(宽度3米以下)	23.0	130.0	17.0		米/千克	A7G
5407 20 00.90	其他合成纤维扁条及类似品机织物	23.0	130.0	17.0		米/千克	A7G
5407 30 00.10	平行纱线相互层迭并粘合织物(第十一类注释九所列的机织物,含塑料>60%)	23.0	130.0	17.0		米/千克	
5407 30 00.20	平行纱线相互层迭并粘合织物(第十一类注释九所列的机织物.含塑料≤60%)	23.0	130.0	17.0		米/千克	G
5407 41 00.10	未漂或漂白的打字机带用机织物(尼龙或其他聚酰胺长丝含量≥85%)	23.0	130.0	17.0		米/千克	7
5407 41 00.90	未漂白的或漂白的其他机织物(尼龙或其他聚酰胺长丝含量≥85%)	23.0	130.0	17.0		米/千克	7G
5407 42 00	染色的纯尼龙机织物(按重量计尼龙或其他聚酰胺长丝含量≥85%)	23.0	130.0	17.0		米/千克	7G
5407 43 00	色织的纯尼龙机织物(按重量计尼龙或其他聚酰胺长丝含量≥85%)	23.0	130.0	17.0		米/千克	7G
5407 44 00	印花的纯尼龙机织物(按重量计尼龙或其他聚酰胺长丝含量≥85%)	21.3	130.0	17.0		米/千克	7G
5407 51 00.10	未漂白或漂白纯聚酯变形长丝布(聚酯变形长丝含量≥85%,重量≤170克/平米)	23.0	130.0	17.0		米/千克	7G
5407 51 00.20	未漂白或漂白纯聚酯变形长丝布(聚酯变形长丝含量≥85%,重量大于170克/平米)	23.0	130.0	17.0		米/千克	7G
5407 52 00.10	染色的聚酯变形长丝布,含量≥85(宽<77厘米,每厘米经纱密70-142根,纬密32-71根)	23.0	130.0	17.0		米/千克	7G
5407 52 00.91	染色的其他聚酯变形长丝机织物(聚酯变形长丝含量≥85%,重量≤170克/平米)	23.0	130.0	17.0		米/千克	7G

商品编号	商 品 名 称 备 注	进口税率		增值税	消费税	计量单位	监管条件
		最惠国	普通				
5407 52 00.92^	染色的其他聚酯变形长丝机织物(聚酯变形长丝含量≥85%,重量>170克/平米)	23.0	130.0	17.0		米/千克	7G
5407 53 00.10	色织的聚酯变形长丝布,含量≥85(宽<77厘米,每厘米经纱密70-142根,纬密32-71根)	23.0	130.0	17.0		米/千克	7G
5407 53 00.91	色织的聚酯变形长丝机织物(聚酯变形长丝含量≥85%,重量≤170克/平米)	23.0	130.0	17.0		米/千克	7G
5407 53 00.92	色织的聚酯变形长丝机织物(聚酯变形长丝含量≥85%重量>170克/平米)	23.0	130.0	17.0		米/千克	7G
5407 54 00.10	印花的聚酯变形长丝机织物(聚酯变形长丝含量≥85%,重量≤170克/平米)	21.3	130.0	17.0		米/千克	7G
5407 54 00.20	印花的聚酯变形长丝机织物(聚酯变形长丝含量≥85%,重量>170克/平米)	21.3	130.0	17.0		米/千克	7G
5407 61 00.11^	染色聚酯非变形长丝布,含量≥85(宽<77厘米,每厘米经纱密70-142根,纬密32-71根)	23.0	130.0	17.0		米/千克	7G
5407 61 00.12^	色织聚酯非变形长丝布,含量≥85(宽<77厘米,每厘米经纱密70-142根,纬密32-71根)	23.0	130.0	17.0		米/千克	7G
5407 61 00.20^	全聚酯其他非变形长丝机织物(单纱含27根丝,细75-80分特,捻度900转及以上)	23.0	130.0	17.0		米/千克	7G
5407 61 00.31^	未漂或漂聚酯非变形长丝机织物(聚酯非变形长丝含量≥85%,重量>170克/平米)	23.0	130.0	17.0		米/千克	7G
5407 61 00.32^	未漂或漂聚酯非变形长丝机织物(聚酯非变形长丝含量≥85%,重量≤170克/平米)	23.0	130.0	17.0		米/千克	7G
5407 61 00.41^	染色其他聚酯非变形长丝布(聚酯非变形长丝含量≥85%,重量>170克/平米)	23.0	130.0	17.0		米/千克	7G
5407 61 00.42^	染色其他纯聚酯非变形长丝布(聚酯非变形长丝含量≥85%,重量≤170克/平米)	23.0	130.0	17.0		米/千克	7G
5407 61 00.51*^	色织其他聚酯非变形长丝布(聚酯非变形长丝含量≥85%,重量>170克/平米)	23.0	130.0	17.0		米/千克	7G
5407 61 00.52*^	色织其他聚酯非变形长丝布(聚酯非变形长丝含量≥85%,重量≤170克/平米)	23.0	130.0	17.0		米/千克	7G
5407 61 00.61^	印花其他聚酯非变形长丝布(聚酯非变形长丝含量≥85%,重量>170克/平米)	23.0	130.0	17.0		米/千克	7G
5407 61 00.62^	印花其他聚酯非变形长丝布(聚酯非变形长丝含量≥85%,重量≤170克/平米)	23.0	130.0	17.0		米/千克	7G
5407 69 00.11^	未漂或漂其他聚酯长丝布(聚酯长丝含量≥85%,重量>170克/平米)	23.0	130.0	17.0		米/千克	7G
5407 69 00.12^	未漂或漂其他聚酯长丝布(聚酯长丝含量≥85%,重量≤170克/平米)	23.0	130.0	17.0		米/千克	7G
5407 69 00.21^	染色其他聚酯长丝布(聚酯长丝含量≥85%,重量>170克/平米)	23.0	130.0	17.0		米/千克	7G

商品编号	商品名称备注	进口税率		增值税	消费税	计量单位	监管条件
		最惠国	普通				
5407 69 00.22	染色其他聚酯长丝布(聚酯长丝含量≥85%,重量≤170克/平米)	23.0	130.0	17.0		米/千克	7G
5407 69 00.31	色织其他聚酯长丝布,含量>=85%(每厘米经纱密70-142根,纬密32-71根)	23.0	130.0	17.0		米/千克	7G
5407 69 00.32	色织其他聚酯长丝布(聚酯长丝含量≥85%,重量>170克/平米)	23.0	130.0	17.0		米/千克	7G
5407 69 00.33	色织其他聚酯长丝布(聚酯长丝含量≥85%,重量≤170克/平米)	23.0	130.0	17.0		米/千克	7G
5407 69 00.41	印花其他聚酯长丝布(聚酯长丝含量≥85%,重量>170克/平米)	23.0	130.0	17.0		米/千克	7G
5407 69 00.42	印花其他聚酯长丝布(聚酯长丝含量≥85%,重量≤170克/平米)	23.0	130.0	17.0		米/千克	7G
5407 71 00	未漂白或漂白其他纯合纤长丝布(纯合纤布指按重量计其他合成纤维长丝含量≥85%)	23.0	130.0	17.0		米/千克	7G
5407 72 00	染色的其他纯合纤长丝布(纯合纤布指按重量计其他合成纤维长丝含量≥85%)	23.0	130.0	17.0		米/千克	7G
5407 73 00	色织的其他纯合纤长丝布(纯合纤布指按重量计其他合成纤维长丝含量≥85%)	23.0	130.0	17.0		米/千克	7G
5407 74 00	印花的其他纯合纤长丝布(纯合纤布指按重量计其他合成纤维长丝含量≥85%)	21.3	130.0	17.0		米/千克	7G
5407 81 00.10	未漂或漂白与棉混纺府绸及细平布(其他合成纤维长丝含量在85%以下)	23.0	130.0	17.0		米/千克	B7G
5407 81 00.20	未漂或漂白的与棉混纺平布(其他合成纤维长丝含量在85%以下)	23.0	130.0	17.0		米/千克	B7G
5407 81 00.30	未漂或漂白的与棉混纺印染用布(混纺合纤布指按重量计其他合成纤维长丝含量在85%以下)	23.0	130.0	17.0		米/千克	B7G
5407 81 00.40	未漂或漂白与棉混纺缎纹或斜纹布(混纺合纤布指按重量计其他合成纤维长丝含量在85%以下)	23.0	130.0	17.0		米/千克	B7G
5407 81 00.90	未漂或漂白与棉混纺其他合纤布(混纺合纤布指按重量计其他合成纤维长丝含量在85%以下)	23.0	130.0	17.0		米/千克	B7G
5407 82 00.10	染色的与棉混纺府绸及细平布(混纺合纤布指按重量计其他合成纤维长丝含量在85%以下)	23.0	130.0	17.0		米/千克	B7G
5407 82 00.20	染色的与棉混纺平布(混纺合纤布指按重量计其他合成纤维长丝含量在85%以下)	23.0	130.0	17.0		米/千克	B7G
5407 82 00.30	染色的与棉混纺印染用布(混纺合纤布指按重量计其他合成纤维长丝含量在85%以下)	23.0	130.0	17.0		米/千克	B7G
5407 82 00.40	染色的与棉混纺缎纹或斜纹布(混纺合纤布指按重量计其他合成纤维长丝含量在85%以下)	23.0	130.0	17.0		米/千克	B7G
5407 82 00.90	染色的与棉混纺其他合成纤维布(混纺合纤布指按重量计其他合成纤维长丝含量在85%以下)	23.0	130.0	17.0		米/千克	B7G

商品编号	商 品 名 称 备 注	进口税率		增值税	消费税	计量单位	监管条件
		最惠国	普通				
5407 83 00.10	色织的与棉混纺府绸及细平布(混纺合纤布指按重量计其他合成纤维长丝含量在85%以下)	23.0	130.0	17.0		米/千克	7G
5407 83 00.20	色织的与棉混纺平布(混纺合纤布指按重量计其他合成纤维长丝含量在85%以下)	23.0	130.0	17.0		米/千克	7G
5407 83 00.30	色织的与棉混纺印染用布(混纺合纤布指按重量计其他合成纤维长丝含量在85%以下)	23.0	130.0	17.0		米/千克	7G
5407 83 00.40	色织的与棉混纺缎纹或斜纹布(混纺合纤布指按重量计其他合成纤维长丝含量在85%以下)	23.0	130.0	17.0		米/千克	7G
5407 83 00.90	色织的与棉混纺其他合成纤维布(混纺合纤布指按重量计其他合成纤维长丝含量在85%以下)	23.0	130.0	17.0		米/千克	7G
5407 84 00.10	印花的与棉混纺府绸及细平布(混纺合纤布指按重量计其他合成纤维长丝含量在85%以下)	21.3	130.0	17.0		米/千克	B7G
5407 84 00.20	印花的与棉混纺平布(混纺合纤布指按重量计其他合成纤维长丝含量在85%以下)	21.3	130.0	17.0		米/千克	B7G
5407 84 00.30	印花的与棉混纺印染用布(混纺合纤布指按重量计其他合成纤维长丝含量在85%以下)	21.3	130.0	17.0		米/千克	B7G
5407 84 00.40	印花的与棉混纺缎纹或斜纹布(混纺合纤布指按重量计其他合成纤维长丝含量在85%以下)	21.3	130.0	17.0		米/千克	B7G
5407 84 00.90	印花的与棉混纺其他合成纤维布(混纺合纤布指按重量计其他合成纤维长丝含量在85%以下)	21.3	130.0	17.0		米/千克	B7G
5407 91 00.11	未漂或漂白的其他混纺合成纤维布(与精梳羊毛或动物细毛≥36%混纺,合纤<85%)	23.0	130.0	17.0		米/千克	7G
5407 91 00.19	未漂或漂白的其他混纺合成纤维布(合纤含量在85%以下,与其他羊毛或动物细毛36%及以上混)	23.0	130.0	17.0		米/千克	7G
5407 91 00.21	未漂或漂白的其他混纺合成纤维布(与精梳羊毛或动物细毛<36%混纺,合纤<85%)	23.0	130.0	17.0		米/千克	7G
5407 91 00.29	未漂或漂白的其他混纺合成纤维布(与其他羊毛或动物细毛<36%混纺,合纤<85%)	23.0	130.0	17.0		米/千克	7G
5407 91 00.30	未漂或漂白的其他混纺合成纤维布(与人造纤维长丝混纺,合纤含量<85%)	23.0	130.0	17.0		米/千克	7G
5407 91 00.91	未漂或漂其他混纺府绸及细平布(合成纤维长丝含量在85%以下,与其他纤维混纺)	23.0	130.0	17.0		米/千克	7G
5407 91 00.92	未漂或漂白的其他混纺平布(合成纤维长丝含量在85%以下,与其他纤维混纺)	23.0	130.0	17.0		米/千克	7G
5407 91 00.93	未漂或漂白的其他混纺印染用布(合成纤维长丝含量在85%以下,与其他纤维混纺)	23.0	130.0	17.0		米/千克	7G
5407 91 00.94	未漂或漂其他混纺缎纹或斜纹布(合成纤维长丝含量在85%以下,与其他纤维混纺)	23.0	130.0	17.0		米/千克	7G
5407 91 00.99	未漂或漂白的其他混纺合成纤维布(合成纤维长丝含量在85%以下,与其他纤维混纺)	23.0	130.0	17.0		米/千克	7G

商品编号	商 品 名 称 备 注	进口税率		增值税	消费税	计量单位	监管条件
		最惠国	普通				
5407 92 00.11	染色的其他混纺合成纤维布(与精梳羊毛或动物细毛≥36%混纺,合纤<85%)	23.0	130.0	17.0		米/千克	7G
5407 92 00.19	染色的其他混纺合成纤维布(与其他羊毛或动物细毛≥36%混纺,合纤<85%)	23.0	130.0	17.0		米/千克	7G
5407 92 00.21	染色的其他混纺合成纤维布(与精梳羊毛或动物细毛<36%混纺,合纤<85%)	23.0	130.0	17.0		米/千克	7G
5407 92 00.29	染色的其他混纺合成纤维布(与其他羊毛或动物细毛<36%混纺,合纤<85%)	23.0	130.0	17.0		米/千克	7G
5407 92 00.30	染色的其他混纺合成纤维布(与人造纤维长丝或含金属纱线混纺,合纤含量在85%以下)	23.0	130.0	17.0		米/千克	7G
5407 92 00.91	染色的其他混纺府绸及细平布(合成纤维长丝含量在85%以下,与其他纤维混纺)	23.0	130.0	17.0		米/千克	7G
5407 92 00.92	染色的其他混纺平布(合成纤维长丝含量在85%以下,与其他纤维混纺)	23.0	130.0	17.0		米/千克	7G
5407 92 00.93	染色的其他混纺印染用布(合成纤维长丝含量在85%以下,与其他纤维混纺)	23.0	130.0	17.0		米/千克	7G
5407 92 00.94	染色的其他混纺缎纹或斜纹布(合成纤维长丝含量在85%以下,与其他纤维混纺)	23.0	130.0	17.0		米/千克	7G
5407 92 00.99	染色的其他混纺合成纤维布(合成纤维长丝含量在85%以下,与其他纤维混纺)	23.0	130.0	17.0		米/千克	7G
5407 93 00.11	色织的其他混纺合成纤维布(与精梳羊毛或动物细毛≥36%混纺,合纤<85%)	23.0	130.0	17.0		米/千克	7G
5407 93 00.19	色织的其他混纺合成纤维布(与其他羊毛或动物细毛≥36%混纺,合纤<85%)	23.0	130.0	17.0		米/千克	7G
5407 93 00.21	色织的其他混纺合成纤维布(与精梳羊毛或动物细毛<36%混纺,合纤<85%)	23.0	130.0	17.0		米/千克	7G
5407 93 00.29	色织的其他混纺合成纤维布(与其他羊毛或动物细毛<36%混纺,合纤<85%)	23.0	130.0	17.0		米/千克	7G
5407 93 00.30	色织其他混纺合纤布,合纤<85%(含化纤长丝≥85%,每厘米经密70-142根,纬密32-71根)	23.0	130.0	17.0		米/千克	7G
5407 93 00.40	色织的其他混纺合成纤维布(与人造纤维长丝或含金属纱线混纺,合纤长丝含量<85%)	23.0	130.0	17.0		米/千克	7G
5407 93 00.91	色织的其他混纺府绸及细平布(合成纤维长丝含量在85%以下,与其他纤维混纺)	23.0	130.0	17.0		米/千克	7G
5407 93 00.92	色织的其他混纺平布(合成纤维长丝含量在85%以下,与其他纤维混纺)	23.0	130.0	17.0		米/千克	7G
5407 93 00.93	色织的其他混纺印染用布(合成纤维长丝含量在85%以下,与其他纤维混纺)	23.0	130.0	17.0		米/千克	7G
5407 93 00.94	色织的其他混纺缎纹或斜纹布(合成纤维长丝含量在85%以下,与其他纤维混纺)	23.0	130.0	17.0		米/千克	7G

商品编号	商 品 名 称 备 注	进口税率		增值税	消费税	计量单位	监管条件
		最惠国	普通				
5407 93 00.99	色织的其他混纺合成纤维布(合成纤维长丝含量在85%以下,与其他纤维混纺)	23.0	130.0	17.0		米/千克	7G
5407 94 00.11	印花的其他混纺合成纤维布(与精梳羊毛或动物细毛≥36%混纺,合纤<85%)	21.3	130.0	17.0		米/千克	B7G
5407 94 00.19	印花的其他混纺合成纤维布(与其他羊毛或动物细毛≥36%混纺,合纤<85%)	21.3	130.0	17.0		米/千克	B7G
5407 94 00.21	印花的其他混纺合成纤维布(与精梳羊毛或动物细毛<36%混纺,合纤<85%)	21.3	130.0	17.0		米/千克	B7G
5407 94 00.29	印花的其他混纺合成纤维布(与其他羊毛或动物细毛<36%混纺,合纤<85%)	21.3	130.0	17.0		米/千克	B7G
5407 94 00.30	印花的其他混纺合成纤维布(与人造纤维长丝或含金属纱线混纺,合纤含量<85%)	21.3	130.0	17.0		米/千克	B7G
5407 94 00.91	印花的其他混纺府绸及细平布(合成纤维长丝含量在85%以下,与其他纤维混纺)	21.3	130.0	17.0		米/千克	B7G
5407 94 00.92	印花的其他混纺平布(合成纤维长丝含量在85%以下,与其他纤维混纺)	21.3	130.0	17.0		米/千克	B7G
5407 94 00.93	印花的其他混纺印染用布(合成纤维长丝含量在85%以下,与其他纤维混纺)	21.3	130.0	17.0		米/千克	B7G
5407 94 00.94	印花的其他混纺缎纹或斜纹布(合成纤维长丝含量在85%以下,与其他纤维混纺)	21.3	130.0	17.0		米/千克	B7G
5407 94 00.99	印花的其他混纺合成纤维布(合成纤维长丝含量在85%以下,与其他纤维混纺)	21.3	130.0	17.0		米/千克	B7G
5408	**人造纤维长丝纱线的机织物,包括编号5405所列材料的机织物**						
5408 10 00	粘胶纤维高强力纱的机织物	22.5	130.0	17.0		米/千克	B7G
5408 21 10	未漂白或漂白粘胶长丝机织物(按重量计粘胶纤维长丝、扁条或类似品含量≥85%)	23.5	130.0	17.0		米/千克	B7G
5408 21 20	未漂白或漂白醋酸长丝机织物(按重量计醋酸纤维长丝、扁条或类似品含量≥85%)	23.5	130.0	17.0		米/千克	B7G
5408 21 90	未漂白或漂白其他纯人纤长丝机织(包括扁条布,按重量计其他人造纤维长丝含量≥85%)	23.5	130.0	17.0		米/千克	B7G
5408 22 10	染色的粘胶长丝机织物(按重量计粘胶纤维长丝、扁条或类似品含量≥85%)	22.5	130.0	17.0		米/千克	B7G
5408 22 20	染色的醋酸长丝机织物(按重量计醋酸纤维长丝、扁条或类似品含量≥85%)	22.5	130.0	17.0		米/千克	B7G
5408 22 90	染色的其他人纤长丝机织物(按重量计其他人造纤维长丝,扁条含量≥85%)	22.5	130.0	17.0		米/千克	7BG
5408 23 10	色织的粘胶长丝机织物(按重量计粘胶纤维长丝、扁条或类似品含量≥85%)	22.5	130.0	17.0		米/千克	B7G
5408 23 20	色织的醋酸长丝机织物(按重量计醋酸纤维长丝、扁条或类似品含量≥85%)	22.5	130.0	17.0		米/千克	B7G

商品编号	商品名称备注	进口税率		增值税	消费税	计量单位	监管条件
		最惠国	普通				
5408 23 90	色织的其他人纤长丝机织物(按重量计其他人造纤维长丝,扁条含量≥85%)	22.5	130.0	17.0		米/千克	7BG
5408 24 10	印花的粘胶长丝机织物(按重量计粘胶纤维长丝、扁条或类似品含量≥85%)	21.3	130.0	17.0		米/千克	B7G
5408 24 20	印花的醋酸长丝机织物(按重量计醋酸纤维长丝、扁条或类似品含量≥85%)	21.3	130.0	17.0		米/千克	B7G
5408 24 90	其他印花人纤长丝,扁条机织物(按重量计人造纤维长丝、扁条或类似品含量≥85%)	21.3	130.0	17.0		米/千克	B7G
5408 31 00.11	未漂白或漂白人纤长丝机织物(与精梳羊毛或动物细毛≥36%混纺,人纤<85%)	22.5	130.0	17.0		米/千克	7BG
5408 31 00.19	未漂白或漂白人纤长丝机织物(与其他羊毛或动物细毛≥36%混纺,人纤<85%)	22.5	130.0	17.0		米/千克	7BG
5408 31 00.21	未漂白或漂白人纤长丝机织物(与精梳羊毛或动物细毛<36%混纺,人纤<85%)	22.5	130.0	17.0		米/千克	7BG
5408 31 00.29	未漂白或漂白人纤长丝机织物(与其他羊毛或动物细毛<36%混纺,人纤<85%)	22.5	130.0	17.0		米/千克	7BG
5408 31 00.30	未漂白或漂白人纤长丝机织物(与人纤长丝混纺,人纤长丝含量在85%以下)	22.5	130.0	17.0		米/千克	7BG
5408 31 00.91	未漂或漂人纤长丝府绸及细平布(混纺布指按重量计人纤长丝,扁条或类似品含量在85%以下)	22.5	130.0	17.0		米/千克	7BG
5408 31 00.92	未漂白或漂白人纤长丝平布(混纺布指按重量计人纤长丝,扁条或类似品含量在85%以下)	22.5	130.0	17.0		米/千克	7BG
5408 31 00.93	未漂白或漂白人纤长丝印染用布(混纺布指按重量计人纤长丝,扁条或类似品含量在85%以下)	22.5	130.0	17.0		米/千克	7BG
5408 31 00.94	未漂或漂白人纤长丝缎纹或斜纹布(混纺布指按重量计人纤长丝,扁条或类似品含量在85%以下)	22.5	130.0	17.0		米/千克	7BG
5408 31 00.99	未漂白或漂白人纤长丝其他混纺布(混纺布指按重量计人纤长丝,扁条或类似品含量在85%以下)	22.5	130.0	17.0		米/千克	7BG
5408 32 00.11	染色的人纤长丝机织物(与精梳羊毛或动物细毛≥36%混纺,人纤<85%)	22.5	130.0	17.0		米/千克	7BG
5408 32 00.19	染色的人纤长丝机织物(与其他羊毛或动物细毛≥36%混纺,人纤<85%)	22.5	130.0	17.0		米/千克	7BG
5408 32 00.21	染色的人纤长丝机织物(与精梳羊毛或动物细毛<36%混纺,人纤<85%)	22.5	130.0	17.0		米/千克	7BG
5408 32 00.29	染色的人纤长丝机织物(与其他羊毛或动物细毛<36%混纺,人纤<85%)	22.5	130.0	17.0		米/千克	7BG
5408 32 00.30	染色的人纤长丝机织物(含丝及绢丝30%及以上,每公斤价值超过$33,人纤<85%)	22.5	130.0	17.0		米/千克	7BG
5408 32 00.40	染色的人纤长丝机织物(与合纤长丝混纺,人纤长丝,扁条或类似品含量在85%以下)	22.5	130.0	17.0		米/千克	7BG

商品编号	商 品 名 称 备 注	进口税率		增值税	消费税	计量单位	监管条件
		最惠国	普通				
5408 32 00.91	染色的人纤长丝府绸或细平布(混纺布指按重量计人纤长丝,扁条或类似品含量在85%以下)	22.5	130.0	17.0		米/千克	7BG
5408 32 00.92	染色的人纤长丝平布(混纺布指按重量计人纤长丝,扁条或类似品含量在85%以下)	22.5	130.0	17.0		米/千克	7BG
5408 32 00.93	染色的人纤长丝印染用布(混纺布指按重量计人纤长丝,扁条或类似品含量在85%以下)	22.5	130.0	17.0		米/千克	7BG
5408 32 00.94	染色的人纤长丝缎纹或斜纹布(混纺布指按重量计人纤长丝,扁条或类似品含量在85%以下)	22.5	130.0	17.0		米/千克	7BG
5408 32 00.99	染色的人纤长丝其他机织物(混纺布指按重量计人纤长丝,扁条或类似品含量在85%以下)	22.5	130.0	17.0		米/千克	7BG
5408 33 00.11	色织的人纤长丝机织物(与精梳羊毛或动物细毛≥36%混纺,人纤<85%)	22.5	130.0	17.0		米/千克	7BG
5408 33 00.19	色织的人纤长丝机织物(与其他羊毛或动物细毛≥36%混纺,人纤<85%)	22.5	130.0	17.0		米/千克	7BG
5408 33 00.21	色织的人纤长丝机织物(与精梳羊毛或动物细毛<36%混纺,人纤<85%)	22.5	130.0	17.0		米/千克	7BG
5408 33 00.29	色织的人纤长丝机织物(与其他羊毛或动物细毛<36%混纺,人纤<85%)	22.5	130.0	17.0		米/千克	7BG
5408 33 00.30	色织的人纤长丝机织物,人纤<85%(含化纤长丝≥85%,每厘米经密70-142根,纬密32-71根)	22.5	130.0	17.0		米/千克	7BG
5408 33 00.40	色织的人纤长丝机织物(含丝及绢丝30%及以上,每公斤价值超过$33,人纤<85%)	22.5	130.0	17.0		米/千克	7BG
5408 33 00.50 *	色织的人纤长丝机织物(与合纤长丝混纺,人纤长丝,扁条或类似品含量在85%以下)	22.5	130.0	17.0		米/千克	7BG
5408 33 00.91	色织的人纤长丝府绸或细平布(混纺布指按重量计人纤长丝,扁条或类似品含量在85%以下)	22.5	130.0	17.0		米/千克	7BG
5408 33 00.92	色织的人纤长丝平布(混纺布指按重量计人纤长丝,扁条或类似品含量在85%以下)	22.5	130.0	17.0		米/千克	7BG
5408 33 00.93	色织的人纤长丝印染用布(混纺布指按重量计人纤长丝,扁条或类似品含量在85%以下)	22.5	130.0	17.0		米/千克	7BG
5408 33 00.94	色织的人纤长丝缎纹或斜纹布(混纺布指按重量计人纤长丝,扁条或类似品含量在85%以下)	22.5	130.0	17.0		米/千克	7BG
5408 33 00.99	色织的人纤长丝其他机织物(混纺布指按重量计人纤长丝,扁条或类似品含量在85%以下)	22.5	130.0	17.0		米/千克	7BG
5408 34 00.11	印花的人纤长丝机织物(与精梳羊毛或动物细毛≥36%混纺,人纤<85%)	21.3	130.0	17.0		米/千克	7BG
5408 34 00.19	印花的人纤长丝机织物(与其他羊毛或动物细毛≥36%混纺,人纤<85%)	21.3	130.0	17.0		米/千克	7BG
5408 34 00.21	印花的人纤长丝机织物(与精梳羊毛或动物细毛<36%混纺,人纤<85%)	21.3	130.0	17.0		米/千克	7BG

商品编号	商 品 名 称 备 注	进口税率		增值税	消费税	计量单位	监管条件
		最惠国	普通				
5408 34 00.29	印花的人纤长丝机织物(与其他羊毛或动物细毛<36%混纺,人纤<85%)	21.3	130.0	17.0		米/千克	7BG
5408 34 00.30	印花的人纤长丝机织物(含丝及绢丝30%及以上,每公斤超过$33,人纤<85%)	21.3	130.0	17.0		米/千克	7BG
5408 34 00.40	印花的人纤长丝机织物(与合纤长丝混纺,人纤长丝,扁条或类似品含量在85%以下)	21.3	130.0	17.0		米/千克	7BG
5408 34 00.91	印花的人纤长丝府绸或细平布(混纺布指按重量计人纤长丝,扁条或类似品含量在85%以下)	21.3	130.0	17.0		米/千克	7BG
5408 34 00.92	印花的人纤长丝平布(混纺布指按重量计人纤长丝,扁条或类似品含量在85%以下)	21.3	130.0	17.0		米/千克	7BG
5408 34 00.93	印花的人纤长丝印染用布(混纺布指按重量计人纤长丝,扁条或类似品含量在85%以下)	21.3	130.0	17.0		米/千克	7BG
5408 34 00.94	印花的人纤长丝缎纹或斜纹布(混纺布指按重量计人纤长丝,扁条或类似品含量在85%以下)	21.3	130.0	17.0		米/千克	7BG
5408 34 00.99	印花的人纤长丝其他机织物(混纺布指按重量计人纤长丝,扁条或类似品含量在85%以下)	21.3	130.0	17.0		米/千克	7BG

第五十五章　化学纤维短纤

注释：

品目55.01和55.02仅适用于每根与丝束长度相等的平行化学纤维长丝丝束。前述丝束应同时符合下列规格：

一、丝束长度超过2米；

二、捻度每米少于5转；

三、每根长丝细度在67分特以下；

四、合成纤维长丝丝束，须经拉伸处理，即本身不能被拉伸至超过本身长度的一倍；

五、丝束总细度大于20000分特。

丝束长度不超过2米的归入品目55.03或55.04。

商品编号	商品名称备注	进口税率		增值税	消费税	计量单位	监管条件
		最惠国	普通				
5501	**合成纤维长丝丝束**						
5501 10 00	尼龙或其他聚酰胺长丝丝束	9.8	70.0	17.0		千克	A
5501 20 00	聚酯长丝丝束	10.6	70.0	17.0		千克	7A
5501 30 00	聚丙烯腈长丝丝束(包括变性聚丙烯腈长丝丝束)	8.3	35.0	17.0		千克	7A
5501 90 00	其他合成纤维长丝丝束	10.6	70.0	17.0		千克	A
5502	**人造纤维长丝丝束**						
5502 00 10	二醋酸纤维丝束	7.0	40.0	17.0		千克	7A
5502 00 90	其他人造纤维长丝丝束	5.0	35.0	17.0		千克	A
5503	**合成纤维短纤,未梳或未经其他纺前加工**						
5503 10 00	未梳的尼龙或其他聚酰胺短纤(包括未经其他纺前加工的)	9.8	70.0	17.0		千克	A
5503 20 00	未梳的聚酯短纤(包括未经其他纺前加工的)	10.6	70.0	17.0		千克	7A
5503 30 00	未梳的聚丙烯腈短纤维(包括变性聚丙烯腈制短纤维)	8.3	35.0	17.0		千克	7A
5503 40 00	未梳的聚丙烯短纤(包括未经其他纺前加工的)	9.8	70.0	17.0		千克	A
5503 90 00	未梳的其他合成纤维短纤(包括未经其他纺前加工的)	10.6	70.0	17.0		千克	A
5504	**人造纤维短纤,未梳或未经其他纺前加工**						
5504 10 00	未梳的粘胶短纤(包括未经其他纺前加工的)	5.0	35.0	17.0		千克	A
5504 90 00	未梳的其他人造纤维短纤(包括未经其他纺前加工的)	5.0	35.0	17.0		千克	A
5505	**化学纤维废料(包括落绵、废纱及回收纤维)**						
5505 10 00	合成纤维废料(包括落棉,废纱及回收纤维)	8.3	70.0	17.0		千克	A
5505 20 00	人造纤维废料(包括落棉,废纱及回收纤维)	5.0	70.0	17.0		千克	A
5506	**合成纤维短纤,已梳或经其他纺前加工**						
5506 10 00	已梳的尼龙或其他聚酰胺短纤(包括经其他纺前加工的)	9.8	70.0	17.0		千克	A
5506 20 00	已梳的聚酯短纤(包括经其他纺前加工的)	10.6	70.0	17.0		千克	7A
5506 30 00	已梳的聚丙烯腈及其变性短纤(包括经其他纺前加工的)	8.3	35.0	17.0		千克	7A
5506 90 00	已梳的其他合成纤维短纤(包括经其他纺前加工的)	10.6	70.0	17.0		千克	A
5507	**人造纤维短纤,已梳或经其他纺前加工**						
5507 00 00	已梳的人造纤维短纤(包括经其他纺前加工的)	5.0	35.0	17.0		千克	A
5508	**化学纤维短纤纺制的缝纫线,不论是否供零售用**						

商品编号	商 品 名 称 备 注	进口税率		增值税	消费税	计量单位	监管条件
		最惠国	普通				
5508 10 00.11	非零售用聚丙烯晴短纤缝纫线	14.0	90.0	17.0		千克	G
5508 10 00.19	非零售用其他合纤短纤缝纫线	14.0	90.0	17.0		千克	G
5508 10 00.90	零售用合成纤维短纤缝纫线	14.0	90.0	17.0		千克	G
5508 20 00.10	非零售用人造纤维短纤缝纫线	10.6	70.0	17.0		千克	G
5508 20 00.90	零售用人造纤维短纤缝纫线	10.6	70.0	17.0		千克	G
5509	**合成纤维短纤纱线(缝纫线除外),非供零售用**						
5509 11 00	非零售纯尼龙短纤单纱(纯指按重量计尼龙或其他聚酰胺短纤含量在85%及以上)	11.0	90.0	17.0		千克	G
5509 12 00	非零售纯尼龙短纤多股纱线(包括缆线,纯指按重量计尼龙或其他聚酰胺短纤含量≥85%)	11.0	90.0	17.0		千克	AG
5509 21 00	非零售纯聚酯短纤单纱(纯指按重量计聚酯短纤含量在85%及以上)	14.0	90.0	17.0		千克	7G
5509 22 00.10	非零售聚酯短纤多股纱线或缆线(终捻为Z捻,聚酯短纤含量在85%及以上,缝纫线除外)	14.0	90.0	17.0		千克	7G
5509 22 00.90	非零售其他聚酯短纤多股纱线缆线(聚酯短纤含量在85%及以上,缝纫线除外)	14.0	90.0	17.0		千克	7G
5509 31 00	非零售纯聚丙烯腈短纤单纱(纯指按重量计聚丙烯腈或变性聚丙烯腈短纤含量≥85%)	14.0	90.0	17.0		千克	7G
5509 32 00	非零售纯聚丙烯腈短纤多股纱线(包括缆线,纯指按重量计聚丙烯腈或其变性短纤含量≥85%)	14.0	90.0	17.0		千克	7G
5509 41 00	非零售纯合成纤维短纤单纱(纯指按重量计其他合成纤维短纤含量在85%及以上)	14.0	90.0	17.0		千克	G
5509 42 00	非零售纯合纤短纤多股纱线(包括缆线,纯指按重量计含其他合成纤维85%及以上)	14.0	90.0	17.0		千克	G
5509 51 00	非零售与人纤短纤混纺聚酯短纤纱(混纺指按重量计聚酯短纤含量在85%以下)	14.0	90.0	17.0		千克	7G
5509 52 00	非零售与毛混纺聚酯短纤纱线(混纺指按重量计聚酯短纤含量在85%以下)	14.0	90.0	17.0		千克	7G
5509 53 00	非零售与棉混纺聚酯短纤纱线(混纺指按重量计聚酯短纤含量在85%以下)	14.0	90.0	17.0		千克	7BG
5509 59 00	非零售与其他混纺聚酯短纤纱线(混纺指按重量计聚酯短纤含量在85%以下)	14.0	90.0	17.0		千克	7G
5509 61 00	非零售与毛混纺腈纶短纤纱线(混纺指按重量计聚丙烯腈及其变性短纤含量在85%以下)	14.0	90.0	17.0		千克	7G
5509 62 00	非零售与棉混纺腈纶短纤纱线(混纺指按重量计聚丙烯腈及其变性短纤含量在85%以下)	14.0	90.0	17.0		千克	7G
5509 69 00	非零售与其他混纺腈纶短纤纱线(混纺指按重量计聚丙烯腈及其变性短纤含量在85%以下)	14.0	90.0	17.0		千克	7G
5509 91 00	非零售与毛混纺其他合纤短纤纱线(混纺指按重量计其他合成纤维短纤含量在85%以下)	14.0	90.0	17.0		千克	G

商品编号	商品名称备注	进口税率		增值税	消费税	计量单位	监管条件
		最惠国	普通				
5509 92 00	非零售与棉混纺其他合纤短纤纱线(混纺指按重量计其他合成纤维短纤含量在85%以下)	14.0	90.0	17.0		千克	G
5509 99 00	非零售与其他混纺合纤短纤纱线(混纺指按重量计其他合成纤维短纤含量在85%以下)	14.0	90.0	17.0		千克	G
5510	**人造纤维短纤纺制的纱线(缝纫线除外),非供零售用**						
5510 11 00	非零售其他纯人造纤维短纤单纱(纯指按重量计其纤维短纤含量在85%及以上)	10.6	70.0	17.0		千克	G
5510 12 00	非零售其他纯人纤短纤多股纱线(包括缆线,纯指按重量计其他人造纤维短纤含量≥85%)	10.6	70.0	17.0		千克	G
5510 20 00	非零售与毛混纺其他人纤短纤纱线(混纺指按重量计其他人造纤维短纤含量在85%以下)	10.6	70.0	17.0		千克	G
5510 30 00	非零售与棉混纺其他人纤短纤纱线(混纺指按重量计其他人造纤维短纤含量在85%以下)	10.6	70.0	17.0		千克	G
5510 90 00	非零售与其他混纺人纤短纤纱线(混纺指按重量计其他人造纤维短纤含量在85%以下)	10.6	70.0	17.0		千克	G
5511	**化学纤维短纤纺制的纱线(缝纫线除外),供零售用**						
5511 10 00	零售用纯合纤短纤纱线(纯指按重量计其他合成纤维短纤含量在85%及以上)	14.0	90.0	17.0		千克	G
5511 20 00	零售用混纺合纤短纤纱线(混纺指按重量计其他合成纤维含量在85%以下)	14.0	90.0	17.0		千克	BG
5511 30 00	零售用人纤短纤纱线	10.6	90.0	17.0		千克	G
5512	**合成纤维短纤纺制的机织物,按重量计合成纤维短纤含量在85%及以上**						
5512 11 00.10	未漂或漂白聚酯短纤机织府绸(聚酯短纤含量在85%及以上,包括细平布)	27.0	130.0	17.0		米/千克	G
5512 11 00.20	未漂或漂白聚酯短纤机织平布(聚酯短纤含量在85%及以上)	27.0	130.0	17.0		米/千克	G
5512 11 00.30	未漂或漂白聚酯短纤印染用布(纯聚酯布指按重量计聚酯短纤含量在85%及以上)	27.0	130.0	17.0		米/千克	G
5512 11 00.40	未漂或漂白聚酯短纤平纹奶酪布(聚酯短纤含量在85%及以上,含薄细布,巴里纱)	27.0	130.0	17.0		米/千克	G
5512 11 00.50 *	未漂或漂白聚酯短纤机织帆布(纯聚酯布指按重量计聚酯短纤含量在85%及以上)	27.0	130.0	17.0		米/千克	G
5512 11 00.60	未漂或漂聚酯短纤其他斜纹机织物(聚酯短纤含量在85%及以上,含缎纹)	27.0	130.0	17.0		米/千克	G
5512 11 00.70	未漂或漂白聚酯短纤牛津布(纯聚酯布指按重量计聚酯短纤含量在85%及以上)	27.0	130.0	17.0		米/千克	G

商品编号	商 品 名 称 备 注	进口税率		增值税	消费税	计量单位	监管条件
		最惠国	普通				
5512 11 00.90	未漂或漂白聚酯短纤其他机织物(纯聚酯布指按重量计聚酯短纤含量在85%及以上)	27.0	130.0	17.0		米/千克	G
5512 19 00.10	聚酯短纤色织机织物(聚酯短纤含量在85%及以上,蓝粗斜纹布及提花织物除外)	23.0	130.0	17.0		米/千克	7G
5512 19 00.20	聚酯短纤蓝粗斜纹布(纯聚酯布指按重量计聚酯短纤含量在85%及以上)	23.0	130.0	17.0		米/千克	7G
5512 19 00.31	聚酯短纤其他机织府绸或细平布(纯聚酯布指按重量计聚酯短纤含量在85%及以上)	23.0	130.0	17.0		米/千克	7G
5512 19 00.32	聚酯短纤其他机织平布(纯聚酯布指按重量计聚酯短纤含量在85%及以上)	23.0	130.0	17.0		米/千克	7G
5512 19 00.33	聚酯短纤其他机织印染用布(纯聚酯布指按重量计聚酯短纤含量在85%及以上)	23.0	130.0	17.0		米/千克	7G
5512 19 00.34	聚酯短纤其他平纹奶酪布等(聚酯短纤含量在85%及以上,含薄细布,巴里纱)	23.0	130.0	17.0		米/千克	7G
5512 19 00.35	聚酯短纤其他机织帆布(纯聚酯布指按重量计聚酯短纤含量在85%及以上)	23.0	130.0	17.0		米/千克	7G
5512 19 00.36	聚酯短纤其他缎纹或斜纹机织物(纯聚酯布指按重量计聚酯短纤含量在85%及以上)	23.0	130.0	17.0		米/千克	7G
5512 19 00.37	聚酯短纤其他牛津布(纯聚酯布指按重量计聚酯短纤含量在85%及以上)	23.0	130.0	17.0		米/千克	7G
5512 19 00.90	聚酯短纤其他机织物(纯聚酯布指按重量计聚酯短纤含量在85%及以上)	23.0	130.0	17.0		米/千克	7G
5512 21 00.10	未漂或漂腈纶短纤机织府绸细平布(纯腈纶布指按重量计腈纶短纤含量在85%及以上)	24.0	130.0	17.0		米/千克	7G
5512 21 00.20	未漂或漂白腈纶短纤机织平布(纯腈纶布指按重量计腈纶短纤含量在85%及以上)	24.0	130.0	17.0		米/千克	7G
5512 21 00.30	未漂或漂白腈纶短纤机织印染用布(纯腈纶布指按重量计腈纶短纤含量在85%及以上)	24.0	130.0	17.0		米/千克	7G
5512 21 00.40	未漂或漂腈纶短纤平纹奶酪布等(腈纶短纤含量在85%及以上,含薄细布,巴里纱)	24.0	130.0	17.0		米/千克	7G
5512 21 00.50 *	未漂或漂白腈纶短纤机织帆布(纯腈纶布指按重量计腈纶短纤含量在85%及以上)	24.0	130.0	17.0		米/千克	7G
5512 21 00.60	未漂或漂腈纶短纤其他斜纹机织物(腈纶短纤含量在85%及以上,含缎纹机织物)	24.0	130.0	17.0		米/千克	7G
5512 21 00.70	未漂或漂白腈纶短纤牛津布(纯腈纶布指按重量计腈纶短纤含量在85%及以上)	24.0	130.0	17.0		米/千克	7G
5512 21 00.90	未漂或漂白腈纶短纤其他机织物(纯腈纶布指按重量计腈纶短纤含量在85%及以上)	24.0	130.0	17.0		米/千克	7G
5512 29 00.10	腈纶短纤色织机织物(腈纶短纤含量在85%及以上,蓝粗斜纹布及提花织物除外)	22.5	130.0	17.0		米/千克	7G

商品编号	商品名称备注	进口税率		增值税	消费税	计量单位	监管条件
		最惠国	普通				
5512 29 00.20	腈纶短纤蓝粗斜纹布(纯腈纶布指按重量计腈纶短纤含量在85%及以上)	22.5	130.0	17.0		米/千克	7G
5512 29 00.31	腈纶短纤其他机织府绸或细平布(纯腈纶布指按重量计腈纶短纤含量在85%及以上)	22.5	130.0	17.0		米/千克	7G
5512 29 00.32	腈纶短纤其他机织平布(纯腈纶布指按重量计腈纶短纤含量在85%及以上)	22.5	130.0	17.0		米/千克	7G
5512 29 00.33	腈纶短纤其他机织印染用布(纯腈纶布指按重量计腈纶短纤含量在85%及以上)	22.5	130.0	17.0		米/千克	7G
5512 29 00.34	腈纶短纤其他平纹奶酪布等(腈纶短纤含量在85%及以上,含薄细布,巴里纱)	22.5	130.0	17.0		米/千克	7G
5512 29 00.35	腈纶短纤其他机织帆布(纯腈纶布指按重量计腈纶短纤含量在85%及以上)	22.5	130.0	17.0		米/千克	7G
5512 29 00.36	晴纶短纤其他缎纹或斜纹机织物(纯腈纶布指按重量计腈纶短纤含量在85%及以上)	22.5	130.0	17.0		米/千克	7G
5512 29 00.37	腈纶短纤其他牛津布(纯腈纶布指按重量计腈纶短纤含量在85%及以上)	22.5	130.0	17.0		米/千克	7G
5512 29 00.90	腈纶短纤其他机织物(纯腈纶布指按重量计腈纶短纤含量在85%及以上)	22.5	130.0	17.0		米/千克	7G
5512 91 00.10	未漂或漂白其他合纤短纤机织府绸(其他合纤短纤含量在85%及以上,含细平布)	27.0	130.0	17.0		米/千克	7G
5512 91 00.20	未漂或漂白其他合纤短纤机织平布(其他纯合纤布指按重量计其他合纤短纤含量在85%及以上)	27.0	130.0	17.0		米/千克	7G
5512 91 00.30	未漂或漂其他合纤短纤印染用布(其他纯合纤布指按重量计其他合纤短纤含量在85%及以上)	27.0	130.0	17.0		米/千克	7G
5512 91 00.40	未漂或漂其他合纤短纤平纹奶酪布(其他合纤短纤含量在85%及以上,含薄细布,巴里纱)	27.0	130.0	17.0		米/千克	7G
5512 91 00.50 *	未漂或漂其他合纤短纤机织帆布(其他纯合纤布指按重量计其他合纤短纤含量在85%及以上)	27.0	130.0	17.0		米/千克	7G
5512 91 00.60	未漂或漂其他合纤短纤斜纹机织物(其他合纤短纤含量在85%及以上,含缎纹机织物)	27.0	130.0	17.0		米/千克	7G
5512 91 00.70	未漂或漂其他合纤短纤牛津布(其他纯合纤布指按重量计其他合纤短纤含量在85%及以上)	27.0	130.0	17.0		米/千克	7G
5512 91 00.90	未漂或漂其他合纤短纤其他机织物(其他纯合纤布指按重量计其他合纤短纤含量在85%及以上)	27.0	130.0	17.0		米/千克	7G
5512 99 00.10	其他合纤短纤色织机织物(其他合纤短纤含量≥85%,蓝粗斜纹布及提花织物除外)	23.0	130.0	17.0		米/千克	7G
5512 99 00.20	其他合纤短纤蓝粗斜纹布(其他纯合纤布指按重量计其他合纤短纤含量在85%及以上)	23.0	130.0	17.0		米/千克	7G
5512 99 00.31	其他合纤短纤机织府绸或细平布(其他纯合纤布指按重量计其他合纤短纤含量在85%及以上)	23.0	130.0	17.0		米/千克	7G

商品编号	商品名称备注	进口税率		增值税	消费税	计量单位	监管条件
		最惠国	普通				
5512 99 00.32	其他合纤短纤其他机织平布(其他纯合纤布指按重量计其他合纤短纤含量在85%及以上)	23.0	130.0	17.0		米/千克	7G
5512 99 00.33	其他合纤短纤其他机织印染用布(其他纯合纤布指按重量计其他合纤短纤含量在85%及以上)	23.0	130.0	17.0		米/千克	7G
5512 99 00.34	其他合纤短纤平纹奶酪布等(其他合纤短纤85%及以上,含薄细布,巴里纱)	23.0	130.0	17.0		米/千克	7G
5512 99 00.35	其他合纤短纤其他机织帆布(其他纯合纤布指按重量计其他合纤短纤含量在85%及以上)	23.0	130.0	17.0		米/千克	7G
5512 99 00.36	其他合纤短纤缎纹或斜纹机织物(其他纯合纤布指按重量计其他合纤短纤含量在85%及以上)	23.0	130.0	17.0		米/千克	7G
5512 99 00.39	其他合纤短纤其他牛津布(其他纯合纤布指按重量计其他合纤短纤含量在85%及以上)	23.0	130.0	17.0		米/千克	7G
5512 99 00.90	其他合纤短纤其他机织物(其他纯合纤布指按重量计其他合纤短纤含量在85%及以上)	23.0	130.0	17.0		米/千克	7G
5513	**合成纤维短纤纺制的机织物,按重量计合成纤维短纤含量在85%以下,主要或仅与棉混纺,每平方米重量不超过170克**						
5513 11 10.10	与棉混纺未漂白聚酯短纤平纹府绸(聚酯短纤85%以下,每平方米重量≤170克,含细平布)	26.0	130.0	17.0		米/千克	7AG
5513 11 10.20	与棉混纺未漂白聚酯短纤机织平布(混纺为含聚酯短纤85%以下,轻质指每平方米重量≤170克)	26.0	130.0	17.0		米/千克	7AG
5513 11 10.30	与棉混未漂聚酯短纤平纹印染用布(混纺为含聚酯短纤85%以下,轻质指每平方米重量≤170克)	26.0	130.0	17.0		米/千克	7AG
5513 11 10.40	与棉混纺未漂聚酯短纤平纹奶酪布(聚酯短纤<85%,轻每平方重≤170克,含薄细布,巴里纱)	26.0	130.0	17.0		米/千克	7AG
5513 11 20.10	与棉混纺漂白聚酯短纤平纹府绸(聚酯短纤85%以下,每平方米重量≤170克,含细平布)	25.5	130.0	17.0		米/千克	A7G
5513 11 20.20	与棉混纺漂白聚酯短纤机织平布(混纺为含聚酯短纤85%以下,轻质指每平方米重量≤170克)	25.5	130.0	17.0		米/千克	A7G
5513 11 20.30	与棉混纺漂聚酯平纹印染用布(混纺为含聚酯短纤85%以下,轻质指每平方米重量≤170克)	25.5	130.0	17.0		米/千克	A7G
5513 11 20.40	与棉混纺漂聚酯短纤平纹奶酪布等(聚酯短纤<85%,每平方重量≤170克,含薄细布,巴里纱)	25.5	130.0	17.0		米/千克	A7G
5513 12 10	与棉混纺未漂白的轻质聚酯斜纹布(混纺为含聚酯短纤85%以下,轻质指每平方米重量≤170克)	26.0	130.0	17.0		米/千克	7BG
5513 12 20	与棉混纺漂白的轻质聚酯斜纹布(混纺为含聚酯短纤85%以下,轻质指每平方米重量≤170克)	27.0	130.0	17.0		米/千克	7G
5513 13 10.10	与棉混纺未漂聚酯短纤斜纹机织物(聚酯短纤<85%,轻质指每平方米重量≤170克,含缎纹布)	26.0	130.0	17.0		米/千克	7G
5513 13 10.20	与棉混纺未漂白聚酯短纤牛津布(混纺为含聚酯短纤85%以下,轻质指每平方米重量≤170克)	26.0	130.0	17.0		米/千克	7G

商品编号	商品名称备注	进口税率		增值税	消费税	计量单位	监管条件
		最惠国	普通				
5513 13 10.90	与棉混纺未漂聚酯短纤其他机织物(混纺为含聚酯短纤85%以下,轻质指每平方米重量≤170克)	26.0	130.0	17.0		米/千克	7G
5513 13 20.10	与棉混纺漂白聚酯短纤斜纹机织物(含聚酯短纤85%以下,轻质指每平方米重量≤170克,含缎纹)	27.0	130.0	17.0		米/千克	7G
5513 13 20.20	与棉混纺漂白聚酯短纤牛津布(混纺为含聚酯短纤85%以下,轻质指每平方米重量≤170克)	27.0	130.0	17.0		米/千克	7G
5513 13 20.90	与棉混纺漂白聚酯短纤其他机织物(混纺为含聚酯短纤85%以下,轻质指每平方米重量≤170克)	27.0	130.0	17.0		米/千克	7G
5513 19 00.10	棉混纺未漂或漂白其他合纤短纤布(其他合短纤<85%,每平米重≤170克,专指府绸或细平布)	27.0	130.0	17.0		米/千克	7G
5513 19 00.20	棉混纺未漂或漂白其他合纤短纤布(其他合短纤<85%,每平方米重量≤170克,专指机织平布)	27.0	130.0	17.0		米/千克	7G
5513 19 00.30	棉混纺未漂或漂白其他合纤短纤布(其他合短纤<85%,每平米重≤170克,专指平纹印染用布)	27.0	130.0	17.0		米/千克	7G
5513 19 00.40	棉混纺未漂或漂白其他合纤短纤布(合短纤<85%,重≤170克/平米,指奶酪布,薄细布,巴里纱)	27.0	130.0	17.0		米/千克	7G
5513 19 00.50 *	棉混纺未漂或漂白其他合纤短纤布(其他合短纤<85%,每平米重≤170克,专指缎纹或斜纹布)	27.0	130.0	17.0		米/千克	7G
5513 19 00.60	棉混纺未漂或漂白其他合纤短纤布(其他合短纤<85%,每平方米重量≤170克,专指牛津布)	27.0	130.0	17.0		米/千克	7G
5513 19 00.90	棉混纺未漂或漂白其他合纤短纤布(其他合短纤<85%,每平米重≤170克,特指其他机织物)	27.0	130.0	17.0		米/千克	7G
5513 21 00.10	与棉混纺染色聚酯短纤平纹府绸(聚酯短纤85%以下,每平方米重量≤170克,含细平布)	23.0	130.0	17.0		米/千克	7G
5513 21 00.20	与棉混纺染色聚酯短纤机织平布(混纺为含聚酯短纤85%以下,轻质指每平方米重量≤170克)	23.0	130.0	17.0		米/千克	7G
5513 21 00.30	与棉混染色聚酯短纤平纹印染用布(混纺为含聚酯短纤85%以下,轻质指每平方米重量≤170克)	23.0	130.0	17.0		米/千克	7G
5513 21 00.40	与棉混染色聚酯短纤平纹奶酪布等(聚酯短纤85%以下,每平米重≤170克,含薄细布,巴里纱)	23.0	130.0	17.0		米/千克	7G
5513 22 00	与棉混纺染色的轻质聚酯斜纹布(混纺为含聚酯短纤85%以下,轻质指每平方米重量≤170克)	23.0	130.0	17.0		米/千克	7G
5513 23 00.10	与棉混纺染色聚酯短纤其他斜纹布(聚酯短纤85%以下,指每平方米重量≤170克,含缎纹布)	23.0	130.0	17.0		米/千克	7G
5513 23 00.20	与棉混纺染色聚酯短纤牛津布(混纺为含聚酯短纤85%以下,轻质指每平方米重量≤170克)	23.0	130.0	17.0		米/千克	7G
5513 23 00.90	与棉混纺染色聚酯短纤其他机织物(混纺为含聚酯短纤85%以下,轻质指每平方米重量≤170克)	23.0	130.0	17.0		米/千克	7G
5513 29 00.10	与棉混纺染色其他合纤短纤府绸(其他合短纤<85%,每平方米重量≤170克,含细平布)	23.0	130.0	17.0		米/千克	7G

商品编号	商 品 名 称 备 注	进口税率		增值税	消费税	计量单位	监管条件
		最惠国	普通				
5513 29 00.20	与棉混纺染色其他合纤短纤平布(混纺为含其他合短纤<85%,轻质指每平方米重量≤170克)	23.0	130.0	17.0		米/千克	7G
5513 29 00.30	与棉混纺染色其他合纤短纤平纹布(印染用,其他合短纤<85%,指每平方米重量≤170克)	23.0	130.0	17.0		米/千克	7G
5513 29 00.40	与棉混染色其他合纤短纤平纹布(合短纤<85%,重≤170克/平米,指奶酪布,薄细布,巴里纱)	23.0	130.0	17.0		米/千克	7G
5513 29 00.50 *	与棉混纺染色其他合纤短纤斜纹布(其他合短纤<85%,每平方米重量≤170克,含缎纹布)	23.0	130.0	17.0		米/千克	7G
5513 29 00.60	与棉混纺染色其他合纤短纤牛津布(混纺为含其他合短纤<85%,轻质指每平方米重量≤170克)	23.0	130.0	17.0		米/千克	7G
5513 29 00.90	与棉混纺染色其他合纤短纤其他布(混纺为含其他合短纤<85%,轻质指每平方米重量≤170克)	23.0	130.0	17.0		米/千克	7G
5513 31 00	与棉混纺色织的轻质聚酯平纹布(混纺为含聚酯短纤85%以下,轻质指每平方米重量≤170克)	23.0	130.0	17.0		米/千克	7G
5513 32 00	与棉混纺色织的轻质聚酯斜纹布(混纺为含聚酯短纤85%以下,轻质指每平方米重量≤170克)	23.0	130.0	17.0		米/千克	7G
5513 33 00.10	与棉混纺色织聚酯短纤提花机织物(混纺为含聚酯短纤85%以下,轻质指每平方米重量≤170克)	23.0	130.0	17.0		米/千克	7G
5513 33 00.90	与棉混纺色织聚酯短纤其他机织物(混纺为含聚酯短纤85%以下,轻质指每平方米重量≤170克)	23.0	130.0	17.0		米/千克	7G
5513 39 00.10	与棉混纺色织其他合纤短纤提花布(混纺为含其他合短纤<85%,轻质指每平方米重量≤170克)	23.0	130.0	17.0		米/千克	7G
5513 39 00.90	与棉混纺色织其他合纤短纤其他布(混纺为含其他合短纤<85%,轻质指每平方米重量≤170克)	23.0	130.0	17.0		米/千克	7G
5513 41 00.10	与棉混纺印花聚酯短纤平纹府绸(聚酯短纤85%以下,指每平方米重量≤170克,含细平布)	21.3	130.0	17.0		米/千克	7G
5513 41 00.20	与棉混纺印花聚酯短纤机织平布(混纺为含聚酯短纤85%以下,轻质指每平方米重量≤170克)	21.3	130.0	17.0		米/千克	7G
5513 41 00.30	与棉混印花聚酯短纤平纹印染用布(混纺为含聚酯短纤85%以下,轻质指每平方米重量≤170克)	21.3	130.0	17.0		米/千克	7G
5513 41 00.40	与棉混印花聚酯短纤平纹奶酪布等(聚酯短纤<85%,每平米重≤170克,含薄细布,巴里纱)	21.3	130.0	17.0		米/千克	7G
5513 42 00	与棉混纺印花的轻质聚酯斜纹布(混纺为含聚酯短纤85%以下,轻质指每平方米重量≤170克)	21.3	130.0	17.0		米/千克	7G
5513 43 00.10	与棉混纺印花聚酯短纤其他斜纹布(聚酯短纤85%以下,每平方米重量≤170克,含缎纹布)	21.3	130.0	17.0		米/千克	7G
5513 43 00.20	与棉混纺印花聚酯短纤牛津布(混纺为含聚酯短纤85%以下,轻质指每平方米重量≤170克)	21.3	130.0	17.0		米/千克	7G
5513 43 00.90	与棉混纺印花聚酯短纤其他机织物(混纺为含聚酯短纤85%以下,轻质指每平方米重量≤170克)	21.3	130.0	17.0		米/千克	7G

商品编号	商 品 名 称 备 注	进口税率		增值税	消费税	计量单位	监管条件
		最惠国	普通				
5513 49 00.10	与棉混纺印花其他合纤短纤府绸(其他合短纤＜85%,每平方米重量≤170克,含细平布)	21.3	130.0	17.0		米/千克	7G
5513 49 00.20	与棉混纺印花其他合纤短纤平布(混纺为含其他合短纤＜85%,轻质指每平方米重量≤170克)	21.3	130.0	17.0		米/千克	7G
5513 49 00.30	与棉混纺印花其他合纤短纤平纹布(印染用,其他合短纤＜85%,轻质指每平方米重量≤170克)	21.3	130.0	17.0		米/千克	7G
5513 49 00.40	与棉混印花其他合纤短纤平纹布(合短纤＜85%,重≤170克/平米,指奶酪布,薄细布,巴里纱)	21.3	130.0	17.0		米/千克	7G
5513 49 00.50 *	与棉混纺印花其他合纤短纤斜纹布(其他合短纤＜85%,每平方米重量≤170克,含缎纹布)	21.3	130.0	17.0		米/千克	7G
5513 49 00.60	与棉混纺印花其他合纤短纤牛津布(混纺为含其他合短纤＜85%,轻质指每平方米重量≤170克)	21.3	130.0	17.0		米/千克	7G
5513 49 00.90	与棉混纺印花其他合纤短纤其他布(混纺为含其他合短纤＜85%,轻质指每平方米重量≤170克)	21.3	130.0	17.0		米/千克	7G
5514	**合成纤维短纤纺制的机织物,按重量计合成纤维短纤含量在85%以下主要或仅与棉混纺,每平方米重量超过170克**						
5514 11 10.10	与棉混纺未漂白聚酯短纤平纹府绸(聚酯短纤85%以下,每平方米重量＞170克,含细平布)	26.0	130.0	17.0		米/千克	7G
5514 11 10.20	与棉混纺未漂白聚酯短纤机织平布(混纺为含聚酯短纤85%以下,重质指每平方米重量＞170克)	26.0	130.0	17.0		米/千克	7G
5514 11 10.30	与棉混纺未漂白聚酯短纤平纹帆布(混纺为含聚酯短纤85%以下,重质指每平方米重量＞170克)	26.0	130.0	17.0		米/千克	7G
5514 11 20.10	与棉混纺漂白聚酯短纤平纹府绸(聚酯短纤85%以下,每平方米重量＞170克,含细平布)	27.0	130.0	17.0		米/千克	7G
5514 11 20.20	与棉混纺漂白聚酯短纤机织平布(混纺为含聚酯短纤85%以下,重质指每平方米重量＞170克)	27.0	130.0	17.0		米/千克	7G
5514 11 20.30	与棉混纺漂白聚酯短纤平纹帆布(混纺为含聚酯短纤85%以下,重质指每平方米重量＞170克)	27.0	130.0	17.0		米/千克	7G
5514 12 10	与棉混纺未漂白的重质聚酯斜纹布(混纺为含聚酯短纤85%以下,重质指每平方米重量＞170克)	26.0	130.0	17.0		米/千克	7G
5514 12 20	与棉混纺漂白的重质聚酯斜纹布(混纺为含聚酯短纤85%以下,重质指每平方米重量＞170克)	27.0	130.0	17.0		米/千克	7G
5514 13 10.10	与棉混纺未漂聚酯短纤其他斜纹布(聚酯短纤85%以下,每平方米重量＞170克,含缎纹布)	26.0	130.0	17.0		米/千克	7G
5514 13 10.20	与棉混纺未漂白聚酯短纤其他帆布(混纺为含聚酯短纤85%以下,重质指每平方米重量＞170克)	26.0	130.0	17.0		米/千克	7G
5514 13 10.90	与棉混纺未漂聚酯短纤其他机织物(混纺为含聚酯短纤85%以下,重质指每平方米重量＞170克)	26.0	130.0	17.0		米/千克	7G
5514 13 20.10	与棉混纺漂白聚酯短纤其他斜纹布(聚酯短纤85%以下,每平方米重量＞170克,含缎纹布)	27.0	130.0	17.0		米/千克	7G

商品编号	商品名称备注	进口税率		增值税	消费税	计量单位	监管条件
		最惠国	普通				
5514 13 20.20	与棉混纺漂白聚酯短纤其他帆布(混纺为含聚酯短纤85%以下,重质指每平方米重量>170克)	27.0	130.0	17.0		米/千克	7G
5514 13 20.90	与棉混纺漂白聚酯短纤其他机织物(混纺为含聚酯短纤85%以下,重质指每平方米重量>170克)	27.0	130.0	17.0		米/千克	7G
5514 19 00.10	与棉混纺未漂或漂其他合纤短纤布(其他合短纤<85%,每平米重>170克,专指府绸或细平布)	26.0	130.0	17.0		米/千克	7G
5514 19 00.20	与棉混纺未漂或漂其他合纤短纤布(其他合短纤<85%,每平方米重量>170克,专指机织平布)	26.0	130.0	17.0		米/千克	7G
5514 19 00.30	与棉混纺未漂或漂其他合纤短纤布(其他合短纤<85%,每平方米重量>170克,专指机织帆布)	26.0	130.0	17.0		米/千克	7G
5514 19 00.40	与棉混纺未漂或漂其他合纤短纤布(其他合短纤<85%,每平米重>170克,专指缎纹或斜纹布)	26.0	130.0	17.0		米/千克	7G
5514 19 00.90	与棉混纺未漂或漂其他合纤短纤布(其他合短纤<85%,每平米重>170克,指其他机织物)	26.0	130.0	17.0		米/千克	7G
5514 21 00.10	与棉混纺染色聚酯短纤平纹府绸(含细平布,聚酯短纤85%以下,重质指每平方米重量>170g)	23.0	130.0	17.0		米/千克	7G
5514 21 00.20	与棉混纺染色聚酯短纤机织平布(混纺为含聚酯短纤85%以下,重质指每平方米重量>170克)	23.0	130.0	17.0		米/千克	7G
5514 21 00.30	与棉混纺染色聚酯短纤平纹帆布(混纺为含聚酯短纤85%以下,重质指每平方米重量>170克)	23.0	130.0	17.0		米/千克	7G
5514 22 00	与棉混纺染色的重质聚酯斜纹布(混纺为含聚酯短纤85%以下,重质指每平方米重量>170克)	23.0	130.0	17.0		米/千克	7G
5514 23 00.10	与棉混纺染色聚酯短纤其他斜纹布(聚酯短纤85%以下,每平方米重量>170克,含缎纹布)	23.0	130.0	17.0		米/千克	7G
5514 23 00.20	与棉混纺染色聚酯短纤其他帆布(混纺为含聚酯短纤85%以下,重质指每平方米重量>170克)	23.0	130.0	17.0		米/千克	7G
5514 23 00.90	与棉混纺染色聚酯短纤其他机织物(混纺为含聚酯短纤85%以下,重质指每平方米重量>170克)	23.0	130.0	17.0		米/千克	7G
5514 29 00.10	与棉混纺染色其他合纤短纤府绸(含细平布,其他合短纤<85%,重质指每平方米重量>170g)	23.0	130.0	17.0		米/千克	7G
5514 29 00.20	与棉混纺染色其他合纤短纤平布(混纺为含其他合短纤<85%,重质指每平方米重量>170克)	23.0	130.0	17.0		米/千克	7G
5514 29 00.30	与棉混纺染色其他合纤短纤帆布(混纺为含其他合短纤<85%,重质指每平方米重量>170克)	23.0	130.0	17.0		米/千克	7G
5514 29 00.40	与棉混纺染色其他合纤短纤斜纹布(含缎纹布,其他合短纤<85%,重质指每平方米重量>170克)	23.0	130.0	17.0		米/千克	7G
5514 29 00.90	与棉混纺染色其他合纤短纤其他布(混纺为含其他合短纤<85%,重质指每平方米重量>170克)	23.0	130.0	17.0		米/千克	7G
5514 31 00	与棉混纺色织的重质聚酯平纹布(混纺为含聚酯短纤85%以下,重质指每平方米重量>170克)	23.0	130.0	17.0		米/千克	7G

商品编号	商 品 名 称 备 注	进口税率		增值税	消费税	计量单位	监管条件
		最惠国	普通				
5514 32 00.10	与棉混色织聚酯短纤三四线斜纹布(聚酯短纤<85%,重>170克/平米,特指蓝粗布,含双面斜纹)	23.0	130.0	17.0		米/千克	7G
5514 32 00.90	与棉混色织聚酯短纤三四线斜纹布(聚酯短纤<85%,重>170克/平米,其他斜纹布,含双面)	23.0	130.0	17.0		米/千克	7G
5514 33 00.10	与棉混纺色织聚酯短纤提花机织物(混纺为含聚酯短纤85%以下,重质指每平方米重量>170克)	23.0	130.0	17.0		米/千克	7G
5514 33 00.90	与棉混纺色织聚酯短纤其他机织物(混纺为含聚酯短纤85%以下,重质指每平方米重量>170克)	23.0	130.0	17.0		米/千克	7G
5514 39 00.10	与棉混色织合纤短纤蓝粗斜纹布(混纺为含其他合短纤85%以下,重质指每平方米重量>170g)	23.0	130.0	17.0		米/千克	7G
5514 39 00.20	与棉混纺色织合纤短纤提花机织物(混纺为含其他合短纤85%以下,重质指每平方米重量>170g)	23.0	130.0	17.0		米/千克	7G
5514 39 00.90	与棉混纺色织合纤短纤其他机织物(混纺为含其他合短纤85%以下,重质指每平方米重量>170g)	23.0	130.0	17.0		米/千克	7G
5514 41 00.10	与棉混纺印花聚酯短纤平纹府绸(聚酯短纤85%以下,每平方米重量>170克,含细平布)	21.3	130.0	17.0		米/千克	7G
5514 41 00.20	与棉混纺印花聚酯短纤机织平布(混纺为含聚酯短纤85%以下,重质指每平方米重量>170克)	21.3	130.0	17.0		米/千克	7G
5514 41 00.30	与棉混纺印花聚酯短纤平纹帆布(混纺为含聚酯短纤85%以下,重质指每平方米重量>170克)	21.3	130.0	17.0		米/千克	7G
5514 42 00	与棉混纺印花的重质聚酯斜纹布(混纺为含聚酯短纤85%以下,重质指每平方米重量>170克)	21.3	130.0	17.0		米/千克	7G
5514 43 00.10	与棉混纺印花聚酯短纤其他斜纹布(含缎纹布,聚酯短纤85%以下,重质指每平方米重量>170g)	21.3	130.0	17.0		米/千克	7G
5514 43 00.20	与棉混纺印花聚酯短纤其他帆布(混纺为含聚酯短纤85%以下,重质指每平方米重量>170克)	21.3	130.0	17.0		米/千克	7G
5514 43 00.90	与棉混纺印花聚酯短纤其他机织物(混纺为含聚酯短纤85%以下,重质指每平方米重量>170克)	21.3	130.0	17.0		米/千克	7G
5514 49 00.10	与棉混纺印花其他合纤短纤府绸(含细平布,其他合短纤<85%,重质指每平方米重量>170g)	23.0	130.0	17.0		米/千克	7G
5514 49 00.20	与棉混纺印花其他合纤短纤平布(混纺为含其他合短纤<85%,重质指每平方米重量>170克)	23.0	130.0	17.0		米/千克	7G
5514 49 00.30	与棉混纺印花其他合纤短纤帆布(混纺为含其他合短纤<85%,重质指每平方米重量>170克)	23.0	130.0	17.0		米/千克	7G
5514 49 00.40	与棉混纺印花其他合纤短纤斜纹布(含缎纹布,其他合短纤<85%,重质指每平方米重量>170g)	23.0	130.0	17.0		米/千克	7G
5514 49 00.90	与棉混纺印花其他合纤短纤其他布(混纺为含其他合短纤<85%,重质指每平方米重量>170克)	23.0	130.0	17.0		米/千克	7G

商品编号	商 品 名 称 备 注	进口税率		增值税	消费税	计量单位	监管条件
		最惠国	普通				
5515	**合成纤维短纤纺制的其他机织物**						
5515 11 00.11	聚酯短纤蓝粗斜纹布(与粘胶纤维短纤混纺,聚酯短纤含量在85%以下)	23.0	130.0	17.0		米/千克	7G
5515 11 00.19	聚酯短纤其他色织布(短纤含量在85%以下,提花织物除外,与粘胶纤维短纤混纺)	23.0	130.0	17.0		米/千克	7G
5515 11 00.21	未漂或漂白聚酯短纤府绸或细平布(聚酯短纤含量在85%以下,主要或仅与粘胶纤维短纤混纺)	23.0	130.0	17.0		米/千克	7G
5515 11 00.22	未漂或漂白聚酯短纤其他机织平布(聚酯短纤含量在85%以下,主要或仅与粘胶纤维短纤混纺)	23.0	130.0	17.0		米/千克	7G
5515 11 00.23	未漂或漂白聚酯短纤其他印染用布(聚酯短纤含量在85%以下,主要或仅与粘胶纤维短纤混纺)	23.0	130.0	17.0		米/千克	7G
5515 11 00.24	未漂或漂白聚酯短纤奶酪布等(短纤含量<85%,含薄细布,巴里纱,与粘胶纤维短纤混纺)	23.0	130.0	17.0		米/千克	7G
5515 11 00.25	未漂或漂白聚酯短纤机织帆布(聚酯短纤含量在85%以下,主要或仅与粘胶纤维短纤混纺)	23.0	130.0	17.0		米/千克	7G
5515 11 00.26	未漂或漂白聚酯短纤缎纹或斜纹布(聚酯短纤含量在85%以下,主要或仅与粘胶纤维短纤混纺)	23.0	130.0	17.0		米/千克	7G
5515 11 00.27	未漂或漂白聚酯短纤牛津布(聚酯短纤含量在85%以下,主要或仅与粘胶纤维短纤混纺)	23.0	130.0	17.0		米/千克	7G
5515 11 00.29	未漂或漂白聚酯短纤其他机织物(聚酯短纤含量在85%以下,主要或仅与粘胶纤维短纤混纺)	23.0	130.0	17.0		米/千克	7G
5515 11 00.31	其他聚酯短纤府绸或细平布(聚酯短纤含量在85%以下,主要或仅与粘胶纤维短纤混纺)	23.0	130.0	17.0		米/千克	7G
5515 11 00.32	其他聚酯短纤机织平布(聚酯短纤含量在85%以下,主要或仅与粘胶纤维短纤混纺)	23.0	130.0	17.0		米/千克	7G
5515 11 00.33	其他聚酯短纤机织印染用布(聚酯短纤含量在85%以下,主要或仅与粘胶纤维短纤混纺)	23.0	130.0	17.0		米/千克	7G
5515 11 00.34	其他聚酯短纤奶酪布等(短纤含量<85%,含薄细布,巴里纱,与粘胶纤维短纤混纺)	23.0	130.0	17.0		米/千克	7G
5515 11 00.35	其他聚酯短纤机织帆布(聚酯短纤含量在85%以下,主要或仅与粘胶纤维短纤混纺)	23.0	130.0	17.0		米/千克	7G
5515 11 00.36	其他聚酯短纤缎纹或斜纹机织物(聚酯短纤含量在85%以下,主要或仅与粘胶纤维短纤混纺)	23.0	130.0	17.0		米/千克	7G
5515 11 00.37	其他聚酯短纤牛津布(聚酯短纤含量在85%以下,主要或仅与粘胶纤维短纤混纺)	23.0	130.0	17.0		米/千克	7G
5515 11 00.39	其他聚酯短纤其他机织物(聚酯短纤含量在85%以下,主要或仅与粘胶纤维短纤混纺)	23.0	130.0	17.0		米/千克	7G
5515 12 00.11	未漂或漂聚酯短纤府绸或细平布(聚酯短纤含量在85%以下,与化纤长丝混纺)	23.0	130.0	17.0		米/千克	7G
5515 12 00.12	未漂或漂白聚酯短纤平布(聚酯短纤含量在85%以下,与化纤长丝混纺)	23.0	130.0	17.0		米/千克	7G

商品编号	商品名称备注	进口税率		增值税	消费税	计量单位	监管条件
		最惠国	普通				
5515 12 00.13	未漂或漂白聚酯短纤印染用布(聚酯短纤含量在85%以下,与化纤长丝混纺)	23.0	130.0	17.0		米/千克	7G
5515 12 00.14	未漂或漂白聚酯短纤缎纹或斜纹布(聚酯短纤含量在85%以下,与化纤长丝混纺)	23.0	130.0	17.0		米/千克	7G
5515 12 00.19	未漂或漂白聚酯短纤其他机织物(聚酯短纤含量在85%以下,与化纤长丝混纺)	23.0	130.0	17.0		米/千克	7G
5515 12 00.21	其他聚酯短纤府绸或细平布(聚酯短纤含量在85%以下,与化纤长丝混纺)	23.0	130.0	17.0		米/千克	7G
5515 12 00.22	其他聚酯短纤平布(聚酯短纤含量在85%以下,与化纤长丝混纺)	23.0	130.0	17.0		米/千克	7G
5515 12 00.23	其他聚酯短纤印染用布(聚酯短纤含量在85%以下,与化纤长丝混纺)	23.0	130.0	17.0		米/千克	7G
5515 12 00.24	其他聚酯短纤缎纹或斜纹机织物(聚酯短纤含量在85%以下,与化纤长丝混纺)	23.0	130.0	17.0		米/千克	7G
5515 12 00.29	其他聚酯短纤其他机织物(聚酯短纤含量在85%以下,与化纤长丝混纺)	23.0	130.0	17.0		米/千克	7G
5515 13 00.11	未漂或漂聚酯短纤与精梳毛混纺布(含羊毛或动物细毛36%及以上,聚酯短纤含量在85%以下)	23.0	130.0	17.0		米/千克	7G
5515 13 00.12	未漂或漂聚酯短纤与粗梳毛混纺布(含羊毛或动物细毛36%及以上,聚酯短纤含量在85%以下)	23.0	130.0	17.0		米/千克	7G
5515 13 00.13	未漂或漂聚酯短纤与精梳毛混纺布(含羊毛或动物细毛36%以下,聚酯短纤含量在85%以下)	23.0	130.0	17.0		米/千克	7G
5515 13 00.19	未漂或漂聚酯短纤与粗梳毛混纺布(含羊毛或动物细毛<36%,聚酯短纤含量在85%以下)	23.0	130.0	17.0		米/千克	7G
5515 13 00.21	其他聚酯短纤与精梳毛混纺机织物(含羊毛或动物细毛36%及以上,聚酯短纤含量在85%以下)	23.0	130.0	17.0		米/千克	7G
5515 13 00.22	其他聚酯短纤与粗梳毛混纺机织物(含羊毛或动物细毛36%及以上,聚酯短纤含量在85%以下)	23.0	130.0	17.0		米/千克	7G
5515 13 00.23	其他聚酯短纤与精梳毛混纺机织物(含羊毛或动物细毛<36%,聚酯短纤含量在85%以下)	23.0	130.0	17.0		米/千克	7G
5515 13 00.29	其他聚酯短纤与粗梳毛混纺机织物(含羊毛或动物细毛<36%,聚酯短纤含量在85%以下)	23.0	130.0	17.0		米/千克	7G
5515 19 00.11	聚酯短纤与其他纤维混蓝粗斜纹布(混纺为以聚酯短纤为主,但聚酯短纤含量在85%以下)	23.0	130.0	17.0		米/千克	7G
5515 19 00.19	聚酯短纤其他色织机织物(聚酯短纤<85%,提花织物除外,与其他纤维混纺)	23.0	130.0	17.0		米/千克	7G
5515 19 00.21	未漂或漂白聚酯短纤其他府绸(聚酯短纤含量在85%以下,与其他纤维混纺,含细平布)	23.0	130.0	17.0		米/千克	7G
5515 19 00.22	未漂或漂白聚酯短纤其他机织平布(聚酯短纤含量在85%以下,与其他纤维混纺)	23.0	130.0	17.0		米/千克	7G

商品编号	商 品 名 称 备 注	进口税率		增值税	消费税	计量单位	监管条件
		最惠国	普通				
5515 19 00.23	未漂或漂白聚酯短纤其他机织印染(聚酯短纤含量在85%以下,与其他纤维混纺)	23.0	130.0	17.0		米/千克	7G
5515 19 00.24	未漂或漂白聚酯短纤奶酪布等(短纤含量<85%,与其他纤维混纺,含薄细布,巴里纱)	23.0	130.0	17.0		米/千克	7G
5515 19 00.25	未漂或漂白聚酯短纤机织帆布(聚酯短纤含量在85%以下,与其他纤维混纺)	23.0	130.0	17.0		米/千克	7G
5515 19 00.26	未漂或漂白聚酯短纤缎纹或斜纹布(聚酯短纤含量在85%以下,与其他纤维混纺)	23.0	130.0	17.0		米/千克	7G
5515 19 00.27	未漂或漂白聚酯短纤牛津布(聚酯短纤含量在85%以下,与其他纤维混纺)	23.0	130.0	17.0		米/千克	7G
5515 19 00.29	未漂或漂白聚酯短纤其他机织物(聚酯短纤含量在85%以下,与其他纤维混纺)	23.0	130.0	17.0		米/千克	7G
5515 19 00.31	其他聚酯短纤府绸或细平布(聚酯短纤含量在85%以下,与其他纤维混纺)	23.0	130.0	17.0		米/千克	7G
5515 19 00.32	其他聚酯短纤机织平布(聚酯短纤含量在85%以下,与其他纤维混纺)	23.0	130.0	17.0		米/千克	7G
5515 19 00.33	其他聚酯短纤机织印染用布(聚酯短纤含量在85%以下,与其他纤维混纺)	23.0	130.0	17.0		米/千克	7G
5515 19 00.34	其他聚酯短纤奶酪布等(短纤含量<85%,与其他纤维混纺,含薄细布,巴里纱)	23.0	130.0	17.0		米/千克	7G
5515 19 00.35	其他聚酯短纤机织帆布(聚酯短纤含量在85%以下,与其他纤维混纺)	23.0	130.0	17.0		米/千克	7G
5515 19 00.36	其他聚酯短纤缎纹或斜纹机织物(聚酯短纤含量在85%以下,与其他纤维混纺)	23.0	130.0	17.0		米/千克	7G
5515 19 00.37	其他聚酯短纤牛津布(聚酯短纤含量在85%以下,与其他纤维混纺)	23.0	130.0	17.0		米/千克	7G
5515 19 00.39	其他聚酯短纤其他机织物(聚酯短纤含量在85%以下,与其他纤维混纺)	23.0	130.0	17.0		米/千克	7G
5515 21 00.11	未漂或漂白腈纶短纤府绸或细平布(腈短纤含量在85%以下,主要或仅与化纤长丝混纺)	22.5	130.0	17.0		米/千克	7G
5515 21 00.12	未漂或漂白腈纶短纤平布(腈短纤含量在85%以下,主要或仅与化纤长丝混纺)	22.5	130.0	17.0		米/千克	7G
5515 21 00.13	未漂或漂白腈纶短纤印染用布(腈短纤含量在85%以下,主要或仅与化纤长丝混纺)	22.5	130.0	17.0		米/千克	7G
5515 21 00.14	未漂或漂白腈纶短纤缎纹或斜纹布(腈短纤含量在85%以下,主要或仅与化纤长丝混纺)	22.5	130.0	17.0		米/千克	7G
5515 21 00.19	未漂或漂白腈纶短纤其他机织物(腈短纤含量在85%以下,主要或仅与化纤长丝混纺)	22.5	130.0	17.0		米/千克	7G
5515 21 00.21	其他腈纶短纤混纺府绸或细平布(腈短纤含量在85%以下,主要或仅与化纤长丝混纺)	22.5	130.0	17.0		米/千克	7G

商品编号	商品名称备注	进口税率		增值税	消费税	计量单位	监管条件
		最惠国	普通				
5515 21 00.22	其他腈纶短纤平布(腈短纤含量在85%以下,主要或仅与化纤长丝混纺)	22.5	130.0	17.0		米/千克	7G
5515 21 00.23	其他腈纶短纤印染用布(腈短纤含量在85%以下,主要或仅与化纤长丝混纺)	22.5	130.0	17.0		米/千克	7G
5515 21 00.24	其他腈纶短纤混纺缎纹或斜纹布(腈短纤含量在85%以下,主要或仅与化纤长丝混纺)	22.5	130.0	17.0		米/千克	7G
5515 21 00.29	其他腈纶短纤混纺其他机织物(腈短纤含量在85%以下,主要或仅与化纤长丝混纺)	22.5	130.0	17.0		米/千克	7G
5515 22 00.11	未漂或漂腈纶短纤与精梳毛混纺布(腈短纤含量＜85%,含羊毛或动物细毛36%及以上)	23.5	130.0	17.0		米/千克	7G
5515 22 00.12	未漂或漂腈纶短纤与粗梳毛混纺布(腈短纤含量＜85%,含羊毛或动物细毛36%及以上)	23.5	130.0	17.0		米/千克	7G
5515 22 00.13	未漂或漂腈纶短纤与精梳毛混纺布(腈短纤含量＜85%,含羊毛或动物细毛＜36%)	23.5	130.0	17.0		米/千克	7G
5515 22 00.19	未漂或漂腈纶短纤与粗梳毛混纺布(腈短纤含量＜85%,含羊毛或动物细毛＜36%)	23.5	130.0	17.0		米/千克	7G
5515 22 00.21	其他腈纶短纤与精梳毛混纺机织物(腈短纤含量＜85%,含羊毛或动物细毛36%及以上)	23.5	130.0	17.0		米/千克	7G
5515 22 00.22	其他腈纶短纤与粗梳毛混纺机织物(腈短纤含量＜85%,含羊毛或动物细毛36%及以上)	23.5	130.0	17.0		米/千克	7G
5515 22 00.23	其他腈纶短纤与精梳毛混纺机织物(腈短纤含量＜85%,含羊毛或动物细毛＜36%)	23.5	130.0	17.0		米/千克	7G
5515 22 00.29	其他腈纶短纤与粗梳毛混纺机织物(腈短纤含量＜85%,含羊毛或动物细毛＜36%)	23.5	130.0	17.0		米/千克	7G
5515 29 00.11	晴纶短纤与其他纤维混蓝粗斜纹布(混纺为以聚丙烯腈短纤为主,腈短纤含量在85%以下)	22.5	130.0	17.0		米/千克	7G
5515 29 00.19	其他腈纶短纤色织机织布(腈短纤含量＜85%,提花织物除外,与其他纤维混纺)	22.5	130.0	17.0		米/千克	7G
5515 29 00.21	其他未漂或漂白腈纶短纤府绸(腈短纤含量在85%以下,与其他纤维混纺,含细平布)	22.5	130.0	17.0		米/千克	7G
5515 29 00.22	其他未漂或漂白腈纶短纤平布(腈短纤含量在85%以下,与其他纤维混纺)	22.5	130.0	17.0		米/千克	7G
5515 29 00.23	其他未漂或漂白腈纶短纤印染用布(腈短纤含量在85%以下,与其他纤维混纺)	22.5	130.0	17.0		米/千克	7G
5515 29 00.24	其他未漂或漂白腈纶短纤奶酪布等(腈短纤含量＜85%,与其他纤维混纺,含薄细布,巴里纱)	22.5	130.0	17.0		米/千克	7G
5515 29 00.25	其他未漂或漂白腈纶短纤机织帆布(腈短纤含量在85%以下,与其他纤维混纺)	22.5	130.0	17.0		米/千克	7G
5515 29 00.26	其他未漂或漂白腈纶短纤缎纹布(含斜纹机织物,腈短纤含量＜85%,与其他纤维混纺)	22.5	130.0	17.0		米/千克	7G

商品编号	商品名称备注	进口税率		增值税	消费税	计量单位	监管条件
		最惠国	普通				
5515 29 00.27	其他未漂或漂白腈纶短纤牛津布(腈短纤含量在85%以下,与其他纤维混纺)	22.5	130.0	17.0		米/千克	7G
5515 29 00.29	其他未漂或漂腈纶短纤其他机织物(腈短纤含量在85%以下,与其他纤维混纺)	22.5	130.0	17.0		米/千克	7G
5515 29 00.31	其他腈纶短纤府绸或细平布(腈短纤含量在85%以下,与其他纤维混纺)	22.5	130.0	17.0		米/千克	7G
5515 29 00.32	其他腈纶短纤机织平布(腈短纤含量在85%以下,与其他纤维混纺)	22.5	130.0	17.0		米/千克	7G
5515 29 00.33	其他腈纶短纤机织印染用布(腈短纤含量在85%以下,与其他纤维混纺)	22.5	130.0	17.0		米/千克	7G
5515 29 00.34	其他腈纶短纤奶酪布等(腈短纤含量<85%,与其他纤维混纺,含薄细布,巴里纱)	22.5	130.0	17.0		米/千克	7G
5515 29 00.35	其他腈纶短纤机织帆布(腈短纤含量在85%以下,与其他纤维混纺)	22.5	130.0	17.0		米/千克	7G
5515 29 00.36	其他腈纶短纤与其他纤维混牛津布(腈短纤含量在85%以下,与其他纤维混纺)	22.5	130.0	17.0		米/千克	7G
5515 29 00.37	其他腈纶短纤缎纹或斜纹机织物(腈短纤含量在85%以下,与其他纤维混纺)	22.5	130.0	17.0		米/千克	7G
5515 29 00.39	其他腈纶短纤与其他纤维混机织物(混纺为以聚丙烯腈短纤为主,腈短纤含量在85%以下)	22.5	130.0	17.0		米/千克	7G
5515 91 00.11	未漂或漂白其他合纤短府绸(与化纤长丝混纺,合成纤维短纤含量<85%,含细平布)	23.0	130.0	17.0		米/千克	7G
5515 91 00.12	未漂或漂白其他合纤短纤平布(与化纤长丝混纺,合成纤维短纤含量在85%以下)	23.0	130.0	17.0		米/千克	7G
5515 91 00.13	未漂或漂其他合纤短纤混印染用布(与化纤长丝混纺,合成纤维短纤含量在85%以下)	23.0	130.0	17.0		米/千克	7G
5515 91 00.14	未漂或漂其他合纤短纤缎纹布等(与化纤长丝混纺,合成纤维短纤含量<85%,含斜纹机织物)	23.0	130.0	17.0		米/千克	7G
5515 91 00.19	未漂或漂其他合纤短纤其他机织物(与化纤长丝混纺,合成纤维短纤含量在85%以下)	23.0	130.0	17.0		米/千克	7G
5515 91 00.21	其他合纤短纤府绸或细平布(与化纤长丝混纺,合成纤维短纤含量在85%以下)	23.0	130.0	17.0		米/千克	7G
5515 91 00.22	其他合纤短纤平布(与化纤长丝混纺,合成纤维短纤含量在85%以下)	23.0	130.0	17.0		米/千克	7G
5515 91 00.23	其他合纤短纤印染用布(与化纤长丝混纺,合成纤维短纤含量在85%以下)	23.0	130.0	17.0		米/千克	7G
5515 91 00.24	其他合纤短纤缎纹或斜纹机织物(与化纤长丝混纺,合成纤维短纤含量在85%以下)	23.0	130.0	17.0		米/千克	7G
5515 91 00.29	其他合纤短纤其他机织物(与化纤长丝混纺,合成纤维短纤含量在85%以下)	23.0	130.0	17.0		米/千克	7G

商品编号	商 品 名 称 备 注	进口税率		增值税	消费税	计量单位	监管条件
		最惠国	普通				
5515 92 00.11	未漂或漂其他合纤短纤与精梳毛混(合成纤维短纤含量<85%,含羊毛或动物细毛36%及以上)	23.0	130.0	17.0		米/千克	7G
5515 92 00.12	未漂或漂其他合纤短纤与粗梳毛混(合成纤维短纤含量<85%,含羊毛或动物细毛36%及以上)	23.0	130.0	17.0		米/千克	7G
5515 92 00.13	未漂或漂其他合纤短纤与精梳毛混(合成纤维短纤含量<85%,含羊毛或动物细毛<36%)	23.0	130.0	17.0		米/千克	7G
5515 92 00.19	未漂或漂其他合纤短纤与粗梳毛混(合成纤维短纤含量<85%,含羊毛或动物细毛<36%)	23.0	130.0	17.0		米/千克	7G
5515 92 00.21	其他合纤短纤与精梳毛混纺机织物(合成纤维短纤含量<85%,含羊毛或动物细毛36%及以上)	23.0	130.0	17.0		米/千克	7G
5515 92 00.22	其他合纤短纤与粗梳毛混纺机织物(合成纤维短纤含量<85%,含羊毛或动物细毛36%及以上)	23.0	130.0	17.0		米/千克	7G
5515 92 00.23	其他合纤短纤与精梳毛混纺机织物(合成纤维短纤含量<85%,含羊毛或动物细毛<36%)	23.0	130.0	17.0		米/千克	7G
5515 92 00.29	其他合纤短纤与粗梳毛混纺机织物(合成纤维短纤含量<85%,含羊毛或动物细毛<36%)	23.0	130.0	17.0		米/千克	7G
5515 99 00.11	其他合纤短纤蓝粗斜纹布(合成纤维短纤含量在85%以下,与其他纤维混纺)	23.0	130.0	17.0		米/千克	7G
5515 99 00.19	其他合纤短纤其他色织机织物(合成纤维短纤含量<85%,与其他纤维混纺,提花织物除外)	23.0	130.0	17.0		米/千克	7G
5515 99 00.21	未漂或漂白其他合纤短纤府绸(合成纤维短纤含量在85%以下,与其他纤维混纺,含细平布)	23.0	130.0	17.0		米/千克	7G
5515 99 00.22	未漂或漂白其他合纤短纤其他平布(合成纤维短纤含量在85%以下,与其他纤维混纺)	23.0	130.0	17.0		米/千克	7G
5515 99 00.23	未漂或漂白其他合纤短纤印染用布(合成纤维短纤含量在85%以下,与其他纤维混纺)	23.0	130.0	17.0		米/千克	7G
5515 99 00.24	未漂或漂白其他合纤短纤奶酪布等(合纤短纤含量<85%,与其他纤维混纺,含薄细布,巴里纱)	23.0	130.0	17.0		米/千克	7G
5515 99 00.25	未漂或漂白其他合纤短纤帆布(合成纤维短纤含量在85%以下,与其他纤维混纺)	23.0	130.0	17.0		米/千克	7G
5515 99 00.26	未漂或漂其他合纤短纤混纺缎纹布(合成纤维短纤含量<85%,与其他纤维混纺,含斜纹机织物)	23.0	130.0	17.0		米/千克	7G
5515 99 00.27	未漂或漂白其他合纤短纤牛津布(合成纤维短纤含量在85%以下,与其他纤维混纺)	23.0	130.0	17.0		米/千克	7G
5515 99 00.29	未漂或漂其他合纤短纤其他机织物(合成纤维短纤含量在85%以下,与其他纤维混纺)	23.0	130.0	17.0		米/千克	7G
5515 99 00.31	其他合纤短纤府绸或细平布(合成纤维短纤含量在85%以下,与其他纤维混纺)	23.0	130.0	17.0		米/千克	7G
5515 99 00.32	其他合纤短纤其他机织平布(合成纤维短纤含量在85%以下,与其他纤维混纺)	23.0	130.0	17.0		米/千克	7G

商品编号	商品名称备注	进口税率		增值税	消费税	计量单位	监管条件
		最惠国	普通				
5515 99 00.33	其他合纤短纤机织印染用布(合成纤维短纤含量在85%以下,与其他纤维混纺)	23.0	130.0	17.0		米/千克	7G
5515 99 00.34	其他合纤短纤奶酪布等(合纤短纤含量<85%,与其他纤维混纺,含薄细布,巴里纱)	23.0	130.0	17.0		米/千克	7G
5515 99 00.35	其他合纤短纤机织帆布(合成纤维短纤含量在85%以下,与其他纤维混纺)	23.0	130.0	17.0		米/千克	7G
5515 99 00.36	其他合纤短纤缎纹或斜纹机织物(合成纤维短纤含量在85%以下,与其他纤维混纺)	23.0	130.0	17.0		米/千克	7G
5515 99 00.37	其他合纤短纤其他纤维混牛津布(合成纤维短纤含量在85%以下,与其他纤维混纺)	23.0	130.0	17.0		米/千克	7G
5515 99 00.39	其他合纤短纤其他机织物(合成纤维短纤含量在85%以下,与其他纤维混纺)	23.0	130.0	17.0		米/千克	7G
5516	**人造纤维短纤纺制的机织物**						
5516 11 00	未漂或漂白的纯人纤短纤布(纯人纤布指按重量计人造纤维短纤含量在85%及以上)	21.8	130.0	17.0		米/千克	7G
5516 12 00	染色的纯人纤短纤布(纯人纤布指按重量计人造纤维短纤含量在85%及以上)	21.0	130.0	17.0		米/千克	7G
5516 13 00	色织的纯人纤短纤布(纯人纤布指按重量计人造纤维短纤含量在85%及以上)	21.0	130.0	17.0		米/千克	7G
5516 14 00	印花的纯人纤短纤布(纯人纤布指按重量计人造纤维短纤含量在85%及以上)	18.3	130.0	17.0		米/千克	7G
5516 21 00.10	未漂或漂白人纤短纤府绸或细平布(人造纤维短纤含量在85%以下,与化纤长丝混纺)	21.8	130.0	17.0		米/千克	7G
5516 21 00.20	未漂或漂白人纤短纤平布(人造纤维短纤含量在85%以下,与化纤长丝混纺)	21.8	130.0	17.0		米/千克	7G
5516 21 00.30	未漂或漂白人纤短纤印染用布(人造纤维短纤含量在85%以下,与化纤长丝混纺)	21.8	130.0	17.0		米/千克	7G
5516 21 00.40	未漂或漂白人纤短纤缎纹或斜纹布(人造纤维短纤含量在85%以下,与化纤长丝混纺)	21.8	130.0	17.0		米/千克	7G
5516 21 00.90	未漂或漂白人纤短纤其他机织物(人造纤维短纤含量在85%以下,与化纤长丝混纺)	21.8	130.0	17.0		米/千克	7G
5516 22 00.10	染色人纤短纤府绸或细平布(人造纤维短纤含量在85%以下,与化纤长丝混纺)	21.0	130.0	17.0		米/千克	7G
5516 22 00.20	染色人纤短纤平布(人造纤维短纤含量在85%以下,与化纤长丝混纺)	21.0	130.0	17.0		米/千克	7G
5516 22 00.30	染色人纤短纤印染用布(人造纤维短纤含量在85%以下,与化纤长丝混纺)	21.0	130.0	17.0		米/千克	7G
5516 22 00.40	染色人纤短纤缎纹或斜纹机织物(人造纤维短纤含量在85%以下,与化纤长丝混纺)	21.0	130.0	17.0		米/千克	7G
5516 22 00.90	染色人纤短纤其他机织物(人造纤维短纤含量在85%以下,与化纤长丝混纺)	21.0	130.0	17.0		米/千克	7G

商品编号	商 品 名 称 备 注	进口税率		增值税	消费税	计量单位	监管条件
		最惠国	普通				
5516 23 00.10	色织人纤短纤府绸和细平布(人造纤维短纤含量在85%以下,与化纤长丝混纺)	21.0	130.0	17.0		米/千克	7G
5516 23 00.20	色织人纤短纤平布(人造纤维短纤含量在85%以下,与化纤长丝混纺)	21.0	130.0	17.0		米/千克	7G
5516 23 00.30	色织人纤短纤印染用布(人造纤维短纤含量在85%以下,与化纤长丝混纺)	21.0	130.0	17.0		米/千克	7G
5516 23 00.40	色织人纤短纤缎纹或斜纹机织物(人造纤维短纤含量在85%以下,与化纤长丝混纺)	21.0	130.0	17.0		米/千克	7G
5516 23 00.90	色织人纤短纤其他机织物(人造纤维短纤含量在85%以下,与化纤长丝混纺)	21.0	130.0	17.0		米/千克	7G
5516 24 00.10	印花人纤府绸或细平布(人造纤维短纤含量在85%以下,与化纤长丝混纺)	18.3	130.0	17.0		米/千克	7G
5516 24 00.20	印花人纤短纤平布(人造纤维短纤含量在85%以下,与化纤长丝混纺)	18.3	130.0	17.0		米/千克	7G
5516 24 00.30	印花人纤短纤印染用布(人造纤维短纤含量在85%以下,与化纤长丝混纺)	18.3	130.0	17.0		米/千克	7G
5516 24 00.40	印花人纤短纤缎纹或斜纹机织物(人造纤维短纤含量在85%以下,与化纤长丝混纺)	18.3	130.0	17.0		米/千克	7G
5516 24 00.90	印花人纤短纤其他布(人造纤维短纤含量在85%以下,与化纤长丝混纺)	18.3	130.0	17.0		米/千克	7G
5516 31 00.11	未漂或漂人纤短纤与精梳毛混纺布(人造纤维短纤含量<85%,羊毛或动物细毛36%及以上)	21.8	130.0	17.0		米/千克	7G
5516 31 00.19	未漂或漂人纤短纤与粗梳毛混纺布(人造纤维短纤含量<85%,羊毛或动物细毛36%及以上)	21.8	130.0	17.0		米/千克	7G
5516 31 00.21	未漂或漂人纤短纤与精梳毛混纺布(人造纤维短纤含量<85%,羊毛或动物细毛<36%)	21.8	130.0	17.0		米/千克	7G
5516 31 00.29	未漂或漂人纤短纤与粗梳毛混纺布(人造纤维短纤含量<85%,羊毛或动物细毛<36%)	21.8	130.0	17.0		米/千克	7G
5516 32 00.11	染色人纤短纤与精梳毛混纺机织物(人造纤维短纤含量<85%,羊毛或动物细毛36%及以上)	21.0	130.0	17.0		米/千克	7G
5516 32 00.19	染色人纤短纤与粗梳毛混纺机织物(人造纤维短纤含量<85%,羊毛或动物细毛36%及以上)	21.0	130.0	17.0		米/千克	7G
5516 32 00.21	染色人纤短纤与精梳毛混纺机织物(人造纤维短纤含量<85%,羊毛或动物细毛<36%)	21.0	130.0	17.0		米/千克	7G
5516 32 00.29	染色人纤短纤与粗梳毛混纺机织物(人造纤维短纤含量<85%,羊毛或动物细毛<36%)	21.0	130.0	17.0		米/千克	7G
5516 33 00.11	色织人纤短纤与精梳毛混纺机织物(人造纤维短纤含量<85%,羊毛或动物细毛36%及以上)	21.0	130.0	17.0		米/千克	7G
5516 33 00.19	色织人纤短纤与粗梳毛混纺机织物(人造纤维短纤含量<85%,羊毛或动物细毛36%及以上)	21.0	130.0	17.0		米/千克	7G

商品编号	商品名称备注	进口税率		增值税	消费税	计量单位	监管条件
		最惠国	普通				
5516 33 00.21	色织人纤短纤与精梳毛混纺机织物(人造纤维短纤含量<85%,羊毛或动物细毛<36%)	21.0	130.0	17.0		米/千克	7G
5516 33 00.29	色织人纤短纤与粗梳毛混纺机织物(人造纤维短纤含量<85%,羊毛或动物细毛<36%)	21.0	130.0	17.0		米/千克	7G
5516 34 00.11	印花人纤短纤与精梳毛混纺机织物(人造纤维短纤含量<85%,羊毛或动物细毛36%及以上)	18.3	130.0	17.0		米/千克	7G
5516 34 00.19	印花人纤短纤与粗梳毛混纺机织物(人造纤维短纤含量<85%,羊毛或动物细毛36%及以上)	18.3	130.0	17.0		米/千克	7G
5516 34 00.21	印花人纤短纤与精梳毛混纺机织物(人造纤维短纤含量<85%,羊毛或动物细毛<36%)	18.3	130.0	17.0		米/千克	7G
5516 34 00.29	印花人纤短纤与粗梳毛混纺机织物(人造纤维短纤含量<85%,羊毛或动物细毛<36%)	18.3	130.0	17.0		米/千克	7G
5516 41 00.10	未漂或漂白人纤短纤府绸或细平布(人造纤维短纤含量在85%以下,与棉混纺)	21.8	130.0	17.0		米/千克	7G
5516 41 00.20	未漂或漂白人纤短纤与棉混纺平布(混纺为以人纤短纤为主,但人造纤维短纤含量在85%以下)	21.8	130.0	17.0		米/千克	7G
5516 41 00.30	与棉混未漂或漂人纤短纤印染用布(混纺为以人纤短纤为主,但人造纤维短纤含量在85%以下)	21.8	130.0	17.0		米/千克	7G
5516 41 00.40	PRE(人造纤维短纤含量在85%以下,含薄细布,巴里纱)	21.8	130.0	17.0		米/千克	7G
5516 41 00.50 *	与棉混未漂或漂人纤短纤机织帆布(混纺为以人纤短纤为主,但人造纤维短纤含量在85%以下)	21.8	130.0	17.0		米/千克	7G
5516 41 00.60	与棉混未漂或漂人纤短纤缎纹布等(含斜纹布,人造纤维短纤含量在85%以下)	21.8	130.0	17.0		米/千克	7G
5516 41 00.70	与棉混未漂或漂人纤短纤牛津布(混纺为以人纤短纤为主,但人造纤维短纤含量在85%以下)	21.8	130.0	17.0		米/千克	7G
5516 41 00.90	与棉混未漂或漂人纤短纤其他布(混纺为以人纤短纤为主,但人造纤维短纤含量在85%以下)	21.8	130.0	17.0		米/千克	7G
5516 42 00.10	与棉混染色人纤短纤府绸或细平布(混纺为以人纤短纤为主,但人造纤维短纤含量在85%以下)	21.8	130.0	17.0		米/千克	7G
5516 42 00.20	与棉混染色人纤短纤平布(混纺为以人纤短纤为主,但人造纤维短纤含量在85%以下)	21.8	130.0	17.0		米/千克	7G
5516 42 00.30	与棉混染色人纤短纤印染用布(混纺为以人纤短纤为主,但人造纤维短纤含量在85%以下)	21.8	130.0	17.0		米/千克	7G
5516 42 00.40	与棉混染色人纤短纤奶酪布等(含薄细布,巴里纱,人造纤维短纤含量在85%以下)	21.8	130.0	17.0		米/千克	7G
5516 42 00.50 *	与棉混染色人纤短纤机织帆布(混纺为以人纤短纤为主,但人造纤维短纤含量在85%以下)	21.8	130.0	17.0		米/千克	7G
5516 42 00.60	与棉混染色人纤短纤缎纹或斜纹布(混纺为以人纤短纤为主,但人造纤维短纤含量在85%以下)	21.8	130.0	17.0		米/千克	7G

商品编号	商品名称备注	进口税率		增值税	消费税	计量单位	监管条件
		最惠国	普通				
5516 42 00.70	与棉混染色人纤短纤牛津布(混纺为以人纤短纤为主,但人造纤维短纤含量在85%以下)	21.8	130.0	17.0		米/千克	7G
5516 42 00.90	与棉混纺染色人纤短纤其他机织物(混纺为以人纤短纤为主,但人造纤维短纤含量在85%以下)	21.8	130.0	17.0		米/千克	7G
5516 43 00.10	与棉混人纤短纤色织兰色粗斜纹布(混纺为以人纤短纤为主,但人造纤维短纤含量在85%以下)	21.0	130.0	17.0		米/千克	7G
5516 43 00.20	与棉混纺人纤短纤色织提花机织物(混纺为以人纤短纤为主,但人造纤维短纤含量在85%以下)	21.0	130.0	17.0		米/千克	7G
5516 43 00.90	与棉混纺人纤短纤其他色织机织物(混纺为以人纤短纤为主,但人造纤维短纤含量在85%以下)	21.0	130.0	17.0		米/千克	7G
5516 44 00.10	与棉混印花人纤短纤府绸或细平布(混纺为以人纤短纤为主,但人造纤维短纤含量在85%以下)	18.3	130.0	17.0		米/千克	7G
5516 44 00.20	与棉混印花人纤短纤平布(混纺为以人纤短纤为主,但人造纤维短纤含量在85%以下)	18.3	130.0	17.0		米/千克	7G
5516 44 00.30	与棉混印花人纤短纤印染用布(混纺为以人纤短纤为主,但人造纤维短纤含量在85%以下)	18.3	130.0	17.0		米/千克	7G
5516 44 00.40	与棉混纺印花人纤短纤奶酪布等(含薄细布,巴里纱,人造纤维短纤含量在85%以下)	18.3	130.0	17.0		米/千克	7G
5516 44 00.50 *	与棉混纺印花人纤短纤机织帆布(混纺为以人纤短纤为主,但人造纤维短纤含量在85%以下)	18.3	130.0	17.0		米/千克	7G
5516 44 00.60	印花人纤短纤缎纹或斜纹机织物(与棉混纺,人造纤维短纤含量在85%以下)	18.3	130.0	17.0		米/千克	7G
5516 44 00.70	与棉混纺印花人纤短纤牛津布(混纺为以人纤短纤为主,但人造纤维短纤含量在85%以下)	18.3	130.0	17.0		米/千克	7G
5516 44 00.90	与棉混纺印花人纤短纤其他机织物(混纺为以人纤短纤为主,但人造纤维短纤含量在85%以下)	18.3	130.0	17.0		米/千克	7G
5516 91 00.10	未漂或漂白人纤短纤府绸或细平布(与其他纤维混纺,人造纤维短纤含量在85%以下)	21.8	130.0	17.0		米/千克	7G
5516 91 00.20	未漂或漂白人纤短纤机织平布(与其他纤维混纺,人造纤维短纤含量在85%以下)	21.8	130.0	17.0		米/千克	7G
5516 91 00.30	未漂或漂白人纤短纤印染用布(与其他纤维混纺,人造纤维短纤含量在85%以下)	21.8	130.0	17.0		米/千克	7G
5516 91 00.40	未漂或漂白人纤短纤奶酪布等(与其他纤维混纺,人纤短纤含量<85%,含薄细布,巴里纱)	21.8	130.0	17.0		米/千克	7G
5516 91 00.50 *	未漂或漂白人纤短纤机织帆布(与其他纤维混纺,人造纤维短纤含量在85%以下)	21.8	130.0	17.0		米/千克	7G
5516 91 00.60	未漂或漂白人纤短纤缎纹或斜纹布(与其他纤维混纺,人造纤维短纤含量在85%以下)	21.8	130.0	17.0		米/千克	7G
5516 91 00.70	未漂或漂白人纤短纤牛津布(与其他纤维混纺,人造纤维短纤含量在85%以下)	21.8	130.0	17.0		米/千克	7G

商品编号	商品名称备注	进口税率		增值税	消费税	计量单位	监管条件
		最惠国	普通				
5516 91 00.90	未漂或漂白人纤短纤其他机织物(与其他纤维混纺,人造纤维短纤含量在85%以下)	21.8	130.0	17.0		米/千克	7G
5516 92 00.10	染色人纤短纤府绸或细平布(与其他纤维混纺,人造纤维短纤含量在85%以下)	21.0	130.0	17.0		米/千克	7G
5516 92 00.20	染色人纤短纤机织平布(与其他纤维混纺,人造纤维短纤含量在85%以下)	21.0	130.0	17.0		米/千克	7G
5516 92 00.30	染色人纤短纤印染用布(与其他纤维混纺,人造纤维短纤含量在85%以下)	21.0	130.0	17.0		米/千克	7G
5516 92 00.40	染色人纤短纤奶酪布等(与其他纤维混纺,人纤短纤含量<85%,含薄细布,巴里纱)	21.0	130.0	17.0		米/千克	7G
5516 92 00.50 *	染色人纤短纤机织帆布(与其他纤维混纺,人造纤维短纤含量在85%以下)	21.0	130.0	17.0		米/千克	7G
5516 92 00.60	染色人纤短纤缎纹或斜纹机织物(与其他纤维混纺,人造纤维短纤含量在85%以下)	21.0	130.0	17.0		米/千克	7G
5516 92 00.70	染色人纤短纤牛津布(与其他纤维混纺,人造纤维短纤含量在85%以下)	21.0	130.0	17.0		米/千克	7G
5516 92 00.90	染色人纤短纤其他机织物(与其他纤维混纺,人造纤维短纤含量在85%以下)	21.0	130.0	17.0		米/千克	7G
5516 93 00.10	人纤短纤色织蓝粗斜纹布(与其他纤维混纺,人造纤维短纤含量在85%以下)	21.0	130.0	17.0		米/千克	7G
5516 93 00.20	色织人纤短纤提花机织物(与其他纤维混纺,人造纤维短纤含量在85%以下)	21.0	130.0	17.0		米/千克	7G
5516 93 00.90	色织人纤短纤其他机织物(与其他纤维混纺,人造纤维短纤含量在85%以下)	21.0	130.0	17.0		米/千克	7G
5516 94 00.10	印花人造纤维短纤府绸或细平布(与其他纤维混纺,按重量计人造纤维短纤含量在85%以下)	18.3	130.0	17.0		米/千克	7G
5516 94 00.20	印花人造纤维短纤机织平布(与其他纤维混纺,按重量计人造纤维短纤含量在85%以下)	18.3	130.0	17.0		米/千克	7G
5516 94 00.30	印花人造纤维短纤印染用布(与其他纤维混纺,按重量计人造纤维短纤含量在85%以下)	18.3	130.0	17.0		米/千克	7G
5516 94 00.40	印花人造纤维短纤奶酪布等(含薄细布、巴里纱,与其他纤维混纺,含人纤短纤<85%)	18.3	130.0	17.0		米/千克	7G
5516 94 00.50 *	印花人造纤维短纤机织帆布(与其他纤维混纺,按重量计人造纤维短纤含量在85%以下)	18.3	130.0	17.0		米/千克	7G
5516 94 00.60	印花人纤短纤缎纹或斜纹机织物(与其他纤维混纺,按重量计人造纤维短纤含量在85%以下)	18.3	130.0	17.0		米/千克	7G
5516 94 00.70	印花人造纤维短纤牛津布(与其他纤维混纺,按重量计人造纤维短纤含量在85%以下)	18.3	130.0	17.0		米/千克	7G
5516 94 00.90	印花人造纤维短纤其他机织物(与其他纤维混纺,按重量计人造纤维短纤含量在85%以下)	18.3	130.0	17.0		米/千克	7G

第五十六章　絮胎、毡呢及无纺织物；特种纱线；线、绳、索、缆及其制品

注释：

一、本章不包括：

(一)用各种物质或制剂(例如，第三十三章的香水或化妆品、品目34.01的肥皂或洗涤剂、品目34.05的光洁剂及类似制剂、品目38.09的织物柔软剂)浸渍、涂布、包覆的絮胎、毡呢或无纺织物，其中的纺织材料仅作为承载介质；

(二)品目58.11的纺织产品；

(三)以毡呢或无纺织物为底的砂布及类似品(品目68.05)；

(四)以毡呢或无纺织物为底的粘聚或复制云母(品目68.14)；

(五)以毡呢或无纺织物为底的金属箔(第十五类)。

二、所称“毡呢”，包括针刺机制毡呢以及纤维本身通过缝编工序增强了抱合力的纺织纤维网状织物。

三、品目56.02及56.03分别包括用各种性质(紧密结构或泡沫状)的塑料或橡胶浸渍、涂布、包覆或层压的毡呢及无纺织物。

品目56.03还包括用塑料或橡胶作粘合材料的无纺织物。

但品目56.02及56.03不包括：

(一)用塑料或橡胶浸渍、涂布、包覆或层压，按重量计纺织材料含量在50%及以下的毡呢或者完全嵌入塑料或橡胶之内的毡呢(第三十九章或第四十章)；

(二)完全嵌入塑料或橡胶之内的无纺织物，以及用肉眼可辨别出两面都用塑料或橡胶涂布、包覆的无纺织物，涂布或包覆所引起的颜色变化可不予考虑(第三十九章或第四十章)；

(三)与毡呢或无纺织物混制的泡沫塑料或海绵橡胶板、片或扁条，纺织材料仅在其中起增强作用(第三十九章或第四十章)。

四、品目56.04不包括用肉眼无法辨别出是否经过浸渍、涂布或包覆的纺织纱线或品目54.04或54.05的扁条及类似品(通常归入第五十章至第五十五章)；运用本条规定，可不考虑浸渍、涂布或包覆所引起的颜色变化。

商品编号	商 品 名 称 备 注	进口税率		增值税	消费税	计量单位	监管条件
		最惠国	普通				
5601	**纺织材料絮胎及其制品;长度不超过5毫米的纺织纤维(纤维屑)、纤维粉末及球结**						
5601 10 00.10	棉絮胎制卫生巾,止血塞等(包括婴儿尿布或尿布垫及类似卫生用品)	16.4	80.0	17.0		千克	G
5601 10 00.90	絮胎制卫生巾,止血塞等(包括婴儿尿布或尿布垫及类似卫生用品)	16.4	80.0	17.0		千克	
5601 21 00.10	棉制的成匹絮胎	12.7	50.0	17.0		千克	
5601 21 00.90	其他棉制的絮胎及絮胎制品	12.7	50.0	17.0		千克	G
5601 22 10	化学纤维制的卷烟滤嘴	21.8	100.0	17.0		千克	7
5601 22 90.10	化学纤维制的成匹絮胎	21.8	100.0	17.0		千克	
5601 22 90.90	化学纤维制的其他絮胎及絮胎制品	21.8	100.0	17.0		千克	
5601 29 00.10	羊毛或动物细毛制絮胎及制品	18.3	90.0	17.0		千克	
5601 29 00.90	其他纺织材料制絮胎及制品	18.3	90.0	17.0		千克	
5601 30 00.10 *	由两种或以上聚合物纺制的纤维(横截面为皮芯结构或并列结构或海岛结构,长度不超过5mm)	18.3	100.0	17.0		千克	
5601 30 00.90	纺织纤维屑,纤维粉末及球结(纺织纤维长度不超过5毫米)	18.3	100.0	17.0		千克	
5602	**毡呢,不论是否浸渍、涂布、包覆或层压**						
5602 10 00.10	毛制针刺机制毡呢及纤维缝编织(不论是否浸渍,涂布,包覆或层压)	18.3	100.0	17.0		千克	G
5602 10 00.90	其他纺织料制针刺机制毡呢等(含缝编织物,不论是否浸渍,涂布,包覆或层压)	18.3	100.0	17.0		千克	
5602 21 00	羊毛及动物细毛制其他毡呢(未浸渍,涂布,包覆或层压)	18.3	100.0	17.0		千克	G
5602 29 00	其他纺织材料制其他毡呢(未浸渍,涂布,包覆或层压)	18.3	100.0	17.0		千克	
5602 90 00.10	其他纺织材料制其他毡呢(层压)	18.3	100.0	17.0		千克	
5602 90 00.91	化学纤维制其他毡呢(浸渍、涂布、包覆)	18.3	100.0	17.0		千克	
5602 90 00.99	其他纺织材料制其他毡呢(浸渍、涂布、包覆)	18.3	100.0	17.0		千克	G
5603	**无纺织物,不论是否浸渍、涂布、包覆或层压**						
5603 11 10^	化学纤维长丝制无纺织物(浸渍、涂布、包覆或压层,每平米重量≤25克)	18.3	70.0	17.0		千克	
5603 11 90	其他化学纤维长丝制无纺织物(每平米重量不超过25克)	20.0	130.0	17.0		千克	
5603 12 10^	25<每平米≤70克浸渍长丝无纺布(浸渍包括涂布、包覆或压层;长丝指化纤长丝)	18.3	70.0	17.0		千克	
5603 12 90	25<每平米≤70克其他长丝无纺布(长丝指化纤长丝)	20.0	130.0	17.0		千克	
5603 13 10^	70<每平米≤150克浸渍长丝无纺(浸渍包括涂布、包覆或压层;长丝指化纤长丝)	18.3	70.0	17.0		千克	

商品编号	商 品 名 称 备 注	进口税率		增值税	消费税	计量单位	监管条件
		最惠国	普通				
5603 13 90	70＜每平米≤150 克其他长丝无纺(长丝指化纤长丝)	20.0	130.0	17.0		千克	
5603 14 10^	每平米＞150 克经浸渍长丝无纺布(浸渍包括涂布、包覆或压层;长丝指化纤长丝)	18.3	70.0	17.0		千克	
5603 14 90	每平米＞150 克的其他长丝无纺布(长丝指化纤长丝)	20.0	130.0	17.0		千克	
5603 91 10^	每平米≤25 克经浸渍其他无纺布(浸渍包括涂布、包覆或压层)	18.3	70.0	17.0		千克	
5603 91 90	每平米≤25 克的其他无纺布	12.7	85.0	17.0		千克	
5603 92 10^	25＜每平米≤70 克浸渍其他无纺布(浸渍包括涂布、包覆或压层)	18.3	70.0	17.0		千克	
5603 92 90	25＜每平米≤70 克其他无纺布	12.7	85.0	17.0		千克	
5603 93 10^	70＜每平米≤150 克浸渍其他无纺(浸渍包括涂布、包覆或压层)	18.3	70.0	17.0		千克	
5603 93 90	70＜每平米≤150 克的其他无纺布	12.7	85.0	17.0		千克	
5603 94 10.11^	毛制铺地品衬底用物纺织物(浸渍、涂布、包覆或压层,每平米重量＞150 克)	18.3	70.0	17.0		千克	
5603 94 10.19^	其他材料制铺地品衬底用无纺织物(浸渍、涂布、包覆或压层,每平米重量＞150 克)	18.3	70.0	17.0		千克	
5603 94 10.90^	其他材料制无纺织物(浸渍、涂布、包覆或压层,每平米重量＞150 克)	18.3	70.0	17.0		千克	
5603 94 90.11	毛制铺地品衬底用无纺织物(每平方米重量超过 150 克)	12.7	85.0	17.0		千克	
5603 94 90.19	其他材料制铺地品衬底用无纺织物(每平方米重量超过 150 克)	12.7	85.0	17.0		千克	
5603 94 90.90	其他材料制无纺织物(每平方米重量超过 150 克)	12.7	85.0	17.0		千克	
5604	**用纺织材料包覆的橡胶线及绳;用橡胶或塑料浸渍、涂布、包覆或套裹的纺织纱线及编号 5404 或 5405 的扁条及类似品**						
5604 10 00	用纺织材料包覆的橡胶线及绳	14.4	80.0	17.0		千克	G
5604 20 00.11	用橡、塑浸渍或涂布的高强力丝(包括聚酯、尼龙或其他聚酰胺制的单丝高强力丝)	14.4	40.0	17.0		千克	G
5604 20 00.19	用橡、塑浸渍或涂布的高强力丝(包括聚酯、尼龙或其他聚酰胺制的其他高强力丝)	14.4	40.0	17.0		千克	G
5604 20 00.91	粘胶纤维制单丝高强力丝(用橡胶或塑料浸渍或涂布的)	14.4	40.0	17.0		千克	G
5604 20 00.99	粘胶纤维制其他高强力丝(用橡胶或塑料浸渍或涂布的)	14.4	40.0	17.0		千克	G
5604 90 00.10	棉制纱线(用橡胶或塑料浸渍、涂布、包覆、套裹)	14.4	80.0	17.0		千克	G

商品编号	商品名称备注	进口税率		增值税	消费税	计量单位	监管条件
		最惠国	普通				
5604 90 00.20	品目5404的合成纤维单丝、扁条(用橡胶或塑料浸渍、涂布、包覆、套裹)	14.4	80.0	17.0		千克	
5604 90 00.30	品目5404的人造纤维单丝、扁条(用橡胶或塑料浸渍、涂布、包覆、套裹)	14.4	80.0	17.0		千克	
5604 90 00.90	其他纺织纱线(用橡胶或塑料浸渍、涂布、包覆、套裹)	14.4	80.0	17.0		千克	
5605	**含金属纱线,不论是否螺旋花线,由纺织纱线或编号5404或5405的扁条及类似品与金属线,扁条或粉末混合制得或用金属包覆制得**						
5605 00 00.10	金属涂层或层压化纤长丝等(扁条及类似品,非螺旋,未加捻或捻度每米低于5转)	14.4	70.0	17.0		千克	
5605 00 00.90	其他含金属纱线,可含螺旋花边(与金属线、扁条或粉末混合制的或用金属包覆制)	14.4	70.0	17.0		千克	G
5606	**粗松螺旋花线,编号5404或5405的扁条及类似品制的螺旋花线(编号5605的货品及马毛粗松螺旋花线除外);绳绒线(包括植绒绳绒线);纵行起圈纱线**						
5606 00 00	绳绒线及粗松螺旋花线(包括纵行起圈纱线,但编号5605的货品及马毛粗松线除外)	14.4	70.0	17.0		千克	G
5607	**线、绳、索、缆,不论是否编织或编结而成,也不论是否用橡胶或塑料浸渍、涂布、包覆或套裹**						
5607 10 00	黄麻或韧皮纤维纺制线,绳,索,缆(可编织或编结,可用橡胶或塑料浸渍涂布,包覆,套裹)	9.8	50.0	17.0		千克	
5607 21 00.10	剑麻或其他龙舌兰纤维制包扎用绳(农机用,可编织或编结,可用橡胶或塑料浸涂包套)	9.8	50.0	17.0		千克	
5607 21 00.90	剑麻或龙舌兰纤维制其他包扎用绳(农机用,可编织或编结,可用橡胶或塑料浸涂包套)	9.8	50.0	17.0		千克	
5607 29 00	剑麻或龙舌兰纤维制其他线绳索缆(可编织或编结,可用橡胶或塑料浸渍涂布,包覆,套裹)	9.8	50.0	17.0		千克	
5607 41 00.10	宽的非裂膜扁条聚乙烯包扎用绳(可编织或编结,可用橡胶或塑料浸渍涂布,包覆,套裹)	16.0	100.0	17.0		千克	
5607 41 00.90	其他聚乙烯或聚丙烯制包扎用绳(可编织或编结,可用橡胶或塑料浸渍涂布,包覆,套裹)	16.0	100.0	17.0		千克	G
5607 49 00.10	宽非裂膜扁条聚乙烯其他线绳索缆(可编织或编结用橡胶或塑料浸涂包套,含聚丙烯制)	16.0	100.0	17.0		千克	
5607 49 00.20	其他聚乙烯或聚丙烯制线绳索缆(未经编织或编结,可用橡胶或塑料浸渍涂布,包覆,套裹)	16.0	100.0	17.0		千克	G
5607 49 00.90	其他聚乙烯或聚丙烯制线绳索缆(已编织或编结,可用橡胶或塑料浸渍涂布,包覆,套裹)	16.0	100.0	17.0		千克	
5607 50 00.10	其他合纤制未编织或编织线绳索缆(可用橡胶或塑料浸渍涂布,包覆,套裹)	16.0	100.0	17.0		千克	G

商品编号	商品名称备注	进口税率		增值税	消费税	计量单位	监管条件
		最惠国	普通				
5607 50 00.90	其他合纤制已编织或编织线绳索缆(可用橡胶或塑料浸渍涂布,包覆,套裹)	16.0	100.0	17.0		千克	
5607 90 10	蕉麻或硬质纤维制线,绳,索,缆(可编织或编结,可用橡胶或塑料浸渍涂布,包覆,套裹)	9.8	50.0	17.0		千克	
5607 90 90.10	大麻制线,绳,索,缆(可编织或编结,可用橡胶或塑料浸渍涂布,包覆,套裹)	16.0	100.0	17.0		千克	G
5607 90 90.90	其他纺织材料制线,绳,索,缆(可编织或编结,可用橡胶或塑料浸渍涂布,包覆,套裹)	16.0	100.0	17.0		千克	G
5608	**线、绳或索结制的网料;纺织材料制成的渔网及其他网**						
5608 11 00.10	化纤材料制成手撒线拉的渔网	13.3	50.0	17.0		千克	G
5608 11 00.90	化纤材料制成其他渔网	13.3	50.0	17.0		千克	G
5608 19 00.10	化纤材料制用拉线收口的诱饵包(罗网及篓状网除外)	18.0	100.0	17.0		千克	G
5608 19 00.90	化纤材料制成的网料和其他网(包括化纤线、绳、索结制的网料,罗网及篓状网除外)	18.0	100.0	17.0		千克	G
5608 90 00.11	毛、棉制的鱼网	16.8	100.0	17.0		千克	G
5608 90 00.19	其他纺织纤维制的鱼网	16.8	100.0	17.0		千克	G
5608 90 00.91	棉制的其他网及网料(吊床,罗网及篓状网除外)	16.8	100.0	17.0		千克	G
5608 90 00.92	毛制的其他网及网料(包括棉制的网式吊床,罗网及篓状网除外)	16.8	100.0	17.0		千克	G
5608 90 00.99	其他纺织纤维制成的其他网及网料(罗网及篓状网除外)	16.8	100.0	17.0		千克	G
5609	**用纱线、编号 5404 或 5405 的扁条及类似品或线、绳、索、缆制成的其他编号未列名物品**						
5609 00 00	用纱线,扁条,绳,索,缆制其他物品(扁条及类似品指品目 5404 或 5405 的物品)	16.8	100.0	17.0		千克	

第五十七章　地毯及纺织材料的其他铺地制品

注释：

一、本章所称“地毯及纺织材料的其他铺地制品”，是指使用时以纺织材料作面的铺地制品，也包括具有纺织材料铺地制品特征但作其他用途的物品。

二、本章不包括铺地制品衬垫。

商品编号	商品名称备注	进口税率		增值税	消费税	计量单位	监管条件
		最惠国	普通				
5701	**结织栽绒地毯及纺织材料的其他结织栽绒铺地制品,不论是否制成的**						
5701 10 00.10	毛制手工结织民间工艺栽绒地毯(包括其他铺地制品,未簇绒或未植绒,不论是否制成)	22.3	130.0	17.0		平方米	
5701 10 00.90	毛制手工结织其他栽绒地毯(包括其他铺地制品,未簇绒或未植绒,不论是否制成)	22.3	130.0	17.0		平方米	
5701 90 10.10	化纤制手工结织栽绒地毯(包括其他铺地制品,未簇绒或未植绒,不论是否制成)	19.3	130.0	17.0		平方米	
5701 90 10.90	化纤制手其他结织栽绒地毯(包括其他铺地制品,未簇绒或未植绒,不论是否制成)	19.3	130.0	17.0		平方米	
5701 90 20	丝制结织栽绒地毯及铺地制品(其他铺地制品,未簇绒或未植绒,不论是否制成)	22.0	100.0	17.0		平方米	
5701 90 90.10	棉制非手工结织栽绒地毯(包括其他铺地制品,未簇绒或未植绒,不论是否制成)	22.3	100.0	17.0		平方米	
5701 90 90.90	其他材料结织栽绒地毯及铺地制品(未簇绒或未植绒,不论是否制成)	22.3	100.0	17.0		平方米	
5702	**机织地毯及纺织材料的其他机织铺地制品,未簇绒或未植绒,不论是否制成的,包括“开来姆”、“苏麦克”、“卡拉马尼”及类似的手织地毯**						
5702 10 00.11	毛制手织非民间工艺地毯(包括“开来姆”,“苏麦克”,“卡拉马尼”及类似地毯)	22.3	130.0	17.0		平方米	
5702 10 00.12	棉制手织非民间工艺地毯(包括“开来姆”,“苏麦克”,“卡拉马尼”及类似地毯)	22.3	130.0	17.0		平方米	
5702 10 00.13	化纤制手织非民间工艺地毯(包括“开来姆”,“苏麦克”,“卡拉马尼”及类似地毯)	22.3	130.0	17.0		平方米	
5702 10 00.90	其他手织地毯(包括“开来姆”,“苏麦克”,“卡拉马尼”及类似地毯)	22.3	130.0	17.0		平方米	
5702 20 00	椰壳纤维制的铺地制品(未簇绒或未植绒,不论是否制成的)	19.6	100.0	17.0		平方米	
5702 31 00	未制成的羊毛起绒地毯及铺地制品(包括动物细毛制,未簇绒或未植绒)	20.9	130.0	17.0		平方米	
5702 32 00	未制成的化纤起绒地毯及铺地制品(未簇绒或未植绒)	22.0	130.0	17.0		平方米	
5702 39 00.10	棉制未制成起绒地毯及铺地制品(未簇绒或未植绒)	22.3	100.0	17.0		平方米	
5702 39 00.20	黄麻及其他麻未制成起绒地毯(含铺地制品,非亚麻、大麻和苎麻制品,未簇绒或未植绒)	22.3	100.0	17.0		平方米	
5702 39 00.90	其他纺织料其他未制成起绒铺地品(未簇绒或未植绒)	22.3	100.0	17.0		平方米	
5702 41 00	制成的羊毛起绒地毯及铺地制品(包括动物细毛制,未簇绒或未植绒)	20.9	130.0	17.0		平方米	

商品编号	商 品 名 称 备 注	进口税率		增值税	消费税	计量单位	监管条件
		最惠国	普通				
5702 42 00	制成的化纤起绒地毯及铺地制品(未簇绒或未植绒)	20.9	130.0	17.0		平方米	
5702 49 00.10^	棉制制成的起绒铺地制品(未簇绒或未植绒)	22.3	100.0	17.0		平方米	
5702 49 00.20^	黄麻及其他麻制成非起绒地毯(含铺地制品,非亚麻、大麻和苎麻制品,未簇绒或未植绒)	22.3	100.0	17.0		平方米	
5702 49 00.90^	其他纺织料制制成的起绒铺地制品(未簇绒或未植绒)	22.3	100.0	17.0		平方米	
5702 51 00	未制成羊毛非起绒地毯及铺地制品(包括动物细毛制,未簇绒或未植绒)	22.3	130.0	17.0		平方米	
5702 52 00	未制成化纤非起绒地毯及铺地制品(未簇绒或未植绒)	22.0	130.0	17.0		平方米	
5702 59 00.10	棉制未制成非起绒地毯及铺地制品(未簇绒或未植绒)	22.3	100.0	17.0		平方米	
5702 59 00.20	其他纺织用韧纤未制成非起绒地毯(铺地制品,黄麻,非亚麻、大麻和苎麻品未簇绒或未植绒)	22.3	100.0	17.0		平方米	
5702 59 00.90	其他纺织材料制未制成非起绒地毯(含铺地制品,未簇绒或未植绒)	22.3	100.0	17.0		平方米	
5702 91 00.10	毛制手织制成民间工艺非起绒地毯(含铺地制品)	22.3	130.0	17.0		平方米	
5702 91 00.90	毛其他制成非起绒地毯及铺地制品(指羊毛或动物细毛制,未簇绒或未植绒)	22.3	130.0	17.0		平方米	
5702 92 00	制成的化纤非起绒地毯及铺地制品(未簇绒或未植绒)	22.0	130.0	17.0		平方米	
5702 99 00.10	棉制制成的非起绒地毯及铺地制品(未簇绒或未植绒)	22.3	100.0	17.0		平方米	
5702 99 00.20	黄麻及其他麻制成的非起绒地毯(含铺地制品,未簇绒或未植绒)	22.3	100.0	17.0		平方米	
5702 99 00.90	其他纺织材料制制成的非起绒地毯(含铺地制品,未簇绒或未植绒)	22.3	100.0	17.0		平方米	
5703	**簇绒地毯及纺织材料的其他簇绒铺地制品,不论是否制成的**						
5703 10 00	羊毛簇绒地毯及其他簇绒铺地制品(包括动物细毛制,不论是否制成)	22.3	130.0	17.0		平方米	
5703 20 00	尼龙簇绒地毯及其他簇绒铺地制品(包括其他聚酰胺制,不论是否制成)	19.3	130.0	17.0		平方米	
5703 30 00	化纤簇绒地毯及其他簇绒铺地制品(尼龙制的除外,不论是否制成)	19.3	130.0	17.0		平方米	
5703 90 00	其他簇绒地毯及其他簇绒铺地制品(羊毛、化纤制除外,不论是否制成)	20.4	100.0	17.0		平方米	
5704	**毡呢地毯及纺织材料的其他毡呢铺地制品,未簇绒或未植绒,不论是否制成的**						

商品编号	商品名称备注	进口税率		增值税	消费税	计量单位	监管条件
		最惠国	普通				
5704 10 00.10	毛制毡呢地毯及铺地制品(最大面积不超过0.3平方米未簇绒或未植绒不论是否制成)	18.7	130.0	17.0		平方米	
5704 10 00.90	其他纺织料制毡呢地毯及铺地制品(最大面积不超过0.3平方米未簇绒或未植绒不论是否制成)	18.7	130.0	17.0		平方米	
5704 90 00.10	毛制毡呢地毯及铺地制品(未簇绒或未植绒,制成或未制成)	20.9	130.0	17.0		平方米	
5704 90 00.90	其他纺织料制毡呢地毯及铺地制品(未簇绒或未植绒,制成或未制成)	20.9	130.0	17.0		平方米	
5705	**其他地毯及纺织材料的其他铺地制品,不论是否制成的**						
5705 00 10	羊毛制其他地毯及其他铺地制品(包括动物细毛制,不论是否制成的)	22.3	130.0	17.0		平方米	
5705 00 20	化纤制其他地毯及其他铺地制品(不论是否制成的)	20.9	130.0	17.0		平方米	
5705 00 90.10	棉制其他地毯及其他铺地制品(不论是否制成的)	22.3	100.0	17.0		平方米	
5705 00 90.90	其他材料制其他地毯及铺地制品(不论是否制成的)	22.3	100.0	17.0		平方米	

第五十八章　特种机织物;簇绒织物;花边;装饰毯;装饰带;刺绣品

注释:

一、本章不适用于经浸渍、涂布、包覆或层压的第五十九章注释一所述的纺织物或第五十九章的其他货品。

二、品目58.01也包括因未将浮纱割断而使表面无竖绒的纬起绒织物。

三、品目58.03所称“纱罗”,是指经线全部或部分由地经纱和绞经纱构成的织物,其中绞经纱绕地经纱半圈、一圈或几圈而形成圈状,纬纱从圈中穿过。

四、品目58.04不适用于品目56.08的线、绳、索结制的网状织物。

五、品目58.06所称“狭幅机织物”,是指:

(一)幅宽不超过30厘米的机织物,不论是否织成或从宽幅料剪成,但两侧必须有织成的、胶粘的或用其他方法制成的布边;

(二)压平宽度不超过30厘米的圆筒机织物;

(三)折边的斜裁滚条布,其未折边时的宽度不超过30厘米。

流苏状的狭幅织物归入品目58.08。

六、品目58.10所称“刺绣品”,除了一般纺织材料绣线绣制的刺绣品外,还包括在可见底布上用金属线或玻璃线刺绣的刺绣品,也包括用珠片、饰珠或纺织材料或其他材料制的装饰用花纹图案所缝绣的贴花织物。但不包括手工针绣嵌花装饰毯(品目58.05)。

七、除品目58.09的产品外,本章还包括金属线制的用于衣着、装饰及类似用途的物品。

商品编号	商品名称备注	进口税率		增值税	消费税	计量单位	监管条件
		最惠国	普通				
5801	**起绒机织物及绳绒织物,但编号 5802 或 5806 的织物除外**						
5801 10 00	毛制起绒机织物及绳绒织物(品目 5802 或 5806 的织物除外)	21.0	130.0	17.0		米/千克	G
5801 21 00.10	未漂白不割绒的棉制纬起绒织物(品目 5802 或 5806 的织物除外)	15.7	70.0	17.0		米/千克	G
5801 21 00.90	其他不割绒的棉制纬起绒织物(品目 5802 或 5806 的织物除外)	15.7	70.0	17.0		米/千克	G
5801 22 00	割绒的棉制灯芯绒(品目 5802 或 5806 的织物除外)	15.0	70.0	17.0		米/千克	G
5801 23 00.10	未漂白其他棉制纬起绒织物(品目 5802 或 5806 的织物除外)	15.0	70.0	17.0		米/千克	G
5801 23 00.90	其他棉制纬起绒织物(品目 5802 或 5806 的织物除外)	15.0	70.0	17.0		米/千克	G
5801 24 00.10	其他不割绒的棉制经起绒织物(棱纹绸,品目 5802 或 5806 的织物除外)	15.0	70.0	17.0		米/千克	G
5801 24 00.90	其他不割绒的棉制经起绒织物(棱纹绸,品目 5802 或 5806 的织物除外)	15.0	70.0	17.0		米/千克	G
5801 25 00.10	未漂白棉制割绒的经起绒织物(品目 5802 或 5806 的织物除外)	15.0	70.0	17.0		米/千克	G
5801 25 00.90	其他割绒的棉制经起绒织物(品目 5802 或 5806 的织物除外)	15.0	70.0	17.0		米/千克	G
5801 26 00.10	未漂白棉制绳绒织物(品目 5802 或 5806 的织物除外)	15.0	70.0	17.0		米/千克	G
5801 26 00.90	其他棉制绳绒织物(品目 5802 或 5806 的织物除外)	15.0	70.0	17.0		米/千克	G
5801 31 00	不割绒的化纤制纬起绒织物(品目 5802 或 5806 的织物除外)	21.0	130.0	17.0		米/千克	7G
5801 32 00	割绒的化纤制灯芯绒(品目 5802 或 5806 的织物除外)	21.0	130.0	17.0		米/千克	7G
5801 33 00	其他化纤纬起绒织物(品目 5802 或 5806 的织物除外)	21.0	130.0	17.0		米/千克	7G
5801 34 00	不割绒的化纤经起绒织物(棱纹绸)(品目 5802 或 5806 的织物除外)	21.0	130.0	17.0		米/千克	7G
5801 35 00	割绒的化纤制经起绒织物(品目 5802 或 5806 的织物除外)	21.0	130.0	17.0		米/千克	7G
5801 36 00	化纤绳绒织物(品目 5802 或 5806 的织物除外)	21.0	130.0	17.0		米/千克	7G
5801 90 10	丝及绢丝制起绒机织物及绳绒织物(品目 5802 或 5806 的织物除外)	21.0	130.0	17.0		米/千克	
5801 90 90.10	亚麻和苎麻起绒机织物及绳绒织物(品目 5802 或 5806 的织物除外)	18.3	80.0	17.0		米/千克	

商品编号	商 品 名 称 备 注	进口税率		增值税	消费税	计量单位	监管条件
		最惠国	普通				
5801 90 90.90	其他材料制起绒机织物及绳绒织物(品目 5802 或 5806 的织物除外)	18.3	80.0	17.0		米/千克	
5802	**毛巾织物及类似的毛圈机织物,但编号 5806 的狭幅织物除外;簇绒织物,但编号 5703 的产品除外**						
5802 11 00	未漂棉毛巾织物及类似毛圈机织物(品目 5806 的狭幅织物除外)	15.7	70.0	17.0		米/千克	G
5802 19 00	其他棉毛巾织物及类似毛圈机织物(品目 5806 的狭幅织物除)	15.0	70.0	17.0		米/千克	G
5802 20 10.10	丝及绢丝毛巾织物及类似毛圈织物(品目 5806 的狭幅织物除外,含丝 85%及以上)	21.8	130.0	17.0		米/千克	
5802 20 10.90	丝及绢丝毛巾织物及类似毛圈织物(品目 5806 的狭幅织物除外,含丝 85%以下)	21.8	130.0	17.0		米/千克	
5802 20 20	羊毛等毛巾织物及类似毛圈机织物(指羊毛或动物细毛制,品目 5806 的狭幅织物除外)	21.8	130.0	17.0		米/千克	
5802 20 30	化纤毛巾织物及类似毛圈机织物(品目 5806 的狭幅织物除外)	22.3	130.0	17.0		米/千克	G
5802 20 90	其他材料毛巾织物及类似毛圈织物(品目 5806 的狭幅织物除外)	18.8	80.0	17.0		米/千克	
5802 30 10.10	丝及绢丝制簇绒织物(品目 5703 的产品除外,含丝 85%及以上)	21.0	130.0	17.0		米/千克	
5802 30 10.90	其他丝及绢丝制簇绒织物(品目 5703 的产品除外,含丝 85%以下)	21.0	130.0	17.0		米/千克	
5802 30 20	羊毛或动物细毛制簇绒织物(品目 5703 的产品除外)	21.0	130.0	17.0		米/千克	G
5802 30 30.10	麻制簇绒织物(品目 5703 的产品除外)	15.0	70.0	17.0		米/千克	
5802 30 30.90	棉制簇绒织物(品目 5703 的产品除外)	15.0	70.0	17.0		米/千克	G
5802 30 40	化学纤维制簇绒织物(品目 5703 的产品除外)	21.0	130.0	17.0		米/千克	G
5802 30 90	其他纺织材料制簇绒织物(品目 5703 的产品除外)	18.3	80.0	17.0		米/千克	
5803	**纱罗,但编号 5806 的狭幅织物除外**						
5803 10 00	棉制纱罗(品目 5806 的狭幅织物除外)	15.0	70.0	17.0		米/千克	G
5803 90 10.10	丝及绢丝含量 85%及以上制纱罗(品目 5806 的狭幅织物除外)	21.0	130.0	17.0		米/千克	
5803 90 10.90	丝及绢丝含量 85%以下制纱罗(品目 5806 的狭幅织物除外)	21.0	130.0	17.0		米/千克	
5803 90 20.11	未漂或漂白合成纤维制纱罗(品目 5806 的狭幅织物除外)	21.8	130.0	17.0		米/千克	G
5803 90 20.19	其他合成纤维制纱罗(品目 5806 的狭幅织物除外)	21.8	130.0	17.0		米/千克	G

商品编号	商 品 名 称 备 注	进口税率		增值税	消费税	计量单位	监管条件
		最惠国	普通				
5803 90 20.91	未漂或漂白人造纤维制纱罗(品目5806的狭幅织物除外)	21.8	130.0	17.0		米/千克	G
5803 90 20.99	其他人造纤维制纱罗(品目5806的狭幅织物除外)	21.8	130.0	17.0		米/千克	G
5803 90 90.11	精梳羊毛制纱罗(品目5806的狭幅织物除外)	18.3	80.0	17.0		米/千克	G
5803 90 90.19	动物细毛或其他羊毛制纱罗(品目5806的狭幅织物除外)	18.3	80.0	17.0		米/千克	G
5803 90 90.21	亚麻或苎麻制纱罗(品目5806的狭幅织物除外)	18.3	80.0	17.0		米/千克	G
5803 90 90.29	其他纺织材料制纱罗(品目5806的狭幅织物除外)	18.3	80.0	17.0		米/千克	
5804	**网眼薄纱及其他网眼织物,但不包括机织物、针织物或钩编织物;成卷、成条或成小块图案的花边,但品目60.02至60.06的织物除外**						
5804 10 10.10	丝及绢丝网眼薄纱及其他网眼织物(含丝85%及以上,不包括机织物,针织物或钩编织物)	21.0	130.0	17.0		千克	
5804 10 10.90	丝及绢丝网眼薄纱及其他网眼织物(含丝85%以下,不包括机织物,针织物或钩编织物)	21.0	130.0	17.0		千克	
5804 10 20	棉制网眼薄纱及其他网眼织物(不包括机织物,针织物或钩编织物)	15.0	70.0	17.0		千克	
5804 10 30	化纤制网眼薄纱及其他网眼织物(不包括机织物,针织物或钩编织物)	21.8	130.0	17.0		千克	
5804 10 90	其他材料网眼薄纱及其他网眼织物(不包括机织物,针织物或钩编织物)	18.3	90.0	17.0		千克	
5804 21 00	化纤机制花边(成卷成条或成小块图案的,但品目6002的织物除外)	21.0	130.0	17.0		千克	
5804 29 10.10	丝及绢丝含量85%及以上机制花边(成卷成条或成小块图案的,但品目6002的织物除外)	21.0	130.0	17.0		千克	
5804 29 10.90	丝及绢丝含量85%以下机制花边(成卷成条或成小块图案的,但品目6002的织物除外)	21.0	130.0	17.0		千克	
5804 29 20	棉机制花边(成卷成条或成小块图案的,但品目6002的织物除外)	15.0	70.0	17.0		千克	
5804 29 90	其他纺织材料制机制花边(成卷成条或成小块图案的,但品目6002的织物除外)	18.3	90.0	17.0		千克	
5804 30 00.11	丝含量达85%及以上制手工制花边(成卷成条或成小块图案的,但品目6002的织物除外)	20.0	100.0	17.0		千克	
5804 30 00.19	丝含量达85%以下制手工制花边(成卷成条或成小块图案的,但品目6002的织物除外)	20.0	100.0	17.0		千克	
5804 30 00.20	棉或化纤制手工制花边(成卷成条或成小块图案的,但品目6002的织物除外)	20.0	100.0	17.0		千克	
5804 30 00.90	其他纺织材料制手工制其他花边(成卷成条或成小块图案的,但品目6002的织物除外)	20.0	100.0	17.0		千克	

商品编号	商品名称备注	进口税率		增值税	消费税	计量单位	监管条件
		最惠国	普通				
5805	**"哥白林"、"弗朗德"、"奥步生"、"波威"及类似式样的手织装饰毯,以及手工针绣嵌花装饰毯(例如,小针脚或十字绣),不论是否制成的**						
5805 00 10.10	毛非民间工艺针绣嵌花其他装饰毯(不论是否制成的)	18.0	130.0	17.0		平方米/千克	G
5805 00 10.20	棉制手工针绣嵌花其他装饰毯(不论是否制成的)	18.0	130.0	17.0		平方米/千克	
5805 00 10.30	化纤制手工针绣嵌花其他装饰毯(不论是否制成的)	18.0	130.0	17.0		平方米/千克	
5805 00 10.90	其他纺织料制手工针绣嵌花装饰毯(不论是否制成的)	18.0	130.0	17.0		平方米/千克	
5805 00 90.10	毛制非民间工艺的手织装饰毯(包括"哥白林","弗朗德","奥步生","波威"及类似式样的)	18.8	130.0	17.0		平方米/千克	G
5805 00 90.20	棉制"哥白林"等手织装饰毯(包括"弗朗德","奥步生","波威"及类似式样的手织装饰毯)	18.8	130.0	17.0		平方米/千克	
5805 00 90.30	化纤制"哥白林"等手织装饰毯(包括"弗朗德","奥步生","波威"及类似式样的手织装饰毯)	18.8	130.0	17.0		平方米/千克	
5805 00 90.90	其他纺料制"哥白林"等手织装饰毯(包括"弗朗德","奥步生","波威"及类似式样的手织装饰毯)	18.8	130.0	17.0		平方米/千克	
5806	**狭幅机织物,但编号5807的货品除外;用粘合剂粘合制成的有经纱而无纬纱的狭幅织物(包扎匹头用带)**						
5806 10 10.10	棉制狭幅起绒机织物及绳绒织物(包括狭幅毛巾织物及类似毛圈织物,品目5807的货品除外)	15.0	70.0	17.0		千克	
5806 10 10.90	麻制狭幅起绒机织物及绳绒织物(包括狭幅毛巾织物及类似毛圈织物,品目5807的货品除外)	15.0	70.0	17.0		千克	
5806 10 90.10	含丝≥85%狭幅起绒及绳绒等织物(包括狭幅毛巾织物及类似毛圈织物,品目5807的货品除外)	16.4	80.0	17.0		千克	
5806 10 90.20	毛制狭幅起绒织物及绳绒织物(包括狭幅毛巾织物及类似毛圈织物,品目5807的货品除外)	16.4	80.0	17.0		千克	G
5806 10 90.30	化纤制狭幅起绒织物及绳绒织物(包括狭幅毛巾织物及类似毛圈织物,品目5807的货品除外)	16.4	80.0	17.0		千克	
5806 10 90.90	其他材料狭幅起绒织物及绳绒织物(包括狭幅毛巾织物及类似毛圈织物,品目5807的货品除外)	16.4	80.0	17.0		千克	
5806 20 00	含弹性纱线≥5%狭幅织物(包括含橡胶线,品目5807的货品除外)	20.0	100.0	17.0		千克	
5806 31 00	棉制未列名狭幅机织物(品目5807的货品除外)	15.0	70.0	17.0		千克	
5806 32 00.10	化纤制用于打字机色带狭幅机织物(品目5807的货品除外)	21.0	130.0	17.0		千克	
5806 32 00.90	化纤制其他狭幅机织物(品目5807的货品除外)	21.0	130.0	17.0		千克	

商品编号	商品名称备注	进口税率		增值税	消费税	计量单位	监管条件
		最惠国	普通				
5806 39 10	含丝量≥85%制其他狭幅机织物(品目5807的货品除外)	21.0	130.0	17.0		千克	
5806 39 20	羊毛制其他狭幅机织物(品目5807的货品除外)	21.0	130.0	17.0		千克	G
5806 39 90.10	含金属纱线制其他狭幅机织物(品目5807的货品除外)	18.3	80.0	17.0		千克	
5806 39 90.90	其他材料制其他狭幅机织物(品目5807的货品除外)	18.3	80.0	17.0		千克	
5806 40 10	棉或麻粘合有经纱无纬纱狭幅织物(包括扎匹头用带,品目5807的货品除外)	15.0	70.0	17.0		千克	
5806 40 90	其他材料粘合有经无纬狭幅织物(包括扎匹头用带,品目5807的货品除外)	18.3	80.0	17.0		千克	
5807	**非绣制的纺织材料制标签、徽章及类似品,成匹、成条或裁成一定形状或尺寸**						
5807 10 00.10	棉制机织非绣制标签(成匹,成条或裁成一定形状或尺寸)	20.0	100.0	17.0		千克	
5807 10 00.20	化纤制机织非绣制标签(成匹,成条或裁成一定形状或尺寸)	20.0	100.0	17.0		千克	
5807 10 00.90	其他纺织材料制机织非绣制标签等(包括徽章及类似品,成匹,成条或裁成一定形状或尺寸)	20.0	100.0	17.0		千克	
5807 90 00.10	棉制非绣制的标签(成匹,成条或裁成一定形状或尺寸)	20.0	100.0	17.0		千克	
5807 90 00.20	化纤制非绣制的标签(成匹,成条或裁成一定形状或尺寸)	20.0	100.0	17.0		千克	
5807 90 00.90	其他纺织材料制非绣制的标签等(包括徽章及类似品,成匹,成条或裁成一定形状或尺寸)	20.0	100.0	17.0		千克	
5808	**成匹的编带;非绣制的成匹装饰带,但针织或钩编的除外;流苏、绒球及类似品**						
5808 10 00.10	棉或化纤制成匹的编带	20.0	100.0	17.0		千克	
5808 10 00.20	蕉麻或苎麻制成匹的编带(适合制造或装饰帽类用)	20.0	100.0	17.0		千克	
5808 10 00.90	其他纺织材料制成匹的编带	20.0	100.0	17.0		千克	
5808 90 00.10	棉或化纤制非绣制成匹装饰带(针织或钩编的除外)	20.0	100.0	17.0		千克	
5808 90 00.90	其他非绣制成匹装饰带,流苏等(含绒球及类似品,针织或钩编的除外)	20.0	100.0	17.0		千克	
5809	**其他编号未列名的金属线机织物及编号5605所列含金属纱线的机织物,用于衣着、装饰及类似用途**						
5809 00 10	金属线及含金属纱线与棉混制的布(用于衣着,装饰及类似用途,布指机织物)	18.3	90.0	17.0		米/千克	

商品编号	商 品 名 称 备 注	进口税率		增值税	消费税	计量单位	监管条件
		最惠国	普通				
5809 00 20	金属线及含金属纱与化纤混制布(用于衣着,装饰及类似用途,布指机织物)	18.3	130.0	17.0		米/千克	
5809 00 90	金属线与其他纤维混制的布(含金属纱线,用于衣着,装饰及类似用途,布指机织物)	18.3	100.0	17.0		米/千克	
5810	**成匹、成条或成小块图案的刺绣品**						
5810 10 00	见底布的刺绣品(成匹,成条或成小块图案)	21.0	130.0	17.0		千克	
5810 91 00	棉制见底布的刺绣品(成批、成条或成小块图案)	19.0	130.0	17.0		千克	
5810 92 00.10	化学纤维制不见底布刺绣标签(成匹,成条或成小块图案)	21.0	130.0	17.0		千克	
5810 92 00.90	其他化学纤维制见底布刺绣品(成匹,成条或成小块图案)	21.0	130.0	17.0		千克	
5810 99 00.10	羊毛或动物细毛制见底布刺绣品(成匹,成条或成小块图案)	19.0	130.0	17.0		千克	G
5810 99 00.90	其他纺织材料制见底布刺绣品(成匹,成条或成小块图案)	19.0	130.0	17.0		千克	
5811	**经绗缝或其他方法用一层或几层纺织材料与胎料组合制成的被褥状纺织品,但编号5810的刺绣品除外**						
5811 00 10	丝及绢丝制被褥状纺织品(经绗缝等法用一或几层织物与胎料组合不含5810刺绣品)	18.3	130.0	17.0		千克	
5811 00 20	羊毛或动物细毛制被褥状纺织品(经绗缝等法用一或几层织物与胎料组合不含5810刺绣品)	18.3	130.0	17.0		千克	G
5811 00 30.10	未漂或漂白棉制被褥状纺织品(经绗缝等法用一或几层织物与胎料组合不含5810刺绣品)	16.4	80.0	17.0		千克	G
5811 00 30.90	其他棉制被褥状纺织品(经绗缝等法用一或几层织物与胎料组合不含5810刺绣品)	16.4	80.0	17.0		千克	G
5811 00 40	化学纤维制被褥状纺织品(经绗缝等法用一或几层织物与胎料组合不含5810刺绣品)	18.8	130.0	17.0		千克	
5811 00 90	其他纺织材料制被褥状纺织品(经绗缝等法用一或几层织物与胎料组合不含5810刺绣品)	18.3	90.0	17.0		千克	

第五十九章　浸渍、涂布、包覆或层压的纺织物；工业用纺织制品

注释：

一、除条文另有规定的以外，本章所称"纺织物"，仅适用于第五十章至第五十五章、品目58.03及58.06的机织物、品目58.08的成匹编带和装饰带及品目60.02至60.06的针织物或钩编织物。

二、品目59.03适用于：

（一）用塑料浸渍、涂布、包覆或层压的纺织物，不论每平方米重量多少以及塑料的性质如何（紧密结构或泡沫状的），但下列各项除外：

1. 用肉眼无法辨别出是否经过浸渍、涂布、包覆或层压的织物（通常归入第五十章至第五十五章、第五十八章或第六十章），但由于浸渍、涂布、包覆或层压所引起的颜色变化可不予考虑；
2. 温度在15℃至30℃时，用手工将其绕于直径7毫米的圆柱体上会发生断裂的产品（通常归入第三十九章）；
3. 纺织物完全嵌入塑料内或在其两面均用塑料完全包覆或涂布，而这种包覆或涂布用肉眼是能够辨别出的产品（但由于包覆或涂布所引起的颜色变化可不予考虑）（第三十九章）；
4. 用塑料部分涂布或包覆并由此而形成图案的织物（通常归入第五十章至第五十五章、第五十八章或第六十章）；
5. 与纺织物混制而其中纺织物仅起增强作用的泡沫塑料板、片或带（第三十九章）；
6. 品目58.11的纺织品。

（二）由品目56.04的用塑料浸渍、涂布、包覆或套裹的纱线、扁条或类似品制成的织物。

三、品目59.05所称"糊墙织物"，是指以纺织材料做面，固定在一衬背上或在背面进行处理（浸渍或涂布以便于裱糊），适于装饰墙壁或天花板，且宽度不小于45厘米的成卷产品。

但本品目不适用于以纺织纤维屑或粉末直接粘于纸上（税48.14）或布底上（通常归入品目59.07）的糊墙物品。

四、品目59.06所称"用橡胶处理的纺织物"是指：

（一）用橡胶浸渍、涂布、包覆或层压的纺织物：

1. 每平方米重量不超过1500克；
2. 每平方米重量超过1500克，按重量计纺织材料含量在50%以上；

（二）由品目56.04的用橡胶浸渍、涂布、包覆或套裹的纱线、扁条或类似品制成的织物；

（三）平行纺织纱线经橡胶粘合的织物，不论每平方米重量多少。

但本品目不包括与纺织物混制而其中纺织物仅起增强作用的海绵橡胶板、片或带（第四十章），也不包括品目58.11的纺织品。

五、品目59.07不适用于：

（一）用肉眼无法辨别出是否经过浸渍、涂布或包覆的织物（通常归入第五十章至第五十五章、第五十八章或第六十章），但由于浸渍、涂布或包覆所引起的颜色变化可不予考虑；

（二）绘有图画的织物（作为舞台、摄影布景或类似品的已绘制的画布除外）；

（三）用短绒、粉末、软木粉或类似品部分覆面并由此而形成图案的织物，但仿绒织物仍归入本品目；

（四）以淀粉或类似物质为基本成分的普通浆料上浆整理的织物；

（五）以纺织物为底的木饰面板（品目44.08）；

（六）以纺织物为底的砂布及类似品（品目68.05）；

（七）以纺织物为底的粘聚或复制云母片（品目68.14）；

（八）以纺织物为底的金属箔（第十五类）。

六、品目59.10不适用于：

（一）厚度小于3毫米的纺织材料制传动带或输送带；

（二）用橡胶浸渍、涂布、包覆或层压的织物制成的或用橡胶浸渍、涂布、包覆或套裹的纱线或绳制成的传动带及运输带（品目40.10）。

七、品目59.11适用于下列不能归入第十一类其他品目的货品：

（一）下列成匹的、裁成一定长度或仅裁成矩形（包括正方形）的纺织产品（具有品目59.08至59.10所列产品特征的产品除外）：

1. 用橡胶、皮革或其他材料涂布、包覆或层压的作针布用的纺织物、毡呢及毡呢衬里机织物，以及其他专门技术用途的类似织物，包括用橡胶浸渍的用于包覆纺锤（织轴）的狭幅丝绒织物；
2. 筛布；
3. 用于榨油机器或类似机器的纺织材料制或人发制滤布；

4. 用多股经纱或纬纱平织而成的纺织物，不论是否毡化、浸渍或涂布，通常用于机械或其他专门技术用途；

5. 专门技术用途的增强纺织物；

6. 工业上作填塞或润滑材料的线绳、编带及类似品，不论是否涂布、浸渍或用金属加强。

（二）专门技术用途的纺织制品（品目59.08至59.10的货品除外），例如，造纸机器或类似机器（如制浆机或制石棉水泥的机器）用的环状或装有联接装置的纺织物或毡呢、密封垫、垫圈、抛光盘及其他机器零件。

商品编号	商 品 名 称 备 注	进口税率		增值税	消费税	计量单位	监管条件
		最惠国	普通				
5901	**用胶或淀粉物质涂布的纺织物,作书籍封面及类似用途的;描图布;制成的油画布;作帽里的硬衬布及类似硬挺纺织物**						
5901 10 10.10	胶或淀粉涂布的棉纺织物(作书籍封面棉织物重不小于50%经漂染印花)	16.0	80.0	17.0		千克	
5901 10 10.90	胶或淀粉涂布的麻及其他棉纺织(作书籍封面及类似用途的)	16.0	80.0	17.0		千克	
5901 10 20.10	胶或淀粉涂布的涤棉短纤混纺织品(书籍封面及类似用途聚酯短纤棉混纺漂染织物>50%)	21.0	130.0	17.0		千克	
5901 10 20.90	胶或淀粉涂布的其他化纤纺织物(作书籍封面及类似用途的)	21.0	130.0	17.0		千克	
5901 10 90.10	用胶或淀粉涂布的精梳毛纺织物(书籍封面及类似用途精梳羊毛或动物细毛织物不小于50%)	21.0	100.0	17.0		千克	
5901 10 90.90	用胶或淀粉涂布的其他纺织物(作书籍封面及类似用途的)	21.0	100.0	17.0		千克	
5901 90 10.10	精梳毛织物制油画布(精梳羊毛或动物细毛织物重不小于50%)	12.7	50.0	17.0		千克	G
5901 90 10.20	棉制油画布(棉织物重不小于50%经漂白染色印花等加工)	12.7	50.0	17.0		千克	
5901 90 10.30	聚酯短纤与棉混纺织物制油画(织物重不小于50%经漂白染色印花等加工)	12.7	50.0	17.0		千克	
5901 90 10.90	其他纺织物制成的油画布	12.7	50.0	17.0		千克	
5901 90 91.10	棉制描图布、帽里硬衬布等(包括类似硬挺纺织物,棉织物不小于50%经漂染印花)	15.2	80.0	17.0		千克	
5901 90 91.90	麻及其他棉制描图布、帽里硬衬布(包括类似硬挺纺织物)	15.2	80.0	17.0		千克	
5901 90 92.10	聚酯短纤与棉混纺织物制描图布(含帽里硬衬类似硬挺纺织物,织物不小于50%经漂染印)	16.0	130.0	17.0		千克	
5901 90 92.90	其他化纤制描图布,帽里硬衬布等(包括类似硬挺纺织物)	16.0	130.0	17.0		千克	
5901 90 99.10	精梳毛纺织物制描图布,帽里硬衬(包括类似硬挺纺织物精梳羊毛或动物细毛织物≥50%)	16.0	100.0	17.0		千克	G
5901 90 99.90	其他纺织物制描图布,帽里硬衬布(包括类似硬挺纺织物)	16.0	100.0	17.0		千克	
5902	**尼龙或其他聚酰胺、聚酯或粘胶纤维高强力纱制的帘子布**						
5902 10 00	尼龙等高强力纱制的帘子布(包括其他聚酰胺的)	13.3	40.0	17.0		千克	
5902 20 00	聚酯高强力纱制的帘子布	13.3	40.0	17.0		千克	
5902 90 00	粘胶纤维高强力纱制帘子布	13.3	40.0	17.0		千克	

商品编号	商 品 名 称 备 注	进口税率		增值税	消费税	计量单位	监管条件
		最惠国	普通				
5903	**用塑料浸渍、涂布、包覆或层压的纺织物,但编号5902的货品除外**						
5903 10 10.10^	若干平行化纤纱线粘合绝缘布或(聚氯乙烯浸渍涂布包覆或层压塑料占60%及以下)	10.0	40.0	17.0		千克	
5903 10 10.20^	聚氯乙烯浸渍涤棉混纺绝缘布或带(聚氯乙烯涂包漂染聚酯短纤棉混纺.塑或胶<50%)	10.0	40.0	17.0		千克	G
5903 10 10.30^	聚氯乙烯浸渍其他化纤绝缘布或带(用聚氯乙烯涂布包覆或层压的.塑或胶≤70%)	10.0	40.0	17.0		千克	
5903 10 10.90^	用聚氯乙烯浸渍的其他绝缘布或带(包括用聚氯乙烯涂布, 包覆或层压的)	10.0	40.0	17.0		千克	
5903 10 20.10^	若干层平行纱线粘合的化纤人造革(用聚氯乙烯浸渍涂布包覆层压.塑料占60%及以下)	16.0	70.0	17.0		千克/米	
5903 10 20.20^	用聚氯乙烯浸渍的涤棉织物人造革(聚氯乙烯涂布漂印染聚酯短纤棉混纺塑或胶<50%)	16.0	70.0	17.0		千克/米	G
5903 10 20.30^	用聚氯乙烯浸渍的其他化纤人造革(包括用聚氯乙烯涂布包覆或层压的.塑或胶≤70%)	16.0	70.0	17.0		千克/米	
5903 10 20.40^	用聚氯乙烯浸渍的棉织物人造革(聚氯乙烯涂布包覆或层压漂.染.印花织物不小于50%)	16.0	70.0	17.0		千克/米	G
5903 10 20.90^	用聚氯乙烯浸渍的其他人造革(包括用聚氯乙烯涂布, 包覆或层压的)	16.0	70.0	17.0		千克/米	
5903 10 90.10^	若干层平行纱线粘合化纤其他织物(聚氯乙烯浸渍涂布包覆层压、塑料占60%及以下)	16.4	90.0	17.0		千克	
5903 10 90.21^	聚氯乙烯浸渍的其他涤棉混纺织物(聚氯乙烯涂布漂印染聚酯短纤棉混纺.塑或胶<50%)	16.4	90.0	17.0		千克	G
5903 10 90.29^	聚氯乙烯浸渍的其他化纤织物(包括用聚氯乙烯涂布包覆层压的、塑或胶≤70%)	16.4	90.0	17.0		千克	
5903 10 90.30^	聚氯乙烯浸渍的棉织物(聚氯乙烯涂布包覆层压、漂染印花织物≥50%)	16.4	90.0	17.0		千克	G
5903 10 90.40^	用聚氯乙烯浸渍的精梳毛织物(聚氯乙烯涂布包覆或层压、精梳羊毛或动物细毛≥50%)	16.4	90.0	17.0		千克	G
5903 10 90.90^	聚氯乙烯浸渍的其他纺织物(包括用聚氯乙烯涂布,包覆或层压的)	16.4	90.0	17.0		千克	
5903 20 10.10^	若干平行纱线粘合化纤绝缘布或带(聚氨基甲酸酯浸渍涂布包覆或层压.塑料占60%及以下)	10.0	40.0	17.0		千克	
5903 20 10.20^	聚氨基甲酸酯浸渍涤棉绝缘布或带(聚氨基甲酸酯浸涂漂染聚酯短纤棉混纺塑或胶<50%)	10.0	40.0	17.0		千克	G
5903 20 10.30^	聚氨基甲酸酯浸渍其他化纤绝缘布(包括用聚氨基甲酸酯涂布包覆层压的.塑或胶≤70%)	10.0	40.0	17.0		千克	
5903 20 10.90^	聚氨基甲酸酯浸渍其他绝缘布或带(包括用聚氨基甲酸酯涂布, 包覆或层压的)	10.0	40.0	17.0		千克	

商品编号	商品名称备注	进口税率		增值税	消费税	计量单位	监管条件
		最惠国	普通				
5903 20 20.10^	若干层平行纱线粘合化纤其他织物(聚氨基甲酸酯浸渍涂布包覆层压.塑料≤60%)	16.0	70.0	17.0		千克/米	
5903 20 20.20^	用聚氨基甲酸酯浸渍的涤棉人造革(聚氨基甲酸酯涂布漂染聚酯短纤棉混纺塑或胶＜50%)	16.0	70.0	17.0		千克/米	G
5903 20 20.30^	聚氨基甲酸酯浸渍其他化纤人造革(包括用聚氨基甲酸酯涂布包覆层压.塑或胶≤70%)	16.0	70.0	17.0		千克/米	
5903 20 20.40^	聚氨基甲酸酯浸渍的棉织物人造革(聚氨基甲酸酯涂布包覆层压.漂染印织物≥50%)	16.0	70.0	17.0		千克/米	G
5903 20 20.90^	用聚氨基甲酸酯浸渍的其他人造革(包括用聚氨基甲酸酯涂布,包覆或层压的)	16.0	70.0	17.0		千克/米	
5903 20 90.10^	若干层平行纱线粘合化纤其他织物(聚氨基甲酸酯浸渍涂布包覆层压.塑料≤60%)	16.4	90.0	17.0		千克	
5903 20 90.21^	聚氨基甲酸酯浸渍其他涤棉织物(聚氨基甲酸酯涂布漂染聚酯短纤棉混纺.塑或胶＜50%)	16.4	90.0	17.0		千克	G
5903 20 90.29^	聚氨基甲酸酯浸渍其他化纤织物(含聚氨基甲酸酯涂布包覆或层压.塑或胶≤70%)	16.4	90.0	17.0		千克	
5903 20 90.30^	用聚氨基甲酸酯浸渍的棉织物(聚氨基甲酸酯涂布包覆层压.漂染印织物≥50%)	16.4	90.0	17.0		千克	G
5903 20 90.41^	用聚氨基甲酸酯浸渍的精梳毛织物(聚氨基甲酸酯涂布包覆层压.精梳羊毛或动物细毛≥50%)	16.4	90.0	17.0		千克	G
5903 20 90.49^	用聚氨基甲酸酯浸渍的其他毛织物(聚氨基甲酸酯涂布包覆或层压的.精梳毛织物除外)	16.4	90.0	17.0		千克	G
5903 20 90.90^	用聚氨基甲酸酯浸渍的其他纺织物(包括用聚氨基甲酸酯涂布,包覆或层压的)	16.4	90.0	17.0		千克	
5903 90 10.10^	若干平行化纤纱线粘合绝缘布或带(其他塑料浸渍涂布包覆或层压.塑料重≤60%)	10.0	40.0	17.0		千克	
5903 90 10.20^	其他塑料浸渍涤棉混纺绝缘布或带(塑料浸涂包的漂染聚酯短纤棉混纺.塑料橡胶＜50%)	10.0	40.0	17.0		千克	G
5903 90 10.30^	其他塑料浸渍其他化纤绝缘布或带(包括用其他塑料涂布包覆或层压.塑料或橡胶≤70%)	10.0	40.0	17.0		千克	
5903 90 10.90^	用其他塑料浸渍的其他绝缘布或带(包括用其他塑料涂布,包覆或层压的)	10.0	40.0	17.0		千克	
5903 90 20.10^	由若干层平行纱线粘合化纤人造革(用其他塑料涂布,包覆或层压.塑料重≤60%)	16.0	70.0	17.0		千克/米	
5903 90 20.20^	用其他塑料浸渍的涤棉织物人造革(其他塑料涂包的漂染印聚酯短纤棉混纺.塑料或橡胶＜50%)	16.0	70.0	17.0		千克/米	G
5903 90 20.30^	用其他塑料浸渍的其他化纤人造革(包括用其他塑料涂.包.覆的.塑料或橡胶≤70%)	16.0	70.0	17.0		千克/米	
5903 90 20.40^	用其他塑料浸渍的棉织物人造革(用其他塑料涂.包.覆或层压.漂染印花织物≥50%)	16.0	70.0	17.0		千克/米	G

商品编号	商 品 名 称 备 注	进口税率		增值税	消费税	计量单位	监管条件
		最惠国	普通				
5903 90 20.90ˆ	用其他塑料浸渍的其他人造革(包括用其他塑料涂布,包覆或层压的)	16.0	70.0	17.0		千克/米	
5903 90 90.10ˆ	若干层化纤平行纱线粘合其他织物(用其他塑料浸渍涂布包覆或层压.塑料重≤60%)	16.4	90.0	17.0		千克	
5903 90 90.21ˆ	其他塑料浸渍的其他涤棉混纺织物(其他塑料涂布的漂印染聚酯短纤棉混纺.塑料或橡胶<50%)	16.4	90.0	17.0		千克	G
5903 90 90.29ˆ	用其他塑料浸渍的其他化纤织物(包括用其他塑料涂布包覆或层压的.塑料或橡胶≤70%)	16.4	90.0	17.0		千克	
5903 90 90.30ˆ	用其他塑料浸渍的棉织物(用其他塑料涂布包覆或层压的.漂染印花织物≥50%)	16.4	90.0	17.0		千克	G
5903 90 90.41ˆ	用其他塑料浸渍的精梳毛织物(用其他塑料涂布包覆或层压的.精梳羊毛或动物细毛≥50%)	16.4	90.0	17.0		千克	G
5903 90 90.49ˆ	用其他塑料浸渍的其他毛织物(用其他塑料涂布包覆或层压的.精梳毛织物除外)	16.4	90.0	17.0		千克	G
5903 90 90.90ˆ	用其他塑料浸渍的其他纺织物(包括用其他塑料涂布,包覆或层压的)	16.4	90.0	17.0		千克	
5904	**列诺伦(亚麻油地毡),不论是否剪切成形;以纺织物为底布经涂布或覆面的铺地制品,不论是否剪切成形**						
5904 10 00	列诺伦(亚麻油地毡)(不论是否剪切成形)	17.0	90.0	17.0		平方米	
5904 90 00	以纺织物为底涂布或覆面的铺地品(不论是否剪切成形)	18.7	90.0	17.0		平方米	
5905	**糊墙织物**						
5905 00 00.11	以纸衬背的合成短纤制糊墙织物	18.3	80.0	17.0		平方米	G
5905 00 00.19	以纸衬背的人造短纤制糊墙织物	18.3	80.0	17.0		平方米	
5905 00 00.20	平行纱线固定的糊墙织物(固定在任何其他衬背上的)	18.3	80.0	17.0		平方米	
5905 00 00.31	其他合成短纤制糊墙织物	18.3	80.0	17.0		平方米	G
5905 00 00.39	其他人造短纤制糊墙织物	18.3	80.0	17.0		平方米	
5905 00 00.90	其他纺织糊墙织物	18.3	80.0	17.0		平方米	
5906	**用橡胶处理的纺织物,但编号 5902 的货品除外**						
5906 10 10	用橡胶处理宽≤20cm 纺织绝缘带(纺织物胶粘绝缘带)	10.0	40.0	17.0		千克	
5906 10 90	用橡胶处理宽≤20cm 其他胶粘带(纺织物胶粘绝缘带)	18.3	100.0	17.0		千克	
5906 91 00.10	橡胶处理的针织或钩编化纤纺织物(按重量计塑料或橡胶不超过 70%,宽>20cm)	18.3	130.0	17.0		千克	
5906 91 00.90	橡胶处理的针织或钩编其他纺织物(宽>20cm)	18.3	130.0	17.0		千克	

商品编号	商品名称备注	进口税率		增值税	消费税	计量单位	监管条件
		最惠国	普通				
5906 99 10.10	用橡胶处理的精梳毛纺绝缘布或带(非针织或钩编.精梳羊毛或动物细毛≥50%宽>20cm)	10.0	40.0	17.0		千克	
5906 99 10.20	用橡胶处理的棉织物绝缘布或带(非针织或钩编.漂染印花棉织物≥50%宽>20cm)	10.0	40.0	17.0		千克	
5906 99 10.31	橡胶处理聚酯短纤棉混纺绝缘布带(非针织或钩编.漂染印花混纺布≥50%宽>20cm)	10.0	40.0	17.0		千克	
5906 99 10.39	用橡胶处理的其他化纤绝缘布或带(非针织或钩编.宽>20cm.塑料或橡胶≤70%)	10.0	40.0	17.0		千克	
5906 99 10.90	橡胶处理宽>20cm 其他绝缘布或带(非针织或钩编的,宽>20cm)	10.0	40.0	17.0		千克	
5906 99 90.10	用橡胶处理的精梳毛纺织物(精梳羊毛或动物细毛≥50%,非针织或钩编的.宽>20cm)	19.0	100.0	17.0		千克	
5906 99 90.20	用橡胶处理的其他棉纺织物(非针织或钩编.宽>20cm.漂染印花棉织物≥50%)	19.0	100.0	17.0		千克	
5906 99 90.31	用橡胶处理的聚酯短纤棉混纺织物(非针织或钩编.宽>20cm.漂染印花聚酯混纺布≥50%)	19.0	100.0	17.0		千克	
5906 99 90.39	用橡胶处理的其他化纤纺织物(非针织或钩编.宽>20cm.塑料或橡胶≤70%)	19.0	100.0	17.0		千克	
5906 99 90.90	用橡胶处理的其他纺织物(非针织或钩编.宽>20cm)	19.0	100.0	17.0		千克	
5907	**用其他材料浸渍、涂布或包覆的纺织物;作舞台、摄影布景或类似用途的已绘制画布**						
5907 00 10.10	其他材料浸涂植物纤维绝缘布或带(用橡胶.塑料.浆料以外材料浸渍涂布或包覆.棉除外)	10.0	40.0	17.0		千克	
5907 00 10.20	其他材料浸涂的棉制绝缘布或带(用橡胶.塑料.浆料以外材料浸涂或包覆.漂染棉织物≥50%)	10.0	40.0	17.0		千克	
5907 00 10.30	其他材料浸涂涤短纤棉混纺绝缘布(橡胶.塑料.浆料以外材料浸涂或包覆.漂染涤棉织物≥50%)	10.0	40.0	17.0		千克	
5907 00 10.90	其他材料浸涂其他纺织绝缘布或带(用橡胶,塑料,浆料以外材料浸渍,涂布或包覆)	10.0	40.0	17.0		千克	
5907 00 20.10	其他材料浸涂植物纤维已绘制画布(用橡胶,塑料,浆料以外材料浸渍,涂布或包覆.棉除外)	11.8	50.0	17.0		千克	
5907 00 20.20	其他材料浸涂精梳毛已绘制画布(橡.塑.浆料以外材料浸涂或包覆.精梳羊/动物细毛≥50%)	11.8	50.0	17.0		千克	
5907 00 20.30	用其他材料浸涂的棉制已绘制画布(橡.塑.浆料以外材料浸涂或包覆.漂.染棉织物≥50%)	11.8	50.0	17.0		千克	
5907 00 20.40	其他材料浸涂涤短纤棉混已绘画布(橡.塑.浆料以外材料浸涂或包覆.漂.染涤短棉织物≥50%)	11.8	50.0	17.0		千克	
5907 00 20.90	其他材料浸涂其他织物已绘制画布(用橡胶,塑料,浆料以外材料浸渍,涂布或包覆)	11.8	50.0	17.0		千克	

商品编号	商 品 名 称 备 注	进口税率		增值税	消费税	计量单位	监管条件
		最惠国	普通				
5907 00 90.10	用其他材料浸涂的植物纤维纺织物(用橡胶,塑料,浆料以外材料浸渍,涂布或包覆.棉除外)	20.0	100.0	17.0		千克	
5907 00 90.20	用其他材料浸涂的精梳毛纺织物(橡.塑.浆料以外材料浸涂或包覆.精梳羊/动物细毛≥50%)	20.0	100.0	17.0		千克	
5907 00 90.30	用其他材料浸涂的棉制纺织物(橡.塑.浆料以外材料浸涂或包覆.漂.染棉织物≥50%)	20.0	100.0	17.0		千克	
5907 00 90.40	其他材料浸涂的涤短纤棉混纺织物(橡.塑.浆料以外材料浸涂或包覆.漂.染涤棉织物≥50%)	20.0	100.0	17.0		千克	
5907 00 90.90	用其他材料浸涂的其他纺织物(用橡胶,塑料,浆料以外材料浸渍,涂布或包覆)	20.0	100.0	17.0		千克	
5908	**用纺织材料机织、编结或针织而成的灯芯、炉芯、打火机芯、烛芯或类似品;煤气灯纱筒及纱罩,不论是否浸渍**						
5908 00 00	灯芯,炉芯等和煤气灯纱筒及纱罩(包括打火机芯,烛芯或类似品,用纺织材料机织,编结,针织)	11.8	70.0	17.0		千克	
5909	**纺织材料制的水龙软管及类似的管子,不论有无其他材料作衬里、护套或附件**						
5909 00 00	纺织材料制水龙软管及类似管子(不论有无其他材料作衬里,护套或附件)	8.0	35.0	17.0		千克	
5910	**纺织材料制的传动带或输送带及带料,不论是否用塑料浸渍、涂布、包覆或压层,也不论是否用金属或其他材料加强**						
5910 00 00	纺织材料制的传动带或输送带(不论是否用塑料浸渍,涂布,包覆,层压或用金属等加强)	8.0	35.0	17.0		千克	
5911	**本章注释7所规定的作专门技术用途的纺织产品及制品**						
5911 10 10	浸胶的起绒狭幅织物(包括用橡胶,皮革等材料包覆,压层的毡呢及类似织物)	14.0	75.0	17.0		千克	
5911 10 90	其他起绒狭幅织物(包括用橡胶,皮革等材料包覆,压层的毡呢及类似织物)	8.0	35.0	17.0		千克	
5911 20 00.10	丝制筛布(不论是否制成的)	8.2	35.0	17.0		千克	
5911 20 00.90	其他纺织材料制筛布(不论是否制成的.刻版筛网印布除外)	8.2	35.0	17.0		千克	
5911 31 00	轻的环状或有联接装置的布或毡呢(每平方米重量在650克以下,用于造纸机器或类似机器)	8.2	35.0	17.0		千克	
5911 32 00	重的环状或有联接装置的布或毡呢(每平方米重量在650克及以上,用于造纸机器或类似机器)	8.2	35.0	17.0		千克	
5911 40 00	用于榨油机器或类似机器的滤布(包括人发制滤布)	8.2	35.0	17.0		千克	
5911 90 00	其他专门技术用途纺织产品及制品(见59章注释七)	8.2	35.0	17.0		千克	

第六十章　针织物及钩编织物

注释：

一、本章不包括：

(一)品目58.04的钩编花边；

(二)品目58.07的针织或钩编的标签、徽章及类似品；

(三)第五十九章的经浸渍、涂布、包覆或层压的针织物及钩编织物。但经浸渍、涂布、包覆或层压的起绒针织物及起绒钩编织物仍归入品目60.01。

二、本章还包括用金属线制的用于衣着、装饰或类似用途的织物。

三、本目录所称“针织物”，包括由纺织纱线用链式针法构成的缝编织物。

商品编号	商品名称备注	进口税率		增值税	消费税	计量单位	监管条件
		最惠国	普通				
6001	**针织或钩编的起绒织物,包括“长毛绒”织物及毛圈织物**						
6001 10 00.10ˆ	毛制针织或钩编的长毛绒织物(羊毛及动物细毛制)	19.0	130.0	17.0		千克/米	G
6001 10 00.20ˆ	棉制针织或钩编的长毛绒织物	19.0	130.0	17.0		千克/米	G
6001 10 00.30ˆ	化纤制针织或钩编的长毛绒织物	19.0	130.0	17.0		千克/米	G
6001 10 00.90ˆ	针织或钩编其他纺材制长毛绒织物	19.0	130.0	17.0		千克/米	G
6001 21 00	棉制针织或钩编的毛圈绒头织物	15.0	70.0	17.0		千克/米	G
6001 22 00	化纤制针织或钩编毛圈绒头织物	19.0	130.0	17.0		千克/米	G
6001 29 00.10	毛制针织或钩编毛圈绒头织物(羊毛及动物细毛制)	21.8	130.0	17.0		千克/米	G
6001 29 00.90	其他材料制针织或钩编毛圈绒头布	21.8	130.0	17.0		千克/米	G
6001 91 00	棉制针织或钩编起绒织物	15.0	70.0	17.0		千克/米	G
6001 92 00ˆ	化纤制针织或钩编起绒织物	19.0	130.0	17.0		千克/米	G
6001 99 00.10	丝制针织或钩编其他起绒织物(按重量计含丝及绢丝85%及以上)	21.8	130.0	17.0		千克/米	
6001 99 00.20	毛制针织或钩编其他起绒织物(羊毛及动物细毛制)	21.8	130.0	17.0		千克/米	G
6001 99 00.90	其他纺材制针织或钩编起绒织物	21.8	130.0	17.0		千克/米	G
6002	**宽度不超过30厘米,按重量计弹性纱线或橡胶线含量在5%及以上的针织物或钩编织物,但品目60.01的货品除外**						
6002 40 10	棉制宽≤30cm弹性针织或钩编织物(按重量计弹性纱线含量在5%及以上且不含橡胶线)	15.0	70.0	17.0		千克/米	
6002 40 20	丝及绢丝制宽≤30cm针织或钩编织(按重量计弹性纱线含量在5%及以上且不含橡胶线)	19.0	130.0	17.0		千克/米	
6002 40 90	其他纺材宽≤30cm针织或钩编织物(按重量计弹性纱线含量在5%及以上且不含橡胶线)	19.0	130.0	17.0		千克/米	
6002 90 10	棉制宽≤30cm弹性针织或钩编织物(按重量计含弹性纱线或橡胶线≥5%)	15.0	70.0	17.0		千克/米	
6002 90 20	丝及绢丝宽≤30cm针织或钩编织物(按重量计含弹性纱线或橡胶线≥5%)	19.0	130.0	17.0		千克/米	
6002 90 90	其他纺材宽≤30cm针织或钩编织物(按重量计含弹性纱线或橡胶线≥5%)	19.0	130.0	17.0		千克/米	
6003	**宽度不超过30厘米,含弹性纱线或橡胶线在5%以下的针织或钩编织物,但品目60.01或在60.02的货品除外**						
6003 10 00	毛制宽≤30cm针织或钩编织物(按重量计弹性纱线或橡胶线含量<5%)	19.0	130.0	17.0		千克/米	
6003 20 00	棉制宽≤30cm针织或钩编织物(按重量计弹性纱线或橡胶线含量<5%)	15.0	70.0	17.0		千克/米	

商品编号	商品名称备注	进口税率		增值税	消费税	计量单位	监管条件
		最惠国	普通				
6003 30 00^	合纤制宽≤30cm 针织或钩编织物(按重量计弹性纱线或橡胶线含量＜5%)	19.0	130.0	17.0		千克/米	
6003 40 00^	人造纤维宽≤30cm 针织或钩编织物(按重量计弹性纱线或橡胶线含量＜5%)	19.0	130.0	17.0		千克/米	
6003 90 00	其他纺材宽≤30cm 针织或钩编织物(按重量计弹性纱线或橡胶线含量＜5%)	19.0	130.0	17.0		千克/米	
6004	**宽度超过30厘米,按重量计弹性纱线或橡胶线含量在5%及以上的针织物或钩编织物,但品目60.01的货品除外**						
6004 10 10	棉制宽＞30cm 弹性针织或钩编织物(按重量计弹性纱线含量在5%及以上且不含橡胶线)	15.0	70.0	17.0		千克/米	
6004 10 20	丝及绢丝宽＞30cm 针织或钩编织物(按重量计弹性纱线含量在5%及以上且不含橡胶线)	19.0	130.0	17.0		千克/米	
6004 10 90	其他纺材宽＞30cm 针织或钩编织物(按重量计弹性纱线含量在5%及以上且不含橡胶线)	19.0	130.0	17.0		千克/米	
6004 90 10	棉制宽＞30cm 弹性针织或钩编织物(按重量计含弹性纱线或橡胶线≥5%)	15.0	70.0	17.0		千克/米	
6004 90 20	丝及绢丝宽＞30cm 针织或钩编织物(按重量计含弹性纱线或橡胶线≥5%)	19.0	130.0	17.0		千克/米	
6004 90 90	其他纺材宽＞30cm 针织或钩编织物(按重量计含弹性纱线或橡胶线≥5%)	19.0	130.0	17.0		千克/米	
6005	**经编织物(包括由花边针织机织成的),但品目60.01至60.04的货品除外**						
6005 10 00	羊毛或动物细毛制经编织物(包括由花边针织机织成的经编织物)	21.0	130.0	17.0		千克/米	G
6005 21 00	漂白或未漂白棉制经编织物(包括由花边针织机织成的经编织物)	15.0	70.0	17.0		千克/米	
6005 22 00	染色棉制经编织物(包括由花边针织机织成的经编织物)	15.0	70.0	17.0		千克/米	
6005 23 00	色织棉制经编织物(包括由花边针织机织成的经编织物)	15.0	70.0	17.0		千克/米	
6005 24 00	印花棉制经编织物(包括由花边针织机织成的经编织物)	15.0	70.0	17.0		千克/米	
6005 31 00^	漂白或未漂白合成纤维制经编织物(包括由花边针织机织成的经编织物)	19.0	130.0	17.0		千克/米	
6005 32 00^	染色合成纤维制经编织物(包括由花边针织机织成的经编织物)	19.0	130.0	17.0		千克/米	
6005 33 00^	色织合成纤维制经编织物(包括由花边针织机织成的经编织物)	19.0	130.0	17.0		千克/米	
6005 34 00^	印花合成纤维制经编织物(包括由花边针织机织成的经编织物)	19.0	130.0	17.0		千克/米	

商品编号	商 品 名 称 备 注	进口税率		增值税	消费税	计量单位	监管条件
		最惠国	普通				
6005 41 00^	漂白或未漂白人造纤维制经编织物(包括由花边针织机织成的经编织物)	19.0	130.0	17.0		千克/米	
6005 42 00^	染色人造纤维制经编织物(包括由花边针织机织成的经编织物)	19.0	130.0	17.0		千克/米	
6005 43 00^	色织人造纤维制经编织物(包括由花边针织机织成的经编织物)	19.0	130.0	17.0		千克/米	
6005 44 00^	印花人造纤维制经编织物(包括由花边针织机织成的经编织物)	19.0	130.0	17.0		千克/米	
6005 90 00	其他纺材制经编织物(包括由花边针织机织成的经编织物)	19.5	130.0	17.0		千克/米	
6006	**其他针织或钩编织物**						
6006 10 00	毛制其他针织或钩编织物(羊毛或动物细毛制)	21.0	130.0	17.0		千克/米	G
6006 21 00	棉制其他漂或未漂针织或钩编织物(漂白或未漂白)	15.0	70.0	17.0		千克/米	
6006 22 00	棉制其他染色针织或钩编织物	15.0	70.0	17.0		千克/米	
6006 23 00	棉制其他色织针织或钩编织物	15.0	70.0	17.0		千克/米	
6006 24 00	棉制其他印花针织或钩编织物	15.0	70.0	17.0		千克/米	
6006 31 00^	合成纤维制其他针织或钩编织物(漂白或未漂白)	19.0	130.0	17.0		千克/米	
6006 32 00^	合成纤维其他染色针织或钩编织物(染色)	19.0	130.0	17.0		千克/米	
6006 33 00^	合成纤维其他色织针织或钩编织物(色织)	19.0	130.0	17.0		千克/米	
6006 34 00^	合成纤维制其他针织或钩编织物(印花)	19.0	130.0	17.0		千克/米	
6006 41 00^	人造纤维制其他针织或钩编织物(漂白或未漂白)	19.0	130.0	17.0		千克/米	
6006 42 00^	人造纤维制其他针织或钩编织物(染色)	19.0	130.0	17.0		千克/米	
6006 43 00^	人造纤维制其他针织或钩编织物(色织)	19.0	130.0	17.0		千克/米	
6006 44 00^	人造纤维制其他针织或钩编织物(印花)	19.0	130.0	17.0		千克/米	
6006 90 00.10	丝及绢丝制其他针织或钩编织物(按重量计含丝及绢丝85%及以上)	20.0	130.0	17.0		千克/米	
6006 90 00.90	其他纺材制其他针织或钩编织物	20.0	130.0	17.0		千克/米	

第六十一章　针织或钩编的服装及衣着附件

注释：

一、本章仅适用于制成的针织品或钩编织品。

二、本章不包括：

(一)品目62.12的货品；

(二)品目63.09的旧衣着或其他旧物品；

(三)矫形器具、外科手术带、疝气带及类似品(品目90.21)。

三、品目61.03及61.04所称：

(一)“西服套装”，是指面料用完全相同织物制成的两件套或三件套的下列成套服装：一件人体上半身穿着的外套或短上衣，除袖子外，其面料数为四片或四片以上；也可附带一件西服背心，这件背心的前片面料应与套装其他各件的面料相同，后片面料则应与外套或短上衣的衬里料相同；以及一件人体下半身穿着的服装，即不带背带或护胸的长裤、马裤、短裤(游泳裤除外)、裙子或裙裤。

西服套装各件面料质地、颜色及构成必须完全相同，其款式也必须相同，尺寸大小还须相互般配，但可以用不同织物滚边(缝口上缝入长条织物)。

如果数件人体下半身穿着的服装同时进口或出口(例如，两条长裤、长裤与短裤、裙子或裙裤与长裤)，构成西服套装下装的应是一条长裤，对于女式西服套装，则应是一条裙子或裙裤，其他服装应分别归类。

所称“西服套装”，包括不论是否完全符合上述条件的下列配套服装：

1. 常礼服，由一件后襟下垂并下端开圆弧形叉的素色短上衣和一条条纹长裤组成；

2. 晚礼服(燕尾服)，一般用黑色织物制成，上衣前襟较短且不闭合，背后有燕尾；

3. 无燕尾套装夜礼服，其中上衣款式与普通上衣相似(可以更为显露衬衣前胸)，但有光滑丝质或仿丝质的翻领。

(二)“便服套装”，是指面料相同并作零售包装的下列成套服装(西服套装及品目61.07、61.08或61.09的物品除外)：一件人体上半身穿着的服装，但套衫及背心除外，因为套衫可在两件套服装中作为内衣，背心也可作为内衣；以及一件或两件不同的人体下半身穿着的服装，即长裤、护胸背带工装裤、马裤、短裤(游泳裤除外)、裙子或裙裤。便服套装各件面料质地、款式、颜色及构成必须相同；尺寸大小也须相互般配。所称“便服套装”，不包括品目61.12的运动服及滑雪服。

四、品目61.05及61.06不包括在腰围以下有口袋的服装、带有罗纹腰带及以其他方式收紧下摆的服装或其织物至少在10厘米×10厘米的面积内沿各方向的直线长度上平均每厘米少于10针的服装。品目61.05不包括无袖服装。

五、品目61.09不包括带有束带、罗纹腰带或其他方式收紧下摆的服装。

六、对于品目61.11：

(一)所称“婴儿服装及衣着附件”，是指用于身高不超过86厘米幼儿的服装；也包括婴儿尿布；

(二)既可归入品目61.11，也可归入本章其他品目的物品，应归入品目61.11。

七、品目61.12所称“滑雪服”，是指从整个外观和织物质地来看，主要在滑雪(速度滑雪或高山滑雪)时穿着的下列服装或成套服装：

(一)“滑雪连身服”，即上下身连在一起的单件服装；除袖子和领子外，滑雪连身服可有口袋或脚带；或

(二)“滑雪套装”，即由两件或三件构成一套并作零售包装的下列服装：一件用一条拉链扣合的带风帽的厚夹克、防风衣、防风短上衣或类似的服装，可以附带一件背心；以及一条不论是否过腰的长裤、一条马裤或一条护胸背带工装裤。

“滑雪套装”也可由一件类似以上(一)款所述的连身服和一件可套在连身服外面的有胎料背心组成。“滑雪套装”各件颜色可以不同，但面料质地、款式及构成必须相同；尺寸大小也须相互般配。

八、既可归入品目61.13，也可归入本章其他品目的服装，除品目61.11所列的仍归入该品目外，其余的应一律归入品目61.13。

九、本章的服装，凡门襟为左压右的，应视为男式；右压左的，应视为女式。但本规定不适用于其式样已明显为男式或女式的服装。无法区别是男式还是女式的服装，应按女式服装归入有关品目。

十、本章物品可用金属线制成。

商品编号	商 品 名 称 备 注	进口税率		增值税	消费税	计量单位	监管条件
		最惠国	普通				
6101	**针织或钩编的男式大衣、短大衣、斗蓬、短斗蓬、带风帽的防寒短上衣(包括滑雪短上衣)、防风衣、防风短上衣及类似品,但编号 6103 的货品除外**						
6101 10 00.10^	毛制针织或钩编男式大衣等(包括短大衣、斗蓬短斗篷及类似品,雨衣除外)	25.0	130.0	17.0		件/千克	G
6101 10 00.21^	毛制针织或钩编手工制男式防风衣(包括防寒短大衣、防风短上衣及类似品)	25.0	130.0	17.0		件/千克	G
6101 10 00.29^	毛制针织或钩编男式防风衣(包括防寒短大衣、防风短上衣及类似品)	25.0	130.0	17.0		件/千克	G
6101 10 00.30^	毛制针织或钩编男式雨衣	25.0	130.0	17.0		件/千克	G
6101 20 00.10^	棉制针织或钩编男式大衣(包括短大衣、斗蓬短斗篷及类似品,雨衣除外)	19.8	90.0	17.0		件/千克	G
6101 20 00.21^	棉制针织或钩编手工制男式防风衣(包括防寒短大衣,防风短上衣及类似品)	19.8	90.0	17.0		件/千克	G
6101 20 00.29^	棉制针织或钩编男式防风衣(包括防寒短大衣,防风短上衣及类似品)	19.8	90.0	17.0		件/千克	G
6101 20 00.30^	棉制针织或钩编男式雨衣	19.8	90.0	17.0		件/千克	G
6101 30 00.11^	化纤制针织或钩编男式大衣等(含毛≥23%包括短上衣斗篷短斗篷及类似品.雨衣除外)	23.1	130.0	17.0		件/千克	G
6101 30 00.19^	其他化纤制针织或钩编男式大衣等(包括短大衣,斗篷,短斗篷及类似品.雨衣除外)	23.1	130.0	17.0		件/千克	G
6101 30 00.21^	化纤制针织或钩编手工男式防风衣(含毛≥23%包括防寒短上衣、防风短上衣及类似品)	23.1	130.0	17.0		件/千克	G
6101 30 00.22^	化纤制针织或钩编男式防风衣(含毛≥23%包括防寒短上衣、防风短上衣及类似品)	23.1	130.0	17.0		件/千克	G
6101 30 00.23^	其他化纤针织钩编手工男式防风衣(包括防寒短上衣、防风短上衣及类似品)	23.1	130.0	17.0		件/千克	G
6101 30 00.29^	其他化纤制其他男式防风衣(包括防寒短上衣、防风短上衣及类似品)	23.1	130.0	17.0		件/千克	G
6101 30 00.31^	化纤制针织或钩编男式雨衣(按重量计含羊毛或动物细毛≥23%)	23.1	130.0	17.0		件/千克	G
6101 30 00.39^	化纤制针织或钩编男式雨衣	23.1	130.0	17.0		件/千克	G
6101 90 00.11^	丝及绢丝制针织或钩编男式大衣等(丝≥70%含短大衣斗蓬短斗篷及类似品.雨衣除外)	23.1	130.0	17.0		件/千克	G
6101 90 00.14^	丝及绢丝制针织或钩编男式防风衣(丝≥70%,含防寒短上衣.防风短上衣及类似品)	23.1	130.0	17.0		件/千克	G
6101 90 00.15^	丝及绢丝制针织或钩编男式雨衣(含丝≥70%)	23.1	130.0	17.0		件/千克	G
6101 90 00.21^	其他纺织料制针织或钩编男大衣等(含短大衣、斗蓬、短斗篷及类似品,雨衣除外,棉限内)	23.1	130.0	17.0		件/千克	G

商品编号	商品名称备注	进口税率		增值税	消费税	计量单位	监管条件
		最惠国	普通				
6101 90 00.22	其他纺织料制针织或钩编男大衣等(含短大衣、斗蓬、短斗篷及类似品,雨衣除外,羊毛限内)	23.1	130.0	17.0		件/千克	G
6101 90 00.23	其他纺织料制针织或钩编男大衣等(含短大衣、斗蓬、短斗篷及类似品,雨衣除外,化纤限内)	23.1	130.0	17.0		件/千克	G
6101 90 00.29	其他纺织料针织或钩编男式大衣等(含短大衣、斗蓬、短斗篷及类似品,雨衣除外)	23.1	130.0	17.0		件/千克	G
6101 90 00.31	其他纺织材料针织钩编男式防风衣(含防寒短上衣.防风短上衣及类似品,棉限内)	23.1	130.0	17.0		件/千克	G
6101 90 00.32	其他纺织材料针织钩编男式防风衣(含防寒短上衣.防风短上衣及类似品,羊毛限内)	23.1	130.0	17.0		件/千克	G
6101 90 00.33	其他纺织材料针织钩编男式防风衣(含防寒短上衣.防风短上衣及类似品,化纤限内)	23.1	130.0	17.0		件/千克	G
6101 90 00.39	其他纺织材料针织钩编男式防风衣(含防寒短上衣.防风短上衣及类似品)	23.1	130.0	17.0		件/千克	G
6101 90 00.41	其他纺织材料针织或钩编男式雨衣(棉限内)	23.1	130.0	17.0		件/千克	G
6101 90 00.42	其他纺织材料针织或钩编男式雨衣(羊毛限内)	23.1	130.0	17.0		件/千克	G
6101 90 00.43	其他纺织材料针织或钩编男式雨衣(化纤限内)	23.1	130.0	17.0		件/千克	G
6101 90 00.49	其他纺织材料针织或钩编男式雨衣	23.1	130.0	17.0		件/千克	G
6102	**针织或钩编的女式大衣、短大衣、斗蓬、短斗蓬、带风帽的防寒短上衣(包括滑雪短上衣)、防风衣、防风短上衣及类似品,但编号 6104 的货品除外**						
6102 10 00.10	毛制针织或钩编女式大衣等(包括短大衣、斗蓬短斗篷及类似品,雨衣除外)	25.0	130.0	17.0		件/千克	G
6102 10 00.21	毛制针织或钩编手工制女式防风衣(包括短大衣、斗蓬短斗篷及类似品)	25.0	130.0	17.0		件/千克	G
6102 10 00.29	毛制针织或钩编女式防风衣(包括短大衣、斗蓬短斗篷及类似品)	25.0	130.0	17.0		件/千克	G
6102 10 00.30	毛制针织或钩编女式雨衣	25.0	130.0	17.0		件/千克	G
6102 20 00.10	棉制针织或钩编女式大衣(包括短大衣、斗蓬短斗篷及类似品,雨衣除外)	19.8	90.0	17.0		件/千克	G
6102 20 00.21	棉制针织或钩编手工女式防风衣(包括防风短上衣.防寒短上衣及类似品)	19.8	90.0	17.0		件/千克	G
6102 20 00.29	棉制针织或钩编女式防风衣(包括防风短上衣.防寒短上衣及类似品)	19.8	90.0	17.0		件/千克	G
6102 20 00.30	棉制针织或钩编女式雨衣	19.8	90.0	17.0		件/千克	G
6102 30 00.11	化纤制针织或钩编女式大衣等(含毛≥23%含短大衣.斗蓬短斗篷及类似品,雨衣除外)	23.1	130.0	17.0		件/千克	G
6102 30 00.19	其他化纤制针织或钩编女式大衣(含短大衣.斗蓬短斗篷及类似品,雨衣除外)	23.1	130.0	17.0		件/千克	G

商品编号	商品名称备注	进口税率		增值税	消费税	计量单位	监管条件
		最惠国	普通				
6102 30 00.21	化纤制针织或钩编手工女式防风衣(含毛≥23%,包括防寒短上衣.防风短上衣及类似品)	23.1	130.0	17.0		件/千克	G
6102 30 00.22	化纤制针织或钩编女式防风衣(含毛≥23%,包括防寒短上衣.防风短上衣及类似品)	23.1	130.0	17.0		件/千克	G
6102 30 00.23	其他化纤制针织钩编手工女防风衣(包括防寒短上衣.防风短上衣及类似品)	23.1	130.0	17.0		件/千克	G
6102 30 00.29	其他化纤制针织钩编其他女防风衣(包括防寒短上衣.防风短上衣及类似品)	23.1	130.0	17.0		件/千克	G
6102 30 00.31	化纤制针织或钩编女式雨衣(按重量计羊毛及动物细毛≥23%)	23.1	130.0	17.0		件/千克	G
6102 30 00.39	化纤制针织或钩编女式雨衣	23.1	130.0	17.0		件/千克	G
6102 90 00.11	丝及绢丝制针织或钩编女式大衣等(含丝≥70%包括短大衣.斗篷短斗篷及类似品,雨衣除外)	23.3	130.0	17.0		件/千克	G
6102 90 00.14	丝及绢丝制针织或钩编女式防风衣(含丝≥70%,包括防寒短上衣.防风短上衣及类似品)	23.3	130.0	17.0		件/千克	G
6102 90 00.15	丝及绢丝制针织或钩编女式雨衣(含丝≥70%)	23.3	130.0	17.0		件/千克	G
6102 90 00.21	其他纺织材料制针织或钩编女大衣(包括短大衣.斗篷短斗篷及类似品,雨衣除外,棉限内)	23.3	130.0	17.0		件/千克	G
6102 90 00.22	其他纺织材料制针织或钩编女大衣(包括短大衣.斗篷短斗篷及类似品,雨衣除外,羊毛限内)	23.3	130.0	17.0		件/千克	G
6102 90 00.23	其他纺织材料制针织或钩编女大衣(包括短大衣.斗篷短斗篷及类似品,雨衣除外,化纤限内)	23.3	130.0	17.0		件/千克	G
6102 90 00.29	其他纺织材料制针织或钩编女大衣(包括短大衣.斗篷短斗篷及类似品,雨衣除外)	23.3	130.0	17.0		件/千克	G
6102 90 00.31	其他纺织料针织或钩编女式防风衣(包括防寒短上衣.防风短上衣及类似品,棉限内)	23.3	130.0	17.0		件/千克	G
6102 90 00.32	其他纺织料针织或钩编女式防风衣(包括防寒短上衣.防风短上衣及类似品,羊毛限内)	23.3	130.0	17.0		件/千克	G
6102 90 00.33	其他纺织料针织或钩编女式防风衣(包括防寒短上衣.防风短上衣及类似品,化纤限内)	23.3	130.0	17.0		件/千克	G
6102 90 00.39	其他纺织料针织或钩编女式防风衣(包括防寒短上衣.防风短上衣及类似品)	23.3	130.0	17.0		件/千克	G
6102 90 00.41	其他纺材制针织或钩编女式雨衣(棉限内)	23.3	130.0	17.0		件/千克	G
6102 90 00.42	其他纺材制针织或钩编女式雨衣(羊毛限内)	23.3	130.0	17.0		件/千克	G
6102 90 00.43	其他纺材制针织或钩编女式雨衣(化纤限内)	23.3	130.0	17.0		件/千克	G
6102 90 00.49	其他纺材制针织或钩编女式雨衣	23.3	130.0	17.0		件/千克	G
6103	**针织或钩编的男式西服套装、便服套装、上衣、长裤、护胸背带工装裤、马裤及短裤(游泳裤除外)**						
6103 11 00	毛制针织或钩编男式西服套装	25.0	130.0	17.0		套/千克	G
6103 12 00.10	合成纤维制针织或钩编男西服套装(含羊毛或动物细毛23%及以上)	25.0	130.0	17.0		套/千克	G

商品编号	商 品 名 称 备 注	进口税率		增值税	消费税	计量单位	监管条件
		最惠国	普通				
6103 12 00.90	其他合纤制针织或钩编男西服套装	25.0	130.0	17.0		套/千克	G
6103 19 00.11	人造纤维针织或钩编男式西服套装(含羊毛或动物细毛23%及以上)	23.1	130.0	17.0		套/千克	G
6103 19 00.19	其他人纤针织或钩编男式西服套装	23.1	130.0	17.0		套/千克	G
6103 19 00.20	棉制针织或钩编男式西服套装	23.1	130.0	17.0		套/千克	G
6103 19 00.30	丝及绢丝制针织或钩编男西服套装	23.1	130.0	17.0		套/千克	G
6103 19 00.41	其他纺材制针织或钩编男西服套装(棉限内)	23.1	130.0	17.0		套/千克	G
6103 19 00.42	其他纺材制针织或钩编男西服套装(羊毛限内)	23.1	130.0	17.0		套/千克	G
6103 19 00.43	其他纺材制针织或钩编男西服套装(化纤限内)	23.1	130.0	17.0		套/千克	G
6103 19 00.49	其他纺材制针织或钩编男西服套装	23.1	130.0	17.0		套/千克	
6103 21 00	毛制针织或钩编男式便服套装	25.0	130.0	17.0		套/千克	G
6103 22 00	棉制针织或钩编男式便服套装	20.7	90.0	17.0		套/千克	G
6103 23 00.10	合成纤维制针织或钩编男便服套装(含羊毛或动物细毛23%及以上)	25.0	130.0	17.0		套/千克	G
6103 23 00.90	其他合纤制针织或钩编男便服套装	25.0	130.0	17.0		套/千克	G
6103 29 00.10	丝或绢丝制针织或钩编男便服套装(含丝或绢丝70%及以上)	25.0	130.0	17.0		套/千克	
6103 29 00.20	人造纤维制针织或钩编男便服套装	25.0	130.0	17.0		套/千克	G
6103 29 00.31	其他纺织料针织或钩编男便服套装(上装为毛衫,棉限内)	25.0	130.0	17.0		套/千克	G
6103 29 00.32	其他纺织料针织或钩编男便服套装(上装为毛衫,羊毛限内)	25.0	130.0	17.0		套/千克	G
6103 29 00.33	其他纺织料针织或钩编男便服套装(上装为毛衫,化纤限内)	25.0	130.0	17.0		套/千克	G
6103 29 00.34	其他纺织料针织或钩编男便服套装(上装为毛衫)	25.0	130.0	17.0		套/千克	G
6103 29 00.35	其他纺织料针织或钩编男便服套装	25.0	130.0	17.0		套/千克	G
6103 31 00	毛制针织或钩编男式上衣	22.8	130.0	17.0		件/千克	G
6103 32 00	棉制针织或钩编男式上衣	19.3	90.0	17.0		件/千克	G
6103 33 00.10	合成纤维制针织或钩编男式上衣(含羊毛或动物细毛23%及以上)	23.0	130.0	17.0		件/千克	G
6103 33 00.90	其他合纤制针织或钩编男式上衣	23.0	130.0	17.0		件/千克	G
6103 39 00.10	人造纤维制针织或钩编男式上衣	22.8	130.0	17.0		件/千克	G
6103 39 00.20	丝制针织或钩编男式上衣(含丝及绢丝70%及以上)	22.8	130.0	17.0		件/千克	G
6103 39 00.31	其他纺织料制针织或钩编男式上衣(棉限内)	22.8	130.0	17.0		件/千克	G
6103 39 00.32	其他纺织料制针织或钩编男式上衣(羊毛限内)	22.8	130.0	17.0		件/千克	G
6103 39 00.33	其他纺织料制针织或钩编男式上衣(化纤限内)	22.8	130.0	17.0		件/千克	G
6103 39 00.39	其他纺织料制针织或钩编男式上衣	22.8	130.0	17.0		件/千克	G
6103 41 00.10	毛制针织或钩编护胸背带男工装裤(羊毛或动物细毛制)	22.8	130.0	17.0		件/千克	G

商品编号	商品名称备注	进口税率		增值税	消费税	计量单位	监管条件
		最惠国	普通				
6103 41 00.20	毛制针织或钩编男长裤(羊毛或动物细毛制,包括8-18号男童长裤)	22.8	130.0	17.0		件/千克	G
6103 41 00.90	毛制针织或钩编其他男裤(羊毛或动物细毛制,包括马裤、短裤及其他长裤)	22.8	130.0	17.0		件/千克	G
6103 42 00.11	棉制针织或钩编护胸背带男工装裤(保暖)	19.3	90.0	17.0		件/千克	G
6103 42 00.12	棉针织钩编男童非保暖背带工装裤(2-7号男童护胸背带工装裤)	19.3	90.0	17.0		件/千克	G
6103 42 00.19	棉针织钩编男式非保暖背带工装裤(护胸背带工装裤,2-7号男童的除外)	19.3	90.0	17.0		件/千克	G
6103 42 00.21	棉制针织或钩编男童游戏套装长裤(指男童8-18号)	19.3	90.0	17.0		件/千克	G
6103 42 00.29	棉针织或钩编其他男童游戏套装裤(包括长裤、马裤、短裤)	19.3	90.0	17.0		件/千克	G
6103 42 00.30	棉制针织或钩编男长裤(包括8-18号男童长裤)	19.3	90.0	17.0		件/千克	G
6103 42 00.90	棉制针织或钩编其他男裤等(包括马裤、短裤及其他长裤)	19.3	90.0	17.0		件/千克	G
6103 43 00.10	合纤针织或钩编护胸背带男工装裤(含羊毛或动物细毛23%及以上)	23.1	130.0	17.0		件/千克	G
6103 43 00.21	合成纤维制针织或钩编男长裤(含羊毛或动物细毛23%及以上,包括8-18号男童长裤)	23.1	130.0	17.0		件/千克	G
6103 43 00.29	合成纤维制针织或钩编其他男裤(含毛23%及以上,包括马裤.短裤及其他长裤)	23.1	130.0	17.0		件/千克	G
6103 43 00.91	其他合纤制护胸背带男工装裤(针织或钩编)	23.1	130.0	17.0		件/千克	G
6103 43 00.92	其他合纤制男童游戏套装长裤(针织或钩编,指男童8-18号)	23.1	130.0	17.0		件/千克	G
6103 43 00.93	其他合纤制男童游戏套装长裤(针织或钩编,包括马裤.短裤及其他长裤)	23.1	130.0	17.0		件/千克	G
6103 43 00.94	其他合纤制针织或钩编男长裤(包括8-18号男童长裤)	23.1	130.0	17.0		件/千克	G
6103 43 00.99	其他合纤制针织或钩编其他男裤(包括马裤.短裤及其他长裤)	23.1	130.0	17.0		件/千克	G
6103 49 00.11	丝制男式护胸背带工装裤(针织或钩编,丝及绢丝含量在70%及以上)	22.8	130.0	17.0		件/千克	G
6103 49 00.12	丝制针织或钩编男成人长裤.马裤(含8-18号男童长裤及马裤,丝及绢丝含量在70%及以上)	22.8	130.0	17.0		件/千克	
6103 49 00.13	丝制针织或钩编其他男童长裤马裤(丝及绢丝含量在70%及以上)	22.8	130.0	17.0		件/千克	
6103 49 00.14	丝制针织或钩编其他男式短裤(丝及绢丝含量在70%及以上)	22.8	130.0	17.0		件/千克	G
6103 49 00.21	人造纤维制男式护胸背带工装裤(针织或钩编)	22.8	130.0	17.0		件/千克	G

商品编号	商品名称备注	进口税率		增值税	消费税	计量单位	监管条件
		最惠国	普通				
6103 49 00.22^	人纤制针织或钩编男人长裤.马裤(含8-18号男童长裤及马裤,含毛23%及以上)	22.8	130.0	17.0		件/千克	G
6103 49 00.23^	人纤制针织钩编其他男童长裤马裤(含毛23%及以上)	22.8	130.0	17.0		件/千克	G
6103 49 00.24^	人纤制针织或钩编男式短裤(含毛23%及以上)	22.8	130.0	17.0		件/千克	G
6103 49 00.25^	其他人纤制针织或钩编男长裤马裤(含8-18号男童长裤及马裤)	22.8	130.0	17.0		件/千克	G
6103 49 00.26^	其他人纤制针织钩编其他男童长裤(包括马裤)	22.8	130.0	17.0		件/千克	G
6103 49 00.27^	其他人纤制针织或钩编其他男短裤	22.8	130.0	17.0		件/千克	G
6103 49 00.31^	其他纺材制男式护胸背带工装裤(针织或钩编,棉限内)	22.8	130.0	17.0		件/千克	G
6103 49 00.32^	其他纺材制男式护胸背带工装裤(针织或钩编,羊毛限内)	22.8	130.0	17.0		件/千克	G
6103 49 00.33^	其他纺材制男式护胸背带工装裤(针织或钩编,化纤限内)	22.8	130.0	17.0		件/千克	G
6103 49 00.39^	其他纺材制男式护胸背带工装裤(针织或钩编)	22.8	130.0	17.0		件/千克	G
6103 49 00.41^	其他纺材制针织或钩编男长裤马裤(包括8-18号男童长裤.马裤,棉限内)	22.8	130.0	17.0		件/千克	G
6103 49 00.42^	其他纺材制针织或钩编男长裤马裤(包括8-18号男童长裤.马裤,羊毛限内)	22.8	130.0	17.0		件/千克	G
6103 49 00.43^	其他纺材制针织或钩编男长裤马裤(包括8-18号男童长裤.马裤,化纤限内)	22.8	130.0	17.0		件/千克	G
6103 49 00.49^	其他纺材制针织或钩编男长裤马裤(包括8-18号男童长裤.马裤)	22.8	130.0	17.0		件/千克	G
6103 49 00.51*^	其他纺织材料制其他男童长裤马裤(针织或钩编,羊毛限内)	22.8	130.0	17.0		件/千克	G
6103 49 00.52*^	其他纺织材料制其他男童长裤马裤(针织或钩编,化纤限内)	22.8	130.0	17.0		件/千克	G
6103 49 00.53*^	其他纺织材料制其他男童长裤马裤(针织或钩编,化纤限内)	22.8	130.0	17.0		件/千克	G
6103 49 00.59*^	其他纺织材料制其他男童长裤马裤(针织或钩编)	22.8	130.0	17.0		件/千克	G
6103 49 00.61^	其他纺材制针织或钩编男式短裤(棉限内)	22.8	130.0	17.0		件/千克	G
6103 49 00.62^	其他纺材制针织或钩编男式短裤(羊毛限内)	22.8	130.0	17.0		件/千克	G
6103 49 00.63^	其他纺材制针织或钩编男式短裤(化纤限内)	22.8	130.0	17.0		件/千克	G
6103 49 00.69^	其他纺材制针织或钩编男式短裤	22.8	130.0	17.0		件/千克	G
6104	**针织或钩编的女式西服套装、便服套装、上衣、连衣裙、裙子、裙裤、长裤、护胸背带工装裤、马裤及短裤(游泳服除外)**						
6104 11 00^	毛制针织或钩编女式西服套装	23.1	130.0	17.0		套/千克	G
6104 12 00^	棉制针织或钩编女式西服套装	19.8	90.0	17.0		套/千克	G

商品编号	商 品 名 称 备 注	进口税率		增值税	消费税	计量单位	监管条件
		最惠国	普通				
6104 13 00.10	合成纤维制针织或钩编女西服套装(含羊毛或动物细毛23%及以上)	25.0	130.0	17.0		套/千克	G
6104 13 00.90	其他合纤制针织或钩编女西服套装	25.0	130.0	17.0		套/千克	G
6104 19 00.10	丝制针织或钩编女式西服套装(含丝及绢丝70%及以上)	23.1	130.0	17.0		套/千克	G
6104 19 00.21	人纤制针织或钩编女式西服套装(含羊毛或动物细毛23%及以上)	23.1	130.0	17.0		套/千克	G
6104 19 00.29	其他人纤制针织或钩编女西服套装	23.1	130.0	17.0		套/千克	G
6104 19 00.91	其他纺材制针织或钩编女西服套装(棉限内)	23.1	130.0	17.0		套/千克	G
6104 19 00.92	其他纺材制针织或钩编女西服套装(羊毛限内)	23.1	130.0	17.0		套/千克	G
6104 19 00.93	其他纺材制针织或钩编女西服套装(化纤限内)	23.1	130.0	17.0		套/千克	G
6104 19 00.99	其他纺材制针织或钩编女西服套装	23.1	130.0	17.0		套/千克	
6104 21 00.10	毛制针织或钩编女式便服套装	23.1	130.0	17.0		套/千克	G
6104 21 00.90	其他毛制针织或钩编女式便服套装	23.1	130.0	17.0		套/千克	G
6104 22 00	棉制针织或钩编女式便服套装	19.8	90.0	17.0		套/千克	G
6104 23 00.10	合纤制针织或钩编女便服套装(含羊毛23%及以上)	25.0	130.0	17.0		套/千克	G
6104 23 00.90	其他合纤制针织或钩编女便服套装	25.0	130.0	17.0		套/千克	G
6104 29 00.10	丝及绢丝针织或钩编女式便服套装(含丝70%及以上,针织或编织)	23.3	130.0	17.0		套/千克	G
6104 29 00.20	人造纤维制其他女便服套装(针织或编织)	23.3	130.0	17.0		套/千克	G
6104 29 00.31	其他纺材针织或钩编女式便服套装(棉限内)	23.3	130.0	17.0		套/千克	G
6104 29 00.32	其他纺材针织或钩编女式便服装(羊毛限内)	23.3	130.0	17.0		套/千克	G
6104 29 00.33	其他纺材针织或钩编女式便服套装(化纤限内)	23.3	130.0	17.0		套/千克	G
6104 29 00.39	其他纺材针织或钩编女式便服套装	23.3	130.0	17.0		套/千克	G
6104 31 00.10	毛制钩编女式上衣	22.8	130.0	17.0		件/千克	G
6104 31 00.90	毛制针织女式上衣	22.8	130.0	17.0		件/千克	G
6104 32 00.10	棉制钩编女式上衣	19.3	90.0	17.0		件/千克	G
6104 32 00.90	棉制针织女式上衣	19.3	90.0	17.0		件/千克	G
6104 33 00.11	合成纤维制钩编女上衣(含羊毛或动物细毛23%及以上)	23.0	130.0	17.0		件/千克	G
6104 33 00.19	其他合成纤维制钩编女上衣	23.0	130.0	17.0		件/千克	G
6104 33 00.91	合成纤维制针织女上衣(含羊毛或动物细毛23%及以上)	23.0	130.0	17.0		件/千克	G
6104 33 00.99	其他合成纤维制针织女上衣	23.0	130.0	17.0		件/千克	G
6104 39 00.11	丝及绢丝制钩编女上衣(含丝70%及以上)	22.8	130.0	17.0		件/千克	G
6104 39 00.19	丝及绢丝制针织女上衣(含丝70%及以上)	22.8	130.0	17.0		件/千克	G
6104 39 00.21	人造纤维制钩编女上衣	22.8	130.0	17.0		件/千克	G
6104 39 00.29	人造纤维制针织女上衣	22.8	130.0	17.0		件/千克	G
6104 39 00.31	其他纺织材料制钩编女上衣(棉限内)	22.8	130.0	17.0		件/千克	G
6104 39 00.32	其他纺织材料制钩编女上衣(羊毛限内)	22.8	130.0	17.0		件/千克	G

商品编号	商 品 名 称 备 注	进口税率		增值税	消费税	计量单位	监管条件
		最惠国	普通				
6104 39 00.33ˉ	其他纺织材料制钩编女上衣(化纤限内)	22.8	130.0	17.0		件/千克	G
6104 39 00.39ˉ	其他纺织材料制钩编女上衣	22.8	130.0	17.0		件/千克	G
6104 39 00.41ˉ	其他纺织材料制针织女上衣(棉限内)	22.8	130.0	17.0		件/千克	G
6104 39 00.42ˉ	其他纺织材料制针织女上衣(羊毛限内)	22.8	130.0	17.0		件/千克	G
6104 39 00.43ˉ	其他纺织材料制针织女上衣(化纤限内)	22.8	130.0	17.0		件/千克	G
6104 39 00.49ˉ	其他纺织材料制针织女上衣	22.8	130.0	17.0		件/千克	G
6104 41 00ˉ	毛制针织或钩编连衣裙	22.8	130.0	17.0		件/千克	G
6104 42 00ˉ	棉制针织或钩编连衣裙	19.3	90.0	17.0		件/千克	G
6104 43 00.10ˉ	合纤制针织或钩编连衣裙(含羊毛或动物细毛23%及以上)	23.1	130.0	17.0		件/千克	G
6104 43 00.90ˉ	其他合纤制针织或钩编连衣裙	23.1	130.0	17.0		件/千克	G
6104 44 00.10ˉ	人纤制针织或钩编连衣裙(含羊毛或动物细毛23%及以上)	22.8	130.0	17.0		件/千克	G
6104 44 00.90ˉ	其他人纤制针织或钩编连衣裙	22.8	130.0	17.0		件/千克	G
6104 49 00.10ˉ	丝及绢丝制针织或钩编连衣裙(含丝70%及以上)	22.8	130.0	17.0		件/千克	G
6104 49 00.91ˉ	其他纺织材料制针织或钩编连衣裙(棉限内)	22.8	130.0	17.0		件/千克	G
6104 49 00.92ˉ	其他纺织材料制针织或钩编连衣裙(羊毛限内)	22.8	130.0	17.0		件/千克	G
6104 49 00.93ˉ	其他纺织材料制针织或钩编连衣裙(化纤限内)	22.8	130.0	17.0		件/千克	G
6104 49 00.99ˉ	其他纺织材料制针织或钩编连衣裙	22.8	130.0	17.0		件/千克	G
6104 51 00ˉ	毛制针织或钩编裙子及裙裤	22.3	130.0	17.0		件/千克	G
6104 52 00ˉ	棉制针织裙子及裙裤	18.7	90.0	17.0		件/千克	G
6104 53 00.10ˉ	合纤制针织或钩编裙子及裙裤(含羊毛或动物细毛23%及以上)	22.8	130.0	17.0		件/千克	G
6104 53 00.90ˉ	其他合纤制针织或钩编裙子及裙裤	22.8	130.0	17.0		件/千克	G
6104 59 00.10ˉ	丝及绢丝制针织或钩编裙子及裙裤(含丝70%及以上)	22.3	130.0	17.0		件/千克	
6104 59 00.21ˉ	人纤制针织或钩编裙子及裙裤(含羊毛或动物细毛23%及以上)	22.3	130.0	17.0		件/千克	G
6104 59 00.29ˉ	其他人纤制针织或钩编裙子及裙裤	22.3	130.0	17.0		件/千克	G
6104 59 00.91ˉ	其他纺材制针织或钩编裙子及裙裤(棉限内)	22.3	130.0	17.0		件/千克	G
6104 59 00.92ˉ	其他纺材制针织或钩编裙子及裙裤(羊毛限内)	22.3	130.0	17.0		件/千克	G
6104 59 00.93ˉ	其他纺材制针织或钩编裙子及裙裤(化纤限内)	22.3	130.0	17.0		件/千克	G
6104 59 00.99ˉ	其他纺材制针织或钩编裙子及裙裤	22.3	130.0	17.0		件/千克	
6104 61 00.10ˉ	毛制针织或钩编女护胸背带工装裤	22.8	130.0	17.0		条/千克	G
6104 61 00.20ˉ	毛制针织或钩编女长裤、马裤(包括女童7－16号)	22.8	130.0	17.0		条/千克	G
6104 61 00.90ˉ	毛制针织或钩编其他女裤(包括短裤及其他女童裤)	22.8	130.0	17.0		条/千克	G
6104 62 00.10ˉ	棉制针织或钩编护胸背带女工装裤(保暖护胸背带工装裤)	19.3	90.0	17.0		条/千克	G

商品编号	商品名称备注	进口税率		增值税	消费税	计量单位	监管条件
		最惠国	普通				
6104 62 00.20^	棉针织或钩编非保暖女成人工装裤(护胸背带工装裤)	19.3	90.0	17.0		条/千克	G
6104 62 00.30^	棉制针织或钩编女童游戏套装长裤(指女童7-16号,包括马裤)	19.3	90.0	17.0		条/千克	G
6104 62 00.40^	棉针织或钩编其他女童游戏套装裤(包括马裤、短裤、非保暖护胸背带工装裤及其他长裤)	19.3	90.0	17.0		条/千克	G
6104 62 00.50*^	棉制针织或钩编女长裤、马裤(包括女童7-16号)	19.3	90.0	17.0		条/千克	G
6104 62 00.90^	棉制针织或钩编其他女裤(包括短裤及其他女童裤)	19.3	90.0	17.0		条/千克	G
6104 63 00.10^	合成纤维制护胸背带女工装裤(针织或钩编,包括女童护胸背带工装裤)	23.1	130.0	17.0		条/千克	G
6104 63 00.21^	合成纤维制针织或钩编女长裤(含毛或动物细毛23%及以上,包括女童7-16号)	23.1	130.0	17.0		条/千克	G
6104 63 00.29^	合成纤维制针织或钩编其他女裤(含毛或动物细毛23%及以上,包括长裤、短裤)	23.1	130.0	17.0		条/千克	G
6104 63 00.91^	其他合纤制女童游戏套装长裤马裤(针织或钩编,指女童7-16号)	23.1	130.0	17.0		条/千克	G
6104 63 00.92^	其他合成纤维制女童游戏套装裤(针织或钩编,包括短裤及其他长裤)	23.1	130.0	17.0		条/千克	G
6104 63 00.99^	其他合成纤维制针织或钩编女裤(包括长裤、马裤、短裤)	23.1	130.0	17.0		条/千克	G
6104 69 00.11^	丝及绢丝制针织或钩编女工装裤(含丝70%及以上)	20.8	130.0	17.0		条/千克	G
6104 69 00.12^	丝及绢丝制针织或钩编女长裤马裤(含丝70%及以上,包括女童7-16号)	20.8	130.0	17.0		条/千克	
6104 69 00.13^	丝及绢丝制针织或钩编女短裤(含丝70%及以上,包括女童7-16号)	20.8	130.0	17.0		条/千克	G
6104 69 00.19^	丝及绢丝制针织或钩编其他女长裤(含丝70%及以上)	20.8	130.0	17.0		条/千克	
6104 69 00.21^	人造纤维制护胸背带女工装裤(针织或钩编)	20.8	130.0	17.0		条/千克	G
6104 69 00.22^	人造纤维制针织或钩编女长裤马裤(含毛或动物细毛23%及以上,包括女童7-16号)	20.8	130.0	17.0		条/千克	G
6104 69 00.23^	人造纤维制针织或钩编其他女裤(含毛或动物细毛23%及以上,包括长裤、短裤)	20.8	130.0	17.0		条/千克	G
6104 69 00.24^	其他人造纤维制女长裤(针织或钩编,包括女童7-16号)	20.8	130.0	17.0		条/千克	G
6104 69 00.29^	其他人纤制针织或钩编其他女裤(包括长裤、马裤)	20.8	130.0	17.0		条/千克	G
6104 69 00.31^	其他纺材制针织或钩编女工装裤(棉限内)	20.8	130.0	17.0		条/千克	G
6104 69 00.32^	其他纺材制针织或钩编女工装裤(羊毛限内)	20.8	130.0	17.0		条/千克	G

商品编号	商 品 名 称 备 注	进口税率		增值税	消费税	计量单位	监管条件
		最惠国	普通				
6104 69 00.33^	其他纺材制针织或钩编女工装裤(化纤限内)	20.8	130.0	17.0		条/千克	G
6104 69 00.39^	其他纺材制针织或钩编女工装裤	20.8	130.0	17.0		条/千克	G
6104 69 00.41^	其他纺织材料制针织或钩编女长裤(棉限内,包括女童7-16号,包括马裤)	20.8	130.0	17.0		条/千克	G
6104 69 00.42^	其他纺织材料制针织或钩编女长裤(羊毛限内,包括女童7-16号,包括马裤)	20.8	130.0	17.0		条/千克	G
6104 69 00.43^	其他纺织材料制针织或钩编女长裤(化纤限内,包括女童7-16号,包括马裤)	20.8	130.0	17.0		条/千克	G
6104 69 00.49^	其他纺织材料制针织或钩编女长裤(包括女童7-16号,包括马裤)	20.8	130.0	17.0		条/千克	G
6104 69 00.51*^	其他纺织材料针织钩编其他女长裤(棉限内)	20.8	130.0	17.0		条/千克	G
6104 69 00.52*^	其他纺织材料针织钩编其他女长裤(羊毛限内)	20.8	130.0	17.0		条/千克	G
6104 69 00.53*^	其他纺织材料针织钩编其他女长裤(化纤限内)	20.8	130.0	17.0		条/千克	G
6104 69 00.59*^	其他纺织材料针织钩编其他女长裤	20.8	130.0	17.0		条/千克	G
6104 69 00.61^	其他纺织材料制针织或钩编女短裤(棉限内)	20.8	130.0	17.0		条/千克	G
6104 69 00.62^	其他纺织材料制针织或钩编女短裤(羊毛限内)	20.8	130.0	17.0		条/千克	G
6104 69 00.63^	其他纺织材料制针织或钩编女短裤(化纤限内)	20.8	130.0	17.0		条/千克	G
6104 69 00.69^	其他纺织材料制针织或钩编女短裤	20.8	130.0	17.0		条/千克	G
6105	**针织或钩编的男衬衫**						
6105 10 00.11^	棉制针织或钩编男童游戏套装衬衫(不带特制领,指男童8-18号)	19.3	90.0	17.0		件/千克	G
6105 10 00.19^	棉制其他男童游戏套装装衬衫(针织或钩编)	19.3	90.0	17.0		件/千克	G
6105 10 00.91^	其他棉制针织或钩编男衬衫(不带特制领,包括男童8-18号)	19.3	90.0	17.0		件/千克	G
6105 10 00.99^	其他棉制针织或钩编其他男衬衫	19.3	90.0	17.0		件/千克	G
6105 20 00.11^	化纤制针织或钩编男衬衫(含羊毛23%及以上,不带特制领,包括男童8-18号)	23.1	130.0	17.0		件/千克	G
6105 20 00.19^	化纤制针织或钩编其他男衬衫(含羊毛23%及以上)	23.1	130.0	17.0		件/千克	G
6105 20 00.21^	化纤针织或钩编男童游戏套装衬衫(不带特制领,指男童8-18号)	23.1	130.0	17.0		件/千克	G
6105 20 00.29^	化纤制其他男童游戏套装衬衫(针织或钩编)	23.1	130.0	17.0		件/千克	G
6105 20 00.91^	其他化纤制针织或钩编男衬衫(不带特制领,包括男童8-18号)	23.1	130.0	17.0		件/千克	G
6105 20 00.99^	其他化纤制针织或钩编其他男衬衫	23.1	130.0	17.0		件/千克	G
6105 90 00.11^	丝及绢丝制针织或钩编男衬衫(含丝70%及以上,不带特制领,包括男童8-18号)	22.8	130.0	17.0		件/千克	G
6105 90 00.19^	丝及绢丝制针织或钩编其他男衬衫(含丝70%及以上)	22.8	130.0	17.0		件/千克	G
6105 90 00.21^	羊毛或动物细毛制男衬衫(针织或钩编,不带特制领,包括男童8-18号)	22.8	130.0	17.0		件/千克	G

商品编号	商 品 名 称 备 注	进口税率		增值税	消费税	计量单位	监管条件
		最惠国	普通				
6105 90 00.29ˆ	羊毛或动物细毛制其他男衬衫(针织或钩编)	22.8	130.0	17.0		件/千克	G
6105 90 00.31ˆ	其他纺织材料制针织或钩编男衬衫(棉限内,不带特制领,包括男童8-18号)	22.8	130.0	17.0		件/千克	G
6105 90 00.32ˆ	其他纺织材料制针织或钩编男衬衫(羊毛限内,不带特制领,包括男童8-18号)	22.8	130.0	17.0		件/千克	G
6105 90 00.33ˆ	其他纺织材料制针织或钩编男衬衫(化纤限内,不带特制领,包括男童8-18号)	22.8	130.0	17.0		件/千克	G
6105 90 00.39ˆ	其他纺织材料制针织或钩编男衬衫(不带特制领,包括男童8-18号)	22.8	130.0	17.0		件/千克	G
6105 90 00.41ˆ	其他纺织材料制针织或钩编男衬衫(棉限内)	22.8	130.0	17.0		件/千克	G
6105 90 00.42ˆ	其他纺织材料制针织或钩编男衬衫(羊毛限内)	22.8	130.0	17.0		件/千克	G
6105 90 00.43ˆ	其他纺织材料制针织或钩编男衬衫(化纤限内)	22.8	130.0	17.0		件/千克	G
6105 90 00.49ˆ	其他纺材制针织或钩编其他男衬衫	22.8	130.0	17.0		件/千克	G
6106	**针织或钩编的女衬衫**						
6106 10 00.10ˆ	棉制针织或钩编女童游戏套装衬衫	19.3	90.0	17.0		件/千克	G
6106 10 00.90ˆ	棉制针织或钩编其他女衬衫	19.3	90.0	17.0		件/千克	G
6106 20 00.10ˆ	化纤制针织或钩编女衬衫(含羊毛23%及以上)	23.1	130.0	17.0		件/千克	G
6106 20 00.20ˆ	其他化纤制女童游戏套装衬衫(针织或钩编)	23.1	130.0	17.0		件/千克	G
6106 20 00.90ˆ	其他化纤针织或钩编未列名女衬衫(针织或钩编)	23.1	130.0	17.0		件/千克	G
6106 90 00.10ˆ	丝及绢丝制针织或钩编女衬衫(含丝70%及以上)	22.8	130.0	17.0		件/千克	G
6106 90 00.20ˆ	羊毛或动物细毛针织或钩编女衬衫	22.8	130.0	17.0		件/千克	G
6106 90 00.31ˆ	其他纺织材料制针织或钩编女衬衫(棉限内)	22.8	130.0	17.0		件/千克	G
6106 90 00.32ˆ	其他纺织材料制针织或钩编女衬衫(羊毛限内)	22.8	130.0	17.0		件/千克	G
6106 90 00.33ˆ	其他纺织材料制针织或钩编女衬衫(化纤限内)	22.8	130.0	17.0		件/千克	G
6106 90 00.39ˆ	其他纺织材料制针织或钩编女衬衫	22.8	130.0	17.0		件/千克	G
6107	**针织或钩编的男式内裤、三角裤、长睡衣、睡衣裤、浴衣、晨衣及类似品**						
6107 11 00	棉制针织或钩编男内裤及三角裤	18.7	90.0	17.0		件/千克	G
6107 12 00ˆ	化纤制针织或钩编男内裤及三角裤	22.0	130.0	17.0		件/千克	G
6107 19 10.10ˆ	丝及绢丝制男内裤及三角裤(含丝70%及以上,针织或钩编)	22.3	130.0	17.0		件/千克	
6107 19 10.90ˆ	其他丝及绢丝制男内裤及三角裤(含丝70%以下,针织或钩编)	22.3	130.0	17.0		件/千克	G
6107 19 90.10ˆ	羊毛或动物细毛制男内裤及三角裤(针织或钩编)	22.3	130.0	17.0		件/千克	G
6107 19 90.90ˆ	其他纺织材料制男内裤及三角裤(针织或钩编)	22.3	130.0	17.0		件/千克	G
6107 21 00	棉制针织或钩编男长睡衣及睡衣裤	18.7	90.0	17.0		件/千克	G
6107 22 00ˆ	化纤制针织或钩编男睡衣裤(包括长睡衣)	22.0	130.0	17.0		件/千克	G

商品编号	商 品 名 称 备 注	进口税率		增值税	消费税	计量单位	监管条件
		最惠国	普通				
6107 29 10.10^	丝及绢丝制针织或钩编男睡衣裤(含丝70%及以上,包括长睡衣)	22.3	130.0	17.0		件/千克	
6107 29 10.90^	其他丝及绢丝制针织或钩编男睡衣(含丝70%以下,包括长睡衣)	22.3	130.0	17.0		件/千克	
6107 29 90.10^	羊/动物细毛针织或钩编男睡衣裤(包括长睡衣)	22.3	130.0	17.0		件/千克	G
6107 29 90.90^	其他纺材制针织或钩编男睡衣裤(包括长睡衣)	22.3	130.0	17.0		件/千克	
6107 91 00.10	棉制针织或钩编其他睡衣裤	18.7	90.0	17.0		件/千克	G
6107 91 00.90	棉制针织或钩编男浴衣.晨衣等(包括类似品)	18.7	90.0	17.0		件/千克	G
6107 92 00.10^	化纤制针织或钩编其他睡衣裤	22.0	130.0	17.0		件/千克	G
6107 92 00.90^	化纤制针织或钩编男浴衣、晨衣(包括类似品)	22.0	130.0	17.0		件/千克	G
6107 99 00.10^	丝及绢丝制男浴衣,晨衣(含丝70%及以上,包括类似品,针织或钩编)	22.3	130.0	17.0		件/千克	G
6107 99 00.20^	羊毛或动物细毛制男浴衣,晨衣(包括类似品)	22.3	130.0	17.0		件/千克	G
6107 99 00.90^	其他纺织材料制男浴衣,晨衣(包括类似品,针织或钩编)	22.3	130.0	17.0		件/千克	G
6108	**针织或钩编的女式长衬裙、衬裙、三角裤、短衬裤、睡衣、睡衣裤、浴衣、晨衣及类似品**						
6108 11 00^	化纤制针织或钩编长衬裙及衬裙	22.0	130.0	17.0		件/千克	G
6108 19 10	棉制针织或钩编女式长衬裙及衬裙	18.7	90.0	17.0		件/千克	G
6108 19 20.10	丝及绢丝制女式长衬裙及衬裙(针织或钩编,含丝70%及以上)	22.3	130.0	17.0		件/千克	
6108 19 20.90	其他丝及绢丝制女式长衬裙及衬裙(针织或钩编,含丝70%以下)	22.3	130.0	17.0		件/千克	G
6108 19 90^	其他纺织材料制女式长衬裙及衬裙(针织或钩编)	22.3	130.0	17.0		件/千克	G
6108 21 00	棉制针织或钩编女三角裤及短衬裤	18.7	90.0	17.0		件/千克	G
6108 22 00.10^	化纤制一次性女三角裤及短衬裤(针织或钩编)	22.0	130.0	17.0		件/千克	G
6108 22 00.90^	化纤制其他女三角裤及短衬裤(针织或钩编)	22.0	130.0	17.0		件/千克	G
6108 29 10.10^	丝及绢丝制女三角裤及短衬裤(针织或钩编,含丝70%及以上)	22.3	130.0	17.0		件/千克	
6108 29 10.90^	其他丝及绢丝制女三角裤及短衬裤(针织或钩编,含丝70%以下)	22.3	130.0	17.0		件/千克	G
6108 29 90.10^	羊毛制针织钩编女三角裤及短衬裤(针织或钩编)	22.3	130.0	17.0		件/千克	G
6108 29 90.90^	其他纺织材料制女三角裤及短衬裤(针织或钩编)	22.3	130.0	17.0		件/千克	G
6108 31 00	棉制针织或钩编女睡衣及睡衣裤	18.7	90.0	17.0		件/千克	G
6108 32 00^	化纤制针织或钩编女睡衣及睡衣裤	22.0	130.0	17.0		件/千克	G
6108 39 10.10^	丝及绢丝制女睡衣及睡衣裤(针织或钩编,含丝70%及以上)	22.3	130.0	17.0		件/千克	

商品编号	商 品 名 称 备 注	进口税率		增值税	消费税	计量单位	监管条件
		最惠国	普通				
6108 39 10.90	其他丝及绢丝制女睡衣及睡衣裤(针织或钩编,含丝70%以下)	22.3	130.0	17.0		件/千克	
6108 39 90.10	羊毛或动物细毛制女睡衣及睡衣裤(针织或钩编)	22.3	130.0	17.0		件/千克	G
6108 39 90.90	其他纺织材料制女睡衣及睡衣裤(针织或钩编)	22.3	130.0	17.0		件/千克	
6108 91 00.10	棉制针织或钩编女内裤,内衣	18.7	90.0	17.0		件/千克	G
6108 91 00.90	其他棉制针织或钩编女浴衣、晨衣(包括类似品)	18.7	90.0	17.0		件/千克	G
6108 92 00.10	化纤制针织或钩编女内裤,内衣	22.0	130.0	17.0		件/千克	G
6108 92 00.90	其他化纤针织或钩编女浴衣、晨衣(包括类似品)	22.0	130.0	17.0		件/千克	G
6108 99 00.10	丝及绢丝制制女浴衣、晨衣(针织或钩编.包括类似品.含丝70%及以上)	22.3	130.0	17.0		件/千克	G
6108 99 00.20	羊毛或动物细毛制女浴衣、晨衣(针织或钩编,包括类似品)	22.3	130.0	17.0		件/千克	G
6108 99 00.90	其他纺织材料制女浴衣、晨衣(针织或钩编,包括类似品)	22.3	130.0	17.0		件/千克	G
6109	**针织或钩编的T恤衫、汗衫及其他背心**						
6109 10 00.10	棉制针织或钩编T恤衫、汗衫等(内衣式,包括其他背心)	18.7	90.0	17.0		件/千克	G
6109 10 00.21	其他棉制针织或钩编男式T恤衫(内衣除外)	18.7	90.0	17.0		件/千克	G
6109 10 00.22	其他棉制针织或钩编女式T恤衫(内衣除外)	18.7	90.0	17.0		件/千克	G
6109 10 00.91	其他棉制男式汗衫及其他背心(针织或钩编,内衣除外,包括男童8-18号)	18.7	90.0	17.0		件/千克	G
6109 10 00.92	其他棉制男式汗衫及其他背心(针织或钩编,内衣除外)	18.7	90.0	17.0		件/千克	G
6109 10 00.99	其他棉制女式汗衫及其他背心(针织或钩编,内衣除外)	18.7	90.0	17.0		件/千克	G
6109 90 10.11	丝及绢丝针织钩编T恤衫汗衫背心(内衣式,含丝≥70%)	22.3	130.0	17.0		件/千克	G
6109 90 10.19	其他丝及绢丝针织钩编T恤衫背心(包括汗衫,内衣式,含丝70%以下)	22.3	130.0	17.0		件/千克	G
6109 90 10.21	丝及绢丝针织钩编汗衫背心(内衣除外,含丝≥70%含男童8-18女童7-16号)	22.3	130.0	17.0		件/千克	G
6109 90 10.29	其他丝及绢丝针织钩编汗衫背心(内衣除外,含丝<70%含男童8-18女童7-16号)	22.3	130.0	17.0		件/千克	G
6109 90 10.91	其他丝及绢丝针织钩编T恤衫汗衫(含丝≥70%,包括其他背心)	22.3	130.0	17.0		件/千克	G
6109 90 10.99	其他丝及绢丝针织钩编T恤衫汗衫(含丝<70%,包括其他背心)	22.3	130.0	17.0		件/千克	G
6109 90 90.11	毛制针织或钩编T恤衫、汗衫等(内衣式,长袖衫)	22.3	130.0	17.0		件/千克	G

商品编号	商 品 名 称 备 注	进口税率		增值税	消费税	计量单位	监管条件
		最惠国	普通				
6109 90 90.12^	毛制针织或钩编男式T恤衫、汗衫(内衣式,长袖衫除外)	22.3	130.0	17.0		件/千克	G
6109 90 90.13^	毛制针织或钩编女式T恤衫、汗衫(内衣式,长袖衫除外)	22.3	130.0	17.0		件/千克	G
6109 90 90.21^	毛制针织或钩编男式其他T恤衫(内衣除外)	22.3	130.0	17.0		件/千克	G
6109 90 90.22^	毛制针织或钩编女式其他T恤衫(内衣除外)	22.3	130.0	17.0		件/千克	G
6109 90 90.31^	毛制男式汗衫及其他背心(针织或钩编,内衣除外,含男童8-18号)	22.3	130.0	17.0		件/千克	G
6109 90 90.32^	其他毛制男式汗衫及其他背心(针织或钩编,内衣除外)	22.3	130.0	17.0		件/千克	G
6109 90 90.33^	其他毛制女式汗衫及其他背心(针织或钩编,内衣除外)	22.3	130.0	17.0		件/千克	G
6109 90 90.41^	化纤制针织或钩编保暖式内衣	22.3	130.0	17.0		件/千克	G
6109 90 90.42^	化纤制针织或钩编其他男内衣	22.3	130.0	17.0		件/千克	G
6109 90 90.43^	化纤制针织或钩编其他女内衣	22.3	130.0	17.0		件/千克	G
6109 90 90.51 *^	化纤制针织或钩编男式T恤衫(内衣除外)	22.3	130.0	17.0		件/千克	G
6109 90 90.52 *^	化纤制针织或钩编女式T恤衫(内衣除外)	22.3	130.0	17.0		件/千克	G
6109 90 90.61^	化纤针织钩编男汗衫及其他背心(内衣除外,包括男童8-18号)	22.3	130.0	17.0		件/千克	G
6109 90 90.62^	其他化纤制男式汗衫及其他背心(针织或钩编,内衣除外)	22.3	130.0	17.0		件/千克	G
6109 90 90.63^	其他化纤制女式汗衫及其他背心(针织或钩编,内衣除外)	22.3	130.0	17.0		件/千克	G
6109 90 90.91^	其他纺织材料制T恤衫.汗衫等(针织或钩编,内衣式,包括其他背心)	22.3	130.0	17.0		件/千克	G
6109 90 90.92^	其他纺材针织钩编汗衫及其他背心(内衣除外,包括男童8-18,女童7-16号)	22.3	130.0	17.0		件/千克	G
6109 90 90.93^	其他纺材制针织钩编T恤衫汗衫(内衣除外,包括其他背心)	22.3	130.0	17.0		件/千克	G
6110	**针织或钩编的套头衫、开襟衫、马甲及类似品**						
6110 11 00.11^	羊毛制手工针织或钩编起绒马甲	22.3	130.0	17.0		件/千克	BG
6110 11 00.19^	羊毛制针织或钩编起绒马甲	22.3	130.0	17.0		件/千克	BG
6110 11 00.21^	羊毛制手工制起绒男毛衫(针织或钩编)	22.3	130.0	17.0		件/千克	BG
6110 11 00.29^	羊毛针织制或钩编起绒男毛衫	22.3	130.0	17.0		件/千克	BG
6110 11 00.31^	羊毛制手工制起绒女毛衫(针织或钩编)	22.3	130.0	17.0		件/千克	BG
6110 11 00.39^	羊毛制针织或钩编起绒女毛衫	22.3	130.0	17.0		件/千克	BG
6110 11 00.41^	羊毛手工制起绒套头衫等(包括开襟衫、背心及类似品,针织或钩编)	22.3	130.0	17.0		件/千克	BG
6110 11 00.49^	羊毛针织或钩编起绒套头衫等(包括开襟衫背心及类似品)	22.3	130.0	17.0		件/千克	BG
6110 11 00.51 *^	羊毛手工制非起绒马甲(针织或钩编)	22.3	130.0	17.0		件/千克	BG

商品编号	商 品 名 称 备 注	进口税率		增值税	消费税	计量单位	监管条件
		最惠国	普通				
6110 11 00.59 *^	羊毛针织或钩编非起绒马甲	22.3	130.0	17.0		件/千克	BG
6110 11 00.61^	其他羊毛手工制非起绒男毛衫(针织或钩编)	22.3	130.0	17.0		件/千克	BG
6110 11 00.69^	其他羊毛针织或钩编非起绒男毛衫	22.3	130.0	17.0		件/千克	BG
6110 11 00.71^	其他羊毛制手工制非起绒女毛衫(针织或钩编)	22.3	130.0	17.0		件/千克	BG
6110 11 00.79^	其他羊毛针织或钩编非起绒女毛衫	22.3	130.0	17.0		件/千克	BG
6110 11 00.91^	其他羊毛制手工制非起绒套头衫等(针织或钩编,包括开襟衫、背心及类似品)	22.3	130.0	17.0		件/千克	BG
6110 11 00.99^	其他羊毛制非起绒套头衫等(针织或钩编,包括开襟衫、背心及类似品)	22.3	130.0	17.0		件/千克	BG
6110 12 00.11^	喀什米山羊细毛手工起绒男套头衫(针织或钩编,包括开襟衫、外穿背心及类似品)	22.3	130.0	17.0		件/千克	BG
6110 12 00.19^	喀什米尔山羊细毛制起绒男套头衫(针织或钩编,包括开襟衫、外穿背心及类似品)	22.3	130.0	17.0		件/千克	BG
6110 12 00.21^	喀什米山羊细毛手工起绒女套头衫(针织或钩编,包括开襟衫、外穿背心及类似品)	22.3	130.0	17.0		件/千克	BG
6110 12 00.29^	喀什米尔山羊细毛制起绒女套头衫(针织或钩编,包括开襟衫、外穿背心及类似品)	22.3	130.0	17.0		件/千克	BG
6110 12 00.31^	喀什米羊细毛手工非起绒男套头衫(针织或钩编,包括开襟衫、外穿背心及类似品)	22.3	130.0	17.0		件/千克	BG
6110 12 00.39^	喀什米尔山羊细毛非起绒男套头衫(针织或钩编,包括开襟衫、外穿背心及类似品)	22.3	130.0	17.0		件/千克	BG
6110 12 00.41^	喀什米羊细毛手工非起绒女套头衫(针织或钩编,包括开襟衫、外穿背心及类似品)	22.3	130.0	17.0		件/千克	BG
6110 12 00.49^	喀什米尔山羊细毛非起绒女套头衫(针织或钩编,包括开襟衫、外穿背心及类似品)	22.3	130.0	17.0		件/千克	BG
6110 19 10.11^	其他山羊细毛手工起绒男套头衫(针织或钩编,包括开襟衫、背心及类似品)	22.3	130.0	17.0		件/千克	BG
6110 19 10.19^	其他山羊细毛制起绒男套头衫(针织或钩编,包括开襟衫、背心及类似品)	22.3	130.0	17.0		件/千克	BG
6110 19 10.21^	其他山羊细毛手工起绒女套头衫(针织或钩编,包括开襟衫、背心及类似品)	22.3	130.0	17.0		件/千克	BG
6110 19 10.29^	其他山羊细毛制起绒女套头衫(针织或钩编,包括开襟衫、背心及类似品)	22.3	130.0	17.0		件/千克	BG
6110 19 10.31^	其他山羊细毛手工非起绒男套头衫(针织或钩编,包括开襟衫、背心及类似品)	22.3	130.0	17.0		件/千克	BG
6110 19 10.39^	其他山羊细毛非起绒男套头衫(针织或钩编,包括开襟衫、背心及类似品)	22.3	130.0	17.0		件/千克	BG
6110 19 10.41^	其他山羊细毛手工非起绒女套头衫(针织或钩编,包括开襟衫、背心及类似品)	22.3	130.0	17.0		件/千克	BG
6110 19 10.49^	其他山羊细毛非起绒女套头衫(针织或钩编,包括开襟衫、背心及类似品)	22.3	130.0	17.0		件/千克	BG

商品编号	商 品 名 称 备 注	进口税率		增值税	消费税	计量单位	监管条件
		最惠国	普通				
6110 19 20.11ˆ	兔毛制手工针织或钩编起绒马甲	22.3	130.0	17.0		件/千克	G
6110 19 20.19ˆ	兔毛制针织或钩编起绒马甲	22.3	130.0	17.0		件/千克	G
6110 19 20.21ˆ	兔毛制手工针织或钩编起绒男毛衫	22.3	130.0	17.0		件/千克	G
6110 19 20.29ˆ	兔毛制针织或钩编起绒男毛衫	22.3	130.0	17.0		件/千克	G
6110 19 20.31ˆ	兔毛制手工针织或钩编起绒女毛衫	22.3	130.0	17.0		件/千克	G
6110 19 20.39ˆ	兔毛制针织或钩编起绒女毛衫	22.3	130.0	17.0		件/千克	G
6110 19 20.41ˆ	其他兔毛制手工制起绒套头衫等(针织或钩编,包括开禁衫、背心及类似品)	22.3	130.0	17.0		件/千克	G
6110 19 20.49ˆ	其他兔毛制起绒套头衫等(针织或钩编,包括开禁衫、背心及类似品)	22.3	130.0	17.0		件/千克	G
6110 19 20.51*ˆ	兔毛制手工制非起绒马甲(针织或钩编,)	22.3	130.0	17.0		件/千克	G
6110 19 20.59*ˆ	兔毛制针织或钩编非起绒马甲	22.3	130.0	17.0		件/千克	G
6110 19 20.61ˆ	兔毛手工制非起绒男毛衫(针织或钩编)	22.3	130.0	17.0		件/千克	G
6110 19 20.69ˆ	兔毛针织或钩编非起绒男毛衫	22.3	130.0	17.0		件/千克	G
6110 19 20.71ˆ	兔毛制手工制非起绒女毛衫(针织或钩编)	22.3	130.0	17.0		件/千克	G
6110 19 20.79ˆ	兔毛制针织或钩编非起绒女毛衫	22.3	130.0	17.0		件/千克	G
6110 19 20.91ˆ	其他兔毛制手工制非起绒套头衫等(针织或钩编,包括开襟衫、背心及类似品)	22.3	130.0	17.0		件/千克	G
6110 19 20.99ˆ	其他兔毛制非起绒套头衫等(针织或钩编,包括开襟衫、背心及类似品)	22.3	130.0	17.0		件/千克	G
6110 19 90.11ˆ	其他动物细毛制手工起绒马甲(针织或钩编)	22.3	130.0	17.0		件/千克	G
6110 19 90.19ˆ	其他动物细毛制起绒马甲(针织或钩编)	22.3	130.0	17.0		件/千克	G
6110 19 90.21ˆ	其他动物细毛手工起绒男毛衫(针织或钩编)	22.3	130.0	17.0		件/千克	G
6110 19 90.29ˆ	其他动物细毛制起绒男毛衫(针织或钩编)	22.3	130.0	17.0		件/千克	G
6110 19 90.31ˆ	其他动物细毛手工起绒女毛衫(针织或钩编)	22.3	130.0	17.0		件/千克	G
6110 19 90.39ˆ	其他动物细毛制起绒女毛衫(针织或钩编)	22.3	130.0	17.0		件/千克	G
6110 19 90.41ˆ	其他动物细毛手工起绒套头衫(针织或钩编,包括开襟衫、背心及类似品)	22.3	130.0	17.0		件/千克	G
6110 19 90.49ˆ	其他动物细毛制起绒套头衫(针织或钩编,包括开襟衫、背心及类似品)	22.3	130.0	17.0		件/千克	G
6110 19 90.51*ˆ	其他动物细毛制手工非起绒马甲(针织或钩编)	22.3	130.0	17.0		件/千克	G
6110 19 90.59*ˆ	其他动物细毛制非起绒马甲(针织或钩编)	22.3	130.0	17.0		件/千克	G
6110 19 90.61ˆ	其他动物细毛手工非起绒男毛衫(针织或钩编)	22.3	130.0	17.0		件/千克	G
6110 19 90.69ˆ	其他动物细毛非起绒男毛衫(针织或钩编)	22.3	130.0	17.0		件/千克	G
6110 19 90.71ˆ	其他动物细毛手工非起绒女毛衫(针织或钩编)	22.3	130.0	17.0		件/千克	G
6110 19 90.79ˆ	其他动物细毛非起绒女毛衫(针织或钩编)	22.3	130.0	17.0		件/千克	G
6110 19 90.91ˆ	其他动物细毛手工非起绒套头衫(针织或钩编,包括开襟衫、背心及类似品)	22.3	130.0	17.0		件/千克	G
6110 19 90.99ˆ	其他动物细毛非起绒套头衫(针织或钩编,包括开襟衫、背心及类似品)	22.3	130.0	17.0		件/千克	G

商品编号	商 品 名 称 备 注	进口税率		增值税	消费税	计量单位	监管条件
		最惠国	普通				
6110 20 00.11^	棉制儿童游戏套装紧身衫及套头衫(针织起绒,轻薄细针翻领、开领、高领,含亚麻36%以下)	17.5	90.0	17.0		件/千克	G
6110 20 00.12^	棉制其他起绒儿童游戏套头衫等(针织钩编,包括开襟衫、背心及类似品,含亚麻36%以下)	17.5	90.0	17.0		件/千克	G
6110 20 00.20^	棉制针织或钩编起绒马甲(毛衫、背心除外)	17.5	90.0	17.0		件/千克	G
6110 20 00.31^	棉制针织起绒紧身及套头毛衫(轻薄细针翻领、开领、高领)	17.5	90.0	17.0		件/千克	G
6110 20 00.32^	棉制针织起绒男紧身衫及套头衫(轻薄细针翻领、开领、高领)	17.5	90.0	17.0		件/千克	G
6110 20 00.33^	棉制针织起绒女紧身衫及套头衫(轻薄细针翻领、开领、高领)	17.5	90.0	17.0		件/千克	G
6110 20 00.41^	棉制针织或钩编起绒其他毛衫	17.5	90.0	17.0		件/千克	G
6110 20 00.42^	棉制针织或钩编起绒男套头衫等(包括开襟衫、背心及类似品)	17.5	90.0	17.0		件/千克	G
6110 20 00.43^	棉制针织或钩编起绒女套头衫等(包括开襟衫背心及类似品)	17.5	90.0	17.0		件/千克	G
6110 20 00.51 * ^	其他棉儿童游戏套装紧身及套头衫(针织、非起绒、轻薄细针翻领、开领、高领)	17.5	90.0	17.0		件/千克	G
6110 20 00.52 * ^	其他棉儿童游戏套装套头衫等(针织或钩编、非起绒、包括开襟衫、背心及类似品)	17.5	90.0	17.0		件/千克	G
6110 20 00.60^	其他棉制针织或钩编非起绒马甲(毛衫、背心除外)	17.5	90.0	17.0		件/千克	G
6110 20 00.71^	棉制针织非起绒男紧身及套头衫等(轻薄细针翻领、开领、高领)	17.5	90.0	17.0		件/千克	G
6110 20 00.72^	棉制非起绒男紧身衫及套头衫(轻薄细针翻领、开领、高领)	17.5	90.0	17.0		件/千克	G
6110 20 00.73^	棉制针织非起绒女紧身衫及套头衫(轻薄细针翻领、开领、高领)	17.5	90.0	17.0		件/千克	G
6110 20 00.91^	其他棉制针织或钩编非起绒毛衫	17.5	90.0	17.0		件/千克	G
6110 20 00.92^	其他棉制非起绒男套头衫等(针织或钩编,包括开襟衫、背心及类似品)	17.5	90.0	17.0		件/千克	G
6110 20 00.99^	棉制针织或钩编女套头衫等(包括开襟衫、背心及类似品)	17.5	90.0	17.0		件/千克	G
6110 30 00.11^	化纤儿童游戏套装紧身衫及套头衫(针织起绒轻薄细针翻领开领高领毛＜23%丝＜30%)	22.0	130.0	17.0		件/千克	G
6110 30 00.12^	化纤儿童游戏套装紧身衫及套头衫(针织起绒轻薄细针翻领开领高领含毛＜23%含丝＜30%)	22.0	130.0	17.0		件/千克	G
6110 30 00.21^	化纤制针织或钩编起绒马甲(含羊毛或动物细毛23%及以上)	22.0	130.0	17.0		件/千克	G
6110 30 00.22^	化纤制针织起绒男紧身及套头毛衫(含羊毛/动物细毛23%及以上,轻薄细针翻领开领高领)	22.0	130.0	17.0		件/千克	G

商品编号	商品名称备注	进口税率		增值税	消费税	计量单位	监管条件
		最惠国	普通				
6110 30 00.23^	化纤制针织或钩编起绒男毛衫(含羊毛/动物细毛23%及以上)	22.0	130.0	17.0		件/千克	G
6110 30 00.24^	化纤制针织起绒女紧身及套头毛衫	22.0	130.0	17.0		件/千克	G
6110 30 00.25^	化纤制针织或钩编起绒女毛衫(含羊毛动物细毛23%及以上)	22.0	130.0	17.0		件/千克	G
6110 30 00.26^	其他化纤针织起绒套头衫(含羊毛或动物细毛≥23%,轻薄细针翻领、开领、高领)	22.0	130.0	17.0		件/千克	G
6110 30 00.29^	其他化纤针织或钩编起绒开襟衫等(含羊毛或动物细毛≥23%,包括背心及类似品)	22.0	130.0	17.0		件/千克	G
6110 30 00.31^	其他化纤制针织或钩编起绒马甲	22.0	130.0	17.0		件/千克	G
6110 30 00.32^	化纤针织或起绒男紧身及套头毛衫(轻薄细针翻领、开领、高领)	22.0	130.0	17.0		件/千克	G
6110 30 00.33^	其他化纤制针织或钩编起绒男毛衫	22.0	130.0	17.0		件/千克	G
6110 30 00.34^	化纤制针织起绒女紧身及套头毛衫(轻薄细针,翻领、开领、高领)	22.0	130.0	17.0		件/千克	G
6110 30 00.35^	其他化纤制针织或钩编起绒女毛衫	22.0	130.0	17.0		件/千克	G
6110 30 00.36^	其他化纤针织起绒男套头衫(轻薄细针翻领、开领、高领)	22.0	130.0	17.0		件/千克	G
6110 30 00.37^	其他化纤针织钩编起绒男开襟衫等(包括背心及类似品)	22.0	130.0	17.0		件/千克	G
6110 30 00.38^	其他化纤起绒针织女套头衫(轻薄细针翻领、开领、高领)	22.0	130.0	17.0		件/千克	G
6110 30 00.39^	其他化纤制针织或钩编女开襟衫等(起绒,包括背心及类似品)	22.0	130.0	17.0		件/千克	G
6110 30 00.41^	化纤其他童游戏套装紧身及套头衫(针织非起绒,轻薄细针翻领、开领、高领)	22.0	130.0	17.0		件/千克	G
6110 30 00.42^	化纤制其他童游戏套装套头衫等(针制或钩编,非起绒,包括开襟衫、背心及类似品)	22.0	130.0	17.0		件/千克	G
6110 30 00.51*^	其他化纤制针织或钩编非起绒马甲(含羊毛或动物细毛23%及以上)	22.0	130.0	17.0		件/千克	G
6110 30 00.52*^	化纤针织非起绒男紧身及套头毛衫(含羊毛/动物细毛23%及以上,轻薄细针翻领、开领高领)	22.0	130.0	17.0		件/千克	G
6110 30 00.53*^	化纤制针织或钩编非起绒男毛衫(含羊毛/动物细毛23%及以上)	22.0	130.0	17.0		件/千克	G
6110 30 00.54*^	化纤针织非起绒女紧身及套头毛衫(含羊毛/动物细毛23%及以上,轻薄细针翻领、开领、高领)	22.0	130.0	17.0		件/千克	G
6110 30 00.57*^	化纤制针织钩编非起绒女毛衫(含羊毛/动物细毛23%及以上)	22.0	130.0	17.0		件/千克	G
6110 30 00.58*^	其它化纤针非起绒套头衫(含毛≥23% 非起绒,轻薄细针翻领、开领、高领)	22.0	130.0	17.0		件/千克	G

商品编号	商 品 名 称 备 注	进口税率		增值税	消费税	计量单位	监管条件
		最惠国	普通				
6110 30 00.59 *^	其它化纤针织或钩编开襟衫等(含羊毛或动物细毛≥23%,非起绒,包括背心及类似品)	22.0	130.0	17.0		件/千克	G
6110 30 00.91^	其他化纤制针织或钩编非起绒马甲	22.0	130.0	17.0		件/千克	G
6110 30 00.92^	其他化纤针织男紧身及套头毛衫(非起绒,轻薄细针翻领、开领、高领)	22.0	130.0	17.0		件/千克	G
6110 30 00.93^	其他化纤针织或钩编非起绒男毛衫(非起绒,轻薄细针翻领、开领、高领)	22.0	130.0	17.0		件/千克	G
6110 30 00.94^	化纤针织非起绒女紧身及套头毛衫(轻薄细针翻领、开领、高领)	22.0	130.0	17.0		件/千克	G
6110 30 00.95^	其它化纤针织或钩编非起绒女毛衫	22.0	130.0	17.0		件/千克	G
6110 30 00.96^	其他化纤针织非起绒男套头衫(轻薄细针翻领、开领、高领)	22.0	130.0	17.0		件/千克	G
6110 30 00.97^	其它化纤针织或钩编男开襟衫等(非起绒,包括背心及类似品)	22.0	130.0	17.0		件/千克	G
6110 30 00.98^	其他化纤制针织女套头衫(非起绒,轻薄细针翻领、开领、高领)	22.0	130.0	17.0		件/千克	G
6110 30 00.99^	其他化纤制针织或钩编女开襟衫等(包括背心及类似品)	22.0	130.0	17.0		件/千克	G
6110 90 10.11^	丝及绢丝制针织或钩编起绒毛衫等(含丝≥70%含开衫、马甲)	22.3	130.0	17.0		件/千克	G
6110 90 10.19^	丝及绢丝制针织或钩编起绒毛衫等(含丝＜70%含开衫、马甲)	22.3	130.0	17.0		件/千克	G
6110 90 10.91^	其他丝及绢丝针织或钩编毛衫等(非起绒,含丝≥70%含开衫、马甲)	22.3	130.0	17.0		件/千克	G
6110 90 10.99^	其他丝及绢丝针织或钩编毛衫等(非起绒,含丝＜70%含开衫、马甲)	22.3	130.0	17.0		件/千克	G
6110 90 90.11^	其他纺织材料针织或钩编起绒马甲(棉限内,毛衫背心除外)	22.3	130.0	17.0		件/千克	G
6110 90 90.12^	其他纺织材料针织或钩编起绒马甲(羊毛限内,毛衫背心除外)	22.3	130.0	17.0		件/千克	G
6110 90 90.13^	其他纺织材料针织或钩编起绒马甲(化纤限内,毛衫背心除外)	22.3	130.0	17.0		件/千克	G
6110 90 90.19^	其他纺织材料起绒针织或钩编马甲(毛衫背心除外)	22.3	130.0	17.0		件/千克	G
6110 90 90.21^	其他纺材制针织或钩编非起绒马甲(棉限内,毛衫背心除外)	22.3	130.0	17.0		件/千克	G
6110 90 90.22^	其他纺材制针织或钩编非起绒马甲(羊毛限内,毛衫背心除外)	22.3	130.0	17.0		件/千克	G
6110 90 90.23^	其他纺材制针织或钩编非起绒马甲(化纤限内,毛衫背心除外)	22.3	130.0	17.0		件/千克	G

商品编号	商 品 名 称 备 注	进口税率		增值税	消费税	计量单位	监管条件
		最惠国	普通				
6110 90 90.29^	其他纺材制针织或钩编马甲(非起绒,毛衫背心除外)	22.3	130.0	17.0		件/千克	G
6110 90 90.31^	其他纺材制针织或钩编起绒毛衫(棉限内)	22.3	130.0	17.0		件/千克	G
6110 90 90.33^	其他纺材制针织或钩编起绒男毛衫(羊毛限内)	22.3	130.0	17.0		件/千克	G
6110 90 90.34^	其他纺材制针织或钩编起绒女毛衫(羊毛限内)	22.3	130.0	17.0		件/千克	G
6110 90 90.35^	其他纺材制针织或钩编起绒男毛衫(化纤限内)	22.3	130.0	17.0		件/千克	G
6110 90 90.36^	其他纺材制针织或钩编起绒女毛衫(化纤限内)	22.3	130.0	17.0		件/千克	G
6110 90 90.39^	其他纺材制针织或钩编毛衫(起绒)	22.3	130.0	17.0		件/千克	G
6110 90 90.41^	其他纺材制针织或钩编起绒男套等(棉限内,包括开襟衫、马甲及类似品)	22.3	130.0	17.0		件/千克	G
6110 90 90.42^	其他纺材针织或钩编起绒女套衫等(棉限内,包括开襟衫、马甲及类似品)	22.3	130.0	17.0		件/千克	G
6110 90 90.43^	其他纺材针织或钩编起绒套头衫等(羊毛限内,包括开襟衫、马甲及类似品)	22.3	130.0	17.0		件/千克	G
6110 90 90.45^	其他纺材针织或钩编起绒男套头衫(化纤限内,包括开襟衫、马甲及类似品)	22.3	130.0	17.0		件/千克	G
6110 90 90.46^	其他纺材针织或钩编起绒女套等衫(化纤限内,包括开襟衫、马甲及类似品)	22.3	130.0	17.0		件/千克	G
6110 90 90.49^	其他纺材针织或钩编套头衫等(起绒,包括开襟衫、马甲及类似品)	22.3	130.0	17.0		件/千克	G
6110 90 90.51*^	其他纺材针织或钩编非起绒毛衫(棉限内)	22.3	130.0	17.0		件/千克	G
6110 90 90.53*^	其他纺材针织或钩编非起绒男毛衫(羊毛限内)	22.3	130.0	17.0		件/千克	G
6110 90 90.54*^	其他纺材针织或钩编非起绒女毛衫(羊毛限内)	22.3	130.0	17.0		件/千克	G
6110 90 90.57*^	其他纺材针织或钩编非起绒男毛衫(化纤限内)	22.3	130.0	17.0		件/千克	G
6110 90 90.58*^	其他纺材针织或钩编非起绒女毛衫(化纤限内)	22.3	130.0	17.0		件/千克	G
6110 90 90.59*^	其他纺材针织或钩编毛衫(非起绒)	22.3	130.0	17.0		件/千克	G
6110 90 90.61^	其他纺材针织钩编非起绒男套衫等(棉限内,包括开襟衫、背心及类似品)	22.3	130.0	17.0		件/千克	G
6110 90 90.62^	其他纺材针织钩编非起绒女套衫等(棉限内,包括开襟衫、背心及类似品)	22.3	130.0	17.0		件/千克	G
6110 90 90.63^	其他纺材针织钩编非起绒套头衫等(羊毛限内,包括开襟衫、背心及类似品)	22.3	130.0	17.0		件/千克	G
6110 90 90.65^	其他纺材针织钩编非起绒男套衫等(化纤限内,包括开襟衫、背心及类似品)	22.3	130.0	17.0		件/千克	G
6110 90 90.66^	其他纺材针织钩编非起绒女套衫等(化纤限内,包括开襟衫、背心及类似品)	22.3	130.0	17.0		件/千克	G
6110 90 90.69^	其他纺材针织或钩编套头衫等(非起绒,包括开襟衫、背心及类似品)	22.3	130.0	17.0		件/千克	G
6111	**针织或钩编的婴儿服装及衣着附件**						
6111 10 00.10^	针织或钩编婴儿袜(羊毛或动物细毛制)	22.3	130.0	17.0		千克	

商品编号	商 品 名 称 备 注	进口税率		增值税	消费税	计量单位	监管条件
		最惠国	普通				
6111 10 00.20ˆ	婴儿分指、连指及露指手套(针织或钩编,羊毛或动物细毛制)	22.3	130.0	17.0		千克	
6111 10 00.40ˆ	针织钩编婴儿外衣、雨衣、滑雪装(羊毛或动物细毛制,包括夹克类似服装)	22.3	130.0	17.0		千克	
6111 10 00.50 *ˆ	针织钩编婴儿其他服装(羊毛或动物细毛制)	22.3	130.0	17.0		千克	
6111 10 00.90ˆ	针织钩编婴儿衣着附件(羊毛或动物细毛制)	22.3	130.0	17.0		千克	
6111 20 00.10	棉制针织或钩编婴儿袜	18.7	90.0	17.0		千克	
6111 20 00.20	棉制婴儿分指、连指、露指手套(针制或钩编)	18.7	90.0	17.0		千克	
6111 20 00.40	棉制针织婴儿外衣、雨衣、滑雪装(针制或钩编,包括夹克类似品)	18.7	90.0	17.0		千克	
6111 20 00.50 *	棉制针织钩编婴儿其他服装	18.7	90.0	17.0		千克	
6111 20 00.90	棉制针织钩编婴儿衣着附件	18.7	90.0	17.0		千克	
6111 30 00.10ˆ	合纤制针织或钩编婴儿袜	22.0	130.0	17.0		千克	
6111 30 00.20ˆ	合纤婴儿分指连指及露指手套(针制或钩编)	22.0	130.0	17.0		千克	
6111 30 00.40ˆ	合纤婴儿外衣、雨衣、滑雪装(针制或钩编,包括夹克类似服装)	22.0	130.0	17.0		千克	
6111 30 00.50 *ˆ	合纤针织或钩编婴儿其他服装(包括衣着附件)	22.0	130.0	17.0		千克	
6111 30 00.90ˆ	合纤针织或钩编婴儿衣着附件	22.0	130.0	17.0		千克	
6111 90 00.11ˆ	人造纤维针织或钩编婴儿袜	22.3	130.0	17.0		千克	
6111 90 00.12ˆ	人造纤维婴儿分指连指及露指手套(针织或钩编)	22.3	130.0	17.0		千克	
6111 90 00.14ˆ	人造纤维婴儿外衣、雨衣、滑雪装(针织或钩编,包括夹克类似服装)	22.3	130.0	17.0		千克	
6111 90 00.15ˆ	人造纤维针织或钩编婴儿其他服装	22.3	130.0	17.0		千克	
6111 90 00.19ˆ	人造纤维针织或钩编婴儿衣着附件	22.3	130.0	17.0		千克	
6111 90 00.21ˆ	丝及绢丝制针织或钩编婴儿袜(含丝及绢丝及70%以上)	22.3	130.0	17.0		千克	G
6111 90 00.22ˆ	丝及绢丝制针织或钩编婴儿手套(含丝及绢丝及70%以上,指分指、连指及露指手套)	22.3	130.0	17.0		千克	G
6111 90 00.24ˆ	丝绢丝制针织或钩编婴儿外衣雨衣(含丝 70%以上,含钩编,包括滑雪装、甲克类似服装)	22.3	130.0	17.0		千克	G
6111 90 00.25ˆ	丝绢丝制婴儿其他服装(含丝 70%以上,针织或钩编)	22.3	130.0	17.0		千克	G
6111 90 00.29ˆ	丝绢丝制婴儿衣着附件(含丝 70%以上,针织或钩编)	22.3	130.0	17.0		千克	G
6111 90 00.91ˆ	其他纺织材料制针织或钩编婴儿袜	22.3	130.0	17.0		千克	G
6111 90 00.92ˆ	其他纺织材料制婴儿手套(针织或钩编指分指连指及露指手套)	22.3	130.0	17.0		千克	G
6111 90 00.94ˆ	其他纺织材料制婴儿外衣雨衣(针织或钩编,包括滑雪装夹克类似品)	22.3	130.0	17.0		千克	G
6111 90 00.95ˆ	其他纺织材料制婴儿其他服装(针织或钩编)	22.3	130.0	17.0		千克	G

<table>
<tr><th rowspan="2">商品编号</th><th rowspan="2">商 品 名 称 备 注</th><th colspan="2">进口税率</th><th rowspan="2">增值税</th><th rowspan="2">消费税</th><th rowspan="2">计量单位</th><th rowspan="2">监管条件</th></tr>
<tr><th>最惠国</th><th>普通</th></tr>
<tr><td>6111 90 00.99^</td><td>其他纺织材料制婴儿衣着附件(针织或钩编)</td><td>22.3</td><td>130.0</td><td>17.0</td><td></td><td>千克</td><td>G</td></tr>
<tr><td>6112</td><td>针织或钩编的运动服、滑雪服及游泳服</td><td></td><td></td><td></td><td></td><td></td><td></td></tr>
<tr><td>6112 11 00.11^</td><td>棉制针织或钩编男式运动套装</td><td>19.3</td><td>90.0</td><td>17.0</td><td></td><td>套/千克</td><td>G</td></tr>
<tr><td>6112 11 00.19^</td><td>棉制针织或钩编女式运动套装</td><td>19.3</td><td>90.0</td><td>17.0</td><td></td><td>套/千克</td><td>G</td></tr>
<tr><td>6112 12 00.21^</td><td>合纤制针织或钩编男式运动服</td><td>23.1</td><td>130.0</td><td>17.0</td><td></td><td>套/千克</td><td>G</td></tr>
<tr><td>6112 12 00.29^</td><td>合纤制针织或钩编女式运动套装</td><td>23.1</td><td>130.0</td><td>17.0</td><td></td><td>套/千克</td><td>G</td></tr>
<tr><td>6112 19 00.31^</td><td>人造纤维制针织或钩编男式运动服</td><td>22.8</td><td>130.0</td><td>17.0</td><td></td><td>套/千克</td><td>G</td></tr>
<tr><td>6112 19 00.39^</td><td>人造纤维制针织或钩编女运动套装</td><td>22.8</td><td>130.0</td><td>17.0</td><td></td><td>套/千克</td><td>G</td></tr>
<tr><td>6112 19 00.41^</td><td>羊毛制男式运动套装(针织或钩编含丝 70%以下)</td><td>22.8</td><td>130.0</td><td>17.0</td><td></td><td>套/千克</td><td>G</td></tr>
<tr><td>6112 19 00.49^</td><td>羊毛制女式运动套装(针织或钩编含丝 70%以下)</td><td>22.8</td><td>130.0</td><td>17.0</td><td></td><td>套/千克</td><td>G</td></tr>
<tr><td>6112 19 00.51*^</td><td>动物细毛制男式运动套装(针织或钩编含丝 70%以下)</td><td>22.8</td><td>130.0</td><td>17.0</td><td></td><td>套/千克</td><td>G</td></tr>
<tr><td>6112 19 00.59*^</td><td>动物细毛制女式运动套装(针织或钩编含丝 70%以下)</td><td>22.8</td><td>130.0</td><td>17.0</td><td></td><td>套/千克</td><td>G</td></tr>
<tr><td>6112 19 00.61^</td><td>其他纺织材料制男式运动套装(针织或钩编含丝 70%以下)</td><td>22.8</td><td>130.0</td><td>17.0</td><td></td><td>套/千克</td><td></td></tr>
<tr><td>6112 19 00.69^</td><td>其他纺织材料制女式运动套装(针织或钩编含丝 70%以下)</td><td>22.8</td><td>130.0</td><td>17.0</td><td></td><td>套/千克</td><td></td></tr>
<tr><td>6112 19 00.90^</td><td>其他纺织材料制运动套装(针织或钩编含丝 70%以上)</td><td>22.8</td><td>130.0</td><td>17.0</td><td></td><td>套/千克</td><td></td></tr>
<tr><td>6112 20 10^</td><td>棉制针织或钩编滑雪服</td><td>19.3</td><td>90.0</td><td>17.0</td><td></td><td>套/千克</td><td>G</td></tr>
<tr><td>6112 20 90.10^</td><td>羊毛或动物细毛针织钩编滑雪套装</td><td>23.0</td><td>130.0</td><td>17.0</td><td></td><td>套/千克</td><td>G</td></tr>
<tr><td>6112 20 90.21^</td><td>化学纤维制针织钩编男式滑雪套装</td><td>23.0</td><td>130.0</td><td>17.0</td><td></td><td>套/千克</td><td>G</td></tr>
<tr><td>6112 20 90.29^</td><td>化学纤维制针织钩编女式滑雪套装</td><td>23.0</td><td>130.0</td><td>17.0</td><td></td><td>套/千克</td><td>G</td></tr>
<tr><td>6112 20 90.90^</td><td>其他纺织材料针织钩编滑雪套装</td><td>23.0</td><td>130.0</td><td>17.0</td><td></td><td>套/千克</td><td></td></tr>
<tr><td>6112 31 00^</td><td>合纤制针织或钩编男式游泳服</td><td>23.1</td><td>130.0</td><td>17.0</td><td></td><td>件/千克</td><td>G</td></tr>
<tr><td>6112 39 00.10^</td><td>棉制针织或钩编男式游泳服</td><td>22.8</td><td>130.0</td><td>17.0</td><td></td><td>件/千克</td><td>G</td></tr>
<tr><td>6112 39 00.40^</td><td>其他材料制针织钩编男式游泳服</td><td>22.8</td><td>130.0</td><td>17.0</td><td></td><td>件/千克</td><td></td></tr>
<tr><td>6112 39 00.90^</td><td>其他材料制针织钩编男式游泳服(含丝及绢丝 70%及以上)</td><td>22.8</td><td>130.0</td><td>17.0</td><td></td><td>件/千克</td><td></td></tr>
<tr><td>6112 41 00^</td><td>合纤制针织或钩编女式游泳服</td><td>23.1</td><td>130.0</td><td>17.0</td><td></td><td>件/千克</td><td>G</td></tr>
<tr><td>6112 49 00.10^</td><td>棉制针织或钩编女游泳服</td><td>22.8</td><td>130.0</td><td>17.0</td><td></td><td>件/千克</td><td>G</td></tr>
<tr><td>6112 49 00.40^</td><td>其他纺织材料制针织钩编女游泳服</td><td>22.8</td><td>130.0</td><td>17.0</td><td></td><td>件/千克</td><td></td></tr>
<tr><td>6112 49 00.90^</td><td>其他纺织材料制针织或钩编女泳服(含丝及绢丝 70%及以上)</td><td>22.8</td><td>130.0</td><td>17.0</td><td></td><td>件/千克</td><td></td></tr>
<tr><td>6113</td><td>用编号 5903、5906 或 5907 的针织物或钩编织物制成的服装</td><td></td><td></td><td></td><td></td><td></td><td></td></tr>
</table>

商品编号	商品名称备注	进口税率		增值税	消费税	计量单位	监管条件
		最惠国	普通				
6113 00 00.11^	用塑料处理的服装(针织或钩编,织物外表面由橡胶完全覆盖)	22.8	130.0	17.0		件/千克	
6113 00 00.13^	用塑料处理的毛、棉及化纤制服装(针织或钩编毛指羊动物细毛织物外表面由塑料完全覆盖)	22.8	130.0	17.0		件/千克	G
6113 00 00.19^	用塑料处理的其他纺织材料制服装(针织或钩编,织物外表面由塑料完全覆盖)	22.8	130.0	17.0		件/千克	
6113 00 00.21^	其他橡胶处理的棉针织钩编男上衣	22.8	130.0	17.0		件/千克	G
6113 00 00.22^	其他塑料等处理的棉制针织男上衣(包括钩编,包括用其他材料处理的)	22.8	130.0	17.0		件/千克	G
6113 00 00.23^	其他橡胶处理的棉针织钩编女上衣	22.8	130.0	17.0		件/千克	G
6113 00 00.28^	其他塑料等处理的棉针织女上衣(包括钩编,包括用其他材料处理的)	22.8	130.0	17.0		件/千克	G
6113 00 00.31^	其他橡胶处理的纺织材料制男上衣(针织或钩编)	22.8	130.0	17.0		件/千克	G
6113 00 00.32^	其他塑料等处理的毛制男上衣(针织或钩编,羊毛或动物细毛制,包括用其他材料处理的)	22.8	130.0	17.0		件/千克	G
6113 00 00.33^	其他塑料等处理的毛、化纤男上衣(针织或钩编,包括用其他材料处理的)	22.8	130.0	17.0		件/千克	G
6113 00 00.34^	其他塑料等处理的纺织材料男上衣(针织或钩编,包括用其他材料处理的)	22.8	130.0	17.0		件/千克	G
6113 00 00.35^	其他橡胶处理的纺织材料制女上衣(针织或钩编)	22.8	130.0	17.0		件/千克	G
6113 00 00.36^	其他塑料等处理的毛制女上衣(针织或钩编,羊毛或动物细毛制,包括用其他材料处理的)	22.8	130.0	17.0		件/千克	G
6113 00 00.37^	其他塑料等处理的化纤制女上衣(针织或钩编,包括用其他材料处理的)	22.8	130.0	17.0		件/千克	G
6113 00 00.38^	其他塑料等处理的纺织料制女上衣(针织或钩编,包括用其他材料处理的)	22.8	130.0	17.0		件/千克	G
6113 00 00.41^	其他橡胶等处理的棉制男式长短裤(针织或钩编)	22.8	130.0	17.0		件/千克	G
6113 00 00.42^	其他塑料等处理的棉制男式长短裤(针织或钩编,包括用其他材料处理的)	22.8	130.0	17.0		件/千克	G
6113 00 00.43^	其他橡胶等处理的棉制女式长短裤(针织或钩编)	22.8	130.0	17.0		件/千克	G
6113 00 00.44^	其他塑料等处理的棉制女式长短裤(针织或钩编,包括用其他材料处理的)	22.8	130.0	17.0		件/千克	G
6113 00 00.51 *^	其他橡胶处理纺织材料男长短裤(针织或钩编)	22.8	130.0	17.0		件/千克	G
6113 00 00.53 *^	其他塑料等处理的毛化纤制男裤(针织或钩编长短裤包括用其他材料处理的)	22.8	130.0	17.0		件/千克	G
6113 00 00.54 *^	其他塑料等处理纺织材料男长短裤(针织或钩编长短裤包括用其他材料处理的)	22.8	130.0	17.0		件/千克	G

商品编号	商 品 名 称 备 注	进口税率		增值税	消费税	计量单位	监管条件
		最惠国	普通				
6113 00 00.57 * ^	其他橡胶处理纺织材料女长短裤(针织或钩编)	22.8	130.0	17.0		件/千克	G
6113 00 00.58 * ^	其他塑料等处理的毛、化纤制女裤(针织或钩编长短裤包括用其他材料处理)	22.8	130.0	17.0		件/千克	G
6113 00 00.59 * ^	其他塑料等处理纺织材料女长短裤(针织或钩编,包括用其他材料处理)	22.8	130.0	17.0		件/千克	G
6113 00 00.91^	其他橡胶处理棉针织或钩编服装	22.8	130.0	17.0		件/千克	G
6113 00 00.92^	其他塑料处理棉针织或钩编服装(包括用其他材料处理的)	22.8	130.0	17.0		件/千克	G
6113 00 00.93^	其他橡胶处理纺织材料针织服装(包括钩编服装)	22.8	130.0	17.0		件/千克	G
6113 00 00.94^	其他塑料等处理毛化纤针织服装(包括钩编服装,包括用其他材料处理)	22.8	130.0	17.0		件/千克	G
6113 00 00.98^	其他塑料等处理纺织材料针织服装(包括钩编服装,包括用其他材料处理)	22.8	130.0	17.0		件/千克	G
6114	**针织或钩编的其他服装**						
6114 10 00.10	毛制针织或钩编连身裤(指羊毛或动物细毛)	22.8	130.0	17.0		件/千克	G
6114 10 00.21	毛制针织男式 TOPS(指羊毛或动物细毛含钩编成人及 8-18 号男童 TOPS)	22.8	130.0	17.0		件/千克	G
6114 10 00.29	毛制针织或钩编女式及儿童 TOPS(指羊毛或动物细毛成人及 7-16 号女童及其他儿童 TOPS)	22.8	130.0	17.0		件/千克	G
6114 10 00.30	毛制针织或钩编其他运动服(指羊毛或动物细毛)	22.8	130.0	17.0		件/千克	G
6114 10 00.90	毛制针织或钩编其他服装(指羊毛或动物细毛)	22.8	130.0	17.0		件/千克	G
6114 20 00.11	棉制针织或钩编儿童非保暖连身裤	19.3	90.0	17.0		件/千克	G
6114 20 00.19	棉制针织或钩编其他连身裤	19.3	90.0	17.0		件/千克	G
6114 20 00.21	棉制针织或钩编男成人及男童 TOPS(指 8-18 号男童 TOPS)	19.3	90.0	17.0		件/千克	G
6114 20 00.22	棉制针织或钩编其他男童 TOPS	19.3	90.0	17.0		件/千克	G
6114 20 00.29	棉制针织或钩编女式 TOPS	19.3	90.0	17.0		件/千克	G
6114 20 00.30	棉制针织或钩编其他运动服	19.3	90.0	17.0		件/千克	G
6114 20 00.40	棉制针织或钩编夏服、水洗服(包括女成人女童及男童)	19.3	90.0	17.0		件/千克	G
6114 20 00.90	棉制针织或钩编其他服装	19.3	90.0	17.0		件/千克	G
6114 30 00.11	化纤制针织或钩编连身衣(含羊/动物细毛 23%及以上)	23.1	130.0	17.0		件/千克	G
6114 30 00.12	化纤制针织或钩编紧身服及衬衫(含羊/动物细毛 23%及以上,包括无袖罩衫)	23.1	130.0	17.0		件/千克	G
6114 30 00.13	化纤制针织或钩编其他连身衣	23.1	130.0	17.0		件/千克	G
6114 30 00.19	化纤制针织或钩编紧身服及衬衫(包括无袖罩衫)	23.1	130.0	17.0		件/千克	G

商品编号	商 品 名 称 备 注	进口税率		增值税	消费税	计量单位	监管条件
		最惠国	普通				
6114 30 00.21	化纤针织或钩编男成人及男 TOPS(指 8－18 号男童 TOPS)	23.1	130.0	17.0		件/千克	G
6114 30 00.22	化纤针织或钩编其他男童 TOPS	23.1	130.0	17.0		件/千克	G
6114 30 00.29	化纤针织或钩编女式 TOPS	23.1	130.0	17.0		件/千克	G
6114 30 00.30	化纤针织或钩编其他运动服	23.1	130.0	17.0		件/千克	G
6114 30 00.40	化纤针织或钩编夏服、水洗服(包括女成人女童及男童)	23.1	130.0	17.0		件/千克	G
6114 30 00.90	化纤针织或钩编其他服装	23.1	130.0	17.0		件/千克	G
6114 90 00.11	丝或绢丝制针织或钩编连身裤(含丝 70%及以上)	22.8	130.0	17.0		件/千克	G
6114 90 00.13	丝或绢丝制针织或钩编连身裤(含丝 70%及以下)	22.8	130.0	17.0		件/千克	G
6114 90 00.21	丝制针织钩编男成人及男童 TOPS(含丝或绢丝 70%及以上 8－18 号男童 TOPS)	22.8	130.0	17.0		件/千克	G
6114 90 00.22	丝制针织钩编女成人及女童 TOPS(含丝或绢丝 70%及以上,7－16 号女童 TOPS)	22.8	130.0	17.0		件/千克	G
6114 90 00.23	丝制针织或钩编其他儿童 TOPS(含丝或绢丝 70%及以上)	22.8	130.0	17.0		件/千克	G
6114 90 00.24	丝制针织钩编男成人及男童 TOPS(含丝或绢丝 70%及以下,8－18 号男童 TOPS)	22.8	130.0	17.0		件/千克	G
6114 90 00.25	丝制针织钩编女成人及女童 TOPS(含丝或绢丝 70%及以下,7－16 号女童 TOPS)	22.8	130.0	17.0		件/千克	G
6114 90 00.26	丝制针织或钩编其他儿童 TOPS(含丝或绢丝 70%及下)	22.8	130.0	17.0		件/千克	G
6114 90 00.31	丝制针织或钩编其他运动服(含丝或绢丝 70%及上)	22.8	130.0	17.0		件/千克	G
6114 90 00.32	丝制针织或钩编其他运动服(含丝或绢丝 70%及下)	22.8	130.0	17.0		件/千克	G
6114 90 00.41	丝制针织或钩编其他服装(含丝或绢丝 70%及以上)	22.8	130.0	17.0		件/千克	G
6114 90 00.42	丝制针织或钩编其他服装(含丝或绢丝 70%及以下)	22.8	130.0	17.0		件/千克	G
6114 90 00.50 *	其他纺织材料制连身衣(针织或钩编)	22.8	130.0	17.0		件/千克	G
6114 90 00.61	其他纺织材料制成人及儿童 TOPS(针织或钩编 8－18 号男童及 7－16 号女童 TOPS)	22.8	130.0	17.0		件/千克	G
6114 90 00.69	其他纺织材料制其他儿童 TOPS(针织或钩编)	22.8	130.0	17.0		件/千克	G
6114 90 00.70	其他纺织材料制无袖罩衫夏服等(针织或钩编,包括水洗服等)	22.8	130.0	17.0		件/千克	G
6114 90 00.81	其他纺织材料制其他运动服(针织或钩编,棉限内)	22.8	130.0	17.0		件/千克	G

商品编号	商品名称备注	进口税率		增值税	消费税	计量单位	监管条件
		最惠国	普通				
6114 90 00.82	其他纺织材料制其他运动服(针织或钩编,羊毛限内)	22.8	130.0	17.0		件/千克	G
6114 90 00.83	其他纺织材料制其他运动服(针织或钩编,化纤限内)	22.8	130.0	17.0		件/千克	G
6114 90 00.89	其他纺织材料制其他运动服(针织或钩编)	22.8	130.0	17.0		件/千克	G
6114 90 00.91	其他纺织材料制其他服装(针织或钩编,棉限内)	22.8	130.0	17.0		件/千克	G
6114 90 00.92	其他纺织材料制其他服装(针织或钩编,羊毛限内)	22.8	130.0	17.0		件/千克	G
6114 90 00.93	其他纺织材料制其他服装(针织或钩编,化纤限内)	22.8	130.0	17.0		件/千克	G
6114 90 00.99	其他纺织材料制其他服装(针织或钩编)	22.8	130.0	17.0		件/千克	G
6115	**针织或钩编的连裤袜、紧身裤袜、长统袜、短袜及其他袜类,包括用以治疗静脉曲张的长统袜和无外绱鞋底的鞋类**						
6115 11 00.10	单丝67分特以下合纤制紧身裤袜(针织或钩编)	22.0	130.0	17.0		条/千克	
6115 11 00.90	单丝67分特以下合纤制连裤袜(针织或钩编)	22.0	130.0	17.0		条/千克	
6115 12 00.10ˋ	单丝67分特以上合纤制矫正袜(针织或钩编,外科用带压缩刻度)	22.0	130.0	17.0		条/千克	G
6115 12 00.90ˋ	单丝67分特以上合纤制其他袜(针制或钩编,紧身裤袜及连裤袜)	22.0	130.0	17.0		条/千克	G
6115 19 10.10	棉制针织或钩编矫正袜(外科用带压缩刻度)	18.7	90.0	17.0		条/千克	G
6115 19 10.90	棉制针织钩编连裤袜及紧身裤袜	18.7	90.0	17.0		条/千克	G
6115 19 90.11ˋ	羊毛或动物细毛制矫正袜(外科用带压缩刻度的)	22.3	130.0	17.0		条/千克	G
6115 19 90.19ˋ	毛制针织或钩编连裤袜及紧身裤袜(羊毛或动物细毛)	22.3	130.0	17.0		条/千克	G
6115 19 90.21ˋ	丝及绢丝制矫正袜(针织及钩编,外科矫正用带压缩刻度)	22.3	130.0	17.0		条/千克	
6115 19 90.22ˋ	丝及绢丝制连裤袜及紧身裤袜(针织及钩编,含丝70%及以上)	22.3	130.0	17.0		条/千克	
6115 19 90.29ˋ	丝及绢丝制连裤袜及紧身裤袜(针织或钩编,含丝70%及以下)	22.3	130.0	17.0		条/千克	
6115 19 90.91ˋ	其他材料制矫正袜(针织及钩编)	22.3	130.0	17.0		条/千克	
6115 19 90.99ˋ	其他材料制连裤袜及紧身裤袜(针织及钩编)	22.3	130.0	17.0		条/千克	G
6115 20 00.11ˋ	丝或绢丝制女统袜(单丝细度在67分特以下含丝70%及以上)	22.3	130.0	17.0		双/千克	
6115 20 00.19ˋ	丝或绢丝制女统袜(单丝细度在67分特以下含丝70%及以下)	22.3	130.0	17.0		双/千克	
6115 20 00.21ˋ	合纤制针织或钩编女长统袜(单丝细度在67分特以下)	22.3	130.0	17.0		双/千克	

商品编号	商品名称备注	进口税率		增值税	消费税	计量单位	监管条件
		最惠国	普通				
6115 20 00.29	合纤制针织或钩编女中统袜(单丝细度在67分特以下)	22.3	130.0	17.0		双/千克	G
6115 20 00.90	其他材料制女统袜(单丝细度在67分特以下)	22.3	130.0	17.0		双/千克	G
6115 91 00	毛制针织或钩编短袜及其他袜类	20.4	130.0	17.0		双/千克	G
6115 92 00.11	棉制针织或钩编矫正袜(外科用带压缩刻度)	18.7	90.0	17.0		双/千克	G
6115 92 00.19	棉制针织或钩编短袜及其他袜类	18.7	90.0	17.0		双/千克	G
6115 93 00.11	合纤制针织或钩编矫正袜(外科用带压缩刻度)	22.0	130.0	17.0		双/千克	G
6115 93 00.12	合纤制女长统袜(针织或钩编含羊毛或动物细毛23%及以上)	22.0	130.0	17.0		双/千克	G
6115 93 00.13	合纤制短袜及其他袜类(针织或钩编含羊毛或动物细毛23%及以上)	22.0	130.0	17.0		双/千克	G
6115 93 00.14	其他合纤制女长统袜(针织或钩编)	22.0	130.0	17.0		双/千克	G
6115 93 00.19	其他合纤制短袜及其他袜类(针织或钩编)	22.0	130.0	17.0		双/千克	G
6115 99 00.11	人纤制短袜及其他袜类(针织或钩编含羊毛或动物细毛23%及以上)	22.3	130.0	17.0		双/千克	G
6115 99 00.19	其他人纤制短袜及其他袜类(针织或钩编)	22.3	130.0	17.0		双/千克	G
6115 99 00.91	其他纺织材料制短袜及其他袜类(针织或钩编,含丝70%及以上)	22.3	130.0	17.0		双/千克	
6115 99 00.99	其他纺织材料制短袜及其他袜类(针织或钩编,含丝70%及以下)	22.3	130.0	17.0		双/千克	G
6116	**针织或钩编的分指手套、连指手套及露指手套**						
6116 10 00.10	塑料或橡胶浸渍的运动手套	20.4	130.0	17.0		双/千克	
6116 10 00.91	塑料或橡胶浸渍的非运动手套(含塑料或橡胶超过50%及以上)	20.4	130.0	17.0		双/千克	
6116 10 00.92	塑料或橡胶浸渍的非运动手套(含塑料或橡胶不超过50%,棉限内)	20.4	130.0	17.0		双/千克	
6116 10 00.93	塑料或橡胶浸渍的非运动手套(含塑料或橡胶不超过50%,毛限内)	20.4	130.0	17.0		双/千克	
6116 10 00.94	塑料或橡胶浸渍的其他非运动手套(含塑料或橡胶不超过50%,化纤限内)	20.4	130.0	17.0		双/千克	
6116 10 00.99	塑料或橡胶浸渍的其他非运动手套(含塑料或橡胶不超过50%)	20.4	130.0	17.0		双/千克	
6116 91 00	毛制其他针织或钩编手套	20.4	130.0	17.0		双/千克	
6116 92 00	棉制其他针织或钩编手套(非运动手套)	18.7	90.0	17.0		双/千克	
6116 93 00.10	合纤制其他针织或钩编手套(含羊毛或动物细毛23%及以上,非运动手套)	22.0	130.0	17.0		双/千克	
6116 93 00.90	合纤制其他针织或钩编手套(含羊毛或动物细毛23%以下,非运动手套)	22.0	130.0	17.0		双/千克	
6116 99 00.11	人造纤维制其他针织或钩编手套(运动手套)	22.3	130.0	17.0		双/千克	
6116 99 00.19	人造纤维制其他针织或钩编手套(非运动手套)	22.3	130.0	17.0		双/千克	

商品编号	商品名称备注	进口税率		增值税	消费税	计量单位	监管条件
		最惠国	普通				
6116 99 00.20	丝或绢丝制其他针织或钩编手套(含丝70%及以上)	22.3	130.0	17.0		双/千克	
6116 99 00.91	其他纺材制其他针织或钩编手套(棉限内)	22.3	130.0	17.0		双/千克	
6116 99 00.92	其他纺材制其他针织或钩编手套(毛限内)	22.3	130.0	17.0		双/千克	
6116 99 00.93	其他纺材制其他针织或钩编手套(化纤限内)	22.3	130.0	17.0		双/千克	
6116 99 00.99	未列名纺材制其他针织或钩编手套	22.3	130.0	17.0		双/千克	
6117	**其他制成的针织或钩编的衣着附件;服装或衣着附件的针织或钩编的零件**						
6117 10 00.10	羊毛或动物细毛制针织或钩编披巾(含头巾、围巾、披纱、面纱及类似品)	22.3	130.0	17.0		条/千克	
6117 10 00.21	化学纤维制针织或钩编披巾、头巾(含围巾、披纱、面纱及类似品,羊毛或动物细毛≥23%)	22.3	130.0	17.0		条/千克	
6117 10 00.29	其他化学纤维制披巾(含围巾、披纱、面纱及类似品,羊毛或动物细毛<23%)	22.3	130.0	17.0		条/千克	
6117 10 00.30	棉制针织披巾(含围巾、披纱、面纱及类似品)	22.3	130.0	17.0		条/千克	
6117 10 00.91	其他纺织材料制针织披巾(含围巾、披纱、面纱及类似品,含丝70%及以上)	22.3	130.0	17.0		条/千克	
6117 10 00.99	其他纺织材料制针织披巾(含围巾、披纱、面纱及类似品,含丝70%以下)	22.3	130.0	17.0		条/千克	F
6117 20 00.10	羊毛或动物细毛制领带及领结(针织或钩编)	22.3	130.0	17.0		条/千克	
6117 20 00.20	化学纤维制领带及领结(针织或钩编)	22.3	130.0	17.0		条/千克	
6117 20 00.30	棉制领带及领结(针织或钩编)	22.3	130.0	17.0		条/千克	
6117 20 00.99	其他材料针织或钩编领带及领结(针织或钩编)	22.3	130.0	17.0		条/千克	
6117 80 00.10	头带、发带及其类似品(针织或钩编)	22.3	130.0	17.0		千克	
6117 80 00.20	羊毛或动物细毛制其他衣着附件(针织或钩编)	22.3	130.0	17.0		千克	G
6117 80 00.31	化学纤维制其他衣着附件(针织或钩编,含羊毛或动物细毛23%及以上)	22.3	130.0	17.0		千克	G
6117 80 00.39	其他化学纤维制其他衣着附件(针织或钩编)	22.3	130.0	17.0		千克	G
6117 80 00.40	棉制其他衣着附件(针织或钩编)	22.3	130.0	17.0		千克	G
6117 80 00.91	其他材料制其他衣着附件(针织或钩编,含丝70%及以上)	22.3	130.0	17.0		千克	
6117 80 00.99	其他材料制其他衣着附件(针织或钩编)	22.3	130.0	17.0		千克	
6117 90 00.10	保暖型衬里(针织或钩编)	22.3	130.0	17.0		千克	
6117 90 00.21	毛制针织毛衫的零件(针织或钩编,羊毛或动物细毛)	22.3	130.0	17.0		千克	G
6117 90 00.22	毛制针织衬衫的零件(针织或钩编,羊毛或动物细毛)	22.3	130.0	17.0		千克	G
6117 90 00.23	毛制针织上衣的零件(针织或钩编,羊毛或动物细毛)	22.3	130.0	17.0		千克	G
6117 90 00.24	毛制针织长裤、马裤、短裤的零件(针织或钩编,羊毛或动物细毛)	22.3	130.0	17.0		千克	G

商品编号	商 品 名 称 备 注	进口税率		增值税	消费税	计量单位	监管条件
		最惠国	普通				
6117 90 00.29ˆ	毛制其他未列名针织服装零件(针织或钩编,羊毛或动物细毛)	22.3	130.0	17.0		千克	G
6117 90 00.31ˆ	棉制针织毛衫的零件(针织或钩编)	22.3	130.0	17.0		千克	G
6117 90 00.32ˆ	棉制针织衬衫的零件(针织或钩编)	22.3	130.0	17.0		千克	G
6117 90 00.33ˆ	棉制针织上衣的零件(针织或钩编)	22.3	130.0	17.0		千克	G
6117 90 00.34ˆ	棉制针织长裤、马裤、短裤的零件(针织或钩编)	22.3	130.0	17.0		千克	G
6117 90 00.39ˆ	棉制其他未列名针织服装零件(针织或钩编)	22.3	130.0	17.0		千克	G
6117 90 00.41ˆ	化纤制针织毛衫的零件(针织或钩编)	22.3	130.0	17.0		千克	G
6117 90 00.42ˆ	化纤制针织衬衫的零件(针织或钩编)	22.3	130.0	17.0		千克	G
6117 90 00.43ˆ	化纤制针织上衣的零件(针织或钩编)	22.3	130.0	17.0		千克	G
6117 90 00.44ˆ	化纤制针织长裤、马裤、短裤零件(针织或钩编)	22.3	130.0	17.0		千克	G
6117 90 00.49ˆ	化纤制其他未列名针织服装零件(针织或钩编)	22.3	130.0	17.0		千克	G
6117 90 00.91ˆ	其他材料制衣着零件(针织或钩编,含丝70%及以上)	22.3	130.0	17.0		千克	
6117 90 00.92ˆ	其他材料制针织毛衫的零件(针织或钩编)	22.3	130.0	17.0		千克	G
6117 90 00.93ˆ	其他材料制针织衬衫的零件(针织或钩编)	22.3	130.0	17.0		千克	
6117 90 00.94ˆ	其他材料制针织上衣的零件(针织或钩编)	22.3	130.0	17.0		千克	
6117 90 00.95ˆ	其他材料制长裤、马裤、短裤零件(针织或钩编)	22.3	130.0	17.0		千克	
6117 90 00.99ˆ	其他材料制未列名针织服装零件(针织或钩编)	22.3	130.0	17.0		千克	

第六十二章　非针织或非钩编的服装及衣着附件

注释：

一、本章仅适用于除絮胎以外任何纺织物的制成品，但不适用于针织品或钩编织品（品目62.12的除外）。

二、本章不包括：

（一）品目63.09的旧衣着或其他旧物品；

（二）矫形器具、外科手术带、疝气带及类似品（品目90.21）。

三、品目62.03及62.04所称：

（一）"西服套装"，是指面料用完全相同织物制成的两件套或三件套的下列成套服装：

一件人体上半身穿着的外套或短上衣，除袖子外，其面料数为四片或四片以上；也可附带一件西服背心，这件背心的前片面料应与套装其他各件的面料相同，后片面料则应与外套或短上衣的衬里料相同；以及一件人体下半身穿着的服装，即不带背带或护胸的长裤、马裤、短裤（游泳裤除外）、裙子或裙裤。

西服套装各件面料质地、颜色及构成必须完全相同，其款式也必须相同，尺寸大小还须相互般配，但可以用不同织物滚边（缝口上缝入长条织物）。

如果数件人体下半身穿着的服装同时进口或出口（例如，两条长裤、长裤与短裤、裙子或裙裤与长裤），构成西服套装下装的应是一条长裤，而对于女式西服套装，则应是一条裙子或裙裤，其他服装应分别归类。

所称"西服套装"，包括不论是否完全符合上述条件的下列配套服装：

1．常礼服，由一件后襟下垂并下端开圆弧形叉的素色短上衣和一条条纹长裤组成；

2．晚礼服（燕尾服）一般用黑色织物制成，上衣前襟较短且不闭合，背后有燕尾；

3．无燕尾套装夜礼服，其中上衣款式与普通上衣相似（可以更为显露衬衣前胸），但有光滑丝质或仿丝质的翻领。

（二）"便服套装"，是指面料相同并作零售包装的下列成套服装（西服套装及税号62.07或62.08的物品除外）：

一件人体上半身穿着的服装，但背心除外，因为背心可作为内衣；以及一件或两件不同的人体下半身穿着的服装，即长裤、护胸背带工装裤、马裤、短裤（泳裤除外）、裙子或裙裤。

便服套装各件面料质地、款式、颜色及构成必须相同；尺寸大小也须相互般配。所称"便服套装"，不包括品目62.11的运动服及滑雪服。

四、对于品目62.09：

（一）所称"婴儿服装及衣着附件"，是指用于身高不超过86厘米幼儿的服装；也包括婴儿尿布；

（二）既可归入品目62.09，也可归入本章其他品目的物品，应归入品目62.09；

五、既可归入品目62.10，也可归入本章其他品目的服装，除品目62.09所列的仍归入该品目外，其余的应一律归入品目62.10。

六、品目62.11所称"滑雪服"，是指从整个外观和织物质地来看，主要在滑雪（速度滑雪和高山滑雪）时穿着的下列服装或成套服装：

（一）"滑雪连身服"，即上下身连在一起的单件服装；除袖子和领子外，滑雪连身服可有口袋或脚带；或

（二）"滑雪套装"，即由两件或三件构成一套并作零售包装的下列服装：

一件用一条拉链扣合的带风帽的厚夹克、防风衣、防风短上衣或类似的服装，可以附带一件背心；以及一条不论是否过腰的长裤、一条马裤或一条护胸背带工装裤。

"滑雪套装"也可由一件类似以上（一）款所述的连身服和一件可套在连身服外面的有胎料背心组成。"滑雪套装"各件颜色可以不同，但面料质地、款式及构成必须相同；尺寸大小也须相互般配。

七、正方形或近似正方形的围巾及围巾式样的物品，如果每边均不超过60厘米，应作为手帕归类（品目62.13）。任何一边超过60厘米的手帕，应归入品目62.14。

八、本章的服装，凡门襟为左压右的，应视为男式；右压左的，应视为女式。但本规定不适用于其式样已明显为男式或女式的服装。无法区别是男式还是女式的服装，应按女式服装归入有关品目。

九、本章物品可用金属线制成。

商品编号	商品名称备注	进口税率		增值税	消费税	计量单位	监管条件
		最惠国	普通				
6201	**男式大衣、短大衣、斗蓬、短斗蓬、带风帽的防寒短上衣(包括滑雪短上衣)、防风衣、防风短上衣及类似品,但编号6203的货品除外**						
6201 11 00.10^	毛制男式雨衣(羊毛或动物细毛制)	22.8	130.0	17.0		件/千克	BG
6201 11 00.90^	毛制男式大衣,斗蓬及类似品(含短大衣.短斗蓬,羊毛或动物细毛制)	22.8	130.0	17.0		件/千克	BG
6201 12 10	棉制男式羽绒大衣等及类似品(包括羽绒雨衣、短大衣、斗蓬、短斗蓬)	19.3	90.0	17.0		件/千克	BG
6201 12 90.10	棉制男式雨衣	19.3	90.0	17.0		件/千克	G
6201 12 90.20	棉制男式连风帽派克大衣等(含带风帽的防寒短上衣、防风衣、防风短上衣及类似品)	19.3	90.0	17.0		件/千克	G
6201 12 90.90	棉制男式大衣、斗蓬及类似品(包括短大衣、短斗蓬)	19.3	90.0	17.0		件/千克	G
6201 13 10^	化纤制男羽绒大衣等及类似品(包括羽绒雨衣、短大衣、斗蓬、短斗蓬)	23.1	130.0	17.0		件/千克	BG
6201 13 90.10^	化纤制男式雨衣	23.1	130.0	17.0		件/千克	7G
6201 13 90.20^	化纤制男式连风帽派克大衣等(羊/动物细毛≥36%,带风帽防寒短上衣/防风衣等)	23.1	130.0	17.0		件/千克	7G
6201 13 90.30^	化纤制男大衣、斗蓬及类似品(包括短大衣、短斗蓬,含羊毛或动物细毛36%及以上)	23.1	130.0	17.0		件/千克	7G
6201 13 90.40^	化纤制男式连风帽派克大衣等(羊/动物细毛<36%,带风帽防寒短上衣/防风衣等)	23.1	130.0	17.0		件/千克	7G
6201 13 90.90^	化纤制男大衣、斗蓬及类似品(包括短大衣、短斗蓬,含羊毛或动物细毛36%以下)	23.1	130.0	17.0		件/千克	7G
6201 19 00.10^	其他材料制男雨衣	22.8	100.0	17.0		件/千克	
6201 19 00.21^	其他材料制男大衣、斗蓬及类似品(含短大衣、斗篷、短斗篷,含丝70%及以上)	22.8	100.0	17.0		件/千克	
6201 19 00.29^	其他材料制男大衣、斗蓬及类似品(含短大衣、斗篷、短斗篷,含丝<70%)	22.8	100.0	17.0		件/千克	
6201 19 00.30^	其他材料制男大衣等,羊毛限内(含短大衣、斗篷、短斗篷)	22.8	100.0	17.0		件/千克	G
6201 19 00.40^	其他材料制男大衣等,棉限内(含短大衣、斗篷、短斗篷)	22.8	100.0	17.0		件/千克	G
6201 19 00.50*^	其他材料制男大衣等,化纤限内(含短大衣、斗篷、短斗篷)	22.8	100.0	17.0		件/千克	G
6201 19 00.90^	其他材料制男大衣等(含短大衣、斗篷、短斗篷)	22.8	100.0	17.0		件/千克	
6201 91 00.10^	毛制男式有填料无袖上衣(羊毛或动物细毛制)	22.8	130.0	17.0		件/千克	G
6201 91 00.20^	毛制男式带防寒衬里防风衣(羊毛或动物细毛制,含防风短上衣)	22.8	130.0	17.0		件/千克	G
6201 91 00.30^	毛制男式带风帽、有填料短上衣(羊毛或动物细毛制,含防风上衣,衬衫式样,特制领)	22.8	130.0	17.0		件/千克	G

商品编号	商品名称备注	进口税率		增值税	消费税	计量单位	监管条件
		最惠国	普通				
6201 91 00.90^	毛制男式其他防寒上衣(羊毛或动物细毛制)	22.8	130.0	17.0		件/千克	G
6201 92 10	棉制男式羽绒防寒短上衣、防风衣(包括羽绒滑雪短上衣、防风短上衣及类似品)	19.3	90.0	17.0		件/千克	BG
6201 92 90.10	棉制男式有填料无袖上衣(不带可连接袖子配件)	19.3	90.0	17.0		件/千克	G
6201 92 90.20	棉制男式带防寒衬里防风衣(含防风短上衣)	19.3	90.0	17.0		件/千克	G
6201 92 90.30	棉制男式带风帽、有填料上衣(包括防风上衣,衬衫式样,特制领)	19.3	90.0	17.0		件/千克	G
6201 92 90.90	棉制男式其他防寒上衣(包括滑雪短上衣、防风短上衣及类似品)	19.3	90.0	17.0		件/千克	G
6201 93 10^	化纤制男式羽绒防寒短上衣防风衣(包括羽绒滑雪短上衣、防风短上衣及类似品)	23.1	130.0	17.0		件/千克	BG
6201 93 90.10^	化纤制男式有填料无袖上衣(不带可连接袖子配件)	23.1	130.0	17.0		件/千克	7G
6201 93 90.20^	化纤制男式带风帽防寒短上衣(羊毛或动物细毛36%及以上)	23.1	130.0	17.0		件/千克	7G
6201 93 90.30^	化纤制男式带防寒衬里防风衣(含防风短上衣)	23.1	130.0	17.0		件/千克	7G
6201 93 90.40^	化纤制男式带风帽、有填料上衣(包括防风上衣,衬衫式样,特制领)	23.1	130.0	17.0		件/千克	7G
6201 93 90.90^	化纤制其他防寒上衣(包括带风帽防寒短上衣、防风短上衣及其他类似品)	23.1	130.0	17.0		件/千克	7G
6201 99 00.11^	丝制男式带防寒衬里短上衣(含丝70%及以上,含防风上衣,防风短上衣)	22.8	100.0	17.0		件/千克	
6201 99 00.12^	丝制男式带特制领有填料短上衣(含丝70%及以上,含防风上衣,衬衫式样,带风帽)	22.8	100.0	17.0		件/千克	
6201 99 00.19^	丝制其他防寒上衣(含丝70%及以上)	22.8	100.0	17.0		件/千克	
6201 99 00.21^	丝制男式带防寒衬里短上衣(含丝70%以下,含防风上衣,防风短上衣)	22.8	100.0	17.0		件/千克	
6201 99 00.22^	丝制男式带特制领有填料短上衣(含丝70%以下,含防风上衣,衬衫式样,带风帽)	22.8	100.0	17.0		件/千克	
6201 99 00.29^	丝制其他防寒上衣(含丝70%以下)	22.8	100.0	17.0		件/千克	
6201 99 00.31^	其他材料制男式带风帽防寒短上衣(棉限内,带防寒衬里)	22.8	100.0	17.0		件/千克	G
6201 99 00.32^	其他材料制男式带风帽防寒短上衣(羊毛限内,带防寒衬里)	22.8	100.0	17.0		件/千克	G
6201 99 00.33^	其他材料制男式带风帽防寒短上衣(化纤限内,带防寒衬里)	22.8	100.0	17.0		件/千克	G
6201 99 00.39^	其他材料制男式带风帽防寒短上衣(其他纺织材料制,带防寒衬里)	22.8	100.0	17.0		件/千克	
6201 99 00.41^	其他材料制男式带风帽短上衣(棉限内,带特制领,有填料,衬衫式样)	22.8	100.0	17.0		件/千克	G

商品编号	商品名称备注	进口税率		增值税	消费税	计量单位	监管条件
		最惠国	普通				
6201 99 00.42ˉ	其他材料制男式带风帽短上衣(羊毛限内,带特制领,有填料,衬衫式样)	22.8	100.0	17.0		件/千克	G
6201 99 00.43ˉ	其他材料制男式带风帽短上衣(化纤限内,带特制领,有填料,衬衫式样)	22.8	100.0	17.0		件/千克	G
6201 99 00.49ˉ	其他材料制男式带风帽短上衣(其他材料制,带特制领,有填料,衬衫式样)	22.8	100.0	17.0		件/千克	
6201 99 00.91ˉ	其他材料制男式防寒短上衣(棉限内,含防风衣、防风短上衣类似品)	22.8	100.0	17.0		件/千克	G
6201 99 00.92ˉ	其他材料制男式防寒短上衣(羊毛限内,含防风衣、防风短上衣类似品)	22.8	100.0	17.0		件/千克	G
6201 99 00.93ˉ	其他材料制男式防寒短上衣(化纤限内,含防风衣、防风短上衣类似品)	22.8	100.0	17.0		件/千克	G
6201 99 00.99ˉ	其他材料制男式其他防寒短上衣(含防风衣、防风短上衣类似品)	22.8	100.0	17.0		件/千克	
6202	**女式大衣、短大衣、斗蓬、短斗蓬、带风帽的防寒短上衣(包括滑雪短上衣)、防风衣、防风短上衣及类似品,但编号 6204 的货品除外**						
6202 11 00.10ˉ	毛制女式雨衣(羊毛或动物细毛制)	22.8	130.0	17.0		件/千克	BG
6202 11 00.90ˉ	毛制女式大衣、斗蓬及类似品等(包括短大衣、短斗蓬,羊毛或动物细毛制)	22.8	130.0	17.0		件/千克	BG
6202 12 10	棉制女式羽绒大衣等及类似品(包括羽绒雨衣、短大衣、斗蓬、短斗蓬)	19.3	90.0	17.0		件/千克	BG
6202 12 90.10	棉制女式雨衣	19.3	90.0	17.0		件/千克	G
6202 12 90.20	棉制女式连风帽派克大衣等(含带风帽的防寒短上衣、防风衣、防风短上衣及类似品)	19.3	90.0	17.0		件/千克	G
6202 12 90.90	棉制女式大衣、斗蓬及类似品(包括短大衣、短斗蓬)	19.3	90.0	17.0		件/千克	G
6202 13 10ˉ	化纤制女羽绒大衣等及类似品(包括羽绒雨衣、短大衣、斗蓬、短斗蓬)	23.0	130.0	17.0		件/千克	BG
6202 13 90.10ˉ	化纤制女雨衣(含羊/动物细毛<36%,含带风帽防寒上衣、防风衣及类品)	23.0	130.0	17.0		件/千克	7G
6202 13 90.20ˉ	化纤制女式连风帽派克大衣(含短大衣、短斗蓬,含羊毛或动物细毛 36%及以上)	23.0	130.0	17.0		件/千克	7G
6202 13 90.30ˉ	化纤制女大衣、斗蓬及类似品(含短大衣、短斗蓬,含羊毛或动物细毛 36%及以上)	23.0	130.0	17.0		件/千克	7G
6202 13 90.40ˉ	化纤制女式连风帽派克大衣(含羊/动物细毛<36%,含带风帽防寒上衣、防风衣及类品)	23.0	130.0	17.0		件/千克	7G
6202 13 90.90ˉ	化纤制女大衣、斗蓬及类似品(含短大衣、短斗蓬,含羊毛或动物细毛 36%以下)	23.0	130.0	17.0		件/千克	7G
6202 19 00.10ˉ	其他材料制女雨衣	22.8	100.0	17.0		件/千克	

商品编号	商品名称备注	进口税率		增值税	消费税	计量单位	监管条件
		最惠国	普通				
6202 19 00.21-	其他材料制女大衣、斗篷及类似品(含短大衣、短斗蓬,含丝70%及以上)	22.8	100.0	17.0		件/千克	
6202 19 00.29-	其他材料制女大衣、斗篷及类似品(含短大衣、短斗蓬,含丝70%及以下)	22.8	100.0	17.0		件/千克	
6202 19 00.30-	其他材料制女大衣等,羊毛限内(含短大衣、斗蓬、短斗蓬)	22.8	100.0	17.0		件/千克	G
6202 19 00.40-	其他材料制女大衣等,棉限内(含短大衣、斗蓬、短斗蓬)	22.8	100.0	17.0		件/千克	G
6202 19 00.50*-	其他材料制女大衣等,化纤限内(含短大衣、斗蓬、短斗蓬)	22.8	100.0	17.0		件/千克	G
6202 19 00.90-	其他材料制女大衣(含短大衣、斗篷、短斗蓬)	22.8	100.0	17.0		件/千克	
6202 91 00.10-	毛制女式有填料无袖上衣(羊毛或动物细毛制)	22.8	130.0	17.0		件/千克	G
6202 91 00.20-	毛制女式带防寒衬里的短上衣(羊毛或动物细毛制,含防风衣、防风短上衣)	22.8	130.0	17.0		件/千克	G
6202 91 00.90-	毛制女式其他防寒上衣(羊毛或动物细毛制)	22.8	130.0	17.0		件/千克	G
6202 92 10	棉制女式羽绒防寒短上衣、防风衣(包括羽绒滑雪短上衣、防风短上衣及类似品)	19.3	90.0	17.0		件/千克	BG
6202 92 90.10	棉制女式有填料无袖上衣(不带可连接袖子配件)	19.3	90.0	17.0		件/千克	G
6202 92 90.20	棉制女式带防寒衬里的短上衣(含防风衣、防风短上衣)	19.3	90.0	17.0		件/千克	G
6202 92 90.90	棉制女式其他防寒上衣	19.3	90.0	17.0		件/千克	G
6202 93 10-	化纤制女式羽绒防寒短上衣等(包括羽绒滑雪短上衣、防风衣、防风短上衣及类似品)	23.1	130.0	17.0		件/千克	BG
6202 93 90.10-	化纤制女式有填料无袖上衣(不带可连接袖子配件)	23.1	130.0	17.0		件/千克	7G
6202 93 90.20-	化纤制女式带风帽防寒短上衣(含羊毛或动物细毛36%及以上)	23.1	130.0	17.0		件/千克	7G
6202 93 90.30-	化纤制女式带防寒衬里的短上衣(含防风衣、防风短上衣)	23.1	130.0	17.0		件/千克	7G
6202 93 90.90-	化纤制女式其他防寒上衣	23.1	130.0	17.0		件/千克	7G
6202 99 00.11-	丝制女式带防寒衬里的短上衣(含丝70%及以上,含防风衣、防风短上衣)	22.8	100.0	17.0		件/千克	
6202 99 00.19-	丝制女式其他防寒上衣(含丝70%及以上,)	22.8	100.0	17.0		件/千克	
6202 99 00.21-	丝制女式带防寒衬里的短上衣(含丝70%以下,含防风衣、防风短上衣)	22.8	100.0	17.0		件/千克	
6202 99 00.29-	丝制女式其他防寒上衣(含丝70%以下)	22.8	100.0	17.0		件/千克	
6202 99 00.31-	其他材料制女式带风帽防寒短上衣(棉限内,带防寒衬里)	22.8	100.0	17.0		件/千克	G
6202 99 00.32-	其他材料制女式带风帽防寒短上衣(羊毛限内,带防寒衬里)	22.8	100.0	17.0		件/千克	G

商品编号	商品名称备注	进口税率		增值税	消费税	计量单位	监管条件
		最惠国	普通				
6202 99 00.33	其他材料制女式带风帽防寒短上衣(化纤限内,带防寒衬里)	22.8	100.0	17.0		件/千克	G
6202 99 00.39	其他材料制女式带风帽防寒短上衣(其他纺织材料制,带防寒衬里)	22.8	100.0	17.0		件/千克	
6202 99 00.91	其他材料制女式防寒短上衣等(棉限内,含防风衣、防风短上衣及类似品)	22.8	100.0	17.0		件/千克	G
6202 99 00.92	其他材料制女式防寒短上衣等(羊毛限内,含防风衣、防风短上衣及类似品)	22.8	100.0	17.0		件/千克	G
6202 99 00.93	其他材料制女式防寒短上衣等(化纤限内,含防风衣、防风短上衣及类似品)	22.8	100.0	17.0		件/千克	G
6202 99 00.99	其他材料制女式其他防寒短上衣等(含防风衣、防风短上衣及类似品)	22.8	100.0	17.0		件/千克	
6203	**男式西服套装、便服套装、上衣、长裤、护胸背带工装裤、马裤及短裤(游泳裤外)**						
6203 11 00	毛制男式西服套装(羊毛或动物细毛制)	23.1	130.0	17.0		套/千克	BG
6203 12 00.10	合纤制男式西服套装(含羊毛或动物细毛 36%及以上)	23.1	130.0	17.0		套/千克	7G
6203 12 00.90	其他合纤制男式西服套装	23.1	130.0	17.0		套/千克	7G
6203 19 10.10	丝及绢丝制男式西服套装(含丝 70%及以上)	23.1	100.0	17.0		套/千克	
6203 19 10.90	其他丝及绢丝制男式西服套装(含丝 70%以下)	23.1	100.0	17.0		套/千克	
6203 19 90.10	棉制男式西服套装	23.1	100.0	17.0		套/千克	G
6203 19 90.21	人造纤维制男式西服套装(含羊毛或动物细毛36%及以上)	23.1	100.0	17.0		套/千克	G
6203 19 90.29	其他人造纤维制男式西服套装	23.1	100.0	17.0		套/千克	G
6203 19 90.91	其他材料制男式西服套装(棉限内)	23.1	100.0	17.0		套/千克	G
6203 19 90.92	其他材料制男式西服套装(毛限内)	23.1	100.0	17.0		套/千克	G
6203 19 90.93	其他材料制男式西服套装(化纤限内)	23.1	100.0	17.0		套/千克	G
6203 19 90.99	其他材料制其他男式西服套装	23.1	100.0	17.0		套/千克	
6203 21 00	毛制男式便服套装(羊毛或动物细毛制)	23.1	130.0	17.0		套/千克	G
6203 22 00.10	棉制男式便服套装(工业及职业用)	19.8	90.0	17.0		套/千克	BG
6203 22 00.90	其他棉制男式便服套装	19.8	90.0	17.0		套/千克	BG
6203 23 00.11	合纤制其他男式便服套装(含羊毛或动物细毛≥36%,工业及职业用)	23.1	130.0	17.0		套/千克	7BG
6203 23 00.19	合纤制其他男式便服套装(含羊毛或动物细毛≥36%)	23.1	130.0	17.0		套/千克	7BG
6203 23 00.91	其他合纤制其他男式便服套装(工业及职业用)	23.1	130.0	17.0		套/千克	7BG
6203 23 00.99	其他合纤制其他男式便服套装	23.1	130.0	17.0		套/千克	7BG
6203 29 10.10	丝制男式便服套装(含丝 70%及以上)	23.1	130.0	17.0		套/千克	BG
6203 29 10.90	丝制其他男式便服套装(含丝 70%以下)	23.1	130.0	17.0		套/千克	BG
6203 29 90.11	人造纤维制其他男式便服套装(工业及职业用)	23.1	100.0	17.0		套/千克	G
6203 29 90.19	人造纤维制其他男式便服套装	23.1	100.0	17.0		套/千克	G

商品编号	商品名称备注	进口税率		增值税	消费税	计量单位	监管条件
		最惠国	普通				
6203 29 90.90	其他材料制其他男式便服套装	23.1	100.0	17.0		套/千克	G
6203 31 00.10	毛制男式西服式上衣(羊毛或动物细毛制)	22.8	130.0	17.0		件/千克	BG
6203 31 00.90	毛制男式其他上衣(羊毛或动物细毛制)	22.8	130.0	17.0		件/千克	BG
6203 32 00.10	棉制工业及职业用男式上衣(工业及职业用)	19.3	90.0	17.0		件/千克	BG
6203 32 00.90	棉制其他男式上衣	19.3	90.0	17.0		件/千克	BG
6203 33 00.11	合成纤维制男式西服式上衣(含羊毛或动物细毛36%及以上,工业及职业用)	23.1	130.0	17.0		件/千克	7BG
6203 33 00.19	合成纤维制男式西服式上衣(含羊毛或动物细毛36%及以上)	23.1	130.0	17.0		件/千克	7BG
6203 33 00.21	合成纤维制男式其他上衣(含羊毛或动物细毛36%及以上,工业及职业用)	23.1	130.0	17.0		件/千克	7BG
6203 33 00.29	合成纤维制男式其他上衣(含羊毛或动物细毛36%及以上)	23.1	130.0	17.0		件/千克	7BG
6203 33 00.91	其他合成纤维制男式上衣(工业及职业用)	23.1	130.0	17.0		件/千克	7BG
6203 33 00.99	其他合成纤维制男式上衣	23.1	130.0	17.0		件/千克	7BG
6203 39 10.10	丝制男式上衣(含丝70%及以上)	22.8	130.0	17.0		件/千克	B
6203 39 10.90	丝制男式上衣(含丝70%以下)	22.8	130.0	17.0		件/千克	B
6203 39 90.11	人造纤维制男式西服式上衣(含羊毛或动物细毛36%及以上,工业及职业用)	22.8	100.0	17.0		件/千克	BG
6203 39 90.19	人造纤维制男式西服式上衣(含羊毛或动物细毛36%及以上)	22.8	100.0	17.0		件/千克	BG
6203 39 90.21	人造纤维制男式其他上衣(含羊毛或动物细毛36%及以上,工业及职业用)	22.8	100.0	17.0		件/千克	BG
6203 39 90.29	人造纤维制男式其他上衣(含羊毛或动物细毛36%及以上)	22.8	100.0	17.0		件/千克	BG
6203 39 90.31	其他人造纤维制男式上衣(工业及职业用)	22.8	100.0	17.0		件/千克	BG
6203 39 90.39	其他人造纤维制男式上衣	22.8	100.0	17.0		件/千克	BG
6203 39 90.91	其他材料制男式上衣(棉限内)	22.8	100.0	17.0		件/千克	BG
6203 39 90.92	其他材料制男式上衣(毛限内)	22.8	100.0	17.0		件/千克	BG
6203 39 90.93	其他材料制男式上衣(化纤限内)	22.8	100.0	17.0		件/千克	BG
6203 39 90.99	其他材料制男式上衣	22.8	100.0	17.0		件/千克	B
6203 41 00.11	毛制男式护胸背带工装裤(羊毛或动物细毛制,带防寒衬里)	22.8	130.0	17.0		条/千克	BG
6203 41 00.19	毛制男式护胸背带工装裤(羊毛或动物细毛制)	22.8	130.0	17.0		条/千克	BG
6203 41 00.21	毛制男式长裤、马裤(羊毛或动物细毛制,带防寒衬里)	22.8	130.0	17.0		条/千克	BG
6203 41 00.22	毛制男式长裤、马裤(羊毛或动物细毛制,含8-18号男童)	22.8	130.0	17.0		条/千克	BG
6203 41 00.29	毛制其他男童长裤、马裤(羊毛或动物细毛制)	22.8	130.0	17.0		条/千克	BG
6203 41 00.90	毛制男式短裤(羊毛或动物细毛制)	22.8	130.0	17.0		条/千克	BG

商品编号	商 品 名 称 备 注	进口税率		增值税	消费税	计量单位	监管条件
		最惠国	普通				
6203 42 10.10ˆ	棉制男式阿拉伯裤(羽绒和水禽毛≥15%且含绒率≥35%,或含羽绒≥10%)	19.8	90.0	17.0		条/千克	BG
6203 42 10.90ˆ	棉制男式阿拉伯裤	19.8	90.0	17.0		条/千克	BG
6203 42 90.11ˆ	工、职业用棉男护胸背带工装裤(羽绒和水禽毛≥15%且含绒率≥35%,或含羽绒≥10%)	19.8	90.0	17.0		条/千克	B
6203 42 90.12ˆ	棉制男式护胸背带工装裤(羽绒和水禽毛≥15%且含绒率≥35%,或含羽绒≥10%)	19.8	90.0	17.0		条/千克	BG
6203 42 90.13ˆ	棉制其他男成人护胸背带工装裤(带防寒衬里,工业及职业用)	19.8	90.0	17.0		条/千克	BG
6203 42 90.14ˆ	棉制其他男成人护胸背带工装裤(带防寒衬里)	19.8	90.0	17.0		条/千克	BG
6203 42 90.15ˆ	棉制其他男童护胸背带工装裤(带防寒衬里)	19.8	90.0	17.0		条/千克	BG
6203 42 90.16ˆ	棉制其他男成人护胸背带工装裤(工业及职业用)	19.8	90.0	17.0		条/千克	BG
6203 42 90.17ˆ	棉制其他男成人护胸背带工装裤	19.8	90.0	17.0		条/千克	BG
6203 42 90.19ˆ	棉制其他男童护胸背带工装裤	19.8	90.0	17.0		条/千克	BG
6203 42 90.21ˆ	工、职业用棉男长裤、马裤(羽绒和水禽毛≥15%且含绒率≥35%,或含羽绒≥10%)	19.8	90.0	17.0		条/千克	BG
6203 42 90.29ˆ	棉制男式长裤、马裤(羽绒和水禽毛≥15%且含绒率≥35%,或含羽绒≥10%)	19.8	90.0	17.0		条/千克	BG
6203 42 90.30ˆ	棉制男式长裤、马裤(游戏装,带防寒衬里)	19.8	90.0	17.0		条/千克	BG
6203 42 90.41ˆ	棉制男式长裤、马裤(游戏装,不带防寒衬里,含8-18号男童)	19.8	90.0	17.0		条/千克	BG
6203 42 90.49ˆ	棉制其他男童长裤、马裤(游戏装,不带防寒衬里)	19.8	90.0	17.0		条/千克	BG
6203 42 90.51*ˆ	棉制男式长裤、马裤(非游戏装,带防寒衬里,工业及职业用)	19.8	90.0	17.0		条/千克	BG
6203 42 90.59*ˆ	棉制男式长裤、马裤(非游戏装,带防寒衬里)	19.8	90.0	17.0		条/千克	BG
6203 42 90.61ˆ	棉制男成人长裤、马裤(非游戏装,不带防寒衬里,工业及职业用)	19.8	90.0	17.0		条/千克	BG
6203 42 90.62ˆ	棉制男童长裤、马裤(非游戏装,不带防寒衬里,指8-18号男童)	19.8	90.0	17.0		条/千克	BG
6203 42 90.69ˆ	棉制其他男童长裤、马裤(非游戏装,不带防寒衬里)	19.8	90.0	17.0		条/千克	BG
6203 42 90.91ˆ	棉制男式短裤(羽绒和水禽毛≥15%且含绒率≥35%,或含羽绒≥10%)	19.8	90.0	17.0		条/千克	BG
6203 42 90.92ˆ	棉制其他男式短裤(游戏装)	19.8	90.0	17.0		条/千克	BG
6203 42 90.99ˆ	棉制其他男式短裤(非游戏装)	19.8	90.0	17.0		条/千克	BG
6203 43 10.10ˆ	合成纤维制男式阿拉伯裤(羽绒和水禽毛≥15%且含绒率≥35%,或含羽绒≥10%)	22.5	130.0	17.0		条/千克	BG
6203 43 10.90ˆ	合成纤维制男式阿拉伯裤	22.5	130.0	17.0		条/千克	BG

商品编号	商品名称备注	进口税率		增值税	消费税	计量单位	监管条件
		最惠国	普通				
6203 43 90.11^	工、职业用合纤制男护胸背带工裤(羽绒和水禽毛≥15%且含绒率≥35%,或含羽绒≥10%)	22.5	130.0	17.0		条/千克	7B
6203 43 90.12^	合纤制男式护胸背带工裤(羽绒和水禽毛≥15%且含绒率≥35%,或含羽绒≥10%)	22.5	130.0	17.0		条/千克	7BG
6203 43 90.13^	其他合纤制男成人护胸背带工装裤(带防寒衬里,工业及职业用)	22.5	130.0	17.0		条/千克	7BG
6203 43 90.14^	其他合纤制男成人护胸背带工装裤(带防寒衬里)	22.5	130.0	17.0		条/千克	7BG
6203 43 90.15^	其他合纤制男童护胸背带工装裤(带防寒衬里)	22.5	130.0	17.0		条/千克	7BG
6203 43 90.16^	其他合纤制男成人护胸背带工装裤(工业及职业用)	22.5	130.0	17.0		条/千克	7BG
6203 43 90.17^	其他合纤制男成人护胸背带工装裤	22.5	130.0	17.0		条/千克	7BG
6203 43 90.19^	其他合纤制男童护胸背带工装裤	22.5	130.0	17.0		条/千克	7BG
6203 43 90.21^	工、职业用合纤男长裤、马裤(羽绒和水禽毛≥15%且含绒率≥35%,或含羽绒≥10%)	22.5	130.0	17.0		条/千克	7BG
6203 43 90.29^	合纤制男式长裤、马裤(羽绒和水禽毛≥15%且含绒率≥35%,或含羽绒≥10%)	22.5	130.0	17.0		条/千克	7BG
6203 43 90.31^	其他合纤制男式长裤、马裤(带防寒衬里,含羊毛或动物细毛36%及以上,工/职业用)	22.5	130.0	17.0		条/千克	7BG
6203 43 90.39^	其他合纤制男式长裤、马裤(带防寒衬里,含羊毛或动物细毛36%及以上)	22.5	130.0	17.0		条/千克	7BG
6203 43 90.41^	其他合纤制男成人长裤、马裤(不带防寒衬里,含羊/动物细毛36%及以上,工/职业用)	22.5	130.0	17.0		条/千克	7BG
6203 43 90.42^	其他合纤制男童长裤、马裤(不带防寒衬里,含羊/动物细毛36%及以上,指8-18号男童)	22.5	130.0	17.0		条/千克	7BG
6203 43 90.49^	其他合纤制男童长裤、马裤(不带防寒衬里,含羊/动物细毛36%及以上)	22.5	130.0	17.0		条/千克	7BG
6203 43 90.50*^	其他合纤制男式长裤、马裤(带防寒衬里,游戏装)	22.5	130.0	17.0		条/千克	7BG
6203 43 90.61^	其他合纤制男式长裤、马裤(不带防寒衬里,游戏装,含8-18号男童)	22.5	130.0	17.0		条/千克	7BG
6203 43 90.69^	其他合纤制其他男童长裤、马裤(不带防寒衬里,游戏装)	22.5	130.0	17.0		条/千克	7BG
6203 43 90.71^	其他合纤制男式长裤、马裤(带防寒衬里,非游戏装,工业及职业用)	22.5	130.0	17.0		条/千克	7BG
6203 43 90.79^	其他合纤制男式长裤、马裤(带防寒衬里,非游戏装)	22.5	130.0	17.0		条/千克	7BG
6203 43 90.81^	其他合纤制男成人长裤、马裤(不带防寒衬里,非游戏装,工业及职业用)	22.5	130.0	17.0		条/千克	7BG
6203 43 90.82^	其他合纤制男童长裤、马裤(不带防寒衬里,非游戏装,指8-18号男童)	22.5	130.0	17.0		条/千克	7BG

商品编号	商　品　名　称　备　注	进口税率		增值税	消费税	计量单位	监管条件
		最惠国	普通				
6203 43 90.89⁻	其他合纤制其他男童长裤、马裤(不带防寒衬里,非游戏装)	22.5	130.0	17.0		条/千克	7BG
6203 43 90.91⁻	合纤制男式短裤(羽绒和水禽毛≥15%且含绒率≥35%,或含羽绒≥10%)	22.5	130.0	17.0		条/千克	7BG
6203 43 90.92⁻	其他合纤制男式短裤(游戏装)	22.5	130.0	17.0		条/千克	7BG
6203 43 90.99⁻	其他合纤制男式短裤(非游戏装)	22.5	130.0	17.0		条/千克	7BG
6203 49 10.10⁻	人纤制男式阿拉伯裤(羽绒和水禽毛≥15%且含绒率≥35%,或含羽绒≥10%)	22.8	100.0	17.0		条/千克	BG
6203 49 10.20⁻	人纤制男式阿拉伯裤	22.8	100.0	17.0		条/千克	BG
6203 49 10.30⁻	其他材料制男式阿拉伯裤(羽绒和水禽毛≥15%且含绒率≥35%,或含羽绒≥10%)	22.8	100.0	17.0		条/千克	BG
6203 49 10.90⁻	其他材料制男式阿拉伯裤	22.8	100.0	17.0		条/千克	BG
6203 49 90.11⁻	人纤制男成人护胸背带工装裤(带防寒衬里)	22.8	100.0	17.0		条/千克	BG
6203 49 90.12⁻	人纤制男童护胸背带工装裤(带防寒衬里)	22.8	100.0	17.0		条/千克	BG
6203 49 90.13⁻	人纤制男成人护胸背带工装裤	22.8	100.0	17.0		条/千克	BG
6203 49 90.19⁻	人纤制男童护胸背带工装裤	22.8	100.0	17.0		条/千克	BG
6203 49 90.21⁻	人纤制男式长裤、马裤(带防寒衬里,含羊毛或动物细毛36%及以上)	22.8	100.0	17.0		条/千克	BG
6203 49 90.22⁻	人纤制其他男式长裤、马裤(不带防寒衬里,含羊毛或动物细毛36%及以上)	22.8	100.0	17.0		条/千克	BG
6203 49 90.23⁻	人纤制男式长裤、马裤(带防寒衬里,游戏装)	22.8	100.0	17.0		条/千克	BG
6203 49 90.24⁻	人纤制其他男式长裤、马裤(不带防寒衬里,游戏装)	22.8	100.0	17.0		条/千克	BG
6203 49 90.25⁻	人纤制男式长裤、马裤(带防寒衬里,非游戏装)	22.8	100.0	17.0		条/千克	BG
6203 49 90.26⁻	人纤制其他男式长裤、马裤(不带防寒衬里,非游戏装)	22.8	100.0	17.0		条/千克	BG
6203 49 90.27⁻	人纤制男式短裤(含羊毛或动物细毛36%及以上)	22.8	100.0	17.0		条/千克	BG
6203 49 90.28⁻	人纤制男式短裤(游戏装)	22.8	100.0	17.0		条/千克	BG
6203 49 90.29⁻	人纤制男式短裤(非游戏装)	22.8	100.0	17.0		条/千克	BG
6203 49 90.31⁻	丝制男式护胸背带工装裤(含丝70%及以上)	22.8	100.0	17.0		条/千克	GB
6203 49 90.32⁻	丝制男式长裤、马裤(含丝70%及以上,带防寒衬里)	22.8	100.0	17.0		条/千克	B
6203 49 90.33⁻	丝制男式长裤、马裤(含丝70%及以上,不带防寒衬里)	22.8	100.0	17.0		条/千克	B
6203 49 90.34⁻	丝制男式短裤(含丝70%及以上)	22.8	100.0	17.0		条/千克	B
6203 49 90.35⁻	丝制男式护胸背带工装裤(含丝70%以下,带防寒衬里)	22.8	100.0	17.0		条/千克	B
6203 49 90.36⁻	丝制男式护胸背带工装裤(含丝70%以下,不带防寒衬里)	22.8	100.0	17.0		条/千克	B

商品编号	商 品 名 称 备 注	进口税率		增值税	消费税	计量单位	监管条件
		最惠国	普通				
6203 49 90.37^	丝制男式长裤、马裤(含丝70%以下,带防寒衬里)	22.8	100.0	17.0		条/千克	BG
6203 49 90.38^	丝制男式长裤、马裤(含丝70%以下,不带防寒衬里)	22.8	100.0	17.0		条/千克	BG
6203 49 90.39^	丝制男式短裤(含丝70%以下)	22.8	100.0	17.0		条/千克	BG
6203 49 90.41^	其他材料制男式长裤、马裤(棉限内,带防寒衬里)	22.8	100.0	17.0		条/千克	BG
6203 49 90.42^	其他材料制男式长裤、马裤(棉限内,不带防寒衬里)	22.8	100.0	17.0		条/千克	BG
6203 49 90.49^	其他材料制男式短裤(棉限内)	22.8	100.0	17.0		条/千克	BG
6203 49 90.51*^	其他材料制男式长裤、马裤(毛限内,带防寒衬里)	22.8	100.0	17.0		条/千克	BG
6203 49 90.52*^	其他材料制男式长裤、马裤(毛限内,不带防寒衬里)	22.8	100.0	17.0		条/千克	BG
6203 49 90.59*^	其他材料制男式短裤(毛限内)	22.8	100.0	17.0		条/千克	BG
6203 49 90.61^	其他材料制男式长裤、马裤(化纤限内,带防寒衬里)	22.8	100.0	17.0		条/千克	BG
6203 49 90.62^	其他材料制男式长裤、马裤(化纤限内,不带防寒衬里)	22.8	100.0	17.0		条/千克	BG
6203 49 90.69^	其他材料制男式短裤(化纤限内)	22.8	100.0	17.0		条/千克	BG
6203 49 90.91^	其他材料制男式护胸背带工装裤(带防寒衬里)	22.8	100.0	17.0		条/千克	B
6203 49 90.92^	其他材料制男式护胸背带工装裤(不带防寒衬里)	22.8	100.0	17.0		条/千克	B
6203 49 90.93^	其他材料制男式长裤、马裤(带防寒衬里)	22.8	100.0	17.0		条/千克	BG
6203 49 90.94^	其他材料制男式长裤、马裤(不带防寒衬里)	22.8	100.0	17.0		条/千克	BG
6203 49 90.99^	其他材料制男式短裤	22.8	100.0	17.0		条/千克	BG
6204	**女式西服套装、便服套装、上衣、连衣裙、裙子、裙裤、长裤、护胸背带工装裤、马裤及短裤(游泳服除外)**						
6204 11 00^	毛制女式西服套装(羊毛或动物细毛制)	23.1	130.0	17.0		套/千克	BG
6204 12 00	棉制女式西服套装	19.8	90.0	17.0		套/千克	G
6204 13 00.10^	合纤制女式西服套装(含羊毛或动物细毛36%及以上)	23.1	130.0	17.0		套/千克	7G
6204 13 00.90^	其他合纤制女式西服套装	23.1	130.0	17.0		套/千克	7G
6204 19 10.10^	丝及绢丝制女式西服套装(含丝70%及以上)	23.1	100.0	17.0		套/千克	
6204 19 10.90^	其他丝及绢丝制女式西服套装(含丝70%以下)	23.1	100.0	17.0		套/千克	
6204 19 90.11^	人造纤维制女式西服套装(含羊毛或动物细毛36%及以上)	23.1	100.0	17.0		套/千克	G
6204 19 90.19^	其他人造纤维制女式西服套装	23.1	100.0	17.0		套/千克	G
6204 19 90.91^	其他材料制女式西服套装(棉限内)	23.1	100.0	17.0		套/千克	G
6204 19 90.92^	其他材料制女式西服套装(毛限内)	23.1	100.0	17.0		套/千克	G

商品编号	商品名称备注	进口税率		增值税	消费税	计量单位	监管条件
		最惠国	普通				
6204 19 90.93^	其他材料制女式西服套装(化纤限内)	23.1	100.0	17.0		套/千克	G
6204 19 90.99^	其他材料制其他女式西服套装	23.1	100.0	17.0		套/千克	G
6204 21 00^	羊毛或动物细毛制女式便服套装	23.1	130.0	17.0		套/千克	G
6204 22 00.10	棉制女式便服套装(工业及职业用)	19.8	90.0	17.0		套/千克	BG
6204 22 00.90	棉制其他女式便服套装	19.8	90.0	17.0		套/千克	BG
6204 23 00.11^	工、职业用合纤制女式便服套装(含羊毛或动物细毛≥36%)	25.0	130.0	17.0		套/千克	7BG
6204 23 00.19^	合成纤维制其他女式便服套装(含羊毛或动物细毛≥36%)	25.0	130.0	17.0		套/千克	7BG
6204 23 00.91^	其他合成纤维制女式便服套装(工业及职业用)	25.0	130.0	17.0		套/千克	7BG
6204 23 00.99^	其他合成纤维制其他女式便服套装	25.0	130.0	17.0		套/千克	7BG
6204 29 10.10^	丝制女式便服套装(含丝及绢丝≥70%)	25.0	130.0	17.0		套/千克	B
6204 29 10.90^	丝制其他女式便服套装(含丝及绢丝<70%)	25.0	130.0	17.0		套/千克	B
6204 29 90.11^	人造纤维制女式便服套装(工业及职业用)	23.3	100.0	17.0		套/千克	G
6204 29 90.19^	人造纤维制女式便服套装	23.3	100.0	17.0		套/千克	G
6204 29 90.20^	其他材料制女式便服套装(棉限内)	23.3	100.0	17.0		套/千克	G
6204 29 90.30^	其他材料制女式便服套装(毛限内)	23.3	100.0	17.0		套/千克	G
6204 29 90.40^	其他材料制女式便服套装(化纤限内)	23.3	100.0	17.0		套/千克	G
6204 29 90.90^	其他材料制女式便服套装	23.3	100.0	17.0		套/千克	
6204 31 00^	毛制女式上衣(羊毛或动物细毛制)	22.8	130.0	17.0		件/千克	BG
6204 32 00.10	棉制女式上衣(工业及职业用)	19.3	90.0	17.0		件/千克	BG
6204 32 00.90	棉制其他女式上衣	19.3	90.0	17.0		件/千克	BG
6204 33 00.10^	合成纤维制女式上衣(含羊毛或动物细毛36%及以上,工业及职业用)	23.1	130.0	17.0		件/千克	7BG
6204 33 00.20^	合成纤维制其他女式上衣(含羊毛或动物细毛36%及以上)	23.1	130.0	17.0		件/千克	7BG
6204 33 00.30^	合成纤维制女式上衣(工业及职业用)	23.1	130.0	17.0		件/千克	7BG
6204 33 00.90^	合成纤维制其他女式上衣	23.1	130.0	17.0		件/千克	7BG
6204 39 10.10^	丝制女式上衣(含丝及绢丝70%及以上)	22.8	130.0	17.0		件/千克	B
6204 39 10.90^	丝制其他女式上衣(含丝及绢丝70%以下)	22.8	130.0	17.0		件/千克	B
6204 39 90.11^	人纤制女式上衣(含羊毛或动物细毛≥36%,工业及职业用)	22.8	100.0	17.0		件/千克	BG
6204 39 90.12^	人纤制其他女式上衣(含羊毛或动物细毛≥36%)	22.8	100.0	17.0		件/千克	BG
6204 39 90.13^	人纤制女式上衣(工业及职业用)	22.8	100.0	17.0		件/千克	BG
6204 39 90.19^	人纤制其他女式上衣	22.8	100.0	17.0		件/千克	BG
6204 39 90.91^	其他材料制女式上衣(棉限内)	22.8	100.0	17.0		件/千克	BG
6204 39 90.92^	其他材料制女式上衣(毛限内)	22.8	100.0	17.0		件/千克	BG
6204 39 90.93^	其他材料制女式上衣(化纤限内)	22.8	100.0	17.0		件/千克	BG
6204 39 90.99^	其他材料制女式上衣	22.8	100.0	17.0		件/千克	B
6204 41 00^	毛制连衣裙(羊毛或动物细毛制)	22.8	130.0	17.0		件/千克	BG

商品编号	商品名称备注	进口税率		增值税	消费税	计量单位	监管条件
		最惠国	普通				
6204 42 00	棉制连衣裙	19.3	90.0	17.0		件/千克	BG
6204 43 00.10	合成纤维制女式连衣裙(含羊毛或动物细毛≥36%)	23.1	130.0	17.0		件/千克	7BG
6204 43 00.90	合成纤维制其他女式连衣裙	23.1	130.0	17.0		件/千克	7BG
6204 44 00.10	人造纤维制女式连衣裙(含羊毛或动物细毛≥36%)	22.8	130.0	17.0		件/千克	7G
6204 44 00.90	人造纤维制其他女式连衣裙	22.8	130.0	17.0		件/千克	7G
6204 49 10.10	丝制女式连衣裙(含丝及绢丝70%及以上)	22.8	130.0	17.0		件/千克	BG
6204 49 10.90	丝制其他女式连衣裙(含丝及绢丝70%以下)	22.8	130.0	17.0		件/千克	BG
6204 49 90.91	其他材料制女式连衣裙(棉限内)	22.8	100.0	17.0		件/千克	G
6204 49 90.92	其他材料制女式连衣裙(毛限内)	22.8	100.0	17.0		件/千克	G
6204 49 90.93	其他材料制女式连衣裙(化纤限内)	22.8	100.0	17.0		件/千克	G
6204 49 90.99	其他材料制其他女式连衣裙	22.8	100.0	17.0		件/千克	G
6204 51 00	毛制女式裙子及裙裤(羊毛或动物细毛制)	22.3	130.0	17.0		件/千克	BG
6204 52 00	棉制女式裙子及裙裤	18.7	90.0	17.0		件/千克	BG
6204 53 00.10	合成纤维制女式裙子及裙裤(含羊毛或动物细毛≥36%)	22.8	130.0	17.0		件/千克	7BG
6204 53 00.90	合成纤维制其他女式裙子及裙裤	22.8	130.0	17.0		件/千克	7BG
6204 59 10.10	丝制女式裙子及裙裤(含丝70%及以上)	22.3	130.0	17.0		件/千克	B
6204 59 10.90	其他丝制女式裙子及裙裤(含丝70%以下)	22.3	130.0	17.0		件/千克	B
6204 59 90.11	人造纤维制女式裙子及裙裤(含羊毛或动物细毛36%及以上)	22.3	100.0	17.0		件/千克	G
6204 59 90.19	人造纤维制其他女式裙子及裙裤	22.3	100.0	17.0		件/千克	G
6204 59 90.91	其他材料制女式裙子及裙裤(棉限内)	22.3	100.0	17.0		件/千克	G
6204 59 90.92	其他材料制女式裙子及裙裤(毛限内)	22.3	100.0	17.0		件/千克	G
6204 59 90.93	其他材料制女式裙子及裙裤(化纤限内)	22.3	100.0	17.0		件/千克	G
6204 59 90.99	其他材料制其他女式裙子及裙裤	22.3	100.0	17.0		件/千克	
6204 61 00.11	毛制女式护胸背带工装裤(带防寒衬里)	22.8	130.0	17.0		条/千克	BG
6204 61 00.19	毛制女式护胸背带工装裤	22.8	130.0	17.0		条/千克	BG
6204 61 00.21	毛制女式长裤、马裤(带防寒衬里)	22.8	130.0	17.0		条/千克	BG
6204 61 00.22	毛制其他女式长裤、马裤(含7－16号女童长裤、马裤)	22.8	130.0	17.0		条/千克	BG
6204 61 00.29	毛制其他女童长裤、马裤	22.8	130.0	17.0		条/千克	BG
6204 61 00.90	毛制女式短裤	22.8	130.0	17.0		条/千克	BG
6204 62 00.11	棉制女式护胸背带工装裤(羽绒和水禽毛≥15%且含绒率≥35%,或含羽绒≥10%)	19.3	90.0	17.0		条/千克	BG
6204 62 00.12	棉制其他女童护胸背带工装裤	19.3	90.0	17.0		条/千克	BG
6204 62 00.19	棉制其他女成人护胸背带工装裤	19.3	90.0	17.0		条/千克	BG
6204 62 00.21	棉制女式长裤、马裤(羽绒和水禽毛≥15%且含绒率≥35%,或含羽绒≥10%)	19.3	90.0	17.0		条/千克	BG

商品编号	商品名称备注	进口税率		增值税	消费税	计量单位	监管条件
		最惠国	普通				
6204 62 00.22	其他棉制女式长裤、马裤(指女成人及7-16号女童长裤、马裤)	19.3	90.0	17.0		条/千克	BG
6204 62 00.29	其他棉制女式长裤、马裤	19.3	90.0	17.0		条/千克	BG
6204 62 00.91	棉制女式短裤(羽绒和水禽毛≥15%且含绒率≥35%,或含羽绒≥10%)	19.3	90.0	17.0		条/千克	BG
6204 62 00.92	其他棉制女童短裤(除7-16号女童短裤)	19.3	90.0	17.0		条/千克	BG
6204 62 00.99	其他棉制女式短裤(含7-16号女童短裤)	19.3	90.0	17.0		条/千克	BG
6204 63 00.11ˆ	合纤女式护胸背带工装裤(羽绒和水禽毛≥15%且含绒率≥35%,或含羽绒≥10%)	23.1	130.0	17.0		条/千克	7BG
6204 63 00.12ˆ	合纤制其他女童护胸背带工装裤	23.1	130.0	17.0		条/千克	7BG
6204 63 00.19ˆ	合纤制其他女成人护胸背带工装裤	23.1	130.0	17.0		条/千克	7BG
6204 63 00.21ˆ	合纤女式长裤、马裤(羽绒和水禽毛≥15%且含绒率≥35%,或含羽绒≥10%)	23.1	130.0	17.0		条/千克	7BG
6204 63 00.22ˆ	合纤制其他女式长裤、马裤(含羊毛或动物细毛36%及以上)	23.1	130.0	17.0		条/千克	7BG
6204 63 00.29ˆ	合纤制其他女式长裤、马裤	23.1	130.0	17.0		条/千克	7BG
6204 63 00.91ˆ	合纤制女式短裤(羽绒和水禽毛≥15%且含绒率≥35%,或含羽绒≥10%)	23.1	130.0	17.0		条/千克	7BG
6204 63 00.92ˆ	合纤制其他女童短裤(3)	23.1	130.0	17.0		条/千克	7BG
6204 63 00.99ˆ	合纤制其他女式短裤(3)	23.1	130.0	17.0		条/千克	7BG
6204 69 00.11ˆ	人纤制女成人护胸背带工装裤(羽绒和水禽毛≥15%且含绒率≥35%,或含羽绒≥10%)	20.8	100.0	17.0		条/千克	BG
6204 69 00.12ˆ	人纤制女童护胸背带工装裤	20.8	100.0	17.0		条/千克	BG
6204 69 00.13ˆ	人纤制女成人护胸背带工装裤	20.8	100.0	17.0		条/千克	BG
6204 69 00.14ˆ	人纤制女式长裤、马裤、短裤(含羊毛或动物细毛36%及以上)	20.8	100.0	17.0		条/千克	BG
6204 69 00.15ˆ	人纤制女童长裤、马裤、短裤(棉限内)	20.8	100.0	17.0		条/千克	BG
6204 69 00.19ˆ	人纤制女式长裤、马裤、短裤(棉限内)	20.8	100.0	17.0		条/千克	BG
6204 69 00.21ˆ	丝制女式护胸背带工装裤(含丝70%及以上)	20.8	100.0	17.0		条/千克	B
6204 69 00.22ˆ	丝制女式护胸背带工装裤(丝<70%,羽绒/水禽毛≥15%且含绒率≥35%或羽绒≥10%)	20.8	100.0	17.0		条/千克	B
6204 69 00.23ˆ	丝制女童护胸背带工装裤(含丝70%以下)	20.8	100.0	17.0		条/千克	BG
6204 69 00.24ˆ	丝制女式护胸背带工装裤(含丝70%以下)	20.8	100.0	17.0		条/千克	B
6204 69 00.25ˆ	丝制女式长裤、马裤、短裤(含丝70%以上)	20.8	100.0	17.0		条/千克	B
6204 69 00.29ˆ	丝制女式长裤、马裤、短裤(含丝70%以下)	20.8	100.0	17.0		条/千克	BG
6204 69 00.91ˆ	其他材料制女式护胸背带工装裤(羽绒和水禽毛≥15%且含绒率≥35%,或含羽绒≥10%)	20.8	100.0	17.0		条/千克	B
6204 69 00.92ˆ	其他材料制女式长裤、马裤、短裤(棉限内)	20.8	100.0	17.0		条/千克	BG
6204 69 00.93ˆ	其他材料制女式长裤、马裤、短裤(羊毛限内)	20.8	100.0	17.0		条/千克	BG
6204 69 00.94ˆ	其他材料制女式长裤、马裤、短裤(化纤限内)	20.8	100.0	17.0		条/千克	BG
6204 69 00.95ˆ	其他材料制女童护胸背带工装裤	20.8	100.0	17.0		条/千克	BG

商品编号	商品名称备注	进口税率		增值税	消费税	计量单位	监管条件
		最惠国	普通				
6204 69 00.96	其他材料制女式护胸背带工装裤	20.8	100.0	17.0		条/千克	B
6204 69 00.99	其他材料制其他女式长、马、短裤(棉限内)	20.8	100.0	17.0		条/千克	BG
6205	男衬衫						
6205 10 00.11	不带特制领的毛制男衬衫(含男童8-18号衬衫)	22.8	100.0	17.0		件/千克	BG
6205 10 00.19	不带特制领的毛制其他男童衬衫	22.8	100.0	17.0		件/千克	BG
6205 10 00.90	其他毛制男衬衫	22.8	100.0	17.0		件/千克	BG
6205 20 00.10	不带特制领的棉制男成人衬衫(含男童8-18号衬衫)	19.3	90.0	17.0		件/千克	BG
6205 20 00.91	其他棉制男童游戏套装衬衫(不包括长衬衫)	19.3	90.0	17.0		件/千克	BG
6205 20 00.99	其他棉制男式衬衫	19.3	90.0	17.0		件/千克	BG
6205 30 00.11	不带特制领的化学纤维制男式衬衫(含羊毛或动物细毛36%及以上,含男童8-18号衬衫)	22.8	130.0	17.0		件/千克	7BG
6205 30 00.19	不带特制领的化纤制其他男童衬衫(含羊毛或动物细毛36%及以上)	22.8	130.0	17.0		件/千克	7BG
6205 30 00.91	化学纤维制其他男成人及男童衬衫(不带特制领,男童衬衫指8-18号)	22.8	130.0	17.0		件/千克	7BG
6205 30 00.92	化学纤维制其他男童游戏套装衬衫	22.8	130.0	17.0		件/千克	7BG
6205 30 00.99	化纤制其他男成人衬衫	22.8	130.0	17.0		件/千克	7BG
6205 90 10.11	不带特制领的丝制非针织男式衬衫(含丝70%及以上,含男童8-18号衬衫)	22.8	130.0	17.0		件/千克	B
6205 90 10.19	丝制非针织其他男式衬衫(含丝70%及以上)	22.8	130.0	17.0		件/千克	B
6205 90 10.21	丝制其他非针织男式衬衫(棉限内,不带特制领的,含男童8-18号衬衫)	22.8	130.0	17.0		件/千克	BG
6205 90 10.29	丝制其他非针织其他男式衬衫(棉限内)	22.8	130.0	17.0		件/千克	BG
6205 90 10.31	丝制其他非针织男式衬衫(羊毛限内,不带特制领的,含男童8-18号衬衫)	22.8	130.0	17.0		件/千克	BG
6205 90 10.39	丝制其他非针织其他男式衬衫(羊毛限内)	22.8	130.0	17.0		件/千克	BG
6205 90 10.41	丝制非针织男式衬衫(化纤限内,不带特制领的,含男童8-18号衬衫)	22.8	130.0	17.0		件/千克	BG
6205 90 10.49	丝制其他非针织其他男式衬衫(化纤限内)	22.8	130.0	17.0		件/千克	BG
6205 90 10.91	未列名丝制非针织男式衬衫(含丝70%以下,不带特制领的,含男童8-18号衬衫)	22.8	130.0	17.0		件/千克	B
6205 90 10.99	未列名丝制非针织其他男式衬衫(含丝70%以下)	22.8	130.0	17.0		件/千克	B
6205 90 90.11	其他纺织材料制男式衬衫(棉限内,不带特制领的,含男童8-18号衬衫)	22.8	100.0	17.0		件/千克	BG
6205 90 90.19	其他纺织材料制其他男式衬衫(棉纤限内)	22.8	100.0	17.0		件/千克	BG
6205 90 90.21	其他纺织材料制男式衬衫(羊毛限内,不带特制领的,含男童8-18号衬衫)	22.8	100.0	17.0		件/千克	BG
6205 90 90.29	其他纺织材料制其他男式衬衫(羊毛纤限内)	22.8	100.0	17.0		件/千克	BG

商品编号	商品名称备注	进口税率		增值税	消费税	计量单位	监管条件
		最惠国	普通				
6205 90 90.31	其他纺织材料制男式衬衫(化纤限内,不带特制领的,含男童8-18号衬衫)	22.8	100.0	17.0		件/千克	BG
6205 90 90.39	其他纺织材料制其他男式衬衫(化纤限内)	22.8	100.0	17.0		件/千克	BG
6205 90 90.91	未列名纺织材料制男式衬衫(不带特制领的,含男童8-18号衬衫)	22.8	100.0	17.0		件/千克	B
6205 90 90.99	未列名纺织材料制其他男式衬衫	22.8	100.0	17.0		件/千克	B
6206	**女衬衫**						
6206 10 00.11	丝及绢丝制女式衬衫(棉限内,成人及7-16号女童衬衫)	22.8	130.0	17.0		件/千克	BG
6206 10 00.19	丝及绢丝制其他女童衬衫(棉限内)	22.8	130.0	17.0		件/千克	BG
6206 10 00.21	丝及绢丝制女式衬衫(羊毛限内,成人及7-16号女童衬衫)	22.8	130.0	17.0		件/千克	BG
6206 10 00.29	丝及绢丝制其他女童衬衫(羊毛限内)	22.8	130.0	17.0		件/千克	BG
6206 10 00.31	丝及绢丝制女式衬衫(化纤限内,成人及7-16号女童衬衫)	22.8	130.0	17.0		件/千克	BG
6206 10 00.39	丝及绢丝制其他女童衬衫(化纤限内)	22.8	130.0	17.0		件/千克	BG
6206 10 00.41	丝制女成人及7-16号女童衬衫(含丝70%及以上)	22.8	130.0	17.0		件/千克	BG
6206 10 00.49	其他丝及绢丝制女童衬衫(含丝70%及以上)	22.8	130.0	17.0		件/千克	BG
6206 10 00.91	丝制女成人及7-16号女童衬衫(含丝70%以下)	22.8	130.0	17.0		件/千克	BG
6206 10 00.99	其他丝及绢丝制女童衬衫(含丝70%以下)	22.8	130.0	17.0		件/千克	BG
6206 20 00.10	毛制女成人及7-16号女童衬衫	22.8	130.0	17.0		件/千克	BG
6206 20 00.90	其他羊毛或动物细毛制女童衬衫	22.8	130.0	17.0		件/千克	BG
6206 30 00.10	棉制女成人及7-16号女童衬衫	19.3	90.0	17.0		件/千克	BG
6206 30 00.20	棉制女童游戏套装衫(含游戏套装衬衫)	19.3	90.0	17.0		件/千克	BG
6206 30 00.90	其他棉制女式衬衫	19.3	90.0	17.0		件/千克	BG
6206 40 00.11	化学纤维制女成人及女童衬衫(含羊毛或/物细毛36%及以上,成人及7-16号女童衬衫)	23.1	130.0	17.0		件/千克	7BG
6206 40 00.19	化学纤维制女成人及女童衬衫(含羊毛或/物细毛36%及以上)	23.1	130.0	17.0		件/千克	7BG
6206 40 00.20	化纤制女成人及7-16号女童衬衫	23.1	130.0	17.0		件/千克	7BG
6206 40 00.30	化学纤维制女童游戏套装衫	23.1	130.0	17.0		件/千克	7BG
6206 40 00.90	其他化学纤维制女式衬衫	23.1	130.0	17.0		件/千克	7BG
6206 90 00.10	其他纺织材料制女式衬衫(棉限内)	22.8	100.0	17.0		件/千克	BG
6206 90 00.20	其他纺织材料制女式衬衫(羊毛限内)	22.8	100.0	17.0		件/千克	BG
6206 90 00.30	其他纺织材料制女式衬衫(化纤限内)	22.8	100.0	17.0		件/千克	BG
6206 90 00.91	其他纺织材料制女成人及女童衬衫(女童指7-16号)	22.8	100.0	17.0		件/千克	B
6206 90 00.99	其他纺织材料制女成人及女童衬衫	22.8	100.0	17.0		件/千克	B

商品编号	商品名称备注	进口税率		增值税	消费税	计量单位	监管条件
		最惠国	普通				
6207	**男式背心及其他内衣、内裤、三角裤、长睡衣、睡衣裤、浴衣、晨衣及类似品**						
6207 11 00	棉制男式内裤及三角裤	18.7	90.0	17.0		件/千克	G
6207 19 10.10	含丝70%及以上男式内裤及三角裤	22.3	130.0	17.0		件/千克	
6207 19 10.90	含丝70%以下男式内裤及三角裤	22.3	130.0	17.0		件/千克	G
6207 19 20	化纤制男式内裤及三角裤	22.0	130.0	17.0		件/千克	G
6207 19 90.10	毛制男式内裤及三角裤	22.3	100.0	17.0		件/千克	G
6207 19 90.90	其他材料制男式内裤及三角裤	22.3	100.0	17.0		件/千克	G
6207 21 00	棉制男式长睡衣及睡衣裤	18.7	90.0	17.0		件/千克	G
6207 22 00	化纤制男式长睡衣及睡衣裤	22.0	130.0	17.0		件/千克	BG
6207 29 10.11	含丝70%及以上男式长睡衣/睡衣裤(含8-18号男童长睡衣/睡衣裤)	22.3	130.0	17.0		件/千克	B
6207 29 10.19	含丝70%以下男式长睡衣/睡衣裤(含8-18号男童长睡衣/睡衣裤)	22.3	130.0	17.0		件/千克	B
6207 29 10.91	其他含丝≥70%男童长睡衣/睡衣裤	22.3	130.0	17.0		件/千克	B
6207 29 10.99	其他含丝<70%男童长睡衣/睡衣裤	22.3	130.0	17.0		件/千克	B
6207 29 90.10	毛制男式长睡衣及睡衣裤	22.3	100.0	17.0		件/千克	G
6207 29 90.91	其他材料制男式长睡衣及睡衣裤(含8-18号男童长睡衣及睡衣裤)	22.3	100.0	17.0		件/千克	
6207 29 90.99	其他材料制男童长睡衣及睡衣裤	22.3	100.0	17.0		件/千克	
6207 91 00.11	棉制男式内衣式背心	18.7	90.0	17.0		件/千克	BG
6207 91 00.12	棉制男式非内衣式背心(男成人及8-18号男童背心)	18.7	90.0	17.0		件/千克	BG
6207 91 00.19	棉制其他男童非内衣式背心(男成人及8-18号男童背心)	18.7	90.0	17.0		件/千克	BG
6207 91 00.91	棉制男式浴衣、晨衣及类似品	18.7	90.0	17.0		件/千克	BG
6207 91 00.92	棉制男式睡衣、睡裤(男成人及8-18号男童背心)	18.7	90.0	17.0		件/千克	BG
6207 91 00.99	棉制男式其他内衣(男成人及8-18号男童背心)	18.7	90.0	17.0		件/千克	BG
6207 92 00.11	化学纤维制男式内衣式背心	22.0	130.0	17.0		件/千克	BG
6207 92 00.12	化学纤维制男式非内衣式背心(男成人及8-18号男童背心)	22.0	130.0	17.0		件/千克	BG
6207 92 00.19	化学纤维制其他男式非内衣式背心	22.0	130.0	17.0		件/千克	BG
6207 92 00.21	化纤制男式浴衣、晨衣(含羊毛或动物细毛36%及以上,含类似品)	22.0	130.0	17.0		件/千克	BG
6207 92 00.29	其他化纤制男浴衣、晨衣(含类似品)	22.0	130.0	17.0		件/千克	BG
6207 92 00.91	化纤制男睡衣、睡裤(含类似品)	22.0	130.0	17.0		件/千克	BG
6207 92 00.99	化纤制男式其他内衣(含类似品)	22.0	130.0	17.0		件/千克	BG
6207 99 10.11	丝制男式内衣式背心(含丝70%及以上)	22.3	130.0	17.0		件/千克	B
6207 99 10.19	丝制其他男式内衣式背心	22.3	130.0	17.0		件/千克	BG

商品编号	商品名称备注	进口税率		增值税	消费税	计量单位	监管条件
		最惠国	普通				
6207 99 10.21	丝制男式非内衣式背心(含丝 70%及以上)	22.3	130.0	17.0		件/千克	B
6207 99 10.29	丝制其他男式非内衣式背心	22.3	130.0	17.0		件/千克	BG
6207 99 10.91	丝制男睡衣,浴衣,晨衣及类似品(含丝 70%及以上)	22.3	130.0	17.0		件/千克	B
6207 99 10.99	丝制其他男睡衣,浴衣,晨衣(含类似品)	22.3	130.0	17.0		件/千克	BG
6207 99 90.11	毛制男式内衣式背心	22.3	100.0	17.0		件/千克	G
6207 99 90.12	毛制男式非内衣式背心(男成人及 8-18 号男童背心)	22.3	100.0	17.0		件/千克	G
6207 99 90.13	毛制其他男式非内衣式背心	22.3	100.0	17.0		件/千克	G
6207 99 90.19	毛制男睡衣,浴衣,晨衣及类似品	22.3	100.0	17.0		件/千克	G
6207 99 90.91	其他材料制男式内衣式背心	22.3	100.0	17.0		件/千克	G
6207 99 90.92	其他材料制男式非内衣式背心	22.3	100.0	17.0		件/千克	G
6207 99 90.99	其他材料制男睡衣、浴衣、晨衣(含类似品)	22.3	100.0	17.0		件/千克	
6208	**女式背心及其他内衣、长衬裙、衬裙、三角裤、短衬裤、睡衣、睡衣裤、浴衣、晨衣及类似品**						
6208 11 00	化纤制长衬裙及衬裙	22.0	130.0	17.0		件/千克	G
6208 19 10.11	丝制女式长衬裙及衬裙(含 7-16 号女童长衬裙及衬裙,含丝 70%及以上)	22.3	130.0	17.0		件/千克	
6208 19 10.19	丝制其他女式长衬裙及衬裙(含 7-16 号女童长衬裙及衬裙,含丝 70%以下)	22.3	130.0	17.0		件/千克	G
6208 19 10.91	丝制女童长衬裙及衬裙(含丝 70%及以上)	22.3	130.0	17.0		件/千克	
6208 19 10.99	丝制其他女童长衬裙及衬裙(含丝 70%以下)	22.3	130.0	17.0		件/千克	G
6208 19 20	棉制长衬裙及衬裙	18.7	90.0	17.0		件/千克	G
6208 19 90.10	毛制女式长衬裙及衬裙	22.3	100.0	17.0		件/千克	G
6208 19 90.90	其他材料制女式长衬裙及衬裙	22.3	100.0	17.0		件/千克	G
6208 21 00	棉制女式睡衣及睡衣裤	18.7	90.0	17.0		件/千克	G
6208 22 00	化纤制女式睡衣及睡衣裤	22.0	130.0	17.0		件/千克	BG
6208 29 10.10	丝及绢丝≥70%女式睡衣及睡衣裤	22.3	130.0	17.0		件/千克	B
6208 29 10.90	丝及绢丝<70%女式睡衣及睡衣裤	22.3	130.0	17.0		件/千克	B
6208 29 90.10	毛制女式睡衣及睡衣裤	22.3	100.0	17.0		件/千克	G
6208 29 90.90	其他材料制女式睡衣及睡衣裤	22.3	100.0	17.0		件/千克	
6208 91 00.10	棉制女式内衣式背心、三角裤等(包括短衬裤)	18.7	90.0	17.0		件/千克	BG
6208 91 00.21	棉制女式非内衣式背心(女成人及 7-16 号女童背心)	18.7	90.0	17.0		件/千克	BG
6208 91 00.29	棉制其他女式非内衣式背心	18.7	90.0	17.0		件/千克	BG
6208 91 00.90	棉制女式浴衣、晨衣及类似品	18.7	90.0	17.0		件/千克	BG
6208 92 00.10	化纤制女式内衣式背心、三角裤(含短衬裤)	22.0	130.0	17.0		件/千克	BG
6208 92 00.21	化纤制女式非内衣式背心(女成人及 7-16 号女童背心)	22.0	130.0	17.0		件/千克	BG
6208 92 00.29	化纤制其他女式非内衣式背心	22.0	130.0	17.0		件/千克	BG
6208 92 00.90	化纤制女式浴衣、晨衣及类似品	22.0	130.0	17.0		件/千克	BG

商品编号	商 品 名 称 备 注	进口税率		增值税	消费税	计量单位	监管条件
		最惠国	普通				
6208 99 10.11	丝制女内衣式背心、三角裤等(含丝及绢丝≥70%,包括短衬裤)	22.3	130.0	17.0		件/千克	B
6208 99 10.19	丝制女内衣式背心、三角裤等(含丝及绢丝≥70%,包括短衬裤)	22.3	130.0	17.0		件/千克	BG
6208 99 10.21	丝制女式非内衣式背心(含丝及绢丝70%及以上)	22.3	130.0	17.0		件/千克	B
6208 99 10.29	丝制女式非内衣式背心(含丝70%以下)	22.3	130.0	17.0		件/千克	BG
6208 99 10.91	丝制女式浴衣、晨衣及类似品(含丝及娟丝70%以下)	22.3	130.0	17.0		件/千克	B
6208 99 10.99	丝制女式浴衣、晨衣及类似品(含丝及绢丝70%以下)	22.3	130.0	17.0		件/千克	B
6208 99 90.11	毛制女式内衣式背心、三角裤毛等(包括短衬裤)	22.3	100.0	17.0		件/千克	G
6208 99 90.12	毛制女式非内衣式背心(女成人及7-16号女童背心)	22.3	100.0	17.0		件/千克	G
6208 99 90.13	毛制其他女式非内衣式背心	22.3	100.0	17.0		件/千克	G
6208 99 90.19	毛制女式浴衣、晨衣及类似品	22.3	100.0	17.0		件/千克	G
6208 99 90.91	其他材料制女式内衣式背心等(含三角裤、短衬裤)	22.3	100.0	17.0		件/千克	G
6208 99 90.92	其他材料制女式非内衣式背心	22.3	100.0	17.0		件/千克	G
6208 99 90.99	其他材料制女式浴衣、晨衣(含类似品)	22.3	100.0	17.0		件/千克	
6209	**婴儿服装及衣着附件**						
6209 10 00.10	毛制婴儿手套、袜子(含分指、连指及露指手套,长袜,短袜及其他袜)	20.4	130.0	17.0		千克	
6209 10 00.20	毛制婴儿外衣、雨衣、滑雪装(包括夹克类似服装)	20.4	130.0	17.0		千克	
6209 10 00.30	毛制婴儿其他服装(含裤子、衬衫、裙子、睡衣、内衣等)	20.4	130.0	17.0		千克	
6209 10 00.90	毛制婴儿衣着附件	20.4	130.0	17.0		千克	
6209 20 10	棉制婴儿尿布	18.7	80.0	17.0		千克	
6209 20 90.10	棉制婴儿手套、袜子(含分指、连指及露指手套,长袜,短袜及其他袜)	18.7	90.0	17.0		千克	
6209 20 90.20	棉制婴儿外衣、雨衣、滑雪装(包括夹克类似服装)	18.7	90.0	17.0		千克	
6209 20 90.30	棉制婴儿其他服装(含裤子、衬衫、裙子、睡衣、内衣等)	18.7	90.0	17.0		千克	
6209 20 90.90	棉制婴儿衣着附件	18.7	90.0	17.0		千克	
6209 30 00.10	合成纤维制婴儿手套、袜子(含分指、连指及露指手套,长袜,短袜及其他袜)	22.0	130.0	17.0		千克	
6209 30 00.20	合成纤维婴儿外衣、雨衣、滑雪装(包括夹克类似服装)	22.0	130.0	17.0		千克	

商品编号	商品名称备注	进口税率		增值税	消费税	计量单位	监管条件
		最惠国	普通				
6209 30 00.30	合成纤维制婴儿其他服装(含裤子、衬衫、裙子、睡衣、内衣等)	22.0	130.0	17.0		千克	
6209 30 00.90	合成纤维制婴儿衣着附件	22.0	130.0	17.0		千克	
6209 90 00.11	人造纤维制婴儿手套、袜子(含分指、连指及露指手套,长袜,短袜及其他袜)	22.3	100.0	17.0		千克	
6209 90 00.12	人造纤维婴儿外衣、雨衣、滑雪装(包括夹克类似服装)	22.3	100.0	17.0		千克	
6209 90 00.13	人造纤维制婴儿其他服装(含裤子、衬衫、裙子、睡衣、内衣等)	22.3	100.0	17.0		千克	
6209 90 00.19	人造纤维制婴儿衣着附件	22.3	100.0	17.0		千克	
6209 90 00.21	丝制婴儿外衣、雨衣、滑雪装(含丝70%及以上,包括夹克类似服装)	22.3	100.0	17.0		千克	
6209 90 00.22	丝制婴儿其他服装(含丝70%及以上,含裤子、衬衫、裙子、睡衣、内衣等)	22.3	100.0	17.0		千克	
6209 90 00.29	丝制婴儿衣着附件(含丝70%及以上)	22.3	100.0	17.0		千克	
6209 90 00.91	其他纺织材料制婴儿外衣、雨衣(包括滑雪装、夹克类似服装)	22.3	100.0	17.0		千克	
6209 90 00.92	其他纺织材料制婴儿其他服装(含裤子、衬衫、裙子、睡衣、内衣等)	22.3	100.0	17.0		千克	
6209 90 00.99	其他纺织材料制婴儿衣着附件	22.3	100.0	17.0		千克	
6210	**用编号5602、5603、5903、5906或5907的织物制成的服装**						
6210 10 10.10^	毛制纸衬背或覆盖的无纺布服装(羊毛或动物细毛制,包括毡呢或无纺织物制服装)	22.8	130.0	17.0		件/千克	
6210 10 10.20^	毛制一次性或医疗用无纺织物服装(羊毛或动物细毛制)	22.8	130.0	17.0		件/千克	
6210 10 10.90^	毛制其他毡呢或无纺织物服装(羊毛或动物细毛制)	22.8	130.0	17.0		件/千克	G
6210 10 20.10	棉或麻制纸衬或覆盖的无纺布服装(包括毡呢或无纺织物制服装)	19.3	90.0	17.0		件/千克	
6210 10 20.20	棉或麻一次性或医用无纺织物服装	19.3	90.0	17.0		件/千克	
6210 10 20.90	棉或麻制其他毡呢或无纺织物服	19.3	90.0	17.0		件/千克	G
6210 10 30.10^	化纤制纸衬背或覆盖的无纺布服装(包括毡呢或无纺织物制服装)	23.1	130.0	17.0		件/千克	
6210 10 30.20^	化纤制一次性或医用无纺织物服	23.1	130.0	17.0		件/千克	
6210 10 30.90^	化纤制其他毡呢或无纺织物服装	23.1	130.0	17.0		件/千克	G
6210 10 90.10	其他纺织材料制纸衬背的无纺服装(包括纸覆盖的毡呢或无纺织物制服装)	21.6	100.0	17.0		件/千克	
6210 10 90.20	其他材料制一次性或医用无纺服	21.6	100.0	17.0		件/千克	
6210 10 90.90	其他纺织材料制其他无纺织物服装(包括毡呢制服装)	21.6	100.0	17.0		件/千克	G

商品编号	商品名称备注	进口税率		增值税	消费税	计量单位	监管条件
		最惠国	普通				
6210 20 00.11	用塑料或橡胶处理化纤制男外装(织物外表面由塑料或橡胶完全覆盖的大衣、雨衣、斗篷等)	22.8	100.0	17.0		件/千克	G
6210 20 00.19	其他塑料或橡胶处理化纤制男外装(含用其他材料处理的织物制大衣、雨衣、斗篷等)	22.8	100.0	17.0		件/千克	G
6210 20 00.21	塑料或橡胶处理的羊毛制男外装(织物外表面由塑料或橡胶完全覆盖的大衣、雨衣、斗篷等)	22.8	100.0	17.0		件/千克	G
6210 20 00.29	用塑料或橡胶处理的羊毛制男外装(含用其他材料处理的织物制大衣、雨衣、斗篷等)	22.8	100.0	17.0		件/千克	G
6210 20 00.31	塑料或橡胶处理的棉制男外装(织物外表面由塑料或橡胶完全覆盖的大衣、雨衣、斗篷等)	22.8	100.0	17.0		件/千克	G
6210 20 00.39	其他塑料或橡胶等处理棉制男外装(含用其他材料处理的织物制大衣、雨衣、斗篷等)	22.8	100.0	17.0		件/千克	G
6210 20 00.40	塑料或橡胶处理的其他纺才男外(织物外表面由塑料或橡胶完全覆盖的大衣、雨衣、斗篷等)	22.8	100.0	17.0		件/千克	
6210 20 00.91	塑料或橡胶等处理的亚麻制男外装(含用其他材料处理的织物制大衣、雨衣、斗篷等)	22.8	100.0	17.0		件/千克	
6210 20 00.99	用塑料等处理的其他纺材制男外装(含用橡胶及其他材料处理的织物制大衣、雨衣、斗篷等)	22.8	100.0	17.0		件/千克	G
6210 30 00.11	用塑料或橡胶处理化纤制女外装(织物外表面由塑料或橡胶完全覆盖的大衣、雨衣、斗篷等)	22.8	100.0	17.0		件/千克	G
6210 30 00.19	其他塑料或橡胶处理化纤制女外装(含用其他材料处理的织物制大衣、雨衣、斗篷等)	22.8	100.0	17.0		件/千克	G
6210 30 00.21	塑料或橡胶处理的羊毛制女外装(织物外表面由塑料或橡胶完全覆盖的大衣、雨衣、斗篷等)	22.8	100.0	17.0		件/千克	G
6210 30 00.29	用塑料或橡胶处理的羊毛制女外装(含用其他材料处理的织物制大衣、雨衣、斗篷等)	22.8	100.0	17.0		件/千克	G
6210 30 00.31	塑料或橡胶处理的棉制女外装(织物外表面由塑料或橡胶完全覆盖的大衣、雨衣、斗篷等)	22.8	100.0	17.0		件/千克	G
6210 30 00.39	其他塑料或橡胶等处理棉制女外装(含用其他材料处理的织物制大衣、雨衣、斗篷等)	22.8	100.0	17.0		件/千克	G
6210 30 00.40	塑料或橡胶处理的其他纺材女外装(织物外表面由塑料或橡胶完全覆盖的大衣、雨衣、斗篷等)	22.8	100.0	17.0		件/千克	
6210 30 00.91	塑料或橡胶等处理的亚麻制女外装(含用其他材料处理的织物制大衣、雨衣、斗篷等)	22.8	100.0	17.0		件/千克	
6210 30 00.99	用塑料等处理的其他纺材制女外装(含用橡胶及其他材料处理的织物制大衣、雨衣、斗篷等)	22.8	100.0	17.0		件/千克	G
6210 40 00.11	用塑料或橡胶处理化纤制其他男(织物外表面由塑料或橡胶完全覆盖)	22.8	100.0	17.0		件/千克	G
6210 40 00.12	用塑料等处理的化纤制男防风衣(含用橡胶及其他材料处理织物制带风帽防寒短上衣、风衣)	22.8	100.0	17.0		件/千克	G

商品编号	商品名称备注	进口税率		增值税	消费税	计量单位	监管条件
		最惠国	普通				
6210 40 00.13^	塑料等处理的化纤制男式长、短裤(塑料等处理的化纤制其他男式服装)	22.8	100.0	17.0		件/千克	G
6210 40 00.19^	塑料等处理的化纤制其他男式服装(含用橡胶及其他材料处理的织物)	22.8	100.0	17.0		件/千克	G
6210 40 00.21^	塑料或橡胶处理的毛制其他男外装(织物外表面由塑料或橡胶完全覆盖,羊毛或动物细毛制)	22.8	100.0	17.0		件/千克	G
6210 40 00.22^	用塑料等处理的毛制男式防风衣(含用橡胶及其他材料处理织物制带风帽防寒短上衣、风衣)	22.8	100.0	17.0		件/千克	G
6210 40 00.23^	用塑料等处理的毛制男式长、短裤(用塑料等处理的毛制男式长、短裤)	22.8	100.0	17.0		件/千克	G
6210 40 00.29^	用塑料等处理的其他男式服装(用橡胶及其他材料处理的织物)	22.8	100.0	17.0		件/千克	G
6210 40 00.31^	塑料或橡胶处理的棉制其他男外装(织物外表面由塑料或橡胶完全覆盖)	22.8	100.0	17.0		件/千克	G
6210 40 00.32^	用塑料等处理的棉制男式防风衣(含用橡胶及其他材料处理织物制带风帽防寒短上衣、风衣)	22.8	100.0	17.0		件/千克	G
6210 40 00.33^	用塑料等处理的棉制男式长、短裤(含用橡胶及其他材料处理的织物)	22.8	100.0	17.0		件/千克	G
6210 40 00.39^	用塑料等处理的棉制其他男式服装(含用橡胶及其他材料处理的织物)	22.8	100.0	17.0		件/千克	G
6210 40 00.40^	塑料或橡胶处理其他纺材其他男装(塑料或橡胶处理其他纺材其他男装)	22.8	100.0	17.0		件/千克	
6210 40 00.91^	用塑料等处理的丝制其他男式服装(含用橡胶及其他材料处理的织物,含丝及绢丝70%及以上)	22.8	100.0	17.0		件/千克	
6210 40 00.92^	用塑料等处理其他纺材制男防风衣(含用橡胶及其他材料处理织物制带风帽防寒短上衣、风衣)	22.8	100.0	17.0		件/千克	G
6210 40 00.93^	塑料等处理其他纺材制男长、短裤(含用橡胶及其他材料处理的织物)	22.8	100.0	17.0		件/千克	G
6210 40 00.99^	用塑料等处理的其他纺材制男服装(含用橡胶及其他材料处理的织物)	22.8	100.0	17.0		件/千克	G
6210 50 00.11^	用塑料或橡胶处理化纤制其他女装(织物外表面由塑料或橡胶完全覆盖)	22.8	100.0	17.0		件/千克	G
6210 50 00.12^	用塑料等处理的化纤制女防风衣(含用橡胶及其他材料处理织物制带风帽防寒短上衣、风衣)	22.8	100.0	17.0		件/千克	G
6210 50 00.13^	塑料等处理的化纤制女式长、短裤(含用橡胶及其他材料处理的织物)	22.8	100.0	17.0		件/千克	G
6210 50 00.19^	用塑料等处理的化纤制其他女服装(含用橡胶及其他材料处理的织物)	22.8	100.0	17.0		件/千克	G
6210 50 00.21^	塑料或橡胶处理的毛制其他女外装(织物外表面由塑料或橡胶完全覆盖,羊毛或动物细毛制)	22.8	100.0	17.0		件/千克	G

商品编号	商品名称备注	进口税率		增值税	消费税	计量单位	监管条件
		最惠国	普通				
6210 50 00.22	用塑料等处理的毛制女式防风衣(含用橡胶及其他材料处理织物制带风帽防寒短上衣、风衣)	22.8	100.0	17.0		件/千克	G
6210 50 00.23	用塑料等处理的毛制女式长、短裤(含用橡胶及其他材料处理的织物)	22.8	100.0	17.0		件/千克	G
6210 50 00.29	用塑料等处理的毛制其他女式服装(用塑料等处理的毛制其他女式服装)	22.8	100.0	17.0		件/千克	G
6210 50 00.31	塑料或橡胶处理的棉制其他女外装(织物外表面由塑料或橡胶完全覆盖)	22.8	100.0	17.0		件/千克	G
6210 50 00.32	用塑料等处理的棉制女式防风衣(含用橡胶及其他材料处理织物制带风帽防寒短上衣、风衣)	22.8	100.0	17.0		件/千克	G
6210 50 00.33	用塑料等处理的棉制女式长、短裤(含用橡胶及其他材料处理的织物)	22.8	100.0	17.0		件/千克	G
6210 50 00.39	用塑料等处理的棉制其他女式服装(含用橡胶及其他材料处理的织物)	22.8	100.0	17.0		件/千克	G
6210 50 00.40	塑料或橡胶处理其他纺材其他女装(织物外表面由塑料或橡胶完全覆盖)	22.8	100.0	17.0		件/千克	
6210 50 00.91	用塑料等处理的丝制其他女式服装(含用橡胶及其他材料处理的织物,含丝及绢丝70%及以上)	22.8	100.0	17.0		件/千克	
6210 50 00.92	用塑料等处理其他纺材制女防风衣(含用橡胶及其他材料处理织物制带风帽防寒短上衣、风衣)	22.8	100.0	17.0		件/千克	G
6210 50 00.93	塑料等处理其他纺材制女长、短裤(含用橡胶及其他材料处理织物制带风帽防寒短上衣、风衣)	22.8	100.0	17.0		件/千克	G
6210 50 00.99	用塑料等处理的其他纺材制女服装(含用橡胶及其他材料处理的织物)	22.8	100.0	17.0		件/千克	G
6211	**运动服、滑雪服及游泳服;其他服装**						
6211 11 00.10	羊毛或动物细毛制男式游泳服	22.8	130.0	17.0		件/千克	
6211 11 00.20	棉制男式游泳服	22.8	130.0	17.0		件/千克	G
6211 11 00.30	化学纤维制男式游泳服(包括各种材料的织物制游泳服)	22.8	130.0	17.0		件/千克	G
6211 11 00.41	丝制男式游泳服(含丝70%及以上)	22.8	130.0	17.0		件/千克	
6211 11 00.49	丝制男式游泳服(含丝70%以下)	22.8	130.0	17.0		件/千克	
6211 11 00.90	其他纺织材料制男式游泳服	22.8	130.0	17.0		件/千克	
6211 12 00.10	羊毛或动物细毛制女式游泳服	22.8	130.0	17.0		件/千克	
6211 12 00.20	棉制女式游泳服	22.8	130.0	17.0		件/千克	G
6211 12 00.30	化学纤维制女式游泳服	22.8	130.0	17.0		件/千克	G
6211 12 00.41	丝制女式游泳服(含丝70%及以上)	22.8	130.0	17.0		件/千克	
6211 12 00.49	丝制女式游泳服(含丝70%以下)	22.8	130.0	17.0		件/千克	
6211 12 00.90	其他纺织材料制女式游泳服	22.8	130.0	17.0		件/千克	
6211 20 10	棉制滑雪套装	19.3	90.0	17.0		套/千克	G
6211 20 90.10	羊毛制滑雪套装	23.0	130.0	17.0		套/千克	G
6211 20 90.20	化纤制滑雪套装	23.0	130.0	17.0		套/千克	G

商品编号	商品名称备注	进口税率		增值税	消费税	计量单位	监管条件
		最惠国	普通				
6211 20 90.90^	其他纺织材料制滑雪套装	23.0	130.0	17.0		套/千克	
6211 31 00.10^	毛制男式运动套装	22.8	130.0	17.0		件/千克	G
6211 31 00.91^	毛制男式连衣裤	22.8	130.0	17.0		件/千克	G
6211 31 00.92^	毛制男式 TOPS(男成人及 8-18 号男童 TOPS)	22.8	130.0	17.0		件/千克	G
6211 31 00.93^	毛制其他男式 TOPS	22.8	130.0	17.0		件/千克	G
6211 31 00.94^	毛制男式风雪套装及类似服装	22.8	130.0	17.0		件/千克	G
6211 31 00.99^	毛制男式其他服装(含衬衫,马甲,上衣)	22.8	130.0	17.0		件/千克	G
6211 32 10	棉制男式阿拉伯袍	19.3	90.0	17.0		件/千克	G
6211 32 90.11	棉制男式运动套装(面和衬里的面料相同的运动套装)	19.3	90.0	17.0		件/千克	G
6211 32 90.19	棉制其他男式运动套装	19.3	90.0	17.0		件/千克	G
6211 32 90.21	棉制男式连衣服及类似品	19.3	90.0	17.0		件/千克	G
6211 32 90.29	棉制男式连衣裤及类似品	19.3	90.0	17.0		件/千克	G
6211 32 90.30	棉制男式水洗服,夏服,游戏装	19.3	90.0	17.0		件/千克	G
6211 32 90.40	棉制男式工业及职业衣着	19.3	90.0	17.0		件/千克	G
6211 32 90.51 *	棉制男式 TOPS(男成人及 8-18 号男童 TOPS)	19.3	90.0	17.0		件/千克	G
6211 32 90.59 *	棉制其他男式 TOPS	19.3	90.0	17.0		件/千克	G
6211 32 90.60	棉制男式风雪套装及类似服装	19.3	90.0	17.0		件/千克	G
6211 32 90.90	棉制男式其他服装(含衬衫,马甲,上衣)	19.3	90.0	17.0		件/千克	G
6211 33 10^	化纤制男式阿拉伯袍	23.1	130.0	17.0		件/千克	G
6211 33 90.11^	化纤制男式运动套装(面和衬里的面料相同的运动套装)	23.1	130.0	17.0		件/千克	7G
6211 33 90.19^	化纤制其他男式运动套装	23.1	130.0	17.0		件/千克	7G
6211 33 90.21^	化纤制男式连衣服及类似品	23.1	130.0	17.0		件/千克	7G
6211 33 90.29^	化纤制男式连衣服及类似品	23.1	130.0	17.0		件/千克	7G
6211 33 90.30^	化纤制男式水洗服,夏服,游戏装(含类似服)	23.1	130.0	17.0		件/千克	7G
6211 33 90.91^	化纤制男式工业及职业衣着	23.1	130.0	17.0		件/千克	7G
6211 33 90.92^	化纤制男式 TOPS(男成人及 8-18 号男童 TOPS)	23.1	130.0	17.0		件/千克	7G
6211 33 90.93^	化纤制其他男式 TOPS	23.1	130.0	17.0		件/千克	7G
6211 33 90.94^	化纤制男式风雪套装及类似服装	23.1	130.0	17.0		件/千克	7G
6211 33 90.99^	化纤制男式其他服装(含衬衫,马甲,上衣)	23.1	130.0	17.0		件/千克	7G
6211 39 10.11^	丝及绢丝制男运动服(含丝 70%及以上)	22.8	130.0	17.0		件/千克	
6211 39 10.19^	丝及绢丝制男运动服(含丝 70%以下)	22.8	130.0	17.0		件/千克	
6211 39 10.21^	丝或绢丝制男连衣裤及类似品(含丝 70%及以上)	22.8	130.0	17.0		件/千克	
6211 39 10.29^	丝或绢丝制男连衣裤及类似品(含丝 70%以下)	22.8	130.0	17.0		件/千克	
6211 39 10.91^	丝或绢丝制男式 TOPS(含丝 70%及以上)	22.8	130.0	17.0		件/千克	
6211 39 10.92^	丝或绢丝制男式 TOPS(含丝 70%以下)	22.8	130.0	17.0		件/千克	
6211 39 10.93^	丝或绢丝制男式风雪套装(含类似服装,含丝 70%及以上)	22.8	130.0	17.0		件/千克	

商品编号	商品名称备注	进口税率		增值税	消费税	计量单位	监管条件
		最惠国	普通				
6211 39 10.94ˆ	丝或绢丝制男式风雪套装(含类似服装,含丝70%以下)	22.8	130.0	17.0		件/千克	
6211 39 10.95ˆ	丝或绢丝制男式其他服装(含衬衫,马甲,上衣,含丝70%及以上)	22.8	130.0	17.0		件/千克	
6211 39 10.99ˆ	丝或绢丝制男式其他服装(含衬衫,马甲,上衣,含丝70%以下)	22.8	130.0	17.0		件/千克	
6211 39 90.10ˆ	其他纺织材料制男式运动套装	22.8	100.0	17.0		件/千克	
6211 39 90.20ˆ	其他纺织材料制男连衣裤(含类似品)	22.8	100.0	17.0		件/千克	
6211 39 90.91ˆ	其他纺织材料制男式水洗服,夏服(含游戏装等类似服装)	22.8	100.0	17.0		件/千克	
6211 39 90.92ˆ	含游戏装等类似服装	22.8	100.0	17.0		件/千克	
6211 39 90.93ˆ	其他纺织材料制男式风雪套装(含类似服装)	22.8	100.0	17.0		件/千克	
6211 39 90.99ˆ	其他纺织材料制男式其他服装(含衬衫,马甲,上衣)	22.8	100.0	17.0		件/千克	
6211 41 00.10ˆ	毛制女式运动套装	22.8	130.0	17.0		件/千克	G
6211 41 00.20ˆ	毛制女式连衣裤	22.8	130.0	17.0		件/千克	G
6211 41 00.31ˆ	毛制女式 TOPS(女成人及 7－16 号女童 TOPS)	22.8	130.0	17.0		件/千克	G
6211 41 00.39ˆ	毛制其他女童 TOP	22.8	130.0	17.0		件/千克	G
6211 41 00.40ˆ	毛制女式风雪套装及类似服装	22.8	130.0	17.0		件/千克	G
6211 41 00.90ˆ	毛制女式其他服装(含衬衫,马甲,上衣,无袖罩衫)	22.8	130.0	17.0		件/千克	G
6211 42 00.11	棉制女式运动套装(面和衬里的面料相同的运动套装)	19.3	90.0	17.0		件/千克	G
6211 42 00.19	棉制其他女式运动套装	19.3	90.0	17.0		件/千克	G
6211 42 00.21	棉制女式连衣服及类似品	19.3	90.0	17.0		件/千克	G
6211 42 00.29	棉制女式连衣裤及类似品	19.3	90.0	17.0		件/千克	G
6211 42 00.30	棉制女式水洗服,夏服,游戏装(含类似服装)	19.3	90.0	17.0		件/千克	G
6211 42 00.91	棉制女式工业及职业衣着(含围裙)	19.3	90.0	17.0		件/千克	G
6211 42 00.92	棉制女式 TOPS(女成人及 7－16 号女童 TOPS)	19.3	90.0	17.0		件/千克	G
6211 42 00.93	棉制其他女童女式 TOPS	19.3	90.0	17.0		件/千克	G
6211 42 00.94	棉制女式风雪套装及类似服装	19.3	90.0	17.0		件/千克	G
6211 42 00.99	棉制女式其他服装(含衬衫,马甲,上衣,无袖罩衫)	19.3	90.0	17.0		件/千克	G
6211 43 00.11ˆ	化纤制女式运动套装(面和衬里的面料相同的运动套装)	23.1	130.0	17.0		件/千克	7G
6211 43 00.19ˆ	化纤制其他女式运动套装	23.1	130.0	17.0		件/千克	7G
6211 43 00.21ˆ	化纤制女童连衣服及类似品	23.1	130.0	17.0		件/千克	7G
6211 43 00.29ˆ	化纤制女式连衣裤及类似品	23.1	130.0	17.0		件/千克	7G
6211 43 00.30ˆ	化纤制女式水洗服,夏服,游戏装(含类似服装)	23.1	130.0	17.0		件/千克	7G
6211 43 00.40ˆ	化纤制女式工业及职业衣着(含围裙)	23.1	130.0	17.0		件/千克	7G

商品编号	商品名称备注	进口税率		增值税	消费税	计量单位	监管条件
		最惠国	普通				
6211 43 00.51 *^	化纤制女式 TOPS(女成人及 7 - 16 号女童 TOPS)	23.1	130.0	17.0		件/千克	7G
6211 43 00.59 *^	化纤制女式 TOPS	23.1	130.0	17.0		件/千克	7G
6211 43 00.60^	化纤制女式风雪套装及类似服装	23.1	130.0	17.0		件/千克	7G
6211 43 00.90^	化纤制女式其他服装(含衬衫,马甲,上衣,无袖罩衫)	23.1	130.0	17.0		件/千克	7G
6211 49 10.11^	丝或绢丝制女式运动套装(含丝 70%及以上)	22.8	130.0	17.0		件/千克	
6211 49 10.19^	丝或绢丝制女式运动套装(含丝 70%以下)	22.8	130.0	17.0		件/千克	
6211 49 10.21^	丝或绢丝制女连衣裤及类似品(含丝 70%及以上)	22.8	130.0	17.0		件/千克	
6211 49 10.29^	丝或绢丝制女连衣裤及类似品(含丝 70%以下)	22.8	130.0	17.0		件/千克	
6211 49 10.31^	丝或绢丝制女式 TOPS(含丝 70%及以上)	22.8	130.0	17.0		件/千克	
6211 49 10.39^	丝或绢丝制女式 TOPS(含丝 70%以下)	22.8	130.0	17.0		件/千克	
6211 49 10.41^	丝或绢丝制女式风雪套装(含类似服装,含丝 70%及以上)	22.8	130.0	17.0		件/千克	
6211 49 10.49^	丝或绢丝制女式风雪套装(含类似服装,含丝 70%以下)	22.8	130.0	17.0		件/千克	
6211 49 10.51 *^	丝及绢丝制女式其他服装(含衬衫,马甲,上衣,无袖罩衫,含丝 70%及以上)	22.8	130.0	17.0		件/千克	
6211 49 10.59 *^	丝及绢丝制女式其他服装(含衬衫,马甲,上衣,无袖罩衫,含丝 70%以下)	22.8	130.0	17.0		件/千克	
6211 49 10.91^	丝及绢丝制女式其他服装(含丝 70%及以上)	22.8	130.0	17.0		件/千克	
6211 49 10.99^	丝及绢丝制女式其他服装(含丝 70%以下)	22.8	130.0	17.0		件/千克	
6211 49 90.10^	其他纺织材料制女式运动套装	22.8	100.0	17.0		件/千克	
6211 49 90.20^	其他纺织材料制女连衣裤(含类似品)	22.8	100.0	17.0		件/千克	
6211 49 90.30^	其他纺织材料制女式其他服装(含游戏装,类似服)	22.8	100.0	17.0		件/千克	
6211 49 90.40^	其他纺织材料制女式 TOPS	22.8	100.0	17.0		件/千克	
6211 49 90.50 *^	其他纺织材料制女式风雪套装(含类似服装)	22.8	100.0	17.0		件/千克	
6211 49 90.90^	其他纺织材料制女式其他服装(含衬衫,马甲,上衣,无袖罩衫)	22.8	100.0	17.0		件/千克	
6212	**胸罩、腹带、紧身胸衣、吊裤带、吊袜带、束袜带和类似品及其零件,不论是否针织或钩编的**						
6212 10 10	化纤制胸罩(不论是否针织或钩编)	22.0	130.0	17.0		件/千克	G
6212 10 90.10	毛制其他胸罩(不论是否针织或钩编)	22.3	100.0	17.0		件/千克	G
6212 10 90.20	棉制其他胸罩(不论是否针织或钩编)	22.3	100.0	17.0		件/千克	G
6212 10 90.31	丝制胸罩(不论是否针织或钩编,含丝 70%及以上)	22.3	100.0	17.0		件/千克	
6212 10 90.39	丝制其他胸罩(不论是否针织或钩编,含丝 70%以下)	22.3	100.0	17.0		件/千克	

商品编号	商 品 名 称 备 注	进口税率		增值税	消费税	计量单位	监管条件
		最惠国	普通				
6212 10 90.90	其他纺织材料制其他胸罩(不论是否针织或钩编)	22.3	100.0	17.0		件/千克	G
6212 20 10	化纤制束胸带及腹带(不论是否针织或钩编)	22.0	130.0	17.0		件/千克	G
6212 20 90.10	毛制束胸带及腹带(不论是否针织或钩编)	22.3	100.0	17.0		件/千克	G
6212 20 90.20	棉制束腰带及腹带(不论是否针织或钩编)	22.3	100.0	17.0		件/千克	G
6212 20 90.31	丝制束腰带及腹带(不论是否针织或钩编,含丝70%及以上)	22.3	100.0	17.0		件/千克	
6212 20 90.39	丝制束腰带及腹带(不论是否针织或钩编,含丝70%以下)	22.3	100.0	17.0		件/千克	
6212 20 90.90	其他材料制束胸带及腹带(不论是否针织或钩编)	22.3	100.0	17.0		件/千克	
6212 30 10	化纤制紧身胸衣(不论是否针织或钩编)	22.0	130.0	17.0		件/千克	G
6212 30 90.10	毛制紧身胸衣(不论是否针织或钩编)	22.3	100.0	17.0		件/千克	G
6212 30 90.20	棉制紧身胸衣(不论是否针织或钩编)	22.3	100.0	17.0		件/千克	G
6212 30 90.31	丝制紧身胸衣(不论是否针织或钩编,含丝70%及以上)	22.3	100.0	17.0		件/千克	
6212 30 90.39	丝制其他紧身胸衣(不论是否针织或钩编,含丝70%以下)	22.3	100.0	17.0		件/千克	
6212 30 90.90	其他材料制紧身胸衣(不论是否针织或钩编)	22.3	100.0	17.0		件/千克	
6212 90 10	化纤制吊裤带、吊袜带等(不论是否针织或钩编,含化纤与橡胶/塑料制的)	22.0	130.0	17.0		件/千克	
6212 90 90.10	毛制吊裤带、吊袜带、束袜带等(不论是否针织或钩编,含羊毛与橡胶/塑料制的)	22.3	100.0	17.0		件/千克	
6212 90 90.20	棉制吊裤带、吊袜带、束袜带等(不论是否针织或钩编,含棉与橡胶/塑料制的)	22.3	100.0	17.0		件/千克	
6212 90 90.31	丝制吊裤带、吊袜带、束袜带等(不论是否针织或钩编,含丝70%及以上)	22.3	100.0	17.0		件/千克	
6212 90 90.39	丝制吊裤带、吊袜带、束袜带等(不论是否针织或钩编,含丝70%以下)	22.3	100.0	17.0		件/千克	
6212 90 90.90	其他材料制吊裤带、吊袜带等(不论是否针织或钩编、包括束袜带和类似品及其零件)	22.3	100.0	17.0		件/千克	
6213	**手帕**						
6213 10 10.10	丝制刺绣手帕(含丝70%及以上)	22.3	130.0	17.0		条/千克	
6213 10 10.90	丝制刺绣手帕(含丝70%以下)	22.3	130.0	17.0		条/千克	
6213 10 90.10	其他丝及绢丝制手帕(含丝70%及以上)	22.3	130.0	17.0		条/千克	
6213 10 90.90	其他丝及绢丝制手帕(含丝70%以下)	22.3	130.0	17.0		条/千克	
6213 20 10	棉制刺绣手帕	18.7	90.0	17.0		条/千克	
6213 20 90	其他棉制手帕	18.7	90.0	17.0		条/千克	
6213 90 10.10	化纤制刺绣手帕	22.3	100.0	17.0		条/千克	
6213 90 10.20	麻制刺绣手帕	22.3	100.0	17.0		条/千克	
6213 90 10.90	其他材料制刺绣手帕	22.3	100.0	17.0		条/千克	

商品编号	商品名称备注	进口税率		增值税	消费税	计量单位	监管条件
		最惠国	普通				
6213 90 90.10	化纤制其他手帕	22.3	100.0	17.0		条/千克	
6213 90 90.20	麻制其他手帕	22.3	100.0	17.0		条/千克	
6213 90 90.90	其他材料制手帕	22.3	100.0	17.0		条/千克	
6214	**披巾、头巾、围巾、披纱、面纱及类似品**						
6214 10 00.10	含丝70%及以上制披巾、头巾、围(包括披纱、面纱等及类似品)	22.3	130.0	17.0		条/千克	G
6214 10 00.90	含丝70%以下制披巾、头巾、围巾(包括披纱、面纱等及类似品)	22.3	130.0	17.0		条/千克	G
6214 20 00	毛制披巾、头巾、围巾及类似品(包括披纱、面纱等)	22.3	130.0	17.0		条/千克	
6214 30 00	合纤制披巾、头巾及类似品(包括围巾、披纱、面纱等)	22.0	130.0	17.0		条/千克	
6214 40 00	人纤制披巾、头巾及类似品(包括围巾、披纱、面纱等)	22.3	130.0	17.0		条/千克	
6214 90 00.10	棉制披巾、头巾及类似品(包括围巾、披纱、面纱)	22.3	100.0	17.0		条/千克	
6214 90 00.90	其他材料制披巾、头巾及类似品(包括围巾、披纱、面纱及类似品)	22.3	100.0	17.0		条/千克	
6215	**领带及领结**						
6215 10 00.11	丝及绢丝制领带及领结(非丝纺织材料含量50%及以上)	22.3	130.0	17.0		条/千克	G
6215 10 00.19	丝及绢丝制领带及领结(非丝纺织材料含量50%以下,外层织物含丝70%及以上)	22.3	130.0	17.0		条/千克	G
6215 10 00.90	其他丝及绢丝制领带及领结(非丝纺织材料含量50%以下)	22.3	130.0	17.0		条/千克	G
6215 20 00	化纤制领带及领结	22.0	130.0	17.0		条/千克	G
6215 90 00.10	毛制领带及领结	22.3	100.0	17.0		条/千克	G
6215 90 00.20	棉制领带及领结	22.3	100.0	17.0		条/千克	G
6215 90 00.90	其他材料制领带及领结	22.3	100.0	17.0		条/千克	
6216	**分指手套、连指手套及露指手套**						
6216 00 00.11	非针织物裁剪缝制成的运动手套(已浸渍塑料/橡胶,但含量不超过50%;棉限内;并四指)	22.3	100.0	17.0		双/千克	
6216 00 00.12	非针织物裁剪缝制成的非运动手套(已浸渍塑料/橡胶,但含量不超过50%;棉限内;并四指)	22.3	100.0	17.0		双/千克	G
6216 00 00.13	非针织物裁剪缝制成的运动手套(已浸渍塑料/橡胶,但含量不超过50%;化纤限内;并四指)	22.3	100.0	17.0		双/千克	
6216 00 00.14	非针织物裁剪缝制成的非运动手套(已浸渍塑料/橡胶,但含量不超过50%;化纤限内;并四指)	22.3	100.0	17.0		双/千克	G
6216 00 00.15	其他非针织物裁剪缝成的运动手套(已浸渍塑料/橡胶,但含量不超过50%;并四指)	22.3	100.0	17.0		双/千克	

商品编号	商 品 名 称 备 注	进口税率		增值税	消费税	计量单位	监管条件
		最惠国	普通				
6216 00 00.19	其他非针织物制成的非运动手套(已浸渍塑料/橡胶,但含量不超过50%;并四指)	22.3	100.0	17.0		双/千克	
6216 00 00.21	其他浸渍塑料橡胶非针织运动手套(含棉、化学纤维及其他纺织纤维50%及以上;棉限内)	22.3	100.0	17.0		双/千克	
6216 00 00.22	其他浸渍塑/胶非针织非运动手套(含棉、化学纤维及其他纺织纤维50%及以上;棉限内)	22.3	100.0	17.0		双/千克	G
6216 00 00.23	其他浸渍塑料橡胶非针织运动手套(含棉、化学纤维及其他纺织纤维50%及以上;化纤限内)	22.3	100.0	17.0		双/千克	
6216 00 00.24	其他浸渍塑/胶非针织非运动手套(含棉、化学纤维及其他纺织纤维50%及以上;化纤限内)	22.3	100.0	17.0		双/千克	G
6216 00 00.25	未列名浸渍塑/胶非针织运动手套(含棉、化学纤维及其他纺织纤维50%及以上)	22.3	100.0	17.0		双/千克	
6216 00 00.29	未列名浸渍塑/胶非针织非运动手(含棉、化学纤维及其他纺织纤维50%及以上)	22.3	100.0	17.0		双/千克	
6216 00 00.31	棉非针织物制的运动手套(非浸渍塑料、橡胶;含并四指、分四指)	22.3	100.0	17.0		双/千克	
6216 00 00.39	棉非针织物制的非运动手套(非浸渍塑料、橡胶;含并四指、分四指)	22.3	100.0	17.0		双/千克	G
6216 00 00.41	化纤制非针织物制的运动手套(非浸渍塑料/橡胶;含并/分四指;含羊毛或动物细毛>=36%)	22.3	100.0	17.0		双/千克	
6216 00 00.42	化纤制非针织物制的非运动手套(非浸渍塑料/橡胶;含并/分四指;含羊毛或动物细毛>=36%)	22.3	100.0	17.0		双/千克	
6216 00 00.43	其他化纤制非针织运动手套(非浸渍塑料、橡胶的;含并四指、分四指)	22.3	100.0	17.0		双/千克	
6216 00 00.49	其他化纤制非针织非运动手套(非浸渍塑料、橡胶的;含并四指、分四指)	22.3	100.0	17.0		双/千克	G
6216 00 00.51 *	毛制非针织运动手套(非浸渍塑料、橡胶的;含并四指、分四指)	22.3	100.0	17.0		双/千克	
6216 00 00.59 *	毛制非针织非运动手套(非浸渍塑料、橡胶的;含并四指、分四指)	22.3	100.0	17.0		双/千克	
6216 00 00.91	其他纺织材料制非针织运动手套(非浸渍塑料、橡胶的;含分指手套、连指手套及露指手套)	22.3	100.0	17.0		双/千克	
6216 00 00.99	其他纺织材料制非针织非运动手套(非浸渍塑料、橡胶的;含分指手套、连指手套及露指手套)	22.3	100.0	17.0		双/千克	
6217	**其他制成的衣着附件;服装或衣着附件的零件,但编号6212的货品除外**						
6217 10 10^	非针织非钩编袜子及袜套	22.3	130.0	17.0		双/千克	
6217 10 20^	非针织非钩编和服腰带	22.3	100.0	17.0		条/千克	
6217 10 90.10^	毛制服装或衣着附件(指非针织非钩编)	22.3	100.0	17.0		千克	G
6217 10 90.20^	棉制服装或衣着附件(指非针织非钩编)	22.3	100.0	17.0		千克	G

商品编号	商品名称备注	进口税率		增值税	消费税	计量单位	监管条件
		最惠国	普通				
6217 10 90.30	化纤制服装或衣着附件(指非针织非钩编)	22.3	100.0	17.0		千克	G
6217 10 90.41	丝制服装或衣着附件(指非针织非钩编,含丝70%及以上)	22.3	100.0	17.0		千克	
6217 10 90.49	丝制服装或衣着附件(指非针织非钩编,含丝70%以下)	22.3	100.0	17.0		千克	
6217 10 90.90	其他服装或衣着附件(指非针织非钩编)	22.3	100.0	17.0		千克	
6217 90 00.11	羊毛或动物细毛制保暖型衬里	22.3	100.0	17.0		千克	G
6217 90 00.12	毛制非针织或非钩编衬衫的零件	22.3	100.0	17.0		千克	G
6217 90 00.13	毛制非针织或非钩编上衣的零件	22.3	100.0	17.0		千克	G
6217 90 00.14	毛制长裤及马裤的零件(指非针织非钩编)	22.3	100.0	17.0		千克	G
6217 90 00.19	其他毛制服装或衣着零件(指非针织非钩编)	22.3	100.0	17.0		千克	G
6217 90 00.21	棉制保暖型衬里	22.3	100.0	17.0		千克	G
6217 90 00.22	棉制非针织非钩编衬衫的零件	22.3	100.0	17.0		千克	G
6217 90 00.23	棉制非针织非钩编上衣的零件	22.3	100.0	17.0		千克	G
6217 90 00.24	棉制长裤及马裤的零件(指非针织非钩编)	22.3	100.0	17.0		千克	G
6217 90 00.29	棉制服装或衣着零件(指非针织非钩编)	22.3	100.0	17.0		千克	G
6217 90 00.31	化纤制保暖型衬里	22.3	100.0	17.0		千克	G
6217 90 00.32	化纤制非针织非钩编衬衫的零件	22.3	100.0	17.0		千克	G
6217 90 00.33	化纤制非针织非钩编上衣的零件	22.3	100.0	17.0		千克	G
6217 90 00.34	化纤制长裤及马裤的零件(指非针织非钩编)	22.3	100.0	17.0		千克	G
6217 90 00.39	化纤制服装或衣着零件(指非针织非钩编)	22.3	100.0	17.0		千克	G
6217 90 00.41	丝制保暖型衬里	22.3	100.0	17.0		千克	
6217 90 00.42	丝制服装或衣着零件(指非针织非钩编,含丝70%及以上)	22.3	100.0	17.0		千克	
6217 90 00.49	丝制服装或衣着零件(指非针织非钩编,含丝70%以下)	22.3	100.0	17.0		千克	
6217 90 00.91	其他材料制保暖型衬里	22.3	100.0	17.0		千克	
6217 90 00.92	其他材料制衬衫零件(非针织非钩编)	22.3	100.0	17.0		千克	
6217 90 00.93	其他材料制上衣零件(指非针织非钩编)	22.3	100.0	17.0		千克	
6217 90 00.94	其他材料制长裤及马裤的零件(指非针织非钩编)	22.3	100.0	17.0		千克	
6217 90 00.99	其他材料制服装或衣着附件(指非针织或非钩编,含各种附件的零件)	22.3	100.0	17.0		千克	

第六十三章　其他纺织制成品；成套物品；旧衣着及旧纺织品；碎织物

注释：

一、第一分章仅适用于各种纺织物制成的物品。

二、第一分章不包括：

（一）第五十六章至第六十二章的货品；

（二）品目63.09的旧衣着或其他旧物品。

三、品目63.09仅适用于下列货品：

（一）纺织材料制品：

1. 衣着和衣着附件及其零件；
2. 毯子及旅行毯；
3. 床上、餐桌、盥洗及厨房用的织物制品；
4. 装饰用织物制品，但品目57.01至57.05的地毯及品目58.05的装饰毯除外。

（二）用石棉以外其他任何材料制成的鞋帽类。

上述物品只有同时符合下列两个条件才能归入本品目：

1. 必须明显看得出穿用过；
2. 必须以散装、捆装、袋装或类似的大包装形式进口或出口。

商品编号	商 品 名 称 备 注	进口税率		增值税	消费税	计量单位	监管条件
		最惠国	普通				
6301	**毯子及旅行毯**						
6301 10 00	电暖毯	20.8	100.0	17.0		条	
6301 20 00.10	毛制毯子及旅行毯(羊毛或动物细毛制,非电暖的,长度不超过3米)	22.0	130.0	17.0		条/千克	B
6301 20 00.20	其他毛制毯子及旅行毯(羊毛或动物细毛制,非电暖的,长度超过3米)	22.0	130.0	17.0		条/千克	BG
6301 30 00	棉制毯子及旅行毯	21.6	90.0	17.0		条/千克	
6301 40 00	合纤制毯子及旅行毯	22.5	130.0	17.0		条/千克	B
6301 90 00.10	人造纤维制的毯子及旅行毯(非电暖的)	22.0	90.0	17.0		条/千克	B
6301 90 00.20	丝制毯子及旅行毯(非电暖的,含丝及绢丝85%及以上)	22.0	90.0	17.0		条/千克	B
6301 90 00.90	其他纺织材料制毯子及旅行毯(非电暖的)	22.0	90.0	17.0		条/千克	B
6302	**床上、餐桌、盥洗及厨房用的织物制品**						
6302 10 10	棉制针织或钩编的床上用织物制品	17.0	90.0	17.0		条/千克	G
6302 10 90	其他材料制床上用织物制品(指针织或钩编类制品)	22.3	130.0	17.0		条/千克	G
6302 21 10	棉制印花床单	18.4	90.0	17.0		条/千克	G
6302 21 90.10	棉制印花枕套	18.4	90.0	17.0		条/千克	G
6302 21 90.20	棉制印花枕罩	18.4	90.0	17.0		条/千克	G
6302 21 90.90	其他棉制印花床上用织物制品	18.4	90.0	17.0		条/千克	G
6302 22 10	化纤制印花床单	22.0	130.0	17.0		条/千克	G
6302 22 90.10	化纤制印花枕套	22.0	130.0	17.0		条/千克	G
6302 22 90.20	化纤无纺织物制印花床用织物制品	22.0	130.0	17.0		条/千克	
6302 22 90.90	其他化纤制印花床上用织物制品	22.0	130.0	17.0		条/千克	G
6302 29 10.10	丝及绢丝制印花床上用织物制品(含丝85%及以上)	22.3	130.0	17.0		条/千克	G
6302 29 10.90	丝及绢丝制印花床上用织物制品(含丝85%以下)	22.3	130.0	17.0		条/千克	G
6302 29 20.10	亚麻或苎麻制印花床上用织物制品	18.7	90.0	17.0		条/千克	G
6302 29 20.90	其他麻制印花床上用织物制品	18.7	90.0	17.0		条/千克	G
6302 29 90.10	其他材料制印花床上用织物制品	22.3	100.0	17.0		条/千克	G
6302 29 90.90	其他材料制印花床上用织物制品	22.3	100.0	17.0		条/千克	G
6302 31 10	棉制刺绣其他床上用织物制品	18.4	90.0	17.0		条/千克	G
6302 31 91	棉制其他床单	18.4	90.0	17.0		条/千克	G
6302 31 92	棉制其他毛巾被	18.4	90.0	17.0		条/千克	G
6302 31 99.10	棉制其他枕套	18.4	90.0	17.0		条/千克	G
6302 31 99.20	其他棉与亚麻混纺床上用织物制品	18.4	90.0	17.0		条/千克	G
6302 31 99.30	棉制其他枕套	18.4	90.0	17.0		条/千克	G
6302 31 99.90	棉制其他床上用织物制品	18.4	90.0	17.0		条/千克	G
6302 32 10	化纤制刺绣其他床上用织物制品	22.0	130.0	17.0		条/千克	G

商品编号	商 品 名 称 备 注	进口税率		增值税	消费税	计量单位	监管条件
		最惠国	普通				
6302 32 90.10	化纤制其他床单	22.0	130.0	17.0		条/千克	G
6302 32 90.20	化纤制其他枕套	22.0	130.0	17.0		条/千克	G
6302 32 90.30	其他化纤无纺织物制床上织物制品	22.0	130.0	17.0		条/千克	
6302 32 90.90	化纤制其他床上用织物制品	22.0	130.0	17.0		条/千克	G
6302 39 10.10	丝及绢丝制其他床上用织物制品(含丝85%及以上)	22.3	130.0	17.0		条/千克	G
6302 39 10.90	丝及绢丝制其他床上用织物制品(含丝85%以下)	22.3	130.0	17.0		条/千克	G
6302 39 21.10	亚麻或苎麻制其他床上用织物制品(刺绣的)	18.7	90.0	17.0		条/千克	G
6302 39 21.90	其他麻制其他床上用织物制品(刺绣的)	18.7	90.0	17.0		条/千克	G
6302 39 29.10	亚麻或苎麻制其他床上用织物制品	18.7	90.0	17.0		条/千克	G
6302 39 29.90	其他麻制其他床上用织物制品	18.7	90.0	17.0		条/千克	G
6302 39 91.10	毛制刺绣床上用织物制品	22.3	100.0	17.0		条/千克	G
6302 39 91.90	其他材料制刺绣床上用织物制品	22.3	100.0	17.0		条/千克	G
6302 39 99.10	毛制刺绣床上用织物制品	22.3	100.0	17.0		条/千克	G
6302 39 99.90	其他材料制其他床上用织物制品	22.3	100.0	17.0		条/千克	G
6302 40 10.10	手工棉制餐桌用织物制品(指针织或钩编类的)	22.3	100.0	17.0		件/千克	BG
6302 40 10.20	手工植物纺织纤维制餐桌用制品(指针织或钩编类的)	22.3	100.0	17.0		件/千克	B
6302 40 10.90	手工其他纺织材料制餐桌用制品(指针织或钩编类的)	22.3	100.0	17.0		件/千克	BG
6302 40 90.10	棉制餐桌用织物制品(针织或钩编的,非手工)	22.3	100.0	17.0		件/千克	G
6302 40 90.20	植物纺织纤维制的餐桌用织物制品(针织或钩编的,非手工)	22.3	100.0	17.0		件/千克	
6302 40 90.90	其他纺织材料制餐桌用织物制品(针织或钩编的,非手工)	22.3	100.0	17.0		件/千克	G
6302 51 10	棉制刺绣其他餐桌用织物制品	18.7	90.0	17.0		件/千克	BG
6302 51 90	棉制其他餐桌用织物制品	18.7	90.0	17.0		件/千克	G
6302 52 10	亚麻制刺绣其他餐桌用织物制品	18.7	90.0	17.0		件/千克	BG
6302 52 90	亚麻制其他餐桌用织物制品	18.7	90.0	17.0		件/千克	G
6302 53 10	化纤制刺绣其他餐桌织物制品	22.3	130.0	17.0		件/千克	BG
6302 53 90.10	化纤无纺织物制餐桌用织物制品	22.0	130.0	17.0		件/千克	
6302 53 90.90	化纤制其他餐桌用织物制品	22.0	130.0	17.0		件/千克	G
6302 59 00.11	丝制餐桌用织物制品(含丝及绢丝85%及以上)	22.3	100.0	17.0		件/千克	B
6302 59 00.19	其他丝制餐桌用织物制品(含丝及绢丝85%以下)	22.3	100.0	17.0		件/千克	B
6302 59 00.20	羊毛或动物细毛制餐桌用织物制品	22.3	100.0	17.0		件/千克	BG
6302 59 00.90	其他纺织材料制餐桌用织物制品	22.3	100.0	17.0		件/千克	B
6302 60 10.10	棉制针织或钩编毛巾织物浴巾(含类似毛圈织物的制品)	18.4	90.0	17.0		条/千克	G

商品编号	商品名称备注	进口税率		增值税	消费税	计量单位	监管条件
		最惠国	普通				
6302 60 10.90	棉制非针织或非钩编毛巾织物浴巾(含类似毛圈织物的制品)	18.4	90.0	17.0		条/千克	G
6302 60 90.11	棉制针织或钩编毛巾织物茶巾(包括类似毛圈织物的制品)	18.4	90.0	17.0		条/千克	
6302 60 90.19	棉制非针织或非钩编毛巾织物茶巾(包括类似毛圈织物的制品)	18.4	90.0	17.0		条/千克	G
6302 60 90.91	棉制其他盥洗及厨房用毛巾制品(包括类似毛圈织物的制品,针织或钩编)	18.4	90.0	17.0		条/千克	G
6302 60 90.99	棉制其他盥洗及厨房用毛巾制品(含类似毛圈织物的制品,非针织或非钩编)	18.4	90.0	17.0		条/千克	G
6302 91 00.10	棉制茶巾(毛巾织物或类似毛圈织物的除外)	18.4	90.0	17.0		条/千克	G
6302 91 00.20	棉制毛巾(毛巾织物或类似毛圈织物的除外)	18.4	90.0	17.0		条/千克	G
6302 91 00.90	棉制其他盥洗及厨房织物制品(毛巾织物或类似毛圈织物的除外)	18.4	90.0	17.0		条/千克	G
6302 92 00.10	亚麻制毛巾(毛巾织物或类似毛圈织物的除外)	18.7	90.0	17.0		条/千克	G
6302 92 00.90	亚麻制其他盥洗及厨房织物制品(毛巾织物或类似毛圈织物的除外)	18.7	90.0	17.0		条/千克	G
6302 93 00.10	化纤无纺织物制盥洗及厨房制品(毛巾织物或类似毛圈织物的除外)	22.0	130.0	17.0		条/千克	
6302 93 00.90	化纤制其他盥洗及厨房织物制品(毛巾织物或类似毛圈织物的除外)	22.0	130.0	17.0		条/千克	G
6302 99 00.11	丝制盥洗及厨房织物制品(毛巾织物或类似毛圈织物的除外,含丝85%及以上)	22.3	100.0	17.0		条/千克	
6302 99 00.19	其他丝制盥洗及厨房用织物制品(毛巾织物或类似毛圈织物的除外,含丝85%以下)	22.3	100.0	17.0		条/千克	
6302 99 00.20	毛制盥洗及厨房用织物制品(毛巾织物或类似毛圈织物的除外)	22.3	100.0	17.0		条/千克	G
6302 99 00.30	苎麻制其他盥洗及厨房用织物制品(毛巾织物或类似毛圈织物的除外)	22.3	100.0	17.0		条/千克	G
6302 99 00.90	其他材料制其他盥洗及厨房织物(毛巾织物或类似毛圈织物的除外)	22.3	100.0	17.0		条/千克	
6303	**窗帘(包括帷帘)及帐幔;帘帷或床帷**						
6303 11 10	棉制针织的窗帘等(包括帷帘、帐幔、帘帷及床帷)	18.4	90.0	17.0		件/千克	
6303 11 20	棉制钩编的窗帘等(包括帷帘、帐幔、帘帷及床帷)	18.4	90.0	17.0		件/千克	
6303 12 10	合纤制针织的窗帘等(包括帷帘、帐幔、帘帷及床帷)	22.0	130.0	17.0		件/千克	
6303 12 20	合成纤维制钩编的窗帘等(包括帷帘、帐幔、帘帷及床帷)	22.0	130.0	17.0		件/千克	

商品编号	商 品 名 称 备 注	进口税率		增值税	消费税	计量单位	监管条件
		最惠国	普通				
6303 19 10.10	亚麻或苎麻制针织的窗帘等(包括帷帘、帐幔、帘帷及床帷)	22.3	130.0	17.0		件/千克	
6303 19 10.90	其他纺织材料制针织的窗帘(包括帷帘、帐幔、帘帷及床帷)	22.3	130.0	17.0		件/千克	
6303 19 20.10	亚麻或苎麻制钩编的窗帘等(包括帷帘、帐幔、帘帷及床帷)	22.3	130.0	17.0		件/千克	
6303 19 20.90	其他纺织材料制钩编的窗帘等(包括帷帘、帐幔、帘帷及床帷)	22.3	130.0	17.0		件/千克	
6303 91 00.10	棉制非针织网眼窗帘(包括帷帘、帐幔、帘帷及床帷)	18.4	90.0	17.0		件/千克	
6303 91 00.90	棉制非针织非钩编窗帘(包括帷帘、帐幔、帘帷及床帷)	18.4	90.0	17.0		件/千克	
6303 92 00.10	合成纤维无纺织物制窗帘(包括帷帘、帐幔、帘帷及床帷)	22.0	130.0	17.0		件/千克	
6303 92 00.20	合成纤维制非针织网眼窗帘(包括帷帘、帐幔、帘帷及床帷)	22.0	130.0	17.0		件/千克	
6303 92 00.90	合纤制非针织非钩编窗帘(包括帷帘、帐幔、帘帷及床帷)	22.0	130.0	17.0		件/千克	
6303 99 00.10	毛制非针织非钩编窗帘(包括帷帘、帐幔、帘帷及床帷)	22.3	100.0	17.0		件/千克	
6303 99 00.20	人造纤维制非针织非钩编窗帘(包括帷帘、帐幔、帘帷及床帷)	22.3	100.0	17.0		件/千克	
6303 99 00.31	丝制非针织非钩编窗帘(包括帷帘、帐幔、帘帷及床帷,含丝 85%及以上)	22.3	100.0	17.0		件/千克	
6303 99 00.39	丝制非针织非钩编窗帘(含帷帘、帐幔、帘帷及床帷,含丝 85%以下)	22.3	100.0	17.0		件/千克	
6303 99 00.40	其他纺织材料无纺织物制窗帘(包括帷帘、帐幔、帘帷及床帷)	22.3	100.0	17.0		件/千克	
6303 99 00.50 *	亚麻或苎麻制非针织非钩编窗帘(包括帷帘、帐幔、帘帷及床帷)	22.3	100.0	17.0		件/千克	
6303 99 00.60	其他纺织材料制非针织网眼窗帘(包括帷帘、帐幔、帘帷及床帷)	22.3	100.0	17.0		件/千克	
6303 99 00.90	其他纺织材料制非针织非钩编窗帘(包括帷帘、帐幔、帘帷及床帷)	22.3	100.0	17.0		件/千克	
6304	**其他装饰用织物制品,但品目 9404 的货品除外**						
6304 11 21.10	棉制手工针织床罩	22.3	100.0	17.0		件/千克	G
6304 11 21.20	化纤制手工针织床罩	22.3	100.0	17.0		件/千克	
6304 11 21.90	其他纺织材料制手工针织床罩	22.3	100.0	17.0		件/千克	
6304 11 29.10	棉制非手工针织床罩	22.3	100.0	17.0		件/千克	G
6304 11 29.20	化纤制非手工针织床罩	22.3	100.0	17.0		件/千克	
6304 11 29.90	其他纺织材料制非手工针织床罩	22.3	100.0	17.0		件/千克	

商品编号	商品名称备注	进口税率		增值税	消费税	计量单位	监管条件
		最惠国	普通				
6304 11 31.10	棉制手工钩编床罩	22.3	100.0	17.0		件/千克	G
6304 11 31.20	化纤制手工钩编床罩	22.3	100.0	17.0		件/千克	
6304 11 31.90	其他纺织材料制手工钩编床罩	22.3	100.0	17.0		件/千克	
6304 11 39.10	棉制非手工钩编床罩	22.3	100.0	17.0		件/千克	G
6304 11 39.20	化纤制非手工钩编床罩	22.3	100.0	17.0		件/千克	
6304 11 39.90	其他纺织材料制非手工钩编床罩	22.3	100.0	17.0		件/千克	
6304 19 10.10	丝及绢丝制非针织非钩编床罩(含丝85%及以上)	18.8	130.0	17.0		件/千克	
6304 19 10.90	丝及绢丝制非针织非钩编床罩(含丝85%以下)	18.8	130.0	17.0		件/千克	
6304 19 21.10	亚麻或苎麻制刺绣床罩(指非针织非钩编)	17.0	90.0	17.0		件/千克	
6304 19 21.20	其他麻制非针织非钩编刺绣床罩	17.0	90.0	17.0		件/千克	
6304 19 21.90	棉制非针织非钩编刺绣床罩	17.0	90.0	17.0		件/千克	G
6304 19 29.10	亚麻或苎麻制非针织非钩编床罩	17.0	90.0	17.0		件/千克	
6304 19 29.91	其他麻制其他非针织非钩编床罩	17.0	90.0	17.0		件/千克	
6304 19 29.99	棉制其他非针织非钩编床罩	17.0	90.0	17.0		件/千克	G
6304 19 31	化纤制非针织非钩编刺绣床罩	20.3	130.0	17.0		件/千克	
6304 19 39	化纤制其他非针织非钩编床罩	20.3	130.0	17.0		件/千克	
6304 19 91.10	毛制非针织非钩编刺绣床罩(羊毛或动物细毛制)	18.8	100.0	17.0		件/千克	
6304 19 91.90	其他纺织材料制非针织刺绣床罩(含非钩编的)	18.8	100.0	17.0		件/千克	
6304 19 99.10	毛制其他非针织非钩编床罩(羊毛或动物细毛制)	18.8	100.0	17.0		件/千克	
6304 19 99.90	其他材料制非针织非钩编其他床罩	18.8	100.0	17.0		件/千克	
6304 91 21.10	棉制手工针织的其他装饰制品	22.3	100.0	17.0		件/千克	
6304 91 21.20	毛制手工针织的其他装饰制品(羊毛或动物细毛制)	22.3	100.0	17.0		件/千克	
6304 91 21.31	丝制手工针织的其他装饰制品(含丝85%及以上)	22.3	100.0	17.0		件/千克	
6304 91 21.39	丝制手工针织的其他装饰制品(含丝85%以下)	22.3	100.0	17.0		件/千克	
6304 91 21.40	化纤制手工针织的其他装饰制品	22.3	100.0	17.0		件/千克	
6304 91 21.90	其他纺材制手工针织其他装饰制品	22.3	100.0	17.0		件/千克	
6304 91 29.10	棉制非手工针织的其他装饰制品	22.3	100.0	17.0		件/千克	
6304 91 29.20	毛制非手工针织的其他装饰制品(羊毛或动物细毛制)	22.3	100.0	17.0		件/千克	
6304 91 29.31	丝制非手工针织的其他装饰制品(含丝85%及以上)	22.3	100.0	17.0		件/千克	
6304 91 29.39	丝制非手工针织的其他装饰制品(含丝85%以下)	22.3	100.0	17.0		件/千克	
6304 91 29.40	化纤制非手工针织其他装饰制品	22.3	100.0	17.0		件/千克	
6304 91 29.90	其他纺材制非手工针织其他装饰品	22.3	100.0	17.0		件/千克	
6304 91 31.10	棉制手工钩编的其他装饰制品	22.3	100.0	17.0		件/千克	

商品编号	商 品 名 称 备 注	进口税率		增值税	消费税	计量单位	监管条件
		最惠国	普通				
6304 91 31.20	毛制手工钩编的其他装饰制品(羊毛或动物细毛制)	22.3	100.0	17.0		件/千克	
6304 91 31.31	丝制手工钩编的其他装饰制品(含丝85%及以上)	22.3	100.0	17.0		件/千克	
6304 91 31.39	丝制手工钩编的其他装饰制品(含丝85%以下)	22.3	100.0	17.0		件/千克	
6304 91 31.40	化纤制手工钩编的其他装饰制品	22.3	100.0	17.0		件/千克	
6304 91 31.90	其他制手工钩编的其他装饰制品	22.3	100.0	17.0		件/千克	
6304 91 39.10	棉制非手工钩编的其他装饰制品	22.3	100.0	17.0		件/千克	
6304 91 39.20	毛制非手工钩编的其他装饰制品(羊毛或动物细毛制)	22.3	100.0	17.0		件/千克	
6304 91 39.31	丝制非手工钩编的其他装饰制品(含丝85%及以上)	22.3	100.0	17.0		件/千克	
6304 91 39.39	丝制非手工钩编的其他装饰制品(含丝85%以下)	22.3	100.0	17.0		件/千克	
6304 91 39.40	化纤制非手工钩编其他装饰制品	22.3	100.0	17.0		件/千克	
6304 91 39.90	其他纺材制非手工钩编其他装饰品	22.3	100.0	17.0		件/千克	
6304 92 10	棉制非针织的其他刺绣装饰制品(非钩编)	17.0	90.0	17.0		件/千克	B
6304 92 90	棉制非针织或钩编的其他装饰制品	17.0	90.0	17.0		件/千克	
6304 93 10	合成纤维制其他刺绣装饰制品(指非针织非钩编装饰制品)	22.0	130.0	17.0		件/千克	B
6304 93 90	合纤制其他非针织装饰制品(包括非钩编装饰制品)	22.0	130.0	17.0		件/千克	
6304 99 10.10	丝制非针织非钩编的装饰制品(含绢丝制品,含丝85%及以上)	22.3	130.0	17.0		件/千克	B
6304 99 10.90	丝制非针织非钩编的装饰制品(含绢丝制品,含丝85%以下)	22.3	130.0	17.0		件/千克	B
6304 99 21.10	亚麻或苎麻非针织其他刺绣装饰品(含非钩编制品)	18.7	90.0	17.0		件/千克	B
6304 99 21.90	其他麻制非针织其他刺绣装饰品(包括非钩编的)	18.7	90.0	17.0		件/千克	B
6304 99 29.10	亚麻或苎麻制其他非针织的装饰品(含非钩编制品)	18.7	90.0	17.0		件/千克	
6304 99 29.90	其他麻制其他非针织的装饰制品(含非钩编制品)	18.7	90.0	17.0		件/千克	
6304 99 90.10	毛制非针织非钩编装饰制品(羊毛或动物细毛制)	22.3	100.0	17.0		件/千克	B
6304 99 90.20	人造纤维制非针织非钩编装饰品	22.3	100.0	17.0		件/千克	B
6304 99 90.90	其他材料制非针织非钩编装饰品	22.3	100.0	17.0		件/千克	B
6305	**货物包装用袋**						
6305 10 00.10	黄麻制旧的货物包装袋(含品目5303的其他韧皮纤维制)	10.0	40.0	17.0		条/千克	

商品编号	商 品 名 称 备 注	进口税率		增值税	消费税	计量单位	监管条件
		最惠国	普通				
6305 10 00.90	黄麻制其他货物包装袋(含品目5303的其他韧皮纤维制)	10.0	40.0	17.0		条/千克	
6305 20 00	棉制货物包装袋	19.3	90.0	17.0		条/千克	
6305 32 00.11	聚乙烯或聚丙烯制软袋(针织或钩编的,用扁条及类似材料制成,散装货物周转用)	21.6	100.0	17.0		条/千克	
6305 32 00.19	聚乙烯或聚丙烯制软袋(非针织或钩编的,扁条及类似材料制成,散装货物周转用)	21.6	100.0	17.0		条/千克	
6305 32 00.90	化纤制的散装货物周转软袋	21.6	100.0	17.0		条/千克	
6305 33 00.10	聚乙烯或聚丙烯制其他货物包装袋(针织或钩编的,用扁条及类似材料制成)	21.6	100.0	17.0		条/千克	
6305 33 00.90	聚乙烯或聚丙烯制其他货物包装袋(非针织或钩编的,用扁条及类似材料制成)	21.6	100.0	17.0		条/千克	
6305 39 00	其他化学纤维制货物包装袋	21.6	100.0	17.0		条/千克	
6305 90 00.11	亚麻制旧货物包装袋(针织或钩编的)	18.7	90.0	17.0		条/千克	
6305 90 00.19	其他亚麻制旧货物包装袋	18.7	90.0	17.0		条/千克	G
6305 90 00.90	其他纺织材料制其他货物包装袋	18.7	90.0	17.0		条/千克	
6306	**油苫布、天蓬及遮阳蓬;帐蓬;风帆;野营用品**						
6306 11 00	棉制油苫布、天蓬及遮阳蓬	18.7	80.0	17.0		件/千克	
6306 12 00	合纤制油苫布、天蓬及遮阳蓬	21.6	130.0	17.0		件/千克	
6306 19 10	麻制油苫布、天蓬及遮阳蓬	18.7	80.0	17.0		件/千克	
6306 19 90.10	人造纤维制油苫布、天蓬及遮阳蓬	20.4	100.0	17.0		件/千克	
6306 19 90.90	其他材料制油苫布、天蓬及遮阳蓬	20.4	100.0	17.0		件/千克	
6306 21 00	棉制帐蓬	18.7	80.0	17.0		件/千克	
6306 22 00.10	合纤制移动帐蓬、天蓬及遮阳蓬	21.6	130.0	17.0		件/千克	
6306 22 00.90	合纤制帐蓬	21.6	130.0	17.0		件/千克	
6306 29 00	其他纺织材料制帐蓬	20.4	100.0	17.0		件/千克	
6306 31 00	合纤制风帆	21.6	130.0	17.0		件/千克	
6306 39 00	其他纺织材料制风帆	20.4	100.0	17.0		件/千克	
6306 41 00	棉制充气褥垫	18.7	80.0	17.0		件/千克	
6306 49 10	化纤制充气褥垫	21.6	130.0	17.0		件/千克	
6306 49 90	其他纺织材料制充气褥垫	20.4	100.0	17.0		件/千克	
6306 91 00	棉制其他野营用品	18.7	80.0	17.0		件/千克	
6306 99 10	麻制其他野营用品	18.7	80.0	17.0		件/千克	
6306 99 20	化纤制其他野营用品	21.6	130.0	17.0		件/千克	
6306 99 90	其他材料制其他野营用品	20.4	100.0	17.0		件/千克	
6307	**其他制品,包括服装裁剪样**						
6307 10 00.11	棉制抹布、拖布及擦光布	20.4	130.0	17.0		件/千克	
6307 10 00.19	其他纺织材料抹布、拖布及擦光布	20.4	130.0	17.0		件/千克	
6307 10 00.21	棉制汽车修理厂加油站等工厂用巾	20.4	130.0	17.0		件/千克	
6307 10 00.29	其他纺材制汽车修理厂等工厂用巾	20.4	130.0	17.0		件/千克	G

商品编号	商 品 名 称 备 注	进口税率		增值税	消费税	计量单位	监管条件
		最惠国	普通				
6307 10 00.30	棉毛圈织物制酒吧用布((46-57)厘米×(38-43)厘米)	20.4	130.0	17.0		件/千克	
6307 10 00.41	棉制擦碗布	20.4	130.0	17.0		件/千克	
6307 10 00.49	其他纺织材料制擦碗布	20.4	130.0	17.0		件/千克	G
6307 10 00.90	其他擦拭用布等(含抹布及类似擦拭用布)	20.4	130.0	17.0		件/千克	
6307 20 00	救生衣及安全带	14.0	70.0	17.0		件/千克	
6307 90 00.11	棉制标签、服饰辫线及流苏(含紧身胸衣、鞋及类似品的系带)	20.4	100.0	17.0		千克	
6307 90 00.19	其他制标签、服饰辫线及流苏(含紧身胸衣、鞋及类似品的系带)	20.4	100.0	17.0		千克	
6307 90 00.20	棉制起绒或簇绒织物制毛巾	20.4	100.0	17.0		千克	G
6307 90 00.30	棉制枕壳	20.4	100.0	17.0		千克	
6307 90 00.40	棉制被壳、羽绒被壳、盖被壳(含类似品,含棉85%及以下)	20.4	100.0	17.0		千克	G
6307 90 00.51 *	棉制手术用巾及其他毛巾	20.4	100.0	17.0		千克	
6307 90 00.59 *	化学纤维制未列名毛巾	20.4	100.0	17.0		千克	
6307 90 00.61	以棉作面的冷藏包	20.4	100.0	17.0		千克	
6307 90 00.62	以化纤纺织材料作面的冷藏包	20.4	100.0	17.0		千克	
6307 90 00.69	其他纺织材料做面的冷藏包	20.4	100.0	17.0		千克	
6307 90 00.90	纺织材料制未列名制品	20.4	100.0	17.0		千克	
6308	**由机织物及纱线构成的零售包装成套物品,不论是否带附件,用以制作小地毯、装饰毯、绣花台布、餐巾或类似纺织物品**						
6308 00 00.10	机织物及纱线制零售包装成套物品(内含羊毛纱的)	20.4	130.0	17.0		千克	
6308 00 00.20	机织物及纱线制零售包装成套物品(由普通棉机织物及棉衍缝被褥织物与纱线构成的)	20.4	130.0	17.0		千克	G
6308 00 00.30	机织物及纱线制零售包装成套物品(由合成纤维普通机织物及衍缝被褥织物与纱线构成)	20.4	130.0	17.0		千克	G
6308 00 00.90	其他机织物及纱线构成的成套物品(零售包装的)	20.4	130.0	17.0		千克	
6309	**旧衣物**						
6309 00 00	旧衣物	23.3	130.0	17.0		千克	
6310	**纺织材料的新的或旧的碎织物及废线、绳、索、缆及其制品**						
6310 10 00	纺织材料制经分拣的碎织物等(包括废线,绳,索,缆及其制品)	14.0	50.0	17.0		千克	
6310 90 00	纺织材料制其他碎织物等(包括废线,绳,索,缆及其制品)	14.0	50.0	17.0		千克	

第十二类　鞋、帽、伞、杖、鞭及其零件；已加工的羽毛及其制品；人造花；人发制品

第六十四章　鞋靴、护腿和类似品及其零件

注释：

一、本章不包括：

(一) 易损材料(例如，纸、塑料薄膜)制的无外绱鞋底的一次性鞋靴罩或套，这些产品应按其构成材料归类；

(二) 纺织材料制的鞋靴，没有用粘、缝或其他方法将外底固定或安装在鞋面上的(第十一类)；

(三) 品目63.09的旧鞋靴；

(四) 石棉制品(品目68.12)；

(五) 矫形鞋靴或其他矫形器具及其零件(品目90.21)；

(六) 玩具鞋及装有冰刀或轮子的滑冰鞋护胫或类似的运运防护服装(第九十五章)。

二、品目64.06所称“零件”，不包括鞋钉、护鞋铁掌、鞋眼、鞋钩、鞋扣、饰物、编带、鞋带、绒球或其他装饰带(应分别归入相应品目)及品目96.06的钮扣或其他货品。

三、本章所称：

(一)“橡胶”及“塑料”，包括能用肉眼辨出其外表有一层橡胶或塑料的机织物或其他纺织产品；运用本款时，橡胶或塑料仅引起颜色改变的不计在内。

(二)“皮革”，是指品目41.07及41.12至41.14的货品。

四、除本章注释三另有规定的以外：

(一) 鞋面的材料应以占表面面积最大的那种材料为准，计算表面面积可不考虑附件及加固件，例如，护踝、裹边、饰物、扣子、拉襻、鞋眼或类似附属件；

(二) 外底的主要材料应以与地面接触最广的那种材料为准，计算接触面时可不考虑鞋底钉、铁掌或类似附属件。

子目注释：

子目6402.12、6402.19、6403.12、6403.19及6404.11所称“运动鞋靴”，仅适用于：

一、带有或可装鞋底钉、止滑柱、夹钳、马蹄掌或类似品的体育专用鞋靴。

二、滑冰靴、滑雪靴及越野滑雪用鞋靴、滑雪板靴、角力靴、拳击靴及赛车鞋。

商品编号	商品名称备注	进口税率		增值税	消费税	计量单位	监管条件
		最惠国	普通				
6401	**橡胶或塑料制外底及鞋面的防水鞋靴,其鞋面不是用缝、铆、钉、旋、塞或类似方法固定在鞋底上的**						
6401 10 00	装金属护头的塑料橡胶制防水鞋靴(鞋面与鞋底非用缝铆钉旋塞等类似方法连结的)	24.0	100.0	17.0		双	B
6401 91 00	橡胶、塑料底及鞋面的过膝高统靴((过膝)鞋面与鞋底非用缝铆钉旋塞等类似方法连结的)	24.0	100.0	17.0		双	B
6401 92 00	橡胶,塑料底及面的中,短统防水靴((未过膝),鞋面与鞋非用缝铆钉旋塞等类似方法连结的)	24.0	100.0	17.0		双	B
6401 99 00	其他橡胶塑料制外底及鞋面防水靴(鞋面与鞋底非用缝铆钉旋塞等类似方法连结的)	24.0	100.0	17.0		双	B
6402	**橡胶或塑料制外底及鞋面的其他鞋靴**						
6402 12 00	橡胶、塑料底及面的滑雪靴(包括越野滑雪鞋靴及滑雪板靴)	16.0	100.0	17.0		双	B
6402 19 00	橡胶、塑料制底及面的其他运动(鞋靴)	24.0	100.0	17.0		双	B
6402 20 00	将鞋面条带栓塞在鞋底上的鞋(橡胶或塑料制外底及鞋面)	24.0	100.0	17.0		双	B
6402 30 00	其他装金属护鞋头的橡胶鞋靴(橡胶或塑料制外底及鞋面,防水及运动鞋靴除外)	24.0	100.0	17.0		双	B
6402 91 00	其他橡胶、塑料短统靴(过踝)(橡胶或塑料制外底及鞋面,防水及运动鞋靴除外)	24.0	100.0	17.0		双	B
6402 99 00	其他橡胶、塑料鞋靴(橡胶或塑料制外底及鞋面,防水及运动鞋靴除外)	24.0	100.0	17.0		双	B
6403	**橡胶、塑料、皮革或再生皮革制外底,皮革制鞋面的鞋靴**						
6403 12 00.10	野生动物皮革制鞋面的滑雪靴	24.0	100.0	17.0		双	FB
6403 12 00.90	其他皮革制鞋面的滑雪靴(包括橡胶、塑料、皮革制外底和越野滑雪鞋靴及板靴)	24.0	100.0	17.0		双	B
6403 19 00.10	野生动物皮革制鞋面其他运动鞋靴	19.0	100.0	17.0		双	FB
6403 19 00.90	皮革制鞋面的其他运动鞋靴(橡胶、塑料、皮革或再生皮革制外底)	19.0	100.0	17.0		双	B
6403 20 00.10	野生动物皮革条带为鞋面的皮底鞋	24.0	100.0	17.0		双	B
6403 20 00.90	其他皮革条带为鞋面的皮底鞋(皮革条带交叉于脚背并绕大脚趾的)	24.0	100.0	17.0		双	B
6403 30 00	不带内底或金属护鞋头的皮面木屐	24.0	100.0	17.0		双	B
6403 40 00.10	其他含野生动物皮革面鞋靴(装有金属护鞋头的)	24.0	100.0	17.0		双	FB
6403 40 00.90	装有金属护鞋头的其他皮革面鞋靴(橡胶、塑料、皮革或再生皮革制外底)	24.0	100.0	17.0		双	B

商品编号	商品名称备注	进口税率		增值税	消费税	计量单位	监管条件
		最惠国	普通				
6403 51 00.10	野生动物皮革制外底皮革面短统靴(指过踝短统靴)	16.0	100.0	17.0		双	FB
6403 51 00.90	皮革制外底的皮革面短统靴(过踝)(运动用靴除外)	16.0	100.0	17.0		双	B
6403 59 00.10	野生动物皮革制外底皮革面其他鞋(包括靴,运动用鞋靴除外)	16.0	100.0	17.0		双	FB
6403 59 00.90	皮革制外底的皮革面其他鞋靴(运动用鞋靴除外)	16.0	100.0	17.0		双	B
6403 91 00.10	其他野生动物皮革制面的短统靴(橡胶、塑料、皮革或再生皮革制外底,运动用靴除外)	16.0	100.0	17.0		双	FB
6403 91 00.90	其他皮革制面的短统靴(过踝)(橡胶、塑料、皮革或再生皮革制外底,运动用靴除外)	16.0	100.0	17.0		双	B
6403 99 00.10	野生动物皮革制面的其他鞋靴(橡胶、塑料、皮革或再生皮革制外底,运动用鞋靴除外)	16.0	100.0	17.0		双	FB
6403 99 00.90	其他皮革制面的其他鞋靴(橡胶、塑料、皮革或再生皮革制外底,运动用鞋靴除外)	16.0	100.0	17.0		双	B
6404	**橡胶、塑料、皮革或再生皮革制外底,用纺织材料制鞋面的鞋靴**						
6404 11 00	纺织材料制鞋面的运动鞋靴(橡胶或塑料制外底,包括球类、体操、训练鞋及类似鞋)	24.0	100.0	17.0		双	B
6404 19 00	纺织材料制鞋面胶底的其他鞋靴(橡胶或塑料制外底,运动用鞋靴除外)	24.0	100.0	17.0		双	B
6404 20 00	纺织材料制鞋面皮革底的鞋靴(皮革或再生皮革制外底,包括运动用鞋靴)	24.0	100.0	17.0		双	B
6405	**其他鞋靴**						
6405 10 00.10	野生动物皮革制面的其他鞋靴(包括野生动物再生皮革制面的其他鞋靴)	24.0	100.0	17.0		双	FB
6405 10 00.90	皮革或再生皮革制面的其他鞋靴(外底用胶,塑,皮革或复制皮革以外的材料制成)	24.0	100.0	17.0		双	B
6405 20 00.10	羊毛毡呢制内底及鞋面的鞋靴(外底用胶,塑,皮革或复制皮革以外材料制成)	22.0	100.0	17.0		双	B
6405 20 00.90	纺织材料制面的其他鞋靴(外底用胶,塑,皮革或复制皮革以外材料制成)	22.0	100.0	17.0		双	B
6405 90 00	其他材料制面的鞋靴(面用胶,塑,皮革,复制皮革及纺织材料以外的材料制成)	19.0	100.0	17.0		双	
6406	**鞋靴零件(包括鞋面,不论是否带有除外底以外的其他鞋底);活动式鞋内底、跟垫及类似品;护腿、裹腿和类似品及其零件**						
6406 10 00.10	含野生动物皮的鞋面及其零件	19.0	90.0	17.0		千克	F

商品编号	商 品 名 称 备 注	进口税率		增值税	消费税	计量单位	监管条件
		最惠国	普通				
6406 10 00.21	未成形的鞋面及其零件(不含硬衬及毡呢制品,棉制纺织材料占 50%及以上)	19.0	90.0	17.0		千克	G
6406 10 00.22	未成形的鞋面及其零件(不含硬衬及毡呢制品,羊毛或动物细毛制纺织材料≥50%)	19.0	90.0	17.0		千克	
6406 10 00.23	未成形的鞋面及其零件(不含硬衬及毡呢制品,化学纤维纺织材料占 50%及以上)	19.0	90.0	17.0		千克	
6406 10 00.29	未成形的鞋面及其零件(不含硬衬及毡呢制品,其他纺织材料占 50%及以上)	19.0	90.0	17.0		千克	
6406 10 00.90	其他鞋面及其零件(不包括硬衬及毡呢制品)	19.0	90.0	17.0		千克	
6406 20 00	橡胶或塑料制的外底及鞋跟	19.0	90.0	17.0		千克	
6406 91 00	木制鞋靴零件,活动式鞋内底等(包括跟垫及类似品,护腿、裹腿和类似品及其零件)	19.0	90.0	17.0		千克	
6406 99 00.11	化学纤维制保暖护腿(含羊毛或动物细毛 23%及以上)	19.0	90.0	17.0		千克	
6406 99 00.12	其他化学纤维制保暖护腿	19.0	90.0	17.0		千克	
6406 99 00.13	棉制保暖护腿	19.0	90.0	17.0		千克	
6406 99 00.14	羊毛或动物细毛制保暖护腿	19.0	90.0	17.0		千克	
6406 99 00.19	其他纺织材料制保暖护腿	19.0	90.0	17.0		千克	
6406 99 00.20	化学纤维制其他鞋靴、护腿等零件(包括活动式鞋内底,跟垫及类似品,裹腿和类似品及其零件)	19.0	90.0	17.0		千克	
6406 99 00.90	其他材料制鞋靴、护腿等零件(包括活动式鞋内底,跟垫及类似品,裹腿和类似品及其零件)	19.0	90.0	17.0		千克	

第六十五章　帽类及其零件

注释：

一、本章不包括：

(一) 品目63.09的旧帽类；

(二) 石棉制帽类(品目68.12)；

(三) 第九十五章的玩偶帽、其他玩具帽或狂欢节用品。

二、品目65.02不包括缝制的帽坯，但仅将条带缝成螺旋形的除外。

商品编号	商 品 名 称 备 注	进口税率		增值税	消费税	计量单位	监管条件
		最惠国	普通				
6501	**毡呢制的帽坯、帽身及帽兜,未楦制成形,也未加帽边;毡呢制的圆帽片及制帽用的毡呢筒(包括裁开的毡呢筒)**						
6501 00 00.10	绒毛毡呢制帽坯及圆帽片(包括帽身、帽兜及不论是否裁开的制帽毡呢筒)	22.0	100.0	17.0		千克	
6501 00 00.90	其他毡呢制帽坯及圆帽片(含帽身、帽兜及制帽毡呢筒, 绒毛毡呢制除外)	22.0	100.0	17.0		千克	G
6502	**编结的帽坯或用任何材料的条带拼制而成的帽坯,未楦制成形,也未加帽边、衬里或装饰物**						
6502 00 00.10	化纤材料编结或用条带拼制的帽坯	20.0	100.0	17.0		千克	G
6502 00 00.90	其他编结或用条带拼制的帽坯(未楦制成形,未加帽边、衬里或装饰物)	20.0	100.0	17.0		千克	
6503	**用品目 6501 的帽身、帽兜或圆帽片制成的毡呢帽类,不论有无衬里或装饰物**						
6503 00 00.10	成品绒毛毡呢制帽类	22.0	130.0	17.0		个	
6503 00 00.90	其他成品毡呢制帽类(绒毛毡呢制除外,不论有无衬里或饰物)	22.0	130.0	17.0		个	G
6504	**编结帽或用任何材料的条带拼制而成的帽类,不论有无衬里或装饰物**						
6504 00 00.10	编结或用条带拼制成的帽类(不论有无衬里或饰物,化纤材料制)	20.0	130.0	17.0		个/千克	G
6504 00 00.90	其他编结或用条带拼制成的帽类(不论有无衬里或饰物)	20.0	130.0	17.0		个/千克	
6505	**针织或钩编的帽类,用成匹的花边、毡呢或其他纺织物(条带除外)制成的帽类,不论有无衬里或装饰物;任何材料制的发网,不论有无衬里或装饰物**						
6505 10 00	发网(不论有无衬里或装饰物)	16.0	130.0	17.0		个/千克	
6505 90 10.11	婴儿用手工及民间工艺品钩编帽(棉、亚麻或棉与亚麻合制)	20.0	130.0	17.0		个/千克	
6505 90 10.12	其他手工及民间工艺品钩编帽(棉、亚麻或棉与亚麻合制)	20.0	130.0	17.0		个/千克	
6505 90 10.13	棉制钩编婴儿帽	20.0	130.0	17.0		个/千克	
6505 90 10.14	亚麻或亚麻与棉合制钩编帽类	20.0	130.0	17.0		个/千克	
6505 90 10.19	其他棉制钩编帽	20.0	130.0	17.0		个/千克	
6505 90 10.21	羊毛制钩编婴儿帽	20.0	130.0	17.0		个/千克	
6505 90 10.29	羊毛制其他钩编帽类	20.0	130.0	17.0		个/千克	G
6505 90 10.31	化学纤维制钩编婴儿帽	20.0	130.0	17.0		个/千克	
6505 90 10.32	化学纤维制其他钩编帽类(非部分编带,含羊毛或动物细毛≥23%)	20.0	130.0	17.0		个/千克	G

商品编号	商 品 名 称 备 注	进口税率		增值税	消费税	计量单位	监管条件
		最惠国	普通				
6505 90 10.39	化学纤维制其他钩编帽类	20.0	130.0	17.0		个/千克	G
6505 90 10.41	丝或绢丝制钩编帽类(含丝或绢丝 70%及以上)	20.0	130.0	17.0		个/千克	
6505 90 10.49	丝或绢丝制钩编帽类(含丝或绢丝 70%以下)	20.0	130.0	17.0		个/千克	
6505 90 10.50 *	动物细毛制钩编帽类	20.0	130.0	17.0		个/千克	G
6505 90 10.60	纸纱线制钩编帽类	20.0	130.0	17.0		个/千克	
6505 90 10.70	酒椰叶纤维制钩编帽类	20.0	130.0	17.0		个/千克	
6505 90 10.90	其他纺织材料制钩编的帽类	20.0	130.0	17.0		个/千克	
6505 90 90.11	手工及民间工艺品帽(非针织非钩,婴儿用,棉、亚麻或棉与亚麻合制)	20.0	130.0	17.0		个/千克	
6505 90 90.12	其他手工及民间工艺品帽(非针织非钩编,棉、亚麻或棉与亚麻合制)	20.0	130.0	17.0		个/千克	
6505 90 90.13	棉制非钩编婴儿帽	20.0	130.0	17.0		个/千克	
6505 90 90.14	亚麻或亚麻与棉合制的非钩编帽	20.0	130.0	17.0		个/千克	
6505 90 90.19	其他棉制非钩编帽	20.0	130.0	17.0		个/千克	
6505 90 90.21	羊毛制非钩编婴儿帽	20.0	130.0	17.0		个/千克	
6505 90 90.29	其他羊毛制非钩编帽	20.0	130.0	17.0		个/千克	G
6505 90 90.31	化学纤维制非钩编婴儿帽	20.0	130.0	17.0		个/千克	
6505 90 90.32	化纤针织或其纺织物制其他帽类(未部分编带,含羊毛或动物细毛≥23%)	20.0	130.0	17.0		个/千克	G
6505 90 90.33	化纤制非针织非钩编易处置帽类(无顶或脸盔,非机织,未部分编带)	20.0	130.0	17.0		个/千克	
6505 90 90.39	其他化学纤维制非钩编帽类	20.0	130.0	17.0		个/千克	G
6505 90 90.41	丝或绢丝制非钩编帽类(含丝或绢丝 70%及以上)	20.0	130.0	17.0		个/千克	
6505 90 90.49	丝或绢丝制非钩编帽类(含丝或绢丝 70%以下)	20.0	130.0	17.0		个/千克	
6505 90 90.50 *	动物细毛制非钩编帽	20.0	130.0	17.0		个/千克	G
6505 90 90.60	纸纱线制非钩编帽类	20.0	130.0	17.0		个/千克	
6505 90 90.70	酒椰叶纤维制非钩编帽类	20.0	130.0	17.0		个/千克	
6505 90 90.90	其他纺织材料制非钩编帽	20.0	130.0	17.0		个/千克	
6506	**其他帽类,不论有无衬里或装饰物**						
6506 10 00	安全帽(不论有无衬里或饰物)	16.0	100.0	17.0		个	
6506 91 00	橡胶或塑料制帽类(不论有无衬里或饰物,不包括安全帽)	16.0	100.0	17.0		个/千克	
6506 92 00.10	野生动物毛皮制帽类	16.0	130.0	17.0		个/千克	FB
6506 92 00.90	其他毛皮制帽类	16.0	130.0	17.0		个/千克	B
6506 99 10.10	野生动物皮革制帽类	16.0	130.0	17.0		个/千克	FB
6506 99 10.90	其他皮革制帽类	16.0	130.0	17.0		个/千克	B
6506 99 90	其他材料制的未列名帽类(不论有无衬里或饰物)	24.0	100.0	17.0		个/千克	
6507	**帽圈、帽衬、帽套、帽帮、帽骨架、帽舌及帽颏带**						

商品编号	商 品 名 称 备 注	进口税率		增值税	消费税	计量单位	监管条件
		最惠国	普通				
6507 00 00.10	含野生动物成分的帽类附件(指帽圈、衬、套、帮、骨架、舌及颏带)	24.0	100.0	17.0		千克	F
6507 00 00.90	其他帽类附件(指帽圈、衬、套、帮、骨架、舌及颏带)	24.0	100.0	17.0		千克	

第六十六章　雨伞、阳伞、手杖、鞭子、马鞭及其零件

注释：

一、本章不包括：

(一)丈量用杖及类似品(品目90.17)；

(二)火器手杖、刀剑手杖、灌铅手杖及类似品(第九十三章)；

(三)第九十五章的货品(例如，玩具雨伞、玩具阳伞)。

二、品目66.03不包括纺织材料制的零件、附件及装饰品或者任何材料制的罩套、流苏、鞭梢、伞套及类似品。此类货品即使与品目66.01或66.02的物品一同进口或出口，只要未装配在一起，则不应视为上述品目所列物品的组成零件，而应分别归入各有关税号。

商品编号	商品名称备注	进口税率		增值税	消费税	计量单位	监管条件
		最惠国	普通				
6601	**雨伞及阳伞(包括手杖伞、庭园用伞及类似伞)**						
6601 10 00	庭园用伞及类似品(玩具伞除外)	14.0	130.0	17.0		把	
6601 91 00	折叠伞(玩具伞除外)	10.0	130.0	17.0		把	
6601 99 00	其他伞(玩具伞除外)	10.0	130.0	17.0		把	
6602	**手杖、带座手杖、鞭子、马鞭及类似品**						
6602 00 00.11	含野生动物成分的手杖、带座手杖(包括马鞭、鞭子及类似品)	10.0	130.0	17.0		把	AFB
6602 00 00.19	动植物材料制手杖、鞭子及类似品(包括带座手杖)	10.0	130.0	17.0		把	AB
6602 00 00.90	其他手杖、带座手杖、鞭子及类似	10.0	130.0	17.0		把	
6603	**品目 6601 或 6602 所列物品的零件及装饰品**						
6603 10 00.11	含野生动物成分的伞、手杖(包括鞭子的把柄)	14.0	130.0	17.0		千克	AFB
6603 10 00.19	动植物材料制伞、手杖及鞭子把柄	14.0	130.0	17.0		千克	AB
6603 10 00.90	其他伞、手杖及鞭子的把柄	14.0	130.0	17.0		千克	
6603 20 00	伞骨(包括装在伞柄上的伞骨)	14.0	130.0	17.0		千克	
6603 90 00.10	含野生动物成分的伞、手杖(包括鞭子的其他零件及饰品)	14.0	130.0	17.0		千克	AFB
6603 90 00.90	伞、手杖及鞭子的其他零件及饰品(罩套、流苏、鞭梢及纺织材料制品除外)	14.0	130.0	17.0		千克	AB

第六十七章　已加工羽毛、羽绒及其制品；人造花；人发制品

注释：

一、本章不包括：

(一) 人发制滤布(品目59.11)；

(二) 花边、刺绣品或其他纺织物制成的花卉图案(第十一类)；

(三) 鞋靴(第六十四章)；

(四) 帽类及发网(第六十五章)；

(五) 玩具、运动用品或狂欢节用品(第九十五章)；

(六) 羽毛掸帚、粉扑及人发制的筛子(第九十六章)。

二、品目67.01不包括：

(一) 羽毛或羽绒仅在其中作为填充料的物品(例如品目94.04的寝具)；

(二) 羽毛或羽绒仅作为饰物或填充料的衣服或衣着附件；

(三) 品目67.02的人造花、叶及其部分品，以及它们的制成品。

三、品目67.02不包括：

(一) 玻璃制品(第七十章)；

(二) 用陶器、石料、金属、木料或其他材料经模铸、锻造、雕刻、冲压或其他方法整件制成形的人造花、叶或果实；用捆扎、胶粘及类似方法以外的其他方法将部分品组合而成的上述制品。

商品编号	商 品 名 称 备 注	进口税率		增值税	消费税	计量单位	监管条件
		最惠国	普通				
6701	**带羽毛或羽绒的鸟皮及鸟体其他部分、羽毛、部分羽毛、羽绒及其制品(品目 0505 的货品和经加工的羽管及羽轴除外)**						
6701 00 00.10	已加工野禽羽毛、羽绒及其制品	20.0	130.0	17.0		千克	AFB
6701 00 00.90	其他已加工羽毛、羽绒及其制品(品目 0505 的货品及经加工的羽管及羽轴除外)	20.0	130.0	17.0		千克	AB
6702	**人造花、叶、果实及其零件;用人造花、叶或果实制成的物品**						
6702 10 00	塑料制花、叶、果实及其制品(包括花、叶、果实的零件)	20.0	130.0	17.0		千克	
6702 90 10.10	野禽羽毛制花、叶、果实及其制品	20.0	130.0	17.0		千克	AFB
6702 90 10.90	其他羽毛制花、叶、果实及其制品(包括花、叶、果实的零件)	20.0	130.0	17.0		千克	AB
6702 90 20	丝或绢丝制花、叶、果实及其制品(包括花、叶、果实的零件)	24.0	130.0	17.0		千克	
6702 90 30	化学纤维制花、叶、果实及其制品(包括花、叶、果实的零件)	24.0	130.0	17.0		千克	
6702 90 90	其他材料制花、叶、果实及其制品(包括花、叶、果实的零件)	20.0	130.0	17.0		千克	
6703	**经梳理、稀疏、脱色或其他方法加工的人发;作假发及类似品用的羊毛、其他动物毛或其他纺织材料**						
6703 00 00	经梳理、稀疏等方法加工的人发(包括作假发及类似品用羊毛、其他动物毛或其他纺织材料)	22.5	100.0	17.0		千克	
6704	**人发、动物毛或纺织材料制的假发、假胡须、假眉毛、假睫毛及类似品;其他品目未列名的人发制品**						
6704 11 00	合成纺织材料制整头假发	25.0	130.0	17.0		千克	
6704 19 00	合成纺织材料制其他假发、须等(不包括整头假发)	25.0	130.0	17.0		千克	
6704 20 00	人发制假发,须,眉及类似品(包括整头假发)	18.8	130.0	17.0		千克	
6704 90 00	其他材料制假发、须眉及类似品(包括整头假发)	25.0	130.0	17.0		千克	

第十三类 石料、石膏、水泥、石棉、云母及类似材料的制品；陶瓷产品；玻璃及其制品似材料的制品

第六十八章 石料、石膏、水泥、石棉、云母及类似材料的制品

注释：

一、本章不包括：

(一) 第二十五章的货品；

(二) 品目 48.10 或 48.11 的经涂布、浸渍或覆面的纸及纸板(例如,用云母粉或石墨涂布的纸及纸板、沥青纸及纸板)；

(三) 第五十六章或第五十九章的经涂布、浸渍或包覆的纺织物(例如,用云母粉、沥青涂布或包覆的织物)；

(四) 第七十一章的物品；

(五) 第八十二章的工具及其零件；

(六) 品目 84.42 的印刷用石板；

(七) 绝缘子(品目 85.46)或绝缘材料制的零件(品目 85.47)；

(八) 牙科用磨锉(品目 90.18)；

(九) 第九十一章的物品(例如,钟及钟壳)；

(十) 第九十四章的物品(例如,家具、灯具及照明装置、活动房屋)；

(十一) 第九十五章的物品(例如, 玩具、游戏品及运动用品)；

(十二) 用第九十六章注释二(二)所述材料制成的品目 96.02 的物品或品目 96.06 的物品(例如钮扣)、品目 96.09 的物品(例如石笔)或品目 96.10 的物品(例如绘画石板)；

(十三) 第九十七章的物品(例如艺术品)。

二、品目 68.02 所称“已加工的碑石或建筑用石”,不仅适用于已加工的品目 25.15、25.16 的各种石料,也适用于所有经类似加工的其他天然石料(例如,石英岩、燧石、白云石及冻石),但不适用于板岩。

商品编号	商品名称备注	进口税率		增值税	消费税	计量单位	监管条件
		最惠国	普通				
6801	**天然石料(不包括板岩)制的长方砌石、路缘石、扁平石**						
6801 00 00	长方砌石,路缘石,扁平石(由天然石料(不包括板岩)所制)	12.0	70.0	17.0		千克	A
6802	**已加工的碑石或建筑用石(不包括板岩)及其制品,但品目 6801 的货品除外;天然石料(包括板岩)制的镶嵌石(马赛克)及类似品,不论是否有衬背;天然石料(包括板岩)制的人工染色石粒、石片及石粉**						
6802 10 10	大理石制砖,瓦,方块及类似品(不论是否为矩形,可置入边长小于 7 厘米的方格)	24.0	90.0	17.0		千克	A
6802 10 90	其他石料制砖瓦、方块及类似品(可置入边长小于 7cm 的方格(板岩除外,但包括板岩制嵌石)	20.0	90.0	17.0		千克	A
6802 21 10	经简单切削或锯开的大理石及制品	16.0	90.0	17.0		千克	A
6802 21 90	经简单切削或锯开的石灰华及蜡石(包括制品)	24.0	90.0	17.0		千克	A
6802 22 00	经简单切削或锯开的其他石灰石(包括制品)	24.0	90.0	17.0		千克	A
6802 23 00	经简单切削或锯开的花岗岩及制品	16.0	90.0	17.0		千克	A
6802 29 00	经简单切削或锯开的其他石及制品(不包括板岩及制品)	17.5	90.0	17.0		千克	A
6802 91 10	大理石,石灰华及蜡石制石刻	24.0	90.0	17.0		千克	A
6802 91 90	其他已加工大理石及蜡石及制品(包括已加工石灰华及制品)	16.0	90.0	17.0		千克	A
6802 92 10	其他石灰石制石刻	24.0	90.0	17.0		千克	A
6802 92 90	其他已加工石灰石及制品	16.0	90.0	17.0		千克	A
6802 93 10	花岗岩制石刻	24.0	90.0	17.0		千克	A
6802 93 90	其他已加工花岗岩及制品	16.0	90.0	17.0		千克	A
6802 99 10	其他石制成的石刻(不包括板岩制成的石刻)	24.0	90.0	17.0		千克	A
6802 99 90	其他已加工的石及制品(不包括板岩及制品)	24.0	90.0	17.0		千克	A
6803	**已加工的板岩及板岩或粘聚板岩的制品**						
6803 00 00	已加工板岩及板岩或粘聚板岩制品	20.0	80.0	17.0		千克	
6804	**未装支架的石磨、石碾、砂轮和类似品及其零件,用于研磨、磨刃、抛光、整形或切割,以及手用磨石、抛光石及其零件,用天然石料、粘聚的天然磨料、人造磨料或陶瓷制成,不论是否装有由其他材料制成的零件**						
6804 10 00	碾磨或磨浆用石磨,石碾	8.0	40.0	17.0		千克	
6804 21 00	其他石磨、石碾及砂轮(包括类似品,由粘聚合成或天然金刚石所制)	8.0	17.0	17.0		千克	B
6804 22 10	其他砂轮(由其他粘聚磨料或陶瓷所制)	8.0	17.0	17.0		千克	B
6804 22 90	其他石磨,石碾及类似品(由其他粘聚磨料或陶瓷所制)	8.0	40.0	17.0		千克	

商品编号	商 品 名 称 备 注	进口税率		增值税	消费税	计量单位	监管条件
		最惠国	普通				
6804 23 10	天然石料制的砂轮	8.0	17.0	17.0		千克	B
6804 23 90	天然石料制其他石磨,石碾等(包括类似品)	8.0	40.0	17.0		千克	
6804 30 10	手用琢磨油石	8.0	17.0	17.0		千克	B
6804 30 90	手用其他磨石及抛光石	8.0	40.0	17.0		千克	B
6805	**砂布、砂纸及以其他材料为底的类似品,不论是否裁切、缝合或用其他方法加工成形**						
6805 10 00	砂布(不论是否裁切,缝合或用其他方法加工成型)	8.0	40.0	17.0		千克	B
6805 20 00	砂纸(不论是否裁切,缝合或用其他方法加工成型)	8.0	40.0	17.0		千克	B
6805 30 00	不已布或纸为底的砂纸类似品	8.0	40.0	17.0		千克	B
6806	**矿渣棉、岩石棉及类似的矿质棉;页状蛭石、膨胀粘土、泡沫矿渣及类似的膨胀矿物材料;具有隔热、隔音或吸音性能的矿物材料的混合物及制品,但品目6811、6812或第69章的货品除外**						
6806 10 00	矿渣棉,岩石棉及类似矿质棉(包括相互混合物,块状,成片或成卷)	10.5	40.0	17.0		千克	
6806 20 00	页状硅石,膨胀粘土,泡沫矿渣(包括类似膨胀矿物材料及相互混合物)	10.5	40.0	17.0		千克	
6806 90 00	其他矿物材料的混合物及制品(指具有隔热,隔章或吸章性能的矿物材料的混合物)	10.0	50.0	17.0		千克	
6807	**沥青或类似原料(例如,石油沥青或煤焦油沥青)的制品**						
6807 10 00	成卷的沥青或类似原料的制品(如:石油沥青或煤焦油沥青)	12.0	50.0	17.0		千克	
6807 90 00	其他形状的沥青或类似原料的制品(如:石油沥青或煤焦油沥青)	12.0	50.0	17.0		千克	
6808	**镶板、平板、瓦、砖及类似品,用水泥、石膏及其他矿物粘合材料粘合植物纤维、稻草、刨花、木片屑、木粉、锯末或木废料制成**						
6808 00 00	镶板,平板,瓦,砖及类似品(以水泥等矿物为材料将植物纤维,稻草,刨花等粘合而成)	10.5	40.0	17.0		千克	
6809	**石膏制品及以石膏为基本成分的混合材料制品**						
6809 11 00	未饰的石膏板,片,砖,瓦及类似品(包含以石膏为主成份的混合物制品,用纸,纸板贴面或加强)	28.0	100.0	17.0		千克	
6809 19 00	以其他材料贴面加强的未饰石膏板(含片,砖,瓦及类似品包含以石膏为主成分的混合物制品)	25.0	100.0	17.0		千克	
6809 90 00	其他石膏制品(包括以石膏为主成份的混合材料制品)	25.0	100.0	17.0		千克	

商品编号	商品名称备注	进口税率		增值税	消费税	计量单位	监管条件
		最惠国	普通				
6810	**水泥、混凝土或人造石制品,不论是否加强**						
6810 11 00	水泥制建筑用砖及石砌块(包括混凝土或人造石制,不论是否加强)	10.5	40.0	17.0		千克	
6810 19 00	水泥制其他砖,瓦,扁平石(含类似品,包括混凝土或人造石制,不论是否加强)	10.5	70.0	17.0		千克	
6810 91 00	水泥制建筑或土木工程用预制构件(包括混凝土或人造石制,不论是否加强)	10.5	40.0	17.0		千克	
6810 99 10	铁道用水泥枕	8.0	14.0	17.0		千克	
6810 99 90	水泥,混凝土或人造石制其他制品	10.5	70.0	17.0		千克	
6811	**石棉水泥、纤维素水泥或类似材料的制品**						
6811 10 00	石棉水泥制瓦楞板(包括纤维素水泥或类似材料制)	5.0	40.0	17.0		千克	
6811 20 00	石棉水泥制片,板,砖,瓦及类似品(包括纤维素水泥或类似材料制)	10.5	40.0	17.0		千克	
6811 30 00	石棉水泥制管子及管子配件(包括纤维素水泥或类似材料制)	8.0	40.0	17.0		千克	
6811 90 00	石棉水泥制其他制品(包括纤维素水泥或类似材料制)	8.4	40.0	17.0		千克	
6812	**已加工的石棉纤维;以石棉为基本成分或以石棉和碳酸镁为基本成分的混合物;上述混合物或石棉的制品(例如,纱线、机织物、服装、帽类、鞋靴、衬垫),不论是否加强,但品目 6811 或 6813 的货品除外**						
6812 50 00	石棉或石棉混合物制的服装(包括衣着附件,帽及鞋靴)	10.5	40.0	17.0		千克	
6812 60 00	石棉或石棉混合物制的纸,麻丝板(包括毡子)	10.5	40.0	17.0		千克	
6812 70 00	成片成卷的压缩石棉纤维接合材料	10.5	40.0	17.0		千克	
6812 90 00	其他石棉或石棉混合物制品	10.0	40.0	17.0		千克	
6813	**以石棉、其他矿物质或纤维素为基本成分的未装配磨擦材料及其制品(例如,片、卷、带、盘、圈、垫及扇形),适于作制动器、离合器及类似品,不论是否与织物或其他材料结合而成**						
6813 10 00	闸衬,闸垫(由石棉,其他矿物质或纤维素为基本成份的磨擦材料所制)	10.0	40.0	17.0		千克	
6813 90 00	磨擦料及其他用于制动等用途制品(磨擦料由石棉其他矿物质或纤维素为主原料构成)	12.0	40.0	17.0		千克	
6814	**已加工的云母及其制品,包括粘聚或复制的云母,不论是否附于纸、纸板或其他材料上**						
6814 10 00	粘聚或复制云母制的板,片,带(不论是否附于其他材料上)	10.5	35.0	17.0		千克	

商品编号	商品名称备注	进口税率		增值税	消费税	计量单位	监管条件
		最惠国	普通				
6814 90 00	其他已加工的云母及其制品(包括粘聚或复制的云母及其他制品)	10.5	35.0	17.0		千克	
6815	**其他品目未列名的石制品及其他矿物制品(包括碳纤维及其制品和泥煤制品)**						
6815 10 00	非电器用的石墨或其他碳精制品	15.0	70.0	17.0		千克	
6815 20 00	泥煤制品	15.0	70.0	17.0		千克	
6815 91 00	含菱镁矿,白云石或铬铁矿的制品	15.0	70.0	17.0		千克	
6815 99 00	其他未列名石制品及矿物制品	17.5	70.0	17.0		千克	

第六十九章　陶瓷产品

注释：

一、本章仅适用于成形后经过烧制的陶瓷产品。品目69.04至69.14仅适用于不能归入品目69.01至69.03的产品。

二、本章不包括：

(一)品目28.44的产品；

(二)品目69.04的物品；

(三)第七十一章的物品(例如，仿首饰)；

(四)品目81.13的金属陶瓷；

(五)第八十二章的物品；

(六)绝缘子(品目85.46)或绝缘材料制的零件(品目85.47)；

(七)假牙(品目90.21)；

(八)第九十一章的物品(例如，钟及钟壳)；

(九)第九十四章的物品(例如，家具、灯具及照明装置、活动房屋)；

(十)第九十五章的物品(例如，玩具、游戏品及运动用品)；

(十一)品目96.06的物品(例如，钮扣)或品目96.14的物品(例如，烟斗)；

(十二)第九十七章的物品(例如，艺术品)。

商品编号	商 品 名 称 备 注	进口税率		增值税	消费税	计量单位	监管条件
		最惠国	普通				
6901	**硅质化石粉(例如各种硅藻土)或类似硅土制的砖、块、瓦及其他陶瓷制品**						
6901 00 00	硅质化石粉或类似硅土制的砖,瓦(包括硅质化石粉或类似硅土制的其他陶瓷制品)	8.0	50.0	17.0		千克	
6902	**耐火砖、块、瓦及类似耐火陶瓷建材制品,但硅质化石粉及类似硅土制的除外**						
6902 10 00	含>50%镁,钙,铬耐火砖及类似品	8.0	30.0	17.0		千克	
6902 20 00	含>50%铝,硅耐火砖及类似品(指超过50%的三氧化二铝,二氧化硅等耐火陶瓷建材制品)	8.0	30.0	17.0		千克	
6902 90 00	其他耐火砖及耐火陶瓷建材制品(包括类似耐火陶瓷制品,6901的制品除外)	8.0	30.0	17.0		千克	
6903	**其他耐火陶瓷制品(例如、甑、坩埚、马弗罩、喷管、栓塞、支架、烤钵、管子、护套及棒条),但硅质化石粉及类似硅土制的除外**						
6903 10 00	含>50%石墨其他耐火陶瓷制品(包括含超过50%的其他碳及其混合物的制品)	8.0	20.0	17.0		千克	
6903 20 00	含>50%氧化铝其他耐火陶瓷制品(氧化铝包括三氧化二铝和二氧化硅的混合物或化合物)	8.0	20.0	17.0		千克	
6903 90 00	其他耐火陶瓷制品	8.0	20.0	17.0		千克	
6904	**陶瓷制建筑用砖、铺地砖、支撑或填充用砖及类似品**						
6904 10 00	陶瓷制建筑用砖	19.0	90.0	17.0		千块/千克	B
6904 90 00	陶瓷制铺地砖,支撑或填充用砖(包括类似品)	24.5	90.0	17.0		千克	B
6905	**屋顶瓦、烟囱罩、通风帽、烟囱衬壁、建筑装饰及其他建筑用陶瓷制品**						
6905 10 00	陶瓷制屋顶瓦	24.5	90.0	17.0		千克	B
6905 90 00	其他建筑用陶瓷制品(包括烟囱罩通风帽,烟囱衬壁,建筑装饰物)	24.5	90.0	17.0		千克	B
6906	**陶瓷套管、导管、槽管及管子配件**						
6906 00 00	陶瓷套管,导管,槽管及管子配件	19.0	90.0	17.0		千克	
6907	**未上釉的陶瓷贴面砖、铺面砖,包括炉面砖及墙面砖;未上釉的陶瓷镶嵌砖(马赛克)及类似品,不论是否有衬背**						
6907 10 00	未上釉的小陶瓷砖,瓦,块及类似品(小指最大表面积可置入边长<7cm的方格为限)	24.5	90.0	17.0		平方米/千克	B
6907 90 00	未上釉的大陶瓷砖,瓦,块及类似品(大指最大表面积超过子目690710所列规格的)	17.2	90.0	17.0		平方米/千克	B

商品编号	商品名称备注	进口税率		增值税	消费税	计量单位	监管条件
		最惠国	普通				
6908	**上釉的陶瓷贴面砖、铺面砖,包括炉面砖及墙面砖;上釉的陶瓷镶嵌砖(马赛克)及类似品不论是否有衬背**						
6908 10 00ˆ	上釉的小陶瓷砖,瓦,块及类似品(小指最大表面积以可置入边长<7cm 的方格为限)	28.5	100.0	17.0		平方米/千克	B
6908 90 00	上釉的大陶瓷砖,瓦,块及类似品(大指最大表面积超过子目 690810 所列规格的)	28.5	100.0	17.0		平方米/千克	B
6909	**实验室、化学或其他技术用陶瓷器;农业用陶瓷槽、缸及类似容器;通常供运输及盛装货物用的陶瓷罐、坛及类似品**						
6909 11 00	实验室,化学或其他技术用瓷器	8.0	30.0	17.0		千克	
6909 12 00	摩氏硬度≥9 的技术用陶瓷器(实验室、化学或其他专门技术用途的)	8.0	30.0	17.0		千克	
6909 19 00	其他实验室,化学用陶瓷器(包括其他技术用)	8.0	30.0	17.0		千克	
6909 90 00	农业,运输或盛装货物用陶瓷容器	21.0	90.0	17.0		千克	
6910	**陶瓷洗涤槽、脸盆、脸盆座、浴缸、坐浴盆,抽水马桶、水箱、小便池及类似的固定卫生设备**						
6910 10 00	瓷制脸盆,浴缸及类似卫生器具(包括洗涤槽,抽水马桶,小便池等)	27.5	100.0	17.0		件	B
6910 90 00	陶制脸盆,浴缸及类似卫生器具(包括洗涤槽,抽水马桶,小便池等)	27.5	100.0	17.0		件	
6911	**瓷餐具、厨房器具及其他家用或盥洗用瓷器**						
6911 10 10ˆ	瓷餐具	21.0	100.0	17.0		千克	AB
6911 10 20ˆ	瓷厨房器具	21.0	100.0	17.0		千克	AB
6911 90 00ˆ	其他家用或盥洗用瓷器	24.5	100.0	17.0		千克	B
6912	**陶餐具、厨房器具及其他家用或盥洗用陶器**						
6912 00 10	陶餐具	21.0	100.0	17.0		千克	AB
6912 00 90	陶制厨房器具(包括家用或盥洗用的)	21.0	100.0	17.0		千克	AB
6913	**塑像及其他装饰用陶瓷制品**						
6913 10 00	瓷塑像及其他装饰用瓷制品	21.0	100.0	17.0		千克	B
6913 90 00	陶塑像及其他装饰用陶制品	21.0	100.0	17.0		千克	B
6914	**其他陶瓷制品**						
6914 10 00	其他瓷制品	24.5	100.0	17.0		千克	
6914 90 00	其他陶制品	20.0	100.0	17.0		千克	

第七十章　玻璃及其制品

注释：

一、本章不包括：

（一）品目 32.07 的货品（例如，珐琅和釉料、搪瓷玻璃料及其他玻璃粉、粒或粉片）；

（二）第七十一章的物品（例如，仿首饰）；

（三）品目 85.44 的光缆、品目 85.46 的绝缘子或品目 85.47 所列绝缘材料制的零件；

（四）光导纤维、经光学加工的光学元件、注射用针管、假眼、温度计、气压计、液体比重计或第九十章的其他物品；

（五）有永久固定电光源的灯具及照明装置、灯箱标志或铭牌和类似品及其零件（品目 94.05）；

（六）玩具、游戏品、运动用品、圣诞树装饰品及第九十五章的其他物品（供玩偶或第九十五章其他物品用的无机械装置的玻璃假眼除外）；

（七）钮扣、保温瓶、香水喷雾器和类似的喷雾器及第九十六章的其他物品。

二、对于品目 70.03、70.04 及 70.05：

（一）玻璃在退火前的各种处理都不视为“已加工”；

（二）玻璃切割成一定形状并不影响其作为板片归类；

（三）所称“吸收、反射或非反射层”，是指极薄的金属或化合物（例如，金属氧化物）镀层，该镀层可以吸收红外线等光线或可以提高玻璃的反射性能，同时仍然使玻璃具有一定程度的透明性或半透明性；或者该镀层可以防止光线在玻璃表面的反射。

三、品目 70.06 所述产品，不论是否具有制成品的特性仍归入该品目。

四、品目 70.19 所称“玻璃棉”，是指：

（一）按重量计二氧化硅的含量在 60％及以上的矿质棉；

（二）按重量计二氧化硅的含量在 60％以下，但碱性氧化物（氧化钾或氧化钠）的含量在 5％以上或氧化硼的含量在 2％以上的矿质棉。

不符合上述规定的矿质棉归入品目 68.06。

五、本目录所称“玻璃”，包括熔融石英及其他熔融硅石。

子目注释：

子目 7013.21、7013.31 及 7013.91 所称“铅晶质玻璃”，仅指按重量计氧化铅含量不低于 24％的玻璃。

商品编号	商品名称备注	进口税率		增值税	消费税	计量单位	监管条件
		最惠国	普通				
7001	**碎玻璃及废玻璃;玻璃块料**						
7001 00 00	废碎玻璃及玻璃块料	12.0	50.0	17.0		千克	
7002	**未加工的玻璃球、棒及管(品目 7018 的微型玻璃球除外)**						
7002 10 00	未加工的玻璃球(品目 7018 的微型玻璃球除外)	12.0	50.0	17.0		千克	
7002 20 10	光导纤维预制棒	6.0	50.0	17.0		千克	
7002 20 90	其他未加工的玻璃棒	12.0	50.0	17.0		千克	
7002 31 10	光导纤维用波导级石英玻璃管(指未经加工的熔凝石英或其他熔凝硅石制)	5.0	17.0	17.0		千克	
7002 31 90	熔凝石英或熔凝硅石制其他玻璃管	14.0	50.0	17.0		千克	
7002 32 00	其他未加工的玻璃管(0－300℃时线膨胀系数小于 5×10－6/开尔文的玻璃制)	12.0	50.0	17.0		千克	
7002 39 00	未列名、未加工的玻璃管	12.0	50.0	17.0		千克	
7003	**铸制或轧制玻璃板、片或型材及异型材,不论是否有吸收、反射或非反射层,但未经其他加工**						
7003 12 00	铸、轧制着色的非夹丝玻璃板、片(不透明,镶色或有吸收反射或非反射层的,未经其他加工)	15.0	50.0	17.0		平方米	
7003 19 00	铸、轧制的其他非夹丝玻璃板、片(未着色,透明及不具吸收层的,未经其他加工)	17.5	50.0	17.0		平方米	
7003 20 00	铸、轧制的夹丝玻璃板、片(未经其他加工)	15.0	50.0	17.0		平方米	
7003 30 00	铸、轧制的玻璃型材及异型材(未经其他加工)	15.0	50.0	17.0		平方米/千克	
7004	**拉制或吹制玻璃板、片,不论是否有吸收、反射或非反射层,但未经其他加工**						
7004 20 00	拉、吹制的着色玻璃板、片(不透明,镶色或有吸收反射或非反射层的,未经其他加工)	17.5	50.0	17.0		平方米	
7004 90 00	拉、吹制的其他玻璃板、片(未着色,透明及不具吸收层的,未经其他加工)	17.5	50.0	17.0		平方米	
7005	**浮法玻璃板、片及表面研磨或抛光玻璃板、片,不论是否有吸收、反射或非反射层,但未经其他加工**						
7005 10 00	有吸收层非夹丝浮法或抛光玻璃板(包括有反射或非反射层的玻璃板、片)	15.0	50.0	17.0		平方米	
7005 21 00	其他着色非夹丝浮法玻璃板、片(整块着色,不透明,镶色或仅表面研磨的)	15.0	50.0	17.0		平方米	
7005 29 00	其他非夹丝浮法玻璃板、片	15.0	50.0	17.0		平方米	
7005 30 00	夹丝浮法玻璃板、片(包括表面研磨或抛光的,不论是否有吸收或反射层)	17.5	50.0	17.0		平方米	
7006	**经弯曲、磨边、镂刻、钻孔、涂珐琅或其他加工的品目 7003,7004 或 7005 的玻璃,但未用其他材料镶框或装配**						

商品编号	商 品 名 称 备 注	进口税率		增值税	消费税	计量单位	监管条件
		最惠国	普通				
7006 00 00	经其他加工品目 7003－7005 的玻璃(经弯曲,磨边,镂刻,钻孔,涂珐琅等加工、未镶框或装配)	15.0	50.0	17.0		千克	
7007	**钢化或层压玻璃制的安全玻璃**						
7007 11 10.10 *	空载重量≥25 吨飞机的挡风玻璃	2.0	11.0	17.0		千克	
7007 11 10.90	航空航天器及船舶用钢化安全玻璃(其他规格及形状适于安装在航空航天器及船上的)	2.0	11.0	17.0		千克	
7007 11 90	车辆用钢化安全玻璃(规格及形状适于安装在车辆上的)	14.8	50.0	17.0		千克	C
7007 19 00	其他钢化安全玻璃	14.0	50.0	17.0		平方米/千克	
7007 21 10	航空航天器及船舶用层压安全玻璃(规格及形状适于安装在航空航天器及船上的)	2.0	11.0	17.0		千克	
7007 21 90	车辆用层压安全玻璃(规格及形状适于安装在车辆上的)	20.0	50.0	17.0		千克	C
7007 29 00	其他层压安全玻璃	14.0	50.0	17.0		平方米/千克	
7008	**多层隔温、隔音玻璃组件**						
7008 00 00	多层隔温,隔音玻璃组件	14.0	50.0	17.0		千克	
7009	**玻璃镜(包括后视镜),不论是否镶框**						
7009 10 00	车辆后视镜(不论是否镶框)	14.8	100.0	17.0		千克	
7009 91 00	其他未镶框玻璃镜(包括后视镜)	21.0	70.0	17.0		千克	
7009 92 00	其他镶框玻璃镜(包括后视镜)	16.0	100.0	17.0		千克	
7010	**玻璃制的坛、瓶、缸、罐、安瓿及其他容器,用于运输或盛装货物;玻璃制保藏罐;玻璃塞、盖及类似的封口器**						
7010 10 00	玻璃安瓿	14.0	50.0	17.0		千克	
7010 20 00	玻璃制的塞、盖及类似封口器	14.0	50.0	17.0		千克	
7010 90 10	装运货物或保藏用的玻璃大容器(指超过 1 升的坛,瓶,缸,罐及其他容器)	14.0	50.0	17.0		千克	
7010 90 20	装运货物或保藏用的玻璃中容器(指超过 0.33 升,但不超过 1 升的坛,瓶,缸,罐及其他容器)	14.0	50.0	17.0		千克	
7010 90 30	装运货物或保藏用的玻璃小容器(指超过 0.15 升,但不超过 0.33 升的坛,瓶,缸,罐及其他容器)	14.0	50.0	17.0		千克	
7010 90 90	装运货物或保藏用的玻璃特小容器(指不超过 0.15 升的坛、瓶、缸、罐及其他容器)	14.0	50.0	17.0		千克	
7011	**制灯泡、阴极射线管及类似品用的未封口玻璃外壳(包括玻璃泡及管)及其玻璃零件,但未装有配件**						
7011 10 00	电灯用未封口玻璃外壳及玻璃零件(未装有配件)	21.0	80.0	17.0		千克	

商品编号	商品名称备注	进口税率		增值税	消费税	计量单位	监管条件
		最惠国	普通				
7011 20 00	阴极射线管用的封口玻壳(包括零件,但未装有配件)	10.0	35.0	17.0		千克	
7011 90 10	电子管未封口玻璃外壳及玻璃零件(未装有配件)	8.0	35.0	17.0		千克	
7011 90 90	其他类似品用未封口玻璃外壳零件(未装有配件)	21.0	80.0	17.0		千克	
7012	**保温瓶或其他保温容器用的玻璃胆**						
7012 00 00	保温瓶或其他保温器用玻璃胆	21.0	100.0	17.0		个	A
7013	**玻璃器皿,供餐桌、厨房、盥洗室、办公室、室内装饰或类似用途(品目7010或7018的货品除外)**						
7013 10 00	玻璃陶瓷制玻璃器皿(供餐桌,厨房,办公室及室内装饰等用)	24.5	100.0	17.0		千克	
7013 21 00	铅晶质玻璃杯(玻璃陶瓷制的除外)	24.5	100.0	17.0		千克	
7013 29 00	其他玻璃杯(玻璃陶瓷制的除外)	16.8	100.0	17.0		千克	A
7013 31 00	铅晶质玻璃制餐桌、厨房用器皿((不包括杯子)玻璃陶瓷制的除外)	24.5	100.0	17.0		千克	A
7013 32 00	低膨胀系数玻璃制餐桌厨房用器皿(低膨胀系数指温度0-300℃膨胀系数<5×10-6/开尔文)	20.0	100.0	17.0		千克	A
7013 39 00	其他玻璃制餐桌、厨房用器皿(不包括杯子,玻璃陶瓷制的除外)	20.0	100.0	17.0		千克	A
7013 91 00	其他铅晶质玻璃器皿	20.0	100.0	17.0		千克	
7013 99 00	其他玻璃器皿	20.0	100.0	17.0		千克	
7014	**未经光学加工的信号玻璃器及玻璃制光学元件(品目7015的货品除外)**						
7014 00 10	光学仪器用光学元件毛坯(未经光学加工的,品目7015的物品除外)	10.0	40.0	17.0		千克	
7014 00 90	其他未经光学加工的信号玻璃器(包括玻璃制光学元件,品目7015的物品除外)	17.5	80.0	17.0		千克	
7015	**钟表玻璃及类似玻璃、视力矫正或非视力矫正眼镜用玻璃,呈弧面、弯曲、凹形或类似形状但未经光学加工的;制造上述玻璃用的凹面圆形及扇形玻璃**						
7015 10 10	视力矫正眼镜用变色镜片坯件(未经光学加工的)	21.0	80.0	17.0		千克	
7015 10 90	其他视力矫正眼镜用镜片坯件(未经光学加工的)	17.5	70.0	17.0		千克	
7015 90 10	钟表玻璃(未经光学加工的)	17.5	70.0	17.0		千克	
7015 90 20	平光变色镜片坯件(未经光学加工的)	18.0	80.0	17.0		千克	
7015 90 90	品目7015的其他未经光学加工玻璃	12.0	80.0	17.0		千克	

商品编号	商品名称备注	进口税率		增值税	消费税	计量单位	监管条件
		最惠国	普通				
7016	**建筑用压制或模制的铺面用玻璃块、砖、片、瓦及其他制品,不论是否夹丝;供镶嵌或类似装饰用的玻璃马赛克及其他小件玻璃品,不论是否有衬背;花饰铅条窗玻璃及类似品;多孔或泡沫玻璃块、板、片及类似品**						
7016 10 00	供镶嵌或装饰用玻璃马赛克(包括其他小件玻璃品,不论是否有衬背)	22.0	100.0	17.0		千克	
7016 90 10	花饰铅条窗玻璃及类似品	24.0	90.0	17.0		千克	
7016 90 90	建筑用压制或模制铺面玻璃块,砖(包括瓦等,不论是否夹丝以及多孔或泡沫玻璃块,板等)	19.8	90.0	17.0		千克	
7017	**实验室、卫生及配药用的玻璃器皿,不论有无刻度或标量**						
7017 10 00	实验室,卫生及配药用玻璃器(熔凝石英或熔凝硅石制,不论有无刻度或标量)		30.0	17.0		千克	
7017 20 00	其他玻璃制实验室等用玻璃器(0-300℃时线膨胀系数≤5×10-6/开尔文的玻璃制)	8.0	30.0	17.0		千克	
7017 90 00	其他实验室,卫生及配药用玻璃器	8.0	30.0	17.0		千克	
7018	**玻璃珠、仿珍珠、仿宝石或仿半宝石和类似小件玻璃品及其制品,但仿首饰除外;玻璃眼,但医用假眼除外;灯工方法制作的玻璃塑像及其他玻璃装饰品,但仿首饰除外;直径不超过1毫米的玻璃小珠**						
7018 10 00	玻璃珠,仿珍珠及类似小件玻璃品(包括仿宝石,仿首饰除外)	14.8	100.0	17.0		千克	
7018 20 00	直径不超过1毫米的玻璃珠	20.0	100.0	17.0		千克	
7018 90 00	灯工方法制的玻璃塑像及玻璃饰品(仿首饰除外,玻璃眼,医用假眼除外)	20.0	100.0	17.0		千克	
7019	**玻璃纤维(包括玻璃棉)及其制品(例如,玻璃纤维纱线及其织物)**						
7019 11 00	长度不超过50毫米的短切玻璃纤维	12.0	50.0	17.0		千克	
7019 12 00	玻璃纤维粗纱	12.0	50.0	17.0		千克	
7019 19 00.11	间苯二酚甲醛胶浸渍的玻璃纤维纱(用于生产非导电玻璃纤维长丝粗纱机织轮胎帘子布的)	10.0	50.0	17.0		千克	
7019 19 00.19	其他玻璃纱线(包括长度超过50毫米的短切纤维)	10.0	50.0	17.0		千克	G
7019 19 00.90	其他玻璃纤维及其制品(含长度超过50毫米的短切纤维)	10.0	50.0	17.0		千克	
7019 31 00	玻璃纤维(包括玻璃棉)制的席	9.4	40.0	17.0		千克	
7019 32 00	玻璃纤维(包括玻璃棉)制的薄片(也称巴厘纱)	14.0	40.0	17.0		千克	
7019 39 00	玻璃纤维制的网及类似无纺产品(包括垫、板)	10.5	40.0	17.0		千克	
7019 40 00	玻璃纤维粗纱机织物	12.0	40.0	17.0		千克	

商品编号	商 品 名 称 备 注	进口税率		增值税	消费税	计量单位	监管条件
		最惠国	普通				
7019 51 00	宽度≤30MM的玻璃纤维机织物	12.0	40.0	17.0		千克	
7019 52 00	每平米重≤250g玻璃长丝平纹织物(宽度超过30厘米,单根纱线细度不超过136特)	12.0	40.0	17.0		千克	
7019 59 00.10	覆铜箔板用玻璃纤维布	12.0	40.0	17.0		千克	
7019 59 00.90	其他玻璃纤维机织物	12.0	40.0	17.0		千克	
7019 90 00	其他玻璃纤维及其制品	10.6	40.0	17.0		千克	
7020	**其他玻璃制品**						
7020 00 11 *	导电玻璃	10.5	40.0	17.0		千克	
7020 00 12 *	绝缘子用玻璃伞盘	10.5	40.0	17.0		千克	
7020 00 19.10	半导体晶片生产用石英反应管及夹(用于插入熔化和氧化炉内)	6.2	40.0	17.0		千克	s
7020 00 19.90	其他工业用玻璃制品	10.5	40.0	17.0		千克	
7020 00 90	其他非工业用玻璃制品	19.0	100.0	17.0		千克	

第十四类　天然或养殖珍珠、宝石或半宝石、贵金属、包贵金属及其制品；仿首饰；硬币

第七十一章　天然或养殖珍珠、宝石或半宝石、贵金属、包贵金属及其制品；仿首饰；硬币

注释：

一、除第六类注释一（一）及下列各款另有规定的以外，凡制品的全部或部分由下列物品构成，均应归入本章：

（一）天然或养殖珍珠、宝石或半宝石（天然、合成或再造）；

（二）贵金属或包贵金属。

二、（一）品目71.13、71.14及71.15不包括带有贵金属或包贵金属制的小零件或小装饰品（例如，交织字母、套、圈、套环）的制品，上述注释一（二）也不适用于这类制品；

（二）品目71.16不包括含有贵金属或包贵金属（仅作为小零件或小装饰品的除外）的制品。

三、本章不包括：

（一）贵金属汞齐及胶态贵金属（品目28.43）；

（二）第三十章的外科用无菌缝合材料、牙科填料或其他货品；

（三）第三十二章的货品（例如光瓷釉）；

（四）载体催化剂（品目38.15）；

（五）第四十二章注释二（二）所述的品目42.02或42.03的物品；

（六）品目43.03或43.04的物品；

（七）第十一类的货品（纺织原料及纺织制品）；

（八）第六十四章或第六十五章的鞋靴、帽类及其他物品；

（九）第六十六章的伞、手杖及其他物品；

（十）品目68.04或68.05及第八十二章含有宝石或半宝石（天然或合成）粉末的研磨材料制品；第八十二章装有宝石或半宝石（天然、合成或再造）工作部件的器具；第十六类的机器、机械器具、电气设备及其零件。然而，完全以宝石或半宝石（天然、合成或再造）制成的物品及其零件，除未安装的唱针用已加工蓝宝石或钻石外（品目85.22），其余仍应归入本章；

（十一）第九十章、第九十一章或第九十二章的物品（科学仪器、钟表及乐器）；

（十二）武器及其零件（第九十三章）；

（十三）第九十五章注释二所述物品；

（十四）根据第九十六章注释四应归入该章的物品；

（十五）雕塑品原件（品目97.03）、收藏品（品目97.05）或超过一百年的古物（品目97.06），但天然或养殖珍珠、宝石及半宝石除外。

四、（一）所称"贵金属"，是指银、金及铂。

（二）所称"铂"，是指铂、铱、锇、钯、铑及钌。

（三）所称"宝石或半宝石"，不包括第九十六章注释二（二）所述任何物质。

五、含有贵金属的合金（包括烧结及化合的），只要其中任何一种贵金属的含量达到合金重量的2%，即应视为本章的贵金属合金。贵金属合金应按下列规则归类：

（一）按重量计含铂量在2%及以上的合金，应视为铂合金；

（二）按重量计含金量在2%及以上，但不含铂或按重量计含铂量在2%以下的合金，应视为金合金；

（三）按重量计含银量在2%及以上的其他合金，应视为银合金。

六、除条文另有规定的以外，本目录所称贵金属应包括上述注释五所规定的贵金属合金，但不包括包贵金属或表面镀以贵金属的贱金属及非金属。

七、本目录所称"包贵金属"，是指以贱金属为底料，在其一面或多面用焊接、熔接、热轧或类似机械方法覆盖一层贵金属的材料。除条文另有规定的以外，也包括镶嵌贵金属的贱金属。

八、除第六类注释一（一）另有规定的以外，凡符合品目71.12规定的货品，应归入该品目而不归入本目录的其他品目。

九、品目71.13所称"首饰"，是指：

（一）个人用小饰物（不论是否镶嵌宝石）（例如，戒指、手镯、项圈、饰针、耳环、表链、表链饰物、垂饰、领带别针、袖扣、饰扣、宗教性或其他勋章及徽章）；

（二）通常放置在衣袋、手提包或佩戴在身上的个人用品(例如,烟盒、粉盒、链袋、口香丸盒)。

十、品目71.14所称“金银器”,包括装饰品、餐具、梳妆用具、吸烟用具及类似的家庭、办公室或宗教用的其他物品。

十一、品目71.17所称“仿首饰”,是指不含天然或养殖珍珠、宝石或半宝石(天然、合成或再造)及贵金属或包贵金属(仅作为镀层或小零件、小装饰品的除外)的上述注释八(一)所述的首饰(不包括品目96.06的钮扣及其他物品或品目96.15的梳子、发夹及类似品)。

子目注释:

一、子目7106.10、7108.11、7110.11、7110.21、7110.31及7110.41所称“粉末”,是指按重量计90%及以上可从网眼孔径为0.5毫米的筛子通过的产品;

二、子目7110.11及7110.19所称“铂”,可不受本章注释四(二)的规定约束,不包括铱、锇、钯、铑及钌;

三、对于品目71.10项下的子目所列合金的归类,按其所含铂、钯、铑、铱、锇或钌中重量最大的一种金属归类。

商品编号	商品名称备注	进口税率		增值税	消费税	计量单位	监管条件
		最惠国	普通				
7101	**天然或养殖珍珠,不论是否加工或分级,但未成串或镶嵌;天然或养殖珍珠,为便于运输而暂穿成串**						
7101 10 10	未分级的天然珍珠(不论是否加工,但未制成制品)	25.7	100.0	17.0	10.0	克	AB
7101 10 90	其他天然珍珠(不论是否加工,但未制成制品)	25.8	130.0	17.0	10.0	克	AB
7101 21 10	未分级,未加工的养殖珍珠(未制成制品)	24.5	100.0	17.0	10.0	克	AB
7101 21 90	其他未加工的养殖珍珠(未制成制品)	24.5	130.0	17.0	10.0	克	AB
7101 22 10	未分级,已加工的养殖珍珠(未制成制品)	24.5	100.0	17.0	10.0	克	
7101 22 90	其他已加工的养殖珍珠(未制成制品)	24.5	130.0	17.0	10.0	克	
7102	**钻石,不论是否加工,但未镶嵌**						
7102 10 00	未分级钻石(未镶嵌)	3.0	14.0	17.0	10.0	克拉	
7102 21 00	工业用钻石(未加工或经简单锯开,劈开或粗磨未镶嵌)		14.0	17.0	10.0	克拉	
7102 29 00	工业用其他钻石(未镶嵌)		14.0	17.0	10.0	克拉	
7102 31 00	非工业用钻石(未加工或经简单锯开,劈开或粗磨,未镶嵌)	3.0	14.0	17.0	10.0	克拉	
7102 39 00	非工业用其他钻石(未镶嵌)	8.0	35.0	17.0	10.0	克拉	
7103	**宝石(钻石除外)或半宝石,不论是否加工或分级,但未成串或镶嵌,未分级的宝石(钻石除外)或半宝石,为便于运输而暂穿成串**						
7103 10 00	未加工宝石或半宝石(经简单锯开或粗制成形,未成串或镶嵌)	3.0	14.0	17.0	10.0	千克	
7103 91 00	经其他加工的红,蓝,绿宝石(未成串或镶嵌)	8.0	35.0	17.0	10.0	克拉	
7103 99 10	经其他加工的翡翠(未成串或镶嵌)	8.0	35.0	17.0	10.0	克拉	
7103 99 90	经其他加工的其他宝石或半宝石(未成串或镶嵌)	8.0	35.0	17.0	10.0	克拉	
7104	**合成或再造的宝石或半宝石,不论是否加工或分级,但未成串或镶嵌的;未分级的合成或再造的宝石或半宝石,为便于运输而暂穿成串**						
7104 10 00	压电石英	6.0	14.0	17.0		克	
7104 20 10	未加工合成或再造钻石(经简单锯开或粗制成形,未成串或镶嵌)		14.0	17.0	10.0	克	
7104 20 90	未加工合成或再造其他宝石半宝石(经简单锯开或粗制成形,未成串或镶嵌)		14.0	17.0	10.0	克	
7104 90 11	其他工业用合成或再造的钻石	6.0	14.0	17.0	10.0	克	
7104 90 19	其他工业用合成或再造宝石半宝石(包括宝石或半宝石)	6.0	14.0	17.0	10.0	克	
7104 90 91	其他非工业用合成钻石(未成串或镶嵌)	8.0	35.0	17.0	10.0	克	
7104 90 99	其他非工业用合成宝石或半宝石(未成串或镶嵌)	8.0	35.0	17.0	10.0	克	

商品编号	商品名称备注	进口税率		增值税	消费税	计量单位	监管条件
		最惠国	普通				
7105	**天然或合成的宝石或半宝石的粉末**						
7105 10 00	天然或合成的钻石粉末		17.0	17.0	10.0	克拉	
7105 90 00	天然或合成宝石或半宝石粉末		17.0	17.0	10.0	克	
7106	**银(包括镀金、镀铂的银),未锻造、半制成或粉末状**						
7106 10 00	银粉					克	4yU
7106 91 00	未锻造银(包括镀金,镀铂的银)					克	4yU
7106 92 00	半制成银(包括镀金,镀铂的银)	2.0	50.0			克	4yU
7107	**以贱金属为底的包银材料**						
7107 00 00	以贱金属为底的包银材料	10.5	50.0	17.0		千克	
7108	**金(包括镀铂的金),未锻造、半制成或粉末状**						
7108 11 00	非货币用金粉					克	J
7108 12 00	非货币用未锻造金(包括镀铂的金)					克	J
7108 13 00	非货币用半制成金(包括镀铂的金)	2.0	50.0	17.0		克	J
7108 20 00	货币用未锻造金(包括镀铂的金)					克	J
7109	**以贱金属或银为底的包金材料**						
7109 00 00	以贱金属或银为底的包金材料	10.5	50.0	17.0		克	
7110	**铂,未锻造、半制成或粉末状**						
7110 11 00	未锻造或粉末状铂			17.0		克	48
7110 19 10	板、片状铂			17.0		克	48
7110 19 90	其他半制成铂	3.0	11.0	17.0		克	
7110 21 00	未锻造或粉末状钯			17.0		克	
7110 29 10	板、片状钯			17.0		克	
7110 29 90	其他半制成钯	3.0	11.0	17.0		克	
7110 31 00	未锻造或粉末状铑			17.0		克	
7110 39 10	板、片状铑			17.0		克	
7110 39 90	其他半制成铑	3.0	11.0	17.0		克	
7110 41 00	未锻造或粉末状铱、锇、钌			17.0		克	
7110 49 10	板、片状铱、锇、钌			17.0		克	
7110 49 90	其他半制成铱、锇、钌	3.0	11.0	17.0		克	
7111	**以贱金属、银或金为底的包铂材料**						
7111 00 00	以贱金属,银或金为底的包铂材料	3.0	11.0	17.0		克	
7112	**贵金属或包贵金属的废碎料;含有贵金属或贵金属化合物的其他废碎料,主要用于回收废金属**						
7112 30 10	含有银或银化合物的灰(主要用于回收银)	8.0	50.0	17.0		克	9
7112 30 90	含其他贵金属或贵金属化合物的灰(主要用于回收贵金属)	6.0	50.0	17.0		克	9

商品编号	商 品 名 称 备 注	进口税率		增值税	消费税	计量单位	监管条件
		最惠国	普通				
7112 91 10	金及包金的废碎料(但含有其他贵金属除外,主要用于回收金)			17.0		克	
7112 91 20	含有金及金化合物的废碎料(但含有其他贵金属除外,主要用于回收金)	6.0	35.0	17.0		克	
7112 92 10	铂及包铂的废碎料(但含有其他贵金属除外,主要用于回收铂)			17.0		克	
7112 92 20	含有铂及铂化合物的废碎料(但含有其他贵金属除外,主要用于回收铂)	6.0	35.0	17.0		克	
7112 99 10	含有银及银化合物的废碎料(但含有其他贵金属除外,主要用于回收银)	8.0	35.0	17.0		克	
7112 99 20	含其他贵金属或贵金属化合物矿渣(主要用于回收贵金属)	6.0	35.0	17.0		克	
7112 99 90	其他贵金属或贵金属化合物非碎料(主要用于回收贵金属)		50.0	17.0		克	
7113	**贵金属或包贵金属制的首饰及其零件**						
7113 11 10	镶嵌钻石的银首饰及其零件(不论是否包、镀其他贵金属)	30.0	130.0	17.0		克	U
7113 11 90	其他银首饰及其零件(不论是否包、镀其他贵金属)	30.0	130.0	17.0		克	U
7113 19 11	镶嵌钻石的黄金制首饰及其零件(不论是否包、镀其他贵金属)	30.0	130.0	17.0		克	J
7113 19 19	其他黄金制首饰及其零件(不论是否包、镀其他贵金属)	30.0	130.0	17.0		克	J
7113 19 91	其他镶嵌钻石贵金属首饰及其零件(不论是否包、镀其他贵金属)	35.0	130.0	17.0	10.0	克	
7113 19 99	其他贵金属制首饰及其零件(不论是否包、镀其他贵金属)	35.0	130.0	17.0	10.0	克	
7113 20 10	镶嵌钻石贱金属为底包贵金属首饰(不论是否包、镀其他贵金属,包括零件)	35.0	130.0	17.0	10.0	克	
7113 20 90	其他贱金属为底的包贵金属制首饰(不论是否包、镀其他贵金属,包括零件)	35.0	130.0	17.0	10.0	克	
7114	**贵金属或包贵金属制的金银器及其零件**						
7114 11 00	银器及零件(不论是否包,镀贵金属)	35.0	100.0	17.0		克	
7114 19 00	其他贵金属制金银器及零件(不论是否包,镀贵金属)	35.0	100.0	17.0		克	
7114 20 00	以贱金属为底的包贵金属制金银器(包括零件)	35.0	100.0	17.0		克	
7115	**贵金属或包贵金属的其他制品**						
7115 10 00	金属丝布或格栅状的铂催化剂	3.0	11.0	17.0		克	
7115 90 10.10	银制工业,实验室用制品	3.0	11.0	17.0		克	U

商品编号	商品名称备注	进口税率		增值税	消费税	计量单位	监管条件
		最惠国	普通				
7115 90 10.20	金制工业,实验室用制品	3.0	11.0	17.0		克	J
7115 90 10.90	其他工业实验室用贵或包贵金制品	3.0	11.0	17.0		克	
7115 90 90	其他用途的贵或包贵金属制品	35.0	100.0	17.0		克	
7116	**用天然或养殖珍珠、宝石或半宝石(天然、合成或再造)制成的物品**						
7116 10 00	天然或养殖珍珠制品	38.7	130.0	17.0	10.0	克	
7116 20 00	宝石或半宝石制品(包括天然,合成或再造的)	35.0	130.0	17.0	10.0	克	
7117	**仿首饰**						
7117 11 00	贱金属制袖扣、饰扣(不论是否镀贵金属)	35.0	130.0	17.0		千克	
7117 19 00	其他贱金属制仿首饰	28.5	130.0	17.0		千克	
7117 90 00	未列名材料制仿首饰	35.0	130.0	17.0		千克	
7118	**硬币**						
7118 10 00	非法定货币的硬币(金币除外)			17.0		千克	
7118 90 00	其他硬币			17.0		克	

第十五类　贱金属及其制品

注释：

一、本类不包括：

(一) 以金属粉末为基本成分的调制油漆、油墨或其他产品(品目32.07至32.10、32.12、32.13或32.15)；

(二) 铈铁或其他引火合金(品目36.06)；

(三) 品目65.06或65.07的帽类及其零件；

(四) 品目66.03的伞骨及其他物品；

(五) 第七十一章的货品(例如，贵金属合金、以贱金属为底的包贵金属、仿首饰)；

(六) 第十六类的物品(机器、机械器具及电气设备)；

(七) 已装配的铁路或电车轨道(品目86.08)或第十七类的其他物品(车辆、船舶、航空器)；

(八) 第十八类的仪器及器具，包括钟表发条；

(九) 做弹药用的铅弹(品目93.06)或第十九类的其他物品(武器、弹药)；

(十) 第九十四章的物品(例如，家具、弹簧床垫、灯具及照明装置、发光标志、活动房屋)；

(十一) 第九十五章的物品(例如，玩具、游戏品及运动用品)；

(十二) 手用筛子、钮扣、钢笔、铅笔套、钢笔尖或第九十六章的其他物品(杂项制品)；

(十三) 第九十七章的物品(例如艺术品)。

二、本目录所称"通用零件"，是指：

(一) 品目73.07、73.12、73.15、73.17或73.18的物品及其他贱金属制的类似品；

(二) 贱金属制的弹簧及弹簧片，但钟表发条(品目91.14)除外；

(三)品目83.01、83.02、83.08、83.10的物品及品目83.06的贱金属制的框架及镜子。第七十三章至第七十六章(品目73.15除外)及第七十八章至第八十二章所列货品的零件，不包括上述的通用零件。除上段及第八十三章注释一另有规定的以外，第七十二章至第七十六章及第七十八章至第八十一章不包括第八十二章、第八十三章的物品。

三、本目录所称"贱金属"是指：铁及钢、铜、镍、铝、铅、锌、锡、钨、钼、钽、镁、钴、铋、镉、钛、锆、锑、锰、铍、铬、锗、钒、镓、铪、铟、铌(钶)、铼及铊。

四、本目录所称"金属陶瓷"是指金属与陶瓷成分以极细微粒不均匀结合而成的产品。"金属陶瓷"包括硬质合金(金属碳化物与金属烧结而成)。

五、合金的归类规则(第七十二章、第七十四章所规定的铁合金及母合金除外)：

(一) 贱金属的合金按其所含重量最大的金属归类；

(二)由本类的贱金属和非本类的元素构成的合金，如果所含贱金属的总重量等于或超过所含其他元素的总重量，应作为本类贱金属合金归类；

(三)本类所称"合金"，包括金属粉末的烧结混合物、熔化而得的不均匀紧密混合物(金属陶瓷除外)及金属间化合物。

六、除条文另有规定的以外，本目录所称的贱金属包括贱金属合金，这类合金应按上述注释三的规则进行归类。

七、复合材料制品的归类规则：

除各品目另有规定的以外，贱金属制品(包括根据"归类总规则"作为贱金属制品的混合材料制品)如果含有两种或两种以上贱金属的，按其所含重量最大的贱金属的制品归类。为此：

(一) 钢、铁或不同种类的钢铁，均视为一种金属；

(二) 按照注释五的规定作为某一种金属归类的合金，应视为一种金属；

(三) 品目81.13的金属陶瓷，应视为一种贱金属。

八、本类所用有关名词解释如下：

(一) 废碎料

在金属生产或机械加工中产生的废料及碎屑以及因破裂、切断、磨损及其他原因而明显不能作为原物使用的金属货品。

(二)粉末

按重量计90%及以上可从网眼孔径为1毫米的筛子通过的产品。

第七十二章　钢铁

注释：

一、本章所述有关名词解释如下(本条注释(四)、(五)、(六)适用于本目录其他各章)：

(一) 生铁

无实用可锻性的铁碳合金,按重量计含碳量在2%以上并可含有一种或几种下列含量范围的其他元素:
铬不超过10%;
锰不超过6%;
磷不超过3%;
硅不超过8%;
其他元素合计不超过10%。

(二)镜铁

按重量计含锰量在6%以上,但不超过30%的铁碳合金,其他方面符合上述(一)款所列标准。

(三)铁合金

锭、块、团或类似初级形状、连续铸造而形成的各种形状及颗粒、粉末状的合金,不论是否烧结,通常用于其他合金生产过程中的添加剂或在黑色金属冶炼中作除氧剂、脱硫剂及类似用途,一般无实用可锻性,按重量计铁元素含量在4%及以上并含有下列一种或几种元素:
铬超过10%;
锰超过30%;
磷超过3%;
硅超过8%;
除碳以外的其他元素,合计超过10%,但最高含铜量不得超过10%。

(四)钢

除品目72.03以外的黑色金属材料(某些铸造而成的种类除外),具有实用可锻性,按重量计含碳量在2%及以下,但铬钢可具有较高的含碳量。

(五)不锈钢

按重量计含碳量在1.2%及以下,含铬量在10.5%及以上的合金钢,不论是否含有其他元素。

(六)其他合金钢

不符合以上不锈钢定义的钢,含有一种或几种按重量计符合下列含量比例的元素:
铝0.3%及以上;
硼0.0008%及以上;
铬0.3%及以上;
钴0.3%及以上;
铜0.4%及以上;
铅0.4%及以上;
锰1.65%及以上;
钼0.08%及以上;
镍0.3%及以上;
铌0.06%及以上;
硅0.6%及以上;
钛0.05%及以上;
钨0.3%及以上;
钒0.1%及以上;
锆0.05%及以上;
其他元素(硫、磷、碳及氮除外)单项含量在0.1%及以上。

(七)供再熔的碎料钢铁锭

粗铸成形无缩孔或冒口的锭块产品,表面有明显瑕疵,化学成分不同于生铁、镜铁及铁合金。

(八)颗粒

按重量计不到90%可从网眼孔径为1毫米的筛子通过,而90%及以上可从网眼孔径为5毫米的筛子通过的产品。

(九)半制成品

连续铸造的实心产品,不论是否初步热轧;其他实心产品,除经初步执轧或锻造粗制成形以外未经进一步加工,包括角材、型材及异型材的坯件。

本类产品不包括成卷的产品。

(十)平板轧材

截面为矩形(正方形除外)并且不符合以上第(九)款所述定义的下列形状实心轧制产品:

1. 层叠的卷材;

2. 平直形状,其厚度如果在4.75毫米以下,则宽度至少是厚度的十倍;其厚度如果在4.75毫米及以上,其宽度应超过150毫米,并且至少应为厚度的两倍。

平板轧材包括直接轧制而成并有凸起式样(例如,凹槽、肋条形、格槽、珠粒、菱形)的产品以及穿孔、抛光或制成瓦楞形的产品,但不具有其他品目所列制品或产品的特征。

各种规格的平板轧材(矩形或正方形除外),但不具有其他品目所列制品或产品的特征,都应作为宽度为600毫米及以上的产品归类。

(十一)不规则盘绕的热轧条、杆经热轧不规则盘绕的实心产品,其截面为圆形、扇形、椭圆形、矩形(包括正方形)、三角形或其他外凸多边形(包括"扁圆形"及"变形矩形",即相对两边为弧拱形,另两边为等长平行直线形)。这类产品可带有在轧制过程中产生的凹痕、凸缘、槽沟或其他变形(钢筋)。

(十二)其他条、杆不符合上述(九)、(十)、(十一)款或"丝"定义的实心产品,其全长截面均为圆形、扇形、椭圆形、矩形(包括正方形)、三角形或其他外凸多边形(包括"扁圆形"及"变形矩形",即相对两边为弧拱形,另两边为等长平行直线形)。这些产品可以:

1. 带有在轧制过程中产生的凹痕、凸缘、槽沟或其他变形(钢筋);

2. 轧制后扭曲的。

(十三)角材、型材及异型材

不符合上述(九)、(十)、(十一)、(十二)款或"丝"定义,但其全长截面均为同样形状的实心产品。

第七十二章不包括品目73.01或73.02的产品。

(十四)丝

不符合平板轧材定义但全长截面均为同样形状的盘卷冷成形实心产品。

(十五)空心钻钢

适合钻探用的各种截面的空心条、杆,其最大外形尺寸超过15毫米但不超过52毫米,最大内孔尺寸不超过最大外形尺寸的二分之一。不符合本定义的钢铁空心条、杆应归入品目73.04。

二、用一种黑色金属包覆不同种类的黑色金属,应按其中重量最大的材料归类。

三、用电解沉积法、压铸法或烧结法所得的钢铁产品,应按其形状、成分及外观归入本章类似热轧产品的相应品目。

子目注释:

一、本章所用有关名词解释如下:

(一)合金生铁

按重量计含有一种或几种下列比例的元素的生铁:

铬0.2%以上;

铜0.3%以上;

镍0.3%以上;

0.1%以上的任何下列元素:铝、钼、钛、钨、钒。

(二)非合金易切削钢

按重量计含有一种或几种下列比例的元素的非合金钢:

硫0.08%及以上;

铅0.1%及以上;

硒0.05%以上;

碲0.01%以上;

铋0.05%以上。

(三)硅电钢

按重量计含硅量至少为0.6%但不超过6%,含碳量不超过0.08%的合金钢。这类钢还可含有按重量计不超过1%的铝,但所含其他元素的比例并不使其具有其他合金钢的特性。

(四)高速钢

不论是否含有其他元素,但至少含有按重量计合计含量在7%及以上的钼、钨、钒中两种元素的合金钢,按重量计其含碳量在0.6%及以上,含铬量在3%至6%。

(五)硅锰钢

按重量计同时含有下列元素的合金钢:

碳不超过0.7%;

锰0.5%及以上,但不超过1.9%;

硅0.6%及以上,但不超过2.3%;

所含其他元素的比例并不使其具有其他合金钢的特性。

二、品目72.02项下的子目所列铁合金,应按照下列规则归类:

对于只有一种元素超出本章注释一(三)规定的最低百分比的铁合金,应作为二元合金归入相应的子目号。以此类推,如果有两种或三种合金元素超出了最低百分比的,则可分别作为三元或四元合金。

在运用本规定时,本章注释一(三)所述的未列名的"其他元素",按重量计单项含量必须超过10%。

商品编号	商品名称备注	进口税率		增值税	消费税	计量单位	监管条件
		最惠国	普通				
7201	**生铁及镜铁,锭、块或其他初级形状**						
7201 10 00	非合金生铁,含磷量在0.5%及以下	1.0	8.0	17.0		千克	AB
7201 20 00	非合金生铁,含磷量在0.5%以上	1.0	8.0	17.0		千克	AB
7201 50 00.10	合金生铁	1.0	8.0	17.0		千克	AB
7201 50 00.90	镜铁	1.0	8.0	17.0		千克	AB
7202	**铁合金**						
7202 11 00	锰铁,含碳量在2%以上	2.0	11.0	17.0		千克	B
7202 19 00	锰铁,含碳量不超过2%	2.0	11.0	17.0		千克	B
7202 21 00 *	硅铁,含硅量在55%以上	2.0	11.0	17.0		千克	B
7202 29 00 *	硅铁,含硅量不超过55%	2.0	11.0	17.0		千克	B
7202 30 00	硅锰铁	2.0	11.0	17.0		千克	B
7202 41 00	铬铁,含碳量在4%以上	2.0	8.0	17.0		千克	B
7202 49 00	铬铁,含碳量不超过4%	2.0	8.0	17.0		千克	B
7202 50 00	硅铬铁	2.0	11.0	17.0		千克	B
7202 60 00	镍铁	2.0	11.0	17.0		千克	
7202 70 00	钼铁	2.0	11.0	17.0		千克	B
7202 80 10	钨铁	2.0	11.0	17.0		千克	B
7202 80 20	硅钨铁	2.0	11.0	17.0		千克	
7202 91 00	钛铁及硅钛铁	2.0	11.0	17.0		千克	
7202 92 00	钒铁	9.0	30.0	17.0		千克	B
7202 93 00	铌铁	2.0	11.0	17.0		千克	
7202 99 00	其他铁合金	2.0	11.0	17.0		千克	B
7203	**直接从铁矿还原所得的铁产品及其他海绵铁产品,块、团、团粒及类似形状;按重量计纯度在99.94%及以上的铁,块、团、团粒及类似形状**						
7203 10 00	直接从铁矿还原的铁产品(铁团,铁粒及类似形状)	2.0	8.0	17.0		千克	
7203 90 00	其他海绵铁产品纯度>99.94%(铁团,铁粒及类似形状)	2.0	8.0	17.0		千克	
7204	**钢铁废碎料;供再熔的碎料钢铁锭**						
7204 10 00	铸铁废碎料	2.0	8.0	17.0		千克	A
7204 21 00	不锈钢废碎料		8.0	17.0		千克	PA
7204 29 00	其他合金钢废碎料		8.0	17.0		千克	A
7204 30 00	镀锡钢铁废碎料	2.0	8.0	17.0		千克	A
7204 41 00	机械加工中产生的废料(机械加工指车,刨,铣,磨,锯,锉,剪,冲加工)	2.0	8.0	17.0		千克	A
7204 49 00.10	废汽车压件		8.0	17.0		千克	PA
7204 49 00.20	以回收钢铁为主的废五金电器		8.0	17.0		千克	AP
7204 49 00.90	未列名钢铁废碎料		8.0	17.0		千克	A

商品编号	商 品 名 称 备 注	进口税率		增值税	消费税	计量单位	监管条件
		最惠国	普通				
7204 50 00	供再熔的碎料钢铁锭		8.0	17.0		千克	A
7205	**生铁、镜铁及钢铁的颗粒和粉末**						
7205 10 00	生铁、镜铁及钢铁颗粒	2.0	30.0	17.0		千克	
7205 21 00	合金钢粉末	2.0	17.0	17.0		千克	
7205 29 00	生铁、镜铁及其他钢铁粉末	2.0	17.0	17.0		千克	
7206	**铁及非合金钢,锭或其他初级形状(编号7203的铁除外)**						
7206 10 00	铁锭及非合金钢锭	2.0	11.0	17.0		千克	AB
7206 90 00	其他初级形状的铁及非合金钢	2.0	11.0	17.0		千克	
7207	**铁及非合金钢的半制成品**						
7207 11 00	宽度小于厚度两倍的矩形截面钢坯(含碳量小于0.25%)	2.0	11.0	17.0		千克	AB7
7207 12 00	其他矩形截面钢坯(含碳量小于0.25%)	2.0	11.0	17.0		千克	AB7
7207 19 00	其他含碳量小于0.25%的钢坯	2.0	11.0	17.0		千克	AB7
7207 20 00	含碳量不小于0.25%的钢坯	2.0	11.0	17.0		千克	AB7
7208	**宽度在600毫米及以上的铁或非合金钢平板轧材,经热轧,但未经包覆、镀层或涂层**						
7208 10 00	轧有花纹的热轧卷材(除热轧外未进一步加工的)	5.0	14.0	17.0		千克	A7
7208 25 00	厚≥4.75mm其他经酸洗的热轧卷材(除热轧外未进一步加工,宽≥600mm,未包、镀、涂层)	5.0	14.0	17.0		千克	A7
7208 26 00	4.75>厚≥3mm其他经酸洗热轧卷材(除热轧外未进一步加工,宽≥600mm,未包、镀、涂层)	5.0	14.0	17.0		千克	A7
7208 27 00	厚度<3mm的其他经酸洗的热轧卷材(除热轧外未进一步加工,宽≥600mm,未包、镀、涂层)	5.0	14.0	17.0		千克	A7
7208 36 00	厚度>10mm的其他热轧卷材(除热轧外未进一步加工,宽≥600mm,未包、镀、涂层)	6.0	14.0	17.0		千克	A7
7208 37 00	10mm≥厚≥4.75mm的其他热轧卷材(除热轧外未进一步加工,宽≥600mm,未包、镀、涂层)	5.0	14.0	17.0		千克	A7
7208 38 00	4.75mm>厚度≥3mm的其他卷材(除热轧外未进一步加工,宽≥600mm,未包、镀、涂层)	5.0	14.0	17.0		千克	A7
7208 39 00	厚度<3mm的其他热轧卷材(除热轧外未进一步加工宽≥600mm,未包、镀、涂层)	3.0	14.0	17.0		千克	A7
7208 40 00	轧有花纹的热轧非卷材(除热轧外未进一步加工,宽≥600mm,未包、镀、涂层)	6.0	17.0	17.0		千克	A57
7208 51 00	厚度超过10mm的其他热轧非卷材(宽≥600mm,未包、镀,涂层)	6.0	17.0	17.0		千克	A57
7208 52 00	10mm≥厚度≥4.75mm的热轧非卷材(除热轧外未进一步加工,宽≥600mm,未包、镀,涂层)	6.0	17.0	17.0		千克	A57

商品编号	商 品 名 称 备 注	进口税率		增值税	消费税	计量单位	监管条件
		最惠国	普通				
7208 53 00	4.75mm＞厚度≥3mm 的热轧非卷材(除热轧外未进一步加工,宽≥600mm,未包、镀,涂层)	6.0	17.0	17.0		千克	A57
7208 54 00	厚度小于 3mm 的热轧非卷材(除热轧外未进一步加工,宽≥600mm,未包、镀,涂层)	6.0	17.0	17.0		千克	A75
7208 90 00	其他热轧铁或非合金钢宽平板轧材(除热轧外经进一步加工,宽≥600mm,未经包,渡,涂层)	6.0	17.0	17.0		千克	A75
7209	**宽度在 600 毫米及以上的铁或非合金钢平板轧材,经冷轧,但未经包覆、镀层或涂层**						
7209 15 00	厚度≥3mm 的冷轧卷材(除冷轧外未进一步加工,宽≥600mm,未包、镀、涂层)	6.0	17.0	17.0		千克	A7
7209 16 00	3mm＞厚度＞1mm 的冷轧卷材(除冷轧外未进一步加工,宽≥600mm,未包、镀、涂层)	6.0	17.0	17.0		千克	A7
7209 17 00	1mm≥厚度≥0.5mm 的冷轧卷材(除冷轧外未进一步加工,宽≥600mm,未包、镀、涂层)	3.0	17.0	17.0		千克	A7
7209 18 00ˆ	厚度＜0.5mm 的非合金钢冷轧卷材(除冷轧外未进一步加工,宽≥600mm,未包、镀、涂层)	6.0	17.0	17.0		千克	A7
7209 25 00	厚度≥3mm 的冷轧非卷材(除冷轧外未进一步加工,宽≥600mm,未包、镀、涂层)	6.0	17.0	17.0		千克	A7
7209 26 00	3mm＞厚度＞1mm 的冷轧非卷材(除冷轧外未进一步加工,宽≥600mm,未包、镀、涂层)	6.0	17.0	17.0		千克	A7
7209 27 00	1mm≥厚度≥0.5mm 的冷轧非卷材(除冷轧外未进一步加工,宽≥600mm,未包、镀、涂层)	6.0	17.0	17.0		千克	A7
7209 28 00ˆ	厚度小于 0.5mm 的冷轧非卷材(除冷轧外未进一步加工,宽≥600mm,未包、镀、涂层)	6.0	17.0	17.0		千克	A7
7209 90 00	其他冷轧铁或非合金钢宽平板轧材(除冷轧外未进一步加工,宽度≥600mm,未包、镀、涂层)	6.0	17.0	17.0		千克	A7
7210	**宽度在 600 毫米及以上的铁或非合金钢平板轧材,经包覆、镀层或涂层**						
7210 11 00ˆ	镀(涂)锡的非合金钢厚宽平板轧材(厚≥0.5mm,宽≥600mm)	10.0	20.0	17.0		千克	A7
7210 12 00ˆ	镀(涂)锡的非合金钢薄宽平板轧材(厚＜0.5mm,宽≥600mm)	5.0	20.0	17.0		千克	A7
7210 20 00ˆ	镀铅的铁或非合金钢宽平板轧材(包括镀铅锡钢板)	4.0	20.0	17.0		千克	7
7210 30 00ˆ	电镀锌的铁或非合金钢宽板材(宽≥600mm)	8.0	20.0	17.0		千克	A7
7210 41 00ˆ	镀锌的瓦楞形铁或非合金钢宽板材(电镀锌的除外,宽≥600mm)	8.0	20.0	17.0		千克	A7
7210 49 00ˆ	镀锌的其他形铁或非合金钢宽板材(电镀锌的除外,宽≥600mm)	4.0	20.0	17.0		千克	A7
7210 50 00ˆ	镀氧化铬的铁或非合金钢宽板材(宽度≥600mm)	8.0	20.0	17.0		千克	7

商品编号	商品名称备注	进口税率		增值税	消费税	计量单位	监管条件
		最惠国	普通				
7210 61 00ˆ	镀或涂铝锌合金的铁宽平板轧材(包括非合金钢的,宽度≥600mm)	8.0	20.0	17.0		千克	7
7210 69 00ˆ	其他镀或涂铝的铁宽平板轧材(包括非合金钢的,宽度≥600mm)	8.0	20.0	17.0		千克	7
7210 70 00ˆ	涂漆或涂塑的铁或非合金钢宽板材(宽度≥600mm)	4.0	20.0	17.0		千克	57
7210 90 00ˆ	涂镀其他材料铁或非合金钢宽板材(宽度≥600mm)	8.0	20.0	17.0		千克	57
7211	**宽度小于600毫米的铁或非合金钢平板轧材,但未经包覆、镀层或涂层**						
7211 13 00	未轧花纹的四面轧制的热轧非卷材(150mm<宽<600mm,厚≥4mm,未包,镀,涂层)	6.0	30.0	17.0		千克	A57
7211 14 00	厚度≥4.75mm的其他热轧板材(宽<600mm,未包,镀,涂层)	6.0	30.0	17.0		千克	A57
7211 19 00	其他热轧铁或非合金钢窄板材(宽<600mm未包,镀,涂层)	6.0	30.0	17.0		千克	A7
7211 23 00	含炭量低于0.25%的冷轧板材(宽<600mm,未包,镀,涂层)	6.0	30.0	17.0		千克	A7
7211 29 00	其他冷轧铁或非合金钢窄板材(宽<600mm,未经包,镀,涂层;含炭量≥0.25%)	6.0	30.0	17.0		千克	A7
7211 90 00	冷轧的铁或非合金钢其他窄板材(宽度<600mm,未经包,镀,涂层)	6.0	30.0	17.0		千克	A57
7212	**宽度小于600毫米的铁或非合金钢平板轧材,经包覆、镀层或涂层**						
7212 10 00	镀(涂)锡的铁或非合金钢窄板材(宽<600mm)	5.0	20.0	17.0		千克	A7
7212 20 00	电镀锌的铁或非合金钢窄板材(宽<600mm)	8.0	20.0	17.0		千克	A7
7212 30 00	其他镀或涂锌的铁窄板材(包括非合金钢的,宽度<600mm)	8.0	20.0	17.0		千克	A7
7212 40 00	涂漆或涂塑的铁或非合金钢窄板材(宽度<600mm)	4.0	20.0	17.0		千克	57
7212 50 00	涂镀其他材料铁或非合金钢窄板材(宽度<600mm)	8.0	20.0	17.0		千克	57
7212 60 00	经包覆的铁或非合金钢窄板材(宽度<600mm)	8.0	20.0	17.0		千克	7
7213	**不规则盘卷的铁及非合金钢的热轧条、杆**						
7213 10 00	铁或非合金钢制热轧盘条(带有轧制过程中产生的变形)	6.6	20.0	17.0		千克	AB7
7213 20 00	其他易切削钢制热轧盘条(不带有轧制过程中产生的变形)	6.6	20.0	17.0		千克	AB7
7213 91 00	直径<14mm圆截面的其他热轧盘条	5.0	20.0	17.0		千克	AB7
7213 99 00	其他热轧盘条	5.0	20.0	17.0		千克	AB7

商品编号	商 品 名 称 备 注	进口税率		增值税	消费税	计量单位	监管条件
		最惠国	普通				
7214	**铁或非合金钢的其他条、杆,除锻造、热轧、热拉拔或热挤压外未经进一步加工,包括轧制后扭曲的**						
7214 10 00	铁或非合金钢的锻造条、杆(除热加工外未进一步加工)	7.0	20.0	17.0		千克	AB7
7214 20 00	铁或非合金钢的热加工条、杆(带有轧制过程中产生变形,热加工指热轧,热拉拔或热挤压)	4.8	20.0	17.0		千克	AB7
7214 30 00	易切削钢的热加工条、杆(不带有轧制过程中产生变形,热加工指热轧热拉拔热挤压)	7.0	20.0	17.0		千克	AB7
7214 91 00	其他矩形截面的条杆(正方形除外)	4.8	20.0	17.0		千克	AB7
7214 99 00	其他热加工条、杆	4.8	20.0	17.0		千克	AB7
7215	**铁及非合金钢的其他条、杆**						
7215 10 00	其他易切削钢制冷加工条、杆(包括冷成形)	7.0	20.0	17.0		千克	A7
7215 50 00	其他冷加工或冷成形的条、杆	7.0	20.0	17.0		千克	A7
7215 90 00	铁及非合金钢的其他条、杆	5.0	20.0	17.0		千克	A7
7216	**铁或非合金钢的角材、型材及异型材**						
7216 10 10	截面高度＜80mmH 型钢(除热加工外未经进一步加工)	3.0	14.0	17.0		千克	AB7
7216 10 90	截面高度＜80mmU 型、I 型钢(除热加工外未经进一步加工)	3.0	14.0	17.0		千克	AB7
7216 21 00	截面高度＜80mm 角钢(除热加工外未经进一步加工)	6.0	17.0	17.0		千克	AB7
7216 22 00	截面高度＜80mm 丁字钢(除热加工外未经进一步加工)	6.0	14.0	17.0		千克	AB7
7216 31 00	截面高度≥80mm 槽型钢(除热加工外未经进一步加工)	6.0	14.0	17.0		千克	AB7
7216 32 00	截面高度≥80mm 工字型钢(除热加工外未经进一步加工)	6.0	14.0	17.0		千克	AB7
7216 33 00	截面高度≥80mmH 型钢(除热加工外未经进一步加工)	6.0	14.0	17.0		千克	AB7
7216 40 10	截面高度≥80mm 角钢(除热加工外未经进一步加工)	3.0	17.0	17.0		千克	AB7
7216 40 20	截面高度≥80mm 丁字钢(除热加工外未经进一步加工)	3.0	14.0	17.0		千克	AB7
7216 50 10	乙字钢(除热加工外未经进一步加工)	6.0	14.0	17.0		千克	AB7
7216 50 90	其他角材、型材及异型材(除热加工外未经进一步加工)	3.0	20.0	17.0		千克	AB7
7216 61 00	平板轧材制的角材、型材及异型材(除冷加工外未经进一步加工)	4.8	20.0	17.0		千克	AB7

商品编号	商品名称备注	进口税率		增值税	消费税	计量单位	监管条件
		最惠国	普通				
7216 69 00	冷加工的角材、型材及异型材(除冷加工外未经进一步加工)	4.8	20.0	17.0		千克	AB7
7216 91 00	其他平板轧材制角材,型材,异型材	4.8	20.0	17.0		千克	AB7
7216 99 00	其他角材、型材及异型材(除冷加工或热加工外经进一步加工)	4.8	20.0	17.0		千克	AB7
7217	**铁丝或非合金钢丝**						
7217 10 00	未镀或涂层的铁或非合金钢丝(不论是否抛光)	8.0	40.0	17.0		千克	B7
7217 20 00	镀或涂锌的铁或非合金钢丝	9.8	40.0	17.0		千克	B7
7217 30 00	镀或涂其他贱金属铁或非合金钢丝(包括非合金钢丝)	9.8	40.0	17.0		千克	B7
7217 90 00	其他铁丝或非合金钢丝	9.8	40.0	17.0		千克	B7
7218	**不锈钢,锭状及其他初级形状;不锈钢半制成品**						
7218 10 00	不锈钢锭及其他初级形状产品	2.0	11.0	17.0		千克	7
7218 91 00	矩形截面的不锈半制成品(正方形截面除外)	2.0	11.0	17.0		千克	7
7218 99 00	其他不锈钢半制成品	2.0	11.0	17.0		千克	7
7219	**不锈钢平板轧材,宽度在600毫米及以上**						
7219 11 00	厚度>10mm热轧不锈钢卷板(除热轧外未经进一步加工宽度≥600mm)	4.0	14.0	17.0		千克	A7
7219 12 00	4.75mm≤厚≤10mm热轧不锈钢卷板(除热轧外未经进一步加工宽度≥600mm)	4.0	14.0	17.0		千克	A7
7219 13 00	3mm≤厚<4.75mm热轧不锈钢卷板(除热轧外未经进一步加工宽度≥600mm)	4.0	14.0	17.0		千克	A7
7219 14 00	厚度<3mm热轧不锈钢卷板(除热轧外未经进一步加工宽度≥600mm)	4.0	14.0	17.0		千克	A7
7219 21 00	厚度>10mm热轧不锈钢平板(除热轧外未经进一步加工宽度≥600mm)	13.6	40.0	17.0		千克	A7
7219 22 00	4.75mm≤厚≤10mm热轧不锈钢平板(除热轧外未经进一步加工宽度≥600mm)	13.6	40.0	17.0		千克	A7
7219 23 00	3mm≤厚<4.75mm热轧不锈钢平板(除热轧外未经进一步加工宽度≥600mm)	13.6	40.0	17.0		千克	A7
7219 24 00	厚度<3mm热轧不锈钢平板(除热轧外未经进一步加工宽度≥600mm)	13.6	40.0	17.0		千克	A7
7219 31 00	厚度≥4.75mm冷轧不锈钢板(除冷轧外未经进一步加工,宽度≥600mm)	14.0	40.0	17.0		千克	A7
7219 32 00	3mm≤厚<4.75mm冷轧不锈钢板材(除冷轧外未经进一步加工,宽度≥600mm)	14.0	40.0	17.0		千克	A7
7219 33 00	1mm<厚<3mm冷轧不锈钢板材(除冷轧外未经进一步加工,宽度≥600mm)	14.0	40.0	17.0		千克	A7

商品编号	商 品 名 称 备 注	进口税率		增值税	消费税	计量单位	监管条件
		最惠国	普通				
7219 34 00	0.5mm≤厚≤1mm 冷轧不锈钢板材(除冷轧外未经进一步加工,宽度≥600mm)	14.0	40.0	17.0		千克	A7
7219 35 00	厚度＜0.5mm 冷轧不锈钢板材(除冷轧外未经进一步加工,宽度≥600mm)	14.0	40.0	17.0		千克	A7
7219 90 00	其他不锈钢冷轧板材(热轧或冷轧后经进一步加工,非卷材,宽度≥600mm)	14.0	40.0	17.0		千克	A7
7220	**不锈钢平板轧材,宽度小于600毫米**						
7220 11 00	热轧不锈钢带材厚度≥4.75mm(除热轧外未经进一步加工宽度＜600mm)	10.0	20.0	17.0		千克	A7
7220 12 00	热轧不锈钢带材厚度＜4.75mm(除热轧外未经进一步加工宽度＜600mm)	10.0	20.0	17.0		千克	A7
7220 20 00	冷轧不锈钢带材(除冷轧外未经进一步加工宽度＜600mm)	10.0	20.0	17.0		千克	A7
7220 90 00	其他不锈钢带材(热轧或冷轧后经进一步加工宽度＜600mm)	10.0	20.0	17.0		千克	A7
7221	**不规则盘卷的不锈钢热轧条、杆**						
7221 00 00	不锈钢热轧条、杆(不规则盘卷的不锈钢热轧条杆)	10.0	20.0	17.0		千克	A7
7222	**不锈钢其他条、杆;不锈钢角材、型材及异型材**						
7222 11 00	圆形截面的热加工不锈钢条、杆(除热加工外未经进一步加工)	14.4	40.0	17.0		千克	A7
7222 19 00	其他截面形状的热加工不锈钢条杆(除热加工外未进一步加工)	14.4	40.0	17.0		千克	A7
7222 20 00	冷成形或冷加工的不锈钢条、杆(除冷加工外未进一步加工的不锈钢条杆)	14.8	40.0	17.0		千克	7
7222 30 00	其他不锈钢条、杆(除热加工或冷加工外未进一步加工的不锈钢条杆)	14.8	40.0	17.0		千克	7
7222 40 00	不锈钢角材、型材及异型材	10.0	17.0	17.0		千克	A7
7223	**不锈钢丝**						
7223 00 00	不锈钢丝	10.0	20.0	17.0		千克	7
7224	**其他合金钢,锭状或其他初级形状;其他合金钢制的半制成品**						
7224 10 00	其他合金钢锭及其他初级形状	2.0	11.0	17.0		千克	7
7224 90 10	粗铸锻件坯(单件重量在10吨及以上)	2.0	11.0	17.0		千克	7
7224 90 90	其他合金钢坯(其他合金钢锭及其他初级形态的)	2.0	11.0	17.0		千克	7
7225	**其他合金钢平板轧材,宽度在600毫米及以上**						
7225 11 00	取向性硅电钢宽板(宽≥600mm)	3.0	20.0	17.0		千克	A7

商品编号	商 品 名 称 备 注	进口税率		增值税	消费税	计量单位	监管条件
		最惠国	普通				
7225 19 00	其他硅电钢宽板(宽≥600mm)	6.0	20.0	17.0		千克	A7
7225 20 00	宽度≥600mm 的高速钢平板轧材	3.0	17.0	17.0		千克	A7
7225 30 00	宽度≥600mm 热轧其他合金钢卷材(除热轧外未经进一步加工)	3.0	14.0	17.0		千克	A7
7225 40 00	宽≥600mm 热轧其他合金钢材(除热轧外未经进一步加工)	3.0	17.0	17.0		千克	A7
7225 50 00	宽度≥600mm 冷轧其他合金钢板材(除冷轧外未经进一步加工)	4.8	17.0	17.0		千克	A7
7225 91 00	电镀锌的其他合金钢宽平板轧材(宽≥600mm)	7.0	17.0	17.0		千克	A7
7225 92 00	其他镀或涂锌的其他合金钢宽板材(宽≥600mm)	7.0	17.0	17.0		千克	A7
7225 99 00	宽≥600mm 的其他合金钢平板轧材	7.0	17.0	17.0		千克	A7
7226	**其他合金钢平板轧材,宽度小于 600 毫米**						
7226 11 00	取向性硅电钢窄板(宽<600mm)	3.0	20.0	17.0		千克	A7
7226 19 00	其他硅电钢窄板(宽<600mm)	3.0	20.0	17.0		千克	A7
7226 20 00	宽度<600mm 的高速钢平板轧材	3.0	20.0	17.0		千克	A7
7226 91 00	宽度<600mm 热轧其他合金钢板材(除热轧外未经进一步加工)	3.0	20.0	17.0		千克	A7
7226 92 00	宽度<600mm 冷轧其他合金钢板材(除冷轧外未经进一步加工)	4.8	20.0	17.0		千克	A7
7226 93 00	电镀锌的其他合金钢窄平板轧材(宽<600mm)	7.0	20.0	17.0		千克	A7
7226 94 00	其他镀或涂锌的其他合金钢窄板材(宽<600mm)	7.0	20.0	17.0		千克	A7
7226 99 00.10 *	宽度<600mm 的铁镍合金带材(生产集成电路框架用)	7.0	20.0	17.0		千克	A7
7226 99 00.90	宽度<600mm 的其他合金板材	7.0	20.0	17.0		千克	A7
7227	**不规则盘卷的其他合金钢热轧条、杆**						
7227 10 00	高速钢的热轧盘条(不规则盘卷的)	3.0	20.0	17.0		千克	A7
7227 20 00	硅锰钢的热轧盘条(不规则盘卷的)	6.0	20.0	17.0		千克	A7
7227 90 00	不规则盘卷的其他合金钢热轧条杆	3.0	20.0	17.0		千克	A7
7228	**其他合金钢条、杆;其他合金钢角材、型材及异型材;合金钢或非合金钢制的空心钻钢**						
7228 10 00	其他高速钢的条、杆	3.0	20.0	17.0		千克	A7
7228 20 00	其他硅锰钢的条、杆	6.0	20.0	17.0		千克	A7
7228 30 00	其他合金钢热加工条、杆(除热轧,热拉拔或热挤压外未经进一步加工的)	3.0	20.0	17.0		千克	A7
7228 40 00	其他合金钢锻造条、杆(除锻造外未经进一步加工的)	3.0	20.0	17.0		千克	A7
7228 50 00	其他合金钢冷成形或冷加工条、杆(除冷成形或冷加工外未进一步加工)	4.8	20.0	17.0		千克	A7

商品编号	商 品 名 称 备 注	进口税率		增值税	消费税	计量单位	监管条件
		最惠国	普通				
7228 60 00	其他合金钢条、杆(热加工或冷加工后经进一步加工)	4.8	20.0	17.0		千克	A7
7228 70 10	履带板合金型钢	6.0	17.0	17.0		千克	A7
7228 70 90	其他合金钢角材、型材及异型材	6.0	17.0	17.0		千克	A7
7228 80 00	其他合金钢空心钻钢(包括非合金钢)	7.0	35.0	17.0		千克	A7
7229	**其他合金钢丝**						
7229 10 00	高速钢丝	6.6	20.0	17.0		千克	7
7229 20 00	硅锰钢丝	7.0	20.0	17.0		千克	7
7229 90 00	其他合金钢丝	7.0	20.0	17.0		千克	7

第七十三章　钢铁制品

注释：

一、本章所称“铸铁”，适用于经铸造而得的产品，按重量计其铁元素含量超过其他元素单项含量并与第七十二章注释一(四)所述的钢的化学成分不同。

二、本章所称“丝”，是指热或冷成形的任何截面形状的产品，但其截面尺寸均不超过16毫米。

商品编号	商 品 名 称 备 注	进口税率		增值税	消费税	计量单位	监管条件
		最惠国	普通				
7301	**钢铁板桩，不论是否钻孔、打眼或组装；焊接的钢铁角材、型材及异型材**						
7301 10 00	钢铁板桩(不论是否钻孔、扎眼或组装)	7.0	20.0	17.0		千克	7
7301 20 00	焊接的钢铁角材、型材及异型材	7.0	30.0	17.0		千克	7
7302	**铁道及电车道铺轨用钢铁材料(钢轨、扩轨、齿轨、道岔尖轨、辙叉、尖轨拉杆及其他叉道段体、轨枕、鱼尾板、轨座、轨座楔、钢轨垫板、钢轨夹、底板、固定板及其他专门用于连接或加固路轨的材料)**						
7302 10 00	钢轨	6.0	14.0	17.0		千克	7AB
7302 30 00	道岔尖轨、辙叉、尖轨拉杆(及其他叉道段体)	8.0	17.0	17.0		千克	7AB
7302 40 00	钢铁制鱼尾板、钢轨垫板	7.0	17.0	17.0		千克	7AB
7302 90 10	钢铁轨枕	6.0	14.0	17.0		千克	7AB
7302 90 90	其他铁道电车道铺轨用钢铁材料	7.0	17.0	17.0		千克	7AB
7303	**铸铁管及空心异型材**						
7303 00 10	内径＞500mm 的铸铁圆型截面管	4.0	40.0	17.0		千克	7
7303 00 90	其他铸铁管及空心异型材	8.0	40.0	17.0		千克	7
7304	**无缝钢铁管及空心异型材(铸铁的除外)**						
7304 10 00	石油或天然气无缝钢铁管道管(铸铁的除外)	5.0	17.0	17.0		千克	7AB
7304 21 00	钻探石油及天然气用的钻管(铸铁的除外)	4.0	17.0	17.0		千克	7AB
7304 29 00	钻探石油及天然气用的套管及导管(铸铁的除外)	4.0	17.0	17.0		千克	7AB
7304 31 10	冷轧的钢铁制无缝锅炉管(冷拔或冷轧的铁或非合金钢制的，包括内螺纹)	4.0	17.0	17.0		千克	7AB
7304 31 20	冷轧的铁制无缝地质钻管、套管(冷拔或冷轧的铁或非合金钢制的)	8.0	17.0	17.0		千克	7AB
7304 31 90	其他冷轧的铁制无缝圆形截面管(冷拔或冷轧的铁或非合金钢制的)	4.0	17.0	17.0		千克	AB7
7304 39 10	非冷拔或冷轧的铁制无缝锅炉管	4.0	17.0	17.0		千克	7AB
7304 39 20	非冷轧的铁制无缝地质钻管套管(非冷拔或冷轧的铁或非合金钢制的)	5.0	17.0	17.0		千克	7AB
7304 39 90	非冷轧的铁制其他无缝管(非冷拔或冷轧的铁或非合金钢制的)	4.0	17.0	17.0		千克	AB7
7304 41 10 *	冷轧的不锈钢制无缝锅炉管(冷拔或冷轧的，包括内螺纹)	10.0	17.0	17.0		千克	AB
7304 41 90	冷轧的不锈钢制的其他无缝管(冷拔或冷轧的)	10.0	40.0	17.0		千克	AB7
7304 49 10 *	非冷轧(拔)不锈钢制无缝锅炉管(包括内螺纹)	10.0	17.0	17.0		千克	7AB
7304 49 90	非冷轧的不锈钢制其他无缝管(冷拔或冷轧的除外)	10.0	40.0	17.0		千克	AB7

商品编号	商 品 名 称 备 注	进口税率		增值税	消费税	计量单位	监管条件
		最惠国	普通				
7304 51 10	冷轧的其他合金钢无缝锅炉管(冷拔或冷轧的,包括内螺纹)	5.8	17.0	17.0		千克	7AB
7304 51 20	冷轧的其他合金钢无缝地质钻套管(冷拔或冷轧的)	5.8	17.0	17.0		千克	7AB
7304 51 90	冷轧的其他合金钢制其他无缝管(冷拔或冷轧的)	5.8	17.0	17.0		千克	7AB
7304 59 10	非冷轧其他合金钢无缝锅炉管(非冷拔或冷轧的)	4.0	17.0	17.0		千克	7AB
7304 59 20	非冷轧其他合金钢无缝地质钻套管(冷拔或冷轧的除外)	4.0	17.0	17.0		千克	7AB
7304 59 90	非冷轧其他合金钢制无缝圆形截面(冷拔或冷轧的除外)	4.0	17.0	17.0		千克	7AB
7304 90 00	未列名无缝钢铁管及空心异型材(铸铁除外)	4.0	17.0	17.0		千克	AB7
7305	**其他圆形截面钢铁管(例如,焊、铆及用类似方法接合的管),外径超过 406.4 毫米**						
7305 11 00	纵向埋弧焊接石油、天然气粗钢管(粗钢管指外径超过 406.4mm)	7.0	17.0	17.0		千克	7AB
7305 12 00	其他纵向焊接石油、天然气粗钢管(粗钢管指外径超过 406.4mm)	4.8	17.0	17.0		千克	7AB
7305 19 00	其他石油、天然气粗钢管(粗钢管指外径超过 406.4mm)	7.0	17.0	17.0		千克	7AB
7305 20 00	其他钻探石油、天然气用粗套管(粗套管指外径超过 406.4mm)	7.0	17.0	17.0		千克	7AB
7305 31 00	纵向焊接的其他粗钢铁管(粗钢铁管指外径超过 406.4mm)	6.0	30.0	17.0		千克	AB7
7305 39 00	其他方法焊接其他粗钢铁管(粗钢铁管指外径超过 406.4mm)	6.0	30.0	17.0		千克	AB7
7305 90 00	未列名圆形截面粗钢铁管(粗钢铁管指外径超过 406.4mm)	6.0	30.0	17.0		千克	AB7
7306	**其他钢铁管及空心异型材(例如,辊缝、焊、铆及类似方法接合的)**						
7306 10 00	其他石油、天然气管道管	7.0	17.0	17.0		千克	7AB
7306 20 00	其他钻探石油天然气用套、导管(细套管指外径不超过 406.4mm,包括薄管)	4.8	17.0	17.0		千克	7AB
7306 30 00	其他铁或非合金刚圆形截面焊缝管(细焊缝管指外径不超过 406.4mm)	3.0	30.0	17.0		千克	7B
7306 40 00	不锈钢其他圆形截面细焊缝管(细焊缝管指外径不超过 406.4mm)	6.0	30.0	17.0		千克	7
7306 50 00	其他合金钢的圆形截面细焊缝管(细焊缝管指外径不超过 406.4mm)	3.0	30.0	17.0		千克	7
7306 60 00	非圆形截面的其他焊缝管	3.0	30.0	17.0		千克	7

商品编号	商 品 名 称 备 注	进口税率		增值税	消费税	计量单位	监管条件
		最惠国	普通				
7306 90 00	未列名其他钢铁管及空心异型材	6.0	30.0	17.0		千克	AB7
7307	**钢铁管子附件(例如，接头、肘管、管套)**						
7307 11 00	无可锻性铸铁制管子附件	5.0	20.0	17.0		千克	
7307 19 00	可锻性铸铁及铸钢管子附件	8.0	20.0	17.0		千克	
7307 21 00	不锈钢制法兰	8.4	20.0	17.0		千克	B
7307 22 00	不锈钢制螺纹肘管、弯管、管套	8.4	20.0	17.0		千克	
7307 23 00	不锈钢制对焊件	8.4	20.0	17.0		千克	
7307 29 00	不锈钢制其他管子附件	8.4	20.0	17.0		千克	B
7307 91 00	未列名钢铁制法兰(不锈钢除外)	7.0	20.0	17.0		千克	B
7307 92 00	未列名钢铁制螺纹肘管,弯管,管套(不锈钢除外)	4.0	20.0	17.0		千克	
7307 93 00	未列名钢铁制对焊件(不锈钢除外)	7.0	20.0	17.0		千克	
7307 99 00	未列名钢铁制其他管子附件(不锈钢除外)	4.0	20.0	17.0		千克	
7308	**钢铁结构体(品目 9406 的活动房屋除外)及其部件(例如,桥梁及桥梁体段、闸门、塔楼、格构杆、屋顶、屋顶框架、门窗及其框架、门槛、百叶窗、栏杆、支柱及立柱);上述结构体用的已加工钢铁板、杆、角材、型材、异型材、管子及类似品**						
7308 10 00	钢铁制桥梁及桥梁体段	8.0	30.0	17.0		千克	
7308 20 00	钢铁制塔楼及格构杆	10.1	30.0	17.0		千克	
7308 30 00	钢铁制门窗及其框架、门槛	16.0	50.0	17.0		千克	
7308 40 00	钢铁制脚手架模板坑凳用支柱及类	10.1	30.0	17.0		千克	
7308 90 00	其他钢铁结构体及部件(包括结构体用的已加工钢板、型材、管子及类似品)	8.3	30.0	17.0		千克	
7309	**盛装物料用的钢铁槽、罐、桶及类似容器(装压缩气体或液化气体的除外),容积超过 300 升，不论是否衬里或隔热，但无机械或热力装置**						
7309 00 00	容积＞300 升钢铁制盛物容器(容积＞300 升的囤、柜、桶、罐、听及类似容器)	10.5	35.0	17.0		千克	
7310	**盛装物料用的钢铁桶、罐、听、盒及类似容器(装压缩气体或液化气体的除外)，容积不超过 300 升,不论是否衬里或隔热，但无机械或热力装置**						
7310 10 00	容积 50 升－300 升钢铁制盛物容器(容积≥50 升,≤300 升的钢铁柜、桶、罐、听及类似容器)	10.5	40.0	17.0		千克	
7310 21 00	容积＜50 升焊边或卷边接合钢铁罐	17.5	70.0	17.0		千克	
7310 29 00	其他容积＜50 升的盛物容器(容积＜50 升的钢铁柜、桶、罐、听及类似容器)	17.5	70.0	17.0		千克	A
7311	**装压缩气体或液化气体用的钢铁容器**						
7311 00 10	装压缩或液化气的钢铁容器(指零售包装用)	17.5	70.0	17.0		千克	6AB
7311 00 90	其他装压缩或液化气的容器(指非零售包装用)	8.0	17.0	17.0		千克	6AB

商品编号	商 品 名 称 备 注	进口税率		增值税	消费税	计量单位	监管条件
		最惠国	普通				
7312	**非绝缘的钢铁绞股线、绳、缆、编带、吊索及类似品**						
7312 10 00	非绝缘的钢铁绞股线、绳、缆	4.0	20.0	17.0		千克	7AB
7312 90 00	非绝缘钢铁编带、吊索及类似品	4.0	20.0	17.0		千克	
7313	**带刺钢铁丝；围篱用的钢铁绞带或单股扁丝（不论是否带刺）及松绞的双股丝**						
7313 00 00	带刺钢铁丝、围篱用钢铁绞带（还包括单股扁丝及松绞的双股丝）	7.0	70.0	17.0		千克	
7314	**钢铁丝制的布（包括环形带）、网、篱、格栅；网眼钢铁板**						
7314 12 10	不锈钢制的工业用机器环形带	12.0	20.0	17.0		千克	
7314 12 90	不锈钢制的其他机器环形带	12.0	70.0	17.0		千克	
7314 13 10	其他工业用机器环形带	8.0	20.0	17.0		千克	
7314 13 90	其他其他机器环形带	12.0	70.0	17.0		千克	
7314 14 10	不锈钢制的工业用其他机织品	12.0	20.0	17.0		千克	
7314 14 90	不锈钢制的其他机织品	12.0	70.0	17.0		千克	
7314 19 10	工业用其他钢丝制机织品	7.0	20.0	17.0		千克	
7314 19 90	非工业用钢丝制机织品	12.0	70.0	17.0		千克	
7314 20 00	交点焊接的粗钢铁丝网、篱及格栅（其丝的最大截面尺寸≥3mm，网眼尺寸≥100 平方厘米）	7.0	70.0	17.0		千克	
7314 31 00	交点焊接的镀或涂锌细钢铁丝网（其丝的最大截面尺寸＜3mm，网眼尺寸＜100 平方厘米）	7.0	70.0	17.0		千克	
7314 39 00	交点焊接的其他细钢铁丝网、篱（其丝的最大截面尺寸＜3mm，网眼尺寸＜100 平方厘米）	7.0	70.0	17.0		千克	
7314 41 10	镀锌的工业用钢铁丝网	8.0	20.0	17.0		千克	
7314 41 90	镀锌的非工业用钢铁丝网	10.0	70.0	17.0		千克	
7314 42 10	涂塑的工业用钢铁丝网	8.0	20.0	17.0		千克	
7314 42 90	涂塑的非工业用钢铁丝网	10.0	70.0	17.0		千克	
7314 49 10	其他工业用钢铁丝网	8.0	20.0	17.0		千克	
7314 49 90	其他钢铁丝网	10.0	70.0	17.0		千克	
7314 50 00	网眼钢铁板	8.0	70.0	17.0		千克	
7315	**钢铁链及其零件**						
7315 11 10	自行车滚子链	12.0	80.0	17.0		千克	B
7315 11 20	摩托车滚子链	12.0	80.0	17.0		千克	
7315 11 90	其他滚子链（自行车链、摩托车链除外）	12.0	80.0	17.0		千克	B
7315 12 00	其他铰接链（滚子链除外）	12.0	80.0	17.0		千克	
7315 19 00	铰接链零件（包括自行车链摩托车链其他滚子链零件）	12.0	80.0	17.0		千克	
7315 20 00	防滑链	12.0	80.0	17.0		千克	B
7315 81 00	日字环节链	12.0	80.0	17.0		千克	

商品编号	商 品 名 称 备 注	进口税率		增值税	消费税	计量单位	监管条件
		最惠国	普通				
7315 82 00	其他焊接链(日字环节链除外)	12.0	80.0	17.0		千克	
7315 89 00	未列名链	12.0	80.0	17.0		千克	
7315 90 00	非铰接链零件	10.0	80.0	17.0		千克	
7316	**钢铁锚、多爪锚及其零件**						
7316 00 00	钢铁锚、多爪锚及其零件	10.0	40.0	17.0		千克	
7317	**钢铁制的钉、平头钉、图钉、波纹钉、U形钉(品目8305的货品除外)及类似品,不论钉头是否用其他材料制成,但不包括铜头钉**						
7317 00 00	铁钉、图钉、平头钉及类似品(不论钉头是否用其他材料制成,但不包括铜头钉)	10.0	80.0	17.0		千克	
7318	**钢铁制的螺钉、螺栓、螺母、方头螺钉、钩头螺钉、铆钉、销、开尾销、垫圈(包括弹簧垫圈)及类似品**						
7318 11 00	方头螺钉	10.0	80.0	17.0		千克	B
7318 12 00	其他木螺钉	10.0	80.0	17.0		千克	B
7318 13 00	钩头螺钉及环头螺钉	10.0	80.0	17.0		千克	B
7318 14 00	自攻螺钉	10.0	80.0	17.0		千克	B
7318 15 00	其他螺钉及螺栓(不论是否带有螺母或垫圈)	8.0	80.0	17.0		千克	B
7318 16 00	螺母	8.0	80.0	17.0		千克	B
7318 19 00	未列名螺纹制品	5.0	80.0	17.0		千克	
7318 21 00	弹簧垫圈及其他防松垫圈	10.0	80.0	17.0		千克	B
7318 22 00	其他垫圈	10.0	80.0	17.0		千克	B
7318 23 00	铆钉	10.0	80.0	17.0		千克	
7318 24 00	销及开尾销	10.0	80.0	17.0		千克	
7318 29 00	其他无螺纹紧固件	10.0	80.0	17.0		千克	
7319	**钢铁制的手工缝针、编织针、引针、钩针、刺绣穿孔锥及类似制品;其他编号未列名的钢铁制安全别针及其他别针**						
7319 10 00	缝针、织补针、刺绣针	10.0	80.0	17.0		千克	
7319 20 00	安全别针	10.0	90.0	17.0		千克	
7319 30 00	其他别针	10.0	90.0	17.0		千克	
7319 90 00	未列名钢铁制针及类似品	10.0	80.0	17.0		千克	
7320	**钢铁制弹簧及弹簧片**						
7320 10 10	铁道车辆用片簧及簧片	6.0	14.0	17.0		千克	
7320 10 90	其他片簧及簧片	10.0	50.0	17.0		千克	
7320 20 10	铁道车辆用螺旋弹簧	6.0	14.0	17.0		千克	
7320 20 90	其他螺旋弹簧	10.0	50.0	17.0		千克	
7320 90 10	铁道车辆用其他弹簧	6.0	14.0	17.0		千克	
7320 90 90	其他弹簧	12.0	50.0	17.0		千克	

商品编号	商品名称备注	进口税率		增值税	消费税	计量单位	监管条件
		最惠国	普通				
7321	**非电热的钢铁制家用炉、灶(包括附有集中供暖用的热水锅的炉)、烤肉架、烤炉、煤气灶、加热板和类似非电热的家用器具及其零件**						
7321 11 00	可使用气体燃料的家用炉灶	17.0	80.0	17.0		个	6
7321 12 10	煤油炉	21.0	80.0	17.0		个	
7321 12 90	其他使用液体燃料的家用炉灶	21.0	80.0	17.0		个	
7321 13 00	使用固体燃料的家用炉灶	21.0	80.0	17.0		个	
7321 81 00	可使用气体燃料的其他家用器具	23.0	80.0	17.0		个	6
7321 82 00	使用液体燃料的其他家用器具	21.0	80.0	17.0		个	
7321 83 00	使用固体燃料的其他家用器具	21.0	80.0	17.0		个	
7321 90 00	非电热家用器具零件	12.0	80.0	17.0		千克	
7322	**非电热的钢铁制集中供暖用散热器及其零件;非电热的钢铁制空气加热器、暖气分布器(包括可分布新鲜空气或调节空气的)及其零件,装有电动风扇或鼓风机**						
7322 11 00	非电热铸铁制集中供暖用散热器(包括零件)	21.0	80.0	17.0		千克	
7322 19 00	非电热钢制集中供暖用散热器(包括零件)	21.0	80.0	17.0		千克	
7322 90 00	非电热空气加热器、暖气分布器(包括零件)	20.0	80.0	17.0		千克	
7323	**餐桌、厨房用或其他家用钢铁器具及其零件;钢铁丝绒;钢铁制擦锅器、洗刷擦光用的块垫、手套及类似品**						
7323 10 00	钢铁丝绒、擦锅器、洗擦用块垫等	14.0	80.0	17.0		千克	A
7323 91 00	餐桌、厨房等家用铸铁制器具(包括零件、非搪瓷的)	20.0	80.0	17.0		千克	A
7323 92 00	餐桌、厨房等家用铸铁制搪瓷器(包括零件、已搪瓷的)	20.0	100.0	17.0		千克	AB
7323 93 00	餐桌、厨房等家用不锈钢器具(包括零件、已搪瓷的)	14.0	80.0	17.0		千克	AB
7323 94 00	餐桌、厨房等家用钢铁制搪瓷器(铸铁除外)	20.0	100.0	17.0		千克	AB
7323 99 00	其他餐桌、厨房等用钢铁器具	20.0	80.0	17.0		千克	A
7324	**钢铁制卫生器具及其零件**						
7324 10 00	不锈钢制洗涤槽及脸盆	18.0	80.0	17.0		千克	
7324 21 00	铸铁制浴缸(不论是否搪瓷)	20.0	100.0	17.0		千克	
7324 29 00	钢铁制浴缸(不论是否搪瓷)	30.0	100.0	17.0		千克	
7324 90 00	其他钢铁制卫生器具及零件	25.0	100.0	17.0		千克	
7325	**其他钢铁铸造制品**						
7325 10 10	工业用无可锻性制品	7.0	40.0	17.0		千克	
7325 10 90	其他无可锻性铸铁制品	20.0	90.0	17.0		千克	
7325 91 00	可锻性铸铁及铸钢研磨机的研磨球(包括其类似品)	10.5	40.0	17.0		千克	

商品编号	商 品 名 称 备 注	进口税率		增值税	消费税	计量单位	监管条件
		最惠国	普通				
7325 99 10	工业用未列名可锻性铸铁制品(包括铸钢制品)	10.5	40.0	17.0		千克	
7325 99 90	非工业用未列名可锻性铸铁制品(包括铸钢制品)	20.0	90.0	17.0		千克	
7326	**其他钢铁制品**						
7326 11 00	钢铁制研磨机用研磨球及类似品(经锻造或冲压后,未经进一步加工)	10.5	40.0	17.0		千克	
7326 19 10	工业用未列名钢铁制品(经锻造或冲压后,未经进一步加工)	10.5	40.0	17.0		千克	
7326 19 90	非工业用钢铁制品(经锻造或冲压后,未经进一步加工)	20.0	90.0	17.0		千克	
7326 20 10	工业用钢铁丝制品	10.0	40.0	17.0		千克	
7326 20 90	非工业用钢铁丝制品	18.0	90.0	17.0		千克	
7326 90 10	其他工业用钢铁制品	10.5	40.0	17.0		千克	
7326 90 90	其他非工业用钢铁制品	12.8	90.0	17.0		千克	

第七十四章　铜及其制品

注释：

本章所用有关名词解释如下：

一、精炼铜

按重量计含铜量至少为99.85%的金属；或按重量计含铜量至少为97.5%，但其他各种元素的含量不超过下表中规定的限量的金属：

其他元素表

元　　素		所含重量百分比
Ag	银	0.25
As	砷	0.5
Cd	镉	1.3
Cr	铬	1.4
Mg	镁	0.8
Pb	铅	1.5
S	硫	0.7
Sn	锡	0.8
Te	碲	0.8
Zn	锌	1
Zr	锆	0.3
其他元素*，	每种	0.3

*其他元素，例如，铝、铍、钴、铁、锰、镍、硅。

二、铜合金

除未精炼铜以外的金属物质，按重量计含铜量大于其他元素单项含量，但：

1. 按重量计至少有一种其他元素的含量超过上表中规定的限量；

2. 按重量计其他元素的总含量超过2.5%。

三、铜母合金

含有其他元素，但按重量计含铜量超过10%的合金，该合金无实用可锻性，通常用作生产其他合金的添加剂或用作冶炼有色金属的脱氧剂、脱硫剂及类似用途。但按重量计含磷量超过15%的磷化铜归入品目28.48。

四、条、杆

轧、挤、拔或锻制的实心产品，非成卷的，其全长截面均为圆形、椭圆形、矩形(包括正方形)、等边三角形或规则外凸多边形(包括相对两边为弧拱形，另外两边为等长平行直线的"扁圆形"及"变形矩形")。对于矩形(包括正方形)、三角形或多边形截面的产品，其全长边角可经磨圆。矩形(包括"变形矩形")截面的产品，其厚度应大于宽度的十分之一。所述条、杆也包括同样形状及尺寸的铸造或烧结产品。该产品在铸造或烧结后再经加工(简单剪修或去氧化皮的除外)，但不具有其他品目所列制品或产品的特征。

线锭及坯段，已具锥形尾端或经其他简单加工以便送入机器制成盘条或管子等的，仍应作为未锻轧铜归入品目74.03。

五、型材及异型材

轧、挤、拔、锻制的产品或其他成型产品，不论是否成卷，其全长截面相同，但与条、杆、丝、板、片、带、箔、管的定义不相符合。同时也包括同样形状的铸造或烧结产品。该产品在铸造或烧结后再经加工(简单剪修或去氧化皮的除外)，但不具有其他品目所列制品或产品的特征。

六、丝

盘卷的轧、挤或拔制实心产品，其全长截面均为圆形、椭圆形、矩形(包括正方形)、等边三角形或规则外凸多边形(包括相对两边为弧拱形，另外两边为等长平行直线的"扁圆形"及"变形矩形")。对于矩形(包括正方形)、三角形或多边形截面的产品，其全长边角可经磨圆。矩形(包括"变形矩形")截面的产品，其厚度应大于宽度的十分之一。

但品目74.14所称"丝"，仅适用于截面尺寸不超过6毫米的各种截面形状的产品(不论是否盘卷)。

七、板、片、带、箔

成卷或非成卷的平面产品(品目74.03的未锻轧产品除外)，截面均为厚度相同的实心矩形(不包括正方形)，不论边角是否磨圆(包括相对两边为弧拱形，另外两边为等长平行直线的"变形矩形")，并且符合以下规格：

1. 矩形(包括正方形)的,厚度不超过宽度的十分之一;

2. 矩形或正方形以外形状的,任何尺寸,但不具有其他品目所列制品或产品的特征。

品目74.09及74.10还适用于具有花样(例如,凹槽、肋条形、格槽、珠粒及菱形)的板、片、带、箔以及穿孔、抛光、涂层或制成瓦楞形的这类产品,但不具有其他品目所列制品或产品的特征。

八、管

全长截面及管壁厚度相同并只有一个闭合空间的空心产品,成卷或非成卷的,其截面为圆形、椭圆形、矩形(包括正方形)、等边三角形或规则外凸多边形。对于截面为矩形(包括正方形)、等边三角形或规则外凸多边形的产品,不论全长边角是否磨圆,只要其内外截面为同一圆心并为同样形状及同一轴向,也可视为管子。上述截面的管子可经抛光、涂层、弯曲、攻丝、钻孔、缩腰、胀口、成锥形或装法兰、颈圈或套环。

子目注释:

本章所用有关名词解释如下:

一、铜锌合金(黄铜)

铜与锌的合金,不论是否含有其他元素。含有其他元素时:

按重量计含锌量应大于其他各种元素的单项含量;

按重量计含镍量应低于5%参见铜镍锌合金(德银);

按重量计含锡量应低于3%参见铜锡合金(青铜)。

二、铜锡合金(青铜)

铜与锡的合金,不论是否含有其他元素。含有其他元素时,按重量计含锡量应大于其他各种元素的单项含量。当按重量计含锡量在3%及以上时,锌的含量可大于锡的含量,但必须小于10%。

三、铜镍锌合金(德银)

铜、镍、锌的合金,不论是否含有其他元素,按重量计含镍量在5%及以上参见铜锌合金(黄铜)。

四、铜镍合金

铜与镍的合金,不论是否含有其他元素,但按重量计含锌量不得大于1%。含有其他元素时,按重量计含镍量应大于其他各种元素的单项含量。

商品编号	商品名称备注	进口税率		增值税	消费税	计量单位	监管条件
		最惠国	普通				
7401	**铜锍;沉积铜(泥铜)**						
7401 10 00	铜锍	2.0	11.0	17.0		千克	A
7401 20 00	沉积铜(泥铜)	2.0	11.0	17.0		千克	AP
7402	**未精炼铜;电解精炼用的铜阳极**						
7402 00 00 *	未精炼铜、电解精炼用铜阳极	2.0	11.0	17.0		千克	A7
7403	**未锻轧的精炼铜及铜合金**						
7403 11 00 *	精炼铜的阴极及阴极型材(未锻轧的)	2.0	11.0	17.0		千克	AB7
7403 12 00 *	精炼铜的线锭(未锻轧的)	2.0	11.0	17.0		千克	A7
7403 13 00 *	精炼铜的坯段(未锻轧的)	2.0	11.0	17.0		千克	A7
7403 19 00 *	其他未锻轧的精炼铜	2.0	11.0	17.0		千克	AB7
7403 21 00 *	未锻轧的黄铜	1.0	14.0	17.0		千克	7
7403 22 00 *	未锻轧的青铜	1.0	17.0	17.0		千克	7
7403 23 00 *	未锻轧的白铜或德银	1.0	35.0	17.0		千克	7
7403 29 00 *	未锻轧的其他铜合金(铜母合金除外)	1.0	17.0	17.0		千克	7
7404	**铜废碎料**						
7404 00 00.10 *	以回收铜为主的废电机等(包括废电机、电线、电缆、五金电器)	1.5	11.0	17.0		千克	7AP
7404 00 00.90 *	铜废碎料	1.5	11.0	17.0		千克	7A
7405	**铜母合金**						
7405 00 00	铜母合金	4.0	17.0	17.0		千克	
7406	**铜粉及片状粉末**						
7406 10 10	精炼铜制非片状粉末	3.0	14.0	17.0		千克	7
7406 10 20	白铜或德银制非片状粉末	6.0	40.0	17.0		千克	7
7406 10 30	铜锌合金(黄铜)制非片状粉末	6.0	30.0	17.0		千克	
7406 10 40	铜锡合金(青铜)制非片状粉末	6.0	30.0	17.0		千克	
7406 10 90	其他铜合金制非片状粉末	6.0	30.0	17.0		千克	7
7406 20 10	精炼铜制片状粉末	4.0	14.0	17.0		千克	7
7406 20 20	白铜或德银制片状粉末	6.0	40.0	17.0		千克	7
7406 20 90	其他铜合金制片状粉末	6.0	30.0	17.0		千克	7
7407	**铜条、杆、型材及异型材**						
7407 10 00 *	精炼铜条、杆及型材	4.0	14.0	17.0		千克	7
7407 21 00 *	黄铜条、杆及型材	7.0	20.0	17.0		千克	7
7407 22 00 *	白铜或德银的条、杆及型材	7.0	40.0	17.0		千克	7
7407 29 00 *	其他铜合金条、杆及型材	7.0	20.0	17.0		千克	7
7408	**铜丝**						
7408 11 00 *	最大截面尺寸＞6mm 的精炼铜丝	4.0	14.0	17.0		千克	7

商品编号	商品名称备注	进口税率		增值税	消费税	计量单位	监管条件
		最惠国	普通				
7408 19 00 *	截面尺寸≤6mm 的精炼铜丝	4.0	14.0	17.0		千克	7
7408 21 00 *	黄铜丝	7.0	20.0	17.0		千克	7
7408 22 00 *	白铜丝或德银丝	8.0	40.0	17.0		千克	7
7408 29 00 *	其他铜合金丝	7.0	20.0	17.0		千克	7
7409	**铜板、片及带,厚度超过 0.15 毫米**						
7409 11 00 *	成卷的精炼铜板、片、带(厚度>0.15mm)	4.0	14.0	17.0		千克	A7
7409 19 00 *	其他精炼铜板、片、带(厚度>0.15mm)	4.0	14.0	17.0		千克	A7
7409 21 00 *	成卷的黄铜板、片、带(厚度>0.15mm)	7.0	20.0	17.0		千克	A7
7409 29 00 *	其他黄铜板、片、带(厚度>0.15mm)	7.0	20.0	17.0		千克	7
7409 31 00 *	成卷的青铜板、片、带(厚度>0.15mm)	7.0	20.0	17.0		千克	7
7409 39 00 *	其他青铜板、片、带(厚度>0.15mm)	7.0	20.0	17.0		千克	7
7409 40 00 *	白铜或德银制板、片、带(厚度>0.15mm)	7.0	40.0	17.0		千克	7
7409 90 00 *	其他铜合金板、片、带(厚度>0.15mm)	7.0	20.0	17.0		千克	7
7410	**铜箔(不论是否印花或用纸、纸板、塑料或类似材料衬背),厚度(衬背除外)不超过 0.15 毫米**						
7410 11 00	无衬背的精炼铜箔(厚度不超过 0.15mm)	4.0	14.0	17.0		千克	7
7410 12 10	无衬背铜镍合金箔或铜镍锌合金箔(厚度不超过 0.15mm)	7.0	40.0	17.0		千克	7
7410 12 90	无衬背的其他铜合金箔(厚度不超过 0.15mm)	7.0	20.0	17.0		千克	7
7410 21 00	有衬背的精炼铜箔(厚度(衬背除外)不超过 0.15mm)	4.0	14.0	17.0		千克	7
7410 22 10	有衬背铜镍合金箔或铜镍锌合金箔(厚度(衬背除外)不超过 0.15mm)	7.0	40.0	17.0		千克	7
7410 22 90	有衬背的其他铜合金箔(厚度(衬背除外)不超过 0.15mm)	7.0	20.0	17.0		千克	7
7411	**铜管**						
7411 10 00	精炼铜管	4.0	14.0	17.0		千克	A7
7411 21 00	铜锌合金(黄铜)管	7.0	20.0	17.0		千克	7
7411 22 00	白铜或德银管	7.0	40.0	17.0		千克	7
7411 29 00	其他铜合金管	7.0	20.0	17.0		千克	7
7412	**铜制管子附件(例如,接头、肘管、管套)**						
7412 10 00	精炼铜管子附件	4.0	14.0	17.0		千克	
7412 20 10	铜镍合金或铜镍锌合金管子配件	7.0	40.0	17.0		千克	
7412 20 90	其他铜合金管子配件	7.0	20.0	17.0		千克	
7413	**非绝缘的铜丝绞股线、缆、编带及类似品,铜丝制的布(包括环形带)、网、格栅、网眼铜板**						
7413 00 00	非绝缘的铜丝绞股线、缆、编带等	5.0	14.0	17.0		千克	AB
7414	**铜丝制的布(包括环型带)、网、格栅、网眼铜板**						

商品编号	商 品 名 称 备 注	进口税率		增值税	消费税	计量单位	监管条件
		最惠国	普通				
7414 20 10	工业用铜丝制的布(包括环形带)	7.0	20.0	17.0		千克	
7414 20 90	其他铜丝制的布(包括环形带)	15.0	70.0	17.0		千克	
7414 90 10	工业用其他铜丝制的网、格栅(包括网眼铜板)	8.0	20.0	17.0		千克	
7414 90 90	其他铜丝制的网、格栅(包括网眼铜板)	15.0	70.0	17.0		千克	
7415	**铜制或钢铁制带铜头的钉、平头钉、图钉、U形钉(编号8305的货品除外)及类似品；铜制螺钉、螺栓、螺母、钩头螺钉、铆钉、销、开尾销、垫圈(包括弹簧垫圈)及类似品**						
7415 10 00	铜钉,平头钉,图钉U型钉及类似品(包括钢铁制带铜头的)	8.0	80.0	17.0		千克	
7415 21 00	铜垫圈(包括弹簧垫圈)	10.0	80.0	17.0		千克	
7415 29 00	铜制其他无螺纹制品	10.0	80.0	17.0		千克	
7415 33 10	铜制木螺钉(包括钢铁制带铜头的)	8.0	80.0	17.0		千克	
7415 33 90	铜制其他螺钉螺栓螺母(包括钢铁制带铜头的)	8.0	80.0	17.0		千克	
7415 39 00	其他铜制螺纹制品	10.0	80.0	17.0		千克	
7416	**铜弹簧**						
7416 00 00	铜弹簧	10.0	40.0	17.0		千克	
7417	**非电热的铜制家用烹饪或供暖器具及其零件**						
7417 00 00	非电热的铜制家用烹饪、供暖器具(包括零件)	20.0	80.0	17.0		千克	
7418	**餐桌、厨房或其他家用铜制器具及其零件；铜制刷锅器、洗刷擦光用的块垫、手套及类似品；铜制卫生器具及其零件**						
7418 11 00	擦锅器及洗刷擦光用的块垫、手套(包括类似品)	18.0	80.0	17.0		千克	A
7418 19 00	餐桌厨房等家用铜制器具及其零件	18.0	80.0	17.0		千克	A
7418 20 00	铜制卫生器具及其零件	18.0	80.0	17.0		千克	
7419	**其他铜制品**						
7419 10 00	铜链条及其零件	14.0	80.0	17.0		千克	
7419 91 10	工业用铸造,模压,冲压其他铜制品(未进一步加工)	10.0	40.0	17.0		千克	
7419 91 90	非工业用铸造,模压,冲压铜制品(未进一步加工)	20.0	80.0	17.0		千克	
7419 99 10	工业用其他铜制品	10.0	40.0	17.0		千克	
7419 99 90	非工业用其他铜制品	20.0	80.0	17.0		千克	

第七十五章　镍及其制品

注释:

本章所用有关名词解释如下:

一、条、杆

轧、挤、拔或锻制的实心产品,非成卷的,其全长截面均为圆形、椭圆形、矩形(包括正方形)、等边三角形或规则外凸多边形(包括相对两边为弧拱形,另外两边为等长平行直线的"扁圆形"及"变形矩形")。对于矩形(包括正方形)、三角形或多边形截面的产品,其全长边角可经磨圆。矩形(包括"变形矩形")截面的产品,其厚度应大于宽度的十分之一。所述条、杆也包括同样形状及尺寸的铸造或烧结产品。该产品在铸造或烧结后再经加工(简单剪修或去氧化皮的除外),但不具有其他品目所列制品或产品的特征。

二、型材及异型材

轧、挤、拔、锻制的产品或其他成型产品,不论是否成卷,其全长截面相同,但与条、杆、丝、板、片、带、箔、管的定义不相符合。同时也包括同样形状的铸造或烧结产品。该产品在铸造或烧结后再经加工(简单剪修或去氧化皮的除外),但不具有其他品目所列制品或产品的特征。

三、丝

盘卷的轧、挤或拔制实心产品,其全长截面均为圆形、椭圆形、矩形(包括正方形)、等边三角形或规则外凸多边形(包括相对两边为弧拱形,另外两边为等长平行直线的"扁圆形"及"变形矩形")。对于矩形(包括正方形)、三角形或多边形截面的产品,其全长边角可经磨圆。矩形(包括"变形矩形")截面的产品,其厚度应大于宽度的十分之一。

四、板、片、带、箔

成卷或非成卷的平面产品(品目 75.02 的未锻轧产品除外),截面均为厚度相同的实心矩形(不包括正方形),不论边角是否磨圆(包括相对两边为弧拱形,另外两边为等长平行直线的"变形矩形"),并且符合以下规格:

1. 矩形(包括正方形)的,厚度不超过宽度的十分之一;
2. 矩形或正方形以外形状的,任何尺寸,但不具有其他品目所列制品或产品的特征。

品目 75.06 还适用于具有花样(例如,凹槽、肋条形、格槽、珠粒及菱形)的板、片、带、箔以及穿孔、抛光、涂层或制成瓦楞形的这类产品,但不具有其他品目所列制品或产品的特征。

五、管

全长截面及管壁厚度相同并只有一个闭合空间的空心产品,成卷或非成卷的,其截面为圆形、椭圆形、矩形(包括正方形)、等边三角形或规则外凸多边形。对于截面为矩形(包括正方形)、等边三角形或规则外凸多边形的产品,不论全长边角是否磨圆,只要其内外截面为同一圆心并为同样形状及同一轴向,也可视为管子。上述截面的管子可经抛光、涂层、弯曲、攻丝、钻孔、缩腰、胀口、成锥形或装法兰、颈圈或套环。

子目注释:

一、本章所用有关名词解释如下:

(一) 非合金镍

按重量计镍及钴的含量至少为 99% 的金属,但:

1. 按重量计含钴量不超过 1.5%;
2. 按重量计其他各种元素的含量不超过下表中规定的限量:

其他元素表

元素		所含重量百分比
Fe	铁	0.5
O	氧	0.4
其他元素,每种		0.3

(二) 镍合金

按重量计含镍量大于其他元素单项含量的金属物质,但:

1. 按重量计含钴量超过 1.5%;
2. 按重量计至少有一种其他元素的含量超过上表中规定的限量;
3. 除镍及钴以外,按重量计其他元素的总含量超过 1%。

二、子目 7508.10 所称"丝",不受本章注释三的限制,仅适用于截面尺寸不超过 6 毫米的任何截面形状的产品,不论是否盘卷。

商品编号	商 品 名 称 备 注	进口税率		增值税	消费税	计量单位	监管条件
		最惠国	普通				
7501	**镍锍、氧化镍烧结物及镍冶炼的其他中间产品**						
7501 10 00	镍锍	3.0	11.0	17.0		千克	
7501 20 00	氧化镍烧结物、镍的其他中间产品	3.0	11.0	17.0		千克	
7502	**未锻轧镍**						
7502 10 00 *	未锻轧的纯镍	3.0	11.0	17.0		千克	
7502 20 00 *	未锻轧镍合金	3.0	11.0	17.0		千克	
7503	**镍废碎料**						
7503 00 00	镍废碎料	1.5	11.0	17.0		千克	A
7504	**镍粉及片状粉末**						
7504 00 10	非合金镍粉及片状粉末	4.0	17.0	17.0		千克	
7504 00 20	合金镍粉及片状粉末	4.0	17.0	17.0		千克	
7505	**镍条、杆、型材及异型材或丝**						
7505 11 00	纯镍条、杆、型材	6.0	14.0	17.0		千克	
7505 12 00	合金镍条、杆、型材	6.0	14.0	17.0		千克	
7505 21 00	纯镍丝	6.0	17.0	17.0		千克	
7505 22 00	合金镍丝	6.0	17.0	17.0		千克	
7506	**镍板、片、带、箔**						
7506 10 00	纯镍板、片、带、箔	6.0	14.0	17.0		千克	
7506 20 00	镍合金板、片、带、箔	6.0	14.0	17.0		千克	
7507	**镍管及管子附件(例如，接头、肘管、管套)**						
7507 11 00	纯镍管	6.0	17.0	17.0		千克	
7507 12 00	合金镍管	6.0	17.0	17.0		千克	
7507 20 00	镍及镍合金管子附件	6.0	17.0	17.0		千克	
7508	**其他镍制品**						
7508 10 10	镍丝制的布	6.0	20.0	17.0		千克	
7508 10 80	工业用镍丝制的网及格栅	6.0	40.0	17.0		千克	
7508 10 90	其他镍丝制的网及格栅	6.0	70.0	17.0		千克	
7508 90 10 *	电镀用镍阳极	4.0	14.0	17.0		千克	
7508 90 80	其他工业用镍制品(镍丝布、网及格栅除外)	6.0	40.0	17.0		千克	
7508 90 90	其他非工业用镍制品(镍丝布、网及格栅除外)	6.0	70.0	17.0		千克	

第七十六章　铝及其制品

注释：

本章所用有关名词解释如下：

一、条、杆

轧、挤、拔或锻制的实心产品，非成卷的，其全长截面均为圆形、椭圆形、矩形（包括正方形）、等边三角形或规则外凸多边形（包括相对两边为弧拱形，另外两边为等长平行直线的“扁圆形”及“变形矩形”）。对于矩形（包括正方形）、三角形或多边形截面的产品，其全长边角可经磨圆。矩形（包括“变形矩形”）截面的产品其厚度应大于宽度的十分之一。所述条、杆也包括同样形状及尺寸的铸造或烧结产品。该产品在铸造或烧结后再经加工（简单剪修或去氧化皮的除外），但不具有其他品目所列制品或产品的特征。

二、型材及异型材

轧、挤、拔、锻制的产品或其他成型产品，不论是否成卷，其全长截面相同，但与条、杆、丝、板、片、带、箔、管的定义不相符合。同时也包括同样形状的铸造或烧结产品。该产品在铸造或烧结后再经加工（简单剪修或去氧化皮的除外），但不具有其他品目所列制品或产品的特征。

三、丝

盘卷的轧、挤或拔制实心产品，其全长截面均为圆形、椭圆形、矩形（包括正方形）等边三角形或规则外凸多边形（包括相对两边为弧拱形，另外两边为等长平行直线的“扁圆形”及“变形矩形”）。对于矩形（包括正方形）、三角形或多边形截面的产品，其全长边角可经磨圆。矩形（包括“变形矩形”）截面的产品，其厚度应大于宽度的十分之一。

四、板、片、带、箔

成卷或非成卷的平面产品（品目76.01的未锻轧产品除外），截面均为厚度相同的实心矩形（不包括正方形），不论边角是否磨圆（包括相对两边为弧拱形，另外两边为等长平行直线的“变形矩形”），并且符合以下规格：

1. 矩形（包括正方形）的，厚度不超过宽度的十分之一；

2. 矩形或正方形以外形状的，任何尺寸，但不具有其他品目所列制品或产品的特征。

品目76.06和76.07还适用于具有花样（例如，凹槽、肋条形、格槽、珠粒及菱形）的板、片、带、箔以及穿孔、抛光、涂层或制成瓦楞形的这类产品，但不具有其他品目所列制品或产品的特征。

五、管

全长截面及管壁厚度相同并只有一个闭合空间的空心产品，成卷或非成卷的，其截面为圆形、椭圆形、矩形（包括正方形）、等边三角形或规则外凸多边形。对于截面为矩形（包括正方形）、等边三角形或规则外凸多边形的产品，不论全长边角是否磨圆，只要其内外截面为同一圆心并为同样形状及同一轴向，也可视为管子。上述截面的管子可经抛光、涂层、弯曲、攻丝、钻孔、缩腰、胀口、成锥形或装法兰、颈圈或套环。

子目注释：

一、本章所用有关名词解释如下：

（一）非合金铝

按重量计含铝量至少为99%的金属，但其他各种元素的含量不超过下表中规定的限量：

其他元素表

元　素	所含重量百分比
Fe+Si（铁+硅） 其他元素(1)，每种	1 0.1(2)

(1)其他元素，例如，铬、铜、镁、锰、镍、锌。

(2)含铜成分可大于0.1%，但不得大于0.2%，且铬和锰的含量均不得超过0.05%。

（二）铝合金

按重量计含铝量大于其他元素单项含量的金属物质，但：

1. 按重量计至少有一种其他元素或铁加硅的含量大于上表中规定的限量；

2. 按重量计其他元素的总含量超过1%。

二、子目7616.91所称“丝”，不受本章注释三的限制，仅适用于截面尺寸不超过6毫米的任何截面形状的产品，不论是否盘卷。

商品编号	商 品 名 称 备 注	进口税率		增值税	消费税	计量单位	监管条件
		最惠国	普通				
7601	**未锻轧铝**						
7601 10 00 *	未锻轧纯铝	5.0	14.0	17.0		千克	AB7
7601 20 00 *	未锻轧铝合金	7.0	14.0	17.0		千克	7A
7602	**铝废碎料**						
7602 00 00.10 *	以回收铝为主的废电线等(包括废电线、电缆、五金电器)	1.5	14.0	17.0		千克	7AP
7602 00 00.90 *	铝废碎料	1.5	14.0	17.0		千克	7A
7603	**铝粉及片状粉末**						
7603 10 00	非片状铝粉	6.0	30.0	17.0		千克	7
7603 20 00	片状铝粉末	7.0	30.0	17.0		千克	7
7604	**铝条、杆、型材及异型材**						
7604 10 00 *	纯铝条、杆、型材	6.8	30.0	17.0		千克	7
7604 21 00 *	铝合金制空心异型材	6.8	30.0	17.0		千克	A7
7604 29 00 *	铝合金制条、杆、其他型材	6.8	30.0	17.0		千克	A7
7605	**铝丝**						
7605 11 00 *	纯铝制的粗丝(粗丝指铝丝最大截面尺寸>7mm)	8.0	17.0	17.0		千克	7
7605 19 00 *	纯铝制的细丝(细丝指铝丝最大截面尺寸≤7mm)	8.0	17.0	17.0		千克	7
7605 21 00 *	铝合金制的粗丝(粗丝指铝丝最大截面尺寸>7mm)	8.0	17.0	17.0		千克	7
7605 29 00 *	铝合金制的细丝(细丝指铝丝最大截面尺寸≤7mm)	8.0	17.0	17.0		千克	7
7606	**铝板、片及带,厚度超过0.2毫米**						
7606 11 20 *	纯铝制矩形的中厚板、片及带(中厚板指厚度≥0.3mm,但≤0.36mm)	6.0	50.0	17.0		千克	7A
7606 11 90 *	纯铝制矩形的其他板、片及带(指厚度<0.3mm或>0.36mm)	6.0	30.0	17.0		千克	A7
7606 12 20 *	铝合金制矩形的薄板、片及带(薄板指厚度<0.28mm,但>0.2mm)	6.0	30.0	17.0		千克	7A
7606 12 30 *	铝合金制矩形的中厚板、片及带(中厚板指厚度≥0.28mm,但≤0.35mm)	6.0	30.0	17.0		千克	7A
7606 12 40 *	铝合金制矩形的厚板、片及带(厚板指厚度>0.35mm)	6.0	50.0	17.0		千克	7A
7606 91 00 *	纯铝制非矩形的板、片及带(厚度>0.2mm)	6.0	30.0	17.0		千克	7
7606 92 00 *	铝合金制非矩形的板、片及带(厚度>0.2mm)	10.0	30.0	17.0		千克	A7

商品编号	商 品 名 称 备 注	进口税率		增值税	消费税	计量单位	监管条件
		最惠国	普通				
7607	**铝箔(不论是否印花或用纸、纸板、塑料或类似材料衬背),厚度(衬背除外)不超过0.2毫米**						
7607 11 00	轧制后未进一步加工的无衬背铝箔(厚度≤0.2mm)	10.8	35.0	17.0		千克	A7
7607 19 00	其他无衬背铝箔(厚度≤0.2mm)	10.8	35.0	17.0		千克	A7
7607 20 00	有衬背铝箔(厚度≤02mm)	10.8	35.0	17.0		千克	A7
7608	**铝管**						
7608 10 00	纯铝管	8.0	30.0	17.0		千克	7
7608 20 00	合金铝管	8.0	30.0	17.0		千克	A7
7609	**铝制管子附件(例如,接头、肘管、管套)**						
7609 00 00	铝制管子附件	8.0	35.0	17.0		千克	
7610	**铝制结构体(品目9406的活动房屋除外)及其部件(例如,桥梁及桥梁体段、塔、格构杆、屋顶、屋顶框架、门窗及其框架、门槛、栏杆、支柱及立柱);上述结构体用的已加工铝板、杆、型材、异型材、管子及类似品**						
7610 10 00	铝制门窗及其框架、门槛	25.0	80.0	17.0		千克	
7610 90 00	其他铝制结构体及其部件(包括结构体用的已加工铝板、型材、管子及类似品)	9.6	50.0	17.0		千克	
7611	**盛装物料用的铝制槽、罐、桶及类似容器(装压缩气体或液化气体的除外),容积超过300升,不论是否衬里或隔热,但无机械或热力装置**						
7611 00 00	容积>300升的铝制囤、罐等容器(盛装物料用的,装压缩气体或液化气体的除外)	12.0	35.0	17.0		千克	
7612	**盛装物料用的铝制桶、罐、听、盒及类似容器包括软管容器及硬管容器(装压缩气体或液化气体的除外),容积不超过300升,不论是否衬里或隔热,但无机械或热力装置**						
7612 10 00	铝制软管容器	12.0	50.0	17.0		千克	
7612 90 10	铝制易拉罐及罐体	30.0	100.0	17.0		千克	A
7612 90 90	容积≤300升的铝制囤、罐等容器(盛装物料用的,装压缩气体或液化气体的除外)	12.0	70.0	17.0		千克	
7613	**装压缩气体或液化气体用的铝制容器**						
7613 00 10	零售包装装压缩、液化气体铝容器(铝及铝合金制)	12.0	70.0	17.0		千克	
7613 00 90	非零售装装压缩、液化气体铝容器(铝及铝合金制)	6.0	17.0	17.0		千克	6
7614	**非绝缘的铝制绞股线、缆、编带及类似品**						
7614 10 00	带钢芯的铝制绞股线、缆、编带(非绝缘的)	6.0	20.0	17.0		千克	AB

商品编号	商 品 名 称 备 注	进口税率		增值税	消费税	计量单位	监管条件
		最惠国	普通				
7614 90 00	不带钢芯的铝制绞股线、缆、编带(非绝缘的)	6.0	20.0	17.0		千克	A
7615	**餐桌、厨房或其他家用铝制器具及其零件;铝制擦锅器、洗刷擦光用的块垫、手套及类似品;铝制卫生器具及其零件**						
7615 11 00	擦锅器及洗刷擦光用的块垫、手套(包括类似的铝制品)	18.0	90.0	17.0		千克	A
7615 19 00	餐桌厨房等家用铝制器具及其零件	15.0	90.0	17.0		千克	A
7615 20 00	铝制卫生器具及其零件	18.0	90.0	17.0		千克	
7616	**其他铝制品**						
7616 10 00	铝钉、螺钉、螺母、垫圈等紧固件	10.0	80.0	17.0		千克	
7616 91 10	工业用铝丝制的布、网、篱及格栅	10.0	40.0	17.0		千克	
7616 91 90	其他铝丝制的布、网、篱及格栅(包括栏栅)	18.0	80.0	17.0		千克	
7616 99 10	其他工业用铝制品(不包括铝丝布、网、格栅及栏栅)	14.0	40.0	17.0		千克	
7616 99 90	其他非工业用铝制品(不包括铝丝布、网、格栅及栏栅)	19.0	80.0	17.0		千克	

第七十八章　铅及其制品

注释：

本章所用有关名词解释如下：

一、条、杆

轧、挤、拔或锻制的实心产品，非成卷的，其全长截面均为圆形、椭圆形、矩形（包括正方形）、等边三角形或规则外凸多边形（包括相对两边为弧拱形，另外两边为等长平行直线的“扁圆形”及“变形矩形”）。对于矩形（包括正方形）、三角形或多边形截面的产品，其全长边角可经磨圆。矩形（包括“变形矩形”）截面的产品，其厚度应大于宽度的十分之一。所述条、杆也包括同样形状及尺寸的铸造或烧结产品。该产品在铸造或烧结后再经加工（简单剪修或去氧化皮的除外），但不具有其他品目所列制品或产品的特征。

二、型材及异型材

轧、挤、拔、锻制的产品或其他成型产品，不论是否成卷，其全长截面相同，但与条、杆、丝、板、片、带、箔、管的定义不相符合。同时也包括同样形状的铸造或烧结产品。该产品在铸造或烧结后再经加工（简单剪修或去氧化皮的除外），但不具有其他品目所列制品或产品的特征。

三、丝

盘卷的轧、挤或拔制实心产品，其全长截面均为圆形、椭圆形、矩形（包括正方形）、等边三角形或规则外凸多边形（包括相对两边为弧拱形，另外两边为等长平行直线的“扁圆形”及“变形矩形”）。对于矩形（包括正方形）、三角形或多边形截面的产品，其全长边角可经磨圆。矩形（包括“变形矩形”）截面的产品，其厚度应大于宽度的十分之一。

四、板、片、带、箔

成卷或非成卷的平面产品（品目78.01的未锻轧产品除外），截面均为厚度相同的实心矩形（不包括正方形），不论边角是否磨圆（包括相对两边为弧拱形，另外两边为等长平行直线的“变形矩形”），并且符合以下规格：

1. 矩形（包括正方形）的，厚度不超过宽度的十分之一；
2. 矩形或正方形以外形状的，任何尺寸，但不具有其他品目所列制品或产品的特征。

品目78.04还适用于具有花样（例如，凹槽、肋条形、格槽、珠粒及菱形）的板、片、带、箔以及穿孔、抛光、涂层或制成瓦楞形的这类产品，但不具有其他品目所列制品或产品的特征。

五、管

全长截面及管壁厚度相同并只有一个闭合空间的空心产品，成卷或非成卷的，其截面为圆形、椭圆形、矩形（包括正方形）、等边三角形或规则外凸多边形。对于截面为矩形（包括正方形）、等边三角形或规则外凸多边形的产品，不论全长边角是否磨圆，只要其内外截面为同一圆心并为同样形状及同一轴向，也可视为管子。上述截面的管子可经抛光、涂层、弯曲、攻丝、钻孔、缩腰、胀口、成锥形或装法兰、颈圈或套环。

子目注释：

本章所称“精炼铅”，是指：

按重量计含铅量至少为99.9%的金属，但其他各种元素的含量不超过下表中规定的限量：

其他元素表

元素		所含重量百分比
Ag	银	0.02
As	砷	0.005
Bi	铋	0.05
Ca	钙	0.002
Cd	镉	0.002
Cu	铜	0.08
Fe	铁	0.002
S	硫	0.002
Sb	锑	0.005
Sn	锡	0.005
Zn	锌	0.002
其他（例如碲），	每种	0.001

商品编号	商 品 名 称 备 注	进口税率		增值税	消费税	计量单位	监管条件
		最惠国	普通				
7801	**未锻轧铅**						
7801 10 00	未锻轧精炼铅	3.0	20.0	17.0		千克	
7801 91 00	未锻轧铅锑合金(锑元素在合金元素中是最主要的元素)	3.0	20.0	17.0		千克	
7801 99 00	未锻轧的其他铅合金	3.0	20.0	17.0		千克	
7802	**铅废碎料**						
7802 00 00	铅废碎料	1.5	20.0	17.0		千克	
7803	**铅条、杆、型材及异型材或丝**						
7803 00 00	铅及铅合金条、杆、丝、型材	6.0	30.0	17.0		千克	
7804	**铅板、片、带、箔;铅粉及片状粉末**						
7804 11 00	铅片.带及厚度＜0.2mm 箔(铅薄厚度(衬背除外)＜0.2mm)	6.0	30.0	17.0		千克	
7804 19 00	铅及铅合金板(包括＞0.2mm 的箔)	6.0	30.0	17.0		千克	
7804 20 00	铅及铅合金粉末、片状粉末	6.0	35.0	17.0		千克	
7805	**铅管及管子附件(例如，接头、肘管、管套)**						
7805 00 10	铅管	6.0	30.0	17.0		千克	
7805 00 20	铅制管子附件(例如:接头、肘管、管套)	6.0	30.0	17.0		千克	
7806	**其他铅制品**						
7806 00 10	工业用铅制品	6.0	40.0	17.0		千克	
7806 00 90	非工业用铅制品	11.6	80.0	17.0		千克	

第七十九章　锌及其制品

注释：

本章所用有关名词解释如下：

一、条、杆

轧、挤、拔或锻制的实心产品，非成卷的，其全长截面均为圆形、椭圆形、矩形（包括正方形）、等边三角形或规则外凸多边形（包括相对两边为弧拱形，另外两边为等长平行直线的"扁圆形"及"变形矩形"）。对于矩形（包括正方形）、三角形或多边形截面的产品，其全长边角可经磨圆。矩形（包括"变形矩形"）截面的产品，其厚度应大于宽度的十分之一。所述条、杆也包括同样形状及尺寸的铸造或烧结产品。该产品在铸造或烧结后再经加工（简单剪修或去氧化皮的除外），但不具有其他品目所列制品或产品的特征。

二、型材及异型材

轧、挤、拔、锻制的产品或其他成型产品，不论是否成卷，其全长截面相同，但与条、杆、丝、板、片、带、箔、管的定义不相符合。同时也包括同样形状的铸造或烧结产品。该产品在铸造或烧结后再经加工（简单剪修或去氧化皮的除外），但不具有其他品目所列制品或产品的特征。

三、丝

盘卷的轧、挤或拔制实心产品，其全长截面均为圆形、椭圆形、矩形（包括正方形）、等边三角形或规则外凸多边形（包括相对两边为弧拱形，另外两边为等长平行直线的"扁圆形"及"变形矩形"）。对于矩形（包括正方形）、三角形或多边形截面的产品，其全长边角可经磨圆。矩形（包括"变形矩形"）截面的产品，其厚度应大于宽度的十分之一。

四、板、片、带、箔

成卷或非成卷的平面产品（品目 79.01 的未锻轧产品除外），截面均为厚度相同的实心矩形（不包括正方形），不论边角是否磨圆（包括相对两边为弧拱形，另外两边为等长平行直线的"变形矩形"），并且符合以下规格：

1. 矩形（包括正方形）的，厚度不超过宽度的十分之一；

2. 矩形或正方形以外形状的，任何尺寸，但不具有其他品目所列制品或产品的特征。

品目 79.05 还适用于具有花样（例如，凹槽、肋条形、格槽、珠粒及菱形）的板、片、带、箔以及穿孔、抛光、涂层或制成瓦楞形的这类产品，但不具有其他品目所列制品或产品的特征。

五、管

全长截面及管壁厚度相同并只有一个闭合空间的空心产品，成卷或非成卷的，其截面为圆形、椭圆形、矩形（包括正方形）、等边三角形或规则外凸多边形。对于截面为矩形（包括正方形）、等边三角形或规则外凸多边形的产品，不论全长边角是否磨圆，只要其内外截面为同一圆心并为同样形状及同一轴向，也可视为管子。上述截面的管子可经抛光、涂层、弯曲、攻丝、钻孔、缩腰、胀口、成锥形或装法兰、颈圈或套环。

子目注释：

本章所用有关名词解释如下：

一、非合金锌

按重量计含锌量至少为 97.5% 的金属。

二、锌合金

按重量计含锌量大于其他元素单项含量的金属物质，但按重量计其他元素的总含量超过 2.5%。

三、锌末

冷凝锌雾所得的锌末。该产品由球形微粒组成，比锌粉更为精细，按重量计至少 80% 的微粒可以通过孔径为 63 微米的筛子，而且必须含有按重量计至少为 85% 的金属锌。

商品编号	商品名称备注	进口税率		增值税	消费税	计量单位	监管条件
		最惠国	普通				
7901	**未锻轧锌**						
7901 11 00 *	含锌量≥99.99%的未锻轧锌	3.0	20.0	17.0		千克	AB4y
7901 12 00 *	含锌量<99.99%的未锻轧锌	3.0	20.0	17.0		千克	B4y
7901 20 00 *	未锻轧锌合金	3.0	20.0	17.0		千克	B4y
7902	**锌废碎料**						
7902 00 00	锌废碎料	1.5	20.0	17.0		千克	A
7903	**锌末、锌粉及片状粉末**						
7903 10 00	锌末(包括锌合金)	6.0	20.0	17.0		千克	
7903 90 00	锌粉及片状粉末	6.0	20.0	17.0		千克	
7904	**锌条、杆、型材及异型材或丝**						
7904 00 00	锌及锌合金条、杆、型材、丝	6.0	30.0	17.0		千克	
7905	**锌板、片、带、箔**						
7905 00 00	锌板、片、带、箔	6.0	30.0	17.0		千克	
7906	**锌管及管子附件(例如，接头、肘管、管套)**						
7906 00 10	锌管	6.0	30.0	17.0		千克	
7906 00 20	锌制管子附件(例如:接头、肘管、管套)	6.0	30.0	17.0		千克	
7907	**其他锌制品**						
7907 00 11	电池壳体料(锌饼)	6.0	40.0	17.0		千克	
7907 00 19	其他工业用锌制品	6.0	40.0	17.0		千克	
7907 00 90	其他非工业用锌制品	9.6	80.0	17.0		千克	

第八十章　锡及其制品

注释：

本章所用有关名词解释如下：

一、条、杆

轧、挤、拔或锻制的实心产品，非成卷的，其全长截面均为圆形、椭圆形、矩形(包括正方形)、等边三角形或规则外凸多边形(包括相对两边为弧拱形，另外两边为等长平行直线的“扁圆形”及“变形矩形”)。对于矩形(包括正方形)、三角形或多边形截面的产品，其全长边角可经磨圆。矩形(包括“变形矩形”)截面的产品其厚度应大于宽度的十分之一。所述条、杆也包括同样形状及尺寸的铸造或烧结产品。该产品在铸造或烧结后再经加工(简单剪修或去氧化皮的除外)，但不具有其他品目所列制品或产品的特征。

二、型材及异型材

轧、挤、拔、锻制的产品或其他成型产品，不论是否成卷，其全长截面相同，但与条、杆、丝、板、片、带、箔、管的定义不相符合。同时也包括同样形状的铸造或烧结产品。该产品在铸造或烧结后再经加工(简单剪修或去氧化皮的除外)，但不具有其他品目所列制品或产品的特征。

三、丝

盘卷的轧、挤或拔制实心产品，其全长截面均为圆形、椭圆形、矩形(包括正方形)、等边三角形或规则外凸多边形(包括相对两边为弧拱形，另外两边为等长平行直线的“扁圆形”及“变形矩形”)。对于矩形(包括正方形)、三角形或多边形截面的产品，其全长边角可经磨圆。矩形(包括“变形矩形”)截面的产品，其厚度应大于宽度的十分之一。

四、板、片、带、箔

成卷或非成卷的平面产品(品目80.01的未锻轧产品除外)，截面均为厚度相同的实心矩形(不包括正方形)，不论边角是否磨圆(包括相对两边为弧拱形，另外两边为等长平行直线的“变形矩形”)，并且符合以下规格：

1. 矩形(包括正方形)的，厚度不超过宽度的十分之一；
2. 矩形或正方形以外形状的，任何尺寸，但不具有其他品目所列制品或产品的特征。

品目80.04和80.05还适用于具有花样(例如，凹槽、肋条形、格槽、珠粒及菱形)的板、片、带、箔以及穿孔、抛光、涂层或制成瓦楞形的这类产品，但不具有其他品目所列制品或产品的特征。

五、管

全长截面及管壁厚度相同并只有一个闭合空间的空心产品，成卷或非成卷的，其截面为圆形、椭圆形、矩形(包括正方形)、等边三角形或规则外凸多边形。对于截面为矩形(包括正方形)、等边三角形或规则外凸多边形的产品，不论全长边角是否磨圆，只要其内外截面为同一圆心并为同样形状及同一轴向，也可视为管子。上述截面的管子可经抛光、涂层、弯曲、攻丝、钻孔、缩腰、胀口、成锥形或装法兰、颈圈或套环。

子目注释：

本章所用有关名词解释如下：

一、非合金锡

按重量计含锡量至少为99%的金属，但含铋量或含铜量不超过下表中规定的限量：

其他元素表

元　　素		所含重量百分比
Bi	铋	0.1
Cu	铜	0.4

二、锡合金

按重量计含锡量大于其他元素单项含量的金属物质，但：

(一)按重量计其他元素的总含量超过1%；

(二)按重量计含铋量或含铜量应等于或大于上表中规定的限量。

商品编号	商 品 名 称 备 注	进口税率		增值税	消费税	计量单位	监管条件
		最惠国	普通				
8001	**未锻轧锡**						
8001 10 00	未锻轧非合金锡	3.0	20.0	17.0		千克	B4y
8001 20 10	锡基巴毕脱合金	3.0	20.0	17.0		千克	4y
8001 20 20	焊锡	3.0	30.0	17.0		千克	B4y
8001 20 90	其他锡合金	3.0	30.0	17.0		千克	4y
8002	**锡废碎料**						
8002 00 00	锡废碎料	1.5	30.0	17.0		千克	A
8003	**锡条、杆、型材及异型材或丝**						
8003 00 00	锡及锡合金条、杆、型材、丝	8.0	40.0	17.0		千克	4By
8004	**锡板、片及带，厚度超过 0.2 毫米**						
8004 00 00	锡及锡合金板片带，厚度＞0.2mm	8.0	40.0	17.0		千克	4y
8005	**锡箔（不论是否印花或用纸、纸板、塑料或类似材料衬背），厚度（衬背除外）不超过 0.2 毫米；锡粉及片状粉末**						
8005 00 00	锡箔；锡粉及片状粉未（锡箔厚度（衬背除外）≤0.2mm）	8.0	40.0	17.0		千克	
8006	**锡管及管子附件（例如，接头、肘管、管套）**						
8006 00 00	锡及锡合金管、管子附件	8.0	45.0	17.0		千克	4y
8007	**其他锡制品**						
8007 00 10	工业用锡制品	8.0	40.0	17.0		千克	
8007 00 90	非工业用锡制品	18.0	80.0	17.0		千克	

第八十一章　其他贱金属、金属陶瓷及其制品

子目注释：

第七十四章注释中有关“条、杆”、“型材及异型材”、“丝”及“板、片、带、箔”的规定也适用于本章。

商品编号	商 品 名 称 备 注	进口税率		增值税	消费税	计量单位	监管条件
		最惠国	普通				
8101	**钨及其制品，包括废碎料**						
8101 10 00	钨粉末	6.0	20.0	17.0		千克	4By
8101 94 00	未锻轧钨(包括简单烧结的条、杆)	3.0	20.0	17.0		千克	4y
8101 95 00	锻轧钨条、杆、型材、异型材等(不包括简单烧结的条、杆,包括钨板片、带、箔)	5.0	30.0	17.0		千克	
8101 96 00	钨丝	8.0	20.0	17.0		千克	
8101 97 00	钨废碎料	3.0	20.0	17.0		千克	4y
8101 99 00	其他钨制品	8.0	70.0	17.0		千克	
8102	**钼及其制品，包括废碎料**						
8102 10 00	钼粉	6.0	20.0	17.0		千克	
8102 94 00	未锻轧钼(包括简单烧结的条、杆)	3.0	20.0	17.0		千克	
8102 95 00	锻轧钼条、杆、型材(不包括简单烧结的条、杆)	8.0	30.0	17.0		千克	
8102 96 00	钼丝	8.0	20.0	17.0		千克	
8102 97 00	钼废碎料	3.0	20.0	17.0		千克	
8102 99 00	钼制品	8.0	70.0	17.0		千克	
8103	**钽及其制品，包括废碎料**						
8103 20 00	未锻轧钽；粉末(包括简单烧结的条、杆)	6.0	14.0	17.0		千克	A
8103 30 00	钽废碎料	6.0	14.0	17.0		千克	A
8103 90 00	锻轧钽及其制品	8.0	30.0	17.0		千克	
8104	**镁及其制品，包括废碎料**						
8104 11 00	含镁量≥99.8%的未锻轧镁	6.0	20.0	17.0		千克	
8104 19 00	其他未锻轧的镁及镁合金	6.0	20.0	17.0		千克	
8104 20 00	镁废碎料	1.5	20.0	17.0		千克	
8104 30 00	已分级的镁锉屑,车屑,颗粒;粉末	8.0	30.0	17.0		千克	
8104 90 10	锻轧镁	8.0	30.0	17.0		千克	
8104 90 20	镁制品	8.4	70.0	17.0		千克	B
8105	**钴锍及其他冶炼钴时所得的中间产品；钴及其制品，包括废碎料**						
8105 20 00	钴锍、未锻轧钴、粉末	4.0	14.0	17.0		千克	
8105 30 00	钴锍废碎料	4.0	14.0	17.0		千克	
8105 90 00	其他钴及制品	8.0	30.0	17.0		千克	
8106	**铋及其制品，包括废碎料**						
8106 00 10	未锻轧铋、废碎料、粉末	3.0	20.0	17.0		千克	
8106 00 90	其他铋及铋制品	8.0	30.0	17.0		千克	
8107	**镉及其制品，包括废碎料**						
8107 20 00	未锻轧镉、粉末	3.0	14.0	17.0		千克	

商品编号	商 品 名 称 备 注	进口税率		增值税	消费税	计量单位	监管条件
		最惠国	普通				
8107 30 00	镉废碎料	3.0	14.0	17.0		千克	
8107 90 00	其他镉及镉制品	8.0	30.0	17.0		千克	
8108	**钛及其制品，包括废碎料**						
8108 20 10	海绵钛	3.0	14.0	17.0		千克	
8108 20 90	其他未锻轧钛、粉末	3.0	14.0	17.0		千克	
8108 30 00	钛废碎料	3.0	14.0	17.0		千克	
8108 90 10	钛条、杆、型材及异型材	8.0	30.0	17.0		千克	
8108 90 20	钛丝	8.0	30.0	17.0		千克	
8108 90 31	厚度≤0.8毫米钛板、片、带、箔	8.0	30.0	17.0		千克	
8108 90 32	厚度>0.8毫米钛板、片、带、箔	8.0	30.0	17.0		千克	
8108 90 40	钛管	8.0	30.0	17.0		千克	
8108 90 90	其他钛及钛制品	8.0	30.0	17.0		千克	
8109	**锆及其制品，包括废碎料**						
8109 20 00	未锻轧锆、粉末	3.0	20.0	17.0		千克	
8109 30 00	锆废碎料	3.0	20.0	17.0		千克	
8109 90 00	锻轧锆及锆制品	8.0	30.0	17.0		千克	
8110	**锑及其制品，包括废碎料**						
8110 10 10 *	未锻轧锑	3.0	30.0	17.0		千克	4By
8110 10 20	锑、粉末	3.0	30.0	17.0		千克	4By
8110 20 00	锑废碎料	3.0	30.0	17.0		千克	4By
8110 90 00	其他锑及锑制品	8.0	40.0	17.0		千克	4y
8111	**锰及其制品，包括废碎料**						
8111 00 10	未锻轧锰;锰废碎料;粉末	3.0	20.0	17.0		千克	B
8111 00 90	其他锰及制品	8.0	30.0	17.0		千克	
8112	**铍、铬、锗、钒、镓、铪、铟、铼、铌、铊及其制品，包括废碎料**						
8112 12 00	未锻轧铍、粉末	3.0	30.0	17.0		千克	
8112 13 00	铍废碎料	3.0	30.0	17.0		千克	
8112 19 00	其他铍及其制品	8.0	30.0	17.0		千克	
8112 21 00	未锻轧铬;铬粉末	3.0	20.0	17.0		千克	B
8112 22 00	铬废碎料	3.0	20.0	17.0		千克	B
8112 29 00	其他铬及其制品	3.0	20.0	17.0		千克	B
8112 30 00	锗及其制品	3.0	20.0	17.0		千克	
8112 40 00	钒及其制品	3.0	20.0	17.0		千克	
8112 51 00	未锻轧铊;铊粉末	3.0	20.0	17.0		千克	
8112 52 00	铊废碎料	3.0	20.0	17.0		千克	
8112 59 00	其他铊及其制品	8.0	30.0	17.0		千克	
8112 92 00	未锻轧的未列名贱金属，废料，粉	3.0	20.0	17.0		千克	

商品编号	商 品 名 称 备 注	进口税率		增值税	消费税	计量单位	监管条件
		最惠国	普通				
8112 99 00	锻轧的未列名贱金属及其制品	8.0	30.0	17.0		千克	
8113	**金属陶瓷及其制品，包括废碎料**						
8113 00 00	金属陶瓷及其制品(包括废料)	8.4	30.0	17.0		千克	

第八十二章　贱金属工具、器具、利口器、餐匙、餐叉及其零件

注释：

一、除喷灯、轻便锻炉、带支架的砂轮、修指甲和修脚用器具及品目 82.09 的货品外，本章仅包括带有用下列材料制成的刀片、工作刃、工作面或其他工作部件的物品：

(一)贱金属；

(二)硬质合金或金属陶瓷；

(三)装于贱金属、硬质合金或金属陶瓷底座上的宝石或半宝石(天然、合成或再造)；

(四)附于贱金属底座上的磨料，当附上磨料后，所具有的切齿、沟、槽或类似结构仍保持其特性及功能。

二、本章所列物品的贱金属零件，应与该制品归入同一品目，但具体列名的零件及手工工具的工具夹具(品目 84.66)除外。第十五类注释二所述的通用零件，均不归入本章。电动剃须刀及电动毛发推剪的刀头、刀片应归入品目 85.10。

三、由品目 82.11 的一把或多把刀具与品目 82.15 至少数量相同的物品构成的成套货品应归入品目 82.15。

商品编号	商品名称备注	进口税率		增值税	消费税	计量单位	监管条件
		最惠国	普通				
8201	**锹、铲、镐、锄、叉及耙;斧子、钩刀及类似砍伐工具;各种修枝用剪刀;镰刀、秣刀、树篱剪、伐木楔子及其他农业、园艺或林业用手工工具**						
8201 10 00.10	含植物性材料的锹及铲	8.0	50.0	13.0		千克/把	AB
8201 10 00.90	其他锹及铲	8.0	50.0	13.0		千克/把	
8201 20 00.10	含植物性材料的农用叉	8.0	50.0	13.0		千克/把	AB
8201 20 00.90	其他农用叉	8.0	50.0	13.0		千克/把	
8201 30 00.10	含植物性材料的镐、锄、耙	8.0	50.0	13.0		千克/把	AB
8201 30 00.90	其他镐、锄、耙	8.0	50.0	13.0		千克/把	
8201 40 00.10	含植物性材料的砍伐工具(包括斧子、钩刀及类似砍伐工具)	8.0	50.0	13.0		千克/把	AB
8201 40 00.90	其他斧子、钩刀及类似砍伐工具	8.0	50.0	13.0		千克/把	
8201 50 00.10	含植物性材料的单手操作农用剪	8.0	50.0	13.0		千克/把	AB
8201 50 00.90	其他修枝剪等单手操作农用剪	8.0	50.0	13.0		千克/把	
8201 60 00.10	含植物性材料的双手操作农用剪	8.0	50.0	13.0		千克/把	AB
8201 60 00.90	其他修枝等双手操作农用剪	8.0	50.0	13.0		千克/把	
8201 90 00.10	含植物性材料的农林用手工工具	8.0	50.0	13.0		千克/把	AB
8201 90 00.90	其他农业、园艺、林业用手工工具	8.0	50.0	13.0		千克/把	
8202	**手工锯;各种锯的锯片(包括切条、切槽或无齿锯片)**						
8202 10 00	手工锯	8.4	50.0	17.0		千克/把	
8202 20 00	带锯片	8.0	20.0	17.0		千克/条	
8202 31 00	带有钢制工作部件的圆锯片(包括切条或切槽锯片)	8.0	20.0	17.0		千克/片	
8202 39 00	其他圆锯片,包括部件(包括切条或切槽锯片)	8.0	20.0	17.0		千克/片	
8202 40 00	链锯片	8.0	20.0	17.0		千克/条	
8202 91 10	加工金属用的机械锯的直锯片	8.0	20.0	17.0		千克/片	
8202 91 90	加工金属用的非机械锯的直锯片	8.0	50.0	17.0		千克/片	
8202 99 10	机械锯用的其他锯片	8.4	20.0	17.0		千克/片	
8202 99 90	非机械锯用的其他锯片	10.5	50.0	17.0		千克/片	
8203	**钢锉、木锉、钳子(包括剪钳)、镊子、白铁剪、切管器、螺栓切头器、打孔冲子及类似手工工具**						
8203 10 00	钢锉、木锉及类似工具	10.5	50.0	17.0		千克/把	
8203 20 00	钳子、镊子及类似工具	10.5	50.0	17.0		千克/把	B
8203 30 00	白铁剪及类似工具	10.5	50.0	17.0		千克/把	
8203 40 00	切管器、螺栓切头器、打孔冲子等	10.5	50.0	17.0		千克/把	
8204	**手动扳手及扳钳(包括转矩扳手,但不包括丝锥板手);可互换的扳手套筒,不论是否带手柄**						
8204 11 00	固定式的手动扳手及板钳	10.5	50.0	17.0		千克/把	B
8204 12 00	可调式的手动扳手及板钳	10.0	50.0	17.0		千克/把	B

商品编号	商 品 名 称 备 注	进口税率		增值税	消费税	计量单位	监管条件
		最惠国	普通				
8204 20 00	可互换的扳手套筒(不论是否带手柄)	10.0	50.0	17.0		千克/套	B
8205	**其他品目未列名的手工工具(包括玻璃刀);喷灯;台钳、夹钳及类似品,但作为机床附件或零件的除外;砧;轻便锻炉;带支架的手摇或脚踏砂轮**						
8205 10 00	手工钻孔或攻丝工具	10.0	50.0	17.0		千克/个	
8205 20 00	手工锤子	10.0	50.0	17.0		千克/个	
8205 30 00	木工用刨子、凿子及类似切削工具	10.5	50.0	17.0		千克/个	
8205 40 00	螺丝刀	10.5	50.0	17.0		千克/个	
8205 51 00	其他家用手工工具	10.5	50.0	17.0		千克/个	
8205 59 00	其他手工工具(包括玻璃刀)	10.0	50.0	17.0		千克/个	
8205 60 00	喷灯	10.0	50.0	17.0		千克/个	
8205 70 00	台钳、夹钳及类似品	10.5	50.0	17.0		千克/个	B
8205 80 00	砧、轻便锻炉、手摇或脚踏砂轮	10.5	50.0	17.0		千克	
8205 90 00	成套手工工具(由上列本编号两个或多个子目所列物品组成的成套货品)	10.5	50.0	17.0		千克	
8206	**由品目 8202 至 8205 中两个或两个以上编号的工具组成的零售包装成套货品**						
8206 00 00	成套工具组成的零售包装货品(由品目 8202 至 8205 中两个或多个税号所列工具组成的)	10.5	50.0	17.0		千克	
8207	**工具(不论是否有动力装置)及机床(例如,锻压、冲压、攻丝、钻孔、镗孔、铰孔及铣削、车削或上螺丝用的机器)的可互换工具,包括金属拉拔或挤压用模以及凿岩或钻探工具**						
8207 13 00	带金属陶瓷工作部件的凿岩工具(包括钻探工具)	8.0	20.0	17.0		千克	B
8207 19 10	带金刚石等工作部件的凿岩工具(金刚石等包括立方氮化硼,本子目包括钻探工具)	8.0	20.0	17.0		千克	B
8207 19 90	带其他材料工作部件的凿岩工具(包括钻探工具)	8.0	20.0	17.0		千克	B
8207 20 10	带金刚石等工作部件的金属拉拔模(金刚石等立方氮化硼,本子目包括金属挤压用模)	8.0	20.0	17.0		千克/套	
8207 20 90	带其他材料工作部件的金属模(包括金属挤压用模)	8.0	20.0	17.0		千克/套	
8207 30 00.55 *	翅片冲模(FE 型、AE 型)	8.0	20.0	17.0		千克	
8207 30 00.90	锻压或冲压工具	8.0	20.0	17.0		千克	
8207 40 00	攻丝工具	8.0	20.0	17.0		千克/件	
8207 50 10	带金刚石等工作部件的钻孔工具(凿岩或钻探用的除外,金刚石等包括立方氧化硼)	8.0	20.0	17.0		千克/件	B
8207 50 90	带其他材料工作部件的钻孔工具(凿岩或钻探用的除外)	8.0	20.0	17.0		千克/件	B

商品编号	商 品 名 称 备 注	进口税率		增值税	消费税	计量单位	监管条件
		最惠国	普通				
8207 60 10	带金刚石等工作部件的镗孔工具(金刚石等包括立方氮化硼,本子目包括铰孔工具)	8.0	20.0	17.0		千克/件	
8207 60 90	带其他材料工作部件的镗孔工具(包括铰孔工具)	8.0	20.0	17.0		千克/件	
8207 70 00	铣削工具	8.0	20.0	17.0		千克/件	B
8207 80 00	车削工具	8.0	20.0	17.0		千克/件	B
8207 90 10	带金刚石工作部件的其他互换工具(金刚石包括立方氮化硼)	8.0	20.0	17.0		千克/件	
8207 90 90	其他可互换工具(带有其他材料制的工作部件)	8.0	20.0	17.0		千克/件	
8208	**机器或机械器具的刀及刀片**						
8208 10 00	金工机械用刀及刀片(金属加工用)	8.0	20.0	17.0		千克	
8208 20 00	木工机械用刀及刀片(木器加工用)	8.0	20.0	17.0		千克	
8208 30 00	厨房或食品加工机器用刀及刀片(厨房器具或食品加工机器用)	8.0	20.0	17.0		千克	A
8208 40 00	农、林业机器用刀及刀片(农业、园艺、林业机器用)	8.0	20.0	13.0		千克	
8208 90 00	其他机器或机械器具用刀及刀片(其他用途)	8.0	20.0	17.0		千克	
8209	**未装配的工具用金属陶瓷板、杆、刀头及类似品**						
8209 00 00	未装配的工具用金属陶瓷刀头(包括板、杆、刀头及类似品)	8.0	20.0	17.0		千克	
8210	**用于加工或调制食品或饮料的手动机械器具,重量不超过10公斤**						
8210 00 00	加工调制食品、饮料用手动机械(重量不超过10公斤)	18.0	80.0	17.0		千克	A
8211	**有刃口的刀及其刀片,不论是否有锯齿(包括整枝刀),但品目8208的刀除外**						
8211 10 00	以刀为主的成套货品	18.0	80.0	17.0		套	
8211 91 00	刃面固定的餐刀	18.0	80.0	17.0		把	A
8211 92 00	刃面固定的其他刀	12.0	80.0	17.0		把	
8211 93 00	可换刃面刀	18.0	80.0	17.0		把	
8211 94 00	品目8211所列刀的刀片	14.0	80.0	17.0		千克	
8211 95 00	贱金属制的刀柄	12.0	80.0	17.0		千克	
8212	**剃刀及其刀片(包括未分开的刀片条)**						
8212 10 00	剃刀	12.0	80.0	17.0		把	
8212 20 00	安全剃刀片(包括未分开的刀片条)	14.0	80.0	17.0		片	
8212 90 00	剃刀零件	12.0	80.0	17.0		千克	
8213	**剪刀、裁缝剪刀及类似品、剪刀片**						
8213 00 00	剪刀、裁缝剪刀及类似品、剪刀片	12.0	80.0	17.0		千克	

商品编号	商品名称备注	进口税率		增值税	消费税	计量单位	监管条件
		最惠国	普通				
8214	**其他利口器(例如,理发推子、屠刀、砍骨刀、切肉刀、切菜刀、裁纸刀);修指甲及修脚用具(包括指甲锉)**						
8214 10 00	裁纸刀信刀改错刀铅笔刀及刀片	12.0	80.0	17.0		千克	
8214 20 00	修指 甲及修脚用具(包括指甲锉)	18.0	90.0	17.0		千克	
8214 90 00.10	切菜刀等厨房用利口器	18.0	80.0	17.0		千克	A
8214 90 00.90	理发推子等其他利口器	18.0	80.0	17.0		千克	
8215	**餐匙、餐叉、长柄勺、漏勺、糕点夹、鱼刀、黄油刀、糖块夹及类似的厨房或餐桌用具**						
8215 10 00	成套含镀贵金属制厨房或餐桌用具(成套货品,至少其中一件是镀贵金属的)	18.0	80.0	17.0		千克	A
8215 20 00	成套的其他厨房或餐桌用具(成套货品,没有一件是镀贵金属的)	18.0	80.0	17.0		千克	A
8215 91 00	非成套镀贵金属制厨房或餐桌用具(非成套货品,镀贵金属的)	18.0	80.0	17.0		千克	A
8215 99 00	其他非成套的厨房或餐桌用具(非成套货品,没镀贵金属的)	18.0	80.0	17.0		千克	A

第八十三章　贱金属杂项制品

注释：

一、在本章，贱金属零件应与制品一同归类。但品目73.12、73.15、73.17、73.18及73.20的钢铁制品或其他贱金属（第七十四章至第七十六章及第七十八章至第八十一章）制的类似物品不应视为本章制品的零件。

二、品目83.02所称"脚轮"，是指直径（对于有胎的，连胎计算在内，下同）不超过75毫米的或直径虽超过75毫米，但所装轮或胎的宽度必须小于30毫米的脚轮。

商品编号	商品名称备注	进口税率		增值税	消费税	计量单位	监管条件
		最惠国	普通				
8301	**贱金属制的锁(钥匙锁、数码锁及电动锁);贱金属制带锁的扣环及扣环框架;上述锁的贱金属制钥匙**						
8301 10 00	挂锁	14.0	80.0	17.0		千克/把	B
8301 20 00	机动车用锁	12.0	80.0	17.0		千克/套	
8301 30 00	家具用锁	14.0	80.0	17.0		千克/个	B
8301 40 00	其他锁	14.0	80.0	17.0		千克/个	B
8301 50 00	带锁的扣环及扣环框架	14.0	80.0	17.0		千克	
8301 60 00	锁零件	12.0	80.0	17.0		千克	
8301 70 00	钥匙	10.0	80.0	17.0		千克	
8302	**用于家具、门窗、楼梯、百叶窗、车厢、鞍具、衣箱、盒子及类似品的贱金属附件及架座;贱金属制帽架、帽钩、托架及类似品;用贱金属做支架的小脚轮;贱金属制的自动闭门器**						
8302 10 00	铰链(折叶)	12.0	80.0	17.0		千克	
8302 20 00	用贱金属支架的小脚轮	12.0	80.0	17.0		千克	
8302 30 00	机车用贱金属附件及架座	12.0	80.0	17.0		千克	
8302 41 00	建筑用贱金属配件及架座	14.0	80.0	17.0		千克	
8302 42 00	家具用贱金属配件及架座	12.0	80.0	17.0		千克	
8302 49 00	其他用贱金属配件及架座	12.0	80.0	17.0		千克	
8302 50 00	帽架,帽钩,托架及类似品	14.0	80.0	17.0		千克	
8302 60 00	自动闭门器	12.0	80.0	17.0		千克/个	
8303	**装甲或加强的贱金属制保险箱、保险柜及保险库的门和带锁保险储存橱、钱箱、契约箱及类似品**						
8303 00 00	保险箱,柜,保险库的门(及带锁保险储存厨,钱箱,契约箱及类似品)	14.0	50.0	17.0		千克	
8304	**贱金属制的档案柜、卡片索引柜、文件盘、文件篮、笔盘、公章架及类似的办公用具,但品目9403的办公室家具除外**						
8304 00 00	贱金属档案柜,文件箱等办公用具(品目9403的办公室家俱除外)	12.4	80.0	17.0		千克	
8305	**活页夹、卷宗夹的贱金属附件,贱金属制的信夹、信角、文件夹、索引标签及类似的办公用品;贱金属制的成条钉书钉(例如,供办公室、室内装饰或包装用)**						
8305 10 00	活页夹或宗卷夹的附件	12.4	80.0	17.0		千克	
8305 20 00	成条钉书钉	10.5	80.0	17.0		千克	
8305 90 00	信夹,信角,文件夹等办公用品	12.4	80.0	17.0		千克	
8306	**非电动的贱金属铃、钟、锣及类似品;贱金属雕塑像及其他装饰品;贱金属相框或画框及类似框架;贱金属镜子**						

商品编号	商 品 名 称 备 注	进口税率		增值税	消费税	计量单位	监管条件
		最惠国	普通				
8306 10 00	非电动铃,钟,锣及其类似品	8.0	80.0	17.0		千克	
8306 21 00	镀贵金属的雕塑像及其他装饰品(贱金属制)	12.0	100.0	17.0		千克	
8306 29 10	景泰兰雕塑像及其他装饰品(贱金属制)	12.0	100.0	17.0		千克	
8306 29 90	其他雕塑像及其他装饰品(贱金属制)	12.0	100.0	17.0		千克	
8306 30 00	相框,画框及类似框架,镜子	12.0	100.0	17.0		千克	
8307	**贱金属软管,不论是否有附件**						
8307 10 00	钢铁制软管,可有配件	8.4	35.0	17.0		千克	
8307 90 00	其他贱金属软管,可有配件	8.4	35.0	17.0		千克	
8308	**贱金属制的扣、钩、环、眼及类似品,用于衣着、鞋靴、天篷、提包、旅行用品或其他制成品;贱金属制的管形铆钉及开口铆钉;贱金属制的珠子及亮晶片**						
8308 10 00	贱金属制钩、环及眼	10.5	80.0	17.0		千克	
8308 20 00	贱金属制管形铆钉及开口铆钉	10.5	80.0	17.0		千克	
8308 90 00	贱金属制珠子及亮晶片	10.5	80.0	17.0		千克	
8309	**贱金属制的塞子、盖子(包括冠形瓶塞、螺口盖及倒水塞)、瓶帽、螺口塞、塞子帽、封志及其他包装用附件**						
8309 10 00	贱金属制冠形瓶塞	18.0	80.0	17.0		千克	
8309 90 00	盖子瓶帽螺口塞封志等包装用配件(贱金属制)	12.0	80.0	17.0		千克	
8310	**贱金属制的标志牌、铭牌、地名牌及类似品、号码、字母及类似标志,但品目 9405 的货品除外**						
8310 00 00	标志牌,铭牌,号码,字母等标志(贱金属制)	18.0	80.0	17.0		千克	
8311	**贱金属或硬质合金制的丝、条、管、板、电极及类似品,以焊剂涂面或以焊剂为芯,用于焊接或沉积金属、硬质合金;贱金属粉粘聚而成的丝或条,供金属喷镀用**						
8311 10 00	涂料贱金属电极,电弧焊用	8.0	30.0	17.0		千克	
8311 20 00	以焊剂为芯的贱金属制焊丝(电弧焊用)	8.0	30.0	17.0		千克	
8311 30 00	以焊剂涂面或作芯的贱金属条或丝(钎焊或气焊用)	8.0	30.0	17.0		千克	
8311 90 00	贱金属粘聚成的丝或条(供金属喷镀用)	8.0	30.0	17.0		千克	

第十六类　机器、机械器具、电气设备及其零件；录音机及放声机、电视图像、声音的录制和重放设备及其零件、附件

注释：

一、本类不包括：

(一)第三十九章的塑料或品目40.10的硫化橡胶制的传动带、输送带；除硬质橡胶以外的硫化橡胶制的机器、机械器具、电气器具或其他专门技术用途的物品(品目40.16)；

(二)机器、机械器具或其他专门技术用途的皮革、再生皮革(品目42.04)或毛皮(品目43.03)的制品；

(三)各种材料(例如，第三十九章、第四十章、第四十四章、第四十八章及第十五类的材料)制的筒管、卷轴、纡子、锥形筒管、芯子、线轴及类似品；

(四)提花机及类似机器用的穿孔卡片(例如，归入第三十九章、第四十八章或第十五类的)；

(五)纺织材料制的传动带、输送带及带料(品目59.10)或专门技术用途的其他纺织材料制品(品目59.11)；

(六)品目71.02至71.04的宝石或半宝石(天然、合成或再造)或品目71.16的完全以宝石或半宝石制成的物品，但已加工未装配的唱针用蓝宝石和钻石除外(品目85.22)；

(七)第十五类注释二所规定的贱金属制通用零件(第十五类)及塑料制的类似品(第三十九章)；

(八)钻管(品目73.04)；

(九)金属丝、带制的环形带(第十五类)；

(十)第八十二章或第八十三章的物品；

(十一)第十七类的物品；

(十二)第九十章的物品；

(十三)第九十一章的钟、表及其他物品；

(十四)品目82.07的可互换工具及作为机器零件的刷子(品目96.03)；类似的可互换工具应按其构成工作部件的材料归类(例如，归入第四十章、第四十二章、第四十三章、第四十五章、第五十九章或品目68.04、69.09)；

(十五)第九十五章的物品。

(十六)打字机色带或类似色带，不论是否装轴或装盒(按其材料属性归类；如已上油或经其他方法处理能着色的，应归入品目96.12)。"

二、除本类注释一、第八十四章注释一及第八十五章注释一另有规定的以外，机器零件(不属于品目84.84、85.44、85.45、85.46或85.47所列物品的零件)应按下列规定归类：

(一)凡在第八十四章、第八十五章的品目(品目84.09、84.31、84.48、84.66、84.73、84.85、85.03、85.22、85.29、85.38及85.48除外)列名的货品，均应归入该两章的相应品目；

(二)专用于或主要用于某一种机器或同一品目的多种机器(包括品目84.79或85.43的机器)的零件，应与该种机器一并归类，或酌情归入品目84.09、84.31、84.48、84.66、84.73、85.03、85.22、85.29或85.38。但能同时主要用于品目85.17和85.25至85.28所列机器的零件，应归入品目85.17；

(三)所有其他零件应酌情归入品目84.09、84.31、84.48、84.66、84.73、85.03、85.22、85.29或85.38，如不能归入上述品目，则应归入品目84.85或85.48。

三、由两部及两部以上机器装配在一起形成的组合式机器，或具有两种及两种以上互补或交替功能的机器，除条文另有规定的以外，应按具有主要功能的机器归类。

四、由不同独立部件(不论是否分开或由管道、传动装置、电缆或其他装置连接)组成的机器(包括机组)，如果组合后明显具有一种第八十四章或第八十五章某个品目所列功能，则全部机器应按其功能归入有关品目。

五、上述各注释所称"机器"，是指第八十四章或第八十五章各品目所列的各种机器、设备、装置及器具。

第八十四章　核反应堆、锅炉、机器、机械器具及其零件

注释：

一、本章不包括：

(一)第六十八章的石磨、石碾及其他物品；

(二)陶瓷材料制的机器或器具(例如，泵)及供任何材料制的机器或器具用的陶瓷零件(第六十九章)；

(三)实验室用玻璃器(品目70.17)；玻璃制的机器、器具或其他专门技术用途的物品及其零件(品目70.19、70.20)；

(四)品目73.21或73.22的物品或其他贱金属制的类似物品(第七十四章至第七十六章或第七十八章至第八十一章)；

(五)品目85.09的家用电动器具；或品目85.25的数字照相机；

(六)非机动的手工操作地板清扫器(品目96.03)。

二、除第十六类注释三另有规定的以外，如果某种机器或器具既符合品目84.01至84.24中一个或几个品目的规定，又符合品目84.25至84.80中一个或几个品目的规定，则应归入品目84.01至84.24中的相应品目，而不归入品目85.25至84.80中的有关品目。

但品目84.19不包括：

(一)催芽装置、孵卵器或育雏器(品目84.36)；

(二)谷物调温机(品目84.37)；

(三)萃取糖汁的浸提装置(品目84.38)；

(四)纱线、织物及纺织制品的热处理机器(品目84.51)；

(五)温度变化(即使必不可少)仅作为辅助功能的机器设备。

品目84.22不包括：

(一)缝合袋子或类似品用的缝纫机(品目84.52)；

(二)品目84.72的办公室用机器。

品目84.24不包括：

喷墨印刷(打印)机器(品目84.43或84.71)。

三、如果用于加工各种材料的某种机床既符合品目84.56的规定，又符合品目84.57、84.58、84.59、84.60、84.61、84.64或84.65的规定，则应归入品目84.56。

四、品目84.57仅适用于可以完成下列不同形式机械操作的金属加工机床，车床(包括车削中心)除外；

(一)按照机械加工程序从刀具库中自动更换刀具(加工中心)；

(二)同时或顺序地自动使用不同的动力头对固定不动的工件进行加工(单工位组合机床)；

(三)自动将工件送向不同的动力头(多工位组合机床)。

五、(一)品目84.71所称“自动数据处理设备”，是指：

1. 数字式计算机，该机能够(1)存储处理程序和执行程序直接需要的起码的数据；(2)按照用户的要求随意编辑程序；(3)按照用户指令进行算术计算；以及(4)在运行过程中，可不需人为干预而通过逻辑判断，执行一个处理程序，这个处理程序可改变计算机指令的执行。

2. 模拟式计算机，即能够模拟数学模型并且至少包括模拟部件、控制部件和程序部件的机器。

3. 混合式计算机，即具有模拟部件的数字式计算机或具有数字部件的模拟式计算机。

(二)自动数据处理设备可以是一套由若干单独部件所组成的系统。除本条注释(五)另有规定外，一个部件如果符合下列所有规定，即可视为整套系统的一部份：

1. 专用于或主要用于自动数据处理系统；

2. 可以直接或通过一个或几个其他部件同中央处理器相联接；

3. 能够以本系统所使用的方式(代码或信号)接收或传送数据。

(三)自动数据处理设备的部件如果单独进口或出口，应归入品目84.71。

(四)打印机、键盘、X－Y座标输入装置及磁盘存储部件，只要符合本条注释(二)2、3所列的规定，应一律作为品目84.71的部件归类。

(五)装有自动数据处理装置或与自动数据处理设备连接使用，但却从事数据处理以外的某项专门功能的机器，应按其功能归入相应的品目，对于无法按功能归类的，应归入未列名品目。

六、品目84.82还包括最大直径及最小直径与标称直径相差均不超过1%或0.05毫米(以相差数值较小的为准)的抛光钢珠，其他钢珠归入品目73.26。

七、具有一种以上用途的机器在归类时，其主要用途可作为唯一的用途对待。除本章注释二、第十六类注释三另有规定的以外，凡任何品目都未列明其主要用途的机器，以及没有哪一种用途是主要用途的机器，均应归入品目84.79。品目84.79还包括

将金属丝、纺织纱线或其他各种材料以及它们的混合材料制成绳、缆的机器(例如,捻股机、绞扭机、制缆机)。

八、品目84.70所称“袖珍式”,仅适用于外形尺寸不超过170毫米×100毫米×45毫米的机器。

子目注释:

一、子目8471.49所称“系统”,是指各部件符合第八十四章注释五(二)所列条件,并且至少由一个中央处理部件、一个输入部件(例如,键盘或扫描器)及一个输出部件(例如,视频显示器或打印机)组成的自动数据处理设备。

二、子目8482.40仅包括滚柱直径相同,最大不超过5毫米,且长度至少是直径三倍的圆滚柱轴承,滚柱的两端可以磨圆。

商品编号	商 品 名 称 备 注	进口税率		增值税	消费税	计量单位	监管条件
		最惠国	普通				
8401	**核反应堆;核反应堆的未辐照燃料元件(释热元件);同位素分离机器及装置**						
8401 10 00	核反应堆	2.0	8.0	17.0		千克	
8401 20 00	同位素分离机器、装置及其零件	1.0	8.0	17.0		千克	
8401 30 10	未辐照燃料元件(释热元件)	2.0	8.0	17.0		千克	
8401 30 90	未辐照燃料元件(释热元件)的零件	1.0	8.0	17.0		千克	
8401 40 10	核反应堆未辐照相关组件	1.0	8.0	17.0		千克	
8401 40 20	核反应堆堆内构件	1.0	8.0	17.0		千克	
8401 40 90	核反应堆其他零件	1.0	8.0	17.0		千克	
8402	**蒸汽锅炉(能产生低压水蒸汽的集中供暖用的热水锅炉除外);过热水锅炉**						
8402 11 10	蒸发量≥900 吨/时发电用锅炉	3.0	11.0	17.0		台/千克	6OAB
8402 11 90.55 *	碱回收锅炉岛	14.0	35.0	17.0		台/千克	6OAB
8402 11 90.90	其他发电用锅炉(45 吨/时＜蒸发量＜900 吨/时的发电用锅炉)	14.0	35.0	17.0		台/千克	6OAB
8402 12 00.10ˆ	纸浆厂废料锅炉	10.2	35.0	17.0		台/千克	6OAB
8402 12 00.90ˆ	其他蒸发量未超 45 吨/时水管锅炉	10.2	35.0	17.0		台/千克	6OAB
8402 19 00	其他蒸汽锅炉(包括混合式锅炉)	9.4	35.0	17.0		台/千克	6OAB
8402 20 00	过热水锅炉	16.0	35.0	17.0		台/千克	6OAB
8402 90 00	蒸汽锅炉及过热水锅炉的零件	2.0	11.0	17.0		千克	O
8403	**集中供暖用的热水锅炉,但品目 8402 的货品除外**						
8403 10 10	家用型热水锅炉(但品目 8402 的货品除外)	12.0	80.0	17.0		台	6OAB
8403 10 90	其他集中供暖用的热水锅炉(但品目 8402 的货品除外)	12.0	80.0	17.0		台	6OAB
8403 90 00	集中供暖用热水锅炉的零件	6.0	80.0	17.0		千克	O
8404	**品目 8402 或 8403 所列锅炉的辅助设备(例如,节热器、过热器、除灰器、气体回收器);水蒸汽或其他蒸汽动力装置的冷凝器**						
8404 10 10	蒸汽锅炉、过热水锅炉的辅助设备(例如:节热器、过热器、除灰器、气体回收器)	8.8	35.0	17.0		千克	6OBA
8404 10 20	集中供暖用热水锅炉的辅助设备(例如:节热器、过热器、除灰器、气体回收器)	12.0	80.0	17.0		千克	6OBA
8404 20 00	水及其他蒸汽动力装置的冷凝器	14.0	35.0	17.0		千克	6OBA
8404 90 10	集中供暖热水锅炉辅助设备的零件	10.0	80.0	17.0		千克	O
8404 90 90	其他辅助设备用零件(子目 84041010、84042000 所列辅助设备的)	7.0	35.0	17.0		千克	O
8405	**煤气发生器,不论有无净化器;乙炔发生器及类似水解气体发生器,不论有无净化器**						

商品编号	商品名称备注	进口税率		增值税	消费税	计量单位	监管条件
		最惠国	普通				
8405 10 00	煤气、乙炔及类似水解气体发生器(不论有无净化器)	14.0	30.0	17.0		千克	BA
8405 90 00	煤气、乙炔等气体发生器的零件	8.0	30.0	17.0		千克	
8406	**汽轮机**						
8406 10 00	船舶动力用汽轮机	8.6	35.0	17.0		台/千瓦	
8406 81 10	40<功率≤100 兆瓦的其他汽轮机(功率指输出功率)	10.2	35.0	17.0		台/千瓦	O
8406 81 20	100<功率≤350 兆瓦的其他汽轮机(功率指输出功率)	10.2	35.0	17.0		台/千瓦	O
8406 81 30	功率超过 350 兆瓦的其他汽轮机(功率指输出功率)	6.0	11.0	17.0		台/千瓦	O
8406 82 00	功率不超过 40 兆瓦的其他汽轮机(功率指输出功率)	9.4	35.0	17.0		台/千瓦	O
8406 90 00	汽轮机用的零件	2.0	11.0	17.0		千克	O
8407	**点燃往复式或旋转式活塞内燃发动机:**						
8407 10 10	输出功率≤298KW 航空器内燃引擎(指点燃往复式或旋转式)	2.0	11.0	17.0		台/千瓦	6
8407 10 20	输出功率>298KW 航空器内燃引擎(指点燃往复式或旋转式)	2.0	11.0	17.0		台/千瓦	6
8407 21 00	船舶用舷外点燃式引擎(指点燃往复式或旋转式活塞内燃发动机)	9.8	35.0	17.0		台/千瓦	6
8407 29 00	船舶用其他未列名点燃式引擎(指点燃往复式或旋转式活塞内燃发动机,舷外式的除外)	9.8	20.0	17.0		台/千瓦	6
8407 31 00	排气量≤50cc 往复式活塞引擎(87 章所列车辆用的点燃往复式活塞发动机,不超过 50cc)	16.0	35.0	17.0		台/千瓦	y4AB16
8407 32 00	50<排气量≤250cc 往复式活塞引擎(第 87 章所列车辆用的点燃往复式活塞发动机)	16.0	35.0	17.0		台/千瓦	y4AB16
8407 33 00	250<排气量≤1000cc 往复活塞引擎(第 87 章所列车辆的点燃往复式活塞发动机)	28.8	70.0	17.0		台/千瓦	AB16
8407 34 10	1 千-3 千 cc 车辆的往复式活塞引擎(第 87 章所列车辆的点燃往复式活塞发动机)	25.8	70.0	17.0		台/千瓦	ABO6
8407 34 20.10 *	排气量≥5.9 升的天然气发动机(第 87 章所列车辆用的点燃往复式活塞发动机)	16.0	35.0	17.0		台/千瓦	OAB6
8407 34 20.90	其他超 3000cc 车用往复式活塞引擎(第 87 章所列车辆用的点燃往复式活塞发动机)	16.0	35.0	17.0		台/千瓦	OAB6
8407 90 10	沼气发动机	12.0	35.0	17.0		台/千瓦	6
8407 90 90.10 *	转速<3600r/min 汽油发动机(发电机用)	18.0	35.0	17.0		台/千瓦	16
8407 90 90.20 *	转速<4650r/min 汽油发动机(品目 8426-8430 所列工程机械用)	18.0	35.0	17.0		台/千瓦	16

商品编号	商 品 名 称 备 注	进口税率		增值税	消费税	计量单位	监管条件
		最惠国	普通				
8407 90 90.90	其他往复或旋转式活塞内燃引擎(非第 87 章所列车辆用其他点燃往复式或旋转式活塞发动机)	18.0	35.0	17.0		台/千瓦	16
8408	**压燃式活塞内燃发动机(柴油或半柴油发动机)**						
8408 10 00	船舶用柴油发动机(指压燃式活塞内燃发动机)	5.0	11.0	17.0		台/千瓦	BO6
8408 20 10.10	功率≥132.39KW 拖拉机用柴油机	9.0	14.0	13.0		台/千瓦	1B6
8408 20 10.90	功率≥132.39KW 其他用柴油机(指 87 章车辆用压燃式活塞内燃发动机(132.39KW = 180 马力))	9.0	14.0	17.0		台/千瓦	1B6
8408 20 90.10	功率＜132.39KW 拖拉机用柴油机	25.0	35.0	13.0		台/千瓦	1B6
8408 20 90.90	功率＜132.39KW 其他用柴油机(指第 87 章车辆用压燃式活塞内燃发动机)	25.0	35.0	17.0		台/千瓦	1B6
8408 90 10	机车用柴油发动机(压燃式活塞内燃发动机)	6.0	11.0	17.0		台/千瓦	BO6
8408 90 91.11	功率≤14KW 农业用单缸柴油机(非 87 章车辆用压燃式活塞内燃发动机(14KW = 19.05 马力))	10.2	35.0	13.0		台/千瓦	B6
8408 90 91.19	功率≤14KW 农业用柴油发动机(非 87 章车辆用压燃式活塞内燃发动机(14KW = 19.05 马力))	10.2	35.0	13.0		台/千瓦	B6
8408 90 91.91	功率≤14KW 其他用单缸柴油机(非 87 章车辆用压燃式活塞内燃发动机(14KW = 19.05 马力))	10.2	35.0	17.0		台/千瓦	B6
8408 90 91.99	功率≤14KW 其他用柴油发动机(非 87 章车辆用压燃式活塞内燃发动机(14KW = 19.05 马力))	10.2	35.0	17.0		台/千瓦	B6
8408 90 92.10 *	转速＜4650r/min 柴油发动机(品目 8426 - 8430 所列工程机械用)	12.2	35.0	17.0		台/千瓦	NB6
8408 90 92.20	14＜功率＜132.39KW 的农业用柴油机(非 87 章车辆用压燃式活塞内燃发动机(1KW = 1.36 马力))	12.2	35.0	13.0		台/千瓦	NB6
8408 90 92.90	14＜功率＜132.39KW 的其他用柴油机(非 87 章车辆用压燃式活塞内燃发动机(1KW = 1.36 马力))	12.2	35.0	17.0		台/千瓦	NB6
8408 90 93.10	功率≥132.39KW 的农业用柴油机(非 87 章用压燃式活塞内燃发动机(132.39KW = 180 马力))	5.0	14.0	13.0		台/千瓦	OB6
8408 90 93.90	功率≥132.39KW 其他用柴油发动机(非 87 章用压燃式活塞内燃发动机(132.39KW = 180 马力))	5.0	14.0	17.0		台/千瓦	OB6
8409	**专用于或主要用于品目 8407 或 8408 所列发动机的零件**						
8409 10 00	航空器发动机用零件(指专用于或主要用于 8407 或 8408 所列航空器发动机的零件)	2.0	11.0	17.0		千克	
8409 91 10	船舶用点燃式发动机专用零件(指专用于或主要用于点燃式活塞内燃发动机的)	6.0	17.0	17.0		千克	
8409 91 91	电控燃油喷射装置(指专用于或主要用于点燃式活塞内燃发动机的)	11.0	35.0	17.0		千克/套	
8409 91 99.55 *	气缸体、连杆、汽缸盖等零件(详见暂定税率税目、税率表二)	8.6	35.0	17.0		千克	

商品编号	商品名称备注	进口税率		增值税	消费税	计量单位	监管条件
		最惠国	普通				
8409 91 99.90	其他点燃式活塞内燃发动机用零件	8.6	35.0	17.0		千克	
8409 99 10	其他船舶发动机专用零件	5.0	11.0	17.0		千克	
8409 99 20	其他机车发动机专用零件	2.0	11.0	17.0		千克	
8409 99 91	功率≥132.39KW 发动机的专用零件(132.39 千瓦=180 马力)	2.0	11.0	17.0		千克	
8409 99 99	其他未列名发动机的专用零件(指品目 8407 或 8408 所列的其他发动机)	8.4	35.0	17.0		千克	
8410	**水轮机、水轮及其调节器**						
8410 11 00	功率≤1 千 KW 的水轮机及水轮	10.0	35.0	17.0		台	O
8410 12 00	功率 1 千 KW－1 万 KW 的水轮机及水轮(指超过 1000 千瓦,但不超过 10000 千瓦的)	10.0	35.0	17.0		台	O
8410 13 10	功率＞3 万 KW 冲击式水轮机及水轮	10.0	35.0	17.0		台	O
8410 13 20	功率＞3.5 万 KW 贯流水轮机及水轮	10.0	35.0	17.0		台	O
8410 13 30	功率＞20 万 KW 水泵式水轮机及水轮	10.0	35.0	17.0		台	O
8410 13 90	功率＞1 万 KW 的其他水轮机及水轮	10.0	35.0	17.0		台	O
8410 90 10	水轮机及水轮的调节器	6.0	35.0	17.0		千克/套	O
8410 90 90	水轮机及水轮的其他零件(包括调节器)	6.0	35.0	17.0		千克	O
8411	**涡轮喷气发动机,涡轮螺桨发动机及其他燃气轮机**						
8411 11 10	涡轮风扇发动机推力≤25 千牛顿	1.0	11.0	17.0		台	
8411 11 90	其他涡轮喷气发动机(推力不超过 25 千牛顿)	1.0	11.0	17.0		台	
8411 12 10	涡轮风扇发动机推力＞25 千牛顿	1.0	11.0	17.0		台	
8411 12 90	其他涡轮喷气发动机(推力超过 25 千牛顿)	1.0	11.0	17.0		台	
8411 21 00	功率≤1100 千瓦的涡轮螺桨发动机	2.3	11.0	17.0		台/千瓦	
8411 22 10	1100＜功率≤2238KW 涡轮螺桨引擎	2.0	11.0	17.0		台/千瓦	
8411 22 20	2238＜功率≤3730KW 涡轮螺桨引擎	2.0	11.0	17.0		台/千瓦	
8411 22 30	功率＞3730KW 涡轮螺桨引擎	2.0	11.0	17.0		台/千瓦	
8411 81 00	功率≤5000 千瓦的其他燃气轮机	15.0	35.0	17.0		台/千瓦	
8411 82 00	功率＞5000 千瓦的其他燃气轮机	7.4	35.0	17.0		台/千瓦	
8411 91 00	涡轮喷气或涡轮螺桨发动机用零件	1.0	11.0	17.0		千克	
8411 99 10 *	涡轮轴发动机用零件	5.0	35.0	17.0		千克	
8411 99 90	其他燃气轮机用零件	5.0	35.0	17.0		千克	
8412	**其他发动机及动力装置**						
8412 10 10	航空、航天器用喷气发动机(涡轮喷气发动机除外)	3.0	11.0	17.0		台	
8412 10 90	非航空、航天器用喷气发动机(涡轮喷气发动机除外)	10.0	35.0	17.0		台	
8412 21 00	直线作用的液压动力装置(液压缸)	12.0	35.0	17.0		台	
8412 29 10	液压马达	10.0	35.0	17.0		台	O
8412 29 90.10 *	船舶用舱口盖液压装置(载重 4 万吨及以上)	14.0	35.0	17.0		台	O

商品编号	商 品 名 称 备 注	进口税率		增值税	消费税	计量单位	监管条件
		最惠国	普通				
8412 29 90.90	其他液压动力装置	14.0	35.0	17.0		台	O
8412 31 00	直线作用的气压动力装置(液压缸)	14.0	35.0	17.0		台	
8412 39 00	其他气压动力装置	14.0	35.0	17.0		台	O
8412 80 00	其他发动机及动力装置	10.0	35.0	17.0		台	
8412 90 10	航空、航天器用喷气发动机的零件(涡轮喷气发动机的零件除外)	2.0	11.0	17.0		千克	
8412 90 90	其他发动机及动力装置的零件(子目 84121010 所列航空、航天器用发动机除外)	8.0	35.0	17.0		千克	
8413	**液体泵,不论是否装有计量装置;液体提升机**						
8413 11 00	分装燃料或润滑油的泵(其装有或可装计量装置)	10.0	30.0	17.0		台	O
8413 19 00	其他装有或可装计量装置的泵	10.0	30.0	17.0		台	O
8413 20 00	手泵(但子目 841311 或 841319 的货品除外)	10.0	30.0	17.0		台	O
8413 30 10	180 马力及以上发动机用燃油泵(活塞式内燃发动机用的)	4.8	30.0	17.0		台	O
8413 30 90.55 *	汽油喷射泵(活塞式内燃发动机用的)	6.6	30.0	17.0		台	O
8413 30 90.90	润滑油泵.冷却剂泵及其他燃油泵(活塞式内燃发动机用的)	6.6	30.0	17.0		台	O
8413 40 00	混凝土泵	9.8	30.0	17.0		台	O
8413 50 10.10	农业用气动往复式排液泵	10.0	40.0	13.0		台	O
8413 50 10.90	非农业用气动往复式排液泵	10.0	40.0	17.0		台	O
8413 50 20.10	农业用电动往复式排液泵	10.0	40.0	13.0		台	O
8413 50 20.90	非农业用电动往复式排液泵	10.0	40.0	17.0		台	O
8413 50 30.10	农业用液压往复式排液泵	10.0	40.0	13.0		台	O
8413 50 30.90	非农业用液压往复式排液泵	10.0	40.0	17.0		台	O
8413 50 90.10	其他农用往复式排液泵	10.0	40.0	13.0		台	O
8413 50 90.90	其他非农用往复式排液泵	10.0	40.0	17.0		台	O
8413 60 10.10	农业用电动潜油泵及潜水电泵	12.0	40.0	13.0		台	O
8413 60 10.90	其他用电动潜油泵及潜水电泵	12.0	40.0	17.0		台	O
8413 60 90.10	农业用其他回转式排液泵	10.0	40.0	13.0		台	O
8413 60 90.55 *	动力转向油泵总成	10.0	40.0	17.0		台	O
8413 60 90.90	其他回转式排液泵	10.0	40.0	17.0		台	O
8413 70 10.10	农业用其他离心泵(转速在 10000 转/分及以上)	8.0	40.0	13.0		台	O
8413 70 10.90	其他非农用离心泵(转速在 10000 转/分及以上)	8.0	40.0	17.0		台	O
8413 70 90.10	农业用其他离心泵(转速在 10000 转/分以下)	8.0	40.0	13.0		台	O
8413 70 90.90	其他非农用离心泵(转速在 10000 转/分以下)	8.0	40.0	17.0		台	O
8413 81 00.10	农业用其他液体泵	8.0	40.0	13.0		台	O
8413 81 00.90	其他非农用液体泵	8.0	40.0	17.0		台	O
8413 82 00	液体提升机	8.0	30.0	17.0		台	O
8413 91 00	其他泵用零件	5.0	30.0	17.0		千克	O
8413 92 00	液体提升机用零件	6.0	30.0	17.0		千克	O

商品编号	商 品 名 称 备 注	进口税率		增值税	消费税	计量单位	监管条件
		最惠国	普通				
8414	**空气泵或真空泵、空气及其他气体压缩机、风机、风扇;装有风扇的通风罩或循环气罩,不论是否装有过滤器**						
8414 10 00	真空泵	9.8	30.0	17.0		台	O
8414 20 00	手动或脚踏式空气泵	8.0	30.0	17.0		台	
8414 30 11^	小型电驱动冷藏或冷冻箱用压缩机(小型指电动机额定功率≤0.4千瓦)	13.6	80.0	17.0		台	OA
8414 30 12 *^	大型电驱动冷藏或冷冻箱用压缩机(指电动机额定功率>0.4KW,但≤5KW)	16.0	80.0	17.0		台	OA
8414 30 13 *^	小型电动机驱动空调器用压缩机(指电动机额定功率>0.4KW,但≤5KW的)	16.0	80.0	17.0		台	OA
8414 30 14^	大型电动机驱动空调器用压缩机(大型指电动机额定功率超过5千瓦的)	16.0	80.0	17.0		台	A
8414 30 19^	电动机驱动其他用途压缩机	14.0	30.0	17.0		台	OA
8414 30 90.55 *^	增压器	13.4	80.0	17.0		台	O
8414 30 90.90^	非电机驱动其他制冷设备用压缩机	13.4	80.0	17.0		台	O
8414 40 00	装在拖车底盘上的空气压缩机	10.0	30.0	17.0		台	O
8414 51 10	功率≤125瓦的吊扇(本身装有一个输出功率不超过125瓦的电动机)	20.0	130.0	17.0		台	AB4
8414 51 20.10	计算机用轴流换气扇	20.0	130.0	17.0		台	AB
8414 51 20.90	其他功率≤125瓦的换气扇(本身装有一个输出功率不超过125瓦的电动机)	20.0	130.0	17.0		台	AB4
8414 51 30	功率≤125瓦有旋转导风轮的风扇(本身装有一个输出功率不超过125瓦的电动机)	12.0	130.0	17.0		台	4B
8414 51 91	功率≤125瓦的台扇(本身装有一个输出功率不超过125瓦的电动机)	10.0	130.0	17.0		台	AB4
8414 51 92	功率≤125瓦的落地扇(本身装有一个输出功率不超过125瓦的电动机)	10.0	130.0	17.0		台	AB4
8414 51 93	功率≤125瓦的壁扇(本身装有一个输出功率不超过125瓦的电动机)	10.0	130.0	17.0		台	AB4
8414 51 99.10	计算机用轴流风扇	10.0	130.0	17.0		台	B
8414 51 99.90	功率≤125瓦其他风机、风扇(本身装有一个输出功率不超过125瓦的电动机)	10.0	130.0	17.0		台	4B
8414 59 10	其他吊扇(电动机输出功率超过125瓦的)	9.8	30.0	17.0		台	AB4
8414 59 20	其他换气扇(电动机输出功率超过125瓦的)	9.8	30.0	17.0		台	AB4
8414 59 30	其他离心通风机	10.0	30.0	17.0		台	O
8414 59 90.10	罗茨式鼓风机	10.0	30.0	17.0		台	OAB
8414 59 90.90	其他台扇、落地扇、壁扇及风机(电动机输出功率超过125瓦的)	10.0	30.0	17.0		台	ABO4
8414 60 00	≤120厘米的通风罩或循环气罩(指罩的平面最大边长不超过120厘米,装有风扇的)	14.0	130.0	17.0		台	

商品编号	商 品 名 称 备 注	进口税率		增值税	消费税	计量单位	监管条件
		最惠国	普通				
8414 80 10	燃气轮机用的自由活塞式发生器	8.0	50.0	17.0		台	O
8414 80 20	二氧化碳压缩机	11.4	30.0	17.0		台	O
8414 80 90	其他空气泵、气体压缩机及通风罩(通风罩指装有风扇的通风罩或循环气罩,平面边长>120cm)	10.6	30.0	17.0		台	O
8414 90 11	压缩机进、排气阀片	8.0	80.0	17.0		千克	O
8414 90 19	84143011－－3014 及 84143090 的零件(指84143011－3014 及 84143090 所列机器的其他零件)	8.0	80.0	17.0		千克	O
8414 90 20	子目 84145110 至 84145190 机器零件(指上述子目内的吊扇换气扇等,还包括 84146000 机器零件)	12.0	130.0	17.0		千克	
8414 90 90	品目 8414 未列名机器零件(指子目 84141000/2000/3099/4000/5900/6000/8000 机器用)	7.0	30.0	17.0		千克	O
8415	**空气调节器,装有电扇及调温、调湿装置,包括不能单独调湿的空调器**						
8415 10 10	独立窗式或壁式空气调节器(装有电扇及调温、调湿装置,包括不能单独调湿的空调器)	19.0	130.0	17.0		台	OAB
8415 10 21	制冷量≤4 千大卡/时分体式空调(装有电扇及调温、调湿装置,包括不能单独调湿的空调器)	19.0	130.0	17.0		台	OAB
8415 10 22	制冷量>4 千大卡/时分体式空调(装有电扇及调温、调湿装置,包括不能单独调湿的空调器)	26.0	90.0	17.0		台	OAB
8415 20 00	机动车辆上供人使用的空气调节器(指机动车辆上供人使用的空气调节器)	30.0	110.0	17.0		台	OA
8415 81 10	制冷量≤4 千大卡/时空调器(装有制冷装置及一个冷热循环换向阀的)	19.0	130.0	17.0		台	OA
8415 81 20	制冷量>4 千大卡/时空调器(装有制冷装置及一个冷热循环换向阀的)	26.0	90.0	17.0		台	OA
8415 82 10	制冷量≤4 千大卡/时的其他空调器(仅装有制冷装置,而无冷热循环装置的)	19.0	130.0	17.0		台	OA
8415 82 20	制冷量>4 千大卡/时的其他空调(仅装有制冷装置,而无冷热循环装置的)	26.0	90.0	17.0		台	OA
8415 83 00	未装有制冷装置的空调器	16.0	90.0	17.0		台	OA
8415 90 10	制冷量≤4 千大卡/时等空调的零件(指子目84151000、84158110、84158210 所列设备的零件)	10.0	130.0	17.0		千克	O
8415 90 90	制冷量>4 千大卡/时等空调的零件(指子目84158120、84158220、84158300 所列设备的零件)	10.0	90.0	17.0		千克	O
8416	**使用液体燃料、粉状固体燃料或气体燃料的炉用燃烧器;机械加煤机,包括其机械炉篦、机械出灰器及类似装置**						
8416 10 00	使用液体燃料的炉用燃烧器	10.0	35.0	17.0		千克	6O
8416 20 11	使用天然气的炉用燃烧器(包括复式燃烧器)	10.5	35.0	17.0		千克	6O
8416 20 19	使用其他气的炉用燃烧器(包括复式燃烧器)	10.5	35.0	17.0		千克	6O

商品编号	商　品　名　称　备　注	进口税率		增值税	消费税	计量单位	监管条件
		最惠国	普通				
8416 20 90	使用粉状固体燃料炉用燃烧器(包括复式燃烧器)	10.5	35.0	17.0		千克	6O
8416 30 00	机械加煤机及类似装置(包括机械炉篦、机械出灰器)	8.4	35.0	17.0		千克	6O
8416 90 00	炉用燃烧器、机械加煤机等的零件(包括机械炉篦、机械出灰器及类似装置用的零件)	6.0	35.0	17.0		千克	O
8417	**非电热的工业或实验室用炉及烘箱,包括焚烧炉**						
8417 10 00	矿砂、金属的焙烧、熔化用炉(含烘箱及黄铁矿的焙烧、溶化或其他热处理用炉及烘箱)	12.0	35.0	17.0		台	6OA
8417 20 00	面包房用烤炉及烘箱等(包括做饼干用的)	10.0	35.0	17.0		台	A
8417 80 10	炼焦炉	10.0	35.0	17.0		台	6OA
8417 80 20	放射性废物焚烧炉	5.0	35.0	17.0		台	6OA
8417 80 30	水泥回转窑	10.0	35.0	17.0		台	AO
8417 80 40	石灰石分解炉	10.0	35.0	17.0		台	AO
8417 80 90	其他非电热的工业用炉及烘箱(包括实验室用炉、烘箱和焚烧炉)	10.0	35.0	17.0		台	6OA
8417 90 10	海绵铁回转窑的零件	7.0	35.0	17.0		千克	
8417 90 20	炼焦炉的零件	7.0	35.0	17.0		千克	O
8417 90 90	其他非电热工业用炉及烘箱的零件(包括实验室用炉及烘箱的零件和焚烧炉零件)	7.0	35.0	17.0		千克	O
8418	**电气或非电气的冷藏箱、冷冻箱及其他制冷设备;热泵,但品目 8415 的空气调节器除外**						
8418 10 10	容积＞500 升冷藏－冷冻组合机(各自装有单独外门的)	20.0	100.0	17.0		台	O
8418 10 20	200＜容积≤500 升冷藏冷冻组合机	21.0	130.0	17.0		台	OAB
8418 10 30	容积≤200 升冷藏－冷冻组合机(各自装有单独外门的)	21.0	130.0	17.0		台	OAB
8418 21 10	容积＞150 升压缩式家用型冷藏箱	17.5	130.0	17.0		台	OAB
8418 21 20	压缩式家用型冷藏箱(50＜容积≤150 升)	17.5	130.0	17.0		台	OAB
8418 21 30	容积≤50 升压缩式家用型冷藏箱	17.5	130.0	17.0		台	OAB
8418 22 00	电气吸收式家用型冷藏箱	25.0	130.0	17.0		台	OA
8418 29 00	其他家用型冷藏箱	30.0	130.0	17.0		台	OAB
8418 30 10	制冷温度≤－40℃的柜式冷冻箱(客积不超过 800 升)	12.6	50.0	17.0		台	OBA
8418 30 21	制冷＞－40℃大的其他柜式冷冻箱(大的指容积＞500 升,但≤800 升)	24.8	100.0	17.0		台	O
8418 30 29	制冷＞－40℃小的其他柜式冷冻箱(小的指容积≤500 升)	30.0	130.0	17.0		台	OBA
8418 40 10	制冷温度≤－40℃的立式冷冻箱(容积≤900 升)	12.6	50.0	17.0		台	OBA

商品编号	商 品 名 称 备 注	进口税率		增值税	消费税	计量单位	监管条件
		最惠国	普通				
8418 40 21	制冷温度＞－40℃大的立式冷冻箱(大的指容积＞500升,但≤900升)	21.0	100.0	17.0		台	O
8418 40 29	制冷温度＞－40℃小的立式冷冻箱(小的指容积≤500升)	30.0	130.0	17.0		台	OBA
8418 50 00	其他冷藏或冷冻柜,箱,展示台等(包括其他陈列箱及类似的冷藏或冷冻设备)	16.0	100.0	17.0		台	OA
8418 61 10	热交换器压缩式制冷机组及热泵(冷凝器为热交换器的)	16.0	90.0	17.0		台	
8418 61 90	其他热交换器压缩式制冷设备(冷凝器为热交换器的)	22.5	130.0	17.0		台	
8418 69 10	非热交换器压缩式制冷机组及热泵(冷凝器不作为热交换器的)	19.0	90.0	17.0		千克/台	
8418 69 90	其他非热交换器压缩式制冷设备(冷凝器不作为热交换器的)	25.0	130.0	17.0		千克/台	
8418 91 00	冷藏或冷冻设备专用的特制家具	18.0	130.0	17.0		千克	
8418 99 10	制冷机组及热泵用零件	10.0	90.0	17.0		千克	
8418 99 91	制冷温度≤－40℃冷冻设备零件	9.5	50.0	17.0		千克	
8418 99 92	制冷温度＞－40℃大冷藏设备零件(大仅指容积超过500升的冷藏或冷冻设备用的零件)	14.0	100.0	17.0		千克	
8418 99 99	品目8418其他制冷设备用零件	14.0	130.0	17.0		千克	
8419	**利用温度变化处理材料的机器、装置及类似的实验室设备,例如,加热、烹煮、烘炒、蒸馏精馏、消毒、灭菌、汽蒸、干燥、蒸发、气化冷凝、冷却的机器设备,不论是否电热的(不包括品目85.14的炉,烘箱及其他设备),但家用的除外;非电热的快速热水器或贮备式热水器**						
8419 11 00	非电热燃气快速热水器	35.0	100.0	17.0		台	
8419 19 00	其他非电热的快速或贮备式热水器	35.0	100.0	17.0		台	
8419 20 00	医用或实验室用其他消毒器具	8.0	30.0	17.0		台	A
8419 31 00	农产品干燥器	8.0	30.0	13.0		台	A
8419 32 00	木材、纸浆、纸或纸板用干燥器	9.0	30.0	17.0		台	A
8419 39 10	微空气流动陶瓷坯件干燥器	9.0	30.0	17.0		台	A
8419 39 90	其他用途的干燥器	9.0	30.0	17.0		台	A
8419 40 10	提净塔	10.0	30.0	17.0		台	A
8419 40 20	精馏塔	10.0	30.0	17.0		台	A
8419 40 90	其他蒸馏或精馏设备	10.0	30.0	17.0		台	AO
8419 50 00	其他热交换装置	10.0	30.0	17.0		台	OAB
8419 60 11	制氧机(制氧量在15000立方米/小时及以上)	12.0	30.0	17.0		台	OA
8419 60 19	其他制氧机(制氧量在15000立方米/小时以下)	13.0	30.0	17.0		台	OA
8419 60 90	其他液化空气或其他气体用的机器	12.0	30.0	17.0		台	AO
8419 81 00	加工热饮料,烹调,加热食品的机器	10.0	30.0	17.0		台	A

商品编号	商 品 名 称 备 注	进口税率		增值税	消费税	计量单位	监管条件
		最惠国	普通				
8419 89 10⁻	加氢反应器	6.4	30.0	17.0		台	AO
8419 89 90⁻	其他利用温度变化处理材料的机器(包括类似的实验室设备)	6.4	30.0	17.0		台	AO
8419 90 10	热水器用零件	3.8	100.0	17.0		千克	
8419 90 90.10	半导体工业用化学蒸镀装置的零件		30.0	17.0		千克	Os
8419 90 90.90	品目 8419 的机器设备用零件(其他利用温度变化处理材料的机器等用零件)	4.0	30.0	17.0		千克	O
8420	**研光机或其他滚压机器及其滚筒,但加工金属或玻璃的除外**						
8420 10 00.10 *	织物轧光机(加工金属或玻璃用的除外)	8.4	30.0	17.0		台	O
8420 10 00.90	其他研光机或滚压机器(加工金属或玻璃用的除外)	8.4	30.0	17.0		台	O
8420 91 00	研光机或其他滚压机器的滚筒	8.0	30.0	17.0		个/千克	O
8420 99 00	研光机或其他滚压机的未列名零件	8.0	30.0	17.0		千克	O
8421	**离心机,包括离心干燥机;液体或气体的过滤、净化机器及装置**						
8421 11 00	奶油分离器	10.1	30.0	17.0		台	A
8421 12 10	干衣量不超过 10 公斤的离心干衣机	17.5	70.0	17.0		台	
8421 12 90	干衣量大于 10 公斤的离心干衣机	9.8	30.0	17.0		台	
8421 19 10	脱水机	10.0	30.0	17.0		台	
8421 19 20	固液分离机	10.0	30.0	17.0		台	
8421 19 90.10	半导体晶片加工用离心干燥器	4.0	30.0	17.0		台	s
8421 19 90.90	其他离心机及离心干燥机	10.0	30.0	17.0		台	
8421 21 10	家用型过滤或净化水的机器及装置	25.0	63.0	17.0		台	AB
8421 21 90	其他非家用型过滤或净化水的装置	10.2	50.0	17.0		台	B
8421 22 00	过滤或净化饮料的机器及装置(过滤或净化水的装置除外)	12.0	40.0	17.0		台	AB
8421 23 00	内燃发动机的燃油过滤器	12.0	40.0	17.0		个	B
8421 29 10	压滤机	11.0	40.0	17.0		个	BO
8421 29 90	其他液体的过滤、净化机器及装置	10.2	40.0	17.0		个	B
8421 31 00	内燃发动机的进气过滤器	12.0	40.0	17.0		个	B
8421 39 10	家用型气体过滤、净化机器及装置	21.0	100.0	17.0		个	B
8421 39 21	工业用静电除尘器	10.2	40.0	17.0		个	BO
8421 39 22	工业用带式除尘器	10.2	40.0	17.0		个	BO
8421 39 23	工业用旋风式除尘器	10.2	40.0	17.0		个	BO
8421 39 29	其他工业用旋除尘器	10.2	40.0	17.0		个	BO
8421 39 90	其他气体的过滤、净化机器及装置	10.2	40.0	17.0		个	B
8421 91 10	干衣量≤10 公斤离心干衣机零件	3.8	70.0	17.0		千克	
8421 91 90	其他离心机用零件(包括离心干燥机用零件)		30.0	17.0		千克	
8421 99 10	家用型过滤、净化装置用零件	14.0	100.0	17.0		千克	
8421 99 90	其他过滤、净化装置用零件	5.0	40.0	17.0		千克	

商品编号	商品名称备注	进口税率		增值税	消费税	计量单位	监管条件
		最惠国	普通				
8422	**洗碟机;瓶子及其他容器的洗涤或干燥机器;瓶、罐、箱、袋或其他容器装填、封口、密封、贴标签的机器;瓶、罐、管、筒或类似容器的包封机器;其他包装或打包机器(包括热缩包装机器);饮料充气机**						
8422 11 00	家用型洗碟机	16.0	90.0	17.0		台	B
8422 19 00	非家用型洗碟机	16.0	90.0	17.0		台	
8422 20 00	瓶子及其他容器的洗涤或干燥机器	10.0	35.0	17.0		台	B
8422 30 11	电动手提饮料及液体食品灌装设备	12.0	45.0	17.0		台	AO
8422 30 19	其他饮料及液体食品灌装设备	12.0	45.0	17.0		台	OA
8422 30 21	全自动水泥灌包机	12.0	45.0	17.0		台	O
8422 30 29	其他水泥包装机	12.0	45.0	17.0		台	O
8422 30 30	非水泥包装用灌包机及包装机(包括封口、密封、贴标签、包封机器及饮料充气机)	12.0	35.0	17.0		台	OA
8422 30 90	饮料充气机	12.0	35.0	17.0		台	A
8422 40 00	其他包装或打包机器(包括热缩包装机器)	10.0	35.0	17.0		台	
8422 90 10	洗碟机用零件	12.4	90.0	17.0		千克	
8422 90 20	饮料及液体食品灌装设备用零件	8.5	45.0	17.0		千克	OA
8422 90 90	品目 8422 其他未列名机器零件	8.5	35.0	17.0		千克	O
8423	**衡器(感量为 50 毫克或更精密的天平除外),包括计数或检验用的衡器;衡器用的各种砝码、秤砣**						
8423 10 00	体重计、婴儿秤及家用秤	16.3	80.0	17.0		台	
8423 20 10	输送带上连续称货的电子皮带秤	14.0	80.0	17.0		台	
8423 20 90	输送带上连续称货的其他秤	14.0	80.0	17.0		台	
8423 30 10	定量包装秤	14.3	80.0	17.0		台	
8423 30 20	定量分选秤	14.3	80.0	17.0		台	
8423 30 30	配料秤	14.3	80.0	17.0		台	
8423 30 90	恒定秤,库秤及其他包装秤,分选秤	14.3	80.0	17.0		台	
8423 81 10	最大称量≤30 公斤的计价秤	10.5	80.0	17.0		台	
8423 81 20	最大称量≤30 公斤的弹簧秤	10.5	80.0	17.0		台	
8423 81 90	最大称量≤30 公斤的其他衡器	10.5	80.0	17.0		台	
8423 82 10	30＜最大称量≤5000kg 的地中衡	14.3	80.0	17.0		台	
8423 82 90	30＜最大称量≤5000kg 的其他衡器	14.3	80.0	17.0		台	
8423 89 10	最大秤量＞5000KG 的地中衡	14.0	80.0	17.0		台	
8423 89 20	最大秤量＞5000KG 的轨道衡	14.0	80.0	17.0		台	
8423 89 30	最大秤量＞5000KG 的吊秤	14.0	80.0	17.0		台	
8423 89 90	最大秤量＞5000KG 的其他衡器	14.0	80.0	17.0		台	
8423 90 00	衡器用的各种砝码、秤砣及其零件	10.0	80.0	17.0		千克	
8424	**液体或粉末的喷射、散布或喷雾的机械器具(不论是否手工操作);灭火器,不论是否装药;喷枪及类似器具;喷汽机、喷砂机及类似的喷射机器**						

商品编号	商品名称备注	进口税率		增值税	消费税	计量单位	监管条件
		最惠国	普通				
8424 10 00	灭火器(不论是否装药)	8.4	70.0	17.0		个	A
8424 20 00	喷枪及类似器具	8.4	40.0	17.0		个	
8424 30 00	喷汽机、喷砂机及类似喷射机器	8.4	40.0	17.0		台	O
8424 81 00	农业或园艺用喷射、喷雾机械器具	8.0	30.0	13.0		台	
8424 89 10	家用型喷射、喷雾机械器具	12.5	80.0	17.0		台	B
8424 89 91	船用洗舱机	3.0	30.0	17.0		台	
8424 89 99	其他用途的喷射、喷雾机械器具		30.0	17.0		台	O
8424 90 10	灭火器用的零件		70.0	17.0		千克	
8424 90 20	家用型喷射、喷雾器具的零件	3.8	80.0	17.0		千克	
8424 90 90	其他喷雾器具及喷气机等用零件(子目84242000,84243000,84248990所列器具的零件)		30.0	17.0		千克	
8425	**滑车及提升机,但倒卸式提升机除外;卷扬机及绞盘;千斤顶**						
8425 11 00	电动滑车及提升机(倒卸式提升机及提升车辆用的提升机除外)	10.0	30.0	17.0		台	OB
8425 19 00	非电动滑车及提升机(倒卸式提升机及提升车辆用的提升机除外)	8.6	30.0	17.0		台	OB
8425 20 11	圆筒直径2米及以上的矿井卷扬机	10.0	30.0	17.0		台	O
8425 20 19	圆筒直径2米以下的矿井卷扬机	10.0	30.0	17.0		台	O
8425 20 90	其他矿井口卷扬装置(包括专为井下使用设计的卷机)	10.0	30.0	17.0		台	
8425 31 00	其他电动卷扬机及绞盘	8.6	30.0	17.0		台	O
8425 39 00	其他非电动卷扬机及绞盘	8.6	30.0	17.0		台	
8425 41 00	车库中使用的固定千斤顶系统	6.6	30.0	17.0		台	B
8425 42 10	液压千斤顶	6.6	30.0	17.0		台	B
8425 42 90	提升车辆用液压提升机	8.6	30.0	17.0		台	
8425 49 10	其他千斤顶	6.8	30.0	17.0		台	B
8425 49 90	其他提升车辆用提升机	10.0	30.0	17.0		台	
8426	**船用桅杆式起重机;起重机,包括缆式起重机;移动式吊运架、跨运车及装有起重机的工作车**						
8426 11 20	通用桥式起重机	9.8	30.0	17.0		台	
8426 11 90	其他固定支架的高架移动式起重机	9.8	30.0	17.0		台	
8426 12 00	胶轮移动式吊运架及跨运车	8.0	30.0	17.0		台	
8426 19 10	装船机	9.4	30.0	17.0		台	O
8426 19 21	抓斗式卸船机	9.4	30.0	17.0		台	O
8426 19 29	其他卸船机	9.4	30.0	17.0		台	O
8426 19 30	龙门式起重机	10.0	30.0	17.0		台	O
8426 19 41	门式装卸桥	10.0	30.0	17.0		台	O
8426 19 42	集装箱装卸桥	10.0	30.0	17.0		台	O
8426 19 43	其他动臂式装卸桥	10.0	30.0	17.0		台	O
8426 19 49	其他装卸桥	10.0	30.0	17.0		台	O

商品编号	商 品 名 称 备 注	进口税率		增值税	消费税	计量单位	监管条件
		最惠国	普通				
8426 19 90	其他高架移动式起重吊运设备	10.0	30.0	17.0		台	
8426 20 00	塔式起重机	10.0	30.0	17.0		台	O
8426 30 00	门座式起重机及座式旋臂起重机	8.0	30.0	17.0		台	O
8426 41 10	轮胎式起重机	10.2	30.0	17.0		台	OB
8426 41 90	其他带胶轮的自推进起重机械	9.4	30.0	17.0		台	OB
8426 49 10	履带式自推进起重机械	12.0	30.0	17.0		台	O
8426 49 90	其他不带胶轮的自推进起重机械	13.0	30.0	17.0		台	O
8426 91 00	供装于公路车辆的其他起重机械	10.0	30.0	17.0		台	B
8426 99 00	其他起重机械	8.0	30.0	17.0		台	
8427	**叉车;其他装有升降或搬运装置的工作车**						
8427 10 10	有轨巷道堆垛机	12.6	30.0	17.0		台	OAB
8427 10 20	无轨巷道堆垛机	12.6	30.0	17.0		台	OAB
8427 10 90	其他电动机推动的机动车	12.6	30.0	17.0		台	OAB
8427 20 10	集装箱叉车	12.6	30.0	17.0		台	BOA
8427 20 90	其他机动叉车及有升降装置工作车(包括装有搬运装置的机动工作车)	10.8	30.0	17.0		台	BOA
8427 90 00	其他叉车及可升降的工作车(工作车指装有升降或搬运装置)	10.8	30.0	17.0		台	BOA
8428	**其他升降、搬运、装卸机械(例如,升降机、自动梯、输送机、缆车)**						
8428 10 10	载客电梯	12.0	30.0	17.0		台	OA
8428 10 90	其他倒卸式起重机	9.6	30.0	17.0		台	OA
8428 20 00	气压升降机及输送机	9.4	30.0	17.0		台	
8428 31 00	地下连续运货或材料升降、输送机	9.4	30.0	17.0		台	O
8428 32 00	其他斗式连续运货升降、输送机	9.0	30.0	17.0		台	O
8428 33 00	其他带式连续运货升降、输送机	9.0	30.0	17.0		台	O
8428 39 10	其他链式连续运送货升降、输送机	9.0	30.0	17.0		台	O
8428 39 20	辊式连续运送货升降、输送机	9.0	30.0	17.0		台	O
8428 39 90	其他未列名连续运货升降、输送机	9.0	30.0	17.0		台	
8428 40 00	自动梯及自动人行道	10.2	30.0	17.0		台	OA
8428 50 00	矿车推动机、铁道机车等的转车台(包括货车转车台、货车倾卸装置及类似铁道货车搬运装置)	10.0	30.0	17.0		台	
8428 60 10	货运架空索道	9.8	30.0	17.0		台	
8428 60 21	单线循环式客运架空索道	9.8	30.0	17.0		台	O
8428 60 29	非单线循环式客运架空索道	9.8	30.0	17.0		台	O
8428 60 90	缆车、座式升降机等用牵引装置(包括滑雪拉索)	9.8	30.0	17.0		台	O
8428 90 00	其他升降、搬运、装卸机械	8.6	30.0	17.0		台	
8429	**机动推土机、侧铲推土机、筑路机、平地机、铲运机、机械铲、挖掘机、机铲装载机、捣固机械及压路机**						

商品编号	商品名称备注	进口税率		增值税	消费税	计量单位	监管条件
		最惠国	普通				
8429 11 10	功率＞235.36KW的履带式推土机(包括侧铲推土机(发动机输出功率235.36千瓦=320马力))	7.0	17.0	17.0		台	NA
8429 11 90	功率≤235.36KW的履带式推土机(包括侧铲推土机(发动机输出功率235.36千瓦=320马力))	9.0	30.0	17.0		台	AO
8429 19 10	功率＞235.36KW其他推土机(非履带式,包括侧铲推土机(功率235.36千瓦=320马力))	7.0	17.0	17.0		台	AO
8429 19 90	功率≤235.36KW的其他推土机(非履带式,包括侧铲推土机(功率235.36千瓦=320马力))	9.0	30.0	17.0		台	AO
8429 20 10	功率＞235.36KW的筑路机及平地机(发动机输出功率235.36千瓦=320马力)	6.8	17.0	17.0		台	OA
8429 20 90	其他筑路机及平地机(发动机输出功率≤235.36千瓦的,但＜130千瓦的除外)	6.8	30.0	17.0		台	OA
8429 30 10	斗容量＞10立方米的铲运机	6.6	17.0	17.0		台	A
8429 30 90	斗容量≤10立方米的铲运机	9.0	30.0	17.0		台	A
8429 40 11	机重≥18吨的震动式压路机	9.0	20.0	17.0		台	OA
8429 40 19	其他机动压路机	9.8	40.0	17.0		台	NA
8429 40 90	其他未列名捣固机械及压路机	9.6	30.0	17.0		台	OA
8429 51 00	前铲装载机	9.4	30.0	17.0		台	A
8429 52 11	轮胎式挖掘机(上部结构可转360度的)	12.0	30.0	17.0		台	OA
8429 52 12	履带式挖掘机(上部结构可转360度的)	12.0	30.0	17.0		台	OA
8429 52 19	其他挖掘机(上部结构可转360度的)	12.0	30.0	17.0		台	OA
8429 52 90	其他上部结构可转360度的机械(包括机械铲及机铲装载机)	12.0	30.0	17.0		台	OA
8429 59 00	其他机械铲、挖掘机及机铲装载机	10.0	30.0	17.0		台	OA
8430	**泥土、矿物或矿石的运送、平整、铲运、挖掘、捣固、压实、开采或钻探机械;打桩机及拔桩机;扫雪机及吹雪机**						
8430 10 00	打桩机及拔桩机	10.0	30.0	17.0		台	
8430 20 00	扫雪机及吹雪机	10.0	30.0	17.0		台	
8430 31 00	自推进截煤机、凿岩机(包括自推进隧道掘进机)	10.0	30.0	17.0		台	O
8430 39 00	其他非自推进截煤机凿岩机(包括非自推隧道掘进机)	10.0	30.0	17.0		台	
8430 41 11	钻探深度≥6千米其他石油钻探机(自推进的,包括天然气钻探机)	5.0	11.0	17.0		台	
8430 41 19	其他自推进石油及天然气钻探机(钻探深度在6000米以下的)	6.8	17.0	17.0		台	
8430 41 21	钻探深度≥6千米的其他钻探机(自推进的)	5.0	11.0	17.0		台	
8430 41 22	深度＜6千米履带式自推进钻机(指石油及天然气钻探机)	6.8	17.0	17.0		台	
8430 41 29	钻探深度＜6千米的其他钻探机(自推进的)	6.8	17.0	17.0		台	
8430 41 90	其他自推进的凿井机械	9.0	30.0	17.0		台	

商品编号	商 品 名 称 备 注	进口税率		增值税	消费税	计量单位	监管条件
		最惠国	普通				
8430 49 00	非自推进的其他钻探或凿井机械	9.0	30.0	17.0		台	
8430 50 10	其他自推进采油机械	6.6	17.0	17.0		台	
8430 50 20	矿用电铲	11.4	30.0	17.0		台	O
8430 50 31	牙轮直径≥380MM 的采矿钻机(自推进的)	9.0	30.0	17.0		台	
8430 50 39	牙轮直径＜380mm 的采矿钻机(自推进的)	9.0	30.0	17.0		台	
8430 50 90	其他自推进未列名机械	9.0	30.0	17.0		台	
8430 61 00	非自推进捣固或压实机械	9.6	30.0	17.0		台	
8430 69 11	转筒直径≥3 米的工程钻机(非自动推进)	10.0	30.0	17.0		台	
8430 69 19	转筒直径＜3 米的工程钻机(非自动推进)	10.0	30.0	17.0		台	
8430 69 20	非自推进铲运机	9.6	30.0	17.0		台	
8430 69 90	其他非自推进未列名机械	10.0	30.0	17.0		台	
8431	**专用于或主要用于编号 8425 至 8430 所列机械的零件**						
8431 10 00	滑车、绞盘、千斤顶等机械用零件(编号 8425 所列机械用的)	3.0	30.0	17.0		千克	
8431 20 00	其他装有升降装置工作车用零件(编号 8427 所列机械用的)	6.0	30.0	17.0		千克	O
8431 31 00	其他升降机、倒卸式超重机零件(包括自动梯零件)	3.0	30.0	17.0		千克	O
8431 39 00	编号 8428 所列其他机械的零件(升降机,倒卸式起重机,自动梯的零件除外)	5.0	30.0	17.0		千克	O
8431 41 00	戽斗、铲斗、抓斗及夹斗	6.0	17.0	17.0		个/千克	O
8431 42 00	推土机或侧铲推土机用铲	6.0	17.0	17.0		个/千克	
8431 43 10	石油或天然气钻探机用零件	4.0	11.0	17.0		千克	
8431 43 20	其他钻探机用零件	4.0	11.0	17.0		千克	
8431 43 90	其他凿井机用零件(编号 843041,843049 所列机械的)	5.0	17.0	17.0		千克	
8431 49 10	矿用电铲用零件	5.0	17.0	17.0		千克	O
8431 49 90	编号 8426、8429、8430 的其他零件(前述具体列名的机械零件除外)	5.0	17.0	17.0		千克	O
8432	**农业、园艺及林业用整地或耕作机械;草坪及运动场地滚压机**						
8432 10 00	犁	6.8	30.0	13.0		台	
8432 21 00	圆盘耙	6.8	30.0	13.0		台	
8432 29 00	其他耙、松土机等耕作机械(包括中耙机、除草机及耕耘机)	6.0	30.0	13.0		台	
8432 30 00	播种机、种植机及移植机	6.0	30.0	13.0		台	
8432 40 00	施肥机	6.0	30.0	13.0		台	
8432 80 10	草坪及运动场地滚压机	8.8	40.0	17.0		台	
8432 80 90	其他未列名整地或耕作机械	6.0	30.0	13.0		台	

商品编号	商品名称备注	进口税率		增值税	消费税	计量单位	监管条件
		最惠国	普通				
8432 90 00	整地或耕作机械、滚压机零件(编号 8432 所列机械用的)	4.0	17.0	17.0		千克	
8433	**收割机、脱粒机,包括草料打包机;割草机;蛋类、水果或其他农产品的清洁、分选、分级机器,但编号 8437 的机器除外**						
8433 11 00	机动旋转式割草机(旋转式指切割装置在同一水平面上旋转,用于草坪、公园)	8.0	30.0	13.0		台	
8433 19 00	草坪、公园等用其他割草机(包括运动场地)	8.0	30.0	17.0		台	
8433 20 00	其他割草机(包括牵引装置用的刀具杆)	6.0	30.0	13.0		台	
8433 30 00	其他干草切割、翻晒机器	6.8	30.0	13.0		台	
8433 40 00	草料打包机(包括收集打包机)	6.8	30.0	13.0		台	
8433 51 00.10 *	功率≥160 马力的联合收割机	8.0	17.0	13.0		台	
8433 51 00.90	功率<160 马力的联合收割机	8.0	17.0	13.0		台	
8433 52 00	其他脱粒机	8.0	30.0	13.0		台	
8433 53 00.55 *	甜菜小型收获机	8.0	30.0	13.0		台	
8433 53 00.90	其他根茎或块茎收获机	8.0	30.0	13.0		台	
8433 59 10 *	甘蔗收获机	8.0	30.0	13.0		台	
8433 59 90.10 *	自走式青储饲料收获机(包括棉花收获机)	8.0	30.0	13.0		台	
8433 59 90.90	其他收割机及脱粒机	8.0	30.0	13.0		台	
8433 60 00	蛋类、水果等清洁、分选、分级机(包括其他农产品清洁,分选,分级机,编号 8437 的机器除外)	6.8	30.0	13.0		台	
8433 90 10	联合收割机用零件	5.0	11.0	17.0		千克	
8433 90 90	编号 8433 所列其他机械零件	3.0	17.0	17.0		千克	
8434	**挤奶机及乳品加工机器**						
8434 10 00	挤奶机	10.0	20.0	13.0		台	O
8434 20 00	乳品加工机器	6.0	30.0	17.0		台	OA
8434 90 00	挤奶机及乳品加工机器用零件	5.0	17.0	17.0		千克	OA
8435	**制酒、制果汁或制类似饮料用的压榨机、轧碎机及类似机器**						
8435 10 00	制酒、果汁等的压榨、轧碎机(包括制类似饮料用机器)	10.0	30.0	17.0		台	OA
8435 90 00	制酒、果汁等压榨、轧碎机零件	6.0	30.0	17.0		千克	OA
8436	**农业、园艺、林业、家禽饲养业或养蜂业用的其他机器,包括装有机械或热力装置的催芽设备;家禽孵卵器及育雏器**						
8436 10 00	动物饲料配制机	7.0	30.0	13.0		台	
8436 21 00	家禽孵卵器及育雏器	6.8	30.0	13.0		台	
8436 29 00	家禽饲养用机器	10.0	30.0	13.0		台	
8436 80 00.55 *	甜菜种子加工机	10.0	30.0	13.0		台	

商品编号	商 品 名 称 备 注	进口税率		增值税	消费税	计量单位	监管条件
		最惠国	普通				
8436 80 00.90	农、林业、园艺等用的其他机器(包括装有机械或热力装置的催芽设备)	10.0	30.0	13.0		台	
8436 91 00	家禽饲养机,孵卵器及育雏器零件	6.0	17.0	17.0		千克	
8436 99 00	编号 8436 所列其他机器的零件	6.0	17.0	17.0		千克	
8437	**种子、谷物或干豆的清洁、分选或分级机器;谷物磨粉业加工机器或谷物、干豆加工机器,但农业用机器除外**						
8437 10 00.55 *	窝眼筒式种子清选机等(包括风筛式及重力式种子清选机)	10.0	30.0	13.0		台	
8437 10 00.90	种子谷物其他清洁、清选、分级机(包括干豆的清洁,分选或分级机)	10.0	30.0	13.0		台	
8437 80 00	谷物磨粉业加工机器(包括谷物、干豆加工机器,但农业用机器除外)	10.0	30.0	17.0		台	A
8437 90 00	编号 8437 所列机械的零件	6.0	30.0	17.0		千克	
8438	**本章其他编号未列名的食品、饮料工业用的生产或加工机器,但提取、加工动物油脂或植物固定油脂的机器除外**						
8438 10 00.10	糕点生产线	7.0	30.0	17.0		台	A
8438 10 00.90	通心粉,面条的生产加工机器(包括类似产品的加工机)	7.0	30.0	17.0		台	A
8438 20 00	生产糖果,可可粉,巧克力的机器	8.0	30.0	17.0		台	A
8438 30 00	制糖机器	10.0	30.0	17.0		台	A
8438 40 00	酿酒机器	7.0	30.0	17.0		台	A
8438 50 00	肉类或家禽加工机器	7.0	30.0	17.0		台	A
8438 60 00	水果、坚果或蔬菜加工机器	10.0	30.0	17.0		台	A
8438 80 00	本章其他未列名食品等加工机器(包括饮料工业用加工机器,加工动、植物油脂的机器除外)	8.5	30.0	17.0		台	A
8438 90 00	食品、饮料工业用机器的零件(编号 8438 所列机械的)	5.0	30.0	17.0		千克	A
8439	**纤维素纸浆、纸及纸板的制造或整理机器**						
8439 10 00	制造纤维素纸浆的机器	8.4	30.0	17.0		台	O
8439 20 00	纸或纸板的抄造机器	8.4	30.0	17.0		台	O
8439 30 00	纸或纸板的整理机器	8.4	30.0	17.0		台	O
8439 91 00	制造纤维素纸浆的机器零件	6.0	30.0	17.0		千克	O
8439 99 00	制造或整理纸及纸板的机器零件	6.0	30.0	17.0		千克	O
8440	**书本装订机器,包括锁线订书机**						
8440 10 10	锁线订书机	10.0	35.0	17.0		台	
8440 10 20	胶订机	12.0	35.0	17.0		台	
8440 10 90	其他书本装订机	12.0	35.0	17.0		台	
8440 90 00	书本装订机器的零件(包括锁线订书机的零件)	8.0	35.0	17.0		千克	

商品编号	商 品 名 称 备 注	进口税率		增值税	消费税	计量单位	监管条件
		最惠国	普通				
8441	**其他制造纸浆制品、纸制品或纸板制品的机器，包括各种切纸机**						
8441 10 00	切纸机	12.0	50.0	17.0		台	
8441 20 00	制造包、袋或信封的机器	12.0	30.0	17.0		台	
8441 30 10	纸塑铝复合罐生产设备(但模制成型机器除外)	13.5	30.0	17.0		台	
8441 30 90	其他制造箱、盒及类似容器的机器(但模制成型机器除外)	13.5	30.0	17.0		台	O
8441 40 00	纸浆、纸或纸板制品模制成型机器	12.0	30.0	17.0		台	O
8441 80 10	制造纸塑铝软包装生产设备	12.0	30.0	17.0		台	
8441 80 90	其他制造纸浆制品、纸制品的机器(包括制造纸板制品的机器)	12.0	30.0	17.0		台	O
8441 90 10	切纸机零件	8.0	50.0	17.0		千克	
8441 90 90	其他制造纸浆、纸制品的机器零件	8.4	30.0	17.0		千克	O
8442	**铸字、排字或制版用的机器、器具及设备(编号8456至8465的机床除外)；活字、印刷用版、片、滚筒及其他印刷件；制成供印刷用(例如，刨平、压纹或抛光)的板、片、滚筒及石板**						
8442 10 10	激光照像排版设备	10.8	35.0	17.0		台	
8442 10 90	其他照相排版及排字机器	10.8	35.0	17.0		台	
8442 20 00	其他方法排字的机器及器具(不论是否有铸字装置)	9.0	35.0	17.0		台	
8442 30 10	铸字机	9.0	35.0	17.0		台	
8442 30 20	制版机器、器具及设备	9.0	35.0	17.0		台	
8442 30 90	其他排字设备	9.0	35.0	17.0		台	
8442 40 00	铸字、排字、制版机器的零件	7.0	20.0	17.0		千克	
8442 50 00	活字，印刷用版，片及其他部件(含制成供印刷用(如：刨平，压纹或抛光)板，片，滚筒及石板)	9.0	35.0	17.0		千克	
8443	**用于品目84.42的活字、印刷用板、片、滚筒及其他印刷部件进行印刷的机器；喷墨印刷机，但品目84.71的货品除外；印刷用辅助机器**						
8443 11 00	卷取进料式胶印机(编号8473的货品除外)	14.8	35.0	17.0		台	O
8443 12 00	办公室用片取进料式胶印机(片尺寸不超过22×36厘米)	14.0	35.0	17.0		台	O
8443 19 10	平张纸进料式胶印机	14.8	35.0	17.0		台	N
8443 19 90	其他非平张纸进料式胶印机	14.8	35.0	17.0		台	N
8443 21 00	卷取进料式凸版印刷机(不包括苯胺印刷机)	12.0	35.0	17.0		台	
8443 29 00	其他凸版印刷机(不包括苯胺印刷机)	12.0	35.0	17.0		台	
8443 30 00	苯胺印刷机	12.0	35.0	17.0		台	
8443 40 00	凹版印刷机	18.0	35.0	17.0		台	
8443 51 00	喷墨印刷机(编号8471的打印机除外)	12.0	30.0	17.0		台	
8443 59 11.10 *	纺织用圆网印花机	12.0	35.0	17.0		台	O

商品编号	商 品 名 称 备 注	进口税率		增值税	消费税	计量单位	监管条件
		最惠国	普通				
8443 59 11.90	其他圆网印刷机	12.0	35.0	17.0		台	O
8443 59 12.10*	纺织用平网印花机	12.0	35.0	17.0		台	O
8443 59 12.90	其他平网印刷机	12.0	35.0	17.0		台	O
8443 59 19	其他网式印刷机	12.0	35.0	17.0		台	O
8443 59 90.10	用于光盘生产的盘面印刷机	10.5	35.0	17.0		台	1u
8443 59 90.90	其他未列名印刷机(网式印刷机及用于光盘生产的盘面印刷机除外)	10.5	35.0	17.0		台	O
8443 60 00	印刷用辅助机器	12.0	35.0	17.0		台	O
8443 90 00	印刷机器(包括喷墨印刷机)的零件	6.0	20.0	17.0		千克	O
8444	**化学纺织纤维挤压、拉伸、变形或切割机器**						
8444 00 10^	合成纤维长丝纺丝机	10.0	30.0	17.0		台	O
8444 00 20.55*^	丙纶及涤纶短纤维纺丝机	10.0	30.0	17.0		台	O
8444 00 20.90^	其他合成纤维短丝纺丝机	10.0	30.0	17.0		台	O
8444 00 30^	人造纤维纺丝机	10.0	30.0	17.0		台	O
8444 00 40.55*^	卷曲机及涤纶短纤维卷曲机	10.0	30.0	17.0		台	O
8444 00 40.90^	其他化学纤维变形机	10.0	30.0	17.0		台	O
8444 00 50^	化学纤维切断机	10.0	30.0	17.0		台	
8444 00 90.55*^	纺丝机及涤纶长丝卷绕机	10.0	30.0	17.0		台	O
8444 00 90.90^	其他化纤挤压、拉伸、切割机器	10.0	30.0	17.0		台	O
8445	**纺织纤维的预处理机器;纺纱机、并线机、加捻机及其他生产纺织纱线的机器;摇纱机、络纱机(包括卷纬机)及编号 8446 或 8447 机器用的纺织纱线预处理机器**						
8445 11 10^	棉纤维型梳理机	10.0	30.0	17.0		台	ABO
8445 11 20^	毛纤维型梳理机	10.0	30.0	17.0		台	ABO
8445 11 90^	其他纺织纤维梳理机	10.0	30.0	17.0		台	AB
8445 12 00	纺织纤维精梳机	10.0	30.0	17.0		台	ABO
8445 13 10	纺织纤维拉伸机	10.0	30.0	17.0		台	AB
8445 13 20	纺织纤维粗纱机	10.0	30.0	17.0		台	OAB
8445 19 00^	纺织纤维的其他预处理机器	10.0	30.0	17.0		台	AB
8445 20 10^	棉细纱机	10.5	40.0	17.0		台	OAB
8445 20 20^	气流纺纱机(转杯纺纱机)	10.0	30.0	17.0		台	OAB
8445 20 90^	其他纺纱机	10.0	30.0	17.0		台	OA
8445 30 00^	并线机或加捻机	10.0	30.0	17.0		台	OAB
8445 40 10^	自动络筒机	10.0	30.0	17.0		台	ABO
8445 40 90^	卷纬机及摇纱机	10.0	30.0	17.0		台	AB
8445 90 10^	整经机	10.0	30.0	17.0		台	ABO
8445 90 20^	浆纱机	10.0	30.0	17.0		台	OAB
8445 90 90^	其他生产及处理纺织纱线的机器(处理编号 8446 或 8447 所列机器用的纺织纱线的机器)	10.0	30.0	17.0		台	OAB

商品编号	商 品 名 称 备 注	进口税率		增值税	消费税	计量单位	监管条件
		最惠国	普通				
8446	**织机**						
8446 10 00	所织织物宽度≤30cm 的织机	8.0	30.0	17.0		台	A
8446 21 10ˆ	织物宽＞30cm 的梭织动力地毯织机	12.0	35.0	17.0		台	A
8446 21 90ˆ	织物宽＞30cm 的其他梭织动力织机	10.0	30.0	17.0		台	AB
8446 29 00	织物宽＞30cm 的梭织非动力织机	10.0	30.0	17.0		台	A
8446 30 20ˆ	织物宽度＞30cm 的剑杆织机	8.0	30.0	17.0		台	AO
8446 30 30	织物宽度＞30cm 的片梭织机	8.0	30.0	17.0		台	AO
8446 30 40ˆ	织物宽＞30cm 的喷水织机	8.0	30.0	17.0		台	OA
8446 30 50ˆ	织物宽＞30cm 的喷气织机	8.0	30.0	17.0		台	OA
8446 30 90ˆ	织物宽＞30cm 的其他无梭织机	8.0	30.0	17.0		台	OA
8447	**针织机、缝编机及制粗松螺旋花线、网眼薄纱、花边、刺绣品、装饰带、编织带或网的机器及簇绒机**						
8447 11 00ˆ	圆筒直径≤165mm 的圆型针织机	8.0	30.0	17.0		台	OAB
8447 12 00	圆筒直径＞165mm 的圆型针织机	8.0	30.0	17.0		台	OAB
8447 20 10ˆ	经编机	8.0	30.0	17.0		台	OA
8447 20 20ˆ	其他平型针织机	8.0	30.0	17.0		台	OAB
8447 20 30ˆ	缝编机	8.0	30.0	17.0		台	A
8447 90 11ˆ	地毯织机	7.0	35.0	17.0		台	A
8447 90 19ˆ	其他簇绒机(地毯织机除外)	8.0	30.0	17.0		台	A
8447 90 20ˆ	绣花机	8.0	30.0	17.0		台	A
8447 90 90ˆ	编号 8447 其他子目未列名机器(包括制粗松螺旋花线,网眼薄纱,编织带或网的机器)	10.0	30.0	17.0		台	A
8448	**编号 8444、8445、8446 或 8447 所列机器的辅助机器(例如,多臂机、提花机、自停装置及换梭装置);专用于或主要用于编号 8444、8445、8446 或 8447 所列机器的零件、附件(例如,锭子、锭壳、钢丝针布、梳、喷丝头、梭子、综丝、综框、针织机用针)**						
8448 11 00	多臂机或提花机(包括其所用的卡片缩小,复制,穿孔或汇编机器)	8.0	20.0	17.0		千克	O
8448 19 00	编号 8444 至 8447 的机器的辅助机器	8.0	20.0	17.0		千克	
8448 20 20	喷丝头或喷丝板	6.0	14.0	17.0		个/千克	
8448 20 90.55 *	聚酯熔体直接纺丝机高速卷绕头	6.0	17.0	17.0		千克	
8448 20 90.90	纤维挤压机及辅助机器的其他零件(包括附件.编号 8444 的机器用)	6.0	17.0	17.0		千克	
8448 31 00	钢丝针布	6.0	17.0	17.0		千克	
8448 32 00.10 *	精梳机钳板、顶梳装置(精梳机锡林部件,精梳机车头凸轮传动,行星齿轮部件)	6.0	17.0	17.0		千克	
8448 32 00.20 *	清梳联合机梳理装置(清梳联合机给棉装置)	6.0	17.0	17.0		千克	
8448 32 00.30 *	清梳联合机盖板清洁装置	6.0	17.0	17.0		千克	

商品编号	商 品 名 称 备 注	进口税率		增值税	消费税	计量单位	监管条件
		最惠国	普通				
8448 32 00.90	纺织纤维预处理机器的零件、附件(钢丝针布除外)	6.0	17.0	17.0		千克	
8448 33 10 *	络筒锭	6.0	17.0	17.0		千克/个	
8448 33 90	其他锭子、锭壳、纺丝环、钢丝圈	6.0	17.0	17.0		千克	
8448 39 10	气流杯	6.0	14.0	17.0		千克/个	
8448 39 20 *	电子清纱器	6.0	17.0	17.0		千克/个	
8448 39 30 *	空气捻接器	6.0	17.0	17.0		千克/个	
8448 39 90	编号 8445 所机器的其他零、附件(指纺织纱线机器及预处理机的零件、附件)	6.0	17.0	17.0		千克	
8448 41 00	梭子	6.0	50.0	17.0		个/千克	
8448 42 00	织机用筘,综丝及综框	6.0	50.0	17.0		千克	
8448 49 10 *	接、投梭箱	6.0	17.0	17.0		千克/个	
8448 49 20 *	引纬、送经装置	6.0	17.0	17.0		千克/个	
8448 49 90.10 *	自动寻纬、补纬装置、打纬装置	6.0	17.0	17.0		千克	
8448 49 90.90	织机及其辅助机器用其他零、附件	6.0	17.0	17.0		千克	
8448 51 20	针织机用 28 号以下的弹簧针、钩针(包括复合针)	6.0	50.0	17.0		千克	
8448 51 90	沉降片、其他织针及成圈机件	6.0	17.0	17.0		千克	
8448 59 00	编号 8447 机器用的其他零件、附件(指针织等机器及其辅助机器的零件、附件)	6.0	17.0	17.0		千克	
8449	**成匹、成形的毡呢或无纺织物制造或整理机器,包括制毡呢帽机器,帽模**						
8449 00 00	成匹、成形的毡呢制造或整理机器(包括无纺织物制造或整理机,制毡呢帽机,帽模)	8.0	30.0	17.0		千克	
8450	**家用型或洗衣房用洗衣机,包括洗涤干燥两用机**						
8450 11 10^	干衣量≤10kg 全自动波轮式洗衣机	22.5	130.0	17.0		台	AB
8450 11 20^	干衣量≤10kg 全自动滚筒式洗衣机	22.5	130.0	17.0		台	AB
8450 11 90^	其他干衣量≤10kg 的全自动洗衣机	22.5	130.0	17.0		台	AB
8450 12 00^	装有离心甩干机的非全自动洗衣机(干衣量≤10公斤)	30.0	130.0	17.0		台	AB
8450 19 00	干衣量≤10 公斤的其他洗衣机	30.0	130.0	17.0		台	AB
8450 20 00	干衣量大于 10 公斤的洗衣机	16.0	80.0	17.0		台	
8450 90 10^	干衣量≤10 公斤的洗衣机零件	11.0	130.0	17.0		千克	
8450 90 90	干衣量>10 公斤的洗衣机零件	16.0	80.0	17.0		千克	
8451	**纱线、织物及纺织制品的洗涤、清洁、绞拧、干燥、熨烫、挤压(包括熔压)、漂白、染色、上浆、整理、涂布或浸渍机器(编号 8450 的机器除外);列诺伦(亚麻油地毡)及类似铺地制品的布基或其他底布的浆料涂布机器;纺织物的卷绕、退绕、折叠、剪切或剪齿边机器**						

商品编号	商 品 名 称 备 注	进口税率		增值税	消费税	计量单位	监管条件
		最惠国	普通				
8451 10 00	干洗机(洗涤量≤140 千克的干洗机除外)	21.0	80.0	17.0		台	
8451 21 00	干衣量≤10 公斤的干燥机	19.0	80.0	17.0		台	
8451 29 00	干衣量>10 公斤的其他干燥机	8.0	30.0	17.0		台	
8451 30 00 *	熨烫机及挤压机(包括熔压机)	12.8	30.0	17.0		台	
8451 40 00.10 *^	碱减量机	10.1	20.0	17.0		台	O
8451 40 00.90^	其他洗涤,漂白或染色机器	10.1	20.0	17.0		台	O
8451 50 00	织物的卷绕,退绕,折叠,剪切机器(包括剪齿边机)	9.8	20.0	17.0		台	O
8451 80 00.11 *	服装定型焙烘炉	14.0	30.0	17.0		台	O
8451 80 00.12 *	服装液氨整理机	14.0	30.0	17.0		台	O
8451 80 00.13 *	预缩机	14.0	30.0	17.0		台	O
8451 80 00.14 *	剪绒、洗缩联合机	14.0	30.0	17.0		台	O
8451 80 00.15 *	罐蒸机	14.0	30.0	17.0		台	O
8451 80 00.16 *	剪毛联合机	14.0	30.0	17.0		台	O
8451 80 00.17 *	涂层机	14.0	30.0	17.0		台	O
8451 80 00.18 *	柔软整理机	14.0	30.0	17.0		台	O
8451 80 00.19 *	定型机	14.0	30.0	17.0		台	O
8451 80 00.21 *	精炼机	14.0	30.0	17.0		台	O
8451 80 00.22 *	丝光机	14.0	30.0	17.0		台	O
8451 80 00.23 *	磨毛机	14.0	30.0	17.0		台	O
8451 80 00.90	编号 8451 未列名的其他机器	14.0	30.0	17.0		台	O
8451 90 00	编号 8451 所列机器的零件	8.0	20.0	17.0		千克	O
8452	**缝纫机,但编号 8440 的锁线订书机除外;缝纫机专用的特制家具、底坐及罩盖;缝纫机针**						
8452 10 10	22 个功能及以上家用型缝纫机	20.0	80.0	17.0		台	B
8452 10 90	22 个功能以下家用型缝纫机	21.0	80.0	17.0		台	B
8452 21 10^	非家用自动平缝机	17.2	40.0	17.0		台	
8452 21 90.55 *^	非家用自动缝纫机、包缝机(3500rpm 以上)	17.2	40.0	17.0		台	
8452 21 90.90^	其他非家用自动缝纫机	17.2	40.0	17.0		台	
8452 29 00^	其他非自动缝纫机(家用型除外)	14.0	40.0	17.0		台	
8452 30 00	缝纫机针	14.0	100.0	17.0		千克	
8452 40 00	缝纫机专用特制家具及其零件(包括缝纫机的底座和罩盖)	14.0	100.0	17.0		千克	
8452 90 11	家用缝纫机用旋梭	14.0	80.0	17.0		千克	
8452 90 19	家用缝纫机用其他零件(旋梭除外)	14.0	80.0	17.0		千克	
8452 90 91	非家用缝纫机用旋梭	14.0	40.0	17.0		千克	
8452 90 99	非家用缝纫机用其他零件(旋梭除外)	14.0	40.0	17.0		千克	
8453	**生皮、皮革的处理、鞣制或加工机器;鞋靴、毛皮及其他皮革制品的制作或修理机器,但缝纫机除外**						
8453 10 00^	生皮,皮革的处理或加工机器(包括鞣制机)	8.4	30.0	17.0		台	

商品编号	商 品 名 称 备 注	进口税率		增值税	消费税	计量单位	监管条件
		最惠国	普通				
8453 20 00	鞋靴制作或修理机器(缝纫机除外)	8.4	30.0	17.0		台	
8453 80 00	毛皮及其他皮革的制作或修理机器(缝纫机除外)	8.4	30.0	17.0		台	
8453 90 00	编号 8453 所列机器的零件(皮革等处理,加工或修理机器的)	8.0	30.0	17.0		千克	
8454	**金属冶炼及铸造用的转炉、浇包、锭模及铸造机**						
8454 10 00	金属冶炼及铸造用转炉	10.1	35.0	17.0		台	
8454 20 10.10	VOD 炉(真空脱气炉)	10.3	35.0	17.0		台	O
8454 20 10.90	其他炉外精炼设备	10.3	35.0	17.0		台	O
8454 20 90	其他金属冶炼及铸造用锭模及浇包	8.4	35.0	17.0		台	
8454 30 10	冷室压铸机	12.0	35.0	17.0		台	O
8454 30 21	方坯连铸机	10.0	35.0	17.0		台	O
8454 30 22	板坯连铸机	12.0	35.0	17.0		台	O
8454 30 29	其他钢坯连铸机	12.0	35.0	17.0		台	O
8454 30 90	其他金属冶炼及铸造用铸造机	12.0	35.0	17.0		台	
8454 90 10	炉外精炼设备的零件	8.0	20.0	17.0		千克	
8454 90 21	钢坯连铸机用结晶器	8.0	20.0	17.0		千克	
8454 90 22	钢坯连铸机用振动装置	8.0	20.0	17.0		千克	
8454 90 29	钢坯连铸机用其他零件	8.0	20.0	17.0		千克	
8454 90 90	其他冶炼等用转炉及铸造机的零件(包括浇包、锭模的零件)	8.0	20.0	17.0		千克	
8455	**金属轧机及其轧辊**						
8455 10 10	热轧管机	12.0	35.0	17.0		台	O
8455 10 20	冷轧管机	12.0	35.0	17.0		台	O
8455 10 30	定、减径轧管机	12.0	35.0	17.0		台	O
8455 10 90	其他金属轧管机	12.0	35.0	17.0		台	O
8455 21 10	其他金属板材热轧机	15.0	35.0	17.0		台	O
8455 21 20	型钢轧机	15.0	35.0	17.0		台	O
8455 21 30	金属线材轧机	15.0	35.0	17.0		台	O
8455 21 90	其他金属热轧或冷热联合轧机	15.0	35.0	17.0		台	O
8455 22 10	金属板材冷轧机	12.0	35.0	17.0		台	O
8455 22 90.10	铝箔粗轧机	15.0	35.0	17.0		台	
8455 22 90.90	其他金属冷轧机	15.0	35.0	17.0		台	
8455 30 00	金属轧机用轧辊	8.4	20.0	17.0		个	
8455 90 00	金属轧机的其他零件	8.0	20.0	17.0		千克	
8456	**用激光、其他光、光子束、超声波、放电、电化学法、电子束、离子束或等离子弧处理各种材料的加工机床**						
8456 10 00	用激光等处理各种材料的加工机床(包括其他光或光子束)		30.0	17.0		台	A

商品编号	商 品 名 称 备 注	进口税率		增值税	消费税	计量单位	监管条件
		最惠国	普通				
8456 20 00	用超声波处理各种材料的加工机床	10.0	30.0	17.0		台	AB
8456 30 10	数控的放电处理加工机床	9.7	30.0	17.0		台	NAB
8456 30 90	其他放电处理各种材料的加工机	10.0	30.0	17.0		台	AB
8456 91 00	半导体用干法蚀刻电路图机床	7.2	30.0	17.0		台	A
8456 99 10.10	聚焦离子束铣床(生产和修复半导体材料掩模和光栅用的)	4.5	30.0	17.0		台	NAs
8456 99 10.90	等离子弧切割机	7.2	30.0	17.0		台	NA
8456 99 90.10	火焰切割机	7.2	30.0	17.0		台	AN
8456 99 90.90	其他电化学法处理材料的加工机床(包括电子束,离子束等的加工机床)	7.2	30.0	17.0		台	AN
8457	**加工金属的加工中心、单工位组合机床及多工位组合机床**						
8457 10 10	立式加工金属的加工中心	9.7	20.0	17.0		台	NA
8457 10 20	卧式加工金属的加工中心	9.7	20.0	17.0		台	NA
8457 10 30	龙门式加工金属的加工中心	9.7	20.0	17.0		台	NA
8457 10 90	其他加工金属的加工中心	9.7	20.0	17.0		台	NA
8457 20 00	加工金属的单工位组合机床	8.0	20.0	17.0		台	OA
8457 30 00	加工金属的多工位组合机床	5.0	20.0	17.0		台	OAB
8458	**切削金属的车床(包括切削中心)**						
8458 11 00	切削金属的数控卧式车床(包括车削中心)	9.7	20.0	17.0		台	NA
8458 19 00	切削金属的其他卧式车床	14.0	50.0	17.0		台	AB
8458 91 00	切削金属的其他数控车床(包括车削中心)	5.0	20.0	17.0		台	ABO
8458 99 00	切削金属的其他车床	14.0	50.0	17.0		台	AB
8459	**切削金属的钻床、镗床、铣床、攻丝机床(包括直线移动式动力头机床),但编号 8458 的车床除外**						
8459 10 00	切削金属的直线移动式动力头机床(但编号 8458 的车床除外)	15.0	50.0	17.0		台	AB
8459 21 00	切削金属的其他数控钻床(但编号 8458 的车床除外)	9.7	20.0	17.0		台	AB
8459 29 00	切削金属的其他钻床(但编号 8458 的车床除外)	15.0	50.0	17.0		台	AB
8459 31 00	切削金属的其他数控镗铣机床(但编号 8458 的车床除外)	9.7	20.0	17.0		台	OAB
8459 39 00	切削金属的其他镗铣机床(但编号 8458 的车床除外)	14.0	50.0	17.0		台	AB
8459 40 10	切削金属的其他数控镗床(但编号 8458 的车床除外)	9.7	20.0	17.0		台	OAB
8459 40 90	切削金属的其他镗床(但编号 8458 的车床除外)	15.0	50.0	17.0		台	AB
8459 51 00	切削金属的升降台式数控铣床(但编号 8458 的车床除外)	9.7	20.0	17.0		台	OAB

商品编号	商品名称备注	进口税率		增值税	消费税	计量单位	监管条件
		最惠国	普通				
8459 59 00	切削金属的其他升降台式铣床(但编号8458的车床除外)	15.0	50.0	17.0		台	AB
8459 61 10	切削金属的其他龙门数控铣床	5.0	20.0	17.0		台	OAB
8459 61 90	切削金属的其他数控铣床(但编号8458的车床及龙门铣床除外)	5.0	20.0	17.0		台	OAB
8459 69 10	切削金属的其他龙门非数控铣床(但编号8458的车床除外)	13.5	50.0	17.0		台	AB
8459 69 90	切削金属的其他非数控铣床(但编号8458的车床及龙门铣床除外)	14.0	50.0	17.0		台	AB
8459 70 00	切削金属的其他攻丝机床(但编号8458的车床除外)	12.0	50.0	17.0		台	AB
8460	**用磨石、磨料或抛光材料对金属或金属陶瓷进行去毛刺、刃磨、磨削、珩磨、研磨、抛光或其他精加工机床,但编号8461的切齿机、齿轮磨床或齿轮精加工机床除外**						
8460 11 00	加工金属的数控平面磨床(含加工金属陶瓷)	9.7	20.0	17.0		台	OAB
8460 19 00	加工金属的其他平面磨床(含加工金属陶瓷)	15.0	50.0	17.0		台	B
8460 21 10	加工金属的数控外圆磨床(含加工金属陶瓷,在任一座标的定位精度至少是0.01毫米)	9.7	20.0	17.0		台	OAB
8460 21 20	加工金属的数控内圆磨床(含加工金属陶瓷,在任一座标的定位精度至少是0.01毫米)	9.7	20.0	17.0		台	OAB
8460 21 90	加工金属的其他数控磨床(含加工金属陶瓷,在任一座标的定位精度至少是0.01毫米)	9.7	20.0	17.0		台	OAB
8460 29 10	加工金属的其他外圆磨床(含加工金属陶瓷,在任一座标的定位精度至少是0.01毫米)	15.0	50.0	17.0		台	OAB
8460 29 20	加工金属的其他内圆磨床(含加工金属陶瓷,在任一座标的定位精度至少是0.01毫米)	15.0	50.0	17.0		台	OAB
8460 29 30	加工金属的非数控轧辊磨床(含加工金属陶瓷,在任一座标的定位精度至少是0.01毫米)	13.0	50.0	17.0		台	
8460 29 90	加工金属的其他磨床(含加工金属陶瓷,在任一座标的定位精度至少是0.01毫米)	13.0	50.0	17.0		台	AB
8460 31 00	加工金属的数控刃磨机床(含加工金属陶瓷)	9.7	20.0	17.0		台	AB
8460 39 00	加工金属的其他刃磨机床(含加工金属陶瓷)	15.0	50.0	17.0		台	AB
8460 40 10	金属珩磨机床	13.0	50.0	17.0		台	AB
8460 40 20	金属研磨机床	13.0	50.0	17.0		台	AB
8460 90 10	加工金属的砂轮机(含加工金属陶瓷)	15.0	50.0	17.0		台	B
8460 90 20	金属抛光机床	15.0	50.0	17.0		台	A
8460 90 90	其他用磨石、磨料加工金属的机床	15.0	50.0	17.0		台	A

商品编号	商 品 名 称 备 注	进口税率		增值税	消费税	计量单位	监管条件
		最惠国	普通				
8461	**切削金属或金属陶瓷的刨床、牛头刨床、插床、拉床、切齿机、齿轮磨床或齿轮精加工机床、锯床、切断机及其他编号未列名的切削机床**						
8461 20 10	切削金属或金属陶瓷的牛头刨床	15.0	50.0	17.0		台	B
8461 20 20	切削金属或金属陶瓷的插床	15.0	50.0	17.0		台	B
8461 30 00	切削金属或金属陶瓷的拉床	12.0	50.0	17.0		台	B
8461 40 10	切削金属的数控切齿机,齿轮磨床(含加工金属陶瓷,包括数控齿轮精加工机床)	9.7	20.0	17.0		台	OA
8461 40 90	切削金属的其他切齿机,齿轮磨床(含加工金属陶瓷,包括其他齿轮精加工机床)	15.0	50.0	17.0		台	A
8461 50 00	切削金属的锯床或切断机(含加工金属陶瓷)	12.0	50.0	17.0		台	B
8461 90 11	切削金属或金属陶瓷的龙门刨床	15.0	50.0	17.0		台	B
8461 90 19	切削金属或金属陶瓷的其他刨床	15.0	50.0	17.0		台	B
8461 90 90	切削金属或金属陶瓷的未列名机床	12.0	50.0	17.0		台	B
8462	**加工金属的锻造(包括模锻)或冲压机床(包括压力机);加工金属的弯曲、折叠、矫直、矫平、剪切、冲孔或开槽机床(包括压力机);其他加工金属或硬质合金的压力机**						
8462 10 10	加工金属的数控锻造或冲压机床(包括锻锤,模锻)	9.7	20.0	17.0		台	B
8462 10 90	非数控锻造或冲压机床(指加工金属用的,包括锻锤,模锻)	14.0	50.0	17.0		台	BO
8462 21 10.10	折叠和矫直半导体引脚用数控机器(包括弯曲半导体引脚的数控机器)		20.0	17.0		台	Bs
8462 21 10.90	其他加工金属的数控矫直机床	9.7	20.0	17.0		台	B
8462 21 90	加工金属的数控弯曲、折迭机床(包括矫平机床)	9.7	20.0	17.0		台	OB
8462 29 10.10	矫直半导体引脚的非数控机器(包括弯曲、折叠半导体引脚的非数控机器)	3.4	50.0	17.0		台	Bs
8462 29 10.90	其他加工金属的非数控矫直机床	10.0	50.0	17.0		台	B
8462 29 90	加工金属的非数控弯曲、折迭机床(包括矫平机床)	12.0	50.0	17.0		台	OB
8462 31 10	加工金属的数控板带纵剪机(冲剪两用机除外)	7.0	20.0	17.0		台	OB
8462 31 20	加工金属的数控板带横剪机(冲剪两用机除外)	7.0	20.0	17.0		台	OB
8462 31 90	加工金属的其他数控剪切机床(冲剪两用机除外)	7.0	20.0	17.0		台	OB
8462 39 10	加工金属的非数控板带纵剪机(冲剪两用机除外)	12.0	50.0	17.0		台	B
8462 39 20	加工金属的非数控板带横剪机(冲剪两用机除外)	12.0	50.0	17.0		台	B

商品编号	商 品 名 称 备 注	进口税率		增值税	消费税	计量单位	监管条件
		最惠国	普通				
8462 39 90	加工金属的其他非数控剪切机床(冲剪两用机除外)	12.0	50.0	17.0		台	B
8462 41 00	加工金属的数控冲孔,开槽机(包括冲剪两用机)	9.7	20.0	17.0		台	B
8462 49 00	加工金属的非数控冲孔,开槽机(包括冲剪两用机)	12.0	50.0	17.0		台	B
8462 91 10	金属型材挤压机	14.0	50.0	17.0		台	OB
8462 91 90.55 *	软磁铁氧体磁芯全自动粉末成型机	14.0	50.0	17.0		台	B
8462 91 90.90	其他液压压力机(加工金属或硬质合金)	14.0	50.0	17.0		台	B
8462 99 10	机械压力机	14.0	50.0	17.0		台	B
8462 99 90	编号 8462 的其他机床	14.0	50.0	17.0		台	B
8463	**金属金属陶瓷的其他非切削加工机床**						
8463 10 11	300 吨及以下的金属冷拔管机(包括金属陶瓷的冷拔管机)	12.0	50.0	17.0		台	
8463 10 19	300 吨以上的金属冷拔管机(包括金属陶瓷的冷拔管机)	12.0	50.0	17.0		台	
8463 10 20	金属及金属陶瓷的拔丝机	12.0	50.0	17.0		台	
8463 10 90	其他金属或金属陶瓷的拉拔机	12.0	50.0	17.0		台	
8463 20 00	金属或金属陶瓷的螺纹滚轧机	15.0	50.0	17.0		台	
8463 30 00	金属或金属陶瓷丝的加工机	12.0	50.0	17.0		台	
8463 90 00	其他非切削加工机床(是指加工金属或金属陶瓷的)	12.0	50.0	17.0		台	
8464	**石料、陶瓷、混凝土、石棉水泥或类似矿物材料的加工机床、玻璃冷加工机床**						
8464 10 10	圆盘踞(加工石料,陶瓷,混凝土,石棉水泥或类似矿物材料)	3.8	30.0	17.0		台	
8464 10 20	钢丝锯(加工石料,陶瓷,混凝土,石棉水泥或类似矿物材料)	3.8	30.0	17.0		台	
8464 10 90	加工矿物等材料的其他锯床(加工石料,陶瓷,混凝土,石棉水泥或类似矿物材料)	3.8	30.0	17.0		台	
8464 20 10	玻璃研磨或抛光机床	3.8	30.0	17.0		台	
8464 20 90	加工矿物等材料的研磨或抛光机床(加工石料,陶瓷,混凝土,石棉水泥等似矿物材料)	3.8	30.0	17.0		台	
8464 90 11	玻璃切割机(玻璃冷加工机床)	3.8	30.0	17.0		台	
8464 90 12	玻璃刻花机(玻璃冷加工机床)	3.8	30.0	17.0		台	
8464 90 19	其他玻璃冷加工机床	3.8	30.0	17.0		台	
8464 90 90	其他加工矿物等材料的机床	3.8	30.0	17.0		台	
8465	**木材、软木、骨、硬质橡胶、硬质塑料或类似硬质材料的加工机床(包括用打钉或打 U 形钉胶粘或其他方法组合前述材料的机器)**						

商品编号	商品名称备注	进口税率		增值税	消费税	计量单位	监管条件
		最惠国	普通				
8465 10 00	不需变换工具即可进行加工的机床(加工木材,软木,骨,硬质橡胶,硬质塑料及其他硬质材料)	10.0	30.0	17.0		台	B
8465 91 00	加工木材等材料的锯床(加工木材,软木,骨,硬质橡胶,硬质塑料及其他硬质材料)	10.0	30.0	17.0		台	B
8465 92 00	加工木材等材料的刨,铣,切削机器(加工木材,软木,骨,硬质橡胶,硬质塑料及其他硬质材料)	10.0	30.0	17.0		台	B
8465 93 00	加工木材等材料的研磨或抛光机器(加工木材,软木,骨,硬质橡胶,硬质塑料及其他硬质材料)	10.0	30.0	17.0		台	B
8465 94 00	加工木材等材料的弯曲或装配机器(加工木材,软木,骨,硬质橡胶,硬质塑料及其他硬质材料)	10.0	30.0	17.0		台	B
8465 95 00	加工木材等材料的钻孔或凿榫机器(加工木材,软木,骨,硬质橡胶,硬质塑料及其他硬质材料)	10.0	30.0	17.0		台	B
8465 96 00	加工木材等材料的剖,切,刮削机器(加工木材,软木,骨,硬质橡胶,硬质塑料及其他硬质材料)	10.0	30.0	17.0		台	B
8465 99 00	加工木材等材料的其他机床(加工木材,软木,骨,硬质橡胶,硬质塑料及其他硬质材料)	12.0	30.0	17.0		台	B
8466	**专用于或主要用于编号 8456 至 8465 所列机器的零件、附件,包括工件或工具的夹具、自启板牙切头、分度头及其他专用于机床的附件;各种手提工具的工具夹具**						
8466 10 00	工具夹具及自启板牙切头(用于编号 8456 - 8465 所列机器的)	7.0	17.0	17.0		千克	
8466 20 00	工件夹具(用于编号 8456 - 8465 所列机器的)	7.0	17.0	17.0		千克	B
8466 30 00	分度头及其他专用于机床的附件(用于编号 8456 - 8465 所列机器的)	7.0	17.0	17.0		千克	B
8466 91 00	编号 8464 所列机器用的零件、附件(加工石料等机器用零件,附件)		17.0	17.0		千克	
8466 92 00	编号 8465 所列机器用的零件、附件(加工木材等机器用零件,附件)	6.0	17.0	17.0		千克	
8466 93 00	编号 8456 - 61 机器用其他零件,附件		17.0	17.0		千克	
8466 94 00	编号 8462 - 63 机器用其他零件,附件	6.0	17.0	17.0		千克	
8467	**手提式风动或液压工具及本身装有电动或非电动动力装置的手提式工具**						
8467 11 00	旋转式手提风动工具(包括旋转冲击式的)	9.8	30.0	17.0		台	
8467 19 00	其他手提式风动工具	9.8	30.0	17.0		台	
8467 21 00^	手提式电动钻	12.0	30.0	17.0		台	BC
8467 22 10^	手提式电动链锯	12.0	30.0	17.0		台	CB
8467 22 90^	其他手提式电锯	12.0	30.0	17.0		台	CB
8467 29 10^	手提式电动砂磨工具	12.0	30.0	17.0		台	BC
8467 29 20^	手提式电刨	12.0	30.0	17.0		台	BC
8467 29 90^	其他手提式电动工具	12.0	30.0	17.0		台	C

商品编号	商 品 名 称 备 注	进口税率		增值税	消费税	计量单位	监管条件
		最惠国	普通				
8467 81 00	手提式液压或其他动力链锯(电动和风动的除外)	9.8	30.0	17.0		台	
8467 89 00	其他手提式液压或其他动力工具(电动和风动的除外)	9.8	30.0	17.0		台	
8467 91 10	子目 84672210 的链锯用零件	10.0	30.0	17.0		千克	
8467 91 90	子目 846781 的链锯用的零件	6.0	30.0	17.0		千克	
8467 92 00	风动的工具零件	6.0	30.0	17.0		千克	
8467 99 10	其他手提式电动工具用零件	10.0	30.0	17.0		千克	
8467 99 90	其他手提式动力工具用的零件	6.0	30.0	17.0		千克	
8468	**焊接机器及装置,不论是否兼有切割功能,但编号 8515 的货品除外;气体加温表面回火机器及装置**						
8468 10 00	手提喷焊器	12.0	30.0	17.0		台	
8468 20 00	其他气体焊或表面回火机器及装置	12.0	30.0	17.0		台	
8468 80 00	其他焊接机器及装置(编号 85.15 的货品除外)	12.0	30.0	17.0		台	
8468 90 00	焊接机器用零件	7.0	30.0	17.0		千克	
8469	**打字机,但税目 84.71 的打印机除外;文字处理机**						
8469 11 00	文字处理机	3.8	40.0	17.0		台	
8469 12 00	自动打字机(编号 8471 的打印机除外)	12.0	40.0	17.0		台	
8469 20 00	其他电动打字机(编号 8471 的打印机除外)	12.0	40.0	17.0		台	
8469 30 00	其他非电动打字机	12.0	40.0	17.0		台	
8470	**计算机器;装有计算装置的会计计算机、现金出纳机、邮资盖戳机、售票机及类似机器**						
8470 10 00	电子计算器及袖珍式数据录放机器(不需外接电源,录放指具计算功能的数据记录,重现及显示)	12.5	80.0	17.0		台	
8470 21 00	装有打印装置的电子计算器	12.5	80.0	17.0		台	
8470 29 00	其他电子计算器	12.5	80.0	17.0		台	
8470 30 00	其他计算机器	12.5	40.0	17.0		台	
8470 40 00	会计计算机	3.8	40.0	17.0		台	
8470 50 10	销售点终端出纳机	3.8	40.0	17.0		台	
8470 50 90	其他现金出纳机	3.8	40.0	17.0		台	
8470 90 00	邮资盖戳机,售票机及类似机器	3.8	40.0	17.0		台	
8471	**自动数据处理设备及其部件;其他编号未列名的磁性或光学阅读机、将数据以代码形式转录到数据记录媒体的机器及处理这些数据的机器**						
8471 10 00	模拟式或混合式自动数据处理设备		14.0	17.0		台	
8471 30 00	便携式数字自动数据处理设备(重量≤10 公斤,至少有一个中央处理器,键盘和显示器组成)	3.8	70.0	17.0		台	CO
8471 41 10	巨大中型数字式自动数据处理设备		14.0	17.0		台	O4
8471 41 20	小型数字式自动数据处理设备		14.0	17.0		台	O4

商品编号	商 品 名 称 备 注	进口税率		增值税	消费税	计量单位	监管条件
		最惠国	普通				
8471 41 40.10 *	飞机机载大气数据专用计算机	6.0	70.0	17.0		台	O
8471 41 40.90	微型机(飞机载大气数据专用计算机除外)	6.0	70.0	17.0		台	CO
8471 41 90	其他数字式数据处理设备(同一机壳内至少一个CPU和一个输入输出部件;包括组合式)	3.8	70.0	17.0		台	O
8471 49 10	系统形式报验的巨、大、中型机(计算机指自动数据处理设备)		29.0	17.0		台	O4
8471 49 20	以系统形式报验的小型计算机(计算机指自动数据处理设备)		29.0	17.0		台	O4
8471 49 40	以系统形式报验的微型机	3.8	70.0	17.0		台	O
8471 49 91	其他分散型工业过程控制设备(以系统形式报验的)	3.8	70.0	17.0		台	N
8471 49 99	以系统形式报验的其他计算机	3.8	70.0	17.0		台	
8471 50 10	巨,大,中型机数字式中央处理部件(不论是否在同一机壳内有一或两个存储,输入或输出部件)		14.0	17.0		台	O4
8471 50 20	小型机的数字式中央处理部件(不论是否在同一机壳内有一或两个存储,输入或输出部件)		14.0	17.0		台	O4
8471 50 40	微型机的数字式处理部件(不论是否在同一机壳内有一或两存储,输入或输出部件)	3.8	70.0	17.0		台	O
8471 50 90	84714941 以外设备的中央处理部件(不论是否在同一机壳内有一或两存储,输入或输出部件)	3.8	70.0	17.0		台	O
8471 60 10	自动数据处理设备的显示器	3.8	40.0	17.0		台	OAB
8471 60 31	自动数据处理设备的针式打印机	3.8	40.0	17.0		台	CO
8471 60 32	自动数据处理设备的激光打印机		14.0	17.0		台	CO
8471 60 33	自动数据处理设备的喷墨打印机		14.0	17.0		台	CO
8471 60 39	自动数据处理设备的其他打印机		14.0	17.0		台	CO
8471 60 40	巨,大,中及小型计算机用终端(输入或输出部件,不论是否在同一机壳内有存储部件)		14.0	17.0		台	
8471 60 50	自动数据处理设备的扫描器		14.0	17.0		台	O
8471 60 60	自动数据处理设备的数字化仪		14.0	17.0		台	
8471 60 70	自动数据处理设备的键盘及鼠标	3.0	40.0	17.0		台	
8471 60 90	计算机的其他输入或输出部件(计算机指自动数据处理设备)		14.0	17.0		台	O
8471 70 10	计算机硬盘驱动器(计算机指自动数据处理设备)		14.0	17.0		台	O
8471 70 20	自动数据处理设备的软盘驱动器		14.0	17.0		台	O
8471 70 30	自动数据处理设备的光盘驱动器		14.0	17.0		台	O
8471 70 90	自动数据处理设备的其他存储部件		14.0	17.0		台	O
8471 80 00	自动数据处理设备的其他部件	3.8	40.0	17.0		台	O
8471 90 00	未列名的磁性或光学阅读器(包括将数据以代码形式转录的机器及处理这些数据的机器)	3.8	40.0	17.0		台	O

商品编号	商 品 名 称 备 注	进口税率		增值税	消费税	计量单位	监管条件
		最惠国	普通				
8472	**其他办公室用机器(例如,胶版复印机、油印机、地址印写机、自动付钞机、硬币分类、计数及包装机、削铅笔机、打洞机或订书机)**						
8472 10 00	胶版复印机,油印机	14.0	40.0	17.0		台	
8472 20 00	地址印写机及地址铭牌压印机	14.0	40.0	17.0		台	
8472 30 10	邮政信件分拣及封装设备	10.0	40.0	17.0		台	O
8472 30 90	其他信件折叠、分类、开或闭封机(包括信件装封机及粘贴邮票机和盖销邮票机)	14.0	40.0	17.0		台	
8472 90 10	自动柜员机	7.2	40.0	17.0		台	
8472 90 21	办公室用打洞机	7.2	40.0	17.0		台	
8472 90 22	办公室用订书机	7.2	40.0	17.0		台	
8472 90 29	其他装订用办公室机器	7.2	40.0	17.0		台	
8472 90 30	碎纸机	7.2	40.0	17.0		台	
8472 90 90	其他办公室用机器(包括硬币分类,计数,包装机和削笔机等)	7.2	40.0	17.0		台	
8473	**专用于或主要用于编号 8469 至 8472 所列机器的零件、附件(罩套、提箱及类似品除外)**						
8473 10 00	打字机、文字处理机的零件,附件	8.0	35.0	17.0		千克	
8473 21 00	编号 8470 所列电子计算器的零附件(系指编号 847010、847021 及 847029 所列的电子计算器的)	3.0	50.0	17.0		千克	
8473 29 00	编号 8470 所列其他机器的零附件(系指编号 847030、847040、847050 及 847090 所列机器的)	3.0	35.0	17.0		千克	
8473 30 10	大、中、小型计算机的零件(包括数字、模拟式大、中、小型机的中央处理部件的零件)		14.0	17.0		千克	
8473 30 21	计算机用的针式打印机打印头		35.0	17.0		个/千克	
8473 30 29	计算机用的打印机其他零件		35.0	17.0		千克	
8473 30 90	编号 8471 所列计算机的其他零附件		40.0	17.0		千克	
8473 40 10 *	自动柜员机用出钞器	10.5	35.0	17.0		千克	
8473 40 90	其他办公室用机器零附件	10.5	35.0	17.0		千克	
8473 50 00	编号 8469 至 8472 中所列机器零附件(用于编号 8469 至 8472 中两个或两个以上编号所列机器的)	3.0	35.0	17.0		千克	
8474	**泥土、石料、矿石或其他固体(包括粉状、浆状)矿物质的分类、筛选、分离、洗涤、破碎、磨粉、混合或搅拌机器;固体矿物燃料、陶瓷坯泥、未硬化水泥、石膏材料或其他粉状、浆状矿产品的粘聚或成型机器;铸造用砂模的成型机器**						
8474 10 00	分类、筛选、分离或洗涤机器(用于泥土、石料、矿石或其他固体物质的)	8.6	30.0	17.0		台	
8474 20 10	齿辊式破碎及磨粉机器(用于泥土、石料、矿石或其他固体物质的)	9.4	30.0	17.0		台	O

商品编号	商品名称备注	进口税率		增值税	消费税	计量单位	监管条件
		最惠国	普通				
8474 20 20	球磨式磨碎或磨粉机(用于泥土、石料、矿石、或其他固体物质的)	9.4	30.0	17.0		台	O
8474 20 90	破碎或磨粉用机器(用于泥土、石料、矿石或其他固体物质的)	9.4	30.0	17.0		台	O
8474 31 00	混凝土或砂浆混合机器(用于泥土、石料、矿石或其他固体物质的)	11.4	30.0	17.0		台	O
8474 32 00	矿物与沥青的混合机器(用于泥土、石料、矿石或其他固体物质的)	9.0	30.0	17.0		台	O
8474 39 00	混合或搅拌机器(用于泥土、石料、矿石或其他固体物质的)	9.0	30.0	17.0		台	O
8474 80 10	其他辊压成型机	9.0	30.0	17.0		台	
8474 80 90.10	纸面角线石膏板搅拌成型机	9.0	30.0	17.0		台	
8474 80 90.90	编号 8474 未列名的其他机器(如矿产品的粘聚或成型机器及铸造用砂模的成型机器)	9.0	30.0	17.0		台	
8474 90 00	编号 8474 所列机器的零件	5.0	30.0	17.0		千克	
8475	**白炽灯泡、灯管、放电灯管、电子管、闪光灯泡及类似品的封装机器;玻璃或玻璃制品的制造或热加工机器**						
8475 10 00	白炽灯炮、灯管等的封装机(包括放电灯管、电子管、闪光灯泡等)	8.0	30.0	17.0		台	O
8475 21 00	制造光导纤维及预制棒的机器	10.0	30.0	17.0		台	
8475 29 11	连续式玻璃热弯炉	10.0	30.0	17.0		台	
8475 29 12	玻璃纤维拉丝机(光纤拉丝机除外)	10.0	30.0	17.0		台	
8475 29 19.55 *	大直径石英玻璃管材制造设备	10.0	30.0	17.0		台	
8475 29 19.90	其他玻璃及制品热加工机器	10.0	30.0	17.0		台	
8475 29 90	其他玻璃及制品的制造加工机器	10.0	30.0	17.0		台	
8475 90 00	编号 8475 所列机器的零件(灯泡等封装机及玻璃等制造机器的零件)	8.0	30.0	17.0		千克	
8476	**自动售货机(例如,出售邮票、香烟、食品或饮料的机器),包括钱币兑换机**						
8476 21 00	可加热或制冷的饮料自动销售机	18.4	50.0	17.0		台	A
8476 29 00	其他饮料自动销售机(装有加热或制冷装置的除外)	19.0	50.0	17.0		台	A
8476 81 00	装有加热或制冷装置的自动售货机(饮料自动销售机除外)	18.4	50.0	17.0		台	
8476 89 00	无加热或制冷装置的自动售货机(包括钱币兑换机)	19.0	50.0	17.0		台	
8476 90 00	编号 8476 所列机器的零件	10.0	50.0	17.0		千克	
8477	**本章其他编号未列名的橡胶或塑料及其产品的加工机器**						
8477 10 10.10	用于光盘生产的精密注塑机(加工塑料的)	3.8	45.0	17.0		台	1u

商品编号	商品名称备注	进口税率		增值税	消费税	计量单位	监管条件
		最惠国	普通				
8477 10 10.90	其他注塑机(加工塑料的)	3.8	45.0	17.0		台	O
8477 10 90	其他加工非塑料的注射机	3.8	30.0	17.0		台	
8477 20 10	塑料造粒机	9.0	30.0	17.0		台	
8477 20 90	其他加工塑料或橡胶的挤出机	9.0	30.0	17.0		台	O
8477 30 00	吹塑机	9.0	30.0	17.0		台	
8477 40 10	塑料中空成型机	9.4	30.0	17.0		台	O
8477 40 20	塑料压延成型机	9.4	30.0	17.0		台	O
8477 40 90	真空模塑及其他热成型机器	9.4	30.0	17.0		台	
8477 51 00	用于充气轮胎模塑或翻新的机器(包括内胎模塑或用其他方法成型的机器)	8.6	30.0	17.0		台	
8477 59 00	模塑机、成型机	9.0	30.0	17.0		台	O
8477 80 00	未列名的橡胶或塑料加工机器	9.0	30.0	17.0		台	O
8477 90 00	橡胶、塑料等加工机机器的零件		30.0	17.0		千克	
8478	**本章其他编号未列名的烟草加工及制作机器**						
8478 10 00	其他的烟草加工及制作机器(本章其他编号未列名的)	8.6	30.0	17.0		台	O
8478 90 00	烟草加工及制作机器用的零件	10.0	30.0	17.0		千克	O
8479	**本章其他编号未列名的具有独立功能的机器及机械器具**						
8479 10 21	沥青混凝土摊铺机	12.8	30.0	17.0		台	O
8479 10 22	稳定土摊铺机	9.8	30.0	17.0		台	O
8479 10 29	其他摊铺机	9.8	30.0	17.0		台	O
8479 10 90	其他公共工程用的机器	9.8	30.0	17.0		台	
8479 20 00	提取加工动物或植物油脂的机器	10.0	30.0	17.0		台	A
8479 30 00	木碎料板或木纤维板的其他挤压机(包括其他木材或软木处理机器)	10.0	30.0	17.0		台	
8479 40 00	绳或缆的制造机器	7.0	30.0	17.0		台	
8479 50 10^	多功能工业机器人	3.5	20.0	17.0		台	
8479 50 90^	其他工业机器人(多功能工业机器人除外)	3.5	30.0	17.0		台	
8479 60 00^	蒸发式空气冷却器	10.0	30.0	17.0		台	AB
8479 81 10.10 *	吐丝机	9.5	30.0	17.0		台	
8479 81 10.90	处理金属的其他绕线机	9.5	30.0	17.0		台	
8479 81 90	其他处理金属的机械	9.5	30.0	17.0		台	
8479 82 00	其他混合、搅拌、轧碎、研磨机器(包括筛选、均化、乳化机器)	7.0	30.0	17.0		台	O
8479 89 10^	船用舵机及陀螺稳定器		14.0	17.0		台	O
8479 89 20^	空气增湿器及减湿器	12.5	70.0	17.0		台	
8479 89 40^	其他邮政用包裹、印刷品分拣设备		30.0	17.0		台	AB
8479 89 50^	放射性废物压实机		30.0	17.0		台	
8479 89 61	自动插件机	7.2	30.0	17.0		台	OAB

商品编号	商品名称备注	进口税率		增值税	消费税	计量单位	监管条件
		最惠国	普通				
8479 89 62	自动贴片机	7.2	30.0	17.0		台	OAB
8479 89 69	其他印刷电路板上装配元器件机器	7.2	30.0	17.0		台	AB
8479 89 90.10ˆ	用于光盘生产的金属母盘生产设备(具有独立功能的)	7.2	30.0	17.0		台	1ABu
8479 89 90.20ˆ	用于光盘生产的LD配套粘合机(具有独立功能的)	7.2	30.0	17.0		台	1ABu
8479 89 90.30ˆ	用于光盘生产的真空金属溅镀机(具有独立功能的)	7.2	30.0	17.0		台	1ABu
8479 89 90.40ˆ	用于光盘生产的保护胶涂覆机(具有独立功能的)	7.2	30.0	17.0		台	1ABu
8479 89 90.90ˆ	本章其他未列名机器及机械器具(具有独立功能的)	7.2	30.0	17.0		台	OAB
8479 90 10	船舶用舵机及陀螺稳定器零件		14.0	17.0		千克	
8479 90 20	空气增湿器及减湿器零件	8.0	70.0	17.0		千克	
8479 90 90	编号8479所列机器的其他零件		20.0	17.0		千克	
8480	**金属铸造用型箱;型模底板;阳模;金属用型模(锭模除外)、硬质合金、玻璃、矿物材料橡胶或塑料用型模**						
8480 10 00	金属铸造用型箱	10.0	20.0	17.0		千克	
8480 20 00	型模底板	8.0	20.0	17.0		千克	
8480 30 00	阳模	10.0	20.0	17.0		千克	
8480 41 00.10	汽车及家用电器的模具	8.0	20.0	17.0		千克	O
8480 41 00.90	金属,硬质合金用注模或压模	8.0	20.0	17.0		千克	O
8480 49 00	其他金属、硬质合金用其他型模(注模或压模除外)	8.0	20.0	17.0		千克	
8480 50 00	玻璃用型模	8.4	20.0	17.0		套/千克	
8480 60 00	矿物材料用型模	8.4	20.0	17.0		套/千克	
8480 71 00.10	用于光盘生产的专用模具	3.0	20.0	17.0		套/千克	1u
8480 71 00.90	其他塑料或橡胶用注模或压模	3.0	20.0	17.0		套/千克	O
8480 79 00.10	农用双壁波纹管生产线用其他模具	5.0	20.0	17.0		套/千克	
8480 79 00.90	塑料或橡胶用其他型模	5.0	20.0	17.0		套/千克	
8481	**用于管道、锅炉、罐、桶或类似品的龙头、旋塞、阀门及类似装置,包括减压阀及恒温控制阀**						
8481 10 00	减压阀(用于管道、锅炉、罐、桶或类似品的)	8.6	30.0	17.0		套/千克	B
8481 20 10	油压传动阀(用于管道、锅炉、罐、桶或类似品的)	6.0	30.0	17.0		套/千克	B
8481 20 20	气压传动阀(用于管道、锅炉、罐、桶或类似品的)	8.6	30.0	17.0		套/千克	B
8481 30 00	止回阀(用于管道、锅炉、罐、桶或类似品的)	8.6	30.0	17.0		套/千克	B
8481 40 00	安全阀或溢流阀(用于管道、锅炉、罐、桶或类似品的)	8.6	30.0	17.0		套/千克	B
8481 80 11	调节阀(用于管道、锅炉、罐、桶或类似品的)	8.8	30.0	17.0		套/千克	B

商品编号	商 品 名 称 备 注	进口税率		增值税	消费税	计量单位	监管条件
		最惠国	普通				
8481 80 19	其他未列名阀门(用于管道、锅炉、罐、桶或类似品的)	8.8	30.0	17.0		套/千克	B
8481 80 90	未列名龙头、旋塞及类似装置(用于管道、锅炉、罐、桶或类似品的)	5.0	50.0	17.0		套/千克	
8481 90 10	阀门用零件(用于管道、锅炉、罐、桶或类似品的)	8.0	30.0	17.0		千克	
8481 90 90	龙头,旋塞及类似装置的零件(用于管道、锅炉、罐、桶或类似品的)	8.0	50.0	17.0		千克	
8482	**滚动轴承**						
8482 10 00	滚珠轴承	8.0	20.0	17.0		套	B
8482 20 00	锥形滚子轴承,包括锥形滚子组件	8.0	20.0	17.0		套	B
8482 30 00	鼓形滚子轴承	8.0	20.0	17.0		套	B
8482 40 00	滚针轴承	8.0	20.0	17.0		套	B
8482 50 00	其他圆柱形滚子轴承	8.0	20.0	17.0		套	B
8482 80 00	其他滚动轴承及球、柱混合轴承	8.0	20.0	17.0		套	B
8482 91 00	滚珠、滚针及滚柱	8.0	20.0	17.0		千克	
8482 99 00	滚动轴承的其他零件	6.0	20.0	17.0		千克	
8483	**传动轴(包括凸轮轴及曲柄轴)及曲柄;轴承座及滑动轴承;齿轮及齿轮传动装置;滚珠或滚子螺杆传动装置;齿轮箱及其他变速装置,包括扭矩变换器;飞轮及滑轮,包括滑轮组;离合器及联轴器(包括万向节)**						
8483 10 10	船舶用传动轴(包括凸轮轴及曲柄轴)	6.0	14.0	17.0		个	
8483 10 90.55 *	曲柄毛坯	6.0	30.0	17.0		个	O
8483 10 90.90	其他传动轴及曲柄(包括凸轮轴及曲柄轴)	6.0	30.0	17.0		个	O
8483 20 00	装有滚珠或滚子轴承的轴承座	6.0	30.0	17.0		个	
8483 30 00	未装滚珠或滚子轴承的轴承座(包括滑动轴承)	6.0	30.0	17.0		个	
8483 40 10	滚子螺杆传动装置	8.0	30.0	17.0		个	
8483 40 20	行星齿轮减速器	8.0	30.0	17.0		个	O
8483 40 90	其他传动装置及变速装置(指齿轮及齿轮传动装置,齿轮箱和扭矩变换器)	8.0	30.0	17.0		个	
8483 50 00	飞轮及滑轮(包括滑轮组)	8.0	30.0	17.0		个	
8483 60 00	离合器及联轴器(包括万向节)	8.0	30.0	17.0		个	
8483 90 00	编号 8483 所列货品用其他零件(包括单独报验的带齿的轮、链轮及其他传动元件)	8.0	30.0	17.0		千克	
8484	**密封垫或类似接合衬垫,用金属片与其他材料制成或用双层或多层金属片制成;成套或各种不同材料的密封垫或类似接合衬垫,装于袋、套或类似包装内;机械密封件**						
8484 10 00	密封垫或类似接合衬垫(用金属片与其他材料制成或用双层及多层金属片制成)	8.0	30.0	17.0		千克	
8484 20 00	机械密封件	8.0	30.0	17.0		千克	

商品编号	商 品 名 称 备 注	进口税率		增值税	消费税	计量单位	监管条件
		最惠国	普通				
8484 90 00	其他材料制密封垫及类似接合衬垫(成套或各种不同材料制,装于袋、套或类似包装内)	8.0	30.0	17.0		千克	
8485	**本章其他编号未列名的机器零件,不具有电气接插件、绝缘体、线圈、触点或其他电气器材特征的**						
8485 10 00	船用推进器及桨叶	6.0	14.0	17.0		千克	O
8485 90 00	本章其他编号未列名的机器零件(不具有电气接插件,绝缘体,线圈或其他电气器材特征的)	8.0	30.0	17.0		千克	

第八十五章　电机、电气设备及其零件；录音机及放声机、电视图像、声音的录制和重放设备及其零件、附件

注释：

一、本章不包括：

（一）电暖的毯子、褥子、足套及类似品，电暖的衣服、靴、鞋、耳套或其他供人穿戴的电暖物品；

（二）品目 70.11 的玻璃制品；

（三）第九十四章的电热家具。

二、品目 85.01 至 85.04 不适用于品目 85.11、85.12、85.40、85.41 或 85.42 的货品，但金属槽汞弧整流器仍归入品目 85.04。

三、品目 85.09 仅包括通常供家用的下列电动器具：

（一）任何重量的真空吸尘器，包括干式及湿式真空吸尘器、地板打蜡机、食品研磨机及食品搅拌器，水果或蔬菜的榨汁器；

（二）重量不超过 20 公斤的其他机器。

但该品目不适用于风机、风扇或装有风扇的通风罩及循环气罩（不论是否装有过滤器）（品目 84.14）、离心干衣机（品目 84.21）、洗碟机（品目 84.22）、家用洗衣机（品目 84.50）、滚筒式或其他形式的熨烫机器（品目 84.20 或 84.51）、缝纫机（品目 84.52）、电剪子（品目 84.67）或电热器具（品目 85.16）。

四、品目 85.34 所称"印刷电路"，是指采用各种印制方法（例如，压印、覆镀、腐蚀）或采用"膜电路"工艺，将导线、接点或其他印制元件（例如，电感器、电阻器、电容器）按预定的图形单独或互相连接地印制在绝缘基片上的电路，但能够产生、整流、调制或放大电信号的元件（例如，半导体元件）除外。所称"印刷电路"，不包括装有非印制元件的电路，也不包括单个的分立式电阻器、电容器及电感器。用同样工艺制得的无源元件及有源元件组成的薄膜电路或厚膜电路应归入品目 85.42。

五、品目 85.41 及 85.42 所称：

（一）"二极管、晶体管及类似的半导体器件"，是指那些依靠外加电场引起电阻率的变化而进行工作的半导体器件。

（二）"集成电路及微电子组件"，是指：

1. 单片集成电路，即电路元件（二极管、晶体管、电阻、电容、连接线等）主要整体制作在一片半导体材料（例如掺杂硅）衬底的表面，并不可分割地连接在一起的电路。
2. 混合集成电路，即通过薄膜或厚膜工艺制得的无源元件（电阻、电容、连接线等）和通过半导体工艺制得的有源元件（二极管、晶体管、单片集成电路等）不可分割地组合在同一绝缘衬底（玻璃、陶瓷等）上的电路。这种电路也可包括分立元件。
3. 模制组件、微模组件或类似组件，即由分立元件、有源元件或有源元件及无源元件互相结合并连接在一起所构成的微型组合件。

本注释所述物品在归类时，即使本目录其他品目涉及到上述物品，尤其是物品的功能，仍应优先考虑归入品目 85.41 及 85.42。

六、品目 85.23 及 85.24 的唱片、磁带及其他记录媒体，当与所用设备一同报验时，仍应归入上述品目。

本注释不适用于与所用设备以外的物品一同报验的上述媒体。

七、品目 85.48 所称"废原电池，废原电池组及废蓄电池"，是指因破损、拆解、耗尽或其他原因而不能再使用，也不能再充电的电池。

子目注释：

一、子目号 8519.92 和 8527.12 仅包括有内置放大器但无内置扬声器的盒式磁带放声机，不需外接电源即能工作，且外形尺寸不超过 170 毫米×100 毫米×45 毫米。

二、子目 8542.10 所称"智能卡"，是指装有任何类型集成电路（微处理器）芯片的卡，不论是否装有磁条。

商品编号	商 品 名 称 备 注	进口税率		增值税	消费税	计量单位	监管条件
		最惠国	普通				
8501	**电动机及发电机(不包括发电机组)**						
8501 10 10	输出功率≤37.5W 玩具电动机	24.5	80.0	17.0		台	B
8501 10 91	机座直径在 20mm 至 39mm 微电机(输出功率不超过 37.5 瓦)	13.4	70.0	17.0		台	B
8501 10 99.10 *	激光视盘机机芯用精密微型电机(输出功率不超过 37.5 瓦)	10.8	35.0	17.0		台	B
8501 10 99.90	其他微电机(输出功率不超过 37.5 瓦)	10.8	35.0	17.0		台	B
8501 20 00	>37.5W 交直流两用电动机(输出功率超过 37.5 瓦)	12.0	35.0	17.0		台	B
8501 31 00	≤750 瓦直流电动机、发电机(输出功率不超过 750 瓦)	12.0	35.0	17.0		台	B
8501 32 00	>750W≤75KW 直流电动机、发电机(输出功率超过 750 瓦,但不超过 75 千瓦)	10.0	35.0	17.0		台	B
8501 33 00	>75KW≤375KW 直流电动机,发电机(输出功率超过 75 千瓦,但不超过 375 千瓦)	10.2	35.0	17.0		台	B
8501 34 00	>375KW 直流电动机、发电机(输出功率超过 375 千瓦)	12.0	35.0	17.0		台	B
8501 40 00	单相交流电动机	12.0	35.0	17.0		台	B
8501 51 00	其他不超过 750W 多相交流电动机(输出功率不超过 750 瓦)	9.4	35.0	17.0		台	B
8501 52 00	>750W≤75KW 多相交流电动机(输出功率超过 750 瓦,但不超过 750 千瓦)	10.0	35.0	17.0		台	OB
8501 53 00.10 *	高速电力机车交流异步牵引电动机(用于(200KM/h)电力机车)	12.0	35.0	17.0		台	OB
8501 53 00.90	其他功率>75KW 多相交流电动机	12.0	35.0	17.0		台	OB
8501 61 00	≤75KVA 交流发电机(输出功率不超过 75 千伏安)	9.4	30.0	17.0		台/千瓦	OB
8501 62 00	>75KVA≤375KVA 交流发电机(输出功率超过 75 千伏安,但不超过 375 千伏安)	12.0	30.0	17.0		台/千瓦	OB
8501 63 00	>375KVA≤750KVA 交流发电机(输出功率超过 375 千伏安,但不超过 750 千伏安)	12.0	30.0	17.0		台/千瓦	OB
8501 64 10	>750KVA≤350MVA 交流发电机(输出功率超过 750 千伏安,不超过 350 兆伏安的交流发电机)	12.0	30.0	17.0		台/千瓦	OB
8501 64 20	>350KVA≤665MVA 交流发电机(输出功率超过 350 兆伏安,但不超过 665 兆伏安交流发电机)	5.8	14.0	17.0		台/千瓦	OB
8501 64 30	>665MVA 交流发电机(输出功率超过 665 兆伏安)	6.0	11.0	17.0		台/千瓦	OB
8502	**发电机组及旋转式变流机**						
8502 11 00	≤75KVA 柴油发电机组(输出功率不超过 75 千伏安,包括半柴油发电机组)	10.0	45.0	17.0		台/千瓦	B

商品编号	商 品 名 称 备 注	进口税率		增值税	消费税	计量单位	监管条件
		最惠国	普通				
8502 12 00	＞75KVA≤375KVA 柴油发电机组(输出功率＞75KVA≤375KVA,包括半柴油发电机组)	10.0	45.0	17.0		台/千瓦	OB
8502 13 10	＞375KVA≤2MVA 柴油发电机组(输出功率＞375KVA≤2MVA,包括半柴油发电机组)	10.0	45.0	17.0		台/千瓦	OB
8502 13 20	＞2MVA 以上柴油发电机组(输出功率超过 2 兆伏安,包括半柴油发电机组)	10.0	30.0	17.0		台/千瓦	O
8502 20 00	装有点燃式活塞发动机的发电机组(内燃的)	10.0	45.0	17.0		台/千瓦	
8502 31 00 *	风力驱动的发电机组	8.0	30.0	17.0		台/千瓦	B
8502 39 00	其他发电机组(风力驱动除外)	10.0	30.0	17.0		台/千瓦	B
8502 40 00	旋转式变流机	12.0	30.0	17.0		台	
8503	**专用于或主要用于编号 8501 或 8502 所列机器的零件**						
8503 00 10	玩具用电动机等微电动机零件(子目号 8501.1010 及 8501.1090 所列电动机零件)	12.0	70.0	17.0		千克	
8503 00 20	＞350MVA 交流发电机零件(子目号 8501.6420 及 8501.6430 所列发电机零件)	3.0	11.0	17.0		千克	
8503 00 30 *	风力驱动发电机组的零件(子目号 85023100 所列发电机组零件)	3.0	30.0	17.0		千克	
8503 00 90	其他电动机、发电机(组)零件	8.0	30.0	17.0		千克	
8504	**变压器、静止式变流器(例如整流器)及电感器**						
8504 10 10	电子镇流器	10.0	35.0	17.0		个	B
8504 10 90	其他放电灯或放电管用镇流器	10.0	35.0	17.0		个	B
8504 21 00	≤650KVA 液体介质变压器(额定容量不超 650 千伏安的)	12.4	50.0	17.0		个	OB
8504 22 00	650KVA 至 10MVA 液体介质变压器(额定容量超过 650 千伏安,但不超过 10 兆伏安的)	14.4	50.0	17.0		个	OB
8504 23 10	10 至 400MVA 液体变压器(额定容量超过 10 兆伏安,但小于 400 兆伏安的)	16.0	50.0	17.0		个	OB
8504 23 20	400 兆伏安以上液体变压器	6.0	11.0	17.0		个	BN
8504 31 10	额定容量不超过 1 千伏安的互感器	9.4	50.0	17.0		个	OB
8504 31 90	额定容量≤1 千伏安的其他变压器	9.4	50.0	17.0		个	OB
8504 32 10	1KVA＜额定容量≤16KVA 的互感器	9.4	50.0	17.0		个	OB
8504 32 90	1＜额定容量≤16KVA 的其他变压器(额定容量超过 1 千伏安,但不超过 16 千伏安的)	9.4	50.0	17.0		个	OB
8504 33 00	16＜额定容量≤500KVA 其他变压器	10.2	50.0	17.0		个	OB
8504 34 00	额定容量＞500KVA 的其他变压器	14.0	50.0	17.0		个	OB
8504 40 13	编号 8471 所列机器用的稳压电源	3.0	40.0	17.0		个	C
8504 40 14	功率＜1 千瓦其他直流稳压电源(精度低于万分之一)	9.0	80.0	17.0		个	

商品编号	商品名称备注	进口税率		增值税	消费税	计量单位	监管条件
		最惠国	普通				
8504 40 15	功率<10 千瓦其他交流稳压电源(精度低于千分之一)	3.8	80.0	17.0		个	
8504 40 19	其他稳压电源	3.8	50.0	17.0		个	
8504 40 20	不间断供电电源(UPS)	12.0	50.0	17.0		台	
8504 40 90.10 *	高速电力机车的牵引变流器(用于(200KM/h)电力机车)	10.0	30.0	17.0		个	
8504 40 90.21	静止式变流器(自动数据处理设备机器及组件、电讯设备用)		30.0	17.0		个	s
8504 40 90.29	ITA 产品用的印刷电路组件(包括外接组件,如符合 PCMCIA 标准的卡)		30.0	17.0		个	s
8504 40 90.90	其他未列名静止式变流器	10.0	30.0	17.0		个	
8504 50 00	其他电感器		35.0	17.0		个	O
8504 90 11	>400 兆伏安液体介质变压器零件	5.0	11.0	17.0		千克	
8504 90 19	其他变压器零件	8.0	50.0	17.0		千克	
8504 90 20	稳压电源及不间断供电电源零件	8.0	50.0	17.0		千克	
8504 90 90	其他静止式变流器及电感器零件	8.0	30.0	17.0		千克	
8505	**电磁铁;永磁铁及磁化后准备制永磁铁的物品;电磁铁或永磁铁卡盘、夹具及类似的工件夹具;电磁联轴节、离合器及制动器;电磁起重吸盘**						
8505 11 10	稀土永磁体	9.0	20.0	17.0		千克	
8505 11 90	其他金属的永磁体(包括其他金属磁化后准备制永磁体的物品)	9.0	20.0	17.0		千克	
8505 19 00	非金属永磁体(包括非金属磁化后准备制永磁体的物品)	9.0	20.0	17.0		千克	
8505 20 00	电磁联轴节、离合器及制动器	9.8	20.0	17.0		千克	
8505 30 00	电磁起重吸盘	9.8	20.0	17.0		千克/个	
8505 90 00	电磁夹具等及编号 8502 的零件	8.0	20.0	17.0		千克	
8506	**原电池及原电池组**						
8506 10 00	二氧化锰的原电池及原电池组	20.0	80.0	17.0		个	BA
8506 30 00	氧化汞的原电池及原电池组	14.0	40.0	17.0		个	BA
8506 40 00	氧化银的原电池及原电池组	14.0	40.0	17.0		个	AB
8506 50 00	锂的原电池及原电池组	14.0	40.0	17.0		个	OAB
8506 60 00	锌空气的原电池及原电池组	14.0	40.0	17.0		个	AB
8506 80 00	其他原电池及原电池组	14.0	40.0	17.0		个	OAB
8506 90 10	二氧化锰原电池或原电池组的零件	14.0	80.0	17.0		千克	AB
8506 90 90	其他原电池组或原电池组的零件	10.0	40.0	17.0		千克	AB
8507	**蓄电池,包括隔板,不论是否矩形(包括正方形)**						
8507 10 00ˆ	起动活塞式发动机用铅酸蓄电池	16.0	90.0	17.0		个	AB
8507 20 00ˆ	其他铅酸蓄电池(起动活塞式发动机用铅酸蓄电池除外)	16.0	90.0	17.0		个	AB

商品编号	商品名称备注	进口税率		增值税	消费税	计量单位	监管条件
		最惠国	普通				
8507 30 00^	镍镉蓄电池	12.0	40.0	17.0		个	OAB
8507 40 00^	镍铁蓄电池	12.0	40.0	17.0		个	ABO
8507 80 10^	镍氢蓄电池	12.0	40.0	17.0		个	ABO
8507 80 20^	锂离子蓄电池	12.0	40.0	17.0		个	ABO
8507 80 90^	其他蓄电池	12.0	40.0	17.0		个	ABO
8507 90 10^	铅酸蓄电池零件	10.0	90.0	17.0		千克	AB
8507 90 90^	其他蓄电池零件	8.0	40.0	17.0		千克	AB
8509	**家用电动器具**						
8509 10 00^	真空吸尘器(包括干式及湿式的)	22.5	130.0	17.0		台	AB
8509 20 00	地板打蜡机	30.0	100.0	17.0		台	B
8509 30 00	厨房废物处理器	24.0	100.0	17.0		台	B
8509 40 00	食品研磨机,搅拌器及果菜榨汁器	20.0	100.0	17.0		台	AB
8509 80 00	其他家用电动器具	30.0	100.0	17.0		台	BC
8509 90 00	家用电动器具的零件	12.0	100.0	17.0		千克	
8510	**电动剃须刀、电动毛发推剪及电动脱毛器**						
8510 10 00	电动剃须刀	30.0	100.0	17.0		个	B
8510 20 00	电动毛发推剪	30.0	100.0	17.0		个	B
8510 30 00	电动脱毛器	24.0	100.0	17.0		个	B
8510 90 00	8510所列货品的零件	24.5	100.0	17.0		千克	
8511	**点燃式或压燃式内燃发动机用的电点火及电起动装置(例如,点火磁电机、永磁直流发电机、点火线圈、火花塞、电热塞及起动电机);附属于上述内燃发动机的发电机(例如,直流发电机、交流发电机)及断流器**						
8511 10 00	火花塞	10.0	30.0	17.0		个	
8511 20 10	点火磁电机,永磁直流发电机(包括磁飞轮.指机车,航空器及船舶用)	5.0	11.0	17.0		个	
8511 20 90	其他点火磁电机机、磁飞轮(包括永磁直流发电机)	10.0	30.0	17.0		个	
8511 30 10	分电器及点火线圈(指机车,航空器,船舶用)	5.0	11.0	17.0		个	
8511 30 90	其他用途用分电器、点火线圈	8.4	30.0	17.0		个	
8511 40 10	启动电机及两用启动发电机(指机车,航空器,船舶用)	5.0	11.0	17.0		个	
8511 40 91	输出≥132.39千瓦启动电机(输出功率在180马力及以上的发动机用)	8.4	30.0	17.0		个	
8511 40 99	其他用途的启动电机(包括两用起动发电机)	10.1	30.0	17.0		个	
8511 50 10	其他机车,航空器,船舶用发电机	5.0	11.0	17.0		个	
8511 50 90	其他附属于内燃发动机的发电机	10.1	30.0	17.0		个	
8511 80 00	发动机用电点火,起动的其他装置(指点燃式或压燃式内燃发动机用的)	10.1	30.0	17.0		个	

商品编号	商品名称备注	进口税率		增值税	消费税	计量单位	监管条件
		最惠国	普通				
8511 90 10	车船飞机用电点火，起动装置零件(指编号8511所列供机车、航空器及船舶用各种装置的零件)	4.5	11.0	17.0		千克	
8511 90 90	其他用电点火，电起动装置的零件(指编号8511所列供其他用途的各种装置的零件)	5.0	30.0	17.0		千克	
8512	**自行车或机动车辆用的电气照明或信号装置(编号8539的物品除外)、电动风挡刮水器、除霜器及去雾器**						
8512 10 00	自行车用照明或视觉信号装置	10.5	45.0	17.0		个	
8512 20 10	机动车辆用照明装置	14.0	45.0	17.0		个	
8512 20 90	其他照明或视觉信号装置(包括机动车辆用视觉装置)	14.0	45.0	17.0		个	
8512 30 00	车辆音响信号装置	14.0	45.0	17.0		个	
8512 40 00	车辆风档刮水器，除霜器及去雾器	10.0	45.0	17.0		个	
8512 90 00	编号8512所列装置的零件(指车辆等用照明，信号装置，风挡刮水器，除霜器等零件)	8.0	45.0	17.0		千克	
8513	**自供能源(例如，使用干电池、蓄电池、永磁发电机)的手提式电灯，但编号8512的照明装置除外**						
8513 10 10	手电筒	19.0	100.0	17.0		个	
8513 10 90	其他自供能源手提式电灯(但编号8512的照明装置除外)	19.4	70.0	17.0		个	
8513 90 10	手电筒零件	14.0	100.0	17.0		千克	
8513 90 90	其他自供能源手提式电灯零件	14.0	70.0	17.0		千克	
8514	**工业或实验室用电炉及电烘箱(包括通过感应或介质损耗工作的)；工业或实验室用其他通过感应或介质损耗对材料进行热处理的设备**						
8514 10 10	可控气氛热处理炉	7.2	30.0	17.0		台	O
8514 10 90	工业用其他电阻加热炉及烘箱(包括实验室用)	7.2	30.0	17.0		台	
8514 20 00	工业感应或介质损耗工作炉及烘箱(包括实验室用)	7.2	30.0	17.0		台	O
8514 30 00.10	快速加热半导体晶片的设备	4.5	30.0	17.0		台	s
8514 30 00.90	工业用其他电炉及电烘箱(包括实验室用)	7.2	30.0	17.0		台	
8514 40 00.10*	焊缝中频退火装置	12.0	30.0	17.0		台	O
8514 40 00.90	其他感应或介质损耗的加热设备(包括实验室用)	12.0	30.0	17.0		台	O
8514 90 10	炼钢电炉用零件	8.0	30.0	17.0		千克	
8514 90 90	工业用电阻加热炉及烘箱等零件(指编号8514所列货品的零件)		30.0	17.0		千克	
8515	**电气(包括电热气体)、激光、其他光、光子束、超声波、电子束、磁脉冲或等离子弧焊接机器及装置，不论是否兼有切割功能；用于热喷金属或金属陶器的电气机器及装置**						

商品编号	商 品 名 称 备 注	进口税率		增值税	消费税	计量单位	监管条件
		最惠国	普通				
8515 11 00	钎焊机器及装置用烙铁及焊枪	10.0	30.0	17.0		个	C
8515 19 00	其他钎焊机器及装置	10.0	30.0	17.0		台	
8515 21 10	直缝焊管机(全自动或半自动的)	10.0	30.0	17.0		台	
8515 21 90	其他全自动或半自动电阻焊接机器(包括焊接装置)	10.0	30.0	17.0		台	CO
8515 29 00	其他电阻焊接机器及装置	10.0	30.0	17.0		台	C
8515 31 10	螺旋焊管机(全自动或半自动的)	10.0	30.0	17.0		台	B
8515 31 90	其他电弧焊接机及装置(全自动或半自动的)	10.0	30.0	17.0		台	BCO
8515 39 00	其他电弧焊接机器及装置(非全自动或半自动的)	10.0	30.0	17.0		台	BCO
8515 80 00	其他焊接机器及装置(包括用于热喷金属或金属陶瓷的电气机器及装置)	10.0	30.0	17.0		台	CO
8515 90 00	电气等焊接机器及装置零件(包括激光,其他光,光子束,超声波,电子束磁脉冲等)	6.0	30.0	17.0		千克	
8516	**电热的快速热水器、储存式热水器、浸入式液体加热器;电气空间加热器及土壤加热器;电热的理发器具(例如,电吹风机、电卷发器、电热发钳)及干手器;电熨斗;其他家用电热器具;加热电阻器,但编号 8545 的货品除外**						
8516 10 00	电热水器(指电热的快速热水器、储存式热水器、浸入式液体加热器)	22.5	100.0	17.0		个	BC
8516 21 00	电气储存式散热器	35.0	100.0	17.0		个	B
8516 29 10	电气土壤加热器	14.0	40.0	17.0		个	
8516 29 90	电气空间加热器	22.5	100.0	17.0		个	B
8516 31 00	电吹风机	20.0	100.0	17.0		个	AB
8516 32 00	其他电热理发器具	35.0	100.0	17.0		个	AB
8516 33 00	电热干手器	35.0	100.0	17.0		个	AB
8516 40 00	电熨斗	35.0	100.0	17.0		个	AB
8516 50 00	微波炉	25.0	130.0	17.0		个	AB
8516 60 10	电磁炉	25.0	130.0	17.0		个	BC
8516 60 30	电饭锅	25.0	130.0	17.0		个	AB
8516 60 40	电炒锅	25.0	130.0	17.0		个	AB
8516 60 90	其他电热炉(包括电热板、加热环、烧烤炉及烘烤器)	25.0	130.0	17.0		个	AB
8516 71 00	电热咖啡壶或茶壶	32.0	130.0	17.0		个	AB
8516 72 00	电热烤面包器	32.0	130.0	17.0		个	AB
8516 79 00	其他电热器具	32.0	100.0	17.0		个	BC
8516 80 00	加热电阻器	10.0	40.0	17.0		个	
8516 90 10	土壤加热器及加热电阻器零件	8.0	40.0	17.0		千克	
8516 90 90	编号 8516 所列货品的其他零件	17.2	100.0	17.0		千克	

商品编号	商品名称备注	进口税率		增值税	消费税	计量单位	监管条件
		最惠国	普通				
8517	**有线电话、电报设备,包括无绳电话机、有线载波通信设备及有线数字通信设备;可视电话**						
8517 11 00	无绳电话机	7.2	30.0	17.0		台	AB
8517 19 10	可视电话	7.2	30.0	17.0		台	AB
8517 19 90	其他电话机	7.2	30.0	17.0		台	AB
8517 21 00	传真机	3.0	17.0	17.0		台	OAB
8517 22 00	电传打字机	3.8	30.0	17.0		台	
8517 30 11	≥5 千门局用电话交换机(包括长途电话交换机;电报交换机)	3.0	17.0	17.0		台	
8517 30 13	数字移动通信交换机		40.0	17.0		台	O
8517 30 19	其他数字式程控电话交换机		40.0	17.0		台	C
8517 30 91	模拟式移动通信交换机		30.0	17.0		台	O
8517 30 99	其他电话或电报交换机		30.0	17.0		台	
8517 50 21	光端机及脉冲编码调制设备	3.0	17.0	17.0		台	O
8517 50 22	波分复用光传输设备	3.0	30.0	17.0		台	O
8517 50 29	其他有线光通讯设备	3.0	30.0	17.0		台	OA
8517 50 31	非光通讯网络时钟同步设备	3.8	30.0	17.0		台	
8517 50 32	非光通讯以太网络交换机	3.8	30.0	17.0		台	O
8517 50 33	IP 电话信号转换设备	3.8	30.0	17.0		台	O
8517 50 34	集线器	3.8	30.0	17.0		台	O
8517 50 35	路由器	3.8	30.0	17.0		台	O
8517 50 36	调制解调器	3.8	30.0	17.0		台	CO
8517 50 39	其他有线数字通信设备	3.8	30.0	17.0		台	O
8517 50 90	有线载波通信用其他设备		30.0	17.0		台	O
8517 80 00	有线电话或电报用其他设备	7.2	30.0	17.0		台	
8517 90 10	数字式程控电话或电报交换机零件		14.0	17.0		千克	
8517 90 20	光端机、脉冲编码调制设备的零件		14.0	17.0		千克	O
8517 90 31	传真机用热敏记录头		14.0	17.0		千克/个	O
8517 90 32	传真机用接触式图象传感器		14.0	17.0		千克/个	O
8517 90 39	传真机的其他零件		14.0	17.0		千克	O
8517 90 90	编号 8517 所列其他通信设备零件		30.0	17.0		千克	O
8518	**传声器(麦克风)及其座架;扬声器,不论是否装成音箱;耳机、耳塞,不论是否装有传声器,由传声器及一个或多个扬声器组成的组合机;音频扩大器;电气扩音机组**						
8518 10 00.10	电讯用频率在 300 到 3400Hz 麦克风(直径不超过 10mm,高不超过 3mm)		40.0	17.0		个	s
8518 10 00.90	其他传声器(麦克风)及其座架	10.0	40.0	17.0		个	
8518 21 00	单喇叭音箱	10.0	40.0	17.0		个	BC
8518 22 00	多喇叭音箱	10.0	40.0	17.0		个	BC
8518 29 00	其他扬声器	3.8	40.0	17.0		个	B

商品编号	商 品 名 称 备 注	进口税率		增值税	消费税	计量单位	监管条件
		最惠国	普通				
8518 30 00	耳机、耳塞(包括传声器与扬声器的组合机)	3.8	40.0	17.0		个	
8518 40 00.10	电器扩音器(列入 ITA 的有线电话重复器用的)	3.8	40.0	17.0		台	COs
8518 40 00.90	其他音频扩大器	12.0	40.0	17.0		台	CO
8518 50 00	电气扩音机组	10.0	40.0	17.0		套	
8518 90 00.10	编号 85184000.10 所列货品的零件(列入 ITA 的有线电话重复器用的)	3.8	40.0	17.0		千克	s
8518 90 00.90	编号 8518 所列货品的其他零件	10.5	40.0	17.0		千克	
8519	**转盘(唱机唱盘)、唱机、盒式磁带放声机及其他声音重放设备,未装有声音录制装置**						
8519 10 00	投币式唱机	30.0	130.0	17.0		台	C
8519 21 00	不带扬声器的唱机	30.0	130.0	17.0		台	C
8519 29 00	带扬声器的唱机	30.0	130.0	17.0		台	C
8519 31 00	装有自动换片装置转盘(唱机唱盘)	30.0	130.0	17.0		台	
8519 39 00	无自动换片装置的转盘(唱机唱盘)	30.0	130.0	17.0		台	
8519 40 00	编辑节目用放声机	20.0	80.0	17.0		台	
8519 92 00	袖珍盒式磁带放声机(未装有声音录制装置)	26.0	130.0	17.0		台	AB
8519 93 00	其他盒式磁带放声机(袖珍盒式磁带放声机除外)	26.0	130.0	17.0		台	AB
8519 99 10^	激光唱机	30.0	80.0	17.0		台	AO
8519 99 90^	其他声音重放设备	24.0	80.0	17.0		台	C
8520	**磁带录音机及其他声音录制设备,不论是否装有声音重放装置**						
8520 10 00	需外接电源的口授记录机(不论是否装有声音重放装置)	25.0	80.0	17.0		台	A
8520 20 00	电话自动应答机(不论是否装有声音重放装置)	15.0	80.0	17.0		台	
8520 32 10	数字音频式盒式磁带录音机(不论是否装有声音重放装置)	30.0	130.0	17.0		台	ABO
8520 32 90	其他数字音频式磁带录音机(盒式数字音频式磁带录音机除外)	27.5	80.0	17.0		台	ABO
8520 33 00	其他盒式磁带录音机(不论是否装有声音重放装置)	30.0	130.0	17.0		台	ABO
8520 39 10	开盘式录音机(盒式磁带录音机除外)	27.5	80.0	17.0		台	ABO
8520 39 90	其他磁带录音机(盒式磁带录音机除外)	26.0	80.0	17.0		台	ABO
8520 90 00	其他录音机及声音录制设备(盒式磁带录音放机除外)	26.0	80.0	17.0		台	6OAB
8521	**视频信号录制或重放设备,不论是否装有高频调谐器**						
8521 10 11^	广播级磁带录像机(不论是否装有高频调谐放大器)	36.0	130.0	17.0		台	AO

商品编号	商品名称备注	进口税率		增值税	消费税	计量单位	监管条件
		最惠国	普通				
8521 10 19^	其他磁带型录像机(不论是否装有高频调谐放大器)	36.0	130.0	17.0		台	AO
8521 10 20^	磁带放像机(不论是否装有高频调谐放大器)	36.0	130.0	17.0		台	AO
8521 90 10	激光视盘机(不论是否装有高频调谐放大器)	30.0	130.0	17.0		台	OA
8521 90 90.10	用于光盘生产的金属母盘生产设备(不论是否装有高频调谐放大器)	30.0	130.0	17.0		台	6OA
8521 90 90.90	其他视频信号录制或重放设备(不论是否装有高频调谐放大器)	30.0	130.0	17.0		台	6OA
8522	**专用于或主要用于税目8519至8521所列设备的零件、附件**						
8522 10 00	拾音头	35.0	130.0	17.0		个/千克	
8522 90 10	转盘或唱机用零件、附件	29.0	130.0	17.0		千克	
8522 90 21	录音机走带机构(机芯)(不论是否装有磁头)	29.0	100.0	17.0		千克	BO
8522 90 22	磁头	29.0	100.0	17.0		个/千克	
8522 90 23	磁头零件	26.0	100.0	17.0		千克	
8522 90 29	盒式磁带录音机或放声机其他零件	30.0	100.0	17.0		千克	O
8522 90 30.11 *	激光视盘机驱动器机芯的零件	30.0	100.0	17.0		千克	O
8522 90 30.19 *	视频信号录放设备机芯,磁头,磁鼓	30.0	100.0	17.0		千克	O
8522 90 30.90 *	视频信号录放设备的其他零件附件(不包括(放)录像机机芯、磁头及磁鼓)	30.0	100.0	17.0		千克	O
8522 90 90	编号8519至8521所列设备其他零件	20.0	80.0	17.0		千克	
8523	**制成供灌(录)音或录制其他信息用的未录制媒体,但第37章的产品除外**						
8523 11 00	宽度≤4mm的未录制磁带	15.0	130.0	17.0		盘	A
8523 12 00	宽度>4mm≤6.5mm的未录制磁带(宽度超过4毫米,但未超过6.5毫米的)	17.5	130.0	17.0		盘	
8523 13 10	计算机等用宽>6.5mm未录制磁带(指编号8471所列机器用的)		20.0	17.0		盘	
8523 13 20	宽度>6.5mm的未录制录音带	17.5	130.0	17.0		盘	
8523 13 30	宽度>6.5mm的未录制录像带	17.5	130.0	17.0		盘	
8523 13 90	宽度>6.5mm其他的未录制磁带(第37章的产品除外)	15.0	70.0	17.0		盘	
8523 20 10	编号8471所列机器用空磁盘		20.0	17.0		个	
8523 20 90	其他用途的空磁盘	12.5	70.0	17.0		个	
8523 30 00	未录制的磁条卡	19.4	70.0	17.0		个	
8523 90 00	其他供录制声音等信息未录制媒体(指磁带、磁盘以外的录制媒体,第37章的产品除外)	12.5	70.0	17.0		个	
8524	**已灌(录)音或录制其他信息的唱片、磁带及其他媒体,包括供复制用的母片及母带,但不包括第37章的产品**						
8524 10 10	教学用的已灌制唱片			17.0		张	Z

商品编号	商 品 名 称 备 注	进口税率		增值税	消费税	计量单位	监管条件
		最惠国	普通				
8524 10 90	非教学用的已灌制唱片	15.0	130.0	17.0		张	Z
8524 31 00	重放声音或图像以外信息的光盘(指激光阅读系统用盘)		14.0	17.0		张	
8524 32 10	重放声音的教学用光盘(指激光阅读系统用盘)			17.0		张	Z
8524 32 90	其他重放声音的光盘(指激光阅读系统用盘,编号8471机器用或教学用除外)	10.0	130.0	17.0		张	Z
8524 39 10	其他教学用已录制光盘(激光阅读系统用盘)			17.0		张	Z
8524 39 20	其他编号8471机器用已录制光盘(激光阅读系统用盘)		14.0	17.0		张	
8524 39 90	其他已录制的光盘(激光阅读系统用盘,8471机器用或教学用除外)	3.8	130.0	17.0		张	Z
8524 40 10	录有非音像信息的教学磁带			17.0		盘	
8524 40 91	其他宽≤6.5录有非音像信息磁带		14.0	17.0		盘	
8524 40 99	其他录有非音像信息的磁带		14.0	17.0		盘	
8524 51 10	宽度≤4MM的音像教学磁带(录有声音或图像的)			17.0		盘	Z
8524 51 90	其他宽度≤4MM的音像磁带(录有声音或图像以外信息的磁带除外)	15.0	130.0	17.0		盘	Z
8524 52 10	4MM<宽度≤6.5MM的音像教学磁带(录有声音或图像的)			17.0		盘	Z
8524 52 90	4MM<宽度≤6.5MM的其他音像磁带(录有声音或图像的)	10.0	130.0	17.0		盘	Z
8524 53 10	宽度>6.5MM的音像教学磁带(录有声音或图像的)			17.0		盘	Z
8524 53 90	其他宽度>6.5MM的音像磁带(录有声音或图像的)	10.0	130.0	17.0		盘	Z
8524 60 00	已录制的磁条卡	25.0	130.0	17.0		个	
8524 91 10	其他录有非音像信息的教学用媒体			17.0		个	
8524 91 20	税号8471所列机器用非音像媒体		14.0	17.0		个	
8524 91 90	其他录有非音像信息的媒体	17.5	130.0	17.0		个	
8524 99 10	其他音像教学媒体(录有声音或图像)			17.0		个	Z
8524 99 20	税号8471所列机器用其他媒体(录有声音或图像)		14.0	17.0		个	
8524 99 90	其他已录制媒体(录有声音或图像)	17.5	130.0	17.0		个	Z
8525	**无线电话、电报、无线电广播、电视发送设备,不论是否装有接受装置或声音的录制、重放装置;电视摄像机;静像视频摄像机及其他视频摄录一体机;数字照相机**						
8525 10 10	广播电视发送设备		30.0	17.0		台	O
8525 10 90	其他无线电话、电报发送设备		14.0	17.0		台	O
8525 20 11	电视用卫星地面站设备		30.0	17.0		台	N

商品编号	商品名称备注	进口税率		增值税	消费税	计量单位	监管条件
		最惠国	普通				
8525 20 19	其他卫星地面站设备		14.0	17.0		台	O
8525 20 22	手持式无线电话机(包括车载式无线电话机)	3.0	20.0	17.0		台	OAB
8525 20 23	对讲机	3.0	17.0	17.0		台	O
8525 20 29	其他移动通讯设备		14.0	17.0		台	O
8525 20 91	广播电视用装有接收装置发送设备		30.0	17.0		台	O
8525 20 92	移动通信基地站		14.0	17.0		台	O
8525 20 93	无线用户接入网设备(装有接收装置的发送设备)		14.0	17.0		台	O
8525 20 99	其他装有接收装置的发送设备		14.0	17.0		台	O
8525 30 10	特种用途电视摄像机	10.0	17.0	17.0		台	OA
8525 30 91	非特种用途广播级电视摄像机	35.0	130.0	17.0		台	OA
8525 30 99	其他电视摄像机	35.0	130.0	17.0		台	OA
8525 40 10	特种静像摄像机及其他摄录一体机(包括特种用途数码相机)	3.0	17.0	17.0		台	O
8525 40 41 *	广播级静像摄像机(及广播级其他摄录一体机)	22.5	130.0	17.0		台	O
8525 40 42	家用型摄录一体机	22.5	130.0	17.0		台	OA
8525 40 49 *	其他静像摄像机及摄录一体机	22.5	130.0	17.0		台	O
8525 40 50 *	其他数字照相机	30.0	130.0	17.0		台	O
8526	**雷达设备、无线电导航设备及无线电遥控设备**						
8526 10 10	导航用雷达设备	2.0	8.0	17.0		台	O
8526 10 90.10 *	机载雷达(包括气象雷达,地形雷达和空中交通管制应答系统)	5.0	14.0	17.0		台	O
8526 10 90.90	其他雷达设备	5.0	14.0	17.0		台	O
8526 91 10	机动车辆用无线电导航设备	2.0	8.0	17.0		台	O
8526 91 90	其他无线电导航设备	2.0	8.0	17.0		台	O
8526 92 00	无线电遥控设备	5.0	14.0	17.0		台	O
8527	**无线电话、电报、无线电广播接收设备,不论是否与声音的录制、重放装置或时钟组合在同一机壳内**						
8527 12 00	不需外接电源袖珍盒式磁带收放机(包括兼可接收无线电话,电报的设备)	20.0	130.0	17.0		台	ABO
8527 13 00	不需外接电源收录(放)音组合机(包括兼可接收无线电话,电报的设备)	21.0	130.0	17.0		台	ABO
8527 19 00	不需外接电源无线电收音机(包括兼可接收无线电话,电报的设备)	21.0	130.0	17.0		台	BO
8527 21 00	需外接电源汽车收录(放)音组合机(包括兼可接收无线电话,电报的设备)	21.0	130.0	17.0		台	BO
8527 29 00	需外接电源汽车用无线电收音机(包括兼可接收无线电话,电报的设备)	21.0	130.0	17.0		台	BO
8527 31 00	其他收录(放)音组合机(包括兼可接收无线电话,电报的设备)	21.0	130.0	17.0		台	ABO

商品编号	商 品 名 称 备 注	进口税率		增值税	消费税	计量单位	监管条件
		最惠国	普通				
8527 32 00	带时钟的收音机(包括兼可接收无线电话,电报的设备)	21.0	130.0	17.0		台	O
8527 39 00	其他收音机(包括兼可接收无线电话,电报的设备)	27.0	130.0	17.0		台	BCO
8527 90 10	无线寻呼机(BP 机)	8.0	35.0	17.0		个	OAB
8527 90 90.10	呼叫、提示和寻呼用便携式接收器		14.0	17.0		台	Os
8527 90 90.90	其他无线电话,电报,广播接收设备	9.0	14.0	17.0		台	O
8528	**电视接收机,不论是否装有无线电收音装置或声音、图像的录制或重放装置;视频监视器及视频投影机**						
8528 12 10ˇ	彩色的卫星电视接收机	30.0	130.0	17.0		台	CN
8528 12 91ˇ	42 厘米及以下的彩色电视机(所列规格指显示屏幕对角线尺寸)	30.0	130.0	17.0		台	ABO
8528 12 92ˇ	42＜显示屏幕≤52cm 的彩色电视机(所列规格指显示屏幕对角线尺寸)	30.0	130.0	17.0		台	ABO
8528 12 93ˇ	52 厘米以上的彩色电视机(所列规格指屏幕尺寸)	36.0	130.0	17.0		台	ABO
8528 13 10	≤16 厘米黑白或其他单色电视机(所列规格指显示屏幕尺寸)	15.0	100.0	17.0		台	AB
8528 13 20	16－42 厘米黑白或其他单色电视机(所列规格指显示屏幕尺寸)	15.0	100.0	17.0		台	AB
8528 13 30	42－52 厘米黑白或其他单色电视机(所列规格指显示屏幕尺寸)	15.0	100.0	17.0		台	AB
8528 13 40	52 厘米以上黑白或其他单色电视机(所列规格指显示屏幕尺寸)	15.0	100.0	17.0		台	AB
8528 21 00ˇ	彩色视频监视器	30.0	130.0	17.0		台	ABO
8528 22 00	黑白或其他单色视频监视器	25.4	100.0	17.0		台	AB
8528 30 10ˇ	彩色视频投影机	30.0	130.0	17.0		台	CO
8528 30 20	黑白或其他单色视频投影机	15.0	100.0	17.0		台	C
8529	**专用于或主要用于编号 8525 至 8528 所列装置或设备的零件**						
8529 10 10	雷达及无线电导航设备天线及零件(包括天线反射器)	1.5	8.0	17.0		千克	O
8529 10 20	收音机、电视机天线及其零件(包括收音机的组合机用的天线及零件)	3.8	90.0	17.0		千克	
8529 10 90.10	无线电话电报装置的天线	3.8	20.0	17.0		千克	Os
8529 10 90.90	其他无线电设备天线及其零件(编号 8525 至 8528 所列其他装置或设备的,包括天线反射器)	7.2	20.0	17.0		千克	O
8529 90 10ˇ	电视发送,差转等设备零件(包括卫星电视地面接收转播设备零件)	3.8	30.0	17.0		千克	O
8529 90 20ˇ	手持式无线电话机零件		17.0	17.0		千克	O

商品编号	商 品 名 称 备 注	进口税率		增值税	消费税	计量单位	监管条件
		最惠国	普通				
8529 90 30^	对讲机零件	8.0	20.0	17.0		千克	
8529 90 41^	特种用途电视摄像机等的零件(包括静像视频摄像机及其他视频摄录一体机的零件)	8.0	17.0	17.0		千克	
8529 90 49.10 * ^	家用摄录一体机的零件(包括静像视频摄像机及其他视频摄录一体机的零件)	12.0	100.0	17.0		千克	
8529 90 49.90^	其他用途电视摄像机零件(包括静像视频摄像机及其他视频摄录一体机的零件)	12.0	100.0	17.0		千克	
8529 90 50^	雷达及无线电导航设备零件	1.5	8.0	17.0		千克	O
8529 90 60^	收音机及其组合机的其他零件	15.0	130.0	17.0		千克	
8529 90 70^	无线寻呼机零件	3.8	20.0	17.0		千克	
8529 90 81.10 * ^	背投电视机显示屏	15.0	80.0	17.0		千克	O
8529 90 81.90^	其他彩色电视机零件(高频调谐器除外)	15.0	80.0	17.0		千克	O
8529 90 89^	其他电视机零件(高频调谐器除外)	8.0	50.0	17.0		千克	
8529 90 90.10^	高频调谐器(高频头)(卫星电视接收用)	8.0	57.0	17.0		千克	N
8529 90 90.21	发送设备零件(带数字静像视频摄录机接收装置专用于广播,电视的除外)		57.0	17.0		千克	s
8529 90 90.22	便携式接收器零件(呼叫、提示、寻呼用)		57.0	17.0		千克	s
8529 90 90.29	ITA产品用的印刷电路组件(包括外接组件,如符合PCMCIA标准的卡)		57.0	17.0		千克	s
8529 90 90.90^	编号8525至8528所列设备其他零件	8.0	57.0	17.0		千克	
8530	**铁道、电车道、道路或内河航道、停车场、港口或机场用的电气信号、安全或交通管理设备(编号8608的货品除外)**						
8530 10 00	铁道或电车道用电气信号等设备(包括安全或交通管理设备)	10.0	20.0	17.0		个	O
8530 80 00	其他用电气信号,安全,交通设备(指道路或内河航道、停车场、港口、机场用)	8.0	20.0	17.0		个	O
8530 90 00	编号8530所列设备的零件(包括电车道,道路,港口,机场用电气信号安全,交管设备)	8.0	20.0	17.0		千克	O
8531	**电气音响或视觉信号装置(例如,电铃、电笛、显示板、防盗或防火报警器),但编号8512或8530的货品除外**						
8531 10 10	机动车辆防盗装置	10.0	40.0	17.0		个	A
8531 10 90	其他防盗或防火报警器及类似装置	10.0	40.0	17.0		个	OA
8531 20 00	有液晶装置或发光管的显示板	8.0	70.0	17.0		个	
8531 80 10	蜂鸣器	15.0	70.0	17.0		个	B
8531 80 90	其他电气音响或视觉信号装置	14.0	70.0	17.0		个	
8531 90 10	防盗、防火及类似装置用零件	3.8	40.0	17.0		千克	CO
8531 90 90	其他音响或视觉信号装置用零件	3.8	70.0	17.0		千克	
8532	**固定、可变或可调(微调)电容器**						

商品编号	商 品 名 称 备 注	进口税率		增值税	消费税	计量单位	监管条件
		最惠国	普通				
8532 10 00	固定电容器(电力电容器)(用于50/60赫兹电路,额定无功功率不低于0.5千乏)	3.0	20.0	17.0		千克/千个	
8532 21 10	片式钽电容器		35.0	17.0		千克/千个	
8532 21 90	其他钽电容器	3.0	35.0	17.0		千克/千个	
8532 22 00	铝(固定)电介电容器	3.0	35.0	17.0		千克/千个	
8532 23 00	单层瓷介电容器	3.0	35.0	17.0		千克/千个	
8532 24 10	片式多层瓷介电容器		35.0	17.0		千克/千个	
8532 24 90	其他多层瓷介电容器	3.0	35.0	17.0		千克/千个	
8532 25 10	片式纸介质或塑料介质电容器		35.0	17.0		千克/千个	
8532 25 90	其他纸介质或塑料介质电容器	3.0	35.0	17.0		千克/千个	
8532 29 00	其他固定电容器	3.0	35.0	17.0		千克/千个	
8532 30 00	其他可变或可调(微调)电容器	3.0	35.0	17.0		千克/千个	
8532 90 10	编号85321000所列电容器零件		20.0	17.0		千克	
8532 90 90	其他电容器零件(编号85321000所列电容器零件除外)		35.0	17.0		千克	
8533	**电阻器(包括变阻器及电位器),但加热电阻器除外**						
8533 10 00	合成或薄膜式固定碳质电阻器		50.0	17.0		千克/千个	
8533 21 10	额定功率≤20瓦片式固定电阻器(额定功率≤20瓦片式电阻除外)		50.0	17.0		千克/千个	
8533 21 90	额定功率≤20瓦其他固定电阻器(额定功率≤20瓦片式电阻除外)		50.0	17.0		千克/千个	
8533 29 00	其他额定功率>20瓦固定电阻器		50.0	17.0		千克/千个	
8533 31 00	额定功率≤20瓦线绕可变电阻器(包括变阻器及电位器)		50.0	17.0		千克/千个	
8533 39 00	额定功率>20瓦电位器(包括变阻器及电位器)		50.0	17.0		千克/千个	
8533 40 00	其他可变电阻器(包括变阻器及电位器)		50.0	17.0		千克/千个	
8533 90 00	各种电阻器零件(包括变阻器及电位器)		50.0	17.0		千克	
8534	**印刷电路**						
8534 00 10	四层以上的印刷电路		35.0	17.0		块/千克	
8534 00 90	四层及以下的印刷电路	3.0	50.0	17.0		块/千克	
8535	**电路的开关、保护或连接用的电气装置(例如,开关、熔断器、避雷器、电压限幅器、电涌抑制器、插头、接线盒),用于电压超过1000伏的线路**						
8535 10 00	电路熔断器(电压>1000伏)(用于电压超过1000伏的线路)	14.0	50.0	17.0		个/千克	BC
8535 21 00	电压<72.5千伏自动断路器(用于电压超过1000伏的线路)	14.0	50.0	17.0		个/千克	BC
8535 29 00.10	六氟化硫断路器(含组合电器)	14.8	50.0	17.0		个/千克	BN

商品编号	商 品 名 称 备 注	进口税率		增值税	消费税	计量单位	监管条件
		最惠国	普通				
8535 29 00.90	电压≥72.5千伏自动断路器(用于电压超过1000伏的线路)	14.8	50.0	17.0		个/千克	BN
8535 30 00	隔离开关及断续开关(用于电压超过1000伏的线路)	12.0	50.0	17.0		个/千克	BC
8535 40 00	避雷器,电压限幅器及电涌抑制器(用于电压超过1000伏的线路)	18.0	50.0	17.0		个/千克	B
8535 90 00	其他>1000伏电路开关等电气装置(用于电压超过1000伏的线路开关,保护,连接用电气装置)	12.0	50.0	17.0		千克	B
8536	**电路的开关、保护或连接用的电气装置(例如,开关、继电器、熔断器、电涌抑制器、插头、插座、灯座、接线盒),用于电压不超过1000伏的线路**						
8536 10 00	熔断器(电压不超过1000伏)(用于电压不超过1000伏的线路)	10.0	50.0	17.0		个/千克	BC
8536 20 00	电压不超过1000伏自动断路器(用于电压不超过1000伏的线路)	9.0	50.0	17.0		个/千克	BC
8536 30 00	电压≤1000伏其他电路保护装置(用于电压不超过1000伏的线路)	9.0	50.0	17.0		个/千克	BC
8536 41 00	电压≤60伏的继电器	10.0	50.0	17.0		个/千克	COB
8536 49 00	电压大于60伏的继电器(用于电压不超过1000伏的线路)	10.0	50.0	17.0		个/千克	COB
8536 50 00	电压≤1000伏的其他开关(用于电压不超过1000伏的线路)	3.0	50.0	17.0		个/千克	CB
8536 61 00	电压≤1000伏的灯座(用于电压不超过1000伏的线路)	10.0	50.0	17.0		个/千克	B
8536 69 00	电压≤1000伏的插头及插座(用于电压不超过1000伏的线路)	3.0	50.0	17.0		个/千克	B
8536 90 00	其他≤1000伏电路开关等电气装置(用于电压不超过1000伏的线路开关,保护,连接用电气装置)	3.0	50.0	17.0		千克	COB
8537	**用于电气控制或电力分配的盘、板、台、柜及其他基座,装有编号8535或8536所列的两个或两个以上装置,包括装有第90章所列仪器或装置以及数控装置,但编号8517的交换机除外**						
8537 10 10	数控装置(用于电压不超过1000伏的线路)	5.0	14.0	17.0		个/千克	O
8537 10 90.10	电梯用控制柜(电气柜)(电压不超过1000伏的线路)	8.4	50.0	17.0		个/千克	O
8537 10 90.90	其他电力控制或分配的装置(电压不超过1000伏的线路)	8.4	50.0	17.0		个/千克	CO
8537 20 10	电压≥500千伏高压开关装置(全封闭组合式高压开关装置电压500千伏及以上的线路)	8.4	30.0	17.0		台/千克	OB
8537 20 90	其他电力控制或分配装置(包括盘、板(含数控装置))	8.4	50.0	17.0		千克	C

商品编号	商 品 名 称 备 注	进口税率		增值税	消费税	计量单位	监管条件
		最惠国	普通				
8538	**专用于或主要用于编号 8535、8536 或 8537 所列装置的零件**						
8538 10 10	子目号 85372010 所列装置的零件(电压≥500KV 线路用全封闭组合式高压开关装置用)	8.4	50.0	17.0		千克	O
8538 10 90	编号 8537 货品用的其他盘,板等(未装有开关装置)	7.0	50.0	17.0		千克	
8538 90 00	编号 8535,8536,8537 装置的零件(专用于或主要用于)	7.0	50.0	17.0		千克	
8539	**白炽灯炮、放电灯管,包括封闭式聚光灯及紫外线灯管或红外线灯泡;弧光灯**						
8539 10 00	封闭式聚光灯	10.0	45.0	17.0		只	
8539 21 10	科研、医疗专用卤钨灯	8.0	20.0	17.0		只	
8539 21 20	火车、航空器及船舶用卤钨灯	8.0	20.0	17.0		只	
8539 21 30	机动车辆用卤钨灯	10.0	45.0	17.0		只	
8539 21 90	其他用卤钨灯	10.5	70.0	17.0		只	
8539 22 10	科研、医疗用功率≤200W 白炽灯泡(功率不超过 200 瓦,额定电压超过 100 伏)	10.5	20.0	17.0		只	B
8539 22 90	其他用功率≤200W 白炽灯泡(功率不超过 200 瓦,额定电压超过 100 伏)	5.0	70.0	17.0		只	B
8539 29 10	科研,医疗专用其他白炽灯泡	5.0	20.0	17.0		只	B
8539 29 20	火车,航空及船舶用其他白炽灯泡	10.5	20.0	17.0		只	
8539 29 30	机动车辆用其他白炽灯泡	5.0	45.0	17.0		只	B
8539 29 91	12 伏及以下未列名的白炽灯泡	12.0	70.0	17.0		只	B
8539 29 99	其他未列名的白炽灯泡	12.0	70.0	17.0		只	B
8539 31 10	科研、医疗专用热阴极荧光灯	8.0	20.0	17.0		只	B
8539 31 20	火车,航空器,船舶用热阴极荧光灯	8.0	20.0	17.0		只	B
8539 31 90	其他用途用热阴极荧光灯	8.0	70.0	17.0		只	B
8539 32 10	科研医疗用汞或钠蒸汽灯(包括科研,医疗专用金属卤化物灯)	8.0	20.0	17.0		只	
8539 32 20	火车,飞机及船舶用汞或钠蒸汽灯(包括金属卤化物灯)	8.0	20.0	17.0		只	
8539 32 90.10 *	彩色液晶投影机的照明光源(包括金属卤化物灯)	8.0	70.0	17.0		只	
8539 32 90.90	其他用途的汞或钠蒸汽灯(包括金属卤化物灯)	8.0	70.0	17.0		只	
8539 39 10	科研,医疗专用其他放电灯	8.0	20.0	17.0		只	
8539 39 20	火车,航空器,船舶用其他放电灯	8.0	20.0	17.0		只	
8539 39 90	其他用途的其他放电灯管	8.0	70.0	17.0		只	
8539 41 00	弧光灯	8.0	20.0	17.0		只	
8539 49 00	紫外线或红外线灯	8.0	20.0	17.0		只	
8539 90 00	编号 8539 所列货品的零件	8.0	20.0	17.0		千克	B

商品编号	商 品 名 称 备 注	进口税率		增值税	消费税	计量单位	监管条件
		最惠国	普通				
8540	**热电子管、冷阴极管或光阴极管(例如,真空管或充气管、汞弧整流管、阴极射线管、电视摄像管)**						
8540 11 00	彩色阴极射线电视显像管(包括视频监视器用阴极射线管)	12.0	40.0	17.0		只	OAB
8540 12 00	黑白或单色阴极射线电视显像管(包括视频监视器用阴极射线管)	15.0	40.0	17.0		只	AB
8540 20 10	电视摄像管	12.0	35.0	17.0		只	
8540 20 90	变像管、图像增强管及光阴极管	8.0	17.0	17.0		只	
8540 40 00	点距<0.4mm 彩色数据/图形显示管(指屏幕荧光点间距小于 0.4mm 的彩色数据/图形显示管)	8.0	17.0	17.0		只	O
8540 50 00	黑白或其他单色数据/图形显示管	8.0	17.0	17.0		只	
8540 60 10	雷达显示管	6.0	14.0	17.0		只	O
8540 60 90	其他阴极射线管	8.0	17.0	17.0		只	
8540 71 00	磁控管	8.0	17.0	17.0		只	
8540 72 00	速调管	8.0	17.0	17.0		只	
8540 79 00	其他微波管	8.0	17.0	17.0		只	
8540 81 00	接收管或放大管	8.0	17.0	17.0		只	
8540 89 00	其他电子管(包括光阴极管或汞弧整流管)	8.0	17.0	17.0		只	
8540 91 10	电视显像管零件	6.0	40.0	17.0		千克	
8540 91 20	雷达显示管零件	5.0	14.0	17.0		千克	
8540 91 90	其他阴极射线管零件	8.0	17.0	17.0		千克	
8540 99 10	电视摄像管零件	8.0	35.0	17.0		千克	
8540 99 90	其他热电子管、冷阴极管零件(包括光阴极管或汞弧整流管)	8.0	17.0	17.0		千克	
8541	**二极管、晶体管及类似的半导体器件;光敏半导体器件,包括不论是否装在组件内或组装成块的光电池;发光二极管;已装配的压电晶体**						
8541 10 00	二极管(光敏、发光二极管除外)		30.0	17.0		个/千克	
8541 21 00	耗散功率<1W 的晶体管(不含光敏晶体管)		30.0	17.0		个/千克	
8541 29 00	耗散功率≥1W 的晶体管(不含光敏晶体管)		30.0	17.0		个/千克	
8541 30 00	半导体及可控硅等开关元件(不含光敏器件)		30.0	17.0		个/千克	
8541 40 00	光敏半导体器件、发光二极管(包括不论是否装在组件内或组装成块的光电池)		30.0	17.0		个/千克	
8541 50 00	其他半导体器件		30.0	17.0		个/千克	
8541 60 00	已装配的压电晶体		30.0	17.0		个/千克	
8541 90 00	税号 85.41 所列货品零件		30.0	17.0		千克	
8542	**集成电路及微电子组件**						
8542 10 00	装有集成电路的卡(智能卡)		21.0	17.0		个/千克	O
8542 21 10	线宽≤0.18μm 的单片集成电路(数字式单片集成电路)		24.0	17.0		个/千克	O

商品编号	商 品 名 称 备 注	进口税率		增值税	消费税	计量单位	监管条件
		最惠国	普通				
8542 21 20	0.18<线宽≤0.35μm 单片集成电路(数字式单片集成电路)		24.0	17.0		个/千克	O
8542 21 90	线宽>0.35μm 的单片集成电路(数字式单片集成电路)		24.0	17.0		个/千克	O
8542 29 00	其他单片集成电路		24.0	17.0		个/千克	O
8542 60 00	混合集成电路		30.0	17.0		个/千克	O
8542 70 10	光通信设备的激光收发模块(包括波分复用光传输设备用的光收发模块)		30.0	17.0		个/千克	O
8542 70 90	其他微电子组件		30.0	17.0		个/千克	O
8542 90 00	其他集成电路及微电子组件零件		30.0	17.0		千克	O
8543	**本章其他编号未列名的具有独立功能的电气设备及装置**						
8543 11 00	半导体材料掺杂用离子注入机		11.0	17.0		台	
8543 19 00	其他粒子加速器	5.0	11.0	17.0		台	
8543 20 10	<1500MHZ 的通用信号发生器(输出信号频率在 1500MHZ 以下的)	15.0	80.0	17.0		台	
8543 20 90	≥1500MHZ 的通用信号发生器(输出信号频率在 1500MHZ 及以上的)	9.8	20.0	17.0		台	
8543 30 00	电镀、电解或电泳设备及装置	3.8	35.0	17.0		台	O
8543 40 00	电篱网激发器	10.0	35.0	17.0		台	
8543 81 00	邻近卡及牌	3.0	35.0	17.0		台	
8543 89 10	金属,矿藏探测器	3.0	17.0	17.0		台	
8543 89 20	高,中频放大器	3.0	17.0	17.0		台	O
8543 89 90.10 *	飞行数据记录器、报告器	7.2	35.0	17.0		台	O
8543 89 90.90	未列名的电气设备及装置(具有独立功能)	7.2	35.0	17.0		台	O
8543 90 10	粒子加速器用零件		11.0	17.0		千克	
8543 90 21	<1500MHZ 通用信号发生器零件	7.2	80.0	17.0		千克	
8543 90 29	≥1500MHZ 通用信号发生器零件		20.0	17.0		千克	
8543 90 30	金属,矿藏探测器用零件		17.0	17.0		千克	
8543 90 40	高、中频放大器用零件		17.0	17.0		千克	O
8543 90 90	85 章其他未列名电气设备的零件		35.0	17.0		千克	
8544	**绝缘(包括漆包或阳极化处理)电线、电缆(包括同轴电缆)及其他绝缘电导体,不论是否有接头;由每根被覆光纤组成的光缆,不论是否与电导体装配或装有接头**						
8544 11 00	铜制绕组电线	12.0	70.0	17.0		千克	AB
8544 19 00	其他绕组电线(非铜制)	20.0	70.0	17.0		千克	AB
8544 20 00	同轴电缆及其他同轴电导体	10.0	20.0	17.0		千克	AB
8544 30 20	机动车辆用点火布线组	12.0	20.0	17.0		千克	AB
8544 30 90	其他用点火布线组	6.8	70.0	17.0		千克	AB
8544 41 10	耐压≤80 伏有接头电缆	3.8	20.0	17.0		千克	AB

商品编号	商 品 名 称 备 注	进口税率		增值税	消费税	计量单位	监管条件
		最惠国	普通				
8544 41 90	耐压≤80 伏有接头电导体	8.0	70.0	17.0		千克	AB
8544 49 10	耐压≤80 伏无接头电缆	3.8	20.0	17.0		千克	AB
8544 49 90	耐压≤80 伏无接头电导体	10.5	70.0	17.0		千克	AB
8544 51 10	1000 伏≥耐压＞80 伏有接头电缆(指额定电压超过 80 伏,但不超过 1000 伏)	3.8	20.0	17.0		千克	AB
8544 51 90	1000 伏≥耐压＞80 伏有接头电导体(指额定电压超过 80 伏,但不超过 1000 伏)	10.5	70.0	17.0		千克	AB
8544 59 10	1000 伏≥耐压＞80 伏无接头电缆(指额定电压超过 80 伏,但不超过 1000 伏)	8.1	20.0	17.0		千克	ABO
8544 59 90	1000 伏≥耐压＞80 伏无接头电导体(指额定电压超过 80 伏,但不超过 1000 伏)	15.6	70.0	17.0		千克	AB
8544 60 11	耐压＞35 千伏的电缆	10.1	20.0	17.0		千克	ABO
8544 60 19	耐压＞1 千至 35 千伏的电缆	14.8	50.0	17.0		千克	ABO
8544 60 90	耐压＞1 千伏的其他电导体	21.0	70.0	17.0		千克	AB
8544 70 00	光缆	3.0	20.0	17.0		千克	AO
8545	**碳电极、碳刷、灯碳棒、电池碳棒及电气设备用的其他石墨或碳精制品,不论是否带金属**						
8545 11 00	炉用碳电极(不论是否带金属)	8.0	35.0	17.0		千克	
8545 19 00	其他碳电极(不论是否带金属)	10.5	35.0	17.0		千克	
8545 20 00	碳刷(不论是否带金金属)	10.5	35.0	17.0		千克	
8545 90 00	灯碳棒,电池碳棒及其他石墨制品(不论是否带金属)	10.5	35.0	17.0		千克	
8546	**各种材料制的绝缘子**						
8546 10 00	玻璃制绝缘子	10.5	35.0	17.0		千克	
8546 20 10	输变电线路绝缘瓷套管	6.0	35.0	17.0		千克	B
8546 20 90	其他陶瓷制绝缘子(包括非输变电线路绝缘瓷套管)	12.0	35.0	17.0		千克	B
8546 90 00	其他材料制绝缘子	10.0	35.0	17.0		千克	
8547	**电气机器、器具或设备用的绝缘配件,除了为装配需要而在模制时装入的小金属零件(例如螺纹孔)以外,全部用绝缘材料制成,但编号 8546 的绝缘子除外;内衬绝缘材料的贱金属制线路导管及其接头**						
8547 10 00	陶瓷制绝缘零件	8.0	35.0	17.0		千克	
8547 20 00	塑料制绝缘零件	8.0	35.0	17.0		千克	
8547 90 10	内衬绝缘材料的贱金属导管,接头	10.0	50.0	17.0		千克	
8547 90 90	其他材料制绝缘配件	8.0	35.0	17.0		千克	
8548	**原电池、原电池组和蓄电池的废碎料;废旧原电池、原电池组及蓄电池;机器或设备的本章其他品目未列名的电气零件或设备的本章**						

商品编号	商 品 名 称 备 注	进口税率		增值税	消费税	计量单位	监管条件
		最惠国	普通				
8548 10 00	电池废碎料及废电池(指原电池(组)和蓄电池的废碎料,废原电池(组)及废蓄电)	8.0	36.0	17.0		千克	
8548 90 00	85 章其他编号未列名的电气零件	12.0	40.0	17.0		千克	O

第十七类　车辆、航空器、船舶及有关运输设备

注释：

一、本类不包括税号95.01、95.03或95.08的物品以及税号95.06的长雪橇、平底雪橇及类似品。

二、本类所称“零件”及“零件、附件”，不适用于下列货品，不论其是否确定为供本类货品使用：

(一)各种材料制的接头、垫圈或类似品(按其构成材料归类或归入税号84.84)或硫化橡胶(硬质橡胶除外)的其他制品(税号40.16)；

(二)第十五类注释二所规定的贱金属制通用零件(第十五类)或塑料制的类似品(第三十九章)；

(三)第八十二章的物品(工具)；

(四)税号83.06的物品；

(五)税号84.01至84.79的机器或装置及其零件；税号84.81或84.82的物品及税号84.83的物品(这些物品是构成发动机或其他动力装置所必需的)；

(六)电机或电气设备(第八十五章)；

(七)第九十章的物品；

(八)第九十一章的物品；

(九)武器(第九十三章)；

(十)税号94.05的灯具或照明装置；

(十一)作为车辆零件的刷子(税号96.03)。

三、第八十六章至第八十八章所称“零件”或“附件”，不适用于那些非专用于或非主要用于这几章所列物品的零件、附件。同时符合这几章内两个或两个以上税号规定的零件、附件，应按其主要用途归入相应的税号。

四、在本类中：

(一)既可在道路上又可在轨道上行驶的特殊构造的车辆，应归入第八十七章的相应税号；

(二)水陆两用的机动车辆，应归入第八十七章的相应税号；

(三)可兼作地面车辆使用的特殊构造的航空器，应归入第八十八章的相应税号。

五、气垫运输工具应按本类最相似的运输工具归类，其规定如下：

(一)在导轨上运行的(气垫火车)，归入第八十六章；

(二)在陆地行驶或水陆两用的，归入第八十七章；

(三)在水上航行的，不论能否在海滩或浮码头登陆及能否在冰上行驶，一律归入第八十九章。

气垫运输工具的零件、附件，应按照上述规定，与最相类似的运输工具的零件、附件一并归类。

气垫火车的导轨固定装置及附件应与铁道轨道固定装置及附件一并归类，气垫火车运行系统的信号、安全或交通管理设备应与铁路的信号、安全或交通管理设备一并归类。

第八十六章　铁道及电车道机车、车辆及其零件；铁道及电车道轨道固定装置及其零件、附件；各种机械(包括电动机械)交通信号设备

注释：

一、本章不包括：

(一)木制或混凝土制的铁道或电车道轨枕及气垫火车用的混凝土导轨(品目44.06或68.10)；

(二)品目73.02的铁道及电车道铺轨用钢铁材料；

(三)品目85.30的电气信号、安全或交通管理设备。

二、品目86.07主要适用于：

(一)轴、轮、行走机构、金属轮箍、轮圈、毂及轮子的其他零件；

(二)车架、底架、转向架；

(三)轴箱；制动装置；

(四)车辆缓冲器；钩或其他联结器及车厢走廊联结装置；

(五)车身。

三、除上述注释一另有规定的以外，品目86.08包括：

(一)已装配的轨道、转车台、站台缓冲器、量载规；

(二)铁道及电车道、道路、内河航道、停车场、港口或机场用的臂板信号机、机械信号盘、平交道口控制器、信号及道岔控制器及其他机械(包括电动机械)信号、安全或交通管理设备，不论是否装有电力照明装置。

商品编号	商 品 名 称 备 注	进口税率		增值税	消费税	计量单位	监管条件
		最惠国	普通				
8601	**铁道电力机车,由外部电力或蓄电池驱动**						
8601 10 11	微机控制的外部直流电动铁道机车	3.0	11.0	17.0		辆	O
8601 10 19	由外部直流电驱动的其他铁道机车	3.0	11.0	17.0		辆	O
8601 10 20	由外部交流电驱动的铁道机车	3.0	11.0	17.0		辆	O
8601 10 90	由其他外部电力驱动的铁道机车	3.0	11.0	17.0		辆	O
8601 20 00	由蓄电池驱动的铁道电力机车	3.0	11.0	17.0		辆	
8602	**其他铁道机车;机车煤水车**						
8602 10 10	微机控制的柴油电力铁道机车	3.0	11.0	17.0		辆	O
8602 10 90	其他柴油电力铁道机车	3.0	11.0	17.0		辆	O
8602 90 00	其他铁道机车及机车煤水车	3.0	11.0	17.0		辆	
8603	**铁道及电车道机动客车、货车、敞车,但编号 8604 的货品除外**						
8603 10 00	由外电力驱动铁道用机动客,货车(包括电车道用的,但编号 86.04 的货品除外)	3.0	11.0	17.0		辆	O
8603 90 00	其他铁道用机动客车,货车,敞车(包括电车道用的,但编号 86.04 的货品除外)	3.0	11.0	17.0		辆	O
8604	**铁道及电车维修或服务车,不论是否机动(例如,工场车、起重机车、道碴捣固车、轨道校正车、检验车及查道车)**						
8604 00 11	隧道限界检查车(不论是否机动)	3.0	14.0	17.0		辆	O
8604 00 12	钢轨在线打磨列车(不论是否机动)	3.0	14.0	17.0		辆	O
8604 00 19	铁道及电车道用其他检验、查道车(不论是否机动)	5.0	14.0	17.0		辆	O
8604 00 91	电气化接触网架线机(轨行式)(不论是否机动)	5.0	20.0	17.0		辆	O
8604 00 99	铁道及电车道用其他维修车辆(包括服务车,不论是否机动)	7.0	20.0	17.0		辆	O
8605	**铁道及电车道非机动客车;行李车、邮政车和其他铁道及电车道非机动特殊用途车辆(编号 8604 的货品除外)**						
8605 00 10	铁道用非机动客车	5.0	14.0	17.0		辆	
8605 00 90	电车道用的非机动客车,行李车等(还包括邮政车和其他铁道用的非机动特殊车辆)	5.0	14.0	17.0		辆	
8606	**铁道及电车道非要动有篷及无篷货车**						
8606 10 00	铁道用非机动油罐货车及类似车(包括电车道用,但不包括容积 50 立米液化气铁路槽车)	5.0	14.0	17.0		辆	
8606 20 00	铁道用非机动保温或冷藏货车(包括电车道用,但编号 8606.10 的货品除外)	5.0	14.0	17.0		辆	
8606 30 00	铁道用非机动自卸货车(包括电车道用,但编号 8606.10 或 8606.20 的货品除外)	5.0	14.0	17.0		辆	

商品编号	商 品 名 称 备 注	进口税率		增值税	消费税	计量单位	监管条件
		最惠国	普通				
8606 91 00	铁道用非机动带篷及封闭货车(包括电车道用)	5.0	14.0	17.0		辆	
8606 92 00	铁道用非机动厢高>60cm 敞篷货车(包括电车道用)	5.0	14.0	17.0		辆	
8606 99 00	编号 8606 所列其他未列名非机动车	5.0	14.0	17.0		辆	
8607	**铁道及电车道机车或车辆的零件**						
8607 11 00	铁道及电车道机车的驾驶转向架(包括铁道及电车道其他车辆用的)	3.0	11.0	17.0		套/千克	O
8607 12 00	铁道及电车道机车非驾驶转向架(包括铁道及电车道其他车辆用的)	3.0	11.0	17.0		套/千克	O
8607 19 10	铁道及电车道机车用车轴(包括铁道及电车道其他车辆用的)	3.0	11.0	17.0		根/千克	OA
8607 19 90	铁道及电车道机车用其他轴、轮(包括其他零件(含铁道及电车道其他车辆用的))	3.0	11.0	17.0		千克	AO
8607 21 00	铁道及电车道机车用空气制动器(包括零件(含包括铁道及电车道其他车辆用的))	3.0	11.0	17.0		千克	O
8607 29 00	铁道及电车道机车用非空气制动器(包括零件(含包括铁道及电车道其他车辆用的))	3.0	11.0	17.0		千克	O
8607 30 00	铁道及电车道机车用钩、联结器(包括缓冲器及其零件(含包括铁道及电车道其他车辆用的))	3.0	11.0	17.0		千克	O
8607 91 00	铁道及电车道机车用其他零件	3.0	11.0	17.0		千克	O
8607 99 00	铁道及电车道非机车用其他零件	3.0	11.0	17.0		千克	O
8608	**铁道及电车道轨道固定装置及附件;供铁道、电车道、道路、内河航道、停车场、港口或机场用的机械(包括电动机械)信号、安全或交通管理设备;上述货品的零件**						
8608 00 10	轨道自动计轴设备	3.0	20.0	17.0		千克/台	O
8608 00 90	铁道及电车道轨道固定装置及配件(包括交通机械信号,安全或交通管理设备及其零件)	4.0	20.0	17.0		千克	O
8609	**集装箱(包括运输液体的集装箱),经特殊设计、装备适用于各种运输方式**						
8609 00 10	20 英尺的集装箱	10.5	35.0	17.0		个	AB
8609 00 20	40 英尺的集装箱	10.5	35.0	17.0		个	AB
8609 00 30	45、48、53 英尺的集装箱	10.5	35.0	17.0		个	AB
8609 00 90	其他集装箱(包括运输液体的集装箱)	10.5	35.0	17.0		个	AB

第八十七章　车辆及其零件、附件，但铁道及电车道车辆除外

注释：

一、本章不包括仅可在钢轨上运行的铁道及电车道车辆。

二、本章所称“牵引车、拖拉机”，是指主要为牵引或推动其他车辆、器具或重物的车辆。除了上述主要用途以外，不论其是否还具有装运工具、种子、肥料或其他货品的辅助装置。用于安装在品目 87.01 的牵引车或拖拉机上，作为可替换设备的机器或作业工具，即使与牵引车或拖拉机一同进口或出口，不论其是否已安装在车(机)上，仍应归入其各自相应的品目。

三、装有驾驶室的机动车辆底盘，应归入品目 87.02 至 87.04，而不归入品目 87.06。

四、品目 87.12 包括所有儿童两轮车，其他儿童脚踏车归入品目 95.01。

商品编号	商 品 名 称 备 注	进口税率		增值税	消费税	计量单位	监管条件
		最惠国	普通				
8701	**牵引车、拖拉机(编号8709的牵引车除外)**						
8701 10 00	手扶拖拉机	9.0	20.0	13.0		辆	B6
8701 20 00	半挂车用的公路牵引车	9.6	20.0	17.0		辆	16C
8701 30 00.10	履带式拖拉机	9.6	20.0	13.0		辆	ABO6
8701 30 00.90	履带式牵引车	9.6	20.0	17.0		辆	OAB6
8701 90 00.10*	功率大于150马力的拖拉机	9.8	20.0	13.0		辆	ABO6
8701 90 00.20	其他拖拉机	9.8	20.0	13.0		辆	OAB6
8701 90 00.90	其他牵引车(不包括编号8709的牵引车)	9.8	20.0	17.0		辆	OAB6
8702	**客运机动车辆,10座及以上(包括驾驶座)**						
8702 10 20	机坪客车(机场专用车)	4.0	90.0	17.0		辆	1AB6
8702 10 91	30座及以上大型客车(柴油型)(指装有柴油发动机的30座及以上的客运车)	37.5	90.0	17.0		辆	AB26
8702 10 92.11	20≤座≤22柴油客车(装有柴油或半柴油发动机的中型客车,排气量<2000CC)	47.5	230.0	17.0	3.0	辆	AB26
8702 10 92.19	20≤座≤22柴油客车(装有柴油或半柴油发动机的中型客车,排气量≥2000CC)	47.5	230.0	17.0	5.0	辆	AB26
8702 10 92.90	其他23≤座<30柴油型中型客车(装有柴油或半柴油发动机的客车)	47.5	230.0	17.0		辆	AB26
8702 10 93.10	排气量<2000cc的10≤座≤19客车(装有柴油或半柴油发动机的中型客车)	47.5	230.0	17.0	3.0	辆	AB26
8702 10 93.90	排气量≥2000cc的10≤座≤19客车(装有柴油或半柴油发动机的中型客车)	47.5	230.0	17.0	5.0	辆	AB26
8702 90 10	30座及以上大型客车(其他型)(指装有其他发动机的30座及以上的客运车)	37.5	90.0	17.0		辆	AB26
8702 90 20.11	20≤座≤22非柴油客车(指装有其他发动机的中型客车,排气量<2000cc)	47.5	230.0	17.0	3.0	辆	AB26
8702 90 20.19	20≤座≤22非柴油客车(指装有其他发动机的中型客车,排气量≥2000cc)	47.5	230.0	17.0	5.0	辆	AB26
8702 90 20.90	其他23≤座<30的非柴油客车(指装有其他发动机的中型客车)	47.5	230.0	17.0		辆	AB26
8702 90 30.10	排气量<2000cc的10≤座≤19客车(装有其他发动机的中型客车)	47.5	230.0	17.0	3.0	辆	AB26
8702 90 30.90	排气量≥2000cc的10≤座≤19客车(装有其他发动机的中型客车)	47.5	230.0	17.0	5.0	辆	AB26
8703	**主要用于载人的机动车辆(编号8702的货品除外),包括旅行小客车及赛车**						
8703 10 00	雪地行走专用车及高尔夫球车(包括类似机动车辆)	25.0	150.0	17.0		辆	6
8703 21 30.11	汽油型微马力小轿车(指装有点燃往复式活塞内燃机,微马力指排气量<1000c)	43.8	230.0	17.0	3.0	辆	AB2u6

商品编号	商品名称备注	进口税率		增值税	消费税	计量单位	监管条件
		最惠国	普通				
8703 21 30.19	汽油型微马力小轿车(指装有点燃往复式活塞内燃机，微马力指排气量=1000cc)	43.8	230.0	17.0	5.0	辆	AB2u6
8703 21 30.90	87032130 车辆的成套散件	43.8	230.0	17.0		辆	2Bu6
8703 21 90.11	汽油型超微马力小轿车、越野车(指装有点燃往复式活塞内燃机的,排气量<1000CC)	43.8	230.0	17.0	3.0	辆	AB2u6
8703 21 90.19	汽油型微马力轿车、越野车(指装有点燃往复式活塞内燃机的,排气量=1000CC)	43.8	230.0	17.0	5.0	辆	AB2u6
8703 21 90.90	87032190 车辆的成套散件	43.8	230.0	17.0		辆	2ABu6
8703 22 30.10	汽油型小马力小轿车(装点燃往复式活塞内燃机,小马力指1千<排气量≤1500c)	43.8	230.0	17.0	5.0	辆	AB2u6
8703 22 30.90	汽油型小马力小轿车的成套散件	43.8	230.0	17.0		辆	2ABu6
8703 22 40.10	汽油型小马力四轮驱动越野车(装点燃往复式活塞内燃机,小马力指1千<排气量≤1500c)	43.8	230.0	17.0	3.0	辆	ABu26
8703 22 40.90	87032240 车辆的成套散件	43.8	230.0	17.0		辆	ABu26
8703 22 50.10	汽油型小马力小客车(≤9座)(装点燃往复式活塞内燃机,小马力指1千<排气量≤1500c)	43.8	230.0	17.0	3.0	辆	ABu26
8703 22 50.90	87032250 车辆的成套散件	43.8	230.0	17.0		辆	ABu26
8703 22 90.11	汽油型小马力其他小客车(≤9座)(装点燃往复式活塞内燃机,小马力指1千<排气量≤1500c)	43.8	230.0	17.0	3.0	辆	ABu26
8703 22 90.19	汽油型小马力其他车(装点燃往复式活塞内燃机,小马力指1千<排气量≤1500c)	43.8	230.0	17.0		辆	ABu26
8703 22 90.90	87032290 车辆的成套散件	43.8	230.0	17.0		辆	ABu26
8703 23 14.11	1500cc<排气量<2200cc 的小轿车(指汽油型，装点燃往复式活塞内燃机)	43.8	230.0	17.0	5.0	辆	ABu26
8703 23 14.19	2200cc≤排气量≤2500cc 的小轿车(指汽油型，装点燃往复式活塞内燃机)	43.8	230.0	17.0	8.0	辆	ABu26
8703 23 14.90	87032314 车辆的成套散件	43.8	230.0	17.0		辆	ABu26
8703 23 15.11	1500<排量<2400cc 四轮驱动越野车(指汽油型，装点燃往复式活塞内燃机)	43.8	230.0	17.0	3.0	辆	ABu26
8703 23 15.19	2400≤排量≤2500cc 四驱动越野车(指汽油型，装点燃往复式活塞内燃机)	43.8	230.0	17.0	5.0	辆	ABu26
8703 23 15.90	87032315 车辆的成套散件	43.8	230.0	17.0		辆	ABu26
8703 23 16.11	1500<排量<2000cc 小客车(指≤9座，汽油型的，装有点燃往复式活塞内燃机)	43.8	230.0	17.0	3.0	辆	ABu26
8703 23 16.19	2000≤排量≤2500cc 小客车(指≤9座，汽油型的，装有点燃往复式活塞内燃机)	43.8	230.0	17.0	5.0	辆	ABu26
8703 23 16.90	87032316 车辆的成套散件	43.8	230.0	17.0		辆	ABu26
8703 23 19.11	1500<汽油型<2000cc 其他小客车(装点燃往复式活塞内燃机)	43.8	230.0	17.0	3.0	辆	ABu26
8703 23 19.12	2000≤汽油型≤2500cc 其他小客车(装点燃往复式活塞内燃机)	43.8	230.0	17.0	5.0	辆	ABu26

商品编号	商 品 名 称 备 注	进口税率		增值税	消费税	计量单位	监管条件
		最惠国	普通				
8703 23 19.19	1500＜汽油型≤2500cc 其他车(装点燃往复式活塞内燃机)	43.8	230.0	17.0		辆	ABu26
8703 23 19.90	87032319 车辆的成套散件	43.8	230.0	17.0		辆	ABu26
8703 23 34.10	汽油型中马力小轿车(装点燃往复式活塞内燃机,指 2500＜排气量≤3000cc)	43.8	270.0	17.0	8.0	辆	Cu26
8703 23 34.90	87032334 车辆的成套散件	43.8	270.0	17.0		辆	u26
8703 23 35.10	汽油型中马力越野车(装点燃往复式活塞内燃机,指 2500＜排气量≤3000cc)	43.8	270.0	17.0	5.0	辆	Cu26
8703 23 35.90	87032335 车辆的成套散件	43.8	270.0	17.0		辆	u26
8703 23 36.10	汽油型中马力旅行小客车(≤9 座)(装点燃往复式活塞内燃机,指 2500＜排气量≤3000cc)	43.8	270.0	17.0	5.0	辆	Cu26
8703 23 36.90	87032336 车辆的成套散件	43.8	270.0	17.0		辆	u26
8703 23 39.11	汽油型中马力其他小客车(≤9 座)(装点燃往复式活塞内燃机,指 2500＜排气量≤3000cc)	43.8	270.0	17.0	5.0	辆	Cu26
8703 23 39.19	汽油型中马力其他车(装点燃往复式活塞内燃机,指 2500＜排气量≤3000cc)	43.8	270.0	17.0		辆	Cu26
8703 23 39.90	87032339 车辆的成套散件	43.8	270.0	17.0		辆	u26
8703 24 30.10	汽油型大马力小轿车(≤9 座)(装有点燃往复式活塞内燃机,大马力指排气量＞3000cc)	50.7	270.0	17.0	8.0	辆	ABu26
8703 24 30.90	87032430 车辆的成套散件	50.7	270.0	17.0		辆	ABu26
8703 24 40.10	汽油型大马力越野车(装有点燃往复式活塞内燃机,大马力指排气量＞3000cc)	50.7	270.0	17.0	5.0	辆	ABu26
8703 24 40.90	87032440 车辆的成套散件	50.7	270.0	17.0		辆	Bu26
8703 24 50.10	汽油型大马力旅行小客车(≤9 座)(装有点燃往复式活塞内燃机,大马力指排气量＞3000cc)	50.7	270.0	17.0	5.0	辆	ABu26
8703 24 50.90	87032450 车辆的成套散件	50.7	270.0	17.0		辆	ABu26
8703 24 90.11	汽油型大马力其他小客车(装有点燃往复式活塞内燃机,大马力指排气量＞3000cc)	50.7	270.0	17.0	5.0	辆	ABu26
8703 24 90.19	汽油型大马力其他车(装有点燃往复式活塞内燃机,大马力指排气量＞3000cc)	50.7	270.0	17.0		辆	ABu26
8703 24 90.90	87032490 车辆的成套散件	50.7	270.0	17.0		辆	ABu26
8703 31 30.11	排气量＜1000cc 柴油型小轿车(装有压燃式活塞内燃发动机,9 座及以下的)	43.8	230.0	17.0	3.0	辆	ABu26
8703 31 30.19	1000≤排量≤1500cc 柴油型小轿车(装有压燃式活塞内燃发动机,9 座及以下的)	43.8	230.0	17.0	5.0	辆	ABu26
8703 31 30.90	87033130 车辆的成套散件	43.8	230.0	17.0		辆	ABu26
8703 31 40.10	柴油型小马力越野车(装有压燃式活塞内燃发动机,小马力指排气量≤1500cc)	43.8	230.0	17.0	3.0	辆	ABu26
8703 31 40.90	87033140 车辆的成套散件	43.8	230.0	17.0		辆	ABu26
8703 31 50.10	柴油型小马力小客车(≤9 座)(装有压燃式活塞内燃发动机,小马力指排气量≤1500cc)	43.8	230.0	17.0	3.0	辆	ABu26

商品编号	商品名称备注	进口税率		增值税	消费税	计量单位	监管条件
		最惠国	普通				
8703 31 50.90	87033150 车辆的成套散件	43.8	230.0	17.0		辆	ABu26
8703 31 90.11	柴油型小马力其他小客车(≤9 座)(装有压燃式活塞内燃发动机,小马力指排气量≤1500cc)	43.8	230.0	17.0	3.0	辆	ABu26
8703 31 90.19	柴油型小马力其他车(装有压燃式活塞内燃发动机,小马力指排气量≤1500cc)	43.8	230.0	17.0		辆	ABu26
8703 31 90.90	87033190 车辆的成套散件	43.8	230.0	17.0		辆	ABu26
8703 32 30.11	1500＜排气量＜2200cc 柴油型小轿车(指≤9 座,装压燃式活塞内燃发动机)	43.8	230.0	17.0	5.0	辆	ABu26
8703 32 30.19	2200≤排气量≤2500cc 柴油小轿车(指≤9 座,装压燃式活塞内燃发动机)	43.8	230.0	17.0	8.0	辆	ABu26
8703 32 30.90	87033230 车辆的成套散件	43.8	230.0	17.0		辆	ABu26
8703 32 40.11	1500＜排量＜2400cc 四轮驱动越野车(指≤9 座,柴油型,装压燃式活塞内燃发动机的)	43.8	230.0	17.0	3.0	辆	ABu26
8703 32 40.19	2400≤排量≤2500cc 四驱动越野车(指≤9 座,柴油型,装压燃式活塞内燃发动机的)	43.8	230.0	17.0	5.0	辆	ABu26
8703 32 40.90	87033240 车辆的成套散件	43.8	230.0	17.0		辆	ABu26
8703 32 50.11	1500＜排气量＜2000cc 小客车(指≤9 座,柴油型,装压燃式活塞内燃发动机的)	43.8	230.0	17.0	3.0	辆	ABu26
8703 32 50.19	2000≤排气量≤2500cc 小客车(指≤9 座,柴油型,装压燃式活塞内燃发动机的)	43.8	230.0	17.0	5.0	辆	ABu26
8703 32 50.90	87033250 车辆的成套散件	43.8	230.0	17.0		辆	ABu26
8703 32 90.11	柴油型中马力其他小客车(≤9 座)(指 1500cc＜排气量＜2000cc)	43.8	230.0	17.0	3.0	辆	ABu26
8703 32 90.12	2000≤排气量≤2500cc 其他小客车(指≤9 座,	43.8	230.0	17.0	5.0	辆	ABu26
8703 32 90.19	柴油型中马力其他车(指 1500cc＜排气量≤2500cc)	43.8	230.0	17.0		辆	ABu26
8703 32 90.90	87033290 车辆的成套散件	43.8	230.0	17.0		辆	ABu26
8703 33 30.10	排气量＞2500cc 的柴油型小轿车(指≤9 座,装有压燃式活塞内燃发动机)	50.7	270.0	17.0	8.0	辆	ABu26
8703 33 30.90	87033330 车辆的成套散件	50.7	270.0	17.0		辆	ABu26
8703 33 40.10	排气量＞2500cc 四轮驱动越野车(指≤9 座,柴油型,装有压燃式活塞内燃发动机)	50.7	270.0	17.0	5.0	辆	ABu26
8703 33 40.90	87033340 车辆的成套散件	50.7	270.0	17.0		辆	ABu26
8703 33 50.10	排气量＞2500cc 小客车(≤9 座)(指柴油型,装有压燃式活塞内燃发动)	50.7	270.0	17.0	5.0	辆	ABu26
8703 33 50.90	87033350 车辆的成套散件	50.7	270.0	17.0		辆	ABu26
8703 33 90.11	柴油型大马力其他小客车(≤9 座)(装有压燃式活塞内燃发动,大马力指排气量＞2500cc)	50.7	270.0	17.0	5.0	辆	ABu26
8703 33 90.19	柴油型大马力其他车(装有压燃式活塞内燃发动,大马力指排气量＞2500cc)	50.7	270.0	17.0		辆	ABu26
8703 33 90.90	87033390 车辆的成套散件	50.7	270.0	17.0		辆	ABu26

商品编号	商品名称备注	进口税率		增值税	消费税	计量单位	监管条件
		最惠国	普通				
8703 90 00.11	其他型排气量＜1000cc的小轿车	50.7	230.0	17.0	3.0	辆	ABu26
8703 90 00.12	其他型1000≤排量＜2200cc小轿车	50.7	230.0	17.0	5.0	辆	ABu26
8703 90 00.13	其他型排气量≥2200cc的小轿车	50.7	230.0	17.0	8.0	辆	ABu26
8703 90 00.14	其他型排量＜2000cc面包车(≤9座)	50.7	230.0	17.0	3.0	辆	ABu26
8703 90 00.15	其他型排量≥2000cc面包车(≤9座	50.7	230.0	17.0	5.0	辆	ABu26
8703 90 00.16	其他型排气量＜2400cc的越野车	50.7	230.0	17.0	3.0	辆	ABu26
8703 90 00.17	其他型排气量≥2400cc的越野车	50.7	230.0	17.0	5.0	辆	ABu26
8703 90 00.19	装有其他发动机的其他型车(指九座及以下,包括旅行小客车及赛车)	50.7	230.0	17.0		辆	ABu26
8703 90 00.90	87039000车辆的成套散件	50.7	230.0	17.0		辆	ABu26
8704	**货运机动车辆**						
8704 10 30	非公路用电动轮货运自卸车	9.6	20.0	17.0		辆	NAB6
8704 10 90	其他非公路用货运自卸车	9.6	20.0	17.0		辆	ABO6
8704 21 00	柴油型其他小型货车(装有压燃式活塞内燃发动机,小型指车辆总重量≤5吨)	37.5	70.0	17.0		辆	AB1u6
8704 22 30	柴油型其他中型货车(装有压燃式活塞内燃发动机,中型指5＜车辆总重量＜14吨)	30.0	70.0	17.0		辆	AB1u6
8704 22 40.10 *	混凝土泵车、搅拌车用底盘(装有压燃式活塞内燃发动机,重型指14≤车辆总重≤20吨)	24.0	40.0	17.0		辆	AB16
8704 22 40.90	柴油型其他重型货车(装有压燃式活塞内燃发动机,重型指14≤车辆总重≤20吨)	24.0	40.0	17.0		辆	AB1u6
8704 23 00.10 *	起重≥25吨汽车起重机用底盘(装有压燃式活塞内燃发动机,超重型指车辆总重量＞20吨)	21.0	40.0	17.0		辆	AB16
8704 23 00.20 *	混凝土泵车、搅拌车用底盘(装有压燃式活塞内燃发动机,超重型指车辆总重量＞20吨)	21.0	40.0	17.0		辆	AB16
8704 23 00.90	柴油型的其他超重型货车(装有压燃式活塞内燃发动机,超重型指车辆总重量＞20吨)	21.0	40.0	17.0		辆	AB1u6
8704 31 00	汽油型≤5吨的其他货车(装有点燃式活塞内燃发动机,车辆总重量不超过5吨)	37.5	70.0	17.0		辆	AB1u6
8704 32 30	5吨＜汽油型≤8吨的其他货车(装有点燃式活塞内燃发动机,车辆总重量超5吨)	30.0	70.0	17.0		辆	OAB6
8704 32 40	汽油型＞8吨的其他货车(装有点燃式活塞内燃发动机,车辆总重量超过5吨)	24.0	70.0	17.0		辆	OAB6
8704 90 00	装有其他发动机的货车	25.0	70.0	17.0		辆	OAB6
8705	**特殊用途的机动车辆(例如,抢修车、起重车、救火车、混凝土搅拌车、道路清洁车、喷洒车、流动工场车及流动放射线检查车),但主要用于载人或运货的车辆除外**						
8705 10 21	起重重量≤50吨全路面起重车	15.0	30.0	17.0		辆	u16
8705 10 22	50＜起重量≤100吨全路面起重车	10.0	30.0	17.0		辆	u16
8705 10 23	起重量＞100吨全路面起重车	10.0	30.0	17.0		辆	u16

商品编号	商 品 名 称 备 注	进口税率		增值税	消费税	计量单位	监管条件
		最惠国	普通				
8705 10 91	起重重量≤50 吨其他机动起重车	15.0	30.0	17.0		辆	u16
8705 10 92	50<起重重量≤100 吨其他起重车	10.0	30.0	17.0		辆	u16
8705 10 93	起重重量>100 吨其他机动起重车	10.0	30.0	17.0		辆	u16
8705 20 00	机动钻探车	12.0	17.0	17.0		辆	O6
8705 30 10	装有云梯的机动救火车	3.0	8.0	17.0		辆	OAB6
8705 30 90	其他机动救火车	3.0	8.0	17.0		辆	OAB6
8705 40 00	机动混凝土搅拌车	17.5	35.0	17.0		辆	OAB6
8705 90 10	无线电通信车	15.4	35.0	17.0		辆	AB6O
8705 90 20	机动放射线检查车	9.0	14.0	17.0		辆	O6
8705 90 30	机动环境监测车	12.0	20.0	17.0		辆	O6
8705 90 40	机动医疗车	14.0	30.0	17.0		辆	O6
8705 90 51	航空电源车(频率为 400 赫兹)	12.0	30.0	17.0		辆	O6
8705 90 59	其他机动电源车(频率为 400 赫兹航空电源车除外)	14.0	30.0	17.0		辆	O6
8705 90 60	飞机加油车,调温车,除冰车	12.0	35.0	17.0		辆	OAB6
8705 90 70	道路(包括跑道)扫雪车	12.0	35.0	17.0		辆	OAB6
8705 90 80	石油测井车,压裂车,混沙车	12.0	35.0	17.0		辆	OAB6
8705 90 90.10 *	跑道除冰车	17.2	35.0	17.0		辆	OAB6
8705 90 90.90	其他特殊用途的机动车辆(主要用于载人或运货的车辆除外)	17.2	35.0	17.0		辆	OAB6
8706	**装有发动机的机动车辆底盘,编号 8701 至 8705 所列车辆用**						
8706 00 10	非公路用货运自卸车底盘(装有发动机的)	8.0	14.0	17.0		台	O6
8706 00 21	车辆总重量≥14 吨的货车底盘(装有发动机的)	10.0	30.0	17.0		台	O6
8706 00 22	车辆总重量<14 吨的货车底盘(装有发动机的)	14.0	45.0	17.0		台	O6
8706 00 30	大型客车底盘(装有发动机的)	35.0	70.0	17.0		台	O6
8706 00 40	汽车起重机底盘(装有发动机的)	20.0	100.0	17.0		台	16
8706 00 90	其他机动车辆底盘(装有发动机的,编号 8701,8703 和 8705 所列车辆用)	36.8	100.0	17.0		台	O6
8707	**机动车辆的车身(包括驾驶室),编号 8701 至 8705 所列车辆用**						
8707 10 00	载人的机动车辆车身(含驾驶室)(编号 8703 所列车辆用的(10 座及以上的客运车辆除外))	42.1	100.0	17.0		台	16
8707 90 10	大型客车用车身(30 座及以上客车辆用)	31.4	70.0	17.0		台	O6
8707 90 90	其他车辆用车身(含驾驶室)(编号 8701 至 8702,8704,8705 的车辆用)	31.4	70.0	17.0		台	O6
8708	**机动车辆的零件、附件,编号 8701 至 8705 所列车辆用**						
8708 10 00	缓冲器(保险杠)及其零件(编号 8701 至 8705 的车辆用)	21.7	100.0	17.0		千克	6

商品编号	商品名称备注	进口税率		增值税	消费税	计量单位	监管条件
		最惠国	普通				
8708 21 00	座椅安全带(编号 8701 至 8705 的车辆用)	21.7	100.0	17.0		条/千克	6C
8708 29 20	机动车辆用安全气囊装置	31.4	100.0	17.0		套/千克	6
8708 29 30	机动车辆用车窗玻璃升降器	20.1	100.0	17.0		套/千克	6
8708 29 90	车身的未列名零部件(包括驾驶室)	21.7	100.0	17.0		千克	6
8708 31 00	装在蹄片上的制动摩擦片	21.0	100.0	17.0		千克	6
8708 39 10	牵引车、拖拉机用制动器及其零件(包括助力制动器及其零件)	6.0	14.0	17.0		千克	6
8708 39 20	大型客车用制动器及其零件(包括助力制动器及其零件)	21.7	70.0	17.0		千克	6
8708 39 30	非公路自卸车用制动器及其零件(包括助力制动器及其零件)	6.0	11.0	17.0		千克	6
8708 39 40	柴、汽油轻型货车用制动器及零件(指编号 8704 - -2100,2230,3100,3230 所列≤14 吨车辆用)	21.7	45.0	17.0		千克	6
8708 39 50	柴油型重型货车用制动器及其零件(指编号 87042240,87042300 及 87043240 所列车辆用)	14.0	30.0	17.0		千克	6
8708 39 60	特种车用制动器及其零件(指编号 8705 所列车辆用,包括助动器及零件)	14.0	100.0	17.0		千克	6
8708 39 90.55 *	驱动防滑装置等(详见暂定税率税目、税率表二)	31.4	100.0	17.0		千克	6
8708 39 90.90	未列名机动车辆用制动器及零件(包括助力制动器及零件)	31.4	100.0	17.0		千克	6
8708 40 10	牵引车、拖拉机用变速箱	6.0	14.0	17.0		个/千克	6
8708 40 20	大型客车用变速箱	21.7	70.0	17.0		个/千克	6
8708 40 30	非公路自卸车用变速箱	6.0	11.0	17.0		个/千克	6
8708 40 40	柴、汽油轻型货车用变速箱(指编号 8704-2100,2230,3100,3230 所列≤14 吨车辆用)	21.7	45.0	17.0		个/千克	6
8708 40 50.10 *	扭距≥90Kgm 的变速箱、分动箱	14.0	30.0	17.0		个/千克	6
8708 40 50.90	其他柴油型重型货车用变速箱(指编号 87042240,87042300 及 87043240 所列车辆用)	14.0	30.0	17.0		个/千克	6
8708 40 60	特种车用变速箱(指编号 8705 所列车辆用)	14.0	100.0	17.0		个/千克	6
8708 40 91	小轿车用自动换档变速箱	31.4	100.0	17.0		个/千克	6
8708 40 99	其他未列名机动车辆用变速箱	31.4	100.0	17.0		个/千克	6
8708 50 10	牵引车、拖拉机用驱动桥(装有差速器的,不论是否装有其他传动件)	6.0	14.0	17.0		个/千克	O6
8708 50 20.10 *	轴荷≥10 吨的中后驱动桥(装有差速器的,不论是否装有其他传动件)	21.7	70.0	17.0		个/千克	O6
8708 50 20.90	其他大型客车用驱动桥(装有差速器的,不论是否装有其他传动件)	21.7	70.0	17.0		个/千克	O6
8708 50 30	非公路自卸车用驱动桥(装有差速器的,不论是否装有其他传动件)	6.0	11.0	17.0		个/千克	O6
8708 50 40	柴、汽油型轻型货车用驱动桥(8704-2100,2230,3100,3230 所列≤14 吨车辆用,装差速器)	21.7	45.0	17.0		个/千克	O6

商品编号	商品名称备注	进口税率		增值税	消费税	计量单位	监管条件
		最惠国	普通				
8708 50 50.10 *	轴荷≥6吨的前驱动桥(包括轴荷≥10吨的中后驱动桥)	14.0	30.0	17.0		个/千克	O6
8708 50 50.90	其他柴油型重型货车用驱动桥(指编号87042240,87042300及87043240所列车辆用)	14.0	30.0	17.0		个/千克	O6
8708 50 60	特种车用驱动桥(指8705所列车辆用,装有差速器,不论是否装有其他传动件)	14.0	100.0	17.0		个/千克	O6
8708 50 90	未列名机动车辆用驱动桥(装有差速器的,不论是否装有其他传动件)	24.0	100.0	17.0		个/千克	O6
8708 60 10	牵引车、拖拉机用非驱动桥及零件	6.0	14.0	17.0		千克	O6
8708 60 20	座位≥30客车用非驱动桥及其零件	24.3	70.0	17.0		千克	6
8708 60 30	非公路自卸车用非驱动桥及零件	6.0	11.0	17.0		千克	O6
8708 60 40	柴、汽油轻货车用非驱动桥及零件(8704-2100,2230,3100,3230所列≤14吨车辆用,装差速器)	21.7	45.0	17.0		千克	6
8708 60 50	柴汽油重型货车用非驱动桥及零件(指编号87042240,87042300及87043240所列车辆用)	14.0	30.0	17.0		千克	6
8708 60 60	特种车用非驱动桥及其零件(指编号8705所列车辆用)	14.0	100.0	17.0		千克	6
8708 60 90.55 *	后悬架球头	24.0	100.0	17.0		千克	6
8708 60 90.90	未列名机动车辆用非驱动桥及零件	24.0	100.0	17.0		千克	6
8708 70 10	牵引车及拖拉机用车轮及其零附件(不包括税号8709的牵引车)	6.0	14.0	17.0		千克	6
8708 70 20	大型客车用车轮及其零、附件(指30座及以上的客运车)	21.7	70.0	17.0		千克	6
8708 70 30	非公路货运自卸车用车轮及其零件	6.0	11.0	17.0		千克	6
8708 70 40	中小型货车用车轮及其零件(指总重量<14吨的货运车辆)	21.7	45.0	17.0		千克	6
8708 70 50	大型货车用车轮及其零件(指编号87042240,87042300及87043240所列车辆用)	14.0	30.0	17.0		千克	6
8708 70 60	特种车用车轮及其零件(指编号8705所列车辆用)	14.0	100.0	17.0		千克	6
8708 70 90	其他车辆用车轮及其零附件	24.0	100.0	17.0		千克	6
8708 80 10	8703所列车辆用的悬挂减震器	24.0	100.0	17.0		套/千克	6
8708 80 90.10 *	30座及以上的客车用悬挂减震器	24.0	100.0	17.0		套/千克	6
8708 80 90.90	机动车辆用的其他悬挂减震器	24.0	100.0	17.0		套/千克	6
8708 91 00	机动车辆的散热器(水箱)	21.7	100.0	17.0		个/千克	6
8708 92 00.55 *	三效催化器载体	21.7	100.0	17.0		千克	6
8708 92 00.90	机动车辆的消声器及排气管	21.7	100.0	17.0		千克	6
8708 93 10	牵引车、拖拉机用离合器及其零件	6.0	14.0	17.0		千克	6
8708 93 20 *	座位≥30客车用离合器及其零件	21.7	70.0	17.0		千克	6
8708 93 30	非公路自卸车用离合器及其零件	6.0	11.0	17.0		千克	6

商品编号	商 品 名 称 备 注	进口税率		增值税	消费税	计量单位	监管条件
		最惠国	普通				
8708 93 40	柴、汽油轻型货车用离合器及零件(指编号 8704－2100,2230,3100,3230 所列≤14 吨车辆用)	21.7	45.0	17.0		千克	6
8708 93 50.10 *	总重≥14 吨柴油货车离合器及零件(指编号 87042240,87042300 所列车辆用)	14.0	30.0	17.0		千克	6
8708 93 50.90	总重＞8 吨汽油货车离合器及零件(指编号 87043240 所列车辆用)	14.0	30.0	17.0		千克	6
8708 93 60	特种车用的离合器及其零件(指编号 8705 所列车辆用)	14.0	100.0	17.0		千克	6
8708 93 90.55 *	液压多片离合器	24.0	100.0	17.0		千克	6
8708 93 90.90	未列名机动车辆用离合器及其零件	24.0	100.0	17.0		千克	6
8708 94 10	牵引车、拖拉机用转向盘、转向柱(包括转向器)	6.0	14.0	17.0		千克	6
8708 94 20.10 *	座位≥30 的客车用转向器	21.7	70.0	17.0		千克	6
8708 94 20.90	大型客车用转向盘、转向柱	21.7	70.0	17.0		千克	6
8708 94 30	非公路自卸车用转向盘、转向柱(包括转向器)	6.0	11.0	17.0		千克	6
8708 94 40	柴、汽油轻货车用转向盘、转向柱(8704－2100,2230,3100,3230 所列≤14 吨车辆用)	21.7	45.0	17.0		千克	6
8708 94 50.10 *	总重≥14T 柴油货车转向器及零件(指编号 87042240,87042300 及 87043240 所列车辆用)	14.0	30.0	17.0		千克	6
8708 94 50.90	其他重型货车用转向盘、柱、器(指编号 87042240,87042300 及 87043240 所列车辆用)	14.0	30.0	17.0		千克	6
8708 94 60	特种车用转向盘、转向柱及转向器(指编号 8705 所列车辆用)	14.0	100.0	17.0		千克	6
8708 94 90.55 *	动力转向器总成(包括转向器)	25.0	100.0	17.0		千克	6
8708 94 90.90	未列名机动车辆用转向盘、转向柱(包括转向器)	25.0	100.0	17.0		千克	6
8708 99 10	牵引车及拖拉机用其他零附件(车轮及其零附件除外,不包括税号 8709 的牵引车)	6.0	14.0	17.0		千克	6
8708 99 20.10 *	轴荷≥10 吨的中后驱动桥零件	27.5	70.0	17.0		千克	6
8708 99 20.20 *	座位≥30 的客车用转向器零件	27.5	70.0	17.0		千克	6
8708 99 20.90	大型客车用其他零附件(车轮及其零附件除外,指 30 座及以上的客运车)	27.5	70.0	17.0		千克	6
8708 99 30 *	非公路自卸车用其他零部件(车轮及其零件除外)	6.0	11.0	17.0		千克	6
8708 99 40	中小型货车用其他零附件(车轮及其零附件除外,指总重量＜14 吨的货运车辆)	27.5	45.0	17.0		千克	6
8708 99 50.10 *	扭距≥90Kgm 变速箱、分动箱零件	10.0	30.0	17.0		千克	6
8708 99 50.90	总重≥14T 柴油货车用其他零部件(指 87042240,2300,3240 所列车辆(含总重＞8T 汽油货车)用)	10.0	30.0	17.0		千克	6
8708 99 60	特种车用其他零附件(指编号 8705 所列车辆用)	15.0	100.0	17.0		千克	6
8708 99 90.55 *	液力变矩器等(详见暂定税率税目、税率表二)	24.0	100.0	17.0		千克	6
8708 99 90.90	机动车辆用未列名零件.附件(编号 8701 至 8704 所列车辆用)	24.0	100.0	17.0		千克	6

商品编号	商 品 名 称 备 注	进口税率		增值税	消费税	计量单位	监管条件
		最惠国	普通				
8709	**短距离运输货物的机动车辆,未装有提升或搬运设备,用于工厂、仓库、码头或机场;火车站台上用的牵引车;上述车辆的零件**						
8709 11 10	电动的短距离牵引车(未装有提升或搬运设备,包括火车站台上用的电动牵引车)	14.0	30.0	17.0		辆	6
8709 11 90	电动的其他短距离运货车(未装有提升或搬运设备,用于工厂、仓库、码头或机场)	14.0	30.0	17.0		辆	6
8709 19 10	非电动的短距离牵引车(未装有提升或搬运设备,包括火车站台上用非电动牵引车)	14.3	30.0	17.0		辆	6
8709 19 90	非电动的其他短距离运货车(未装有提升或搬运设备,用于工厂、仓库、码头或机场)	14.3	30.0	17.0		辆	6
8709 90 00	短距离运货车、站台牵引车用零件	8.4	17.0	17.0		千克	6
8710	**坦克及其他机动装甲战斗车辆,不论是否装有武器;上述车辆的零件**						
8710 00 10	坦克及其他机动装甲战斗车辆	18.0	100.0	17.0		辆	6
8710 00 90	坦克及其他机动装甲战斗车辆零件	15.0	100.0	17.0		千克	6
8711	**摩托车(包括机器脚踏两用车)及装有辅助发动机的脚踏车,不论有无边车;边车**						
8711 10 00	汽油型微马力摩托车及脚踏两用车(装有往复式活塞发动机,微马力指排气量≤50cc)	48.7	150.0	17.0	10.0	辆	y4AB16
8711 20 00	汽油型小马力摩托车及脚踏两用车(装有往复式活塞发动机,小马力指 50cc<排气量≤250cc)	48.7	150.0	17.0	10.0	辆	y4AB16
8711 30 10	250cc<汽缸容量≤400cc 摩托车(装有往复式活塞发动机,含脚踏两用车)	51.0	150.0	17.0	10.0	辆	AB16
8711 30 20	400cc<汽缸容量≤500cc 摩托车(装有往复式活塞发动机,含脚踏两用车)	51.0	150.0	17.0	10.0	辆	AB16
8711 40 00	汽油型大马力摩托车及脚踏两用车(装有往复式活塞发动机,大马力指 500cc<排气量≤800cc)	50.0	150.0	17.0	10.0	辆	AB16
8711 50 00	汽油型超大马力摩托车及类似车(装有往复式活塞发动机,超大马力指排气量>800cc)	40.0	150.0	17.0	10.0	辆	AB16
8711 90 00	装有其他发动机的摩托车及边车(包括脚踏两用车)	48.7	150.0	17.0	10.0	辆	AB16
8712	**自行车及其他非机动脚踏车(包括运货三轮脚踏车)**						
8712 00 20	竞赛型自行车	17.8	130.0	17.0		辆	B46
8712 00 30	山地自行车	17.8	130.0	17.0		辆	B46
8712 00 41	16、18、20 英寸越野自行车	17.8	130.0	17.0		辆	B46
8712 00 49	其他越野自行车(包括运货三轮车)	17.8	130.0	17.0		辆	B46
8712 00 81.10	12－16 英寸的未列名自行车	17.8	130.0	17.0		辆	B46
8712 00 81.90	11 英寸及以下的未列名自行车	17.8	130.0	17.0		辆	B6

商品编号	商 品 名 称 备 注	进口税率		增值税	消费税	计量单位	监管条件
		最惠国	普通				
8712 00 89	其他未列名自行车	17.8	130.0	17.0		辆	B46
8712 00 90	其他非机动脚踏车	23.0	130.0	17.0		辆	B6
8713	**残疾人用车,不论是否机动或其他机械驱动**						
8713 10 00	非机械驱动的残疾人用车	6.0	20.0			辆	6
8713 90 00	其他机动残疾人用车	4.0	20.0			辆	6
8714	**零件、附件,编号 8711 至 8713 所列车辆用**						
8714 11 00	摩托车及机动脚踏两用车用鞍座	30.0	100.0	17.0		个/千克	6
8714 19 00.10	摩托车车架	30.0	100.0	17.0		千克	16
8714 19 00.90	摩托车其他零件、附件(包括机动脚踏两用车的零件、附件)	30.0	100.0	17.0		千克	6
8714 20 00	残疾人车辆用零件、附件	5.0	17.0	17.0		千克	6
8714 91 00	非机动脚踏车车架、轮叉及其零件	17.2	80.0	17.0		千克	B6
8714 92 00	非机动脚踏车轮圈及辐条	17.2	80.0	17.0		千克	B6
8714 93 00	非机动脚踏车的轮毂、飞轮(倒轮制动毂及毂闸除外)	17.2	80.0	17.0		千克	B6
8714 94 00	非机动脚踏车的制动器及其零件(包括倒轮制动鼓及鼓闸)	17.2	80.0	17.0		千克	B6
8714 95 00	非机动脚踏车的鞍座	17.2	80.0	17.0		个	B6
8714 96 00	非机动脚踏车脚蹬、曲柄、链轮(包括零件)	17.2	80.0	17.0		千克	B6
8714 99 00	非机动脚踏车的其他零件、附件	17.2	80.0	17.0		千克	B6
8715	**婴孩车及其零件**						
8715 00 00	婴孩车及其零件	20.0	80.0	17.0		千克	6
8716	**挂车及半挂车或其他非机械驱动车辆及其零件**						
8716 10 00	供居住或野营用厢式挂车及半挂车	10.0	35.0	17.0		辆	6
8716 20 00	农用自装或自卸式挂车及半挂车	10.0	35.0	17.0		辆	6
8716 31 10	油罐挂车及半挂车	10.0	20.0	17.0		辆	6
8716 31 90	其他罐式挂车及半挂车	10.0	35.0	17.0		辆	6
8716 39 10	货柜挂车及半挂车	10.0	20.0	17.0		辆	6
8716 39 90	其他货运挂车及半挂车	10.0	35.0	17.0		辆	6
8716 40 00	其他未列名挂车及半挂车	10.0	35.0	17.0		辆	6
8716 80 00	其他未列名非机械驱动车辆	25.0	80.0	17.0		辆	6
8716 90 00	挂车、半挂车及非机动车用零件	14.0	35.0	17.0		千克	6

第八十八章　航空器、航天器及其零件

子目注释：

子目号 8802.11 至 8802.40 所称“空载重量”，是指航空器在正常飞行情况下，除去机组人员、燃料及非永久性安装设备后的重量。

商品编号	商品名称备注	进口税率		增值税	消费税	计量单位	监管条件
		最惠国	普通				
8801	**汽球及飞艇;滑翔机、悬挂滑翔机及其他无动力航空器:**						
8801 10 00	滑翔机及悬挂滑翔机	3.0	11.0	17.0		架	
8801 90 00	汽球、飞艇及其他无动力航空器(滑翔机除外)	3.0	11.0	17.0		架	
8802	**其他航空器(例如,直升机、飞机);航天器(包括卫星)及其运载工具,亚轨道运载工具**						
8802 11 00	空载重量不超过2吨的直升机	2.8	11.0	17.0		架	O
8802 12 10	2吨<空载重量≤7吨的直升机	2.0	11.0	17.0		架	O
8802 12 20	空载重量>7吨的直升机	2.0	11.0	17.0		架	O
8802 20 00	小型飞机及其他航空器(小型指空载重量不超过2吨的)	5.0	11.0	17.0		架	O
8802 30 00	中型飞机及其他航空器(中型指2吨<空载重量≤15吨)	4.3	11.0	17.0		架	O
8802 40 10.10*	25吨≤空载重量<45吨客运飞机	5.0	11.0	17.0		架	O
8802 40 10.90	其他大型飞机及其他航空器(大型指15吨<空载重量<25吨)	5.0	11.0	17.0		架	O
8802 40 20	特大型飞机及其他航空器(特大型指空载重量超过45吨)	1.0	11.0	17.0		架	O
8802 60 00	航天器(包括卫星)及其运载工具(包括亚轨道运载工具)	2.0	11.0	17.0		架	O
8803	**编号8801或8802所列货品的零件**						
8803 10 00	飞机用推进器、水平旋翼及零件(指编号8802所列货品用的)	1.0	11.0	17.0		千克	
8803 20 00	飞机用起落架及其零件(指编号8802所列货品用的)	1.0	11.0	17.0		千克	
8803 30 00	飞机及直升机用其他零件	1.0	11.0	17.0		千克	
8803 90 00	其他未列名的航空器、航天器零件(指编号8801或8802所列货品用的)		11.0	17.0		千克	
8804	**降落伞(包括可操纵降落伞)及滑翔伞、旋翼降落伞及其零件、附件**						
8804 00 00	降落伞及其零件、附件(包括可操纵降落伞、滑翔伞及旋翼降落伞)	2.0	11.0	17.0		千克	
8805	**航空器的发射装置、甲板停机装置或类似装置和地面飞行训练器及零件**						
8805 10 00	航空器的发射装置及其零件等(包括甲板停机装置或类似装置及其零件)	1.5	11.0	17.0		千克	
8805 21 00	空战模拟器及其零件	1.5	11.0	17.0		千克	O
8805 29 00	其他地面飞行训练器及其零件	1.5	11.0	17.0		千克	O

第八十九章　船舶及浮动结构体

注释：

已装配、未装配或已拆卸的船体、未完工或不完整的船舶以及未装配或已拆卸的完整船舶，如果不具有某种船舶的基本特征，应归入品目 89.06。

商品编号	商 品 名 称 备 注	进口税率		增值税	消费税	计量单位	监管条件
		最惠国	普通				
8901	**巡航船、游览船、渡船、货船、驳船及其类似的客运或货运船舶**						
8901 10 10.10	高速客船(包括主要用于客运的类似船舶)	5.0	14.0	17.0		艘	O
8901 10 10.90	其他机动巡航船游览船及各式渡船(包括主要用于客运的类似船舶)	5.0	14.0	17.0		艘	O
8901 10 90	非机动巡航船、游览船及各式渡船(以及主要用于客运的类似船舶)	8.0	30.0	17.0		艘	O
8901 20 11	载重量不超过10万吨的成品油船	9.0	14.0	17.0		艘	N
8901 20 12	10万吨<载重量≤30万吨成品油船	9.0	14.0	17.0		艘	N
8901 20 13	载重量超过30万吨的成品油船	6.0	14.0	17.0		艘	N
8901 20 21	载重量不超过15万吨的原油船	9.0	14.0	17.0		艘	N
8901 20 22	15万吨<载重量≤30万吨的原油船	9.0	14.0	17.0		艘	N
8901 20 23	载重量超过30万吨的原油船	6.0	14.0	17.0		艘	N
8901 20 31	容积不超2万立方米液化石油气船	9.0	14.0	17.0		艘	N
8901 20 32	容积超过2万立方米液化石油气船	6.0	14.0	17.0		艘	N
8901 20 41	容积不超2万立方米液化天然气船	9.0	14.0	17.0		艘	N
8901 20 42	容积超过2万立方米液化天然气船	6.0	14.0	17.0		艘	N
8901 20 90	其他油船	9.0	14.0	17.0		艘	N
8901 30 00	冷藏船(但编号890120的船舶除外)	9.0	14.0	17.0		艘	O
8901 90 21	可载6千标准箱及以下的集装箱船	9.0	14.0	17.0		艘	ANB
8901 90 22	可载6千标准箱以上的集装箱船	6.0	14.0	17.0		艘	ANB
8901 90 31	载重2万吨及以下的滚装船	9.0	14.0	17.0		艘	ANB
8901 90 32	载重2万吨以上的滚装船	6.0	14.0	17.0		艘	ANB
8901 90 41	载重量不超过15万吨散货船	9.0	14.0	17.0		艘	ANB
8901 90 42	15万吨<载重量≤30万吨散货船	9.0	14.0	17.0		艘	ANB
8901 90 43	载重量超过30万吨的散货船	9.0	14.0	17.0		艘	ANB
8901 90 50	机动多用途船	9.0	14.0	17.0		艘	N
8901 90 80	其他机动货运船舶及客货兼运船舶	9.0	14.0	17.0		艘	ANB
8901 90 90	非机动货运船舶及客货兼运船舶	8.0	30.0	17.0		艘	AOB
8902	**捕鱼船;加工船及其他加工保藏鱼类产品的船舶**						
8902 00 10	机动捕鱼船(包括加工船及其他加工保藏鱼类产品的船舶)	7.0	14.0	17.0		艘	O
8902 00 90	非机动捕鱼船	8.0	30.0	17.0		艘	O
8903	**娱乐或运动用快艇及其他船舶;划艇及轻舟**						
8903 10 00	充气的娱乐或运动用快艇(包括充气的划艇及轻舟)	10.0	30.0	17.0		艘	
8903 91 00	帆船(不论是否装有辅助发动机)	8.0	30.0	17.0		艘	
8903 92 00	汽艇(装有舷外发动机的除外)	10.5	30.0	17.0		艘	
8903 99 00	娱乐或运动用其他船舶或快艇(包括划艇及轻舟)	10.0	30.0	17.0		艘	

商品编号	商品名称备注	进口税率		增值税	消费税	计量单位	监管条件
		最惠国	普通				
8904	**拖轮及顶推船**						
8904 00 00	拖轮及顶推船	9.0	14.0	17.0		艘	N
8905	**灯船、消防船、挖泥船、起重船及其他不以航行为主要功能的船舶;浮船坞;浮动或潜水式钻探或生产平台**						
8905 10 00	挖泥船	3.0	11.0	17.0		艘	N
8905 20 00	浮动或潜水式钻探或生产平台	6.0	11.0	17.0		座	O
8905 90 10	浮船坞	8.0	30.0	17.0		个	O
8905 90 90	其他不以航行为主要功能的船舶(包括灯船、消防船、起重船)	3.0	11.0	17.0		个	O
8906	**其他船舶,包括军舰及救生船,但划艇除外**						
8906 10 00	军舰	5.0	14.0	17.0		艘	
8906 90 10	其他未列名的机动船舶(包括救生船,但划艇除外)	5.0	14.0	17.0		艘	
8906 90 90	其他未列名非机动船舶	8.0	30.0	17.0		艘	
8907	**其他浮动结构体(例如,筏、柜、潜水箱、浮码头、浮筒及航标)**						
8907 10 00	充气筏	8.0	30.0	17.0		艘	
8907 90 00.10	含植物性材料的浮动结构体(例如:筏、柜、潜水箱、浮筒及航标)	8.0	30.0	17.0		个	AB
8907 90 00.90	其他浮动结构体(例如:筏、柜、潜水箱、浮筒及航标)	8.0	30.0	17.0		个	
8908	**供拆卸的船舶及其他浮动结构体第十八类光学、照相、电影、计量、检验、医疗或外科用仪器及设备、精密仪器及设备;钟表;乐器;上述物品的零件、附件疗或外科用仪器及设备、精密仪器及设备;上述物品的零件、附件**						
8908 00 00	供拆卸的船舶及其他浮动结构体	3.0	11.0	17.0		艘/千克	APB

第十八类　光学、照相、电影、计量、检验、医疗或外科用仪器及设备、精密仪器及设备；钟表；乐器；上述物品的零件、附件疗或外科用仪器及设备、精密仪器及设备；上述物品的零件、附件

第九十章　光学、照相、电影、计量、检验、医疗或外科用仪器及设备、精密仪器及设备；上述物品的零件、附件

注释：

一、本章不包括：

(一)机器、设备或其他专门技术用途的硫化橡胶(硬质橡胶除外)制品(品目40.16)、皮革或再生皮革制品(品目42.04)或纺织材料制品(品目59.11)；

(二)纺织材料制的承托带及其他承托物品，其承托器官的作用仅依靠自身的弹性(例如，孕妇用的承托带，用于胸部、腹部、关节或肌肉的承托绷带)(第十一类)；

(三)品目69.03的耐火材料制品；品目69.09的实验室、化学或其他专门技术用途的陶瓷器；

(四)品目70.09的未经光学加工的玻璃镜及品目83.06或第七十一章的非光学元件的贱金属或贵金属制的镜子；

(五)品目70.07、70.08、70.11、70.14、70.15或70.17的货品；

(六)第十五类注释二所规定的贱金属制通用零件(第十五类)或塑料制的类似品(第三十九章)；

(七)品目84.13的装有计量装置的泵；计数和检验用的衡器或单独进口或出口的天平砝码(品目84.23)；升降、起重及搬运机械(品目84.25至84.28)；纸张或纸板的各种切割机器(品目84.41)；品目84.66的用于机床上调整工件或工具的附件，包括具有读度用的光学装置的附件(例如，"光学"分度头)，但其本身主要是光学仪器的除外(例如校直望远镜)；计算机器(品目84.70)；品目84.81的阀门及其他装置；

(八)自行车或机动车辆用探照灯或聚光灯(品目85.12)；品目85.13的手提式电灯；电影录音机、还音机及转录机(品目85.19或85.20)；拾音头或录音头(品目85.22)；静像视频摄像机、其他视频摄录一体机和数字照相机(品目85.25)；雷达设备、无线电导航设备或无线电遥控设备(品目85.26)；品目85.37的数控装置；品目85.39的封闭式聚光灯；品目85.44的光缆；

(九)品目94.05的探照灯及聚光灯；

(十)第九十五章的物品；

(十一)容量的计量器具(按其构成的材料归类)；

(十二)卷轴、线轴及类似芯子(按其构成材料归类，例如，归入品目39.23或第十五类)。

二、除上述注释一另有规定的以外，本章各品目所列机器、设备、仪器或器具的零件、附件，应按下列规定归类：

(一)凡零件、附件本身已构成本章或第八十四章、第八十五章或第九十一章各税号(品目84.85、85.48或90.33除外)所包括的货品，应一律归入其相应的品目；

(二)其他零件、附件，如果专用于或主要用于某种或同一品目项下的多种机器、仪器或器具(包括品目90.10、90.13或90.31的机器、仪器或器具)，应归入相应机器、仪器或器具的品目；

(三)所有其他零件、附件均应归入品目90.33。

三、第十六类的注释四也适用于本章。

四、品目90.05不包括武器用望远镜瞄准具、潜艇或坦克上潜望镜式望远镜及本章或第十六类的机器、设备、仪器或器具用的望远镜；这类望远镜瞄准具及望远镜应归入品目90.13。

五、计量或检验用的光学仪器、器具或机器，如果既可归入品目90.13，又可归入品目90.31，则应归入品目90.31。

六、品目90.21所称"矫形器具"，是指下列用途的器具：

—预防和矫正人体畸变；

—生病、手术或受伤后人体部位的支撑或固定：

矫形器具包括用于矫正畸形的鞋及特种鞋垫，但需符合下列任一条件：

(一)定制的；

(二)成批生产的；单独报验、且不成双的、设计为左右两脚同样适用。

七、品目90.32仅适用于：

(一)液体或气体的流量、液位、压力或其他变化量的自动控制仪器及装置或温度自动控制装置，不论是否依靠要被自控的因素所发生的电现象来进行工作，这些仪器或装置将被自控因素调到并保持在一设定值上，通过持续或定期测量实际值来保持稳定，修正偏差；

(二)电量自动调节器及自动控制非电量的仪器或装置，依靠要被控制的因素所发生的电现象来进行工作，这些仪器或装置将被控制的因素调到并保持在一设定值上，通过持续或定期测量实际值来保持稳定，修正偏差。

商品编号	商 品 名 称 备 注	进口税率		增值税	消费税	计量单位	监管条件
		最惠国	普通				
9001	**光导纤维及光导纤维束;光缆,但编号8544的货品除外;偏振材料制的片及板;未装配的各种材料制透镜(包括隐形眼镜片)、棱镜、反射镜及其他光学元件,但未经光学加工的玻璃制上述元件除外**						
9001 10 00	光导纤维、光导纤维束及光缆(但编号8544的货品除外)	9.0	20.0	17.0		千克	O
9001 20 00	偏振材料制的片及板	9.8	20.0	17.0		千克	
9001 30 00	隐形眼镜片	14.0	70.0	17.0		片	
9001 40 10	玻璃制变色镜片	20.0	90.0	17.0		片	
9001 40 91	玻璃制太阳镜片	20.0	90.0	17.0		片	
9001 40 99	玻璃制其他眼镜片(变色镜片、太阳镜片除外)	20.0	70.0	17.0		片	
9001 50 10	非玻璃材料制变色镜片	20.0	90.0	17.0		片	
9001 50 91	非玻璃材料制太阳镜片	20.0	90.0	17.0		片	
9001 50 99	非玻璃材料制其他眼镜片(变色镜片、太阳镜片除外)	20.0	70.0	17.0		片	
9001 90 00	编号9001未列名的其他光学元件(未经光学加工的玻璃制元件除外)	8.0	20.0	17.0		千克	
9002	**已装配的各种材料制透镜、棱镜、反射镜及其他光学元件,作为仪器或装置的零件、附件,但未经光学加工的玻璃制上述元件除外**						
9002 11 10	特殊用途照相机用物镜(指编号90061000－90063000所列的照相机)	8.0	14.0	17.0		千克/个	
9002 11 20	缩微阅读机用物镜	8.0	14.0	17.0		千克/个	
9002 11 90.10*	彩色液晶投影机的镜头零件	15.0	80.0	17.0		千克/个	A
9002 11 90.90	其他照相机,投影仪等用物镜(包括照片放大机用物镜)	15.0	80.0	17.0		千克/个	A
9002 19 10	摄影机或放映机用物镜	15.0	40.0	17.0		千克/个	
9002 19 90	编号9002未列名的其他物镜	15.0	50.0	17.0		千克/个	
9002 20 10	照相机用滤色镜	15.0	80.0	17.0		千克/个	
9002 20 90	其他光学仪器或装置滤色镜	15.0	40.0	17.0		千克/个	
9002 90 10	照相机用未列名光学元件(但物镜,滤色镜除外)	15.0	80.0	17.0		千克	
9002 90 90	其他光学仪器用未列名光学元件(但物镜,滤色镜除外)	16.8	40.0	17.0		千克	
9003	**眼镜架及其零件**						
9003 11 00	塑料制眼镜架	18.0	70.0	17.0		副	
9003 19 00.10	野生动物产品制眼镜架	14.8	70.0	17.0		副	F
9003 19 00.90	其他非塑料材料制眼镜架	14.8	70.0	17.0		副	
9003 90 00	眼镜架零件	14.8	70.0	17.0		千克	
9004	**矫正视力、保护眼睛或其他用途的眼镜、挡风镜及类似品**						

商品编号	商品名称备注	进口税率		增值税	消费税	计量单位	监管条件
		最惠国	普通				
9004 10 00	太阳镜	20.0	100.0	17.0		副	
9004 90 10	变色镜	16.0	100.0	17.0		副	
9004 90 90	其他眼镜(但太阳镜,变色镜除外)	20.0	90.0	17.0		副	
9005	**双筒望远镜、单筒望远镜、其他光学望远镜及其座架;其他天文仪器及其座架,但不包括射电天文仪器**						
9005 10 00	双筒望远镜	15.0	50.0	17.0		个	
9005 80 10	天文望远镜及其他天文仪器	3.0	8.0	17.0		台	
9005 80 90	其他光学望远镜(包括单筒望远镜)	12.0	50.0	17.0		台	
9005 90 10	天文望远镜及其他天文仪器用零件(包括座架)	2.0	8.0	17.0		千克	
9005 90 90	其他望远镜零件、附件(包括座架)	8.0	30.0	17.0		千克	
9006	**照相机(电影摄影机除外);照相闪光灯装置及闪光灯泡,但编号 8539 的放电灯泡除外**						
9006 10 10	电子分色机	12.0	20.0	17.0		台	O
9006 10 90	其他制版照相机	10.0	20.0	17.0		台	ABO
9006 20 00	缩微照相机	9.0	17.0	17.0		台	
9006 30 00	特种用途的照相机(主要是指水下、航空测量或体内器管检查等用)	9.0	17.0	17.0		台	
9006 40 00	一次成相照相机	5.0	70.0	17.0		台	
9006 51 00	通过镜头取景的照相机(单镜头反光式(SLR),使用胶片宽度≤35 毫米)	25.0	100.0	17.0		架	1AB
9006 52 00	使用胶片宽＜35mm 的其他照相机(使用胶片宽度小于 35 毫米)	25.0	100.0	17.0		架	AB1
9006 53 00	其他照相机(使用胶片宽度为 35 毫米)	20.0	100.0	17.0		架	AB1
9006 59 00	使用胶片宽＞35mm 的其他照相机(使用胶片宽度超过 35 毫米)	25.0	100.0	17.0		架	AB1
9006 61 00	放电式(电子式)闪光灯装置	18.0	80.0	17.0		个	
9006 62 00	闪光灯泡、方形闪光灯及类似品	18.0	80.0	17.0		个	
9006 69 00	其他照相闪光灯装置	18.0	80.0	17.0		个	
9006 91 10	特种用途照相机的零件、附件(指编号 90061000－90063000 所列的照相机的)	8.0	17.0	17.0		千克	
9006 91 20	一次成像照相机的零件、附件	5.0	100.0	17.0		千克	
9006 91 91	照相机自动调焦组件	10.0	100.0	17.0		千克/套	
9006 91 92	其他照相机的快门组件(特种像机和一次成像像机用除外)	10.0	100.0	17.0		千克/套	
9006 91 99	其他照相机的其他零件、附件(特种像机和一次成像像机用除外)	10.0	100.0	17.0		千克	
9006 99 00	照相闪光灯装置及闪光灯泡的零件	12.0	80.0	17.0		千克	
9007	**电影摄影机、放映机,不论是否带有声音的录制或重放装置**						
9007 11 00	胶片宽＜16mm 的摄影机(包括双 8mm 的)	14.0	40.0	17.0		台	

商品编号	商 品 名 称 备 注	进口税率		增值税	消费税	计量单位	监管条件
		最惠国	普通				
9007 19 10	胶片宽度≤16mm 的高速电影摄影机	14.0	40.0	17.0		台	
9007 19 90	胶片宽≥16mm 的其他电影摄影机	14.0	40.0	17.0		台	
9007 20 00	放映机	14.0	40.0	17.0		台	
9007 91 00	电影摄影机用零件、附件	8.4	40.0	17.0		千克	
9007 92 00	电影放映机用零件、附件	8.4	40.0	17.0		千克	
9008	**影像投影仪,但电影用除外;照片(电影片除外)放大机及缩片机**						
9008 10 00	幻灯机	14.0	40.0	17.0		台	
9008 20 00	缩微阅读机(不论是否可以进行复制)	10.0	17.0	17.0		台	
9008 30 10	正射投影仪(不包括幻灯机)	18.0	40.0	17.0		台	
9008 30 90	其他影像投影仪	18.0	40.0	17.0		台	
9008 40 00	照片(电影片除外)放大机及缩片机	20.0	80.0	17.0		台	
9008 90 10	缩微阅读机的零件、附件	8.0	17.0	17.0		千克	
9008 90 20	照片放大机及缩片机的零件、附件	14.0	80.0	17.0		千克	
9008 90 90	其他影像投影仪的零件、附件	14.0	40.0	17.0		千克	
9009	**装有光学系统的或接触式的感光复印设备及热敏复印设备**						
9009 11 10	多色静电感光复印设备(直接法)(将原件直接复印的)	11.0	70.0	17.0		台	O
9009 11 90	其他静电感光复印设备(直接法)(将原件直接复印的)	11.0	70.0	17.0		台	
9009 12 10	多色静电感光复印设备(间接法)(将原件直接复印的)	14.8	70.0	17.0		台	O
9009 12 90	静电感光复印设备(间接法)(将原件通过中间体转印的)	14.8	70.0	17.0		台	
9009 21 10	带有光学系统的多色感光复印设备(将原件直接复印的)	11.0	70.0	17.0		台	O
9009 21 90	带有光学系统的其他感光复印设备	11.0	70.0	17.0		台	
9009 22 10	接触式多色感光复印设备(将原件直接复印的)	20.0	70.0	17.0		台	O
9009 22 90	接触式的其他感光复印设备	20.0	70.0	17.0		台	
9009 30 10	多色热敏复印设备(将原件直接复印的)	20.0	70.0	17.0		台	O
9009 30 90	其他热敏复印设备	20.0	70.0	17.0		台	
9009 91 00	文件自动送入器	3.0	35.0	17.0		个/千克	
9009 92 00	送纸器	3.0	35.0	17.0		个/千克	
9009 93 00	分页器	3.0	35.0	17.0		个/千克	
9009 99 10	有机光导体感光鼓	3.0	35.0	17.0		个/千克	
9009 99 90	复印设备的其他零件、附件	3.0	70.0	17.0		千克	
9010	**本章其他编号未列名的照相(包括电影)洗印用装置及设备(包括将电路图投影或绘制到感光半导体材料的装置);负片显示器;银幕及其他投影屏幕**						

商品编号	商 品 名 称 备 注	进口税率		增值税	消费税	计量单位	监管条件
		最惠国	普通				
9010 10 10	电影用胶卷的自动显影装置及设备(还包括成卷感光纸的自动显影装置)	14.0	40.0	17.0		台	
9010 10 20	特种照相胶卷自动显影装置及设备(还包括成卷感光纸的自动显影装置)	10.1	20.0	17.0		台	
9010 10 91	彩色胶卷用自动显影及设备	25.0	100.0	17.0		台	
9010 10 99	其他胶卷的自动显影装置及设备(还包括成卷感光纸的自动显影装置)	19.0	100.0	17.0		台	
9010 41 00	将电路图直接记录到晶片上的装置	11.0	100.0	17.0		台	
9010 42 00 *	分步重复光刻机	11.0	100.0	17.0		台	
9010 49 00	将电路图绘制到半导体上其他装置(包括将电路图投影到感光半导体材料上的装置)	11.0	100.0	17.0		台	
9010 50 10	负片显示器	16.0	50.0	17.0		台	
9010 50 21	电影用的洗印装置	16.0	40.0	17.0		台	
9010 50 22	特种照相用的洗印装置	10.1	20.0	17.0		台	
9010 50 29.55 *	集成电路掩膜版制造及曝光设备	19.0	100.0	17.0		台	
9010 50 29.90	其他照相用的洗印装置	19.0	100.0	17.0		台	
9010 60 00	银幕及其他投影屏幕	16.0	50.0	17.0		个	
9010 90 10	电影洗印用洗印装置的零件、附件	3.8	40.0	17.0		千克	
9010 90 20	特种照相洗印用装置的零件、附件	3.0	20.0	17.0		千克	
9010 90 90	其他洗印用装置的零件、附件	3.0	100.0	17.0		千克	
9011	**复式光学显微镜,包括用于缩微照相、显微电影摄影及显微投影的**						
9011 10 00	立体显微镜		14.0	17.0		台	B
9011 20 00	缩微照相等用的其他显微镜(还包括显微摄影及显微投影用)		14.0	17.0		台	
9011 80 00	其他显微镜	7.0	14.0	17.0		台	B
9011 90 00	复式光学显微镜的零件、附件		14.0	17.0		千克	
9012	**显微镜,但光学显微镜除外;衍射设备**						
9012 10 00	非光学显微镜及衍射设备		14.0	17.0		台	O
9012 90 00	非光学显微镜及衍射设备的零件		14.0	17.0		千克	
9013	**其他编号未列名的液晶装置;激光器,但激光二极管除外;本章其他编号未列名的光学仪器及器具**						
9013 10 00	武器用望远镜瞄准具及其他望远镜(包括潜望镜式望远镜及作为机器或器具部件的望远镜)	8.0	14.0	17.0		个	
9013 20 00.10 *	2.5GB/S及以上SDH等泵浦激光器(包括波分复用光传输设备的980μm泵浦激光器)	6.0	11.0	17.0		个	
9013 20 00.90	其他激光器(但激光二极管除外)	6.0	11.0	17.0		个	
9013 80 10	放大镜	12.0	50.0	17.0		个	
9013 80 20	光学门眼	12.0	50.0	17.0		个	

商品编号	商品名称备注	进口税率		增值税	消费税	计量单位	监管条件
		最惠国	普通				
9013 80 90	其他液晶装置及光学仪器(90章其他编号未列名的)	6.8	17.0	17.0		个	
9013 90 10.10 *	激光视盘机激光发送装置的零件(含微型镜片)	6.0	11.0	17.0		千克	
9013 90 10.90	激光器,望远镜等装置的零件,附件(指编号90131000及90132000所列货品用零件、附件)	6.0	11.0	17.0		千克	
9013 90 90	编号9013所列其他货品的零附件	8.0	17.0	17.0		千克	
9014	**定向罗盘;其他导航仪器及装置**						
9014 10 00	定向罗盘	2.0	8.0	17.0		个	O
9014 20 00.10 *	航空惯性导航仪	2.0	8.0	17.0		个	
9014 20 00.90	其他航空或航天导航仪器及装置(但罗盘除外)	2.0	8.0	17.0		个	
9014 80 00	其他导航仪器及装置	2.0	8.0	17.0		个	O
9014 90 00	导航仪器及装置的零件、附件	1.5	8.0	17.0		千克	
9015	**大地测量(包括摄影测量)、水道测量、海洋、水文、气象或地球物理用仪器及装置,不包括罗盘;测距仪**						
9015 10 00	测距仪	9.0	14.0	17.0		台	
9015 20 00	经纬仪及视距仪	9.0	14.0	17.0		台	
9015 30 00	水平仪	9.0	14.0	17.0		台	B
9015 40 00	摄影测量用仪器及装置	9.0	14.0	17.0		千克	
9015 80 00	其他测量仪器及装置	5.0	14.0	17.0		台	
9015 90 00	大地测量仪器及装置的零件、附件	5.0	14.0	17.0		千克	
9016	**感量为50毫克或更精密的天平,不论是否带有砝码**						
9016 00 10	感量为0.1毫克或更精密的天平	9.0	14.0	17.0		台/千克	
9016 00 90	50毫克≥感量>0.1毫克的天平	10.5	30.0	17.0		台/千克	
9017	**绘图、划线或数学计算仪器及器具(例如绘图机、比例缩放仪、分度规、绘图工具、计算尺及盘式计算器);本章其他编号未列名的手用测量长度的器具(例如,量尺、量带、千分尺及卡尺)**						
9017 10 00	绘图台及绘图机,不论是否自动	8.0	20.0	17.0		台	
9017 20 00	其他绘图、划线或数学计算器具	7.2	70.0	17.0		个	
9017 30 00	千分尺、卡尺及量规	8.0	20.0	17.0		个	B
9017 80 00	其他手用测量长度的器具(仅指90章其他编号未列名的)	8.0	20.0	17.0		个	B
9017 90 00	绘图计算器具等仪器的零件、附件(编号9017所列仪器及器具的零件、附件)		20.0	17.0		千克	
9018	**医疗、外科、牙科或兽医用仪器及器具,包括闪烁扫描装置、其他电气医疗装置及视力检查仪器**						
9018 11 00	心电图记录仪	5.0	17.0	17.0		台	6CO
9018 12 10-	B型超声波诊断仪	9.0	35.0	17.0		台	6OA

商品编号	商 品 名 称 备 注	进口税率		增值税	消费税	计量单位	监管条件
		最惠国	普通				
9018 12 91	彩色超声波诊断仪	5.0	17.0	17.0		台	6OA
9018 12 99	其他超声波扫描诊断装置	5.0	17.0	17.0		台	6OA
9018 13 00	核磁共振成像装置	5.8	17.0	17.0		台	6OA
9018 14 00	闪烁摄影装置	5.0	17.0	17.0		台	6OA
9018 19 30	病员监护仪	5.8	17.0	17.0		台	6OA
9018 19 90	其他电气诊断装置(编号 90181000 中未列名的)	5.8	17.0	17.0		台	6OA
9018 20 00	紫外线及红外线装置	5.8	17.0	17.0		台/千克	6A
9018 31 00	注射器(不论是否装有针头)	8.0	50.0	17.0		个	6A
9018 32 10	管状金属针头	8.0	50.0	17.0		千克	6A
9018 32 20	缝合用针	4.0	17.0	17.0		千克	6A
9018 39 00	导管、插管及类似品	4.0	17.0	17.0		个	6A
9018 41 00	牙钻机(不论是否与其他牙科设备组装在同一底座上)	4.0	17.0	17.0		台/千克	6A
9018 49 10	装有牙科设备的牙科用椅	4.0	17.0	17.0		台	6OA
9018 49 90	牙科用其他仪器及器具(但不包括牙钻机或牙科用椅)	4.0	17.0	17.0		台	6OA
9018 50 00	眼科用其他仪器及器具	4.0	17.0	17.0		千克	6A
9018 90 10	听诊器	4.0	17.0	17.0		个	6
9018 90 20	血压测量仪器及器具	4.0	17.0	17.0		个	6A
9018 90 30	内窥镜	4.0	17.0	17.0		台	6OA
9018 90 40	肾脏透析设备(人工肾)	4.0	17.0	17.0		台	6OA
9018 90 50	透热疗法设备	4.0	17.0	17.0		台	6OA
9018 90 60	输血设备	4.0	17.0	17.0		台	6OA
9018 90 70	麻醉设备	4.0	17.0	17.0		台	6OA
9018 90 90	其他医疗、外科或兽医用仪器器具	4.0	17.0	17.0		台	6OA
9019	**机械疗法器具;按摩器具;心理功能测验装置;臭氧治疗器;氧气治疗器、喷雾治疗器、人工呼吸器及其他治疗用呼吸器具**						
9019 10 10	按摩器具	15.0	40.0	17.0		台/千克	AB
9019 10 90	机械疗法器具,心理功能测验装置	4.0	30.0	17.0		台/千克	
9019 20 00	臭氧治疗器,氧气治疗器等器具(还包括喷雾治疗器、人工呼吸器或其他治疗用呼吸器具)	4.0	17.0	17.0		台/千克	
9020	**其他呼吸器具及防毒面具,但不包括既无机械零件又无可互换过滤器的防护面具**						
9020 00 00	其他呼吸器具及防毒面具(但不包括既无机械零件又无可互换过滤器的防护面具)	8.0	30.0	17.0		千克	
9021	**矫形器具,包括支具、外科手术带、疝气带;夹板及其他骨折用具;人造的人体部分;助听器及为弥补生理缺陷或残疾而穿戴、携带或植人人体内的其他器具**						
9021 10 00	矫形或骨折用器具(但不包括人造关节)	4.0	17.0	17.0		千克	

商品编号	商 品 名 称 备 注	进口税率		增值税	消费税	计量单位	监管条件
		最惠国	普通				
9021 21 00	假牙	4.0	17.0	17.0		千克	
9021 29 00	假牙固定件	4.0	17.0	17.0		千克	
9021 31 00	人造关节	4.0	17.0	17.0		千克/套	
9021 39 00	其他人造的人体部分	4.0	17.0	17.0		千克	
9021 40 00	助听器,不包括零件、附件	4.0	17.0	17.0		个	
9021 50 00	心脏起搏器,不包括零件、附件	4.0	17.0	17.0		个	A
9021 90 00	编号 9021 中未列名的矫形器具(包括为弥补生理缺陷或残疾而穿戴、携带或植入人体内的)	4.0	17.0	17.0		千克	
9022	**X 射线或 α 射线、β 射线、γ 射线的应用设备,不论是否用于医疗、外科、牙科或兽医,包括射线照相及射线治疗设备,X 射线管及其他 X 射线发生器、高压发生器、控制板及控制台、荧光屏、检查或治疗用的桌、椅及类似品**						
9022 12 00	X 射线断层检查仪	4.0	11.0	17.0		台	6OA
9022 13 00	其他牙科用 x 射线应用设备	4.0	11.0	17.0		台	6OA
9022 14 00.10	医用直线加速器	4.0	11.0	17.0		台	6OA
9022 14 00.90	其他医疗或兽医用 x 射线应用设备	4.0	11.0	17.0		台	6OA
9022 19 10	低剂量 X 射线安全检查设备	4.0	11.0	17.0		台	6OA
9022 19 90	其他 X 射线应用设备	4.0	11.0	17.0		台	6OA
9022 21 00	医疗用 α、β、γ 射线设备(外科、牙科或兽医用)	4.0	11.0	17.0		台	6OA
9022 29 00	其他非医疗用 α、β、γ 射线设备	6.0	11.0	17.0		台	6OA
9022 30 00	X 射线管	2.0	11.0	17.0		个	6OA
9022 90 10	X 射线影像增强器	6.0	11.0	17.0		个/千克	6OA
9022 90 90	编号 9022 所列其他设备及零件(包括高压发生器、控制板及控制台、荧光屏等)	6.0	11.0	17.0		千克	6O
9023	**专供示范(例如,教学或展览)而无其他用途的仪器、装置及模型**						
9023 00 00	专供示范的仪器、装置及模型((例如,教学或展览)而无其他用途)	7.0	20.0	17.0		千克	
9024	**各种材料(例如,金属、木材、纺织材料、纸张、塑料)的硬度、强度、压缩性、弹性或其他机械性能的试验机器及器具**						
9024 10 00	金属材料的试验用机器及器具	7.0	20.0	17.0		台	
9024 80 00	非金属材料的试验用机器及器具	6.8	20.0	17.0		台	
9024 90 00	各种材料的试验用机器零件、附件	6.0	20.0	17.0		千克	
9025	**记录式或非记录式的液体比重计及类似的浮子式仪器、温度计、高温计、气压计、湿度计、干湿球湿度计及其组合装置**						
9025 11 00	可直接读数的液体温度计	6.0	40.0	17.0		个	
9025 19 10	非液体的工业用温度计及高温计	8.4	20.0	17.0		个	
9025 19 90	非液体的其他温度计,高温计	8.4	80.0	17.0		个	

商品编号	商 品 名 称 备 注	进口税率		增值税	消费税	计量单位	监管条件
		最惠国	普通				
9025 80 00	其他温度计,比重计,湿度计等仪器	11.0	30.0	17.0		个	
9025 90 00	比重计,温度计等类似仪器的零件	8.0	20.0	17.0		千克	
9026	**液体或气体的流量、液位、压力或其他变化量的测量或检验仪器及装置(例如,流量计、液位计、压力表、热量计),但不包括编号9014、9015、9028或9032的仪器及装置**						
9026 10 00	测量、检验液体流量或液位的仪器	3.0	17.0	17.0		个	O
9026 20 00	测量、检验压力的仪器及装置	3.0	17.0	17.0		个	O
9026 80 00	液体或气体的其他测量或检验仪器(除液体流量或液位及压力以外的其他变量的检测仪器)	3.0	17.0	17.0		个	
9026 90 00	液体或气体的测量或检验仪器零件(主要是进行流量,液位,压力或其他变化量的测量或检验)		17.0	17.0		千克	
9027	**理化分析仪器及装置(例如,偏振仪、折光仪、分光仪、气体或烟雾分析仪);测量或检验粘性、多孔性、膨胀性、表面张力及类似性能的仪器及装置;测量或检验热量、声量或光量的仪器及装置(包括曝光表);检镜切片机**						
9027 10 00	气体或烟雾分析仪	7.0	17.0	17.0		台	O
9027 20 00	色谱仪及电泳仪	3.0	17.0	17.0		台	O
9027 30 00	分光仪、分光光度计及摄谱仪(使用光学射线(紫外线、可见光、红外线)的)	3.0	17.0	17.0		台	O
9027 40 00	曝光表	14.0	70.0	17.0		个	
9027 50 00	使用光学射线的其他仪器及装置(光学射线是指紫外线、可见光、红外线)	3.0	17.0	17.0		台	O
9027 80 10	质谱仪	3.0	17.0	17.0		台	O
9027 80 90	其他理化分析仪器及装置(包括测量或检验粘性及类似性能的食品及装置)	3.0	17.0	17.0		台	O
9027 90 00	检镜切片机,理化分析仪器零件		17.0	17.0		千克	O
9028	**生产或供应气体、液体及电力用的计量仪表,包括它们的校准仪表**						
9028 10 10	煤气表(包括它们的校准仪表)	10.0	30.0	17.0		个	
9028 10 90	其他气量计(包括它们的校准仪表)	10.0	30.0	17.0		个	
9028 20 10	水表(包括它们的校准仪表)	10.0	30.0	17.0		个	B
9028 20 90	其他液量计(包括它们的校准仪表)	10.0	30.0	17.0		个	B
9028 30 10	电度表(包括它们的校准仪表)	10.0	30.0	17.0		个	B
9028 30 90	其他电量计(包括它们的校准仪表)	10.0	30.0	17.0		个	B
9028 90 10	工业用计量仪表零件、附件	8.4	30.0	17.0		千克	
9028 90 90	非工业用计量仪表零件、附件	8.4	50.0	17.0		千克	
9029	**转数计、产量计数器、车费计、里程计、步数计及类似仪表;速度计及转速表,编号9014及9015的仪表除外;频闪观测仪**						

商品编号	商 品 名 称 备 注	进口税率		增值税	消费税	计量单位	监管条件
		最惠国	普通				
9029 10 10	转数计	15.0	50.0	17.0		个	
9029 10 20	车费计、里程计	15.0	35.0	17.0		个	
9029 10 90	产量计数器、步数计及类似仪表	15.0	35.0	17.0		个	
9029 20 10	车辆用速度计	10.0	35.0	17.0		个	
9029 20 90	其他速度计及转速表,频闪观测仪(车辆用速度计除外)	10.0	35.0	17.0		个	
9029 90 00	转数计、车费计及类似仪表零件(编号 9014 及 9015 的仪表零件除外)	6.0	35.0	17.0		千克	
9030	**示波器、频谱分析仪及其他用于电量测量或检验的仪器和装置,但不包括编号 9028 的各钟仪表;α 射线、β 射线、γ 射线、X 射线、宇宙射线或其他离子射线的测量或检验仪器及装置**						
9030 10 00	离子射线的测量或检验仪器及装置	6.8	20.0	17.0		台	
9030 20 10	300 兆赫以下的通用示波器(指测试频率小于 300 兆赫兹的示波器)	14.0	80.0	17.0		台	
9030 20 90	其他阴极射线示波器(包括 300 兆赫兹的通用示波器)	9.0	20.0	17.0		台	
9030 31 10	五位半及以下的数字万用表	15.0	130.0	17.0		台	B
9030 31 90	其他万用表(五位半及以下的数字万用表除外)	6.8	20.0	17.0		台	B
9030 39 10	五位半及以下的数字电流,电压表	15.0	130.0	17.0		台	B
9030 39 20	电阻测试仪(不带记录装置的)	14.0	80.0	17.0		台	
9030 39 90	检测电压、电流及功率的其他仪器	9.0	20.0	17.0		台	B
9030 40 10	12.4 千兆赫兹以下数字式频率计	3.8	80.0	17.0		台	
9030 40 90	其他无线电通讯专用仪器及装置(12.4 千兆赫兹以下数子式频率计除外)	3.0	20.0	17.0		台	O
9030 82 00	检测半导体晶片或器件的仪器(包括测试或检验半导体晶片或元器件用的装置)	3.0	20.0	17.0		台	
9030 83 10	电感及电容测试仪(装有记录装置的)	10.0	80.0	17.0		台	
9030 83 90	其他电量的测量或检验仪器及装置(装有记录装置的)	8.0	20.0	17.0		台	
9030 89 10	其他电感及电容测试仪(未装有记录装置的)	14.0	80.0	17.0		台	
9030 89 90	其他电量的测量或检验仪器及装置(未装有记录装置的)	8.0	20.0	17.0		台	
9030 90 00.11	检测半导体晶片及器件的仪器零件(包括附件)		17.0	17.0		千克	s
9030 90 00.19	ITA 产品用的印刷电路组件(包括外接组件,如符合 PCMCIA 标准的卡)		17.0	17.0		千克	s
9030 90 00.90	编号 9030 所属货品的零件及附件	7.0	17.0	17.0		千克	
9031	**本章其他编号未列名的测量或检验仪器、器具及机器,轮廓投影仪**						
9031 10 00	机械零件平衡试验机	7.0	17.0	17.0		台	O
9031 20 00	试验台	7.0	17.0	17.0		台	

商品编号	商 品 名 称 备 注	进口税率		增值税	消费税	计量单位	监管条件
		最惠国	普通				
9031 30 00	轮廓投影仪	10.0	20.0	17.0		台	
9031 41 10	集成电路生产用氦质谱检漏台	3.0	17.0	17.0		台	
9031 41 90	其他检测半导体器件的仪器和器具(90章其他编号未列名的,包括检测光掩模及光栅用的)	3.0	17.0	17.0		台	
9031 49 00.10	用于光盘生产线的 AID 自动检测机	3.0	17.0	17.0		台	1u
9031 49 00.90	其他光学测量或检验仪器和器具(90章其他编号未列名的)	3.0	17.0	17.0		台	O
9031 80 10	光纤通信及光纤性能测试仪	6.8	17.0	17.0		台	O
9031 80 90.10 *	跑道摩擦系数测试仪	6.8	17.0	17.0		台	O
9031 80 90.90	其他测量,检验仪器,器具及机器(指90章其他编号未列名的)	6.8	17.0	17.0		台	O
9031 90 00	编号9031的仪器及器具的零件(90章其他编号未列名的)		17.0	17.0		千克	
9032	**自动调节或控制仪器及装置**						
9032 10 00	恒温器	7.0	17.0	17.0		台	
9032 20 00	恒压器	7.0	17.0	17.0		台	
9032 81 00	其他液压或气压的仪器及装置(自动调节或控制用)	7.0	17.0	17.0		台	
9032 89 00.10 *	飞机自动驾驶系统(包括驾驶、电子控制飞行、故障分析、警告系统等仪表)	7.0	17.0	17.0		台	O
9032 89 00.90	其他自动调节或控制仪器及装置	7.0	17.0	17.0		台	O
9032 90 00	自动调节或控制仪器零件、附件	5.0	17.0	17.0		千克	
9033	**第90章所列机器、器具、仪器或装置用的本章其他编号未列名的零件、附件**						
9033 00 00.10 *	飞机自动驾驶系统的零件(包括驾驶、电子控制飞行、故障分析、警告系统等零件)	6.0	17.0	17.0		千克	O
9033 00 00.90	第90章其他编号未列名零、附件(指第90章所列机器、器具、仪器或装置用)	6.0	17.0	17.0		千克	O

第九十一章　钟表及其零件

注释：

一、本章不包括：

（一）钟表玻璃及钟锤（按其构成材料归类）；

（二）表链（根据不同情况，归入品目 71.13 或 71.17）；

（三）第十五类注释二所规定的贱金属制通用零件（第十五类）、塑料制的类似品（第三十九章）及贵金属或包贵金属制的类似品（一般归入品目 71.15）；但钟、表发条则应作为钟、表的零件归类（品目 91.14）；

（四）轴承滚珠（根据不同情况，归入品目 73.26 或 84.82）；

（五）品目 84.12 的物品，不需擒纵器可以工作的；

（六）滚珠轴承（品目 84.82）；

（七）第八十五章的物品，本身未组装在或未与其他零件组装在钟、表机芯内，也未组装成专用于或主要用于钟、表机芯零件的。

二、品目 91.01 仅包括表壳完全以贵金属或包贵金属制的表，以及用贵金属或包贵金属与税号 71.01 至 71.04 的天然、养殖珍珠或宝石、半宝石（天然、合成或再造）合制的表。用贱金属上镶嵌贵金属制成表壳的表应归入品目 91.02。

三、本章所称"表芯"，是指由摆轮及游丝、石英晶体或其他能确定时间间隔的装置来进行调节的机构，并带有显示器或可装机械指示器的系统。表芯的厚度不超过 12 毫米，长、宽或直径不超过 50 毫米。

四、除注释一另有规定的以外，钟、表的机芯及其他零件，既适用于钟或表，又适用于其他物品（例如精密仪器）的，均应归入本章。

商品编号	商 品 名 称 备 注	进口税率		增值税	消费税	计量单位	监管条件
		最惠国	普通				
9101	**手表、怀表及其他表，包括秒表，表壳用贵金属或包贵金属制成的**						
9101 11 00	机械指示式的贵金属电子手表(表壳用贵金属或包贵金属制成的)	16.6	100.0	17.0		只	B1
9101 12 00	光电显示式的贵金属电子手表(表壳用贵金属或包贵金属制成的)	16.0	100.0	17.0		只	
9101 19 00	其他贵金属电子手表(表壳用贵金属或包贵金属制成的)	16.0	100.0	17.0		只	B
9101 21 00	自动上弦的贵金属机械手表(表壳用贵金属或包贵金属制成的)	15.4	80.0	17.0		只	1B
9101 29 00	非自动上弦贵金属机械手表(表壳用贵金属或包贵金属制成的)	16.8	80.0	17.0		只	1
9101 91 00	贵金属电子怀表及其他电子表(表壳用贵金属或包贵金属制成的)	19.0	100.0	17.0		只	
9101 99 00	贵金属机械怀表及其他机械表(指表壳用贵金属或包贵金属制成的)	20.0	80.0	17.0		只	
9102	**手表、怀表及其他表，包括秒表，但编号9101的货品除外**						
9102 11 00	机械指示式的其他电子手表(贵金属或包贵金属制壳的除外)	17.5	100.0	17.0		只	B1
9102 12 00	光电显示式的其他电子手表(贵金属或包贵金属制壳的除外)	23.0	100.0	17.0		只	B
9102 19 00	其他电子手表(贵金属或包贵金属制壳的除外)	16.0	100.0	17.0		只	B
9102 21 00	其他自动上弦的机械手表(用贵金属或包贵金属制壳的除外，)	15.4	80.0	17.0		只	1
9102 29 00	其他非自动上弦的机械手表(用贵金属或包贵金属制壳的除外)	16.8	80.0	17.0		只	B1
9102 91 00	电力驱动的电子怀表及其他电子表(手表除外，也不包括表壳用贵金属或包贵金属制成的表)	19.0	100.0	17.0		只	
9102 99 00	其他机械怀表，秒表及其他表(用贵金属或包贵金属制壳的除外)	20.0	80.0	17.0		只	
9103	**以表芯装成的钟，但不包括编号9104的钟**						
9103 10 00	以表芯装成的电子钟(不包括编号9104的钟)	23.0	100.0	17.0		只	B
9103 90 00	以表芯装成的机械钟(不包括编号9104的钟)	20.0	100.0	17.0		只	
9104	**仪表板钟及车辆、航空器、航天器或船舶用的类似钟**						
9104 00 00	仪表板钟及车辆船舶等用的类似钟(包括航空器和航天器用)	14.8	100.0	17.0		只	
9105	**其他钟**						

商品编号	商 品 名 称 备 注	进口税率		增值税	消费税	计量单位	监管条件
		最惠国	普通				
9105 11 00	电子闹钟	23.0	100.0	17.0		只	B
9105 19 00	机械闹钟	20.0	100.0	17.0		只	B
9105 21 00	电子挂钟	23.0	100.0	17.0		只	B
9105 29 00	机械挂钟	20.0	100.0	17.0		只	B
9105 91 10	电子天文钟(由电力驱动)	3.0	8.0	17.0		只	
9105 91 90	其他电子钟(由电力驱动, 闹钟、挂钟、天文钟除外)	23.0	100.0	17.0		只	B
9105 99 00	其他机械钟(闹钟、挂钟除外)	16.0	100.0	17.0		只	B
9106	**时间记录器以及测量、记录或指示时间间隔的装置,装有钟、表机芯或同步电动机的(例如,考勤钟、时刻记录器)**						
9106 10 00	考勤钟、时刻记录器	16.0	50.0	17.0		只	
9106 20 00	停车计时表	16.0	50.0	17.0		只	
9106 90 00	其他时间记录器及其他类似装置(包括测量、记录或指示时间的装置)	16.0	50.0	17.0		只	
9107	**装有钟、表机芯或同步电动机的定时开关**						
9107 00 00	定时开关(装有钟、表机芯或同步电动机的)	16.0	50.0	17.0		个	B
9108	**已组装的完整表芯**						
9108 11 00	已组装的机械指示式完整电子表芯	16.0	80.0	17.0		只	B
9108 12 00	已组装的光电显示式完整电子表芯	16.0	80.0	17.0		只	B
9108 19 00	其他已组装的完整电子表芯(子目号 91081100 和 91081200 除外)	16.0	80.0	17.0		只	B
9108 20 00	已组装的自动上弦完整表芯	16.0	80.0	17.0		只	B
9108 90 10	已组装表面≤33.8mm 机械完整表芯(表面尺寸在 33.8 毫米及以下,非自动上弦)	16.0	80.0	17.0		只	B
9108 90 90	其他已组装完整机械表芯(表面尺寸超过 33.8 毫米,非自动上弦)	16.0	80.0	17.0		只	B
9109	**已组装的完整钟芯**						
9109 11 00	已组装的电子完整闹钟芯	16.0	100.0	17.0		只	
9109 19 00	已组装的其他完整电子钟芯(电子闹钟芯除外)	16.0	100.0	17.0		只	
9109 90 00	已组装的完整机械钟芯	16.0	100.0	17.0		只	
9110	**未组装或部分组装的完整钟、表机芯(机芯套装件);已组装的不完整钟、表机芯;未组装的不完整钟、表机芯**						
9110 11 00	未组装的完整表机芯(包括部分组装)	16.0	80.0	17.0		只	
9110 12 00	已组装的不完整表机芯	16.0	70.0	17.0		千克	
9110 19 00	未组装的不完整表机芯	16.0	70.0	17.0		千克	
9110 90 10	未组装的完整的钟机芯(包括部分组装)	16.0	100.0	17.0		千克/只	
9110 90 90	不完整的钟机芯(不论是否已组装)	16.0	80.0	17.0		千克	

商品编号	商 品 名 称 备 注	进口税率		增值税	消费税	计量单位	监管条件
		最惠国	普通				
9111	**表壳及其零件**						
9111 10 00	贵金属或包贵金属制的表壳	14.0	80.0	17.0		只	
9111 20 00	贱金属制的表壳(不论是否镀金或镀银)	14.0	80.0	17.0		只	
9111 80 00	非金属制的表壳	14.0	80.0	17.0		只	
9111 90 00	表壳的零件	14.0	80.0	17.0		千克	
9112	**钟壳和本章所列其他货品的类似外壳及其零件**						
9112 20 00	钟壳和本章其他商品的类似外壳	14.0	80.0	17.0		只	
9112 90 00	钟壳零件	12.0	80.0	17.0		千克	
9113	**表带及其零件**						
9113 10 00	贵金属或包贵金属制的表带及零件	20.0	130.0	17.0		千克	
9113 20 00	贱金属制的表带及其零件	14.0	100.0	17.0		千克	
9113 90 00.10	野生动物皮制的表带及其零件	14.0	100.0	17.0		千克	F
9113 90 00.90	其他非金属制的表带及其零件	14.0	100.0	17.0		千克	
9114	**钟、表的其他零件**						
9114 10 00	钟、表的发条(包括游丝)	14.0	50.0	17.0		千克	
9114 20 00	钟、表的宝石轴承	14.0	50.0	17.0		千克	
9114 30 00	钟面或表面	14.0	50.0	17.0		千克	
9114 40 00	钟、表的夹板及横担(过桥)	14.0	50.0	17.0		千克	
9114 90 00	钟、表的其他零件(编号9114中其他未列名的)	14.0	70.0	17.0		千克	

商品编号	商 品 名 称 备 注	进口税率		增值税	消费税	计量单位	监管条件
		最惠国	普通				
9207 90 00	其他通过电产生或扩大声音的乐器	30.0	100.0	17.0		个	
9208	**百音盒、游艺场风琴、手摇风琴、机械鸣禽、乐锯及本章其他编号未列名的其他乐器；各种媒诱音响器、哨子、号角、口吹音响信号器**						
9208 10 00	百音盒	22.0	80.0	17.0		个	
9208 90 00	92 章其他编号未列名的其他乐器（包括游节场风琴、手摇风琴、机械鸣禽、乐锯等）	22.0	80.0	17.0		个	
9209	**乐器的零件（例如百音盒的机械装置）、附件（例如，机械乐器用的卡片、盘及带卷）；节拍器、音叉及各种定音管**						
9209 10 00	节拍器、音叉及定音管	17.5	70.0	17.0		千克	
9209 20 00	百音盒的机械装置	17.5	70.0	17.0		千克	
9209 30 00	乐器用的弦	17.5	70.0	17.0		千克	
9209 91 00	钢琴的零件、附件	17.5	70.0	17.0		千克	
9209 92 00	编号 9202 所列乐器的零件、附件	17.5	70.0	17.0		千克	
9209 93 00	编号 9203 所列乐器的零件、附件	17.5	70.0	17.0		千克	
9209 94 00	编号 9207 所列乐器的零件、附件	17.5	70.0	17.0		千克	
9209 99 00	本章其他编号未列名的乐器零件	17.5	70.0	17.0		千克	

第十九类　武器、弹药及其零件、附件

第九十三章　武器、弹药及其零件、附件

注释：

一、本章不包括：

(一)第三十六章的货品(例如,火帽,雷管、信号弹)；

(二)第十五类注释二所规定的贱金属制通用零件(第十五类)或塑料制的类似品(第三十九章)；

(三)装甲战斗车辆(品目 87.10)；

(四)武器用的望远镜瞄准具及其他光学装置(第九十章),但安装在武器上或与武器一同进口或出口以备安装在该武器上的除外；

(五)弓、箭、钝头击剑或玩具(第九十五章)；

(六)收藏品及古物(品目 97.05 或 97.06)。

二、品目 93.06 所称“零件”,不包括品目 85.26 的无线电设备及雷达设备。

商品编号	商 品 名 称 备 注	进口税率		增值税	消费税	计量单位	监管条件
		最惠国	普通				
9301	**军用武器,但左轮手枪、其他手枪及编号 9307 的兵器除外**						
9301 11 00	自推进的火炮武器	13.0	80.0	17.0		座	
9301 19 00	其他火炮武器	13.0	80.0	17.0		座	
9301 20 00	自推进的发射装置	13.0	80.0	17.0		个	
9301 90 00	其他军用武器(但左轮手枪、其他手枪及编号 9307 的兵器除外)	13.0	80.0	17.0		枝	
9302	**左轮手枪及其他手枪,但编号 9303 或 9304 的货品除外**						
9302 00 00	左轮手枪及其他手枪(编号 9303 或 9304 的货品除外)	13.0	80.0	17.0		枝	
9303	**靠爆炸药发射的其他火器及类似装置(例如,运动用猎枪及步枪、前装枪、维利式信号枪及其他专为发射信号弹的装置、发射空包弹的左轮手枪和其他手枪、弩枪式无痛捕杀器、抛缆枪**						
9303 10 00	前装枪	13.0	80.0	17.0		枝	
9303 20 00	其他运动、狩猎或打靶用滑膛枪(包括滑膛/来复枪)	13.0	80.0	17.0		枝	
9303 30 00	其他运动、狩猎或打靶用步枪	13.0	80.0	17.0		枝	
9303 90 00	其他火器及类似装置(指靠爆炸药发射的)	13.0	80.0	17.0		枝	
9304	**其他武器(例如,弹簧枪、气枪、气手枪、警棍),但不包括编号 9307 的货品**						
9304 00 00	其他武器(如弹簧枪,气枪,警棍等(不包括编号 9307 的货品)	13.0	80.0	17.0		枝	
9305	**编号 9301 至 9304 所列物品的零件、附件**						
9305 10 00	左轮手枪或其他手枪的零件及附件	13.0	80.0	17.0		千克	
9305 21 00	滑膛枪筒	13.0	80.0	17.0		千克	
9305 29 00	滑膛枪或步枪用其他零件及附件	13.0	80.0	17.0		千克	
9305 91 00	其他军用武器用零件、附件(税目 9301 的军用武器用零件、附件)	13.0	80.0	17.0		千克	
9305 99 00	其他武器的零件、附件(指编号 9302 至 9304 所列其他物品的零件)	13.0	80.0	17.0		千克	
9306	**炸弹、手榴弹、鱼雷、地雷、水雷、导弹及类似武器及其零件;子弹、其他弹药和射弹及其零件,包括弹丸及弹垫**						
9306 10 00	铆接机或类似工具的子弹及其零件(包括弩枪式无痛捕杀器用)	13.0	80.0	17.0		千克	
9306 21 00	猎枪弹	13.0	80.0	17.0		千克	
9306 29 00	猎枪弹的零件及气枪弹丸	13.0	80.0	17.0		千克	
9306 30 00	其他子弹及其零件	13.0	80.0	17.0		千克	

商品编号	商 品 名 称 备 注	进口税率		增值税	消费税	计量单位	监管条件
		最惠国	普通				
9306 90 00	其他弹药和射弹及其零件(包括炸弹、手榴弹、鱼雷、地雷、水雷、导弹等)	13.0	80.0	17.0		千克	
9307	**剑、短弯刀、刺刀、长矛和类似的武器及其零件;刀鞘、剑鞘**						
9307 00 00	剑,刀,长矛和类似的武器及其零件(包括刀鞘、剑鞘)	13.0	80.0	17.0		千克	

第二十类　杂项制品

第九十四章　家具；寝具、褥垫、弹簧床垫、软座垫及类似的填充制品；未列名灯具及照明装置；发光标志、发光铭牌及类似品；活动房屋

注释：

一、本章不包括：

（一）第三十九章、第四十章或第六十三章的充气或充水的褥垫、枕头及座垫；

（二）落地镜[例如税号70.09的试衣镜（旋转镜）]；

（三）第七十一章的物品；

（四）第十五类注释二所规定的贱金属制通用零件（第十五类）、塑料制的类似品（第三十九章）或税号83.03的保险箱；

（五）冷藏或冷冻设备专用的特制家具（税号84.18）；缝纫机专用的特制家具（税号84.52）；

（六）第八十五章的灯具及照明装置；

（七）税号85.18、85.19至85.21或税号85.25至85.28所列装置专用的特制家具（应分别归入税号85.18、85.22或85.29）；

（八）税号87.14的物品；

（九）装有税号90.18所列牙科用器具或漱口盂的牙科用椅（税号90.18）；

（十）第九十一章的物品（例如，钟及钟壳）；

（十一）玩具家具、玩具灯或玩具照明装置（税号95.03）、台球桌或其他供游戏用的特制家具（税号95.04）、魔术用的特制家具或中国灯笼及类似的装饰品（电气彩灯串除外）（税号95.05）。

二、税号94.01至94.03的物品（零件除外），只适用于落地式的物品。对下列物品，即使是悬挂的、固定在墙壁上的或叠摞的，仍归入上述各税号：

（一）碗橱、书柜、架式家具及组合家具；

（二）坐具及床。

三、（一）税号94.01至94.03所列货品的零件，不包括玻璃（包括镜子）、大理石或其他石料以及第六十八章及第六十九章所列任何其他材料的片、块（不论是否切割成形，但未与其他零件组装）。

（二）税号94.04的货品，如果单独进口或出口，不能作为税号94.01、94.02或94.03所列货品的零件归类。

四、税号94.06所称“活动房屋”，是指在工厂制成成品或制成部件并一同进口或出口，供以后在有关地点上组装的房屋，例如，工地用房、办公室、学校、店铺、工作棚、车房或类似的建筑物。

商品编号	商品名称备注	进口税率		增值税	消费税	计量单位	监管条件
		最惠国	普通				
9401	**坐具(包括能作床用的两用椅,但编号 9402 的货品除外)及其零件**						
9401 10 00	飞机用坐具及其零件	11.0	100.0	17.0		个	
9401 20 00	机动车辆用坐具	14.8	100.0	17.0		个	
9401 30 00	可调高度的转动坐具	11.0	100.0	17.0		个	
9401 40 00	能作床用的两用椅(但庭园坐具或野营设备除外)	11.0	100.0	17.0		个	
9401 50 00	藤、柳条、竹及类似材料制的坐具	11.0	100.0	17.0		个	AB
9401 61 00	装软垫的木框架的其他坐具	11.0	100.0	17.0		个	AB
9401 69 00	其他木框架的坐具(不包括编号 9401100 - 94015000 的坐具)	11.0	100.0	17.0		个	AB
9401 71 00	带软垫的金属框架的坐具	11.0	100.0	17.0		个	
9401 79 00	其他金属框架的坐具(不包括编号 94011000 - 94015000 的坐具)	11.0	100.0	17.0		个	
9401 80 00	其他坐具	11.0	100.0	17.0		个	
9401 90 11	机动车辆用坐椅调角器	31.4	100.0	17.0		套/千克	
9401 90 19	机动车辆用其他坐具零件	9.6	100.0	17.0		千克	
9401 90 90	其他坐具的零件	9.6	100.0	17.0		千克	
9402	**医疗、外科、牙科或兽医用家具(例如,手术台、检查台、带机械装置的病床、牙科用椅);有旋转、倾斜、升降装置的理发用椅及类似椅;上述物品的零件**						
9402 10 10	理发用椅及其零件	11.0	100.0	17.0		千克	
9402 10 90	牙科及类似用途的椅及其零件	4.0	30.0	17.0		千克	
9402 90 00	其他医疗,外科,兽医用家具及零件(如手术台、检查台、带机械装置的病床等)	4.0	30.0	17.0		千克	
9403	**其他家具及其零件**						
9403 10 00	办公室用金属家具	11.0	100.0	17.0		千克	
9403 20 00	其他金属家具	11.0	100.0	17.0		千克	
9403 30 00	办公室用木家具	11.0	100.0	17.0		件	AB
9403 40 00	厨房用木家具	11.0	100.0	17.0		件	AB
9403 50 10	卧室用红木制家具	11.0	100.0	17.0		件	AB
9403 50 91	卧室用漆木家具	11.0	100.0	17.0		件	AB
9403 50 99	卧室用其他木家具	11.0	100.0	17.0		件	AB
9403 60 10	其他红木制家具(非卧室用)	11.0	100.0	17.0		件	AB
9403 60 91	其他漆木家具(非卧室用)	11.0	100.0	17.0		件	AB
9403 60 99	其他木家具(非卧室用)	11.0	100.0	17.0		件	AB
9403 70 00	塑料家具	11.0	100.0	17.0		千克	
9403 80 10	藤、柳条、竹及类似材料制家具	11.0	100.0	17.0		千克	AB
9403 80 90	其他材料制的家具	11.0	100.0	17.0		千克	

商品编号	商品名称备注	进口税率		增值税	消费税	计量单位	监管条件
		最惠国	普通				
9403 90 00.10 *	飞机内厨房家具零件	11.0	100.0	17.0		千克	
9403 90 00.90	其他编号 9403 所列物品的零件	11.0	100.0	17.0		千克	
9404	**弹簧床垫;寝具及类似用品,装有弹簧、内部用任何材料填充、衬垫或用海绵橡胶、泡沫塑料制成,不论是否包面,(例如,褥垫、棉被、羽绒被、靠垫、座垫及枕头)**						
9404 10 00	弹簧床垫	20.0	100.0	17.0		个/千克	
9404 21 00.10	蔺草包面的垫子	20.0	100.0	17.0		个	4y
9404 21 00.90	海绵橡胶或泡沫塑料制褥垫(不论是否包面)	20.0	100.0	17.0		个	
9404 29 00	其他材料制褥垫	20.0	100.0	17.0		个	
9404 30 10.10	野禽羽毛或羽绒填充的睡袋	20.0	130.0	17.0		个	FB
9404 30 10.90	其他羽毛或羽绒填充的睡袋	20.0	130.0	17.0		个	B
9404 30 90	其他睡袋	20.0	100.0	17.0		个	
9404 90 10.11	棉外壳野禽羽绒和羽毛填充的被子(含盖被及类似品)	20.0	130.0	17.0		千克	FBG
9404 90 10.12	棉外壳野禽羽绒和羽毛填充的寝具(含寝具的类似品)	20.0	130.0	17.0		千克	FB
9404 90 10.13	化纤外壳野禽羽绒和羽毛填充寝具(含盖被及类似品)	20.0	130.0	17.0		千克	FB
9404 90 10.19	其他材料制外壳寝具(用野禽羽绒和羽毛填充的,含盖被及类似品)	20.0	130.0	17.0		千克	B
9404 90 10.91	棉外壳羽绒和羽毛填充的被子(含盖被及类似品)	20.0	130.0	17.0		千克	BG
9404 90 10.92	棉外壳羽绒羽毛填充寝具及类似品	20.0	130.0	17.0		千克	B
9404 90 10.93	化纤外壳羽绒和羽毛填充的寝具(含盖被及类似品)	20.0	130.0	17.0		千克	B
9404 90 10.99	其他材料制外壳的寝具(用羽绒和羽毛填充的,含盖被及类似品)	20.0	130.0	17.0		千克	B
9404 90 20.11	棉外壳野生兽毛填充的被子(含盖被及类似品)	20.0	130.0	17.0		千克	FG
9404 90 20.12	棉外壳野生兽毛填充寝具及类似品	20.0	130.0	17.0		千克	F
9404 90 20.13	化纤外壳野生兽毛填充的寝具(含盖被及类似品)	20.0	130.0	17.0		千克	F
9404 90 20.19	其他材料制外壳寝具(用野生兽毛填充的,含盖被及类似品)	20.0	130.0	17.0		千克	
9404 90 20.91	棉外壳兽毛填充的被子(含盖被及类似品)	20.0	130.0	17.0		千克	G
9404 90 20.92	棉外壳兽毛填充的寝具及类似品	20.0	130.0	17.0		千克	
9404 90 20.93	化纤外壳兽毛填充的寝具(含盖被及类似品)	20.0	130.0	17.0		千克	
9404 90 20.99	其他材料制外壳兽毛填充寝具(含盖被及类似品)	20.0	130.0	17.0		千克	
9404 90 30.10	棉外壳丝棉填充的被子(含盖被及类似品)	20.0	130.0	17.0		千克	G
9404 90 30.20	棉外壳丝棉填充的寝具及类似品	20.0	130.0	17.0		千克	

商品编号	商品名称备注	进口税率		增值税	消费税	计量单位	监管条件
		最惠国	普通				
9404 90 30.30	化纤外壳丝棉填充的寝具(含盖被及类似品)	20.0	130.0	17.0		千克	
9404 90 30.90	其他材料制外壳丝棉填充寝具(含盖被及类似品)	20.0	130.0	17.0		千克	
9404 90 40.10	棉外壳化纤棉填充的被子(含盖被及类似品)	20.0	130.0	17.0		千克	G
9404 90 40.20	棉外壳化纤棉填充的寝具及类似品	20.0	130.0	17.0		千克	
9404 90 40.30	化纤外壳化纤棉填充的寝具(含盖被及类似品)	20.0	130.0	17.0		千克	
9404 90 40.90	其他材料外壳化纤棉填充寝具(含盖被及类似品)	20.0	130.0	17.0		千克	
9404 90 90.10	棉外壳其他材料填充的被子(含盖被及类似品)	20.0	100.0	17.0		千克	G
9404 90 90.20	棉外壳其他材料填充寝具及类似品(含盖被及类似品)	20.0	100.0	17.0		千克	
9404 90 90.30	化纤外壳其他材料填充的寝具(含盖被及类似品)	20.0	100.0	17.0		千克	
9404 90 90.90	其他材料制外壳寝具(用其他材料填充的,含盖被及类似品)	20.0	100.0	17.0		千克	
9405	**其他编号未列名的灯具及照明装置,包括探照灯、聚光灯及其零件;装有固定光源的发光标志、发光名牌及类似品,以及其他编号未列名的这些货品的零件**						
9405 10 00	枝形吊灯(包括天花板或墙壁上的照明装置,但露天或街道上的除外)	14.8	80.0	17.0		千克/个	B
9405 20 00	电气台灯、床头灯、落地灯	20.0	80.0	17.0		千克/台	B
9405 30 00	圣诞树用的成套灯具	16.0	100.0	17.0		套/千克	B
9405 40 10	探照灯	17.5	70.0	17.0		台/千克	B
9405 40 20	聚光灯	17.5	70.0	17.0		台/千克	
9405 40 90	其他电灯及照明装置	14.8	80.0	17.0		千克	
9405 50 00	非电气灯具及照明装置	20.0	80.0	17.0		千克	
9405 60 00	发光标志、发光铭牌及类似品	20.0	80.0	17.0		千克	
9405 91 00	编号 9405 所列物品的玻璃制零件	20.0	70.0	17.0		千克	
9405 92 00	编号 9405 所列物品的塑料制零件	20.0	70.0	17.0		千克	
9405 99 00	编号 9405 所列物品其他材料制零件	20.0	70.0	17.0		千克	
9406	**活动房屋**						
9406 00 00.10	用动植物材料制作的活动房屋	14.8	70.0	17.0		千克	AB
9406 00 00.90	其他材料制作的活动房屋	14.8	70.0	17.0		千克	

第九十五章 玩具、游戏品、运动用品及其零件、附件

注释：

一、本章不包括：

(一)圣诞树蜡烛(税号34.05)；

(二)税号36.04的烟花、爆竹或其他烟火制品；

(三)已切成一定长度但未制成钓鱼线的纱线、单丝、绳、肠线及类似品(第三十九章、税号42.06或第十一类)；

(四)税号42.02、43.03或43.04的运动用袋或其他容器；

(五)第六十一章或第六十二章的纺织品制的运动服或化妆舞会服装；

(六)第六十三章的纺织品制的旗帜及帆板或滑行车用帆；

(七)第六十四章的运动鞋靴(装有冰刀或滑轮的溜冰鞋除外)或第六十五章的运动用帽；

(八)手杖、鞭子、马鞭或类似品(税号66.02)及其零件(税号66.03)；

(九)税号70.18的未装配的玩偶或其他玩具用的玻璃假眼；

(十)第十五类注释二所规定的贱金属制通用零件(第十五类)或塑料制的类似货品(第三十九章)；

(十一)税号83.06的铃、钟、锣及类似品；

(十二)液体泵(税号84.13)、液体或气体的过滤、净化机器及装置(税号84.21)、电动机(税号85.01)、变压器(税号85.04)或无线电遥控设备(税号85.26)；

(十三)第十七类的运动用车辆(长雪橇、平底雪橇及类似品除外)；

(十四)儿童两轮车(税号87 12)；

(十五)运动用船艇,例如,轻舟、赛艇(第八十九章)及其桨、橹和类似品(木制的归入第四十四章)；

(十六)运动及户外游戏用的眼镜、护目镜及类似品(税号90.04)；

(十七)媒诱音响器及哨子(税号92.08)；

(十八)第九十三章的武器及其他物品；

(十九)各种电气彩灯串(税号94.05)；

(二十)球拍线、帐蓬或类似的野营用品、分指手套、连指手套及露指手套(按其构成材料归类)。

二、本章包括天然或养殖珍珠、宝石或半宝石(天然、合成或再造)、贵金属或包贵金属只作为小零件的物品。

三、除上述注释一另有规定的以外,凡专用于或主要用于本章各税号所列物品的零件、附件,应与有关物品一并归类。

四、品目95.03不包括因其设计、形状和构成材料可确认为专供动物使用的物品,例如"宠物玩具"归入其相应的品目。

商品编号	商品名称备注	进口税率		增值税	消费税	计量单位	监管条件
		最惠国	普通				
9501	**供儿童乘骑的带轮玩具(例如,三轮车、踏板车、踏板汽车);玩偶车**						
9501 00 00	供儿童乘骑的带轮玩具及玩偶车(例如:三轮车、踏板车、踏板汽车)	10.0	80.0	17.0		千克	B
9502	**玩偶**						
9502 10 00	玩偶(不论是否着装)	10.0	80.0	17.0		个	AB
9502 91 00	玩偶服装及其附件(包括玩偶鞋、靴、帽)	10.0	80.0	17.0		千克	
9502 99 00	其他玩偶零件、附件	10.0	80.0	17.0		千克	
9503	**其他玩具;缩小(按比例缩小)的模型及类似的娱乐用模型,不论是否活动;各种智力玩具**						
9503 10 00	玩具电动火车(包括轨道、信号及其他附件)	10.0	80.0	17.0		千克	AB
9503 20 00	缩小(按比例缩小)的全套模型组件(不论是否活动,但编号950310的货品除外)	10.0	80.0	17.0		千克	AB
9503 30 00	其他建筑套件及建筑玩具	10.0	80.0	17.0		千克	AB
9503 41 00	填充的玩具动物	10.0	80.0	17.0		个/千克	AB
9503 49 00	其他玩具动物	10.0	80.0	17.0		个/千克	AB
9503 50 00	玩具乐器	10.0	80.0	17.0		千克	AB
9503 60 00	智力玩具	10.0	80.0	17.0		个/千克	AB
9503 70 00	组装成套的其他玩具	10.0	80.0	17.0		个/千克	AB
9503 80 00	其他带动力装置的玩具及模型	10.0	80.0	17.0		个/千克	AB
9503 90 00	其他未列名玩具	10.0	80.0	17.0		个/千克	AB
9504	**游艺场所、桌上或室内游戏用品,包括弹球机、台球、娱乐专用桌及保龄球自动球道设备**						
9504 10 00	电视电子游戏机(指与电视接收机配套使用的)	17.5	130.0	17.0		台/千克	6O
9504 20 00	台球用品及附件	12.5	80.0	17.0		千克	
9504 30 10	电子游戏机(使用硬币、钞票(纸币)、圆形代币及类似品的)	17.5	130.0	17.0		台	6O
9504 30 90	其他游戏用品(使用硬币,钞票,圆代币及类似品;但保龄球道设备除外)	10.5	80.0	17.0		台	6O
9504 40 00	扑克牌	10.5	80.0	17.0		副	
9504 90 10	其他电子游戏机	17.5	130.0	17.0		台	6O
9504 90 21	保龄球自动分瓶机	10.5	80.0	17.0		台	
9504 90 22	保龄球	10.5	80.0	17.0		个	
9504 90 23	保龄球瓶	10.5	80.0	17.0		个	
9504 90 29	其他保龄球自动球道设备及器具	10.5	80.0	17.0		台	
9504 90 30	象棋、跳棋等棋类用品(包括中国象棋、国际象棋)	10.5	80.0	17.0		副	
9504 90 40	麻将及类似桌上游戏用品	10.5	80.0	17.0		副/千克	
9504 90 90	其他游艺场、桌上或室内游戏用品(包括弹球机)	10.5	80.0	17.0		台/千克	

商品编号	商品名称备注	进口税率		增值税	消费税	计量单位	监管条件
		最惠国	普通				
9505	**节日(包括狂欢节)用品或其他娱乐用品,包括魔术道具及嬉戏品**						
9505 10 00.10	含动植物性材料的圣诞用品(不包括成套圣诞节灯具)	10.5	100.0	17.0		千克	AB
9505 10 00.90	其他圣诞节用品(不包括成套圣诞节灯具)	10.5	100.0	17.0		千克	
9505 90 00	其他节日用品或娱乐用品(包括魔术道具及嬉戏品)	10.5	100.0	17.0		千克	B
9506	**一般的体育活动、体操、竞技及其他运动(包括乒乓球运动)或户外游戏用本章其他编号未列名的用品及设备;游泳池或戏水池**						
9506 11 00	滑雪屐	14.0	50.0	17.0		双	
9506 12 00	滑雪屐扣件(滑雪屐带)	14.0	50.0	17.0		千克	
9506 19 00	其他滑雪用具	14.0	50.0	17.0		千克	
9506 21 00	帆板	12.0	50.0	17.0		个	
9506 29 00	其他水上运动用具(包括滑水板、冲浪板)	14.0	50.0	17.0		个	
9506 31 00	全套高尔夫球棍	14.0	50.0	17.0		根	
9506 32 00	高尔夫球	12.0	50.0	17.0		个	
9506 39 00	其他高尔夫球用具	14.0	50.0	17.0		千克	
9506 40 10	乒乓球	12.0	50.0	17.0		百个/千克	
9506 40 90	其他乒乓球运动用品及器械	14.0	50.0	17.0		千克	
9506 51 00	草地网球拍(不论是否装弦)	14.0	50.0	17.0		副	
9506 59 00	其他网球拍、羽毛球拍或类似球拍	14.0	50.0	17.0		副	
9506 61 00	草地网球	12.0	50.0	17.0		个	
9506 62 10	篮球、足球、排球	12.0	50.0	17.0		个	
9506 62 90	其他可充气的球	12.0	50.0	17.0		个	
9506 69 00	其他球(但高尔夫球及乒乓球除外)	12.0	50.0	17.0		个	
9506 70 10	溜冰鞋(包括装有冰刀的溜冰靴)	14.0	50.0	17.0		双	
9506 70 20	旱冰鞋	14.0	50.0	17.0		双	
9506 91 10	健身及康复器械(包括设备)	12.0	50.0	17.0		千克	B
9506 91 20	滑板	12.0	50.0	17.0		千克	
9506 91 90	一般的体育活动、体操或竞技用品(包括设备)	12.0	50.0	17.0		千克	
9506 99 00	其他未列名的 95 章用品及设备(包括户外游戏用品及设备,如游冰池、戏水池)	12.0	50.0	17.0		个	
9507	**钓鱼竿、钓鱼钩及其他钓鱼用品;捞鱼网、捕蝶网及类似网;"化子鸟"(编号 9208 或 9705 的货品除外)以及类似的狩猎用品**						
9507 10 00.10	用植物性材料制作的钓鱼竿	21.0	80.0	17.0		副	AB
9507 10 00.90	其他钓鱼竿	21.0	80.0	17.0		副	
9507 20 00	钓鱼钩(无论有无系钩丝)	21.0	80.0	17.0		千克	
9507 30 00	钓线轮	21.0	80.0	17.0		个	
9507 90 00	其他钓鱼用品(包括捞鱼网、捕蝶网及类似网)	21.0	80.0	17.0		个	

商品编号	商 品 名 称 备 注	进口税率		增值税	消费税	计量单位	监管条件
		最惠国	普通				
9508	**旋转木马、秋千、射击用靶及其他游乐场的娱乐设备;流动马戏团、流动动物园及流动剧团**						
9508 10 00	流动马戏团及流动动物园	19.0	100.0	17.0		千克	AB
9508 90 00	其他游乐场娱乐设备;流动剧团	19.0	100.0	17.0		千克	AB

第九十六章　杂项制品

注释：

一、本章不包括：

(一)化妆盥洗用笔(第三十三章)；

(二)第六十六章的制品(例如，伞或手杖的零件)；

(三)仿首饰(税号71.17)；

(四)第十五类注释二所规定的贱金属制通用零件(第十五类)或塑料制的类似品(第三十九章)；

(五)第八十二章的利口器及其他物品，其柄或其他零件是雕刻或模塑材料制的；但税号96.01或96.02适用于单独进口或出口的上述物品的柄或其他零件；

(六)第九十章的物品，例如，眼镜架(税号90.03)、数学绘图笔(税号90.17)、各种牙科、医疗、外科或兽医专用刷子(税号90.18)；

(七)第九十一章的物品(例如，钟壳或表壳)；

(八)乐器及其零件、附件(第九十二章)；

(九)第九十三章的物品(武器及其零件)；

(十)第九十四章的物品(例如，家具、灯具及照明装置)；

(十一)第九十五章的物品(玩具、游戏品、运动用品)；

(十二)艺术品、收藏品及古物(第九十七章)。

二、税号96.02所称"植物质或矿物质雕刻材料"，是指：

(一)用于雕刻的硬种子、硬果核、硬果壳、坚果及类似植物材料(例如，象牙果及棕榈子)；

(二)琥珀、海泡石、粘聚琥珀、粘聚海泡石、黑玉及其矿物代用品。

三、税号96.03所称"制帚、制刷用成束、成簇的材料"，仅指未装配的成束、成簇的兽毛、植物纤维或其他材料。这些成束、成簇的材料无需分开即可安装在帚、刷之上，或只需经过简单加工(例如将顶端修剪成形)即可安装的。

四、除税号96.01至96.06或96.15的货品以外，本章的物品还包括全部或部分用贵金属、包贵金属、天然或养殖珍珠、宝石或半宝石(天然、合成或再造)制成的物品。而且，税号96.01至96.06及96.15包括天然或养殖珍珠、宝石或半宝石(天然、合成或再造)、贵金属或包贵金属只作为小零件的物品。

商品编号	商品名称备注	进口税率		增值税	消费税	计量单位	监管条件
		最惠国	普通				
9601	**已加工的兽牙、骨、玳瑁壳、角、鹿角、珊瑚、珍珠母及其他动物质雕刻材料及其制品(包括塑模制品)**						
9601 10 00.10	已加工的野兽牙及其制品	20.0	100.0	17.0		千克	AFB
9601 10 00.90	其他已加工的兽牙及其制品	20.0	100.0	17.0		千克	AB
9601 90 00.10	其他已加工野生动物质雕刻料(包括其制品)	20.0	100.0	17.0		千克	AFB
9601 90 00.90	其他已加工动物质雕刻料及其制品(指已加工的骨、玳瑁壳、角、鹿角、珊瑚、珍珠母等)	20.0	100.0	17.0		千克	AB
9602	**已加工的植物质或矿物质雕刻材料及其制品;蜡、硬脂、天然树胶、天然树脂或塑型膏制成的模塑或雕刻制品以及其他编号未列名的模塑或雕刻制品;已加工的未硬化明胶(编号3503的明胶除外)及未硬化明胶制品**						
9602 00 10	装药用胶囊	10.5	40.0	17.0		千克	
9602 00 90	已加工植物或矿物质雕刻料及制品(指已加工的,包括蜡、硬脂、天然树胶、脂制模塑或雕刻)	25.0	100.0	17.0		千克	AB
9603	**帚、刷(包括作为机器、器具、车辆零件的刷)、非机动的手工操作地板清扫器、拖把及毛掸;供制帚、刷用的成束或成簇的材料;油漆块垫及滚筒;橡皮扫帚(橡皮辊除外)**						
9603 10 00	用枝条或其他植物材料捆扎成的帚(包括刷,不论是否有把)	25.0	100.0	17.0		把	AB
9603 21 00	牙刷(包括齿板刷)	25.0	100.0	17.0		把	
9603 29 00.10	野生动物毛制剃须刷,发刷(包括睫毛刷等人体化妆刷)	19.0	100.0	17.0		支	F
9603 29 00.90	剃须刷,发刷,睫毛刷等人体化妆刷(包括作为器具零件的编号96032所属的刷)	19.0	100.0	17.0		支	
9603 30 10.10	野生动物毛制的画笔	25.0	100.0	17.0		支	F
9603 30 10.90	其他画笔	25.0	100.0	17.0		支	
9603 30 20.10	野生动物毛制的毛笔	20.0	100.0	17.0		支	F
9603 30 20.90	其他毛笔	20.0	100.0	17.0		支	
9603 30 90.10	野生动物毛制化妆用的类似笔	29.0	100.0	17.0		支	F
9603 30 90.90	其他化妆用的类似笔	29.0	100.0	17.0		支	
9603 40 11	猪鬃制漆刷及类似品	20.0	100.0	17.0		把	
9603 40 19	其他材料制漆刷及类似刷	23.0	100.0	17.0		把	
9603 40 20	油漆块垫及滚筒	23.0	100.0	17.0		个	
9603 50 11	作为机器、器具零件的金属丝刷	14.0	50.0	17.0		个	
9603 50 19	作为车辆零件的金属丝刷	14.0	100.0	17.0		个	
9603 50 91.10	野生动物毛制作为机器零件其他刷(包括器具零件的其他刷)	14.0	50.0	17.0		个	F
9603 50 91.90	其他作为机器、器具零件的其他刷	14.0	50.0	17.0		个	
9603 50 99.10	野生动物毛制作为车辆零件其他刷	14.0	100.0	17.0		个	F

商品编号	商 品 名 称 备 注	进口税率		增值税	消费税	计量单位	监管条件
		最惠国	普通				
9603 50 99.90	其他作为车辆零件的其他刷	14.0	100.0	17.0		个	
9603 90 10.10	野禽羽毛掸	21.0	130.0	17.0		个	AFB
9603 90 10.90	其他羽毛掸	21.0	130.0	17.0		个	AB
9603 90 90.10	野生动物毛、鬃、尾制其他帚,刷(包括拖把及其他毛掸)	19.0	100.0	17.0		个	AFB
9603 90 90.20	其他动植物材料制帚,刷,拖把等(包括动植物材料制非机动的手工操作地板清扫器、毛掸)	19.0	100.0	17.0		个	AB
9603 90 90.90	其他材料制帚,刷,拖把及毛掸(包括其他材料制非机动的手工操作地板清扫器等)	19.0	100.0	17.0		个	
9604	**手用粗筛、细筛**						
9604 00 00	手用粗筛、细筛	21.0	100.0	17.0		个	AB
9605	**个人梳妆、缝纫或清洁鞋靴、衣服用的成套旅行用具**						
9605 00 00.10	含野生动物成分的成套旅行用品(指个人梳妆、缝纫等用成套旅行用品)	19.0	100.0	17.0		套	F
9605 00 00.90	个人梳妆、缝纫等用成套旅行用品(包括清洁鞋靴、衣服用的)	19.0	100.0	17.0		套	
9606	**钮扣、揿扣、钮扣芯及钮扣和揿扣的其他零件;钮扣坯**						
9606 10 00	揿扣及其零件	21.0	100.0	17.0		千克	
9606 21 00	塑料制钮扣(未用纺织材料包裹的)	21.0	100.0	17.0		千克	
9606 22 00	金属制钮扣(未用纺织材料包裹的)	19.0	100.0	17.0		千克	
9606 29 00.10	含野生动物成分的其他钮扣	19.0	100.0	17.0		千克	F
9606 29 00.90	其他钮扣	19.0	100.0	17.0		千克	
9606 30 00	钮扣芯及钮扣的其他零件(包括钮扣坯)	19.0	100.0	17.0		千克	
9607	**拉链及其零件**						
9607 11 00	装有贱金属齿的拉链	21.0	130.0	17.0		米/千克	
9607 19 00	其他拉链	21.0	130.0	17.0		米/千克	
9607 20 00	拉链零件	21.0	130.0	17.0		千克	
9608	**圆珠笔;毡尖及其他渗水式笔尖笔及唛头笔;自来水笔、铁笔型自来水笔及其他钢笔;蜡纸铁笔;活动铅笔;钢笔杆、铅笔杆及类似的笔杆;上述物品的零件(包括帽、夹),但编号 9609 的货品除外**						
9608 10 00	圆珠笔	15.0	80.0	17.0		支	
9608 20 00	毡尖和其他渗水式笔尖笔及唛头笔	21.0	80.0	17.0		支	
9608 31 00	墨汁画笔	21.0	80.0	17.0		支	
9608 39 10	自来水笔	21.0	80.0	17.0		支	
9608 39 90	其他钢笔	21.0	80.0	17.0		支	
9608 40 00	活动铅笔	21.0	80.0	17.0		支	

商品编号	商 品 名 称 备 注	进口税率		增值税	消费税	计量单位	监管条件
		最惠国	普通				
9608 50 00	含有两种笔及以上的成套货品(指编号 9608 所列的各种笔)	21.0	80.0	17.0		套	
9608 60 00	圆珠笔芯(指由圆珠笔头和墨芯构成)	21.0	80.0	17.0		支	
9608 91 00	钢笔头及笔尖粒	12.0	70.0	17.0		支	
9608 99 10	机器、仪器用笔	17.5	40.0	17.0		支/千克	
9608 99 20	蜡纸铁笔,钢笔杆,铅笔杆等(包括类似笔杆,但编号 9609 的货品除外)	21.0	80.0	17.0		支/千克	
9608 99 90	其他笔零件(包括笔帽、笔夹,但编号 9609 的货品除外)	21.0	80.0	17.0		千克	
9609	**铅笔(编号 9608 的铅笔除外)、颜色铅笔、铅笔芯、蜡笔、图画碳笔、书写或绘画用粉笔及裁缝划粉**						
9609 10 10	铅笔	21.0	80.0	17.0		千克/百支	B
9609 10 20	颜色铅笔	21.0	80.0	17.0		千克	B
9609 20 00	铅笔芯,黑的或其他颜色的	21.0	80.0	17.0		千克	B
9609 90 00	蜡笔,图画碳笔,书写或绘画用粉笔(包括裁缝划笔)	15.0	80.0	17.0		千克	B
9610	**具有书写或绘画面的石板、黑板及类似板,不论是否镶框**						
9610 00 00	具有书写或绘画面的石板、黑板(包括类似板,不论是否镶框)	15.0	80.0	17.0		千克	
9611	**手用日期戳、封缄戳、编号戳及类似印戳(包括标签压印器);手工操作的排字盘及带有排字盘的手印器**						
9611 00 00.10	含野生动物成分的手用日期戳(包括封缄戳及类似印戳)	21.0	80.0	17.0		千克	F
9611 00 00.90	手用日期戳、封缄戳及类似印戳(包括编号戳,标签压印器;手工排字盘及带有字盘的手印器)	21.0	80.0	17.0		千克	
9612	**打字机色带或类似色带,已上油或经其它方法处理能着色的,不论是否装轴或装盒;印台,不论是否已加印油或带盒子**						
9612 10 00.10	化学纤维制机织打字机色带	10.5	35.0	17.0		个	
9612 10 00.90	打字机色带或类似色带	10.5	35.0	17.0		个	
9612 20 00	印台(不论是否已加印油或带盒子)	25.0	100.0	17.0		个	
9613	**香烟打火机和其他打火器(不论是机械的,还是电气的)及其零件,但打火石及打火机芯除外**						
9613 10 00	一次性袖珍气体打火机	25.0	130.0	17.0		个	B
9613 20 00	可充气袖珍气体打火机	25.0	130.0	17.0		个	B
9613 80 00	其他打火器	25.0	130.0	17.0		个	B
9613 90 00	打火机及打火器零件(但打火石及打火机芯除外)	25.0	130.0	17.0		千克	

商品编号	商 品 名 称 备 注	进口税率		增值税	消费税	计量单位	监管条件
		最惠国	普通				
9614	**烟斗(包括烟斗头)和烟嘴及其零件**						
9614 20 00.10	含野生动物成分的烟斗及烟斗头(仅指野生哺乳类牙齿制产品)	25.0	130.0	17.0		个	ABF
9614 20 00.20	用植物性材料制作的烟斗及烟斗头	25.0	130.0	17.0		个	AB
9614 20 00.90	其他烟斗及烟斗头	25.0	130.0	17.0		个	
9614 90 00.10	含野生动物的烟嘴及其零件(仅指野生哺乳类牙齿制产品)	25.0	130.0	17.0		千克	F
9614 90 00.90	其他烟嘴及其零件	25.0	130.0	17.0		千克	
9615	**梳子、发夹及类似品;发卡、卷发夹、卷发器或类似品及其零件,但编号 8516 的货品除外**						
9615 11 00	硬质橡胶、塑料制梳子、发夹等(包括其类似品)	19.8	130.0	17.0		千克	
9615 19 00.10	含野生动物成分的其他材料制梳子(包括角质发夹等, 金属、塑料及家畜来源的产品除外)	19.8	130.0	17.0		千克	ABF
9615 19 00.20	用其他动植物材料制的梳子(包括角质发夹等,金属、塑料及家畜来源的产品除外)	19.8	130.0	17.0		千克	AB
9615 19 00.90	其他材料制梳子、角质发夹等(包括类似品,但橡胶、塑料制的除外)	19.8	130.0	17.0		千克	
9615 90 00	其他发夹、卷发器等及其零件(包括卷发针、卷发夹等,但编号 8516 的货品除外)	19.8	130.0	17.0		千克	
9616	**香水喷雾器或类似的化妆用喷雾器及其座架、喷头;粉扑及粉拍,施敷脂粉或化妆品用**						
9616 10 00	香水喷雾器或类似的化妆用喷雾器(包括座架、喷头)	19.8	130.0	17.0		千克	
9616 20 00	施敷脂粉或化妆品用粉扑及粉拍	19.8	130.0	17.0		千克	
9617	**带壳的保温瓶和其他真空容器及其零件,但玻璃瓶胆除外**						
9617 00 10	保温瓶及零件(玻璃胆除外)	24.0	130.0	17.0		个/千克	
9617 00 90	其他真空容器及零件(玻璃胆除外)	19.8	130.0	17.0		千克	
9618	**裁缝用人体模型及其他人体活动模型;橱窗装饰用自动模型及其他活动陈列品**						
9618 00 00.10	用植物性材料制作的人体模型	21.0	80.0	17.0		千克	AB
9618 00 00.90	裁缝用其他人体模型(包括橱窗装饰用的自动模型及其他活动陈列品)	21.0	80.0	17.0		千克	

第二十一类　艺术品、收藏品及古物

第九十七章　艺术品、收藏品及古物

注释：

一、本章不包括：

(一)品目 49.07 的未经使用的邮票、印花税票、邮政信笺(印有邮票的纸品)及类似的票证；

(二)作舞台、摄影的布景及类似用途的已绘制画布(税号 59.07)，但可归入税号 97.06 的除外；

(三)天然或养殖珍珠、宝石或半宝石(税号 71.01 至 71.03)。

二、税号 97.02 所称“雕版画、印制画、石印画的原本”，是指以艺术家完全手工制作的单块或数块印版直接印制出来的黑白或彩色原本，不论艺术家使用何种方法或材料，但不包括使用机器或照相制版方法制作的。

三、税号 97.03 不适用于成批生产的复制品及具有商业性质的传统手工艺品，即使这些物品是艺术家设计或创造的。

四、(一)除上述注释一至三另有规定的以外，可归入本章各税号的物品，均应归入本章的相应税号而不归入本目录的其他税号；

(二)税号 97.06 不适用于可以归入本章其他各税号的物品。

五、已装框的油画、粉画及其他绘画、版画、拼贴画及类似装饰板，如果框架的种类及价值与作品相称，应与作品一并归类。如果框架的种类及价值与作品不相称，应分别归类。

商品编号	商品名称备注	进口税率		增值税	消费税	计量单位	监管条件
		最惠国	普通				
9701	**油画、粉画及其他手绘画,但带有手工绘制及手工描饰的制品或编号4906的图纸除外;拼贴画及类似装饰板**						
9701 10 10	手绘油画、粉画及其他画的原件(但手工绘制及手工描饰的制品或编号4906的图纸除外)	12.0	50.0	17.0		幅	
9701 10 20	手绘油画、粉画及其他画的复制品(但手工绘制及手工描饰的制品或编号4906的图纸除外)	14.0	50.0	17.0		幅	
9701 90 00.10	含野生动物成分的拼贴画(包括类似装饰板,指一切源自野生动物的产品)	14.0	50.0	17.0		千克	ABF
9701 90 00.20	用其他动植物材料制作的拼贴画(包括类似装饰板,指一切缘自野生动物的产品)	14.0	50.0	17.0		千克	AB
9701 90 00.90	其他拼贴画及类似装饰板	14.0	50.0	17.0		千克	
9702	**雕版画、印制画、石印画的原本**						
9702 00 00	雕版画、印制画、石印画的原本	12.0	50.0	17.0		幅	
9703	**各种材料制的雕塑品原件**						
9703 00 00.10	野生动物材料制的雕塑品原件(指一切源自野生动物的产品)	12.0	50.0	17.0		幅	F
9703 00 00.90	其他各种材料制的雕塑品原件	12.0	50.0	17.0		幅	
9704	**使用过或未使用过的邮票、印花税票、邮戳印记、首日封、邮政信笺(印有邮票的纸品)及类似品,但品目49.07的货品除外**						
9704 00 10	邮票(指使用过的或虽未使用过但不是指运国流通及新发行的)	8.0	50.0	17.0		千克	
9704 00 90	印花税票及类似票证等(指使用过的或虽未使用过但不是指运国流通及新发行的)	14.0	50.0	17.0		千克	
9705	**具有动物学、植物学、矿物学、解剖学、历史学、考古学、古生物学、人种学或钱币学意义的收集品及珍藏品**						
9705 00 00.10	含野生动物的收藏品(具有动物学意义的)			17.0		千克	ABF
9705 00 00.90	具有动、植、矿物学意义的收藏品(还包括具有解剖、历史、考古、古生物学意义的收藏品)			17.0		千克	ABF
9706	**超过一百年的古物**						
9706 00 00.10	超过一百年的野生动植古物(具收藏或文史价值的)			17.0		千克	ABF
9706 00 00.90	其他超过一百年的古物			17.0		千克	

第二十二类　特殊交易品及未分类商品

第九十八章　特殊交易品及未分类商品

商品编号	商品名称备注	进口税率		增值税	消费税	计量单位	监管条件
		最惠国	普通				
9801							
9801 00 10	≤二千元 RMB 的非税,非证进口商品					千克	
9801 00 90	其他未分类商品					千克	
9801 30 00	流通中的货币现钞(包括纸币及硬币)					千克	T
9803							
9803 00 10	系统软件					套	
9803 00 20	支撑软件					套	
9803 00 30	应用软件					套	
9803 00 90	其他软件					套	

第九十九章

商品编号	商品名称备注	进口税率		增值税	消费税	计量单位	监管条件
		最惠国	普通				
9952							
9952 01 00	新疆棉					千克	14ABu
9952 02 00	内地棉					千克	14ABu

附表一

2002 年出口商品关税税率表

序号	税则号列	货品名称	税则税率(%)
1	03019210	鳗鱼苗	20
2	05060000	骨、角柱及他们的粉末、废料	40
3	26070000	铅矿砂及其精矿	30
4	26080000	锌矿砂及其精矿	30
5	26090000	锡矿砂及其精矿	50
6	26110000	钨矿砂及其精矿	20
7	26159000	钽铌矿砂及其精矿	30
8	26171010	生锑	20
9	28047000	磷	20
10	28269000	氟钽酸钾	30
11	29022000	苯	40
12	41031010	山羊板皮	20
13	72011000	非合金生铁,含磷量小于或等于 0.5%	20
14	72012000	非合金生铁,含磷量大于 0.5%	20
15	72015000	合金生铁	20
16	72021000	锰铁	20
17	72022000	硅铁	25
18	72023000	硅锰铁	20
19	72024000	铬铁	40
20	72040000	钢铁废碎料;供再熔的碎料钢铁锭	40
21	74020000	未精炼铜,电解精炼用的铜阳极	30
22	74030000	未锻轧的精炼铜及铜合金	30
23	74040000	铜废碎料	30
24	74070000	铜条、杆、型材及异型材	30
25	74080000	铜丝	30
26	74090000	铜板、片及带,厚度>0.15mm	30
27	75020000	未锻轧镍	40
28	75089010	电镀用镍阳极	40
29	76010000	未锻轧铝	30
30	76020000	铝废碎料	30
31	76040000	铝条、杆、型材及异型材	20
32	76050000	铝丝	20
33	76060000	铝板、片及带,厚度>0.2mm	20
34	79010000	未锻轧锌	20
35	81100020	未锻轧锑	20
36	81100030	锑废碎料、粉末	20

附表二

2002 年进口商品暂定最惠国税率表(一)

序号	税则号列	商品名称	2002 年税率	2002 年暂定税率
1	18040000	可可脂	27.2	15
2	21061000	浓缩蛋白质及人造蛋白物质	24	15
3	23099090	已配制的饲料	7.4	4
4	25281000	天然硼砂及其精矿	4.2	1
5	25289000	天然粗硼酸,含硼酸干重不超过 85%	5	1
6	27075000	芳烃混合物	7	3
7	27076000	混合甲酚	7	3
8	27101929	350 度以下馏出物体积百分比小于 20%,550 度以下馏出物体积百分比大于 80%的蜡油	6	3
9	28092010	磷酸及偏磷酸、焦磷酸	1	0
10	28251010	水合肼	5.5	3
11	29012100	乙烯	2.8	0
12	29031500	1,2-二氯乙烷	5.5	2
13	29036110	邻二氯苯	5.5	3
14	29042020	邻、对硝基甲苯	5.5	3
15	29051210	正丙醇	5.5	3
16	29051400	叔丁醇	5.5	3
17	29053200	丙二醇	5.5	3
18	29071212	邻甲酚	5.5	3
19	29094100	二甘醇	5.5	3
20	29094990	2-正丙氧基乙醇	5.5	3
21	29121900	乙二醛	5.5	3
22	29121900	正丙醛	5.5	3
23	29126000	多聚甲醛	5.5	3
24	29141200	丁酮	5.5	3
25	29141300	甲基异丁基甲酮	5.5	3
26	29155010	丙酸	5.5	3
27	29211990	三乙胺、月桂胺、一乙胺、正丁胺	6.5	3
28	29212110	乙二胺	6.5	3
29	29212900	二乙烯三胺	6.5	3
30	29214300	邻甲苯胺	6.5	3
31	29221320	芳基聚氧乙烯磷酸酯	6.5	3
32	29269090	已二腈	6.5	3
33	29309090	乙硫醇	6.5	3
34	32061110	金红石型钛白粉	8.4	5
35	32082010 32089010	光导纤维用涂料(主要成分为聚胺酯丙烯酸酯类化合物)	10	6
36	33013010	鸢尾凝脂(香膏类)	20	10

序号	税则号列	商品名称	2002年税率	2002年暂定税率
37	34029000	十二烷基苯磺酸钙甲醇溶液(十二烷基苯磺酸钙含量应高于70%)	19.5	7
38	35030010	明胶	14.4	5
39	37019920	超微粒干版	12	8
40	37025520	未曝光的窄长彩色电影胶卷(正片)	16元/平方米	6元/平方米
41	38237000	工业用脂肪醇	13	9
42	39012000	聚乙烯(电工级,进口CIF价高于2000美元/吨)	14.2	3
43	39021000	电工级初级形状聚丙烯树脂(灰分含量不大于30ppm)	10	6
44	39081010	尼龙11、尼龙12	12.8	7
	39081090		10.3	7
45	39119000	芳基酸与芳基胺预缩聚物	10.3	3
46	39119000	改性三羟乙基脲酸酯类预缩聚物	10.3	3
47	39119000	聚苯硫醚	10.3	6
48	39119000	偏苯三酸酐和异氰酸预缩聚物	10.3	3
49	39121100	未塑化二、三醋酸纤维素	8.4	5
50	40011000	天然胶乳	20	10
51	40112000	断面宽度24英寸及以上的巨型轮胎	18.8	6
	40116900		17.5	6
	40119900		25	6
52	48059100	照相原纸	9.4	5
	48059200			
	48059300			
53	48115110	彩色相纸用双面涂塑纸	12.5	7
54	56013000	由两种或两种以上聚合物纺制的纤维(横截面为皮芯结构或并列结构或海岛结构),长度不超过5毫米	18.3	13
55	70200011	导电玻璃	10.5	7
56	70200012	绝缘子用玻璃伞盘	10.5	4
57	72269900	铁镍合金带材(生产集成电路框架用)	7	4
58	73044110	锅炉管(包括内螺纹)	10	5
59	73044910	锅炉管(包括内螺纹)	10	5
60	84073420	排气量5.9升及以上的天然气发动机	16	10
61	84079090	转速<3600r/min的发动机用汽油发动机、税号8426-8430所列转速<4650r/min的工程机械用汽油发动机	18	10
62	84089092	税号8426-8430所列机械用转速<4650r/min柴油发动机	12.2	10
63	84122990	载重4万吨及以上船舶用舱口盖液压装置	14	8
64	84143012	仅用于冰箱的压缩机	16	12
	84143013			
65	84201000	织物轧光机	8.4	6
66	84335100	功率≥160马力的联合收割机	8	5
67	84335910	甘蔗收获机	8	5
68	84335990	棉花收获机、自走式青储饲料收获机	8	5

序号	税则号列	商品名称	2002年税率	2002年暂定税率
69	84435911 84435912	纺织用圆网印花机或平网印刷机	12	8
70	84483200	精梳机钳板、顶梳装置,精梳机锡林部件、精梳机车头凸轮传动、行星齿轮部件,精梳联合梳理装置,清梳联合给棉装置,清梳联合机盖板清洁装置	6	3
71	84483310	络筒锭	6	3
72	84483920	电子清纱器	6	3
73	84483930	空气捻接器	6	3
74	84484910	接、投梭箱	6	3
75	84484920	引纬、送经装置	6	3
76	84484990	自动寻纬、补纬装置、打纬装置	6	3
77	84513000	熨烫机及挤压机	12.8	9
78	84514000	碱减量机	10.1	7
79	84518000	服装定型焙烘炉	14	10
80	84518000	服装液氨整理机	14	10
81	84518000	预缩机	14	10
82	84518000	剪绒、洗缩联合机	14	10
83	84518000	罐蒸机	14	10
84	84518000	剪毛联合机	14	10
85	84518000	涂层机	14	10
86	84518000	柔软整理机	14	10
87	84518000	定型机	14	10
88	84518000	精炼机	14	10
89	84518000	丝光机	14	10
90	84518000	磨毛机	14	10
91	84734010	自动柜员机出钞器	10.5	3
92	84798110	吐丝机	9.5	7
93	85011099	激光视盘机机芯精密微型电机	10.8	6
94	85015300	高速(200km/h)电力机车的交流异步牵引电动机	12	3
95	85023100	风力发电设备	8	5
96	85030030	风力发电设备的零件	3	1
97	85044090	高速(200km/h)电力机车的牵引变流器	10	3
98	85144000	焊缝中频退火装置	12	5
99	85229030	视频信号录制或重放设备的零件	30	10
100	85229030	激光视盘机驱动器机芯的零件	30	6
101	85254041	广播级静像摄像机及摄录一体机	22.5	5
102	85254049	其他静像摄像机及摄录一体机	22.5	10
103	85254050	数码相机	30	15
104	85299081	背投电视机显示屏	16	10
105	85299049	家用摄录一体机零件	12	6
106	85393290	彩色液晶投影机的照明光源	8	5
107	87019000	功率大于150马力的拖拉机	9.8	5

序号	税则号列	商品名称	2002年税率	2002年暂定税率
108	87042240	混凝土泵车、搅拌车用底盘(装有驾驶室)	24	12
109	87042300	混凝土泵车、搅拌车用底盘(装有驾驶室)	21	10
110	87042300	起重25吨及以上汽车起重机用底盘(装有驾驶室)	21	10
111	87059090	跑道除冰车	17.2	10
112	87084050	扭距≥90kgm变速箱、分动箱	14	6
113	87089950	扭距≥90kgm变速箱、分动箱的零件	10	6
114	87085020	轴荷≥10t的中后驱动桥	21.7	8
115	87089920	轴荷≥10t的中后驱动桥的零件	27.5	8
116	87085050	轴荷≥6吨的前驱动桥	14	8
117	87088090	30座及以上的客车用悬挂减震器	24	8
118	87089320	座位≥30客车用离合器及零件	21.7	8
119	87089350	总重≥14吨柴油型货车用离合器及零件	14	8
120	87089420	30座及以上客车用转向器	21.7	8
121	87089920	30座及以上客车用转向器的零件	27.5	8
122	87089450	总重≥14吨柴油型货车转向器的零件	14	8
123	87089930	非公路用自卸车未列名零部件	6	3
124	90021190	彩色液晶投影机的镜头透镜	15	6
125	90104200	分步重复光刻机	11	1
126	90132000	2.5G B/S及以上SDH、波分复用光传输设备的980微米泵浦激光器	6	3
127	90139010	激光视盘机激光发送装置的零件(含微型镜片)	6	3
128	90318090	跑道摩擦系数测试仪	6.8	3
		零售包装农药成药:		
129	38081019	零售包装杀虫剂	10	5
130	38082010	零售包装的杀菌剂	9	5
131	38083011	零售包装的除草剂	9	5
132	38083091	零售包装抗萌剂及植物生长剂	9	5
		农药原药		
133	29309090	拿扑净、杀草丹	6.5	3
134	29310000	益舒宝原药	6.5	3
135	29339900	精禾草克	6.5	3
136	29341000	尼索朗原药	6.5	3
137	29349990	农思它	6.5	3
		农药中间体:		
138	28121010	氯化亚砜	5.5	2
139	29071910	邻仲丁基酚、邻异丙基酚	4	2
140	29162010	DV菊酸甲酯、二溴菊酸	4	2
141	29162090	二氯菊酰氯(DV菊酰氯)	6.5	2
142	29172010	四氢苯酐	4	2
143	29211910	二正丙胺	4	2

序号	税则号列	商品名称	2002年税率	2002年暂定税率
144	29211920	异丙胺	6.5	2
145	29214920	2,4、2,6－二甲基苯胺	6.5	2
146	29214940	2,6－二乙基苯胺	6.5	2
147	29329910	呋喃酚	4	2
148	29333210	六氢吡啶	4	2
149	29336910	三聚氰氯	6	2
		飞机机载设备、机舱设备及零部件:		
150	40129010	航空用实心或半实心橡胶轮胎	3	1
151	40139010	航空用橡胶内胎	3	1
152	70071110	空载重量25吨及以上飞机的挡风玻璃	2	1
153	84119910	涡轮轴发动机用零件	5	1
154	84714140	飞机机载大气数据专用计算机	6	1
155	85261090	机载雷达(包括气象雷达、地形雷达和空中交通管制应答系统)	5	1
156	85438990	飞行数据记录器、报告器	7.2	1
157	88024010	空载重量在25吨及以上,但重量不超过45吨的客运飞机	5	1
158	90142000	航空惯性导航仪	2	1
159	90328900	飞机自动驾驶系统(包括自动驾驶、电子控制飞行、自动故障分析、警告系统配平系统及推力监控设备及其相关仪表)	7	1
	90330000		6	1
160	94039000	飞机机内厨房用家具的零件	11	8
		乐器:		
161	92012000	完税价格50000美元及以上的大钢琴	22.5	1
162	92021000	完税价格15000美元及以上的弓弦乐器	19.4	1
163	92051000	完税价格2000美元及以上的铜管乐器	17.5	5
164	92059000	完税价格10000美元及以上的其他管乐器	17.5	5

附表三

2002年进口商品暂定最惠国税率表(二)

序号	税则号列	货品名称	税则税率	暂定税率	技术规格及用途
1	84099199	气缸体(毛坯)	8.6	3	气缸数为4或6,缸径为75mm-89mm
2	84099199	连杆(毛坯)	8.6	3	连杆轴径孔直径为43mm-64.6mm,活塞销孔与连杆轴径孔中心距为122mm-149.5mm。
3	84831090	曲轴(毛坯)	6	2	连杆轴径数量为4或6,主轴径为48-59mm或67.25mm
4	84099199	气缸盖(毛坯)	8.6	3	材质为铝合金,每缸为4气阀或5气阀的气缸盖
5	84099199	进气节流阀总成	8.6	3	喉管直径分别为40、45、46、50、52、55、56、58、60、100mm
6	84099199	汽油发动机用液压挺杆	8.6	3	进气液压挺杆直径和高度分别为24、24;21.4,56.6;24,26mm;排气液压挺杆直径和高度分别为33.5,26.2;21.4,56.5;33.5
7	84143090	增压器	13.4	5	增压压力为1.5-1.6Bar,流量为320立方米/小时
8	84099199	废气再循环(EGR)装置	8.6	9	39座及以下小客车发动机用。
9	87089200	三效催化器载体	21.7	9	载体材质为金属或陶瓷等,贵金属涂层。
10	84133090	汽油喷射泵	6.6	3	最大流量(L/H)和最大流量时的压力(Kpa)分别为105,300;200,250.1;50,637;120,400;239,100。
11	87089990	自动变速器壳体(毛坯)	24	10	材质为铝合金
12	87083990	行星齿轮变速液压制动器(AT)	31.4	13	自动变速箱用,以液压做为动力的、附有摩擦材料的带式制动器
13	87089990	液力变矩器(AT)	24	10	直径(mm)和输入扭距(牛顿米)分别为260,230;260,250;200,200;258,544;229,100-200;293.3,-。
14	87089990	电子油门(AT)	24	10	9座及以下小客车用
15	87089990	自动变速操纵装置(AT)	24	10	液压驱动,由液压源、液压缸、传感器、电磁阀、ECU和换档机构等组成。
16	87089390	液压多片离合器(AT)	24	10	带摩擦材料的多片液压驱动离合器,直径为100-149.7mm,每片厚度为1.5-1.94mm
17	87089990	行星齿轮排(AT)	24	10	由太阳轮、行星轮、行星架、外齿圈等组成的行星齿轮排。外齿圈最大直径为77、130、142°、150mm
18	87083990	液压调节器(不含ECU控制模块)(ABS用)	31.4	13	有2个液压输入口,4个液压输出口,ECU控制4个液压输出口的制动压力;由ECU、电磁阀、电机、传感器等组成。
19	87083990	驱动防滑(ASR)装置(ABS用)	31.4	13	结构与ABS液压调节器相似,具有驱动防滑的功能。
20	87083990	制动力分配(EBD)装置(ABS用)	31.4	13	结构与ABS液压调节器相似,具有调整车轮制动力分配功能。
21	87089490	动力转向器总成	25	10	带助力的齿轮齿条式,节圆直径(mm)和传动比(毫米/转)分别为19.25,61.14;17,45.6;-,60.5;15.75,45.13;15.209,47.76。

序号	税则号列	货品名称	税则税率	暂定税率	技术规格及用途
22	84136090	动力转向油泵总成	10	4	最大流量(L/min)和最大流量时的压力为(Kpa)分别为9.08或10.6,350;7.2,11000;7,7500或9000;5,7900或1000。
23	87089990	前悬架控制臂	24	10	铝制件
24	87089990	前悬架球头	24	10	球头直径18、22、24、25、32、42mm
25	87089990	纵臂	24	10	9座及以下小客车用后悬架主要构件,冲压焊接成型或球墨铸铁或铸
26	87086090	后悬架球头	24	10	球头直径为20、24、25mm
27	82073000	翅片冲模(FE型、AE型)	8	5	使用寿命1800万次6工部冲减弯模,用于大型空冷电站间接(或直接)空冷散热器(或凝汽器)换热元件FE型(或AE型)翅片管的制造
28	84021190	碱回收锅炉岛	14	9	日处理纸浆黑液干固物≥500吨,入炉黑液浓度≥60%
29	84335300	甜菜小型收获机	8	6	1行-2行机械式,速度8m/min
30	84368000	甜菜种子加工机	10	6	加工甜菜种子1吨/小时-3吨/小时
31	84371000	风筛式种子清选机	10	6	生产能力>2吨/小时;筛孔直径小于1mm
32	84371000	窝眼筒式种子清选机	10	6	生产能力<3吨/小时;窝眼直径:5.0mm-9.5mm;窝眼深度:2.8mm-3.9mm;窝眼密度:7400个/m2-24700个/m2
33	84371000	重力式种子清选机	10	6	生产能力>5吨/小时
34	84440020	丙纶短纤维纺丝机	10	5	生产能力:5000吨/年-1000吨/年,线速度≥800m/min
35	84440020	涤纶短纤维纺丝机	10	5	生产能力≥3万吨/年,线速度≥1000m/min
36	84440040	卷曲机	10	5	线速度≥150m/min,生产能力≥3万吨/年
37	84440040	涤纶短纤维卷曲机	10	5	生产能力≥3万吨/年,线速度≥200m/min
38	84440090	绦纶长丝卷绕机	10	5	线速:4000m/min-600m/min
39	84440090	纺丝机	10	5	纺丝卷速度≥200m/min,生产能力≥1.5万吨/年
40	84482090	聚酯熔体直接纺丝机高速卷绕头	6	3	卷绕线速度:3500m/min-8000m/min;纺丝范围:50-380旦
41	84522190	自动缝纫机	17.2	13	3500rpm以上
42	84522190	包缝机	17.2	13	3500rpm以上
43	84629190	软磁铁氧体磁芯全自动粉末成型机	14	10	最大压制力230t;最大填料高度<120mm;压制次数:6-24次/分
44	84752919	大直径石英玻璃管材制造设备	10	6	高真空熔炉,拉制厚壁管规格:ø150mm-200mm,拉管速度:600mm/min-1100mm/min;石英玻璃热加工车床轴距:600mm,产品规格:ø180mm-400mm×300mm-6000mm
45	90105029	集成电路掩膜版制造及曝光设备	19	10	最小光狭缝5μm,制图线宽<3μm,套刻精度<0.25μm

附表四

2002年出口商品暂定税率表

序 号	税则号列	货 品 名 称	税 则 税 率	2002 暂定税率
1	03019210	鳗鱼苗	20	10
2	05069090	已脱胶骨、角柱	40	0
3	26070000	铅矿砂及其精矿	30	5
4	26080000	锌矿砂及其精矿	30	10
5	26090000	锡矿砂及其精矿	50	20
6	28047000	磷	20	10
7	29022000	苯	40	0
8	72022000	硅铁	25	7
9	74020000	未精炼铜,电解精炼用的铜阳极	30	0
10	74030000	未锻轧的精炼铜及铜合金	30	0
11	74040000	铜废碎料	30	0
12	74070000	铜条、杆、型材及异型材	30	0
13	74080000	铜丝	30	0
14	74090000	铜板、片及带,厚度>0.15mm	30	0
15	75020000	未锻轧镍	40	0
16	75089010	电镀用镍阳极	40	0
17	76010000	未锻轧铝	30	0
18	76020000	铝废碎料	30	0
19	76040000	铝条、杆、型材及异型材	20	0
20	76050000	铝丝	20	0
21	76060000	铝板、片及带,厚度>0.2mm	20	0
22	79010000	未锻轧锌	20	0
23	81100020	未锻轧锑	20	5

附表五

2002 年《曼谷协定》进口商品税率表

序号	税则号列	货　品　名　称	最惠国税　率	曼谷协定税　率
1	01069020	其他食用动物	10	9
2	01069090	其他动物	10	9
3	03019190	其他活鳟鱼	10.5	8
4	03019290	其他活鳗鱼	14	10
5	03019390	其他活鲤鱼	10.5	8
6	03019999	其他活鱼	10.5	8
7	03021900	其他鲜、冷鲑鱼	17.2	12
8	03022100	鲜、冷庸鲽鱼	12	9
9	03022200	鲜、冷鲽鱼	12	9
10	03022300	鲜、冷鳎鱼	12	9
11	03022900	其他鲜、冷比目鱼	12	9
12	03023100	鲜、冷长鳍金枪鱼	12	9
13	03023200	鲜、冷黄鳍金枪鱼	12	9
14	03023300	鲜冷鲣鱼	14	10
15	03023900	其他鲜、冷金枪鱼	14	10
16	03024000	鲜、冷鲱鱼	14	10
17	03025000	鲜、冷鳕鱼	14	10
18	03026100	鲜、冷沙丁鱼、黍鲱鱼	14	10
19	03026200	鲜、冷黑线鳕鱼	14	10
20	03026300	鲜、冷绿青鳕鱼	14	10
21	03026400	鲜、冷鲭鱼	14	10
22	03026500	鲜、冷角鲨及其他鲨鱼	12	9
23	03026600	鲜冷鳗鱼	14	10
24	03026910	鲜冷带鱼	14	10
25	03026920	鲜冷黄鱼	14	10
26	03026930	鲜冷鲳鱼	14	10
27	03026990	其他鲜、冷鱼	14	10
28	03031100	冻红大马哈鱼,但鱼肝及鱼卵除外	14	10
29	03031900	其他冻大马哈鱼,但鱼肝及鱼卵除外	14	10
30	03032900	其他冻鲑鱼	14	10
31	03033100	冻庸鲽鱼	14	10
32	03033200	冻鲽鱼	14	10
33	03033300	冻鳎鱼	14	10
34	03033900	其他冻比目鱼	12.5	9
35	03034100	冻长鳍金枪鱼	12	9
36	03034200	冻黄鳍金枪鱼	12	9
37	03034300	冻鲣鱼	12	9
38	03034900	其他冻金枪鱼,但鱼肝及鱼卵除外	12	9

序号	税则号列	货品名称	最惠国税率	曼谷协定税率
39	03035000	"冻鲱鱼(大西洋、太平洋鲱鱼),但鱼肝及鱼卵除外"	14	10
40	03036000	冻鳕鱼	14	10
41	03037100	冻沙丁鱼、黍鲱鱼	14	10
42	03037200	冻黑线鳕鱼	14	10
43	03037300	冻绿青鳕鱼	14	10
44	03037400	冻鲭鱼	14	10
45	03037500	冻角鲨及其他鲨鱼	12	9
46	03037600	冻鳗鱼	14	10
47	03037700	冻尖吻鲈鱼	14	10
48	03037910	冻带鱼	14	10
49	03037920	冻黄鱼	14	10
50	03037930	冻鲳鱼	14	10
51	03037990	其他未列名冻鱼	14	10
52	03038000	冻鱼肝及鱼卵	10	8
53	03041000	鲜、冷的鱼片及其他鱼肉	18	13
54	03053000	干或盐制的鱼片	20	15
55	03056100	盐腌及盐渍的鲱鱼(大西洋、太平洋鲱鱼)	21.6	15
56	03056200	盐腌及盐渍的鳕鱼	21.6	15
57	03056300	盐腌及盐渍的 Anchovies(鳀)鱼	21.6	15
58	03061200	冻大螯虾	20	15
59	03061311	冻小虾仁	13.5	10
60	03061319	其他冻小虾	11.3	8
61	03061321	冻对虾仁	13.5	10
62	03061329	其他冻对虾	11.3	8
63	03074900	其他冻、干、盐制的墨鱼及鱿鱼	15.3	13
64	04052000	乳酱	30	25
65	05051000	填充用羽毛;羽绒	14	10
66	06029010	蘑菇菌丝	0	0
67	07019000	其他鲜或冷的马铃薯	13	9
68	07123100	干伞菌属蘑菇	13	9
69	07123900	其他干制蘑菇及块菌	13	9
70	08011100	干的椰子	13.2	11
71	08011910	种用椰子	0	0
72	08011990	其他椰子	13.2	11
73	08030000	"鲜或干的香蕉,包括芭蕉"	16	11
74	08043000	鲜或干菠萝	15.2	11
75	08045010	鲜或干番石榴	19	14
76	08045020	鲜或干芒果	19	14
77	08045030	鲜或干山竹果	19	14
78	08082012	鲜鸭梨、雪梨	19.2	16
79	08082013	鲜香梨	19.2	16

序号	税则号列	货　品　名　称	最惠国税率	曼谷协定税率
80	08105000	鲜猕猴桃	30	25
81	08109010	鲜荔枝	36	25
82	08109090	其他鲜果	24	20
83	09021010	每件净重≤3kg的花茶	21	17
84	09021090	每件净重≤3kg的其他绿茶	21	18
85	09022010	每件净重＞3kg的花茶	21	16
86	09022090	每件净重＞3kg的其他绿茶	21	16
87	09023010	每件净重≤3kg的乌龙茶	21	17
88	09023090	每件净重≤3kg的其他发酵、半发酵红茶	21	17
89	09024010	每件净重＞3kg的乌龙茶	21	17
90	09024090	每件净重＞3kg的其他红茶(已发酵)及关发酵茶	21	18
91	12074010	种用芝麻	0	0
92	12074090	其他芝麻	10	9
93	12112020	鲜或干的野山参(西洋参除外)	24	20
94	12122020	鲜、冷、冻或干的发菜	22	18
95	12122090	鲜、冷、冻或干的其他海草及其他藻类	20	18
96	13021990	其他植物液汁及浸膏	20	15
97	16041910	制作或保藏的(河)鳗鱼	17.2	15
98	16041990	制作或保藏的其他鱼	17.2	15
99	16042010	其他制作或保藏的鱼罐头	17.2	15
100	16042090	其他制作或保藏的鱼	17.2	15
101	16059090	其他制作或保藏的软体动物	15	12
102	17041000	口香糖,不论是否裹糖	13.2	11
103	17049000	其他不含可可的糖食	12	10
104	18062000	每件净重＞2kg的含可可食品	10.8	9
105	18063100	其他夹心块状或条状的含可可食品	9.6	8
106	18063200	其他不夹心块状或条状含可可食品	10.8	9
107	18069000	其他巧克力及含可可的食品	9.6	8
108	19023030	即食或快熟面条	20	18
109	19023090	其他面食	20	18
110	19053100	甜饼干	19	16
111	19053200	华夫饼干及圣餐饼	19	16
112	19059000	其他面包、糕点、饼干及其焙烘糕饼	22	19
113	20099010	混合水果汁	26	20
114	21039010	味精	36.6	32
115	21039090	其他调味品	24.6	20
116	21069030	蜂王浆制剂	3	3
117	21069090	其他编号未列名的食品	27.5	25
118	22029000	其他无酒精饮料	41	35
119	22030000	麦芽酿造的啤酒	28*	25*
120	22086000	伏特加酒	37.5	33

序号	税则号列	货　品　名　称	最惠国税　率	曼谷协定税　率
121	22087000	利口酒及阿迪尔酒	37.5	33
122	22089010	龙舌兰酒	37.5	33
123	22089090	其他蒸馏酒及酒精饮料	37.5	33
124	24031000	供吸用的烟丝	57	50
125	27074000	萘	7	6
126	28371120	氧氰化钠	5.5	5
127	29025000	苯乙烯	5.4	5
128	29031300	氯仿(三氯甲烷)	10	9
129	29051300	正丁醇	5.5	5.5
130	29071110	苯酚	5.5	5.5
131	29071190	苯酚的盐	5.5	5.5
132	29072300	"4,4'-异亚丙基联苯酚及其盐"	5.5	5.5
133	29091900	其他无环醚及其卤化等衍生物	5.5	5.5
134	29152110	冰乙酸(冰醋酸)	5.5	5.5
135	29152190	其他乙酸	5.5	5.5
136	29161200	丙烯酸酯	6.5	6.5
137	29173200	邻苯二甲酸二辛酯	6.5	6.5
138	29173500	邻苯二甲酸酐(苯酐)	6.5	6.5
139	29173610	对苯二甲酸	12.8	12
140	29173690	对苯二甲酸盐	6.5	6.5
141	29224210	谷氨酸	17.5	16
142	29241100	甲丙氨酯(INN)	6.5	6.5
143	29241900	无环酰胺及其衍生物,及它们的盐	6.5	6.5
144	29291010	2,4和2,6甲苯二异氰酸酯混合物(甲苯二异氰酸酯 TDI)	6.5	6.5
145	29291020	二甲苯二异氰酸酯(TODI)	6.5	6.5
146	29291030	二苯基甲烷二异氰酸酯(纯 MDI)	6.5	6.5
147	29291040	六亚甲基二异氰酸酯	6.5	6.5
148	29291090	其他异氰酸酯	6.5	6.5
149	29341000	结构上含有非稠合噻唑环的化合物	6.5	6.5
150	29349910	磺内酯及磺内酰胺	6.5	6.5
151	29411011	氨苄青霉素	8	7
152	29411012	氨苄青霉素三水酸	8	7
153	29411019	其他氨苄青霉素及其盐	8	7
154	29411091	羟氨苄青霉素	4	4
155	29411092	羟氨苄青霉素三水酸	4	4
156	29411093	6氨基青霉烷酸(6APA)	4	4
157	29411094	青霉素V	4	4
158	29411095	磺苄青霉素	4	4
159	29411096	邻氯青霉素	4	4
160	29411099	其他青霉素及其衍生物,及它们的盐	4	4
161	29412000	链霉素及其衍生物,及它们的盐	4	4

序号	税则号列	货　品　名　称	最惠国税率	曼谷协定税率
162	29413011	四环素	4	4
163	29413012	四环素盐	4	4
164	29413020	四环素衍生物及其盐	4	4
165	29414000	氯霉素及其衍生物,及它们的盐	4	4
166	29415000	红霉素及其衍生物,及它们的盐	6	6
167	29419010	庆大霉素及其衍生物,及它们的盐	4	4
168	29419020	卡那霉素及其衍生物,及它们的盐	4	4
169	29419030	利福平及其衍生物,及它们的盐	4	4
170	29419040	林可霉素及其衍生物,及它们的盐	4	4
171	29419051	”7 氨基头孢烷酸,7 氨基脱乙酰氧基头孢烷酸”	8	7
172	29419052	头孢氨苄及其盐	8	7
173	29419053	头孢唑啉及其盐	8	7
174	29419054	头孢拉啶及其盐	8	7
175	29419055	头孢三嗪(头孢曲松)及其盐	8	7
176	29419056	头孢哌酮及其盐	8	7
177	29419057	头孢噻肟及其盐	8	7
178	29419058	头孢克罗及其盐	8	7
179	29419059	其他先锋霉素及其衍生物,及它们的盐	8	7
180	29419060	麦迪霉素及其衍生物,及它们的盐	8	7
181	29419070	乙酰螺旋霉素及其衍生物,及它们的盐	4	4
182	29419090	其他抗菌素	8	7
183	30041011	氨苄青霉素制剂	8	7
184	30041012	羟氨苄青霉素制剂	8	7
185	30041013	青霉素 V 制剂	8	7
186	30041019	其他青霉素	8	7
187	30041090	其他已配剂量含有青霉素或链霉素药品	8	7
188	30042011	头孢噻肟制剂	8	7
189	30042012	头孢他啶制剂	8	7
190	30042013	头孢西丁制剂	8	7
191	30042014	头孢替唑制剂	8	7
192	30042015	头孢克罗制剂	8	7
193	30042016	头孢呋辛制剂	8	7
194	30042017	头孢三嗪(头孢曲松)制剂	8	7
195	30042018	头孢哌酮制剂	8	7
196	30042019	其他头孢菌素	8	7
197	30042090	已配剂量含有其他抗菌素的药品	8	7
198	30043100	已配剂量含有胰岛素的药品	6.8	6
199	30043200	已配剂量含有皮质甾类激素及其衍生物或类似结构物的药品	6.8	6
200	30043900	已配剂量含有其他激素等的药品	6.8	6
201	30044010	已配剂量含有奎宁或其盐的药品	5	4
202	30044090	已配剂量含有其他生物碱等的药品	5	5

序号	税则号列	货　品　名　称	最惠国税　率	曼谷协定税　率
203	30045000	已配剂量含有维生素等的其他药品	6	5
204	30049010	已配剂量含有磺胺的药品	6	5
205	30049051	中药酒	3	2
206	30049052	片仔癀	3	2
207	30049053	白药	3	2
208	30049054	清凉油	3	2
209	30049059	其他中式成药	3	2
210	30049090	已配定剂量的药品	4	4
211	31021000	尿素	50 * *	40 * *
212	31043000	硫酸钾	3	3
213	32089010	以聚胺酯类化合物为基本成分	10	9
214	32089090	溶于非水介质其他油漆、清漆溶液	10	9
215	33019010	提取的油树脂	21	20
216	33019090	含浓缩精油的脂肪、固定油、蜡等	21	19
217	33021010	混合香料制品,酒精含量≤0.5%	25	22
218	33030000	香水及花露水	22.5	19
219	33051000	洗发剂(香波)	18.8	16
220	33062000	牙线	14	13
221	34011100	盥洗用皂及有机表面活性产品	20	17
222	34012000	其他形状的肥皂	19	15
223	35061000	适于作胶或粘合剂的零售包装产品	14	13
224	35069900	其他未列名的调制胶、粘合剂	17.5	16
225	38021000	活性碳	6.5	6.4
226	38140000	有机复合溶剂及稀释剂;除漆剂	10	9
227	38170000	混合烷基苯及混合烷基萘	6.5	6.5
228	38220010	附于衬背上的诊断或实验用试剂	4	4
229	38247100	含氟、氯的无环烃全卤化衍生物的混合物	6.5	6.5
230	38247900	其他无环烃全卤化衍生物的混合物	6.5	6.5
231	38249010	杂醇油	9.9	9
232	38249020	除墨剂、蜡纸改正液及类似品	12.6	12
233	38249090	其他未列名的化学品	6.5	6
234	39011000	初级形状比重<0.94 的聚乙烯	14.2	13
235	39012000	初级形状比重≥0.94 的聚乙烯	14.2	13
236	39013000	初级形状乙烯-乙酸乙烯酯共聚物	10.3	9
237	39021000	初级形状的聚丙烯	10	10
238	39023010	乙烯丙烯共聚物(乙丙橡胶)	12.8	12
239	39023090	初级形状的其他丙烯共聚物	12.8	12
240	39031100	初级形状的可发性聚苯乙烯	12.8	12
241	39031900	初级形状的其他聚苯乙烯	12.8	12
242	39033000	丙烯腈-丁二烯-苯乙烯共聚物	12.8	12
243	39041000	初级形状的纯聚氯乙烯	12.8	12

序号	税则号列	货　品　名　称	最惠国税率	曼谷协定税率
244	39079900	初级形状的其他聚酯	10.3	9
245	39269010	塑料制机器及仪器用零件	10	9
246	39269090	其他塑料制品	14	13
247	40012100	天然橡胶烟胶片	20	17
248	40012900	其他初级形状的天然橡胶	20	17
249	40022090	丁二烯橡胶板、片、带	7.5	7
250	40111000	机动小客车用新的充气橡胶轮胎	18.8	17
251	40112000	客或货运车用新的充气橡胶轮胎	18.8	17
252	40131000	汽车用橡胶内胎	16.8	15
253	41012011	经退鞣处理重量≤16公斤的牛皮	8	6
254	41015011	经退鞣处理的重量>16公斤的牛皮	8.4	7
255	41019011	其他经退鞣处理的牛皮	8.4	7
256	41041111	全粒面未剖层或粒面剖层蓝湿牛皮	7	6.8
257	41041119	其他全粒面未剖层或粒面剖层湿牛皮	8	6
258	41041120	其他全粒面未剖层或粒面剖层湿马皮	5	4
259	41041911	其他蓝湿牛皮	7	6.8
260	41041919	其他湿牛皮	7	6
261	41041920	其他湿马皮	7	5
262	41044100	全粒面未剖层或粒面剖层干革	5	4
263	41044910	机器带用牛马皮革	5	4
264	41044990	其他皮革	7	6
265	41051010	兰湿绵羊或羔羊皮	14	10
266	41051090	其他绵羊或羔羊皮	10	7
267	41053000	绵羊或羔羊皮干革	8	7
268	41062100	山羊或小山羊皮湿革	14	12
269	41062200	山羊或小山羊皮干革	14	12
270	41120000	经鞣制或半硝处理的不带毛的绵羊或羔羊皮革	8	7
271	42010000	各种材料制成的鞍具及挽具	20	12
272	42022100	以皮革、再生皮革、漆皮作面的手提包	16	12
273	42022200	以塑料片或纺织材料作面的手提包	20	14
274	42022900	以钢纸或纸板作面的手提包	20	14
275	42023100	以皮革、再生皮革作面的钱包等物品	16	12
276	42023200	以塑料或纺织品作面的钱包等物品	20	14
277	42023900	以钢纸或纸板作面的钱包等物品	20	14
278	44112100	未经机械加工或盖面的中密度木纤维板	9.6	9.6
279	4112900	其他中密度纤维板	9.6	9.6
280	44113100	未机械加工或盖面的低密木纤维板	7.5	7.5
281	44113900	其他低密度木纤维板	7.5	7.5
282	44119100	其他未机械加工或盖面的木纤维板	7.5	7.5
283	44119900	其他木纤维板	6	6
284	44121300	至少有一表层为热带木薄板制的胶合板	12	12

序号	税则号列	货　品　名　称	最惠国税　率	曼谷协定税　率
285	44121400	其他至少有一表层为非针叶木薄板制的胶合板	8.4	8.4
286	44121900	其他仅由薄木板制胶合板	8.4	8.4
287	44122200	至少一层为热带木的非针叶木面多层板	10	10
288	44122300	至少一层为木碎板的非针叶木面多层板	10	10
289	44122900	其他非针叶木面多层板	10	10
290	44129200	至少一层为热带木的针叶木面多层板	9.8	9.8
291	44129300	至少一层为木碎板的针叶木面多层板	10	10
292	44129900	其他针叶木面多层板	8.4	8.4
293	48101300	成卷的涂无机物书写(印刷)纸(板)	9	9
294	48101400	成张的涂无机物的厚书写、印刷纸、纸板≤435 * 297	9	9
295	48101900	其他涂布无机物的书写、印刷纸	9	9
296	50072011	未漂白或漂白的纯桑蚕丝机织物	16.8	15
297	50072019	其他纯桑蚕丝机织物	16.8	15
298	50072021	未漂白或漂白的纯柞蚕丝机织物	16.8	15
299	50072029	其他纯柞蚕丝机织物	16.8	15
300	50072031	未漂白或漂白的纯绢丝机织物	16.8	15
301	50072039	其他纯绢丝机织物	16.8	15
302	50072090	其他纯丝机织物	16.8	15
303	53051100	生的椰壳纤维	5	4
304	53089011	未漂白或漂白的全苎麻纱线	6	6
305	53089012	全苎麻色纱线	6	6
306	53089013	未漂白或漂白的混纺苎麻纱线	6	6
307	53089014	混纺苎麻色纱线	6	6
308	53089091	纸纱线	6	6
309	53089099	其他植物纺织纤维纱线	6	6
310	54024110	非零售用聚酰胺－6纺制的未捻单纱	9.8	9
311	54024120	非零售用聚酰胺－66纺制的未捻单纱	9.8	9
312	54024130	非零售用芳香族聚酰胺纺制的未捻单纱	9.8	9
313	54024190	非零售其他尼龙未捻单纱	9.8	9
314	54024300	非零售未捻的其他聚酯单纱	11.4	11
315	54074200	染色的纯尼龙布	23	22
316	54075200	染色的纯聚酯变形长丝布	23	22
317	54076100	其他纯聚酯非变形长丝布	23	22
318	54076900	其他纯聚酯长丝布	23	22
319	54077200	染色的其他纯合成纤维长丝布	23	22
320	54077400	印花的其他纯合成纤维长丝布	21.3	20
321	54083200	染色的人纤长丝混纺布	22.5	22
322	55013000	聚丙烯腈长丝丝束	8.3	8
323	55032000	未梳的聚酯合成纤维短纤	10.6	10
324	55033000	未梳的聚丙烯腈合成纤维短纤	8.3	8
325	55063000	已梳的聚丙烯腈及其变性纤维短纤	8.3	8

序号	税则号列	货　品　名　称	最惠国税　率	曼谷协定税　率
326	55081000	合成纤维短纤纺制的缝纫线	14	13
327	55122900	其他纯腈纶布	22.5	22
328	55132100	与棉混纺染色的轻质聚酯平纹布	23	22
329	55162200	与化纤长丝混纺的染色人造纤维布	21	20
330	56031110	每平米≤25g经浸渍长丝无纺织物	18.3	17
331	56031210	25＜每平米≤70g浸渍长丝无纺织物	18.3	17
332	56031310	70＜每平米≤150g浸渍长丝无纺织物	18.3	17
333	56031410	每平米＞150g经浸渍长丝无纺织物	18.3	17
334	56039110	每平米≤25g经浸渍其他无纺织物	18.3	17
335	56039210	25＜每平米≤70g浸渍其他无纺织物	18.3	17
336	56039310	70＜每平米≤150g浸渍其他无纺织物	18.3	17
337	56039410	每平米＞150g经浸渍其他无纺织物	18.3	17
338	57024900	制成的其他纺织材料起绒铺地制品	22.3	16
339	58071000	机织非绣制纺织材料标签、徽章等	20	18
340	59031010	用聚氯乙烯浸、涂的绝缘布或带	10	9
341	59031020	用聚氯乙烯浸、涂的人造革	16	15
342	59031090	用聚氯乙烯浸、涂的其他纺织物	16.4	15
343	59032010	用聚氨基甲酸酯浸、涂的绝缘布或带	10	9
344	59032020	用聚氨基甲酸酯浸、涂的人造革	16	15
345	59032090	用聚氨基甲酸酯浸、涂的其他纺织物	16.4	15
346	59039010	用其他塑料浸、涂的绝缘布或带	10	9
347	59039020	用其他塑料浸、涂的人造革	16	14
348	59039090	用其他塑料浸、涂的其他纺织物	16.4	15
349	60011000	针织或钩编的长毛绒织物	19	17
350	60019200	化纤制针织或钩编起绒织物	19	17
351	60033000	宽≤30cm合成纤维制的针织、钩编织物	19	17
352	60034000	宽≤30cm人造纤维制的针织、钩编织物	19	17
353	60053100	未漂白或漂白合成纤维制的经编织物	19	17
354	60053200	染色合成纤维制的经编织物	19	17
355	60053300	色织合成纤维制的经编织物	19	17
356	60053400	印花合成纤维制的经编织物	19	17
357	60054100	未漂白或漂白人造纤维制的经编织物	19	17
358	60054200	染色人造纤维制的经编织物	19	17
359	60054300	色织人造纤维制的经编织物	19	17
360	60054400	印花人造纤维制的经编织物	19	17
361	60063100	未漂白或漂白合成纤维制的其他针织、钩编织物	19	17
362	60063200	染色合成纤维制的其他针织、钩编织物	19	17
363	60063300	色织合成纤维制的其他针织、钩编织物	19	17
364	60063400	印花合成纤维制的其他针织、钩编织物	19	17
365	60064100	未漂白或漂白人造纤维制的其他针织、钩编织物	19	17
366	60064200	染色人造纤维制的其他针织、钩编织物	19	17

序号	税则号列	货　品　名　称	最惠国税　率	曼谷协定税　率
367	60064300	色织人造纤维制的其他针织、钩编织物	19	17
368	60064400	印花人造纤维制的其他针织、钩编织物	19	17
369	61011000	毛制针织或钩编男式大衣、防风衣	25	18
370	61012000	棉制针织或钩编男式大衣、防风衣	19.8	15
371	61013000	化纤制针织或钩编男式大衣等	23.1	17
372	61019000	其他纺织材料制针织或钩编男式大衣、防风衣	23.1	17
373	61021000	毛制针织或钩编女式大衣、防风衣	25	18
374	61022000	棉制针织或钩编女式大衣、防风衣	19.8	15
375	61023000	化纤制针织或钩编女式大衣等	23.1	17
376	61029000	其他纺织材料制针织或钩编女式大衣、防风衣	23.3	17
377	61031100	毛制针织或钩编男式西服套装	25	18
378	61031200	合纤制针织或钩编男西服套装	25	18
379	61031900	其他纺织材料制针织或钩编男式西服套装	23.1	17
380	61032100	毛制针织或钩编男式便服套装	25	18
381	61032200	棉制针织或钩编男式便服套装	20.7	15
382	61032300	合纤制针织或钩编男便服套装	25	18
383	61032900	其他纺织材料制针织或钩编男式便服套装	25	18
384	61033100	毛制针织或钩编男式上衣	22.8	16
385	61033200	棉制针织或钩编男式上衣	19.3	15
386	61033300	合纤制针织或钩编男式上衣	23	17
387	61033900	其他纺织材料制针织或钩编男式上衣	22.8	16
388	61034100	毛制针织或钩编男长裤、工装裤等	22.8	16
389	61034200	棉制针织或钩编男长裤、工装裤等	19.3	15
390	61034300	合纤制针织或钩编男长裤等	23.1	17
391	61034900	其他纺织材料制针织或钩编男长裤等	22.8	16
392	61041100	毛制针织或钩编女式西服套装	23.1	16
393	61041200	棉制针织或钩编女式西服套装	19.8	15
394	61041300	合纤制针织或钩编女西服套装	25	18
395	61041900	其他纺织材料制针织或钩编女式西服套装	23.1	16
396	61042100	毛制针织或钩编女式便服套装	23.1	17
397	61042200	棉制针织或钩编女式便服套装	19.8	15
398	61042300	合纤制针织或钩编女便服套装	25	18
399	61042900	其他纺织材料制针织或钩编女式西服套装	23.3	17
400	61043100	毛制针织女式上衣	22.8	16
401	61043200	棉制针织女式上衣	19.3	15
402	61043300	合纤制针织女上衣	23	17
403	61043900	其他纺织材料制针织女上衣	22.8	16
404	61044100	毛制针织或钩编连衣裙	22.8	16
405	61044200	棉制针织或钩编连衣裙	19.3	15
406	61044300	合纤制针织或钩编连衣裙	23.1	17
407	61044400	人纤制针织或钩编连衣裙	22.8	16

序号	税则号列	货　品　名　称	最惠国税　率	曼谷协定税　率
408	61044900	其他纺织材料制针织或钩编连衣裙	22.8	16
409	61045100	毛制针织或钩编裙子及裙裤	22.3	16
410	61045200	棉制针织裙子及裙裤	18.7	13
411	61045300	合纤制针织或钩编裙子及裙裤	22.8	16
412	61045900	其他纺织材料制针织或钩编裙子及裙裤	22.3	16
413	61046100	毛制针织或钩编女长裤、工装裤等	22.8	16
414	61046200	棉制针织或钩编女长裤、工装裤等	19.3	15
415	61046300	合纤制针织或钩编女长裤等	23.1	17
416	61046900	其他纺织材料制针织或钩编女长裤等	20.8	15
417	61051000	棉制针织或钩编男衬衫	19.3	15
418	61052000	化纤制针织或钩编男衬衫	23.1	17
419	61059000	其他纺织材料制针织或钩编男衬衫	22.8	16
420	61061000	棉制针织或钩编女衬衫	19.3	15
421	61062000	化纤制针织或钩编女衬衫	23.1	17
422	61069000	其他纺织材料制针织或钩编女衬衫	22.8	16
423	61071200	化纤制针织或钩编男内裤及三角裤	22	16
424	61071910	丝及绢丝制针织或钩编男内裤及三角裤	22.3	16
425	61071990	其他纺织材料制针织或钩编男内裤及三角裤	22.3	16
426	61072200	化纤制针织或钩编男睡衣裤	22	16
427	61072910	丝及绢丝制针织或钩编男长睡衣及睡衣裤	22.3	16
428	61072990	其他纺织材料制针织或钩编男长睡衣及睡衣裤	22.3	16
429	61079200	化纤制针织或钩编男浴衣、晨衣	22	16
430	61079900	其他纺织材料制针织或钩编男浴衣、晨衣	22.3	16
431	61081100	化纤制针织或钩编长衬裙及衬裙	22	16
432	61081990	其他纺织材料制针织或钩编女式长衬裙及衬裙	22.3	16
433	61082200	化纤制针织或钩编女三角裤及短衬裤	22	16
434	61082910	丝及绢丝制针织或钩编女三角裤及短衬裤	22.3	16
435	61082990	其他纺织材料制针织或钩编女三角裤及短衬裤	22.3	16
436	61083200	化纤制针织或钩编女睡衣及睡衣裤	22	16
437	61083910	丝及绢丝制针织或钩编女睡衣及睡衣裤	22.3	16
438	61083990	其他纺织材料制针织或钩编女睡衣及睡衣裤	22.3	16
439	61089200	化纤制针织或钩编女浴衣、晨衣	22	16
440	61089900	其他纺织材料制针织或钩编女浴衣、晨衣	22.3	16
441	61091000	棉制针织或钩编 T 恤衫、汗衫等	18.7	13
442	61099010	丝及绢丝制针织或钩编 T 恤衫、汗衫等	22.3	16
443	61099090	其他纺织材料制针织或钩编 T 恤衫、汗衫等	22.3	16
444	61101100	羊毛制针织或钩编套头衫等	22.3	16
445	61101200	喀什米尔山羊细毛制针织或钩编套头衫等	22.3	16
446	61101910	其他山羊细毛制针织或钩编套头衫等	22.3	16
447	61101920	兔毛制针织或钩编套头衫等	22.3	16
448	61101990	其他毛制针织或钩编套头衫等	22.3	16

序号	税则号列	货品名称	最惠国税率	曼谷协定税率
449	61102000	棉制针织或钩编套头衫等	17.5	15
450	61103000	化纤制针织或钩编套头衫等	22	16
451	61109010	丝及绢丝制针织或钩编套头衫等	22.3	16
452	61109090	其他纺织材料制针织或钩编套头衫等	22.3	16
453	61111000	毛制针织或钩编婴儿服装及附件	22.3	16
454	61113000	合纤制针织婴儿服装及附件	22	16
455	61119000	其他纺织材料制针织或钩编婴儿服装及附件	22.3	16
456	61121100	棉制针织或钩编运动服	19.3	15
457	61121200	合纤制针织或钩编运动服	23.1	16
458	61121900	其他纺织材料制针织或钩编运动服	22.8	16
459	61122010	棉制针织或钩编滑雪服	19.3	15
460	61122090	其他纺织材料制针织或钩编滑雪服	23	16
461	61123100	合纤制针织或钩编男式游泳服	23.1	16
462	61123900	其他纺织材料制针织或钩编男式游泳服	22.8	16
463	61124100	合纤制针织或钩编女式游泳服	23.1	16
464	61124900	其他纺织材料制针织或钩编女式游泳服	22.8	16
465	61130000	经处理针织或钩编服装	22.8	16
466	61151200	单丝≥67分特合纤制连裤袜等	22	16
467	61151990	其他纺织材料制针织连裤袜及紧身裤袜	22.3	16
468	61152000	其他纺织材料制针织或钩编女统袜	22.3	16
469	61159300	合纤制针织或钩编短袜及其他袜类	22	16
470	61159900	其他纺织材料制针织或钩编短袜及其他袜类	22.3	16
471	61169300	合纤制其他针织或钩编手套	22	16
472	61169900	其他纺织材料制针织或钩编手套	22.3	16
473	61171000	其他纺织材料针织或钩编披巾、头巾等	22.3	16
474	61172000	其他纺织材料针织或钩编领带及领结	22.3	16
475	61178000	其他纺织材料针织或钩编其他衣着附件	22.3	16
476	61179000	其他纺织材料针织或钩编衣着零件	22.3	16
477	62011100	毛制男式大衣、斗篷及类似品	22.8	16
478	62011310	化纤制男式羽绒服	23.1	16
479	62011390	化纤制男式大衣、斗篷及类似品	23.1	16
480	62011900	其他纺织材料制男式大衣、斗篷及类似品	22.8	16
481	62019100	毛制男式带风帽防寒短上衣、防风衣	22.8	16
482	62019310	化纤制男式其他羽绒服	23.1	16
483	62019390	化纤制男式防寒短上衣、防风衣	23.1	16
484	62019900	其他纺织材料制男式防寒短上衣、防风衣	22.8	16
485	62021100	毛制女式大衣、斗篷及类似品等	22.8	16
486	62021310	化纤制女式羽绒服	23	16
487	62021390	化纤制女式大衣、斗篷及类似品	23	16
488	62021900	其他纺织材料制女式大衣、斗篷及类似品	22.8	16
489	62029100	毛制女式带风帽防寒短上衣、防风衣	22.8	16

序号	税则号列	货　品　名　称	最惠国税率	曼谷协定税率
490	62029310	化纤制女式其他羽绒服	23.1	16
491	62029390	化纤制女式防风衣等	23.1	16
492	62029900	其他纺织材料制防风衣、防风短上衣等	22.8	16
493	62031100	毛制男式西服套装	23.1	16
494	62031200	合纤制男式西服套装	23.1	16
495	62031910	丝及绢丝制男式西服套装	23.1	16
496	62031990	其他纺织材料制男式西服套装	23.1	16
497	62032100	毛制男式便服套装	23.1	16
498	62032300	合纤制男式便服套装	23.1	16
499	62032910	丝及绢丝制男式便服套装	23.1	16
500	62032990	其他纺织材料制男式便服套装	23.1	16
501	62033100	毛制男式上衣	22.8	16
502	62033300	合纤制男式上衣	23.1	16
503	62033910	丝及绢丝制男式上衣	22.8	16
504	62033990	其他纺织材料制男式上衣	22.8	16
505	62034100	毛制男式长裤、工装裤等	22.8	16
506	62034210	棉制男式阿拉伯裤	19.8	15
507	62034290	棉制男式长裤、工装裤等	19.8	15
508	62034310	合成纤维制男式阿拉伯裤	22.5	16
509	62034390	合纤制男式长裤、工装裤等	22.5	16
510	62034910	其他纺织材料制男式阿拉伯裤	22.8	16
511	62034990	其他纺织材料制男童裤、工装裤	22.8	16
512	62041100	毛制女式西服套装	23.1	16
513	62041300	合纤制女式西服套装	23.1	16
514	62041910	丝及绢丝制女式西服套装	23.1	16
515	62041990	其他纺织材料制女式西服套装	23.1	16
516	62042100	毛制女式便服套装	23.1	16
517	62042300	合纤制女式便服套装	25	18
518	62042910	丝及绢丝制女式便服套装	25	18
519	62042990	其他纺织材料制女式便服套装	23.3	17
520	62043100	毛制女式上衣	22.8	16
521	62043300	合纤制女式上衣	23.1	16
522	62043910	丝及绢丝制女式上衣	22.8	16
523	62043990	其他纺织材料制女式上衣	22.8	16
524	62044100	毛制连衣裙	22.8	16
525	62044300	合纤制女式连衣裙	23.1	16
526	62044400	人纤制女式连衣裙	22.8	16
527	62044910	丝及绢丝制连衣裙	22.8	16
528	62044990	其他纺织材料制连衣裙	22.8	16
529	62045100	毛制裙子及裙裤	22.3	16
530	62045300	合纤制裙子及裙裤	22.8	16

序号	税则号列	货　品　名　称	最惠国税　率	曼谷协定税　率
531	62045910	丝及绢丝制裙子及裙裤	22.3	16
532	62045990	其他纺织材料制裙子及裙裤	22.3	16
533	62046100	毛制女式长裤、工装裤等	22.8	16
534	62046300	合纤制女式长裤、工装裤等	23.1	16
535	62046900	其他纺织材料制女式长裤、工装裤等	20.8	15
536	62051000	毛制男衬衫	22.8	16
537	62052000	棉制男衬衫	19.3	15
538	62053000	人纤制男衬衫	22.8	16
539	62059010	丝及绢丝制男衬衫	22.8	16
540	62059090	其他纺织材料制男衬衫	22.8	16
541	62061000	丝及绢丝制女式衬衫	22.8	16
542	62062000	毛制女衬衫	22.8	16
543	62063000	棉制女衬衫	19.3	15
544	62064000	化纤制女衬衫	23.1	16
545	62069000	其他纺织材料制女衬衫	22.8	16
546	62071100	棉制男式内裤及三角裤	18.7	13
547	62082100	棉制女式睡衣及睡衣裤	18.7	13
548	62101010	毛制毡呢或无纺织物服装	22.8	16
549	62101030	化纤制毡呢或无纺织物服装	23.1	16
550	62102000	用塑料处理的织物制男外装	22.8	16
551	62103000	用塑料处理的织物制女外装	22.8	16
552	62104000	用塑料处理的织物制的其他男式服装	22.8	16
553	62105000	用塑料处理的织物制的其他女式服装	22.8	16
554	62111100	男式游泳服	22.8	17
555	62111200	女式游泳服	22.8	17
556	62112090	其他纺织材料制滑雪服	23	16
557	62113100	毛制男式运动服及其他服装	22.8	16
558	62113310	化纤制男式阿拉伯袍	23.1	16
559	62113390	化纤制男式运动服及其他服装	23.1	16
560	62113910	丝及绢丝制男式运动服及其他服装	22.8	16
561	62113990	其他纺织材料制男式运动服	22.8	16
562	62114100	毛制女式运动服及其他服装	22.8	16
563	62114300	化纤制女式运动服及其他服装	23.1	16
564	62114910	丝及绢丝制女式运动服及其他服装	22.8	16
565	62114990	其他纺织材料制女式运动服	22.8	16
566	62171010	非针织非钩编袜子及袜套	22.3	18
567	62171020	非针织非钩编和服腰带	22.3	18
568	62171090	非针织非钩编服装或衣着附件	22.3	18
569	69081000	上釉的小陶瓷砖、瓦、块及类似品	28.5	23
570	69111010	瓷餐具	21	18
571	69111020	瓷厨房器具	21	17

序号	税则号列	货　品　名　称	最惠国税　率	曼谷协定税　率
572	69119000	其他家用或盥洗用瓷器	24.5	20
573	71031000	未加工宝石或半宝石	3	2.8
574	71039100	经其他加工的红、蓝、绿宝石	8	7
575	71039910	经其他加工的翡翠	8	7
576	71039990	经其他加工的其他宝石或半宝石	8	7
577	71131110	镶嵌钻石的银首饰及其零件	30	25
578	71131190	其他银首饰及其零件	30	25
579	71131911	镶嵌钻石的黄金制首饰及其零件	30	25
580	71131919	其他黄金制首饰及其零件	30	25
581	71131991	镶嵌钻石的其他贵金属制首饰及其零件	35	30
582	71131999	其他贵金属制首饰及其零件	35	30
583	71132010	镶嵌钻石的以贱金属为底的包贵金属制首饰	35	30
584	71132090	其他以贱金属为底的包贵金属制首饰	35	30
585	71179000	未列名材料制仿首饰	35	30
586	72091800	0.35mm≤厚度＜0.5mm 的冷轧卷材	6	6
587	72092800	厚度＜0.5mm 的冷轧非卷材	6	6
588	72101100	镀锡的铁或非合金钢厚宽平板轧材	10	10
589	72101200	镀锡的铁或非合金钢薄宽平板轧材	5	5
590	72102000	镀铅的铁或非合金钢宽平板轧材	4	4
591	72103000	电镀锌的铁或非合金钢宽板材	8	8
592	72104100	镀锌的瓦楞形铁或非合金钢宽板材	8	8
593	72104900	镀锌的其他形铁或非合金钢宽板材	4	4
594	72105000	镀氧化铬的铁或非合金钢宽板材	8	8
595	72106100	镀或涂铝锌合金的铁宽平板轧材	8	8
596	72106900	其他镀或涂铝的铁宽平板轧材	8	8
597	72107000	涂漆或涂塑的铁或非合金钢宽板材	4	4
598	72109000	涂镀其他材料铁或非合金钢宽板材	8	8
599	72142000	热加工带有轧制花纹的条、杆	4.8	4.8
600	72191100	厚度＞10mm 热轧不锈钢卷板	4	4
601	72191200	4.75mm≤厚度≤10mm 热轧不锈钢卷板	4	4
602	72191300	3mm≤厚度＜4.75mm 热轧不锈钢卷板	4	4
603	72191400	厚度＜3mm 热轧不锈钢卷板	4	4
604	72192100	厚度＞10mm 热轧不锈钢平板	13.6	13
605	72192200	4.75mm≤厚度≤10mm 热轧不锈钢平板	13.6	13
606	72192300	3mm≤厚度＜4.75mm 热轧不锈钢平板	13.6	13
607	72192400	厚度＜3mm 热轧不锈钢平板	13.6	13
608	72193100	厚度≥4.75mm 冷轧不锈钢板	14	14
609	72193200	3mm≤厚度＜4.75mm 冷轧不锈钢板材	14	14
610	72193300	1mm＜厚度＜3mm 冷轧不锈钢板材	14	14
611	72193400	0.5mm≤厚度≤1mm 冷轧不锈钢板材	14	14
612	72193500	厚度＜0.5mm 冷轧不锈钢板材	14	14

序号	税则号列	货品名称	最惠国税率	曼谷协定税率
613	72199000	其他不锈钢冷轧板材	14	14
614	76071100	轧制后未进一步加工的无衬背铝箔	10.8	10.8
615	84021200	蒸发量≤45t/hr 水管锅炉	10.2	9
616	84143011	功率≤0.4kw 的冷藏、冷冻箱用压缩机	13.6	11
617	84143012	功率 0.4-5kw 的冷藏、冷冻箱用压缩机	16	14
618	84143013	功率 0.4-5kw 的空气调节器用压缩机	16	14
619	84143014	功率>5kw 的空气调节器用压缩机	16	14
620	84143019	其他制冷设备用压缩机	14	11
621	84143090	非电机驱动的压缩机	13.4	11
622	84159010	制冷量≤4 千大卡/时等空调的零件	10	8
623	84159090	制冷量>4 千大卡/时等空调的零件	10	8
624	84198910	加氢反应器	6.4	6
625	84198990	其他利用温度变化处理材料的机器	6.4	6
626	84283300	其他带式连续运货升降、输送机	9	8
627	84295211	轮胎式挖掘机	12	11
628	84295212	履带式挖掘机	12	12
629	84295219	其他挖掘机	12	11
630	84295290	其他上部结构可转 360 度的挖掘机类似机械	12	11
631	84434000	照像凹版印刷机	18	17
632	84440010	合成纤维长丝纺丝机	10	9
633	84440020	合成纤维短丝纺丝机	10	9
634	84440030	人造纤维纺丝机	10	9
635	84440040	化学纤维变形机	10	9
636	84440050	化学纤维切断机	10	9
637	84440090	其他化学纤维挤压、拉伸、变形或切割机器	10	9
638	84451110	棉纤维梳理机	10	9
639	84451120	毛纤维梳理机	10	9
640	84451190	其他纺织纤维梳理机	10	9
641	84451900	纺织纤维的其他预处理机器	10	9
642	84452010	棉细纱机	10.5	10
643	84452020	气流纺纱机(转杯纺纱机)	10	9
644	84452090	其他纺纱机	10	9
645	84453000	并线机或加捻机	10	9
646	84454010	自动络筒机	10	9
647	84454090	其他络纱机(包括卷纬机)或摇纱机	10	9
648	84459010	整经机	10	9
649	84459020	浆纱机	10	9
650	84459090	其他生产及处理纺织纱线的机器	10	9
651	84462110	所织织物宽度>30cm 的梭织动力地毯织机	12	11
652	84462190	所织织物宽度>30cm 的其他梭织动力织机	10	9
653	84463020	所织织物宽度>30cm 的剑杆织机	8	7

序号	税则号列	货品名称	最惠国税率	曼谷协定税率
654	84463040	所织织物宽度＞30cm 的喷水织机	8	7
655	84463050	所织织物宽度＞30cm 的喷气织机	8	7
656	84463090	所织织物宽度＞30cm 的其他无梭织机	8	7
657	84471100	圆筒直径≤165mm 的圆型针织机	8	7
658	84472010	经编机	8	7
659	84472020	其他平型针织机	8	7
660	84472030	缝编机	8	7
661	84479011	地毯织机	7	6
662	84479019	其他簇绒机	8	7
663	84479020	绣花机	8	7
664	84479090	税号 84.47 其他未列名机器	10	9
665	84501110	干衣量≤10kg 的波轮式全自动洗衣机	22.5	18
666	84501120	干衣量≤10kg 的滚筒式全自动洗衣机	22.5	18
667	84501190	干衣量≤10kg 的其他全自动洗衣机	22.5	18
668	84501200	装有离心甩干机的非全自动洗衣机	30	25
669	84509010	干衣量≤10kg 的洗衣机零件	11	10
670	84514000	洗涤、漂白或染色机器	10.1	9
671	84522110	平缝机	17.2	16
672	84522190	其他自动缝纫机	17.2	16
673	84522900	其他非自动缝纫机	14	13
674	84531000	生皮、皮革的处理、鞣制或加工机器	8.4	8
675	84532000	鞋靴制作或修理机器	8.4	8
676	84596910	切削金属的非数控龙门铣床	13.5	12
677	84596990	切削金属的其他铣床	14	13
678	84672100	电动钻	12	11
679	84672210	电动链锯	12	11
680	84672290	其他电动锯	12	11
681	84672910	电动砂磨工具	12	10
682	84672920	电刨	12	10
683	84672990	其他电动工具	12	10
684	84679110	电动链锯用零件	10	8
685	84679190	其他链锯用零件	6	6
686	84679910	其他手提式电动工具用零件	10	9
687	84795010	多功能工业机器人	3.5	3.5
688	84795090	其他工业机器人	3.5	3.5
689	84796000	蒸发式空气冷却器	10	9
690	84798910	船舶用舵机及陀螺稳定器	0	0
691	84798920	空气增湿器及减湿器	12.5	12
692	84798940	邮政用包裹、印刷品分拣设备	0	0
693	84798950	放射性废物压实机	0	0
694	84798990	本章其他税号未列名机器及机械器具	7.2	7

序号	税则号列	货　品　名　称	最惠国 税　率	曼谷协定 税　率
695	85071000	起动活塞式发动机用铅酸蓄电池	16	11
696	85072000	其他铅酸蓄电池	16	11
697	85073000	镍镉蓄电池	12	10
698	85074000	镍铁蓄电池	12	10
699	85078010	镍氢电池	12	10
700	85078020	锂离子电池	12	10
701	85078090	其他蓄电池	12	9
702	85091000	真空吸尘器;包括干式及湿式	22.5	18
703	85165000	微波炉	25	22
704	85173011	容量≥5千门局用电话交换机	3	3
705	85173013	数字移动通信交换机	0	0
706	85173019	其他数字式程控电话交换机	0	0
707	85173091	模拟式移动通信交换机	0	0
708	85173099	其他电话或电报交换机	0	0
709	85199910	激光唱机	30	26
710	85199990	其他声音重放设备	24	20
711	85211011	广播级磁带录像机	36 *	20 *
712	85211019	其他磁带录像机	36 *	30 *
713	85211020	磁带放像机	36 *	30 *
714	85281210	彩色卫星电视接收机	30	26
715	85281291	屏幕尺寸≤42cm的彩色电视机	30	26
716	85281292	屏幕尺寸42－52cm的彩色电视机	30	26
717	85281293	屏幕尺寸＞52cm的彩色电视机	36	33
718	85282100	彩色视频监视器	30	26
719	85283010	彩色视频投影机	30	26
720	85299010	电视发送、差转等设备零件	3.8	3.5
721	85299020	手持式无线电话机零件	0	0
722	85299030	对讲机零件	8	7
723	85299041	特种用途电视摄像机、静像视频摄像机及其他视频摄录一体机零件	8	7
724	85299049	电视摄像机、静像视频摄像机及其他视频摄录一体机零件	12	11
725	85299050	雷达及无线电导航设备零件	1.5	1.5
726	85299060	收音机及其组合机的其他零件	15	12
727	85299070	无线寻呼机零件	3.8	3.8
728	85299081	彩色电视机零件	15	12
729	85299089	其他电视机零件	8	7
730	85299090	税号85.25至85.28所列设备的零件	8	7.8
731	85442000	同轴电缆及其他同轴电导体	10	9
732	85446011	耐压＞35KV的电缆	10.1	10
733	85446019	耐压＞1－35KV的电缆	14.8	13
734	85446090	耐压＞1KV的其他电导体	21	20
735	85447000	光缆	3	3

序号	税则号列	货品名称	最惠国税率	曼谷协定税率
736	90181210	B型超声波诊断仪	9	8.5
737	90183210	管状金属针头	8	7
738	95067010	溜冰鞋	14	12
739	95067020	旱冰鞋	14	12

注:1.如曼谷协定税率高于暂定税率,应按暂定税率执行。

2."*"表示从量税、复合税税目,具体为

22030000　啤酒的执行税率:2.3元/升;

85211011　广播级录象机的执行税率:每台完税价格低于或等于2000美元,执行单一从价税,税率为20%;每台完税价格高于2000美元,每台征收从量税,税额2490元,加上3%的从价税;

85211019　其他磁带录像机的执行税率:每台完税价格低于或等于2000美元,执行单一从价税,税率为30%;每台完税价格高于2000美元,每台征收从量税,税额3320元,加上3%的从价税;

85211020　放像机的执行税率:每台完税价格低于或等于2000美元,执行单一从价税,税率为30%;每台完税价格高于2000美元,每台征收从量税,税额3320元,加上3%的从价税。

3."**"为31021000尿素为关税配额产品,税率为配额外税率。

附表六

2002年《曼谷协定》对孟加拉特惠税率表

序号	税则号列	货品名称	最惠国税率	曼谷协定特惠税率
1	03055910	干海马、干海龙	2	2
2	03055920	干鱼翅	18	5
3	03055990	其他干鱼	21.6	5
4	03056910	盐腌及盐渍的带鱼	21.6	5
5	03056920	盐腌及盐渍的黄鱼	21.6	5
6	03056930	盐腌及盐渍的鲳鱼	21.6	5
7	03056990	盐腌及盐渍的其他鱼	21.6	5
8	03061410	冻梭子蟹	20	5
9	03061490	其他冻蟹	20	5
10	53031000	生或沤制黄麻,其他纺织用韧皮纤维	5	5
11	53071000	黄麻及其他纺织用韧皮纤维单纱	6	5
12	53072000	黄麻及其他纺织用韧皮纤维多股纱或缆线	6	5
13	56071000	黄麻或韧皮纤维纺制线、绳、索、缆	9.8	5
14	57023900	未制成其他纺织材料起绒铺地制品	22.3	5
15	63051000	黄麻或其他韧皮纤维制货物包装袋	10	0
16	85079010	铅酸蓄电池零件	10	5
17	85079090	其他蓄电池零件	8	5
18	85481000	电池废碎料及废电池	8	5

附表七

2002年入境旅客行李物品和个人邮递物品税率表

税号	物品名称	2002年税率
1	"书报、刊物、教育专用电影片、幻灯片、原版录音带、录相带金、银及其制品 食品、饮料 本表2、3、4税号及备注中所不包含的其他商品"	10%
2	"纺织品及其制成品 电器用具(不包括摄像机、摄录一体机、数码像机) 照像机、自行车、手表、钟表(含配件、附件) 化妆品 摄像机、摄录一体机、数码像机	20%
3	烟、酒	50%

注:避孕用具和避孕药品,超过海关规定的自用合理数量部分按有关规定予以退运或按货物进口程序办理报关及验放手续

附表八

2002年进口商品从量税、复合税、滑准税税率表

序号	税则号列	货　品　名　称	优惠税率	普通税率
1	02071200	整只冻鸡	1.6元/千克	5.6/千克
2	02071411	带骨的冻鸡块、鸡胸脯、鸡大腿	1.0元/千克	4.2元/千克
3	02071419	不带骨的冻鸡块、鸡胸脯、鸡大腿	1.5元/千克	9.5元/千克
4	02071421	鸡翼	1.2元/千克	8.1元/千克
5	02071429	鸡翼尖、鸡爪、鸡肝等鸡杂	0.8元/千克	3.2元/千克
6	05040021	冷、冻的鸡肫	1.7元/千克	7.7元/千克
7	22030000	啤酒	3元/升	7.5元/升
8	27090000	石油原油	0元/吨	85元/吨
9	37013021	照相制版用未曝光的激光照排片	9元/平方米	70元/平方米
10	37013022	照相制版用未曝光的预涂感光版(PS版)	12元/平方米	70元/平方米
11	37013029	照相制版用未曝光的硬片及软片	9元/平方米	70元/平方米
12	37023100	其他用未曝光的无齿孔彩色窄胶卷	145元/平方米	433元/平方米
13	37023220	照相制版卤化银液无齿孔窄胶卷	9元/平方米	104元/平方米
14	37023290	其他涂卤化银乳液无齿孔窄胶卷	40元/平方米	202元/平方米
15	37023920	照相制版用其他无齿孔窄感光胶卷	9元/平方米	104元/平方米
16	37023990	其他无齿孔窄感光胶卷	38元/平方米	202元/平方米
17	37024100	其他用未曝光的无齿孔宽长彩色胶卷	58元/平方米	202元/平方米
18	37024221	印刷电路板制造用宽光致抗蚀干膜	9元/平方米	110元/平方米
19	37024229	照相制版其他未曝光无齿孔宽长胶卷	9元/平方米	110元/平方米
20	37024290	其他未曝光的无齿孔宽长胶卷	65元/平方米	213元/平方米
21	37024321	照相制版用未曝光的无齿孔中长激光照排片	9元/平方米	104元/平方米
22	37024329	照相制版用未曝光的无齿孔中长照排片	9元/平方米	104元/平方米
23	37024390	其他用未曝光的无齿孔中长胶卷	90元/平方米	202元/平方米
24	37024421	照相制版用无齿孔未曝光的中长激光照排片	9元/平方米	115元/平方米
25	37024422	印刷电路板制造用窄光致抗蚀干膜	9元/平方米	115元/平方米
26	37024429	其他照相制版用无齿孔未曝光的中宽胶卷	9元/平方米	115元/平方米
27	37024490	其他用无齿孔未曝光的中宽胶卷	65元/平方米	202元/平方米
28	37025100	其他未曝光的窄短彩色胶卷	170元/平方米	433元/平方米
29	37025200	其他用未曝光的中窄彩色胶卷	170元/平方米	433元/平方米
30	37025300	幻灯片用未曝光的彩色摄影胶卷	170元/平方米	433元/平方米
31	37025410	宽度35毫米,长度不超过2米的非幻灯片用彩色摄影胶卷	155元/平方米	433元/平方米
32	37025490	其他非幻灯片用彩色摄影胶卷	150元/平方米	433元/平方米
33	37025520	未曝光的窄长彩色胶卷	16元/平方米	232元/平方米
34	37025590	其他未曝光的窄长彩色胶卷	145元/平方米	433元/平方米
35	37025620	未曝光的中宽彩色电影胶卷	16元/平方米	232元/平方米
36	37025690	其他未曝光的中宽彩色胶卷	145元/平方米	433元/平方米
37	37029100	其他用未曝光的窄短非彩色胶卷	65元/平方米	210元/平方米

序号	税则号列	货　品　名　称	优惠税率	普通税率
38	37029310	宽度 35 毫米，长度不超过 2 米的未曝光的中长非彩色胶卷	65 元/平方米	210 元/平方米
39	37029390	其他用未曝光的中长非彩色胶卷	65 元/平方米	210 元/平方米
40	37029420	未曝光的窄长黑白胶卷	15 元/平方米	210 元/平方米
41	37029490	其他用未曝光的窄长非彩色胶卷	60 元/平方米	210 元/平方米
42	37029520	未曝光的中宽黑白电影胶卷	15 元/平方米	210 元/平方米
43	37029590	其他用未曝光的中宽非彩色胶卷	60 元/平方米	210 元/平方米
44	48010000 48026110 48026910	新闻纸	T1(见注)	T2(见注)
45	85211011	广播级录像机	每台完税价格低于或等于 2000 美元：执行单一从价税，税率为 36%； 每台完税价格高于 2000 美元：每台征收从量税，税额 5480 元，加上 3%从价税	每台完税价格低于或等于 2000 美元：执行单一从价税，税率为 130%； 每台完税价格高于 2000 美元：每台征收从量税，税额为 20600 元，加上 6%的从价税
46	85211019	其他录像机	每台完税价格低于或等于 2000 美元：执行单一从价税，税率为 36%； 每台完税价格高于 2000 美元：每台征收从量税，税额 5480 元，加上 3%从价税	每台完税价格低于或等于 2000 美元：执行单一从价税，税率为 130%； 每台完税价格高于 2000 美元：每台征收从量税，税额为 20600 元，加上 6%的从价税
47	85211020	放像机	每台完税价格低于或等于 2000 美元：执行单一从价税，税率：36%； 每台完税价格高于 2000 美元：每台征收从量税，税额 5480 元，加上 3%从价税	每台完税价格低于或等于 2000 美元：执行单一从价税，税率：130%； 每台完税价格高于 2000 美元：每台征收从量税，税额 20600 元，加上 6%的从价税
48	85253091	非特种用途的广播级电视摄像机	每台完税价格低于或等于 5000 美元，执行单一从价税，税率：35%； 每台完税价格高于 5000 美元：每台征收从量税，税额 13280 元，加上 3%从价税	每台完税价格低于或等于 5000 美元，执行单一从价税，税率：130%； 每台完税价格高于 5000 美元：每台征收从量税，税额 51500 元，加上 6%的从价税
49	85253099	非特种用途的其他电视摄像机	每台完税价格低于或等于 5000 美元，执行单一从价税，税率：35%； 每台完税价格高于 5000 美元：每台征收从量税，税额 13280 元，加上 3%从价税	每台完税价格低于或等于 5000 美元，执行单一从价税，税率：130%； 每台完税价格高于 5000 美元：每台征收从量税，税额 51500 元，加上 6%的从价税

序号	税则号列	货　品　名　称	优惠税率	普通税率
50	85254050	数字方式存储图像的照相机	每台完税价格低于或等于5000美元,执行单一从价税,税率:30%; 每台完税价格高于5000美元:每台征收从量税,税额11200元,加上3%从价税	每台完税价格低于或等于5000美元,执行单一从价税,税率:130%; 每台完税价格高于5000美元:每台征收从量税,税额:51500元,加上6%的从价税
51	85254049	非特种用途的静像视频摄像机及其他视频摄像一体机,家用型摄录一体机除外	每台完税价格低于或等于5000美元,执行单一从价税,税率:22.5%; 每台完税价格高于5000美元:每台征收从量税,税额8100元从量税,加上3%从价税	每台完税价格低于或等于5000美元,执行单一从价税,税率:130%; 每台完税价格高于5000美元:每台征收从量税,税额51500元,加上6%的从价税

注:

$$T_1 = INT\left\{\left[\left(\frac{550}{P}\right)^4 \times 11 + 0.05\right] \times 10\right\} \div 1000 \quad (3\% \leqslant T_1 \leqslant 45\%)$$

$$T_2 = INT\left\{\left[\left(\frac{550}{P}\right)^4 \times 30 + 0.05\right] \times 10\right\} \div 1000 \quad (3\% \leqslant T_2 \leqslant 85\%)$$

关税 = $T_{1或2}$ × P × 汇率

P:完税价格(美元/吨)

INT:取整函数(即:小数点后面的数一律舍去)。

附表九

2002 年进口关税配额商品税率表

序号	商品类别	税则号列	税率(%)		
			配额外税率		配额内税率
			最惠国	普通	
1	小麦	10011000	71	180	1
		10019010	71	180	1
		10019090	71	180	1
		11010000	71	130	6
		11031100	71	130	9
		11032010	71	180	10
2	玉米	10051000	28	180	1
		10059000	71	180	1
		11022000	56	130	9
		11031300	71	130	9
		11042300	71	180	10
3	稻谷和大米	10061011	71	180	1
		10061019	71	180	1
		10061091	71	180	1
		10061099	71	180	1
		10062010	71	180	1
		10062090	71	180	1
		10063010	71	180	1
		10063090	71	180	1
		10064010	71	180	1
		10064090	71	180	1
		11023010	56	130	9
		11023090	56	130	9
		11031921	22	70	9
		11031929	22	70	9
4	豆油	15071000	52.4	190	9
		15079000	52.4	190	9
5	棕榈油	15111000	52.4	60	9
		15119010	52.4	60	9
		15119090	52.4	60	9

序号	商品类别	税则号列	税率(%)		
			配额外税率		配额内税率
			最惠国	普通	
6	菜子油	15141110	52.4	170	9
		15141190	52.4	170	9
		15141200	52.4	170	9
		15149110	52.4	170	9
		15149190	52.4	170	9
		15149900	52.4	170	9
7	糖	17011100	65.9	125	20
		17011200	65.9	125	20
		17019100	65.9	125	20
		17019910	65.9	125	20
		17019920	65.9	125	20
		17019990	65.9	125	20
8	羊毛	51011100	38	50	1
		51011900	38	50	1
		51012100	38	50	1
		51012900	38	50	1
		51013000	38	50	1
		51031010	38	50	1
9	毛条	51051000	38	50	3
		51052100	38	50	3
		51052900	38	50	3
10	棉花	52010000	54.4	125	1
		52030000	54.4	125	1
11	化肥	31021000	50	150	4
		31052000	50	150	4
		31053000	50	150	4

附表十

2002年进口关税与进口环节代征税(消费税及增值税)计税常数表

关税税率 %	消费税税率 %							
	3	5	8	10	15	30	40	50
3.0	0.2424	0.2685	0.3099	0.3390	0.4178	0.7216	1.0085	1.4102
5.0	0.2665	0.2932	0.3353	0.3650	0.4453	0.7550	1.0475	1.4570
6.0	0.2786	0.3055	0.3480	0.3780	0.4591	0.7717	1.0670	1.4804
7.0	0.2906	0.3178	0.3608	0.3910	0.4728	0.7884	1.0865	1.5038
8.0	0.3027	0.3301	0.3735	0.4040	0.4866	0.8051	1.1060	1.5272
15.0	0.3871	0.4163	0.4625	0.4950	0.5829	0.9221	1.2425	1.6910
16.0	0.3992	0.4286	0.4752	0.5080	0.5967	0.9389	1.2620	1.7144
16.8	0.4088	0.4385	0.4854	0.5184	0.6077	0.9522	1.2776	1.7331
17.5	0.4173	0.4471	0.4943	0.5275	0.6174	0.9639	1.2913	1.7495
18.8	0.4329	0.4631	0.5108	0.5444	0.6352	0.9857	1.3166	1.7799
19.0	0.4354	0.4656	0.5134	0.5470	0.6380	0.9890	1.3205	1.7846
22.0	0.4715	0.5025	0.5515	0.5860	0.6793	1.0391	1.3790	1.8548
22.5	0.4776	0.5087	0.5579	0.5925	0.6862	1.0475	1.3888	1.8665
24.5	0.5017	0.5333	0.5833	0.6185	0.7137	1.0809	1.4278	1.9133
25.0	0.5077	0.5395	0.5897	0.6250	0.7206	1.0893	1.4375	1.9250
25.5	0.5138	0.5456	0.5960	0.6315	0.7275	1.0976	1.4473	1.9367
25.7	0.5162	0.5481	0.5986	0.6341	0.7302	1.1010	1.4512	1.9414
25.8	0.5174	0.5493	0.5998	0.6354	0.7316	1.1027	1.4531	1.9437
30.0	0.5680	0.6011	0.6533	0.6900	0.7894	1.1729	1.5350	2.0420
31.0	0.5801	0.6134	0.6660	0.7030	0.8032	1.1896	1.5545	2.0654
34.0	0.6163	0.6503	0.7041	0.7420	0.8445	1.2397	1.6130	2.1356
34.4	0.6211	0.6552	0.7092	0.7472	0.8500	1.2464	1.6208	2.1450
35.0	0.6284	0.6626	0.7168	0.7550	0.8582	1.2564	1.6325	2.1590
36.0	0.6404	0.6749	0.7296	0.7680	0.8720	1.2731	1.6520	2.1824
37.5	0.6585	0.6934	0.7486	0.7875	0.8926	1.2982	1.6813	2.2175

关税税率 %	消 费 税 税 率 %							
	3	5	8	10	15	30	40	50
38.0	0.6645	0.6996	0.7550	0.7940	0.8995	1.3066	1.6910	2.2292
38.7	0.6730	0.7082	0.7639	0.8031	0.9092	1.3183	1.7047	2.2456
40.0	0.6887	0.7242	0.7804	0.8200	0.9271	1.3400	1.7300	2.2760
41.0	0.7007	0.7365	0.7932	0.8330	0.9408	1.3567	1.7495	2.2994
43.8	0.7345	0.7710	0.8288	0.8694	0.9794	1.4035	1.8041	2.3649
45.0	0.7490	0.7858	0.8440	0.8850	0.9959	1.4236	1.8275	2.3930
47.5	0.7791	0.8166	0.8758	0.9175	1.0303	1.4654	1.8763	2.4515
48.7	0.7936	0.8314	0.8911	0.9331	1.0468	1.4854	1.8997	2.4796
50.0	0.8093	0.8474	0.9076	0.9500	1.0647	1.5071	1.9250	2.5100
50.7	0.8177	0.8560	0.9165	0.9591	1.0743	1.5188	1.9387	2.5264
51.0	0.8213	0.8597	0.9203	0.9630	1.0785	1.5239	1.9445	2.5334
57.0	0.8937	0.9336	0.9966	1.0410	1.1611	1.6241	2.0615	2.6738
58.2	0.9082	0.9484	1.0119	1.0566	1.1776	1.6442	2.0849	2.7019
65.0	0.9902	1.0321	1.0984	1.1450	1.2712	1.7579	2.2175	2.8610

注：1. 鉴于应征消费税的进口商品的法定增值税税率均为17%，故本表省略了增值税税率一栏，但所列常数均已包括增值税在内；

2. 常数计算公式为：

$$常数=\frac{进口关税税率+消费税税率+增值税税率+进口关税税率\times 增值税税率}{1-消费税税率}$$

附表十一

2002年进口关税与进口环节代征税(增值税)计税常数表

关税税率%	增值税税率%		关税税率%	增值税税率%		关税税率%	增值税税率%	
	13	17		13	17		13	17
0	0.1300	0.1700	6.9	0.2080	0.2507	10.8	0.2520	0.2964
0.8	0.1390	0.1794	7.0	0.2091	0.2519	11.0	0.2543	0.2987
1.0	0.1413	0.1817	7.1	0.2102	0.2531	11.2	0.2566	0.3010
1.5	0.1470	0.1876	7.2	0.2114	0.2542	11.3	0.2577	0.3022
2.0	0.1526	0.1934	7.4	0.2136	0.2566	11.4	0.2588	0.3034
2.3	0.1560	0.1969	7.5	0.2148	0.2578	11.6	0.2611	0.3057
2.4	0.1571	0.1981	7.6	0.2159	0.2589	11.7	0.2622	0.3069
2.5	0.1583	0.1993	7.7	0.2170	0.2601	11.8	0.2633	0.3081
2.8	0.1616	0.2028	7.8	0.2181	0.2613	12.0	0.2656	0.3104
3.0	0.1639	0.2051	8.0	0.2204	0.2636	12.2	0.2679	0.3127
3.4	0.1684	0.2098	8.1	0.2215	0.2648	12.3	0.2690	0.3139
3.5	0.1696	0.2110	8.2	0.2227	0.2659	12.4	0.2701	0.3151
3.8	0.1729	0.2145	8.3	0.2238	0.2671	12.5	0.2713	0.3163
4.0	0.1752	0.2168	8.4	0.2249	0.2683	12.6	0.2724	0.3174
4.2	0.1775	0.2191	8.5	0.2261	0.2695	12.7	0.2735	0.3186
4.3	0.1786	0.2203	8.6	0.2272	0.2706	12.8	0.2746	0.3198
4.4	0.1797	0.2215	8.8	0.2294	0.2730	13.0	0.2769	0.3221
4.5	0.1809	0.2227	9.0	0.2317	0.2753	13.2	0.2792	0.3244
4.8	0.1842	0.2262	9.4	0.2362	0.2800	13.3	0.2803	0.3256
5.0	0.1865	0.2285	9.5	0.2374	0.2812	13.4	0.2814	0.3268
5.4	0.1910	0.2332	9.6	0.2385	0.2823	13.5	0.2826	0.3280
5.5	0.1922	0.2344	9.7	0.2396	0.2835	13.6	0.2837	0.3291
5.8	0.1955	0.2379	9.8	0.2407	0.2847	13.8	0.2859	0.3315
6.0	0.1978	0.2402	9.9	0.2419	0.2858	13.9	0.2871	0.3326
6.2	0.2001	0.2425	10.0	0.2430	0.2870	14.0	0.2882	0.3338
6.3	0.2012	0.2437	10.1	0.2441	0.2882	14.2	0.2905	0.3361
6.4	0.2023	0.2449	10.2	0.2453	0.2893	14.3	0.2916	0.3373
6.5	0.2035	0.2461	10.3	0.2464	0.2905	14.4	0.2927	0.3385
6.6	0.2046	0.2472	10.5	0.2487	0.2929	14.5	0.2939	0.3397
6.8	0.2068	0.2496	10.6	0.2498	0.2940	14.6	0.2950	0.3408

关税税率%	增值税税率%		关税税率%	增值税税率%		关税税率%	增值税税率%	
	13	17		13	17		13	17
14.8	0.2972	0.3432	20.4	0.3605	0.4087	25.7	0.4204	0.4707
15.0	0.2995	0.3455	20.7	0.3639	0.4122	25.8	0.4215	0.4719
15.2	0.3018	0.3478	20.8	0.3650	0.4134	26.0	0.4238	0.4742
15.3	0.3029	0.3490	20.9	0.3662	0.4145	26.3	0.4272	0.4777
15.4	0.3040	0.3502	21.0	0.3673	0.4157	26.4	0.4283	0.4789
15.6	0.3063	0.3525	21.2	0.3696	0.4180	27.0	0.4351	0.4859
15.7	0.3074	0.3537	21.3	0.3707	0.4192	27.2	0.4374	0.4882
16.0	0.3108	0.3572	21.5	0.3730	0.4216	27.5	0.4408	0.4918
16.3	0.3142	0.3607	21.6	0.3741	0.4227	28.0	0.4464	0.4976
16.4	0.3153	0.3619	21.7	0.3752	0.4239	28.5	0.4521	0.5035
16.6	0.3176	0.3642	21.8	0.3763	0.4251	28.8	0.4554	0.5070
16.8	0.3198	0.3666	22.0	0.3786	0.4274	29.0	0.4577	0.5093
17.0	0.3221	0.3689	22.2	0.3809	0.4297	29.4	0.4622	0.5140
17.2	0.3244	0.3712	22.3	0.3820	0.4309	29.5	0.4634	0.5152
17.5	0.3278	0.3748	22.5	0.3843	0.4333	30.0	0.4690	0.5210
17.6	0.3289	0.3759	22.6	0.3854	0.4344	30.2	0.4713	0.5233
17.8	0.3311	0.3783	22.8	0.3876	0.4368	31.0	0.4803	0.5327
18.0	0.3334	0.3806	23.0	0.3899	0.4391	31.3	0.4837	0.5362
18.2	0.3357	0.3829	23.1	0.3910	0.4403	31.4	0.4848	0.5374
18.3	0.3368	0.3841	23.2	0.3922	0.4414	32.0	0.4916	0.5444
18.4	0.3379	0.3853	23.3	0.3933	0.4426	33.0	0.5029	0.5561
18.7	0.3413	0.3888	23.5	0.3956	0.4450	34.0	0.5142	0.5678
18.8	0.3424	0.3900	23.8	0.3989	0.4485	34.4	0.5187	0.5725
19.0	0.3447	0.3923	24.0	0.4012	0.4508	35.0	0.5255	0.5795
19.2	0.3470	0.3946	24.1	0.4023	0.4520	36.0	0.5368	0.5912
19.3	0.3481	0.3958	24.3	0.4046	0.4543	36.3	0.5402	0.5947
19.4	0.3492	0.3970	24.5	0.4069	0.4567	36.6	0.5436	0.5982
19.5	0.3504	0.3982	24.6	0.4080	0.4578	36.8	0.5458	0.6006
19.6	0.3515	0.3993	24.8	0.4102	0.4602	37.2	0.5504	0.6052
19.8	0.3537	0.4017	25.0	0.4125	0.4625	37.5	0.5538	0.6088
20.0	0.3560	0.4040	25.2	0.4148	0.4648	38.0	0.5594	0.6146
20.1	0.3571	0.4052	25.4	0.4170	0.4672	38.7	0.5673	0.6228
20.2	0.3583	0.4063	25.5	0.4182	0.4684	39.2	0.5730	0.6286
20.3	0.3594	0.4075	25.6	0.4193	0.4695	40.0	0.5820	0.6380

关税税率%	增值税税率%		关税税率%	增值税税率%		关税税率%	增值税税率%	
	13	17		13	17		13	17
41.0	0.5933	0.6497	50.0	0.6950	0.7550	57.0	0.7741	0.8369
42.1	0.6057	0.6626	50.7	0.7029	0.7632	58.2	0.7877	0.8509
42.5	0.6103	0.6673	51.0	0.7063	0.7667	65.0	0.8645	0.9305
43.8	0.6249	0.6825	52.4	0.7221	0.7831	65.9	0.8747	0.9410
45.0	0.6385	0.6965	54.4	0.7447	0.8065	71.0	0.9323	1.0007
47.5	0.6668	0.7258	56.0	0.7628	0.8252	90.0	1.1470	1.2230
48.7	0.6803	0.7398						

注:常数=进口关税税率+增值税税率+进口关税税率×增值税税率

附表十二

2002 年进口商品复合消费税税率表

序号	税　号	货　品　名　称	原消费税税率	调整后的消费税税率
1	24022000	烟草制的卷烟	50%	150 元/标准箱(50000 支)的从量税,加上 45%的从价税
2	22030000	麦芽酿造的啤酒	220 元/吨	进口完税价格≥360 美元/吨;250 元/吨 进口完税价格<360 美元/吨;220 元/吨
3	22082000	蒸馏葡萄酒制得的烈性酒	10%	1 元/公斤的从量税。加上 25%的从价税
4	22083000	威士忌酒	10%	1 元/公斤的从量税。加上 25%的从价税
5	22084000	朗姆酒及其他甘蔗蒸馏酒	10%	1 元/公斤的从量税。加上 25%的从价税
6	22085000	杜松子酒	10%	1 元/公斤的从量税。加上 25%的从价税
7	22086000	伏特加酒	10%	1 元/公斤的从量税。加上 25%的从价税
8	22087000	利口酒及柯迪尔酒	10%	1 元/公斤的从量税。加上 25%的从价税
9	22089000	其他蒸馏酒	10%/25%	薯类:1 元/公斤的从量税,加上 15%的从价税 其他:1 元/公斤的从量税,加上 25%的从价税

注:蒸馏酒(包括蒸馏葡萄酒制得的烈性酒,威士忌酒,朗姆酒及其他甘蔗蒸酒,杜松子酒,伏特加酒,利口酒及柯迪尔酒,及其他蒸馏酒)的容积重量单位换算系数为:1 升蒸馏酒 = 0.912 公斤蒸馏酒

附表十三

计量单位换算表

面(地)积换算

公制		英美制			
平方米	平方厘米	平方码	平方英尺	平方英寸	平方尺
1	10000	1.1960	10.7639	1550	9
0.0001	1	0.00012	0.00108	0.155	0.0009
0.8361	8361	1	9	1296	7.525
0.0929	929	0.1111	1	144	0.836
0.00065	6.45	0.00077	0.00694	1	0.0058
0.111	1111	0.133	1.196	172.2	1

长度换算

公制		中国市制	英美制		
米	厘米	尺	码	英尺	英寸
1	100	3	1.094	3.2808	39.37
0.01	1	0.03	0.01094	0.03281	0.3937
0.3333	33.33	1	0.3646	1.094	13.123
0.9144	91.44	2.743	1	3	36
0.3048	30.48	0.9144	0.3334	1	12
0.0254	2.54	0.0762	0.0278	0.833	1

1 米 = 100 厘米 = 1000 毫米

重量换算(一)

公制	英制	美制	港制
公吨	长吨	短吨	司马担
1	0.9842	1.1023	16.535
1.016	1	1.12	16.8
0.9072	0.8929	1	15
0.05	0.04921	0.0551	0.8267
0.0508	0.05	0.056	0.8402
0.0605	0.0594	0.0667	1

港制 1 司马担 = 100 司马斤
公制 1 公吨 = 10 公担
英制 1 长吨 = 20 英担(CWT)
1 英担 = 50.8024 公斤
美制 1 短吨 = 20 短担(CWT)
1 短担 = 100 磅 = 45.36 公斤

公制	中国市制	英美制
公斤	斤	磅
1000	2000	2204.6
1016	2032	2242
907	1814	2000
50	100	110.23
50.8	101.6	112
60.48	120.96	133.33
1	2	2.2046
0.5	1	1.1023
0.4536	0.9072	1

重量换算(二)

公　制		英美制常衡		英美制金衡或药衡		中国市制
公　斤	克	磅		磅		两
1	1000	2.2046	35.2736	2.679	31.1507	20
0.001	1	0.0022	0.03527	0.00268	0.0321	0.02
0.4536	453.59	1	16	1.2153	14.5833	9.072
0.02835	28.35	0.0625	1	0.07595	0.9114	0.567
0.3732	373.24	0.82286	13.1657	1	12	7.465
0.0311	31.10	0.06857	1.0971	0.08333	1	0.622
0.05	50	0.1102	1.76368	0.13396	1.6075	1

宝石：1 克拉 = 0.2 克　　　　1 金衡 = 155.5 克拉

容(体)积换算(一)

公　制	中国市制	英　制	美　制
升	升	英加仑	美加仑
1	1	0.22	0.264
4.546	4.546	1	1.201
3.785	3.785	0.833	1

1000 升 = 1 立方米　　　1 升 = 1000 毫升 = 1000 立方厘米(C.C.)
英制 1 加仑 = 277.42 立方英寸　　　　英制 1 加仑 = 231 立方英寸

容(体)积换算(二)

公　制		英 美 制			中国市制
立方米	立方厘米	立方码	立方英尺	立方英寸	立方尺
1	1000000	1.303	35.3147	61024	27
0.000001	1	0.0000013	0.00004	0.06102	0.000027
0.7636	764555	1	27	46656	20.643
0.02832	28317	0.037	1	1728	0.7646
0.000016	16.387	0.00002	0.00058	1	0.00044
0.037	37037	0.0484	1.308	2260	1

木材体积单位换算
板(Board Foot Measure, BFM)：指厚一英寸面积一平方英尺的木材
板材的换算：100 板　= 2.36 立方米
原木的换算：100 板　= 5 立方米(近似值)

功率换算表
1 千瓦(KW) = 1.34 英制马力(HP) = 1.36 公制马力(HP)
1 英制马力 = 0.746 千瓦(KW)
1 公制马力 = 0.735 千瓦(KW)
1 千伏安(K.V.A) = $\frac{\text{千瓦(K.W.)}}{0.80}$

粮谷重量容积换算

品　　名	1公吨折合蒲式耳	1蒲式耳折合	
		磅	公斤
小麦、大豆	36.743	60	27.216
玉米	39.368	56	25.402
大麦(英制)	44.092	50	22.68
大麦(美制)	45.931	48	21.773

1英制蒲式耳(-1.0321美制蒲式耳)合36.3677升。

石(原)油重量、容积换算

国　　别	1公吨折合			
	千　　升	美制桶	英制加仑	美制加仑
美国、印度尼西亚	1.18	7.4	259.1	310.6
伊朗、沙特阿拉伯	1.19	7.49	261.8	314.5
日本	1.11	6.99	244.5	293.3
英国、科威特	1.16	7.31	255.8	306.7
委内瑞拉	1.09	6.84	239.2	287.4

注：世界平均比重的原油通常以1公吨=7.35桶(每桶为42美制加仑)或1174升计

常用度量衡英文名称和简写

名称	英文名称	简写	名称	英文名称	简写
克	gram	g.	码	yard	yd.
公斤	kilogram	kg.	英尺	foot	ft.
公担	quintal	q.	英寸	inch	in.
公吨	metric ton	m.t.	平方米	square metre	sq.m.
长吨	long ton	l.t.	平方英尺	square foot	sq.ft
短吨	short ton	sh.t.	平方码	square yard	sq.yd.
英担	hundredweight	cwt.	立方米	cubic metre	cu.m.
美担	hundredweight	cwt.	立方英尺	cudic toor	cu.ft.
磅	pound	lb.	升	litre	l.
(常衡)	ounce	oz.	毫升	millilitre	ml.
(金衡)	ounce	oz.t	加仑	gallon	gal.
司马担	picul		蒲式耳	bushel	bu.
米	metre	m.	克拉	carat	car.
公里	kilometre	km.	马力	horse power	h.p.
厘米	centimetre	cm.	千瓦	kilowatt	kw.
毫米	millimetre	mm.	公吨度	metric ton unit	m.t.u.